Hans-Jürgen Möller, Gerd Laux und Arno Deister
Psychiatrie

Die überdurchschnittliche Ausstattung dieses Buches wurde
durch die großzügige Unterstützung von drei Unternehmen ermöglicht,
die sich seit langem als Partner der Mediziner verstehen.

Wir danken der
MLP Marschollek, Lautenschläger & Partner AG,
Alte Leipziger Lebensversicherungsgesellschaft aG,
Hallesche Nationale Krankenversicherung aG.

Nähere Informationen siehe hierzu am Ende des Buches.

Duale Reihe

Psychiatrie

Hans-Jürgen Möller
Gerd Laux
und Arno Deister

unter Mitarbeit von
H. Braun-Scharm und R. Horn

198 Abbildungen, 126 Tabellen

 Hippokrates Verlag Stuttgart

Die Deutsche Bibliothek – CIP-Einheitsaufnahme

Psychiatrie / Hans-Jürgen Möller ... – Stuttgart : Hippokrates-Verl., 1995
(Duale Reihe)
ISBN 3-7773-1166-9
NE: Möller, Hans-Jürgen

Für die Verfasser:

Prof. Dr. med. Hans-Jürgen Möller
Direktor der Psychiatrischen Klinik und Poliklinik
Kliniken der Ludwig-Maximilians-Universität München
Nußbaumstraße 7
80336 München

Anschrift der Reihenherausgeber:

Dr. med. Alexander Bob   Dr. med. Konstantin Bob
Weschnitzstraße 4   Weschnitzstraße 4
69469 Weinheim   69469 Weinheim

Graphiker:

Joachim Hormann, Arndtstraße 34, 70197 Stuttgart

Studentische Mitarbeiter dieser Ausgabe:

Wolfgang Paetzold, Heidelberg
Lutz Pech, Heidelberg

Wichtiger Hinweis

Wie jede Wissenschaft ist die Medizin ständigen Entwicklungen unterworfen. Forschung und klinische Erfahrung erweitern unsere Erkenntnisse, insbesondere was Behandlung und medikamentöse Therapie anbelangt. Soweit in diesem Werk eine Dosierung oder eine Applikation erwähnt wird, darf der Leser zwar darauf vertrauen, daß Autoren, Herausgeber und Verlag große Sorgfalt darauf verwandt haben, daß diese Angabe dem Wissensstand bei Fertigstellung des Werkes entspricht.
Für Angaben über Dosierungsanweisungen und Applikationsformen kann vom Verlag jedoch keine Gewähr übernommen werden. Jeder Benutzer ist angehalten, durch sorgfältige Prüfung der Beipackzettel der verwendeten Präparate und gegebenenfalls nach Konsultation eines Spezialisten festzustellen, ob die dort gegebene Empfehlung für Dosierungen oder die Beachtung von Kontraindikationen gegenüber der Angabe in diesem Buch abweicht. Eine solche Prüfung ist besonders wichtig bei selten verwendeten Präparaten oder solchen, die neu auf den Markt gebracht worden sind. Jede Dosierung oder Applikation erfolgt auf eigene Gefahr des Benutzers. Autoren und Verlag appellieren an jeden Benutzer, ihm etwa auffallende Ungenauigkeiten dem Verlag mitzuteilen.
Geschützte Warennamen (Warenzeichen) werden nicht besonders kenntlich gemacht. Aus dem Fehlen eines solchen Hinweises kann also nicht geschlossen werden, daß es sich um einen freien Warennamen handele.

ISBN 3-7773-1166-9

© Hippokrates Verlag GmbH, Stuttgart 1996

Jeder Nachdruck, jede Wiedergabe, Vervielfältigung und Verbreitung, auch von Teilen des Werkes oder von Abbildungen, jede Abschrift, auch auf fotomechanischem Wege oder in Magnettonverfahren, in Vortrag, Funk, Fernsehsendung, Telefonübertragung sowie Speicherung in Datenverarbeitungsanlagen, bedarf der ausdrücklichen Genehmigung des Verlages.

Printed in Germany 1996
Satz: Hofacker Digitale Druckvorbereitung, 73614 Schorndorf-Haubersbronn
Druck: Kohlhammer, 70329 Stuttgart

Inhalt

Autorenverzeichnis 12
Vorwort der Reihenherausgeber 13
Vorwort der Bandherausgeber 14

1 Einführung 15

H.-J. Möller
Was ist Psychiatrie? 15
Besonderheiten der Psychiatrie 16
Psychiatrie: Vergangenheit und Gegenwart 18

2 Allgemeine Psychopathologie 21

H.-J. Möller

Psychiatrische Symptomatologie und Diagnostik 21

Psychopathologische Symptome 24
  Bewußtseinsstörungen 24
  Orientierungsstörungen 25
  Störungen der Aufmerksamkeit und Konzentration 26
  Auffassungsstörungen 26
  Gedächtnisstörungen 27
  Störungen der Intelligenz 28
  Formale Denkstörungen 28
  Wahn 29
  Halluzinationen 32
  Wahrnehmungsveränderungen 34
  Ich-Störungen 35
  Störungen der Affektivität 36
  Zwänge, Phobien, Ängste, hypochondrische Befürchtungen 37
  Störungen des Antriebs und der Psychomotorik 38
Abfassung des psychopathologischen Befundes 40
  Explorieren der Biographie und Lebenssituation 40
  Äußere Lebensgeschichte 41
  Innere Lebensgeschichte 43
  Prämorbide Persönlichkeit 45

Psychiatrische Krankheitslehre 47

Entwicklung und Probleme der psychiatrischen Klassifikation 47
Systematisierung und Operationalisierung
der psychiatrischen Störungen nach ICD und DSM 53
  DSM-III-System 53
  ICD-10 54
  Welches diagnostische System soll man benutzen? 55

3 Krankheiten 58

Affektive Störungen *G. Laux* 58

Allgemeines 58
Symptomatologie und klinische Subtypen 68
  Depressive Episode 68
  Dysthymia 72
  Manie 73
  Zyklothymia 74
Diagnostik und Differentialdiagnose 75
  Depression 75
  Manie 81
Verlauf 83
Therapie 85
  Therapie der Depression 85
  Therapie der Manie 90

Angst- und Panikstörungen, *A. Deister* 97

Allgemeines 98
Symptomatologie und klinische Subtypen 101
  Agoraphobie 103
  Soziale Phobie 104
  Einfache (spezifische) Phobie 105
  Panikstörung 107
  Generalisierte Angststörung 110
Diagnostik und Differentialdiagnose 111
Verlauf 113
Therapie 114

Zwangsstörungen, *A. Deister* 117

Allgemeines 117
Symptomatologie und klinische Subtypen 119
  Zwangsgedanken 120
  Zwangsimpulse 120
  Zwangshandlungen 121
Diagnostik und Differentialdiagnose 122
Verlauf 123
Therapie 124

Schizophrenie, *H.-J. Möller* 127

Allgemeines 127
Symptomatologie und klinische Subtypen 133
Diagnostik und Differentialdiagnose 140
Verlauf 142
Therapie 144

**Sonstige wahnhafte/psychotische Störungen
nichtorganischer Genese,** *H.-J. Möller* 153

Schizoaffektive Psychosen 153
Akute schizophreniforme Störung 155
Akute polymorphe psychotische Störung 156
Kurze reaktive Psychose 156
Schwangerschafts-, Wochenbett- und Laktationspsychosen 157
Wahnhafte Störung 157
Symbiontischer Wahn 159

Organische psychische Störungen, *R. Horn* 160

Akute organische Psychosen 161
Chronische hirnorganische Psychosyndrome/Demenz 169
   Alzheimer-Krankheit 182
   Morbus Pick 190
   Multiinfarkt-Demenz 191
   Normaldruck-Hydrozephalus 196
   Hirntraumatische Folgezustände 198
   Hirnentzündungen 200
   Neurolues 201
   AIDS-Demenz 202
   Creutzfeld-Jakob-Krankheit 203
   Multiple Sklerose 204

Reaktionen auf schwere Belastungen und Anpassungsstörungen, *A. Deister* 205

Allgemeines 205
Symptomatologie und klinische Subtypen 208
   Akute Belastungsreaktion 208
   Posttraumatische Belastungsstörung 210
   Anpassungsstörungen 212
   Andauernde Persönlichkeitsänderung nach Extrembelastung ... 214
   Andere und seltene Reaktionsformen 214
Diagnostik und Differentialdiagnose 215
Verlauf 216
Therapie 217

Dissoziative Störungen (Konversionsstörungen), *A. Deister* 219

Allgemeines 219
Symptomatologie und klinische Subtypen 222
   Dissoziative Störungen der Bewegung
   und der Sinnesempfindung 223
   Dissoziative Störungen der Identität, des Gedächtnisses
   und des Bewußtseins 225
   Depersonalisationsstörung 227
   Andere und seltene Formen 228
Diagnostik und Differentialdiagnose 228
Verlauf 229
Therapie 230

Somatoforme Störungen, *A. Deister* 231

Allgemeines 231
Symptomatologie und klinische Subtypen 233
   Hypochondrische Störung 234
   Somatisierungsstörung 235
   Somatoforme Schmerzstörung 239
Diagnostik und Differentialdiagnose 240
Verlauf 242
Therapie 242

Eßstörungen, *A. Deister* 243

Allgemeines 243
Symptomatik und klinische Subtypen 246
   Anorexia nervosa 246
   Bulimia nervosa 249
Diagnostik und Differentialdiagnose 250

Verlauf 251
Therapie 251

Sexuelle Störungen, *A. Deister* 253

Allgemeines 253
Symptomatologie und klinische Subtypen 258
  Störungen der sexuellen Appetenz 258
  Störungen der sexuellen Erregung 259
  Orgasmusstörungen 260
  Störungen mit sexuell bedingten Schmerzen 260
  Störungen der Geschlechtsidentität 261
  Störungen der sexuellen Präferenz (Paraphilien) 262
Diagnostik und Differentialdiagnose 263
Verlauf 264
Therapie 265
Exkurs: Homosexualität 267

Schlafstörungen, *G. Laux* 269

Allgemeines 269
Symptomatologie und klinische Subtypen 274
  Insomnien oder Hyposomnien 274
  Hypersomnie 274
  Störung des Schlaf-Wach-Rhythmus 275
  Parasomnien 275
  Schlafwandeln 275
  Pavor nocturnus 276
  Alptraum 276
Diagnostik und Differentialdiagnose 277
Verlauf 280
Therapie 280

Abhängigkeit und Sucht, *G. Laux* 283

Alkoholismus 294
  Allgemeines 294
  Symptomatologie und klinische Subtypen 298
    Akute Alkoholintoxikation 302
    Alkoholdelir (Delirium tremens) 303
    Alkoholhalluzinose 303
    Alkoholischer Eifersuchtswahn 303
    Organische Persönlichkeitsveränderungen 303
    Korsakow-Syndrom 303
    Wernicke-Enzephalopathie 303
    Alkohol-Embryopathie 304
  Diagnostik und Differentialdiagnose 305
  Verlauf 309
  Therapie 309
Drogen- und Medikamentenabhängigkeit 313
  Allgemeines 313
  Symptomatologie und klinische Subtypen 316
    Morphin-/Opiat-Typ 317
    Barbiturat-/Alkohol-Typ 318
    Kokain-Typ 319
    Cannabis-/Marihuana-Typ 320
    Amphetamin-Typ 320
    Halluzinogen-(LSD-)Typ 322
    Schnüffelsucht (organische Lösungsmittel) 322
    Polytoxikomanie (polyvalente Sucht) 323
  Diagnostik und Differentialdiagnose 323

Verlauf 324
Therapie 325

Persönlichkeitsstörungen, *A. Deister* 330

Allgemeines 330
Symptomatologie und klinische Subtypen 334
  Paranoide Persönlichkeitsstörung 336
  Schizoide Persönlichkeitsstörung 337
  Schizotype Persönlichkeitsstörung 338
  Dissoziale (antisoziale) Persönlichkeitsstörung 339
  Emotional instabile Persönlichkeitsstörung 342
  Histrionische Persönlichkeitsstörung 344
  Anankastische (zwanghafte) Persönlichkeitsstörung 345
  Ängstliche (vermeidende) Persönlichkeitsstörung 347
  Abhängige (asthenische) Persönlichkeitsstörung 348
  Weitere Formen von Persönlichkeitsstörungen 349
Diagnostik und Differentialdiagnose 349
Verlauf 353
Therapie 354

Abnorme Gewohnheiten und Störungen der
Impulskontrolle, *A. Deister* 355

Kleptomanie 356
Pyromanie 358
Pathologisches Spielen 359
Weitere Formen 361

Suizidalität, *H.-J. Möller* 362

Allgemeines 362
Symptomatologie 369
Diagnostik 374
Verlauf 377
Therapie 378

4 Kinder- und jugendpsychiatrische Erkrankungen einschließlich Oligophrenien 385

H. Braun-Scharm

Einleitung 385

Entwicklungspsychologie und Entwicklungspsychopathologie 385

Intelligenzminderung 390

Kinderfehler 394

Umschriebene Entwicklungsstörungen 395
Umschriebene Störungen des Sprechens und der Sprache,
H. Braun-Scharm, H. Amorosa 396
  Artikulationsstörung 396
  Expressive Sprachstörung 397
  Rezeptive Sprachstörung 398
  Erworbene Aphasie mit Epilepsie 399
  Stottern 400
  Poltern 401
  Lese-Rechtschreibe-Störung (LRS) 401
Rechenstörung 404

Autistische Störungen 405
Frühkindlicher Autismus 405
Rett-Syndrom 408
Asperger-Syndrom 409

Expansive Verhaltensstörungen 411
Hyperkinetisches Syndrom (HKS) 411
Störungen des Sozialverhaltens 415

Emotionale Störungen 418

Tic-Störungen 420

Störungen der Ausscheidung 424
Enuresis 424
Enkopresis 427

Eßstörungen 429
Frühkindliche Fütterungsstörung 429
Pica 430

Elektiver Mutismus 431

Bindungsstörungen 432
Bindungsstörung des Kindesalters mit Enthemmung 432
Reaktive Bindungsstörung des Kindesalters 433

Jaktationen 435

Störungen der Geschlechtsidentität 436

Körperlicher und sexueller Mißbrauch 438

5 Therapie 441

Allgemeiner Überblick, *G. Laux* 441

Psychopharmakotherapie, *G. Laux* 443

Allgemeiner Teil 443
Spezieller Teil 450
Tranquilizer 450
Hypnotika 455
Antidepressiva 459
Phasenprophylaktika 465
Neuroleptika 467
Nootropika 474
Sonstige Psychopharmaka 476
„Zehn Gebote" für den richtigen Umgang mit Psycho-
pharmaka 479

Andere biologische Therapieverfahren, *G. Laux* 479

Schlafentzugsbehandlung 480
Lichttherapie (Phototherapie) 481
Elektrokrampftherapie (EKT) 481
Sog. kleine Insulin-Kur 482
Psychochirurgie 482
Physiotherapie 483

Psychotherapie, *G. Laux* 484

Allgemeines 484
Indikationen 484
Voraussetzungen für eine Psychotherapie 484
Grundelemente der Psychotherapie 484

Formen psychotherapeutischer Interventionen 485
Einteilung von Psychotherapie-Verfahren 485
„Ärztliches Gespräch", supportive/stützend-adaptive
Psychotherapie 487
Entspannungsverfahren (autogenes Training,
progressive Muskelrelaxation, Biofeedback) und Hypnose 488
Klientenzentrierte Gesprächspsychotherapie 493
Interpersonale Psychotherapie 494
Psychoanalytische Therapie (klassische Psychoanalyse) 496
Individualpsychologie A. Adlers und analytische Psychologie
C. G. Jungs 501
Psychoanalytische Kurzzeittherapie-Verfahren 501
Analytische Gruppenpsychotherapie 502
Verhaltenstherapie 502
Wirksamkeit von Psychotherapie, Vor- und Nachteile 515
Psychotherapie in der ärztlichen Praxis,
Entwicklungsperspektiven der Psychotherapie 517

Soziotherapie und psychiatrische Rehabilitation, *A. Deister* 519

Sozioökonomische Bedeutung psychischer Erkrankungen 521
Behinderung durch psychiatrische Erkrankungen 523
Allgemeine Grundsätze soziotherapeutischer Maßnahmen 523
Institutionen psychiatrischer Versorgung 524
Spezielle soziotherapeutische Maßnahmen 528
Rehabilitative Angebote für den beruflichen Bereich 531
Kostenträger soziotherapeutischer Maßnahmen 532

Juristische Aspekte und Maßnahmen, *H.-J. Möller* 533

Behandlung nach dem Betreuungsgesetz 533
Behandlung nach den Unterbringungsgesetzen 536
Greifen anderer gesetzlicher Regelungen 538

6 Psychiatrische Notfall-Therapie 544

A. Deister, G. Laux

Erregungszustände 545

Akute Suizidalität 546

Delirante Syndrome 547

Bewußtseinsstörungen 547

Drogen-Notfälle 548

Das katatone Syndrom 548

7 Weiterführende Literatur 550

8 Glossar 553

9 Quellenverzeichnis 565

10 Sachverzeichnis 567

Autorenverzeichnis

Professor Dr. med. Hans-Jürgen Möller, Direktor der Psychiatrischen Klinik und Poliklinik, Kliniken der Ludwig-Maximilians-Universität München, Nußbaumstraße 7, 80336 München

Professor Dr. med. Dipl.-Psych. Gerd Laux, Psychiatrische Klinik und Poliklinik der Rheinischen Friedrich-Wilhelms-Universität Bonn, Sigmund-Freud-Straße 25, 53105 Bonn

Privatdozent Dr. med. Arno Deister, Psychiatrische Klinik und Poliklinik der Rheinischen Friedrich-Wilhelms-Universität Bonn, Sigmund-Freud-Straße 25, 53105 Bonn

Dr. med. Hellmuth Braun-Scharm, Oberarzt der Abteilung Rottmannshöhe, Heckscher Klinik München, Fachklinik für Psychiatrie, Neurologie und Psychotherapie des Kindes- und Jugendalters, 82335 Berg

Dr. med. Rolf Horn, Giradetteallee 7, 53604 Bad Honnef

Privatdozentin Dr. med. Hedwig Amorosa, Fachärztin für Kinder- und Jugendpsychiatrie, Heckscher Klinik München, Fachklinik für Psychiatrie, Neurologie und Psychotherapie des Kindes- und Jugendalters, Wolfratshauser Str. 350, 81479 München

Vorwort der Reihenherausgeber

Durch die im Sinne psychisch Kranker als eindeutig positiv zu bewertenden Entwicklungen und Erkenntnisse der vergangenen Jahre auf dem Gebiet der Psychopharmakologie und der psychotherapeutischen Verfahren sowie durch eine verbesserte, an den Bedürfnissen psychisch kranker Menschen ausgerichtete ambulante und stationäre Versorgung ist es gelungen, eine menschenwürdige, auf Verständnis und Eingliederung in den Alltag der Patienten ausgerichtete Psychiatrie zu erreichen.

Ermöglicht wurde diese positive Entwicklung durch den unter dem Druck der Öffentlichkeit und der in der Psychiatrie Tätigen vom Gesetzgeber und den politisch Verantwortlichen gefaßten Beschluß, die Unterbringung, Behandlung und Eingliederung psychisch kranker Menschen auf eine bessere finanzielle Basis zu stellen.

Nicht verschwiegen werden soll aber, daß trotz dieser positiven Entwicklung nach wie vor Handlungsbedarf zur Optimierung der Versorgung psychisch Kranker besteht. So fehlen beispielsweise Therapieplätze zur Entwöhnungsbehandlung Suchtkranker oder qualifizierte Übergangseinrichtungen (z.B. betreutes Wohnen) und adäquate Versorgungsangebote für die wachsende Zahl psychisch kranker Alterspatienten.

Angesichts einer überwiegend negativen Berichterstattung und Attitüde gegenüber Psychopharmaka sollte nicht in Vergessenheit geraten, daß die immensen Fortschritte der Sozialpsychiatrie (Verkleinerung der Großkrankenhäuser, drastische Verkürzung der Dauer stationärer Aufenthalte, Schaffung eines humanen Stationsmilieus) auf der Entdeckung und Einführung der Psychopharmaka (insbesondere der Neuroleptika) basieren. Da unter einer Behandlung mit Psychopharmaka – wie bei allen wirksamen Medikamenten – nicht unerhebliche Nebenwirkungen und Beeinträchtigungen möglich sind, erfordern diese insbesondere bei längerfristiger Verordnung (z.B. zur Stabilisierung bzw. Rückfallverhütung) qualifiziertes Wissen des verordnenden Arztes. Analoges gilt für die Psychotherapie, bei der angesichts eines bislang keiner Qualitätskontrolle unterliegenden Angebotes („Psychoboom") ebenso wie bei der Psychopharmakotherapie das Vorliegen einer klaren Indikation von zentraler Bedeutung ist.

Es lag nahe, einer stark gewandelten Psychiatrie eine zeitgemäße, didaktisch verbesserte Umsetzung ihrer Erkenntnisse zu ermöglichen.

Die Duale Reihe, mit ihrem ausgereiften didaktischen Konzept bot sich für eine Darstellung der gewandelten Psychiatrie sehr gut an. Auf eine praxis- bzw. klinikbezogene Ausrichtung wurde auch in diesem Fach besonders geachtet.

Es ist ein großes Anliegen der Reihenherausgeber, durch die duale Benutzbarkeit des Buches die Studenten von dem häufig praktizierten Lernen mit meist qualitativ schlechten Repetitorien abzubringen. Zudem genügt es auch nicht, ein so wichtiges klinisches Fach wie die Psychiatrie einmal im Leben per Repetitorium zu „erlernen". Einerseits gehört zu einem guten Arzt sicherlich weit mehr als nur medizinisches Faktenwissen, andererseits schützt den Patienten wiederum nur ein fundiertes Wissen um psychische und somatische Symptome und deren richtige Zuordnung zu den in Frage kommenden Erkrankungen vor einer unsachgemäßen Diagnostik und Behandlung.

Es wäre in diesem Sinne zu bedauern, wenn gerade das Fach Psychiatrie mit dem für einen Arzt notwendigen Wissen und Verstehen der menschlichen Seele und ihrer Krankheiten von angehenden und praktizierenden Ärzten lediglich einmal im Schnelldurchgang gelesen werden würde. Durch die vorzügliche, sehr gut verständliche Darstellung ihres Fachgebietes ist den Autoren ein interessantes und spannendes Lehrbuch gelungen. Gerne danken deshalb der Verlag und die Herausgeber Herrn Professor Möller, Herrn Professor Laux, Herrn PD Dr. Deister und deren Mitarbeitern für das außerordentliche Engagement, das für die Realisation dieses Duale-Reihe-Lehrbuches notwendig war.

Weinheim, im Juni 1995

Dr. med. Alexander Bob
Dr. med. Konstantin Bob

Vorwort der Bandherausgeber

Mit diesem Lehrbuch der Psychiatrie bieten wir eine interessante, attraktive Alternative zu den derzeit verfügbaren Psychiatrie-Lehrbüchern.

Das Buch enthält alle relevanten Informationen für das Staatsexamen, die sorgfältig mit dem Gegenstandskatalog und den aktuellen Prüfungsfragen des IMPP abgestimmt wurden.

Dem Konzept der „Dualen Reihe" entsprechend wurde auf die didaktische Präsentation des Lehrstoffes ein besonders hoher Wert gelegt. Dazu gehören u.a.:

- die übersichtliche Gliederung des gesamten Stoffgebietes,
- eine klare Definition der verwendeten Begriffe,
- die umfassende und gleichzeitig knappe Präsentation des Lehrstoffes im Haupttext,
- die Wiederholung der wichtigsten Lehrinhalte im Randtext (dieser Randtext ist als Repetitorium z. B. für die Staatsexamensvorbereitung gedacht) und
- eine reichhaltige Ausstattung mit Abbildungen und Tabellen, durch die das Fach Psychiatrie anschaulicher und attraktiver gemacht werden soll.

Für die Bebilderung wurden nicht nur Abbildungen ausgewählt, die direkten Bezug zum Lernstoff haben, sondern auch solche, die darüber hinausführend das subjektive Erleben der Patienten charakterisieren bzw. auf geistig-kulturelle Hintergründe hinweisen.

Die Krankheitssystematik der Psychiatrie befindet sich derzeit in einer Umbruchsphase, die u.a. gekennzeichnet ist durch die Konkurrenz zweier Klassifikationssysteme, des amerikanischen DSM-III-R (bzw. DSM-IV) und der internationalen Klassifikation ICD-10. Beide haben den Vorteil, eine klare Operationalisierung der Krankheitsbilder zu geben, die zu einer Begriffsbestimmung psychiatrischer Krankheitseinheiten führt. Andererseits haben sie den Nachteil, daß sie z. T. mit der bisherigen Tradition in der psychiatrischen Krankheitssystematik brechen. Zum gegenwärtigen Zeitpunkt fällt es schwer, sich für das eine oder das andere System zu entscheiden. Mittels synoptischer Darstellung beider Systeme wurde versucht, die Vorteile dieser modernen diagnostischen Ansätze in das Lehrbuch einzubeziehen, gleichzeitig aber die Nachteile einer einseitigen Festlegung für eines dieser Systeme bzw. den Nachteil des weitgehenden Bruches mit der bisherigen Tradition zu vermeiden.

Abgesehen von der Einbeziehung dieser modernen Ansätze in der psychiatrischen Diagnostik bemüht sich das Buch auch auf anderen Gebieten um die Vermittlung des aktuellen wissenschaftlichen Informationsstandes, z.B. hinsichtlich ätiopathogenetischer Vorstellungen und therapeutischer Ansätze.

Der Darstellung der therapeutischen Möglichkeiten widmet das Buch, im Gegensatz zu anderen auf dem Markt befindlichen Psychiatrie-Lehrbüchern, eine besonders große Ausführlichkeit, um die Psychiatrie nicht nur als diagnostisches, sondern auch als therapeutisches Fach zu vermitteln und damit den Bedürfnissen der Praxissituation des Arztes gerecht zu werden.

Wir danken dem Verlag, daß er uns an die interessante Aufgabe der besonderen Konzeption dieses Lehrbuches in der „Dualen Reihe" herangeführt hat, vor allem Herrn Dr. K. Bob, der sorgfältig darüber gewacht hat, daß die didaktischen Prinzipien der „Dualen Reihe" eingehalten wurden. Ganz besonderer Dank gilt den Sekretärinnen C. Oleff, T. Sauerborn, J. Kühn und G. Goedhart für das sorgfältige und engagierte Schreiben der Manuskripte. Unseren Mitarbeitern Dr. B. Hawellek, Dr. H.-P. Scholl, Dr. A. Miretzky und C. Krappel danken wir für die Mitwirkung bei der Erstellung der Kasuistiken bzw. Photos.

München und Bonn, im März 1995 *H.-J. Möller, G. Laux, A. Deister*

1 Einführung

Was ist Psychiatrie?

Psychiatrie umfaßt die Erforschung, Diagnostik und Therapie psychischer Krankheiten des Menschen. Nach ihren methodischen Ansätzen und Forschungsgegenständen können mehrere Teilgebiete unterschieden werden, z. B. Psychopathologie, biologische Psychiatrie, Sozialpsychiatrie, Psychotherapie, Psychopharmakotherapie. Die Psychiatrie hat enge Beziehungen zu verschiedenen anderen Disziplinen, insbesondere zur Neurologie, Psychophysiologie, Neurobiochemie, Psychologie, Soziologie, Psychoanalyse, Verhaltensforschung, Anthropologie, Genetik etc. Gerade in der **Zusammenschau biologischer und psychosozialer Faktoren und deren Auswirkungen** auf das psychopathologische Erscheinungsbild liegt das Wesen der Psychiatrie.

- **Psychopathologie:** Sie beschäftigt sich mit der Beschreibung abnormen Erlebens, Befindens und Verhaltens. Zunächst werden die psychischen Störungen beschrieben, benannt und geordnet (deskriptive Psychopathologie bzw. im Hinblick auf Klassifikation kategoriale Psychopathologie). Darüber hinaus fragt die Psychopathologie nach den inneren Zusammenhängen der psychischen Störungen (phänomenologische und verstehende Psychopathologie), weiterhin nach den Beziehungen zu tiefenpsychologischen und zwischenmenschlichen Vorgängen (dynamische, interaktionelle Psychopathologie).

- **Psychologie:** Lehre von den normalen seelischen Vorgängen. Neben der allgemeinen und experimentellen Psychologie interessieren den Psychiater insbesondere Entwicklungspsychologie, Persönlichkeitslehre, Psychodiagnostik und Psychotherapie.

- **Biologische Psychiatrie:** Unter diesem Sammelbegriff werden solche Forschungsansätze der Psychiatrie zusammengefaßt, die sich biologischer Methoden bedienen. Dazu gehören u. a. neuroanatomische, neuropathologische, neurophysiologische, psychophysiologische, biochemische, chronobiologische und genetische Ansätze.

- **Psychopharmakologie:** Lehre von der Beeinflussung seelischer Vorgänge durch Psychopharmaka. Sie wird unterteilt in psychopharmakologische Grundlagenforschung und klinische Psychopharmakologie.

- **Sozialpsychiatrie:** Sie befaßt sich mit der Epidemiologie und Soziologie seelischer Krankheiten, insbesondere auch mit der Frage der Beziehung zwischen psychischer Krankheit und Gesellschaft.

- **Forensische Psychiatrie:** Sie beschäftigt sich mit Rechtsfragen, die psychisch Kranke betreffen, u. a. mit der Einschätzung der freien Willensbestimmung bei der strafrechtlichen Verantwortlichkeit.

- **Kinder- und Jugendpsychiatrie:** Sie befaßt sich mit der Erforschung und Behandlung seelischer Störungen vom Säuglingsalter bis zur Adoleszenz und ist inzwischen ein selbständiges medizinisches Fachgebiet geworden.

- **Psychosomatische Medizin:** Sie ist die Lehre von den körperlich in Erscheinung tretenden Krankheiten, die seelisch bedingt oder mitbedingt sind. Die Psychosomatik ist inzwischen ein eigenes medizinisches Fachgebiet geworden.

- **Neurologie:** Sie ist die Lehre von den organischen Erkrankungen des zentralen, peripheren und vegetativen Nervensystems, und zwar von denjenigen Krankheiten, bei denen psychische Störungen nicht im Vordergrund stehen. Neurologie und Psychiatrie waren lange zusammengefaßt als „Nervenheilkunde", inzwischen haben sich beide Fächer verselbständigt.

- **Psychopharmakotherapie** (Pharmakopsychiatrie): Medikamentöse Behandlung seelischer Krankheiten.
- **Psychotherapie:** Die Behandlung von Kranken mit seelischen Mitteln, insbesondere durch Gespräche und übende Verfahren.
- **Soziotherapie:** Behandlung durch Milieufaktoren, Strukturierung des Tagesablaufs, Interaktion im Rahmen von Gruppenprozessen, Beschäftigungs- und Arbeitstherapie.

Besonderheiten der Psychiatrie

Die Tatsache, daß das **Gespräch im Zentrum diagnostischer und therapeutischer Maßnahmen** steht, ist für einen in der somatischen Medizin ausgebildeten Arzt von besonderer Bedeutung und Schwierigkeit. Das Gespräch wird in seiner Bedeutung ergänzt durch die **genaue Verhaltensbeobachtung.**

Durch genaue Beobachtung des Verhaltens eines anderen Menschen können wir eine Reihe von Krankheitssymptomen, die als **Verhaltensauffälligkeiten** in Erscheinung treten, erkennen.
Schwieriger ist es, Symptome zu erkennen, die sich auf der **Erlebensebene** abspielen.
Gestik, Mimik und **Bewegungsabläufe sagen etwas über das Erleben aus.**

Das Gespräch gibt die Möglichkeit, Informationen über das Erleben eines anderen und seine **motivationalen Hintergründe** zu bekommen. Der Wahrheitsgehalt informativer Mitteilungen ist jedoch unsicher, ggf. bleibt nur die Orientierung an der **Indikatorfunktion der Sprache und des Verhaltens.**

Gespräch und Verhalten werden durch die Persönlichkeit des Untersuchers und die emotionale Interaktion zwischen Patient und Untersucher mitgeprägt, so daß der Untersuchungsprozeß in weit stärkerem Maße **subjektiven Beobachtungsfehlern** ausgesetzt ist als die meisten diagnostischen Prozesse in der somatischen Medizin.

- **Psychopharmakotherapie** (Pharmakopsychiatrie): Medikamentöse Behandlung seelischer Krankheiten. Sie macht heute den weitaus größten Teil der somatischen Behandlungsmethoden in der Psychiatrie aus.

- **Psychotherapie:** Die Behandlung von Kranken mit seelischen Mitteln, insbesondere durch Gespräche und übende Verfahren. Die Methoden sind vielfältig. Die wichtigsten Grundlagen der Psychotherapie bilden Tiefenpsychologie (Psychodynamik) und Lern- oder Verhaltenspsychologie.

- **Soziotherapie:** Behandlung von Kranken durch Milieufaktoren, Strukturierung des Tagesablaufs, Interaktion im Rahmen von Gruppenprozessen, Beschäftigungs- und Arbeitstherapie.

Besonderheiten der Psychiatrie

Neben der schon beschriebenen Methodenvielfalt, die der Psychiatrie eine Sonderstellung in der Medizin gibt, ist sicherlich die Tatsache, daß das **Gespräch im Zentrum diagnostischer und therapeutischer Maßnahmen** steht, für einen in der somatischen Medizin ausgebildeten Arzt von besonderer Bedeutung und Schwierigkeit. Der Arzt, der in der somatischen Medizin gelernt hat, objektive körperliche Befunde zu erheben, muß umdenken, wenn er sich einem psychisch Kranken nähert. Die Veränderungen, die er erfassen will, erfordern ein anderes Vorgehen. Er muß sich, im Gegensatz zur somatischen Medizin, vorwiegend am gesprochenen Wort orientieren. Das Gespräch wird in seiner Bedeutung ergänzt durch die **genaue Verhaltensbeobachtung.**

Zugangswege zum Erleben des anderen sind Verhaltensbeobachtung und Gespräch. Durch genaue Beobachtung des Verhaltens eines anderen Menschen können wir eine Reihe von Krankheitssymptomen, die als **Verhaltensauffälligkeiten** in Erscheinung treten, erkennen. Viel schwieriger ist es, Symptome zu erkennen, die sich vorwiegend auf der **Erlebensebene** abspielen. Erleben wird meist nicht unmittelbar in Verhalten umgesetzt. Daher können wir aus dem Verhalten allein das Erleben nicht beurteilen. Verhalten steht aber häufig in einer Relation zum Erleben. **Gestik, Mimik** und **Bewegungsabläufe sagen etwas über das Erleben aus.** Sie können jedoch auch willentlich gesteuert und aus Täuschungsabsicht bewußt verändert werden in ein Verhalten, das gemeinhin einem anderen Erleben entspricht.

Das Gespräch gibt die Möglichkeit, Informationen über das Erleben eines anderen und seine **motivationalen Hintergründe** zu bekommen. Information ist eine beabsichtigte Mitteilung. Der Wahrheitsgehalt solcher Mitteilungen ist jedoch unsicher. Sie können zutreffend sein, die entsprechende Person kann sich aber auch irren oder die Aussage bewußt verfälschen. Dann bleibt nur die Orientierung an der **Indikatorfunktion der Sprache und des Verhaltens.** Indikatoren sind vom Sprechenden unbeabsichtigte Mitteilungen, die der Gesprächspartner lediglich erschließen kann, z. B. aus inhaltlichen Widersprüchen oder einer Dissoziation zwischen der sprachlichen Information und dem Verhalten (eingeschlossen Gestik und Mimik). Wenn die sprachliche Information nicht im Einklang mit dem Verhalten steht, sondern Konträres ausdrückt, wird das Erleben widersprüchlich.

Eine weitere wichtige Besonderheit der Psychiatrie: **Gespräch und Verhalten werden durch die Persönlichkeit des Untersuchers und durch die emotionale Interaktion zwischen Patient und Untersucher mitgeprägt,** so daß der auf Verhaltensbeobachtung und Gespräch basierende Untersuchungsprozeß in weit stärkerem Maße **subjektiven Beobachtungsfehlern** ausgesetzt ist als die meisten diagnostischen Prozesse in der somatischen Medizin. Das hängt einerseits mit den Phänomenen selber zusammen, die nicht so leicht in objektiver Weise feststellbar sind. Vor allem beruht das aber darauf, daß durch die Art der Untersuchung (insbesondere durch emotionale Prozesse) die untersuchten Phänomene verändert werden können.

Emotionale Ausgangsbasis der Gesprächspartner sowie die Interaktion zwischen Arzt und Patient nehmen auf den Gesprächsablauf und die damit verbundenen Wahrnehmungsprozesse prägenden Einfluß. So können Vertrauen, Sicherheit, Ruhe, aber auch Unbehagen, Unsicherheit oder Spannung hervorgerufen werden. Positive bzw. negative Empfindungen des Arztes können zur Akzeptanz bzw. Ablehnung des Patienten führen.

Die Assoziationen des Patienten auf die Fragen des Psychiaters ergeben sich aus der Stimmung, aus der persönlichen Erfahrung und der speziellen Situation des Befragten. In angenehmer Stimmung wird er auf ein bestimmtes „Reizwort" ganz andere Assoziationen finden als in unangenehmer. Die Interaktion wird aber auch in gleicher Weise vom Fragenden bestimmt, von seiner Stimmung, seiner Erfahrung und seiner speziellen Situation. Eine negative Stimmung bei ihm schärft möglicherweise den Blick für das Negative. Die Fragen werden anders ausfallen – weniger wohlwollend – als im Zustand der Zufriedenheit.

Das Besondere in der Psychiatrie liegt auch in der **Rolle des psychisch Kranken.** Der psychisch Kranke wird in unserer Gesellschaft noch immer ganz anders gesehen als der körperlich Kranke. Symptome einer psychischen Erkrankung sind für viele schwer verständlich, werden abgelehnt, als schuldhaft interpretiert oder gar als gefährlich angesehen. Hilfe zu suchen wegen psychischer Probleme ist für einen Patienten meist viel problematischer als die Inanspruchnahme ärztlicher Beratung wegen körperlicher Beschwerden. Es fällt einem Patienten oft sehr schwer, sich einzugestehen, daß er psychische Probleme hat und daß er sie nicht selbst lösen kann. Viele Patienten denken nicht daran, daß hinter diesen „psychischen" Problemen nicht immer eine mangelnde Bewältigung der Lebensschwierigkeiten, sondern häufig eine echte Erkrankung stecken kann. Insbesondere völlig vom normalen Denken und Erleben abweichende Symptome, wie z. B. Wahnideen oder Sinnestäuschungen, versucht der Patient oft lange für sich geheim zu halten, um die „Verrücktheit" seines Erlebens nicht nach außen dringen zu lassen.

Psychisch Kranke müssen die Sorge haben, durch Tabuisierungs- und Diskriminierungsprozesse aus den normalen gesellschaftlichen Beziehungen ausgeschlossen zu werden.

Wegen dieser besonderen psychologischen Ausgangssituation des psychisch Kranken muß das **psychiatrische Gespräch mit besonderer Feinfühligkeit und Behutsamkeit geführt werden,** um den Patienten nicht zu erschrecken, sondern ihm den Eindruck zu geben, daß er auf einen verständnisvollen Zuhörer gestoßen ist. Andererseits ist es nicht ausreichend, dem Patienten im psychiatrischen Gespräch nur Verständnis zu zeigen und ihm beratend und tröstend zur Seite zu stehen, sondern es müssen auch die notwendigen Informationen für die Diagnosestellung und damit für die Möglichkeit zur Einleitung adäquater Behandlungsmaßnahmen geschaffen werden. Ein alleiniges Sprechen über „Probleme" genügt dem diagnostischen und therapeutischen Anspruch der Psychiatrie nicht. **Ziel eines psychiatrischen Gesprächs muß vielmehr sein zu klären, auf welchem Hintergrund diese Probleme auftreten,** z. B. berufliche Leistungsprobleme auf der Basis einer endogenen Depression.

Diese Verschränkung von verständnisvoller Zuwendung und objektiver Analyse gilt insbesondere für die psychiatrische Erstuntersuchung. Die psychiatrische Erstuntersuchung hat immer eine allgemein psychotherapeutische (empathische, kathartische, supportive) Funktion sowie einen stärker strukturiert vorgehenden, vorwiegend diagnostischen Teil. Im weiteren Verlauf der Behandlung nimmt in der Regel der diagnostische Teil der psychiatrischen Gespräche in seinem zeitlichen Umfang ab, während die allgemein psychotherapeutischen Anteile oder ggf. spezielle psychotherapeutische Verfahren in den Vordergrund treten.

Merke. Trotz dieser Besonderheiten darf nicht vergessen werden, daß die Psychiatrie ein Teil der Medizin ist. Sie als reines „Psychofach" zu klassifizieren, wäre ein völliges Mißverständnis. Das Besondere der Psychiatrie liegt gerade darin, daß **Körperliches und Seelisches als mögliche Ursachen für psychopathologische Veränderungen im gleichen Maße Berücksichtigung finden.**

Psychiatrie: Vergangenheit und Gegenwart

Psychische Erkrankungen, u. a. Depressionen, wurden schon in der griechisch-römischen Antike beschrieben und analog zu den körperlichen Erkrankungen im Sinne der humoral-pathologischen Vier-Säfte-Lehre des Hippokrates als eine Störung im Gleichgewicht der Säfte erklärt, so z. B. die Depression durch ein Überwiegen der schwarzen Galle („Melancholie").

Die therapeutischen Maßnahmen beschränkten sich im wesentlichen auf eine umfangreiche Diätetik, die nicht nur die Speisenzufuhr betraf (Diät in unserem heutigen Sinne), sondern alle Aspekte der Lebensgestaltung. Als sonstige Maßnahmen wurden vor allem Massagen, Umschläge und Aderlässe angewandt.

Die Tradition der griechischen und römischen Heilkunst wurde in der Folgezeit auch in anderen Gebieten Europas weitergeführt. Andererseits kam es aber im Mittelalter auch zur inhumanen Verwahrung psychisch Kranker in Gefängnissen oder gar zur Verfolgung psychisch Kranker als Hexen bzw. Hexenmeister durch die Inquisition. Im 17. und 18. Jahrhundert wurden psychisch Kranke zusammen mit Behinderten, Armen, Landstreichern und Prostituierten als Asoziale in verschiedenartigen Zuchthäusern untergebracht. Dort waren sie oft angekettet und erfuhren keine Behandlung durch Ärzte.

Im Zuge der Aufklärung in der zweiten Hälfte des 18. Jahrhunderts kam es dann allmählich zu einer Humanisierung in der Behandlung der psychisch Kranken. Aus den alten zuchthausartigen Tollhäusern wurden „Irrenanstalten". In diesem Zusammenhang wird immer wieder die legendäre Befreiung der „Irren" von ihren Ketten durch **Philippe Pinel** (1793) in Paris erwähnt (*siehe Abbildung 1-1*).

Die von Philippe Pinel (1745 bis 1826) und seinem Schüler **Etienne Esquirol** (1722 bis 1840) begründete französische Psychiatrie-Tradition im Sinne eines „traitement moral", d. h. einer Form des Umgangs mit den Kranken, die gekennzeichnet ist durch Zuwendung, Milde und Geduld, wurde beispielgebend für die Entwicklung der Psychiatrie in Europa. Allerdings beinhaltete das „traitement moral" auch eine Reihe aus unserer heutigen Sicht barbarischer körperli-

Abb. 1-1: Legendäre Befreiung der „Irren" von ihren Ketten durch Philippe Pinel. – Der französische Arzt Philippe Pinel (1745–1826) und sein Mitarbeiter Jean-Baptiste Pussin befreien um 1794 die Geisteskranken im Pariser „Hospice de Bicêtre" von ihren Ketten.
Pinel verkündet: „Die Irren sind keine Schuldigen, die man bestrafen muß, sondern Kranke, die alle Rücksicht verdienen, die wir einer leidenden Menschheit schuldig sind." Sein Appell wird in ganz Europa gehört und bedeutet den Beginn eines neuen Verständnisses von Geisteskranken.

cher Behandlungsmethoden, um die Seele zu erschüttern und von der „idée fixe" abzulenken: Drehstuhlbehandlung, Untertauchen in eiskaltes Wasser, Hungerkuren und anderes mehr.

In der Tendenz gleichgerichtete, stark sozialpsychiatrisch orientierte Impulse gingen auch von England in Form der sog. „non-restraint"-Bewegung aus. Insbesondere **John Conolly** (1794 bis 1866) ist hier zu erwähnen, der vollständig auf mechanische Zwangsmittel verzichtete und eine nachsichtige, gütige Haltung gegenüber den Patienten, tägliche Visiten durch Ärzte, zahlreiche soziale Veranstaltungen und regelmäßige Betätigung der Kranken in Handwerk und Landwirtschaft forderte.

Ähnliche, stark sozialpsychiatrisch orientierte Impulse gingen von der englischen „non-restraint"-Bewegung aus (z.B. **John Conolly**, 1794–1866).

Die deutsche Psychiatrie wurde im 19. Jahrhundert insbesondere durch den Streit über die Ursachen von psychischen Störungen in zwei Lager gespalten. Die „Psychiker" sahen Geisteskrankheiten als Erkrankungen der körperlosen Seele, als Folge der Sünde an. Die „Somatiker" formulierten demgegenüber naturwissenschaftliche bzw. anthropologische Erklärungsansätze. Bedeutendster deutscher Psychiater des 19. Jahrhunderts war **Wilhelm Griesinger** (1810 bis 1865). Er erklärte psychische Erkrankungen als Erkrankungen des Gehirns, betonte aber gleichzeitig die Notwendigkeit sozialpsychiatrischer Behandlungs- und Versorgungsgesichtspunkte für die Kranken. In seiner Wirkenszeit wurden zahlreiche Anstalten für psychisch Kranke gegründet. Der Therapieschatz entsprach den von Frankreich und England propagierten Maßnahmen. Gegen Ende des 19. Jahrhunderts kam es zu einer zunehmenden Integration der Psychiatrie in die Gesamtmedizin, insbesondere in die sich entwickelnde Neurologie.

Die deutsche Psychiatrie des 19. Jahrhunderts war in zwei Lager gespalten: Die „Psychiker" sahen Geisteskrankheiten als Erkrankungen der körperlosen Seele an, während die „Somatiker" naturwissenschaftlich argumentierten. **Wilhelm Griesinger** (1810–1865) erklärte psychische Erkrankungen als Erkrankungen des Gehirns und erkannte gleichzeitig die Notwendigkeit sozialpsychiatrischer Behandlungsgesichtspunkte.

Emil Kraepelin (1856 bis 1926), Ordinarius für Psychiatrie in München, war eine führende Gestalt der deutschen Psychiatrie um die Jahrhundertwende. Er begründete eine **Systematik psychischer Erkrankungen auf der Basis der Beobachtung des Gesamtverlaufs.** Kraepelin unterschied exogene und endogene Psychosen und beschrieb die „Dementia praecox" als eine zu einem Defektzustand führende endogene Psychose, die er von den manisch-depressiven Erkrankungen abgrenzte. Der Züricher Ordinarius für Psychiatrie, **Eugen Bleuler** (1857 bis 1939), führte für die von Kraepelin beschriebene Erkrankung „Dementia praecox" den Begriff „Schizophrenie" ein, der als wesentliches Phänomen der Erkrankung die Bewußtseinsspaltung beschreibt. Die Krankheitssystematik, wie sie von Kraepelin und Bleuler entwickelt wurde, hatte maßgeblichen Einfluß auf die weitere Entwicklung der psychiatrischen Krankheitslehre, die seit den siebziger Jahren dieses Jahrhunderts mit dem psychiatrischen Teil der **„International Classification of Diseases – ICD"** international vereinheitlicht wurde. Von großer nachhaltiger Bedeutung war auch die **Entwicklung der deskriptiven phänomenologischen Psychiatrie**, die sich um eine intensive Systematisierung der Psychopathologie bemühte. Namen wie **Karl Jaspers** (1883 bis 1969) und **Kurt Schneider** (1887 bis 1967) sind hier zu nennen. Allerdings zeigte sich im weiteren Verlauf der Entwicklung der Psychopathologie, daß neben der hochgradigen Dif-

Emil Kraepelin (1856–1926), **begründete eine Systematik psychischer Erkrankungen auf der Basis der Beobachtung des Gesamtverlaufs. Eugen Bleuler** (1857–1939) führte für die von Kraepelin beschriebene „Dementia praecox" den Begriff „Schizophrenie" ein.

Eine Vereinheitlichung der psychiatrischen Krankheitslehre erfolgte vor 20 Jahren mit dem psychiatrischen Teil der „**ICD**".
Die **deskriptive phänomenologische Psychiatrie**, z.B. durch **Karl Jaspers** (1883–1969) und **Kurt Schneider** (1887–1967), bemühte sich um eine intensive Systematisierung der Psychopathologie.

Abb. 1-2: Titelseiten einiger berühmter „klassischer" Psychiatrie-Abhandlungen

Sigmund Freud (1856–1936) entwickelte um die Jahrhundertwende mit seiner **Lehre von unbewußten und neurotischen Verarbeitungsprozessen** die Grundzüge der Psychoanalyse als Erklärungsansatz für neurotische Störungen sowie als Therapieform.

Im Gefolge der Lehren von **Iwan Petrowitsch Pawlow** (1849–1936) und **Burrhus Frederic Skinner** (1904–1990) über die **Konditionierbarkeit bzw. das Erlernen von Verhaltensmustern** entwickelte sich eine lerntheoretische Psychologie, die psychische Störungen als Folge von Lernprozessen erklärte und die **Verhaltenstherapie** als Psychotherapiemethode bereitstellte.

Im 20. Jahrhundert führten wesentliche Fortschritte in den **somatischen Behandlungsmethoden** zu verbesserten therapeutischen Möglichkeiten in der Psychiatrie:
- Behandlung der progressiven Paralyse mit Fieberschüben durch Infektion mit Malariaerregern, durch **J. Wagner.**
- 1937 Einführung der Elektrokrampftherapie durch **Cerletti** und **Bini.**
- Ab ca. 1950 Entwicklung der Psychopharmaka (1949 Lithium durch **Cade,** 1952 Chlorpromazin durch **Delay** und **Deniker,** 1954 Meprobamat durch **Berger,** 1957 Imipramin durch **Kuhn**).

Zunehmend gewann der **biologische Forschungsansatz** in der Psychiatrie an Bedeutung, wobei die Klärung genetischer, neuropathologischer, neurophysiologischer und neurochemischer Fragen im Vordergrund steht.

Nachdem die Versorgung psychiatrischer Patienten bis 1975 vorwiegend in psychiatrischen Großkrankenhäusern (Landeskrankenhäusern) erfolgte, wurde mit dem Bericht der **Enquete-Kommission zur Situation der Psychiatrie in der BRD** (1975) versucht, die Weichen in Richtung einer modernen Versorgung zu stellen.

---

ferenziertheit der Beschreibung psychopathologischer Phänomene auch eine ausreichende Standardisierung erforderlich ist, um die Zuverlässigkeit der Beobachtung sicherzustellen.

Sigmund Freud (1856 bis 1936) entwickelte um die Jahrhundertwende mit seiner **Lehre von unbewußten und neurotischen Verarbeitungsprozessen** die Grundzüge der Psychoanalyse als Erklärungsansatz für neurotische Störungen sowie als Therapieform. Die psychoanalytische Richtung, die im weiteren Verlauf in zahlreiche Schulen zersplitterte, ist auch heute noch eine der wichtigsten Psychotherapieformen. Im Gefolge der Lehren von **Iwan Petrowitsch Pawlow** (1849 bis 1936) und **Burrhus Frederic Skinner** (1904 bis 1990) über die **Konditionierbarkeit bzw. das Erlernen von Verhaltensmustern** entwickelte sich eine lerntheoretische Psychologie, die psychische Störungen als Folge von Lernprozessen erklärte und mit der **Verhaltenstherapie** eine entsprechende Psychotherapiemethode bereitstellte, die auch heute noch zu den wichtigsten Psychotherapiemethoden gehört.

Im 20. Jahrhundert gab es ganz wesentliche Fortschritte in den somatischen Behandlungsmethoden, die die therapeutischen Möglichkeiten der Psychiatrie erheblich verbesserten und zunehmend zu einer positiven Veränderung der Versorgung psychisch Kranker beitrugen.

- Behandlung der progressiven Paralyse mit Fieberschüben durch Infektion mit Malariaerregern, eingeführt von **Julius Wagner, Ritter von Jaureck,** später Ablösung dieser Therapieform durch Penicillinbehandlung.
- 1933 Publikation der Insulin-Koma-Behandlung durch **Manfred Sakel;** diese Behandlungsmethode wurde bis in die Ära der Psychopharmakotherapie fortgeführt, ist seither obsolet.
- 1937 Einführung der Elektrokrampftherapie durch **Cerletti** und **Bini.**
- Ab ca. 1950 Entwicklung der Psychopharmaka: 1949 Entdeckung des antimanischen Effekts von Lithium durch **Cade,** 1952 Entwicklung von Chlorpromazin als erstem Neuroleptikum durch **Delay** und **Deniker,** 1954 Entdeckung des Meprobamats als Anxiolytikum durch **Berger,** 1957 Entdeckung des Imipramins als Antidepressivum durch **Kuhn.**

Zunehmend gewann der **biologische Forschungsansatz** in der Psychiatrie an Bedeutung, eine Forschungsrichtung, die insbesondere in den letzten 30 Jahren weitgehend bestimmend war. Es geht dabei um die Klärung genetischer, neuropathologischer, neurophysiologischer und neurochemischer Fragen. Derzeit werden insbesondere Hoffnungen in die Transmitter- und Rezeptorforschung sowie in die moderne molekulargenetische Forschung gesetzt mit der Zielvorstellung, die biologischen Grundlagen der psychischen Erkrankungen weiter aufzudecken und darauf basierend bessere Therapieansätze zu entwickeln.

Nachdem die Versorgung psychiatrischer Patienten bis 1975 vorwiegend in psychiatrischen Großkrankenhäusern (Landeskrankenhäusern) erfolgte, wurde mit dem Bericht der **Enquete-Kommission zur Situation der Psychiatrie in der BRD** (1975) versucht, die Weichen in Richtung einer modernen Versorgung zu stellen: Reduktion der Bettenzahl der Großkrankenhäuser, gemeindenahe Versorgung psychisch Kranker, Einrichtung komplementärer Versorgungsstrukturen (Tagklinik, Nachtklinik, sozialpsychiatrische Heime etc.), Einrichtung von psychiatrischen Abteilungen an Stadtkrankenhäusern, Betonung der therapeutischen Atmosphäre im psychiatrischen Krankenhaus.

Zur Zeit des Nationalsozialismus kam es zu ungeheuren Greueltaten in der deutschen Psychiatrie, u.a. durch Zwangssterilisation und Ermordung unzähliger psychisch Kranker. Dadurch wurde das Ansehen der deutschen Psychiatrie, das vorher in aller Welt sehr hoch stand, extrem erschüttert. Erst langsam gelingt es, diesen Reputationsverlust wieder auszugleichen.

2 Allgemeine Psychopathologie

Psychiatrische Symptomatologie und Diagnostik

In der psychiatrischen Diagnostik versucht der Arzt, sich ein genaues Bild von den Krankheitssymptomen, deren zeitlichen Abläufen und möglichen Hintergründen zu machen.
Dazu gehören:
- Genaue Erfassung der psychopathologischen Symptomatik im Querschnitt (*siehe Tabelle 2-1*).
- Erhebung des zeitlichen Verlaufs dieser Symptomatik (*siehe Tabelle 2-2*).
- Erfassung früherer ähnlicher Krankheitsmanifestationen.
- Erfassung sonstiger früherer psychischer Erkrankungen und der allgemeinen Krankheitsanamnese.
- Analyse möglicher körperlicher Veränderungen und psychosozialer Belastungen als Ursache oder Auslöser der jetzigen Erkrankung.
- Beschreibung der prämorbiden Persönlichkeit.
- Erhebung der Biographie.
- Familienanamnese.

Tabelle 2-1: Hauptpunkte der Symptomexploration

Bewußtseinsstörungen
Orientierungsstörungen
Störungen der Aufmerksamkeit, Konzentration, Auffassung
Störungen von Merkfähigkeit und Altgedächtnis
Störung der Intelligenz
Formale Denkstörungen
Wahn, Halluzinationen
Zwänge, Phobien, Ängste
Störungen von Stimmung und Affekt
Störungen des Antriebs und der Psychomotorik
Vegetative Störungen
Suizidalität

Tabelle 2-2: Hauptpunkte der Krankheitsanamnese

Frühere Erkrankungen
a) Körperlich
   Art, Beginn, Behandlung, Krankheitsverlauf
b) Psychisch
   Art, Beginn, Behandlung, Krankheitsverlauf

Jetzige Erkrankung
a) Symptome
b) Krankheitsbeginn
c) Auslöser/körperliche Begleiterkrankungen
d) Bisherige Behandlung

Auf der Basis dieser Informationen ist es meist möglich, anhand des psychopathologischen Querschnittsbildes, des Verlaufs sowie hypothetischer Auslöser und Ursachenfaktoren eine Verdachtsdiagnose zu stellen und ggf. auch Inhalte der Symptomatik bzw. (bei psychogenen Störungen) die Erkrankung selbst lebensgeschichtlich verständlich zu machen bzw. abzuleiten.

Merke. Zu jeder psychiatrischen Diagnostik gehört auch eine körperliche Untersuchung mit Fokussierung auf neurologische und internistische Aspekte.

---

2 Allgemeine Psychopathologie

Psychiatrische Symptomatologie und Diagnostik
Zur psychiatrischen Diagnostik gehört die Erfassung der folgenden Aspekte:
- psychopathologischer Befund (*s. Tab. 2-1*)
- Verlauf der Symptomatik (*s. Tab. 2-2*)
- frühere psychiatrische und sonstige Erkrankungen
- Analyse möglicher Ursachen
- prämorbide Persönlichkeit
- Biographie
- Familienanamnese

Auf der Basis der in der psychiatrischen Diagnostik erhobenen Daten wird die Diagnose gestellt und die Symptomatik in einen lebensgeschichtlichen Zusammenhang gebracht.

◀ Merke

Es müssen das Gehirn direkt betreffende Erkrankungen oder das Gehirn affizierende Allgemeinerkrankungen unter Anwendung üblicher klinischer Routinediagnostik (EKG, Rö-Thorax, Labor, Sono) und ggf. notwendiger Spezialuntersuchungen (EEG, CT, MRT, PET) erkannt werden.

Standardisierte Untersuchungsverfahren wie Fremd- und Selbstbeurteilungsskalen dienen zur Objektivierung der psychopathologischen Symptomatik. Testpsychologische Verfahren werden insbesondere eingesetzt zur Feststellung des Ausmaßes kognitiver Störungen (Störungen der Intelligenz, des Gedächtnisses, der Konzentration, *s. Tab. 2-3*).

Durch **Persönlichkeitstests** können Abnormitäten der Persönlichkeitsstruktur erfaßt werden.

Für die Praxis des niedergelassenen Arztes eignen sich insbesondere **Selbstbeurteilungsskalen** (*s. Tab. 2-4*).

Es müssen das Gehirn direkt betreffende Erkrankungen oder das Gehirn affizierende Allgemeinerkrankungen ausgeschlossen werden bzw. als ursächlich für die psychische Störung erkannt werden. Je nach Störung und Möglichkeiten werden dabei auch eine orientierende internistische Labordiagnostik sowie eine neurologisch apparative Diagnostik (Elektroenzephalographie [EEG], Computertomographie [CT], Magnetresonanztomographie [MRT], Positronenemissionstomographie [PET] etc.) eingesetzt. Ggf. sind darüber hinausgehende körperliche Spezialuntersuchungen in anderen Fachbereichen erforderlich.

Der sich auf der Basis der Exploration ergebende psychopathologische Befund kann durch **standardisierte Untersuchungsmethoden** objektiviert werden. Insbesondere bei Verdacht auf einen angeborenen oder früh erworbenen Intelligenzmangel oder bei Verdacht auf dementiellen Abbau können testpsychologische Untersuchungen zur Objektivierung der Beeinträchtigung verschiedener kognitiver Dimensionen (Intelligenz [*siehe Tabelle 2-3*], Gedächtnis, Konzentration etc.) beitragen. Durch **Persönlichkeitstests** können Abnormitäten der Persönlichkeitsstruktur standardisiert erfaßt werden. Außerdem gibt es standardisierte Beurteilungsverfahren (Fremd- und Selbstbeurteilungsskalen) zur genaueren Abschätzung der aktuellen psychopathologischen Symptomatik. Für die alltägliche Praxis des niedergelassenen Arztes können insbesondere die vom Patienten selbst auszufüllenden **Selbstbeurteilungsskalen** (z.B. zur Erfassung von Depressivität) von Bedeutung sein (*siehe Tabelle 2-4*).

Tabelle 2-3: Mehrfachwortwahl-Intelligenztest, 1. Seite

Name _____ Punkte _____

Beruf _____ Alter _____

Untersuchungsdatum _____ männlich-weiblich _____

Sonstiges _____

Anweisung:
Sie sehen mehrere Reihen mit Wörtern. In jeder Reihe steht **höchstens ein Wort,** das Ihnen vielleicht bekannt ist. Wenn Sie es gefunden haben, streichen Sie es bitte durch.

1. Nale – Sahe – Nase – Nesa – Sehna
2. Funktion – Kuntion – Finzahm – Tuntion – Tunkion
3. Struk – Streik – Sturk – Strek – Kreik
4. Kulinse – Kulerane – Kulisse – Klubihle – Kubistane
5. Kenekel – Gesonk – Kelume – Gelenk – Gelerge
6. siziol – salzahl – sozihl – sziam – sozial
7. Sympasie – Symmofeltrie – Symmantrie – Symphonie – Symplanie
8. Umma – Pamme – Nelle – Ampe – Amme
9. Krusse – Surke – Krustelle – Kruste – Struke
10. Kirse – Sirke – Krise – Krospe – Serise
11. Tinxur – Kukutur – Fraktan – Tinktur – Rimsuhr
12. Unfision – Fudision – Infusion – Syntusion – Nuridion
13. Feudasmus – Fonderismus – Föderalismus – Födismus – Föderasmus
14. Redor – Radium – Terion – Dramin – Orakium

Tabelle 2-4: Die Depressivitäts-Skala von v. Zerssen, eine Selbstbeurteilungs-Skala				
	trifft **aus-gespro-chen** zu	trifft **überwie-gend** zu	trifft **etwas** zu	trifft **gar nicht** zu
1. Ich muß mich sehr antreiben, etwas zu tun				
2. In letzter Zeit kommen mir öfter die Tränen				
3. Mein Appetit ist viel schlechter als früher				
4. Ich kann manchmal vor lauter Unruhe keine Minute mehr stillsitzen				
5. Ich kann nachts schlecht schlafen				
6. Ich fühle mich innerlich leer				
7. Ich sehe voller Hoffnung in die Zukunft				
8. Ich fühle mich innerlich gespannt und verkrampft				
9. In letzter Zeit regt mich jede Kleinigkeit auf				
10. Ich habe mich in unbestimmter Weise verändert				
11. Ich denke oft an Selbstmord				
12. Ich bin häufig nervös und unruhig				
13. Ich fühle mich einsam, sogar wenn ich mit Menschen zusammen bin				
14. Ich kann so klar denken wie immer				
15. Ich finde keinen Kontakt mehr zu anderen				
16. Ich habe das Gefühl der Gedankenverarmung				

Merke. Wegen der besonderen psychologischen Ausgangssituation des Patienten muß das psychiatrisch orientierte diagnostische Gespräch mit besonderer Feinfühligkeit und Behutsamkeit geführt werden.

◄ Merke

Andererseits genügt es nicht, dem Patienten nur Verständnis zu zeigen und ihm beratend und tröstend zur Seite zu stehen, sondern es müssen die für die Krankheitsdiagnose notwendigen Informationen erhoben werden, um so die Möglichkeit zur Einleitung adäquater Behandlungsmaßnahmen zu schaffen.

In der psychiatrischen Exploration muß eine sinnvolle Mittelstellung zwischen empathischem Verstehen und objektivierender Symptomerfassung gefunden werden.

Merke. Die psychiatrische Ersturtersuchung hat einerseits eine allgemein psychotherapeutische (empathische, kathartische, supportive) Funktion, andererseits einen stärker strukturiert vorgehenden diagnostischen Teil.

◄ Merke

Im Verlauf der Behandlung nimmt in der Regel der diagnostische Anteil der psychiatrischen Gespräche in seinem zeitlichen Umfang ab, während die allgemeinen bzw. speziellen psychotherapeutischen Anteile in den Vordergrund treten.

Im weiteren Verlauf der Behandlung nimmt i. d. R. der diagnostisch orientierte Teil der Gespräche zugunsten des therapeutischen Teils ab.

Merke. Es ist sinnvoll, den Patienten das Gespräch mit der Schilderung seiner Hauptbeschwerden beginnen zu lassen.

◄ Merke

Für den Fall, daß der Patient nicht spontan über seine Probleme oder Beschwerden berichtet, versucht man, mit einer möglichst offenen Frage (z. B. „Was ist denn los?" „Was sind Ihre Beschwerden?") das Gespräch zu beginnen. Das weitere Gespräch baut auf den ersten Schilderungen des Patienten auf.

Die Exploration sollte mit einer offenen Frage begonnen werden, wenn der Patient nicht spontan berichtet.

2 Allgemeine Psychopathologie

Merke ▶

Insbesondere bei Negierungs- oder Bagatellisierungstendenzen des Patienten sollte eine Fremdanamnese eingeholt werden. Nur so können subjektive Verzerrungen oder Auslassungen in der Schilderung des Patienten korrigiert werden.
Die nachfolgende Darstellung der Exploration psychopathologischer Symptome beschränkt sich auf häufige, für bestimmte Krankheiten charakteristische Symptome.

Psychopathologische Symptome

Bewußtseinsstörungen

Definition ▶

Die **quantitativen Bewußtseinsstörungen** werden je nach Schweregrad der Verminderung des Bewußtseins eingeteilt in:

- **Benommenheit:** Patient ist verlangsamt, schwer besinnlich.
- **Somnolenz:** Patient ist schläfrig, aber leicht weckbar.
- **Sopor:** Nur starke Reize können den Patienten wecken.
- **Koma:** Patient ist bewußtlos, nicht weckbar.

Zu den **qualitativen Bewußtseinsstörungen** gehören:

- **Bewußtseinstrübung:** Mangelnde Klarheit der Vergegenwärtigung des Erlebens im Eigenbereich oder in der Umwelt mit Verwirrtheit des Denkens und Handelns.

- **Bewußtseinseinengung:** Einengung des Umfanges des Bewußtseins, z. B. durch Fokussierung auf ein bestimmtes Erleben (innerpersonal oder außenweltlich).

> **Merke.** Eine fremdanamnestische Ergänzung der Angaben des Patienten durch Informationen enger Bezugspersonen ist meistens unverzichtbar.

Dies gilt insbesondere für Erkrankungen, bei denen erfahrungsgemäß der Patient dazu neigt, die Symptome zu negieren oder zu bagatellisieren, so z. B. bei Wahnerkrankungen, Suchterkrankungen, devianten oder asozialen Persönlichkeitszügen. Auch Hinweise über psychosoziale Konflikte ergeben sich oft erst im Gespräch mit den Bezugspersonen.

Die nachfolgende Darstellung der Exploration psychopathologischer Symptome beschränkt sich wegen der ungeheuren Stofffülle auf häufige, für bestimmte Krankheiten charakteristische Symptome. Die Definition der psychopathologischen Symptombegriffe, die z. T. in der Psychiatrie gewisse Unterschiede aufweisen, folgt weitgehend den Standardisierungsbemühungen der Arbeitsgemeinschaft für Methodik und Dokumentation in der Psychiatrie.

Psychopathologische Symptome

Bewußtseinsstörungen

> **Definition.** Bewußtseinsstörung ist der Oberbegriff für alle Veränderungen der Bewußtseinslage.
>
> Man kann unterscheiden zwischen *quantitativen* Bewußtseinsstörungen (Bewußtseinsverminderung im Sinne der Schlaf-Wach-Skala) und *qualitativen* Bewußtseinsveränderungen (Bewußtseinseinengung, Bewußtseinsverschiebung und Bewußtseinstrübung).

Eine **quantitative Bewußtseinsstörung** (Verminderung des Bewußtseins) wird in der Untersuchung dann angenommen, wenn der Kranke benommen oder schläfrig wirkt und eine reduzierte Wahrnehmung äußerer Reize feststellbar ist. Das Ausmaß der Bewußtseinsminderung kann in der folgenden Terminologie beschrieben werden:
- **Benommenheit:** Patient ist schwer besinnlich, verlangsamt, in der Informationsaufnahme und -verarbeitung eingeschränkt.
- **Somnolenz:** Patient ist schläfrig, aber leicht weckbar.
- **Sopor:** Patient schläft, nur starke Reize können ihn wecken.
- **Koma:** Patient ist bewußtlos, nicht weckbar, im tiefen Koma fehlen die Pupillen-, Korneal- und Muskeleigenreflexe.

Zu den **qualitativen Bewußtseinsstörungen** gehören Bewußtseinseinengung, Bewußtseinsverschiebung und Bewußtseinstrübung.

Von den qualitativen Bewußtseinsstörungen ist die Bewußtseinstrübung für jeden, der einmal diesen Zustand gesehen hat, leicht erkennbar:

- **Bewußtseinstrübung:** Mangelnde Klarheit der Vergegenwärtigung des Erlebens im Eigenbereich oder in der Umwelt. Der Zusammenhang des Erlebens geht verloren, das Bewußtsein ist wie zerstückelt. Es besteht Verwirrtheit des Denkens und Handelns.

Demgegenüber macht die Diagnostik der anderen qualitativen Bewußtseinsstörungen größere Schwierigkeiten. So kann die Erfassung der Bewußtseinseinengung (man denke an den epileptischen Dämmerzustand), gerade wegen der erhaltenen Fähigkeit zu äußerlich geordneten Handlungsabläufen, problematisch sein.

- **Bewußtseinseinengung:** Einengung des Umfanges des Bewußtseins, z. B. durch Fokussierung auf ein bestimmtes Erleben (innerpersonal oder außenweltlich), meist verbunden mit verminderter Ansprechbarkeit auf Außenreize. Das Erleben ist insgesamt traumhaft verändert. Komplizierte und äußerlich geordnete Handlungsabläufe (z. B. Reisen) sind trotz der Bewußtseinseinengung noch möglich.

Die Erfassung einer Bewußtseinsverschiebung ist nur möglich auf der Basis der subjektiven Angaben des Untersuchten:

- **Bewußtseinsverschiebung:** Bewußtseinsänderung gegenüber dem üblichen Tagesbewußtsein. Es kommt zum Gefühl der Intensitäts- und Helligkeitssteigerung, der Bewußtseinssteigerung hinsichtlich Wachheit und Wahrnehmung innerpersonaler oder außenweltlicher Vorgänge und/oder dem Gefühl der Vergrößerung des dem Bewußtsein erkennbaren Raumes bzw. der Tiefe (Bewußtseinserweiterung).

> *Diagnostik.* Folgende **Einstiegsfragen** können für die Diagnose hilfreich sein:
> - Hatten Sie das Gefühl, Farben intensiver zu sehen oder Musik lauter zu hören?
> - Hatten Sie das Gefühl, daß Ihre Wahrnehmung besonders scharf ist? Bitte beschreiben Sie das genauer!

- **Bewußtseinsverschiebung:** Es kommt zum Gefühl der Intensitäts- und Helligkeitssteigerung, der Bewußtseinssteigerung hinsichtlich Wachheit und Wahrnehmung innerpersonaler oder außenweltlicher Vorgänge und/oder dem Gefühl der Vergrößerung des dem Bewußtsein erkennbaren Raumes bzw. der Tiefe.

◄ **Diagnostik**

Orientierungsstörungen

Orientierungsstörungen

> *Definition.* Orientierungsstörungen zeigen sich in einem mangelnden Bescheidwissen in den zeitlichen, räumlichen und persönlichen Gegebenheiten. Nach der Intensität der Störung kann man die *eingeschränkte* und die *aufgehobene* Orientierung unterscheiden.

◄ **Definition**

Folgende Formen sollen unterschieden werden:
- **Zeitliche Desorientiertheit:** Der zeitlich Desorientierte weiß nicht das Datum, den Tag, das Jahr, die Jahreszeit.
- **Örtliche Desorientiertheit:** Der örtlich Desorientierte weiß nicht, wo er ist.
- **Situative Desorientiertheit:** Der situativ Desorientierte erfaßt nicht die Situation, in der er sich gerade befindet (z. B. Untersuchung in der Klinik).
- **Desorientiertheit zur eigenen Person:** Mangelndes Wissen um den eigenen Namen, das eigene Geburtsdatum und sonstige wichtige persönliche lebensgeschichtliche Gegebenheiten.

Inhaltlich unterscheidet man:
- **Zeitliche Desorientiertheit**
- **Örtliche Desorientiertheit**
- **Situative Desorientiertheit**
- **Desorientiertheit zur eigenen Person**

> *Merke.* Um dem Patienten nicht das Gefühl zu geben, bloßgestellt zu werden, sollte man versuchen, die entsprechenden Fragen im Rahmen des Gesamtgespräches zu verstecken.

◄ **Merke**

So läßt sich z. B. die Frage nach der zeitlichen Orientiertheit in Fragen nach dem genauen zeitlichen Ablauf der jüngsten Ereignisse, die der Untersuchung vorausgegangen sind, einbeziehen.

> *Diagnostik.* Folgende **Einstiegsfragen** können zur Diagnosestellung führen:
> - Welches Datum haben wir heute?
> - Welche Jahreszeit haben wir?
> - Wann sind Sie in die Klinik gekommen?
> - In welcher Stadt sind wir?
> - In was für einer Einrichtung sind wir hier?
> - Was meinen Sie, welchen Beruf ich habe (unter Bezugnahme auf den weißen Kittel des Arztes)?
> - Wie alt sind Sie?
> - Wann wurden Sie geboren?
> - Sind Sie verheiratet?
> - Welchen Beruf haben Sie?

◄ **Diagnostik**

26 **2 Allgemeine Psychopathologie**

Störungen der Aufmerksamkeit und Konzentration

Definition ▶

• **Aufmerksamkeitsstörungen**

• **Konzentrationsstörungen**

Aus dem Gesprächsverlauf oder Auffälligkeiten der Schrift können Rückschlüsse auf die Konzentrationsfähigkeit gezogen werden.

Orientierende Prüfung von Konzentrationsstörungen: Zur orientierenden Prüfung können einfache mathematische und verbale Testaufgaben dienen.
Wichtiger als die subjektive Beurteilung der Störungen in diesem Bereich durch den Patienten ist die objektive Beurteilung durch den Untersucher.

Diagnostik ▶

Auffassungsstörungen

Definition ▶

Auffassungsstörungen werden automatisch im Gespräch ermittelt. Die Auffassung kann falsch sein, verlangsamt sein oder fehlen.

Orientierende Prüfung von Auffassungsstörungen: Sie erfolgt durch das Nacherzählen einer Fabel oder anhand von Bildvorlagen.

Störungen der Aufmerksamkeit und Konzentration

> **Definition.** Bei Störungen der Aufmerksamkeit und Konzentration ist die Fähigkeit beeinträchtigt, die Wahrnehmung in vollem Umfang den durch die Sinne vermittelten Eindrücken zuzuwenden bzw. die Wahrnehmung auf einen bestimmten Sachverhalt zu konzentrieren.

• **Aufmerksamkeitsstörungen:** Umfang und Intensität der Aufnahme von Wahrnehmungen bzw. von Vorstellungen oder Gedanken sind beeinträchtigt.
• **Konzentrationsstörungen:** Störung der Fähigkeit, seine Aufmerksamkeit ausdauernd einer bestimmten Tätigkeit oder einem bestimmten Gegenstand bzw. Sachverhalt zuzuwenden.

Bereits aus dem Gesprächsverlauf ergeben sich Anhaltspunkte dafür, ob der Patient in seiner Fähigkeit, seine Wahrnehmung in vollem Umfang den durch seine Sinne vermittelten Eindrücken zuzuwenden, bzw. in seiner Fähigkeit, seine Wahrnehmung auf einen bestimmten Gegenstand oder Sachverhalt zu konzentrieren, beeinträchtigt ist. Auch Auffälligkeiten in der Schrift (Auslassungen, Verdoppelung von Buchstaben etc.) können diesbezügliche Hinweise geben.

Orientierende Prüfung von Konzentrationsstörungen: Bei Verdacht auf Konzentrationsstörungen kann man sich orientierend der folgenden Testaufgaben bedienen: fortlaufendes Abziehen einer Zahl, z. B. 100 minus 7 etc., Wochentage oder Monatsnamen rückwärts aufsagen, Buchstabieren von längeren Worten (Gartenlaube, Hängebrücke u.a). Pathologisch sind Steckenbleiben, Fehler, versiegende Aktivität. Den objektiv beobachtbaren Merkmalen kommt eine größere Bedeutung zu als der Selbstbeurteilung durch den Patienten, die durch Veränderungen der Stimmungslage beeinflußt sein kann. Die subjektiven Äußerungen von Störungen in diesem Bereich entbinden den Untersucher nicht von der genauen Überprüfung, da es sich dabei z. B. um depressionsbedingte Insuffizienzgefühle handeln kann.

> **Diagnostik.** Bei der Anamnese sind folgende **Einstiegsfragen** sinnvoll:
> • Fällt es Ihnen schwer, dem Gespräch zu folgen?
> • Fällt es Ihnen in bestimmten Situationen schwer, bei der Sache zu bleiben?
> • Können Sie sich nicht so gut wie früher konzentrieren?
>   Bitte geben Sie ein Beispiel!

Auffassungsstörungen

> **Definition.** Bei Störungen der Auffassung ist die Fähigkeit beeinträchtigt, Wahrnehmungserlebnisse in ihrer Bedeutung zu begreifen und sie miteinander zu verbinden. Die Auffassung kann falsch sein, verlangsamt sein oder fehlen.

Die Fähigkeit, Wahrnehmungserlebnisse in ihrer Bedeutung zu begreifen und sinnvoll miteinander zu verbinden, wird automatisch im Verlauf des Gesprächs geprüft. Paßt der Patient genau auf, was wir ihm sagen? Erfaßt er nur konkrete Gesprächsinhalte oder auch abstrakte?

Orientierende Prüfung von Auffassungsstörungen: Bei Verdacht auf Auffassungsstörungen kann die Auffassung orientierend durch das Nacherzählen einer Fabel oder anhand von Bildvorlagen, die richtig wiedergegeben und interpretiert werden müssen, geprüft werden.

Gedächtnisstörungen

> **Definition.** Bei Gedächtnisstörungen ist die Fähigkeit, frische und alte Erfahrungen wiederzugeben, vermindert. Man unterscheidet Störungen der **Merkfähigkeit** und des **Altgedächtnisses**.

Im allgemeinen können die Störungen der mnestischen Funktionen bereits im Untersuchungsgespräch annähernd abgeschätzt werden. So erkennt man hier z.B. auch, ob der Kranke sich die Fragen des Untersuchers merken kann, oder ob er noch weiß, was in einem früheren Teil des Gesprächs behandelt wurde. Eventuell berichtet der Patient spontan über subjektiv empfundene Vergeßlichkeit. Dies ist u. a. daran erkennbar, daß er sich z. B. beim Einkaufen oder in anderen Lebenssituationen, wo er sich sonst keine Notizen gemacht hat, jetzt schriftliche Gedächtnisstützen zu Hilfe nehmen muß. Auch aus der Schilderung der Lebensgeschichte und der aktuellen Lebenssituation können sich oft deutliche Hinweise auf Gedächtnislücken ergeben, die möglicherweise z. T. durch Konfabulationen ausgefüllt werden. Die Beurteilung erfolgt aufgrund der Beobachtung des Verhaltens in der klinischen Prüfung. Den objektiv beobachtbaren Merkmalen kommt eine größere Bedeutung zu als der Selbstbeurteilung durch den Patienten, die durch affektiv bedingte Insuffizienzgefühle geprägt sein kann.

Man unterscheidet:

- **Störungen der Merkfähigkeit:** Herabsetzung oder Aufhebung der Fähigkeit, sich frische Eindrücke über eine Zeit von ca. zehn Minuten zu merken.
  Orientierende Prüfung der Merkfähigkeit: Vorsprechen von sieben einstelligen Zahlen (z. B. Telefonnummern), Namen von drei Gegenständen, Vorzeigen von bestimmten Gegenständen oder Bildmaterial, Erzählen einer kleinen Geschichte oder Fabel. Der Patient wird aufgefordert, das dargebotene Material sofort und nach einem dazwischengeschobenen Gesprächsintervall (ca. zehn Minuten) zu reportieren.

- **Störungen des Altgedächtnisses** (der Erinnerungsfähigkeit): Herabsetzung oder Aufhebung der Fähigkeit, länger als ca. zehn Minuten zurückliegende Eindrücke bzw. Kenntnisse im Gedächtnis zu behalten.
  Orientierende Prüfung des Altgedächtnisses: Man läßt sich relevante Daten aus der Anamnese (die dem Untersucher aus objektiven Quellen bekannt sein müssen!) nennen, z. B. Berufsabschluß, Heirat, Geburt der Kinder u. a. Auch die unter Merkfähigkeitsstörungen genannten Testaufgaben können verwendet werden, hier aber mit einer längeren Reproduktionszeit.

- **Amnesie:** Inhaltlich oder zeitlich begrenzte Erinnerungslücke. Man unterscheidet hinsichtlich eines schädigenden Ereignisses (z. B. Hirntrauma) **retrograde** (ein bestimmter Zeitraum **vor** dem Ereignis ist betroffen) oder **anterograde** (ein bestimmter Zeitraum **nach** dem Ereignis ist betroffen) Amnesie. Hinsichtlich des Zeitraums, den die Erinnerungslücke betrifft, kann man unterscheiden zwischen **totalen** und **lakunären** (ausgestanzten) Amnesien. Bei der anterograden Amnesie ist die Dauer der Erinnerungslücke in der Regel länger als die Dauer der Bewußtlosigkeit.

- **Konfabulationen:** Erinnerungslücken werden mit Einfällen ausgefüllt, die vom Patienten selbst für Erinnerungen gehalten werden.

- **Paramnesien** (auch Wahnerinnerungen genannt): Umänderung der Erinnerung im Sinne eines Wahns. Zu den Paramnesien gehört auch das sog. falsche Wiedererkennen, z. B. das Gefühl, bestimmte Situationen schon einmal früher bzw. noch nie erlebt zu haben.

> **Diagnostik.** Anamnestisch sind folgende **Einstiegsfragen** sinnvoll:
> - Wie schätzen Sie Ihr Gedächtnis ein?
> - Vermissen Sie z. Z. vermehrt Dinge?
> - Haben Sie Schwierigkeiten, sich etwas zu merken?
>   Bitte geben Sie ein Beispiel!

Gedächtnisstörungen

◀ Definition

Die Beurteilung erfolgt aufgrund der Beobachtung des Verhaltens in der klinischen Prüfung.

- **Störungen der Merkfähigkeit Orientierende Prüfung der Merkfähigkeit:** Vorsprechen von 7 einstelligen Zahlen, Namen von 3 Gegenständen etc.: Sofort und nach einem 10minütigen Gespräch muß das dargebotene Material vom Patienten reportiert werden.

- **Störungen der Erinnerungsfähigkeit** (Altgedächtnis)

Orientierende Prüfung des Altgedächtnisses: Abfragen relevanter Daten aus der Anamnese (z. B. Berufsabschluß, Heirat, Geburt der Kinder).

- **Amnesie:** Inhaltlich oder zeitlich begrenzte Erinnerungslücke. Man unterscheidet: **retrograde** – ein bestimmter Zeitraum vor dem Ereignis ist betroffen – von **anterograder** Amnesie. Hier ist der Zeitraum **nach** dem Ereignis betroffen.

- **Konfabulationen:** Erinnerungslücken werden mit Einfällen ausgefüllt, die vom Patienten selbst für Erinnerungen gehalten werden.
- **Paramnesien (Wahnerinnerungen):** Z. B. das Gefühl, bestimmte Situationen schon einmal früher bzw. noch nie erlebt zu haben.

◀ Diagnostik

Störungen der Intelligenz

Definition. Intelligenz ist eine komplexe Fähigkeit des Menschen, sich in ungewohnten Situationen zurechtzufinden, Sinn- u. Beziehungszusammenhänge zu erfassen und neuen Anforderungen durch Denkleistungen zu entsprechen.

Intelligenzstörungen können angeboren (*Oligophrenie*) oder im späteren Leben erworben sein (*Demenz*).

Die wichtigsten Hinweise auf das intellektuelle Niveau des Kranken ergeben sich bereits aus der **Lebensgeschichte**: Art der Schulausbildung, Wiederholen von Klassen, Schulabschluß, erreichte Stellung im Beruf, Freizeitinteressen etc. Auch Sprachstil und Denkleistungen (Abstraktionsniveau) im Gespräch lassen orientierende Rückschlüsse auf die Intelligenz zu. Beruflicher Abstieg und Reduktion des intellektuellen Niveaus der Freizeitaktivitäten im Vergleich zu früher lassen, wenn andere Faktoren ausgeschlossen sind, an eine erworbene Intelligenzminderung denken. Eine Reihe einfacher Testfragen dient der orientierenden klinischen Prüfung der Intelligenz:

Orientierende Prüfung des Allgemeinwissens: Einfache Additions- und Subtraktionsaufgaben, Fragen nach Maßen und Gewichten, Fragen nach geographischem, politischem und berufsbezogenem Grundwissen.

Orientierende Prüfung von Denkleistungen: Begriffsdefinitionen, Begriffsgegensätze, Unterschiede von konkreten Begriffen (Kind/Zwerg?), Unterschiede von abstrakten Begriffen (Lüge/Irrtum?), Gemeinsamkeiten finden (Wolf/Löwe?), Erklären von Sprichwörtern, Interpretationen von Fabeln oder Bildmaterial.

Formale Denkstörungen

Definition. Formale Denkstörungen sind Störungen des Denkablaufes. Sie werden vom Patienten subjektiv empfunden oder äußern sich in den sprachlichen Äußerungen.

Man unterscheidet:
- **Denkverlangsamung:** Der Gedankengang ist schleppend, läuft verzögert ab, scheint für den Patienten mühsam, wird subjektiv vom Patienten oft als Denkhemmung empfunden.
- **Umständliches Denken:** Im Denkablauf wird Nebensächliches nicht vom Wesentlichen getrennt. Die Hauptsache geht in der Schilderung von unwesentlichen Details unter. Das Denken ist weitschweifig.
- **Eingeengtes Denken:** Einschränkung des inhaltlichen Denkumfanges, Verhaftetsein an ein Thema oder an wenige Themen.
- **Perseveration:** Wiederholung gleicher Denkinhalte und Haftenbleiben an vorherigen Worten oder Angaben, die gebraucht wurden, aber nun nicht mehr sinnvoll sind.
- **Ständiges Grübeln:** Unablässiges Beschäftigtsein mit bestimmten, meist unangenehmen Gedanken, die vom Patienten nicht als fremd erlebt werden und meist mit der aktuellen Lebenssituation in Zusammenhang stehen.
- **Gedankendrängen:** Der Patient fühlt sich unter dem übermäßigen Druck vieler Einfälle oder auch ständig wiederkehrender Gedanken.
- **Ideenflucht:** Übermäßig einfallsreicher Gedankengang. Dabei wird das Denken nicht mehr von einer Zielvorstellung straff geführt, sondern wechselt oder verliert das Ziel aufgrund von dazwischenkommenden Assoziationen.
- **Vorbeireden:** Der Patient geht nicht auf die Frage ein, bringt etwas inhaltlich anderes vor, obwohl aus Antwort und/oder Situation ersichtlich ist, daß er die Frage verstanden hat.

Psychiatrische Symptomatologie und Diagnostik 29

- **Sperrung/Gedankenabreißen:** Plötzlicher Abbruch eines sonst flüssigen Gedankenganges ohne erkennbaren Grund.
- **Inkohärenz/Zerfahrenheit:** Sprunghafter, dissoziierter Gedankengang, bei dem die logischen und assoziativen Verknüpfungen fehlen. Nicht zusammengehörige Denkinhalte werden oft bis zur völligen Unverständlichkeit aneinandergereiht. Bei leichteren Formen (fehlende Spannweite des intentionalen Bogens, Faseligkeit) ist der Satzbau meist noch intakt, bei schwereren Formen ist er zerstört (Paragrammatismus) bis zu unverständlichem, sinnleerem Wort- und Silbengemisch („Wortsalat", Schizophasie, *siehe Fallbeispiele 2-1 und 2-2*).
- **Neologismen:** Wortneubildungen, die der sprachlichen Konvention nicht entsprechen und oft nicht unmittelbar verständlich sind.

▸ Sidebar:
- **Sperrung/Gedankenabreißen**
- **Inkohärenz/Zerfahrenheit** (*s. Fallbeispiele 2-1 u. 2-2*).
- **Neologismen**

Diagnostik. Folgende **Einstiegsfragen** können bei der Diagnosestellung hilfreich sein:
- Haben Sie das Gefühl, daß sich an Ihrem Denken etwas verändert hat?
- Fällt das Denken schwerer/leichter als üblicherweise?
- Müssen Sie über bestimmte Dinge vermehrt grübeln?
- Haben Sie das Gefühl, zu viele Gedanken gleichzeitig im Kopf zu haben?
- Drängen sich Ihnen zu viele Gedanken auf?
- Haben Sie das Gefühl, daß Ihnen der Gedanke öfter einfach abhandengekommen oder abgerissen ist?

◄ **Diagnostik**

Fallbeispiel 2-1: Telegramm eines zerfahrenen Patienten

MUSS MIT ARNOLD KEYSERLING VERBINDUNG AUFNEHMEN. MAN HAT MIR DEN FUCHS ZU LANGE ERSCHOSSEN. LANZEN AUF'S MEER, VERBANNUNG, IN VERFAELSCHTE RAHMEN GESCHICHTE GESCHRAUBT. – HARLEKIN, ORNAMENT, FAELSCHER UND DROHUNG DAFUER. BITTE UM NENNUNG DES AUFENTHALTES, SEHE MIT NICHT GEPLANTER LEBENSNOT WIEDER, HABE NOCH ETWAS ZU ERLEDIGEN. 4. JAHR HEXENQUADRAT UEBERSCHRITTEN. NICHT FREIGEGEBENE OFFENE TUER. WENN RADIOAKTIVE PSYCHOKEULEN ZU ENTSCHAERFEN SIND?

◄ **Fallbeispiel**

Fallbeispiel 2-2: Zerfahrenheit (aus *Bleuler* 1972)

„Die Eicheln und das heißt auf französisch: Au Maltraitage. – TABAK. (Ich habe dir so schön gesehen.) Wenn auf jede Linie etwas geschrieben ist, so ist es recht. Jetzt ischt albi elfi grad. Der Andere. – Hü, Hü, Hüst umme nö hä! – Zuchthäuslerverein: Burghölzli. Ischt nanig á prés le Manger !? – !? – Meine Frau war eine vermögende gewesen."

◄ **Fallbeispiel**

Wahn

Wahn

Definition. Als Wahn bezeichnet man eine krankhafte falsche Beurteilung der Realität, die erfahrungsunabhängig auftritt und an der mit subjektiver Gewißheit festgehalten wird. Die Überzeugung steht also im Widerspruch zur Wirklichkeit und zur Überzeugung der Mitmenschen. Wahnphänomene können in unterschiedlicher Form und mit unterschiedlichem Inhalt auftreten.

Sie müssen von *überwertigen Ideen* abgegrenzt werden. Dabei handelt es sich um gefühlsmäßig stark besetzte Erlebnisinhalte, die das Denken in unsachlicher und einseitiger Weise beherrschen, aber nicht absolut unkorrigierbar sind.

◄ **Definition**

2 Allgemeine Psychopathologie

Nach der Art der Wahnentstehung kann man unterscheiden zwischen:

- **Wahneinfall:** Plötzliches Aufkommen von wahnhaften Überzeugungen.
- **Wahnwahrnehmung:** Richtige Sinneswahrnehmungen erhalten eine im Sinne des Wahnhaften abnorme Bedeutung (*siehe Fallbeispiel 2-3*).
- **Erklärungswahn:** Wahnhafte Überzeugung zur Erklärung von psychotischen Symptomen (z. B. Halluzinationen).

Fallbeispiel 2-3: Wahnerlebnisse (nach *AMDP* 1995)

Wahneinfall:

„Gestern ist mir aufgegangen, daß ich den Friedensnobelpreis erhalte, weil ich die Supermächte telepathisch ausgesöhnt habe."
„Heute morgen ist mir sonnenklar geworden, daß mein Sohn gar nicht von mir stammt."

Wahnwahrnehmung:

„Daß der Arzt mit dem Kopf nickte, als er mir zum Abschied die Hand gab, bedeutet, daß ich Krebs habe."

Wahnstimmung:

„Es liegt etwas in der Luft, alles um mich herum ist merkwürdig verändert, alles ist so seltsam; die Leute machen so ein böses Gesicht, da muß doch was passiert sein, oder?"

„Plötzlich machte sich ein unheimliches Glücksgefühl breit; ich spürte, daß etwas Großartiges geschehen müßte, hatte aber noch keine richtige Vorstellung davon. Erst am Abend ist es mir dann wie Schuppen von den Augen gefallen."

Zur weiteren Charakterisierung des Wahnerlebens sind die folgenden Termini sinnvoll:

- **Wahnstimmung:** Stimmung des Unheimlichen, Vieldeutigen, aus dem heraus Wahnideen entstehen.
- **Wahndynamik:** Affektive Anteilnahme am Wahn. Die Kraft des Antriebs und die Stärke der Affekte, die im Wahn wirken.
- **Systematischer Wahn:** Wahnideen werden durch logische bzw. paralogische Verknüpfungen zu einem Wahngebäude ausgestaltet.
- **Beziehungswahn:** Menschen und Dinge der Umwelt werden wahnhaft vom Kranken auf sich selbst bezogen.
- **Bedeutungswahn:** Einem an sich zufälligen Ereignis wird eine besondere Bedeutung zugeschrieben.
- **Beeinträchtigungs-/Verfolgungswahn:** Der Kranke erlebt sich wahnhaft als Ziel von Beeinträchtigungen und Verfolgung (*siehe Abbildung 2-1*).
- **Eifersuchtswahn:** Wahnhafte Überzeugung, vom Partner betrogen oder hintergangen zu werden.
- **Schuldwahn:** Wahnhafte Überzeugung, gegen Gott, die Gebote, eine höhere sittliche Instanz gefehlt zu haben.
- **Verarmungswahn:** Wahnhafte Überzeugung, daß die finanzielle Lebensbasis bedroht oder verlorengegangen ist.
- **Hypochondrischer Wahn:** Wahnhafte Überzeugung, daß die Gesundheit bedroht oder verlorengegangen ist.
- **Größenwahn:** Wahnhafte Selbstüberschätzung bis hin zur Identifizierung mit berühmten Persönlichkeiten der Vergangenheit oder Gegenwart.
- **Wahnerinnerung:** Wahnhaft verfälschte Erinnerung.

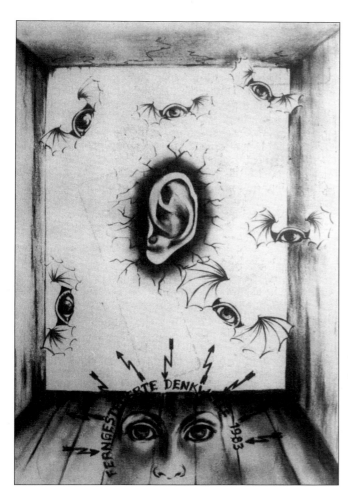

Abb. 2-1: Darstellung eines Verfolgungswahns einer Patientin mit paranoid-halluzinatorischer Psychose, die sich u. a. abgehört und beobachtet fühlte

Orientierende Prüfung von Wahnideen: Manchmal geben schon die Verhaltensbeobachtung oder fremdanamnestische Angaben Anhaltspunkte dafür, ob wahnhafte Denkinhalte vorliegen. Ein besonders mißtrauisches, ängstliches Verhalten kann ggf. an wahnhafte Beeinträchtigungs- oder Verfolgungsideen denken lassen. Man versucht, sich durch vorsichtiges Fragen an diese psychotischen Erlebniswelten heranzutasten. Bei Verdacht auf Verfolgungswahn kann man z. B. fragen, ob der Patient den Nachbarn trauen könne, ob er den Eindruck habe, daß sie etwas gegen ihn hätten oder etwas gegen ihn unternähmen. Bei Verdacht auf Vergiftungsideen kann man damit beginnen zu fragen, ob sich an den Eßgewohnheiten des Patienten etwas geändert hat, ob er die Speisen und Getränke wie früher vertrage, ob körperliche Beschwerden nach Genuß bestimmter Speisen und Getränke aufgetreten seien etc. Der Verdacht, daß bestimmte Gedanken wahnhaften Charakter haben, ergibt sich weniger aus der objektiven Unrichtigkeit des konkreten Inhaltes, was manchmal zunächst gar nicht zu beurteilen ist, zumindest nicht ohne Fremdanamnese, sondern aus der Art der Begründung. Ganz besonders schwierig ist die Differenzierung metaphysischer Positionen von Wahnideen. Das entscheidende Abgrenzungskriterium ist dabei die kulturelle/subkulturelle Beziehung dieser Gedanken.

Orientierende Prüfung von Wahnideen: Manchmal erhält man schon durch Verhaltensbeobachtung oder fremdanamnestische Angaben Anhaltspunkte auf wahnhafte Denkinhalte.
Bei Verdacht auf Verfolgungswahn kann man fragen, ob den Nachbarn getraut wird, ob sie etwas gegen den Patienten hätten etc. Bei Verdacht auf Vergiftungsideen kann man fragen, ob die Speisen und Getränke wie früher vertragen werden, ob Beschwerden nach dem Genuß bestimmter Speisen auftreten etc. Der Verdacht, daß wahnhafte Gedanken vorliegen, ergibt sich weniger aus der objektiven Unrichtigkeit des konkreten Inhaltes, sondern aus der Begründung.

Diagnostik ▶

Diagnostik. Folgende **Einstiegsfragen** sind für die Anamnese hilfreich:
- Haben Sie in letzter Zeit Dinge erlebt, die Ihnen sehr merkwürdig vorkamen, die Sie beunruhigten oder die Ihnen gar Angst machten?
- Haben Sie Dinge erlebt, die andere für unmöglich halten?
- Haben Sie das Gefühl, daß viele Dinge, die um Sie herum passiert sind, etwas mit Ihnen zu tun haben. Sind z. B. Ansagen im Fernsehen oder im Radio für Sie persönlich bestimmt?
- Meinen Sie, daß bestimmte Menschen etwas gegen Sie haben?
- Haben Sie das Gefühl, daß Ihnen jemand etwas Böses will?
- Haben Sie das Gefühl, Schuld auf sich geladen zu haben? Haben Sie das Gefühl, mit Ihrem Körper ist etwas nicht in Ordnung?
- Haben Sie das Gefühl, über besondere Fähigkeiten zu verfügen?

Halluzinationen

Halluzinationen

Definition ▶

Definition. Als *Halluzinationen* werden Wahrnehmungserlebnisse ohne entsprechenden Außenreiz bezeichnet, die aber trotzdem für wirkliche Sinneseindrücke gehalten werden, bezeichnet. Halluzinationen werden auch als Sinnestäuschungen oder Trugwahrnehmungen bezeichnet. Es kann auf allen Sinnesgebieten halluziniert werden. Der Grad des Realitätscharakters kann unterschiedlich sein. Wird die Unwirklichkeit erkannt, so spricht man von *Pseudohalluzinationen*. Sie sind von *Illusionen* zu unterscheiden. Bei diesen wird etwas wirklich Gegenständliches für etwas anderes gehalten, als es tatsächlich ist (Mißdeutung von Sinneseindrücken).

Abb. 2-2: Selbstbildnis eines akut Psychosekranken mit optisch-halluzinatorischer Symptomatik

Je nach betroffenem Sinnesgebiet unterscheidet man:

- **Akustische Halluzinationen** (s. Fallbeispiel 2-4)

- **Akustische Halluzinationen:** Sinnestäuschungen im akustischen Bereich. Sie können von ungeformten, elementaren, akustischen Wahrnehmungen bis hin zu halluzinatorischem Erleben komplizierter akustischer Phänomene – z. B. Stimmenhören – reichen (*siehe Fallbeispiel 2-4*).

- **Optische Halluzinationen** (s. Fallbeispiel 2-5)

- **Optische Halluzinationen:** Sinnestäuschungen im optischen Bereich. Sie können von ungeformten, elementaren optischen Trugwahrnehmungen bis hin zum halluzinatorischen Erleben gestalteter Szenen reichen (*siehe Fallbeispiel 2-5*).

- **Olfaktorische Halluzinationen:** Sinnestäuschung im Geruchsbereich (*siehe Fallbeispiel 2-5*).
- **Gustatorische Halluzinationen:** Sinnestäuschungen im Geschmacksbereich (*siehe Fallbeispiel 2-5*).
- **Zönästhesien:** Sinnestäuschungen im Bereich der Körperwahrnehmung (*siehe Fallbeispiel 2-6*).

- **Olfaktorische Halluzinationen** (s. Fallbeispiel 2-5)
- **Gustatorische Halluzinationen** (s. Fallbeispiel 2-5)
- **Zönästhesien** (s. Fallbeispiel 2-6)

Fallbeispiel 2-4: Akustische Halluzinationen (nach *AMDP* 1995)

Dialogische Stimmen/imperative Stimmen:

„Ich habe die Stimmen mehrerer Männer gehört, die sich über mich unterhalten haben. Eine davon hat mir dann den Befehl gegeben, nach Homburg zu fahren."

Kommentierende Stimmen:

„Ich habe die Stimme meiner toten Mutter gehört. Sie hat mich immer gelobt oder getadelt, je nachdem was ich gemacht habe."

Andere akustische Halluzinationen:

„Ich habe dauernd eine Musik gehört, fast wie ein Konzert war es gewesen."
„Ganz deutlich habe ich ein Knirschen und Knacken in der Wand gehört."
„Es macht immer Klick im Kopf, und jedesmal werde ich intelligenter."

◄ **Fallbeispiel**

Fallbeispiel 2-5: Halluzinationen auf anderen Sinnesgebieten (nach *AMDP* 1995)

Optische Halluzinationen:

„Und da habe ich plötzlich – mitten in der Stadt – eine Armee von Soldaten mit lauter Goldhelmen auf mich zukommen sehen."
„Der ganze Raum war mit Lichtblitzen und bunten Vierecken angefüllt."
„Auf einmal kam ein Hund in das Krankenzimmer gelaufen und sprang auf das Bett meines Nachbarn."

Gustatorische Halluzinationen:

„Auf einmal hatte ich einen richtig fauligen Geschmack im Mund."

Olfaktorische Halluzinationen:

„Plötzlich hat es nach Gas gerochen; es war ganz merkwürdig, weil es sonst keiner gemerkt hat."

Taktile Halluzinationen:

„Da habe ich gespürt, wie sich eine kalte, behaarte Hand auf meinen Körper legte; ganz deutlich habe ich die fünf Finger gespürt. Es war eine ganz rauhe Hand."
„Plötzlich ist mir eiskaltes Wasser über den Rücken gelaufen. Als ich nachgesehen habe, war die Haut aber ganz trocken."
„Auf einmal konnte ich lauter kleine Kristalle zwischen den Fingern tasten, sie waren zum Teil rund, zum Teil aber auch länglich."

◄ **Fallbeispiel**

Fallbeispiel 2-6: Sinnestäuschungen im Bereich der Körperwahrnehmung/ Zoenästhesien (nach *AMDP* 1995)

„Elektrischer Strom fließt durch meinen Bauch; das Herz und der Darm ziehen sich zusammen."

„In meinem Kopf schwappt das Gehirn hin und her."

„Im Hoden ist so ein eigenartiges Ziehen, als ob eine Eisenkugel daran hinge."

◄ **Fallbeispiel**

34 **2 Allgemeine Psychopathologie**

Optische und akustische Sinnestäuschungen im Halbschlaf, beim Aufwachen oder Einschlafen, sog. **hypnagoge Halluzinationen,** kommen auch bei psychisch Gesunden vor.

Orientierende Prüfung von Halluzinationen: An Halluzinationen ist z. B. zu denken, wenn der Kranke sich lauschend abwendet, unvermittelt eine abklärende Handbewegung macht, offensichtlich durch innere Erlebnisse von der Umwelt abgelenkt ist. Man kann z. B. nach nächtlichen Träumen fragen, dann nach sonderbaren oder befremdlichen Erscheinungen im Übergang vom Wachen zum Schlafen und abschließend nach solchen Erlebnissen am Tag.
Auch kann man sagen, daß einem der Patient offensichtlich durch etwas abgelenkt oder in Anspruch genommen erscheint. Anschließend fragt man nach dem Hintergrund. Man versucht danach, Art und Inhalt der Halluzinationen zu erfragen.

Diagnostik ▶

Wahrnehmungsveränderungen

Definition ▶

Man unterscheidet:
- **Veränderung der Wahrnehmungsintensität**
- **Mikro-/Makropsie**
- **Metamorphopsie**

Optische und akustische Sinnestäuschungen im Halbschlaf, beim Aufwachen oder Einschlafen, sog. **hypnagoge Halluzinationen,** kommen auch außerhalb psychischer Erkrankungen vor, wie überhaupt in verschiedenen Grenzsituationen (z. B. Sinnesdeprivation, Meditation etc.) Halluzinationen auch bei Normalpersonen auftreten können.

Orientierende Prüfung von Halluzinationen: Halluzinationen werden nur selten spontan berichtet, viele Patienten versuchen, diese Erlebnisse für sich zu behalten. Manchmal geben dann die Verhaltensbeobachtung oder fremdanamnestische Angaben Anhaltspunkte dafür, ob eine halluzinatorische Symptomatik vorliegt. An Halluzinationen ist z. B. dann zu denken, wenn der Kranke sich lauschend abwendet, unvermittelt eine abklärende Handbewegung macht, offensichtlich durch innere Erlebnisse vom Kontakt mit der Umwelt abgelenkt ist. Bei der Exploration von Halluzinationen kann man von normalen alltäglichen Erscheinungen ausgehen. Man kann z. B. nach nächtlichen Träumen fragen, dann nach sonderbaren oder befremdlichen Erscheinungen im Übergang vom Wachen zum Schlafen, abschließend kann man nach solchen Erlebnissen am Tag fragen. Man kann dem Patienten auch vermitteln, daß manche Menschen, wenn sie sich intensiv in Gedanken mit etwas beschäftigen, den Eindruck bekommen, sie hören oder sehen die entsprechenden Personen oder Dinge real vor sich. Manchmal vermittelt auch das während der Exploration beobachtete auffällige Verhalten den Einstieg, indem man z. B. sagen kann, daß der Patient sich offensichtlich durch etwas abgelenkt oder in Anspruch genommen fühlt, und dann nach dem Hintergrund fragt. Hat man den Eindruck gewonnen, daß Halluzinationen vorliegen, versucht man Art und Inhalt dieser Halluzinationen genauer zu erfragen.

Diagnostik. Folgende **Einstiegsfragen** können anamnestisch hilfreich sein:
- Gibt es irgend etwas, was Sie ängstigt oder ablenkt?
- Wirkt irgend etwas auf Sie ein, was Sie stört oder beunruhigt?
- Hören Sie manchmal jemanden sprechen, obwohl niemand im Raum ist?
- Hören Sie Stimmen?
- Sind es vielleicht nur Ihre eigenen Gedanken, die da laut werden?
- Haben Sie Personen oder Gegenstände gesehen, die andere nicht sehen konnten?
- Haben Sie in letzter Zeit merkwürdige Gerüche bemerkt?
- Haben Speisen oder Getränke irgendwie anders als sonst geschmeckt?
- Gehen in Ihrem Körper merkwürdige Dinge vor?
- Haben Sie noch andere eigenartige Wahrnehmungen gemacht? Nennen Sie mir Beispiele!

Wahrnehmungsveränderungen

Definition. Bei *Wahrnehmungveränderungen* sind Sinneseindrücke hinsichtlich Farbigkeit, Form oder Größe verändert.

Im Gegensatz zu Halluzinationen sind die Wahrnehmungsveränderungen meist wesentlich einfacher zu erfragen, weil sie dem Patienten nicht als so fern vom normalen psychischen Erleben vorkommen.

Man unterscheidet u. a. die folgenden Wahrnehmungsveränderungen:
- **Veränderung der Wahrnehmungsintensität:** Sinneseindrücke sind farbiger, lebhafter, farbloser, verschleiert.
- **Mikro-/Makropsie:** Gegenstände werden verkleinert bzw. entfernter oder aber näher wahrgenommen.
- **Metamorphopsie (Dysmorphopsie):** Gegenstände werden in Farbe oder Form verändert oder verzerrt wahrgenommen.

Ich-Störungen

> **Definition.** Unter Ich-Störungen werden Störungen verstanden, bei denen sich die Ichhaftigkeit des Erlebens verändert (Derealisation, Depersonalisation) oder bei denen die Grenze zwischen dem Ich und der Umwelt durchlässig erscheint.

Man unterscheidet:
- **Depersonalisation:** Das eigene Ich oder Teile des Körpers werden als fremd, unwirklich oder verändert erlebt.
- **Derealisation:** Die Umgebung erscheint dem Kranken unwirklich, fremdartig oder auch räumlich verändert.
- **Gedankenausbreitung:** Der Kranke klagt darüber, daß seine Gedanken nicht mehr ihm allein gehören, daß andere daran Anteil haben und wissen, was er denkt.
- **Gedankenentzug:** Der Kranke hat das Gefühl, es würden ihm die Gedanken weggenommen, abgezogen.
- **Gedankeneingebung:** Der Kranke findet seine Gedanken und Vorstellungen als von außen eingegeben, beeinflußt, gemacht, gelenkt, gesteuert.
- **Fremdbeeinflussungserlebnisse:** Der Kranke findet sein Fühlen, Streben, Wollen und Handeln als von außen gemacht, gelenkt, gesteuert.

Fallbeispiel 2-7: Störungen des Ich-Erlebens (nach *AMDP* 1995)

Depersonalisation:

„Wenn ich depressiv bin, ist im Kopf plötzlich eine Leere, ich fühle mich dann kalt, wie tot."
„In den Angstattacken spüre ich meinen Körper nicht mehr, er fühlt sich an, als gehöre er nicht mehr zu mir."

Gedankenausbreitung:

„Die Leute merken, was ich denke. Alle wissen, was in meinem Kopf vorgeht."
„Wenn ich etwas denke, merkt das sofort der Gegenübersitzende."
„Mein Vater kann meine Gedanken mithören."

Gedankeneingebung:

„Sie hypnotisieren mir Gedanken in den Kopf, die gar nicht meine sind."
„Ich weiß, daß ich solche Gedanken nicht denke".

Fremdbeeinflussungserlebnisse:

„Die machen, daß ich schreie."
„Die steuern meinen Herzschlag, die machen ihn langsam und schnell."
„Ich bin eine Marionette, die von außen gesteuert wird."
„Die rufen bei mir sexuelle Erregung vor."

Orientierende Prüfung von Ich-Störungen: Bei ausgesprochenen Graden der Ich-Störung kommt der Patient meist im Gespräch von selbst darauf zu sprechen. Zur genaueren Exploration fragt man den Patienten, ob er den Eindruck habe, daß er sich in letzter Zeit verändert habe, wenn ja, in welcher Weise. Möglicherweise erscheint auch die Welt um ihn herum verändert, traumhaft, theaterhaft, intensiver oder vermindert intensiv bezüglich Farben und Töne. Bei Verdacht auf Störungen der Ich-Umwelt-Grenzen fragt man, ob der Patient manchmal das Gefühl habe, seine Gedanken oder Handlungen würden beeinflußt, so, als ob er unter Hypnose oder Telepathie stünde, selbst Gedanken lesen könne, als ob andere seine Gedanken lesen könnten etc.

Ich-Störungen

◄ **Definition**

- **Depersonalisation**
- **Derealisation**
- **Gedankenausbreitung**
- **Gedankenentzug**
- **Gedankeneingebung**
- **Fremdbeeinflussungserlebnisse**

◄ **Fallbeispiel**

Orientierende Prüfung von Ich-Störungen: Zur genaueren Exploration fragt man, ob der Patient den Eindruck habe, daß er sich in letzter Zeit verändert habe. Möglicherweise erscheint ihm auch die Umwelt verändert. Man fragt, ob manchmal das Gefühl bestehe, die Gedanken oder Handlungen werden beeinflußt.

36   2 Allgemeine Psychopathologie

Diagnostik ▶

> *Diagnostik.* Die folgenden **Einstiegsfragen** sind anamnestisch hilfreich:
> - Haben Sie in letzter Zeit beobachtet, daß Sie oder Ihre Umgebung sich verändert haben?
> - Kommt Ihnen die sonst vertraute Umgebung in letzter Zeit irgendwie verändert oder fremd vor?
> - Fühlen Sie sich selbst irgendwie körperlich verändert?
> - Haben Sie das Gefühl, andere kennen Ihre Gedanken?
> - Haben Sie den Eindruck, andere könnten Ihre Gedanken wegnehmen?
> - Haben Sie das Gefühl, daß Sie Gedanken denken, die man Ihnen eingibt?
> - Haben Sie das Gefühl, (wie unter Hypnose) von anderen fremdbeeinflußt zu werden?

Störungen der Affektivität

Störungen der Affektivität

Definition ▶

> *Definition.* Der Bereich der Affektivität umfaßt sowohl die meist nur kurz dauernden *Affekte* („Gefühlswallungen" wie Zorn, Wut, Haß oder Freude) und die längerfristig bestehenden *Stimmungen* (wie z.B. Depression).

Man unterscheidet:
- **Affektlabilität/Stimmungslabilität**

- **Affektinkontinenz**
- **Affektarmut**

- **Gefühl der Gefühllosigkeit**

- **Affektstarrheit**

- **Innere Unruhe**

- **Dysphorie**
- **Gereiztheit**
- **Ambivalenz**

- **Euphorie**

- **Läppischer Affekt**

- **Depressivität/Deprimiertheit** (s. Abb. 2-3)

- **Angst**

- **Störung der Vitalgefühle**

- **Insuffizienzgefühle**
- **Gesteigerte Selbstwertgefühle**

- **Parathymie**

Man unterscheidet u. a.:
- **Affektlabilität/Stimmungslabilität:** Rascher Wechsel der Affekt- oder Stimmungslage.
- **Affektinkontinenz:** Fehlende Beherrschung der Affektäußerungen.
- **Affektarmut:** Zustand geringer Affekt- und Gefühlsansprechbarkeit. Der Patient wirkt gleichgültig, emotional verhalten, lust- und interesselos.
- **Gefühl der Gefühllosigkeit:** Leidvoll erlebter Mangel oder Verlust affektiver Regung.
- **Affektstarrheit:** Verminderung der affektiven Modulationsfähigkeit. Der Patient verharrt ohne Modulation in bestimmten Stimmungen oder Affekten, unabhängig von der äußeren Situation.
- **Innere Unruhe:** Der Patient klagt, daß er seelisch bewegt, in Aufregung oder in Spannung ist.
- **Dysphorie:** Mißmutige Stimmungslage.
- **Gereiztheit:** Bereitschaft zu aggressiv getönten, affektiven Ausbrüchen.
- **Ambivalenz:** Gegensätzliche Gefühle (in bezug auf eine bestimmte Person, Vorstellung oder Handlung) bleiben nebeneinander bestehen und führen zu einem angespannten Zustand.
- **Euphorie:** Zustand des übersteigerten Wohlbefindens, des Behagens, der Heiterkeit, der Zuversicht, des gesteigerten Vitalgefühls.
- **Läppischer Affekt:** Albern, leere Heiterkeit mit dem Anstrich des Einfältigen, Törichten, Unreifen.
- **Depressivität/Deprimiertheit:** Herabgestimmte, negativ getönte Befindlichkeit im Sinne von Niedergeschlagenheit, Freudlosigkeit, Lustlosigkeit, Hoffnungslosigkeit (*siehe Abbildung 2-3*).
- **Angst:** Gefühlszustand der Bedrohung und Gefahr, ist gewöhnlich von körperlich vegetativen Erscheinungen (z.B. Herzklopfen, Schwitzen, Atemnot, Zittern, Mundtrockenheit, Magendruck etc.) begleitet.
- **Störung der Vitalgefühle:** Darniederliegen der Leibgefühle von Kraft und Lebendigkeit, der körperlichen und seelischen Frische und Ungestörtheit.
- **Insuffizienzgefühle:** Das Gefühl, nichts wert, unfähig, untüchtig etc. zu sein.
- **Gesteigerte Selbstwertgefühle:** Das Gefühl, besonders viel wert, besonders tüchtig zu sein.
- **Parathymie:** Gefühlsausdruck und Erlebnisinhalt stimmen nicht überein.

Psychiatrische Symptomatologie und Diagnostik

Abb. 2-3: „Bag Lady", Bild des depressiven Künstlers Harold Plople

Vorherrschende Stimmung und Affekte sind im Laufe des Untersuchungsgesprächs beurteilbar, sofern es nur genügend lange dauert und dem Patienten überhaupt Gelegenheit gibt, sich auch emotional mitzuteilen. Außerdem kann durch **gezielte Exploration** versucht werden, daß der Patient seinen affektiven Zustand differenziert beschreibt.

> *Diagnostik.* Die folgenden **Einstiegsfragen** sind hilfreich:
> - Hat sich irgend etwas in Ihrem Gefühlsleben verändert?
> - Haben Sie den Eindruck, daß Ihre Lebendigkeit, Ihr Schwung, Ihre Frische sich verringert haben?
> - Fühlen Sie sich niedergeschlagen, traurig?
> - Leiden Sie unter Angstzuständen?
> - Fühlen Sie sich innerlich unruhig?
> - Glauben Sie, daß Sie weniger wert sind als andere Menschen?
> - Muten Sie sich im Augenblick besonders viel zu?
> - Ändert sich Ihre Stimmung manchmal von einer Minute zur anderen?
> - Kommt es vor, daß Sie ganz gegensätzliche Gefühle gleichzeitig erleben?

Zwänge, Phobien, Ängste, hypochondrische Befürchtungen

Man unterscheidet:
- **Angst:** Gefühlszustand der Bedrohung und Gefahr, ist gewöhnlich von körperlich vegetativen Erscheinungen (z. B. Herzklopfen, Schwitzen, Atemnot, Zittern, Mundtrockenheit, Magendruck etc.) begleitet.
- **Phobie:** Objekt- bzw. situationsabhängige Angst. Inhaltlich unterscheidet man z. B. Klaustrophobie = Angst vor engen Räumen, Agoraphobie = Angst vor weiten Plätzen etc.
- **Mißtrauen:** Befürchtung, daß jemand etwas gegen einen im Schilde führt.
- **Hypochondrische Befürchtungen:** Sachlich nicht begründbare, beharrlich festgehaltene Sorge um die eigene Gesundheit.
- **Zwangsideen:** Aufdrängen von nicht unterdrückbaren Denkinhalten, die entweder selbst sinnlos oder in ihrer Persistenz und Penetranz als unsinnig und meist als quälend empfunden werden.
- **Zwangshandlungen:** In der Art oder Intensität als sinnlos erkannte und meist als quälend empfundene, nicht unterdrückbare Handlungen, meist aufgrund von Zwangsimpulsen oder Zwangsbefürchtungen.

Hat der Patient z. B. durch **gezielte Exploration** Gelegenheit, sich emotional mitzuteilen, können vorherrschende Stimmung und Affekte beurteilt werden.

◀ Diagnostik

Zwänge, Phobien, Ängste, hypochondrische Befürchtungen

Man unterscheidet:
- Angst
- Phobie
- Mißtrauen
- Hypochondrische Befürchtungen
- Zwangsideen
- Zwangshandlungen

Orientierende Prüfung: Patienten mit **Ängsten** sprechen offen darüber. **Zwangshandlungen** und **Zwangsgedanken** müssen exploriert werden. Man fragt nach ausgeprägten Gewohnheiten, die z.B. in Handlungen mit exakt eingehaltener Reihenfolge bestehen (z.B. Kleiderwechsel). Auch kann man fragen, ob ein starker Wunsch nach Sauberkeit bzw. Angst vor Verunreinigung oder Ansteckung bestehe, so daß der Patient sich ständig waschen oder reinigen müsse. Zur Exploration von Zwangsgedanken fragt man, ob sich Worte, Sätze oder Gedanken aufdrängen.

Orientierende Prüfung: Die Feststellung von **Ängsten** macht keine großen Schwierigkeiten, da die Patienten in der Regel offen darüber sprechen. Massive Zwangshandlungen können ggf. direkt beobachtet werden. Leichtere **Zwangshandlungen** und insbesondere **Zwangsgedanken** müssen exploriert werden. Man kann sich zunächst danach erkundigen, ob der Patient besonders gewissenhaft sei, seine Arbeit oder Verrichtungen zu Hause wiederholt kontrollieren müsse etc. Des weiteren kann man fragen, ob der Patient ausgeprägte Gewohnheiten habe, so daß z. B. bestimmte Anordnungen oder Handlungen bzw. eine bestimmte Reihenfolge von Handlungen immer wieder eingehalten werden müsse (beispielsweise beim Kleiderwechseln, beim Essen, beim Waschen etc.). In dem Zusammenhang kann man fragen, ob der Patient einen besonders starken Wunsch nach Sauberkeit und Hygiene verspüre, ob er befürchte, verunreinigt oder angesteckt zu werden, so daß er sich immer wieder waschen und reinigen müsse. Zur Exploration von Zwangsgedanken fragt man, ob sich dem Patienten bestimmte Worte, Sätze und Gedanken immer wieder aufdrängen und wie er zu diesen Gedanken stehe.

Diagnostik ▶

Diagnostik. Mögliche **Einstiegsfragen** sind:
- Gab es in den letzten Tagen Gefühle von Ängstlichkeit?
- Ängstigen Sie sich im Augenblick mehr als üblich?
- Haben Sie Angst, weil Sie erwarten, etwas Schlimmes könnte passieren?
- Geraten Sie in bestimmten Situationen in Angst?
- Haben Sie übermäßige Furcht vor bestimmten Dingen?
- Befürchten Sie, ernsthaft krank zu sein?
- Haben Sie das Gefühl, daß im Körper irgend etwas nicht in Ordnung ist?
- Denken Sie viel über Ihr körperliches Befinden nach?
- Müssen Sie bestimmte Gedanken immer wieder denken, obwohl Sie sich dagegen innerlich zur Wehr setzen?
- Müssen Sie über bestimmte Dinge immer wieder nachdenken, die Ihnen unsinnig vorkommen?
- Müssen Sie bestimmte Dinge immer wieder tun, obwohl Sie sie für unsinnig halten? Bitte geben Sie Beispiele!

Störungen des Antriebs und der Psychomotorik

Störungen des Antriebs und der Psychomotorik

Definition ▶

Definition. Unter den Störungen des Antriebs und der Psychomotorik werden üblicherweise alle Störungen zusammengefaßt, die die Energie, Initiative und Aktivität eines Menschen betreffen (*Antrieb*) sowie die durch psychische Vorgänge geprägte Gesamtheit des Bewegungsablaufes (*Psychomotorik*). Diese Störungen ergeben sich größtenteils spontan aus der Beobachtung des Patienten.

- **Antriebsarmut**
- **Stupor**
- **Antriebshemmung**
- **Mutismus**
- **Logorrhoe**
- **Antriebssteigerung**
- **Motorische Unruhe**
- **Automatismen**

- **Antriebsarmut:** Mangel an Energie und Initiative, u. a. an der spärlichen spontanen Motorik und der mangelnden Aktivität erkennbar.
- **Stupor:** Motorische Bewegungslosigkeit.
- **Antriebshemmung:** Bei der Antriebshemmung werden im Gegensatz zur Antriebsarmut die Initiative und Energie vom Patienten nicht als an sich vermindert, sondern als gebremst erlebt.
- **Mutismus:** Wortkargheit bis Nichtsprechen.
- **Logorrhoe:** Übermäßiger Rededrang.
- **Antriebssteigerung:** Zunahme der Aktivität und der Initiative im Rahmen einer geordneten (zielgerichteten) Tätigkeit.
- **Motorische Unruhe:** Ziellose und ungerichtete motorische Aktivität, die sich bis zur Tobsucht steigern kann.
- **Automatismen:** Der Patient führt automatische Handlungen aus, die er als nicht von sich selbst intendiert empfindet. Dazu gehören u. a. **Negativismus** (auf eine Aufforderung hin wird automatisch das Gegenteil des Verlangten oder nichts getan), **Befehlsautomatie** (automatenhaftes Befolgen gegebener

Befehle), **Echolalie/Echopraxie** (alles Gehörte oder Gesehene wird nachgesprochen oder nachgemacht).

- **Ambitendenz:** Gleichzeitig nebeneinander vorkommende, entgegengesetzte Willensimpulse machen ein entschlossenes Handeln unmöglich.
- **Stereotypien:** Äußerungen auf sprachlichem und motorischem Gebiet (*siehe Fallbeispiel 2-8*), die die Tendenz aufweisen, lange Zeit in immer gleicher Form wiederholt zu werden, und sinnlos erscheinen.
- **Tic:** Gleichförmig wiederkehrende, rasche und unwillkürliche Muskelzuckungen, ggf. mit Ausdrucksgehalt.
- **Paramimie:** Mimisches Verhalten und affektiver Erlebnisgehalt stimmen nicht überein.
- **Manierismen:** Sonderbare, unnatürliche, gekünstelte, posenhafte Züge des Verhaltens.
- **Theatralisches Verhalten:** Der Patient erweckt den Eindruck, daß er sich darstellt, daß er die Situation bzw. seine Beschwerden dramatisiert.
- **Aggressivität:** Neigung zu Tätlichkeiten.
- **Sozialer Rückzug:** Verminderung der Sozialkontakte.
- **Soziale Umtriebigkeit:** Erweiterung der Sozialkontakte.

- **Ambitendenz**
- **Stereotypien** (*s. Fallbeispiel 2-8*)
- **Tic**
- **Paramimie**
- **Manierismen**
- **Theatralisches Verhalten**
- **Aggressivität**
- **Sozialer Rückzug**
- **Soziale Umtriebigkeit**

◄ **Diagnostik**

Diagnostik. Als **Einstiegsfragen** eignen sich die folgenden:
- Hat sich an Ihrer Energie und Initiative, bestimmte Dinge zu tun, etwas geändert?
- Gehen Ihnen z. Z. alltägliche Dinge schwerer von der Hand?
- Haben Sie z. Z. besonders viel Aktivität, sind Sie besonders unternehmungslustig?
- Unternehmen Sie mehr als üblich?
- Fühlen Sie sich innerlich unruhig?

Fallbeispiel 2-8: Störungen des Antriebs und der Psychomotorik (nach *AMDP* 1995)

◄ **Fallbeispiel**

Antriebshemmung:

„Alles fällt mir schwerer als sonst; ich bin wie gebremst, aber bisher hat es mir noch fast keiner angemerkt."

Antriebssteigerung:

Der Patient äußert zahlreiche Wünsche und Pläne, die jedoch nur teilweise in die Tat umgesetzt werden.
Er ist ständig tätig, läßt sich durch Gegenargumente nicht beeindrucken und nimmt selbst persönliche Konsequenzen entweder nicht zur Kenntnis oder sie machen ihm nichts aus.

Motorische Unruhe:

Der Patient ist in ständiger Bewegung und kann deshalb kaum noch oder gar keine normalen sozialen Kontakte mehr aufnehmen. In der Untersuchungssituation kann der Patient nicht auf dem Stuhl sitzen bleiben, muß aufstehen und auf- und ablaufen.

Logorrhoisch:

Aufgrund des unstillbaren Rededranges ist keine sinnvolle Kommunikation mit dem Patienten möglich. Versuche, ihn zu unterbrechen, nimmt der Patient nicht zur Kenntnis, oder er weist sie zurück.

Soziale Umtriebigkeit:

Der Patient wendet sich an viele Menschen, ist dabei häufig kritiklos-anklammernd, distanzlos, umtriebig und querulatorisch.
Er spricht ständig fremde Menschen an, registriert nicht, wenn er anderen lästig wird; die Umgebung reagiert ablehnend.

Abb. 2-4: Bild eines katatonen Schizophrenen mit Haltungsstereotypie

Abfassung des psychopathologischen Befundes

Am Ende der Exploration wird die Symptomatik in einem psychopathologischen Befund zusammengefaßt. Es wird versucht, in einer abstrahierenden und doch noch genügend konkreten Weise ein Bild vom aktuellen psychopathologischen Zustand des Patienten zu geben.

> **Merke.** Bei der Abfassung des psychopathologischen Befundes sollten nicht nur die Defizite des Patienten aufgezählt, sondern insbesondere auch die erhaltenen Fähigkeiten betont werden, wobei jeweils das Wichtigste hervorgehoben wird.

In der Regel wird, da es am leichtesten faßbar ist, mit dem äußeren Erscheinungsbild begonnen (Habitus, äußere Aufmachung, Physiognomie, aber auch Psychomotorik und Antrieb), anschließend werden das konkrete Verhalten in der Untersuchungssituation und das Sprachverhalten (Sprechweise, Stimmklang, Modulation, Spontaneität) beschrieben. Im weiteren wird (wenn zutreffend!) auf Veränderungen der Bewußtseinslage, der Aufmerksamkeit, der Auffassung, der Orientierung, des Gedächtnisses, der Affektivität und des Antriebs (affektiver Kontakt, Intensität und Modulation affektiver Reaktionen, Grundstimmung, Stimmungsschwankungen, triebhafte Bedürfnisse, Willenssteuerung usw.) eingegangen. Es folgen Ausführungen über Wahrnehmungsstörungen (u. a. Halluzinationen), formale und inhaltliche Besonderheiten des Denkens (u. a. Wahnideen, Zwangsideen) sowie über Ich-Störungen.

Zu beachten ist dabei, daß nicht nur eine Reihe von psychopathologischen Termini aufgezählt und jeweils angegeben wird, ob sie gar nicht bzw. in leichter, mittlerer oder starker Form vorliegen, sondern daß in einer zwar abstrahierten, aber dennoch genügend konkreten Weise ein plastisches Bild vom **aktuellen psychischen Befinden** des Patienten erstellt wird. Dabei sollte über die o. g. Bereiche hinaus noch auf mögliche demonstrative Züge bzw. Simulations-/Dissimulationstendenzen, Krankheitsgefühl und Krankheitseinsicht und besondere Gefährdungen eingegangen werden.

Explorieren der Biographie und Lebenssituation

Auf eine genaue Erfassung der Biographie und aktuellen Lebenssituation (*siehe Tabelle 2-5*) wird in der Psychiatrie besonderer Wert gelegt. Auftreten, Verlauf und Inhalte der psychischen Erkrankung sollen vor diesem Hintergrund besser verstanden werden.

Psychiatrische Symptomatologie und Diagnostik 41

Tabelle 2-5: Hauptpunkte der biographischen Anamnese

Familienanamnese
Psychosoziale Situation der Eltern
Familiengröße und Familienmilieu
Erziehungsstil der Eltern
Familiäre Belastungsfaktoren
Psychische Auffälligkeiten/Erkrankungen
bei Verwandten 1. und 2. Grades
Biographie des Patienten
Besonderheiten bei der Geburt

Frühkindliche Entwicklung
Frühneurotische Zeichen
Beziehung zu Eltern/Geschwistern
Schulische/berufliche Entwicklung
Sexuelle Entwicklung
Ehe und Familie
Lebensgewohnheiten, Werthaltungen
Persönlichkeitszüge
Aktuelle Lebenssituation

Äußere Lebensgeschichte

Es handelt sich um eine Art Lebenslauf des Patienten, der durch Auflistung der sogenannten „harten Daten" von der Geburt bis zur Gegenwart erstellt wird. Im einzelnen sollten die in *Tabelle 2-6* aufgeführten Punkte erwähnt sein.

Ergänzend sei auf die Checkliste zur äußeren Lebensgeschichte aus dem Biographischen Persönlichkeits-Interview verwiesen *(siehe Tabelle 2-7).*

Äußere Lebensgeschichte

Mit „äußerer Lebensgeschichte" meint man die den Lebenslauf charakterisierenden „harten Daten" von der Geburt bis zur Gegenwart (s. Tab. 2-6 u. Tab. 2-7).

Tabelle 2-6: Checkliste für die äußere Lebensgeschichte

- Geburtsname
- Staatsangehörigkeit
- Muttersprache
- Ggf. deutsche Sprachkenntnisse (ja/nein)
- Bis zum 18. Lebensjahr vorwiegend aufgewachsen bei: Eltern/Pflegeeltern/Heim/andere
- Kindergarten (ja/nein)
- Falls ja, Zeitraum und Ort
- Schulbesuch (Zeitraum, Schulart, Schulort) und Schulabschluß (Bezeichnung, Jahr)
- Berufsausbildung (Zeitraum, Art, Ort) und Berufsabschluß/-abschlüsse (Bezeichnung, Jahr)

- Berufslaufbahn (relevante frühere Tätigkeiten inklusive Wehr-/Zivildienst: Zeitraum, Art, Ort)
- Jetzige Tätigkeit: seit wann? (genaue derzeitige Berufsbezeichnung)
- Familienstand, derzeitige Wohngemeinschaft
- Derzeitige Partnerschaft (seit wann, Art, Ehe/eheähnliche Gemeinschaft/anderes, Name, Alter, Beruf des Partners, ggf. „keine")
- Frühere Partnerschaften (Zeitraum, Art, ggf. weitere relevante Angaben)
- Anzahl der Kinder (falls Kinder vorhanden, jeweils Name, Geburtsjahr, Geschlecht, ggf. Beruf, Familienstand, Wohnort, ggf. Adoptiv-/Pflegekind)

Tabelle 2-7: Checkliste: Äußere Lebensgeschichte

LEBENSUMSTÄNDE	LEBENSEREIGNISSE
Ausbildung: • Häufiges Schuleschwänzen (mindestens 5x/Schuljahr) • Häufig unentschuldigt oder unter falschem Vorwand gefehlt	• Kindergarteneintritt • Schuleintritt • Schulübertritt (Gymnasium, Realschule, Sonderschule) • Beginn Lehre/Studium • Abbruch Lehre/Studium • Klassenwiederholung • Disziplinarische Maßnahmen • Ausbildungswechsel • Abschlußprüfung bestanden/nicht bestanden • Wehr-/Zivildienst
Beruf: • Arbeitslosigkeit • Längere Zeit wegen körperlicher Erkrankung arbeitsunfähig gewesen • Häufig unentschuldigt oder unter falschem Vorwand der Arbeit ferngeblieben	• Aufnahme einer Erwerbstätigkeit • Beruflicher Aufstieg/Abstieg • Kündigung • Neue Arbeitsstelle • Berufswechsel • Eigenes Geschäft gegründet • Konkurs gemacht • Rückzug aus dem Erwerbsleben (z. B. wegen Kinderbetreuung) • Vorzeitige/altersgemäße Berentung • Aufnahme einer Nebenerwerbstätigkeit

Fortsetzung Tabelle 2-7: Checkliste: Äußere Lebensgeschichte

LEBENSUMSTÄNDE	LEBENSEREIGNISSE
Urspungsfamilie • Eheprobleme der Eltern • Längere Trennung von einer engen Bezugsperson (z. B. kriegsbedingte Abwesenheit) • Existentielle Bedrohung über einen längeren Zeitraum (z. B. Bombenangriffe) • Große finanzielle Probleme • Arbeitslosigkeit des Hauptverdieners • Pflege eines engen Angehörigen durch den Patienten	• Geburt eines Geschwisters • Scheidung der Eltern • Wechsel der Bezugsperson • Tod eines Angehörigen • Aufnahme einer Erwerbstätigkeit durch eine Bezugsperson • Umzug • Heim-/Internatsunterbringung • Auszug/Wiedereinzug aus dem/in das Elternhaus
Gesundheit/Krankheit: • Längerer Krankenhausaufenthalt eines Angehörigen/des Patienten • Langandauernde Krankheit, Behinderung bzw. Pflegebedürftigkeit (im Haushalt lebender Angehöriger/des Patienten)	• Angaben zu Schwangerschaft bzw. Geburt des Patienten • Unfall (Angehöriger/Patient) • Schwere Erkrankung eines nahen Angehörigen/des Patienten. • Menarche • Menopause
Soziale Kontakte/Freizeit: • Längere Zeit keine engere Freundschaft (> 6 Monate)	• Beginn/Beendigung einer Freundschaft • Tod eines Freundes • Entwicklung eines Hobbies • Entwicklung religiöser Aktivitäten • Ein-/Austritt in einen/aus einem Verein • Funktionsträger in einem Verein • Ein-/Austritt in eine/aus einer politische(n) Vereinigung • Discobesuche/Tanzkurse • Beitritt zu Hitlerjugend/Bund Deutscher Mädel • Arbeitsdienst/Pflichtjahr • Reisen • Erwerb des Führerscheins
Partnerschaft: • Längere Zeit ohne sexuelle Kontakte	• Erster sexueller Kontakt • Beginn einer Beziehung • Gründung eines gemeinsamen Hausstandes • Heirat • Außereheliche Beziehungen (des Partners/des Patienten) • Trennung • Scheidung • Tod des Partners
Schwangerschaft/Kinder: • Längere Trennung von den Kindern	• Schwangerschaft • Schwangerschaftsabbruch • Geburt eines Kindes • Geburt eines körperlich/geistig behinderten Kindes • Fehl-/Totgeburt • Tod eines Kindes • Auszug/Wiedereinzug eines Kindes • Heirat eines Kindes • Geburt eines Enkelkindes • Kind straffällig geworden
Wohnung: • Längerer Auslandsaufenthalt	• Wohnungswechsel • Haus-/Wohnungskauf • Heim/Internat • Inhaftierung • Wechsel in ein Seniorenheim
Finanzen: • Langandauernde finanzielle Schwierigkeiten	• Erhebliche Verbesserung/Verschlechterung
Gericht/Gesetz: • Längeres Gerichtsverfahren	• Hohe finanzielle Buße • Freiheitsentzug • Führerscheinentzug

Sonstiges:
• Sexuelle Belästigung (permanent oder einmalig) durch Familienangehörige, Bekannte, Fremde
• Zeuge/Opfer kriegerischer Handlungen • Zeuge/Opfer einer Naturkatastrophe • Zeuge/Opfer eines Verbrechens

Innere Lebensgeschichte

Es sollte versucht werden, eine möglichst anschauliche und dem Patienten individuell gerecht werdende Schilderung seiner persönlichen Entwicklung zu entwerfen. Dies kann dadurch geschehen, daß bestimmte Angaben durch Beispiele näher beleuchtet werden oder der Patient mit fiktiven Kontrollgruppen (z. B. anderen psychiatrischen Patienten oder psychisch gesunden Personen) aus Sicht des Arztes (dies muß aus den Ausführungen hervorgehen) verglichen wird.

Insbesondere geht es um die **historische Entwicklung und die Motivations-Zusammenhänge**, z. B.: Warum hat der Patient bestimmte Entscheidungen getroffen? Warum hat er bestimmte Verhaltensweisen entwickelt? Durch welche äußeren Einflüsse wurde er geprägt?

Es wird zunächst das **familiäre Milieu exploriert:**
Beziehung des Patienten zu den Eltern und Geschwistern sowie deren Beziehung untereinander, die Weltanschauung bzw. kulturelle Normen des Elternhauses, die Erziehung der Eltern (z. B. gleichmäßig?, streng?, verwöhnend?, auch im Vergleich zu den Geschwistern), Probleme der Identifikation und der Ablehnung gegenüber den Eltern.

Es folgt die Darstellung der **Entwicklung in Kindheit und Jugend:**
Sauberkeitsentwicklung, kinderneurotische Symptomatik (z. B. Bettnässen, Nägelbeißen, Angstzustände oder Phobien), die körperliche Entwicklung in der Kindheit und Jugend (Längenwachstum, Auffälligkeiten im Körpergewicht), belastende Erlebnisse in der Kindheit und Jugend, das Verhältnis zu Freunden und Schulkameraden (z. B. wenig oder viele bzw. enge oder lose Freundschaften), Leistungs- und Durchsetzungsvermögen oder Lernstörungen in der Schule, die geistige Entwicklung in der Kindheit und Jugend, Interessen, Hobbies, Lieblingsfächer, die Ablösung von den Eltern aus der Sicht des Patienten (von den Eltern gefördert oder behindert).

Hinsichtlich des **Berufslebens** interessieren u. a. folgende Aspekte:
Welche Gründe waren für die Berufswahl maßgebend, welche Identifikationen und Leitbilder? Entsprach das Fortkommen im Berufsleben den Möglichkeiten des Patienten und seinen Wünschen? Gründe für Berufs- oder Stellungswechsel? Auskommen mit Untergebenen, Gleichgestellten und Vorgesetzten? Ausmaß des Engagements im Berufsleben? Befriedigung im Berufsleben? Besondere Probleme im Berufsbereich?

Bezüglich **Partnerschaft, Ehe, Familie und sozialen Beziehungen** geht es um folgende Aspekte:
Gründe für die Partnerwahl, Gründe für den Partnerwechsel, Gemeinsamkeiten und Konflikte mit dem jetzigen Partner, Charakteristika des Familienlebens. Soziale Bezüge außerhalb der Familie (Freunde, Mitgliedschaft in Vereinen?)

Die **sexuelle Entwicklung** wird gesondert dargestellt:
Einstellung des Elternhauses, frühkindliche sexuelle Tätigkeiten („Doktorspiele"), Aufklärung (woher?), Beginn der Pubertät, Masturbation (Häufigkeit?, schlechtes Gewissen?, Phantasien?), homoerotische Neigungen, Beziehungen zum anderen Geschlecht, Einstellung zum Geschlechtspartner und zur Sexualität überhaupt, Störungen der Sexualität, evtl. außereheliche Beziehungen.

Schließlich geht es um: **Freizeitgestaltung, Lebensgewohnheiten, weltanschauliche Bindungen**/Religion, Lebensstandard und eventuelle finanzielle Probleme.

Ergänzend sei auf die Checkliste zur inneren Lebensgeschichte aus dem biographischen Persönlichkeits-Interview von v. Zerssen verwiesen (*siehe Tabelle 2-8*).

Innere Lebensgeschichte

Unter „innerer Lebensgeschichte" versteht man die Darstellung der **historischen und Motivations-Zusammenhänge, die die Entwicklung eines Menschen kennzeichnen.** Insbesondere die Frage, warum der Patient bestimmte Entscheidungen getroffen hat und warum er bestimmte Verhaltensweisen entwickelt hat, ist von Interesse.

Zunächst wird das **familiäre Milieu** erfragt: Beziehung des Patienten zu Eltern, Geschwistern sowie deren Beziehung untereinander. Weltanschauung, kulturelle Normen des Elternhauses etc.

Darstellung der **Entwicklung in Kindheit und Jugend:** Sauberkeitsentwicklung, kindlich-neurotische Symptomatik (Bettnässen, Nägelbeißen, Angstzustände). Körperliche und geistige Entwicklung, belastende Erlebnisse, Verhältnis zu Freunden, Interessen, Hobbies und Ablösung von den Eltern aus Sicht des Patienten.

Angaben zum **Berufsleben:** Maßgebliche Gründe für die Berufswahl. Entsprach das berufliche Fortkommen den Wünschen? Gründe für Berufs- und Stellungswechsel? Auskommen mit Untergebenen, Gleichgestellten und Vorgesetzten?

Angaben zur **Partnerschaft, Ehe, Familie und sozialen Beziehung:** Gründe für Partnerwahl, Partnerwechsel, Gemeinsamkeiten und Konflikte mit dem Partner, Familienleben, andere soziale Bezüge.
Angaben zur **sexuellen Entwicklung:** Einstellung des Elternhauses, frühkindliche sexuelle Tätigkeiten, Aufklärung (woher?), Beginn der Pubertät, Masturbation, homoerotische Neigungen, Einstellung zur Sexualität, Störungen der Sexualität.
Angaben zur **Freizeitgestaltung,** zu **Lebensgewohnheiten, weltanschaulichen Bindungen** und **Problemen des Patienten (s.** *Tab. 2-8).*

Tabelle 2-8: Checkliste: Innere Lebensgeschichte

Ausbildung:
- Kindergarten (falls keinen K. besucht, Gründe dafür)
- Probleme im Kindergarten
- Verhältnis zu den anderen Kindern
- Verhältnis zu den Erzieherinnen
- Schulerfolg, Noten
- Leistungsverhalten in der Schule
- Motivation
- Begabung (Lieblingsfächer)
- Fleiß
- Angepaßtheit
- Verhalten bei Anforderungen (Hausaufgaben, Prüfungen)
- Erziehungsschwierigkeiten (Schuleschwänzen)
- Lernstörungen
- Schulangst
- Verhalten gegenüber Lehrern

- Verhalten gegenüber Mitschülern
- Funktion in der Schule (z. B. Klassensprecher)

Bei Lehrlingen:
- Gründe für die Berufswahl
- Erfolge/Mißerfolge
- Leistungsmotivation, Zielstrebigkeit, Ehrgeiz
- Arbeitszufriedenheit
- Risikofreudigkeit
- Stellenwert der Arbeit
- Verhalten gegenüber Kollegen
- Verhalten gegenüber Vorgesetzten
- Gründe für Stellenwechsel

Bei Wehrpflichtigen/Zeitsoldaten/Zivildienstleistenden:
- Gründe für Wehr- bzw. Ersatzdienst
- Gründe für bestimmte Waffengattungen (bei Zeitsoldaten)

Beruf:
- Arbeitszufriedenheit
- Risikofreudigkeit
- Gründe für Erfolge/Mißerfolge
- Stellenwert der Arbeit
- Verhalten gegenüber Kollegen

- Verhalten gegenüber Untergebenen/Vorgesetzten
- Gründe für Auf- bzw. Abstieg
- Gründe für Stellenwechsel
- Gründe für Kündigung
- Gründe für erneute Aufnahme einer Erwerbstätigkeit

Ursprungsfamilie:
- Familienklima
- Erwünschtes vs. unerwünschtes Kind
- Erziehungsstil
- Ehe der Eltern
- Zusammenhalt in der Familie
- Persönlichkeit der Eltern bzw. anderer Bezugspersonen
- Rollenaufteilung in der Familie

- Zufriedenheit der Eltern mit dem Geschlecht des Patienten
- Vorstellung der Eltern über geschlechtsadäquates Verhalten
- Verhältnis zu den Geschwistern
- Finanzielle Abhängigkeit (von der Ursprungsfamilie)
- Bewältigung des Todes eines nahen Angehörigen

Gesundheit/Krankheit:
- Frühkindliche neurotische Symptome (Bettnässen, nächtliches Aufschrecken, Wutanfälle, Reizbarkeit, Phobien, Zwangshandlungen und Rituale, Fingernägelkauen)

- Bewältigung einer schweren oder chronischen Erkrankung (und der damit verbundenen Belastungen) eines Angehörigen/des Patienten

Soziale Kontakte/Freizeitaktivitäten:
- Sozialverhalten gegenüber Kindern
- Sozialverhalten gegenüber Erwachsenen (angepaßt vs. unangepaßt)
- Reaktionen auf das Verhalten anderer
- Spielverhalten (allein, mit anderen, [un-]selbständig)
- Spielzeug, Haustiere, Fernsehen
- Hobbies
- Phantasie
- Vorbilder oder Idole

- Sozialverhalten gegenüber Gleichaltrigen (gleich- und gegengeschlechtlich)
- Sozialverhalten gegenüber Älteren
- Qualität der Beziehung zum Bekanntenkreis
- Hobbies, aktive vs. passive Freizeitgestaltung
- Gestaltung des Urlaubs
- Gründe für die Mitgliedschaft in Organisationen und Vereinen
- Funktion in Organisationen und Vereinen

Partnerschaft:
- Partnerwahl
- Erwartung an den Partner/die Partnerschaft
- Ähnliche bzw. unähnliche soziale Herkunft des Partners
- Alter des Partners
- Rollenaufteilung in der Partnerschaft und Zufriedenheit damit
- Einstellung zu Sexualität und Fortpflanzung (Gehemmtheit vs. Promiskuität, Verantwortungsbewußtsein vs. Leichtsinn bei der Konzeptionsverhütung)

Bei Singles:
- Gründe für das Alleinleben (freiwillig vs. unfreiwillig)
- Zurechtkommen und Zufriedenheit damit
- Gründe für die Trennung (wenn bereits Partnerschaft bestanden hat)
- Bewältigung von Trennung oder Tod des Partners

Schwangerschaft/Kinder:
- Gründe für bzw. gegen Kinder
- „Geplante" Kinder vs. „Unfälle"
- Rollenaufteilung bei der Kindererziehung
- Erziehungsstil
- Beziehung zu Enkelkindern

- Gründe für bzw. gegen Kinder des Partners/der Partnerin
- „Geplante" Kinder vs. „Unfälle" des Partners/der Partnerin
- Verhältnis zu den eigenen Kindern
- Zusammenhalt der Familie

Wohnen:
- Allein, mit Partner, in WG oder in Großfamilie

- Gründe dafür (z. B. freiwillig vs. unfreiwillig)

Sonstiges:
- Bewältigung eines traumatischen Ereignisses

Psychiatrische Krankheitslehre

Prämorbide Persönlichkeit

> **Definition.** Als **prämorbide Persönlichkeit** wird die individuelle Persönlichkeitsstruktur bezeichnet, wie sie vor dem Beginn (= prämorbid) einer psychischen Krankheit bestanden hat.
>
> Auf ihre Erfassung wird in der Psychiatrie großer Wert gelegt.

Den besten Zugang zur Persönlichkeit gibt die **Lebensgeschichte** des Patienten. Dazu gehören beispielsweise typische Verhaltensmuster, Erlebnisweisen, Einstellungen, überdauernde Motivationen, Wünsche und Wertvorstellungen (*siehe Tabelle 2-9*). Dabei kommt es nicht nur auf die reine Beschreibung dieser

Prämorbide Persönlichkeit

◄ Definition

Den besten Zugang zur Persönlichkeit gibt die **Lebensgeschichte** des Patienten.

Tabelle 2-9: Freiburger Persönlichkeits-Inventar-(FPI-)Fragebogen – 1. Seite

Sie werden auf den folgenden Seiten eine Reihe von Aussagen über bestimmte Verhaltensweisen, Einstellungen und Gewohnheiten finden. Sie können jede entweder mit „stimmt" oder mit „stimmt nicht" beantworten. Setzen Sie bitte ein Kreuz (X) in den dafür vorgesehenen Kreis. Es gibt keine richtigen oder falschen Antworten, weil jeder Mensch das Recht zu eigenen Anschauungen hat. Antworten Sie bitte so, wie es für Sie zutrifft.

Beachten Sie bitte folgende Punkte:

► Überlegen Sie bitte nicht erst, welche Antwort vielleicht den „besten Eindruck" machen könnte, sondern antworten Sie so, wie es für Sie persönlich gilt. Manche Fragen kommen Ihnen vielleicht persönlich vor. Bedenken Sie aber, daß Ihre Antworten unbedingt vertraulich behandelt werden.

► Denken Sie nicht lange über einen Satz nach, sondern geben Sie die Antwort, die Ihnen unmittelbar in den Sinn kommt. Natürlich können mit diesen kurzen Fragen nicht alle Besonderheiten berücksichtigt werden. Vielleicht passen deshalb einige nicht gut auf Sie. **Kreuzen Sie aber trotzdem immer eine Antwort an,** und zwar die, welche noch am ehesten für Sie zutrifft.

	stimmt	stimmt nicht
1. Ich habe die Anleitung gelesen und bin bereit, jeden Satz offen zu beantworten	○	○
2. Ich gehe abends gerne aus	○	○
3. Ich habe (hatte) einen Beruf, der mich voll befriedigt	○	○
4. Ich habe fast immer eine schlagfertige Antwort bereit	○	○
5. Ich glaube, daß ich mir beim Arbeiten mehr Mühe gebe als die meisten anderen Menschen	○	○
6. Ich scheue mich, allein in einen Raum zu gehen, in dem andere Leute bereits zusammensitzen und sich unterhalten	○	○
7. Manchmal bin ich zu spät zu einer Verabredung oder zur Schule gekommen	○	○
8. Ich würde mich beim Kellner oder Geschäftsführer eines Restaurants beschweren, wenn ein schlechtes Essen serviert wird	○	○
9. Ich habe manchmal häßliche Bemerkungen über andere Menschen gemacht	○	○
10. Im Krankheitsfall möchte ich Befund und Behandlung eigentlich von einem zweiten Arzt überprüfen lassen	○	○
11. Ich bin ungern mit Menschen zusammen, die ich noch nicht kenne	○	○
12. Wenn jemand meinem Freund etwas Böses tut, bin ich dabei, wenn es heimgezahlt wird	○	○
13. Meine Bekannten halten mich für einen energischen Menschen	○	○
14. Ich würde kaum zögern, auch alte und schwerbehinderte Menschen zu pflegen	○	○
15. Ich kann mich erinnern, mal so zornig gewesen zu sein, daß ich das nächstbeste Ding nahm und es zerriß oder zerschlug	○	○
16. Ich habe häufig Kopfschmerzen	○	○
17. Ich bin unternehmungslustiger als die meisten meiner Bekannten	○	○
18. Ich achte aus gesundheitlichen Gründen auf regelmäßige Mahlzeiten und reichlichen Schlaf	○	○
19. Ich habe manchmal ein Gefühl der Teilnahmslosigkeit und inneren Leere	○	○
20. Sind wir in ausgelassener Runde, so überkommt mich oft eine große Lust zu groben Streichen	○	○
21. Ich bin leicht beim Ehrgeiz zu packen	○	○
22. Ich bin der Ansicht, die Menschen in den Entwicklungsländern sollten sich zuerst einmal selbst helfen	○	○
23. Ich lebe mit mir selbst in Frieden und ohne innere Konflikte	○	○
24. Ich male mir manchmal aus, wie übel es denen eigentlich ergehen müßte, die mir Unrecht tun	○	○
25. In einer vergnügten Gesellschaft kann ich mich meistens ungezwungen und unbeschwert auslassen	○	○

Hierzu gehören typische Verhaltensmuster, Erlebnisweisen, Einstellungen, überdauernde Motivationen, Wünsche und Wertvorstellungen (s. Tab. 2-9). Es kommt besonders darauf an, wie der Patient mit seinen Wünschen umgeht, wie zufrieden er mit seinen Lebensumständen ist, welches Änderungsbedürfnis er hat. Dazu gehört auch, wie der Patient mit seinen Gefühlen umgeht, wie kontaktfreudig und durchsetzungsfähig er ist. Liegen Hinweise auf auffällige Wesenszüge vor (z.B. paranoide, zyklothyme, anankastische)?

Aspekte an, sondern insbesondere darauf, wie der Patient beispielsweise mit seinen Wünschen umgeht, wie zufrieden er mit seinen Lebensumständen ist, welches Änderungsbedürfnis er hat. Es interessiert nicht nur, was der Patient schildert, sondern auch, was er nicht schildert (z. B. Diskrepanzen zwischen Eigen- und Fremdanamnese, Bagatellisierungen) und wie er es schildert.

An Fragestellungen empfehlen sich z. B.: „Welche drei Wünsche hätten Sie"? oder „Wie läuft bei Ihnen ein typischer Wochentag/Wochenendtag ab?" Dazu gehört auch, wie der Patient mit seinen Gefühlen, vor allem der Aggressivität, umgeht, wie kontaktfähig bzw. -freudig er ist, wie durchsetzungsfähig, und welche Beziehung er zu Geld, zur Moral und zur Ordnung hat. Liegen Hinweise auf besonders definierte auffällige Wesenszüge, z. B. paranoide, zyklothyme, schizoide, anankastische, hysterische, asthenische oder ähnliche Persönlichkeitsmerkmale vor?

Psychiatrische Krankheitslehre

Entwicklung und Probleme der psychiatrischen Klassifikation

Jede Wissenschaft bemüht sich, die Phänomene ihres Untersuchungsbereiches zu benennen und sie nach bestimmten Gesichtspunkten zu klassifizieren, um die Sachverhalte einer systematischen Erforschung zugänglich und die Beobachtungsergebnisse mitteilbar und vergleichbar zu machen. Die dabei benutzten Fachtermini, sprachliche Kürzel für mehr oder minder komplexe Sachverhalte, sollen möglichst gut definiert sein, um die wissenschaftliche Kommunikation zu garantieren. Dies gilt auch für die Psychiatrie, die versucht, psychische Störungen unter bestimmten phänomenologischen und kausalen Gesichtspunkten zu ordnen und auf dieser Basis zu therapieren.

Die Klassifikation psychischer Störungen ist unter verschiedenen Gesichtspunkten kritisiert worden. Der idiographische Ansatz, der einer individualisierenden Betrachtung des Patienten in der Einmaligkeit seiner Entwicklung, seiner Persönlichkeit und der für ihn pathogenen Situation das Hauptinteresse widmet, stellt die Möglichkeit einer der Individualität des Patienten gerecht werdenden klassifikatorischen Zuordnung prinzipiell in Frage. Dem ist entgegenzuhalten, daß ein solcher idiographischer Ansatz keineswegs den der klassifikatorischen Zuordnung des Einzelfalles in eine Klasse von Fällen mit ähnlichen Charakteristika und Gesetzmäßigkeiten ausschließt, sondern diesen Ansatz nur sinnvoll ergänzt und ihn so z.B. für den Einzelfall spezifizierten, ärztlichen Interventionsmöglichkeiten zuführt. Radikaler noch als von Anhängern des idiographischen Ansatzes wird die Klassifikation psychischer Störungen von Autoren kritisiert, die zur sog. „Antipsychiatrie" gezählt werden. Sie schlagen vor, jegliche Klassifikation psychischer Störungen als den Patienten schädigende „Etikettierung" zu unterlassen. Diese Position erscheint zumindest in ihrer radikalen Ausformulierung, daß die Lebensschwierigkeiten psychisch Kranker, z.B. Schizophrener, lediglich aus der diagnostischen Etikettierung ihrer Verhaltensstörungen und aus der dadurch beeinflußten Einstellung der Mitmenschen resultieren, unhaltbar.

Solchen mehr oder weniger grundsätzlich kritischen Einstellungen gegenüber einer Klassifikation psychischer Störungen ist ebenso grundsätzlich entgegenzuhalten, daß erst die **Klassifikation psychischer Störungen die Grundlagen schafft für die Erforschung multifaktorieller Entstehungszusammenhänge** und daß mit der Erkenntnis dieser konditionalen Zusammenhänge **Voraussetzungen für eine rationale und empirisch begründete Therapie dieser Störungen** geschaffen werden. Die Klassifikation psychischer Störungen kommt somit durchaus den Menschen zugute. Das läßt sich an einfachen Beispielen zeigen.

Gäbe es z.B. nicht die Klassifikation in endogene und exogene Psychosen (körperlich begründbare Psychosen), würde man sicherlich nicht hinsichtlich der Therapie dieser psychischen Krankheiten differenzieren, würde also exogene Psychosen wie endogene Psychosen möglicherweise nur mit Neuroleptika und ergänzenden psychosozialen Maßnahmen behandeln, anstatt die körperlichen Ursachen der exogenen Psychosen zu bekämpfen. In einem solchen Fall könnte der Verzicht auf eine adäquate Systematik und Diagnostik letale Folgen für den Patienten haben. Als weiteres Beispiel sei die klassifikatorische Unterscheidung zwischen schizophrenen Psychosen und endogenen Depressionen angeführt. Erst diese Unterscheidung macht die als effektiv bewiesene gezielte psychopharmakologische Behandlung beider Krankheiten möglich: Während bei den schizophrenen Psychosen Neuroleptika indiziert sind, sind zur Behandlung der endogenen Depression Antidepressiva einzusetzen.

Aus verhaltenstherapeutischer Sicht wurde der Klassifikation psychischer Störungen, zumindest in der Frühphase der Verhaltenstherapie, kaum Beachtung geschenkt. Entsprechend den lerntheoretischen Konzepten wurde die Störung des Verhaltens in einzelne Elemente (Symptome) zerlegt, deren Reiz-Reaktions-Gesetzmäßigkeiten durch eine individuelle Verhaltensanalyse geklärt und dann auf dieser Grundlage mit verhaltenstherapeutischen Methoden modi-

---

Psychiatrische Krankheitslehre

Entwicklung und Probleme der psychiatrischen Klassifikation

Die Psychiatrie versucht, wie jede andere Wissenschaft, ihren Phänomenbereich nach bestimmten phänomenologischen und kausalen Gesichtspunkten zu ordnen.

Die Klassifikation psychischer Störungen wird unter verschiedenen Gesichtspunkten kritisiert. Vom idiographischen, der Einmaligkeit des Individuums besonders Rechnung tragenden Ansatz wird jede klassifikatorische Zuordnung grundsätzlich in Frage gestellt.

Ganz besonders radikal wird die psychiatrische Klassifikation von „antipsychiatrischen" Gruppen als den Patienten schädigende „Etikettierung" abgelehnt.

Die Klassifikation psychischer Störungen ist die Voraussetzung für die Erforschung der Entstehungszusammenhänge und damit die Grundlage für die Behandlung psychischer Störungen.
Die u.a. therapeutische Relevanz der psychiatrischen Klassifikation läßt sich an vielen Beispielen zeigen. Gäbe es nicht die Klassifikation in endogene und exogene (körperlich begründbare) Psychosen, würde man nicht hinsichtlich der Therapie differenzieren. Dadurch würden exogene wie endogene Psychosen evtl. nur mit Neuroleptika und psychosozialen Maßnahmen behandelt werden, anstatt daß die körperlichen Ursachen der exogenen Psychosen bekämpft würden.

Die psychiatrische Klassifikation findet auch in den wichtigsten psychotherapeutischen Richtungen zunehmende Akzeptanz bzw. hat sogar Konzepte von dort übernommen.

fiziert wurde. Erst im Zuge wachsender Erfahrungen wurde dabei der von der Psychiatrie entwickelten Systematik psychischer Störungen zunehmend Rechnung getragen. Es wurde erkannt, daß zumindest die Grobeinteilung in Krankheitsbilder für das therapeutische Vorgehen und dessen Effizienz von großer Bedeutung ist und sich das Hauptanwendungsgebiet der Verhaltenstherapie auf den Bereich der psychologisch erklärbaren Störungen erstreckt. Die psychoanalytischen Schulen haben, basierend auf den eigenen theoretischen Vorstellungen und von vornherein begrenzt auf die neurotischen Störungen, eigene Systematiken zur Klassifikation von Symptomneurosen und Charakterneurosen entwickelt, die dann später zum Teil Eingang in die psychiatrische Systematik gefunden haben.

Neben der mehr oder minder totalen Ablehnung einer Klassifikation psychischer Störungen gibt es eine starke methodologisch orientierte Kritik. Die Repräsentanten dieser kritischen Richtung erkennen zwar prinzipiell die sachliche Berechtigung und sogar Notwendigkeit einer klassifikatorischen Systematik psychischer Störungen an, sie nehmen aber Anstoß an Unzulänglichkeiten der jeweils gebräuchlichen Klassifikationssysteme. Nach ihrer Auffassung sollte die Klassifikation psychischer Störungen den Ergebnissen empirischer Forschung fortlaufend angepaßt werden, um so die Gültigkeit (Validität) der Systematik und die Zuverlässigkeit (Reliabilität) der Diagnostik zu erhöhen. Das Erkennen von Problemen der Klassifikation psychischer Störungen und die Suche nach Verbesserungsmöglichkeiten bleiben somit ein zentrales Forschungsanliegen der Psychiatrie, dem u.a. in den Entwicklungen standardisierter Beurteilungsskalen und in der Operationalisierung der Diagnostik Rechnung getragen wird.

Prinzipiell sind zahlreiche Einteilungsgründe und somit unterschiedliche Klassifikationen psychischer Störungen denkbar: z.B. Ätiopathogenese, Erscheinungsbild, Verlauf, therapeutische Ansprechbarkeit usw. Je nach Wahl der Einteilungsgründe resultieren unterschiedliche Klassifikationen mit z.T. unterschiedlichen Abstraktionsniveaus. Man denke an die **syndromatologische** und **die nosologische Betrachtungsebene.** Die syndromatologische Klassifikation ordnet die Störungen nur nach dem psychopathologischen Erscheinungsbild, z.B. depressives Syndrom; die nosologische Klassifikation bezieht zusätzlich ätiopathogenetische und verlaufsbezogene Aspekte mit ein, z.B. endogene Depression *(siehe Abbildung 2-5).*

Die derzeit gebräuchlichsten psychiatrischen Klassifikationssysteme sind als vorläufig und in vielen Punkten als nicht befriedigend anzusehen. Insbesondere geht es dabei um Fragen der Validität und Reliabilität verschiedener Diagnosen.

Das Erkennen von Problemen der Klassifikation psychischer Störungen und die Suche nach Verbesserungsmöglichkeiten bleiben ein zentrales Forschungsanliegen der Psychiatrie.

Prinzipiell sind zahlreiche Einteilungsgründe und somit unterschiedliche Klassifikationen psychischer Störungen denkbar. Je nach Wahl der Einteilungsgründe resultieren Klassifikationen mit z. T. unterschiedlichen Abstraktionsniveaus, z.B. die **syndromatologische** und **die nosologische Betrachtungsebene** *(s. Abb. 2-5).*

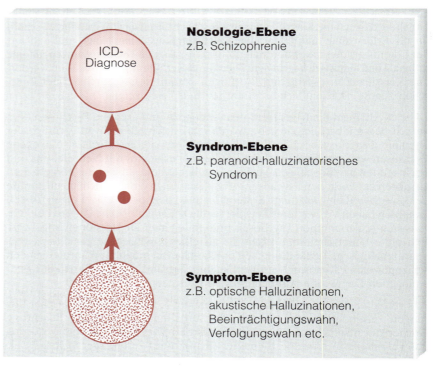

Abb. 2-5: Hierarchie der psychiatrischen Diagnostik

Psychiatrische Krankheitslehre

Diese psychiatrischen Klassifikationssysteme sind keine realen Entitäten, sondern als Konstrukte zu interpretieren **und damit vom jeweiligen Stand der Theorie abhängig.** Angesichts der **Komplexität der Erscheinungsbilder und Verursachungsmöglichkeiten psychischer Störungen** werden die Schwierigkeiten bei der Klassifikation psychischer Störungen verständlich. Das gilt insbesondere für nosologische Klassifikationsversuche, bei denen die Symptomatik im zeitlichen Querschnitt, Annahmen über ursächliche Faktoren, der Spontanverlauf und das Ansprechen der Therapie als Einteilungsgründe dienen.

Kraepelin gelang es, unter gleichzeitiger Berücksichtigung des klinischen Gesamtbildes im Quer- und Längsschnitt, seiner therapeutischen Beeinflußbarkeit und seiner pathologisch-anatomischen sowie ätiologischen Grundlagen „Krankheitseinheiten" in einem System zu vereinigen.

Manche Psychiater plädieren an Stelle von Krankheitsdiagnosen für Syndromdiagnosen, also Diagnosen, die die Hauptsymptomatik zusammenfassen, z.B. depressives Syndrom, manisches Syndrom, Angstsyndrom etc. (s. Abb. 2-6, Tab. 2-10).

Die so gebildeten Klassen stellen das Ergebnis eines idealisierenden Abstraktions- und Selektionsprozesses dar. Sie entsprechen nicht real existierenden Entitäten, sondern sind theoretische Begriffe bzw. Konstrukte und damit **vom jeweiligen Stand der Theorie abhängig.**

Berücksichtigt man die **Komplexität der Erscheinungsbilder psychischer Störungen,** die **fließenden Übergänge zwischen den verschiedenen Formen** sowie das **unzureichende Wissen über deren Entstehungsbedingungen,** so wird ein Großteil der Schwierigkeiten bei der Klassifikation psychischer Störungen verständlich. Das gilt in besonderem Maße für nosologische Klassifikationsversuche, bei denen nicht nur die Symptomatik im zeitlichen Querschnitt, sondern auch Annahmen über ursächliche Faktoren, der Spontanverlauf sowie das Ansprechen auf bestimmte therapeutische Maßnahmen als Einteilungsgründe dienen. Aufgrund der dadurch bedingten größeren Komplexität, insbesondere wegen der Einbeziehung bekannter und vermuteter ätiopathogenetischer Faktoren, existieren im Bereich der Nosologie erheblich mehr divergierende Klassifikationsversuche als im Bereich der Syndromatologie.

Die gebräuchlichen nosologischen Klassifikationen in der Psychiatrie beruhen im wesentlichen auf der von Kraepelin um die Jahrhundertwende klinisch-intuitiv entworfenen Klassifikation. Es gelang ihm, unter gleichzeitiger Berücksichtigung des klinischen Gesamtbildes im Querschnitt und im Längsschnitt sowie seiner therapeutischen Beeinflußbarkeit und seiner pathologisch anatomischen und ätiologischen Grundlagen „Krankheitseinheiten" aufzustellen und in einem System zu vereinigen.

Manche Kliniker plädieren wegen vieler grundsätzlicher und schwer lösbarer Schwierigkeiten der nosologischen Klassifikation aus pragmatischer Sicht dafür, bezüglich der Diagnosen auf höherem Abstraktionsniveau, also bei Krankheitsdiagnosen, eher zurückhaltend zu sein und sich vorwiegend auf eine syndromatologische Diagnose zu stützen (*siehe Abbildung 2-6*).

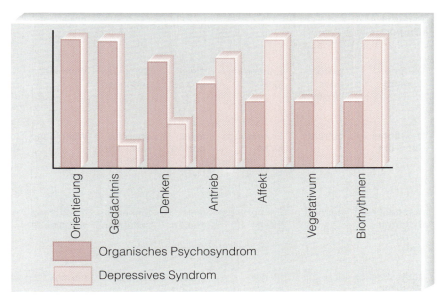

Abb. 2-6: Störungsbereiche und deren Ausprägung im Vergleich des organischen Psychosyndroms und des depressiven Syndroms. Es zeigt sich, daß bei beiden Syndromen sämtliche dargestellten psychischen Dimensionen gestört sind, daß die Ausprägung je nach Syndrom jedoch unterschiedlich ist

Eine rein syndromatologische Diagnostik (s. Tab. 2-10, Abb. 2-7) ist bei genauerer Analyse der Konsequenzen nicht unproblematisch. Klinische Handlungsanweisungen lassen sich besser auf einer nosologischen Basis geben.

Dies soll eine Diagnose sein, die die Hauptsymptomatik des Patienten zusammenfaßt, z.B. depressives Syndrom, manisches Syndrom, paranoid-halluzinatorisches Syndrom, Angstsyndrom, Zwangssyndrom (*siehe Tabelle 2-10*). Eine weitere individuell bezogene Ursachenanalyse könnte dann ausreichend Hinweise für die therapeutischen Schwerpunkte geben. Das Vorgehen entbehrt nicht der Faszination, die Ursachenanalyse stößt allerdings im individuellen Fall oft an ihre Grenzen (*siehe Abbildung 2-7*).

Tabelle 2-10: Psychiatrische Syndrome (Symptomenkomplexe)

	Bewußt-sein	Gedächtnis	Orien-tierung	Wahr-nehmung	Denken	Stimmung	Antriebs-lage	Vorkommen
Manisches Syndrom	klar	erhalten	erhalten	normal	Ideenflucht (Größen-ideen)	gehoben (heiter)	Erregung	Manie, organische Hirnerkrankungen (z.B. Paralyse), Vergiftungen, Schizophrenie
Depressives Syndrom	klar	erhalten	erhalten	normal	Denk-hemmung, depressive Ideen	gedrückt	Hemmung	Depression, Schizophrenie, organische Hirn-erkrankungen
Angst-syndrom	mitunter getrübt	erhalten	mitunter gestört	illusionäre Verken-nungen	Ver-folgungs-ideen	ängstlich	Erregung	Depression, Schizophrenie, symptomatische und senile Psychosen
Paranoid-halluzina-torisches Syndrom	klar	erhalten	erhalten	akustische Halluzina-tionen	Beein-trächti-gungs-ideen	miß-trauisch, ängstlich, gespannt	oft Erregung	Schizophrenie, organische Hirn-erkrankungen, symptomatische und toxische Psychosen
Hyper-kinetisches Syndrom (Erregungs-zustand)	oft getrübt	oft Erinnerungs-lücken	oft gestört	Sinnestäu-schungen	oft gestört, (Zerfahren-heit, Inko-härenz)	gehoben, ängstlich oder zornig	Erregung	Schizophrenie, symptomatische Psychosen, organische Hirn-erkrankungen, Vergiftungen
Akinetisches Syndrom (Stupor)	klar	erhalten	erhalten	normal	oft gehemmt	gleich-gültig, gedrückt oder gespannt	Sperrung	Schizophrenie, Depression, psychogene Haftreaktion, (Haftstupor)
Dämmer-zustand	getrübt oder eingeengt	Erinnerungs-lücke	meist gestört	Sinnestäu-schungen	Wahnideen	gespannt, ängstlich, zornig	Erregung	Epilepsie, Hirn-verletzungen, pathologischer Rausch, psycho-gene Reaktion
Delirantes Syndrom	getrübt	Erinnerungs-lücke	meist gestört	optische Halluzina-tionen	Wahnideen	meist ängstlich	Erregung	Symptomatische Psychosen, Hirn-verletzungen, organische Hirn-erkrankungen, Vergiftungen
Amentielles Syndrom (Verworren-heit)	getrübt	Erinnerungs-lücke	meist gestört	Sinnestäu-schungen	Inkohärenz, Wahnideen	ratlos	Erregung oder Hemmung	Symptomatische Psychosen, Hirn-verletzungen, Hirnerkrankungen, Vergiftungen
Amnestisches Syndrom (Korsakow)	(klar)	Merk-schwäche, Erinnerungs-lücken, Konfabu-lationen	meist gestört	normal	normal	verschie-den	oft Antriebs-mangel	Alkoholismus, CO-Vergiftungen, organische Hirn-erkrankungen, symptomatische Psychosen

Insgesamt bietet das Festhalten an diagnostischen Einheiten höherer Ordnung Vorteile gegenüber einer syndromatologischen Klassifikation.

Die derzeit verfügbaren Diagnosesysteme gehen oft von Einheiten aus, Auch macht sie einen höheren Kommunikationsaufwand bei der Mitteilung von Sachverhalten im klinischen Alltag erforderlich. Insofern scheint das Festhalten an klassifikatorischen Einheiten höheren Abstraktionsgrades weiterhin sinnvoll.

Die derzeitig verfügbaren operationalisierten Diagnosesysteme gehen oft von Einheiten aus, die in einem Mittelfeld zwischen syndromatischer und nosologi-

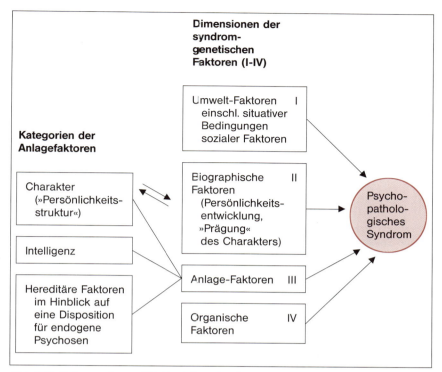

Abb. 2-7: Schema der multifaktoriellen Syndromgenese

scher Einheit stehen. Sie versuchen, in vielem stark das psychopathologische Syndrom in den Vordergrund der Gliederungssystematik zu stellen, beziehen dann aber oft auch Aussagen über mögliche Ursachen dieses Syndroms ein.

Die Hauptgruppen der Erkrankungen wurden um die Jahrhundertwende von Kraepelin nach ursächlichen Faktoren eingeteilt, die allerdings größtenteils hypothetischer Natur waren und es teilweise noch sind. Der kurze Zeit danach von Bonhoeffer erbrachte Nachweis, daß die verschiedensten körperlichen Ursachen das gleiche psychopathologische Erscheinungsbild hervorrufen können und daß dieselbe Ursache eine Reihe psychopathologischer Erscheinungsbilder nach sich ziehen kann, war in der Folgezeit Ansatzpunkt grundsätzlicher Kritik an der Nosologie Kraepelins. Trotzdem hat diese sich in ihren wesentlichen Zügen weltweit durchsetzen und bis heute behaupten können. Die Unspezifität psychischer Störungen hinsichtlich der ursächlichen Faktoren wurde später als Folge der Interferenz von mehreren ätiopathogenetisch relevanten Faktoren – genetische Disposition, Primärpersönlichkeit, Biographie, Noxe usw. – interpretiert. Man spricht in diesem Sinne von einer **Multikonditionalität psychischer Störungen**.

Nicht nur die Grundkonzeption der Kraepelinschen „Krankheitseinheiten" wurde immer wieder in Frage gestellt, auch seinen speziellen nosologischen Klassifikationen traten Kritiker entgegen. Sie befürworten entweder das Extrem einer Zusammenfassung der im allgemeinen unterschiedenen Formen Schizophrenie, manisch-depressive Erkrankung und schizoaffektive Psychosen zur Einheitspsychose oder propagierten das andere Extrem ihrer Auflösung in zahlreiche genetisch, symptomatologisch und dem Verlaufstyp nach differenzierbare Spezialformen.

Eine große Bedeutung in der psychiatrischen Klassifikation hat die traditionelle Einteilung in **exogene** (organische/symptomatische), **endogene** und **psychogene** Störungen („pathogenetische Trias").

- **Exogene Störungen** liegen vor, wenn eine Erkrankung des Gehirns (z. B. Enzephalitis) bzw. eine sonstige körperliche Erkrankung nachweisbar ist.
- Von einer **endogenen Störung** geht man aus, wenn biologische Anlagefaktoren, wie z.B. bei den schizophrenen oder manisch-depressiven Erkrankungen, eine zentrale Bedeutung haben.

---

die zwischen syndromatischer und nosologischer Einheit stehen.

In wesentlichen Zügen hat sich die von Kraepelin erarbeitete Klassifikation bis heute weltweit durchgesetzt. Die Unspezifität psychischer Störungen hinsichtlich der ursächlichen Faktoren wurde später als Folge der Interferenz von mehreren ätiopathogenetisch relevanten Faktoren – genetische Disposition, Primärpersönlichkeit, Biographie, Noxe usw. – interpretiert. Man spricht in diesem Sinne von einer **Multikonditionalität psychischer Störungen**.

Zentrale Bedeutung hat in der Psychiatrie die Einteilung in **exogene**, **endogene** und **psychogene** Störungen („pathogenetische Trias").
- **Exogene Störungen** liegen vor, wenn eine Erkrankung des Gehirns bzw. eine sonstige körperliche Erkrankung nachweisbar ist.
- Von einer **endogenen Störung** geht man aus, wenn biologische Anlagefaktoren eine zentrale Bedeutung haben.

> - Bei **psychogenen Störungen** spielen psychodynamische bzw. erlebnisreaktive Faktoren eine wichtige ursächliche Rolle. Allerdings ist die traditionell monokausale Betrachtungsweise zunehmend durch eine **multifaktorielle** ersetzt worden (s. Abb. 2-8).

- Von **psychogenen Störungen** spricht man, wenn psychodynamische bzw. erlebnisreaktive Faktoren eine wichtige ursächliche Rolle spielen.

Die sich durch diese ätiopathogenetischen Gesichtspunkte ergebende Gliederung in drei Krankheitskategorien sollte aber nicht überschätzt werden. An ihre Stelle ist zunehmend das Konzept der **multifaktoriellen Ätiologie** der einzelnen Erkrankungen gerückt (*siehe Abbildung 2-8*).

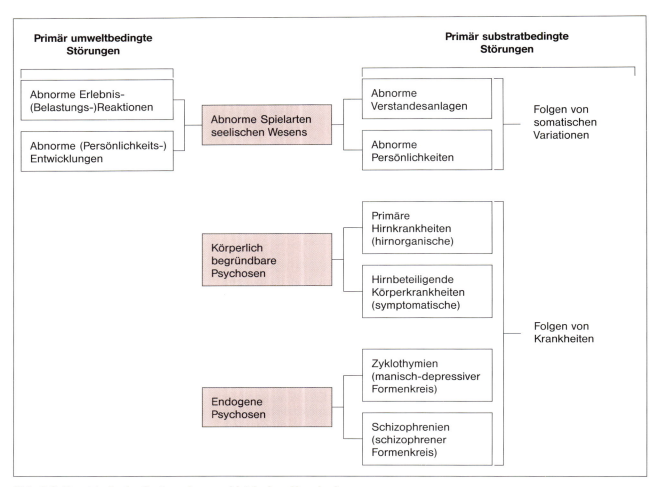

Abb. 2-8: Das triadische System der psychiatrischen Nosologie

> Die multifaktorielle Betrachtungsweise kann insbesondere im Einzelfall zu relevanten therapeutischen Schlußfolgerungen führen: Die schizophrene Erkrankung eines Patienten kann zwar maßgeblich auf einer entsprechenden hereditären Disposition beruhen, zusätzlich kann aber ein frühkindlicher Hirnschaden die durch die genetische Anlage bedingte Vulnerabilität erhöhen. Zur manifesten Erkrankung kommt es, wenn noch zusätzlich massive psychische Belastungen auftreten.

Bei ihm steht zwar möglicherweise im Einzelfall einer der drei genannten ätiopathogenetischen Faktoren („ätiopathogenetische Trias") im Zentrum der ursächlichen Betrachtung. Es wird aber gleichzeitig den anderen mitursächlichen Faktoren Rechnung getragen, die in unterschiedlicher Weise an der Krankheitsentstehung im Einzelfall beteiligt sein können. Das sei an einem Beispiel demonstriert: Die schizophrene Erkrankung eines Patienten kann zwar maßgeblich auf einer entsprechenden hereditären Disposition beruhen, die auch eindeutig in einer familiären Belastung erkennbar ist, zusätzlich kann aber ein frühkindlicher Hirnschaden die durch die genetische Anlage bedingte Vulnerabilität erhöhen. Zur manifesten Erkrankung kommt es dann, wenn noch zusätzlich eine massive psychische Belastung auftritt. Insbesondere unter therapeutischen Aspekten sollte man deswegen im Einzelfall nach der Relevanz der einzelnen ätiopathogenetischen Faktoren fragen.

Systematisierung und Operationalisierung der psychiatrischen Störungen nach ICD und DSM

Bis 1970 existierten zwischen verschiedenen Ländern und sogar zwischen verschiedenen psychiatrischen Schulen eines Landes teilweise erhebliche Diskrepanzen in der psychiatrischen Nosologie. Durch die Schaffung einer international akzeptierten Systematik psychischer Störungen, die im Rahmen der **ICD-8** („International Classification of Diseases") von der Weltgesundheitsorganisation (WHO) erarbeitet wurde, wurden die Voraussetzungen für eine internationale Vereinheitlichung der psychiatrischen Klassifikation erreicht. Der psychiatrische Teil dieser ICD-8 basiert, von Modifikationen abgesehen, auf dem nosologischen System Kraepelins. Die Gliederung erfolgte vorwiegend nach ätiologischen und syndromatologischen Gesichtspunkten sowie nach Verlaufscharakteristika. Während bei Kraepelin die Hauptgruppen der Erkrankungen nach ursächlichen Faktoren eingeteilt werden, ist in der ICD-8 der übergeordnete Klassifikationsgrund psychischer Störungen ein syndromatologischer. Mängel der Einteilung – wie z.B. der Wechsel in den Einteilungsprinzipien – sind grundsätzlich bei allen derzeit verfügbaren psychiatrischen Klassifikationen vorhanden. Sie spiegeln die Unvollkommenheit des Wissens über psychische Störungen wider. Im Falle der ICD-8 sind sie zusätzlich noch durch die für ein internationales System erforderlichen Kompromisse akzentuiert. Die 1979 eingeführte **9. Revision der ICD** unterscheidet sich von der 8. Revision insbesondere durch die Einführung einer multikategorialen Diagnostik. Bei dieser Diagnostik wird ein Patient **gleichzeitig durch mehrere Nummern** aus dem Gesamtbereich der ICD charakterisiert. So kann z. B. eine erste Nummer aus dem Kapitel der psychiatrischen Erkrankungen der ICD das klinische Erscheinungsbild bezeichnen, eine zweite Nummer aus einem anderen Kapitel der ICD die zugrundeliegende Körperkrankheit.

DSM-III-System

Das 1980 von der amerikanischen Psychiater-Vereinigung eingeführte **„Diagnostic and Statistical Manual of Mental Disorders"** (American Psychiatric Association, 1980), **das DSM-III-System**, ist z.T. **nach anderen Einteilungskriterien konzipiert** und entspricht in den Definitionen der einzelnen Erkrankungen vielfach nicht mehr der ICD-9. Diese Änderungen sind u. a. die Konsequenz daraus, daß in der ICD-8 und ICD-9 aus dem Wunsch nach internationaler Vereinheitlichung manche „faulen Kompromisse" geschlossen werden mußten. Auch sollte im DSM-III der derzeitige empirische Wissensstand besser repräsentiert werden, was Diskrepanzen zur traditionellen Klassifikation nach sich zog. Die einzelnen Diagnosen werden im DSM-III durch eine klinische Kurzbeschreibung der Störungen und durch **operationale Diagnosekriterien** definiert. Der wichtige Fortschritt des DSM-III-Systems besteht zweifellos in dieser weitgehenden **Operationalisierung der diagnostischen Begriffe.** Unter Operationalisierung versteht man die Angabe klarer Einschluß- und Ausschlußgründe für die Diagnose.

Außerdem wurde im **DSM-III** eine sog. **multiaxiale Klassifikation** mit fünf Achsen eingeführt. Durch letzteres soll erreicht werden, daß verschiedene für Prognose und Therapie relevante Informationsbereiche getrennt erfaßt werden. Die erste Achse dient der Erfassung der aktuellen psychopathologischen Störung im Sinne einer Syndromdiagnose, die zweite der Erfassung einer Störung der Persönlichkeit. Auf der dritten Achse können körperliche Erkrankungen, die für die Ätiologie oder Behandlung der auf den ersten beiden Achsen dokumentierten psychopathologischen Störungen relevant sind, registriert werden. Auf Achse IV können mögliche situative Auslöser („life events") der aktuellen psychischen Erkrankung hinsichtlich Art und Streßintensität beurteilt werden. Achse V dient der Beurteilung des höchsten Grades der sozialen Adaptation im Jahr der aktuellen psychischen Störung. Dadurch soll eine möglichst informationsreiche Diagnostik des Patienten ermöglicht werden, wobei aber die einzelnen relevanten Aspekte getrennt erfaßt werden, um einerseits die diagnostische Reliabilität zu erhöhen und andererseits ggf. neue Zusammenhänge zwischen den einzelnen Aspekten erkennen zu lassen.

Systematisierung und Operationalisierung der psychiatrischen Störungen nach ICD und DSM
Bis 1970 existierten zwischen verschiedenen Ländern und sogar zwischen verschiedenen psychiatrischen Schulen eines Landes teilweise erhebliche Diskrepanzen in der psychiatrischen Nosologie.
Mit dem psychiatrischen Teil der **ICD-8** wurde erstmals eine international verbindliche Klassifikation der psychiatrischen Erkrankungen geschaffen. Er basiert im wesentlichen auf dem nosologischen System Kraepelins. Während aber bei Kraepelin die Hauptgruppen der Erkrankungen nach ursächlichen Faktoren eingeteilt werden, ist in der ICD-8 der übergeordnete Klassifikationsgrund ein syndromatologischer.
Die 1979 eingeführte **ICD-9** unterscheidet sich von der ICD-8 u.a. durch die Einführung einer multikategorialen Diagnostik.
Durch diese Diagnostik wird ein Patient **gleichzeitig durch mehrere Nummern** der ICD charakterisiert.

DSM-III-System

Das 1980 in den USA eingeführte **DSM-III-System** ist z.T. **nach anderen Einteilungsgründen konzipiert** und entspricht in den Definitionen der einzelnen Erkrankungen vielfach nicht der ICD-9. In vielen Punkten repräsentiert es besser den aktuellen empirischen Wissensstand. Der besondere Vorteil des DSM-III-Systems und seiner revidierten Fassung liegt in einer strikten **Operationalisierung der Kriterien für die Erstellung einer Diagnose.**

Im DSM-III wurde eine **multiaxiale Klassifikation** eingeführt (s. Tab. 2-13a):

Achse I: aktuelles psychopathologisches Syndrom
Achse II: Persönlichkeitsstörung
Achse III: körperliche Erkrankung
Achse IV: situative Auslöser
Achse V: soziale Adaptation.

Dadurch soll eine informationsreiche Diagnostik des Patienten ermöglicht werden.

2 Allgemeine Psychopathologie

Tabelle 2-11: Diagnostische Kriterien der Schizophrenie nach DSM-III-R

Diagnostische Kriterien der Schizophrenie nach DSM-III-R

A) Vorhandensein charakteristischer psychotischer Symptome während der floriden Phase: entweder (1), (2), oder (3) mindestens eine Woche lang (es sei denn, die Symptome wurden erfolgreich behandelt):

(1) Zwei der folgenden:
   (a) Wahn
   (b) eindeutige Halluzinationen (entweder ohne Unterbrechung einige Tage lang oder mehrere Male in der Woche, wochenlang; alle halluzinatorischen Erlebnisse dauern länger als nur wenige kurze Momente);
   (c) Zerfahrenheit oder auffallende Lockerung der Assoziationen;
   (d) katatones Verhalten;
   (e) flacher oder deutlich inadäquater Affekt.

(2) Bizarrer Wahn (dazu gehören Phänomene, die im Kulturkreis des Betroffenen als vollkommen abwegig angesehen würden, z.B. Gedankenausbreitung oder Kontrolle durch eine tote Person).

(3) Vorherrschende akustische Halluzinationen – wie in (1) (b) definiert –, bei denen der Inhalt keinen offensichtlichen Zusammenhang mit Depression oder gehobener Stimmung hat. Oder auch Halluzinationen, bei denen eine Stimme das Verhalten bzw. die Gedanken des Betroffenen kommentiert oder bei denen sich zwei bzw. mehrere Stimmen miteinander unterhalten.

B) Im Verlauf der Störung sinkt die Leistung in Bereichen wie Arbeit, soziale Beziehungen und Selbständigkeit beträchtlich unter das höchste Niveau, das vor der Störung erreicht wurde, bei Störungsbeginn in der Kindheit oder Adoleszenz wird der zu erwartende soziale Entwicklungsstand nicht erreicht.

C) Eine schizoaffektive Störung und affektive Störung mit psychotischen Merkmalen wurden ausgeschlossen; d.h., falls einmal ein Syndrom einer „Major Depression" oder Manie während einer floriden Störungsphase vorlag, war die Gesamtdauer aller Episoden des affektiven Syndroms kurz im Verhältnis zur Gesamtdauer der floriden und residualen Störungsphasen.

D) Kontinuierliche Anzeichen der Störung mindestens sechs Monate lang. Der sechsmonatige Zeitraum muß eine floride Phase beinhalten (mindestens eine Woche lang oder weniger bei erfolgreicher Behandlung der Symptome), in der psychotische Symptome – charakteristisch für Schizophrenie (siehe Kriterium A) mit oder ohne eine Prodromal- oder Residualphase, wie sie unten definiert wird, bestanden.

Prodromalphase: Absinken der Leistungsfähigkeit vor Beginn der floriden Phase, das aber nicht auf eine affektive Verstimmung oder auf eine Störung durch psychotrope Substanzen zurückzuführen ist. Darüber hinaus bestehen mindestens zwei der unten genannten Symptome.

Residualphase: Nach der floriden Störungsphase bestehen mindestens zwei der unten genannten Symptome, die nicht auf eine affektive Verstimmung oder eine Störung durch psychotrope Substanzen zurückzuführen sind.

Prodromal- oder Residualsymptome:

1. ausgeprägte soziale Isolierung oder Zurückgezogenheit;
2. ausgeprägte Beeinträchtigung der Rollenerfüllung im Beruf, in der Ausbildung oder im Haushalt;
3. ausgeprägtes absonderliches Verhalten (z.B. das Sammeln von Abfällen, Selbstgespräche in der Öffentlichkeit oder Horten von Lebensmitteln);
4. ausgeprägte Beeinträchtigungen bzw. Vernachlässigung der persönlichen Hygiene und Körperpflege;
5. abgestumpfter, verflachter oder inadäquater Affekt;
6. abschweifende, vage, verstiegene, umständliche Sprache oder Verarmung der Sprache oder des Sprachinhalts;
7. eigentümliche Vorstellungen oder magisches Denken, die das Verhalten beeinflussen und nicht mit kulturellen Normen übereinstimmen, z.B. Aberglaube, Hellseherei, Telepathie, „sechster Sinn", „andere können meine Gefühle spüren", überwertige Ideen, Beziehungsideen;
8. ungewöhnliche Wahrnehmungserlebnisse, z.B. wiederholte Illusionen, die Anwesenheit einer in der Realität nicht vorhandenen Kraft oder Person zu spüren (leibhaftiges Bewußtsein);
9. erheblicher Mangel an Initiative, Interesse oder Energie.

Bezüglich der Syndromdiagnose auf Achse I ist bemerkenswert, daß diese keinesfalls nur ein Kürzel für die psychopathologische Symptomatik im Sinne einer Syndromdiagnose darstellt, sondern daß vielfach Hypothesen über Ätiologie und Verlauf einbezogen werden. So kann z.B. auf Achse I „Schizoprenic Disorder" nur dann diagnostiziert werden, wenn eine Verursachung durch eine hirnorganische Erkrankung ausgeschlossen ist. Ebenso kann „Delirium" oder „Organic Personality Syndrome" nur diagnostiziert werden, wenn es ausreichende Evidenz für eine zugrundeliegende hirnorganische Erkrankung gibt. Der Syndrom-Gesichtspunkt wurde also offensichtlich bei der Festlegung der Kategorien von Achse I nicht konsequent durchgehalten, sondern es haben sich nosologische Gesichtspunkte in der Art der Charakterisierung der Störung eingeschlichen.

ICD-10

ICD-10

Die 1991 eingeführte **ICD-10** knüpft mit ihren diagnostischen Leitlinien an der Operationalisierungsstrategie des DSM-III-Systems an (s. Tab. 2-13a). Allerdings weichen die Definitionen der Erkrankung inhaltlich z.T.

Die 1991 eingeführte **ICD-10** will mit ihren der allgemeinen Krankheitsbeschreibung hinzugefügten diagnostischen Leitlinien an den Operationalisierungsstrategien, wie sie im DSM-III praktiziert wurden, anknüpfen, um eine bessere Reliabilität der klinischen Diagnostik zu erreichen (*siehe Tabelle 2-13a*). Die Beschreibung der einzelnen Störungen weicht aber z.T. erheblich vom Konzept des DSM-III ab. Es wurde allerdings versucht, die ICD-10 soweit wie möglich mit der neu revidierten Form des DSM-III – dem DSM-III-R (American Psychiatric Association, 1987) – sowie noch stärker mit dem in Entwicklung befindlichen DSM-IV kompatibel zu machen. Auch die ICD-10 hat einen multiaxialen Ansatz (*siehe Tabelle 2-13b*).

von dem Konzept des DSM-III ab. Es wurde versucht, die ICD-10 soweit wie möglich mit der neu revidierten DSM-III-R in Entwicklung befindlichen DSM-IV kompatibel zu machen. Auch die ICD-10 hat einen multiaxialen Ansatz (s. Tab. 2-13b).

Tabelle 2-12: Diagnostische Leitlinien der schizophrenen Störungen nach ICD-10

Erforderlich für die Diagnose Schizophrenie ist mindestens ein eindeutiges Symptom (zwei oder mehr, wenn weniger eindeutig) der Gruppen 1–4 oder mindestens zwei Symptome der Gruppen 5–8. Diese Symptome müssen fast ständig während eines Monats oder länger deutlich vorhanden gewesen sein. Zustandsbilder mit den geforderten Symptomen, die aber kürzer als einen Monat andauern (ob behandelt oder nicht), sollen zunächst als akute schizophreniforme psychotische Störung (F23.2) diagnostiziert werden und als Schizophrenie erst dann, wenn die Symptome länger bestanden haben.

1. Gedankenlautwerden, Gedankeneingebung oder Gedankenentzug, Gedankenausbreitung.

2. Kontrollwahn, Beeinflussungswahn, Gefühl des Gemachten deutlich bezogen auf Körper- oder Gliederbewegungen oder bestimmte Gedanken, Tätigkeiten oder Empfindungen; Wahnwahrnehmungen.

3. Kommentierende oder dialogische Stimmen, die über den Patienten und sein Verhalten sprechen, oder andere Stimmen, die aus einem Körperteil kommen.

4. Anhaltender, kulturell unangemessener und völlig unrealistischer Wahn, wie der, eine religiöse oder politische Persönlichkeit zu sein, übermenschliche Kräfte und Möglichkeiten zu besitzen (z.B. das Wetter kontrollieren zu können oder im Kontakt mit Außerirdischen zu sein).

5. Anhaltende Halluzinationen jeder Sinnesmodalität, begleitet entweder von flüchtigen oder undeutlich ausgebildeten Wahngedanken ohne deutliche affektive Beteiligung, oder begleitet von anhaltenden überwertigen Ideen, oder täglich für Wochen oder Monate auftretend.

6. Gedankenabreißen oder Einschiebungen in den Gedankenfluß, was zu Zerfahrenheit, Danebenreden oder Neologismen führt.

7. Katatone Symptome wie Erregung, Haltungsstereotypien oder wächserne Biegsamkeit (Flexibilitas cerea), Negativismus, Mutismus und Stupor.

8. „Negative" Symptome wie auffällige Apathie, Sprachverarmung, verflachte oder inadäquate Affekte (dies hat zumeist sozialen Rückzug und ein Nachlassen der sozialen Leistungsfähigkeit zur Folge). Es muß sichergestellt sein, daß diese Symptome nicht durch eine Depression oder eine neuroleptische Medikation verursacht werden.

Retrospektiv kann möglicherweise eine Prodromalphase identifiziert werden, in der Symptome und Verhaltensweisen wie Interesseverlust an der Arbeit, an sozialen Aktivitäten, am persönlichen Erscheinungsbild und an der Körperhygiene zusammen mit generalisierter Angst, leichter Depression und Selbstversunkenheit dem Auftreten psychotischer Symptome Wochen oder sogar Monate vorausgehen können. Wegen der Schwierigkeit, den Beginn festzulegen, bezieht sich das Zeitkriterium von einem Monat nur auf die oben aufgelisteten spezifischen Symptome und nicht auf die nicht psychotische Prodromalphase.

Die Diagnose Schizophrenie soll bei ausgeprägten depressiven oder manischen Symptomen nicht gestellt werden, es sei denn, schizophrene Symptome wären der affektiven Störung vorausgegangen. Wenn schizophrene und affektive Symptome sich gleichzeitig entwickeln und in etwa gleicher Intensität auftreten, ist eine schizoaffektive Störung (F25) zu diagnostizieren, selbst dann, wenn die schizophrenen Symptome für sich gesehen die Diagnose einer Schizophrenie rechtfertigen würden. Auch bei eindeutiger Gehirnerkrankung während einer Intoxikation oder während des Entzuges soll keine Schizophrenie diagnostiziert werden. Schizophrenieähnliche Zustandsbilder bei Epilepsie oder anderen Hirnerkrankungen sind unter F06.2 zu kodieren, die durch Drogen verursachten unter F1.5.

Im Grunde ist es bedauerlich, daß die amerikanische Psychiater-Vereinigung mit dem DSM-System aus den international verbindlichen Diagnosesystemen der ICD ausgeschert ist. Wenn auch die Systeme, insbesondere ICD-10 und DSM-IV, in vielen Bereichen größere Übereinstimmung aufweisen, so ist doch das Nebeneinander zweier Diagnosesysteme etwas verwirrend.

Welches diagnostische System soll man benutzen?

Die Charakterisierung der einzelnen Störungen weicht in den neueren Diagnosesystemen – DSM-III, DSM-III-R, DSM-IV, ICD-10 – z.T. erheblich von der traditionellen Krankheitslehre in der deutschsprachigen Psychiatrie ab. Das hängt einerseits mit der Notwendigkeit präziserer Konzepte im Rahmen der Operationalisierung zusammen, andererseits mit der stärkeren Einbeziehung neuerer empirischer Ergebnisse.

In dieser Umbruchsituation der psychiatrischen Krankheitslehre fällt es schwer, sich für eines der vorgegebenen Klassifikationssysteme zu entscheiden. Für die Beibehaltung der traditionellen Klassifikation, wie sie noch in der ICD-8 und weitgehend in der ICD-9 ihren Niederschlag fand, spricht, daß die darin festgelegten Konzepte in der deutschsprachigen Psychiatrie und Medizin am meisten

Welches diagnostische System soll man benutzen?
Die Charakterisierung der einzelnen Erkrankung weicht in den neuen operationalisierten Diagnosesystemen z.T. erheblich von der traditionellen psychiatrischen Krankheitslehre ab, bedingt durch die Notwendigkeiten der Operationalisierung sowie durch die Einbeziehung neuerer empirischer Forschungsergebnisse.
Die Entscheidung, welches der Diagnosesysteme man anwenden soll,

2 Allgemeine Psychopathologie

Tabelle 2-13a: Der multiaxiale Ansatz im DSM-III-R

Achsen	Operationalisierungen der Achsen
DSM-III-R	
I Klinische Syndrome	Psychiatrische Diagnosen nach DSM-III-R
II Entwicklungs- und Persönlichkeitsstörungen	Entwicklungs- und Persönlichkeitsstörungen nach DSM-III-R
III Körperliche Störungen und Zustände	Ohne Operationalisierung
IV Schweregrad psychosozialer Belastungsfaktoren	7stufige Skala
V Globalbeurteilung des psychosozialen Funktions-niveaus	Global Assessment of Functioning Scale (GAF)

Tabelle 2-13b: Der multiaxiale Ansatz in der ICD-10

Achsen	Operationalisierung der Achsen
ICD-10	
I Klinische Diagnosen	Psychiatrische Diagnosen (Kapitel V)
	Somatische Diagnosen (aus den anderen Kapiteln der ICD-10)
II Soziale Funktionseinschränkungen	Disability Assessment Scale der WHO
	• individuelle soziale Kompetenzen
	• berufliche Funktionsfähigkeit
	• familiäre Funktionsfähigkeit
	• soziales Verhalten
III Abnorme psychosoziale Situationen	• Entwicklung in der Kindheit
	• Erziehungsprobleme
	• Schwierigkeiten in der sozialen Umgebung
	• besondere berufliche Probleme
	• juristische und andere psychosoziale Schwierigkeiten
	• Familienanamnese psychiatrischer Störungen usw.

fällt schwer. Eine Reihe von Gründen ist bei der Entscheidung zu berücksichtigen, u.a. Kontinuität mit der bisherigen Tradition, Berücksichtigung neuerer Forschungsergebnisse, Grad der Operationalisierung.

DSM-III und DSM-III-R bestechen durch ihre gedankliche Klarheit und Präzision, ICD-10 knüpft besser an der bisherigen Tradition an und hat eine größere Praktikabilität für die Alltagsversorgung.

verbreitet sind und vielen Kollegen, die in dieser Tradition aufgewachsen sind, am einfachsten und plausibelsten erscheinen. Ein einseitiges Festhalten an dieser theoretischen Tradition würde aber den erheblichen Validitäts- und Reliabilitätsproblemen dieser Diagnostik nicht Rechnung tragen und erscheint deswegen nicht zeitgemäß. Auch bekommen bestimmte Sachverhalte aus dieser traditionellen Sicht einen zu hohen Stellenwert – z.B. die Unterscheidung zwischen endogener und neurotischer Depression –, einen Stellenwert, der ihr aus der Sicht neuerer Forschung nicht zukommt. Andere Sachverhalte wiederum – z.B. die Angststörung – werden in dieser traditionellen Systematik nur sehr global dargestellt und erfahren nicht die aus heutiger Sicht notwendige Differenzierung, z.B. in Panikerkrankungen und generalisierte Angststörungen.

Die ICD-10, das von der Weltgesundheitsorganisation international als verbindlich eingeführte Klassifikationssystem, versucht den neueren Ansätzen und Erkenntnissen in der psychiatrischen Klassifikation gerecht zu werden. Sie erreicht aber leider nicht die gedankliche Klarheit und Präzision des DSM-III-Systems und seiner Nachfolger (DSM-III-R, DSM-IV), das in der amerikanischen Psychiatrie als verbindlich gilt. Das hängt wahrscheinlich damit zusammen, daß die Systematik und Charakterisierung der einzelnen Krankheitsbilder aus der Notwendigkeit eines internationalen Konsenses in dem internationalen Expertengremium der ICD-10 z.T. „verwässert" wird, während das DSM-III-System aus einem einheitlicheren Guß ist.

Die ungenügende Präzision der ICD-10 im Vergleich zum DSM-III-System fällt besonders auf, wenn man die „diagnostischen Leitlinien" der ICD-10 zugrunde legt. Die „Forschungskriterien" der ICD-10 erreichen schon eher den vom DSM-III-System vorgegebenen Standard. Als Rechtfertigung für die „weichere" Operationalisierung der diagnostischen Leitlinien wurde angegeben, daß sie eine größere Praktikabilität für die Alltagsversorgung haben als die Forschungskriterien, die durch die strengere Operationalisierung dazu führen, daß ein bestimmter Prozentsatz der Patienten keine Diagnose bekommen kann, da keiner der Kriteriensätze zutrifft.

Wegen der höheren gedanklichen Präzision des DSM-III-R bestand bei den Autoren dieses Lehrbuches zunächst die Tendenz, auf die Operationalisierung dieses Systems zurückzugreifen. Der Gedanke aber, daß nicht DSM-III-R, sondern ICD-10 das von der WHO international und auch für Deutschland vorgeschriebene Klassifikationssystem ist, ließ einer solchen einseitigen Lösung widersprechen. Deshalb haben wir den Mittelweg gewählt und beide Systeme in unsere Darstellung einbezogen, und zwar in einer übergreifenden, synoptischen Weise. Es werden also nicht die jeweiligen Operationalisierungen der einzelnen Erkrankungen nach ICD-10 und DSM-III-R wörtlich übernommen, sondern es wird eine Synopsis der in die jeweiligen Operationalisierungen eingehenden Kriterien gegeben. Dieses Vorgehen soll einerseits dem Leser helfen, das jeweilige Krankheitskonzept aus der Sicht der beiden derzeitig aktuellen Diagnosesysteme zu verstehen. **Andererseits soll aber auch Verständnis dafür geweckt werden, daß die psychiatrische Krankheitslehre ein bis heute nicht abgeschlossener, sondern sich weiter entwickelnder Prozeß ist, der partiell unterschiedliche Sichtweisen zuläßt** (*siehe Synopsis 2-1*).

Dieses Lehrbuch berücksichtigt sowohl ICD-10 wie auch DSM-III-R in einer übergreifenden, synoptischen Weise. Dieses Vorgehen soll dem Leser helfen, das jeweilige Krankheitskonzept aus der Sicht der beiden derzeit aktuellen Diagnosesysteme zu verstehen. **Auch soll Verständnis dafür geweckt werden, daß die Psychiatrie nicht ein abgeschlossener, sondern ein sich weiter entwickelnder Prozeß ist, der unterschiedliche Sichtweisen zuläßt** (s. Syn. 2-1).

Synopsis 2-1: Die Klassifikation psychischer Störungen nach ICD-10 und DSM-III-R im Vergleich

ICD-10	DSM-III-R
Organische einschließlich symptomatischer psychischer Störungen (F0)	Organisch bedingte psychische Störungen
Psychische und Verhaltensstörungen durch psychotrope Substanzen (F1)	Störungen durch psychotrope Substanzen
Schizophrenie, schizotype und wahnhafte Störungen (F2)	Schizophrenie Wahnhafte (paranoide) Störung Psychotische Störungen, die nicht andernorts klassifiziert sind
Affektive Störungen (F3)	Affektive Störungen
Neurotische-, Belastungs- und somatoforme Störungen (F4)	Angststörungen • Somatoforme Störungen • Dissoziative Störungen Anpassungsstörungen
Verhaltensauffälligkeiten mit körperlichen Störungen oder Faktoren (F5)	Sexuelle Störungen • Schlafstörungen Körperliche Zustände, bei denen psychische Faktoren eine Rolle spielen
Persönlichkeits- und Verhaltensstörungen (F6)	Persönlichkeitsstörungen Störungen der Impulskontrolle, die nicht andernorts klassifiziert sind • Vorgetäuschte Störungen
Intelligenzminderung (F7)	
Entwicklungsstörungen (F8)	
Verhaltens- und emotionale Störungen mit Beginn in der Kindheit und Jugend (F9)	Störungen mit Beginn typischerweise im Kleinkindalter, in der Kindheit oder Adoleszenz
Nicht näher bezeichnete psychische Störungen (F99)	

Diese Operationalisierungsversuche von DSM-III-R und ICD-10 werden nur als etwas Zusätzliches aufgenommen, ohne daß dadurch die an der traditionellen psychiatrischen Klassifikation anknüpfende Darstellung zu sehr beeinflußt wird. Um die notwendige Offenheit auch für abzusehende weitere Entwicklungen der psychiatrischen Klassifikation zu behalten, ist die Darstellung der einzelnen psychiatrischen Störungen im wesentlichen an traditionellen Beschreibungen, wie sie in den bisher verfügbaren Lehrtexten der deutschsprachigen Psychiatrie ihren Niederschlag gefunden haben, orientiert. Allerdings ist die Schwerpunktsetzung stärker bezogen auf die Inhalte, die in den neuen operationalisierten Klassifikationssystemen eine Rolle spielen.

Merke. Die Bezugnahme auf unterschiedliche Systeme mag zwar zeitweise auf den damit unvertrauten Leser etwas irritierend wirken, andererseits macht diese „Offenheit" der Argumentation aber auch deutlich, daß es bei den meisten Störungen verfrüht wäre, sie als „Krankheiten" in dem Sinne aufzufassen, wie wir es von anderen medizinischen Disziplinen kennen.

◄ Merke

3 Krankheiten

Affektive Störungen

Synonyme sind:

- **Affektive Psychosen,** Zyklothymie, manisch-depressive Erkrankung, bipolare Psychose.
- **Unipolare Depression,** monopolare Depression, endogene Depression, phasische Depression, periodische Depression, Melancholie, psychotische Depression, Schwermut.
- **Dysthymie,** neurotische Depression, depressive Neurose.
- **Manie,** manische Psychose, endogene Manie.

Definitionen. Affektive Störungen sind hauptsächlich durch eine krankhafte Veränderung der Stimmung (Affektivität), meist zur Depression oder zur gehobenen Stimmung (Manie) hin, charakterisiert.

- **Depressionen** können ein vielgestaltiges Bild zeigen, Hauptsymptome sind traurige Verstimmung, Hemmung von Denken und Antrieb und körperlich-vegetative Störungen.
- Die **Manie** ist durch euphorisch-gehobene Stimmungslage, Enthemmung, Selbstüberschätzung und Ideenflucht gekennzeichnet.
- Der Verlauf ist in der Regel phasenhaft (zeitlich umschriebene Krankheitsepisoden mit gesunden Intervallen).
- Affektive Störungen können aufgrund ihres Schweregrades und unterschiedlicher Verlaufscharakteristika (einzelne/rezidivierende Episode, anhaltende affektive Störung, bipolarer Verlauf mit Wechsel zwischen depressiven und manischen Phasen) unterteilt werden.
- Als **Dysthymia** (=„neurotische Depression") wird eine chronische, depressive Verstimmung geringeren Ausprägungsgrades bezeichnet. Bei der **Zyklothymia** handelt es sich um eine andauernde Instabilität der Stimmung mit zahlreichen Perioden leichter Depression und leicht gehobener Stimmung.

Allgemeines

Historisches. Erste Ansätze einer Philosophie der Affekte findet man bei den Vorsokratikern. Aristoteles versteht unter Affekten alle Bewegungen der Seele, die von Lust oder Schmerz begleitet sind (Begierde, Zorn, Furcht, Freude u. a.). Der Umgang mit den Affekten, den Gemütsbewegungen, ist ein wesentliches Thema der Stoiker.

- **Melancholie und Manie**
Im Rahmen der antiken Vier-Säfte-Lehre begegnet uns der Begriff „**Melancholie**" = Schwarzgalligkeit im Corpus hippocraticum (5. Jh. v. Chr.). Hiermit wird ein mutlos-trauriger Geistes- oder Gemützustand beschrieben, dessen Ursache als körperlich bedingt angesehen wurde. Der Ausdruck „Melancholie" spielte auch im außermedizinischen Schrifttum eine beachtliche Rolle, bei Aristoteles erfahren „die Melancholiker" eine besondere Aufwertung in Richtung des Außergewöhnlichen und Genialen.

Manie meinte ursprünglich alles „außer sich sein", d.h. Ekstase, Entrückung, Raserei, und wurde von Hippokrates als fieberhafte Geistesstörung angesehen. Die Begriffe „Manie" und „Melancholie" bezeichneten im Altertum keine gegensätzlichen Gemützustände wie heute, sondern eher verschiedene Aspekte auffälliger Geistesverfassung.

Im Mittelalter schwankten die Bedeutungen der Begriffe „Manie" und „Melancholie" stark. Traurigkeit und fixe Ideen gehörten nun zum Begriff der Melancholie, Fehlen von Traurigkeit und ausgedehnte Verrücktheit kennzeichneten die Manie.

Beide blieben nach damaliger Auffassung ihrem Wesen nach körperlich begründete Krankheiten (z.B. die Manie verursacht durch die schwarze Galle).

Im späten Mittelalter wird die somatische Grundlage der Melancholie aufgegeben, die Krankheit erfährt eine dämonologische Interpretation.

1913 gliedert **Kraepelin** die Arten der Melancholie als „depressive Zustände" in das „manisch-depressive Irresein" ein. Diese Eingliederung erwies sich als richtungsweisend.

1961 stellte **Tellenbach** eine bestimmte **Persönlichkeitsstruktur als „Typus melancholicus"** heraus (Ordentlichkeit, Genauigkeit, Gewissenhaftigkeit), die er als für die Entwicklung einer Melancholie prädisponierend ansieht.

- **„Melancholie" als Charaktereigenschaft**

Der Begriff „Melancholie" hat außerpsychiatrisch, allgemein-literarisch verwendet unsere Kultur- und Geistesgeschichte stark mitgeprägt. Nahezu alle großen Geister aus Philosophie, Kunst und Religion haben sich mit der Melancholie auseinandergesetzt (*siehe Abbildung 3-1*).

Abb. 3-1: Melancholie (G.B. Castiglione 1640)

Neben dem Krankhaft-Pathologischen wurde damit eine konstitutionelle Beschaffenheit, eine Veranlagung, ein Temperament meist in Richtung von „Schwermut, Weltschmerz, Trübsinn" bezeichnet. Immer wieder findet sich der Hinweis, daß viele außergewöhnliche Männer die Charaktereigenschaft des Melancholikers aufwiesen, der alles hinterfragt und darunter leidet, daß es keine letzten Antworten gibt. So war für den Arzt Rufus von Ephesus (2. Jh. n. Chr.) ein großer Geist geradezu die Folge eines melancholischen Temperaments. Der englische Schriftsteller Richard Steele beschrieb 1697 die Melancholie als „die besondere Freude gebildeter und tugendhafter Menschen". Victor Hugo formulierte das bekanntgewordene Paradox: „Die Melancholie ist das Glück, traurig zu sein". 1621 erschien Robert Burtons „Anatomie der Melancholie" – dieses Werk, in dem Burton die Allgegenwart der Schwermut beschreibt, gilt als der Klassiker der Melancholie-Literatur (*siehe Abbildung 3-2*).

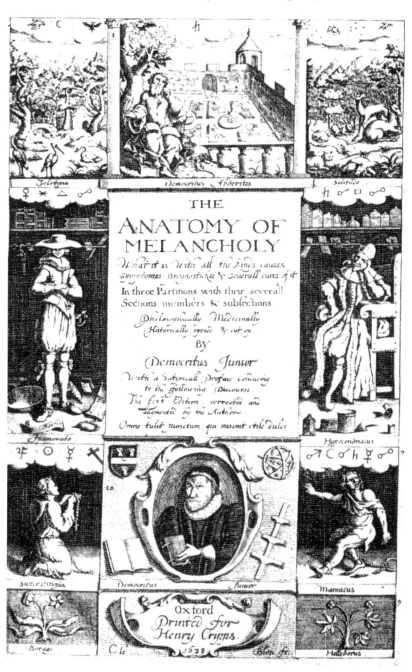

Abb. 3-2: The Anatomy of Melancholy (R. Burton 1628)

• Depression

Der **Begriff „Depression"** (von lat. „deprimere" = herunter-, niederdrücken) weist im Gegensatz zur gegenwärtigen, engeren Fassung in seiner anfänglichen Verwendung in der Psychiatrie eine viel unspezifischere Bedeutung auf, etwa im Sinne einer allgemeinen Minderung und Beeinträchtigung psychischer Funktionen. Bei seinem Eingang in die psychiatrische Nomenklatur in der ersten Hälfte des 19. Jahrhunderts kam dem Ausdruck „Depression" zunächst die Rolle eines Oberbegriffes über Gruppen zu, die durch psychische Unterfunktion oder „Minussymptomatik" charakterisiert waren. Bei der von Kraepelin konzipierten großen Krankheitseinheit des „manisch-depressiven Irreseins" (1913) steht der Begriff „depressiv" umfassend für „melancholische oder depressive Zustände mit trauriger oder ängstlicher Verstimmung sowie Erschwerung des Denkens und des Handelns"; außerdem wird er noch zur Bezeichnung ihrer „Vorstufe", nämlich der „depressiven Veranlagung", verwendet und deckt auch die traurigen Verstimmungen bei „Nervösen" im Sinne einer „psychogenen Depression bei Psychopathen".

Die **Bezeichnung „Depression"** spielt seitdem die Rolle eines symptomorientierten Oberbegriffes mit einer gegenüber früher wesentlich engeren inhaltlichen Ausrichtung. Verwirrend kann allerdings die unterschiedliche Verwendung des Begriffes zur Benennung nur eines Symptoms einerseits, eines Syndroms oder aber einer ganzen Krankheitsgruppe andererseits sein.

Zu den zahlreichen Definitionsversuchen gehört der von **Jaspers** (1913, 1959), der als Kern der Depression eine „tiefe Traurigkeit" und eine „Hemmung allen seelischen Geschehens" beschreibt.

Bleuler (1916) nannte wegweisend „Drei-Gruppen-Symptome" („depressive Trias"), nämlich die „depressive Verstimmung", die „Hemmung des Gedankenganges" und die „Hemmung der zentrifugalen Funktion des Entschließens, Handelns, inklusive den psychischen Teilen der Motilität". Als „akzessorische Symptome" ordnete er Wahnideen, Halluzinationen und „nervöse" (gemeint sind körperliche) Erscheinungen bei.

In unserem Jahrhundert setzte sich dann mehr und mehr die Bezeichnung „manisch-depressive Psychose" oder „manisch-depressive Krankheit" durch, von **K. Schneider** und seiner Schule wurde synonym der Begriff **„Zyklothymia"** verwandt. In jüngerer Zeit setzte sich für die ganze Gruppe der manisch-depressiven Psychosen die Bezeichnung **„affektive Psychosen"** („Affective Disorders") durch. Mit Einführung der neuen, operationalisierten Diagnose- und Klassifikationssysteme ICD-10 und DSM-III-R (1987, 1991) wurde das zuvor bestehende, ätiopathogenetisch orientierte triadische Einteilungssystem in (organische, endogene) Psychosen versus „Neurosen, Persönlichkeitsstörungen und andere nichtpsychische Störungen" (ICD-9, DSM-III, 1980) aufgehoben. An Stelle der „klassischen" Unterscheidung zwischen „endogenen" und „neurotischen" Depressionen trat der „atheoretische", rein deskriptive Begriff der „depressiven Episode" bzw. „Major Depression", für die ganze Gruppe der oben skizzierten Krankheiten der Begriff „affektive Störungen".

Im Gegensatz zu den Vertretern des **Einheitskonzeptes** der manisch-depressiven Krankheit **(Kraepelin, Bleuler, K. Schneider, Weitbrecht)** unterschieden die skandinavische Psychiatrie und **K. Leonhard „bipolare und monopolare Psychosen".** **Angst** und **Perris** haben 1966 aufgrund von genetischen Befunden und klinischen Verlaufsuntersuchungen die Einheitlichkeit der manisch-depressiven Psychosen widerlegt und die inzwischen etablierte Einteilung in bipolare (zyklische) versus uni-/monopolare (periodisch-phasisch depressive) Verlaufsformen postuliert.

Einteilung. Zu den affektiven Störungen werden nach herkömmlicher Terminologie vor allem die zur Gruppe der endogenen Psychosen gehörenden **affektiven Psychosen** (manisch-depressive Erkrankung; endogene Depression; Manie) sowie reaktive und „neurotische" (psychogene) Depressionen gezählt. Traditionell werden Depressionen nach drei ursächlichen Gesichtspunkten unterteilt, nämlich in **psychogene** Depressionen (reaktiv/„neurotisch"), **endogene** Depressionen (anlagebedingt) und **somatogene** (organisch-körperlich bedingte) Depressionen (*siehe Abbildung 3-3*).

Einteilung
Zu den **affektiven Störungen** werden die **affektiven Psychosen** sowie reaktive und psychogene Depressionen gezählt.
Traditionell werden Depressionen nach 3 ursächlichen Gesichtspunkten unterteilt, nämlich in **psychogene** (reaktiv/„neurotisch"), **endo-**

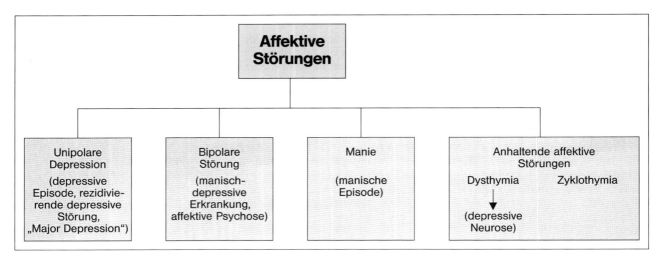

Abb. 3-3: Affektive Störungen

gene (anlagebedingt) und **somatogene** (organisch-körperlich bedingt) Depressionen (s. Abb. 3-3). Unterschiedliche Modellvorstellungen legten lange Zeit kontroverse Therapiekonzepte nahe (Pharmakotherapie versus Psychotherapie). Heute werden deskriptive, operationalisierte Krankheitsbeschreibungen favorisiert, die keine monokausalen Annahmen zur Verursachung beinhalten **(multifaktorielle Ursache und Bedingtheit psychischer Störungen).**
Die Einteilung erfolgt heute primär nach klinischen und psychosozialen Kriterien (Schweregrad, Verlauf, Auslöser).

Dieser Klassifikation liegen ätiopathogenetisch unterschiedliche Modellvorstellungen zugrunde, nämlich genetisch-biologische versus psychogene Ursachen. Die Modelle implizierten lange Zeit verschiedene, ja gegensätzliche Therapie-Schwerpunkte wie Somato-/Pharmakotherapie versus Psychotherapie.

Forschungsergebnisse konnten jedoch inzwischen belegen, daß diese drei Faktoren bei fast allen Depressionsformen – in unterschiedlicher Gewichtung – eine Rolle spielen. Diese traditionelle Dreiteilung depressiver Erkrankungen nach Ursachen wird deshalb heute nicht mehr aufrechterhalten.

Die heutigen Diagnose- und Klassifikationssysteme gehen daher von einer möglichst exakten (operationalisierten), reinen Beschreibung der Krankheitssymptome aus.

Angesichts der heute favorisierten Sichtweise einer **multifaktoriellen Ursache und Bedingtheit psychischer Störungen** wird hier auf einseitige unbewiesene oder unbeweisbare Hypothesen und Modellannahmen (z. B. „verdrängte, unbewußte Komplexe", „Serotoninmangel") verzichtet und eine Einteilung nach klinischen und psychosozialen Kriterien (Schweregrad, Verlauf, Auslöser) vorgenommen. Dies wurde u. a. durch die klinisch-empirische Erfahrung unterstrichen, daß antidepressiv wirksame Medikamente auch bei nichtendogenen Depressionen (psychogenen Depressionen) stärkeren Ausprägungsgrades wirksam sind. Neuerdings werden z. T. auch Angsterkrankungen zu den affektiven Störungen gezählt; dies liegt zum einen darin begründet, daß fließende Übergänge zwischen Angst und Depression bestehen können („ängstlich-depressives Syndrom"), zum anderen, daß Antidepressiva auch bei bestimmten Angsterkrankungen (Panikstörung) wirksam sind.

Innerhalb der affektiven Störungen kommt den depressiven Erkrankungen bei weitem die größte Bedeutung zu (siehe Abschnitt „Epidemiologie"). Typischerweise wird von depressiven Patienten primär der Hausarzt aufgesucht. Häufig klagen die Patienten über körperliche Beschwerden, während die depressive Verstimmung im Hintergrund bleibt (sog. **„larvierte Depression"**). Insbesondere mildere depressive Verstimmungen bleiben nicht selten unerkannt, da diese sowohl von den Kranken als auch von den Ärzten nicht als depressive Störungen wahrgenommen werden. Bei entsprechender Kenntnis ist aber neben dem Nervenarzt/Psychiater auch der Allgemeinarzt in der Lage, depressive Störungen zu erkennen und wirkungsvoll zu behandeln. Prinzipiell kommt diesen Erkrankungen erfreulicherweise eine günstige Prognose zu.

Typischerweise wird von depressiven Patienten primär der Hausarzt aufgesucht. Häufig klagen die Patienten über körperliche Beschwerden, während die depressive Verstimmung im Hintergrund bleibt (sog. **„larvierte Depression"**). Insbesondere mildere depressive Verstimmungen bleiben nicht selten unerkannt. Prinzipiell haben diese Erkrankungen eine günstige Prognose.

Epidemiologie
Die Häufigkeitsrate von unipolaren Depressionen beträgt 5–12% (Lebenszeitprävalenz), von bipolaren affektiven Psychosen ca. 1%.

Epidemiologie. Depressionen gehören heute zu den psychischen Erkrankungen, mit denen der Arzt in Praxis und Klinik am häufigsten konfrontiert wird. Exakte Zahlen zur Häufigkeit hängen von Stichproben- und Diagnosekriterien ab, auch schwankt die Häufigkeit in verschiedenen Ländern und Kulturkreisen. Zwischen 8 und 20% der Gesamtbevölkerung erkranken im Laufe ihres Lebens

(Lebenszeitprävalenz) an einer Depression. Fragebogen-Studien bei Patienten, die einen Arzt aufsuchten, ergaben, daß zwischen 12 und 25% an einer Depression unterschiedlichen Schweregrades leiden.
Beachtenswert ist, daß ca. 25% der Depressiven keinen Arzt konsultieren und etwa 50% der Depressionen nicht vom Allgemeinarzt erkannt werden.
Das **Morbiditätsrisiko** (Erkrankungswahrscheinlichkeit für eine Person während ihres Lebens) **affektiver Psychosen** wird auf ca. 1% geschätzt.

Affektive Psychosen verlaufen in etwa 65% der Fälle unipolar (nur depressive Phasen), in ca. 30% der Fälle bipolar (depressive und manische Phasen), bei etwa 5% kommt es zu rein manischen Episoden (*siehe Abbildung 3-4*).

Etwa 25% der Depressiven konsultieren keinen Arzt, etwa 50% der Depressionen werden nicht vom Allgemeinarzt erkannt.
Das **Morbiditätsrisiko affektiver Psychosen** wird auf ca. 1% geschätzt.

2/3 der affektiven Psychosen verlaufen unipolar, 1/3 bipolar (depressive und manische Phasen) (s. Abb. 3-4).

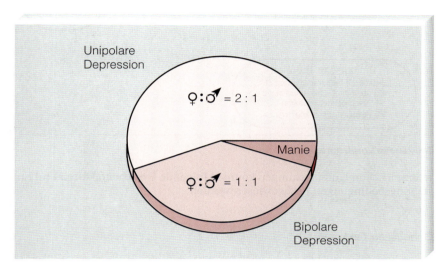

Abb. 3-4: Häufigkeits- und Geschlechtsverteilung affektiver Psychosen

Offenbar kulturunabhängig ist die Prävalenz von Depressionen bei Frauen zweimal höher als bei Männern. Bei bipolaren Erkrankungen bestehen keine Geschlechtsunterschiede in den Häufigkeitsraten.

Das durchschnittliche Ersterkrankungsalter liegt bei unipolaren Depressionen zwischen 40 und 45 Jahren, bei bipolaren Erkrankungen zwischen 30 und 35 Jahren.

Die Lebensprävalenz der **Dysthymia** („neurotische Depression") wird mit 2 bis 10% bei Überwiegen des weiblichen Geschlechtes angegeben.

Bei über 65jährigen ist die **Altersdepression** die häufigste psychische Erkrankung, die Prävalenz wird auf mindestens 10% geschätzt.

Neue gesundheitsökonomische Forschungsansätze der letzten Jahre konnten zeigen, daß affektive Störungen vor allem bei nicht oder nicht lege artis behandelten depressiven Patienten hohe unnötige direkte und indirekte Krankheitskosten verursachen (USA: ca. 20–50 Milliarden Dollar jährlich). Schätzungsweise werden nur ca. 50% der an einer Depression Erkrankten behandelt.

Frauen erkranken ca. 2mal häufiger an Depressionen.
Das durchschnittliche Ersterkrankungsalter unipolarer Depressionen liegt zwischen 40 und 45 Jahren, das bipolarer Erkrankungen zwischen 30 und 35 Jahren.
Die Häufigkeit der **Dysthymia** beträgt ca. 2–10% mit Überwiegen des weiblichen Geschlechtes.
Die **Altersdepression** ist die häufigste psychische Erkrankung bei über 65jährigen.

> **Merke.** Es besteht ein erhöhtes Suizidrisiko, ca. 10 bis 15% der Depressiven sterben durch Suizid.

◄ Merke

Ätiopathogenese. Die Entstehung affektiver Erkrankungen dürfte am ehesten im Sinne des **Vulnerabilitätskonzeptes** (anlagebedingte Verletzlichkeit) der endogenen Psychosen (vgl. Kapitel Schizophrenie) als **multifaktoriell** bedingt anzusehen sein. Die depressiogene Wirksamkeit eines Lebensereignisses wird offenbar vor allem durch die individuelle Disposition des betreffenden Menschen bestimmt (*siehe Abbildung 3-5*).

Ätiopathogenese
Die Entstehung affektiver Erkrankungen ist im Sinne des **Vulnerabilitätskonzeptes** (anlagebedingte Verletzlichkeit) als **multifaktoriell** bedingt anzusehen (s. Abb. 3-5).

3 Krankheiten

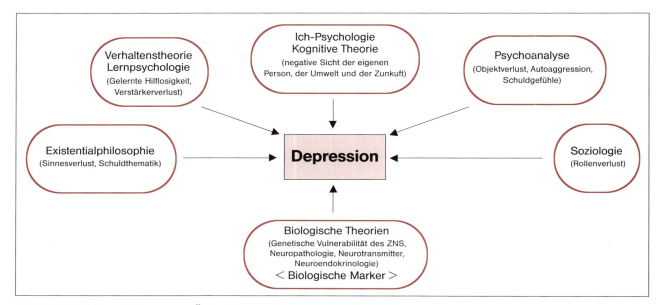

Abb. 3-5: Modellvorstellungen zur Ätiopathogenese von Depressionen

Folgende Ursachen- und Entstehungsfaktoren konnten nachgewiesen werden:

Genetische Faktoren

Genetische Disposition konnte durch Familien-, Zwillings- und Adoptionsstudien vor allem bei der bipolaren Form der affektiven Psychosen nachgewiesen werden.

Die Konkordanzrate affektiver Psychosen liegt für eineiige Zwillinge bei ca. 65%, für zweieiige Zwillinge bei ca. 20%.

Neurobiologische Faktoren

- **Neurochemische Korrelate/ Abnormitäten in der Neurotransmission:** Die **Amindefizit-Hypothese** stellt einen Zusammenhang zwischen der depressiven Erkrankung und einer Verminderung der Neurotransmitter Noradrenalin und Serotonin her.
Diese Hypothese wird erhärtet durch den Wirkungsmechanismus der Antidepressiva, die die **Aminkonzentration im synaptischen Spalt erhöhen** (s. Abb. 3-6).

In empirischen Untersuchungen konnten folgende Ursachenfaktoren und Entstehungsbedingungen nachgewiesen werden:

Genetische Faktoren

Durch Familien-, Zwillings- und Adoptionsstudien konnte insbesondere für bipolare affektive Psychosen eine genetische Disposition belegt werden. So zeigte sich bei Verwandten ersten Grades eine familiäre Häufung affektiver Erkrankungen, das Erkrankungsrisiko der Kinder beträgt bei einem kranken Elternteil für unipolare Depressionen ca. 10%, bei bipolaren Psychosen ca. 20%. Leiden beide Eltern an bipolaren affektiven Psychosen, liegt das Morbiditätsrisiko der Kinder bei 50 bis 60%. Bei etwa der Hälfte der bipolaren Patienten besteht eine affektive Erkrankung bei einem Elternteil. Die Konkordanzrate für eineiige Zwillinge (monozygot) liegt bei ca. 65% (bei bipolarem Verlauf ca. 80%, bei unipolarem Verlauf ca. 50%), für zweieiige Zwillinge (dizygot) bei ca. 20%. Adoptionsstudien bestätigten die Bedeutung genetischer Faktoren.

Neurobiologische Faktoren

- **Neurochemische Korrelate/Abnormitäten in der Neurotransmission:** Seit über 20 Jahren wurden Hypothesen entwickelt, wonach depressive Erkrankungen mit einer Verminderung der Neurotransmitter Noradrenalin und Serotonin zusammenhängen sollen (**Amindefizit-Hypothesen:** Noradrenalin- bzw. Serotonin-Mangel-Hypothese). In einigen Studien konnte gezeigt werden, daß depressive Patienten im Vergleich zu Gesunden erniedrigte Konzentrationen der Noradrenalin- bzw. Serotonin-Metaboliten MHPG bzw. 5-HIES aufweisen.

Hauptunterstützung erfuhr diese Hypothese durch die Aufklärung des Wirkmechanismus der Antidepressiva: **Antidepressive Pharmaka erhöhen die Aminkonzentrationen im synaptischen Spalt** entweder durch Wiederaufnahmehemmung von Noradrenalin und/oder Serotonin oder durch Blockade des Abbaus der genannten Neurotransmitter (*siehe Abbildung 3-6*).

Gleichsinnig ergab die Erforschung der Wirkungsweise des typischerweise Depressionen auslösenden Reserpins eine Konzentrationsverringerung biogener Amine im Gehirn sowie die Entleerung der Noradrenalinspeicher in den präsynaptischen Vesikeln.

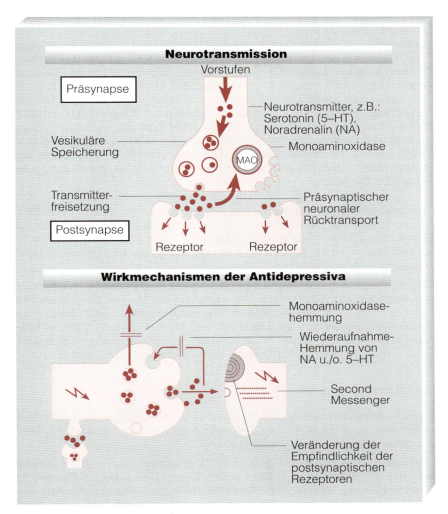

Abb. 3-6: Neurotransmitter-Modell der Depression

Inzwischen haben die beiden Amin-Hypothesen Modifikationen erfahren. An Stelle der Betrachtung isolierter Neurotransmitterveränderungen steht heute das Konzept der **Dysbalance verschiedener Neurotransmitter,** als bedeutend werden auch Veränderungen der Dichte und Empfindlichkeit von Rezeptoren angesehen. So zeigt die Untersuchung der neurobiochemischen Wirkungen der Antidepressiva, daß es nach der akuten Wirkung auf die Neurotransmission vor allem zu einer Empfindlichkeitsveränderung der Rezeptoren kommt, die in etwa der verzögert einsetzenden klinischen Wirkung (sog. „Wirklatenz der Antidepressiva") entspricht.

Bei **Manien** fand sich ein gesteigerter Katecholaminstoffwechsel (Dopamin- und Noradrenalin-Erhöhung).

- **Neuroendokrinologische Befunde** weisen vor allem auf Störungen der Regulation der Hypothalamus-Hypophysen-Nebennierenrinden- bzw. Schilddrüsen-Achse hin. So findet sich bei einem hohen Prozentsatz der Depressiven ein Hyperkortisolismus, bei ca. 50% der Depressiven ein pathologischer Dexamethason-Suppressionstest. In Stimulationstests zeigte sich, daß u. a. die Freisetzung von TSH nach TRH-Gabe reduziert ist. Nach noradrenerger Stimulation, z. B. durch Clonidin, finden sich bei Depressiven zumeist erniedrigte Wachstumshormonspiegel.

- Auf die Bedeutung **chronobiologischer Faktoren** wiesen schon früh klinische Beobachtungen hin: Ein Teil der Depressionen besitzt eine **saisonale Rhythmik,** sie finden sich gehäuft im Frühjahr oder Herbst. In neueren Untersuchungen kristallisierte sich eine Sonderform (sog. „saisonale Depression") heraus,

66 *3 Krankheiten*

sog. „saisonaler (Herbst-Winter-)Depression".

Tagesschwankungen der Depressivität sowie die bei endogenen Depressionen typischen Durchschlafstörungen mit morgendlichem Früherwachen sind Ausdruck einer zirkadianen Rhythmusstörung, bei der verschiedene biologische Rhythmen (z.B. Schlaf-Wach-Rhythmus) desynchronisiert sind. Die antidepressive Wirksamkeit des **Schlafentzugs** soll auf einer Resynchronisation der Rhythmen beruhen.

- **Psychophysiologische Untersuchungen** konnten zeigen, daß bei Depressiven ein mangelhaftes Ansprechen auf Umweltreize besteht.

- **Somatische Erkrankungen** und **Pharmaka** können Ursachen, Co-Faktoren oder Auslöser von Depressionen und Manien sein (z. B. M. Parkinson, Hypo- und Hyperthyreose, Kortison-Behandlung).

Psychologische Faktoren

- **Kritische (negative) Lebensereignisse ("Life events")** finden sich gehäuft im Vorfeld von Depressionen (psychoreaktive Auslösung, Streßreaktion) als Risikofaktoren für die Auslösung.
Typische Auslöser sind Verlust von oder Probleme mit nahen Bezugspersonen, Entwurzelungen und anhaltende Konflikte. Hierbei dürfte in den meisten Fällen von keinem kausalen Zusammenhang auszugehen sein, sondern von einer **unspezifischen Streßreaktion.**

- **Psychodynamisch-psychoanalytische Modellvorstellungen:**
Als entscheidend für die Entwicklung einer depressiv-verwundbaren Persönlichkeit wird eine **Störung der Mutter-Kind-Beziehung** bzw. eine **Ich-Schwäche** (Verlust des Selbstwertgefühls) angesehen.

Die Wiederholung frühkindlicher traumatisierender Erfahrungen und das Wiederaufleben der damit verbundenen negativen Gefühlsassoziationen führen zum

die nur im Herbst-Winter auftritt und durch eine besondere, „atypische" Symptomatik (u.a. ↑ Appetit, ↑ Schlaf) charakterisiert ist.

Insbesondere die **Tagesschwankungen** der Depressivität sowie die bei endogenen Depressionen typischen Durchschlafstörungen mit morgendlichem Früherwachen sind Ausdruck einer zirkadianen Rhythmusstörung. Die experimentelle Schlafforschung konnte zeigen, daß Depressive im Vergleich zu Gesunden mehr oberflächliche und weniger Tiefschlafstadien aufweisen. Sie zeigen eine längere Einschlaflatenz, die Zeit zwischen Einschlafen und Auftreten der ersten REM-Schlafperiode (sog. „REM-Latenz") ist verkürzt. Beim depressiven Patienten sind verschiedene biologische Rhythmen (z. B. Schlaf-Wach-Rhythmus) desynchronisiert. Die antidepressive Wirksamkeit des **Schlafentzugs** soll auf einer Resynchronisation der Rhythmen beruhen (siehe Abschnitt Therapie).

- **Psychophysiologische Untersuchungen** konnten u. a. zeigen, daß die psychophysische Reagibilität Depressiver durch eine mangelhafte Ansprechbarkeit auf Umweltreize bzw. durch verstärkte Dämpfung von Reiz-Reaktionsmustern charakterisiert ist (z. B. verminderte oder fehlende elektrophysiologische Orientierungsreaktionen).

- Nicht selten finden sich **somatische Erkrankungen** oder **Pharmaka** als Ursachen, Co-Faktoren oder Auslöser von Depressionen oder Manien. Im ersteren Fall liegt eine organisch bedingte affektive (depressive bzw. manische) Störung vor (siehe Differentialdiagnostik). Beispiele sind M. Parkinson, M. Addison oder eine Hypo-/Hyperthyreose. Pharmakogene Depressionen oder Manien können z. B. im Rahmen höherdosierter Kortison-Behandlungen auftreten.

Psychologische Faktoren

Als Risikofaktoren für die Auslösung depressiver Erkrankungen werden psychosoziale Stressoren, insbesondere Tod eines Nahestehenden, Scheidung, Trennung sowie das Wochenbett angesehen.

- **Kritische Lebensereignisse ("Life events")**, Streßreaktion. Eine sog. psychoreaktive Auslösung findet sich bei einem Teil der Depressionen. Empirische Untersuchungen zeigten, daß depressive Patienten signifikant häufiger von kritischen (belastenden, negativen) Ereignissen vor Ausbruch der Erkrankung berichten. Typische Auslöser sind der Verlust von oder Probleme mit nahen Bezugspersonen, Entwurzelungen, anhaltende Konflikte, aber auch Entlastung und Veränderungen der gewohnten Lebensweise (sog. „Entlastungs- bzw. Umzugsdepression"). Hierbei dürfte in den meisten Fällen von keinem kausalen Zusammenhang auszugehen sein, sondern von einer unspezifischen Streßreaktion. Befunde der psychophysiologischen Streß-Forschung zeigen, daß längerdauernder Streß zu einem Rückzugssyndrom, einhergehend mit Erschöpfung, „gelernter Hilflosigkeit" und Selbstaufgabe, führen kann.

In Krisen- und Notzeiten (z. B. Kriege) steigt die Prävalenz der endogenen Depressionen nicht an, so daß hier von einem Dominieren biologischer Faktoren auszugehen ist.

- **Psychodynamisch-psychoanalytische Modellvorstellungen** gehen von der „Trauerarbeit" als Reaktion auf den Verlust eines geliebten Objektes aus. Das Erlebnis des „Objektverlustes" wird durch Einverleibung (Introjektion) abgewehrt und damit auf das eigene Ich gerichtet. Als entscheidend für die Entwicklung der depressiv-verwundbaren Persönlichkeit wird von manchen eine **Störung der Mutterbeziehung in der oralen Entwicklungsstufe** angesehen, von anderen Erfahrungen der eigenen Hilflosigkeit. Der **Verlust des Selbstwertgefühls** führe im Sinne einer Ich-Schwäche zu einer besonderen Verletzlichkeit gegenüber Frustrationen und Enttäuschungen bei gleichzeitigem Abhängigsein von ständiger Zufuhr von Liebe und Unterstützung (Überanpassung). Der Mechanismus, der zum späteren Ausbruch einer Depression führt, wird in der Wiederholung der frühkindlichen traumatisierenden Erfahrung und einem Wiederaufleben der damit verbundenen negativen Gefühlsassoziationen gesehen.

Affektive Störungen 67

Hinzu kommt eine psychodynamische Entwicklung dahingehend, daß Schuldgefühle, Selbstanklagen und suizidale Verhaltensweisen aus den Aggressions-
gefühlen gegen das verlorengegangene Liebesobjekt – gefördert durch ein sich
entwickelndes strenges Über-Ich – entstehen (*siehe Abbildung 3-7*).

Ausbruch der Depression
(*s. Abb. 3-7*).

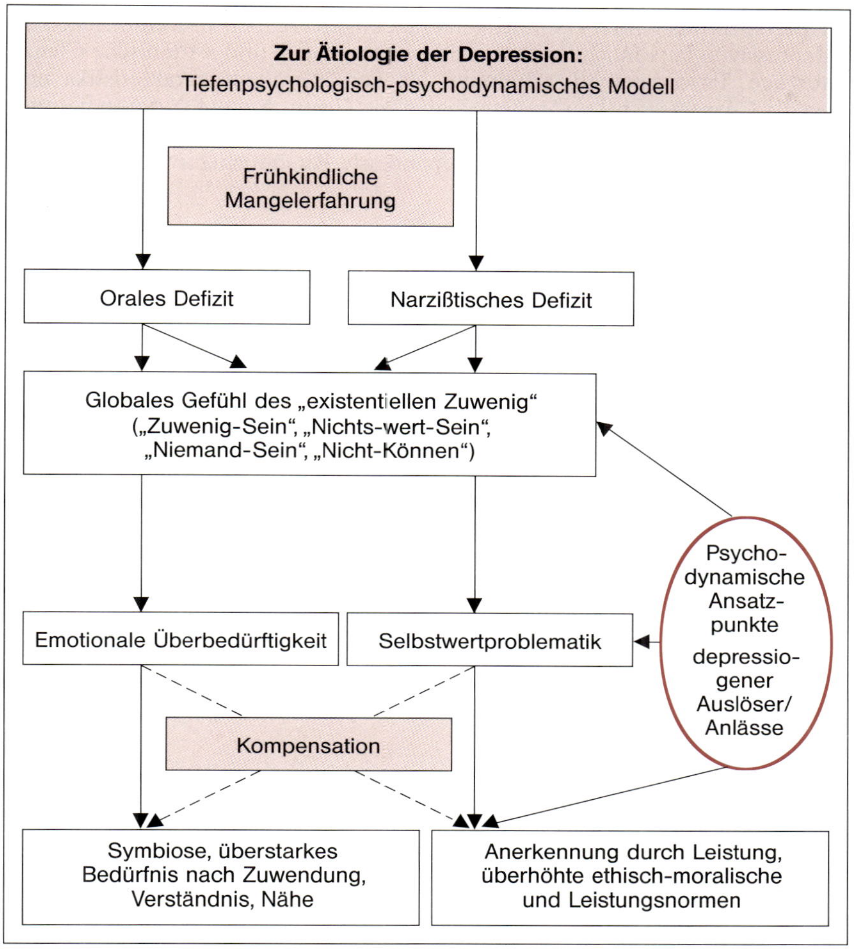

**Abb. 3-7: Tiefenpsychologisch-psychodynamisches Modell zur Ätiopathogenese
von Depressionen**

- **Kognitions- und lerntheoretische Modellvorstellungen:** Die kognitive Theorie
  von **A. T. Beck** sieht als Zentralproblem depressiver Erkrankungen eine Wahr-
  nehmungs- und Interpretationseinseitigkeit depressiver Personen, die durch
  negative Wahrnehmung der eigenen Person, der Umwelt und der Zukunft gekennzeichnet ist (sog. **„kognitive Triade"**). Spezifischer und unspezifischer
  Streß führe zur Aktivierung dieser depressionstypischen Kognitionen, die u. a.
  charakterisiert werden können: Übergeneralisierung (Verallgemeinern einzelner negativer Erfahrungen), selektive Abstraktionen („Tunnelblick").

  Das Konzept der **„gelernten Hilflosigkeit"** basiert auf experimentellen Untersuchungen, die zeigten, daß die Konfrontation mit einem nicht veränder-
  baren, negativ belastenden Stimulus zu Hilflosigkeit mit Rückzugsverhalten,
  eingeschränkter Lernfähigkeit, Verschlechterung der Befindlichkeit und
  psychosomatischen Störungen führt.

  Aus verhaltenstheoretischer Sicht sehen manche Autoren Depression als eine
  Störung der Selbstwahrnehmung, Selbstbewertung und Selbstverstärkung an.
  Depressive unterschätzen die Anzahl positiver Verstärker, haben überhöhte
  Kriterien für die Selbstbewertung, neigen zu Selbstbestrafung. Ein wichtiges
  Element lerntheoretischer Modelle zur Depression stellt der Verlust von posi-
  tiven Rückmeldungen von der Umwelt dar.

- **Kognitions- und lerntheoretische
  Modellvorstellungen:**
  Der Depressive ist durch **negative
  Wahrnehmung** der eigenen Person, der Umwelt und der Zukunft
  gekennzeichnet (sog. **„kognitive
  Triade"**). Streß führt zur Aktivierung dieser depressionstypischen
  Kognitionen (Denkmuster), wie z. B.
  Übergeneralisierung oder selektive Abstraktionen („Tunnelblick").
  Konzept der **„gelernten Hilflosigkeit"**: Ein nicht veränderbarer, negativer Stimulus führt zu Hilflosig-
  keitsverhalten mit Rückzug, ver-
  schlechterter Befindlichkeit und
  psychosomatischen Störungen.
  Depression kann als Störung der
  Selbstwahrnehmung, Selbstbewertung und Selbstverstärkung
  aufgefaßt werden.

- **Persönlichkeitsfaktoren** wurden lange Zeit als wesentliche individuelle Disposition zur endogenen Depression bzw. manisch-depressiven Erkrankung angesehen. So charakterisierte Tellenbach seinen „Typus melancholicus" als Primärpersönlichkeit, die sich durch Ordentlichkeit, „pathologische Normalität" mit Überkorrektheit, Genauigkeit und Aufopferungsbereitschaft auszeichnet. Untersuchungen mit Persönlichkeitsfragebogen ergaben als Kennzeichen der depressiven Persönlichkeit u. a. rigide (zwanghafte) und asthenische Charakterzüge, Psychoanalytiker betonen als Persönlichkeitscharakteristika eine „anale Charakterstruktur" mit zwanghaften Zügen. Andere Autoren betonen eher Züge des „oralen Charakters" mit niedriger Frustrationstoleranz und starker Abhängigkeit von anderen („dependente Persönlichkeit").

Symptomatologie und klinische Subtypen

Depressive Episode

Das klinische Bild der Depression kann vielgestaltig sein. **Depressive Verstimmung, Hemmung von Antrieb und Denken** sowie **Schlafstörungen** können aber als **Leitsymptome** angesehen werden, die jedoch nicht obligat sind. Das Ausmaß der Depressivität kann von leicht gedrückter Stimmung bis zum schwermütigen, scheinbar ausweglosen, versteinerten Nichts-mehr-fühlen-Können („Gefühl der Gefühllosigkeit") reichen. Der Antrieb ist typischerweise gehemmt, die Kranken können sich zu nichts aufraffen, sind interesse- und initiativelos, können sich zu nichts oder nur schwer entscheiden. Häufig klagen die Kranken über Angst und quälende innere Unruhe, sie fühlen sich hilf- und hoffnungslos. Das Denken ist einerseits gehemmt (Einfallsarmut, Konzentrationsstörungen), andererseits durch häufiges Grübeln geprägt. Ein praktisch obligates Symptom der Depression sind Schlafstörungen *(siehe Abbildung 3-8)*.

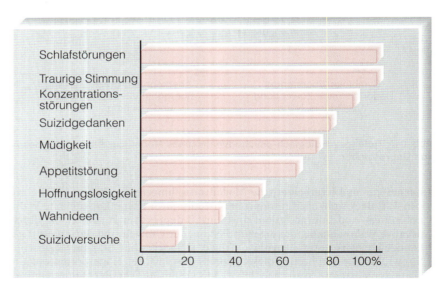

Abb. 3-8: Häufigkeit typischer Depressionssymptome

Der Depressive sieht sich selbst und die ihn umgebende Welt negativ-„grau" *(siehe Abbildung 3-9 und 3-10)*, häufig ist ein sozialer Rückzug zu beobachten.

> **Merke.** Bei depressiven Patienten besteht ein ausgeprägtes Suizidrisiko, das eine vitale Bedrohung des Patienten darstellt. 15% der Patienten mit schweren depressiven Störungen begehen Suizid. 20 bis 60% depressiv Kranker weisen Suizidversuche in ihrer Krankheitsgeschichte auf, 40 bis 80% leiden während einer Depression an Suizidideen.

Affektive Störungen 69

Abb. 3-9: Eine depressive Patientin malt, wie sie die Welt sieht

Abb. 3-10: Abend (Melancholie am Strand), Edvard Munch, 1901

Ein Teil der Depressiven kann aufgrund des Erscheinungsbildes mit ernstem Gesichtsausdruck, erstarrter Mimik und Gestik, gesenktem Blick, leiser, zögernder Stimme verhältnismäßig leicht erkannt werden (*siehe Abbildung 3-11*).

In anderen Fällen muß der Arzt die depressive Symptomatik gezielt explorieren, da der Patient im Rahmen seiner psychomotorischen Hemmung oder aus Scheu keine psychischen Symptome, sondern nur körperliche Beschwerden angibt (sog. „**larvierte Depression**" s. u.). Bei Verdacht auf Depression sollten deshalb in etwa folgende Fragen gestellt werden:

• Können Sie sich noch freuen?

Ein Teil der Depressiven kann aufgrund des äußeren Aspektes (prima vista) erkannt werden (s. Abb. 3-11).

In anderen Fällen werden (fast) ausschließlich **körperliche Beschwerden** geschildert, die Depression ist „larviert". Bei Verdacht auf Depression sollten deshalb die folgenden Fragen gestellt werden:
• Können Sie sich noch freuen?

- Hat Ihr Appetit nachgelassen?
- Sind Sie interesse-, schwung- oder kraftlos?
- Machen Sie sich häufig Selbstvorwürfe (Grübeln)?
- Sind Sie in letzter Zeit oft unschlüssig und ratlos?
- Haben Sie körperliche Beschwerden (Schmerzen)?
- Meinen Sie, Ihr Leben sei sinn- und hoffnungslos?

- Haben Sie Schlafstörungen?
- Hat Ihr Appetit nachgelassen?
- Sind Sie interesse-, schwung- oder kraftlos?
- Machen Sie sich häufig Selbstvorwürfe (Grübeln)?
- Sind Sie in letzter Zeit oft unschlüssig und ratlos?
- Haben Sie körperliche Beschwerden (Schmerzen)?
- Meinen Sie, Ihr Leben sei sinn- und hoffnungslos?

Abb. 3-11: Patientin mit schwerer Depression (Melancholie)

Aufgrund des Erscheinungsbildes werden unterschieden:

- **Gehemmte Depression**

- **Agitierte Depression**

- **„Larvierte", somatisierte Depression**

Aufgrund des Erscheinungsbildes (Phänomenologie) lassen sich folgende Unterformen (Subtypen) der Depression unterscheiden:

- **Gehemmte Depression** (Reduktion von Psychomotorik und Aktivität, extrem: Stupor).
- **Agitierte Depression** (hier prägen ängstliche Getriebenheit, Bewegungsunruhe, unproduktiv-hektisches Verhalten und Jammern das Bild).
- **„Larvierte", somatisierte Depression** (vegetative Störungen und vielfältige funktionelle Organbeschwerden stehen im Vordergrund. Die Depression wird „vitalisiert" im oder am Leib erlebt).

Letztere spielt in der Praxis des Allgemeinarztes eine besondere Rolle; das Beschwerdebild wird dominiert von somatischen Beschwerden und Mißempfindungen, die Ausdruck einer vordergründig gering ausgeprägten Depression sind. Dazu gehören typischerweise Appetitlosigkeit mit Gewichtsverlust, Obstipation, Schlafstörungen, Libidomangel und Vitalstörungen (Abgeschlagenheit, Enge-, Druck- und Schweregefühl in Kopf, Brust und Extremitäten) (siehe Abbildung 3-12). Letztere „leibnahe" Symptome können sich bis zur Hypochondrie („Krankheitswahn", übertriebenes Besorgtsein um die Gesundheit mit krankhafter Selbstbeobachtung) steigern.

Die larvierte, somatisierte Depression ist durch diffuse/multiple körperliche Beschwerden und Mißempfindungen wie Kopfdruck, Schwindel, Herzsensationen oder andere unspezifische funktionelle Störungen des Magen-Darm- oder Urogenitaltraktes gekennzeichnet (s. Abb. 3-12).

- **Psychotische Depression**

- **Psychotische Depression** (hier treten Wahnideen wie z. B. ein Verarmungs-, ein Versündigungs- oder ein Schuldwahn oder Halluzinationen in Form anklagender Stimmen auf).

Merke ▶

Merke. Global lassen sich
- psychische Symptome,
- psychomotorische Symptome und
- psychosomatisch-vegetative Symptome unterscheiden.

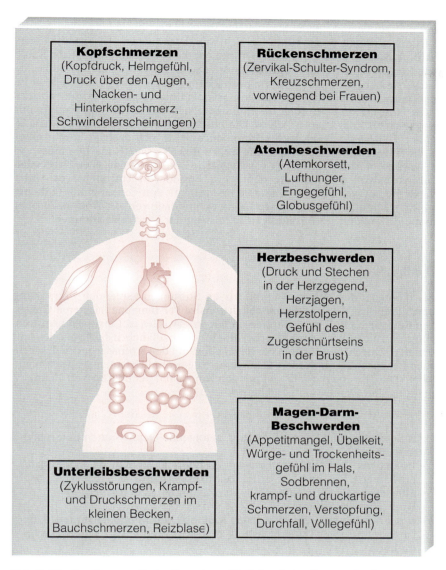

Abb. 3-12: „Psychosomatische Symptome" bei „larvierter Depression"

Als typisch für die im Rahmen affektiver Psychosen vorkommende **endogene (zyklothyme) Depression** („Melancholie") werden folgende **Symptome** angesehen:

„Gefühl der Gefühllosigkeit" (für Nahestehende kann z. B. nichts mehr empfunden werden), Tagesschwankungen mit „Morgentief", Durchschlafstörungen/ morgendliches Früherwachen, Vitalstörungen, „grundloses" Auftreten, Selbstbezichtigungen und -beschuldigungen, Vorhandensein von Wahn (Verarmungs-, Versündigungswahn, evtl. auch hypochondrischer Wahn: „psychotische Depression").

Bei den letztgenannten schweren Depressionsformen kann (psychose-typisch) fehlende Krankheitseinsicht bestehen und die Konsultation eines Arztes vermieden werden.

Leitsymptome der endogenen Depression:
- „Gefühl der Gefühllosigkeit"
- Vitalstörungen (Leibgefühlstörungen)
- Durchschlafstörungen/morgendliches Früherwachen
- „Grundloses" Auftreten
- Selbstanklage
- Wahn

Kasuistik. Eine 48jährige Mutter zweier Kinder betritt zögernd mit mattem Gang das Sprechzimmer. Ihre Mimik ist ernst, von der Umgebung unberührt. Stockend und mühsam berichtet sie: Sie fühle sich stimmungsmäßig leer, wie versteinert, sie empfinde nichts mehr, nicht einmal mehr Traurigkeit. Es fehle ihr Kraft und Antrieb, auch nur das Nötigste im Haushalt zu tun, obwohl sie ständig dagegen anzukämpfen versuche. Obwohl sie unendlich müde sei, habe sie seit Wochen nicht mehr durchgeschlafen, die frühen Morgenstunden brächten die schlimmsten, grauenvollsten Stunden ihres Lebens mit sich: Erwachend aus qualvollen Angstträumen beschleiche sie entsetzliche Furcht vor dem langen, langen Tag mit seinen unendlichen Minuten, in denen sich alles nur noch zum Schlimmeren wenden würde. Das Aufstehen, das Heben der Beine aus dem Bett, bedeute eine Qual für sie. Obwohl sie körperlich gesund sei, fühle sie sich wie abgeschlagen, sei appetitlos, verspüre einen Druck über der Brust und im Kopf, die Kehle sei wie zugeschnürt. Das Denken trete auf der Stelle, sie könne kaum noch Zeitung lesen, habe an nichts mehr Interesse, falle ins Grübeln über Vergangenes. Sie habe das Gefühl, überflüssig zu sein, sie sei für ihre Familie nur noch Ballast. Die Besorgtheit der Angehörigen mache alles noch schlimmer, weil sie sich deshalb immer mehr Schuldgefühle wegen ihres Versagens machen müsse. Hier liegt das klassische Bild einer **endogenen Depression** (schwere depressive Episode, Melancholie) vor. Unter einer Therapie mit einem Antidepressivum (150 mg Amitriptylin) kann es innerhalb von vier Wochen zu einer vollständigen Remission der Krankheit kommen.

Dysthymia

Bei dieser zu den anhaltenden affektiven Störungen zählenden Erkrankung handelt es sich um eine **chronische depressive Verstimmung leichteren Grades.** Die Betroffenen fühlen sich müde und depressiv, alles ist für sie eine Anstrengung, und nichts wird genossen. Sie fühlen sich unzulänglich, beklagen sich und schlafen schlecht, sind aber in der Regel fähig, mit den Anforderungen des täglichen Lebens fertig zu werden. Der Beginn ist gewöhnlich früh im Erwachsenenleben. Die Störung hat sehr viel mit den Konzepten der depressiven Neurose/ neurotischen Depression gemeinsam.

Als **Sonderformen** können klinisch u. a. folgende Depressionen unterschieden werden:
- **Involutions- bzw. Spätdepression** (Auftreten nach dem 45. Lebensjahr, protrahierte Phasendauer, erhöhtes Suizidrisiko).
- **Altersdepression** (Ersterkrankung nach dem 60. Lebensjahr).
- **Wochenbettdepression.**
- sog. **Erschöpfungsdepression** (nach Kielholz), auftretend nach meist langjähriger affektiver Dauerbelastung bzw. wiederholten schweren Psychotraumen.
- „**Rapid-Cycling**" (mehr als vier depressive und/oder manische Phasen pro Jahr).

Klassifikation von Depressionen. Vereinfachend werden – basierend auf der eingangs erwähnten traditionellen Einordnung – Depressionen in der Praxis häufig in folgende **Subtypen** eingeteilt und zugeordnet (*siehe Abbildung 3-13*):
- somatogene (körperlich bedingte, symptomatische, organische),
- endogene sowie
- psychogene Depressionen.

Dysthymia

Dabei handelt es sich um eine **chronische depressive Verstimmung leichteren Grades.** Die Betroffenen fühlen sich müde, unzulänglich, beklagen sich und schlafen schlecht, sind aber i. d. R. fähig, mit den Anforderungen des täglichen Lebens fertig zu werden.

Sonderformen der Depression:
- **Involutions-/Spätdepression** (nach dem 45. Lebensjahr)
- **Altersdepression** (nach dem 60. Lebensjahr)
- **Wochenbettdepression**
- **Erschöpfungsdepression**
- „**Rapid-Cycling**" (mehr als 4 Phasen pro Jahr)

Klassifikation
Man unterscheidet vereinfachend **3 Hauptgruppen** von Depressionen.
- somatogene (körperlich bedingte, symptomatische, organische),
- endogene sowie
- psychogene Depressionen (s. Abb. 3-13).

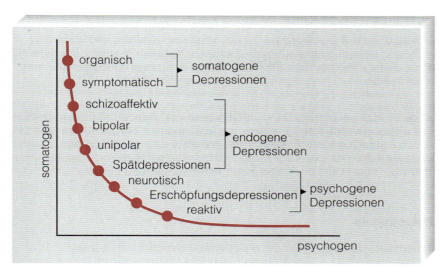

Abb. 3-13: Nosologische Einordnung der Depressionszustände

Manie

Leitsymptome der Manie sind **inadäquat gehobene Stimmung, Antriebssteigerung, beschleunigtes Denken** (Ideenflucht) und **Selbstüberschätzung** (*siehe Abbildung 3-14*).

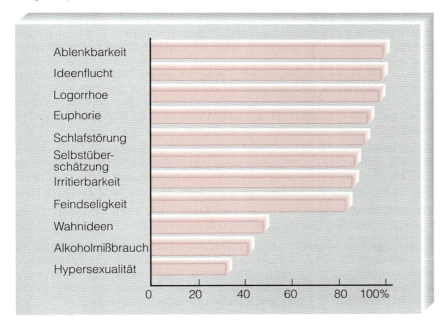

Abb. 3-14: Häufigkeit typischer Manie-Symptome

Die übermütig-euphorische (seltener auch dysphorisch-gereizte) Stimmung ist verbunden mit Hyperaktivität, Rededrang (Logorrhoe) und vermindertem Schlafbedürfnis. Rededrang und Einfallsreichtum können sich bis zur Ideenflucht steigern, Selbstüberschätzung kann in wahnhafte Größenideen einmünden. Fatale soziale Folgen kann die vermehrte leichtsinnige Geldausgabe nach sich ziehen, Distanzlosigkeit und Enthemmung berufliche und familiäre Konflikte und Tragödien mit sich bringen.

Die Selbstüberschätzung kann bis hin zum Größenwahn gehen. Fatal für den Kranken und seine Angehörigen ist das völlige Fehlen eines Krankheitsgefühls, was eine Behandlung gegen den Willen des Betreffenden erforderlich machen kann.

Manie

Leitsymptome der Manie sind **inadäquat gehobene Stimmung, Antriebssteigerung, beschleunigtes Denken** und **Selbstüberschätzung** (s. Abb. 3-14).

Weitere Symptome sind:
- Euphorie
- Hyperaktivität
- Rededrang
- Ideenflucht

Fatale Folgen können sein:
- Vermehrte Geldausgabe
- Distanzlosigkeit
- Enthemmung

Merke ▶

> **Merke.** Eine Manie bedingt in der Regel Schuldunfähigkeit und fehlende Testierfähigkeit (Kaufverträge!). Zum Schutz des Kranken und seiner Angehörigen ist häufig die stationäre „Zwangseinweisung" (Unterbringung) wegen Selbst-/Fremdgefährdung und Verlust der freien Willensbestimmung notwendig.

Weniger stark ausgeprägte Manien **(Hypomanien)** können mit ihrer mitreißenden Euphorie und Antriebssteigerung insbesondere hinsichtlich Kreativität und Ideenreichtum positive Züge aufweisen (Künstler, Geschäftsleute).

Weniger stark ausgeprägte Manien **(Hypomanien)** können mit ihrer mitreißenden Euphorie und Antriebssteigerung insbesondere bei Künstlern und Geschäftsleuten hinsichtlich Kreativität, Aktivität und Ideenreichtum positive Züge aufweisen. Starke Ausprägung und/oder anhaltende Fortdauer bedingen aber über kurz oder lang Probleme in Partnerschaft und Gesellschaft.

Zyklothymia

Zyklothymia

Synonyme: affektive, zykloide, zyklothyme Persönlichkeitsstörung
Bei dieser zu den anhaltenden affektiven Störungen zählenden Erkrankung handelt es sich um eine im frühen Erwachsenenleben einsetzende, chronisch verlaufende andauernde **Instabilität der Stimmung mit zahlreichen Perioden leichter Depression und leicht gehobener Stimmung.**

Synonyme: affektive, zykloide, zyklothyme Persönlichkeitsstörung

Bei dieser zu den anhaltenden affektiven Störungen zählenden Erkrankung handelt es sich um eine im frühen Erwachsenenleben einsetzende, chronisch verlaufende andauernde **Instabilität der Stimmung mit zahlreichen Perioden leichter Depression und leicht gehobener Stimmung.** Die Stimmungsschwankungen werden im allgemeinen von den Betroffenen ohne Bezug zu Lebensereignissen erlebt, sie sind relativ leicht. Da die Perioden gehobener Stimmung angenehm und fruchtbar sein können, gelangen diese Personen zumeist nicht in ärztliche Behandlung. Dazugehörige Begriffe sind affektive, zykloide oder zyklothyme Persönlichkeitsstörung (*siehe Kapitel Persönlichkeitsstörungen*).

Stehen bei einer Depression oder Manie die psychotischen Symptome Wahn und Halluzinationen im Vordergrund, kann das **Mischbild einer schizoaffektiven Psychose** (schizodepressiv, schizomanisch) vorliegen. Auch sie haben einen phasischen Verlauf.

Stehen bei einer Depression oder Manie die psychotischen Symptome Wahn und Halluzinationen im Vordergrund, kann das **Mischbild einer schizoaffektiven Psychose** (schizodepressiv, schizomanisch) vorliegen (*vergleiche Kapitel Sonstige Wahnerkrankungen*). Auch diese Störungen sind, wie die Zyklothymia (manischdepressive Krankheit, bipolare affektive Psychose), durch einen phasischen Verlauf mit Syndromwechsel charakterisiert. Von manchen Autoren werden diese Störungen deswegen auch als „zykloide Psychosen" (z. B. Angst-Glücks-Psychose) bezeichnet.

Gelegentlich können depressive **und** manische Symptome simultan vorkommen (gemischte Episode einer bipolaren affektiven Störung).

Relativ selten können manische **und** depressive Symptome gleichzeitig vorhanden sein (gemischte Episode einer bipolaren affektiven Störung). Hierbei ist z. B. eine depressive Stimmung simultan von Rededrang und Hyperaktivität begleitet oder eine manische Stimmungslage von Antriebs- und Libidoverlust.

Klassifikation
Anhand ICD-10 und DSM-III-R lassen sich die affektiven Störungen wie folgt klassifizieren (*s. Syn. 3-1*).

Klassifikation. Anhand von ICD-10 und DSM-III-R lassen sich die affektiven Störungen wie folgt klassifizieren (*siehe Synopsis 3-1*):

Beide Klassifikationssysteme entsprechen sich weitestgehend, es werden manische und depressive Episoden einerseits und bipolare affektive Störungen andererseits unterschieden. Weitere Kriterien zur Unterteilung sind der Schweregrad, rezidivierender oder anhaltender (chronischer) Verlauf sowie das Vorhandensein „somatischer" (endogener, melancholischer) Symptome.

Affektive Störungen 75

Synopsis 3-1: Klassifikation von affektiven Störungen

ICD-10	DSM-III-R
Manische Episode Hypomanie Manie ohne psychotische Symptome Manie mit psychotischen Symptomen	**Manische Episode** Hypomanisches Syndrom Schweregrad, ohne/mit psychotische(n) Merkmale(n) Verlauf (remittiert)
Bipolare affektive Störung Unterteilung nach Episode (depressiv/manisch/gemischt) Schweregrad Verlauf (remittiert)	**Bipolare Störungen** Gemischt, manisch, depressiv
Depressive Episode Unterteilung nach Schweregrad ± psychotische Symptome ± somatische Symptome	**Episode der Major Depression** Schweregrade Rezidivierend Remission Chronisch (> 2 Jahre)
Rezidivierende depressive Störungen Unterteilung nach Schweregrad ± psychotische Symptome ± somatische Symptome Verlauf remittiert	Melanchol. Typus Saisonal abhängige Verlaufsform
Anhaltende affektive Störungen Zyklothymia Dysthymia	Zyklothyme Störung Dysthyme Störung (depressive Neurose)
Andere affektive Störungen	

Diagnostik und Differentialdiagnose

Die Diagnose affektiver Erkrankungen wird primär klinisch gestellt, und zwar auf der Basis des erhobenen psychopathologischen Befundes (anhand spontan geschilderter Beschwerden oder mit Hilfe gezielter Explorationsfragen bzw. Rating-Skalen), der gezielten Anamnese, des Verlaufes sowie unter Berücksichtigung ätiologischer Faktoren (Auslöser, Konflikte, organische Erkrankung, familiäre Häufung).

Depression

**Diagnostik.** Zunächst stellt sich die Frage, ob es sich bei der vorliegenden depressiven Verstimmung um eine solche mit Krankheitswert handelt, um vorübergehende Stimmungsschwankungen oder eine Trauerreaktion.

Die traditionelle Diagnostik unterscheidet nach Ausschluß somatogener (symptomatischer, organischer, körperlich bedingter) Depressionen (s. u.) hauptsächlich zwischen endogenen und „neurotisch"/psychoreaktiven Depressionen. Die für diese beiden Hauptformen typischen diagnostischen Leitlinien sind in _Tabelle 3-1_ wiedergegeben:

Tabelle 3-1: Typische Symptomatik „endogener" versus „neurotisch/psychogener" Depressionen

Endogene Depression	Psychogene Depression
Durchschlafstörung, Früherwachen	Einschlafstörung
Morgentief	Abendtief
Gefühl der Gefühllosigkeit	Stimmungswechsel
Selbstanklage	Tendenz, andere zu beschuldigen
„Typus melancholicus"	Neurotische Symptome
Oft grundloses Auftreten	(Angst, Ich-Schwäche)
Phasischer Verlauf	Konfliktfelder
Umweltstabil	Früherer Beginn, jahrelanger Verlauf
Genetische Belastung	Ablenkbarkeit
Gewichtsverlust	Biographische Auffälligkeiten
Wahn	

Diagnostik und Differentialdiagnose

Die Diagnose affektiver Erkrankungen wird primär klinisch gestellt (psychopathologischer Befund, gezielte Anamnese, ätiologische Faktoren).

Depression

Diagnostik

Zunächst muß differenziert werden, ob die depressive Verstimmung Krankheitswert hat.

Die traditionelle Diagnostik unterscheidet nach Ausschluß somatogener Depressionen (s. u.) hauptsächlich zwischen endogenen und „neurotisch"/psychoreaktiven Depressionen (s. Tab. 3-1).

Bei **psychogenen/„neurotischen"
Depressionen** finden sich häufig
Selbstunsicherheit und Angst, auslösend sind typischerweise „Versa-
gens- oder Versuchungssituationen".
Zugrunde liegt eine **Störung der
psychischen Erlebnisverarbeitung,**
wobei neurotische Persönlichkeitszüge und Umweltfaktoren zusammenwirken.
Die sog. **„reaktive Depression"** wird
durch ein akutes psychisches
Trauma (z. B. Todesfall, Scheidung)
ausgelöst, folgt unmittelbar dem
auslösenden Erlebnis und ist inhaltlich um dieses zentriert.
Zur Abschätzung des Schwergra-
des dienen **standardisierte Beurteilungsskalen** (Rating-Skalen), wie
z. B. die Hamilton-Depressionsskala.

Bei **psychogenen/„neurotischen" Depressionen** finden sich häufig in der Vorgeschichte neurotische Brückensymptome wie Selbstunsicherheit, ängstliche Gehemmtheit, Stottern, Enuresis, Pavor nocturnus, Nägelkauen. Durch emotionale Ereignisse (Versagens-/Versuchungssituationen) werden „verdrängte" seelische Konflikte aktualisiert. Zugrunde liegt also eine **Störung der psychischen Erlebnisverarbeitung**, wobei neurotische Persönlichkeitszüge und Umweltfaktoren zusammenwirken. Die Symptomatik ist hier typischerweise schwankend und durch momentane situative Einflüsse veränderbar.

Die sog. **„reaktive Depression"** (depressive Reaktion) wird durch ein akutes psychisches Trauma ausgelöst (z. B. Todesfall, Entwurzelung, Scheidung), folgt unmittelbar dem auslösenden Erlebnis und ist inhaltlich um dieses zentriert.

Zur Abschätzung des Schweregrades haben sich **standardisierte Beurteilungsskalen** (Rating-Skalen) wie z. B. die Hamilton-Depressionsskala bewährt.

Mit den neueren **operationalisierten Diagnosesystemen** hat man die ätiopathogenetisch orientierte, traditionelle Klassifikation verlassen. Die diagnostischen Leitlinien basieren hier primär auf der **symptomorientierten Beschreibung,** dem **Schweregrad** und **Zeitkriterien.** Zur Beurteilung des Schweregrades wird herangezogen, ob der Patient seine normale Berufstätigkeit und soziale Aktivitäten fortsetzen kann (*siehe Synopsis 3-2*).

Synopsis 3-2: Diagnostische Kriterien der depressiven Episode nach ICD-10 und DSM-III-R (Major Depression)

ICD-10	DSM-III-R
Symptomatologie:	
• Gedrückte-depressive Stimmung, Freudlosigkeit (evtl. „Morgentief")	• Depressive Verstimmung, Freudlosigkeit
• Interessenverlust	• Interessenverlust
• Erhöhte Ermüdbarkeit	
• Verminderung des Antriebs, der Energie	• Müdigkeit, Energieverlust
• Psychomotorische Hemmung/ Agitiertheit	• Psychomotorische Hemmung/ Unruhe
• Verminderte Konzentration	• Denkhemmung, ↓ Konzentration, Entscheidungsunfähigkeit
• Vermindertes Selbstwertgefühl	
• Schuldgefühle, Gefühl der Wertlosigkeit	• Schuldgefühle, Gefühl der Wertlosigkeit
• Negativ-pessimistische Zukunftsperspektiven	
• Suizidale Gedanken/Handlungen	• Gedanken an den Tod, Suizidideen, Suizidversuch
• Schlafstörungen (frühmorgendliches Erwachen)	• ↓ (↑) Schlaf
• ↓ Appetit, Gewichtsverlust	• ↑ (↓) Appetit/Gewicht
• Libidoverlust	
Schweregrade:	
• Leichte depressive Episode	
• Mittelgradige depressive Episode	• Leicht
• Schwere depressive Episode	• Mittel
• Schwere depressive Episode ohne psychotische Symptome = Major Depression Melancholie Endogene Depression	• Schwer, ohne psychotische Merkmale
• Schwere depressive Episode mit psychotischen Symptomen Zusätzlich: Wahnideen (Verarmung, Versündigung), depressiver Stupor = psychotische Depression	• Schwer, mit psychotischen Merkmalen
Mindestdauer: 2 Wochen	• 2 Wochen
Verlaufstypen:	
• Rezidivierend (> 2 Episoden)	• Rezidivierend (> 2 Episoden)

In der ICD-10 und DSM-III-R sind die Diagnosebegriffe und Regelsysteme z. T. unterschiedlich (*vgl. Synopsis 3-1, „Klassifikation"*), im DSM-III-R werden die diagnostischen Kriterien im einzelnen wesentlich prägnanter ausgeführt. Wenn man den Kriterienkatalog geordnet gegenüberstellt, zeigt sich aber doch eine relativ große Übereinstimmung.

Diagnostischer Leitbefund für das Vorliegen einer **Dysthymia** ist die chronische, länger als zwei Jahre dauernde (leichtgradige) depressive Verstimmung. Konzeptionell entspricht die Dysthymie in vielem der „neurotischen Depression".

Bei der ebenfalls zu den anhaltenden affektiven Störungen zählenden **Zyklothymia** gilt die anhaltende Stimmungsinstabilität mit zahlreichen Perioden leichter Depression und leicht gehobener Stimmung als wesentliches diagnostisches Kennzeichen.

Differentialdiagnose. Erster Schritt ist die Eruierung organischer Ursachen (körperlich begründbare, somatogene, symptomatische Depressionen mit der Sonderform der pharmakogenen Depression). Hierzu hat sich folgendes diagnostisches Basisprogramm bewährt (*siehe Tabelle 3-2*).

Tabelle 3-2: Diagnostisches Basisprogramm bei Depressionen

Orientierende internistische, exakte neurologische Untersuchung

RR, BSG, Blutbild

Leber- und Nierenwerte

Elektrolyte (K, Ca) und Blutzucker

Serumeisenspiegel, Schilddrüsenparameter

Vitamin-B_{12}-Spiegel, Lues-Reaktionen

EEG

evtl. CT/NMR

Dexamethason-Test (Verlaufsparameter)

Die häufigsten und wichtigsten Ursachen für **somatogene Depressionen** geben die *Tabellen 3-3 und 3-4* wieder.

Diagnostischer Leitbefund einer **Dysthymia** ist die chronische, länger als 2 Jahre dauernde depressive Verstimmung.
Bei der **Zyklothymia** gilt die anhaltende Stimmungsinstabilität mit Perioden leichter Depression und leicht gehobener Stimmung als wesentliches Kennzeichen.

Differentialdiagnose
Erster Schritt ist die Eruierung organischer Ursachen (*s. Tab. 3-2*).

Die häufigsten und wichtigsten Ursachen für **somatogene Depressionen** geben *Tab. 3-3 und 3-4* wieder.

Tabelle 3-3: Somatogene Depressionen

1. Neurologie
Epilepsie
Hirntumor
Zerebrovaskuläre Erkrankungen
Hirnatrophie
M. Parkinson
Hirntraumen
Arteriitis temporalis
Enzephalitis (Virus, z.B. FSME)
Encephalomyelitis disseminata
Amyotrophe Lateralsklerose
Myasthenie
Funikuläre Myelose

2. Endokrinologie
Hypo-/Hyperthyreose
Riesenzellthyreoiditis
Hypo-/Hyperparathyreoidismus
HVL-Insuffizienz
M. Addison
M. Cushing
Phäochromozytom
Akromegalie

3. Kardiologie
Vitien (ASD, VSD, Mitralstenose)
Essentielle Hypertonie
Positionshypotonie
Funktionelle kardiovaskuläre Störung
Z. nach Bypass-Operation
Z. nach Myokardinfarkt

4. Gastroenterologie
Reizkolon
Ileitis terminalis
Colitis ulcerosa
Virushepatitis
Leberzirrhose
M. Meulengracht
Sprue
Encephalopathia pancreatica

5. Nephrologie
Chronische (Pyelo-)Nephritis
Dialyse-Patienten
Prostataadenom

6. Kollagenosen, Immunopathien
Lupus erythematodes
Panarteriitis nodosa
Rheumatismus, Fibromyalgia

7. Stoffwechselkrankheiten
Anämie
Porphyrie
Hämochromatose
Hypoglykämie
M. Gaucher

8. Infektionskrankheiten
Lues
(Lungen-)Tbc
Bruzellose
Toxoplasmose
Sarkoidose
Mononukleose und andere Viruser-
krankungen (z. B. Viruspneumonie)
AIDS
Borreliose

9. Intoxikationen
Chronische Hg-/CO-Intoxikation
Alkoholismus

10. Gynäkologie
Prämenstruelles Syndrom
Klimakterium (?)

11. Radiologie/Chirurgie
»Strahlenkater«
Postoperativer Zustand

12. Tumoren/Paraneoplastische Syndrome
Chronische Leukosen
Pankreaskarzinom
Bronchialkarzinom
Ovarialkarzinom

Affektive Störungen 79

Tabelle 3-4: Pharmakogene Depressionen

1. Antihypertensiva
Reserpin
Alpha-Methyl-Dopa
Clonidin
Betablocker
Prazosin
Hydralazin
Guanethidin

2. Parkinsonmittel und Muskel-relaxantien
L-Dopa
Amantadin
Baclofen
Bromocriptin

3. Steroidhormone
Glukokortikoide
Gestagene
Danazol
ACTH

4. Antirheumatika, Analgetika
Indometacin
Gold
Chloroquin
Phenazetin
Phenylbutazon
Pizotifen
Methysergid
Ibuprofen
Opiate

5. Tuberkulostatika, Antibiotika, Zytostatika, Antimykotika
INH
Sulfonamide   Tetrazykline
Nalidixinsäure   Streptomycin
Vinblastin   Nitrofurantoin
Griseofulvin   Metronidazol
Interferon alfa-2b   Ofloxacin

6. Ophthalmologika
Acetazolamid

7. Antiepileptika
Hydantoin
Succinimid
Clonazepam

8. Kardiaka
Digitalis (?)
Procainamid
Lidocain

9. Psychopharmaka
Neuroleptika
Barbiturate
Disulfiram
Amphetamin-Entzug
Benzodiazepin-Langzeiteinnahme (?)

10. Sonstige
Flunarizin
Cimetidin
Cholesterinsynthesehemmer

Für das Vorliegen einer somatogenen Depression sprechen die in *Tabelle 3-5* aufgeführten Punkte.

Für das Vorliegen einer somatoge-nen Depression sprechen die in *Tab. 3-5* aufgeführten Punkte.

Tabelle 3-5: Psychopathologie und pathologische Organbefunde bei somatogenen Depressionen

Somatogene Depression	
Psychopathologie	**Pathologische Organbefunde**
Eher dysphorisch-gereizt	Klinische Untersuchung
Orientierungsstörungen	(internistisch-neurologisch)
Verlangsamung	Laborwerte
Affektlabilität/-inkontinenz	EKG
Perseverations- und	EEG, P300
Konfabulationstendenz	CT
Gedächtnisstörungen	evtl. Hirnszintigraphie
	Dopplersonographie
	rCBF/SPECT
	Kernspintomographie (NMR, MRT)
DD: „depressive Pseudodemenz"	

Somatogene Depressionen lassen sich in folgende beiden Untergruppen trennen:

- die **symptomatische Depression** als Begleitdepression körperlicher Erkrankungen bzw. als Folge extrazerebraler Erkrankungen (z. B. postoperativ, postinfektiös, endokrine Erkrankungen, pharmakogen),
- die **organische Depression**, basierend auf strukturellen Veränderungen des Gehirns (z. B. Hirnatrophie, Hirninfarkt, Schädel-Hirn-Trauma, Hirntumor, Meningoenzephalitis).

Die körperliche Untersuchung und die Erhebung pathologischer Organbefunde dienen einerseits zur Erfassung möglicherweise bestehender körperlicher Ursachen der Depression; andererseits kann eine Depression auch die pathologische Reaktion auf schwere organische Krankheiten sein.

Insbesondere bei Altersdepressionen, die mit ausgeprägten kognitiven Störungen einhergehen, kann die Differentialdiagnose zu einer beginnenden Demenz (sog. „depressive Pseudodemenz") schwierig sein (*siehe Tabelle 3-6*) (*vgl. Kapitel Demenz*). Im Zweifelsfalle empfiehlt sich eine probatorische Behandlung mit einem Antidepressivum.

Tabelle 3-6: Abgrenzung der depressiven „Pseudodemenz" von der senilen Demenz	
Depression	**Demenz**
Eher rascher, erkennbarer Beginn	Schleichender, unklarer Beginn
Episodischer Verlauf	Chronischer Verlauf
Stimmung ist beständig depressiv	Stimmungs- und Verhaltensauffälligkeiten fluktuieren
„Weiß-nicht"-Antworten sind typisch	Angenähert richtige Antworten überwiegen
Patient stellt Defizite besonders heraus, klagt über kognitive Einbußen	Patient sucht Defizite zu verbergen
Selbstanklage, evtl. Schuldgefühle	Orientierungs-/Gedächtnisstörungen

Insbesondere bei Vorliegen psychotischer Symptome (Wahn, Halluzinationen, Stupor) muß differentialdiagnostisch das Vorliegen einer schizoaffektiven oder schizophrenen Psychose erwogen werden.

In der Praxis hat sich zur Diagnostik depressiver Erkrankungen das Vorgehen nach einem hierarchischen Entscheidungsmodell bewährt (*siehe Abbildung 3-15*).

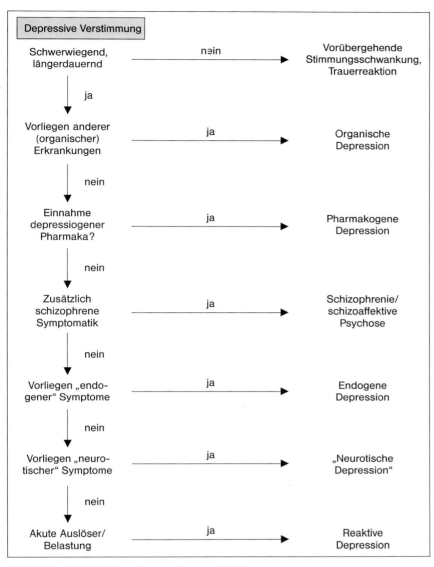

Abb. 3-15: Entscheidungsbaum „Depression"

Manie

Diagnostik. Entscheidend für die Diagnose einer (endogenen) Manie sind der erhobene psychopathologische Befund und die typische Fremd- und Eigenanamnese. Die diagnostischen Kriterien nach ICD-10 und DSM-III-R sind in *Synopsis 3-3* zusammengefaßt.

Die diagnostischen Leitlinien der manischen Episode in der ICD-10 und im DSM-III-R entsprechen sich weitgehend. Ähnlich wie bei der depressiven Episode werden im DSM-III-R die zur Diagnose geforderten Einzelsymptome wiederum detaillierter und prägnanter dargestellt.

Differentialdiagnose. Hier steht der Ausschluß organisch/toxischer Ursachen im Vordergrund (*siehe Tabelle 3-7*).

Manie

Diagnostik. Entscheidend sind der psychopathologische Befund und die typische Fremd- und Eigenanamnese (*s. Syn. 3-3*).

Differentialdiagnose
Der Ausschluß organisch/toxischer Ursachen steht im Vordergrund (*s. Tab. 3-7*).

Synopsis 3-3: Diagnostische Kriterien der manischen Episode nach ICD-10 und DSM-III-R

ICD-10	DSM-III-R
Symptomatologie:	
• Situationsinadäquate, anhaltende gehobene Stimmung (sorglos-heiter bis erregt)	• Abgegrenzte Periode abnormer, anhaltend gehobener, expansiver oder reizbarer Stimmung
• Selbstüberschätzung	• Gesteigertes Selbstwertgefühl/ Größenideen
• Vermindertes Schlafbedürfnis	• Vermindertes Schlafbedürfnis
• Gesprächigkeit/Rededrang	• Redseligkeit, Ideenflucht
• ↓ Aufmerksamkeit u. Konzentration, Ablenkbarkeit, Hyperaktivität	• Ablenkbarkeit
	• Gesteigerte Aktivität (sozial, sexuell), vermehrte/unsinnige Geldausgabe
Schweregrad:	
• **Mittelgradig:** Manie ohne psychotische Symptome	• Hypomanisches Syndrom
zusätzlich: berufliche/soziale Funktionsfähigkeit unterbrochen Dauer: mindestens 1 Woche	• Deutliche Einschränkung beruflicher Leistungsfähigkeit u./o. sozialer Bezüge
• **Schwer:** Manie mit psychotischen Symptomen	
zusätzlich: Wahn	
Mindestdauer: 1 Woche	
Ausschluß:	
• Schizophrenie	• Schizophrenie; schizophreniforme, wahnhafte Störung
• Schizoaffektive Störung (schizomanische Störung)	• Wahn/Halluzinationen ohne gleichzeitige affektive Symptome
• Hyperthyreose, Anorexia nervosa	• Organische Ursache
	• Hyperaktivitäts- und Aufmerksamkeitsstörung

Tabelle 3-7: Organische/toxische Ursachen von manischen Syndromen

Pharmaka
Steroide und ACTH
L-Dopa
Antidepressiva
Halluzinogene (Marihuana, LSD, Meskalin, Psilocybin, Kokain)
Sympathomimetische Amine (Preludin, Ritalin, Captagon und andere Stimulanzien)
Alkohol
Barbiturate
Anticholinergika (wie z. B. Antiparkinsonmittel vom Typ des Biperidens)
Antikonvulsiva

Neurologische Erkrankungen
Tumoren (parasagittales Meningiom, Gliom des Dienzephalons, supraselläres Kraniopharyngeom)
Epilepsie
Infektion (postvirale Enzephalitis, Influenza)
Multiple Sklerose
Chorea Huntington
Zustand nach zerebrovaskulärem Insult

Metabolische und endokrinologische Störungen
Hämodialyse
Hyperthyreose
Cushing-Syndrom
Addisonsche Krankheit

Verlauf

Die Verläufe affektiver Psychosen lassen sich schematisch wie folgt zusammenfassen (*siehe Abbildung 3-16*).

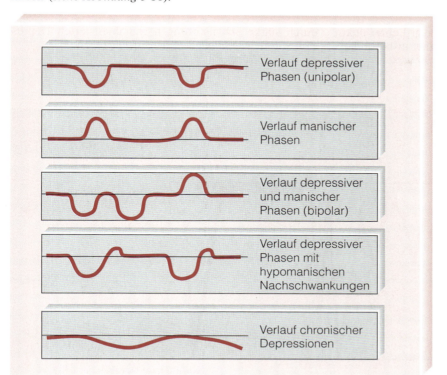

Abb. 3-16: Verläufe affektiver Psychosen

Abbildung 3-17 gibt Verlaufsparameter bei unipolaren Depressionen wieder, die die häufigste Verlaufsform affektiver Psychosen darstellen.

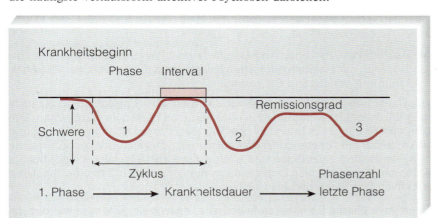

Abb. 3-17: Verlaufsparameter von unipolaren Depressionen

Der Beginn depressiver Phasen kann sowohl schleichend als auch plötzlich einsetzend sein, während manische Phasen typischerweise rasch (innerhalb von Stunden oder wenigen Tagen) einsetzen. Nur etwa 25% der Depressionen verlaufen einphasig, 75% der Erkrankungen hingegen rezidivieren. Bei unipolaren Depressionen muß man im Mittel mit vier, bei bipolaren mit sechs Episoden im Laufe eines Lebens rechnen.

Verlauf

Die Verläufe affektiver Psychosen lassen sich wie in *Abb. 3-16* zusammenfassen.

Abb. 3-17 gibt Verlaufsparameter bei unipolaren Depressionen wieder, die die häufigste Verlaufsform affektiver Psychosen darstellen.

Nur etwa 25% der Depressionen verlaufen einphasig, 75% der Erkrankungen rezidivieren. Bei unipolaren Depressionen muß man im Mittel mit vier, bei bipolaren mit sechs Episoden im Laufe eines Lebens rechnen.

Nach jeder Krankheitsphase kommt es in der Regel zur Vollremission. Bei etwa 10% der unipolaren endogenen Depressionen erfolgt eine kurze hypomanische Nachschwankung. Etwa 15% der „Major Depressionen" nehmen einen chronischen Verlauf.

> Nach jeder Krankheitsphase kommt es in der Regel zur Vollremission. Zirka 15% der Depressionen verlaufen chronisch.

Fallbeispiel. Ein 45jähriger Lehrer dokumentiert den Verlauf seiner insbesondere durch starke Schlafstörungen charakterisierten Depression wie in *Abbildung 3-18* dargestellt.

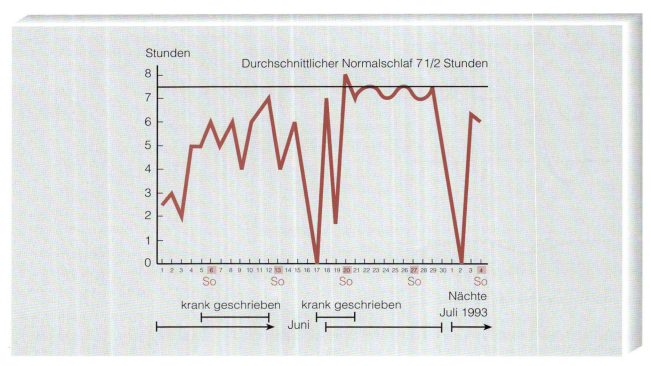

Abb. 3-18: Aufzeichnung eines Patienten über den Verlauf seiner Depression

Bipolare affektive Psychosen weisen eine höhere Phasenzahl mit kürzerer Phasendauer auf, mit zunehmender Krankheitsdauer kommt es zu einer Phasenakzeleration mit Verkürzung der gesunden Intervalle.

> Bipolare affektive Psychosen weisen eine höhere Phasenzahl auf. Mit zunehmender Krankheitsdauer kommt es zu einer Phasenakzeleration mit Verkürzung der gesunden Intervalle.

Die Dauer unbehandelter depressiver und manischer Episoden beträgt durchschnittlich vier bis zwölf Monate, wobei manische Phasen im Durchschnitt kürzer sind. Die Länge des Intervalls zwischen zwei Phasen ist unterschiedlich und verkürzt sich mit zunehmender Phasenfrequenz. Die Zyklusdauer (Zeitspanne zwischen Beginn einer Phase und Beginn der nächstfolgenden Phase) beträgt bei unipolaren endogenen Depressionen initial vier bis fünf Jahre, bei bipolaren affektiven Psychosen drei bis vier Jahre.

Depressive Phasen im höheren Lebensalter dauern häufig länger, wahrscheinlich mitbedingt durch (hirn)organische Faktoren (Co-Morbidität), weisen sie eine größere Tendenz zur Chronifizierung auf.

> Im höheren Lebensalter dauern depressive Phasen häufig länger. Wahrscheinlich mitbedingt durch (hirn)organische Faktoren (Co-Morbidität) weisen sie eine größere Tendenz zur Chronifizierung auf.

Eine Besonderheit stellt das sog. **„Rapid-Cycling"** dar, der schnelle Wechsel zwischen Manie und Depression. Eher selten kommen manische und depressive Symptome gleichzeitig vor (sog. gemischter Typus).

> **„Rapid-Cycling"** (rascher Phasenwechsel) stellt eine besondere Verlaufsform dar.

Der Verlauf von **Dysthymien** (neurotische Depression) variiert stark; etwa die Hälfte dieser Störungen beginnt vor dem 25. Lebensjahr, ein Teil geht später in „Major Depressionen" über, die Chronifizierungstendenz ist beträchtlich.

> Der Verlauf von **Dysthymien** variiert stark; 50% beginnen vor dem 25. Lebensjahr, ein Teil geht später in „Major Depressionen" über.

Therapie

Therapie der Depression

Grundlage der Depressionsbehandlung ist das **verständnisvolle, stützende ärztliche Gespräch („supportive Psychotherapie")** mit Erstellung eines Gesamtbehandlungsplanes. Der Schwerpunkt der Therapiemaßnahmen orientiert sich zum einen am klinischen Bild, zum anderen an der anzunehmenden Entstehung der Erkrankung.

Je nach dem ätiologischen Schwerpunkt der Störung stehen entweder die (alleinige) Therapie mit Antidepressiva oder die Psychotherapie oder andere Therapieformen im Vordergrund.

Die Behandlungsstrategie gliedert sich in drei Phasen:
- Akutbehandlung,
- Erhaltungstherapie (drei bis sechs Monate),
- Rezidivprophylaxe (Rückfallverhütung; Jahre bis lebenslang).

Initial steht die Frage im Vordergrund, ob eine ambulante oder stationäre Behandlung erfolgen kann oder muß. Zentral ist hier die **Abschätzung der Suizidalität** (*vgl. Kapitel Suizidalität*).

> **Merke.** Wegen des hohen Suizidrisikos Depressiver muß diese Thematik obligat in geeigneter Form angesprochen werden.

Durch die körperlich-neurologische Untersuchung und Diagnostik (siehe diagnostisches Basisprogramm) sowie gezielte Anamnese müssen sodann mögliche organische Ursachen sowie depressiogene Faktoren wie Pharmaka, Drogen, Alkoholabusus ausgeschlossen werden.

Sodann erfolgt eine **Abschätzung des Schweregrades der Depression.** Leichtgradige depressive Episoden und Verstimmungszustände können durch verständnisvoll-geduldige Zuwendung („supportive Psychotherapie") aufgefangen werden. Ausgeprägte Depressionen machen spezifische Therapiemaßnahmen erforderlich.

Im Zentrum der **biologischen Behandlungsverfahren** (unter Praxisbedingungen sämtlicher Therapieverfahren) steht heute die **Behandlung mit Antidepressiva** (*vgl. Kapitel Psychopharmakotherapie*). Sowohl bei der Auswahl als auch bei der Verordnung von Antidepressiva sind bestimmte Grundregeln zu berücksichtigen.

> **Merke.** Die Auswahl von Antidepressiva richtet sich in erster Linie nach dem klinischen Erscheinungsbild der Depression sowie nach dem Nebenwirkungsprofil des Präparates.

Ängstlich-agitierte Depressionen sollten eher mit einem sedierenden Antidepressivum behandelt werden (z. B. Amitriptylin, Doxepin), bei Suizidalität sollte nur die kleinste Packungsgröße eines Präparates verordnet werden, das bei Überdosierung nur eine geringe Toxizität aufweist.

Therapie

Therapie der Depression

Grundlage ist das **stützende ärztliche Gespräch** („supportive Psychotherapie").
Es stehen entweder die (alleinige) Therapie mit Antidepressiva oder die Psychotherapie oder andere Therapieformen im Vordergrund.

Die Behandlungsstrategie gliedert sich in 3 Phasen:
- Akutbehandlung,
- Erhaltungstherapie (3-6 Monate),
- Rezidivprophylaxe (Rückfallverhütung; Jahre bis lebenslang).
Initial stehen die **Abschätzung der Suizidalität** und die Frage, ob ambulante oder stationäre Behandlung notwendig ist, im Vordergrund.

◄ Merke

Organische Ursachen und depressiogene Faktoren (Pharmaka, Drogen, Alkohol) müssen ausgeschlossen werden.

Nach **Abschätzung des Schweregrades der Depression** können leichtgradige depressive Episoden durch „supportive Psychotherapie", ausgeprägte Depressionen durch spezifische Therapien behandelt werden.
Im Zentrum der **biologischen Behandlungsverfahren** stehen heute **Antidepressiva.**

◄ Merke

Ängstlich-agitierte Patienten sollten mit einem sedierenden Antidepressivum behandelt werden.

Tab.3-8 gibt Leitsymptome und eine Übersicht über die medikamentöse Therapie affektiver Störungen an.

Tabelle 3-8 gibt Leitsymptome und eine Übersicht über die medikamentöse Therapie affektiver Störungen an.

Tabelle 3-8: Leitsymptome und Übersicht über die medikamentöse Therapie affektiver Störungen		
Diagnose	Leitsymptome	Therapie
Depressive Störung ("Major"/typ. Depression)		
mit • Hemmung (gehemmte D.)	Antriebs- und Denkhemmung	Nicht-sedierendes Antidepressivum (z.B. Nortriptylin, Clomipramin, Moclobemid, Paroxetin)
• Agitiertheit (agitierte D.)	Ängstliche Unruhe	Sedierendes Antidepressivum (z.B. Amitriptylin, Doxepin) Akut evtl. zusätzlich schwachpotentes Neuroleptikum (z.B. Thioridazin, Chlorprothixen) oder Benzodiazepin-Tranquilizer (z.B. Alprazolam, Bromazepam)
• Somatisierung (vegetativ-larvierte D.)	(Multiple) funktionelle Organbeschwerden	z.B. Maprotilin
• Wahn (psychotische D.)	Schuld-, Verarmungswahn	Antidepressivum plus Neuroleptikum (z.B. Haloperidol)
• Zwang	Grübelzwang, Zwangsgedanken/-handlungen	Clomipramin, Paroxetin
Manie	Inadäquat gehobene Stimmung (Euphorie), Ideenflucht, Rededrang, Selbstüberschätzung Fehlendes Krankheitsgefühl	Carbamazepin u./o. Neuroleptika (z.B. Haloperidol, Perazin, Zuclopenthixol-Depot)
Zyklothymia	Anhaltende Instabilität der Stimmung, ständiger Wechsel zwischen leichter Depression und leicht gehobener Stimmung	evtl. Lithium
Dysthymia	Chronische depressive Verstimmung	evtl. Monoaminoxidasehemmer

Trizyklische Antidepressiva wie Amitriptylin oder Clomipramin haben sich bei der Behandlung von Depressionen bewährt.
Die Dosierung erfolgt einschleichend.
Nachteile dieser Substanzen sind **anticholinerge Nebenwirkungen** (Mundtrockenheit, Obstipation, Akkommodations- und Miktionsstörungen) sowie eine **Blutdrucksenkung**.

Trizyklische Antidepressiva wie Amitriptylin oder Nortriptylin haben sich bei der Behandlung von Depressionen seit vielen Jahren bewährt und erwiesen sich bei ca. 70% der Patienten in kontrollierten Studien als wirksam. Die Dosierung erfolgt in der Regel einschleichend (initial 50 bis 75 mg/die), bei schweren depressiven Episoden sind auch ambulant nicht selten Tagesdosen von 100 bis 150 mg erforderlich. Zu den Nachteilen dieser Substanzen zählen insbesondere **anticholinerge Nebenwirkungen** (Mundtrockenheit, Obstipation, Akkommodations- und Miktionsstörungen) sowie eine **Blutdrucksenkung** (orthostatische Hypotonie). Diese unerwünschten Begleitwirkungen sind in der Regel von leichter Intensität, auf den Beginn der Behandlung beschränkt und klingen entweder spontan nach Dosisreduzierung ab oder können symptomatisch therapiert werden.

Merke. Bei Älteren und Risikopatienten können diese Nebenwirkungen allerdings unter Umständen schwerwiegende Folgen haben (Harnverhalt, Kreislaufkollaps mit Gefahr von Stürzen). Hier sind deshalb in der Regel niedrigere Dosierungen angezeigt.

Die neuere Substanzklasse der **selektiven Serotonin-Wiederaufnahmehemmer** (z. B. Fluvoxamin, Paroxetin) weist keine anticholinergen Effekte auf und ist bei Überdosierung (Suizidversuch) wesentlich ungefährlicher als die trizyklischen Antidepressiva. Unter der Behandlung mit diesen Antidepressiva kann es allerdings zu **Unruhe** und **Übelkeit** kommen.

Der neue reversible Monoaminoxidase-A-Hemmstoff Moclobemid weist im Gegensatz zu dem älteren irreversiblen MAO-Hemmer Tranylcypromin keine klinisch relevante Wechselwirkung mit Nahrungsmitteln und anderen Medikamenten auf. Es sind deshalb keine Diätrestriktionen einzuhalten, auch bei Überdosierung (z. B. Suizidversuch) weist die Substanz nur eine relativ geringe Toxizität auf. Als Nebenwirkungen können Unruhe und Schlafstörungen auftreten. Diese Präparate sollten deshalb nicht bei agitierten Depressionen eingesetzt werden.

Das Vorliegen erheblicher Schlafstörungen macht über die abendliche Verordnung eines sedierenden Antidepressivums hinaus häufig die vorübergehende zusätzliche Verordnung eines Hypnotikums (Benzodiazepin, Zopiclon, Zolpidem) erforderlich. Bei ausgeprägter innerer Unruhe oder ängstlicher Spannung kann auch tagsüber die Kombination mit einem Benzodiazepin oder schwachpotenten Neuroleptikum (z. B. Thioridazin, Chlorprothixen) sinnvoll sein.

Merke. Die zusätzliche Gabe von Benzodiazepinen oder schwachpotenten Neuroleptika ist auch deshalb immer wieder geboten, da Antidepressiva eine **Wirklatenz** aufweisen. Hierauf muß der Patient unbedingt hingewiesen werden. Arzt und Patient müssen sich zwei bis vier Wochen bis zum Einsetzen der vollen antidepressiven Wirkung gedulden (*siehe Abbildung 3-19*).

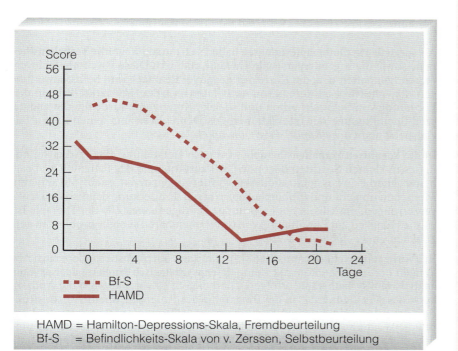

Abb. 3-19: Abklingen einer Depression unter Antidepressiva-Therapie

88   3 Krankheiten

Von zentraler Bedeutung ist die Etablierung einer zuverlässigen Medikamenteneinnahme (Compliance). Dies bedarf einer umfassenden Information und Aufklärung des Patienten über Art der Erkrankung, Therapiekonzept und mögliche Nebenwirkungen.

Die Etablierung einer zuverlässigen Medikamenteneinnahme (Compliance) ist deshalb von eminenter Bedeutung. Akzeptanz der Medikation und Mitarbeit des Patienten können gefördert werden, wenn dieser zu Beginn der Behandlung ausführlich über die Art der Erkrankung, die Diagnose und das Therapiekonzept informiert wird. Erwartungen und Befürchtungen des Patienten sollten eruiert und sehr ernst genommen werden. Über mögliche unerwünschte Begleitwirkungen der Medikamente (Beipackzettel!) sollte sachlich-fundiert informiert werden.

Neben der Aufklärung über möglicherweise auftretende Nebenwirkungen muß der Patient darauf hingewiesen werden, daß z. B. Alkohol die (sedierenden) Wirkungen des Antidepressivums potenzieren kann.

Zu Beginn der Behandlung müssen engmaschige Termine zur Wiedervorstellung vereinbart werden.

Zu Beginn der Behandlung sollten je nach Schweregrad engmaschige Termine zur Wiedervorstellung vereinbart werden.

Merke ▶

> **Merke.** Nach Abklingen der depressiven Symptomatik empfiehlt es sich in der Regel, eine antidepressive Erhaltungsmedikation für einen Zeitraum von ca. 6 – 12 Monaten fortzuführen, da während dieser Zeit eine hohe Rückfallgefahr besteht.

Bei rezidivierendem Verlauf muß die Langzeit-/Dauermedikation (**Rezidivprophylaxe**) mit einem Antidepressivum oder Lithium entschieden werden.
Weitere biologische Therapieverfahren sind:
- **Schlafentzugsbehandlung** (bei endogener Depression),
- **Elektrokrampftherapie** als Ultima ratio bei wahnhaften endogenen Depressionen, Stupor, hochgradiger Suizidalität,
- **Lichttherapie** (bei Herbst-Winter-Depression).
Auch die „Bewegungs- und Sporttherapie" sowie die Physiotherapie haben sich als begleitende Therapiemaßnahmen bewährt.
Spezielle Psychotherapieverfahren:
- **Kognitive Verhaltenstherapie**
- **Interpersonale Therapie**
Sie beinhalten u. a. die Korrektur negativer Realitäts- und Selbstbewertungen, den schrittweisen Aufbau von Aktivitäten nach dem Verstärker-Prinzip, die Förderung von Selbstsicherheit und sozialer Kompetenz.
In der **kognitiven Verhaltenstherapie** werden in kleinen Schritten Alltagsprobleme des Patienten bearbeitet (*s. Abb. 3-20*).

Bei Vorliegen psychodynamischer Konflikte kann eine **tiefenpsychologisch fundierte oder psychoanalytische Psychotherapie** erfolgen.

Bei uni- bzw. bipolaren Depressionen mit rezidivierendem Verlauf muß in Zusammenarbeit mit einem Facharzt die Langzeit-/Dauermedikation im Sinne einer **Rezidivprophylaxe** mit einem Antidepressivum oder Lithium entschieden werden.

Von den anderen biologischen Therapieverfahren erwähnt seien die **Schlafentzugsbehandlung** sowie als Ultima ratio – insbesondere bei wahnhaften endogenen Depressionen, Stupor, hochgradiger Suizidalität oder Resistenz auf Antidepressiva-Therapie – die **Elektrokrampftherapie.**

Bei den saisonalen Depressionen (Herbst-Winter-Depression) kann auch ein Behandlungsversuch mit der sog. **Lichttherapie** (ca. 2500 LUX) gemacht werden (*vgl. S 481*).

Auch die abgestufte körperliche Aktivierung („Bewegungs- und Sporttherapie") sowie die Physiotherapie (z. B. Schulter-Nackenmassage bei Verspannung, Atemübungen, Gymnastik) haben sich als begleitende Therapiemaßnahmen bewährt.

Als **spezielle Psychotherapieverfahren** haben sich die sog. **kognitive Verhaltenstherapie** sowie die sog. **interpersonale Therapie** etabliert. Diese Psychotherapieverfahren beinhalten u. a. die Korrektur negativer Realitäts- und Selbstbewertungen, den schrittweisen Aufbau von Aktivitäten nach dem Verstärker-Prinzip, die Förderung von Selbstsicherheit und sozialer Kompetenz sowie die therapeutische Beeinflussung der Interaktionen des Depressiven mit seinen nahen Bezugspersonen (*siehe Kapitel Psychotherapie*).

In der **kognitiven Verhaltenstherapie** wird nach Herstellung eines Arbeitsbündnisses in kleinen Schritten begonnen, Alltagsprobleme des Patienten zu bearbeiten. Hierbei gilt es herauszufinden, wie der Patient denkt, erlebt, mit anderen Menschen umgeht und Probleme anpackt (z. B. Entdeckung depressiver Denkverzerrungen, unrealistischer Erwartungen). Allgemeines Ziel der Therapie ist es, die Fähigkeit zur Bewältigung von (unvermeidbaren) Lebensproblemen aufzubauen (*siehe Abbildung 3-20*).

Bei Vorliegen psychodynamischer Konflikte kann auch – insbesondere nach Abklingen der Akutsymptomatik – eine **tiefenpsychologisch fundierte oder psychoanalytische Psychotherapie** erfolgen. Hierbei geht es vor allem um die Aufdeckung des „Grunddramas" in der Biographie des Patienten, um die Rekonstruktion der psychodynamischen Situation bei Auslösung der Depression und damit die Wiederbelebung und „reife Bearbeitung" des frühkindlich oder jugendlich erlebten Grunddramas durch die aktuelle Beziehung zwischen Patient und Therapeut („Übertragung") mit ihren Aspekten der Hilflosigkeit, Anklammerung, aber auch der vorwurfsvollen Aggressivität.

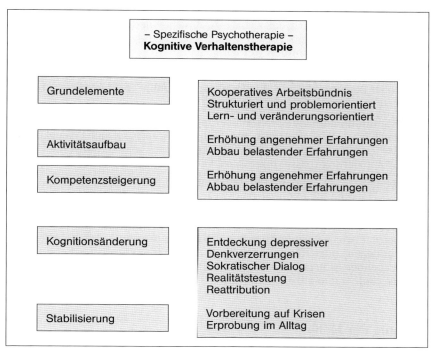

Abb. 3-20: Behandlungsschema der kognitiven Verhaltenstherapie

Bei Vorliegen gravierender Beziehungsstörungen kann eine Paar- bzw. Partnertherapie indiziert sein. In den letzten Jahren kommt vermehrt eine Kombinationsbehandlung von Pharmaka mit Psychotherapie zum Einsatz.

Wie im Kapitel Soziotherapie (*Seite 519 ff.*) näher ausgeführt, stellt insbesondere für die stationäre Depressionstherapie die **Ergotherapie** (Beschäftigungs- und Arbeitstherapie) ein wichtiges Behandlungselement dar. Zielsetzungen und Anforderungen sind hierbei abhängig vom Krankheitszustand und reichen von der **Tagesstrukturierung** („endlos langer Tag des Depressiven") über die nonverbale Emotionsverarbeitung, die Entdeckung bislang unentdeckter kreativer Fähigkeiten bis zum **Training von Konzentration und Ausdauer**.

Von besonderer Bedeutung im Umgang mit Depressiven ist neben einem therapeutischen Basisverhalten (dem Patienten Wertschätzung entgegenbringen, Ausstrahlung von Empathie und Wärme, Eingehen auf seine persönliche Lebensgeschichte) die Beachtung allgemeiner Regeln.

Merke. Zu den häufigen Fehlern im Umgang mit Depressiven gehören die Aufforderung an den Patienten, sich zusammenzureißen, die Empfehlung, sich abzulenken (Ausgehen, Verreisen), dem Patienten Wahnideen ausreden oder ihm einreden zu wollen, es gehe ihm besser, als er sich selbst sehe.

Statt dessen sollte am Anfang der Behandlung eine „beruhigende Versicherung" dergestalt stehen, daß dem Patienten **Mut und Hoffnung vermittelt** wird (häufige, bekannte, gut behandelbare, prognostisch günstige Krankheit). **Wichtig ist es, den Patienten von persönlich-privaten oder beruflich-finanziellen Entscheidungen während der Dauer einer depressiven Episode abzuhalten.** Auch muß ihm vermittelt werden, daß die Genesung allmählich erfolgt und kleine Rückschläge nicht ungewöhnlich sind. Der Patient darf keinesfalls überfordert werden, er muß – auch durch Krankschreibung – entlastet und entpflichtet werden.

3 Krankheiten

Merke ►

> **Merke.** Wichtig ist auch, daß sich der Arzt nicht von der Depression anstecken läßt. Jammern und Vorwürfe sind Krankheitssymptome und dürfen nicht persönlich genommen werden.

Familie und Bezugspersonen sollten einbezogen werden.
Nach Besserung des klinischen Gesamtbildes muß ein **allmähliches Wiedererlangen von Selbstverantwortung und Eigenaktivität/-initiative** angestrebt werden, da sonst die Gefahr der Chronifizierung besteht.
Nach Wiedererlangung von psychophysischer Stabilität können dann evtl. bestehende Probleme des Patienten in Partnerschaft, Familie oder Beruf thematisiert und bearbeitet werden.

Von großer Bedeutung ist das **Einbeziehen der Familie**, insbesondere naher Bezugspersonen.

Nach Stimmungsaufhellung und Besserung des klinischen Gesamtbildes muß ein **allmähliches Wiedererlangen von Selbstverantwortung und Eigenaktivität/-initiative** Ziel des nächsten Behandlungsabschnittes sein, da sonst die Gefahr der Chronifizierung (passiv-regressives Verhalten persistiert) besteht.

Nach weiterer Besserung und Entaktualisierung mit Wiedererlangung von psychophysischer Stabilität können dann eventuell bestehende Probleme des Patienten in Partnerschaft, Familie oder Beruf thematisiert und bearbeitet werden. Gegebenenfalls kann es auch sinnvoll sein, problematische prämorbide Persönlichkeitszüge wie Selbstüberforderung, Nicht-nein-sagen-Können (Abhängigkeitstendenzen) oder Hemmungen/Selbstunsicherheit anzusprechen und bei entsprechender Motivation im symptomfreien Intervall durch eine längerfristige Psychotherapie anzugehen.

Therapie der Manie

Akutbehandlung
Wegen des i. d. R. fehlenden Krankheitsgefühls ist sie häufig schwierig. **Bei ausgeprägter Symptomatik ist eine stationäre Behandlung erforderlich**, wegen fehlender Krankheitseinsicht eine richterliche Einweisung notwendig. Zumeist erfolgt die **Kombination eines hochpotenten mit einem schwachpotenten Neuroleptikum.**

Gleichzeitig sollte darauf geachtet werden, daß der Patient sich psychomotorisch abreagieren kann.

Therapie der Manie

Akutbehandlung. Die **Akutbehandlung der Manie** gestaltet sich wegen des in der Regel fehlenden Krankheitsgefühls häufig ausgesprochen schwierig. **Bei ausgeprägter Symptomatik ist eine stationäre Behandlung erforderlich**, wegen fehlender Krankheitseinsicht kann hierzu eine richterliche Einweisung notwendig werden. Als allgemeine Maßnahmen empfiehlt es sich, den Patienten von stimulierenden Außenreizen abzuschirmen, ihn ernst zu nehmen und nicht auf seine floride Symptomatik einzugehen. Entscheidend ist die medikamentöse Therapie mittels Neuroleptika, zumeist erfolgt die **Kombination eines hochpotenten (antipsychotischen) Neuroleptikums mit einem (sedierenden) schwachpotenten Neuroleptikum.**

Gleichzeitig sollte darauf geachtet werden, daß der Patient trotz der erforderlichen Restriktionen genügend Freiraum hat, um seinen Aktivitätsdrang zu stillen und sich psychomotorisch abzureagieren. Lithium-Salze besitzen in höheren Dosen ebenfalls eine antimanische Wirkung, mangels Kooperation des Patienten sowie wegen des verzögerten Wirkungseintrittes kommen sie aber für die Akutbehandlung weniger in Frage. Neuerdings wurden positive Erfahrungen mit der Anwendung von Carbamazepin gemacht.

Langzeitbehandlung und Rezidivprophylaxe (Rückfallverhütung)
Nach der Akuttherapie mit Antidepressiva sollten die Patienten zur Rückfallprophylaxe weiterbehandelt werden (*Abb. 3-21*).
Nach mehr als 2 schweren oder mehr als 3 depressiven Episoden besteht die Indikation für eine prophylaktische Antidepressiva-Langzeittherapie.
Bei bipolaren affektiven Psychosen/rezidivierenden Manien wird eine Rezidivprophylaxe mit Lithium bzw. Carbamazepin durchgeführt.

Langzeitbehandlung und Rezidivprophylaxe (Rückfallverhütung).
Nach der Akuttherapie mit Antidepressiva sollten die Patienten weiterbehandelt werden, um einen Rückfall zu verhindern (Erhaltungstherapie). Dies erfordert ein hohes Maß an Überzeugungsarbeit (Compliance!). Die für den Allgemeinarzt wichtigsten Regeln finden sich in *Abbildung 3-21*.

Wenn der Patient mehr als zwei schwere oder mehr als drei depressive Episoden durchgemacht hat, besteht die Indikation für eine prophylaktische Antidepressiva-Langzeittherapie.

Bei bipolaren affektiven Psychosen bzw. rezidivierenden manischen Episoden gilt die Rezidivprophylaxe mit Lithium bzw. Carbamazepin als Standardbehandlung (*siehe Kapitel Psychopharmakotherapie*).

Abb. 3-21: Langzeitbehandlung mit Antidepressiva

***Kasuistik 1.* Endogene Depression**

Eine 53jährige Frau kommt zur stationären Aufnahme und berichtet, daß sie nach dem Tod ihres Mannes zunehmend in eine depressive Phase hineingeraten sei. Sie könne nicht mehr alleine sein, habe Angst, daß sie nie mehr gesund werde, sie sei hoffnungslos und deprimiert. Sie fühle sich, als habe sie einen Balken im Gehirn, verstehe nichts mehr und könne selbst die einfachsten Dinge nicht mehr regeln. Sie finde keinen Schlaf mehr, quälende Angstzustände ließen sie nicht mehr zur Ruhe kommen. Dem aufnehmenden Arzt gegenüber äußert die Patientin, daß die Krankenkasse nicht für die Kosten der Behandlung aufkäme. Da sie ein Versager sei, habe sie es auch gar nicht verdient, daß man ihr helfe.

Zur **Vorgeschichte** ist zu erfahren, daß die Patientin erstmals mit 47 Jahren an einer Depression erkrankte und zwei Monate stationär behandelt wurde. Nach vollständiger Genesung erkrankte sie ein Jahr später erneut, nach ambulanter nervenärztlicher Behandlung wiederum vollständige Remission.

Drei Jahre später erneute stationäre Aufnahme wegen der dritten Phase einer Depression, von der die Patientin sich wiederum vollständig erholte. – An somatischen Vorerkrankungen finden sich Appendektomie, Hysterektomie sowie rezidivierende Harnwegsinfekte. Die Patientin raucht ca. 20 Zigaretten täglich, nur gelegentlicher Alkoholkonsum, keine Drogenerfahrung.

Die **Familienanamnese** ergibt, daß sich der Großvater unter unklaren Umständen suizidiert hat, die Mutter erkrankte im Alter ebenfalls an einer Depression. Die Patientin hat zwei gesunde Geschwister.

Die **Fremdanamnese** ergibt, daß die Patientin nach dem Tod des Ehemannes zunehmend depressiv, ängstlich und gespannt geworden sei. Sie komme über den Verlust des Mannes nicht hinweg, hinzu komme eine sich drastisch verschlechternde finanzielle Situation durch den Konkurs des Familienunternehmens. Seit einigen Jahren nehme die Patientin Benzodiazepin-Tranquilizer ein.

Psychischer Befund: Ängstlich-agitierte Patientin mit tiefer depressiver Verstimmung. Das Denken ist formal eingeengt auf die Angst, verrückt zu werden, deutliche Denkhemmung mit Konzentrationsstörungen und Entscheidungsunfähigkeit. Ausgeprägte Hoffnungslosigkeit, lebensmüde Gedanken klingen an. Die psychomotorisch unruhige Patientin ist erfüllt von einem Verarmungs- und Schuldwahn. Hinweis für zirkadiane Befindlichkeitsschwankungen im Sinne eines deutlichen Morgentiefs. Von der Primärpersönlichkeit her Züge des Typus melancholicus (Zuverlässigkeit, Fleiß, Ordentlichkeit).

Diagnose: Vierte Phase einer endogenen Depression, bislang unipolar, Auslösung der jetzigen Phase durch den Tod des Ehemannes (schwere rezidivierende depressive Episode mit psychotischen Symptomen nach ICD-10).

Therapie: Amitriptylin (sedierendes Antidepressivum), initial zusätzlich Haloperidol und Diazepam. Zweimal wöchentlich Schlafentzugsbehandlung. Stützende Gesprächstherapie, Ergotherapie.

Kasuistik 2. Robert Schumann (1810 bis 1856)

Die psychische Erkrankung Robert Schumanns ist seit seinem Tode Gegenstand zahlreicher, kontroverser Biographien und Pathographien.

Die Familie Schumanns war durch psychiatrische Auffälligkeiten belastet, Großvater und Vater litten an „Nervenübeln" und werden als verschlossen-ernst geschildert. Die Mutter wird als schwärmerisch-sentimental-überspannt, verbunden mit momentan aufbrausender Heftigkeit charakterisiert und soll einen starken Hang zum Absonderlichen gehabt und immer wieder an „Nervenfieber" gelitten haben. Es finden sich auffallend viele Parallelen zwischen dem elterlichen Verhalten und dem des Sohnes.

Robert wuchs als jüngstes von fünf Kindern auf, die einzige Schwester suizidierte sich im Alter von 19 Jahren durch Sprung aus dem Fenster, als Robert 14 Jahre alt war. Es wird berichtet, daß sich bei R. S. in der Pubertät ein Wesenswandel zum Verschlossen-Ernsten, Still-Träumerischen zeigte, mit 14 Jahren fällt eine „schweigsame Introversion, verbunden mit Schwermut, auf", verstärkt durch den Tod der Schwester und den Verlust des Vaters.

Mit 18 Jahren (1828) begann er in Leipzig ein Jurastudium, führte ein ausschweifendes Studentenleben einschließlich alkoholischer Exzesse.

Eineinhalb Jahre lang zeigte sich eine fast ununterbrochene Fröhlichkeit, gelegentlich unterbrochen durch kurze depressive Stimmungschwankungen. Anfang 1830 fällt die Zurückgezogenheit und Verschlossenheit von R. S. auch Außenstehenden auf. Durch erheblichen Alkoholkonsum versucht er, seine Insuffizienzgefühle und Verstimmungen zu bekämpfen.

Im Sommer 1830 entschließt er sich nach über zweijähriger Bedenkzeit, sich in Zukunft ganz der Musik zuzuwenden. Der Mutter schreibt er: „Wie soll ich Dir nur meine Seligkeit in diesem Augenblick beschreiben! Der Spiritus kocht und platzt an der Kaffeemaschine und ein Himmel ist zum Küssen rein und golden – und der ganze Geist des Morgens durchdringt frisch und nüchtern – noch dazu liegt Dein Brief vor mir, in dem eine ganze Schatzkammer von Gefühl, Verstand und Tugend aufgedeckt ist – die Cigarre schmeckt auch vortrefflich – kurz die Welt ist zu Stunden sehr schön d. h. der Mensch, wenn er nur immer früh aufstünde... Mein ganzes Leben war ein zwanzigjähriger Kampf zwischen Poesie und Prosa oder nenn' es Musik und Jus... – Jetzt stehe ich am Kreuzwege und ich erschreck bey der Frage: wohin?... – Es kann für den Menschen keinen größeren Qualgedanken geben, als eine unglückliche, todte und seichte Zukunft, die er sich selbst vorbereitet hätte... – In diesem Kampf bin ich jetzt fester, als je, manchmal tollkühn und vertrauend auf meine Kraft und meinen Willen, manchmal bange... – Daß dieser Brief der wichtigste ist, den ich je geschrieben habe und schreiben werde, siehst Du..."

Nach dem Entschluß, sich ganz dem Studium der Musik zu widmen, machte R. S. von Herbst 1830 bis Ende 1831 eine melancholische Phase durch, immer wieder unterbrochen durch Phasen von Spielrausch und Agitiertheit.

Im Tagebuch spricht R. S. von Depressionen: „Gestern dachte ich, kaum ertrag ichs noch". Am 31. 12. 1831 plötzlicher Umschlag in einen hypomanen Zustand, das ganze Jahr 1832 besteht „schöne Laune".

1833 starben kurz aufeinanderfolgend der Bruder und die von R. S. sehr verehrte Schwägerin Rosalie; R. S. wird wieder tief depressiv, hat Angst davor, den Verstand zu verlieren, trägt sich mit Suizidgedanken. Die musikalische Ernte des Jahres 1833 war entsprechend spärlich. 1834 schreibt er in sein Tagebuch: „Unglückliche Ideen, Selbstquälerei treib ich bis zur Versündigung an meinem ganzen Wesen". Im Anschluß daran wieder hypomaner Zustand mit hektischem Aufarbeiten und Planen. Zwei imaginäre Gestalten, Florestan und Eusebius, repräsentieren für R. S. zwei entgegengesetzte Seelenzustände, er versucht auf diese Weise, die Fülle seiner Gefühle quasi dialektisch auszudrücken. Musikalisch deutlich wird dies u. a. an Überraschungseffekten, wie etwa dem Wechsel kurzer, kontrastierender Stücke, wie dies für seine Liederzyklen kennzeichnend ist (siehe Notenbeispiel 1, *Abbildung 3-22a*).

In seinen Liedern spiegelt sich „Schwärmerei zwischen Lust und Melancholie, Schwermut, die in Übermut und Sarkasmus umschlägt" (Dietrich Fischer-Dieskau).

1837 finden wir den Tagebucheintrag: „Bis zur Pein mich selbst gequält mit fürchterlichen Gedanken". 1838 äußert R. S. suizidale Gedanken, 1839 zunächst „schwere Anfälle von Melancholie", anschließend wird ein manisch-depressiver Mischzustand beschrieben.

1840 heiratet er Clara Schumann, im Jahr der Eheschließung entstanden allein 126 Lieder (siehe Notenbeispiel 2, *Abbildung 3-22b*).

Das ganze Jahr 1840 verbringt R. S. in einem hypomanen Zustand; die 1841 entstandene „Frühlings-Sinfonie" ist Ausdruck purer Lebensfreude und kraftvollen Glücksgefühls.

1842 machte R. S. wiederum eine depressive Phase durch, im Herbst wird eine längerdauernde Schlaflosigkeit sowie ein „Nervenfieber" beschrieben, der Zustand geht im Frühjahr 1843 in eine hypomane Phase über. Clara beobachtete mit Staunen und Besorgnis den Schaffensrausch: „Er arbeitet aber auch mit Leib und Seele daran, mit einer Glut, daß mir zuweilen bangt, es möchte ihm schaden, und doch beglückt es mich auch wieder". Im Laufe des Jahres nahm Schumanns Zurückhaltung beim Sprechen groteske Formen an, die Kommunikation in der Familie verlief überwiegend schriftlich. Immer mehr mied R. S. die Gesellschaft und blieb selbst im Umgang mit nahen Freunden wortkarg.

Nur mit Claras Unterstützung gelang es R. S. 1844, eine vier Monate dauernde Rußland-Tournee ohne völligen Zusammenbruch zu überstehen. Nach der Rückkehr und Umzug nach Leipzig wird R. S. als „in Tränen schwimmend" beschrieben, „er gab sich völlig auf". In der Depression verkauft er 1844 die „Neue Zeitschrift für Musik". Es treten Vergiftungs- und Todesängste, Höhenängste und Halluzinationen melodischer Phrasen und Töne gepaart mit Schwindelanfällen auf. Bis Anfang 1845 ist R. S. kaum fähig zu komponieren. Es ist bemerkenswert, daß R. S. in seinen depressiven Phasen nur wenig oder kaum komponierte, in seinen hypomanen Phasen jedoch ununterbrochen neue Kompositionen schrieb.

Ab Frühjahr 1845 schließt sich eine fruchtbare kompositorische Zeit an (a-Moll Klavierkonzert Opus 54, 2. Sinfonie in C-Dur – hier spiegelt das Adagio Depression und Angst wider [„Schmerzensklänge"], das Scherzo „hysterische Raserei" als Ausdruck der polaren Spannung). Schumann

Abb. 3-22a: Notenbeispiel 1

Abb. 3-22b: Notenbeispiel 2

schreibt: „Ich liebe die Menschen am meisten, wenn sie mich fliehen, und doch möchte ich sie alle ans Herz drücken können".
1847 stirbt der Bruder Felix an „nervöser Apoplexie" sowie Mendelssohn, es folgt eine ausgeprägte Depression. In den Revolutionswirren 1848/49 sowie unter äußerer aggressiver Bedrohung schreibt R. S. erstaunlicherweise u. a. den Zyklus „Liederalbum für die Jugend", in welchem eine hochgradige Friedlichkeits-Stimmung zum Ausdruck gebracht wird. Das Jahr 1849 wird als das ergiebigste, arbeitsreichste Jahr beschrieben, 1850 wird R. S. Stadtmusikdirektor in Düsseldorf. Eine Bootsfahrt auf dem Rhein sowie der Anblick des Kölner Doms inspirieren zur Sinfonie Nr. 3, die „Rheinische", in nur fünf Wochen vollendet.
1851 schreibt R. S.: „Ich bin erfüllt von einem fröhlichen Schaffensdrang, der mich immer und immer beseelt". Im Spätsommer 1852 lassen Tempo und Umfang des Komponierens merklich nach, im Tagebuch findet sich „traurige Ermattung meiner Kräfte, schwere Leidenszeit". Ganze Wochen vergingen „wie ein wüster Halbschlaf, Aussichtslosigkeit, Traurigkeit". R. S. wurde apathischer, sprach und bewegte sich langsamer. Im Dezember 1852 wurde sein Rücktritt als Musikdirektor gefordert.
Ende 1853/Anfang 1854 begeistert sich R. S. in schwärmerisch-euphorischer Weise über den Geiger Joachim, J. Brahms widmet er einen enthusiastischen Artikel in der neuen Musikzeitung. Zwischen kurzen, euphorischen Phasen treten intermittierend wieder depressive Episoden auf. Vermehrt stellten sich „Gehöraffektionen" ein, er halluzinierte Melodien, Tinnitus verwandelte sich in Engels- und Teufelsstimmen. Über eine Woche lang bestanden ständig visuelle und akustische Halluzinationen, am 26. 2. 1854 bat R. S., man möge ihn in eine Irrenanstalt bringen. Am darauffolgenden Tag wirft er den Trauring in den Rhein, bevor er sich von einer Brücke ins Wasser stürzte.
Am 4. 3. 1854 wurde er auf eigenes Bitten in die Anstalt Bonn-Endenich eingeliefert, eine kleine private, für damalige Zeit sehr moderne, liberale Nervenklinik, in der R. S. zwei Zimmer bewohnte. Vom behandelnden Arzt wird als **Eintrittsdiagnose „Melancholie mit Wahn"** gestellt. Während der zweieinhalbjährigen Hospitalisierung fallen starke Befindensschwankungen auf.
Die „Melancholie" wurde zunächst durch Verordnung guter Nahrung sowie abführender und harntreibender Mittel sowie appetitstimulierender Mittel zu behandeln versucht. Zur Appetitsteigerung wurde in Endenich die sog. Köchlin'sche Flüssigkeit verwendet, ein Kupferpräparat, das dem Kranken ins Essen gemischt oder durch ein Kautschukröhrchen in die Nase injiziert wurde.
Nach einigen Monaten besserte sich das Bild, R. S. begann im Herbst 1854 wieder zu komponieren. 1855 verschlechterte sich der Zustand zusehends, in den letzten Lebensmonaten war R. S. kaum mehr fähig zu sprechen, teilweise örtlich desorientiert mit Bewegungsstereotypie. R. S. starb am 29. 7. 1856 kachektisch.
Von den acht Kindern wurde ein Sohn wegen „Eigentümlichkeiten, Versunkenheit" psychiatrisch behandelt, ein Sohn als Morphinist in eine Nervenklinik eingeliefert.
Diagnose: Wahrscheinlich litt R. S. an einer manisch-depressiven Erkrankung (Zyklothymia), zu der im Finalstadium eine progressive Paralyse im Rahmen des Tertiärstadiums einer Lues hinzukam.

Kasuistik 3. Manie

Eine 54jährige Patientin stellt sich auf Drängen der Angehörigen in der Klinik vor und gibt an, sie sei früher depressiv gewesen, jetzt sei sie in Höchstform, es gehe ihr blendend. Die Angehörigen berichten, daß die Patientin in den letzten Monaten viel Geld ausgegeben habe und ohne Hemmungen mit den verschiedensten Männern verkehre. Die Patientin meint hierzu, daß sie nichts bereue und es sich ja im übrigen um ihr Geld handele, sie könne sich das leisten.

Nach wenigen Stunden verläßt die Patientin gegen ärztlichen Rat in einem Taxi die Klinik. Sie verursacht einen Verkehrsunfall und wird in die Klinik zurückgebracht. Von der diensthabenden Ärztin wird sie wegen akuter Selbst- und Fremdgefährdung nach PsychKG gegen ihren Willen untergebracht.

Angaben der Patientin: Sie sei schon immer ein großzügiger Mensch gewesen. Jetzt habe sie sich einen Daimler Benz geleistet, sich in Köln wertvollen Schmuck gekauft, bisher für ca. 120.000 DM, könne aber von ihrer Bank problemlos einen Kredit bekommen. Sie habe auch noch 70 Riesen, mit denen sie ein Etablissement in Bad X eröffnen wolle. Sie habe über 20 Jahre beim „Amt für soziale Unordnung" gearbeitet, bekomme jetzt eine hohe Rente und habe ausreichend Geld. Ihr Großvater habe das gleiche Charisma gehabt wie sie, habe auch sehr intensiv gelebt, sei allerdings früh am Alkohol gestorben. Die übrige Familie sei schwunglos und langweilig. Sie habe keine überflüssigen Hemmungen. In den letzten Wochen habe sie mit zahlreichen Männern verkehrt, zuletzt in der Nacht vor der Aufnahme. Da habe sie mit einem Begleiter einen Parkplatz aufgesucht und dort vor den Augen ihres Begleiters mit mehreren Männern Geschlechtsverkehr gehabt. Diese Männer habe sie zuvor nicht gekannt. In der Klinik habe sie mit einem Pfleger schlafen wollen, der habe aber wohl Angst gehabt. Mit einem Arzt habe sie noch nie geschlafen, vielleicht böte sich ihr ja hier die Gelegenheit. Der Taxifahrer sei ein Idiot gewesen, er habe mit ihr schlafen wollen, sie habe ihm möglicherweise ins Steuer gegriffen, aber nur, um zu hupen, damit er schneller fahre. Sie sei schneller als andere Leute, sei von der schnellen Truppe.

Anamnese: Die Patientin ist ledig und kinderlos, lebt zur Zeit mit einem Partner zusammen. Absolvierte Lehre als Kaufmännische Angestellte, seit 25 Jahren als Verwaltungsangestellte bei einem Amt beschäftigt. Zwei gesunde Schwestern, zu denen sporadisch Kontakt besteht. Keine relevanten körperlichen Erkrankungen.

Psychiatrische Vorgeschichte: Im Alter von 25 Jahren erkrankte die Patientin erstmals an einer Monate dauernden Depression, mit 35 Jahren erste stationäre Behandlung wegen schwerer Depression; nachdem in den Vorjahren mehrere depressive und eine manische Phase aufgetreten waren Einstellung auf Lithium. In den darauffolgenden acht Jahren relativ stabil und beschwerdefrei. Mit 45 Jahren erneutes Auftreten einer depressiven und einer manischen Phase, die unter entsprechender medikamentöser Behandlung remittieren. 1990, im Alter von 50 Jahren wird Lithium von der Patientin abgesetzt, im Anschluß daran kommt es zu einer schweren Manie, im Rahmen dieser Erkrankung verlebt die Patientin einen erheblichen Teil ihres Erbes. Ein Jahr später schwere depressive Episode mit Suizidversuch (Patientin wollte sich vor den Zug werfen).

Fremdanamnese: Der Lebensgefährte berichtet, daß die Patientin seit ca. vier Monaten völlig verändert sei. Sie habe über ihre Verhältnisse gelebt, sei beim Einkaufen nicht mehr kritikfähig gewesen, habe z. B. in einem Möbelgeschäft eine teure Sitzgruppe gekauft, obwohl der Verkäufer abgeraten habe, da die Sitzgruppe unvollständig gewesen sei. Sie habe viele unnötige Dinge gekauft, im Umgang mit Männern sei sie distanzlos. Auch er habe trotz der langjährigen Freundschaft keinerlei Einfluß mehr auf sie ausüben können.

Psychischer Befund: Deutliches manisches Syndrom mit Verlust der Kritikfähigkeit, Selbstüberschätzung, Größenideen, euphorische Stimmung und Reizbarkeit. Antrieb deutlich gesteigert, teilweise ungehemmtes und manieriertes Verhalten. So trägt die Patientin einen Hut und zahlreiche Schmuckstücke, jedoch keine Unterwäsche. Sie entblößt sich häufig vor Personal oder Mitpatienten. Die Schlafdauer ist vermindert, das Denken ideenflüchtig. Ausgeprägter Mangel an Krankheitsgefühl und Krankheitseinsicht.

Diagnose: Manische Episode ohne psychotische Symptome im Rahmen einer bipolaren affektiven Störung (ICD-10: F31.1).

Therapie: Einweisung nach PsychKG durch das Amtsgericht Bonn, Einrichtung einer Betreuung für die Aufgabenbereiche Gesundheitssorge, Aufenthaltsbestimmung/Unterbringung und Vermögenssorge. Medikamentöse Behandlung mit Carbamazepin und einem schwachpotenten Neuroleptikum. Hierunter nach zwei Tagen deutliche Entaktualisierung der Symptomatik.

***Kasuistik 4.* Dysthymia**

Die 34jährige, alleinlebende Erzieherin M. H. kommt aus eigenem Antrieb „zur Krisenintervention" zur stationären Aufnahme. Sie sei freudlos, lustlos, habe Kontaktschwierigkeiten, komme alleine zu Hause nicht mehr zurecht. Seit längerer Zeit vermeide sie Kontakte, empfinde heftigen Neid auf andere, die erfolgreicher und schöner seien als sie. Sie sei resigniert, vielleicht weil sie erkennen müsse, daß sie an sich arbeiten müsse. Wenn sie allein sei, habe sie Ängste, habe das Gefühl, sie könne sich etwas antun. Sie werde in einer Gruppenpsychotherapie behandelt, die sie sehr fordere, da sie dort in einer Außenseiterposition sei, da sie ständig jammere.

Die **Anamnese** ergibt, daß die Beschwerden vor eineinhalb Jahren mit Schlafstörungen begannen, vorausgegangen war die Trennung von ihrem Freund. Als ihr Freund sich einige Monate später wieder gemeldet habe, habe sich ihr Zustand deutlich gebessert. Es seien aber dann Zweifel aufgekommen, wie er tatsächlich zu ihr stünde. Sie habe dann einen Unfall induziert (ließ sich von einer Treppe fallen) und sei auch „emotional abgestürzt". Sie habe nie über längere Zeit alleine gelebt, sei immer auf der Suche nach einem Mann gewesen.

Familienanamnese: Die Eltern hätten wegen der Schwangerschaft mit ihr geheiratet, der Vater sei ein Tyrann und Choleriker gewesen, sie sei ständig kritisiert worden. Rigide Erziehung. Die Mutter sei Allergikerin gewesen, habe immer Handschuhe tragen müssen. Die jüngere Schwester der Patientin leidet an Anorexie.

Nach dem Hauptschulabschluß habe sie die Fachschule für Sozialpädagogik besucht, anfangs nicht gut zurechtgekommen, dann aber erfolgreicher Abschluß.

Somatische Anamnese: Unauffällig.

Psychischer Befund: Betont chic und geschmackvoll gekleidete, sich aufrecht und steif haltende Patientin, welche von ihrem Äußeren einen lebenslustig-aktiven Eindruck vermittelt, von ihrer Stimme her monoton, matt, jammerig sowie resignativ-hilflos wirkt. Äußert große passive Erwartungen an die Therapie. Berichtet über erhebliche Beziehungsschwierigkeiten, psychopathologisch besteht eine depressive Symptomatik mit Schlafstörungen, verbunden mit erhöhtem Alkoholkonsum und vorübergehendem Tranquilizer-Abusus. Emotional ist die Patientin gedrückt, wenig schwingungsfähig, keine Konzentrationsstörungen, keine formalen Denkstörungen, ausgeprägte Ängste.

Auf Station bannte die Patientin ihre Umgebung durch ihre theatralisch betonte Rolle der kränksten Patientin, was Mitpatienten zuerst zu verstärkter Fürsorge, dann zunehmend zu Überdruß und Distanzierung veranlaßte. Teilten Mitpatienten ihr eigene Schwierigkeiten mit, beantwortete dies die Patientin mit verstärkter Hoffnungslosigkeit. Heftig agierend beunruhigte sie Mitpatienten durch Suizidandeutungen. Sie drängte sich wahllos Mitpatienten und Therapeuten mit stereotyp vorgetragenen Fragen auf wie die, ob es denn bald besser werde etc. Im Einzelgespräch berichtete sie von einer negativen Familienatmosphäre, sie sei von der Großmutter verwöhnt worden, mit Quengeln habe sie die Mutter unter Druck gesetzt. Für ihre Krankheit macht die Patientin ihre Eltern verantwortlich, sie spüre massiven Ärger auf sich, den Vater oder beide Eltern.

Diagnose: Dysthymia (neurotische Depression).

Verlauf: Zunächst wurde versucht, die Patientin in einer Gruppenpsychotherapie zu integrieren. Dies gelang nicht, da sie heftig agierte, sich ins Zentrum rückte und auf „Angriffe" der anderen Gruppenteilnehmer dekompensierte. Es wurde deshalb eine Einzelpsychotherapie begonnen; verhaltenstherapeutische Interventionen wurden von der Patientin boykottiert, erst allmählich gelang es mit Hilfe eines psychodynamisch orientierten, pragmatischen Vorgehens, Ansätze für eine therapeutische Arbeit zu finden.

Angst- und Panikstörungen

> ***Definition.*** Unter dem Oberbegriff **Angst- und Panikstörungen** werden mehrere Erkrankungsformen zusammengefaßt, die durch unterschiedliche Erscheinungsweisen der Angst geprägt sind. Die wesentlichen Formen sind die **frei flottierende Angst, phobische Angst** sowie **Panik**. Die Symptomatik umfaßt in der Regel sowohl seelische als auch körperliche Beschwerden. Angststörungen haben gravierende Folgen auch im sozialen Bereich und führen oft zu ausgeprägter Behinderung.

◀ Definition

Abb. 3-23: Der Schrei, Edvard Munch, 1893

Angst ist ein Phänomen, das jeder Mensch in unterschiedlichen Situationen und in unterschiedlicher Ausprägung wiederholt erlebt hat. Trotzdem ist Angst eine Erlebnisweise, die nur sehr schwer allgemeingültig zu definieren ist. Ganz grundsätzlich kann Angst als ein unangenehm erlebtes Gefühl von Bedrohung beschrieben werden. Angst kann aber nicht durchweg als negatives Phänomen angesehen werden. Als **normale Angst** hat sie Alarmfunktion für den Organismus. Das Auftreten von Angst sollte Aktivitäten zur Beseitigung der bestehenden oder drohenden Gefahr auslösen. Wenn die Gefahr beseitigt ist, soll die Angst verschwinden. In diesem Sinne kann Angst die körperlichen und seeli-

Angst ist jedem Menschen bekannt, aber nur schwer allgemeingültig zu definieren. Die **normale Angst** hat eine Alarmfunktion und soll Aktivitäten zur Beseitigung einer Gefahr auslösen

Pathologische Angst lähmt dagegen die körperlichen und geistigen Funktionen. Krankheitswert hat das grundlose, übermäßige oder auch das fehlende Auftreten von Angst.

Angst kann nach unterschiedlichen Kriterien differenziert werden (s. Tab. 3-9). Die wichtigsten Formen sind:
- frei flottierende Angst,
- phobische Angst,
- Panik.

Allgemeines

Historisches ▶

Epidemiologie
Angst ist eines der häufigsten psychopathologischen Symptome. Es muß zwischen einzelnen Angstsymptomen und Angsterkrankungen unterschieden werden.
Behandlungsbedürftige Angst als Symptom tritt etwa bei 10% aller Menschen auf (s. Abb. 3-24). Frauen sind häufiger betroffen als Männer.

Einfache (spezifische) Phobien (Tierphobien, Höhenangst, Klaustrophobie) sind die häufigsten Angststörungen.
Die **Panikstörung** ist eine der selteneren Formen, aber am häufigsten behandlungsbedürftig.

schen Abwehrfunktionen stärken. Ein Übermaß an Angst aber bewirkt das Gegenteil: Sie lähmt die körperlichen und geistigen Funktionen. Eine solche als **pathologisch** einzustufende Angst liegt auch vor, wenn Angstsymptome scheinbar grundlos auftreten. Angst kann dann zu einem psychopathologischen Symptom mit Krankheitswert werden. Auf der anderen Seite kann auch das völlige Fehlen von Angst von psychopathologischer Bedeutung sein (z.B. im Rahmen von Persönlichkeitsstörungen).

Angst kann nach verschiedenen Kriterien differenziert werden, so z. B. danach, ob sie in bestimmten Situationen bzw. gegenüber bestimmten Objekten auftritt oder ob sie auch ohne äußeren Anlaß vorhanden ist. Ein anderes Einteilungsmerkmal ist die Verlaufsform (attackenweise oder kontinuierlich vorhanden) (*siehe Tabelle 3-9*). Die klinisch wesentlichen Formen von Angst sind **frei flottierende Angst, Phobie und Panik** (*vergleiche Symptomatologie*).

Tabelle 3-9: Kriterien zur Differenzierung von Angst

• Objekt- bzw. situationsgebunden	• Ohne äußeren Anlaß
• Akut	• Chronisch
• Isoliert	• Generalisiert
• Attackenweise	• Kontinuierlich
• Gerichtet	• Ungerichtet

Allgemeines

Historisches. Der Terminus „Angst" leitet sich von den lateinischen Ausdrücken für „Enge" (angor, angustus) ab. Angst als Symptom wurde erst Mitte des letzten Jahrhunderts systematisch untersucht. **Carl Westphal** beschrieb 1871 ausführlich die Agoraphobie. Eine Vielzahl von Beschwerden, die heute am ehesten den Angsterkrankungen zugeordnet werden, wurden 1880 durch den Amerikaner **Beard** als „Neurasthenie" beschrieben. **Sigmund Freud** schlug um die Jahrhundertwende vor, von diesem Krankheitsbild eine eigene „Angstneurose" abzugrenzen. Der Philosoph und Psychopathologe **Karl Jaspers** unterschied zwischen Angst und Furcht. Mit der Entwicklung der ersten Antidepressiva und Anxiolytika in den fünfziger Jahren wendete sich dann das Interesse einer genauen Beschreibung der Angstsymptomatik zu. In den modernen Klassifikationssystemen DSM-III und ICD-10 wurden in den letzten Jahren Angsterkrankungen erstmals mit genauen Kriterien beschrieben.

Epidemiologie. Bei den Angaben über Häufigkeit von Angst ist zu unterscheiden, ob Angaben über einzelne Angstsymptome oder über die hier beschriebenen Angststörungen gemacht werden. Ganz allgemein stellt Angst sicherlich eines der häufigsten psychopathologischen Symptome dar. Aufgrund unterschiedlicher Kriterien ist es jedoch schwierig, genaue Zahlen für die Häufigkeit des Auftretens von **behandlungsbedürftiger Angst** anzugeben. Es hat sich gezeigt, daß unter den Patienten von Allgemeinärzten mehr als die Hälfte Angst als subjektive Beschwerden angeben, davon etwa 20% in behandlungsbedürftigem Ausmaß (*siehe Abbildung 3-24*). In Studien an der Allgemeinbevölkerung fand sich in etwa 10% Angst als ein behandlungsbedürftiges Symptom. Außerdem hat sich aus epidemiologischen Studien ergeben, daß die meisten Angstsyndrome bei Frauen wesentlich häufiger als bei Männern auftreten, daß sich jedoch hinsichtlich sozialer Faktoren (Bildung, Beruf, Wohnort) nur geringfügige Unterschiede zeigen. Nach dem 45. Lebensjahr nimmt die Inzidenz von Angststörungen deutlich ab.

Unter den Angststörungen sind **einfache (spezifische) Phobien** (Tierphobien, Höhenangst, Angst vor geschlossenen Räumen) am häufigsten zu finden, sie führen andererseits jedoch nur selten zu psychiatrischer Behandlung.

Die **Panikstörung** ist mit einer Lebenszeitprävalenz von etwa 2 bis 3% eine der selteneren Formen, die jedoch am häufigsten behandlungsbedürftig ist. Detailliertere Angaben zur Epidemiologie finden sich bei der Beschreibung der einzelnen Störungsformen.

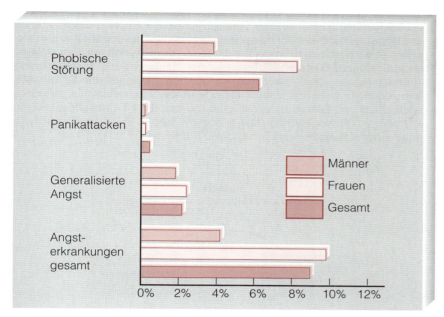

Abb. 3-24: Monatsprävalenzen (in %) von Angsterkrankungen, standardisiert auf die erwachsene Bevölkerung der USA

Ätiopathogenese. Ähnlich komplex wie Erleben und Auftreten von Angst sind die Theorien über deren Entstehung.

- **Psychodynamische Theorien:** Der Affekt Angst nimmt in den psychoanalytischen Neurosetheorien eine zentrale Stellung ein. Grundlage der psychoanalytischen Neurosentheorie ist die Vorstellung, daß praktisch alle Symptombildungen den Zweck haben, konflikthafte Strebungen bzw. Einstellungen im Individuum durch einen Kompromiß miteinander zu versöhnen und dadurch das psychische Gleichgewicht um den Preis neurotischer Konfliktlösung zu erhalten. **Mißlingt** eine solche **neurotische Konfliktlösung**, erlebt das Individuum manifeste Angst. Eine weitere Grundlage für die Vorstellungen zur Entstehung von Angsterkrankungen besteht darin, daß Patienten mit solchen Störungen in ihrer Entwicklung keine ausreichend stabilen Ich-Fähigkeiten ausbilden konnten, um mit adäquater „Signalangst" umzugehen. Bei Konfliktsituationen wird der real bestehende Konflikt als überfordernd beurteilt und es werden eventuell infantile Ängste reaktiviert. Bei Patienten mit neurotischer Angstsymptomatik können insbesondere akute Ängste dann ausgelöst werden, wenn die das Ich stützenden Mechanismen in Frage gestellt werden, z. B. bei drohendem Verlust oder Trennung von einer nahestehenden Bezugsperson (**Trennungsangst**) bzw. bei Verlust von sozialer Anerkennung. Während diese Entstehungsmechanismen insbesondere bei generalisierten Angsterkrankungen von Bedeutung sind, besteht bei Phobien der wesentliche psychische Vorgang in einer **Verschiebung** bzw. **Projektion**. Dabei wird eine ursprünglich intrapsychische Gefahrenquelle (z. B. sexuelle Konflikte, verdrängte Phantasien) nach außen verlagert. Gefürchtet wird dann nicht so sehr das reale angstauslösende Objekt, sondern die **eigentlichen, unbewußten Phantasien,** die sich mit diesem Objekt assoziativ verbinden.

- **Lerntheoretische Aspekte:** Lerntheoretische Vorstellungen, zunächst im Sinne des **(klassischen) Konditionierens,** haben besonders die Entstehungsmodelle für phobische Zustände beeinflußt. So gelang es schon früh, durch Auslösen bedingter Reflexe objekt- bzw. situationsgebundene Angst experimentell zu erzeugen. Durch lerntheoretische Erklärungsmodelle wird zum einen die Entstehung von Angststörungen beschrieben, zum anderen eignen sie sich besonders gut zur Erklärung der Folgen von Angst. Lerntheoretische Konzepte, die Angst durch klassische Konditionierung und Entstehen bedingter Reflexe erklären, haben sich aber als nicht ausreichend für die Komplexität von Angststörungen erwiesen. Heute wird eher ein differenziertes Zusammenwirken

Ätiopathogenese

- Grundlage **psychoanalytischer Theorien** ist die Vorstellung von einer **mißlungenen neurotischen Konfliktlösung**, die zum Auftreten von Angst führt.
Generalisierte Angst tritt besonders bei drohendem Verlust oder Trennung von einer nahestehenden Bezugsperson (**Trennungsangst**) bzw. bei Verlust von sozialer Anerkennung auf.
Bei Phobien sind die **Verschiebung** bzw. die **Projektion** relevante Abwehrmechanismen. Dabei wird eine ursprünglich intrapsychische Gefahrenquelle (z.B. sexuelle Konflikte, verdrängte Phantasien) nach außen verlagert.

- **Lerntheoretische Vorstellungen** zunächst im Sinne des **(klassischen) Konditionierens** haben besonders die Entstehungsmodelle für phobische Zustände beeinflußt. Schon früh gelang es, durch Auslösen bedingter Reflexe objekt- bzw. situationsgebundene Angst experimentell zu erzeugen.

3 Krankheiten

Es wird in erster Linie ein Zusammenwirken komplexer Verstärkersysteme angenommen („**operantes Konditionieren**"). Wichtige Einflußfaktoren sind dabei
- vorausgegangene Lernerfahrungen,
- Konstitution und Veranlagung des Organismus,
- Art, Häufigkeit und Abfolge der Reize,
- Reaktion der Umwelt.

Der **Angstkreis** beschreibt die gegenseitige Verstärkung körperlicher (vegetativer) und seelischer Symptome der Angst (s. Abb. 3-25).

von komplexen Verstärkersystemen angenommen (im Sinne des **operanten Konditionierens**). Dabei spielen vorausgegangene Lernerfahrungen ebenso eine Rolle wie die Bereitschaft des Individuums, auf bestimmte Reize zu reagieren. Diese Bereitschaft ist ein Ausdruck von Konstitution und Veranlagung des Individuums. Weitere Variablen sind Art, Häufigkeit und Abfolge von bestimmten Reizen, ebenso aber auch die Reaktion der Umgebung. Lerntheoretische Modelle beziehen insbesondere auch das Zusammenspiel zwischen psychischen und körperlichen Faktoren mit ein, die zu einer gegenseitigen Verstärkung führen können. Diese Beziehungen werden anschaulich im Sinne eines **Angstkreises** erklärbar (*siehe Abbildung 3-25*).

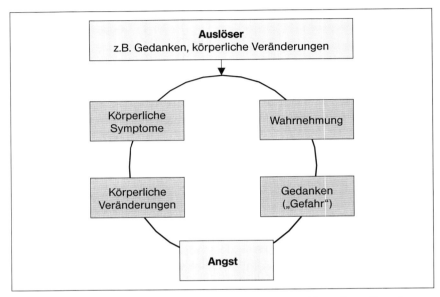

Abb. 3-25: Der Angstkreis beschreibt die lerntheoretische Vorstellung über das Zusammenspiel von psychischen und körperlichen Faktoren bei der Entstehung von Angst

Die im Rahmen von Angst wahrgenommenen körperlichen Symptome werden vom Betroffenen als drohende Gefahr gedeutet. Diese subjektiv empfundene Gefahr verstärkt das Angstgefühl, das dann wiederum im Sinne einer Streßreaktion zu einer Verstärkung körperlicher Symptome beiträgt. Dadurch entsteht ein „Teufelskreis", der zu einer steten Zunahme der Angstsymptomatik führt.

Durch lerntheoretische Modelle läßt sich auch das Auftreten von **Erwartungsangst** erklären. Hierbei löst eventuell schon das einmalige Auftreten einer Panikattacke Angst vor weiteren Attacken aus (**Angst vor der Angst**).

- In den letzten Jahrzehnten haben **neurobiologische Aspekte** eine größere Bedeutung erlangt. **Noradrenerge Zellen** im **Locus coeruleus** haben eine Schlüsselstellung.

Durch lerntheoretische Modelle läßt sich auch das Auftreten von **Erwartungsangst** im Rahmen von Panikstörungen erklären. Hierbei löst eventuell schon das einmalige Auftreten einer Panikattacke, mit großer Sicherheit jedoch das wiederholte Auftreten von Panikattacken, Angst vor weiteren Attacken aus (**Angst vor der Angst**). Dabei spielt insbesondere das völlig unerwartete und in der zeitlichen Abfolge nicht kalkulierbare Auftreten von Panikattacken eine wesentliche Rolle als Verstärker.

- **Neurobiologische Aspekte:** In den letzten Jahrzehnten hat sich zunehmend die Erkenntnis durchgesetzt, daß auch neurobiologische Aspekte bei der Genese von Angsterkrankungen eine relevante Rolle spielen. Dazu hat u. a. die Kenntnis von anxiolytisch wirksamen Medikamenten, insbesondere von Benzodiazepinen und Antidepressiva, beigetragen. Veränderungen der autonomen Funktion im Rahmen von Angst deuten darauf hin, daß die Aktivität des **Locus coeruleus** eine wichtige Rolle für die Genese der Angst spielt. Diese Region des Hirnstammes besteht vorwiegend aus **noradrenergen Zellen** und ist mit verschiedenen Arealen des zentralen Nervensystems verbunden, die wiederum in die Physiologie des Verhaltens bei Furcht und Angst involviert sind. Medikamente, die Angst vermindern, unterdrücken die Aktivität im Locus coeruleus. Eine Aktivierung des **serotonergen Systems** kann angstinduzierend wirken. Auf zellulärer Ebene ist das Gamma-Aminobuttersäure-(GABA-) Rezeptorsystem eine wesentliche Schaltstelle der Genese von Angst, durch die sowohl anxiolytische als auch anxiogene Effekte vermittelt werden können. Neurobiologische Konzepte sind besonders bei Panikstörungen entwickelt worden. Dazu hat die Beobachtung beigetragen, daß durch Infusion von **Natrium-Laktat** Panikattacken induziert werden können. Dies ist allerdings nur bei Patienten der Fall, die auch spontan unter Panikattacken leiden. Bei der gleichen Erkrankung gibt es auch komplexe Modelle zur Beteiligung des **neuroendokrinen Systems**. Neuere genetische Studien haben gezeigt, daß für die meisten Angststörungen offensichtlich eine **genetische Disposition** besteht. Sie treten bei Verwandten ersten Grades von Patienten häufiger auf als in der Gesamtbevölkerung.

Weitere beteiligte Systeme sind das
- *serotonerge System und das*
- *GABA-Rezeptorsystem.*

*Durch Infusion von **Natrium-Laktat** können bei prädisponierten Personen Panikattacken ausgelöst werden.*

*Für die meisten Angsterkrankungen besteht eine **genetische Disposition**.*

Symptomatologie und klinische Subtypen

Symptomatologie und klinische Subtypen

> **Definition.** Angst ist ein meist als unangenehm empfundenes Gefühl des Bedrohtseins, das allen Menschen bekannt ist. Es stellt als normale Angst ein Alarmsignal für den Organismus dar, das die Aufmerksamkeit erhöht und den Körper auf eventuell schnelles Handeln vorbereitet. Angst äußert sich in Form von seelischem Erleben, körperlichen Symptomen und Veränderungen des Verhaltens.

◄ *Definition*

Bei Patienten mit Angststörungen steht das subjektive Erleben von Angst oft gar nicht im Vordergrund der Beschwerden, mit denen Patienten in die Praxis des Allgemeinmediziners oder auch des Psychiaters kommen. Meistens wird von den Patienten zunächst eine Vielzahl von körperlichen Beschwerden geschildert. Die Patienten berichten z.B. über Schwindel, über Tachykardie, über abdominelle Beschwerden oder verminderte Belastbarkeit. Doch auch hinter diesen Beschwerden kann eine Angstsymptomatik stehen.

Oft steht nicht das subjektive Erleben von Angst im Vordergrund der Symptomatik, sondern körperliche Beschwerden (Schwindel, Tachykardie, abdominelle Beschwerden, verminderte Belastbarkeit).

> **Merke.** Sowohl die normale als auch die pathologische Angst sind immer ein körperliches **und** ein seelisches Phänomen. Beide Bestandteile sind in einem Individuum untrennbar miteinander verbunden.

◄ *Merke*

Die subjektive Erfahrung des Angstaffektes kann individuell sehr unterschiedlich sein. Die körperlichen Erscheinungen können als **Angstäquivalente** auch alleine auftreten, ohne daß dem Individuum die verursachende Angst bewußt zu sein braucht. Angstäquivalente können fast jede Körperfunktion betreffen. Typische körperliche Symptome der Angst sind in *Abbildung 3-26* dargestellt.

*Körperliche Symptome können als **Angstäquivalente** auch alleine auftreten (s. Abb. 3-26).*

Die psychiatrische Bedeutung von Angst mißt sich nicht nur nach Art und Schwere der Symptomatik. Vielmehr stehen oft die direkten oder indirekten **Folgen** der Angst ganz im Vordergrund des subjektiven Erlebens. Dabei spielt insbesondere die „**Angst vor der Angst**" (Erwartungsangst) eine besondere Rolle, die zu ausgeprägtem **Vermeidungsverhalten** führen kann. Folgen im sozialen Bereich bis hin zu einer vollständigen **sozialen Isolierung** sind ebenfalls nicht selten. Angst neigt dazu, anderen mitgeteilt zu werden und Auswirkungen auch auf nahestehende Personen zu haben. Die Entwicklung und gegenseitige Verstärkung von Folgen der Angst sind in *Abbildung 3-27* dargestellt

*Wichtig bei der Beurteilung von Angst sind die direkten oder indirekten **Folgen**:*
- *„**Angst vor der Angst**" (Erwartungsangst),*
- ***Vermeidungsverhalten**,*
- ***soziale Isolierung** (vgl. Abb. 3-27).*

Angststörungen können unterschiedlich **klassifiziert** werden. Die klassische Einteilung von psychischen Störungen mit im Vordergrund stehender Angst umfaßt zunächst die **Angstneurose** sowie die **Phobien**. In den modernen operationalen Diagnosesystemen hat sich demgegenüber einiges verändert. Diejenigen Beschwerdebilder, die früher als Angstneurose beschrieben wurden, teilen sich jetzt in die **Panikstörung** sowie die **generalisierte Angsterkrankung** auf. Die Phobien differenzieren sich im wesentlichen in die **Agoraphobie** sowie in **soziale** und **isolierte Phobien**. Der Begriff der Agoraphobie, der ursprünglich nur die Angst

*Angststörungen können unterschiedlich **klassifiziert** werden. Früher als **Angstneurose** beschriebene Störungen teilen sich jetzt auf in*
- ***Panikstörung** und*
- ***generalisierte Angsterkrankung**.*

Phobien werden differenziert in
- ***Agoraphobie**,*

- **soziale Phobien** und
- **isolierte Phobien.**

vor weiten Plätzen beschrieb, hat in den letzten Jahren einen Bedeutungswandel erfahren und beschreibt jetzt allgemein eine Angst vor allen Situationen, in denen sich der Patient außerhalb der gewohnten Umgebung aufhält (z. B. größere Menschenmengen, Reisen, öffentliche Plätze).

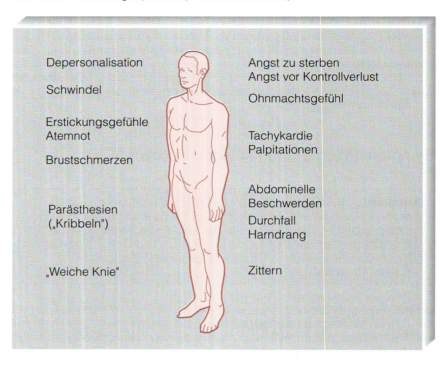

Abb. 3-26: Typische psychische und körperliche Symptome der Angst

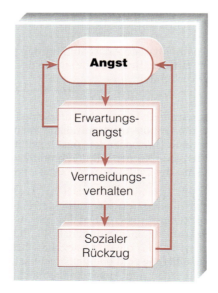

Abb. 3-27: Entwicklung und gegenseitige Verstärkung von Folgen der Angst

Im DSM-III-R ist den Angststörungen (oder Angst- und phobischen Neurosen) ein eigenes Kapitel gewidmet, in der ICD-10 sind die entsprechenden Störungen in zwei Unterkapiteln zu den „neurotischen, Belastungs- und somatoformen Störungen" aufgeführt (*siehe Synopsis 3-4*).

Angst- und Panikstörungen 103

Synopsis 3-4: Klassifikation von Angst- und Panikstörungen im Vergleich von ICD-10 und DSM-III-R

ICD-10	DSM-III-R
Agoraphobie (F40.0) – ohne Panikstörung (F40.00) – mit Panikstörung (F40.01)	Agoraphobie ohne Panikstörung in der Vorgeschichte (300.22)
Soziale Phobien (F40.1)	Soziale Phobie (300.23)
Spezifische (isolierte) Phobien (F40.2)	Einfache Phobie (300.29)
Panikstörung (episodisch paroxysmale Angst; F41.0)	Panikstörung – mit Agoraphobie (300.21) – ohne Agoraphobie (300.01)
Generalisierte Angststörung (F41.1)	Generalisierte Angststörung (300.02)
Angst und depressive Störung, gemischt (F41.2)	
Andere gemischte Angststörungen (F41.3)	

Ein wesentlicher Unterschied zwischen beiden Diagnosesystemen besteht in der **Hierarchie** der Angstsymptomatik. Im DSM-III-R kommt der Panikstörung eine größere nosologische Bedeutung zu als den agoraphobischen Störungen, während es in der ICD-10 umgekehrt ist. Die im DSM-III-R zusätzlich im Kapitel über Angststörungen aufgeführte posttraumatische Belastungsstörung wird in diesem Lehrbuch im Kapitel Reaktionen auf schwere Belastungen und Anpassungsstörungen dargestellt.

In der *Synopsis 3-4* wird die Klassifikation von Angst- und Panikstörungen im Vergleich von ICD-10 und DSM-III-R dargestellt. Ein wesentlicher Unterschied zwischen DSM-III-R und ICD-10 besteht in der unterschiedlichen **Hierarchie** der Angstsymptomatik.

Agoraphobie

Synonym: Platzangst

Agoraphobie

Synonym: Platzangst

Definition. Das klinische Bild der **Agoraphobie** ist geprägt durch Ängste, sich an Orten oder Institutionen zu befinden, in denen beim plötzlichen Auftreten von hilflos machenden oder peinlichen Symptomen eine Flucht nur schwer möglich oder aber keine Hilfe verfügbar wäre.

◄ **Definition**

Bei der **Agoraphobie** besteht typischerweise nicht nur (wie früher beschrieben) Angst vor weiten Plätzen („agora" ist der griechische Ausdruck für Marktplatz), sondern vor allen Situationen, in denen sich der Patient außerhalb der gewohnten Umgebung aufhält. Ganz typische Situationen sind
• sich in Menschenmengen zu befinden,
• sich auf öffentlichen Plätzen aufzuhalten oder
• auf Reisen alleine bzw. weit von zu Hause entfernt zu sein.

In solchen Situationen befürchtet der Patient, daß für ihn plötzlich problematische Situationen auftreten könnten, ohne daß eine sofortige Hilfe möglich wäre oder daß er die Situation verlassen könnte. Die Angst richtet sich etwa auf plötzlichen Schwindel, Ohnmachtsgefühle, Depersonalisationsgefühle, Verlust der Blasen- oder Darmkontrolle und Herzbeschwerden (*siehe Synopsis 3-5*). Häufig hat der Patient bereits eine solche für ihn sehr traumatisierende Erfahrung gemacht, die Störung kann aber auch ohne ein solches vorheriges Erlebnis auftreten. Oftmals tritt die Störung in **Kombination mit einer Panikstörung** (s. u.) auf.

Die **Lebenszeitprävalenz** beträgt zwischen 5 und 6%. Die Störung beginnt in der Regel im dritten Lebensjahrzehnt und ist bei Frauen häufiger als bei Männern.

Bei der **Agoraphobie** besteht Angst vor allen Situationen, in denen sich der Patient außerhalb der gewohnten Umgebung aufhält, z.B:
• Aufenthalt in Menschenmengen,
• Aufenthalt auf öffentlichen Plätzen,
• Reisen und Entfernung von zu Hause.
Der Patient befürchtet plötzlichen Schwindel, Ohnmachtsgefühle, Depersonalisationsgefühle, Verlust der Blasen- oder Darmkontrolle und Herzbeschwerden (s. Syn. 3-5). Häufig tritt die Störung in **Kombination mit einer Panikstörung** auf.

Die Störung beginnt i. d. R. im dritten Lebensjahrzehnt.

Synopsis 3-5: Symptomatik der Agoraphobie im Vergleich von ICD-10 und DSM-III-R

ICD-10	DSM-III-R
Die Angst muß in mindestens zwei der folgenden umschriebenen Situationen auftreten: – in Menschenmengen, – auf öffentlichen Plätzen, – bei Reisen mit weiter Entfernung von zu Hause oder bei Reisen alleine. Vermeidung der phobischen Situationen ist oder war ein entscheidendes Symptom.	Angst, sich an Orten oder in Situationen zu befinden, in denen beim plötzlichen Auftreten von hilflos machenden oder peinlichen Symptomen eine Flucht nur schwer möglich (oder peinlich) oder aber keine Hilfe verfügbar wäre. Als eine Folge der Angst bestehen entweder Einschränkungen beim Reisen, die Notwendigkeit einer Begleitperson außerhalb der Wohnung oder aber die phobischen Situationen werden nur unter intensiver Angst durchgestanden. Übliche phobische Situationen sind: – alleine außerhalb des eigenen Hauses zu sein, – sich in einer Menschenmenge zu befinden oder in einer Schlange zu stehen, – sich auf einer Brücke zu befinden oder – Bus, Zug oder Auto zu fahren.

Soziale Phobie

Soziale Phobie

Synonyme: soziale Neurose, Anthrophobie

Synonyme: soziale Neurose, Anthropophobie

Definition ▶

> **Definition.** Die **soziale Phobie** ist eine anhaltende Angst vor Situationen, in denen die Person im Mittelpunkt der Aufmerksamkeit anderer steht. Die Angst wird als übertrieben oder unvernünftig empfunden und führt in der Regel zu ausgeprägtem Vermeidungsverhalten.

Die phobischen Ängste bei der sozialen Phobie zentrieren sich insbesondere auf Situationen, in denen sich der Patient der prüfenden Beobachtung durch andere Menschen ausgesetzt sieht (z. B. Notwendigkeit, in der Öffentlichkeit zu sprechen). Für die Diagnose wird gefordert, daß die betroffene Person erkennt, daß die Angst übertrieben und unvernünftig ist.

Soziale Phobien sind häufig mit einem insgesamt niedrigen Selbstwertgefühl sowie mit Furcht vor jeglicher Kritik verbunden.
Typische Symptome sind:
• Erröten,
• Vermeidung von Blickkontakt,
• Händezittern,
• Übelkeit,
• Drang zum Wasserlassen.

Die phobischen Ängste bei der sozialen Phobie zentrieren sich insbesondere auf Situationen, in denen sich der Patient der prüfenden Beobachtung durch andere Menschen ausgesetzt sieht. Die phobischen Ängste können entweder klar abgegrenzt sein, sich also nur auf bestimmte Situationen beziehen, oder auch in fast allen Situationen außerhalb des Familienkreises auftreten. Eine ganz typische Situation, auf die sich die soziale Phobie bezieht, ist z. B. die Notwendigkeit, in der Öffentlichkeit zu sprechen. Häufig tritt die Angst auf, in sozialen Situationen etwas Lächerliches zu sagen oder nicht antworten zu können. Aber nicht jedes Auftreten einer solchen Angst, die die meisten Menschen kennen, rechtfertigt die Diagnose einer sozialen Phobie. Es ist vielmehr zu beachten, daß die betroffene Person erkennt, daß die Angst übertrieben und unvernünftig ist, sich jedoch trotzdem nicht oder nur sehr schwer der Angst erwehren kann (*siehe Synopsis 3-6*). Dadurch entsteht häufig ein ausgeprägtes Leiden mit sozialem Rückzug. Soziale Phobien sind häufig mit einem insgesamt niedrigen Selbstwertgefühl sowie mit Furcht vor jeglicher Kritik verbunden. Typische Angstsymptome bei sozialen Phobien sind u. a. Erröten, Vermeiden von Blickkontakt, Händezittern, Übelkeit oder Drang zum Wasserlassen. Häufig werden solche Symptome dann als das primäre Problem betrachtet. So beschreibt z. B. die Erythrophobie eigentlich die Angst vor dem Erröten in sozialen Situationen. In der Regel stellen die darunter beschriebenen Symptome jedoch einen Ausdruck der bestehenden Phobie dar.

Soziale Phobien treten mit einer **Lebenszeitprävalenz** von 2 bis 3% auf. Im Gegensatz zu anderen phobischen Syndromen sind Männer und Frauen etwa gleich häufig betroffen. Die Störung beginnt oft bereits im Jugendalter.

Die **Lebenszeitprävalenz** ist 2–3%. Die Störung beginnt oft bereits im Jugendalter.

Synopsis 3-6: Symptomatik der sozialen Phobie im Vergleich von ICD-10 und DSM-III-R

ICD-10	DSM-III-R
Diese Störungen zentrieren sich um die Furcht vor prüfender Beobachtung durch andere Menschen in verhältnismäßig kleinen Gruppen (nicht dagegen in Menschenmengen). Die Phobien können klar abgegrenzt sein und beispielsweise auf Essen oder Sprechen in der Öffentlichkeit oder Treffen mit dem anderen Geschlecht beschränkt sein. Sie können aber auch unbestimmt sein und in fast allen sozialen Situationen außerhalb des Familienkreises auftreten.	Eine anhaltende Angst vor einer oder mehreren Situationen (den phobischen Situationen), in denen die Person im Mittelpunkt der Aufmerksamkeit anderer steht und befürchtet, etwas zu tun, was demütigend oder peinlich sein könnte.
Soziale Phobien können sich in Beschwerden äußern wie – Erröten, – Vermeiden von Blickkontakt, – Händezittern, – Übelkeit oder – Drang zum Wasserlassen. Soziale Phobien sind in der Regel mit einem niedrigen Selbstwertgefühl und Furcht vor Kritik verbunden.	Irgendwann im Verlauf der Störung lös(t)en der spezifische Stimulus (bzw. die Stimuli) fast unvermeidlich eine sofortige Angstreaktion aus. Die phobische(n) Situation(en) wird (werden) vermieden oder nur unter intensiver Angst durchgestanden. Die Person erkennt, daß ihre Angst übertrieben oder unvernünftig ist.

Einfache (spezifische) Phobie

Einfache (spezifische) Phobie

Definition. Das Hauptmerkmal der **einfachen (spezifischen) Phobie** ist eine anhaltende Angst vor einem umschriebenen Objekt oder einer umschriebenen Situation. Diese Störung wird nur diagnostiziert, wenn die Angst erhebliches Leiden verursacht.

◄ **Definition**

Die einfache (spezifische) Phobie ist gekennzeichnet durch Angst vor einem bestimmten Objekt oder in einer spezifischen Situation (*siehe Abbildung 3-28*). Am häufigsten tritt Furcht vor Tieren auf (**Zoophobie**), besonders vor Hunden, Schlangen, Insekten oder Mäusen. Andere phobische Situationen sind der Anblick von Blut, der Aufenthalt in geschlossenen Räumen (**Klaustrophobie**), der Aufenthalt in der Höhe (**Akrophobie**) sowie das Fliegen. Die phobischen Objekte können innerhalb einer Kultur im Laufe der Zeit wechseln. In den letzten Jahren ist häufig eine AIDS-Phobie zu beobachten. Es handelt sich dabei um die ausgeprägte Angst, sich in bestimmten Situationen mit HIV zu infizieren und an AIDS zu erkranken. **Blut- oder Verletzungsphobien** können über einen vasovagalen Reflex zu Bradykardie und Ohnmacht führen. Die Beeinträchtigung durch diese Störung kann beträchtlich sein, wenn der phobische Stimulus häufig vorkommt und nicht vermieden werden kann. Es ist zu beachten, daß die Diagnose nur dann gestellt wird, wenn die Angst bzw. das Vermeidungsverhalten den normalen Tagesablauf, die üblichen sozialen Aktivitäten oder Beziehungen beeinträchtigen bzw. die Angst erhebliches Leiden verursacht (*siehe Synopsis 3-7*). In sehr vielen Fällen lassen sich aber isolierte Phobien gut vermeiden und somit lange Zeit auch verbergen.

Am häufigsten treten folgende Ängste auf:
- Angst vor Tieren (**Zoophobie**),
- Angst vor Blut,
- Angst vor geschlossenen Räumen (**Klaustrophobie**),
- Höhenangst (**Akrophobie**),
- Flugangst,
- Ansteckungsangst (z. B. mit HIV).

Blut- oder Verletzungsphobien können über einen vasovagalen Reflex zu Bradykardie und Ohnmacht führen.

Die Diagnose wird nur dann gestellt, wenn die Angst den normalen Tagesablauf, die üblichen sozialen Aktivitäten oder Beziehungen beeinträchtigt bzw. erhebliches Leiden verursacht (s. Syn. 3-7).

3 Krankheiten

Abb. 3-28 a–d: Beispiele für angstauslösende Objekte:
a) Köhlbrandbrücke, Hamburg
b) Menschengedränge
c) Spinne
d) Freier Platz

Angst- und Panikstörungen 107

Synopsis 3-7: Symptomatik der einfachen (spezifischen) Phobie im Vergleich von ICD-10 und DSM-III-R

ICD-10	DSM-III-R
Die Angst muß auf die Anwesenheit eines bestimmten phobischen Objektes oder eine spezifische Situation begrenzt sein.	Eine anhaltende Angst vor einem umschriebenen Stimulus (Objekt oder Situation). Irgendwann im Verlauf der Störung ruft eine Konfrontation mit dem spezifischen Stimulus fast unvermeidlich eine sofortige Angstreaktion hervor.
Die phobische Situation wird – wann immer möglich – vermieden.	Das Objekt oder die Situation werden vermieden oder nur unter intensiver Angst durchgestanden. Die Person erkennt, daß ihre Angst übertrieben und unvernünftig ist.
Das Ausmaß der Furcht vor dem phobischen Objekt wechselt nicht.	Die Angst bzw. das Vermeidungsverhalten beeinträchtigt den normalen Tagesablauf der Person, die üblichen sozialen Aktivitäten oder die Beziehungen, oder die Angst verursacht erhebliches Leiden.

Fallbeispiel für Höhenangst: J. W. Goethe: Dichtung und Wahrheit, 1831

„Ich erstieg ganz allein den höchsten Gipfel des Münsterturms und saß in dem sogenannten Hals, unter dem Kopf oder der Krone, wie man's nennt, wohl eine Viertelstunde lang, bis ich es wagte, wieder heraus in die freie Luft zu treten, wo man auf einer Platte, die kaum eine Elle ins Gevierte haben wird, ohne sich sonderlich anhalten zu können, stehend das unendliche Land vor sich sieht. . . . Dergleichen Angst und Qual wiederholte ich so oft, bis der Eindruck mir ganz gleichgültig ward, und ich habe nachher bei Bergreisen und geologischen Studien, bei großen Bauten, wo ich mit den Zimmerleuten um die Wette über die freiliegenden Balken und über die Gesimse des Gebäudes herlief . . . von jenen Vorübungen großen Vorteil gezogen."

◀ **Fallbeispiel**

Panikstörung

Synonym: episodisch paroxysmale Angst

> ***Definition.* Panik:** Ohne sichtbaren Anlaß entstehende ausgeprägte Angst. Panik tritt meist attackenweise auf und ist mit ausgeprägten körperlichen Symptomen verbunden (Panikattacke).
>
> **Panikstörungen:** Störungen mit wiederholten abgrenzbaren Panikattacken, die unerwartet und nicht situationsgebunden sind. Es entwickelt sich schnell Erwartungsangst. Die Störung ist regelmäßig mit intensiven vegetativen Symptomen verbunden. Die Panikstörung kombiniert sich häufig mit Agoraphobie.

Bei **Panikattacken** handelt es sich um unerwartet auftretende und nicht durch bestimmte Situationen ausgelöste intensivste Angst und Unbehagen. Dabei setzen die Beschwerden ganz plötzlich ein und steigern sich innerhalb einiger Minuten zu einem Höhepunkt. Psychische und körperliche Symptome sind dabei sehr eng miteinander verbunden. In fast allen Fällen kommt es zum Auftreten einer Tachykardie, von Hitzewallungen, Beklemmungsgefühlen und Zittern (*siehe Abbildung 3-29*). Weitere vegetative Symptome wie Schwitzen, Atemnot,

Panikstörung

Synonym: episodisch paroxysmale Angst

◀ **Definition**

Bei **Panikattacken** setzt plötzlich intensive Angst ein, die sich innerhalb von einigen Minuten zu einem Höhepunkt steigert.
Psychische und körperliche Symptome sind dabei sehr eng miteinander verbunden (*s. Abb. 3-29*).

In dieser Situation wird häufig der Notarzt gerufen (zur Symptomatik s. Syn. 3-8).

Panikattacken dauern meist 10–30 Minuten, evtl. aber auch einige Stunden.

Folgen sind **Erwartungsangst** („**Angst vor der Angst**") und **sozialer Rückzug**.

Früher als **Herzphobie** oder **Herzangstsyndrom** bezeichnete Phänomene sind in dieser Störung unterzuordnen.

Definition ▶

abdominelle Beschwerden und Ohnmachtsgefühle sind sehr häufig. Parallel dazu besteht eine Angst zu sterben oder Angst vor Kontrollverlust. In dieser Situation wird von den Patienten häufig der Notarzt gerufen (*siehe Synopsis 3-8*).

Die **Dauer** einer Panikattacke ist sehr unterschiedlich. Meist dauert sie 10 bis 30 Minuten. Panikattacken können aber sowohl 2 bis 3 Minuten als auch einige Stunden anhalten.

Typischerweise entwickelt sich nach der ersten oder weiteren Attacke eine ausgeprägte **Erwartungsangst** („**Angst vor der Angst**", **Phobophobie**). Diese Erwartungsangst kann in der Folge ganz in den Vordergrund der Symptomatik treten und ernsthafte Folgen, wie z. B. einen **sozialen Rückzug,** verursachen.

Bei Panikattacken steht häufig die kardiale Symptomatik ganz im Vordergrund des Erlebens. Früher als **Herzphobie** oder **Herzangstsyndrom** bezeichnete Phänomene sind in dieser Störung unterzuordnen.

> *Definition.* **Herzphobie (Herzangstsyndrom):** Früher von anderen Angststörungen abgegrenzte Erkrankung mit attackenartig auftretender kardialer Symptomatik und intensiver Angst. Die Störung ist von ausgeprägten vegetativen Phänomenen (Blutdruckanstieg, Schweißausbruch, Schwindel, Druckgefühl im Thorax) begleitet. Männer im mittleren Lebensalter sind am häufigsten betroffen. Als auslösendes Moment ist häufig eine Herzerkrankung bei einer Person in der näheren Umgebung des Patienten anzunehmen.

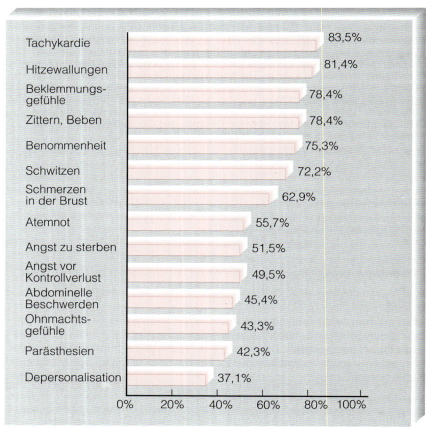

Abb. 3-29: Häufigste Symptome einer Panikattacke

> **Synopsis 3-8: Symptomatik der Panikstörung** im Vergleich von ICD-10 und DSM-III-R

ICD-10	DSM-III-R
Symptomatologie: Das wesentliche Kriterium sind wiederkehrende, schwere Angstattacken (Panik), die sich nicht auf eine spezifische Situation oder besondere Umstände beschränken und deshalb auch nicht vorhersehbar sind.	Irgendwann im Verlauf traten eine oder mehrere Panik-attacken auf (abgrenzbare Perioden intensiver Angst und Unbehagens), die • unerwartet waren, d.h. nicht unmittelbar vor oder in einer fast immer Angst auslösenden Situation auftraten, • nicht durch Situationen ausgelöst wurden, in denen die Person im Mittelpunkt der Aufmerksamkeit anderer stand.
Die Symptome variieren von Person zu Person, typisch ist aber der plötzliche Beginn mit • Herzklopfen, • Brustschmerz, • Erstickungsgefühlen, • Schwindel und • Entfremdungsgefühlen. Fast stets entsteht dann sekundär auch • Furcht zu sterben, • Furcht vor Kontrollverlust oder • Angst, wahnsinnig zu werden.	Wenigstens 4 der folgenden Symptome traten zusammen mit mindestens einer der Attacken auf: • Atemnot (Dyspnoe) oder Beklemmungsgefühle, • Benommenheit, Gefühl der Unsicherheit oder Ohnmachts-gefühl, • Palpitationen oder Tachykardie, • Zittern oder Beben, • Schwitzen, • Erstickungsgefühle, • Übelkeit oder abdominelle Beschwerden, • Depersonalisation oder Derealisation, • Taubheit oder Kribbelgefühle, • Hitzewallungen oder Kälteschauer, • Schmerzen oder Unwohlsein in der Brust, • Furcht zu sterben, • Furcht verrückt zu werden oder • Angst vor Kontrollverlust.
Zeitkriterien: Mehrere schwere vegetative Angstanfälle, die innerhalb eines Zeitraumes von etwa einem Monat aufgetreten sind.	Entweder 4 Panikattacken innerhalb eines Zeitraums von 4 Wochen oder nach einer bzw. mehreren Attacken be-stand eine mindestens einen Monat lang anhaltende Angst vor einer erneuten Attacke.

Die Panikstörung tritt mit einer **Lebenszeitprävalenz** von etwa 2 bis 3% auf. Isolierte Panikattacken sind jedoch wesentlich häufiger. Es kann angenommen werden, daß etwa 11% der Frauen und 7% der Männer irgendwann in ihrem Leben einmal eine Panikattacke erleben.

Die Panikstörung kommt häufiger in **Kombination mit Agoraphobie** als ohne Agoraphobie vor. Der Erkrankungsbeginn ist gewöhnlich am Ende des dritten Lebensjahrzehntes. Bei Panikstörungen mit Agoraphobie sind Frauen etwa doppelt so häufig betroffen wie Männer, bei Panikstörungen ohne Agoraphobie ist das Geschlechtsverhältnis etwa ausgeglichen.

> Die **Lebenszeitprävalenz** der Panik-störung beträgt 2–3%. Isolierte Pa-nikattacken sind aber wesentlich häufiger.
>
> **Gleichzeitig** besteht häufig eine **Agoraphobie.**
> Der Erkrankungsbeginn ist gewöhn-lich am Ende des 3. Lebensjahr-zehnts.

> **Fallbeispiel: Eine 41jährige Patientin mit Panikstörung schildert ihre Panik-attacken**

◄ Fallbeispiel

> „Plötzlich bekomme ich Angst, nicht mehr zu können. Ich verspüre eine Schwä-che im Bauch, bekomme dann keine Luft mehr und habe einen Kloß im Hals. Ich habe das Gefühl, am ganzen Körper zu zittern und lasse alles fallen, was ich in den Händen habe. In diesen Augenblicken empfinde ich eine totale Existenzbedrohung. Es gelingt mir nicht, dagegen anzuarbeiten. Aus Angst vor diesen Zuständen leide ich in letzter Zeit unter ständigen Verkrampfungen, Übelkeit und Magenbeschwerden, unter einem Spannungsgefühl im Kopf und seelischer Abgespanntheit. Nachdem dieser Zustand einmal in meinem Gäste-zimmer aufgetreten ist, ist es mir nun unmöglich, dieses Zimmer zu betreten."

Generalisierte Angststörung

Synonym: Angstneurose

Definition. Generalisierte und langanhaltende Angst, die nicht nur auf bestimmte Situationen oder Objekte begrenzt ist. Es bestehen unrealistische Befürchtungen, motorische Spannung und vegetative Übererregbarkeit.

Hauptmerkmal der **generalisierten Angststörung** ist die unrealistische oder übertriebene Angst und Besorgnis bezüglich allgemeiner oder besonderer Lebensumstände. Die Ängste und Befürchtungen beziehen sich z. B. auf die Sorge darüber, dem eigenen Kind, das sich nicht in Gefahr befindet, könne etwas zustoßen, oder auf Geldsorgen, ohne daß dafür ein triftiger Grund besteht. Die Angst besteht über einen längeren Zeitraum und schwankt allenfalls in der Intensität. Im DSM-III-R wird eine Zeitdauer von sechs Monaten für die Diagnose verlangt, in der ICD-10 werden mehrere Wochen gefordert, in denen die Angst an den meisten Tagen vorhanden sein muß (*siehe Synopsis 3-9*). Die betroffene Person ist in der Regel nicht in der Lage, sich länger als nur kurzfristig von den Ängsten abzulenken oder zu distanzieren. Die Angst äußert sich insbesondere in Anzeichen **motorischer Spannung** (Zittern, Muskelanspannung, Ruhelosigkeit), in Zeichen **vegetativer Übererregbarkeit** (Atemnot oder Beklemmungsgefühle, Schwitzen, Mundtrockenheit, Schwindel) sowie in einer **Hypervigilanz** und **erhöhter Aufmerksamkeit** (Gefühl der Anspannung, übermäßige Schreckhaftigkeit, Ein- oder Durchschlafstörung, Reizbarkeit). Die beschriebene Störung kommt der früher diagnostizierten „**Angstneurose**" am nächsten.

Synopsis 3-9: Symptomatik der generalisierten Angststörung im Vergleich von ICD-10 und DSM-III-R

ICD-10	DSM-III-R
Symptomatologie: Das wesentliche Symptom ist eine generalisierte und anhaltende Angst, die aber nicht auf bestimmte Situationen in der Umgebung beschränkt oder darin nur besonders betont ist, d. h., sie ist frei flottierend.	Unrealistische oder übertriebene Angst und Besorgnis (Erwartungsangst) bezüglich zweier oder mehrerer Lebensumstände.
In der Regel sind folgende Einzelsymptome festzustellen:	Mindestens 6 der folgenden 18 Symptome treten oft im Zustand der Ängstlichkeit und Besorgnis auf:
Befürchtungen • Sorge über zukünftiges Unglück, • Nervosität, • Konzentrationsschwierigkeiten usw.	Hypervigilanz und erhöhte Aufmerksamkeit • sich angespannt fühlen oder ständig auf dem Sprung sein, • übermäßige Schreckhaftigkeit, • Konzentrationsschwierigkeiten oder „Blackout" aus Angst, • Ein- oder Durchschlafstörungen, • Reizbarkeit.
Motorische Spannung • Körperliche Unruhe, • Spannungskopfschmerz, • Zittern, • Unfähigkeit, sich zu entspannen.	Motorische Spannung • Zittern, Zucken oder Beben, • Muskelspannungen, Schmerzen oder Empfindlichkeit, • Ruhelosigkeit, • leichte Ermüdbarkeit.
Vegetative Übererregtheit • Benommenheit, • Schwitzen, • Tachykardie oder Tachypnoe, • Oberbauchbeschwerden, • Schwindelgefühle, • Mundtrockenheit.	Vegetative Übererregbarkeit • Atemnot oder Beklemmungsgefühle, • Palpitationen oder Tachykardie, • Schwitzen oder kalte, feuchte Hände, • Mundtrockenheit, • Benommenheit oder Schwindel, • Übelkeit, Durchfall oder andere abdominelle Beschwerden, • Hitzewallungen oder Kälteschauer, • häufiges Wasserlassen, • Schluckbeschwerden oder Kloßgefühl im Hals.
Zeitkriterien: Primäre Symptome von Angst an den meisten Tagen der Woche, mindestens mehrere Wochen lang.	Beschäftigung mit den Beschwerden mindestens 6 Monate die meiste Zeit über.

Da die Abgrenzung zwischen generalisierter Angsterkrankung und normaler Angst sehr schwierig ist, gibt es kaum verläßliche Zahlen über die Häufigkeit dieser Störung. Für die USA werden Monatsprävalenzen von etwa 2,3% der erwachsenen Bevölkerung angegeben. Die Störung findet sich offensichtlich bei Frauen etwas häufiger als bei Männern.

Diagnostik und Differentialdiagnose

Pathologische Angst kann einerseits die Grundlage spezieller psychischer Störungen sein (**Angststörung, Angsterkrankung**), andererseits wird Angst aber auch als **ein sehr häufiges Begleitsymptom im Rahmen anderer psychischer und körperlicher Erkrankungen** gefunden (*siehe Tabelle 3-10*).

Diagnostik und Differential-diagnose
Angst ist **häufiges Begleitsymptom anderer psychischer und körperlicher Erkrankungen** (*s. Tab. 3-10*).

Tabelle 3-10: Erkrankungen, die häufig Angst als relevantes Symptom aufweisen (ohne Angsterkrankungen)	
Nichtorganische psychische Störungen	Schizophrene Psychose Affektive Psychose Zwangsstörung Persönlichkeitsstörung Anpassungsstörung
Organisch bedingte psychische Störungen	Delir Organische Angststörung Organische wahnhafte Störung Organische depressive Störung Organische Persönlichkeits-störung
Substanzabhängige Störungen	Intoxikation mit • Amphetaminen • Kokain • Halluzinogenen • Alkohol • Nikotin • Koffein Entzug von • Alkohol • Opiaten • Anxiolytika
Neurologische Erkrankungen	Hirnorganische Anfallsleiden Chorea Huntington Migräne Multiple Sklerose Zerebrale Minderperfusion Hirndruck
Internistische Erkrankungen	Angina pectoris / Myokardinfarkt Herzrhythmusstörungen Hypoglykämie Hypoxie Lungenembolie Hyperthyreose Karzinoid Phäochromozytom Anaphylaxie

Die **Diagnostik** bei Angstsymptomatik muß deshalb verschiedene Ebenen umfassen (*siehe Abbildung 3-30*). Im ersten Schritt muß unterschieden werden, inwieweit normale oder krankhafte Angst vorliegt. In einem zweiten Schritt ist zu klären, ob der Angstsymptomatik eine andere psychische Störung oder eine körperlich begründbare Störung zugrunde liegt. Findet sich kein Anhalt für das Vorliegen einer solchen Erkrankung, so kann vermutet werden, daß es sich um eine **primäre Angstsymptomatik** handelt.

Die **Diagnostik** bei Angstsymptomatik muß verschiedene Ebenen umfassen (*s. Abb. 3-30*):
• Liegt krankhafte Angst vor?
• Handelt es sich um eine **primäre Angsterkrankung** oder um Symptome einer anderen Störung?

Merke ▶

Wenn eine genaue Trennung nicht möglich ist, muß entschieden werden, welcher affektive Zustand die Grundlage der Störung ist, oder ob beide Symptome aufeinander bezogen sind.

Merke. Für die Diagnostik von Angststörungen besonders wichtig ist die **Differenzierung zwischen Angst und Depression.**

Häufig gelingt jedoch eine genaue Trennung dieser beiden Phänomene nicht. Es ist dann zu entscheiden, welche der beiden affektiven Zustände die eigentliche Grundlage einer psychischen Störung darstellt, oder ob beide Symptome direkt aufeinander bezogen sind.

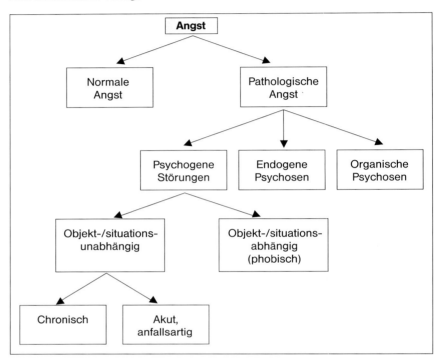

Abb. 3-30: Differenzierung von Angst im Rahmen psychischer Störungen

Zur Diagnostik werden auch **testpsychologische Verfahren** eingesetzt. Es gibt sowohl Selbstbeurteilungs- als auch Fremdbeurteilungs-Fragebögen. In *Tab. 3-11* sind Items des „**State-Trait-Anxiety-Inventory**" **(STAI)** gezeigt.

Die **wichtigsten Differentialdiagnosen** sind:
- normale Angst (psychologisch ableitbar, keine soziale Behinderung),
- schizophrene Psychosen (wahnhafte Angst mit absoluter Wahn-Gewißheit),
- endogene Depressionen (depressive Verstimmung, phasenhafter Verlauf),
- organische Störungen (sorgfältige körperliche Untersuchung!),
- Drogenabhängigkeit (Intoxikation, Entzug),
- posttraumatische Belastungsstörung (vorausgegangenes Trauma),
- Zwangserkrankungen.

Bei der Diagnostik von Angststörungen, aber auch bei der Beurteilung von Angst im Rahmen anderer Erkrankungen werden **testpsychologische Verfahren** eingesetzt. Es gibt eine Vielzahl von Angstfragebögen in der klinischen Diagnostik. Dabei handelt es sich sowohl um Selbst- als auch Fremdbeurteilungsskalen, teilweise auch um apparative Untersuchungen. Als ein Beispiel für einen Selbstbeurteilungs-Fragebogen kann das international häufig eingesetzte „**State-Trait-Anxiety-Inventory**" (STAI, *siehe Tabelle 3-11*) genannt werden, ein häufig eingesetzter Fremdbeurteilungsbogen ist die **Hamilton-Angstskala (HAMA).**

Differentialdiagnose. Die klinisch wichtigste Differentialdiagnose ist die Abgrenzung zu **normaler Angst.** Bei dieser Abgrenzung sind insbesondere die Schwere der Angstsymptomatik, die fehlende psychologische Ableitbarkeit und auch die Ausprägung der sozialen Beeinträchtigung zu berücksichtigen. Bei **schizophrenen Psychosen** tritt häufig eine wahnhaft begründete Angst auf. Dabei ist auf die Erfüllung der allgemeinen Wahnkriterien zu achten. Typischerweise besteht bei wahnhaft motivierter Angst nicht nur eine ungewisse Befürchtung oder Sorge, sondern eine absolute Gewißheit. Bei **endogenen Depressionen** ist Angst ebenfalls fast regelhaft zu finden. In diesem Zusammenhang ist auf ausgeprägte depressive Symptome sowie den typischen phasenhaften Ablauf der Erkrankung zu achten. Die Abgrenzung zu **organischen psychischen Störungen** und **internistischen Erkrankungen** erfolgt insbesondere über die sorgfältige Erhebung von pathologischen Organbefunden, die eventuell in einem zeitlichen Zusammenhang zum Auftreten bzw. Abklingen von Angstsymptomen stehen. Auf das Kriterium des zeitlichen Zusammenhangs ist auch bei der Einschätzung von Angstsymptomen im Rahmen von **Drogenintoxikationen** (insbesondere Amphetamine, LSD, Marihuana, aber auch Koffein) und eventuell deren Entzug zu achten. Auch im Rahmen der **posttraumatischen Belastungsstörung** ist

Angst ein führendes Symptom. Hierbei ist die Angst jedoch üblicherweise zeitlich und oft auch inhaltlich auf das zugrundeliegende Trauma bezogen. Bei **Zwangserkrankungen** tritt Angst üblicherweise nur dann auf, wenn es nicht gelingt, die Zwangsimpulse bzw. Zwangshandlungen durchzuführen.

Tabelle 3-11: Fragebogen zur Selbstbeschreibung von Angst (STAI; Form X1)				
Item	Überhaupt nicht	Ein wenig	Ziemlich	Sehr
Ich bin ruhig	4	3	2	1
Ich fühle mich geborgen	4	3	2	1
Ich fühle mich angespannt	1	2	3	4
Ich bin bekümmert	1	2	3	4
Ich bin gelöst	4	3	2	1
Ich bin aufgeregt	1	2	3	4
Ich bin besorgt, daß etwas schiefgehen könnte	1	2	3	4
Ich fühle mich ausgeruht	4	3	2	1
Ich bin beunruhigt	1	2	3	4
Ich fühle mich wohl	4	3	2	1
Ich fühle mich selbstsicher	4	3	2	1
Ich bin nervös	1	2	3	4
Ich bin zappelig	1	2	3	4
Ich bin verkrampft	1	2	3	4
Ich bin entspannt	4	3	2	1
Ich bin zufrieden	4	3	2	1
Ich bin besorgt	1	2	3	4
Ich bin überreizt	1	2	3	4
Ich bin froh	4	3	2	1
Ich bin vergnügt	4	3	2	1
Anmerkung: Der Patient wird aufgefordert jeweils anzugeben, wie er sich zum Zeitpunkt der Untersuchung fühlt. Die Antworten werden entsprechend den oben angegebenen Scores gewertet und anschließend addiert. Höhere Score-Werte repräsentieren einen ausgeprägteren Angstaffekt.				

Verlauf

Die direkten oder indirekten Folgen der Angst wurden weiter oben bereits beschrieben. Besonders zu erwähnen ist die „**Angst vor der Angst**", die zu ausgeprägtem **Vermeidungsverhalten** und **sozialer Isolierung** führen kann.

Die **Agoraphobie** neigt zu einem chronischen Verlauf. Hier ist die Erwartungsangst und das Vermeidungsverhalten besonders ausgeprägt, so daß das Sozialerleben häufig stark beeinträchtigt ist. Ein Aufenthalt außerhalb des Hauses ist dann oft unmöglich.

Bei der **sozialen Phobie** wird üblicherweise ebenfalls ein chronischer Verlauf beobachtet, wenn keine spezifische Therapie erfolgt. Eine Verstärkung der Angst kann dadurch auftreten, daß durch die bereits bestehende phobische Symptomatik die Leistungsfähigkeit in der Öffentlichkeit weiter eingeschränkt wird. In ausgeprägten Fällen kommt es zu einer vollständigen Isolierung des Patienten. Patienten mit dieser Störung sind besonders anfällig für Suchtmittelmißbrauch (Alkohol, Medikamente).

Verlauf

Im Verlauf kommt es oft zu „**Angst vor der Angst", Vermeidungsverhalten** und **sozialer Isolierung.**

Die **Agoraphobie** neigt zu einem chronischen Verlauf. Erwartungsangst und Vermeidungsverhalten sind besonders stark ausgeprägt.

Bei der **sozialen Phobie** wird ebenfalls ein chronischer Verlauf beobachtet, wenn keine spezifische Therapie erfolgt. In ausgeprägten Fällen kommt es zu einer vollständigen Isolierung des Patienten.

Bei **isolierten (spezifischen) Phobien** ist das Alter bei Erkrankungsbeginn sehr unterschiedlich. Tierphobien beginnen fast immer in der Kindheit, Akrophobien (Höhenängste) sowie Klaustrophobien (Angst vor engen Räumen) können auch im vierten Lebensjahrzehnt noch beginnen. In der Kindheit erworbene Phobien klingen meist ohne Behandlung ab, später erworbene Phobien können dauerhaft persistieren.

Panikattacken treten meist wiederholt auf, häufig mehrfach pro Woche oder sogar täglich.

Die **Panikstörung** kann episodenhaft verlaufen, häufiger bleibt sie jedoch über Jahre in unterschiedlicher Intensität bestehen. Insbesondere bei Kombinationen mit Agoraphobie kommt es zu einer unterschiedlich starken Einschränkung der Lebensführung; eventuell ist der Patient auch hier völlig isoliert und an das Haus gebunden. Komplikationen bei langwierigem Verlauf sind insbesondere Mißbrauch von Alkohol und Anxiolytika. Häufig tritt diese Störung gemeinsam mit depressiver Symptomatik auf.

Die **generalisierte Angststörung** tritt in unterschiedlichem Lebensalter auf, meist jedoch zwischen dem 20. und 30. Lebensjahr. Ohne Behandlung besteht die manifeste Störung gewöhnlich über einen Zeitraum von mehreren Jahren bzw. Jahrzehnten. Die Beeinträchtigung der sozialen Anpassung oder der beruflichen Leistungsfähigkeit ist meist geringer als bei anderen Angststörungen.

Therapie

In den letzten Jahren haben sich bei der Therapie von Angststörungen deutliche Fortschritte ergeben. Bei der Therapie werden sowohl **nichtpharmakologische** als auch **pharmakologische Strategien** eingesetzt. Beide Therapieprinzipien sollen grundsätzlich einander ergänzen. In der Therapie von Panikstörungen stehen pharmakologische und nichtpharmakologische Ansätze weitgehend gleichberechtigt nebeneinander. In der Therapie phobischer Syndrome spielt die Verhaltenstherapie eine besondere Rolle; die generalisierte Angststörung wird häufig auch aufdeckend-analytisch angegangen.

Auf jeden Fall ist für eine Therapie von Angststörungen auf seiten des Arztes ausreichend Zeit erforderlich. Darüber hinaus ist die Motivation des Patienten zur Therapie von entscheidender Bedeutung.

> **Merke.** Ein erster Schritt der Behandlung muß darauf abzielen, daß der Patient seine Beschwerden als Ausdruck von Angst erkennt und auch zu seiner Angst steht.

Nichtpharmakologische Therapieverfahren

- **Ärztliches Gespräch:** Bereits die Anwesenheit eines Arztes kann bei Angststörungen therapeutisch hilfreich sein. Im **stützenden ärztlichen Gespräch** wird ein tragfähiger Kontakt zum Patienten aufgebaut, der Arzt bemüht sich um Empathie und Verständnis. Es ist wichtig, die Beschwerden des Patienten ernst zu nehmen und in ihrer subjektiven Bedeutung zu erkennen. Es soll dem Patienten vermittelt werden, daß die Beschwerden nicht als „eingebildet" abgewertet werden. Eine Aufgabe des ärztlichen Gespräches kann auch die Information und Aufklärung der Angehörigen sein.

- **Entspannungsverfahren:** Entspannungsverfahren bilden die wesentliche Grundlage verschiedener verhaltensbeeinflussender bzw. verhaltensmodifizierender Therapien. Es hat sich gezeigt, daß der Zustand der Entspannung weitgehend das Erleben von Angst ausschließt. In Frage kommen insbesondere die **progressive Muskelrelaxation** nach Jacobson (gezielte Anspannung und Entspannung einzelner Muskelgruppen), das **autogene Training** sowie das **Bio-Feedback** (Rückmeldung physiologischer Prozesse) (*vergleiche Kapitel Psychotherapie*).

Angst- und Panikstörungen 115

- **Kognitive Therapien:** Bei dieser Therapieform geht es um die Korrektur von fehlerhaften und eingefahrenen kognitiven Mustern. Dem Patienten soll vermittelt werden, welche spezifischen Denkabläufe die Angst aufrechterhalten bzw. zu einer Ausbreitung der Angst beitragen (*vergleiche Angstkreis, Abbildung 3-25*). Die Grundlage dieser Therapieform bildet die Information der Patienten über die komplexen Zusammenhänge von Angstentstehung und Folgen der Angst. Diese Therapieform kann in Gruppen stattfinden; es wurden auch spezielle Patientenseminare dafür entwickelt.

- **Verhaltenstherapeutische Verfahren:** Durch diese therapeutischen Ansätze wird versucht, eine Verhaltensmodifikation zu erreichen. Besonders bei phobischen Syndromen wurden anhaltende therapeutische Erfolge erzielt. In Frage kommt u. a. die **systematische Desensibilisierung.** Dabei wird der Patient anhand einer hierarchischen Angstskala im Zustand der Entspannung schrittweise mit dem angstauslösenden Stimulus konfrontiert. Die Konfrontation erfolgt zunächst in der Vorstellung, später dann auch in der Realität. Ein weiteres Verfahren besteht in der sog. **Reizüberflutung** („Flooding"). Dabei kommt es zu einer raschen und ausgeprägten Konfrontation mit dem angstauslösenden Objekt oder der angstauslösenden Situation. Nach einiger Zeit intensiv erlebter Angst tritt dann oft eine deutliche Entspannung mit Angstreduktion auf, deren Erleben über mehrere Sitzungen hinweg zu einer deutlichen Reduktion der Angstbereitschaft führen kann.

- **Tiefenpsychologisch orientierte Psychotherapie:** Mit **aufdeckenden psychotherapeutischen Verfahren** wird versucht, den der Angstsymptomatik zugrundeliegenden Konflikt zu bearbeiten. Entscheidende Voraussetzung zur Anwendung von tiefenpsychologisch orientierten Psychotherapien ist zunächst, den Konflikt klar herauszuarbeiten und die Beziehung zur Angstsymptomatik zu bestimmen. Bei der maßgeblichen Konfliktsituation handelt es sich nicht selten um einen ambivalent erlebten Trennungskonflikt (s. o.). Es hat sich gezeigt, daß gerade bei Patienten mit Angsterkrankungen häufig eine strukturelle Ich-Schwäche besteht, so daß auch bei aufdeckenden Verfahren zunächst eine Verbesserung der Angstbewältigungsmöglichkeiten angebracht sein kann. Die beschriebenen Verfahren werden in der Regel langfristig, d. h. über mehrere Jahre kontinuierlich, angewendet.

- **Soziotherapie:** Mit den Mitteln der verschiedenen **soziotherapeutischen Strategien** wird versucht, insbesondere die soziale Isolierung, in die Patienten mit Angststörungen häufig hineingeraten, zu vermindern. Das geschieht z. B. durch den Einsatz von Gruppentherapien sowie eventuell eine stufenweise berufliche Integration (*vergleiche Kapitel Soziotherapie*).

Pharmakologische Therapieansätze. Die umfangreichsten Erfahrungen bei der pharmakologischen Therapie von Angststörungen liegen für Benzodiazepine, Antidepressiva und (mit Einschränkung) auch für Betablocker vor. Ein ausführliches Stufenschema zur pharmakologischen Therapie von Angststörungen ist im *Kapitel Pharmakotherapie* dargestellt.

- **Benzodiazepine:** Die für diese Indikation am besten untersuchten Benzodiazepine sind **Alprazolam, Lorazepam, Diazepam** und **Oxazepam.** Beim Einsatz von Benzodiazepinen ist unbedingt zu beachten, daß sie langsam einschleichend dosiert werden. In gleicher Weise muß das Absetzen des Benzodiazepines in mehreren Schritten (über mehrere Wochen) erfolgen. Aufgrund des bestehenden Abhängigkeitsrisikos sollten Benzodiazepine nicht für die Langzeittherapie von Angststörungen eingesetzt werden. Die besten Erfahrungen bestehen bei der Behandlung von Panikstörungen.

- **Antidepressiva:** Es werden **trizyklische Antidepressiva** (insbesondere Imipramin), selektive **Serotonin-Wiederaufnahme-Hemmer** sowie neuerdings reversible **Monoaminooxidase-(MAO-)Hemmer** eingesetzt.

- **Kognitive Therapieverfahren** sollen eingefahrene kognitive Muster korrigieren. Dem Patienten soll vermittelt werden, welche Denkabläufe die Angst verstärken. Die Therapie ist als Einzeltherapie, aber auch in Gruppen (z.B. Patientenseminar) möglich.

- Durch **verhaltenstherapeutische Ansätze** soll eine Verhaltensmodifikation erreicht werden. Wichtigste Verfahren sind:
- **systematische Desensibilisierung** (schrittweise Konfrontation in Entspannung),
- **Reizüberflutung** (intensive Konfrontation in realer Situation).

- **Tiefenpsychologisch orientierte Psychotherapie:** Mit **aufdeckenden psychotherapeutischen Verfahren** wird versucht, den der Angstsymptomatik zugrundeliegenden Konflikt zu bearbeiten. Der erste Schritt besteht in einer Verbesserung der Angstbewältigungsmöglichkeiten. Die Therapie erfolgt meist kontinuierlich über mehrere Jahre.

- **Soziotherapie:** Mit den Mitteln der verschiedenen **soziotherapeutischen Strategien** wird versucht, insbesondere die soziale Isolierung zu vermindern.

Pharmakologische Therapieansätze
Ein ausführliches Stufenschema zur pharmakologischen Therapie von Angststörungen ist im *Kap. Pharmakotherapie* dargestellt.
Beim Einsatz von **Benzodiazepinen (Alprazolam, Lorazepam, Diazepam, Oxazepam)** muß beachtet werden:
- einschleichende Dosierung,
- keine Langzeittherapie,
- besonders geeignet in der Therapie von Panikstörungen,
- Absetzen über mehrere Wochen.

Die wichtigsten **Antidepressiva:**
- **trizyklische Antidepressiva,**
- selektive **Serotonin-Wiederaufnahme-Hemmer**
- **MAO-Hemmer.**

◄ Merke

Merke. Es ist zu beachten, daß bei Antidepressiva im Gegensatz zu Benzodiazepinen ein therapeutischer Effekt erst mit einer gewissen Latenz (zwei bis drei Wochen) auftritt.

116 **3 Krankheiten**

Betablocker werden besonders bei phobischen Störungen (auch **Examensangst**) zur Entkopplung von psychischen und vegetativen Symptomen eingesetzt.

- **Betablocker:** Durch den Einsatz von Betablockern kann versucht werden, insbesondere bei vorherrschender somatischer Symptomatik eine Entkopplung von psychischen und vegetativen Symptomen zu erreichen. Der Vorteil dieser Präparate besteht darin, daß praktisch keine Sedierung auftritt. Diese Präparate werden in der Regel nur bei phobischen Störungen (auch **Examensangst**) eingesetzt.

K *Kasuistik 1.* Der 35jährige kaufmännische Angestellte W. B. (verheiratet, zwei Kinder) berichtet folgenden Krankheitsverlauf:
Seine Beschwerden hätten vor einigen Jahren begonnen, nachdem drei gute Bekannte von ihm nacheinander an einem Herzinfarkt verstorben seien. Danach habe er häufig einen Druck auf der Brust verspürt, habe sich Sorgen gemacht, daß er an einer Herzerkrankung leiden könnte. Er habe sich deshalb mehrfach einer kardiologischen Untersuchung unterzogen, welche jedoch völlig unauffällig gewesen sei. Im Laufe der Jahre sei eine Zahl weiterer körperlicher Beschwerden dazugekommen. So leide er seit mehreren Jahren unter häufigen Kopfschmerzen, seit drei bis vier Jahren verspüre er häufig ein Leeregefühl im Kopf. Auch sei er im Laufe der letzten Jahre immer gereizter geworden und habe vermehrt Gefühlsausbrüche. Er fühle sich verkrampft, habe häufig Schmerzen im Nacken oder in der Schultergegend. Er mache sich viele Sorgen, daß seiner Ehefrau oder seinen Kindern etwas zustoßen könne.
Der Patient gab an, beruflich sehr belastet zu sein, andererseits fühle er sich auf der Arbeit noch am wohlsten, da er von seinen Beschwerden abgelenkt sei. Als Vorbehandlung war in den letzten Jahren eine Gesprächstherapie bei

seinem Hausarzt erfolgt, medikamentös waren Betablocker sowie Benzodiazepine eingesetzt worden. In den letzten drei Jahren hatte der Patient immer wieder Phasen, in denen er über mehrere Wochen Diazepam 10 mg regelmäßig einnahm.
Die körperliche Untersuchung ergab Zeichen einer deutlichen vegetativen Übererregbarkeit, die ausführliche kardiologische Diagnostik war unauffällig. Unter Gabe von serotonergen Antidepressiva kam es zunächst zu einer mäßiggradigen Besserung der Symptomatik. Die somatischen Beschwerden traten in den Hintergrund. Parallel wurde mit psychotherapeutischen Einzelsitzungen begonnen, welche u. a. verhaltenstherapeutische Streßbewältigungsmethoden und Entspannungstechniken beinhalteten.
Bei einer Nachuntersuchung nach zweieinhalb Jahren war der Patient medikamentenfrei. Die oben beschriebenen Beschwerden traten kaum noch auf, lediglich in psychischen Anspannungssituationen bestanden noch ein Druckgefühl auf der Brust sowie ein Kloßgefühl im Hals.
Bei dem hier beschriebenen Patienten wurde die **Diagnose einer generalisierten Angststörung** (ICD-10: F 41.1, DSM-III-R: 300.02) gestellt, wobei sich hier auch die fließenden Grenzen zu einer oft begleitenden depressiven Symptomatik zeigen.

K *Kasuistik 2.* 32jähriger Patient, ledig und ohne Kinder, Angestellter in einer Buchhandlung.
Der Patient berichtet, vor zweieinhalb Jahren, als er sich mehreren Kunden gegenüber sah, habe er erstmals ein Gefühl von starker Angst mit Zittern und Atemnot verspürt. Besonders schlimm sei es an der Kasse in seiner Buchhandlung gewesen. In der Folge sei dieser nicht aushaltbare Druck mit Zittern, starker Atemnot, Herzrasen und Schweißausbrüchen immer häufiger in Situationen aufgetreten, wo er sich beobachtet bzw. kontrolliert gefühlt habe. So habe er z.B. Angst im Bus beim Stempeln seiner Fahrkarte, als Kunde an der Ladenkasse fühle er sich kontrolliert. Wenn ihm bei der Arbeit Kunden beim Schreiben von Bestellungen zugeschaut hätten, habe er große Probleme gehabt, habe kaum schreiben können vor Zittern. Daneben leide er unter Versagensängsten und Minderwertigkeitsgefühlen. Als er vor vier Wochen von seinem Arbeitgeber erfahren habe, daß eine Umstrukturierung im Betrieb seine Versetzung an eine andere Stelle, welche mehr im Blickpunkt der Öffentlichkeit läge, notwendig machen würde, sei er immer mehr in Panik geraten. Er habe sich richtig in die Angst hineingesteigert. Er versuche, die Situationen, in denen er sich beobachtet fühle, jetzt vollständig zu vermeiden. In anderen Situationen trete kaum Angst auf.
Im psychischen Befund wirkte der Patient sehr ange-

spannt und unruhig. Kognitive Auffälligkeiten fanden sich nicht, die Stimmungslage war gedrückt bei noch guter affektiver Schwingungsfähigkeit. Der Antrieb war unauffällig. Der Patient zeigte ein deutliches Krankheitsgefühl und ausreichende Krankheits- und Behandlungseinsicht. Aus der körperlichen Vorgeschichte war eine chronische Gastritis mit häufigen Magenbeschwerden und Übelkeit relevant.
Unter einer Behandlung mit Antidepressiva sowie kognitiv-verhaltenstherapeutischen Einzelgesprächen zeigte sich eine Besserung der Symptomatik. Begleitend wurde durch einen Sozialarbeiter Kontakt mit dem Arbeitgeber aufgenommen. Es konnte erreicht werden, daß der Patient auf seiner bisherigen Position weiter beschäftigt wurde. Nach neun Monaten war der Patient wieder in der Lage, vor einzelnen Personen Handlungen wie Schreiben oder Bestellungen aufnehmen durchzuführen. Jedoch wurden diese Situationen weiterhin gemieden, wenn der Stimulus zu intensiv war (z.B. bei größeren Gruppen). Die Antidepressiva-Medikation setzte der Patient nach zwei Monaten selbständig ab. Die Verhaltenstherapie wurde weitergeführt.
Bei diesem Patienten wurde die **Diagnose einer sozialen Phobie** gestellt (ICD-10: F 40.1, DSM-III-R: 300.23). Deutlich wird die situative Gebundenheit der Ängste, hier an Situationen der möglichen Beobachtung oder Kontrolle durch Kunden der Buchhandlung.

Zwangsstörungen

Synonyme: Zwangserkrankung, Zwangssyndrom, anankastisches Syndrom

> **Definition.** Als **Zwangsstörung** werden Krankheitsbilder bezeichnet, bei denen Zwangsgedanken und/oder Zwangshandlungen im Vordergrund der Symptomatik stehen. Unter der Bezeichnung **Zwang** werden Vorstellungen, Handlungsimpulse und Handlungen zusammengefaßt, die sich einem Menschen aufdrängen und gegen deren Auftreten er sich vergebens wehrt. Zwangserscheinungen werden als dem eigenen Ich zugehörig, jedoch meist als unsinnig und bedrohlich erlebt. Zwangssymptome können auch im Rahmen anderer psychischer Erkrankungen (insbesondere Psychosen) vorkommen.

Auch dem **gesunden Menschen** sind zwangsähnliche Phänomene nicht ganz unbekannt. Beispiele dafür sind z. B. das gedankliche Beharren auf einzelnen Worten, Sätzen oder auch Melodien. Auch das strikte Bedürfnis nach Aufrechterhalten einer bestimmten Ordnung oder nach unbedingter Sauberkeit kann zwanghaften Charakter aufweisen. **Pathologische Zwangsphänomene** stellen in ihren verschiedenen Erscheinungsformen (Zwangsgedanken, Zwangsimpulse und Zwangshandlungen) eine Erlebnisweise dar, die einen Patienten in seinem gesamten Denken, Handeln und sozialen Verhalten massiv beeinträchtigen kann.

Durch progrediente Ausbreitung der Zwangssymptomatik können große Teile des Tagesablaufes für Zwangshandlungen benötigt werden. Dadurch kann es zu einem ausgeprägten sozialen Rückzug oder sogar zu sozialer Isolierung kommen.

Allgemeines

Historisches. Wie bei den meisten anderen psychopathologischen Phänomenen auch beginnt die systematische Beschreibung von Zwang als psychiatrischem Symptom erst in der Mitte des letzten Jahrhunderts. Eine eigenständige Zwangserkrankung wurde erstmals im Jahre 1838 von dem französischen Psychiater **Esquirol** beschrieben. In der Folgezeit wurden Zwangssymptome meist als Ausdruck einer depressiven Erkrankung angesehen. 1894 entwickelte **Sigmund Freud** ein analytisches Modell zur Entstehung von Zwangssymptomen und beschrieb die Zwangsneurose. Im gleichen Jahr vertrat aber **Tuke** bereits die Meinung, die Ursache der Zwangsstörung sei in einer kortikalen Dysfunktion zu sehen. In den dreißiger Jahren dieses Jahrhunderts wurden Zwangssymptome gehäuft bei der Encephalitis lethargica beschrieben. Im letzten Jahrzehnt wurden operationale Kriterien für die Zwangsstörung entwickelt, erstmals im DSM-III im Krankheitsbild der „Obsessive-Compulsive-Disorder" (OCD). Durch eine weitgehend einheitliche Definition der Zwangsstörungen ist auch die Erforschung der möglichen Ursachen, insbesondere im neurobiologischen Bereich, vorangebracht worden.

Im DSM-III-R wurde die Zwangsstörung (oder Zwangsneurose) in den Abschnitt über Angststörungen integriert, im ICD-10 bildet die Zwangsstörung einen eigenen Unterabschnitt (F42) im Abschnitt „neurotische, Belastungs- und somatoforme Störungen" (*siehe Synopsis 3-10*).

Zwangsstörungen

Synonyme: Zwangserkrankung, Zwangssyndrom, anankastisches Syndrom
◄ Definition

Auch beim **gesunden Menschen** kommen zwangsähnliche Phänomene vor (gedankliches Beharren auf Worten, striktes Bedürfnis nach Aufrechterhalten einer bestimmten Ordnung).
Pathologische Zwangsphänomene beeinträchtigen einen Patienten in seinem gesamten Denken, Handeln und sozialen Verhalten. Es kommt evtl. zu sozialer Isolierung.

Allgemeines

◄ Historisches

Die *Synopsis 3-10* zeigt die Klassifikation von Zwangsstörungen im Vergleich von ICD-10 und DSM-III-R.

Synopsis 3-10: Klassifikation von Zwangsstörungen im Vergleich von ICD-10 und DSM-III-R

ICD-10	DSM-III-R
Zwangsstörung (F42) – Vorwiegend Zwangsgedanken oder Grübelzwang (F42.0) – Vorwiegend Zwangshandlungen (Zwangsrituale, F42.1) – Zwangsgedanken und -handlungen, gemischt (F42.2)	Zwangsstörung (oder Zwangsneurose; 300.30)

Epidemiologie

Die **Lebenszeitprävalenz** liegt bei 1–2%. Der Erkrankungsbeginn liegt meist zwischen 20 und 25 Jahren, ein Beginn im späteren Lebensalter oder in der Kindheit ist möglich. Männer sind häufiger betroffen als Frauen.

Die häufigste **Co-Morbidität** findet sich zu

- depressiven Störungen,
- Phobien,
- Alkoholmißbrauch,
- Eßstörungen.

Ätiopathogenese

In der Genese von Zwangsstörungen wird heute ein **Zusammenspiel von organischen und psychologischen Faktoren** angenommen.

- **Neurobiologische Befunde:**
  Eine besondere Bedeutung wird in neurobiologischen Studien einer **Störung in der Funktion der Basalganglien**, des **limbischen Systems** und des **Frontalhirns** zugesprochen.

  Im Zusammenspiel dieser Hirnstrukturen spielt insbesondere **Serotonin** eine wesentliche Rolle. Für eine biologisch bedingte erhöhte Vulnerabilität sprechen auch neuere **genetische Untersuchungen**.

  Neurobiologische Theorien alleine können jedoch das Auftreten und die Komplexität von Zwangsstörungen nicht erklären.

- **Psychodynamische Theorien:**
  In psychoanalytischen Konzepten wird eine Fixierung auf die **anale Phase** im Zusammenhang mit rigiden Erziehungsformen angenommen.

  Wichtige Abwehrmechanismen sind
  - **Isolierung,**
  - Reaktionsbildung,
  - Ungeschehenmachen,
  - Intellektualisierung.

Epidemiologie. Lange Zeit ist die Häufigkeit von Zwangsphänomenen und Zwangserkrankungen unterschätzt worden. Man kann heute davon ausgehen, daß die **Lebenszeitprävalenz** für eine Zwangsstörung bei 1 bis 2% liegt. Einzelne Zwangssymptome finden sich in der Normalbevölkerung bei etwa 8%. Die Prävalenzraten in Europa, Amerika und Asien unterscheiden sich nicht wesentlich voneinander. Die Erkrankung beginnt am häufigsten im Alter von etwa 20 bis 25 Jahren. Nach dem 35. Lebensjahr erkranken nur noch 10 bis 15% aller Patienten. Ein Beginn in der Kindheit ist möglich. Zwangssymptome finden sich bei deutlich mehr Männern als Frauen. Letztlich noch nicht geklärt ist die Frage, inwieweit eine Zwangsstörung grundsätzlich auf dem Boden einer zwanghaften Persönlichkeitsstruktur entsteht oder ob beide Störungen unabhängig voneinander auftreten. Die häufigste **Co-Morbidität** findet sich zu depressiven Störungen, isolierten und sozialen Phobien, Alkoholmißbrauch und Eßstörungen.

Ätiopathogenese. In der Genese von Zwangsstörungen wird heute ein **Zusammenspiel von organischen und psychologischen Faktoren** angenommen. Während lange Zeit psychodynamische Theorien im Vordergrund standen, haben in der letzten Zeit durch die Beobachtung des Auftretens von Zwangssymptomen bei organischen Störungen (Encephalitis lethargica, Sydenham-Chorea) sowie durch Therapieerfolge bei Gabe von Antidepressiva, die neurobiologischen Theorien Auftrieb erhalten. Von großer therapeutischer Bedeutung sind auch lerntheoretische Modelle der Entstehung von Zwangsstörungen (s. u.).

- **Neurobiologische Befunde:** Die Untersuchungen mit Hilfe von neueren bildgebenden Verfahren (z. B. Positronen-Emissions-Tomographie, PET) haben zeigen können, daß bei der Genese von Zwangsstörungen offensichtlich eine **funktionelle Störung im System der Basalganglien** in Verbindung mit dem **limbischen System** und dem **Frontalhirn** besteht. Im Zusammenspiel dieser Hirnstrukturen spielt insbesondere der Neurotransmitter **Serotonin**, aber auch das Dopamin eine wesentliche Rolle. Auf die Bedeutung von Serotonin, das für die Impulskontrolle insgesamt eine zentrale Position einnimmt, weist auch der gute klinische Effekt von serotonergen Antidepressiva (s. u.) hin.

  Hinweise für das Zusammenspiel der genannten Hirnstrukturen zeigen sich auch in den neurochirurgischen Befunden, in denen bei einer Unterbrechung der Projektionsbahnen zwischen Basalganglien und Frontalhirn therapeutische Erfolge beschrieben wurden. Für eine biologisch bedingte erhöhte Vulnerabilität sprechen auch neuere **genetische Untersuchungen**. Dabei hat sich gezeigt, daß bei Verwandten ersten Grades von Patienten mit Zwangserkrankungen die Inzidenz für Zwangssymptome erhöht ist. Ebenso fanden sich beim Vergleich eineiiger Zwillinge höhere Konkordanzraten als bei zweieiigen Zwillingen.

  Neurobiologische Theorien alleine können jedoch das Auftreten und die Komplexität von Zwangsstörungen sicherlich nicht erklären. Ein Hinweis für die Heterogenität dieser Störungen ist z. B., daß auf den Einsatz von spezifischen Serotin-Wiederaufnahme-Hemmern nur etwa 60 bis 80% der Patienten günstig reagieren, während sich bei den übrigen kaum eine Veränderung zeigt.

- **Psychodynamische Theorien:** In der psychoanalytischen Theorie der Entstehung von Zwangssymptomen spielt insbesondere eine angenommene Fixierung auf die **anale Phase** im Zusammenhang mit rigiden Erziehungsformen eine Rolle. Impulse, die dem analen Organ-Erleben des Kindes entstammen, sind von Bedeutung. Es handelt sich dabei um anal-lustvolle (Wünsche, sich zu beschmutzen usw.), anal-sadistische (antisoziale, aggressive Wünsche) und genitale Impulse. Es wird angenommen, daß bei der Entstehung von Zwangsstörungen die pathogenen Impulse kaum einmal wirklich unbewußt sind. Die neurotische Abwehr basiert hier nämlich weniger auf einer Verdrängung, sondern vielmehr auf einer inhaltlichen und affektiven **Isolierung** (Versachlichung, Gefühlsvermeidung). Die moralische psychische Struktur des Patienten mit einer Zwangsstörung wird grundsätzlich als in besonderem Maße streng und rigide beschrieben. Eine ausgeprägte Über-Ich-Strenge wird dabei vorausgesetzt, es soll eine ausgeprägte Angst vor eventuellen Tabubrüchen bestehen. Dieser „Hypermoralität" des Gewissens stehen die als antisozial erlebten Triebwünsche gegenüber. Die Bildung von Zwangssymptomen stellt dann den Versuch dar, beide Bestrebungen miteinander zu verbinden.

Neben dem Abwehrmechanismus der Isolierung spielen auch die Reaktionsbildung, das Ungeschehenmachen und die Intellektualisierung eine wesentliche Rolle (*vergleiche Kapitel Psychotherapie*).

- **Lerntheoretische Aspekte:** Bei den lerntheoretischen Aspekten wird eine Beziehung zwischen Zwangsphänomenen und Angst angenommen. Es gibt aber keine einheitliche Theorie über das Entstehen von Zwangsgedanken und Zwangshandlungen. Es wird angenommen, daß durch die Bindung eines ursprünglich neutralen Gedankens an einen angstbesetzten Stimulus dieser Gedanke dann zu einem selbst angstbesetzten Vorgang wird. Dabei spielt das sogenannte magische Denken eine wichtige Rolle (etwa: wenn ich eine bestimmte Handlung ausführe, dann hat das direkte Folgen in einem bestimmten anderen Bereich). Zwangshandlungen können als ein Versuch angesehen werden, eine angstbesetzte Situation oder eine Befürchtung (z. B. sich zu beschmutzen) zu bewältigen (z. B. durch Waschen der Hände). Hat eine solche Handlung zunächst Erfolg und reduziert sie die Angst, so kann sie sich im weiteren Verlauf ausbreiten und verselbständigen. **Diese Handlung tritt dann praktisch an die Stelle der Angst,** und bei dem Versuch, diese Handlung zu unterlassen, tritt wiederum starke Angst auf. Lerntheoretische Modelle haben sich insbesondere bei der Therapie von Zwangsstörungen (Verhaltenstherapie) durchgesetzt.

Symptomatologie und klinische Subtypen

Pathologische Zwangsphänomene zeichnen sich durch verschiedene relevante Eigenschaften aus. Die wesentlichen Kriterien bestehen darin, daß bestimmte Gedankeninhalte oder Handlungen
- sich stereotyp wiederholen,
- sich aufdrängen,
- als sinnlos oder gar unsinnig erlebt werden,
- nicht durch Ablenkung oder ähnliche Strategien vermieden werden können.

> **Merke.** Bei dem Versuch, sich den Zwangsphänomenen zu widersetzen, tritt eine intensive innere Spannung mit vorherrschender Angst auf.

Eine scharfe Grenze zwischen normalem zwangsähnlichem Verhalten und pathologischen Zwangsphänomenen läßt sich dabei nicht ziehen; es kommen praktisch alle Abstufungen zwischen psychologisch ableitbarem Verhalten und schweren progredienten Zwangserkrankungen vor.

Es werden unterschiedliche Formen von Zwangsphänomenen unterschieden, nämlich **Zwangsgedanken, Zwangsimpulse und Zwangshandlungen.** Zwangsgedanken und Zwangshandlungen können getrennt auftreten, bei etwa zwei Drittel der Patienten finden sich aber sowohl Zwangsgedanken als auch Zwangshandlungen (*siehe Abbildung 3-31*).

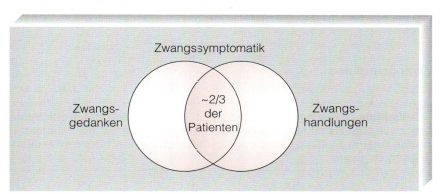

Abb. 3-31: Gemeinsames Auftreten von Zwangsgedanken und Zwangshandlungen bei Zwangsstörungen

Zwangsgedanken

Definition. Zwangsgedanken sind zwanghaft sich immer wieder aufdrängende, jedoch als unsinnig erkannte Denkinhalte.

Beispiele für Zwangsgedanken sind:
- der Gedanke, sich bei jeglichem Kontakt mit anderen Menschen oder auch mit Objekten zu verschmutzen,
- der dauernde und unlösbare Zweifel, bestimmte Dinge getan oder unterlassen zu haben,
- der zwanghaft sich aufdrängende Gedanke, die eigene Gesundheit könnte gefährdet sein.

Diese Gedanken werden von der betroffenen Person (zumindestens anfänglich) als sinnlos oder gar unsinnig empfunden. Es wird versucht, diese Gedanken zu unterdrücken oder sie mit Hilfe anderer Gedanken und Handlungen auszuschalten. Diese Versuche mißlingen jedoch in aller Regel, und der Patient fühlt sich den Zwangsgedanken schließlich hilflos ausgeliefert. Er erkennt dabei durchaus, daß die Zwangsgedanken aus ihm selbst kommen, sie also nicht von außen aufgezwungen werden. Die häufigsten Inhalte von Zwangsgedanken sind Furcht vor Verschmutzung, pathologische Zweifel und auf die körperliche Gesundheit bezogene Inhalte (*siehe Abbildung 3-32*). Bei mehr als der Hälfte der Patienten finden sich mehrere unterschiedliche Themen.

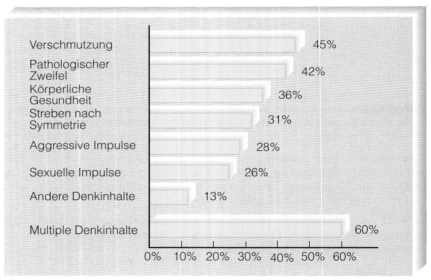

Abb. 3-32: Häufigkeit der einzelnen Formen von Zwangsgedanken in einer Population von Patienten mit Zwangserkrankungen

Zwangsimpulse

Definition. Zwangsimpulse sind zwanghaft sich gegen den Willen durchsetzen wollende Handlungsimpulse. Zwangsimpulse sind mit der Angst verbunden, eine Handlung könne ausgeführt werden, was aber gewöhnlich nicht geschieht.

Beispiele für Zwangsimpulse sind:
- der Impuls, eine Aggression gegen andere Menschen zu begehen (z. B. das eigene geliebte Kind zu verletzen oder gar zu töten),

- sexuelle Impulse (Impuls zu unkontrollierten sexuellen Handlungen oder zu ungewöhnlichen sexuellen Praktiken),
- autoaggressive Impulse (Impuls von einer Brücke zu springen oder ähnliches).

Das Auftreten von Zwangsimpulsen, insbesondere wenn sie aggressiver Natur sind, löst bei den Patienten meist eine intensive Angst aus, daß solche Impulse in tatsächliche Handlungen umgesetzt werden könnten. Glücklicherweise ist die Gefahr des Ausführens solcher Handlungen als extrem gering einzuschätzen. Insofern ergibt sich praktisch nie die Notwendigkeit, eingreifende Schutzmaßnahmen (etwa eine Unterbringung in einer geschützten Station) zu ergreifen.

Zwangshandlungen

> **Definition.** **Zwangshandlungen** sind zwanghaft gegen oder ohne den Willen ausgeführte Handlungen. Bei dem Versuch, diese Handlungen zu unterlassen, treten massive innere Anspannung und Angst auf.

Bei **Zwangshandlungen** sieht sich der Patient gezwungen, bestimmte Handlungen immer wieder auszuführen, obwohl sie als sinnlos empfunden werden. Diese Handlungen müssen in der Regel in immer der gleichen Weise ausgeführt werden und dürfen sich nicht verändern. Die häufigste Handlung besteht darin, bestimmte Dinge immer wieder **zu kontrollieren**. So genügt es beispielsweise nicht, beim Verlassen des Hauses ein- oder zweimal zu kontrollieren, ob die Türe wirklich geschlossen ist, sondern dieses muß bis zu zwanzig oder dreißig Mal wiederholt werden. Der Patient ist sich dabei durchaus bewußt, daß die Tür bereits verschlossen ist. Versucht er jedoch, sich diesem Handlungsimpuls zu widersetzen, tritt starke innere Anspannung oder Angst auf. Das Ausführen der Handlung führt dann zu einer Spannungsreduktion, die in der Regel jedoch nur sehr kurzfristig anhält. Solche Handlungen können sich schließlich zu komplexen **Ritualen** zusammenfügen. Diese Rituale müssen in einer festgelegten Reihenfolge durchlaufen werden. Bei der geringsten Störung muß eventuell der gesamte Handlungsablauf erneut begonnen werden. Neben Kontrollzwängen als häufigster Form von Zwangshandlungen kommt es sehr häufig zu Waschzwang, zwanghaftem Nachfragen bzw. Beichten und zu einem Zählzwang (*siehe Abbildung 3-33*). Bei der Hälfte der Patienten treten verschiedene Handlungen parallel auf.

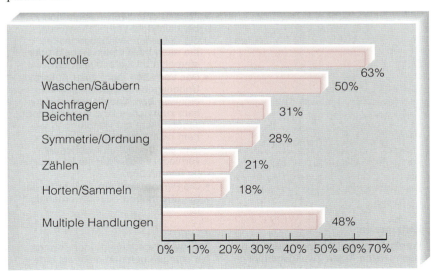

Abb. 3-33: Häufigkeit der einzelnen Formen von Zwangshandlungen in einer Population von Patienten mit Zwangserkrankungen

Diagnostik und Differentialdiagnose

Diagnostik. Zwangsstörungen werden diagnostiziert, wenn Zwangsgedanken und/oder Zwangshandlungen ganz im Vordergrund der Symptomatik stehen und Hinweise auf eine andere psychische Störung (z. B. eine schizophrene Psychose oder eine schwerwiegende depressive Erkrankung) sich nicht finden. In den modernen diagnostischen Systemen wird auch die Zeitdauer bzw. die Häufigkeit definiert (*siehe Synopsis 3-11*). Nach ICD-10 müssen wenigstens über 2 Wochen an den meisten Tagen Zwangsgedanken oder -handlungen oder beides nachweisbar sein. Nach DSM-III-R müssen die Zwangsgedanken oder Zwangshandlungen pro Tag mehr als eine Stunde in Anspruch nehmen.

Diagnostisch wichtig sind auch die **Folgen** von Zwangsphänomenen. In der Regel verursachen die Zwangsphänomene erhebliches psychisches Leiden, sind zeitraubend und beeinträchtigen den normalen Tagesablauf, die beruflichen Leistungen und die üblichen sozialen Aktivitäten.

Außer als eigenständige Störung kommen Zwangssymptome sehr häufig auch im Rahmen von anderen psychischen Erkrankungen vor.

Synopsis 3-11: Symptomatik der Zwangsstörung im Vergleich von ICD-10 und DSM-III-R

ICD-10	DSM-III-R
Symptomatik:	
Zwangsgedanken und Zwangshandlungen:	**Zwangsgedanken:**
• Sie müssen als eigene Gedanken oder Impulse für den Patienten erkennbar sein.	• Wiederholte, länger andauernde Ideen, Gedanken, Impulse oder Vorstellungen, die, zumindest anfänglich, als lästig oder sinnlos empfunden werden.
• Wenigstens einem Gedanken oder einer Handlung muß noch, wenn auch erfolglos, Widerstand geleistet werden, selbst wenn sich der Patient gegen andere nicht länger wehrt.	• Die Person versucht, solche Gedanken bzw. Impulse zu ignorieren oder zu unterdrücken oder sie mit Hilfe anderer Gedanken oder Handlungen auszuschalten.
• Der Gedanke oder die Handlungsausführung dürfen an sich nicht angenehm sein.	• Die Person sieht ein, daß die Zwangsgedanken von ihr selbst kommen und nicht von außen aufgezwungen werden.
• Die Gedanken, Vorstellungen oder Impulse müssen sich in unangenehmer Weise wiederholen.	Zwangshandlungen:
	• Wiederholte, zweckmäßige und beabsichtigte Verhaltensweisen, die auf einen Zwangsgedanken hin nach bestimmten Regeln oder stereotyp ausgeführt werden.
	• Das Verhalten dient dazu, äußerstes Unbehagen oder schreckliche Ereignisse bzw. Situationen unwirksam zu machen bzw. zu verhindern. Jedoch steht die Handlung in keinem realistischen Bezug zu dem, was sie unwirksam machen bzw. verhindern soll, oder sie ist eindeutig übertrieben.
	• Die Person sieht ein, daß ihr Verhalten übertrieben oder unvernünftig ist.
Zeitkriterien:	
Wenigstens zwei Wochen müssen an den meisten Tagen Zwangsgedanken oder -handlungen oder beides nachweisbar sein.	Die Zwangsgedanken oder Zwangshandlungen nehmen mehr als eine Stunde pro Tag in Anspruch.

Differentialdiagnose. Abzugrenzen sind Zwangsstörungen von **Wahnphäno-menen** (z. B. im Rahmen von schizophrenen Psychosen). Im Gegensatz zu Zwangssymptomen werden Wahnphänomene meist als ich-fremd oder von außen kommend erlebt. Auch in der Unkorrigierbarkeit und dem fehlenden Argumentationsbedürfnis des Wahnkranken besteht eine Differenzierungsmöglichkeit zwischen beiden Symptomenkomplexen.

Abzugrenzen sind Zwangsstörungen auch von anderem als zwanghaft erscheinendem Verhalten (z. B. ritualisiertes Eßverhalten bei **Eßstörungen**, ritualisiertes Verhalten im Rahmen von **Störungen des Sexualverhaltens** oder zwanghaft anmutende Zuführung eines Suchtstoffes bei **Abhängigkeitsstörungen**). Hierbei wird das Verhalten selbst in der Regel nicht als unsinnig erlebt, sondern allenfalls wegen sekundärer Folgen bekämpft. Übergänge gibt es auch zu den **anankastischen (zwanghaften) Persönlichkeitsstörungen** (*vergleiche Kapitel Persönlichkeitsstörungen*). Dabei ist insbesondere darauf zu achten, inwieweit sich Zwangsphänomene ausbreiten und zu sozialer Behinderung führen. Im Rahmen der **anankastischen Depression** spielen Zwangsphänomene ebenfalls eine wichtige Rolle, insbesondere in Form des zwanghaften Grübelns. Die Gedankeninhalte erscheinen dem Patienten aus dem Blickwinkel der depressiven Störung jedoch meistens als nicht unsinnig.

Schließlich kann Zwang auch im Rahmen von **organisch begründbaren Störungen** auftreten. Dazu gehören u. a. das Gilles-de-la-Tourette-Syndrom (Erkrankung mit motorischen Automatismen und unwillkürlichem Ausstoßen von Worten), die Sydenham-Chorea (Chorea minor, hyperkinetisch-hypotones Syndrom der Gesichtsmuskulatur und der distalen Extremitätenabschnitte) sowie bestimmte Enzephalitisformen (Encephalitis lethargica).

> ***Merke.*** Zwangssymptome können als eigenständige Störung auftreten. Sie werden häufig jedoch auch im Rahmen von anderen Erkrankungen gefunden.

Verlauf

Der Verlauf von Zwangsstörungen ist **in der Regel chronisch,** dabei kann die Intensität der Symptomatik jedoch schwanken. Zwangsgedanken und Zwangshandlungen neigen dazu, sich auszubreiten und immer größere Bereiche des Alltags zu besetzen. **Sozialer Rückzug** und **soziale Isolierung** sind häufige Folgen von Zwangsstörungen, evtl. treten auch ernstzunehmende **körperliche Folgen** (z. B. bei Waschzwang) auf (*siehe Synopsis 3-11*). Wird immer mehr Zeit für Zwangshandlungen und Zwangsrituale benötigt, so kommen dabei übliche Alltagsaktivitäten häufig zu kurz. Der Patient vernachlässigt eventuell seine direkte Umgebung, und es kann zu intensiver Verwahrlosung kommen. Die Symptomatik kann so ausgeprägt sein, daß dem Patienten ein **Suizid** als der einzige Ausweg erscheint.

> ***Merke.*** Für das Verständnis der Problematik von Patienten mit Zwangsstörungen ist **die Kenntnis der Folgen** der Zwangserkrankung besonders wichtig. Zwangserkrankungen können auch ernstzunehmende körperliche Folgen (z. B. bei Waschzwang, *siehe Abbildung 3-34*) haben.

Wichtige **Differentialdiagnosen** sind:
* **Wahnerkrankungen** (z. B. Schizophrenien; Wahnphänomene werden dabei meist als von außen kommend erlebt),
* zwanghafte Verhaltensauffälligkeiten (**Eßstörungen, Störungen des Sexualverhaltens, Abhängigkeitsstörungen,**
* anankastische (zwanghafte) **Persönlichkeitsstörung,**
* anankastische (zwanghafte) **Depression.**

Wichtige **organische Differential-diagnosen:**
* Gilles-de-la-Tourette-Syndrom,
* Chorea Sydenham,
* bestimmte Enzephalitisformen.

◄ Merke

Verlauf

Zwangsstörungen **verlaufen meist chronisch** mit schwankender Intensität. Sie neigen dazu, sich auszubreiten. Bei zunehmender Zwangssymptomatik kommen die üblichen Alltagsaktivitäten zu kurz. Neben sozialen Folgen (**sozialer Rückzug, Isolation**) gibt es auch **körperliche Schädigungen** (z. B. bei Waschzwang; *vgl. Syn. 3-11*). Auch **Suizidalität** ist zu finden.

◄ Merke

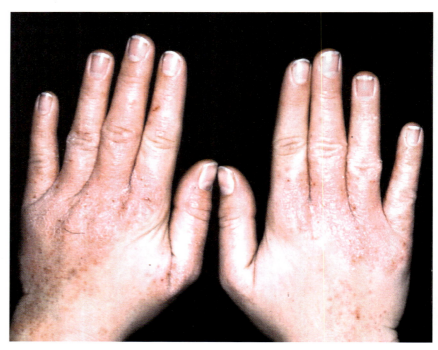

Abb. 3-34: Diese ekzematösen „Waschfrauenhände" zeigen eine mögliche körperliche Schädigung im Rahmen eines Waschzwanges

Therapie

Therapie

Im letzten Jahrzehnt hat sich durch den kombinierten Einsatz von **psychopharmakologischen und psychotherapeutischen Verfahren** eine deutliche Besserung der Prognose ergeben. Meist können eine deutliche **Verminderung des Leidensdruckes** und eine **verbesserte Kontrolle** und Bewältigung der Zwangssymptomatik erreicht werden.

Während früher Zwangsstörungen durch den Mangel an geeigneten Therapiemethoden nur sehr unzureichend beeinflußbar waren, hat sich im letzten Jahrzehnt durch den kombinierten Einsatz von **psychopharmakologischen und psychotherapeutischen Verfahren** eine deutliche Besserung der Prognose ergeben (vergleiche Therapie). In der Regel kann jedoch nicht ein vollständiges Sistieren der Zwangssymptomatik erreicht werden, wohl aber eine deutliche **Verminderung des Leidensdruckes** und eine **verbesserte Kontrolle** und Bewältigung der Zwangssymptomatik. In einer neueren Studie gaben sieben Jahre nach Beginn der Behandlung 10% der Patienten einen sehr guten Zustand an, 68% schätzten ihr Befinden als gut bis mittelmäßig ein, 22% der Patienten fühlten sich noch deutlich beeinträchtigt. Auch die Arbeitsfähigkeit von Patienten mit Zwangsstörungen kann sich unter der Therapie deutlich bessern. Während zum Zeitpunkt des Therapiebeginns nur 15% der untersuchten Patienten vollständig arbeitsfähig waren, waren es sieben Jahre danach bereits wieder 57%.

Pharmakologische Therapieverfahren

Die besten Erfolge werden durch **serotonerge Antidepressiva** erzielt.

Pharmakologische Therapieverfahren. Bei Zwangsstörungen werden die besten therapeutischen Erfolge durch den Einsatz von **serotonergen Antidepressiva** erzielt. Hierbei wird insbesondere das Trizyklikum Clomipramin in üblicher bis hoher Dosierung (evtl. bis zu 300 mg/die) eingesetzt.

Ebenfalls wirksam bei Zwangsstörungen sind die selektiven Serotonin-Wiederaufnahme-Hemmer Fluvoxamin, Fluoxetin und Paroxetin.

Merke ▶

> *Merke.* Die Beurteilung eines Erfolges bzw. eines Mißerfolges sollte nicht vor Ablauf von zehn Wochen erfolgen.

Der Therapieerfolg besteht häufig nicht in einem völligen Sistieren der Symptomatik, jedoch in einer zunehmenden Kontrollfähigkeit.

Der Therapieerfolg ist häufig nicht in einem völligen Sistieren der Zwänge, jedoch in einer subjektiv als wirkungsvoll erlebten Kontrollfähigkeit zu finden.

Nichtpharmakologische Therapieverfahren. Im ärztlichen Kontakt ist es grundsätzlich wichtig, den Patienten mit seiner Zwangssymptomatik ernstzunehmen. Dem Patienten soll vermittelt werden, daß die fehlende Kontrolle über die Zwangssymptome nicht seinem eigenen Versagen zuzuschreiben ist. Es sollen Informationen über die Störung vermittelt werden. Die Patienten sollten auch darüber aufgeklärt werden, daß in aller Regel die Zwangsgedanken nicht in die Tat umgesetzt werden, was vor allem bei aggressiven Zwangsimpulsen von großer Bedeutung ist. Auch diese therapeutische Strategie sollte nicht nur das völlige Beseitigen der Symptome, sondern eventuell auch eine Stärkung der Kontrollfähigkeit anstreben.

Voraussetzung für **verhaltenstherapeutische Strategien** ist zunächst eine Analyse der Zwangsgedanken und Zwangshandlungen und der Situationen, in denen sie auftreten. Es kann dann versucht werden den Patienten anzuleiten, sich seinen angstauslösenden Situationen bewußt auszusetzen und dabei aufkommende Zwangshandlungen zu verhindern. Dabei ist ein stufenweises Vorgehen nötig, indem von den am wenigsten belastenden Situationen bzw. Zwängen ausgegangen wird und im Laufe der Zeit immer komplexere und problematischere Situationen gewählt werden. **Entspannungsverfahren können damit kombiniert werden.**

Bei Zwangsgedanken werden verhaltenstherapeutisch vorwiegend **kognitive Therapiemaßnahmen** eingesetzt. Dabei sollen die Patienten ihre Einstellung zum Zwangssymptom kennenlernen und möglicherweise ändern. Sie sollen lernen, ihre Zwangssymptome als solche zu identifizieren. Wenn einem Kranken z. B. nach Berühren einer Türklinke der Gedanke kommt, er habe sich nun die Hand infiziert (gefolgt vom Impuls, sie durch ritualisiertes Waschen zu „reinigen"), so muß er unter Anleitung lernen, etwa folgende Einstellung einzunehmen: „Der Gedanke, der eben aufgetreten ist, ist ein Zwangsgedanke. Er ist lediglich ein Anzeichen dafür, daß ich noch an einer Zwangserkrankung leide. Er ist kein Indiz dafür, daß ich selbst in irgendeiner Weise gefährdet bin oder andere gefährden könnte." Auf diese Weise kann es einem Patienten immer besser gelingen, sich von den eigenen Befürchtungen zu distanzieren und den Impulsen zu Zwangshandlungen Widerstand zu leisten. Eine andere Möglichkeit besteht im sogenannten „Gedanken-Stopp". Dabei wird versucht, in dem Moment, in dem ein unerwünschter Gedanke auftritt, durch die Vorstellung oder durch das Vorsprechen des Wortes „Stopp" den störenden Gedanken zu unterdrücken. Außerdem kann es therapeutisch sinnvoll sein, mit Patienten Alltagsverhalten zunächst mental einzuüben. Es bewährt sich danach, normale Verhaltensabläufe, z. B. das Verlassen der eigenen Wohnung, so genau wie möglich mit dem Patienten abzusprechen und zunächst in Gedanken durchzuspielen. In einem weiteren Schritt können solche Verhaltensweisen dann auch in der tatsächlichen Situation eingeübt werden.

Bei diesen Therapieverfahren ist es sehr wichtig, auch **die nächste Umgebung (z. B. die Familie) mit einzubeziehen,** um dadurch sozialen Rückzug und Isolierung zu vermeiden.

Stereotaktische Hirnoperationen sollten allenfalls erwogen werden, falls sämtliche anderen Maßnahmen über einen ausreichend langen Zeitraum ohne Erfolg geblieben sind.

Nichtpharmakologische Therapieverfahren
Im **ärztlichen Kontakt** ist es grundsätzlich wichtig, den Patienten mit seiner Zwangssymptomatik ernstzunehmen. Es sollen Informationen über die Störung vermittelt werden. Die Patienten sollten auch darüber aufgeklärt werden, daß in aller Regel die Zwangsgedanken nicht in die Tat umgesetzt werden.
In der **Verhaltenstherapie** ist ein stufenweises Vorgehen wichtig. **Entspannungsverfahren können damit kombiniert werden.**

Durch **kognitive Therapien** sollen die Patienten ihre Einstellung zum Zwangssymptom kennenlernen und möglicherweise ändern.

Bei diesen Therapieverfahren ist es sehr wichtig, auch **die nächste Umgebung mit einzubeziehen**, um dadurch sozialen Rückzug und Isolierung zu vermeiden.
Stereotaktische Hirnoperationen sind die Ultima ratio.

Fallbeispiel ▶

Fallbeispiel: Der Psychophysiker und Philosoph G. Th. Fechner (1801 bis 1887) schreibt in seinem Tagebuch:

„Ein Hauptsymptom meiner Kopfschwäche bestand darin, daß der Lauf meiner Gedanken sich meinem Willen entzog. Wenn ein Gegenstand mich nur einigermaßen tangierte, so fingen meine Gedanken an, sich fort und fort um denselben zu drehen, kehrten immer wieder dazu zurück, bohrten, wühlten sich gewissermaßen in mein Gehirn ein und verschlimmerten den Zustand desselben immer mehr, so daß ich das deutliche Gefühl hatte, mein Geist sei rettungslos verloren, wenn ich mich nicht mit all meiner Kraft entgegenstemmte. Es waren oft die unbedeutendsten Dinge, die mich auf solche Weise packten, und es kostete mich oft stunden- ja tagelange Arbeit, dieselben aus den Gedanken zu bringen.

Diese Arbeit, die ich fast ein Jahr lang den größeren Teil des Tages fortgesetzt, war nun allerdings eine Art Unterhaltung, aber eine der peinvollsten, die sich denken läßt. Es schied sich mein Inneres gewissermaßen in zwei Teile, in mein Ich und in die Gedanken. Beide kämpften miteinander; die Gedanken suchten mein Ich zu überwältigen und einen selbstmächtigen, dessen Freiheit und Gesundheit zerstörenden Gang zu nehmen, und mein Ich strengte die ganze Kraft seines Willens an, hinwiederum der Gedanken Herr zu werden, und, so wie ein Gedanke sich festsetzen und fortspinnen wollte, ihn zu verbannen und einen anderen entfernt liegenden dafür herbeizuziehen. Meine geistige Beschäftigung bestand also, statt im Denken, in einem beständigen Bannen und Zügeln von Gedanken. Ich kam mir dabei manchmal vor wie ein Reiter, der ein wildgewordenes Roß, das mit ihm durchgegangen, wieder zu bändigen versucht, oder wie ein Prinz, gegen den sein Volk sich empört und der allmählich Kräfte und Leute zu sammeln sucht, sein Reich wieder zu erobern."

Kasuistik. Eine 50jährige Hausfrau berichtet, ihre Beschwerden hätten einige Monate zuvor mit einer anfallsartigen Angst begonnen. Vor etwa vier Wochen seien plötzlich Zwänge aufgetreten, die die Ängste fast vollständig abgelöst hätten. Sie müsse ständig Dinge in einer gewissen Weise tun, sonst habe sie die Befürchtung, daß ihr etwas passieren könne. Beispiele dafür seien z. B. das Putzen eines Tisches in einer bestimmten Weise (viermal nach rechts abwischen, dann den Staublappen ausschütteln, dann viermal nach links wischen), das Nicht-Betreten von Pflastersteinen auf der Straße, die Haare fünfzigmal nach vorne zu kämmen, den Wasserhahn in einer bestimmten Art auf- und wieder zuzudrehen und vieles andere mehr. Die Zwangssymptome würden ihren gesamten Tagesablauf bestimmen. Sie könne nicht mehr kreativ sein. Sie komme zu nichts mehr, mache sich wegen der unsinnigen Handlungen Vorwürfe, könne diesen aber kaum Widerstand leisten.

Bis vor vier Wochen habe sie keine Zwangsphänomene gekannt. Von der Persönlichkeit sei sie zwar schon immer äußerst korrekt und penibel gewesen, würde auch eher zur Ängstlichkeit neigen. Zugleich sei sie jedoch offen, extrovertiert, habe viele Interessen und zahlreiche Bekannte. Sie könne sich das plötzliche Auftreten solcher Symptome eigentlich nicht recht erklären. Am Tage vor dem Auftreten der Zwangssymptomatik habe jedoch ein Bekannter von ihr einen Schlaganfall erlitten. Sie habe sofort befürchtet, daß ihr so etwas auch passieren könne und daß sie eventuell daran sterben würde.

Die umfangreiche körperliche und neurologische diagnostische Abklärung ergab keinerlei auffälligen Befund.

Die Patientin wurde zunächst stationär aufgenommen und kombiniert psychopharmakologisch (Clomipramin bis 150 mg/die) und verhaltenstherapeutisch behandelt. Die Patientin zeigte sich dabei nach anfänglichen Schwierigkeiten kooperativ. In therapeutischen Einzelgesprächen ergaben sich Hinweise auf Schwierigkeiten im Umgang mit den eigenen aggressiven Tendenzen sowie Unsicherheiten in bezug auf eigene Ansprüche und Bedürfnisse.

Unter dieser Therapie gingen nach etwa fünf Wochen die Zwangssymptome deutlich zurück, so daß die Patientin nach Hause entlassen werden konnte. Die antidepressive Behandlung sowie die Verhaltenstherapie wurden ambulant fortgesetzt.

Schizophrenie

> **Definition.** Bei der schizophrenen Erkrankung kommt es zum Auftreten charakteristischer, symptomatisch, oft sehr vielgestaltiger psychopathologischer Querschnittsbilder mit Wahn, Halluzinationen, formalen Denkstörungen, Ich-Störungen, Affektstörungen und psychomotorischen Störungen. Nachweisbare körperliche Ursachen fehlen. Die neueren Klassifikationssysteme verlangen eine bestimmte Mindesterkrankungsdauer. Schizophrenieartige Bilder, die dieses Kriterium nicht erfüllen, werden als schizophreniforme Erkrankung klassifiziert.

Die schizophrenen Psychosen gehören zur Hauptgruppe der endogenen Psychosen, bei denen anlagebedingte Faktoren als wichtige Teilursache angesehen werden. Hinsichtlich der Prognose handelt es sich um die schwerwiegendste psychische Erkrankung, wenn man von den organischen Erkrankungen absieht. Glücklicherweise zeigen aber unter den heutigen Behandlungsbedingungen längst nicht alle Patienten einen ungünstigen Verlauf. Trotzdem stellt die Erkrankung für die Patienten und ihre Angehörigen ein schweres Schicksal dar, zumal im Einzelfall nicht vorausgesagt werden kann, ob der Krankheitsverlauf eher ungünstig oder eher günstiger sein wird.

Allgemeines

Historisches. Die Erscheinungsbilder dieser Erkrankung sind schon lange bekannt, wurden allerdings früher unter verschiedenen Namen beschrieben. **Kraepelin** faßte 1898 diese mit verschiedenen Namen gekennzeichneten Erscheinungsbilder unter dem Krankheitsbegriff **„Dementia praecox"** (vorzeitige Verblödung) zusammen. Kraepelin wollte mit diesem Begriff den ungünstigen Verlauf der Erkrankung im Sinne einer schweren Persönlichkeitsveränderung deutlich machen. **Bleuler**, der 1911 die Erkrankung als **„Schizophrenie"** (Bewußtseinsspaltung) bezeichnete, hat sich mit diesem Begriff stärker auf das psychopathologische Querschnittsbild bezogen, das u.a. durch eine eigenartige Spaltung des psychischen Erlebens gekennzeichnet ist (*siehe Abbildung 3-35*). Schneiders **Lehre von den Symptomen ersten und zweiten Ranges** stellte im weiteren Verlauf einen ersten Versuch einer Operationalisierung der Diagnostik der Erkrankung dar.

Epidemiologie. Die Prävalenz der schizophrenen Psychosen wird in der Größenordnung von 0,5 bis 1% angegeben. Die jährliche Inzidenzrate liegt bei 0,05%. Die Wahrscheinlichkeit, im Laufe des Lebens an einer Schizophrenie zu erkranken, liegt in der Durchschnittsbevölkerung etwa bei 1%. Männer und Frauen sind gleich häufig betroffen. Die Prävalenzzahlen sind in verschiedenen Ländern der Welt mit unterschiedlichem soziokulturellem Hintergrund etwa gleich. In früheren Arbeiten wurde auf eine überproportionale Häufigkeit in niedrigen sozialen Schichten hingewiesen, ein Befund, der in späteren Nachuntersuchungen damit erklärt werden konnte, daß Schizophrene im Verlauf ihrer Erkrankung sozial absteigen.

Das durchschnittliche **Prädilektionsalter** für den Ausbruch der Erkrankung liegt bei Männern im Alter von 21 Jahren, bei Frauen etwa fünf Jahre später. Von schizophrenen Männern haben 90% die Ersterkrankung vor dem 30. Lebensjahr durchgemacht, bei schizophrenen Frauen nur zwei Drittel. Mehr als die Hälfte aller Schizophrenien beginnt zwischen der Pubertät und dem 30. Lebensjahr, wobei für die einzelnen **Subtypen** der Erkrankungen noch bezüglich des bevorzugten Erstmanifestationsalters differenziert werden kann. So hat z.B. der hebephrene Subtyp den Häufigkeitsgipfel im Jugendalter, der der paranoid-halluzinatorischen Form liegt im vierten Lebensjahrzehnt. Als Spätschizophrenien bezeichnet man Erkrankungen, die jenseits des 40. Lebensjahres beginnen.

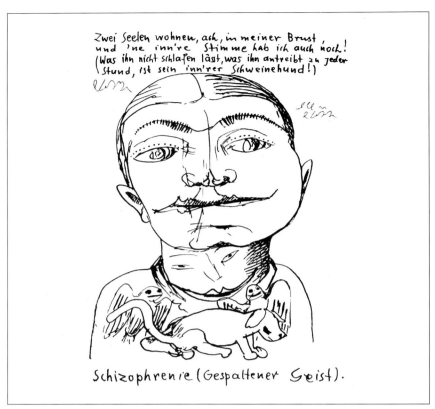

Abb. 3-35: Darstellung der selbst erfahrenen Bewußtseinsspaltung durch einen schizophrenen Patienten

Merke ▶

Merke. Schizophrene Patienten haben eine **hohe Suizidrate,** die in der Größenordnung von 10% angegeben wird. Entgegen Horrorgeschichten in den Medien liegt das Risiko für Tötungsdelikte oder Gewaltdelikte nicht höher als in der Allgemeinbevölkerung.

Ätiopathogenese
Die Erkrankung wird durch eine **multifaktorielle Ätiopathogenese** erklärt (s. Abb. 3-36). Studien ergaben eine Evidenz für die **genetische Grundlage** der Erkrankung.

Es bestehen eindeutige Hinweise für eine **genetische Teilverursachung.** Bei Verwandten Schizophrener nimmt mit wachsendem Verwandtschaftsgrad das Erkrankungsrisiko zu. Die Konkordanzrate eineiiger Zwillinge liegt in der Größenordnung von über 50% (s. Abb. 3-37).
Die genetische Disposition wird heute als eine **polygene Erbanlage** interpretiert. Molekulargenetische Versuche, einen bestimmten Genort als kausal relevant zu beschreiben, blieben bisher erfolglos.

Ätiopathogenese. Heute wird von einer **multifaktoriellen Ätiopathogenese** der Erkrankung ausgegangen, bei der eine genetisch bedingte Vulnerabilität im Zentrum steht (siehe Abbildung 3-36).

Die Evidenz einer **genetischen Grundlage** der Erkrankung basiert auf Familien-, Zwillings- und Adoptivstudien. Die Ergebnisse aus diesen verschiedenen Studienansätzen lassen die genetische Disposition der Erkrankung gut sichern. So liegt die Morbidität für Schizophrenie in den betroffenen Familien deutlich höher als in der Durchschnittsbevölkerung und nimmt mit steigendem Verwandtschaftsgrad zu einem Erkrankten zu. Bei Angehörigen ersten Grades liegt das Risiko, ebenfalls an einer Schizophrenie zu erkranken, in einer Größenordnung von 10%, bei Angehörigen zweiten Grades liegt dieses Risiko bei etwa 5% (siehe Abbildung 3-37). Bei Erkrankung beider Elternteile steigt das Risiko für die Kinder auf 40% an. Am deutlichsten wird die genetische Disposition aus dem Vergleich der Konkordanzraten eineiiger und zweieiiger Zwillinge: Bei eineiigen Zwillingen liegt die Konkordanzrate in der Größenordnung von 50%, bei zweieiigen Zwillingen in der Größenordnung von etwa 15%. Adoptionsstudien zeigen, daß das Risiko, an einer Schizophrenie zu erkranken, größer ist für die Adoptierten, die von schizophrenen Eltern stammen, als für Adoptierte, die bei schizophrenen Adoptiveltern aufgewachsen sind. Die genetische Disposition wird heute als eine **polygene Erbanlage** interpretiert, über deren Details bisher trotz der Fortschritte molekulargenetischer Forschung wenig bekannt ist. Molekulargenetische Befunde, die einen bestimmten Genort als kausal relevant beschreiben, konnten bisher nicht repliziert werden.

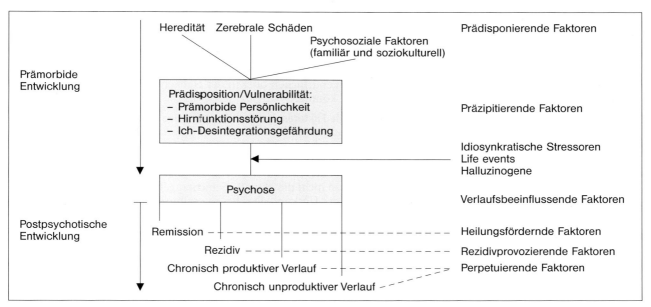

Abb. 3-36: Multifaktorielle Ätiopathogenese der Schizophrenie

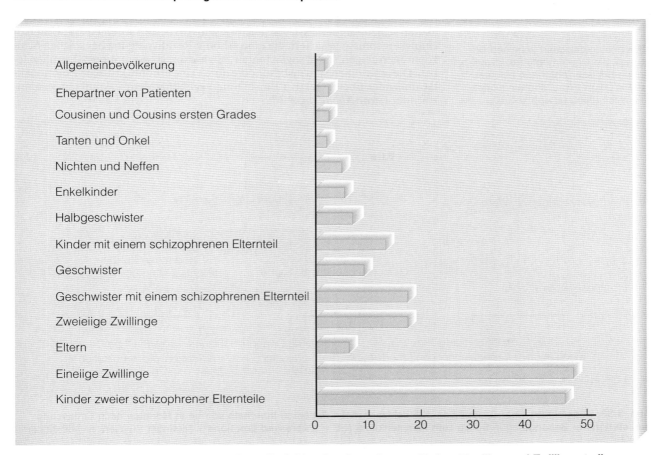

Abb. 3-37: Durchschnittliches Erkrankungsrisiko für Schizophrenie nach europäischen Familien- und Zwillingsstudien aus den Jahren 1920 bis 1987

Wie bereits aus den Konkordanzraten der eineiigen Zwillinge deutlich wird, hat die genetische Disposition keinesfalls eine 100%ige Penetranz. Im Sinne eines Vulnerabilitätsmodells wird davon ausgegangen, daß zu der genetischen Disposition andere Faktoren hinzukommen müssen, um die Erkrankung manifest

Schädigungen im Mutterleib sowie **perinatale Schädigungen** können zur Erkrankung beitragen („minimal brain dysfunction" infolge von perinatalen Schäden, viraler Infektion im Mutterleib u.a.).

werden zu lassen. Diesbezüglich wurden u.a. **perinatale Schädigungen** im Sinne einer „minimal brain dysfunction" als ursächlich beschrieben. So fand man z.B. in Zwillingsuntersuchungen, daß der Erkrankte der beiden monozygoten Zwillinge anamnestisch oft Hinweise für eine solche perinatale Schädigung zeigte. In anderen Untersuchungen wurde die Hypothese geäußert, daß viralen Infektionen in der vorgeburtlichen oder in der Neugeborenen-Periode eine Bedeutung zukommen könnte.

Verschiedene **psychosoziale Faktoren** wurden als ursächlich bzw. auslösend beschrieben. Die Forschungsergebnisse sind aber z.T. kontrovers oder unzureichend bestätigt. Psychosoziale Faktoren scheinen eher für den Verlauf als für die Entstehung der Erkrankung bestimmend zu sein.

Auch **psychosoziale Faktoren** wurden als ursächlich oder mitauslösend beschrieben. Schizophrene sind in der Unterschicht überrepräsentiert, was längere Zeit im Sinne eines ursächlichen Zusammenhanges interpretiert wurde. Aufgrund weiterer Forschungsergebnisse ist aber eher davon auszugehen, daß Schizophrene im Verlauf einer Erkrankung in die Unterschicht abgleiten („Drift-Hypothese"). Wenn man nicht die aktuelle Schichtzugehörigkeit zugrunde legt, sondern die Schicht der Herkunftsfamilie, so ergibt sich ein der Schichtverteilung entsprechendes Erkrankungsrisiko. Aus psychoanalytischer oder kommunikationstheoretischer Sicht wurden u.a. der Typus der dominanten „schizophrenogenen" Mutter, Störungen im Rollengefüge der Familie und pathologische Kommunikationsmuster innerhalb der Familie beschrieben. Die meisten dieser psychopathologischen Faktoren müssen aber zum gegenwärtigen Zeitpunkt als nicht ausreichend empirisch bewiesen bzw. als unspezifisch angesehen werden. Auch die „Life-event"-Forschung, die sich um eine standardisierte und quantifizierte Erfassung der pathogenetischen Bedeutung von Lebensereignissen bemüht, hat bisher keine eindeutigen Ergebnisse hervorgebracht, wenn auch einige Untersuchungen eine erhöhte „Life-event"-Belastung vor Ausbruch einer akuten schizophrenen Psychose nachwiesen. Am besten scheinen z.Z. Untersuchungsergebnisse gesichert, die eine erhöhte Rezidivneigung bei solchen Schizophrenen zeigen, die in sogenannten „High-expressed-emotions"-Familien leben. Diese Familien sind insbesondere durch eine erhöhte kritische Emotionalität und/oder überprotektive Einstellung gegenüber dem Erkrankten gekennzeichnet (*siehe Abbildung 3-38*).

Am besten gesichert scheinen Befunde, die eine erhöhte Rezidivneigung bei Schizophrenen belegen, die in „High-expressed-emotions"-Familien leben (*s. Abb. 3-38*).

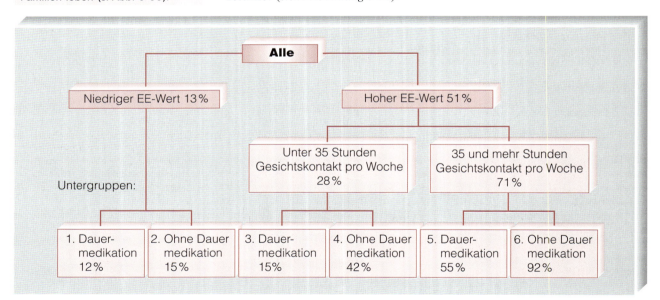

Abb. 3-38: **Rückfallrate einer Gruppe von 125 schizophrenen Patienten innerhalb von neun Monaten nach Entlassung aus stationärer Behandlung in bezug zum Familienklima (EE = „Expressed Emotions")**. Niedriger EE-Wert: n = 69, hoher EE-Wert: n = 56

Ein enger zeitlicher Zusammenhang zwischen Konflikten oder situativen Belastungen und dem Ausbruch einer schizophrenen Erkrankung spricht für die ursächliche Mitwirkung solcher psychosozialer Fakto-

Es muß aber betont werden, daß diese Untersuchungen nur über das Rezidivrisiko eine Aussage machen, nicht jedoch über die Entstehung der Ersterkrankung. Jede Form psychosozialer Überstimulation, sei es durch emotionale Anspannung, beruflichen Streß u.ä., scheint das Auftreten schizophrener Produktivsymptomatik zu begünstigen. Andererseits erhöht psychosoziale Unterstimulation, wie wir insbesondere aus den Untersuchungen zum „Anstaltsartefakt" wissen (starke Negativsymptomatik trat insbesondere in den an sozialer Stimulation armen Anstaltsabteilungen auf), die Wahrscheinlichkeit der Ausprägung eines durch Negativsymptomatik geprägten Residualzustandes. Diese Untersuchungen weisen darauf hin, daß Patienten, die in einem erlebnisarmen Milieu ohne Chancen zur Eigeninitiative und Selbstverantwortung lebten, zunehmend uninteressierter und antriebsloser wurden (*siehe Abbildung 3-39*).

ren. Während jede Form von psychosozialem Streß eher schizophrene Produktivsymptomatik induziert, führt psychosoziale Unterstimulation zu Negativsymptomatik (*s. Abb. 3-39*).

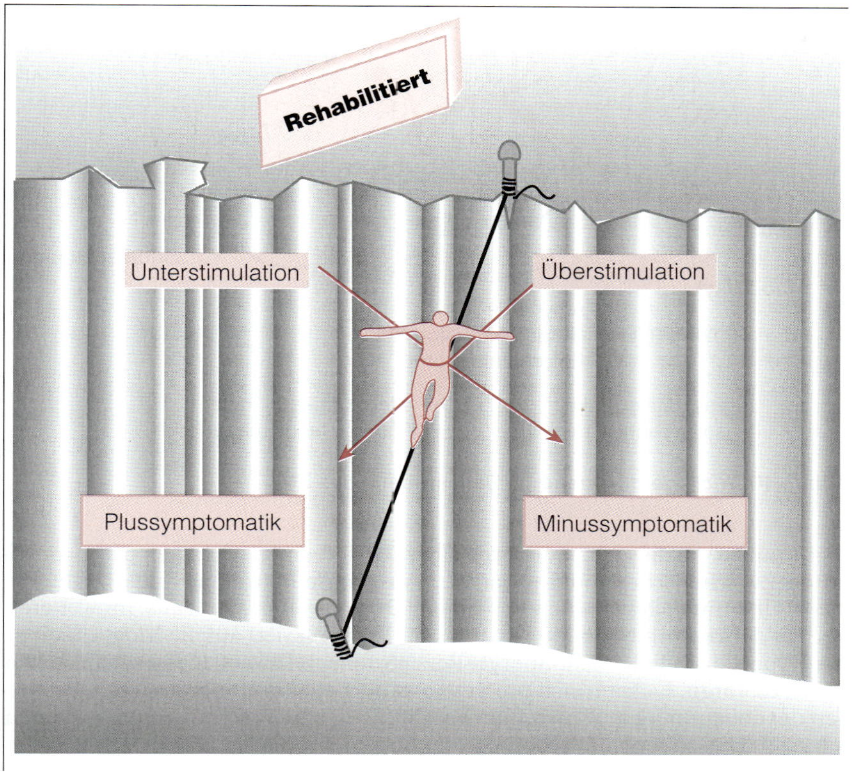

Abb. 3-39: Ungünstige Auswirkungen von Überstimulation (zu viel psychosozialer Streß) **und Unterstimulation** (zu wenig psychosoziale Anregung)

In den ätiopathogenetischen Vorstellungen nehmen auch Hypothesen zur **prämorbiden Persönlichkeit** (*siehe Kapitel Persönlichkeitsstörungen*) einen wichtigen Platz ein. Lange Zeit wurde die schizoide Persönlichkeit als charakteristische prämorbide Persönlichkeit Schizophrener beschrieben. Eine große prospektive Längsschnittuntersuchung an sog. „High-risk"-Kindern (Kinder, die von schizophrenen Eltern abstammen) konnte allerdings diese Hypothese nicht bestätigen. Die später an Schizophrenie Erkrankten wurden als passive, unkonzentrierte Kleinkinder beschrieben, die sich in der Schulzeit als unangepaßte Kinder mit störenden Verhaltensweisen entwickelten. Während der Kindheit oder bei später an Schizophrenie Erkrankten bestanden oft schwere Störungen in der Beziehung der Familienmitglieder.

Im Gegensatz zu früheren Auffassungen scheint die **schizoide Persönlichkeit nicht mit der schizophrenen Erkrankung assoziiert zu sein**.

Aus biochemischer Sicht wird als wichtigstes Korrelat akuter schizophrener Psychosen eine **Überaktivität zentralnervöser dopaminerger Strukturen** im mesolimbischen System diskutiert (*siehe Abbildung 3-40*).

Als biochemisches Korrelat schizophrener Symptomatik gilt eine **Überaktivität zentralnervöser dopaminerger Strukturen** im mesolimbischen System (*s. Abb. 3-40*).

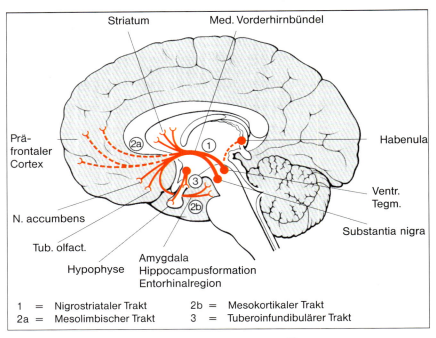

Abb. 3-40: Wichtige dopaminerge Bahnsysteme des ZNS

Die Dopaminhypothese der Schizophrenie ist auch heute noch nicht ausreichend bestätigt. Es gibt aber einige Evidenzen für diese Hypothese, u.a. auch den antidopaminergen Wirkungsmechanismus der Neuroleptika.

Es ist unklar, ob diese dopaminerge Überaktivität einen wichtigen pathogenetischen Zwischenschritt oder sogar den Ausgangspunkt einer Kausalkette darstellt. Ursprünglich ging man von einem Dopaminüberschuß aus, im weiteren Verlauf der Hypothesenbildung wurde stärker fokussiert auf die Möglichkeit einer Hypersensibilität dopaminerger Rezeptoren, und zwar der postsynaptischen D_2-Rezeptoren. Es kann sich um ein absolutes oder nur ein relatives Überwiegen der dopaminergen Aktivität im Verhältnis zu anderen Transmittersystemen handeln. Diese Dopaminhypothese der Schizophrenie ist auch in den eben erwähnten neueren Modifikationen bisher empirisch noch nicht ausreichend belegt, was u.a. mit grundsätzlichen Forschungsproblemen in diesem Bereich (Fehlen adaptativer Tiermodelle, Unzulänglichkeit bestimmter In-vivo-Untersuchungen am Gehirn des Kranken) zusammenhängt. Immerhin gibt es eine Reihe von Befunden, die sich unter dieser Hypothese sinnvoll interpretieren lassen. Das wichtigste klinische Argument für diese Hypothese ist die Wirksamkeit der Neuroleptika, die Dopamin-D_2-Antagonisten sind, sowie die Auslösbarkeit einer akuten Symptomatik bei schizophrenen Patienten durch Stimulanzien wie Amphetamin, die die Dopamintransmission erhöhen.

Neuroanatomische Untersuchungen ergaben bei einem Teil der Schizophrenen **hirnstrukturelle Abnormitäten,** z.B. eine Erweiterung des 3. Ventrikels (s. Abb. 3-41).

Neuroanatomische Untersuchungen und Studien mit bildgebenden Verfahren kommen zu dem Schluß, daß zumindest bei einem Teil der schizophrenen Patienten **strukturelle Abnormitäten,** häufig mit Erweiterung des 3. Ventrikels, bestehen (*siehe Abbildung 3-41*).

In einigen Studien wurde gefunden, daß die Erweiterung des 3. Ventrikels mit schlechter prämorbider sozialer Anpassung, kognitiven Störungen und schlechtem therapeutischem Ansprechen auf Neuroleptika einhergeht. Analog ergeben sich in Studien zur Hirndurchblutung eine relative Hypofrontalität, in PET-Studien eine verminderte Glukoseutilisation im Frontallappen. Diese Befunde weisen zusammengefaßt auf eine frontale oder temporolimbische Störung hin.

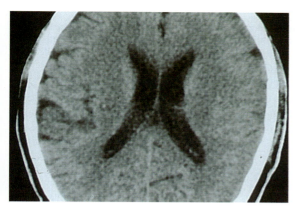

Abb. 3-41: Ventrikelerweiterung im CT bei einem schizophrenen Patienten

Einige Symptome, insbesondere die Denkstörungen Schizophrener, lassen sich psychologisch mit **Störungen der Informationsverarbeitung (kognitive Basisstörungen)** erklären. Dazu gehören u.a. Schwäche der selektiven Aufmerksamkeit bzw. der Filterfunktion für irrelevante Informationen sowie Störungen der Reaktions- und Assoziationshierarchien. Durch moderne neurophysiologische Methoden, z.B. über Änderung der evozierten Potentiale, kann man diese Störungen in der Informationsverarbeitung nachweisen (*siehe Tabelle 3-12*).

Die Denkstörungen Schizophrener sind möglicherweise Ausdruck von **Störungen der Informationsverarbeitung (kognitive Basisstörungen,** *s. Tab. 3-12*).

Tabelle 3-12: Veränderung akustisch evozierter Potentiale bei Schizophrenen

		N100 (µV)	N100 (ms)	P300 (µV)	P300 (ms)
Kontrollen (n = 21)	x̄	−33,7	98,7	32,5	318,0
	SD	10,1	10,9	15,2	25,2
Postakut Schizophrene (n = 20)	x̄	−21,9	92,5	19,9	344,8
	SD	6,7	6,8	9,4	39,2
Kruskal-Wallis-Test	p	0,0002	0,0765	0,0038	0,0137

Aus **psychoanalytischer Sicht** besteht bei später an Schizophrenie Erkrankten schon in der Kindheit eine Ich-Schwäche. Auch sollen Schizophrene andere Abwehrmaßnahmen als Neurotiker gegenüber inkompatiblen Erlebnissen zeigen. Die Regression auf eine frühere Entwicklungsstufe ist ein wichtiger psychodynamischer Vorgang bei der Schizophrenie.

Aus **psychoanalytischer Sicht** besteht bei später an Schizophrenie Erkrankten schon in der Kindheit eine Ich-Schwäche.

Symptomatologie und klinische Subtypen

Symptomatik. Die schizophrenen Erkrankungen bieten ein sehr buntes und heterogenes Erscheinungsbild (*siehe Tabelle 3-13*).

Symptomatik siehe *Tab. 3-13*.

Hinsichtlich der pathognomonischen Wertigkeit der Symptome gibt es unterschiedliche Auffassungen. In der deutschsprachigen Psychiatrie sind die Lehre Bleulers von den **Grundsymptomen** (typische Störungen der Affektivität, formale Denkstörungen, Ich-Störungen) und den akzessorischen Symptomen (Wahn, Halluzinationen, katatone Symptome) sowie die Lehre Schneiders von den **Symptomen 1. Ranges** (Gedankenlautwerden, interpretierende Stimmen, Gedankenentzug, Wahnwahrnehmung etc.) und **2. Ranges** (andere Sinnestäuschungen, Wahneinfälle etc.) dominierend (*siehe Tabelle 3-14*). Aufgrund neuerer Untersuchungen scheint aber diese Bewertung der Symptome, insbesondere unter prognostischem Aspekt, fraglich.

Die Symptomatik kann nach verschiedenen Gesichtspunkten gegliedert werden, z.B. in **Grundsymptome** und **Symptome 1. und 2. Ranges** (*s. Tab. 3-14*).

Tabelle 3-13: Relative Häufigkeit relevanter psychopathologischer Symptome bei einer Stichprobe von 81 stationär-psychiatrisch aufgenommenen Patienten

Formale Denkstörungen	68%

u.a.

Sperrung des Denkens/Gedankenabreißen	30%
Vorbeireden	19%
Zerfahrenes Denken	35%

Wahn	79%

u.a.

Beziehungswahn	48%
Verfolgungs-/Beeinträchtigungswahn	59%
Liebeswahn	3%
Religiöser Wahn	11%
Größenwahn	11%

Halluzinationen	49%

u.a.

dialogisierende Stimmen, kommentierende Stimmen	36%
Andersartige Stimmen und sonstige akustische Halluzinationen	15%
Optische Halluzinationen	18%
Leibhalluzinationen	14%

Ich-Störungen	46%

u.a.

Derealisation/Depersonalisation	31%
Autismus	15%
Fremdbeeinflussung des Denkens/Gedankenausbreitung	20%
Andere Fremdbeeinflussungserlebnisse	13%

Störungen der Affektivität	96%

u.a.

Gefühlsarmut	33%
Parathymie	31%
Läppisches Verhalten	9%
Psychotische Ambivalenz	30%
Aggressive Gespanntheit	23%
Mißtrauen	28%
Dysphorie/Gereiztheit	23%
Angst/Panik	21%
Depressive Stimmung	26%
Euphorische Stimmung	9%

Störungen des Willens und der Psychomotorik	60%

u.a.

Apathie	13%
Interessenverminderung/Abulie	28%
Stupor	9%
Mutismus	8%
Stereotypien	13%
Katalepsie	4%
Manierismus	11%
Negativismus	8%
Agitiertheit	13%

Störungen des Trieb- und Sozialverhaltens	63%

u.a.

Kontaktmangel	45%
Aggressionstendenz	19%
Gesteigerte Erschöpfbarkeit	10%
Pflegebedürftigkeit/Verwahrlosungstendenz	13%

Tabelle 3-14: Zusammengefaßte diagnostische Merkmale der Schizophrenie nach E. Bleuler und K. Schneider

E. Bleulers Konzept	K. Schneiders Konzept
Grundsymptome	Symptome 1. Ranges
Störungen des Denkens, der Affektivität und des Antriebs (vor allem Zerfahrenheit, Ambivalenz und Antriebsstörungen)	Wahnwahrnehmung Dialogisierende akustische Halluzinationen Gedankenlautwerden Gedankenentzug Gedankeneingebung Gedankenausbreitung Andere Beeinflussungserlebnisse mit dem Charakter des Gemachten
Akzessorische Symptome	Symptome 2. Ranges
Wahn Halluzinationen Katatone Erscheinungen u.a.	Wahneinfall Sonstige Halluzinationen Affektveränderungen Ratlosigkeit u.a.

Merke. Die Diagnose Schizophrenie ist keinesfalls kongruent mit Wahn und Halluzinationen. Es gibt Schizophrene, die diese produktiven Symptome nicht ausbilden. Andererseits sind diese Symptome keinesfalls spezifisch für die Erkrankung. Etwa 80% der Schizophrenen entwickeln wenigstens einmal im Verlauf ihrer Erkrankung Wahnsymptome.

◄ Merke

In der neueren Diskussion über die psychopathologische Symptomatik schizophrener Erkrankungen spielt auch die Unterscheidung zwischen **Positiv- und Negativsymptomatik** eine große Rolle, u.a. im Zusammenhang mit der Frage, ob vorwiegend die Positivsymptomatik auf Neuroleptika anspricht, während die Negativsymptomatik durch Neuroleptika nur wenig zu reduzieren ist. Hinsichtlich der Definition dieser beiden großen Symptomkomplexe gibt es eine Reihe von Divergenzen. Als Positivsymptomatik werden u.a. Wahn und Halluzinationen verstanden, als Negativsymptomatik u.a. Antriebsmangel und Affektarmut.

In letzter Zeit hat die Unterscheidung zwischen **Positivsymptomatik** und **Negativsymptomatik** an Bedeutung **gewonnen**. Zur Positivsymptomatik gehören u.a. Wahn und Halluzinationen, zur Negativsymptomatik u.a. Antriebsmangel und Affektarmut.

Es gibt keine eindeutig pathognomonischen Symptome der Schizophrenie, man kann aber mehr oder weniger charakteristische Symptome bzw. Symptombereiche hervorheben. Dazu gehören u.a. **Wahn, Halluzinationen, Ich-Störungen, formale Denkstörungen, affektive Störungen, katatone Symptome** (siehe Abbildung 3-42).

Charakteristische Symptome bzw. Symptombereiche der Schizophrenie sind: **Wahn, Halluzinationen, Ich-Störungen, formale Denkstörungen, affektive Störungen, katatone Symptome** (s. Abb. 3-42).

- Der **Wahn** äußert sich als Wahneinfall (ohne Bezugnahme auf äußere Wahrnehmung) oder als Wahnwahrnehmung (mit Bezugnahme auf äußere Wahrnehmung) oder als Erklärungswahn, mit dem der Kranke für ihn rätselhafte Halluzinationen deutet. Inhaltlich können nahezu alle Lebensumstände des Menschen Gegenstand eines Wahns werden, z.B. Beeinträchtigungswahn, Verfolgungswahn, Vergiftungswahn, Eifersuchtswahn, hypochondrischer Wahn, wahnhafte Personenverkennung. Die zunächst oft noch isolierten und fluktuierenden Wahnideen können im weiteren Verlauf zu einem Wahnsystem ausgebaut werden. Im Gegensatz zu Wahnideen anderer Genese haben schizophrene Wahngedanken oft etwas Bizarres oder einen magisch-mystischen Charakter im Gegensatz zum eher bodenständigen Wahn organisch Kranker und sind oft uneinfühlbar.

- **Wahnerlebnisse** und Halluzinationen sind bei Schizophrenen häufig, treten jedoch nicht in jedem Stadium der Erkrankung auf. Beziehungs- und Verfolgungsideen sind häufige Wahninhalte von Schizophrenen.

Im Gegensatz zu Wahnideen anderer Genese haben schizophrene Wahngedanken etwas Bizarres oder Magisch-Mystisches.

Abb. 3-42: Gemälde des an Schizophrenie erkrankten Malers Gabritschevsky, der seine Wahnwelten in surrealistischer Weise darstellte

- Akustische **Halluzinationen** sind die häufigsten Halluzinationen bei Schizophrenen, insbesondere imperative und dialogisierende Stimmen (*s. Abb. 3-43*).

- Auch **Halluzinationen** kommen bei Schizophrenen häufig vor. Besonders charakteristisch sind akustische Halluzinationen in Form des Stimmenhörens. Dabei hört der Kranke Stimmen, die ihn ansprechen, beschimpfen oder ihm Befehle erteilen (imperative Stimmen), sich untereinander über ihn unterhalten (dialogisierende Stimmen), sein Verhalten kommentieren (kommentierende Stimmen). Zu den akustischen Halluzinationen gehört auch das Gedankenlautwerden, also das vermeintliche Hören eigener Gedanken. Auch elementare akustische Halluzinationen, Geruchs- und Geschmackshalluzinationen sowie Körperhalluzinationen (stechende, brennende etc. Empfindungen in Körperteilen) kommen vor (*siehe Abbildung 3-43*).

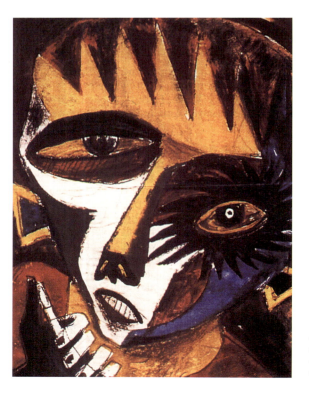

Abb. 3-43: Bild einer akut Schizophrenen, die unter starkem Einfluß von Stimmen steht

- Im Querschnittsbild schizophrener Erkrankungen spielen auch die **Ich-Störungen** eine wichtige Rolle. Die Grenzen zwischen Ich und Umwelt werden als durchlässig empfunden. Gedanken und Gefühle oder Teile des Körpers werden als fremd (Depersonalisation) bzw. die Umwelt wird andersartig erlebt (Derealisation). Die ich-fremden Gedanken und Handlungen werden als von außen gemacht empfunden im Sinne von Hypnose, Fremdsteuerung u.ä. (Fremdbeeinflussung, Gedankeneingebung). Der Patient hat das Gefühl, daß sich die eigenen Gedanken im Raum ausbreiten, daß sie mitgehört oder entzogen werden (Gedankenausbreitung, Gedankenentzug). Der Kranke fühlt sich verwandelt oder ist zugleich er selbst und eine andere Person bzw. lebt zugleich in der wirklichen und der wahnhaften Welt (doppelte Buchführung). Zunehmend verstrickt er sich in seine psychotisch veränderte Innenwelt und kapselt sich von der realen Welt ab (Autismus).

- Charakteristisch sind auch **formale Störungen des Denkens.** Die Begriffsverwendung und die logische Argumentation werden unpräziser. Der gedankliche Bogen wird nicht durchgehalten, der Informationsgehalt des Gesprochenen nimmt ab. Begriffe verlieren ihren klaren Bedeutungsgehalt, sie werden ausgedehnt in verdichteten Begriffen oder eingeschränkt, heterogene Sachverhalte verschmelzen (**Kontamination**), Wortneuschöpfungen (**Neologismen**) können auftreten. Bei stärkerer Ausprägung der formalen Denkstörungen verlieren die Gedanken den Zusammenhang (**Zerfahrenheit**) bis hin zur völlig willkürlich erscheinenden Verknüpfung von Worten (Wortsalat) (siehe Abbildung 3-44). Häufig werden auf gestellte Fragen dazu inhaltlich nicht passende

- Zu den **Ich-Störungen** Schizophrener gehören u.a. Fremdbeeinflussung, Gedankeneingebung und Gedankenausbreitung, Depersonalisation und Derealisation. Im Sinne der „doppelten Buchführung" lebt der Kranke zugleich in der wirklichen und wahnhaften Welt. Bei voll ausgeprägtem Autismus kapselt er sich völlig von der Außenwelt ab.

- Typisch schizophrene **Störungen des formalen Denkens** sind **Zerfahrenheit, Sperrung, Neologismus, Kontamination,** Paralogik, Symboldenken, Konkretismus (s. Abb. 3-44).

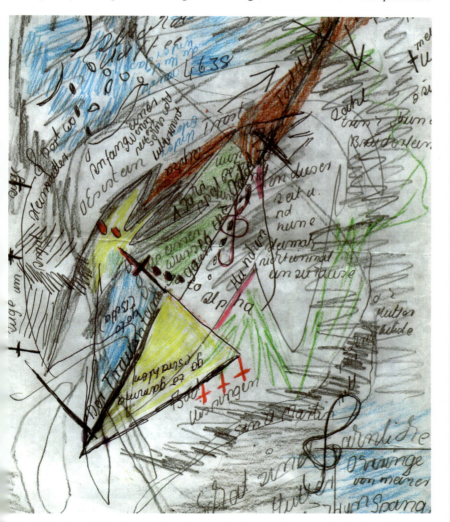

Abb. 3-44: Gemälde eines schizophrenen Patienten, das u.a. die Denkzerfahrenheit zum Ausdruck bringt

- An **affektiven Störungen** treten bei Schizophrenen auf: **Parathymie, Paramimie, läppischer Affekt, psychotische Ambivalenz, Affektarmut** (vor allem beim **schizophrenen Residualzustand**).

- Zu den **katatonen Symptomen** gehören **Stupor** und **Raptus, Katalepsie, Befehlsautomatie, Negativismus, Echolalie, Echopraxie, Bewegungsstereotypien, Haltungsstereotypien** (s. Abb. 3-45), **Verbigerationen**.

Antworten gegeben (Vorbeireden), oder im Gespräch wird plötzlich der Gedanke unterbrochen (**Sperrung**), was auf der subjektiven Ebene des Kranken als Gedankenabreißen oder Gedankenentzug erlebt wird. Latente Denkstörungen treten deutlich hervor, wenn man dem Patienten entsprechende Aufgaben stellt: Definitionsaufgaben, Gemeinsamkeitsfindung, Deuten von Sprichwörtern oder Fabeln.

- Einen weiteren wichtigen Bereich bilden **affektive Störungen**. Der emotionale Kontakt zu anderen ist reduziert (**mangelnder affektiver Rapport**). Gefühlsäußerungen können inadäquat sein, d.h. nicht zu dem gerade Berichteten und zur Situation passend (**Parathymie**), meist mit einer dann ebenso inadäquaten Mimik (**Paramimie**). Manchmal erlebt der Patient Gefühlseinbrüche unmotivierter Angst, Wut oder Glückseligkeit. Flapsiges Auftreten mit leerer Heiterkeit oder Albernheit (**läppischer Affekt**) ist für die hebephrene Form der Schizophrenie charakteristisch. Unvereinbare Gefühlszustände können nebeneinander bestehen, der Patient kann lieben und hassen zugleich, etwas wollen und etwas nicht wollen im gleichen Augenblick (**psychotische Ambivalenz**).

Insbesondere beim **schizophrenen Residualzustand** kommt es zu einer erheblichen **affektiven Verarmung,** verbunden mit einem sozialen Rückzug und einer allgemeinen Interessenverarmung.

- **Katatone (die Psychomotorik betreffende) Symptome** prägen insbesondere den katatonen Subtyp der Schizophrenie, können aber auch bei anderen Subtypen auftreten. Im **katatonen Stupor** ist der Patient bewegungslos bei voll erhaltenem Bewußtsein. Er liegt wie erstarrt, spricht nicht (Mutismus), wirkt dabei meistens verängstigt, innerlich gespannt (infolge psychotischer Erlebnisse, über die er eventuell später berichten kann). Man kann dem Kranken in diesem Zustand wie eine Gliederpuppe bestimmte Haltungen oder Stellungen der Gliedmaßen geben, die er dann beibehält (**Katalepsie**).

In der **katatonen Erregung** kommt es zu einer starken motorischen Unruhe mit z.T. stereotypen Bewegungsabläufen, Schreien, Herunterreißen der Kleider, Grimassieren u.a. bis zum ungeordneten Bewegungssturm mit Sich-Herumwälzen, Um-sich-Schlagen, zielloser Aggressivität (**Raptus**). Zur katatonen Symptomatik gehören auch Änderungen in der Kooperationsfähigkeit. Der Kranke macht automatisch das Gegenteil des Verlangten (**Negativismus**) oder führt automatenhaft alles Verlangte aus (**Befehlsautomatie**). Auch kann automatenhaft alles Gehörte und Gesehene nachgesprochen (**Echolalie**) bzw. nachvollzogen (**Echopraxie**) werden. Sinnlose, rhythmisch leerlaufende Bewegungen wie Rumpfschaukeln, Klopfen, Grimassieren etc. (**Bewegungsstereotypien treten** auf, oder es werden bestimmte Haltungen in stereotyper Weise beibehalten (Haltungsstereotypien, *siehe Abbildung 3-45*). Wörter oder Satzteile bzw. sich reimende Klangassoziationen können stereotyp wiederholt werden (**Verbigeration**). Unterbrechungen des Gedankenganges oder auch des Bewegungsablaufes können auftreten (Sperrungen).

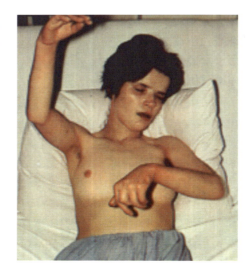

Abb. 3-45: Patientin mit katatonem Stupor und fixierter Armhaltung

Schizophrenie 139

- **Störungen des Antriebs- und Sozialverhaltens** sind nicht pathognomonisch, sie kommen aber sehr häufig bei Schizophrenen vor. Insbesondere im weiteren Verlauf der Erkrankung können sie das Querschnittsbild im Sinne eines **Residualsyndroms** wesentlich mit prägen. Es besteht ein erheblicher Mangel an Initiative, Interesse oder Energie. Der Patient zieht sich zurück von sozialen Kontakten bis hin zur völligen sozialen Isolierung. Die persönliche Körperpflege wird weitgehend vernachlässigt. Es kann zu ausgeprägt absonderlichem Verhalten (z.B. Sammeln von Abfällen o.ä.) kommen.

Klinische Subtypen. Je nach Vorherrschen bestimmter Symptome unterscheidet man traditionell bestimmte **Subtypen** (*siehe Synopsis 3-12a*). Sie sind keine eigenen Krankheitseinheiten, sondern nur besondere syndromatische Ausprägungen, die beim selben Kranken im Verlauf ineinander übergehen können. Die neueren operationalisierten Diagnosesysteme knüpfen an diese Tradition an, wobei allerdings die diagnostischen Begriffe und z.T. auch die Systematik abweichen. Die Diagnose eines bestimmten Subtypus sollte sich auf das jeweils vorherrschende Zustandsbild stützen, das den Anlaß für die letzte Untersuchung oder für die Einweisung zur klinischen Behandlung gab.

> **Störungen des Antriebs- und Sozialverhaltens** zeigen sich beim **schizophrenen Residualsyndrom**, u.a. in einem Mangel an Initiative, Interesse und Energie, was zu sozialem Rückzug führt.

> **Klinische Subtypen**
> Man unterscheidet nach dem aktuellen Erscheinungsbild u.a. die folgenden **Subtypen** der Schizophrenie:
> - paranoid-halluzinatorischer Typ,
> - katatoner Typ,
> - hebephrener Typ,
> - Residualtyp (s. Syn. 3-12a).

Synopsis 3-12a: Klassifikation der Subtypen schizophrener Erkrankungen	
ICD-10	**DSM-III-R**
Hebephrener Typ	Desorientierter Typ
Katatone Schizophrenie	Katatoner Typ
Paranoide Schizophrenie*	Paranoider Typ*
Undifferenzierte Schizophrenie*	Undifferenzierter Typ*
Schizophrenes Residuum	Residualer Typ
Schizophrenia simplex	
Postschizophrene Depression	

* Trotz gleicher Begriffe Definition in beiden Klassifikationssystemen unterschiedlich

- **Paranoid-halluzinatorischer Typ**
Wahn und Halluzinationen bestimmen das Bild. Affektstörungen, Störungen des Denkens und katatone Symptome sind entweder nicht vorhanden oder weniger auffällig.

- **Katatoner Typ**
Bei diesem Subtyp beherrscht die katatone Symptomatik das klinische Bild. Die psychomotorischen Störungen können zwischen extremer Hyperkinese und Stupor schwanken, wobei die jeweilige Bewegungsstörung über einen längeren Zeitraum beibehalten werden kann. Das klinische Bild wird obendrein bestimmt durch Befehlsautomatismen, Negativismen, stereotype Haltungen etc. Im Fall der Entwicklung einer lebensbedrohlichen (perniziösen) Katatonie, meist mit Stupor, Hyperthermie und anderen vegetativen Entgleisungen, die zum Tode führen, machen den katatonen Erkrankungstyp medizinisch **besonders risikoreich.**

- **Hebephrener Typ**
Im Vordergrund stehen affektive Störungen, insbesondere im Sinne von läppischer Grundstimmung, leerer Heiterkeit oder Gleichgültigkeit, verbunden mit formalen Denkstörungen sowie einem insgesamt unberechenbaren, flapsigen, oft enthemmten Sozialverhalten. Häufig auftretend im Jugendalter.

- **Residualtyp**
Der Residualtyp ist gekennzeichnet durch eine **Persönlichkeitsänderung** unterschiedlichen Ausmaßes. Anfangs bestehen lediglich eine gewisse Leistungsschwäche, Kontaktschwäche, affektive Nivellierung, Konzentrationsstörungen, Neigung zu hypochondrischen Beschwerden und depressiven Verstimmungen. Bei schweren Residualzuständen kommt es zu ausgeprägter Einengung der Interessen, autistischem Rückzug von Sozialkontakten, massiver Antriebs- und

> - **Paranoid-halluzinatorischer Typ**
> Wahn und Halluzinationen prägen das klinische Bild.

> - **Katatoner Typ**
> Katatone Symptomatik beherrscht das Bild. Dieser Typ ist durch die Gefahr der Entgleisung in eine perniziöse Katatonie **besonders risikoreich.**

> - **Hebephrener Typ**
> Im Vordergrund stehen Affektstörungen (läppische Grundstimmung, leere Heiterkeit) und formale Denkstörungen.

> - **Residualtyp**
> Eine Persönlichkeitsänderung im Sinne von Antriebsmangel, Affektarmut, sozialem Rückzug prägt das Bild (s. Abb. 3-46).

Interesselosigkeit sowie erheblicher affektiver Verarmung und schwerer Vernachlässigung der Körperpflege. Diese Minussymptomatik ist charakteristisch für das „reine Residuum" (*siehe Abbildung 3-46*). Sie prägt, verbunden mit Residualwahn und anderen produktiven Symptomen, auch das „gemischte Residuum".

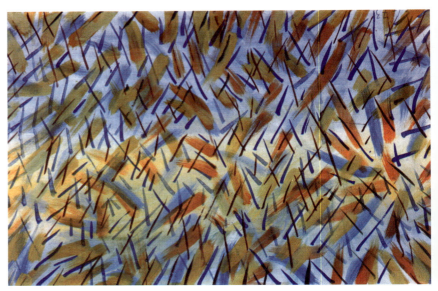

Abb. 3-46: Gemälde des an Schizophrenie erkrankten Malers Gabritschevsky, der im chronischen Residualzustand seiner Erkrankung eine Fülle derartiger Bilder malte, die im Vergleich zu seinen Bildern aus früheren Jahren eher monoton sind und als Ausdruck der Negativsymptomatik interpretiert werden können (s. auch Abb. 3-42)

• **Schizophrenia simplex**

Es kommt ohne Auftreten von Produktivsymptomatik (Wahn, Halluzination) zu einem Residualsyndrom.

• **Schizophrenia simplex**

Die Schizophrenia simplex ist eine **symptomarme Form,** vor allem **fehlen die produktiven Symptome** (Wahn, Halluzinationen u.a.). Im Sinne eines schleichenden Krankheitsprozesses kommt es zunehmend zu einem durch Negativsymptomatik geprägten Bild (Residualsyndrom).

Diagnostik und Differentialdiagnose

Diagnose und Differentialdiagnose

Die Diagnose einer Schizophrenie ist dann zulässig, wenn verschiedene Diagnosekriterien erfüllt sind. Wahn und Halluzinationen sind allein nicht beweisend für eine Schizophrenie (s. Syn. 3-12b).

Die traditionelle Diagnostik ging von dem Querschnitt der Symptomatik aus, dabei wurden je nach Schulmeinung bestimmte Symptome als mehr oder weniger pathognomonisch dargestellt, so z.B. in der Lehre von den Symptomen 1. und 2. Ranges nach Kurt Schneider. Die Diagnose war nicht geknüpft an einen bestimmten Zeitraum überdauernde Symptompersistenz oder gar an die Ausbildung eines mehr oder minder ausgeprägten Residualzustandes. Allerdings gab es, insbesondere in der skandinavischen Psychiatrie, Tendenzen, prognostisch günstige Formen, die gekennzeichnet wurden durch ein bestimmtes Erscheinungsbild und einen meist perakuten Beginn, abzugrenzen als schizophreniforme Psychosen von den eher ungünstig verlaufenden Schizophrenien im engeren Sinne. Die neueren operationalisierten Diagnosesysteme knüpfen gedanklich an diese konzeptionellen Entwicklungen an, u.a. indem sie eine bestimmte Mindestdauer der Schizophrenie vorschreiben (*siehe Synopsis 3-12b*)

Schizophrenie 141

Synopsis 3-12b: Schizophrene Erkrankung

ICD-10	DSM-III-R
Kontrollwahn, Beeinflussungswahn, Wahnwahrnehmung	Wahn, besonders bizarrer Wahn
Halluzinationen, besonders kommentierende oder dialogisierende Stimmen	Stimmungsinkongruente Halluzinationen, besonders kommentierende oder dialogisierende Stimmen
Gedankenlautwerden, Gedankeneingebung, Gedankenentzug, Beeinflussungserlebnisse, Zerfahrenheit, Gedankenabreißen u.a.	Zerfahrenheit
Katatone Symptome	Katatone Symptome
Negative Symptome wie Apathie, Sprachverarmung, verflachter Affekt	Affektarmut, Antriebsmangel, sozialer Rückzug
	Verschlechterung der sozialen Adaptation
Charakteristische Symptomatik mindestens 1 Monat	Kontinuierliche Anzeichen der Erkrankung mindestens 6 Monate
Keine nachweisbare organische Ursache	Keine nachweisbare organische Ursache

Legende: ICD-10 und DSM-III-R legen die Diagnose der Schizophrenie durch einen Kriterien-Katalog fest. Die Synopsis gibt diesen Kriterien-Katalog in modifizierter Form wieder. Sie soll zeigen, daß es trotz Unterschiede im Detail große Überlappungsbereiche gibt.

Merke. Die Diagnose darf trotz Vorliegen des typischen psychopathologischen Erscheinungsbildes nicht gestellt werden, wenn Anhaltspunkte für eine Hirnerkrankung oder für eine das Gehirn affizierende Allgemeinerkrankung vorliegen.

◄ Merke

Im **DSM-III-R** und in der **ICD-10** sind die Regelsysteme z.T. unterschiedlich. Wenn man den Kriterienkatalog genau vergleicht, gibt es aber doch große Überschneidungen. Das Zeitkriterium beläuft sich in der ICD-10 auf vier Wochen, allerdings bezieht sich dieses Zeitkriterium auf die mehr oder weniger prototypische schizophrene Symptomatik, während das Sechs-Monats-Kriterium im DSM-III-R die gesamte Symptomatik umfaßt.

Differentialdiagnose. Differentialdiagnostisch sind u.a. folgende Abgrenzungen wichtig:

- Es müssen organisch bedingte Störungen ausgeschlossen werden. Neben entzündlichen, neoplastischen, toxischen und anderen hirnorganischen Prozessen sind u.a. die folgenden speziellen Störungen zu berücksichtigen:
- Morbus Turner
- Porphyrie
- Homozystinurie
- Adrenogenitales Syndrom
- Morbus Wilson
- Hämochromatose
- Laurence-Moon-Biedl-Erbsyndrom
- Glukose-6-Phosphat-Dehydrogenase-Mangel
- Phenylketonurie
- Niemann-Pick („late type")
- Morbus Gaucher („adult type")
- Morbus Fahr (Basalganglienverkalkung)

- Bei Vorliegen von ausgeprägten depressiven oder manischen Symptomen muß die Abgrenzung gegenüber den schizoaffektiven und affektiven Erkrankungen erfolgen.

Differentialdiagnose
Differentialdiagnostisch müssen insbesondere exogene Psychosen ausgeschlossen werden, z.B. entzündliche, neoplastische, toxische oder andere hirnorganische Prozesse. Daher ist bei jedem Kranken eine sorgfältige körperliche Untersuchung erforderlich.
Außerdem sind andere endogene Psychosen mit Wahnsymptomatik auszuschließen.

142 **3 Krankheiten**

- Wenn das Zeitkriterium der Symptomatik nicht erfüllt wird, muß die Diagnose der schizophreniformen Erkrankung gestellt werden.
- Wenn das Vollbild der Symptomatik nicht erfüllt ist, kommen eventuell die sonstigen funktionellen Wahnerkrankungen in Betracht bzw. Persönlichkeitsstörungen vom schizotypischen, Borderline-, schizoiden oder paranoiden Typ (*vergleiche Kapitel Persönlichkeitsstörungen*).

Verlauf

Das Vollbild der Schizophrenie kann akut auftreten oder sich schleichend entwickeln. Dem Auftreten charakteristischer Symptome können weniger charakteristische vorhergehen im Rahmen von sog. „**Prodromalerscheinungen**", z.B. pseudoneurasthenisches oder depressives Vorstadium. Die akuten Manifestationen, die Wochen bis Monate dauern, können nach unterschiedlich langen Intervallen rezidivieren. Die Krankheit verläuft **in Schüben**, d.h., es kommt nach einigen oder mehreren Krankheitsmanifestationen zu einer ggf. zunehmenden chronischen Residualsymptomatik. Aber auch phasische Verläufe mit akuten Krankheitsmanifestationen und jeweils völliger Remission sind häufig. Bei einem geringen Prozentsatz der Patienten bleibt die **produktiv-schizophrene Symptomatik** chronisch bestehen. Bei einem wesentlich größeren Teil kommt es zu **Residualzuständen,** die vorwiegend durch Negativsymptomatik mit mehr oder minder starker Beimischung produktiver Restsymptomatik geprägt sind. Sowohl im Rahmen der akuten Erkrankungen wie auch in der Remissionsphase sowie bei Residualzuständen kann es zu schweren **suizidalen Krisen** kommen.

Die Negativsymptomatik der Residualzustände ist abzugrenzen von sog. „**postremissiven Zuständen**", die unterschiedlich benannt werden, z.B. **postpsychotische Depression, postpsychotischer Erschöpfungszustand**. Sie treten nach dem Abklingen einer akuten Erkrankungsmanifestation auf und können über Wochen oder Monate bestehen, klingen dann aber im Gegensatz zum chronischen Residuum ab. Das psychopathologische Bild ist geprägt durch leichte Erschöpfbarkeit, Antriebsmangel, depressive Verstimmung oder hypochondrische Beschwerden, Konzentrationsstörungen u.a. Es ist weitgehend unklar, inwieweit dieser Zustand morbogen, psychogen oder pharmakogen ist. Wahrscheinlich wirken beim Einzelfall diese unterschiedlichen Ursachenfaktoren individuell in unterschiedlicher Weise zusammen.

Aufgrund einer umfangreichen Katamneseforschung ist die **Vielgestaltigkeit des Verlaufs schizophrener Erkrankungen** bekannt. So unterscheidet z.B. Manfred Bleuler aufgrund seiner umfangreichen Langzeitkatamnesen mehr als zehn Verlaufstypen (*siehe Abbildung 3-47*).

Die Verlaufstypologie von Bleuler und ähnliche Verlaufstypologien sind auf der Basis von Langzeitkatamnesen, die über 20 bis 40 Jahre nach Ersterkrankung des Patienten durchgeführt wurden, entstanden. Mittellange Katamnesen, z.B. Fünf-Jahres-Katamnesen, verwenden meist eine einfachere Verlaufstypologie.

Das entscheidende Ergebnis aller katamnestischen Untersuchungen, die seit der Einführung der Neuroleptika-Therapie durchgeführt wurden, ist, daß unter den heutigen Behandlungsmöglichkeiten die Prognose der Erkrankung wesentlich günstiger ist als es Kraepelin bei der Beschreibung der Dementia praecox fand. Insbesondere sehr maligne Verläufe der Erkrankung treten heute kaum noch auf. Im Gegensatz zu früher kann heute der Großteil der Patienten innerhalb der Gesellschaft leben, muß also nicht mehr, oftmals dauerhaft, in einem Landeskrankenhaus untergebracht werden. Allerdings haben auch heute noch mehr als 50% einen ungünstigen Verlauf mit Rezidiven und Residualsymptomatik sowie erheblichen Störungen der sozialen Integration.

Verlauf

Dem Auftreten des Vollbildes kann ein Stadium mit untypischen Symptomen vorangehen, z.B. pseudoneurasthenisches oder depressives **Prodromalstadium.**
Die akuten Manifestationen dauern Wochen bis Monate. **Die Krankheit verläuft in Schüben,** ggf. kommt es zu einer chronischen Residualsymptomatik. Aber auch phasische Verläufe mit akuten Krankheitsmanifestationen und jeweils völliger Remission sind häufig.
Bei einem geringen Prozentsatz bleibt die **produktiv-schizophrene Symptomatik** zeitlebens bestehen. Bei einem größeren Teil kommt es zu **Residualzuständen.**
Sowohl während der akuten Erkrankung, in der Remission und im Residualzustand kann es zu **suizidalen Krisen** kommen.
Nach akuten Erkrankungsepisoden können postpsychotische Depressionen bzw. **postremissive Erschöpfungszustände** auftreten.

Aufgrund einer umfangreichen Katamneseforschung ist die **Vielgestaltigkeit des Verlaufs schizophrener Erkrankungen bekannt.** Bleuler unterscheidet aufgrund seiner umfangreichen Langzeitkatamnesen mehr als 10 Verlaufstypen (*s. Abb. 3-47*).

Unter den heutigen Behandlungsmöglichkeiten mit Neuroleptika und verbesserten psychosozialen Therapiemaßnahmen hat sich die Gesamtprognose der schizophrenen Erkrankungen wesentlich gebessert. Allerdings haben mehr als 50% einen ungünstigen Verlauf mit Rezidiven und Residualsymptomatik.

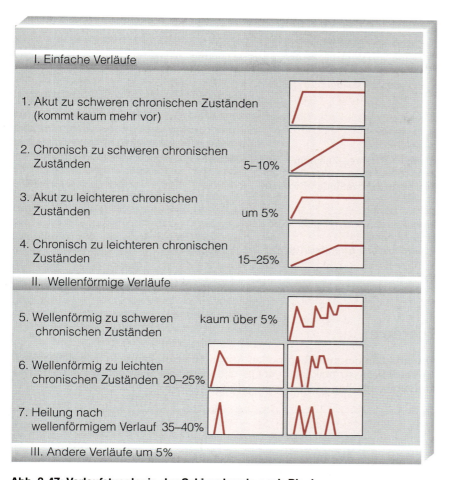

Abb. 3-47: Verlaufstypologie der Schizophrenie nach Bleuler

In vielen Katamneseuntersuchungen wurde versucht, **Prognosemerkmale** für die Langzeitprognose herauszufinden. Dabei konnte eine Reihe von prognostisch relevanten Merkmalen in mehreren Untersuchungen übereinstimmend gefunden werden (*siehe Tabelle 3-15*). Allerdings ist der prognostische Wert dieser Merkmale im Einzelfall nur sehr beschränkt aussagefähig. Auch bei Zusammenfassung mehrerer Prädiktoren in einem Prognosescore kommt man ebenfalls nur zu gruppenbezogener Differenzierung, nicht jedoch zu einer ausreichend treffsicheren Einzelfallprognose. Als grobe klinische Faustregel gilt u.a.: Je akuter der Beginn, je deutlicher situative Auslöser, desto günstiger die Prognose.

Obwohl eine Reihe von **Prognosemerkmalen** bekannt sind (*s. Tab. 3-15*), läßt sich der Einzelfallverlauf nicht mit ausreichender Sicherheit vorhersagen. Faustregel: Je akuter der Beginn, je deutlicher situative Auslöser, desto günstiger die Prognose.

Tabelle 3-15: Auflistung der Prädiktoren für das allgemeine „Funktionsniveau" bei Katamnese
(+) = Vorhandensein/hohe Ausprägung des Merkmals geht mit hohem Funktionsniveau einher;
(−) = Vorhandensein/hohe Ausprägung des Merkmals geht mit niedrigem Funktionsniveau einher

Alter bei Ersterkrankung, -hospitalisation	(+)
Soziale Schicht der Herkunftsfamilie	(−)
Prämorbide Leistungsstörungen	(−)
Situative Auslösung der Ersterkrankung	(+)
Feste Partnerschaft bei Index-Aufnahme	(+)
Persönlichkeitsänderung vor Index-Aufenthalt	(−)
Dauer stationärer psychiatrischer Behandlung im 5-Jahres-Zeitraum vor Index-Zeitraum	(−)
Dauer beruflicher Desintegration im 5-Jahres-Zeitraum vor Index-Zeitraum	(−)
Beeinträchtigung beruflicher Leistungsfähigkeit im Jahr vor Index-Zeitraum	(−)
Kliniker-Diagnose: Schizophrenie	(−)
Schlechter Zustand bei Entlassung	(−)
„Depressiv-apathisches Syndrom" (IMPS) bei Entlassung	(−)
„Organisches Psychosyndrom" (IMPS) bei Entlassung	(−)
Besserungsquotient des Summenscores „psychotische Erregtheit" (IMPS)	(+)
Paranoid-Faktor (PDS) bei Entlassung	(−)
Besserungsquotient des Paranoid-Faktors (PDS)	(+)

Therapie

Therapie

In einem **mehrdimensionalen Therapieansatz** werden psychopharmakologische, psycho- und soziotherapeutische Maßnahmen verbunden.

Orientiert an der multifaktoriellen Ätiopathogenese wird ein **mehrdimensionaler Therapieansatz** praktiziert, der psychopharmakologische mit psycho- und soziotherapeutischen Maßnahmen verbindet (*siehe Abbildung 3-48*).

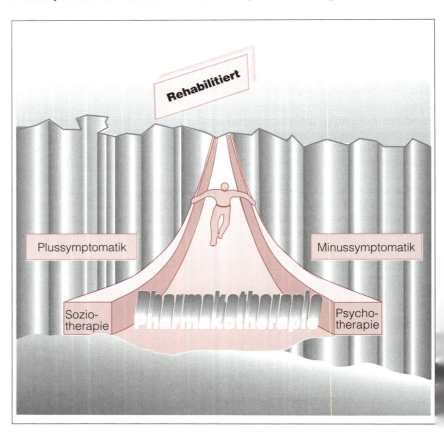

Abb. 3-48: Therapeutische Maßnahmen zur Vermeidung von schizophrener Produktivsymptomatik (Plussymptomatik) und schizophrener Negativsymptomatik (Minussymptomatik)

Folgt man kontrollierten empirischen Studien, so ist die **Neuroleptika-Medikation** sowohl hinsichtlich der Akutbehandlung als auch hinsichtlich des rezidivprophylaktischen Effekts am besten empirisch gesichert. In der akuten Krankheitsphase steht die Psychopharmakotherapie mit Neuroleptika im Vordergrund. Mit Zurücktreten der akut-psychotischen Symptomatik und wachsender Gesprächs- und Kooperationsbereitschaft des Patienten gewinnen psychotherapeutische und insbesondere soziotherapeutische Maßnahmen an Bedeutung.

In der akuten Krankheitsmanifestation steht die Psychopharmakotherapie zunächst ganz im Vordergrund (*s. Abb. 3-48*).

> **Merke.** Die konsequente Durchführung der Therapie wird, insbesondere im akuten Stadium der Erkrankung, oft erschwert durch fehlende Krankheitseinsicht bzw. fehlende Einsicht in die Therapiebedürftigkeit.

◄ Merke

Psychopharmakotherapie. Die psychopharmakologische Behandlung der schizophrenen Symptomatik wird mit **Neuroleptika** durchgeführt (*vergleiche Kapitel Psychopharmakotherapie*). Grundsätzlich sollte die Therapie als Monotherapie durchgeführt werden.

Psychopharmakotherapie
Sie wird mit **Neuroleptika** durchgeführt. Grundsätzlich erfolgt die Behandlung als Monotherapie.

> **Merke.** Eine Kombination verschiedener Neuroleptika ist nur dann sinnvoll, wenn man z.B. den hochpotenten antipsychotischen Effekt der Butyrophenone mit dem ausgeprägt sedierenden Effekt der niedrig- bis mittelpotenten Neuroleptika aus der Reihe der Phenothiazine verbinden will.

◄ Merke

Bei der **Behandlung einer akuten schizophrenen Erkrankung** sollte mit einer peroralen Behandlung mit 3 × 3–5 mg Haloperidol täglich begonnen werden. Bei weniger akuten psychotischen Zuständen sollte mit einer wesentlich niedrigeren Dosierung angefangen und durch eine allmähliche Steigerung der Dosis der adäquate Dosisbereich „austitriert" werden (*siehe Tabelle 3-16*). In solchen Fällen ist oft eine Monotherapie mit einem mittelpotenten Neuroleptikum ausreichend, z.B. 100–300 mg Perazin. In hochakuten psychotischen Zuständen, insbesondere mit Selbst- und/oder Fremdgefährdung oder mangelnder Kooperation der Patienten, die in der Regel nur im stationären Rahmen behandelt werden können, ist ein Behandlungsbeginn mit 2–3 × 1 Ampulle Haloperidol i.m./ die indiziert, ggf. muß höher dosiert werden. Zur zusätzlichen Sedierung bei psychotischen Schlafstörungen können 100 mg Levomepromazin oder Thioridazin als Einzeldosis oder mehrfach gegeben werden.

Üblicherweise erfolgt die Dosierung einschleichend unter Beachtung der individuellen Sensibilität für Nebenwirkungen (*s. Tab. 3-16*). Bei akuten Schizophrenen wird sofort mit einer vollen Dosis begonnen.

Tabelle 3-16: Schema der einschleichenden Dosierung von Neuroleptika

falls kein befriedigender antipsychotischer Effekt →

1. (100)–200 mg Perazin oral p. d.
    oder (10)–20 mg Perphenazin oral p. d.
    oder (1)–3 mg Fluphenazin oral p. d.
    oder (1)–3 mg Haloperidol oral p. d.
    oder ein anderes Neuroleptikum in vergleichbarer Dosierung

2. Nach einer Woche, wenn möglich (Nebenwirkungen?),
   Verdoppelung der Dosis

3. Nach ein bis zwei Wochen, wenn möglich (Nebenwirkungen?),
   Erhöhung um die Ausgangsdosis

4. Nach weiteren ein bis zwei Wochen, wenn möglich
   (Nebenwirkungen?), weitere Dosissteigerung

Cave: Bei älteren Patienten oder Patienten mit Disposition zu Nebenwirkungen vorsichtiger dosieren!

Bei Therapieversagen (nach vier bis sechs Wochen) sollte auf eine andere neuroleptische Substanzklasse umgesetzt werden.

Bei Therapieversagen (nach 4–6 Wochen) sollte auf ein anderes Neuroleptikum umgesetzt werden.

Merke ▶

Bei allen akut Schizophrenen sollte auf eine **ausreichende Ein- und Ausfuhr** geachtet werden.

Nach Abklingen der akuten Symptomatik muß die Neuroleptika-Therapie im Sinne einer **Erhaltungstherapie** weitergeführt werden, wenigstens über 6 Monate, um ein Frührezidiv zu vermeiden.

Zur **Rezidivprophylaxe** werden Neuroleptika in einer wesentlich niedrigeren Dosierung als in der Akutbehandlung gegeben (s. Tab. 3-17).
In der **rezidivprophylaktischen Langzeittherapie** ist in besonderem Maße darauf zu achten, daß die **Nebenwirkungen so gering wie möglich gehalten werden.**
Bei mangelnder Compliance haben sich in der rezidivprophylaktischen Langzeittherapie **Depot-Neuroleptika** bewährt.

Chronisch-produktive Psychosen bedürfen der **symptomsuppressiven Dauertherapie.**

Zur Behandlung der **Minussymptomatik des Residualsyndroms** sind insbesondere atypische Neuroleptika indiziert, z.B. Clozapin (Leponex®).

Die **postpsychotische Depression** spricht evtl. auf Reduktion der Neuroleptikadosis, Anticholinergika oder Antidepressiva an.

Merke. Bei katatonem Stupor sollte, falls nicht ein eindeutiger Therapieerfolg unter Neuroleptika in den ersten Tagen der Behandlung auftritt, möglichst frühzeitig die bei diesen Kranken vital indizierte Elektrokrampfbehandlung durchgeführt werden, um eine Gefährdung für das Leben des Patienten zu vermeiden.

Insbesondere bei diesen Patienten, wie überhaupt aber bei allen akut Schizophrenen, sollte auf eine **ausreichende Ein- und Ausfuhr** geachtet werden und ggf. die Einfuhr nach den individuellen Erfordernissen substituiert werden.

Nach deutlicher Besserung der psychotischen Symptomatik und einer gewissen Stabilisierungsphase wird die Neuroleptikadosis vorsichtig in kleinen Schritten über einen längeren Zeitraum reduziert. Auch wenn unter der Behandlung die Symptomatik ganz abgeklungen ist, wird eine **Erhaltungstherapie**, z.B. 2–3 mg Haloperidol, noch wenigstens über sechs Monate gegeben, um ein Wiederaufflackern der Symptomatik zu vermeiden.

Bei wiederholten Rezidiven der Erkrankung ist nach Abklingen der akuten psychotischen Symptomatik für einen Zeitraum von mindestens drei bis fünf Jahren eine medikamentöse **Rezidivprophylaxe** indiziert (*siehe Tabelle 3-17*). Zu diesem Zweck werden Neuroleptika in einer wesentlich niedrigeren Dosis als in der Akutbehandlung gegeben. In der rezidivprophylaktischen Langzeittherapie ist in besonderem Maße darauf zu achten, daß die **Nebenwirkungen so gering wie möglich gehalten werden.** Die optimale Dosis muß individuell für den einzelnen Patienten herausgefunden werden. Da die Compliance schizophrener Patienten bei der oralen Medikation im Rahmen der Rezidivprophylaxe oft nicht ausreichend ist, haben sich zur Durchführung der rezidivprophylaktischen Langzeittherapie **Depot-Neuroleptika** bewährt.

Tabelle 3-17: Regeln zur neuroleptischen Rezidivprophylaxe

a) Bei Erstmanifestation oder langen symptomfreien Intervallen sollte eine 1–2jährige Rezidivprophylaxe erfolgen.

b) Wenn bereits insgesamt 2–3 Manifestationen vorlagen oder wenn ein Rezidiv innerhalb eines Jahres aufgetreten ist, mindestens 2–5jährige Rezidivprophylaxe.

c) Bei besonders häufig rezidivierenden Psychosen oder Fremd- und/oder Selbstgefährdung sollte die zeitlich unbegrenzte Rezidivprophylaxe erwogen werden.

d) Neben diesen allgemeinen Regeln sollten individuelle Nutzen-Risiko-Erwägungen bestimmend sein, u.a. Konsequenzen eines möglichen Rezidivs? Beeinträchtigung durch Nebenwirkungen?

Bei chronisch-produktiven Psychosen wird eine **symptomsuppressive Dauertherapie** mit Neuroleptika durchgeführt, die so dosiert wird, daß einerseits die psychotischen Symptome möglichst weitgehend reduziert sind, andererseits aber unerwünschte Begleitwirkungen nicht zu störend werden und damit die durch die Symptomkupierung erreichte bessere soziale Adaptation zunichte machen.

Die **Negativsymptomatik des Residualsyndroms** ist insgesamt nur beschränkt medikamentös therapierbar. Bewährt haben sich bei dieser Indikation noch am ehesten atypische Neuroleptika wie Clozapin (Leponex®). Bei starkem Antriebsmangel kann ein Versuch mit antriebssteigernden Antidepressiva indiziert sein.

Auch die **postpsychotische Depression** spricht auf medikamentöse Behandlungsmaßnahmen an. Wenn möglich, sollte die Neuroleptikadosis reduziert werden. Unter der Verdachtsdiagnose einer neuroleptikabedingten „akinetischen Depression" (in Zusammenhang mit einem Parkinsonoid stehende Depression) sollte Biperiden versucht werden, auch wenn keine deutliche Symptomatik eines Parkinsonoids feststellbar ist. Außerdem kommt eine Antidepressiva-Behandlung in Betracht.

Psychotherapie. Psychotherapeutische Maßnahmen beschränken sich bei schizophrenen Patienten im Regelfall auf eine sog. „**supportive Psychotherapie**". Der Arzt muß dem Patienten helfen, die schwere Bürde der Erkrankung zu tragen, und ihm in realistischer Weise **Hoffnung** und **Mut** einflößen. **Informationen über die Erkrankung,** ihre Behandlung und ihre Therapiemöglichkeiten sowie über pathogene Einflußfaktoren sind in diesem Zusammenhang von großer Wichtigkeit und fördern die Behandlungsmotivation. Probleme des täglichen Lebens sowie schwierige Lebensentscheidungen müssen besprochen und Lösungsalternativen diskutiert werden. In der Regel sollte der Patient davon abgehalten werden, während der akuten Krankheitsmanifestation relevante Entscheidungen bezüglich Beruf, Partnerschaft etc. zu treffen. Dem für schizophrene Patienten als besonders wichtig erkannten Problem der **Über-**, aber auch der **Unterstimulation** ist bei der Beratung besonderes Gewicht beizumessen. Zu **Unterstimulation** können sowohl die Unterforderung am Arbeitsplatz als auch ein behütendes, überprotektives familiäres oder institutionelles Milieu führen. Zur **Überstimulation** kann jede Form von Streß, z.B. zu starke Leistungsanforderung, emotionale Belastung etc. werden. Zu berücksichtigen ist, daß für schizophrene Patienten auch geringfügige Änderungen der Lebensgewohnheiten bzw. von Gesunden als eher positiv bewertete emotionale Erlebnisse als Streß empfunden werden können.

Darüber hinausgehende spezielle psychotherapeutische Maßnahmen, insbesondere im Sinne der psychoanalytischen Therapie, sind nur bei bestimmten Patienten indiziert. Sie können sogar, wenn sie nicht von mit schizophrenen Patienten erfahrenen Therapeuten durchgeführt werden, leicht zu einer Überforderung führen. Nach dem heutigen Erkenntnisstand scheint zumindest die psychoanalytische Therapie, soweit Kontrollgruppenstudien vorliegen, den Langzeitverlauf der Erkrankung kaum wesentlich beeinflussen zu können. Von den erst in neuerer Zeit sich entwickelnden verhaltenstherapeutischen Ansätzen kann diesbezüglich noch keine Aussage gemacht werden. Hinsichtlich des Kurzzeitverlaufs scheinen diese Ansätze, z.B. Trainingsprogramme zur Behandlung kognitiver Basisstörungen, Programme zur Streßbewältigung und sozialen Kompetenz, einen gewissen positiven Effekt einer verbesserten sozialen Adaptation zu haben (*siehe Tabelle 3-18*). Als besonders effektiv haben sich Programme zur Familientherapie erwiesen, die auf dem „High-EE-Konzept" basieren. Nur bei diesen sehr stark edukativ geprägten Programmen, nicht jedoch bei der psychoanalytischen oder systemischen Familientherapie, ließ sich ein rezidivprophylaktischer Effekt mit ausreichender Konsistenz nachweisen. Insgesamt werden diese Ansätze erst allmählich in die Standardversorgung bei schizophrenen Patienten eingeführt.

Psychotherapie
Im Zentrum der psychotherapeutischen Maßnahmen steht eine **supportive Behandlung.**
Der Arzt muß dem Patienten helfen, die schwere Bürde der Erkrankung zu tragen, und ihm in realistischer Weise **Hoffnung und Mut einflößen.** Informationen über die Erkrankung, ihre Therapie und Behandlungsmöglichkeiten sowie über pathogene Einflußfaktoren sind von großer Wichtigkeit und fördern die Behandlungsmotivation. Probleme des täglichen Lebens sowie schwierige Lebensentscheidungen müssen besprochen und Lösungsalternativen diskutiert werden.
Dem für schizophrene Patienten als besonders wichtig erkannten Problem der **Über-** (jede Form von Streß), aber auch der **Unterstimulation** (z.B. Unterforderung am Arbeitsplatz) ist bei der Beratung besonderes Gewicht beizumessen.

Unter den psychotherapeutischen Maßnahmen bekommen **verhaltenstherapeutische Ansätze** eine zunehmende Bedeutung. Verfahren zur Reduktion kognitiver Defizite und zur Verbesserung der sozialen Kompetenz (*s. Tab. 3-18*) sowie familientherapeutische Ansätze stehen im Zentrum.

Tabelle 3-18: Förderung kognitiver und sozialer Bewältigungsstrategien in lerntheoretisch orientierten Übungsprogrammen

Kognitive Differenzierung mit drei Übungsabschnitten
▶ Ziel: Förderung der Begriffsbildung und Abstraktionsfähigkeit, der Verwertung früherer Erfahrungen und der Aufmerksamkeitsfokussierung i.S. einer verbesserten Informationsaufnahme und Informationsverarbeitung.

Soziale Wahrnehmung
▶ Ziel: Förderung kognitiver Planung und relevanter Selbstinstruktionen zur Bewältigung belastender Situationen

Kognitive Bewältigungsstrategien
▶ Ziel: Förderung kognitiver Planung und relevanter Selbstinstruktionen zur Bewältigung belastender Situationen

Belastungstraining
▶ Ziel: Förderung eines instrumentellen Verhaltensinventars zur Bewältigung belastender Situationen

Zusatztechnik: Aktive Entspannung
▶ Ziel: Balancierung des Aktivitätsniveaus; Entspannung

Soziotherapie

Verschiedene **soziotherapeutische Maßnahmen** gehören zum Behandlungskonzept schizophrener Erkrankungen:
- milieutherapeutische Maßnahmen,
- Arbeits- und Beschäftigungstherapie,
- rehabilitative Maßnahmen,
- teilstationäre Behandlungsangebote.

Bei allen psychosozialen Therapiemaßnahmen muß die **Förderung nach dem Prinzip der kleinen Schritte** erfolgen.
So kann z.B. die **Beschäftigungstherapie** durch wachsende Anforderungen bezüglich Aufgabenstellung und Kooperation mit den Mitpatienten **abgestuft** werden.
Sehr differenzierte Abstufungsmöglichkeiten bietet die **Arbeitstherapie**, in der Anforderungen bezüglich Zeitdauer, Intensität und Kompliziertheit der Arbeit sowie hinsichtlich der Interaktionsnotwendigkeiten mit den Mitarbeitern zunehmen können.

In analoger Weise zum beruflichen Bereich kann auch die Fähigkeit zum eigenständigen Wohnen und zur Selbstversorgung geübt werden, indem das gesamte Arsenal diesbezüglicher soziotherapeutischer Möglichkeiten eingesetzt wird.

Je nach Fähigkeit in den einzelnen Bereichen der sozialen Adaptation wird der Patient nach dem **vollstationären Aufenthalt** im weiteren Verlauf **teilstationär** im Rahmen einer **tages-** oder **nachtklinischen Behandlung** untergebracht. Von dort kann dann der Weg weiterführen zu längerfristigen Rehabilitationseinrichtungen mit der Möglichkeit zur Erlernung spezieller Berufe, Arbeit in beschützenden Werkstätten etc.

Soziotherapie. Soziotherapeutische Maßnahmen stellen den dritten Pfeiler in der Therapie schizophrener Patienten dar. Sie sind wegen der Neigung schizophrener Patienten zu Hospitalisierungsschäden bei reizarmer Umgebung und wegen der Erkrankung immanenten Gefahr zur Ausbildung von chronischer Negativsymptomatik besonders wichtig. Die Soziotherapie soll dazu dienen, vorhandene soziale Fähigkeiten des Patienten zu fördern, und gleichzeitig die Entstehung bzw. Verstärkung sozialer Defizite verhindern. Zur Soziotherapie Schizophrener gehören neben der **Arbeits-** und **Beschäftigungstherapie** sowie weitergehenden **berufsrehabilitativen Maßnahmen** vor allem auch die Arbeit an **Milieufaktoren** und Strukturierung des Tagesablaufs.

Wichtig ist die **stufenweise Förderung nach dem Prinzip der kleinen Schritte**, die individuell auf verschiedene Weise unter Einbeziehung der verschiedenen soziotherapeutischen Möglichkeiten verwirklicht werden kann: So kann z.B. die Beschäftigungstherapie durch wachsende Anforderungen bezüglich Aufgabenstellung und Kooperation mit den Mitpatienten abgestuft werden. Sehr differenzierte Abstufungsmöglichkeiten bietet die **Arbeitstherapie**, in der Anforderungen bezüglich Zeitdauer, Intensität und Kompliziertheit der Arbeit sowie hinsichtlich der Interaktionsnotwendigkeiten mit den Mitarbeitern zunehmen können. Auch wenn der Patient bereits wieder im Berufsleben steht, kann eine stufenweise Rehabilitation angebracht sein. Oft ist es erforderlich, den Patienten zunächst auf einem niedrigeren Berufsniveau einzustufen, vielleicht ist auch anfangs noch gar keine volle Berufstätigkeit möglich. Es bietet sich dann die Möglichkeit, dem Patienten zunächst nur eine einfache Tätigkeit oder nur eine Halbtagsarbeit zu geben und ihn dann allmählich, eventuell bei verschiedenen Arbeitgebern, an sein ehemaliges Berufsniveau heranzuführen.

In analoger Weise zum beruflichen Bereich kann auch die Fähigkeit zum eigenständigen Wohnen und zur Selbstversorgung geübt werden, indem das gesamte Arsenal diesbezüglicher soziotherapeutischer Möglichkeiten eingesetzt wird. Der Patient kann zunächst im Krankenhaus üben einzukaufen, zu kochen, sein Zimmer zu machen etc. Dies kann dann in weitgehende Autarkie übergeführt werden durch die Betreuung in einer therapeutischen Wohngemeinschaft oder in einem Wohnheim.

Je nach Fähigkeit in den einzelnen Bereichen der sozialen Adaptation wird der Patient nach dem **vollstationären Aufenthalt** im weiteren Verlauf **teilstationär** im Rahmen einer **tages- oder nachtklinischen Behandlung** untergebracht. Von dort kann dann der Weg weiterführen zu längerfristigen Rehabilitationseinrichtungen wie sozialpsychiatrischen Rehabilitationsheimen, Wohnheimen, langfristigen beruflichen Rehabilitationseinrichtungen mit der Möglichkeit zur Erlernung spezieller Berufe, Arbeit in beschützenden Werkstätten etc.

Im Einzelfall muß für den Patienten das gesamte Spektrum sozialtherapeutischer Ansätze und sozialtherapeutischer Institutionen in individueller Weise genutzt werden. Dabei steht immer das Ziel im Vordergrund, den Patienten soweit wie möglich zu fördern und ihm ein eigenständiges Leben zu ermöglichen. Natürlich bedürfen nicht alle schizophrenen Patienten des kompletten Spektrums soziotherapeutischer Maßnahmen, insbesondere aber rehabilitativer Maßnahmen. Ein größerer Prozentsatz der Patienten ist nach der Entlassung aus dem Krankenhaus wieder so weit gesundet, daß er keine weitergehende soziotherapeutische Behandlung benötigt.

Kasuistik 1. Kasuistik eines Patienten mit einer Schizophrenie von Kraepelin: M. H.: Sie sehen heute einen kräftig gebauten, gut ernährten, 21jährigen Mann vor sich, der vor wenigen Wochen in die Klinik eingetreten ist. Er sitzt ruhig da, sieht vor sich hin, blickt nicht auf, wenn man ihn anredet, versteht aber offenbar alle Fragen sehr gut, da er, wenn auch langsam und oft erst auf wiederholtes Drängen, so doch durchaus sinngemäß antwortet. Aus seinen kurzen, mit leiser Stimme gemachten Angaben entnehmen wir, daß er sich für krank hält, ohne daß wir über die Art und die Zeichen der Störung nähere Auskunft erhielten. Der Kranke schiebt sein Leiden auf die von ihm seit dem zehnten Lebensjahre betriebene Onanie. Dadurch habe er sich einer Sünde gegen das 6. Gebot schuldig gemacht, sei in der Leistungsfähigkeit sehr heruntergekommen, habe sich schlaff und elend gefühlt und sei zum Hypochonder geworden. So habe er sich im Anschlusse an die Lektüre gewisser Bücher eingebildet, daß er einen Bruch bekomme, an Rückenmarksschwindsucht leide, obgleich beides nicht der Fall sei. Mit seinen Kameraden habe er nicht mehr verkehrt, weil er gemeint habe, daß sie ihm die Folgen seines Lasters ansähen und sich über ihn lustig

machten. Alle diese Angaben bringt der Kranke in gleichgültigem Tone vor, ohne aufzusehen oder sich um seine Umgebung zu bekümmern. Sein Gesichtsausdruck verrät dabei keine gemütliche Regung; nur ein flüchtiges Lachen zeigt sich hie und da. Außerdem fällt gelegentliches Stirnrunzeln oder Verziehen des Gesichtes auf; um Mund und Nase beobachtet man beständig ein feines, wechselndes Zucken.

Über seine früheren Erlebnisse gibt der Kranke zutreffende Auskunft. Seine Kenntnisse entsprechen seinem hohen Bildungsgrade; er hat vor einem Jahre die Reife für die Universität erworben. Er weiß auch, wo er sich befindet und wie lange er hier ist, kennt aber die Namen der ihn umgebenden Personen nur sehr mangelhaft; danach habe er noch nicht gefragt. Auch über die allgemeinen Zeitereignisse des letzten Jahres weiß er nur sehr spärliche Angaben zu machen. Auf Befragen erklärt er sich bereit, zunächst in der Klinik zu bleiben; lieber sei es ihm allerdings, wenn er einen Beruf ergreifen könne, doch vermag er nicht anzugeben, was er etwa anfangen wolle. Körperliche Störungen sind, außer recht lebhaften Kniesehnenreflexen, nicht nachzuweisen.

Auf den ersten Blick erinnert der Kranke vielleicht an die Depressionszustände, die wir in früheren Stunden kennengelernt haben. Bei genauerer Betrachtung werden Sie jedoch unschwer verstehen, daß wir es hier trotz gewisser ähnlicher Einzelheiten mit einem ganz andersartigen Krankheitsbilde zu tun haben. Der Kranke gibt langsame und einsilbige Auskunft, aber nicht deswegen, weil sein Wunsch, zu antworten, auf übermächtige Hindernisse stößt, sondern darum, weil er gar nicht das Bedürfnis fühlt zu reden. Er hört und versteht zwar recht gut, was man ihm sagt, aber er gibt sich gar keine Mühe, darauf zu achten, paßt nicht auf, antwortet ohne Nachdenken, was ihm gerade einfällt. Eine deutliche Anspannung des Willens ist dabei nicht zu bemerken; auch alle Bewegungen erfolgen schlaff und ohne Nachdruck, aber ungehindert und mühelos. Von gemütlicher Niedergeschlagenheit, wie man sie etwa nach dem Inhalte seiner Äußerungen erwarten sollte, ist keine Rede; der Kranke bleibt dabei ganz stumpf, fühlt weder Befürchtungen noch Hoffnungen noch Wünsche. Was um ihn vorgeht, berührt ihn nicht tiefer, obgleich er es ohne wesentliche Schwierigkeiten begreift. Es gilt ihm gleich, wer bei ihm aus- und eingeht, mit ihm spricht, für ihn sorgt; er fragt nicht einmal nach dem Namen.

Dieser eigentümliche, tiefgreifende Mangel einer Gefühlsbetonung der Lebenseindrücke bei gut erhaltener Fähigkeit, aufzufassen und zu behalten, ist nun in der Tat das kennzeichnende Merkmal der Krankheit, die wir hier vor uns haben. Er wird noch deutlicher, wenn wir den Kranken eine Zeitlang beobachten und sehen, daß er trotz seiner guten Bildung wochen- und monatelang im Bette liegt oder herumsitzt, ohne das geringste Bedürfnis nach Beschäftigung zu empfinden. Vielmehr starrt und brütet er mit ausdruckslosen, hie und da von leerem Lächeln umspielten Zügen vor sich hin, blättert höchstens einmal in einem Buche, spricht nichts und kümmert sich um nichts. Auch bei Besuchen sitzt er teilnahmslos da, erkundigt sich nicht nach den häuslichen Verhältnissen, begrüßt seine Eltern kaum und kehrt gleichgültig wieder auf die Abteilung zurück. Zum Briefschreiben ist er kaum zu bewegen, meint, er wisse nichts zu schreiben. Gelegentlich verfaßt er aber dann einmal einen Brief an den Arzt, in dem er, wenn auch in leidlicher Form, ziemlich zusammenhangslos alle möglichen schiefen und halben Gedanken mit eigentümlichen, platten Wortspielereien vorbringt, „um etwas mehr Allegro in der Behandlung", um „freiheitliche Bewegung zwecks Horizontserweiterung" bittet, „ergo in Vorlesungen etwas Geist schinden" will und „nota bene um Gottes willen nur nicht mit Klub der Harmlosen kombiniert zu werden wünscht"; „Berufsarbeit ist Lebensbalsam".

Die Entwicklung des Leidens hat sich ganz allmählich vollzogen. Unser Kranker, dessen beide Eltern vorübergehend „schwermütig" waren, kam, weil er ein zartes Kind war und schlecht sprach, erst mit sieben Jahren in die Schule, lernte dann aber ganz gut; er galt als verschlossener, eigensinniger Knabe. Nachdem er schon früh viel oniert hatte, zog er sich in den letzten Jahren immer mehr zurück, glaubte sich von den Geschwistern verlacht, aus der Gesellschaft ausgeschlossen wegen seiner Häßlichkeit, duldete deswegen keinen Spiegel in seinem Zimmer. Nachdem er vor einem Jahre die schriftliche Abgangsprüfung bestanden hatte, wurde ihm die mündliche erlassen, weil er unfähig war, weiter zu arbeiten. Er weinte viel, masturbierte stark, lief planlos herum, spielte unsinnig Klavier, stellte Betrachtungen an „über das Nervenspiel des Lebens, mit dem er nicht fertig werde". Zu jeder, auch körperlicher Arbeit war er unfähig, fühlte sich „kaputt", bat um einen Revolver, aß schwedische Streichhölzchen, um sich umzubringen, und verlor jede gemütliche Beziehung zu seiner Familie. Zeitweise wurde er erregt und störend, sprach nachts laut zum Fenster hinaus. Auch in der Klinik wurde ein mehrtägiger Erregungszustand beobachtet, in dem er verworren schwatzte, Gesichter schnitt, im Sturmschritt herumlief und zusammenhangslose Schriftstücke verfaßte, über die er dann kreuz und quer Schnörkel und sinnlose Buchstabenzusammenstellungen malte. Über die Ursache seines absonderlichen Benehmens vermochte er nach seiner bald erfolgten Beruhigung keinerlei Auskunft zu geben.

Der Kranke ist unverändert in die Familienpflege zurückgekehrt und befindet sich jetzt seit dreieinhalb Jahren von neuem stumpf und verblödet in einer Anstalt.
(Gekürzt aus E. Kraepelin: Einführung in die Psychiatrische Klinik, 2. Aufl. Barth, Leipzig 1905, S. 21 ff)

Kasuistik 2. Kasuistik eines Patienten mit einer schizophrenen Psychose von Freud:
Es ist dies der ehemalige sächsische Senatspräsident Dr. jur. Daniel Schreber, dessen Denkwürdigkeiten eines Nervenkranken im Jahre 1903 als Buch erschienen sind....
Freud machte seine analytischen Interpretationen über die Verbindung zwischen unbewußter Homosexualität und Paranoia auf Grundlage dieses Dokumentes und einem Bericht, den Dr. Schreber's Arzt zur Überprüfung der Zurechnungsfähigkeit erstellt hatte. Freud zitiert ausführlich aus beiden:
„Die erste Erkrankung trat im Herbst 1884 hervor und war Ende 1885 vollkommen geheilt." Sie wurde als „Anfall schwerer Hypochondrie" diagnostiziert, von der er nach

150   3 Krankheiten

sechs Monaten restlos geheilt zu seiner Frau und in den Justizdienst zurückkehrte. Nach dieser Krankheit wurde er für eine hohe Stellung in der Justiz ausgewählt.

Die zweite Krankheitsphase begann 1893 mit der Vorstellung, daß er in eine Frau verwandelt würde. In seinen eigenen Worten:

„Auf diese Weise wurde ein gegen mich gerichtetes Komplott fertig, welches dahin ging, nach einmal erkannter oder angenommener Unheilbarkeit meiner Nervenkrankheit mich einem Menschen in dieser Weise auszuliefern, daß meine Seele demselben überlassen, mein Körper aber... sollte in einen weiblichen Körper verwandelt, als solcher dem betreffenden Menschen zum geschlechtlichen Mißbrauch überlassen und dann einfach ‚liegengelassen', also wohl der Verwesung anheimgegeben werden."

Dr. Weber, Direktor des Sonnenstein-Sanatoriums, dessen Patient Dr. Schreber war, beschrieb seinen Zustand folgendermaßen:

„Im Beginn seines dortigen Aufenthaltes äußerte er mehr hypochondrische Ideen, klagte, daß er an Hirnerweichung leide, bald sterben müsse, p. p., doch mischten sich schon Verfolgungsideen in das Krankheitsbild, und zwar aufgrund von Sinnestäuschungen, die anfangs allerdings mehr vereinzelt aufzutreten schienen, während gleichzeitig hochgradig Hypästhesien, große Empfindlichkeit gegen Licht und Geräusch sich geltend machte. Später häuften sich Gesichts- und Gehörtäuschungen und beherrschten in Verbindung mit Gemeingefühlsstörungen sein ganzes Empfinden und Denken, er hielt sich für tot und angefault, für pestkrank, wähnte, daß an seinem Körper allerhand abscheuliche Manipulationen vorgenommen würden, und machte wie er sich selbst noch jetzt ausspricht, entsetzlichere Dinge durch, als jemand geahnt, und zwar um eines heiligen Zweckes willen. Die krankhaften Eingebungen nahmen den Kranken so sehr in Anspruch, daß er, für jeden anderen Eindruck unzugänglich, stundenlang völlig starr und unbeweglich dasaß (halluzinatorischer Stupor), andererseits quälten sie ihn derartig, daß er sich den Tod herbeiwünschte, im Bade wiederholt Ertränkungsversuche machte und das „für ihn bestimmte Zyankalium" verlangte. Allmählich nahmen die Wahnideen den Charakter des Mystischen, Religiösen an, er verkehrte direkt mit Gott, die Teufel trieben ihr Spiel mit ihm, er sah „Wundererscheinungen", hörte „heilige Musik" und glaubte schließlich sogar, in einer anderen Welt zu weilen."

Fügen wir hinzu, daß er verschiedene Personen, von denen er sich verfolgt und beeinträchtigt glaubte, vor allem seinen früheren Arzt Flechsig, beschimpfte, ihn „Seelenmörder" nannte. Die Stimmen, die er zu dieser Zeit hörte, verhöhnten und verspotteten ihn.

In den nächsten Jahren gab es eine langsame Veränderung im Zustand von Dr. Schreber, wobei seine Sorge, in eine „Hure" verwandelt zu werden, sich zu der Überzeugung entwickelte, daß dies Teil eines göttlichen Planes sei und er die Aufgabe habe, die Welt zu retten. In Schreber's Worten:

„Nunmehr aber wurde mir unzweifelhaft bewußt, daß die Weltordnung die Entmannung, möchte sie mir persönlich zusagen oder nicht, gebieterisch verlange und daß mir daher aus Vernunftsgründen gar nichts anderes übrigbleibe, als mich mit dem Gedanken der Verwandlung in ein Weib zu befreunden. Als weitere Folge der Entmannung konnte natürlich nur eine Befruchtung durch göttliche Strahlen zum Zwecke der Erschaffung neuer Menschen in Betracht kommen."

Schreber führt weiter aus:

„Das einzige, was in den Augen anderer Menschen als etwas Unvernünftiges gelten kann, ist der auch von dem Herrn Sachverständigen berührte Umstand, daß ich zuweilen mit etwas weiblichem Zierrat (Bändern, unechten Ketten und dergleichen) bei halb entblößtem Oberkörper vor dem Spiegel stehend oder sonst angetroffen werde. Es geschieht dies übrigens nur im Alleinsein, wenigstens soweit ich es vermeiden kann, nicht zu Angesicht anderer Personen."

Dr. Weber beschreibt in einem auf 1900 datierten Gutachten den veränderten Zustand von Dr. Schreber folgendermaßen:

„Der Unterzeichnete hat seit dreiviertel Jahren bei Einnahme der täglichen Mahlzeiten am Familientisch ausgiebigste Gelegenheit gehabt, mit Herrn Präsidenten Schreber über alle möglichen Gegenstände sich zu unterhalten. Welche Dinge nun auch – von seinen Wahnideen natürlich abgesehen – zur Sprache gekommen sind, mochten sie Vorgänge im Bereich der Staatsverwaltung und Justiz, der Politik, der Kunst und Literatur, des gesellschaftlichen Lebens oder was sonst berühren, überall bekundete Dr. Schreber reges Interesse, gutes Gedächtnis und zutreffendes Urteil und auch in ethischer Beziehung eine Auffassung, der nur beigetreten werden konnte. Ebenso zeigte er sich in leichter Plauderei mit den anwesenden Damen nett und liebenswürdig und bei humoristischer Behandlung mancher Dinge immer taktvoll und dezent, niemals hat er in die harmlose Tischunterhaltung die Erörterung von Angelegenheiten hineingezogen, die nicht dort, sondern bei der ärztlichen Visite zu erledigen gewesen wären."

Dr. Schreber unternahm zahlreiche Versuche, seine Freiheit wieder zu erlangen. In Freuds Worten: „In den wiederholten Eingaben an das Gericht, mittels derer Dr. Schreber um seine Befreiung kämpfte, verleugnete er durchaus nicht seinen Wahn und machte kein Hehl aus seiner Absicht, die Denkwürdigkeiten der Öffentlichkeit zu übergeben. Er betonte vielmehr den Wert seiner Gedankengänge für das religiöse Leben und deren Unersetzbarkeit durch die heutige Wissenschaft; gleichzeitig berief er sich aber auch auf die absolute Harmlosigkeit all jener Handlungen, zu denen er sich durch den Inhalt des Wahns genötigt wußte. Der Scharfsinn und die logische Treffsicherheit des als Paranoiker erkannten führten denn auch zum Triumph. Im Juli 1902 wurde die über Dr. Schreber verhängte Entmündigung aufgehoben ..."

Freuds Diagnose lautete Dementia Paranoides.

(Zitiert aus den DMS-III-R-Falldarstellungen, Spitzer, R. L. et al. 1991).

Kasuistik 3. Zeitgenössische Kasuistik eines Patienten mit einer schizophrenen Psychose:

Die Familienanamnese läßt eine eindeutige Belastung mit schizophrenen Psychosen mütterlicherseits erkennen. Sowohl die Großmutter wie auch eine Tante des Patienten sind an einer mehrfach rezidivierenden schizophrenen Psychose erkrankt und mußten wiederholt stationär behandelt werden. Der Zustand der Großmutter sei schließlich so schlecht gewesen, daß sie seit dem 49. Lebensjahr dauernd in einem Landeskrankenhaus hospitalisiert werden mußte und dort auch gestorben sei. Der Vater des Patienten wirkte im Gespräch relativ unauffällig, die Mutter fiel durch eine sehr starke emotionale Verhaltenheit auf.

Der jetzt 30jährige Patient hatte wegen einer Steißlage eine erheblich verlängerte Geburt und mußte schließlich wegen weiterer Komplikationen per Kaiserschnitt entbunden werden. Die Sprachentwicklung sei leicht verzögert gewesen, im übrigen habe sich aber das Kind, abgesehen von einer gewissen Zappeligkeit in der Kindheit und Schulzeit, weitgehend normal entwickelt. Immer wieder sei eine gewisse Unkonzentriertheit in der Schule aufgefallen, habe aber nie zu schulpsychologischen oder gar ärztlichen Interventionen geführt. Die Leistungen in der Schulzeit waren in der Grundschule gut bis mittelmäßig, auch noch in den ersten Jahren des Gymnasiums. In den letzten Jahren des Gymnasiums begann dann ein zunehmender Leistungsabfall. Der Patient war nicht mehr richtig motiviert, für die Schule zu arbeiten, ging häufig nicht zur Schule, zog sich von seinen Klassenkameraden zurück und machte wiederholt durch flegelhaftes Verhalten disziplinarische Probleme. Er verschloß sich immer mehr gegenüber den Eltern und seinen beiden älteren Geschwistern. Er klagte darüber, daß er nicht mehr so belastbar sei, daß er leicht ermüde und daß er keine rechte Freude mehr an der Schule, an Freizeitaktivitäten und am Kontakt zu seinen Klassenkameraden und Freunden empfindet. Persönliche, familiäre oder schulische Probleme oder Konflikte lagen nach Auffassung der Eltern nicht vor. Der Patient berichtete darüber, daß er sich durch seine Eltern eher eingeengt gefühlt habe und wenig Freiraum für Eigeninitiative entwickeln konnte. Auch habe er das Familienklima als wenig herzlich empfunden.

Kurz vor dem Abitur, das ihm wegen seines vorherigen schulischen Leistungsversagens sehr zu schaffen machte, nahmen die Auffälligkeiten des Patienten erheblich zu. Er entwickelte u.a. die Vorstellung, daß er von Gott ausersehen war, die Menschheit zu erlösen, Kommunisten und Kapitalisten zusammenzuführen, Juden und Christen zu vereinen. Er ging, die Bibel in der Hand, auf öffentliche Plätze und versuchte dort, die Menschen anzusprechen und zu einem besseren Lebenswandel zu bewegen. Er wirkte dabei zum Teil sehr erregt, ließ übliche Formen des sozialen Umgangs außer acht. Zeitweise wirkte er eigenartig verzückt und berichtete darüber, daß er religiöse Erscheinungen habe, u.a. sah er Jesus und Maria. Immer wieder hörte er Stimmen, die zu ihm sprachen, indem sie ihm Befehle verschiedener Art gaben oder aber sich über ihn unterhielten und u.a. darüber diskutierten, ob er erlöst werden solle oder ewig verdammt sein solle. Zunehmend fühlte er sich beobachtet von den Mitmenschen, glaubte, daß man über ihn tuschle oder ihm eigenartige Blicke zuwerfe. Im weiteren Verlauf hatte er sogar das Gefühl, einer regelrechten Verfolgungsjagd ausgesetzt zu sein, die von mehreren, ihm verdächtig aussehenden Autos ausging. Sein Kopf war voll von drängenden Gedanken, deren Fülle er nicht mehr richtig ordnen konnte. Zeitweise hatte er das Gefühl, daß ihm Gedanken von einer fernen Kraft eingegeben wurden. Seine Mitmenschen konnten ihn immer schwerer verstehen, da seine Sprache in einer eigenartigen Weise ungeordnet und unzusammenhängend wurde. In einem Zustand äußerster Erregung mußte er schließlich gegen seinen Willen in ein psychiatrisches Krankenhaus gebracht werden. Unter der Behandlung mit Neuroleptika kam es innerhalb weniger Wochen zu einem völligen Abklingen der Symptomatik. Nach der Entlassung aus der stationären Behandlung wirkte der Patient zunächst noch etwas bedrückt und zeigte wenig Antrieb. Nach wenigen Monaten konnte er aber sein volles Leistungsniveau erreichen und war u.a. fähig, im Jahr darauf das Abitur zu bestehen.

Bereits im ersten Semester Jura kam es zu einer ähnlichen Symptomatik mit religiösen Wahnideen, Verfolgungswahn, akustischen Halluzinationen etc. Der Patient mußte erneut in einer psychiatrischen Klinik stationär behandelt werden. Auch diesmal klang unter der Neuroleptikatherapie die Symptomatik nach einigen Wochen ab, und der Patient war nach einer weiteren längeren poststationären Rekonvaleszenzperiode fähig, sein Jurastudium wieder aufzunehmen. Allerdings bemerkten die Eltern, daß er mit seinen Studienaufgaben nicht richtig voran kam, und daß er zunehmend das Interesse am Studium verlor. Auf Betreiben der Eltern begann der Patient eine psychoanalytisch orientierte Psychotherapie, die er aber bereits nach wenigen Sitzungen wieder abbrach, da er keinen Sinn darin sehen konnte. Auch die als Langzeitmedikation empfohlene Neuroleptikatherapie setzte er ab und war nicht bereit, die ambulanten Kontakte beim Psychiater fortzusetzen. Er lebte zunehmend in den Tag hinein, ohne sich um Studium, Freizeitaktivitäten oder Kontakte zu Kollegen und Freunden ausreichend zu kümmern.

Vier Jahre nach der ersten akuten Erkrankungsepisode mußte er erneut stationär in einer psychiatrischen Klinik aufgenommen werden. Diesmal gaben ein ausgeprägter Verfolgungswahn mit Vergiftungsideen sowie schwere Erregungszustände den Aufnahmeanlaß. Ein weiterer Grund war, daß der Patient sich offensichtlich schon seit längerer Zeit in einem Studentenzimmer nicht mehr richtig selbst versorgt hatte. Diesmal dauerte es mehrere Monate, bis unter Einsatz verschiedener Neuroleptika die produktive Symptomatik abklang. Auch danach war der Patient noch nicht entlassungsfähig, da im weiteren Verlauf eine starke Antriebsarmut, erhebliche Leistungsdefizite in verschiedenen Bereichen und starker sozialer Rückzug das Bild beherrschten. Deshalb wurde der Patient im weiteren Verlauf zur Rehabilitation in ein sozialpsychiatrisches Zentrum verlegt. Dort konnte er schrittweise durch Beschäftigung und arbeitstherapeutische Maßnahmen zunehmend rehabilitiert werden und war nach einem insgesamt einjährigen Aufenthalt wieder selbstständig lebensfähig, wenn auch noch immer eine leichte residuale Negativsymptomatik im Sinne einer gewissen Antriebsverarmung und Einschränkung der emotionalen Schwingungsfähigkeit zu beobachten war.

Im Rahmen dieses Aufenthaltes im sozialpsychiatrischen Zentrum war deutlich geworden, daß der Patient auf lange Sicht nicht fähig sein wird, ein ordnungsgemäßes Studium durchzuführen. Deshalb wurde in Zusammenarbeit mit der Berufsberatung des Arbeitsamtes nach einer Alternative gesucht, die den Patienten nicht überfordert. Der Patient fand schließlich an dem Vorschlag Gefallen, eine Banklehre zu beginnen, u.a. in der Annahme, daß ihm diesbezüglich sein bisheriges Jurastudium durchaus hilfreich sein könnte. Glücklicherweise konnte für ihn eine Anstellung als Banklehrling gefunden werden. Es gelang dem Patienten, die Banklehre in der vorgeschriebenen Zeit zum Abschluß zu bringen, da der Patient inzwischen

einsichtig genug war, die vorgeschlagene neuroleptische Langzeitmedikation in Form einer Depot-Spritze durchzuführen und auch regelmäßig in ambulante psychiatrische Betreuung zu gehen. Im Rahmen dieser nervenärztlichen Betreuung konnten durch zusätzliche verhaltenstherapeutische Maßnahmen seine sozialen Kontaktschwierigkeiten angegangen werden. Wenn auch in diesen Jahren deutliche Schwankungen im Befinden des Patienten bemerkbar waren, so kam es doch noch nicht zu einer akuten schizophrenen Episode. Inzwischen ist es dem Patienten gelungen, eine tragfähige Beziehung zu einer etwa gleichaltrigen jungen Frau aufzunehmen, und er plant, bald mit ihr in eine gemeinsame Wohnung zu ziehen.

Insgesamt handelt es sich um einen paranoid-halluzinatorischen Subtyp einer schizophrenen Erkrankung, die zu einem leichten Residualsyndrom geführt hat. Der Patient ist jetzt gut sozial integriert und wegen der voll vorhandenen Einsicht in die Therapiebedürftigkeit der Erkrankung hoch motiviert. Negative Konsequenzen der Erkrankung ließen sich weitgehend durch therapeutische Maßnahmen, insbesondere durch eine konsequente Neuroleptikatherapie, begrenzen.

Sonstige wahnhafte/psychotische Störungen nichtorganischer Genese

> **Definition.** Unter diesem Oberbegriff wird eine Reihe von nichtorganischen Störungen verstanden, die nach heutiger Vorstellung nicht eindeutig den schizophrenen Erkrankungen oder den affektiven Erkrankungen zuzuordnen sind.

Historisches. Historisch waren für die Abgrenzung der schizoaffektiven Psychosen die Arbeiten von **Kasanin** (1933) sowie **Leonhards** Konzept der zykloiden Psychosen wegweisend. Die Abgrenzung der schizophreniformen Psychosen und der reaktiven Psychosen basiert im wesentlichen auf Auffassungen der skandinavischen Psychiatrie (Langfeldt 1937). Für die chronischen Wahnsyndrome ist u.a. das von **Kraepelin** geprägte Konzept der Paranoia von Bedeutung sowie die von **Gaupp** berichtete Kasuistik des Hauptlehrers Wagner.

Eine Großzahl dieser Störungen kann man den nachfolgenden Kategorien zuordnen, bei einigen ist eine solche Zuordnung nicht möglich, z.B. bei Psychosen mit ungewöhnlichen Merkmalen oder anhaltenden akustischen Halluzinationen als einziger Störung.

Auf eine zu stark ins Detail gehende Darstellung wird hier verzichtet, da die definitorischen und diagnostischen Abgrenzungen noch sehr im Fluß sind. Die ätiopathogenetischen Vorstellungen ähneln z.T. denen der Schizophrenien oder affektiven Störungen oder sind bisher kaum in klaren Konzepten erarbeitet.

Schizoaffektive Psychosen

> **Definition.** Die schizoaffektiven Psychosen zeigen unter Querschnitt- und Längsschnittaspekten ein Mischbild zwischen schizophrenen und affektiven Erkrankungen. Es ist noch nicht geklärt, ob sie eine getrennte nosologische Einheit, eine Subgruppe der affektiven oder eine Subgruppe der schizophrenen Psychosen oder Bestandteil eines „psychotischen Kontinuums" von affektiven über schizoaffektiven zu schizophrenen Psychosen sind.

Abgesehen von dieser sehr allgemeinen Definition werden schizoaffektive Psychosen uneinheitlich definiert. **Die derzeitigen Definitionsversuche sind zu einem Großteil unbefriedigend und haben sicherlich noch einen vorläufigen Charakter.** Das DSM-III-R definiert die schizoaffektive Psychose als eine Störung, bei der zu einem bestimmten Zeitpunkt neben dem Syndrom einer „Major Depression" oder Manie zugleich Symptome auftreten, die bei der Schizophrenie vorkommen. Zusätzlich kommen Zeitkriterien bezüglich der Dauer von Wahn und Halluzinationen (mindestens zwei Wochen) sowie bezüglich des Ausmaßes (nicht kurz) der affektiven Symptomatik im Vergleich zur Gesamtstörung hinzu. Die ICD-10 verlangt in der schizomanischen bzw. schizodepressiven Episode die gleichzeitige Erfüllung der Kriterien einer manischen bzw. depressiven Episode und das Vorhandensein von mindestens einem schizophrenen Symptom wie Kontrollwahn, Gedankenausbreitung oder Gedankenentzug, wobei das Vorhandensein einer „reinen" schizophrenen Episode in der Vorgeschichte die Diagnose „schizoaffektive Psychose" unmöglich macht.

Bezüglich der Häufigkeit der schizoaffektiven Psychosen gibt es keine exakten Untersuchungen. Man schätzt, daß 10 bis 25% der Psychosen, die nach traditionellen Kriterien als Schizophrenie oder affektive Psychosen diagnostiziert worden sind, den schizoaffektiven Psychosen zuzurechnen sind. Frauen erkranken häufiger an schizoaffektiven Psychosen als Männer, vor allem an der monopolaren Form. Schizoaffektive Psychosen können in jedem Lebensalter auftreten. Gruppenstatistisch gesehen liegt ihr Ersterkrankungsalter zwischen dem Häufigkeitsgipfel schizophrener Psychosen und dem Häufigkeitsgipfel affektiver Psychosen.

Marginalien:

Sonstige wahnhafte/psychotische Störungen nichtorganischer Genese

◀ Definition

◀ Historisches

Schizoaffektive Psychosen

◀ Definition

Die Definition der schizoaffektiven Psychosen ist uneinheitlich. Die verschiedenen **Definitionsversuche sind als vorläufig anzusehen.**

Etwa 10–25% der nach traditionellen Kriterien als Schizophrenie oder affektive Erkrankung diagnostizierten Psychosen sind den schizoaffektiven Psychosen zuzurechnen.

> **Merke.** Die Diagnose sollte nur gestellt werden, wenn wirklich neben der schizophrenen Symptomatik eindeutig die Symptomatik einer affektiven Psychose vorhanden ist, also nicht nur dann, wenn eine gewisse depressive Begleitsymptomatik besteht, was sehr häufig bei den schizophrenen Psychosen der Fall ist.

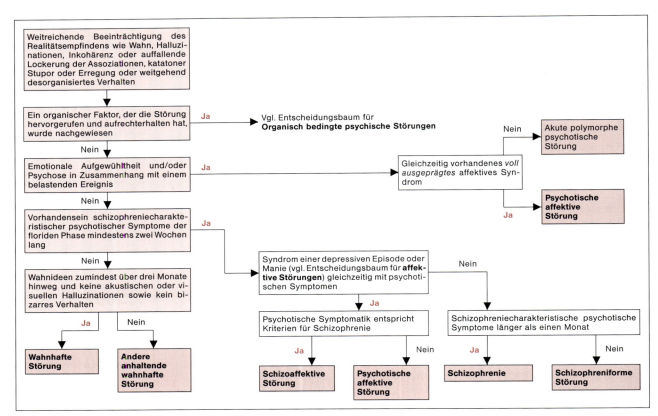

Abb. 3-49: Orientierender Entscheidungsbaum für die Differentialdiagnose psychotischer Störungen nach ICD-10

Nach der Verlaufsform kann ein **bipolarer Typ** von einem **monopolaren depressiven Typ** abgegrenzt werden.
Differentialdiagnostisch sind organische, andere endogene und sonstige Psychosen auszuschließen.

Die schizoaffektiven Psychosen haben einen **rezidivierenden, meist polyphasischen Verlauf.** Die Prognose ist deutlich günstiger als die der Schizophrenien. Man kann einen bipolaren von einem monopolaren Verlaufstyp unterscheiden. Das **schizomanische Syndrom** wird mit **Neuroleptika** behandelt, das **schizodepressive Syndrom** mit **Antidepressiva in Kombination mit Neuroleptika.**
Zur **Rezidivprophylaxe** wird bei eindeutigen schizoaffektiven Psychosen die **Lithium-Dauermedikation** durchgeführt, bei stark schizophren geprägten schizoaffektiven Psycho-

Nach der Verlaufsform kann ein **bipolarer Typ** (gegenwärtiges oder früheres manisches Syndrom) von einem **monopolaren depressiven Typ** (kein gegenwärtiges oder früheres manisches Syndrom) abgegrenzt werden.

Differentialdiagnostisch müssen organisch bedingte psychische Störungen, Schizophrenie, affektive Störungen mit psychotischen Merkmalen und sonstige wahnhafte Störungen ausgeschlossen werden.

Die schizoaffektiven Psychosen sind **rezidivierende Erkrankungen mit in der Regel polyphasischen Verläufen.** Bipolare schizoaffektive Psychosen haben mehr Rezidive als unipolare. Der Langzeitausgang der schizoaffektiven Psychosen ist deutlich günstiger als der der Schizophrenien, aber nicht so günstig wie der Ausgang der rein affektiven Psychosen. In der Regel kommt es nicht zur Ausbildung von Residualsymptomen stärkeren Ausmaßes.

Im Vordergrund der Behandlung steht die medikamentöse Therapie mit Psychopharmaka. **Schizomanische Symptomatik** wird neuroleptisch behandelt, wobei bei der Auswahl der **Neuroleptika** auf ausreichende Sedierung zu achten ist. **Schizodepressive Symptomatik** wird mit **Antidepressiva in Kombination mit Neuroleptika** behandelt. Auch Neuroleptika allein scheinen in vielen Fällen ausreichend wirksam zu sein, während Antidepressiva allein nicht so gute Behandlungserfolge bewirken. Zur **Rezidivprophylaxe** empfiehlt sich bei eindeutigen schizoaffektiven Psychosen die **Lithium-Dauermedikation.** Bei stark schizophren geprägten schizoaffektiven Psychosen ist eine **Langzeitprophylaxe** mit

Neuroleptika indiziert. Falls durch die Monotherapie keine ausreichende Rezidivprophylaxe zu erreichen ist, sollte die Kombination von Lithium und Neuroleptika versucht werden.

Hinsichtlich supportiver Psychotherapie und soziotherapeutischen Maßnahmen gelten die gleichen Gesichtspunkte wie für die schizophrenen und affektiven Psychosen.

sen ist eine **Langzeitprophylaxe mit Neuroleptika** indiziert.

Akute schizophreniforme Störung

Akute schizophreniforme Störung

◄ Definition

> **Definition.** Es handelt sich um eine sehr akut beginnende Erkrankung mit schizophrener Symptomatik, bei der sich auffallende psychotische Symptome innerhalb von Tagen oder wenigen Wochen nach der ersten bemerkbaren Verhaltensänderung entwickeln. Das klinische Bild entspricht weitgehend dem der Schizophrenie, die Symptomatik dauert aber weniger als einen Monat. Desorientiertheit oder Ratlosigkeit, abgestumpfter oder flacher Affekt fehlen meist. Die prämorbide soziale und berufliche Leistungsfähigkeit dieser Patienten ist häufig sehr gut.

Die Differenzierung zwischen Schizophrenie und schizophreniformer Störung wird sowohl vom DSM-III-R als auch von der ICD-10 nach bestimmten Zeitkriterien vorgenommen, die bereits im Schizophrenie-Kapitel dargestellt wurden. Grund dieser Unterscheidung ist der offensichtlich prognostisch wesentlich günstigere Verlauf der akuten schizophreniformen Störung im Gegensatz zur Schizophrenie.

Der Verlauf der akuten schizophreniformen Störung ist kürzer, die Prognose wesentlich besser.

Die Differentialdiagnose ist insbesondere gegenüber der Schizophrenie, der akuten polymorphen psychotischen Störung und der kurzen reaktiven Psychose zu stellen (*siehe Abbildung 3-49*).

Die Therapie entspricht weitgehend den bei der Schizophrenie dargestellten Gesichtspunkten. Wegen der guten Remissionstendenz sind aber weitergehende soziotherapeutische Maßnahmen meist nicht erforderlich. Eine neuroleptische Rezidivprophylaxe ist allenfalls für den Zeitraum eines Jahres indiziert.

Differentialdiagnose: Schizophrenien, akute polymorphe psychotische Störungen und die kurze reaktive Psychose (s. Abb. 3-49).
Die Therapie entspricht weitgehend der bei der Schizophrenie.
Eine neuroleptische Rezidivprophylaxe ist allenfalls für den Zeitraum eines Jahres indiziert.

Kasuistik. Der Magnet-Mann. E.F., männlich, 20 Jahre alt, alleinstehend, weiß, wurde am 15. März 1929 in die Klinik aufgenommen. Diagnose: Dementia praecox. Hauptbeschwerde: Der Patient wurde von seiner Familie in die Klinik geschickt, weil er etwa zwei Wochen vor seiner Aufnahme überaktiv wurde, seltsames Verhalten zeigte und sehr viel über seine Theorien über das Leben sprach. Schließlich wurde er so erregt, daß er zur ambulanten Abteilung gebracht wurde, die ihn dann in die Klinik einwies.
Vorgeschichte: Der Patient hatte sich in den verschiedensten Stellen, in denen er beschäftigt war, gut bewährt. Er war ein Musterangestellter, aber sehr ruhig und scheu. Im Hinblick auf seine Persönlichkeit läßt sich sagen, daß er ein durchschnittlicher junger Mann ist. Seine Interessen liegen zum größten Teil im sportlichen Bereich. Er hat an verschiedenen Sportarten teilgenommen und mit Amateurmannschaften Baseball gespielt. Einige Monate vor seiner Aufnahme hat er sich in ein Mädchen verliebt, das in der gleichen Fabrik wie er arbeitet. Seine Familie hat er darüber informiert. Er wollte sie mit nach Hause bringen, aber seine Mutter sagte ihm, daß er zu jung sei, um mit Mädchen auszugehen. Obwohl der Patient davon spricht, Verabredungen mit dem Mädchen zu haben, hat sie ihrem Vorarbeiter gesagt, daß ihre Bekanntschaft nur flüchtig sei.

Gegenwärtige Erkrankung: Zwei Wochen vor der Aufnahme war den Mitarbeitern in der Fabrik aufgefallen, daß der Patient anfing, eine Menge zu erzählen und sehr laut zu singen. Ziemlich plötzlich erklärte er, daß er ins Showgeschäft gehen oder sich andernfalls einem professionellen Baseballteam anschließen werde. Das gleiche Verhalten wurde auch zu Hause beobachtet. Er schickte einer Baseballmannschaft aus Boston, die zu dieser Zeit im Süden spielte, ein Telegramm und bat den Manager um eine Position. Er erzählte seiner Familie, daß er eine Menge Geld verdienen würde und daß sie seine Reise finanzieren sollten. Er schlief sehr schlecht und war nachts sehr unruhig. Eine Woche vor der Aufnahme ging er zu einem der Ärzte der Harvard-Universität und bot seinen Körper für wissenschaftliche Zwecke an. Der Arzt verwies ihn an die Klinik. Einige Tage lang war er sehr aufgeregt und sprach viel über wissenschaftliche Experimente mit seinem Gehirn und einer Therapie des Wahnsinns. Schließlich wurde er zur Ambulanz gebracht.
Einige Tage lang war der Patient ziemlich aktiv und ruhelos, reagierte auf wiederholte Bäder aber gut. Er war sehr kooperativ und offen gegenüber dem Arzt. Er hatte bis zu einem Grad Interesse an den Aktivitäten auf der Station und war den anderen Patienten gegenüber freundlich. Seine Sprache war sachbezogen, manchmal auch inkohärent, und er redete über viele Themen. Der Patient sprach

viel über seine Lebensphilosophie und lieferte verschiedene Varianten seiner Theorie des persönlichen Magnetismus. Einige Zeit hatte der Patient einen Konflikt wegen der Autoerotik, die er seit seiner Kindheit praktiziert hatte. Er hatte auch sexuelle Beziehungen zu einem neunjährigen Mädchen, als er im gleichen Alter war, und das hatte ihn gestört. Dieser Konflikt wurde dadurch intensiviert, daß er ziemlich religiös war. Er traf vor einem Jahr ein Mädchen und verliebte sich in sie, aber es dauerte lange Zeit, bis er ihr vorgestellt wurde. Vor ungefähr vier Monaten bat er sie um ein Rendezvous. Sie weigerte sich. Er fühlte sich schlecht und versuchte es einen Monat später wieder. Sie sagte ihm, daß sie mit ihren Eltern zum Strand ginge. Ungefähr eine Woche vor seiner Aufnahme in die Klinik hatte er schließlich eine Verabredung mit ihr. Nach dem Kino gingen sie zu ihr nach Hause und sie „liebten sich auf dem Sofa". Er fühlte, daß ein magnetischer Strom ihn durchfloß, als er sie küßte. Als er mit seiner Hand über ihr Haar strich, fühlte er den „Fluß des Magnetismus wie in einem erotischen Traum". Er begann über die Ursachen dieser Erscheinung zu spekulieren und dachte, er hätte eine Entdeckung gemacht. Der Patient sagte, daß er in der Lage sei, alle seine Konflikte mit dieser Entdeckung zu lösen. Er fand heraus, daß sein Gehirn die Flüssigkeit kontrollierte, die durch den ganzen Körper floß und aus Mund, Zähnen, Lippen und Nase herausgezogen werden konnte, wenn diese berührt wurden. Diese Flüssigkeit bewegte sich durch den ganzen Körper und erzeugte dabei ein magnetisches Gefühl wie bei einem sexuellen Akt. Er bekam dieses magnetische Gefühl nicht nur, wenn er ein belebtes, sondern auch, wenn er ein unbelebtes Objekt berührte. Wenn er in der Kirche war, hatte er den Eindruck, daß die heiligen Bilder lebendig sein könnten und daß er mit Gott in Verbindung stand. Er behauptete, daß, wenn er ausspucken würde, der Speichel Samenflüssigkeit entspräche. (Er fühlte, daß diese Kraft ihm von Gott gegeben wurde.) Der Patient sagte, daß er Gott sehen könne, wenn er die Augen schließen würde. Er konnte sehen, wie Gott herumging, sah wie er seine Finger bewegte, und sah seine Gesichtszüge. Er sah, wie Gott auf seinem Thron saß, mit seinen Fingern auf etwas deutete und so die Bewegung der Welt kontrollierte. Gott sprach niemals mit ihm. Eines Tages sah er, wie Gott Lehm formte und ihm den Atem des Lebens einhauchte.

Klinischer Verlauf: Innerhalb weniger Tage wurde der Patient ruhig und kooperativ, bestand aber immer noch darauf, seine Ideen auszuarbeiten. Die Einweisung in eine staatliche Institution wurde empfohlen, aber neun Tage nach der Aufnahme in die Klinik wurde der Patient von seiner Familie nach Hause gebracht. Nach einigen Wochen nahm er eine Arbeit in einem Zweig der Verwaltung auf und hat sich dort sehr gut bewährt.

Diagnose: Akute schizophreniforme Störung.
(Zitiert aus den DSM-III-R-Falldarstellungen, *Spitzer R. L. et al.* 1991).

Akute polymorphe psychotische Störung

> **Definition.** Es handelt sich um eine akute psychotische Störung, bei der Halluzinationen, Wahnphänomene und Wahrnehmungsstörungen vorhanden, aber sehr unterschiedlich ausgeprägt sind und von Tag zu Tag oder sogar von Stunde zu Stunde wechseln. Häufig findet sich auch emotionale Aufgewühltheit mit intensiven vorübergehenden Glücksgefühlen und Ekstase oder Angst und Reizbarkeit. Ein vielgestaltiges, wechselndes klinisches Bild ist charakteristisch. Typisch für die Störungen sind ein abrupter Beginn innerhalb von 48 Stunden und eine rasche Rückbildung der Symptome.

Auch wenn bestimmte affektive oder psychotische Symptome zeitweise im Vordergrund stehen, werden die Kriterien einer manischen Episode oder einer Schizophrenie nicht erfüllt. Sowohl die genannten Störungen wie insbesondere die schizophreniforme Störung und die kurze reaktive Psychose müssen differentialdiagnostisch ausgeschlossen werden.

Die Therapie entspricht den bei der Schizophrenie dargestellten Möglichkeiten. Eine neuroleptische Rezidivprophylaxe ist allenfalls für den Zeitraum eines Jahres indiziert

Die Therapie entspricht weitgehend den bei der Schizophrenie dargestellten Gesichtspunkten. Wegen der guten Remissionstendenz sind aber weitergehende soziotherapeutische Maßnahmen meistens nicht erforderlich. Eine neuroleptische Rezidivprophylaxe ist allenfalls für den Zeitraum eines Jahres indiziert.

Kurze reaktive Psychose

> **Definition.** Es handelt sich um Psychosen, die durch ein stark belastendes Ereignis (z.B. schwere Verlusterlebnisse, Katastrophen, Haft) ausgelöst werden. Sie haben einen akuten Verlauf und klingen mit dem zeitlichen Abstand zum auslösenden Ereignis in kurzer Zeit wieder folgenlos ab.

Die Zeit zwischen dem traumatisierenden Ereignis und dem Auftreten psychotischer Symptome beträgt meist wenige Tage. Der Wahninhalt bezieht sich oft auf das traumatisierende Ereignis und seine bedrohliche Interpretation durch den Betreffenden. Oft besteht eine emotionale Aufgewühltheit, die sich im schnellen Wechsel intensiver Affekte oder in überwältigender Ratlosigkeit oder Verwirrtheit äußert.

> **Merke.** Die Diagnose sollte nicht gestellt werden, wenn bereits vor dem auslösenden Ereignis präpsychotische Veränderungen beobachtbar waren.

◄ **Merke**

Differentialdiagnostisch muß insbesondere eine Abgrenzung gegenüber organisch bedingten psychischen Störungen, organisch bedingten Wahnsyndromen, schizophreniformen Störungen, wahnhaften Störungen und der Schizophrenie vollzogen werden. Auch vorgetäuschte Störungen mit psychischen Symptomen können in diesem Zusammenhang differentialdiagnostische Schwierigkeiten bereiten.

Differentialdiagnostisch sind abzugrenzen organisch bedingte psychische Störungen sowie schizophrene, schizophreniforme und sonstige wahnhafte Störungen.

Die Therapie entspricht in den Grundzügen der der schizophrenen Erkrankungen. Im Vordergrund steht die Neuroleptika-Medikation zur Reduktion der akuten psychotischen Symptomatik. Wichtig ist die **psychotherapeutische Bearbeitung des traumatisierenden Erlebnisses**. Soziotherapeutische Maßnahmen sind wegen der guten Remissionstendenz nicht erforderlich. Eine Rezidivprophylaxe ist nicht indiziert.

Die Therapie der reaktiven Psychosen entspricht weitgehend der Therapie der schizophrenen Erkrankungen. **Das traumatisierende Erlebnis muß psychotherapeutisch bearbeitet werden.** Eine Rezidivprophylaxe ist nicht erforderlich.

Schwangerschafts-, Wochenbett- und Laktationspsychosen

Während der Schwangerschaft sind Psychosen auffallend selten, im Wochenbett aber 10mal häufiger als zu anderen Lebenszeiten der Frau. Meist handelt es sich um depressive Psychosen, die in der Symptomatik z.T. den endogenen Depressionen entsprechen, z.T. aber auch schizoaffektiven Sydromen. Auch Psychosen mit schizophrener Symptomatik kommen im Wochenbett vor. Meist beginnt die sogenannte Wochenbettpsychose in der 1. oder 2. Woche, z.T. bleiben diese Frauen später gesund, andere erkranken erneut, u.a. wieder im Rahmen des Wochenbettes.

Schwangerschafts-, Wochenbett- und Laktationspsychosen
Diese Psychosen können schizophrene, depressive oder andere Bilder zeigen.
Die Wochenbett- und Laktationspsychosen haben i.d.R. eine günstige Prognose.

Wahnhafte Störung

Wahnhafte Störung

> **Definition.** Es handelt sich dabei um eine Wahnerkrankung, bei der der Wahn (meist im Sinne einer Wahnentwicklung) das wesentliche psychopathologische Symptom darstellt, während die sonstigen Symptome der Schizophrenie ebenso wie die Symptome einer affektiven Psychose fehlen.

◄ **Definition**

Vorwiegend handelt es sich um Erscheinungsbilder mit einem systematisierten Wahn. Wahnsyndrome dieser Art sind im Vergleich zu anderen psychiatrischen Erkrankungen relativ selten. Die genaue Häufigkeit ist nicht bekannt, u.a. weil die Definitionen so unterschiedlich sind und die Abgrenzung von Wahnsyndromen im Rahmen schizophrener oder affektiver Erkrankungen unscharf ist.

Die Ätiopathogenese der Wahnsyndrome ist letztlich nicht ausreichend geklärt. Viele Untersuchungen konnten zeigen, daß es in den Familien von Patienten mit Wahnsyndromen keine Häufung von schizophrenen und anderen Psychosen gibt. Mehr Gewicht für die Entstehung von Wahnsyndromen haben offensichtlich psychosoziale Faktoren: eine auffällige Persönlichkeitsstruktur – mit vorwiegend schwacher Kontaktfähigkeit – im Zusammenhang mit sozialer Isolation, Milieuwechsel und schweren Konflikten im interaktionalen Bereich. Die Wurzel des Wahns ist oft eine überwertige Idee (z.B. Gefühl mangelnder Anerkennung), die sich kompensatorisch zum katathymen (aus affektiven Erlebniskomplexen entspringenden) Wahn weiterentwickelt. Insbesondere expansive (sthenische Kampfnaturen) und sensitive (besonders kränkbare) Persönlichkei-

Vorwiegend handelt es sich um Erscheinungsbilder mit einem systematisierten Wahn. Wahnsyndrome dieser Art sind im Vergleich zu anderen psychiatrischen Erkrankungen relativ selten.
Die Ätiopathogenese der Wahnsyndrome ist nicht ausreichend geklärt.
Die Störungen stehen auf dem Boden einer auffälligen Persönlichkeitsstruktur in Zusammenhang mit Belastungsfaktoren wie soziale Isolation, Milieuwechsel, schwere Konflikte im interaktionalen Bereich.
Die Ursache des Wahns ist oft eine überwertige Idee (z.B. Gefühl mangelnder Anerkennung), die sich zum Wahn weiterentwickelt.

Insbesondere expansive (sthenische Kampfnaturen) und sensitive Persönlichkeiten neigen zur Ausbildung solcher Wahnsyndrome.

Der Verlauf ist recht unterschiedlich. Bei akuten, gut remittierenden wahnhaften Störungen ist der Verlauf kurz, der Ausgang günstig. Bei anhaltenden Wahnsyndromen findet sich ein fluktuierender Verlauf mit einer Tendenz zur Chronifizierung. Es kann versucht werden, die Wahndynamik durch Neuroleptika zu beeinflussen.

ten neigen zur Ausbildung derartiger Wahnsyndrome. Die Paranoia als eigenständige Krankheitsform, wie sie von Kraepelin definiert wurde (schleichende Entwicklung eines unerschütterlichen Wahnsystems durch krankhafte Verarbeitung von Lebensereignissen bei völliger Besonnenheit und sonstiger Ungestörtheit), ist umstritten. Viele dieser Fälle sind als Grenzform einer charakterogenen Wahnentwicklung im eben dargestellten Sinne anzusehen. Nach den Wahninhalten unterscheidet das DSM-III-R Liebeswahn, Größenwahn, Eifersuchtswahn, Verfolgungswahn und körperbezogenen Wahn.

Der Verlauf bei Wahnsyndromen ist recht unterschiedlich. Bei akuten psychogen ausgelösten Wahnstörungen ist der Verlauf kurz, der Ausgang günstig, sogar ohne intensive therapeutische Maßnahmen. Bei anhaltenden Wahnsyndromen findet sich ein fluktuierender Verlauf mit Zu- und Abnahme von Aktualität, Dynamik und Innovation des Wahns und mit einer Tendenz zur Chronifizierung.

Therapeutisch kann versucht werden, die Wahndynamik durch Neuroleptika zu beeinflussen. Durch Milieuwechsel und supportive Psychotherapie können ggf. pathogene Einflußfaktoren reduziert werden. Insbesondere die chronischen Wahnerkrankungen sind therapeutisch kaum zu beeinflussen.

Kasuistik. Eines Patienten mit einer chronisch wahnhaften Störung von Kraepelin: Der stattliche, 62jährige Herr, der sich uns mit einer gewissen höflichen Würde vorstellt, macht mit seinem sorgfältig gepflegten Knebelbart, seinem Zwicker, seiner gut sitzenden, wenn auch schon etwas abgeschabten Kleidung den Eindruck eines Weltmannes. Er ist zunächst etwas unwirsch darüber, daß er sich vor den jungen Herren ausfragen lassen soll, geht aber doch bald in ruhiger und sachlicher Weise auf ein längeres, zusammenhängendes Gespräch ein. Wir erfahren von ihm, daß er als junger Mann nach Amerika ging, dort mannigfaltige Schicksale durchgemacht hat und schließlich in Quito lebte, wo es ihm gelang, sich als Kaufmann ein kleines Vermögen zu erwerben. Mit diesem kehrte er vor 21 Jahren in seine Heimat zurück, wurde aber bei der Lösung seiner Geschäftsverbindungen um bedeutende Summen betrogen. Zu Hause lebte er zunächst von seinem Gelde, verbrachte seine Zeit mit Unterhaltung, Zeitunglesen, Billardspielen, Spazierengehen, Herumsitzen in Cafés. Zugleich beschäftigte er sich mit allerlei Plänen, von denen er Anerkennung und Nutzen erhoffte. So trug er dem leitenden Minister an Hand einer Karte den Plan vor, eine Reihe noch unbesetzter Gebiete der Erde, namentlich in Afrika, ferner Neuguinea und vor allem die Galapagosinseln, die der Staat Ecuador gern abgeben werde und die nach Vollendung des Panamakanals große Bedeutung gewinnen würden, für Deutschland in Anspruch zu nehmen. Kurze Zeit darauf reiste jener Minister nach Berlin, und nun begann die deutsche Kolonialpolitik, freilich ohne daß dem eigentlichen Urheber derselben der ihm gebührende Dank zuteil wurde, den ihm ein anderes Volk nicht vorenthalten haben würde. Sodann arbeitete der Kranke einen Plan zum Anbau des Chinabaums und des Kakaos in unseren Kolonien aus, machte auch mehrere Erfindungen für die bessere Verbindung der Eisenbahnschienen untereinander, durch die das Stoßen beim Fahren und damit eine wichtige Ursache von Entgleisungen beseitigt werden sollte. Endlich bewarb er sich um eine Reihe von Stellen, die ihm geeignet schienen, so um die eines Konsuls in Quito, hatte aber dabei immer nur Mißerfolge zu verzeichnen.

Da er es für unter seiner Würde hielt, herabzusteigen, so verbrauchte er allmählich sein Vermögen; zudem ist nach seiner Meinung auch bei der Verwaltung desselben nicht alles mit rechten Dingen zugegangen. Im ganzen machte er sich jedoch darüber nicht viele Sorgen, da er überzeugt war, daß ein Mann von seinen Fähigkeiten und Kenntnissen, der drei fremde Sprachen spreche und die ganze Welt gesehen habe, nur zugreifen brauche, um eine seinen Ansprüchen genügende Stelle zu finden. Dennoch geriet er schließlich in Verlegenheit, da es ihm nicht gelang, seine Außenstände in Amerika einzutreiben, so daß er nicht mehr imstande war, seinen Lebensunterhalt zu bezahlen, sondern die Leute auf seine zukünftigen Einnahmen verweisen mußte, die ja doch nicht ausbleiben konnten. Er wurde dann unter der Vorspiegelung, daß man ihm eine Stelle geben wolle, in eine Kreispflegeanstalt gelockt, arbeitete dort auch in der Verwaltung mit, bis ihm klar wurde, daß man nicht beabsichtige, ihn für seine Leistungen zu bezahlen. Als er sich deswegen um andere Stellungen bemühte, sandte man ihn, ebenfalls unter falschem Vorwande, in die Klinik, wo er nun widerrechtlich zurückgehalten werde. Das, so schließt er mit Bitterkeit, sei der Dank, den ihm das Vaterland für seine Verdienste zuteil werden lasse.

Auf näheres Befragen sträubt er sich zunächst, diesen Ausspruch zu erläutern, erzählt aber dann nach und nach, daß ihn ein Frauenzimmer, die er mit dem Spitznamen „Bulldogg" bezeichnet und die Tochter des englischen Konsuls in Quito war, schon seit 23 bis 24 Jahren mit ihren Heiratsplänen verfolge und, um ihn mürbe zu machen, auf alle Weise seine Schritte zu durchkreuzen suche. Schon in Amerika gingen zuletzt die Dinge nie so, wie er wollte; ihm wurden mit Nachschlüssel Hunderte von Vogelbälgen aus Bosheit gestohlen; überall merkte er die Schwindeleien der „Bulldogg" und ihrer Helfershelfer. „Wenn man alles anders macht, als ich es gemacht haben will, da muß doch etwas dahinter stecken." Auch in der Heimat sei ihm die halbverrückte Amerikanerin nachgereist, habe sich in seiner Nähe eingenistet, die Frechheit gehabt, sich in Mannskleider zu stecken, und die Heirat dadurch erzwingen zu wollen, daß sie ihn verhinderte, eine Stellung zu finden, und ihn dadurch in Not brachte. Unter den verschiedensten Namen habe sich die raffinierte Person ihm

genähert, obgleich er ihr immer gesagt habe, daß man sich durch solche Schikanen die Liebe eines Mannes nicht erwerbe. Er würde vielleicht einer der reichsten Männer Kaliforniens sein, wenn die „Bulldogg" ihn nicht daran gehindert hätte. Auch an seiner Verbringung in die Anstalt sei sie schuld – „wer denn sonst etwa?" Bei seinen Ausgängen wie im Hause sei sie ihm schon wiederholt begegnet. In seinen Stiefeln habe er Löcher, an den Kleidern Flecke entdeckt, die unmöglich anders entstanden sein könnten, als durch die „Bulldogg."
(Gekürzt aus *E. Kraepelin*: Einführung in die psychiatrische Klinik. Barth, Leipzig 1905, S. 151 ff.).

Symbiontischer Wahn

> **Definition.** Der symbiontische Wahn entsteht durch die Übernahme der Wahnvorstellung eines in enger Lebensgemeinschaft wohnenden wahnhaften Kranken, zu dem meist eine enge emotionale Beziehung besteht.

Die Wahnvorstellungen des Primärkranken werden kritiklos akzeptiert und weiter ausgebaut, können aber ggf. nach Trennung wieder aufgegeben werden. Beide Partner stärken sich wechselseitig in ihrem Wahn: „Folie à deux". Die psychotische Erkrankung der dominierenden Person ist im allgemeinen eine Schizophrenie. Thematisch handelt es sich meist um Verfolgungs- und Größenwahn.

Die Wahnphänomene sind sowohl bei dem dominierenden Partner als auch bei der induzierten Person in der Regel chronisch und beinhalten entweder Verfolgungswahn oder Größenwahn. Induzierte Halluzinationen sind ungewöhnlich, sprechen aber nicht gegen die Diagnose. Gelegentlich kann sich dieses Krankheitsbild auf mehr als zwei Personen beziehen. Fast stets leben die zwei betroffenen Personen in einer ungewöhnlichen Beziehung und sind durch Sprache, Kultur oder geographische Situationen von anderen isoliert. Die Person, bei der die Wahnvorstellungen induziert sind, ist meist abhängig oder unterwürfig gegenüber dem Partner mit der genuinen Psychose.

Differentialdiagnostisch müssen vor allem wahnhafte Störungen, Schizophrenie und schizoaffektive Störungen bei der induzierten Person ausgeschlossen werden.

Therapeutisch sind insbesondere die Trennung von dem den Wahn induzierenden Partner sowie die Behandlung seiner Grunderkrankung erforderlich. Im übrigen kommen für die induzierte Person die gleichen Gesichtspunkte wie bei der Behandlung von wahnhaften Störungen zum Tragen.

Symbiontischer Wahn

◄ **Definition**

Die Wahnvorstellungen des Primärkranken werden kritiklos akzeptiert und weiter ausgebaut, können aber ggf. nach Trennung wieder aufgegeben werden.
Die psychotische Erkrankung der dominierenden Person ist im allgemeinen schizophren.

Differentialdiagnostisch müssen insbesondere wahnhafte Störungen, Schizophrenie und schizoaffektive Störungen bei der induzierten Person ausgeschlossen werden.

Therapeutisch ist insbesondere die Trennung von dem den Wahn induzierenden kranken Partner erforderlich.

Organische psychische Störungen

Hirnorganische Syndrome und Erkrankungen sind Zustände, die direkt durch krankhafte **Veränderungen der Gehirnsubstanz**, der **Neurochemie** oder der **Neurophysiologie** des Gehirns verursacht werden und trotz der unterschiedlichen Ursachen gleichartige psychopathologische Bilder erzeugen.

In einigen Fällen ist es unmöglich, die spezifische zugrundeliegende Abnormität der Gehirnsubstanz oder Gehirnfunktion zu identifizieren, die das Syndrom verursacht. In diesen Fällen wird aus den charakteristischen klinischen Befunden (z. B. ausgeprägte Verlangsamung ohne Vorliegen einer Depression, Bewußtseinsstörung oder Amnesie ohne psychologisch erklärbare Ursache) auf eine organische Ursache für die klinische Abnormität geschlossen.

Entsprechend ist das grundlegende Merkmal dieser Erkrankungen eine **psychische Auffälligkeit oder Verhaltensauffälligkeit,** die mit einer vorübergehenden oder permanenten Funktionsstörung des Gehirns einhergeht. Die zugrundeliegende Hirnerkrankung kann eine primäre Erkrankung sein, d. h. ihre Ursache im Gehirn haben, oder **sekundär** Folge einer systemischen Erkrankung sein (*siehe Tabelle 3-19*). Die resultierenden psychopathologischen Manifestationen reflektieren die Abnormität oder metabolische Störung von Gehirnstrukturen, die den kognitiven Funktionen, Gefühlen und Verhaltensmotivationen zugrunde liegen.

Tabelle 3-19: Unterschiede zwischen primärer und sekundärer Demenz	
Demenzform	Ursachen
Primäre Demenz	• Degenerativ • Vaskulär • Degenerativ und vaskulär
Sekundäre Demenz	• Herz-Kreislauf-Erkrankungen • Hormonelle Erkrankungen • Entzündliche Erkrankungen • Infektiöse Erkrankungen • Intoxikationen • Stoffwechselerkrankungen • Hirntumoren • Zustand nach Schädel-Hirn-Trauma • Vitamin-Mangelzustände

Der Verlust kognitiver Fähigkeiten wird im allgemeinen als Hauptmerkmal hirnorganischer Erkrankungen angesehen. Ein solcher Verlust wird durch Störungen auf folgenden drei Hauptgebieten gekennzeichnet: Gedächtnis, Orientierung, intellektuelle Funktionen (z. B. Verständnis, Urteilsvermögen, Rechnen, Lernen).

Diese **kognitiven Störungen** können begleitet werden von Störungen der Gefühlswelt und der Wahrnehmung wie Angst, Depression, vermehrter Störbarkeit, Paranoia, Euphorie, Apathie, verminderter Kontrolle über Sexualität und Aggressivität (*siehe Abbildung 3-50*).

Zusätzlich können Störungen des Bewußtseins auftreten. **Bewußtseinsstörungen** kennzeichnen im deutschen Sprachgebrauch die **schweren akuten organischen Psychosyndrome.**

Für diese akuten organischen Psychosyndrome wird im DSM-III-R und in der ICD-10 der Begriff **Delir** verwandt.

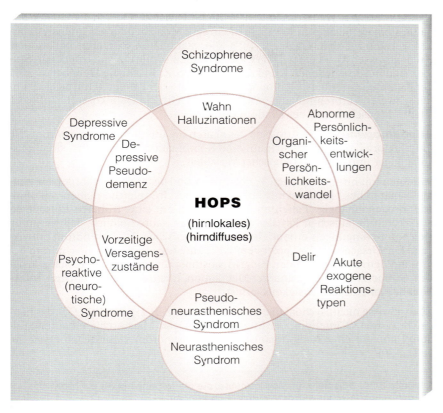

Abb. 3-50: Beziehung des hirnorganischen Psychosyndroms (HOPS) zu anderen psychiatrischen Hauptsyndromen

Akute organische Psychosen

Synonyme: akute symptomatische oder organische Psychosen, akuter exogener Reaktionstyp, akute körperlich begründbare seelische Syndrome bzw. Psychosen, akutes organisches Psychosyndrom; nach DSM-III-R und ICD-10: Delir

> **Definition.** Die akute organische Psychose beruht auf einer organischen Veränderung des Zentralnervensystems. Sie ist charakterisiert durch einen akuten Beginn und Fluktuieren der Störungen der geistigen Fähigkeiten, der Psychomotorik, der Affektivität und der Bewußtseinslage. Sie ist gewöhnlich vorübergehend und reversibel, wenn die Ursache beendet und behandelt ist.

Historisches. In der deutschsprachigen Psychiatrie hat der Delir-Begriff eine Wandlung durchgemacht. In der älteren deutschsprachigen Literatur war der Begriff sehr weit gefaßt und entsprach teilweise unserem heutigen Begriff Psychose. Heute wird das Delir als zu den „akuten exogenen Reaktionstypen" Bonhoeffers gehörende reversible Psychose mit „abgesunkenem Bewußtsein" verstanden und ist somit ein spezieller Subtyp der akuten exogenen Psychosen.

Die akuten organischen Psychosen werden unterteilt in solche mit und ohne Bewußtseinsstörung. Fehlt eine Bewußtseinsstörung, sprach man früher von einem sogenannten „Durchgangssyndrom" (Wieck) oder nach Lauter von organischen Psychosyndromen 2. Ranges. Dies ist eine Bezeichnung für eine Reihe unspezifischer akuter organischer Psychosen, deren gemeinsame Merkmale die Reversibilität und das Fehlen von Bewußtseinsstörungen sind und bei denen einzelne Symptome z. B. bei der Halluzinose oder dem akuten amnestischen Syndrom eindeutig im Vordergrund stehen.

Akute organische Psychosen
Synonyme: akuter exogener Reaktionstyp, akute körperlich begründbare seelische Syndrome bzw. Psychosen; nach DSM-III-R und ICD-10: Delir.

◄ Definition

◄ Historisches

Epidemiologie
Risikofaktoren für das Delir sind Alter, Operationen, bereits bestehende Hirnschädigungen, Delir in der Vorgeschichte.
Ein Delir kommt häufig bei älteren Menschen und bei Kindern vor.

Ätiopathogenese
Die Ätiologie ist multifaktoriell.

Patienten mit hirnorganischen Verletzungen, alkohol- oder drogenabhängige Patienten, Patienten mit einer früheren Episode eines akuten organischen Psychosyndroms sind besonders gefährdet.

Auch Medikamente können ein akutes organisches Psychosyndrom verursachen (s. Tab. 3-20).

Patienten, die sehr ängstlich vor medizinischen oder operativen Eingriffen sind, haben ein größeres Risiko, ein akutes organisches Psychosyndrom zu entwickeln.

Symptomatologie
Prodromale Symptome: Unruhe tagsüber, Angst, Furchtsamkeit, Überempfindlichkeit für Licht oder Geräusche.

Zeitliche und örtliche Desorientiertheit ist häufig das erste Symptom des akuten organischen Psychosyndroms.
Mit Ausnahme der schwersten Fälle bleibt die Orientierung zur Person intakt.
Die Patienten sind leicht ablenkbar.
Das kohärente Denken ist vermin-

Epidemiologie. Akute organisch bedingte Psychosen sehen Psychiater am häufigsten, wenn sie zum Konsil in die Innere Medizin oder auf Intensivstationen gerufen werden. Ungefähr 10 % aller stationären Patienten bekommen einen gewissen Grad eines Delirs. Die Inzidenz variiert in verschiedenen Studien und in verschiedenen Krankenabteilungen. Z. B. tritt ein Delir bei ca. 30% der Patienten auf Intensivstationen auf. Etwa 20% der Patienten mit ausgedehnten schweren Verbrennungen entwickeln ein Delir. Ein Delir kommt häufig bei älteren Menschen und bei Kindern vor.

Ätiopathogenese. Die Ätiologie des akuten organischen Psychosyndroms ist multifaktoriell; es handelt sich um eine Kombination individueller, situationsabhängiger und pharmakologischer Variablen.

Patienten mit hirnorganischen Verletzungen sind besonders gefährdet, ein akutes organisches Psychosyndrom zu entwickeln, gleichermaßen alkohol- oder drogenabhängige Patienten. Bei Patienten mit einer früheren Episode eines akuten organischen Psychosyndroms ist es wahrscheinlich, daß sie unter gleichen Bedingungen erneut ein akutes organisches Psychosyndrom entwickeln. Die Ursache für das „postoperative" akute organische Psychosyndrom beruht auf dem Streß durch den Eingriff, postoperativen Schmerzen, Schlaflosigkeit, Schmerzmitteln und anderer Medikation, Elektrolytschwankungen, Infektionen, Fieber und Flüssigkeitsverlust.

Auch gewisse nichtpsychoaktive Substanzen, wie z. B. H_2-Blocker (z. B. das häufig verwendete Cimetidin, ein Medikament gegen Magenschleimhautentzündung) können ein akutes organisches Psychosyndrom verursachen (*siehe Tabelle 3-20*).

Tabelle 3-20: Beispiele für Medikamente, die als Nebenwirkung ein hirnorganisches Psychosyndrom verursachen können	
• Anticholinergika	• Diuretika
• Trizyklische Antidepressiva	• Reserpin
• Neuroleptika	• H_2-Blocker (z. B. Cimetidin)
• Benzodiazepine	• Kortison
• Muskelrelaxanzien	• Gyrasehemmer
• Beta-Rezeptorenblocker	• Antiarrhythmika

Patienten, die mit psychotropen Substanzen (z. B. trizyklischen Antidepressiva) behandelt werden, haben das Risiko, aufgrund einer Überdosierung z. B. ein anticholinerges Delir zu entwickeln, hier wiederum vor allem die Älteren, die auf Medikamentennebenwirkungen besonders empfindlich reagieren. Entsprechend dem Ergebnis einiger Studien haben Patienten, die sehr ängstlich vor medizinischen oder operativen Eingriffen sind, ein größeres Risiko, ein akutes organisches Psychosyndrom zu entwickeln, als Patienten, die weniger ängstlich sind.

Symptomatologie. Gering ausgeprägte „Durchgangssyndrome" mit Verstimmungen subdepressiver, ängstlicher, gehobener, apathischer oder hysteriformer Färbung sind oft schwer als organische Psychosyndrome zu erkennen und gegenüber psychoreaktiven Störungen abzugrenzen. Obwohl das akute organische Psychosyndrom gewöhnlich plötzlich einsetzt, gibt es **prodromale Symptome** (z. B. Unruhe tagsüber, Angst, Furchtsamkeit, Überempfindlichkeit für Licht oder Geräusche).

Entwickelt sich ein organisches Psychosyndrom, ist der Patient gewöhnlich verwirrt, desorientiert und nicht in der Lage, die Realität zu überprüfen.

Regelmäßig ist die **zeitliche und örtliche Orientierung gestört**. Die zeitliche Desorientiertheit ist häufig das erste Symptom, das bei einem milden akuten organischen Psychosyndrom auftritt.

Mit Ausnahme der schwersten Fälle bleibt die Orientierung zur Person intakt, d. h., der Patient ist sich seiner Identität bewußt. Er ist unfähig, zwischen Träumen, Illusionen und Halluzinationen zu unterscheiden oder zwischen Schlaf und Schlaflosigkeit, bedingt durch eine Störung des Schlaf-Wach-Rhythmus. Der Patient wird leicht abgelenkt durch nicht relevante Stimuli. Die Fähigkeit,

Organische psychische Störungen

kohärent zu denken, ist vermindert, und Denkabläufe sind verlangsamt, desorganisiert und weniger konkret. Urteilsfähigkeit und Problemlösungen werden schwierig oder unmöglich. Die Erinnerung an das, was während eines akuten organischen Psychosyndroms passierte, ist charakteristischerweise bruchstückhaft, und der Patient berichtet darüber wie über einen schlechten Traum oder Alptraum, der nur vage erinnert wird.

Durch Versuche des Patienten, grundlegende kognitive Defizite zu kompensieren, kann es zu fehlerhafter Identifikation von Personen in seiner Umgebung kommen. **Wahrnehmungsstörungen** sind häufig, einschließlich Illusionen und Halluzinationen. Diese sind am häufigsten visueller Art, sie können aber alle sensorischen Modalitäten betreffen. Sie werden oft begleitet von einer wahnhaften Ausgestaltung der realen Erfahrung, und offenbaren oft emotionale und verhaltensmäßige Beziehungen zum Inhalt der Störung. Lebhafte Träume und Alpträume kommen häufig vor und mischen sich mit Halluzinationen.

Die **kognitiven Störungen** im Rahmen des akuten organischen Psychosyndroms fluktuieren unvorhersehbar. Die täglichen bzw. stündlichen Veränderungen sind ein typisches Zeichen des akuten organischen Psychosyndroms. Es ist vorhersagbar schwerer während der Nacht und in den frühen Morgenstunden. Einige Patienten sind in der Tat nur nachts verwirrt und klaren über Tag wieder auf. Sogenannte klare Intervalle, während derer die Patienten aufmerksamer, rationaler und in besserem Kontakt zu ihrer Umgebung stehen, können jederzeit auftreten und dauern Minuten bis Stunden.

Das **psychomotorische Verhalten** ist gewöhnlich abnorm. Der Patient ist entweder hypoaktiv und lethargisch oder hyperaktiv bis zur Erschöpfung und kann unerwartet und abrupt von einem verhältnismäßig ruhigen Zustand in einen agitierten Zustand wechseln und umgekehrt.

Autonome Dysregulation kommt ebenfalls vor: Blässe, Erröten, Schwitzen, kardiale Unregelmäßigkeiten. Übelkeit, Erbrechen und Hyperthermie werden bei deliranten Patienten beobachtet. Die am häufigsten auftretenden Gefühle sind **Furcht** und **Angst**. Wenn die Furcht sehr intensiv ist oder das Ergebnis von erschreckenden Illusionen und Halluzinationen, versucht der Patient eventuell durch Flucht etwaigen Schaden von sich selbst oder anderen abzuwenden. Ein solcher Patient ist sehr gefährdet, Schaden auf einer wilden Flucht zu erleiden.

Ein tief depressiver Patient ist **suizidgefährdet**.

Das klinische Bild kann sich aber sowohl im Schweregrad als auch in der Ausprägung der im Vordergrund stehenden Symptomatik wandeln.

Klinische Subtypen. Die akuten organischen Psychosen werden unterteilt in solche mit und solche ohne Bewußtseinsstörung.

Fehlt eine Bewußtseinsstörung, so handelt es sich um eine Gruppe unspezifischer akuter organischer Psychosen, deren gemeinsames Merkmal die Reversibilität und das Fehlen von Bewußtseinsstörungen ist und bei denen eine bestimmte Symptomatik eindeutig im Vordergrund steht.

- Die **organische Halluzinose** (*siehe Synopsis 3-13*) ist charakterisiert durch das Vorherrschen optischer, akustischer oder taktiler Halluzinationen zum Teil verbunden mit Wahnerleben.
- Das **akute amnestische Syndrom** (akutes Korsakow-Syndrom) (*siehe Synopsis 3-14*) ist gekennzeichnet durch extreme Gedächtnisstörungen, die die Patienten teilweise durch Konfabulieren zu überspielen versuchen.
- Weitere Prägnanztypen sind **affektive** (depressive oder maniforme), **aspontane, paranoide** und **reversible pseudoneurasthenische Psychosyndrome** (= neurasthenisches Syndrom bei nachgewiesener oder vermuteter organischer Ursache, Symptomatik (*siehe Abbildung 3-51*).

Im Verlauf einer Hirnerkrankung kann das Syndrom allmählich an Schwere zunehmen und fließend in eine akute organische Psychose mit einer Bewußtseinsstörung übergehen.

---

dert, Denkabläufe sind verlangsamt, desorganisiert. Das Urteilsvermögen kann beeinträchtigt sein.
Die Erinnerung an das Geschehen während eines akuten organischen Psychosyndroms ist bruchstückhaft.

Durch Versuche des Patienten, grundlegende kognitive Defizite zu kompensieren, kann es zu fehlerhafter Identifikation von Personen in seiner Umgebung kommen. **Wahrnehmungsstörungen**, einschließlich Illusionen und Halluzinationen (meist visueller Art) sind häufig.

Die **kognitiven Störungen** im Rahmen des akuten organischen Psychosyndroms fluktuieren unvorhersehbar in täglichem Wechsel. Sogenannte klare Intervalle können jederzeit auftreten und dauern Minuten bis Stunden.

Das **psychomotorische Verhalten** ist gewöhnlich abnorm. Der Patient ist entweder hypoaktiv und lethargisch oder hyperaktiv bis zur Erschöpfung.
Autonome Dysregulation tritt auf in Form von Blässe, Erröten, Schwitzen, kardialen Unregelmäßigkeiten, Übelkeit, Erbrechen und Hyperthermie.
Die am häufigsten beobachteten Gefühle sind **Furcht** und **Angst**. **Suizidgefahr** besteht häufig bei tief depressiven Patienten.

Klinische Subtypen
Die akuten organischen Psychosen werden unterteilt in solche mit und solche ohne Bewußtseinsstörung. Fehlt eine Bewußtseinsstörung, so handelt es sich um eine unspezifische akute organische Psychose.
Akute organische Psychosen ohne Bewußtseinsstörung sind:
- **Organische Halluzinose** (s. Syn. 3-13)
- **Akutes amnestisches Syndrom** (s. Syn. 3-14)
- Weitere Prägnanztypen sind **affektive, aspontane, paranoide und reversible pseudoneurasthenische Psychosyndrome** (s. Abb. 3-51).
Im Verlauf einer Hirnerkrankung kann das Syndrom an Schwere zunehmen und fließend in eine akute organische Psychose mit einer Bewußtseinsstörung übergehen.

3 Krankheiten

Synopsis 3-13: Diagnostische Kriterien der organischen Halluzinose nach ICD-10 und DSM-III-R

ICD-10	DSM-III-R
Symptomatologie: • Nachweis von ständig oder immer wieder auftretenden Halluzinationen auf irgendeinem Sinnesgebiet • Nachweis einer zerebralen Erkrankung oder systemischen körperlichen Erkrankung, von der bekannt ist, daß sie mit dem hier aufgeführten Syndrom einhergehen kann • Ein zeitlicher Zusammenhang (Wochen oder einige Monate) • Rückbildung der Störung nach Rückbildung oder Besserung der zugrundeliegenden vermuteten Ursache • Kein überzeugender Beleg für eine andere Verursachung des psychischen Syndroms • Fehlen von Bewußtseinstrübung • Fehlen eines eindeutigen intellektuellen Abbaus • Keine auffällige Störung der Stimmung • Kein Vorherrschen von Wahnideen	• Ausgeprägte anhaltende oder wiederkehrende Halluzinationen • Es gibt Hinweise aufgrund der Anamnese, des körperlichen Befundes oder technischer Zusatzuntersuchungen auf einen organischen Faktor, der einen ätiologischen Zusammenhang mit der Störung nahelegt • Die Störung tritt nicht nur während eines Delirs auf

---

Synopsis 3-14: Diagnostische Kriterien des organisch-amnestischen Syndroms nach ICD-10 und DSM-III-R

ICD-10	DSM-III-R
Symptomatologie: • Beeinträchtigung des Kurzzeitgedächtnisses • Antero- und retrograde Amnesie • Verminderte Fähigkeit, vergangene Erlebnisse in chronologischer Reihenfolge zu erinnern • Anamnestischer oder objektiver Hinweis einer Hirnschädigung oder einer Hirnerkrankung • Fehlen einer Störung im Immediatgedächtnis (z. B. Zahlennachsprechen) • Fehlen von Aufmerksamkeits- und Bewußtseinsstörungen • Fehlen einer Beeinträchtigung der allgemeinen intellektuellen Fähigkeiten, zusätzlich, aber nicht notwendig: • Konfabulation • Mangel an Einsichtsfähigkeit • Emotionale Veränderung	• Beeinträchtigung des Kurz- und Langzeitgedächtnisses • Es gibt Hinweise aufgrund der Anamnese, des körperlichen Befundes oder technischer Zusatzuntersuchungen auf einen organischen Faktor, der einen ätiologischen Zusammenhang mit der Störung nahelegt • Die Störung tritt nicht nur während eines Delirs auf und erfüllt nicht die Kriterien einer Demenz

---

Die **Bewußtseinsstörung** ist das **Leitsymptom der ausgeprägten akuten organischen Psychose.** Sie kann sich in einer **quantitativen Änderung der Bewußtseinshelligkeit** (Somnolenz, Sopor, Koma) äußern, oder in einer **qualitativen Veränderung des Erlebens** (z. B. Einengung des Bewußtseins im Affekt).

Das **Delir** (s. Syn. 3-15) ist vor allem gekennzeichnet durch
• Verwirrtheit,
• Erregung,
• vegetative Symptome,
• optische Halluzinationen.
Subsyndrome des schweren akuten organischen Psychosyndroms:
• **Bewußtseinsminderung** (z. B. bei Contusio, Hirntumor, Vergiftung),

Die **Bewußtseinsstörung** ist das **Leitsymptom der stärkeren Ausprägungsgrade akuter organischer Psychosen** und kann mehr in einer **quantitativen Herabsetzung der Bewußtseinshelligkeit** (Somnolenz, Sopor, Koma) oder in einer mehr **qualitativen Veränderung des Erlebens** zum Ausdruck kommen. Es besteht eine verminderte Fähigkeit, die Aufmerksamkeit einem bestimmten Wahrnehmungsgegenstand zuzuwenden, sie längere Zeit darauf zu zentrieren oder sie von einem Gegenstand wieder abzulenken und auf einen anderen Sachverhalt zu richten. Neben diesen Verminderungen (Bewußtseinstrübung) gibt es auch Steigerungen des Bewußtseins: ungewöhnliche Wachheit und abnorme Helligkeit des Bewußtseinsfeldes.

Das **Delir** (siehe Synopsis 3-15) wird neben Verwirrtheit und Erregung vor allem durch vegetative Störungen und Halluzinationen gekennzeichnet. Es bestehen vegetative Symptome mit Pulsbeschleunigung, Schwitzen, Tremor und allgemeiner Unruhe. Halluzinationen, größtenteils optischer Art, beinhalten zumeist Bewegungen kleiner Figuren und auch szenische Abläufe.

Als fließend ineinander übergehend lassen sich vier **Subsyndrome** des schweren akuten organischen Psychosyndroms herausheben:
• **Bewußtseinsminderung** verschiedenen Grades (Somnolenz bis Koma) (z. B. bei Contusio, Hirntumor, Vergiftungen),

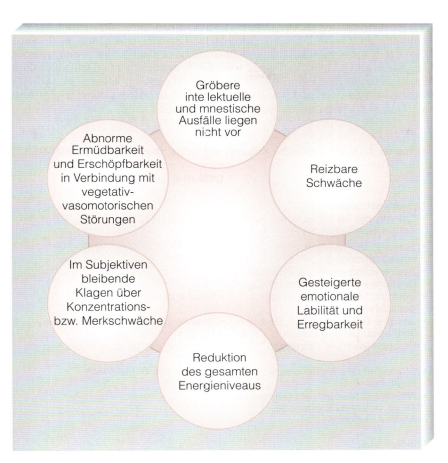

Abb. 3-51: Mögliche Symptome des pseudoneurasthenischen Syndroms. Es kann einen akuten oder chronischen Verlauf nehmen

- **Verwirrtheitszustand** (amentielles Syndrom), d.h. Delir ohne Halluzination und Wahn, häufig mit einem Erregungszustand mit starkem Bewegungsdrang und motorischer Unruhe verbunden (z. B. bei zerebrovaskulären Erkrankungen),
- **Delir** (z. B. bei Alkoholentzug, Vergiftungen, entzündlichen Erkrankungen),
- **Dämmerzustand** (z. B. bei Epilepsie, pathologischem Rausch).

Der **Dämmerzustand** ist gekennzeichnet durch eine **Änderung des Bewußtseinszustandes**, der Patient ist nicht schläfrig oder benommen, aber es fehlt ihm die volle Klarheit des Bewußtseins. Trotz der Bewußtseinsveränderung besteht Handlungsfähigkeit. Der Patient geht umher, findet sich einigermaßen zurecht in einem fast traumwandlerischen Zustand, er überblickt aber die Situation nicht und verkennt zumindest partiell Ort, Zeit und Personen seiner Umgebung. Es kann zu unbesonnenen Handlungen kommen, die keinen Zusammenhang zu sonstigem Denken und den gewöhnlichen Motivationen erkennen lassen. Da sich der Patient nach außen hin klar und besonnen benimmt, werden Dämmerzustände häufig nicht erkannt. Sie können nachträglich an der charakteristischen **partiellen** oder **totalen Amnesie** erkannt werden.

Diagnostik und Differentialdiagnose. Ein akutes organisches Psychosyndrom wird gewöhnlich am Krankenbett oder in der Ambulanz diagnostiziert und ist durch das **plötzliche Auftreten** der geschilderten Symptome charakterisiert. Ein akutes organisches Psychosyndrom muß von anderen hirnorganischen Syndromen unterschieden werden. **Demenz** hat gewöhnlich einen (heimtückischen) schleichenden Beginn. Beide Erkrankungen zeigen kognitive Störungen, wobei diese Veränderungen bei der Demenz mehr konstant sind. Der demente Patient hat normalerweise keine Bewußtseinsstörungen.

3 Krankheiten

Gelegentlich kann z. B. ein Delir auch bei einem dementen Patienten vorkommen, ein Zustand, der als „umwölkte" Demenz bezeichnet wird. Nach DSM-III-R kann man die Diagnose einer Demenz nicht stellen, wenn typische Symptome eines Delirs vorliegen, weil die Symptome eines Delirs mit dem demenzeigenen Zustand interferieren. Beide Diagnosen können nur gestellt werden, wenn es sichere Hinweise auf eine vorbestehende Demenz gibt bzw. eine Demenz anamnestisch ausgeschlossen werden kann.

Synopsis 3-15: Diagnostische Kriterien des Delirs nach ICD-10 und DSM-III-R

ICD-10	DSM-III-R
Symptomatologie:	
• Störung des Bewußtseins und der Aufmerksamkeit	• Bewußtseinstrübung
• Störung der Kognition, Wahrnehmungsstörung	• Denkstörungen, Wahrnehmungsstörungen
• Beeinträchtigung des abstrakten Denkens und der Auffassung	
• Beeinträchtigung des Kurzzeitgedächtnisses	• Gedächtnisstörungen
• Zeitliche Desorientiertheit, Desorientiertheit zu Ort und Person	• Desorientiertheit zu Zeit, Ort oder Person
• Psychomotorische Störungen	• Änderung der psychomotorischen Aktivität
• Störungen des Schlaf-Wach-Rhythmus	• Störung des Schlaf-Wach-Rhythmus
• Affektive Störungen, wie Depression, Angst, Reizbarkeit, Euphorie, Apathie, Ratlosigkeit	
Mindestdauer:	
• Gesamtdauer $<$ 6 Monate	• $<$ 6 Monate
Verlaufstypen:	
• Beginn akut, im Tagesverlauf wechselnd	• Die klinischen Merkmale entwickeln sich innerhalb von Stunden oder Tagen

Wichtigste Unterschiede der beiden Diagnoseschemata sind:
Im DSM-III-R sind Bewußtseinstrübung, Wahrnehmungsstörung, Störung des Schlaf-Wach-Rhythmus, Änderung der psychomotorischen Aktivität, Desorientiertheit und Gedächtnisstörungen nur fakultative Störungen, d. h., es muß nur eine dieser Störungen vorhanden sein. In der ICD-10 hingegen müssen leichte oder schwere Symptome in jedem Bereich vorliegen.

Merke ▶

Merke. Bleibt die Differentialdiagnostik zunächst noch unklar, so ist die Arbeitsdiagnose eines Delirs zu stellen und ein intensiver Therapieversuch zu unternehmen.

Wichtige Differentialdiagnosen:
- **Demenz** (Dauer >6 Monate, normalerweise keine Bewußtseinsstörung)
- **Ganser-Syndrom** (pseudodementes Syndrom, gekennzeichnet durch Vorbeihandeln, Nichtwissenwollen, keine Verlangsamung im EEG)

Patienten mit einer vorgetäuschten Erkrankung (**Ganser-Syndrom**) versuchen, die Symptome eines organischen Psychosyndroms nachzuahmen. Es handelt sich gewöhnlich um eine dicht unter der Bewußtseinsschwelle ablaufende Wunsch- oder Zweckreaktion. Dieses Syndrom wird häufig in posttraumatischen und postiktalen Dämmerzuständen, bei Hirntumoren, Hirnverletzungen und progressiver Paralyse beobachtet. Sorgfältige Beobachtung ergibt aber gewöhnlich, daß die Symptome unter willentlicher Kontrolle sind. Die Patienten zeigen häufig eine Inkonsistenz bei kognitiven Tests. Ein unauffälliges EEG kann die Diagnose unterstützen, da bei Personen mit einem akuten organischen Psychosyndrom meist eine diffuse Verlangsamung der Hintergrundaktivität im EEG auftritt.

Die **Schizophrenie** ist durch konstantere und besser organisierte Halluzinationen und Wahnvorstellungen gekennzeichnet. Schizophrene Patienten zeigen normalerweise keinen Wechsel der Bewußtseinslage. Die die Orientierung ist ebenfalls intakt. Kurze reaktive Psychosen und schizophreniforme Erkrankungen zeigen eine Desorganisation der Sprache und Verlust von Assoziationen, aber die globale kognitive Verschlechterung des akuten organischen Psychosyndroms fehlt. Patienten mit Bewußtseinsspaltung können desorientiert erscheinen und zeigen zielloses Wandern. Solche Episoden sind aber gewöhnlich selbstlimitierend, die Gedächtnisstörungen sind kurz und temporär.

Therapie. Eine Grundregel der Behandlung des akuten organischen Psychosyndroms ist es, die Ursache zu erkennen und angemessene medizinische oder chirurgische Therapien einzuleiten. Notwendige Labortests müssen gemacht werden (*siehe Tabelle 3-21*).

- **Schizophrenie** (Die Patienten sind orientiert, zeigen Denkstörungen, intellektuelle Fähigkeiten sind meist weniger beeinträchtigt)

Therapie
Nach Erkennen der Ursache sollte eine angemessene internistische oder chirurgische Therapien eingeleitet werden. Notwendige Labortests müssen gemacht werden (s. Tab. 3-21).

Tabelle 3-21: Labordiagnostik zum Ausschluß anderer Demenzursachen	
Routine- und Zusatz-untersuchungen (in Klammern)	**Ausschluß von:**
• BB (CV, MCHC), Diff.BB, HK (Bilirubin, LDH, Eisen)	Polyglobulie
• BSG (Elektrophorese, Immunelektrophorese usw.)	Vaskulitis
• Leberwerte	Hepatischer Enzephalopathie
• Elektrolyte	Chronischer Elektrolytstörung
• Blutfette (Lipidephorese)	Hyperlipidämie
• Harnsäure	Hyperurikämie
• Kreatinin	Renaler Insuffizienz
• BZ (BZT, GBT, HB_{A1})	Diabetes
• TSH, T3, FT4	Hypothyreose, Hyperthyreose
• Vitamin B_{12}, Folsäure (Schilling-Test)	Vitamin-Mangelzuständen
• Kortisol	NNR-Insuffizienz
• TPHA-Test	Syphilis
• HIV-Test	AIDS
• Borrelien	Meningoenzephalitis

Neben der kausalen Therapie sind allgemeine und symptomatische Maßnahmen nötig, die darauf abzielen, den Streß zu vermindern und Komplikationen wie Unfälle und Verletzungen zu verhindern. Geeignete Ernährung, eine ausgeglichene Elektrolyt- und Flüssigkeitsbalance müssen eingehalten werden. Die Behandlung ist teilweise auch von den Umständen abhängig, unter denen das akute organische Psychosyndrom auftritt, vom Alter der erkrankten Person und von ihrem medizinischen und neurologischen Gesamtzustand.

Merke. Es sollte in jedem Fall für optimale sensorische, soziale und pflegerische Umgebungsbedingungen gesorgt werden.

◄ **Merke**

Wenn die sensorische Isolation eine Rolle beim akuten organischen Psychosyndrom spielt, profitiert der Patient von einem abgeschwächten Licht bei Nacht sowie häufigen Besuchen durch Personal und Familienmitglieder. Anstehende Untersuchungen müssen dem Patienten erklärt werden. Die Einrichtung eines Fernsehens im Patientenzimmer und das Ansprechen des Patienten mit seinem Namen helfen, die Orientierung aufrechtzuerhalten.

Pharmakotherapie. Ein agitierter, unruhiger, furchtsamer oder rebellischer Patient muß behandelt werden, um Komplikationen und Unfälle zu vermeiden. **Haloperidol** (Haldol®) gilt als das Mittel der Wahl. Abhängig vom Alter des Pa-

Pharmakotherapie
Ein agitierter, unruhiger, furchtsamer oder rebellischer Patient muß be-

handelt werden, um Komplikationen und Unfälle zu vermeiden. Mittel der Wahl ist **Haloperidol** 10–60 mg/die. Schlaflosigkeit und Unruhe können am besten mit **Clomethiazol** 1–3 g/die behandelt werden.

tienten, Gewicht und physikalischer Konstitution variiert die Anfangsdosis zwischen 2 und 10 mg intramuskulär und wird stündlich wiederholt, wenn der Patient unruhig bleibt. Sobald der Patient beruhigt ist, sollte man eine orale Therapie mit Tropfen oder Tabletten beginnen. Zwei tägliche Dosen sollten genügen, wobei zwei Drittel zur Nacht gegeben werden. Die effektive tägliche Gesamtdosis von Haloperidol (Haldol®) kann zwischen 10 und 60 mg für die meisten Patienten variieren. Schlaflosigkeit und Unruhe können am besten mit Clomethiazol (Distraneurin®) in Dosierungen von 1–3 g/die behandelt werden.

Verlauf und Prognose

Das akute organische Psychosyndrom ist **reversibel**, wenn die Ursache behandelt wird. Unbehandelt kann es spontan abklingen oder in ein chronisches hirnorganisches Syndrom übergehen.

Verlauf und Prognose. Das akute organische Psychosyndrom ist **reversibel**, wenn die zugrundeliegende Ursache erkannt und rechtzeitig behandelt wird. Ein unbehandeltes organisches Psychosyndrom kann spontan abklingen oder in ein anderes hirnorganisches Syndrom übergehen oder bis zu einem dementiellen Zustand fortschreiten.

Kasuistik 1. Ein 45jähriger, untersetzter, athletisch gebauter polnischer Metzgermeister wurde zur Abklärung eines unklaren Anfallsleidens stationär aufgenommen. Am dritten Tag wurde er nachmittags auffällig mit einer zunehmenden Unruhe und verbal aggressiv gegenüber Pflegepersonal und Mitpatienten. Unter dem Verdacht einer Alkoholentzugssymptomatik wurde eine Therapie mit Distraneurin® begonnen. Abends kam es dann zu ersten handgreiflichen Auseinandersetzungen mit Mitpatienten. Der Patient konnte nur von fünf Pflegern und Mitpatienten gehalten werden. Er hatte massive Angst, man wolle ihm etwas tun, ihn mit Nadeln verletzen. Er schwitzte massiv, war tachykard. Nachdem er auf die geschlossene Station gebracht wurde, begann er Kriegsszenen zu halluzinieren, wähnte sich im Schützengraben, sah Angreifer mit Gewehren. Medikamente nahm er nur, wenn sie ihm von dem Arzt, zu dem er Vertrauen hatte, persönlich verabreicht wurden, ansonsten hatte er Angst, vergiftet zu werden. Nach einer unvorsichtigen Handlung des Pflegepersonals kam es erneut zu einem körperlichen Angriff. Unter hochdosierter Haldol®- und oraler Distraneurin®-Therapie beruhigte er sich und konnte stundenweise schlafen. Am nächsten Morgen konnte er sich, durch die Medikamente beeinträchtigt, kaum noch auf den Beinen halten, trotzdem waren jetzt erneut sechs Pfleger notwendig, um ihn ans Bett zu binden, da er wieder aggressiv gegen die neue Pflegemannschaft wurde.
Diagnose: Alkoholentzugsdelir mit Grand-Mal-Anfällen.
Conclusio: Dies ist ein für die Praxis typischer Fall, die Symptomatik nimmt bei adäquater Behandlung meist nicht solch extreme Ausmaße an. Hier ist besonders wichtig, daß man die Behandlung früh genug und mit einer in der Wirkung ausreichenden Dosierung beginnt. Falls die normale orale Dosis von Clomethiazol nicht ausreicht, kann unter intensivmedizinischen Bedingungen (cave Atemsuppression) eine intravenöse Therapie durchgeführt werden.

Kasuistik 2. Eine 34jährige Patientin mit Adipositas permagna und akutem Erysipel beider Unterschenkel hatte zu Hause hohes Fieber entwickelt. Sie lebte allein und war nicht mehr in der Lage, aufzustehen und sich zu versorgen. Als am dritten Tag ein Bekannter nach ihr sehen wollte, fand er sie in einem mit Fäkalien verschmierten Zimmer auf dem Boden liegend. Nach der stationären Aufnahme und Versorgung mit Flüssigkeit war sie zeitlich, örtlich und zur Person orientiert. Sie berichtete, daß zwei rivalisierende Motorrad-Gangs sich in ihrem Zimmer getroffen hätten. Sie sei zur Königin gewählt worden. Man habe ihr eine Krone aufgesetzt und dann Wettrennen, um ihre Gunst zu erlangen, in ihrem Zimmer veranstaltet. Die Patientin berichtete weiter, sie sei ängstlich gewesen, der Motorradlärm könne ihre Nachbarn stören.
Diagnose: Akute organisch bedingte Halluzinose.
Conclusio: Auf dem Boden einer Streptokokken-Infektion entwickelte sich bei der Patientin bedingt durch hohes Fieber und zusätzliche Exsikkose eine akute organisch bedingte Halluzinose. Zum Zeitpunkt der Untersuchung lag kein Delir vor, da keine Bewußtseinsstörung, keine Gedächtnisstörung und keine Desorientiertheit feststellbar waren.

Chronische hirnorganische Psychosyndrome/Demenz

Synonyme: chronische körperlich begründbare Psychosen, chronische symptomatische Psychosen, chronische organische Psychosyndrome, Demenz (DSM-III-R, ICD-10: Demenz)

> **Definition.** Demenz ist Folge entweder einmaliger schwerer Hirnerkrankungen (z. B. Trauma) oder chronischer toxischer Einwirkungen auf das Gehirn oder fortschreitender Hirnabbauprozesse (z. B. Morbus Alzheimer). Sie ist charakterisiert durch den Verlust von Gedächtnis und intellektuellen Fähigkeiten, Orientierungsstörungen, Urteilsschwäche und Persönlichkeitsveränderungen.

Historisches. Der Demenzbegriff wurde im 18. Jahrhundert in der Juristensprache und in der Umgangssprache für jede Form geistiger Störung gebraucht. Ende des 18. Jahrhunderts bekam der Begriff unter Ärzten die Bedeutung eines Nachlassens der intellektuellen Kräfte und der Unfähigkeit zu logischem Denken. Bis vor einigen Jahren wurden in der deutschsprachigen Psychiatrie nur die irreversiblen Endzustände des chronischen hirnorganischen Psychosyndroms als Demenz bezeichnet.

Abweichend vom deutschen Sprachgebrauch wird die Bezeichnung in der amerikanischen Literatur wesentlich weiter angewandt. Von Demenz spricht man bereits, wenn Gedächtnis- und Intelligenzstörungen die Bewältigung von Alltagsaufgaben erkennbar behindern. In den letzten Jahren hat sich dies insoweit geändert, daß heute auch bei uns reversible und leichtere Stadien als Demenz bezeichnet werden und somit **Demenz als Synonym für hirnorganisches Psychosyndrom** verwendet wird.

Epidemiologie. Chronische hirnorganische Psychosyndrome kommen am häufigsten im höheren Alter vor, **jeder zehnte über 65jährige** leidet an kognitiven Störungen bis hin zu einer Demenz.

Die Häufigkeit ist vergleichbar mit der anderer Volkskrankheiten, z. B. Diabetes mellitus. Die Prävalenz dementieller Syndrome liegt im Alter von 65 bis 70 Jahren bei 2 bis 6%, bei über 85jährigen bei 20 bis 30%. Die Prävalenz leichter kognitiver Beeinträchtigungen beträgt bei den über 65jährigen in Abhängigkeit von den verwendeten Kriterien 6 bis 50% (*siehe Abbildung 3-52a*).

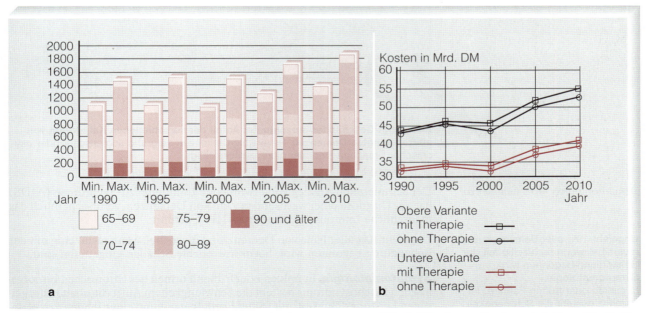

Abb. 3-52a: Geschätzte Anzahl der Patienten mit Hirnleistungsstörungen im Alter in Deutschland bis zum Jahr 2010 (in Tausend)

Abb. 3-52b: Gesamtkostenentwicklung für die Versorgung der Patienten mit Hirnleistungsstörungen im Alter mit/ohne Therapie bis zum Jahr 2010 in Deutschland

Die Diagnose einer Demenz kann gestellt werden, nachdem der Intelligenzquotient (IQ) einigermaßen stabil ist, gewöhnlich ab dem Alter von 3 bis 4 Jahren. So kann ein vierjähriges oder älteres Kind, das z. B. an einer chronischen neurologischen Erkrankung leidet, die in einem signifikanten Maß bereits erworbene Funktionen im intellektuellen und sozialen Verhalten beeinträchtigt, sowohl als geistig retardiert als auch als dement eingestuft werden.

Weil die Zahl der älteren Menschen ständig zunimmt (im Jahr 2010 erwartet man, daß 20% der Bevölkerung der BRD über 65 Jahre alt sein wird), wird die Demenz ein Hauptproblem der öffentlichen Gesundheitsfürsorge. 1987 beliefen sich die berechneten Behandlungs- und Pflegekosten für demente Patienten auf 27,2 Milliarden DM. Der größte Anteil hiervon, nämlich 22,4 Milliarden DM für Pflege, wurde aber bisher nicht ausgabenwirksam, da er durch Angehörige der Patienten erbracht wurde. Im Jahr 2010 werden die Kosten unter gleichen Bedingungen auf 36,3 Milliarden DM ansteigen, wobei zu erwarten ist, daß dann der Anteil der ausgabenwirksamen Pflegekosten durch die Veränderung der Familienstruktur hin zur Kleinfamilie bzw. Single-Haushalten voll zu Buche schlagen wird (*siehe Abbildung 3-52b*).

Ätiopathogenese. Die meisten Fälle von chronischen hirnorganischen Psychosyndromen lassen nicht an eine spezifische Ätiologie denken. Die häufigste Form der Demenz ist die primär degenerative Demenz vom Alzheimer-Typ (ungefähr 65% der Fälle), gefolgt von der Multiinfarkt-Demenz (15% der Fälle) (*siehe Abbildung 3-53*).

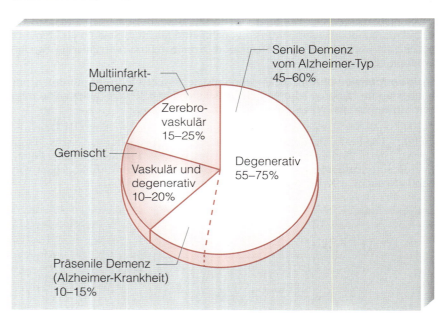

Abb. 3-53: **Geschätzter prozentualer Anteil der verschiedenen Kategorien von altersbedingten Demenzen.** Reversible Demenzen aufgrund somatischer oder psychischer Ursachen sind hier nicht berücksichtigt

Der alarmierende Anstieg von erworbenen Immundefizit-Syndromen (AIDS) hat zur Diagnose einer wachsenden Zahl von Demenzen, verursacht durch das menschliche Immunschwäche-Virus (HIV), geführt.

Ungefähr 10% aller Fälle von Demenz sind reversibel, wenn rechtzeitig mit der Behandlung begonnen wird, bevor irreversible Schäden eingetreten sind.

Symptomatologie. In milden oder frühen Formen des chronischen hirnorganischen Psychosyndroms besteht die Schwierigkeit im Aufrechterhalten der geistigen Leistungsfähigkeit, mit früher Ermüdbarkeit und einer Tendenz zu versagen, wenn die Fragestellung neu und komplex ist oder veränderte Problemlösungsstrategien gefragt sind.

Stehen hierbei Reizbarkeit, Erschöpfbarkeit, Schlafstörungen und subjektives Schwächegefühl im Vordergrund, spricht man von einem **chronischen pseudoneurasthenischen Syndrom**.

Eine Akzentuierung prämorbider Persönlichkeitszüge kann sich z. B. darin äußern, daß charakteristische Eigenschaften sich übertrieben darstellen (der Sparsame wird geizig, ein früher sehr Gutmütiger wird willenlos). Andererseits kann eine **organische Persönlichkeitsveränderung** sich durch Verlangsamung, Antriebsminderung, erhöhte Reizbarkeit, gesteigerte emotionale Labilität, affektive Einengung und depressive Verstimmung bemerkbar machen. In *Abbildung 3-54* sind einige weitere Prägnanztypen organischer Persönlichkeitsveränderungen dargestellt, die den Umgang mit diesen Patienten in der Praxis häufig schwierig gestalten. Bei diesen Konstellationen sollte der Arzt immer auch an eine hirnorganische Ursache denken.

Kennzeichen des **chronischen pseudoneurasthenischen Syndroms**: Reiz- und Erschöpfbarkeit, Schlafstörungen, subjektives Schwächegefühl.
Symptome der **organischen Persönlichkeitsveränderung**: Verlangsamung, Antriebsminderung, erhöhte Reizbarkeit, emotionale Labilität, affektive Einengung und depressiver Verstimmung (s. Abb. 3-54).

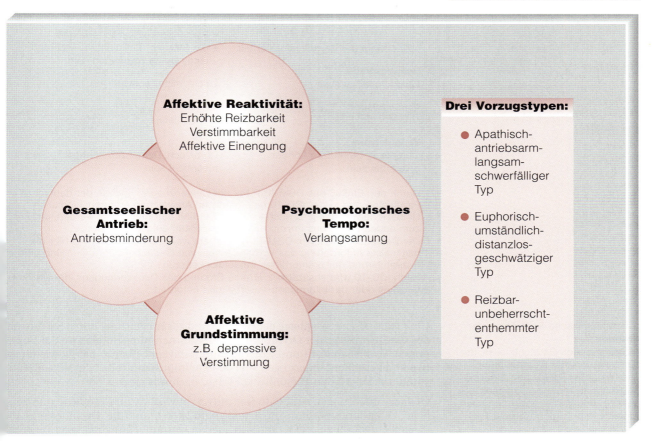

Abb. 3-54: Symptome bei organischer Persönlichkeitsveränderung

Ist zusätzlich eine mäßig ausgeprägte Gedächtnisstörung nachweisbar, meist mehr auf kurz zurückliegende Ereignisse konzentriert, so daß Telefonnummern, Gespräche und Tagesereignisse vergessen werden, sind entsprechend DSM-III-R bereits die Kriterien eines leichten dementiellen Syndroms erfüllt (siehe Synopsis 3-16).

Symptome einer Persönlichkeitsveränderung und zusätzlich bestehende Kurz- bzw. Langzeitgedächtnisstörungen erlauben bereits die Diagnose eines dementiellen Syndroms (s. Syn. 3-16).

Merke. Gedächtnisstörungen sind typischerweise ein frühes und hervorstechendes Merkmal speziell der Demenz vom Alzheimer-Typ.

◄ Merke

Bei Fortschreiten der Demenz werden Leistungseinbußen häufiger, sie verlegen sich auf alltägliche Aufgaben, so daß der Patient schließlich die notwendigen täglichen Verrichtungen nicht mehr bewerkstelligen kann (s. *Abbildung 3-55*).

Mit zunehmender Demenz kann der Patient schließlich die notwendigen täglichen Verrichtungen nicht mehr bewerkstelligen (s. Abb. 3-55).

3 Krankheiten

Synopsis 3-16: Diagnostische Kriterien der Demenz nach ICD-10 und DSM-III-R

ICD-10	DSM-III-R
Symptomatologie:	
• Abnahme des Gedächtnisses	• Beeinträchtigung des Kurz- bzw. des Langzeitgedächtnisses
• Abnahme des Denkvermögens	• Beeinträchtigung des abstrakten Denkens
• Abnahme der Urteilsfähigkeit	
• Abnahme des Ideenflusses	• Beeinträchtigung des Urteilsvermögens
• Beeinträchtigung der Informationsverarbeitung	• Beeinträchtigung höherer kortikaler Funktionen (Aphasie, Apraxie, Agnosie, Probleme bei konstruktiven Aufgaben)
	• Persönlichkeitsveränderungen
• Nachweis der Bewußtseinsklarheit	• die Störung darf nicht nur während eines Delirs vorhanden sein
Schweregrade:	
Leicht, mittel, schwer	Leicht, mittel, schwer
Mindestdauer:	
< 6 Monate	< 6 Monate
Verlaufstypen:	
Chronisch, Demenzen können reversibel sein	Chronisch, Demenzen können reversibel sein

Durch den Einfluß des DSM-III-R hat der Demenzbegriff auch in der deutschen Psychiatrie und in der ICD-10 eine deutliche Ausweitung erfahren, einmal im Hinblick darauf, daß jetzt auch leichtere Stadien darunter gefaßt werden, und zum anderen, daß das Prinzip der „Irreversibilität" aufgegeben wurde.
Der Demenzbegriff ist im DSM-III-R noch am weitesten gefaßt, indem hier die minimalste Anforderung das Vorhandensein von Gedächtnisstörungen und eine Akzentuierung der prämorbiden Persönlichkeitszüge ist.
Nach ICD-10 wird zusätzlich z. B. eine Störung des Denkvermögens, der Urteilsfähigkeit oder der Informationsverarbeitung gefordert.

Charakteristische **Symptome der Demenz**:
Störungen des Gedächtnisses, der Orientierung, der Wahrnehmung, intellektueller Funktionen, Urteilsfähigkeit, Entscheidungsfähigkeit, affektive- und Verhaltensänderungen, defekte Impulskontrolle oder Persönlichkeitsveränderungen.

Mögliche Störungen sind:
• **Aphasien** (z. B. Wortfindungsstörungen),
• **Agnosien** (Nichterkennen von Gegenständen oder Personen),
• **Apraxien** (komplexe Handlungsabläufe sind nicht durchführbar),
• **Alexie** (Lesestörung),
• **Agraphie** (Schreibstörung),
• **Akalkulie** (Rechenstörung).
Die **konstruktive Apraxie** kann durch das Abzeichnenlassen zwei- oder dreidimensionaler Figuren nachgewiesen werden.

Vermeidungsstrategien werden entwickelt, um kognitive Defizite nicht offensichtlich werden zu lassen (z. B. Witze machen).

Charakteristische **Symptome der Demenz** sind gekennzeichnet durch Störungen des Gedächtnisses, der Orientierung, der Wahrnehmung, intellektueller Funktionen, Urteilsfähigkeit und Entscheidungsfähigkeit. Ebenso häufig wie affektive und Verhaltensänderungen sind defekte Impulskontrolle oder Veränderungen der prämorbiden Persönlichkeitszüge nachweisbar.

Gedächtnisstörungen sind teilweise mitverantwortlich für räumliche und zeitliche Orientierungsstörungen. Der Patient, der räumliche Orientierungsstörungen entwickelt, läuft Gefahr, sich auch in vertrauter Umgebung zu verirren

Sprachvermögen und Sprachverständnis können bei dementiellen Abbauprozessen beeinträchtigt sein. Die Sprache kann vage, stereotyp, unpräzise und umständlich sein. Als Ursache können **aphasische Störungen** (häufig Wortfindungsstörungen) vorliegen. Mögliche weitere Störungen sind auch **Agnosien** (die Patienten erkennen Gegenstände oder Personen nicht mehr) oder **Apraxien**, die sich darin äußern, daß die Patienten komplexere Handlungsabläufe, wie zum Beispiel Kaffee kochen, nicht mehr ausführen können. Es können Störungen beim Lesen (**Alexie**), Schreiben (**Agraphie**) und Rechnen (**Akalkulie**) auftreten Diese Störungen werden vor allem von den Angehörigen als deutliche Verschlechterung des Zustandes bemerkt. Hierzu gehört auch die **konstruktive Apraxie**, die durch das Abzeichnen zwei- oder dreidimensionaler Figuren nachgewiesen werden kann, oder die sogenannte „Ankleideapraxie" (die Patienten sind nicht mehr in der Lage, die Kleidung richtig anzuziehen).

Um ihre kognitiven Defizite nicht offensichtlich werden zu lassen, entwickeln die Patienten **Vermeidungsstrategien,** z. B. Wechseln der Thematik, Witze machen oder Ablenken des Fragenden auf eine andere Weise.

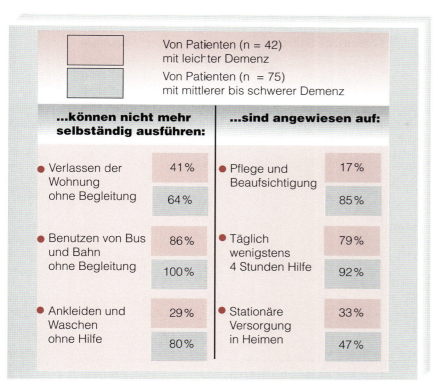

Abb. 3-55: Verlust an Alltagskompetenz durch Demenz bei älteren Patienten

Exzessive Ordentlichkeit, sozialer Rückzug oder die Angewohnheit, Ereignisse in minutiösen Details zu berichten und nicht mehr das Wesentliche zu erkennen, können charakteristisch sein. Plötzliche Ausbrüche von Wut oder Sarkasmus können vorkommen. Erscheinungsbild und Verhalten des Patienten müssen berücksichtigt werden. Ein dummer, apathischer oder leerer Gesichtsausdruck, emotionale Labilität, unbeherrschte Ausdrucksart oder dumme Witze sind verdächtig auf eine Demenz, insbesondere in Verbindung mit Gedächtnisstörungen. Paranoide Einbildungen können in einigen Fällen bezeichnend sein und führen zu falschen Bezichtigungen und verbalen oder körperlichen Angriffen. Diese Beschuldigungen können in einigen Fällen bis zu einem Eifersuchtswahn gehen und dazu führen, daß in der Einbildung der Ehepartner als untreu angesehen und angegriffen wird (*siehe Abbildung 3-56*).

In schwereren Fällen von Demenz kann der Patient nur noch sehr intensiv Gelerntes behalten, und neue Informationen werden schnell vergessen. In weit fortgeschrittenen Stadien vergessen die Patienten die Namen ihrer Angehörigen, ihren Beruf, sogar ihren eigenen Namen. Schwer demente Patienten können mutistisch werden.

Den Schweregrad der Erkrankung kann man mit Hilfe der „Global Deterioration Scale" von Reisberg dokumentieren (*siehe Tabelle 3-22*).

Weitere Symptome können sein: sozialer Rückzug, emotionale Labilität, Ausbrüche von Wut oder Sarkasmus oder paranoide Einbildungen bis hin zum Eifersuchtswahn (*s. Abb. 3-56*).

In weit fortgeschrittenen Stadien vergessen die Patienten die Namen ihrer Angehörigen, ihren Beruf, sogar ihren eigenen Namen. Schwer demente Patienten können mutistisch werden.
Zur Dokumentation des Schweregrades siehe *Tab. 3-22*.

3 Krankheiten

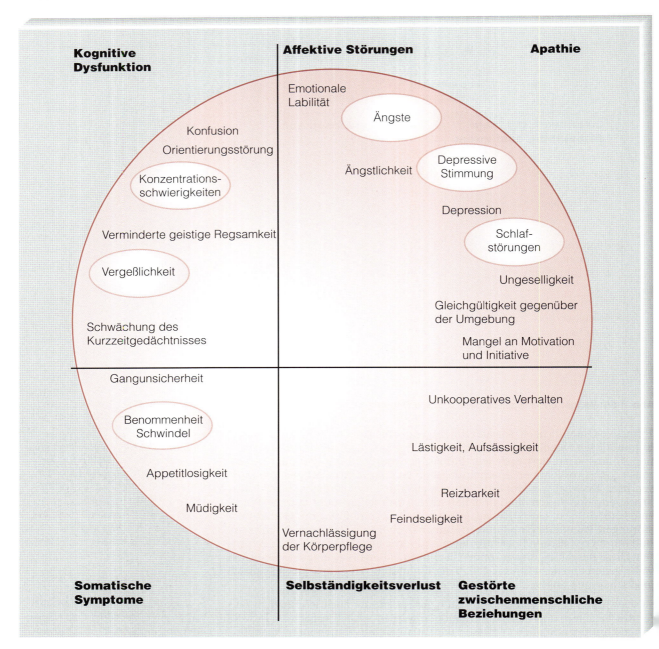

Abb. 3-56: Hauptsymptome bei Hirnleistungsstörungen und Demenzen

Tabelle 3-22: Die Global Deterioration Scale (GDS) von Reisberg dient der Einschätzung des Schweregrades von altersbedingten kognitiven Störungen und Morbus Alzheimer

GDS-Stadium	Diagnose	Klinisches Erscheinungsbild
1 Keine kognitive Störungen	Unauffällig	Der Patient klagt nicht über Merkfähigkeitsstörungen, sie lassen sich auch im Patientengespräch nicht feststellen.
2 Diskrete kognitive Störungen	Vergeßlichkeit	Der Patient klagt über Merkfähigkeitsstörungen, meist in diesen Bereichen: a) Vergißt, wo vertraute Gegenstände abgelegt wurden b) Vergißt Namen, die früher wohlbekannt waren. Keine objektiven Hinweise auf Merkfähigkeitsstörungen im Patientengespräch. Keine Schwierigkeiten im Beruf oder sozialen Umfeld. Unter Berücksichtigung der Symptomatik angemessenes Verhalten.

Organische psychische Störungen 175

Fortsetzung Tabelle 3-22:

GDS-Stadium	Diagnose	Klinisches Erscheinungsbild
3 Leichte kognitive Störungen	Frühes Verwirrtheits-stadium	Erste klar erkennbare Defizite, die sich in mehr als einem der folgenden Bereiche darstellen: a) Patient kann sich verirren, wenn er an einen fremden Ort reist b) Mitarbeiter fällt die reduzierte Leistung des Kollegen auf c) Bekannte bemerken Wort- und Namensfindungsstörungen d) Patient liest eine Textpassage oder ein Buch und behält wenig vom Inhalt e) Die Fähigkeit, sich neue Namen zu merken, ist beeinträchtigt f) Patient verliert oder verlegt Wertgegenstände g) Psychometrische Tests decken Konzentrationsstörungen auf. Objektive Hinweise auf Merkfähigkeitsstörungen ergeben sich nur in einem sehr eingehenden Patientengespräch mit einem erfahrenen Gerontopsychiater. Reduzierte Leistung im Beruf und im sozialen Umfeld. Patient zeigt erste Anzeichen für Negationsverhalten. Begleitende leichte bis mäßige Angstzustände.
4 Mäßige kognitive Störungen	Spätes Verwirrtheits-stadium	Ein sorgältiges Patientengespräch deckt klare Leistungseinbußen auf in folgenden Bereichen: a) Eingeschränktes Wissen über aktuelle und zurückliegende Ereignisse b) Lebenslauf wird nicht korrekt erinnert c) Subtraktionsaufgaben decken Konzentrationsstörungen auf d) Die Fähigkeit, zu reisen, mit Geld umzugehen usw. ist eingeschränkt. Häufig kein Defizit der: a) Zeitlichen und persönlichen Orientierung b) Erkennung bekannter Personen und Gesichter c) Fähigkeit, an bekannte Orte zu reisen. Komplexe Aufgaben werden nicht mehr gelöst. Negationsverhalten wird zur Verteidigungsstrategie. Der Affekt flacht ab, und der Patient weicht höheren Anforderungen aus.
5 Mäßig schwere kognitive Störungen	Frühes Demenz-stadium	Die Patienten kommen nicht mehr ohne Hilfe zurecht. Im Patientengespräch sind sie nicht in der Lage, sich an wichtige Aspekte zu erinnern, z.B. an ihre langjährige Anschrift und Telefonnummer oder die Namen von Familienangehörigen (Enkelkinder). Die zeitliche (Kalenderdatum, Wochentag, Jahreszeit usw.) und örtliche Orientierung sind häufig gestört. Einer gebildeten Person kann es schwerfallen, in einer Viererreihe von Vierzig oder in einer Zweierreihe von Zwanzig zurückzuzählen. Patienten in diesem Stadium erinnern sich dennoch an viele wichtigen Dinge aus dem eigenen Leben und ihrem Umfeld. Sie wissen nach wie vor ihren eigenen Namen und den ihres Gatten und ihrer Kinder. Sie benötigen noch keine Unterstützung bei der Toilette, der Nahrungsaufnahme, können sich aber oft nicht situationsgerecht kleiden.
6 Schwere kognitive Störungen	Mittleres Demenz-stadium	Der Patient vergißt gelegentlich den Namen des Gatten, obgleich er völlig auf ihn angewiesen ist. Nimmt aktuelle Ereignisse sehr oft nicht mehr wahr. Erinnert sich noch fallweise an zurückliegende Ereignisse, wenn auch sehr skizzenhaft. Für gewöhnlich desorientiert, soweit es die Umgebung, das Jahr, die Jahreszeit usw. anbelangt. Hat Schwierigkeiten, in Zehnern rückwärts – manchmal auch vorwärts – zu zählen. Benötigt Hilfe bei Verrichtungen des täglichen Lebens, kann inkontinent werden, benötigt Reisebegleitung, kann aber gelegentlich noch an bekannte Orte reisen. Der Tagesrhythmus ist häufig gestört. Der Patient kann fast immer den eigenen Namen angeben und häufig noch bekannte von unbekanten Personen unterscheiden. Persönlichkeits- und Gefühlsstörungen treten auf. Sie sind sehr vielgestaltig und schließen ein: a) Wahnideen (der Patient hält z.B. seinem Gatten Betrug vor, spricht mit imaginären Personen oder seinem eigenen Spiegelbild) b) Zwangshandlungen (der Patient reinigt z.B. ständig etwas) c) Angstzustände, Unruhe und sogar (prämorbid nicht vorhandene) Gewalttätigkeit können auftreten d) Kognitive Abulie, ein Verlust an Willenskraft, weil Gedanken nicht lange genug gehalten werden können, um eine sinnvolle Aktion durchzuführen.
7 Sehr schwere kognitive Störungen	Spätes Demenz-stadium	Die Fähigkeit zur verbalen Kommunikation ist völlig erloschen. Häufig gibt es keine artikulierten Äußerungen mehr. Inkontinenz. Der Patient benötigt Hilfe bei der Toilette und Nahrungsaufnahme. Essentielle psychomotorische Fähigkeiten gehen verloren, wie z.B. die Gehfähigkeit. Man hat den Eindruck, als könne das Gehirn den Körper nicht mehr lenken. Generalisierte und fokale neurologische Zeichen und Symptome sind oft vorhanden.

Als Folge der beschriebenen Störungen können das abstrakte Denken, z. B. das Erfassen von Gemeinsamkeiten oder Ähnlichkeiten, die Fähigkeit zum Verallgemeinern gestört sein, ebenso wie problemlösendes Verhalten und Sachverhalte logisch zu begründen und damit letztendlich die **Kritikfähigkeit** und **Urteilsfähigkeit**.

Ein Verlust an Urteilskraft und Impulskontrolle wird häufig speziell bei dementiellen Abbauprozessen, die den Frontallappen betreffen (z. B. M. Pick), gefunden. Beispiele für diese Störungen sind Fäkalsprache, unangebrachte Witze, Vernachlässigung des äußeren Erscheinungsbildes, der persönlichen Hygiene und eine allgemeine Mißachtung üblicher Regeln sozialen Verhaltens.

Diese bisher dargestellten Störungen beruhen hauptsächlich auf Ausfällen in kortikalen Hirnregionen, hiervon versucht man die sogenannte **subkortikale Demenz** abzugrenzen, die charakterisiert ist durch Beeinträchtigung der Aufmerksamkeit, Verlangsamung des psychomotorischen Tempos, erschwerte Umstellungsfähigkeit und affektive Störungen wie vermehrte Reizbarkeit, Apathie und Initiativelosigkeit. Diese Störungen werden begleitet von höchstens leichten Gedächtnis- und Denkstörungen. Das gesamte Bild kann wie eine mittelschwere Demenz wirken, und man ist überrascht, daß diese Patienten dann unter Testbedingungen noch fast normale Leistungen erbringen, da ihre eigentlichen Defizite nicht getestet werden. Typischerweise zeigen **Parkinson-Patienten** ein solches Bild, und häufig kommt es auch bei einer **beginnenden Multiinfarkt-Demenz** vor.

Die Demenzerkrankung kann progredient, konstant oder reversibel sein. Die Reversibilität der Demenz steht in Bezug zu dem zugrundeliegenden pathologischen Prozeß und der Verfügbarkeit und Anwendung effektiver Behandlungsmöglichkeiten (z. B. Normaldruck-Hydrozephalus, Vitamin-B_{12}-Mangel).

Bei dementiellen Abbauprozessen bleibt das Bewußtsein normalerweise ungestört. Es wird immer davon ausgegangen, daß dem dementiellen Prozeß ein **organischer Faktor** zugrunde liegt (*siehe Tabelle 3-23*). Deshalb muß immer eine sorgfältige Suche nach organischen Ursachen erfolgen, insbesondere dann, wenn nicht direkt ein spezifischer organischer Fehler zu finden ist.

Diagnostik. Die klinische Diagnose eines dementiellen Prozesses beruht auf der Anamnese des Patienten und den Angaben aller verfügbaren Informanten, insbesondere der Angehörigen, sowie auf dem Befund der neuropsychologischen Untersuchung.

Der Untersucher muß nach **Veränderungen** im gewöhnlichen Leistungsniveau und Verhalten zu Hause und am Arbeitsplatz forschen.

Verhaltensänderungen oder **Persönlichkeitsveränderungen** bei einer an einer zerebralen Erkrankung leidenden Person oder auch bei einer, bei der keine organische Erkrankung bekannt ist, sollte die Frage nach einer Demenz aufwerfen, besonders dann, wenn der Patient über 40 Jahre alt ist und keine psychiatrische Anamnese hat.

Beschwerden des Patienten über intellektuelle Einbußen und Vergeßlichkeit sollten ebenso wahrgenommen werden, wie auch jedes offensichtliche Ausweichen, Verleugnen oder jede Vereinfachung, um **kognitive Defizite** zu verdecken.

Als Screening-Untersuchung hat sich die **Mini Mental State Examination** (MMSE, *Abbildung 3-57*) bewährt. Wenn ein Patient bei normaler prämorbider Intelligenz hier weniger als 24 von 30 möglichen Punkten erreicht, so ist dies eine Bestätigung der klinischen Demenzdiagnose. In frühen Stadien können intelligente oder noch im Berufsleben stehende Patienten ohne weiteres auch noch deutlich höhere Punktzahlen in diesem Test erreichen.

Tabelle 3-23: Verschiedene Ursachen der Demenz und ihr zugrundeliegenden Erkrankungen

Störung der Hirndurchblutung	Zerebrovaskuläre Erkrankungen, Multiinfarkt-Demenz
„Primär degenerative" kortikale Erkrankungen mit Gewebsveränderungen	Senile und präsentile Demenz vom Alzheimer-Typ
Subkortikale Dystrophie	Präsenile argyrophile subkortikale Dystrophie (Seitelberger), progressive nuclear palsy (Steele)
Systematrophien	Picksche Krankheit, M. Parkinson, Chorea Huntington u. a.
Hirntraumen	Hirnkontusion, subdurales Hämatom
Infektionen	Enzephalitis, progressive Paralyse, Creutzfeldt-Jakobsche Krankheit u. a.
Intoxikationen	Alkohol, Medikamente, CO, Schwermetalle, organische Lösungsmittel
Störung der Liquorzirkulation	Normaldruck-Hydrozephalus
Intrakraniale Neoplasmen	Hirntumoren, Schädelbasistumoren
Extrazerebrale Tumoren	Karzinomatöse Meningitis, paraneoplastisches Syndrom
Vitaminmangelzustände	Vitamin-B_{12}-Mangel (Perniziosa), Nikotinsäuremangel (Pellagra), Folsäuremangel, Vitamin-B_1-Mangel
Metabolische/endokrinologische Enzephalopathien	Eiweißmangel, Hypoglykämie, Leberinsuffizienz, Niereninsuffizienz, Hyperlipidämie, M. Addison, Schilddrüsenerkrankungen, Hypo- und Hyperparathyreodismus

Gedächtnisstörungen werden formal getestet, indem man Schwierigkeiten beim Lernen neuer Informationen (Kurzzeitgedächtnis) erfaßt (z. B. Lernen einer Wortliste) und indem man persönliche Daten (z. B. Beendigung der Schulausbildung, Eheschließung) oder allgemein bekannte Fakten (z. B. 1. Bundeskanzler, Dauer des 1. bzw. 2. Weltkrieges) abfragt (Langzeitgedächtnis) (*siehe Abbildung 3-58*).

Ein häufig zur Erfassung von Störungen des **visuellen Gedächtnisses** angewandter Test ist der **Benton-Test**. Bei diesem Test müssen sich die Patienten geometrische Figuren einprägen und nach einer bestimmten Zeit frei reproduzieren.

Differentialdiagnose. Demenz muß von anderen hirnorganischen Erkrankungen und Erkrankungen ohne nachweisbare organische Ursache unterschieden werden.

Die erste wichtige schwierige Differentialdiagnose ist die gegenüber dem **Delir**. Das Delir ist gekennzeichnet durch sein plötzliches Auftreten, die Bewußtseinstrübung, relativ kurze Dauer, starke Schwankungen der kognitiven Leistungsfähigkeit innerhalb kurzer Zeit, nächtliche Verschlechterung der Symptomatik, deutliche Störungen des Schlaf-Wach-Rhythmus und auffällige Störung der Aufmerksamkeit und Aufnahmefähigkeit. Halluzinationen, insbesondere visuelle Halluzinationen, und vorübergehende Wahnsymptomatik sind eher typisch für ein Delir. Wenn die Symptomatik mehrere Monate dauert, ist eine Demenz wahrscheinlicher.

Gedächtnisstörungen werden getestet, indem man Schwierigkeiten beim Lernen neuer Informationen (Kurzzeitgedächtnis) erfaßt und persönliche Daten oder allgemein bekannte Fakten abfragt (Langzeitgedächtnis) (s. Abb. 3-58).

Der **Benton-Test** dient zur Erfassung von Störungen des **visuellen** Gedächtnisses. Die Patienten müssen sich geometrische Figuren einprägen und frei reproduzieren.

Differentialdiagnose

Demenz muß von anderen hirnorganischen Erkrankungen und Erkrankungen ohne nachweisbare organische Ursache unterschieden werden.

Das **Delir** unterscheidet sich von der Demenz durch:
- plötzliches Auftreten,
- Bewußtseinstrübung,
- relativ kurze Dauer,
- Schwankungen der kognitiven Leistungsfähigkeit innerhalb kurzer Zeit.

Mini-Mental-Status-Test

	Richtige Antwort = 1 Punkt	Total Punkte
Orientierungsvermögen		
1. Fragen Sie nach: Jahr?	_____	1
Jahreszeit?	_____	1
Datum?	_____	1
Tag?	_____	1
Monat?	_____	1
2. Fragen Sie nach: Staat (Land)?	_____	1
Bundesstaat (Kanton)?	_____	1
Stadt bzw. Ortschaft?	_____	1
Spital, Altersheim	_____	1
Stockwerk?	_____	1

Merkfähigkeit

3. Nennen Sie 3 Gegenstände, 1 Sekunde pro Objekt. Der Patient soll sie wiederholen (1 Punkt für jede korrekte Antwort). Wiederholen Sie die 3 Namen, bis der Patient alle gelernt hat. _____ 3

Aufmerksamkeit und Rechnen

4. Beginnend mit 100, jeweils 7 subtrahieren (1 Punkt für jede korrekte Antwort; Stop nach 5 Antworten). Andere Möglichkeit: Lassen Sie ein Wort mit 5 Buchstaben rückwärts buchstabieren. _____ 5

Erinnerungsfähigkeit

5. Fragen Sie nach den Namen der unter (3) genannten Gegenstände (1 Punkt für jede korrekte Antwort). _____ 3

Sprachvermögen und Verständnis

6. Zeigen Sie einen Bleistift und eine Uhr. Der Patient soll sie beim Zeigen benennen (je 1 Punkt pro richtige Antwort). _____ 2

7. Lassen Sie nachsprechen „Bitte keine Wenn und Aber." _____ 1

8. Lassen Sie einen 3teiligen Befehl ausführen, z.B. „Nehmen Sie das Blatt Papier, falten Sie es in der Mitte und legen Sie es auf den Boden" (max. 3 Punkte). _____ 3

	Richtige Antwort = 1 Punkt	Total Punkte
9. Der Patient soll folgende auf einem Blatt (groß) geschriebene Aufforderung lesen und sie befolgen: „Schließen Sie die Augen."	_____	1
10. Lassen Sie den Patienten einen Satz eigener Wahl schreiben (mit Subjekt, Verb und Objekt; soll einen Sinn ergeben. Bei der Bewertung spielen Schreibfehler keine Rolle).	_____	1
11. Vergrößern Sie die untenstehende Zeichnung auf 1–5 cm pro Seite und lassen Sie den Patienten sie nachzeichnen (1 Punkt, wenn alle Seiten und Winkel richtig sind und die Überschneidungen ein Viereck bilden).	_____	1
Total Punkte		30

Bitte schließen Sie die Augen!

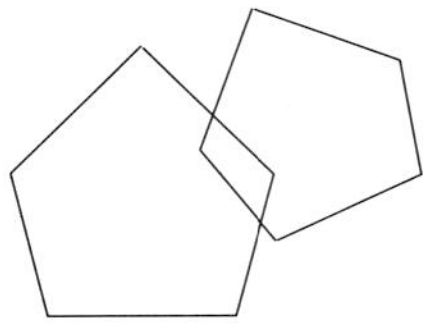

Abb. 3-57: Mini-Mental-Status-Test, ein Screening-Instrument zur Erfassung von Demenz. Normale ältere Personen erreichen 24 bis 30 Punkte. Bei Personen mit mindestens abgeschlossener Primarschulausbildung deuten 23 oder weniger Punkte auf eine altersbedingte zerebrale Insuffizienz, ein Ergebnis unter 17 Punkten auf senile Demenz. Der Test ist auf sehr frühe Demenzen wenig empfindlich

Organische psychische Störungen

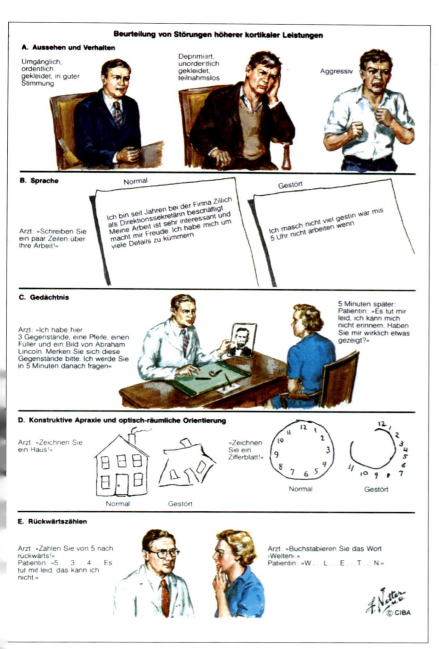

Abb. 3-58: Beurteilung von Störungen höherer kortikaler Leistungen

Ein weiteres schwieriges Problem ist die Unterscheidung zwischen einer **Depression** und einer Demenz (*siehe Synopsis 3-17*), vor allem deswegen, weil eine depressive Symptomatik häufig die Demenz begleitet, als mögliche Reaktion auf das Erkennen der Leistungseinbußen entsteht oder gar die sich zuerst manifestierende Symptomatik eines beginnenden dementiellen Abbaus sein kann.

Oft problematisch ist die Unterscheidung zwischen Demenz und **Depression** (*s. Syn. 3-17*).

Synopsis 3-17: Demenz und Spätdepression manifestieren sich in unterschiedlichen Symptomen. (Bei Älteren können auch beide Erkrankungen vorliegen)

Dementieller Prozeß	Spätdepression
Meist schleichender, unklarer Beginn	Schneller, erkennbarer Beginn, nach kurzer Zeit jedoch keine Progression der Störung mehr (zweizeitige Untersuchung)
Bei Multiinfarkt-Demenz auch plötzlicher Beginn	In der Anamnese frühere leichte depressive und/oder manische Phasen; hypomanische Nachschwankungen
Keine Wahnvorstellungen	Häufig Wahnvorstellungen (z. B. Verarmungswahn, hypochondrischer Wahn)
Stimmung und Verhalten fluktuieren	Stimmung ständig depressiv
Symptome dauern schon lange	Symptome oft von kurzer Dauer
Angenähert richtige Anworten sind überwiegend	„Weiß nicht"-Antworten sind typisch
Patient sucht Defizite zu verbergen	Patient stellt Defizite besonders heraus
Mitarbeit während der Untersuchung meist gut	Mitarbeit im allgemeinen schlecht
Tagesschwankungen selten	Tagesschwankungen häufig
Nach kurzem Schlaf erfrischt	Nach kurzem Schlaf nicht erfrischt
Kognitive Leistungsschwäche im Tagesverlauf relativ konstant	Große Schwankungen der kognitiven Leistungsschwäche im Tagesverlauf
Orientierung gestört (Zeitorientierung kann besonders frühzeitig gestört sein)	Orientierung ohne Befund
Inadäquate Dialogäußerungen, oft Vergessen des Dialogthemas	Adäquate Dialogäußerung, kein Vergessen des Dialogthemas
Ansprechen der Symptomatik auf mehrdimensionale Therapie (Basistherapie, zerebrale Aktivierungsmaßnahmen)	Ansprechen der Symptomatik auf Antidepressiva

---

Synopsis 3-18: Charakteristika zur Unterscheidung zwischen Pseudodemenz und Demenz

Pseudodemenz	Demenz
Definierbarer Beginn, kurze Dauer, schnelle Progression	Beginn schwer erkennbar, lange Dauer, langsame Progression
Psychiatrische Strörungen in der Anamnese	Vorausgegangene psychiatrische Störungen selten
Bewußtsein von Verlust kognitiver Fähigkeiten	Des Zustands nicht bewußt, bemüht Aufgaben zu übernehmen
Sehr betroffen über den Zustand, affektive Veränderungen dominierend	Uninteressiert, affektlabil
Nächtliche Verschlechterung ungewöhnlich	Verschlechterung nachts üblich
Aufmerksamkeit und Konzentrationsfähigkeit können erhalten sein	Aufmerksamkeit und Konzentrationsfähigkeit fehlen
Typische Anwtort: „Ich weiß nicht"	Beinahe richtige Antworten sind häufig
Allgemeiner Gedächtnisverlust	Kurzzeitspeicher mehr betroffen als Langzeitspeicher
Ergebnisse in Tests widersprüchlich	Schlechte Ergebnisse in Tests
Angst, Schuldgefühl, soziale Abkapselung	Weniger Angst und Schuldgefühle, Patient versucht, soziale Kontakte aufrechtzuerhalten

Besonders schwierig wird es, wenn sich ein **depressives Syndrom** in Form einer sogenannten „**Pseudodemenz**" äußert, das heißt ein depressives Bild, bei dem die kognitiven Leistungseinbußen eindeutig im Vordergrund stehen. Hier kann die Diagnose manchmal nur durch den weiteren Verlauf geklärt werden (*siehe Synopsis 3-18*). Der zeitliche Verlauf der Erkrankung kann häufig die Entscheidung ermöglichen, da bei einem dementiellen Prozeß der Beginn meist nicht eindeutig erkennbar ist, hingegen bei depressiven Bildern von den Angehörigen ein genauer Zeitpunkt angegeben werden kann.

Therapie. Wichtig ist, daß die Ursachen behandelbarer dementieller Zustände möglichst frühzeitig erkannt werden, da nach zu langer Dauer und evtl. struktureller Schädigung des Gehirns auch primär behandelbare Ursachen nicht mehr reversible Schäden hinterlassen (*siehe Tabelle 3-23, Abbildung 3-59*). Auf die spezifischen Therapiemöglichkeiten wird bei den einzelnen Krankheitsbildern eingegangen.

Depressionen mit im Vordergrund stehenden kognitiven Einbußen (sogenannte **Pseudodemenz**) können wegen ihrer sehr ähnlichen Symptomatik teilweise nur durch den Verlauf unterschieden werden (s. Syn. 3-18).

Therapie
Wichtig ist, die Ursachen behandelbarer dementieller Zustände möglichst frühzeitig zu erkennen und zu behandeln, da nach struktureller Schädigung des Gehirns auch primär behandelbare Ursachen nicht mehr reversible Schäden hinterlassen (s. Tab. 3-23, Abb. 3-59).

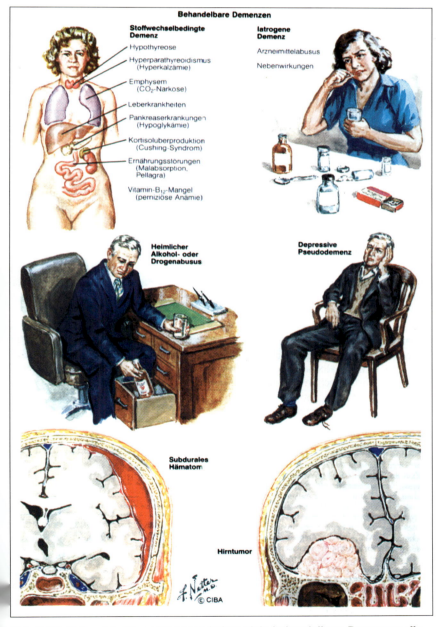

Abb. 3-59: Bei rechtzeitiger Diagnose haben viele behandelbare Demenzen die Chance einer vollständigen Rückbildung der Symptomatik

Zur symptomatischen Therapie werden **Nootropika** (*s. Tab. 3-24*), bei depressiver Symptomatik **Antidepressiva** (ohne anticholinerge Eigenschaften), bei Unruhezuständen **Clomethiazol**, bei Halluzinationen und Wahnsymptomatik **Haloperidol**, bei Schlafstörungen **niederpotente Neuroleptika** oder auch Clomethiazol eingesetzt.

Wenn keine ursächliche Therapie möglich ist empfiehlt sich eine symptomatische Therapie. Dies bedeutet den Einsatz von **Nootropika** (*siehe Tabelle 3-24*) oder z. B. bei depressiver Symptomatik den Einsatz von **Antidepressiva**. Hierbei sollte, wenn Gedächtnisstörungen im Vordergrund stehen, möglichst auf Antidepressiva mit anticholinergen Eigenschaften verzichtet werden, da diese den zugrundeliegenden pathologischen Prozeß z.B. bei M. Alzheimer noch weiter beschleunigen. Bei Unruhezuständen empfiehlt sich wie beim Delir **Clomethiazol**, bei Halluzinationen und Wahnsymptomatik **Haloperidol**, bei Schlafstörungen das **niederpotente Neuroleptikum** Pipamperon (Dipiperon®) oder auch Clomethiazol.

Tabelle 3-24: Die hier aufgeführten Nootropika haben nach Prüfung durch die B2-Kommission beim BGA ihre Wirksamkeit in klinischen Prüfungen nachgewiesen	
Dihydroergotoxin	3 – 4,5 mg/die
Piracetam	2,4 – 4,8 g/die
Pyritinol	600 – 800 mg/die
Nimodipin	90 mg/die
Meclofenoxat	1,5 – 2 g/die
Nicergolin	5 – 30 mg/die

Krankheitsbilder

Krankheitsbilder

Im folgenden werden einige Krankheitsbilder exemplarisch dargestellt, andere, die meist ausführlich in neurologischen Lehrbüchern erläutert werden, werden nur erwähnt oder die psychiatrische Symptomatik beschrieben.

Alzheimer-Krankheit

Synonyme: Morbus Alzheimer, präsenile Demenz und senile Demenz vom Alzheimer-Typ

Alzheimer-Krankheit

Synonyme: Morbus Alzheimer, präsenile Demenz und senile Demenz vom Alzheimer-Typ (international: Demenz vom Alzheimer Typ/DAT, oder Alzheimer Disease/AD)

Definition ▶

Definition. Von Alois Alzheimer erstmals 1907 beschriebene präsenile Demenz, gekennzeichnet durch Hirnatrophie, pathologische Fibrillenveränderungen und amyloide Plaques. Dieses Krankheitsbild unterscheidet sich psychopathologisch und morphologisch nicht von der senilen Demenz vom Alzheimer-Typ, so daß man es heute als ein Krankheitsbild ansieht.

Ätiopathogenese
Hypothetische Ursachen wie Aluminium-Belastung, entzündliche bzw. autoimmunologische Prozesse oder eine Slow-Virusinfektion wurden bisher nicht bewiesen.
Heute kennt man verschiedene **genetische Veränderungen**, die das Bild eines Morbus Alzheimer verursachen. Eine **multifaktorielle Genese** mit einer genetischen Komponente wird als am wahrscheinlichsten diskutiert.

Ätiopathogenese. Verschiedene Hypothesen wie Aluminium-Belastung, entzündliche bzw. autoimmunologische Prozesse oder eine Slow-Virusinfektion konnten bisher nicht als Ursache identifiziert werden. Heute kennt man verschiedene **genetische Veränderungen**, die – teilweise familiär autosomal dominant vererbt – das Bild eines Morbus Alzheimer verursachen. Die Ursache für die häufigste sogenannte sporadische Form ist bis heute jedoch nicht bekannt.

Man geht davon aus, daß wahrscheinlich verschiedene Faktoren das Krankheitsbild eines M. Alzheimer bedingen. Es wird daher eine **multifaktorielle Genese** mit einer genetischen Komponente als am wahrscheinlichsten diskutiert.

Für eine genetische Ursache spricht auch, daß das Risiko der Normalbevölkerung, bis zum 90. Lebensjahr an einem M. Alzheimer zu erkranken, zwischen 5 und 12% liegt und es sich, wenn ein Verwandter ersten Grades betroffen ist, wenigstens auf 24% und in einigen neueren Untersuchungen sogar auf 50% erhöht.

Die Demenz vom Alzheimer Typ ist eine **primär degenerative Erkran-**

Die Demenz vom Alzheimer-Typ ist eine **primär degenerative Erkrankung des Gehirns**, die zu einer chronisch progredienten generalisierten, temporoparietal und frontal betonten Atrophie führt, wobei der primär motorische somatosensorische und okzipitale Kortex ausgespart werden.

Sogenannte **Alzheimer-Fibrillen** (neurofibrilläre Strukturen aus paarigen spiraligen Filamenten) finden sich konzentriert in den Pyramidenzellen des Neokortex, im Hippocampus und der Amygdala, aber auch im Locus coeruleus und dem Raphe-Kern im Hirnstamm. Die argentophilen Plaques (**amyloiden Plaques**) kommen hauptsächlich im zerebralen Kortex und Hippocampus vor und in geringerem Maße auch im Corpus striatum, in der Amygdala und im Thalamus.

> **Merke.** Die neuropathologische Diagnose verlangt, daß sowohl die Alzheimer-Fibrillen als auch die Plaques eine gewisse Anzahl überschreiten, da Fibrillen und amyloide Plaques in deutlich geringerem Ausmaß sowohl beim normalen Alterungsprozeß als auch bei vielen anderen Erkrankungen des Gehirns vorkommen und die Anzahl der amyloiden Plaques hoch mit dem Alter der untersuchten Personen korreliert (*siehe Abbildungen 3-60a bis c*).

Inwieweit es sich um eine für den M. Alzheimer ursächliche Veränderung handelt, ist noch nicht eindeutig geklärt. Außerdem wurde in letzter Zeit auch gezeigt, daß die Anzahl der neokortikalen Synapsen und nicht die Anzahl der Plaques und Fibrillen hoch signifikant mit verschiedenen Demenztests korrelierte.

Interessant wird die **Amyloid-Theorie** wieder im Zusammenhang mit genetischen Befunden, bei denen man auf dem Chromosom 21 und wahrscheinlich auch auf dem Chromosom 14 das β-Amyloid-Precursor-Protein-Gen (APP) identifizierte und zeigen konnte, daß Mutationen dieses Genortes verantwortlich sind für Veränderungen des Endprodukts β/A4 und damit für die Erkran-

kung des Gehirns, die zu einer chronisch progredienten generalisierten, temporoparietal und frontal betonten Atrophie führt.
Sie ist morphologisch gekennzeichnet durch **amyloide Plaques** und sogenannten **Alzheimer-Fibrillen** (*s. Abb. 3-60a bis c*).

◀ **Merke**

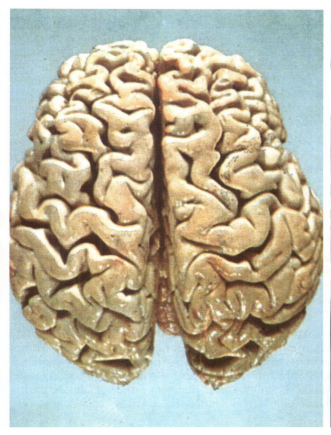

Abb. 3-60a: Gehirn eines Alzheimer-Patienten

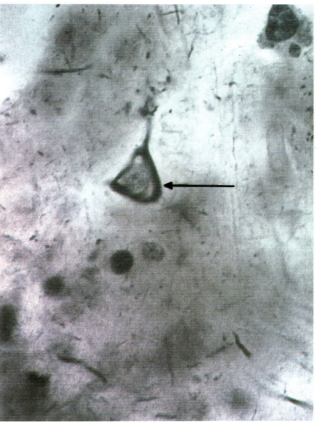

Abb. 3-60b: Amyloide Plaques als typische morphologische Veränderung bei M. Alzheimer

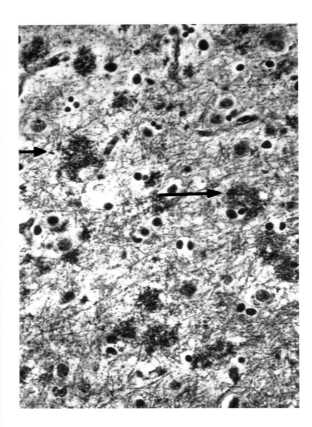

Abb. 3-60c: Fibrillen als typische morphologische Veränderung bei M. Alzheimer

kung ungefähr eines Viertels der sogenannten Alzheimer-Familien mit frühem Beginn der Erkrankung. Aus diesen Befunden muß geschlossen werden, daß das APP-Gen nicht die einzige Ursache der familiären Alzheimer-Erkrankung und auch nicht der sporadischen, später einsetzenden Erkrankung sein kann, die keine Verbindung zum Chromosom 21 zeigt. Neueste Untersuchungen geben Hinweise, daß heterozygote Träger eines Apo-E4-Gens auf dem Chromosom 19 ein 2,8fach höheres Risiko haben, an M. Alzheimer zu erkranken, solche mit Apo-E4 auf beiden homologen Chromosomen sollen sogar achtfach stärker gefährdet sein.

Neben den beschriebenen neuropathologischen Veränderungen sind bei der Alzheimer-Demenz verschiedene Neurotransmitter-Systeme (z. B. das cholinerge, dopaminerge, noradrenerge, serotonerge System) betroffen, ein Schwerpunkt vor allem zu Beginn der Erkrankung liegt im cholinergen System, mit einem Mangel an dem Neurotransmitter Azetylcholin. Mit Hilfe anticholinerger Pharmaka konnte man experimentell zeigen, daß dies mit eine Ursache für die Gedächtnisstörungen sein kann.

Symptomatologie. Die Patienten oder die Angehörigen bemerken meist als erstes Symptom eine **schleichend zunehmende Vergeßlichkeit**, die in den meisten Fällen auf das fortgeschrittene Alter zurückgeführt wird. Erst wenn auffällige Symptome wie Desorientiertheit, Wortfindungsstörungen oder apraktische Störungen hinzutreten, wird ein Arzt konsultiert (*siehe Synopsis 3-19*).

Am Anfang der Erkrankung kann die Symptomatik durch ein depressives Bild verdeckt sein, das sich in Interesselosigkeit, Antriebsstörungen und Leistungseinbußen äußert. Im weiteren Verlauf können alle möglichen neuropsychologischen Symptome (z. B. Sprachstörungen, Alexie, Akalkulie, Apraxie, Agnosie) und psychopathologische Symptome (z. B. depressive Bilder, Wahn, Halluzinationen, Unruhezustände und Weglauftendenzen) hinzutreten.

Neben den beschriebenen neuropathologischen Veränderungen sind bei der Alzheimer-Demenz verschiedene Neurotransmitter-Systeme betroffen. Zu Beginn der Erkrankung liegt ein Mangel an Azetylcholin vor.

Symptomatologie
Häufig ist eine **schleichend zunehmende Vergeßlichkeit** erstes Symptom. Später treten weitere neuropsychologische Auffälligkeiten hinzu, wie z. B. Desorientiertheit, Wortfindungs- oder apraktische Störungen (*s. Syn. 3-19*). Am Anfang der Erkrankung kann die Symptomatik durch ein depressives Bild verdeckt sein. Im weiteren Verlauf können weitere neuropsychologische und psychopathologische Symptome hinzukommen.

Organische psychische Störungen 185

> **Synopsis 3-19: Diagnostische Kriterien der Demenz vom Alzheimer-Typ nach ICD-10 und DSM-III-R**
>
> | ICD-10 | DSM-III-R |
> |---|---|
> | **Symptomatologie:**
 • Demenz
 • Schleichender Beginn mit langsamer Verschlechterung
 • Fehlen klinischer Hinweise oder spezieller Untersuchungsbefunde, die auf eine andere Demenzursache hinweisen
 • Fehlen eines plötzlich apoplektischen Beginns oder neurologischer Herdzeichen (solche Phänomene können später hinzukommen)
 Verlaufstypen:
 Derzeit irreversibel | • Demenz
 • Schleichender Beginn mit meist progredientem Verlauf und allmählicher Verschlechterung
 • Ausschluß aller anderen spezifischen Ursachen einer Demenz durch Anamnese, körperlichen Befund und technische Zusatzuntersuchungen |

Die Patienten selbst reagieren ganz unterschiedlich auf die Erkrankung, ein Teil bemerkt selbst die vorliegenden Störungen überhaupt nicht, ein Teil erkennt die eigenen Defizite und reagiert depressiv bis hin zur Suizidalität, und ein weiterer Teil der Patienten erkennt zwar seine Defizite, überspielt diese aber und erscheint eher unangemessen fröhlich (*siehe Abbildung 3-61a und b*).

Ein Teil erkennt die eigenen Defizite und reagiert depressiv bis hin zu Suizidalität (*s. Abb. 3-61a und b*).

> **Merke.** Die äußere Fassade bleibt meist lange erhalten und die charakteristischen Persönlichkeitszüge (z. B. typisches soziales Verhalten) treten deutlicher hervor.

◄ **Merke**

Abb. 3-61a und b: Das wohl berühmteste Beispiel für die Zerstörung, die die Alzheimer-Krankheit anrichtet: der amerikanische Star Rita Hayworth, einst blendend schön und als von der Krankheit gezeichnete Frau

186   3 Krankheiten

Diagnostik
Es sollten stets eine psychiatrische und neurologische Untersuchung, eine Fremdanamnese sowie eine neuropsychologische Testuntersuchung durchgeführt werden (*vgl. Abb. 3-58*).

Der M. Alzheimer ist bis heute eine **Auschlußdiagnose**.
Notwendige laborchemische Untersuchungen zum Ausschluß entzündlicher oder internistischer Ursachen sowie eine CCT oder MRT des Gehirns zum Ausschluß anderer Demenzursachen müssen durchgeführt werden (*s. Tab. 3-21 und 3-25*).

Diagnostik. Neben einer ausführlichen psychiatrischen Befunderhebung und Fremdanamnese, einer neurologischen Untersuchung, bei der man zumindest im Anfangsstadium meist keine Auffälligkeiten entdeckt, ist eine neuropsychologische Testuntersuchung, die die Bereiche Intelligenz, Sprache, verbales und visuelles Gedächtnis und Psychomotorik umfaßt und bei der auch auf apraktische Störungen, Akalkulie, Alexie und Agnosie geachtet wird, zur Früherkennung unverzichtbar (*vgl. Abb. 3-58*).

Der M. Alzheimer ist bis heute eine **Ausschlußdiagnose**. Aus diesem Grunde müssen alle notwendigen laborchemischen Untersuchungen (*vgl. Tabelle 3-21*) zum Ausschluß anderer entzündlicher oder internistischer Erkrankungen durchgeführt werden, die eine Demenz verursachen können oder als Risikofaktoren z. B. für vaskuläre Erkrankungen einen Hinweis auf eine andere Genese geben können.

Ebenso sollten eine kraniale Computertomographie (CCT) oder eine Magnetresonanztomographie (MRT) des Gehirns zum Ausschluß anderer Demenzursachen durchgeführt werden (*siehe Tabelle 3-25*).

Tabelle 3-25: Technische Untersuchungen zum Ausschluß anderer Demenzursachen.	
Routine- und Zusatzuntersuchungen (in Klammern)	**Ausschluß von:**
• EEG/EEG-Mapping (24-Stunden-EEG, VEP, SEP)	Epileptischen Erkrankungen, Stoffwechselstörungen, Intoxikationen
• CCT (CCT mit KM) oder MRT	Tumoren, Hydrozephalus, vaskulären Ursachen
• Doppler-Sonographie (extra- und transkraniell) (Duplex)	Extra- u. intrakraniellen Gefäßprozessen
• PET (Positronenemissionstomographie)	Hirnstoffwechselstörung
• rCBF (^{133}Xenon-Clearance-Technik)	Hirndurchblutungsstörung
• HM-PAO-SPECT (^{99m}Tc-Hexamethyl-Propylenaminoxim-Single-Photon-Emissionscomputertomographie)	Hirndurchblutungsstörung
• EKG (24-h-EKG)	Arrhythmie, Herzinsuffizienz
• Röntgen (Thorax)	Herzvergrößerung, Lungenerkrankung
• Herz-Ultraschall	Endokarditis, Klappenerkrankung
• Blutdruckprofil	Hypertonie, Hypotonie
• Liquor	Entzündlichem Prozeß

Merke ▶

Merke. Der Nachweis einer Hirnatrophie oder vaskulärer Läsionen im CCT oder MRT sagt nichts über die kognitive Leistungsfähigkeit aus. Ein M. Alzheimer kann also nicht allein aufgrund einer Hirnatrophie diagnostiziert werden.

Die Diagnose ist neuropathologisch zu sichern (*s. Abb. 3-62*).

Wichtig ist, daß man in jedem Fall versucht, die gestellte Diagnose neuropathologisch zu sichern, da dies die einzige Möglichkeit ist, die klinisch gestellte Diagnose zu verifizieren (*siehe Abbildung 3-62*).

Organische psychische Störungen 187

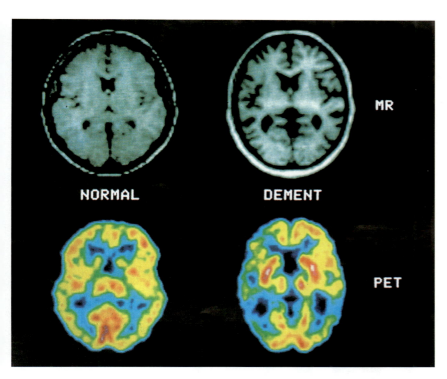

Abb. 3-62: Gegenüberstellung von Schnitten durch das Gehirn im Kernspintomogramm (MR) und im Protonenemisssionstomogramm (PET) für Glukosestoffwechsel einer Normalperson und eines Patienten mit M. Alzheimer. Deutlich kommt die typische Stoffwechselstörung bei Alzheimer-Demenz zur Darstellung

Differentialdiagnose. Wie bereits oben dargestellt, ist der M. Alzheimer eine Ausschlußdiagnose, und das nicht nur gegenüber anderen somatischen Erkrankungen, sondern insbesondere auch gegenüber einer **Depression**.

Dies ist zu Beginn der Erkrankung die häufigste und zugleich oft schwierigste Differentialdiagnose, da es eine starke Symptomüberlappung gibt. Am deutlichsten wird das bei der sogenannten „depressiven Pseudodemenz", die ein schweres dementielles Bild imitieren kann. Aber auch bei einer einfachen Depression können kognitive Einbußen im Vordergrund stehen, diese Symptomatik kann sogar andere depressive Symptome um Wochen bis Monate überdauern.

Die Abgrenzung gegenüber **vaskulären Demenzen** wird durch die neurologischen Befunde und Ergebnisse der bildgebenden Verfahren unterstützt. Bei Patienten mit einer ausgeprägten extrapyramidalen Symptomatik wie Tremor, Rigor oder Akinese ist nach Ausschluß einer Medikamentennebenwirkung an eine **Demenz bei M. Parkinson** oder an eine **Creutzfeld-Jakob-Erkrankung** zu denken. Eine **progressive Paralyse** ist durch die Lues-Serologie auszuschließen. An ein **Korsakow-Syndrom** ist bei im Vordergrund stehenden amnestischen Störungen, Konfabulation, Okulomotorik- und Gangstörungen zu denken. Bei einem **M. Pick** stehen zumindest zu Beginn der Erkrankung Gedächtnis- und Intelligenzstörungen nicht so im Vordergrund, hingegen fallen diese Patienten meist durch Veränderungen in ihrem Sozialverhalten auf. Eine weitere wichtige und unter Umständen schwierige Differentialdiagnose ist der **Normaldruck-Hydrozephalus**, der klinisch meist durch die Trias Demenz, Inkontinenz und Gangstörungen charakterisiert ist. Eine **Hypothyreose** und ein **Vitamin-B$_{12}$-Mangel** können ein ähnliches dementielles Bild verursachen.

Depressionen, Normaldruck-Hydrozephalus, Hypothyreose und Vitamin-B$_{12}$-Mangel sind besonders wichtige Differentialdiagnosen, da man diese Erkrankungen ursächlich behandeln kann und sie somit, falls das Gehirn noch nicht endgültig geschädigt ist, reversibel sind. Zumindest verhindert eine adäquate Behandlung eine weitere Progredienz der Erkrankung.

Differentialdiagnose
Speziell zu Beginn der Erkrankung kommen **depressive Bilder** mit im Vordergrund stehenden kognitiven Einbußen in Betracht.

Ausgeschlossen werden müssen ferner:
- vaskuläre Demenzen,
- Demenz bei M. Parkinson,
- Creutzfeld-Jakob-Erkrankung,
- progressive Paralyse (Lues),
- Korsakow-Syndrom,
- M. Pick,
- Normaldruck-Hydrozephalus,
- Hypothyreose und
- Vitamin-B$_{12}$-Mangel.

Depressionen, Normaldruck-Hydrozephalus, Hypothyreose und Vitamin-B$_{12}$-Mangel sind kausal zu behandeln, wodurch zumindest eine Progredienz der Erkrankung verhindert wird.

3 Krankheiten

Therapie
Eine kausale Therapie des M. Alzheimer ist bisher nicht möglich.
Nootropika können den Krankheitsverlauf verlangsamen und haben eine positiven Einfluß auf die Symptomatik (s. Tab. 3-24 und Abb. 3-63).
Neue **cholinerge Pharmaka** sollen den Mangel an Azetylcholin beheben und dadurch bei einem Teil der Patienten die Gedächtnisleistungen verbessern.

Therapie. Eine kausale Therapie des M. Alzheimer ist bisher nicht möglich.

Es gibt einige **Nootropika** (*vgl. Tab. 3-24*), die im Rahmen von klinischen Studien gezeigt haben, daß sie den Krankheitsverlauf verlangsamen können und einen positiven Einfluß auf die Symptomatik haben. Bei der Schwere der Erkrankung und der schlechten Prognose ist es auf jeden Fall sinnvoll, diese Medikamente einzusetzen (*siehe Abbildung 3-63*).

Neue **cholinerge Pharmaka** sollen den Mangel an Azetylcholin beheben und dadurch bei einem Teil der Patienten die Gedächtnisleistungen verbessern. Diese Medikamentengruppe verursacht zum Teil erhebliche Nebenwirkungen (Anstieg der Leberwerte, Neutropenien, Krampfanfälle), so daß ihr Einsatz entsprechend kritisch und unter regelmäßiger Kontrolle erfolgen muß.

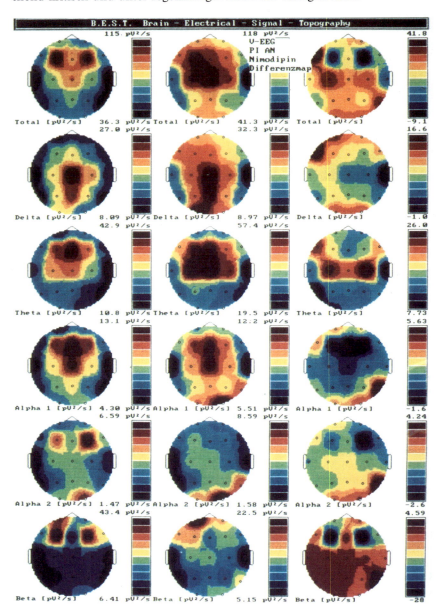

Abb. 3-63: Computergestützte topographische Auswertung von EEG-Veränderungen nach dreimonatiger Therapie mit einem Nootropikum. Erste Reihe: vor Behandlung, zweite Reihe: nach dreimonatiger Behandlung, dritte Reihe: Differenz zwischen beiden Untersuchungen. Insgesamt Zunahme der EEG-Aktivität, insbesondere im Alpha-1- und Alpha-2-Band und gleichzeitig Rückverlagerung des Alpha-Zentrums nach okzipital

Bei psychomotorischen Unruhezuständen und Verschiebung des Schlaf-Wach-Rhythmus sind **nieder- und hochpotente Neuroleptika** indiziert. Hierbei muß beachtet werden, daß speziell ältere Patienten teilweise deutlich geringere Dosen benötigen.

> *Merke.* Hierbei ist zu beachten, daß sich eine Therapie mit nieder- und hochpotenten Neuroleptika negativ auf die kognitiven Fähigkeiten des Patienten auswirken kann und immer wieder überprüft werden muß, da sich das Verhalten des Patienten im Laufe der Erkrankung rasch ändern kann, was eine Anpassung oder Absetzen der Medikation notwendig macht.

Neben der Pharmakotherapie ist eine Aufklärung der Angehörigen über die Erkrankung und den Umgang mit den Patienten eine wichtige Voraussetzung dafür, daß die Patienten möglichst lange in ihrer häuslichen Umgebung verbleiben können.

Die Patienten sind nicht in der Lage, sich auf die veränderten Bedingungen einzustellen, dies muß von den betreuenden Personen geleistet werden. Andererseits muß auch die häusliche Umgebung evtl. durch bauliche Maßnahmen an die Bedürfnisse der Erkrankten angepaßt werden. Als sinnvoll erwiesen haben sich in den Anfangsstadien **kognitive Trainingsverfahren**, in weiter fortgeschrittenen Stadien **Reorientierungstraining** (ROT) und **Selbst-Erhaltungstraining** (Erhaltung des Wissens um die eigene Identität, z. B.: Patienten werden mit Hilfe von Fotoalben mit ihrer eigenen Vergangenheit und ihnen bekannten Personen vertraut gemacht).

Wichtig ist auch, daß die pflegenden Angehörigen über soziale und finanzielle Unterstützungsmöglichkeiten aufgeklärt werden. Diese Komponenten der Therapie gewinnen mit Fortschreiten der Erkrankung gegenüber der Pharmakotherapie immer größere Bedeutung (*siehe Tabelle 3-26*).

Tabelle 3-26: Therapeutische Möglichkeiten bei dementiellem Syndrom

Kombination von	• Pharmakotherapie, • Psychotherapie und • Soziotherapie

Verlauf. Da keine ursächliche Therapie möglich ist, versterben die Patienten im Durchschnitt etwa 10 bis 12 Jahre nach Ausbruch des M. Alzheimer meist an interkurrenten Erkrankungen.

Kasuistik 1. Eine 57jährige Patientin, von Beruf leitende Schwester in einem Kreiskrankenhaus, wurde mit 54 Jahren vorzeitig berentet mit Verdacht auf M. Alzheimer. Sie bemerkt ihre kognitiven Defizite und reagiert darauf zeitweise depressiv. Psychopathologisch ist sie zeitlich, örtlich und zur Person nicht voll orientiert, Aufmerksamkeit und Konzentration sind deutlich vermindert, sie hat Schreib- und Lesestörungen, eine konstruktive Apraxie und ausgeprägte Wortfindungsstörungen. Im MMSE erreicht sie 17 Punkte. Neurologisch bietet sie einen unauffälligen Befund. Die neuropsychologische Untersuchung bestätigt eine schwere Störung des Kurzzeitgedächtnisses, ausgeprägte Wortfindungsstörungen. In der Fremdbeurteilung durch die Angehörigen spielt eine wichtige Rolle, daß sie nicht mehr kocht, wenig unternimmt und sehr leicht reizbar ist. Nach dreimonatiger Therapie mit einem Nootropikum und einem Antidepressivum hat sich ihr Zustand wieder stabilisiert. Dies äußert sich für die Angehörigen darin, daß sie wieder für acht Personen kocht, deutlich umgänglicher ist und auch stimmungsmäßig von Ehemann und Tochter als deutlich gebessert empfunden wird.
Conclusio: Wichtig ist, daß man auch bei bestehender Diagnose einer Demenz vom Alzheimer-Typ, depressive Syndrome zusätzlich mit Antidepressiva therapiert und hierbei manchmal durch die deutliche Besserung des Gesamtzustandes überrascht werden kann.

Kasuistik 2. Der Patient ist 67 Jahre alt, hat keine Krankheitseinsicht, konfabuliert, kann keine konkreten Angaben mehr machen. Die Mutter des Patienten ist wahrscheinlich an einem M. Alzheimer erkrankt gewesen. Psychopathologisch steht eine allseitige Desorientiertheit im Vordergrund. Es ergibt sich kein Hinweis auf Vorliegen einer Psychose. Bei der neurologischen Untersuchung fällt auf, daß die Armeigenreflexe rechts betont sind, der Schnauzreflex (pathologische Reflexantwort durch Beklopfen eines auf den Mund gelegten Spatels) positiv ist und eine ideomotorische Apraxie vorliegt. Bei der neuropsychologischen Untersuchung ergeben sich der Befund einer schweren Störung des Kurzzeitgedächtnisses, eine globale Aphasie und konstruktive schwere Auffassungs- und Verständnisstörung.
Conclusio: Wichtig ist, daß in den Spätstadien der Demenz vom Alzheimer-Typ auch neurologische Herdsymptome auftreten können.

Kasuistik 3. Aus einem städtischen internistischen Krankenhaus wird eine 73-jährige Patientin überwiesen mit der Diagnose: V. a. paranoide Psychose.
Die Patientin war wegen unklarer Oberbauchbeschwerden zum wiederholten Male in dem Krankenhaus aufgenommen worden, ohne daß ein gravierender organischer Befund erhoben werden konnte. Da sie auch am Stationsbetrieb nicht mehr teilnahm und sich sehr zurückgezogen verhielt, wurde eine Altersdepression vermutet. Unter dieser Annahme wurde sie mit einem trizyklischen Antidepressivum behandelt. Hierunter kam es zur Entwicklung paranoider Ideen: Die Zimmernachbarin und das Personal wurden von ihr verdächtigt, etwas gegen sie im Schilde zu führen.
Die Patientin klagt über leichte Vergeßlichkeit, fühlt sich sonst wohl. Psychopathologisch ist sie örtlich, zeitlich und zur Person nicht vollständig orientiert, zeigt keine affektiven Störungen, keine Halluzinationen, keine Wahnideen. Bei der neurologischen Untersuchung ist sie unauffällig. In der neuropsychologischen Untersuchung zeigen sich ein durchschnittliches Intelligenzniveau, eine Störung des verbalen Kurzzeitgedächtnisses, ein pathologischer Befund im Mosaiktest, Zahlen-Symboltest, ZZT, eine konstruktive Apraxie und eine Akalkulie.
Nach Absetzen des Antidepressivums besserten sich ihr Zustand und die neuropsychologischen Testergebnisse. Sie wurde mit der Diagnose eines beginnenden dementiellen Prozesses wahrscheinlich im Rahmen eines M. Alzheimer entlassen.
Conclusio: Wichtig ist hier die Differentialdiagnose Depression versus Demenz. In diesem Fall kam es unter der Gabe eines trizyklischen Antidepressivums, wahrscheinlich aufgrund der anticholinergen Eigenschaften, zu einer Verschlechterung des Zustandes mit Entwicklung paranoider Gedanken.

Morbus Pick

Definition. Präsenile Hirnerkrankung, die bevorzugt das Frontal- und Temporalhirn betrifft. Sie beginnt mit Persönlichkeitsveränderungen, Veränderungen des Sozialverhaltens und emotionalen Verhaltens. Im weiteren Verlauf kommt es zu einem fortschreitenden dementiellen Abbauprozeß.

Epidemiologie. Die Erkrankung ist im Vergleich zum M. Alzheimer selten, es kommt ungefähr ein Fall eines M. Pick auf 100 Fälle mit M. Alzheimer.

Ätiopathogenese. Diese degenerative Erkrankung betrifft hauptsächlich das Frontal- und Temporalgehirn und ist durch das Auftreten sogenannter Pick-Zellen (angeschwollener kortikaler Neurone gekennzeichnet).

Symptomatologie. Der Beginn der Erkrankung kann bereits um das 40. Lebensjahr mit einer Häufung zwischen dem 50. und 60. Lebensjahr liegen, Persönlichkeitsveränderungen, Veränderungen im emotionalen und sozialen Verhalten sowie Stimmungsstörungen stehen im Vordergrund. Später treten Gedächtnisstörungen, Störungen der Orientierung und kognitiver Funktionen hinzu. In späten Stadien kommen Sprachstörungen und eine Aspontaneität hinzu.

Diagnostik. Neben der typischen klinischen Symptomatik mit frühem Beginn können bildgebende Verfahren wie **CCT** und **MRT** durch den Nachweis einer fronto-temporal betonten Atrophie oder das **HM-PAO-SPECT** durch den Nachweis einer fronto-temporalen Hypoperfusion weitere Hinweise geben.

Differentialdiagnose. Schwierigkeiten kann in späteren Stadien die Abgrenzung zu einem **M. Alzheimer** machen, der ebenfalls fronto-temporale Hirnregionen betreffen kann. In diesen Fällen ist man dann unter Umständen auf die neuropathologische Untersuchung zur letztendlichen Klärung angewiesen. Auch im Rahmen der **Creutzfeld-Jakob-Krankheit** können fronto-temporale Hirnregionen bevorzugt betroffen sein. Durch schwedische Arbeitsgruppen wurde in den letzten Jahren das Vorkommen einer dritten Gruppe von Demenzen beschrieben, die das Frontalhirn betreffen (Frontallappen-Demenz, frontal lobe dementia, FLD), aber weder die neuropathologischen Veränderungen des M. Alzheimer noch die des M. Pick zeigen.

Therapie und Verlauf. Eine ursächliche Therapie gibt es bisher nicht. Falls zu Beginn fokale Auffälligkeiten wie zum Beispiel Antriebsstörungen, Stimmungsstörungen oder Persönlichkeitsveränderungen vorliegen, können **Antidepressiva** indiziert sein. Stellen sich kognitive Einbußen dar, sollte eine Behandlung mit **Nootropika** erfolgen (*vgl. Tabelle 3-24*). Die Patienten versterben nach durchschnittlich 10jähriger Krankheitsdauer.

Multiinfarkt-Demenz

Synonyme: Multiinfarkt-Enzephalopathie, M. Binswanger, Dementia lacunaris, Dementia arteriosclerotica, vaskuläre Demenz

---

Definition. Die Multiinfarkt-Demenz (MID) ist durch multiple vaskulär bedingte Hirnläsionen gekennzeichnet, die bei ihrem Auftreten zu vorübergehenden oder bleibenden neurologischen Defiziten geführt haben und bei denen es in zeitlicher Übereinstimmung schrittweise zu entsprechenden kognitiven Einbußen kommt.

Diese hier verwendete Definition der Multiinfarkt-Demenz ist auf den **zeitlichen Zusammenhang** zu den vaskulär bedingten Hirnläsionen und der neurologischen Symptomatik bezogen, da dieser klinisch neben den psychopathologischen Auffälligkeiten den als typisch beschriebenen, **in Schüben verlaufenden Krankheitsprozeß** im Gegensatz zum langsam progredienten Verlauf bei den degenerativen Erkrankungen charakterisiert. Ursache ist eine Infarzierung des Gehirns als Folge einer bedeutsamen zerebrovaskulären Erkrankung, die im CCT oder MRT als lakunäre oder kortikale Infarkte nachgewiesen wird (*siehe Abbildung 3-64*).

Wenn man den Begriff **vaskuläre Demenz** (VD) verwendet, so wird hier meist ein ursächlicher Zusammenhang zum Vorliegen von Erkrankungen, wie z. B. Herzinsuffizienz, Hypotonie, schwerer Hypertonie, Rhythmusstörungen, extra- und intrakraniellen Stenosen, Diabetes mellitus oder Vaskulitiden, die einen Einfluß auf die Hirndurchblutung und damit Stoffwechselversorgung des Gehirns haben können, hergestellt. Dies auch in Fällen, in denen die durch diese Erkrankung möglicherweise verursachten hämodynamischen Veränderungen nicht zu neurologischen Auffälligkeiten oder im CCT oder MRT nachweisbaren hirnmorphologischen Veränderungen geführt haben.

Problematisch ist die Einordnung zahlreicher Patienten mit im CCT oder noch häufiger im MRT als unspezifisch beschriebenen periventrikulären Hypodensitäten und auch lakunären Infarkten vor allem in der weißen Substanz, die entweder keine neurologischen Defizite aufweisen oder bei denen kein zeitlicher Zusammenhang zwischen dem Auftreten der neurologischen und kognitiven Defizite besteht.

Häufig werden in diesen Fällen Verlaufskriterien mit in die Entscheidung einbezogen, in der Form, daß Patienten bei denen im CCT oder MRT vaskulär bedingte Läsionen nachgewiesen werden und die im weiteren Verlauf kognitive Störungen zeigen, diese als wahrscheinlich vaskulär bedingt angesehen werden.

Erkrankung, Frontallappen-Demenz (FLD).

Therapie und Verlauf
Eine kausale Therapie ist bisher nicht möglich. Zur symptomatischen Therapie werden **Antidepressiva** und **Nootropika** eingesetzt (*vgl. Tab. 3-24*).

Multiinfarkt-Demenz

Synonyme: Multiinfarkt-Enzephalopathie, M. Binswanger, Dementia lacunaris, Dementia arteriosclerotica, vaskuläre Demenz

◀ **Definition**

Die Definition der Multiinfarkt-Demenz ist auf den **zeitlichen Zusammenhang** zu den vaskulär bedingten Hirnläsionen und der neurologischen Symptomatik bezogen, da dieser klinisch neben den psychopathologischen Auffälligkeiten den als typisch beschriebenen, **in Schüben verlaufenden Krankheitsprozeß** charakterisiert (s. Abb. 3-64).
Der Begriff **vaskuläre Demenz** (VD) beinhaltet die Vorstellung, daß beim Vorliegen von Grunderkrankungen, wie z. B. Herzinsuffizienz, Hypotonie, schwerer Hypertonie, Rhythmusstörungen, extra- und intrakraniellen Stenosen, Diabetes mellitus oder Vaskulitiden, diese ursächlich für die kognitiven Störungen in Betracht kommen.

Häufig werden auch Verlaufskriterien mit in die Entscheidung einbezogen, so daß bei Patienten mit vaskulär bedingten Läsionen, bei denen im weiteren Verlauf kognitive Störungen auftreten, diese als wahrscheinlich vaskulär bedingt angesehen werden.

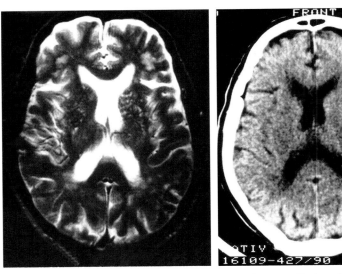

Abb. 3-64: CCT- und MRT-Befund bei einem Patienten mit einer beginnenden Multiinfarkt-Demenz. Hier zeigt sich die größere Sensitivität des MRTs für vaskuläre Läsionen in der Darstellung multipler kleinster stecknadelkopfgroßer Infarkte auch im Stammganglienbereich

Schwierig wird dies dadurch, daß ein großer Teil der über 60jährigen z. B. im für vaskuläre Veränderungen sehr empfindlichen MRT Veränderungen zeigt, ohne daß zunächst neurologische oder kognitive Störungen vorliegen.

Der Umstand, daß verschiedene diagnostische Kriterien verwendet werden, führt dazu, daß die vorliegenden Prävalenzdaten sehr unterschiedlich sind und nur mit Kenntnis der jeweils verwendeten diagnostischen Kriterien richtig zu interpretieren sind. Diese Schwierigkeiten setzen sich bis in die international verwendeten Klassifikationsschemata fort. So gibt es im DSM-III-R nur den Begriff Multiinfarkt-Demenz, im ICD-10 wird hingegen der Begriff vaskuläre Demenz als Oberbegriff für die entsprechende Symptomatik gebraucht (*siehe Synopsis 3-20*).

Ätiopathogenese. Schon bei der Diskussion über die verschiedenen Klassifikationsmöglichkeiten haben wir mögliche Ursachen der vaskuläre Demenz aufgezählt. Einen großen Einfluß haben Erkrankungen wie Hypertonie, Hyperlipidämie, Diabetes, kardiovaskuläre Erkrankungen, aber auch Risikofaktoren wie Alter, genetische Veranlagung und Rauchen (*siehe Abbildung 3-65*).

Inwieweit diese zu einem dementiellen Bild führen, hängt zusätzlich wiederum von anderen individuellen Charakteristika wie dem sozialen Stand, der Rasse und Umwelt ab. Während man bis vor einigen Jahren davon ausging, daß hauptsächlich das Gesamtinfarktvolumen mit der Schwere des dementiellen Prozesses korreliert, muß man dies heute in soweit revidieren, daß es wenigstens ebenso wichtig ist, in welchen für die Informationsverarbeitung wichtigen Regionen die Infarkte liegen. Mit zu den wichtigsten Regionen zählen in dieser Hinsicht das Hippocampus-Gebiet und der Thalamus.

Symptomatologie. Nach der hier verwendeten Definition ist es eigentlich leicht, eine vaskulär bedingte Demenz zu erkennen, da sie durch die begleitende **neurologische Symptomatik** und die entsprechenden **vaskulären Veränderungen** gekennzeichnet ist.

Der Umstand, daß verschiedene diagnostische Kriterien verwendet werden, führt zu sehr unterschiedlichen Prävalenzdaten, die nur mit Kenntnis der jeweils verwendeten diagnostischen Kriterien richtig zu interpretieren sind (*s. Syn. 3-20*).

Ätiopathogenese
Ursachen und Risikofaktoren der vaskuläre Demenz: Hypertonie, Hyperlipidämie, Diabetes, kardiovaskuläre Erkrankungen, Alter, genetische Veranlagung und Rauchen (*s. Abb. 3-65*).
Bisher sollte hauptsächlich das Gesamtinfarktvolumen mit der Schwere des dementiellen Prozesses korrelieren, wenigstens ebenso wichtig ist aber, in welchen wichtigen Regionen die Infarkte liegen.

Symptomatologie
Die vaskulär bedingte Demenz ist durch die begleitende **neurologische Symptomatik** und **vaskuläre Veränderungen** gekennzeichnet.

Organische psychische Störungen

Synopsis 3-20: Diagnostische Kriterien der Multiinfarkt-Demenz nach ICD-10 und DSM-III-R

ICD-10	DSM-III-R
Symptomatologie: • Demenz • Kognitive Beeinträchtigung ist ungleichmäßig • Plötzlicher Beginn • Schrittweise Verschlechterung • Neurologische Herdzeichen und -symptome **Zusätzliche Merkmale:** • Hypertonie • Affektlabilität mit vorübergehender depressiver Stimmung • Weinen oder unbeherrschtes Lachen • Persönlichkeit gut erhalten oder Persönlichkeitsveränderungen in Form von Apathie oder Enthemmung, Zuspitzung früherer Persönlichkeitszüge • Paranoide Haltungen • Reizbarkeit **Verlauf:** Allmählicher Beginn nach mehreren kleineren ischämischen Episoden, die zu einer Häufung von lakunären Defekten im Hirngewebe führen	• Demenz • Schrittweise Verschlechterung mit „inselförmiger" Verteilung der Ausfälle in frühen Stadien • Neurologische Herdzeichen und -symptome Hinweise aus der Anamnese, dem körperlichen Befund und technischen Zusatzuntersuchungen für eine bedeutsame zerebrovaskuläre Erkrankung

Die ICD-10 unterscheidet im Gegensatz zum DSM-III-R zwischen vaskulärer Demenz mit akutem Beginn (gewöhnlich plötzlich nach einer Reihe von Schlaganfällen), einer Multiinfarkt-Demenz (vorwiegend kortikal) und einer subkortikalen vaskulären Demenz. Hierzu zählen Fälle mit einer Hypertonie in der Anamnese und ischämischen Herden im Marklager (Binswanger-Enzephalopathie).

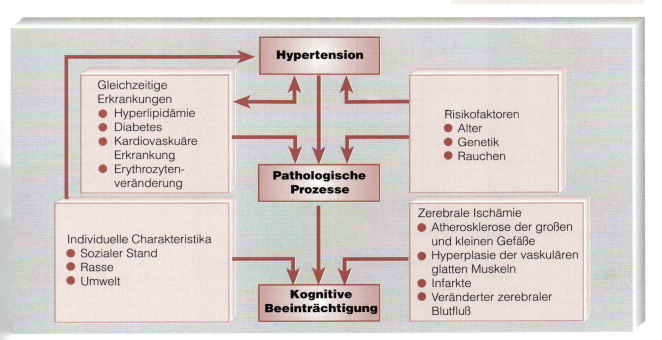

Abb. 3-65: Einfluß von Risikofaktoren und Hypertonie auf kognitive Funktionen

194 **3 Krankheiten**

Im CCT oder MRT lassen sich teilweise früh Hinweise auf eine zerebrovaskuläre Erkrankung finden (*vgl. Abb. 3-64*).

Im **Frühstadium** beobachtet man häufig **Verhaltensauffälligkeiten** als Symptome einer subkortikalen Demenz wie:
- Antriebsstörungen,
- sozialer Rückzug,
- Interesselosigkeit, Apathie,
- Verlangsamung, Abnahme der Leistungsfähigkeit,
- Konzentrationsstörungen,
- Persönlichkeitsveränderungen (erhöhte Reizbarkeit, emotionale Labilität).

Im Anfangsstadium stehen bei der vaskulär bedingten Demenz Gedächtnisstörungen weniger häufig im Vordergrund als bei der Alzheimer-Krankheit (*s. Syn. 3-21*). Bei Patienten mit einer Multiinfarkt-Demenz treten häufig nächtliche Verwirrtheitszustände und paranoid-halluzinatorische Episoden auf.

Schwierigkeiten macht eine frühe Differentialdiagnose nur dann, wenn bereits erste Anzeichen eines dementiellen Abbauprozesses bestehen, aber noch kein Hirninfarkt mit neurologischer Symptomatik abgelaufen ist, andererseits aber entsprechende Risikofaktoren bekannt sind oder sich im CCT oder MRT des Gehirns Hinweise auf eine zerebrovaskuläre Erkrankung finden (*vgl. Abbildung 3-64*).

In diesen **frühen Stadien** stehen **Verhaltensauffälligkeiten** als Symptome einer subkortikalen Demenz wie Antriebsstörungen, sozialer Rückzug, Interesselosigkeit, Apathie, Verlangsamung, Abnahme der Leistungsfähigkeit, Konzentrationsstörungen im Vordergrund. Häufig werden Veränderungen der Persönlichkeit in Form von erhöhter Reizbarkeit und emotionaler Labilität berichtet.

Wenn man die beiden häufigsten Ursachen einer Demenz vergleicht, so hat man den Eindruck, daß bei den vaskulär bedingten Demenzen Symptome einer subkortikalen Demenz und bei der Demenz vom Alzheimer-Typ in den meisten frühen Fällen Gedächtnisstörungen im Vordergrund stehen (*siehe Synopsis 3-21*).

Testet man die Patienten mit einer vaskulär bedingten Demenz in diesen Anfangsstadien, so erbringen sie unter Testbedingungen oft hinsichtlich der geforderten Testleistungen überraschenderweise noch gute Ergebnisse – ein weiterer Hinweis auf das Vorliegen einer subkortikalen Demenz. In späteren Stadien kommen dann Gedächtnisstörungen und andere fokale neuropsychologische Ausfälle, wie z. B. Apraxien, Sprachstörungen, Agnosien und Orientierungsstörungen, hinzu. Dann wiederum ist es aus neuropsychologischer Sicht sehr schwierig, zwischen den verschiedenen Ursachen zu unterscheiden.

Häufiger als bei den Patienten mit M. Alzheimer treten bei Patienten mit einer Multiinfarkt-Demenz vor allem nächtliche Verwirrtheitszustände und paranoid-halluzinatorische Episoden auf.

Ursache	Störung von		Neurologische Symptome frühzeitig	Führendes Symptom		Verlauf
	Sprache	Räumlicher Orientierung				
Alzheimer-Krankheit	ja	nein	nein	Gedächtnis-störung		↘
Zerebrovaskuläre Krankheit	nein	nein	ja	Gedächtnis-störung		↘
Subkortikale Degeneration	nein	nein	ja	Motorische Auffälligkeiten		↘
Depression	nein	nein	nein	Verstimmung	! Beginn relativ plötzlich	→
Hypothyreose	nein	nein	ja	Antriebs-störung		↘
Normaldruck-Hydrozephalus	nein	nein	ja	Gangstörung Inkontinenz		↘

Synopsis 3-21: Differentialdiagnose der Demenz

Diagnostik
Klinische Informationen, Anamnese und Fremdanamnese haben gegenüber technischen Untersuchungen größere Bedeutung.

Diagnostik. Durch die Schwierigkeiten bei der Klassifikation vaskulärer De menzen und die verbleibende Unsicherheit auch oder gerade bei der Anwen dung hochsensitiver Untersuchungsverfahren wie der MRT ergibt sich weiter hin die große Bedeutung klinischer Informationen, der Anamnese und Fremd anamnese für die Diagnose. Neben den bereits im Kapitel über den M. Alzhei mer ausführlich dargestellten klinischen, neuropsychologischen, laborchemi schen und technischen Untersuchungsmethoden soll hier die **Hachinski-Isch**

ämie-Skala (HIS) speziell in der durch neuropathologische Untersuchungen von Rosen bestätigten Form erwähnt werden, in der wichtige, sich aus der Anamnese ergebende Hinweise auf eine vaskulär bedingte Störung zusammengefaßt und durch ein Punktesystem gewertet werden *(siehe Tabelle 3-27)*.

Die **Hachinski-Ischämie-Skala (HIS)** kann die klinische Diagnose unterstützen *(s. Tab. 3-27)*.

Tabelle 3-27: Hachinskis Ischämie-Skala zur klinischen Differenzierung zwischen Multiinfarkt-Demenz (MID) und primär degenerativer Demenz.
Ein Total von ≥ 7 Punkten spricht für eine vaskuläre Form (MID), ≤ 4 für eine degenerative (Alzheimer-Typ), 5 oder 6 für eine gemischte Form (nach Hachinski et al. 1975)

Klinische Merkmale	Hachinski-Wertung	Differenzierungswert gegenüber degenerativer Demenz (Alzheimer-Typ)*
Plötzlicher Beginn	2	
Schlaganfälle in der Anamnese	2	
Fokale neurologische (subjektive) Symptome	2	sehr hoch
Fokale neurologische (objektive) Zeichen	2	
Hinweis auf gleichzeitige Atherosklerose	1	
Hypertonie in der Anamnese	1	hoch
Persönlichkeit relativ gut erhalten	1	mittel
Depression	1	
Stufenweise Verschlechterung	1	
Fluktuierender Verlauf	2	
Nächtliche Verwirrtheit	1	gering
Körperliche Beschwerden	1	
Emotionale Labilität	1	

* Nach *Loeb* und *Gandolfo* 1983

Therapie. An erster Stelle steht hier die Beseitigung der **Risikofaktoren**, d. h. z. B.: gute Einstellung der Hypertonie oder des Diabetes mellitus, Beseitigung einer Hypercholesterinämie oder aber auch Aufhören mit dem Rauchen.

Dies wird ergänzt durch Maßnahmen zur **Verbesserung der Hämodynamik**, d.h. durch die Gabe von Thrombozytenaggregationshemmern, die Behandlung einer Herzinsuffizienz oder kardialer Rhythmusstörungen oder eine Senkung des Hämatokrits.

Medikamentös wird in erster Linie **Acetylsalicylsäure** in einer Dosierung von 100–300 mg/die eingesetzt.

Unruhezustände und Schlafstörungen können mit niederpotenten **Neuroleptika**, z. B. Pipamperon in einer Dosierung von 40 bis 360 mg/die, oder **Clomethiazol** behandelt werden. Beim Auftreten von Halluzinationen, Wahnsymptomatik und Verwirrtheitszuständen ist **Haloperidol** indiziert. Zur Behandlung der kognitiven Störungen sind ähnlich wie bei den degenerativen Abbauprozessen **Nootropika** *(vgl. Tabelle 3-24)* indiziert.

Therapie
Beseitigung von Risikofaktoren (z. B. Nikotinabusus, Hypertonie).
Verbesserung der Hämodynamik: Behandlung einer Herzinsuffizienz oder kardialer Rhythmusstörungen, Senkung des Hämatokrits.

Acetylsalicylsäure wird in einer Dosierung von 100–300 mg/die eingesetzt.
Unruhezustände und Schlafstörungen können mit niederpotenten **Neuroleptika oder Clomethiazol**, kognitive Störungen mit Nootropika behandelt werden *(s. Tab. 3-24)*.

Kasuistik. Der 75jährige Patient klagt über vermehrte Vergeßlichkeit, Wortfindungsstörungen und Schwierigkeiten bei freier Rede. Psychopathologisch und neurologisch zeigt sich ein unauffälliger Befund. Bei der neuropsychologischen Untersuchung ergeben sich weit über der Altersnorm liegende Intelligenzleistungen, dagegen Auffälligkeiten im Benton-Test und im ZZT. Die Ergebnisse der HM-PAO-SPECT-Untersuchung und die Messung der regionalen Hirndurchblutung mittels der ^{133}Xenon-Inhalationsmethode ergeben eine deutliche Reduktion der Hirndurchblutung im Vergleich zur Altersnorm. Das CCT ergibt einen unauffälligen Befund, hingegen zeigt eine T2-gewichtete MRT-Untersuchung multiple stecknadelkopfgroße und vereinzelt auch größere Zonen vermehrter Signalintensität, die als vaskuläre Läsionen gedeutet werden *(siehe Abb. 3-64)*.

Im Laufe von drei Jahren, in denen er mit Nootropika, Salizylsäure und bei Bedarf Antidepressiva therapiert wird, bleibt sein Zustand relativ stabil. Bei der neuropsychologischen Testung zeigt sich, daß die zu Beginn gestörten Bereiche langsam schlechter werden, andere Bereiche sich sogar verbessern. Dies wird auf das kognitive Training, das der Patient durchführt, zurückgeführt. Im dritten Jahr kommt es dann über wenige Monate zu einer deutlichen Verschlechterung, des Zustandes mit deutlichem Abfall der Leistungen. Es wird erstmals die Diagnose einer Demenz wahrscheinlich im Rahmen einer vaskulären Genese gestellt. Es treten Verhaltensauffälligkeiten, nächtliche Unruhe und Angstzustände auf, so daß der Patient zur medikamentösen Einstellung stationär aufgenommen werden muß.

Conclusio: Wichtig ist, daß auch anscheinend nur im subjektiven Bereich liegende Beschwerden ernst genommen werden, um frühzeitig Risikofaktoren erkennen zu können und zu behandeln. Es zeigte sich in diesem Fall deutlich, daß auch „brain jogging" einen positiven Einfluß hat. Es ist im Einzelfall allerdings nicht kontrollierbar, inwieweit die Therapie eine Verzögerung des Krankheitsprozesses ermöglicht.

Normaldruck-Hydrozephalus

Synonym: chronischer Hydrozephalus, Hydrocephalus communicans, low (normal) pressure hydrocephalus

> **Definition.** Der Normaldruck-Hydrozephalus ist gekennzeichnet durch die Trias Gangstörungen, dementielles Syndrom und Urininkontinenz. Ursache ist eine Liquorzirkulationsstörung, die wahrscheinlich durch eine verminderte Liquorresorption ausgelöst wird.

Epidemiologie. Genaue Zahlen über das Vorkommen dieser Erkrankung liegen wegen der bestehenden diagnostischen Unsicherheit nicht vor. Es gibt Daten aus der Literatur, nach denen 6 bis 12% aller dementiellen Prozesse durch einen Normaldruck-Hydrozephalus verursacht werden.

Ätiopathogenese. Als ursächlich werden **Liquorzirkulationsstörungen** und wahrscheinlich eine **verminderte Liquorresorption** durch die Pacchioni-Granulationen angesehen. Man vermutet, daß dies durch posthämorrhagische oder postinfektiöse Verklebung der Meningen verursacht wird. Bei diesem sogenannten Normaldruck-Hydrozephalus liegt der intrakranielle Druck meist im Normalbereich ($<$15 mmHg). Bei kontinuierlicher intrakranieller Druckmessung können rhythmisch wiederkehrende B-Wellen gemessen werden, die hauptsächlich während des REM-Schlafes auftreten.

Symptomatologie. Häufig beginnt die Erkrankung mit Gang- und Gleichgewichtsstörungen. Diesen Gangstörungen werden sowohl pyramidale wie extrapyramidale Qualitäten zugeschrieben, sie werden als Gangataxie, Gangapraxie, parkinsonoider kleinschrittiger Gang oder als am Boden haftender Gang beschrieben (*siehe Abbildung 3-66*).

Zu Beginn der Erkrankung besteht keine Demenz, die kognitiven Defizite sind meist noch nicht sehr ausgeprägt, es kommen häufig eine Aspontaneität, Verlangsamung, apathische Haltung, Antriebs- und affektive Störungen vor. Im späteren Verlauf tritt als drittes Hauptsymptom die Urininkontinenz hinzu.

Diagnostik. Zur Diagnose ist eine sorgfältige Untersuchung von Patienten mit verdächtig erweitertem Ventrikelsystem notwendig. Es ist eine sorgfältige Erhebung klinischer Symptome und neuropathologischer Testuntersuchungen erforderlich.

Sie wird ergänzt durch eine morphologische Darstellung mit Hilfe von CCT oder MRT und durch den Nachweis der Liquorzirkulationsstörung mit Hilfe von dynamischen Liquorflußuntersuchungen (Liquorszintigraphie, Zisternographie, MR-Flußmessung) oder Liquordruckmessungen.

Normaldruck-Hydrozephalus

Synonym: chronischer Hydrozephalus, Hydrocephalus communicans, low pressure hydrocephalus

Definition ▶

Epidemiologie
6%–12% aller dementiellen Prozesse sind durch einen Normaldruck-Hydrozephalus verursacht.

Ätiopathogenese
Liquorzirkulationsstörungen und eine **verminderte Liquorresorption** werden als Ursachen vermutet. Beim Normaldruck-Hydrozephalus liegt der intrakranielle Druck meist im Normalbereich ($<$15 mmHg).

Symptomatologie
Die Symptomtrias:
1. Gangstörung
2. Demenz
3. Inkontinenz
   (s. Abb. 3-66).

Diagnostik
Die Diagnose wird aufgrund der Symptomtrias, der Ventrikelerweiterung im CCT und Liquorzirkulationsstörung in der Zisternographie gestellt.

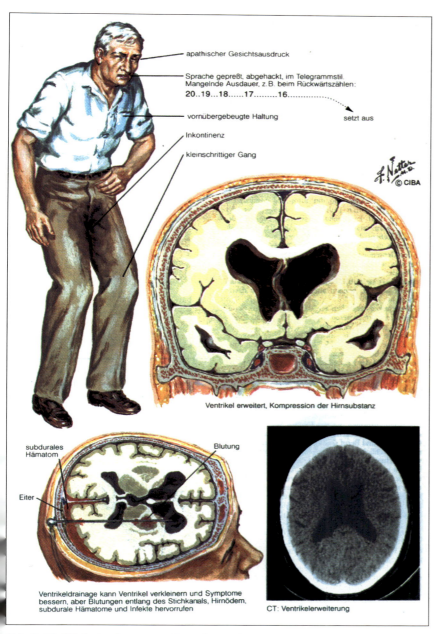

Abb. 3-66: Klinische Symptomatik und morphologischer Befund bei einem Normaldruck-Hydrozephalus

Differentialdiagnose. Die schwierigste Abgrenzung ist ein sogenannter **Hydrocephalus ex vacuo bei M. Alzheimer**, d.h. eine durch Atrophie des umliegenden Hirngewebes hervorgerufene Erweiterung der inneren Liquorräume. Ein erster klinischer Hinweis ist, daß hier meist der dementielle Abbau im Vordergrund steht. Aber auch im Rahmen eines M. Alzheimer können – meist allerdings erst in Spätstadien – Gangstörungen und Inkontinenz auftreten

In anderer Reihenfolge treten die Symptome beim **Parkinson-Demenz-Komplex** auf, hier stehen zu Beginn der Erkrankung Gangstörungen im Vordergrund, gefolgt von kognitiven Einbußen und Inkontinenz.

Therapie. Die Therapie zielt auf eine Normalisierung der Liquorresorption. Dies wird durch den Einbau eines **Shuntsystems** zur Liquorableitung bewerkstelligt. Nach vorliegenden Daten haben bis zu 35% der Patienten perioperative Komplikationen. Am häufigsten sind subdurale Flüssigkeitsansammlungen, Shuntprobleme und postoperative Anfälle.

Differentialdiagnose
Häufige Differentialdiagnosen: Hydrocephalus ex vacuo bei M. Alzheimer, Parkinson-Demenz-Komplex (Auftreten der Symptome in anderer Reihenfolge).

Therapie
Normalisierung der Liquorresorption durch Einbau eines **Shuntsystems**. Bis zu 35% der Patienten haben perioperative Komplikationen.

Verlauf
Eine günstige Prognose haben Patienten mit der vollständigen Trias und kürzerer Dauer der Symptomatik.

Verlauf. Wenn die Ursache des Hydrozephalus bekannt ist, profitieren 80% der Patienten, beim sogenannten idiopathischen Hydrozephalus nur 68% von der Operation. Eine günstige Prognose haben Patienten mit der vollständigen Trias und kürzerer Dauer der Symptomatik, ebenso Patienten mit Gangstörungen und extrapyramidalen Symptomen. Soweit die Patientenkollektive vergleichbar sind, wird bei ca. 24 bis 30% eine vollständige Wiederherstellung erzielt, 46 bis 50% zeigen eine Verbesserung, 0 bis 28% zeigen keine Verbesserung. Die Aktivitäten im täglichen Leben entwickeln sich mit einer Verzögerung von zwei Monaten, die kognitive Leistungsfähigkeit nimmt in 3 bis 7 Monaten zu. Gangstörungen und Inkontinenz bessern sich bei allen Patienten innerhalb von zwei Monaten nach der Operation. Beobachtungen über mehr als zehn Jahre haben gezeigt, daß ca. 75% der Patienten eine vorübergehende Verbesserung der Symptome erfahren und ca. 40% eine dauerhafte Besserung.

Hirntraumatische Folgezustände

Hirntraumatische Folgezustände

Definition ▶

> **Definition.** Bei der durch stumpfe Gewalteinwirkung auf den Schädel verursachten akuten Funktionsstörung des Gehirns unterscheidet man die **Commotio cerebri**, die normalerweise ohne nachweisbare Hirnschädigung einhergeht, von der **Contusio cerebri** mit einer meist lokalisierbaren Hirnschädigung.

Symptomatologie
Als Folge der akuten Schädigung treten **akute hirnorganische Psychosyndrome** mit Benommenheit, Erregung, Delirien und Dämmerzuständen auf.
Im Verlauf sind **chronische psychoorganische Syndrome** möglich mit Merkfähigkeits- und Auffassungsstörungen oder traumatischem Korsakow-Syndrom, **pseudoneurasthenische Beschwerden** oder Zeichen einer **Wesensänderung**. Spätfolgen können eine **posttraumatische Epilepsie** oder ein **Psychosyndrom** sein.

Symptomatologie. Als Folge der akuten Schädigung treten **akute hirnorganische Psychosyndrome** mit Benommenheit, Erregung, Delirien und Dämmerzuständen auf. Zusätzlich kann es zu speziellen neurologischen Herdsymptomen und zu epileptischen Anfällen kommen (traumatische Frühepilepsie).

Als **chronische** Folgezustände können **psychoorganische Syndrome** auftreten, vor allem Merkfähigkeits- und Auffassungsstörungen, in schweren Fällen tritt ein traumatisches Korsakow-Syndrom auf. Häufig ist das psychoorganische Syndrom nur schwach ausgeprägt, und **pseudoneurasthenische Beschwerden** oder Zeichen einer **Wesensänderung** stehen im Vordergrund. **Alkoholintoleranz** kann noch lange nach dem Trauma bestehen. Als Spätfolge kann eine **posttraumatische Epilepsie** (durch Narbenbildung) auftreten, die nach Monaten bis Jahren manifest wird.

Lokale Hirnschädigungen können ein **Psychosyndrom** zur Folge haben.

Commotio cerebri (Gehirnerschütterung)

Commotio cerebri (Gehirnerschütterung)

Definition ▶

> **Definition.** Bei der Commotio cerebri, die normalerweise ohne nachweisbare Hirnschädigung einhergeht, kommt es initial zu Bewußtseinsverlust oder Bewußtseinstrübung und vegetativen Reaktionen, die voll rückbildungsfähig sind.

Ätiopathogenese
Funktionelle traumatische Hirnschädigung infolge stumpfer Gewalteinwirkung.
Mögliche Hinweise sind Allgemeinveränderungen im EEG.
Ursächlich sind wahrscheinlich Irritationen des Hirnstamms mit seinen Zentren für Bewußtseinswachheit, muskeltonische und vegetative Regulation bedeutsam.

Ätiopathogenese. Es handelt sich um eine funktionelle traumatische Hirnschädigung infolge stumpfer Gewalteinwirkung, die mit konventionellen Untersuchungsmethoden, abgesehen vom MRT, nicht nachweisbar ist. Es treten kolloid-chemische und vaskulär-zirkulatorische Störungen auf, die mit Allgemeinveränderungen im EEG verbunden und voll rückbildungsfähig sind. Für die Entstehung einer Commotio cerebri ist die breitflächige Gewalteinwirkung auf den Schädel entscheidend, so daß Druck- und Impulswellen sich über das Gehirn ausbreiten. Für das typische Kommotiosyndrom ist offenbar insbesondere die Irritation des Hirnstamms mit seinen Zentren für Bewußtseinswachheit, muskeltonische und vegetative Regulation bedeutsam.

Symptomatologie. Es kommt zu **sofortigem Bewußtseinsverlust**, Tonusverlust der Muskulatur und zu vegetativen Reaktionen: Erbrechen, Schwindel, Kreislaufdysregulation. Der Bewußtseinsverlust kann sehr kurzdauernd sein, evtl. nur Sekunden lang. Manchmal ist er auch inkomplett, oder es besteht nur eine leichte Umdämmerung. Die Dauer ist sehr unterschiedlich. Bei Bewußtlosigkeiten über eine Stunde oder Umdämmerung über einen Tag ist eine Contusio cerebri anzunehmen (differentialdiagnostisch ist ein subdurales Hämatom zu erwägen!).

> **Merke.** Bei Auftreten neurologischer Herdzeichen sowie Auftreten frühepileptischer Manifestationen muß stets an eine Contusio cerebri gedacht werden.

Sehr charakteristisch ist die Amnesie für die Dauer der Bewußtseinsstörung. Die Dauer der **Amnesie** kann die Dauer der Bewußtlosigkeit bzw. Umdämmerung überschreiten (retrograde und ggf. auch anterograde Amnesie).

Nach Abklingen der Commotio können vorübergehend **postkommotionelle Beschwerden** zurückbleiben: Kopfschmerzen, Schwindel, vermehrtes Schwitzen, Kreislaufdysregulation, Überempfindlichkeit gegen Alkohol, Sonneneinstrahlung und Hitzeeinwirkung, Schlafmangel, Konzentrationsmangel, Erschöpfbarkeit, Merkschwäche und Affektlabilität. Diese Beschwerden gehen in der Regel innerhalb von Wochen bis Monaten zurück.

Therapie. Bettruhe ist nur bei schweren Formen notwendig und sollte auf wenige Tage begrenzt werden. Sinnvoll ist eine ein- bis mehrwöchige Krankschreibung mit dosierter zunehmender Belastung. Symptomatische Behandlung der vegetativen Beschwerden.

Contusio cerebri

> **Definition.** Es handelt sich um eine substantielle Hirnverletzung infolge stumpfer Gewalteinwirkung. Initial kommt es zu einem Bewußtseinsverlust. Im Verlauf kann über ein akutes hirnorganisches Psychosyndrom eine vollständige Restitution eintreten, oder das akute kann in ein chronisches organisches Psychosyndrom übergehen.

Ätiopathogenese. Es handelt sich um eine substantielle Hirnverletzung infolge stumpfer Gewalteinwirkung, und zwar mit Rindenprellungsherden (Coup und Contre-coup), sekundären Zirkulationsstörungen und perifokalem oder allgemeinem Hirnödem.

Symptomatologie. Die **initiale Bewußtlosigkeit** (infolge Hirnstammbeteiligung) dauert meist Stunden bis Tage, eine Umdämmerung auch noch länger. Der weitere Verlauf nach Abklingen der Bewußtseinsstörung ist unterschiedlich. Über ein **reversibles**, mehr oder weniger ausgeprägtes **hirnorganische Psychosyndrom** kann es zur völligen Restitution kommen. In einigen Fällen kommt es jedoch zu einer traumatischen exogenen Psychose (Kontusionspsychose). Diese kann sich in einer deliranten Symptomatik, durch depressive Symptomatik oder durch halluzinatorische oder wahnhafte Symptome äußern. Grundlage dafür ist meist ein allgemeines Hirnödem infolge kapillärer Endothelschädigung mit sekundärer Markschädigung. Die Dauer der Kontusionspsychose beträgt meist vier bis fünf Wochen, je nach Dauer des Hirnödems. Auch nach einer traumatischen Psychose kann es günstigenfalls noch zu einer guten Remission kommen, anderenfalls erfolgt der Übergang in ein **chronisches organisches Psychosyndrom**. Dieses manifestiert sich am häufigsten als organische Persönlichkeitsveränderung oder als chronisches pseudoneurasthenisches Syndrom.

Nur selten kommt es durch ein Hirntrauma bzw. das traumatische Hirnödem infolge Dezerebration zum **apallischen Syndrom**. Es handelt sich dabei um eine seltene Sonderform tiefster Bewußtseinsstörung und Nichtansprechbarkeit, bei Fehlen jeglicher Bewußtseinsinhalte, Reaktionslosigkeit und Verlust der spontanen Zuwendung bei geöffneten Augen und scheinbarer Wachheit sowie Fehlen jeder Spontanaktivität. Neurologische Begleitsymptomatik: Rigor, Spastik, Streck- und Beugekrämpfe, orale Automatismen, primitive Greifreflexe u. a. Dieser Zustand kann über Jahre andauern, letal enden oder sich zurückbilden, um dann in einem chronischen hirnorganischen Psychosyndrom zu persistieren.

Diagnostik. Für die Diagnose wichtig sind die Dauer der Bewußtlosigkeit sowie neurologische Symptome als Hinweis auf zerebrale Herdstörungen, Herdbefunde im EEG, neuroradiologische Befunde, früh- und spätepileptische Manifestationen, das Auftreten einer Kontusionspsychose und das Auftreten von chronisch hirnorganischen Psychosyndromen (*siehe Abbildung 3-67*).

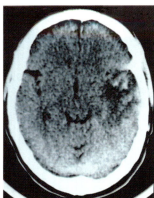
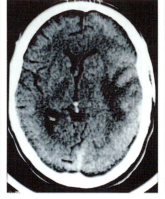
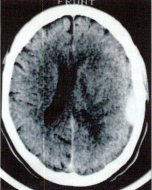

Abb. 3-67: CCT-Befund mit einem rechtsseitigen schweren Kontusionsherd und vom Patienten gefertigtes Gemälde

Therapie. Zunächst erfolgt die intensivmedizinische Betreuung mit einer Behandlung des Hirnödems durch osmotherapeutische Maßnahmen oder Kortison, ggf. durch neurochirurgische Intervention. Bei starken Erregungszuständen sollte eine Sedierung erfolgen, z. B. mit Clomethiazol (Distraneurin®). Zur Behandlung der Spätfolgen ist ein Versuch mit Nootropika angezeigt sowie Rehabilitationsmaßnahmen ggf. in Fachkliniken für Hirnverletzte.

Hirnentzündungen

Enzephalitiden jeder Ursache können zu akuten und chronischen exogenen Syndromen führen. Auch bei Meningitiden jeder Ätiologie kann es durch Mitbeteiligung des Hirnparenchyms oder durch Störung der Liquorzirkulation zu akuten oder chronischen exogenen Syndromen kommen. In jüngster Zeit ist hier, neben den vielen anderen Ursachen für eine Enzephalitis, auch an die AIDS-Erkrankung zu denken.

Neurolues

> **Definition.** Die Neurolues ist eine durch die Spirochäte Treponema pallidum hervorgerufene Meningoenzephalitis, die im Spätstadium in eine chronische Enzephalopathie (progressive Paralyse) mit einem dementiellen Abbauprozeß übergehen kann.

Epidemiologie. Die Prävalenz der Neurolues (als Zeichen einer fortbestehenden Lues im Sekundär- bzw. Tertiärstadium) beträgt 15/100 000 Einwohner. Das Hauptmanifestationsalter liegt im 5. Lebensjahrzehnt. Alle sozialen Schichten, Männer und Frauen sind gleich häufig betroffen, nur bei der progressiven Paralyse überwiegt das männliche Geschlecht. Eine Frühmeningitis tritt bei jedem dritten Infizierten auf. Eine progressive Paralyse entwickelt sich bei 2 bis 5%, eine Tabes dorsalis bei 3% der Lues-Kranken.

Ätiopathogenese. Neuroluetische Erkrankungen sind seit Einführung der Penicillin-Behandlung viel seltener als früher geworden.
Das **Primärstadium** verläuft meist asymptomatisch. Im **Sekundärstadium** der Lues kann es zur Meningitis oder zur Meningoenzephalitis kommen. Im **Tertiärstadium** der Lues, frühestens zwei Jahre nach der Infektion, kann sich eine **Lues cerebrospinalis** entwickeln. Je nach Befall des Zentralnervensystems unterscheidet man dabei eine **vaskuläre Form** (entzündliche Gefäßveränderungen, besonders an der Hirnbasis mit nachfolgenden ischämischen Erweichungen), eine **meningitische Form** (vorwiegend als basale Leptomeningitis) und eine **gummöse Form** (mit Tumoren infolge proliferierender granulomatöser Veränderungen, meist subkortikal in den Hemisphären).
Im **Quartärstadium** der Lues, etwa 8 bis 15 Jahre nach dem Primäreffekt, kann es bei 2 bis 5% aller Infizierten zur **progressiven Paralyse**, einer luetischen Enzephalitis, kommen, die oft mit einer **Tabes dorsalis** kombiniert ist.

Symptomatologie. Die **vaskuläre Form** geht klinisch mit apoplektischen Insulten einher und ähnelt im Erscheinungsbild der Hirnarteriosklerose. Die **meningitische Form** führt u. a. zu Kopfschmerzen, Pupillenstörungen, pseudoneurasthenischen Syndromen und psychoorganischer Symptomatik. Die **gummöse Form** tritt klinisch unter der Symptomatik eines raumfordernden Prozesses in Erscheinung. Die **progressive Paralyse** wird meist durch ein pseudoneurasthenisches Stadium oder eine organische Wesensänderung eingeleitet. Später entwickelt sich das Vollbild eines hirnorganischen Psychosyndroms. Die Symptomatik ist oft i. S. eines **Stirnhirn-Syndroms** durch Enthemmung, Verlust von Taktgefühl und kritikloser flacher Euphorie geprägt. Die Erkrankung führt unbehandelt innerhalb weniger Jahre zur Demenz und zum Tod.
Neben dieser einfach dementen Form der progressiven Paralyse, die heute die häufigste ist, kann es auch zu **anderen Erscheinungsformen**, insbesondere zu maniformen, zu depressiven, zu paranoiden und zu akut deliranten Bildern kommen. Diese psychopathologischen Bilder werden von **neurologischen Symptomen** begleitet: u. a. sprachliche Artikulationsstörung (Dysarthrie), Faszikulieren der mimischen Muskulatur, reflektorische Pupillenstarre, durch vaskuläre Beteiligung ggf. Herdsymptome, bei gleichzeitiger Tabes dorsalis u. a. fehlende Patellarsehnenreflexe, Sensibilitätsstörungen, Gangataxie, im Endstadium hochgradige spastische Lähmung der Körpermuskulatur.

Diagnostik. Bei Auftreten der oben beschriebenen psychopathologischen und neurologischen Symptomatik muß an eine Neurolues gedacht werden.
Der Nachweis der Infektion erfolgt mit Hilfe des **Treponema-pallidum-Hämagglutinationstest** (TPHA) und **Fluoreszenz-Treponema-Antikörper-Absorptionstests** (FTA-ABS-Test), die ca. sechs Wochen nach Infektion positiv werden. Die Neurolues wird im Frühstadium durch eine mäßige lymphozytäre Pleozytose, später durch eine intrathekale IgM- und IgG-Synthese und oligoklonale Banden nachgewiesen. **CT** und **MRT** zeigen bei der progressiven Paralyse umschriebene und generalisierte hirnatrophische Veränderungen. Das EEG zeigt unspezifische Allgemeinveränderungen.

Neurolues

◄ **Definition**

Epidemiologie
Die Prävalenz der Neurolues beträgt 15/100 000 Einwohner. Das Hauptmanifestationsalter liegt im 5. Lebensjahrzehnt.
Bei der progressiven Paralyse überwiegt das männliche Geschlecht.

Ätiopathogenese
Das **Primärstadium** verläuft meist asymptomatisch.
Im **Sekundärstadium** kann es zur Meningitis oder zu Meningoenzephalitis kommen.
Im **Tertiärstadium** kann sich eine Lues cerebrospinalis entwickeln.
Man unterscheidet dabei eine **vaskuläre**, eine **meningitische** und eine **gummöse** Form.
Im **Quartärstadium** kann es bei 2–5% aller Infizierten zur **progressiven Paralyse** kommen, die oft mit einer **Tabes dorsalis** kombiniert ist.

Symptomatologie
Die **progressive Paralyse** wird meist durch ein **pseudoneurasthenisches Vorstadium** oder eine **organische Wesensänderung** eingeleitet.
Später entwickelt sich das Vollbild eines **psychoorganischen Syndroms**.
Die Symptomatik ist oft i. S. eines **Stirnhirn-Syndroms** durch Enthemmung, Verlust von Taktgefühl und kritikloser flacher Euphorie geprägt.
Andere Erscheinungsformen, vor allem maniforme, depressive, paranoide und akut delirante Bilder, kommen vor.
Die psychopathologischen Auffälligkeiten werden von **neurologischen Symptomen** begleitet.

Diagnostik
Der Nachweis der Infektion erfolgt durch den **TPHA-** und den **FTA-ABS-Test**, die ca. sechs Wochen nach Infektion positiv werden.
CT und **MRT** zeigen bei der progressiven Paralyse hirnatrophische Veränderungen, das EEG unspezifische Allgemeinveränderungen.

Therapie
Hochdosiert Penicillin, z. B. 30–40 Mio. Einheiten/die über 10 Tage.

AIDS-Demenz

Definition ▶

Epidemiologie
Weltweit nimmt die Zahl der Erkrankten ständig zu.
Risikogruppen sind homosexuelle Männer, Fixer und mit HIV-kontaminierten Bluttransfusionen behandelte Patienten.

Ätiopathogenese
Das Virus wird durch Körperflüssigkeiten und intravenöse Injektionen übertragen. Einige Infizierte zeigen akut Symptome einer Meningoenzephalitis.

Bis zu 60% der an AIDS Erkrankten haben **chronische hirnorganische Psychosyndrome**.
Es kommt zu einer im CCT oder MRT nachweisbaren Hirnatrophie, Ventrikelerweiterung und Vakuolen in der weißen Substanz.

Symptomatologie
Symptome der **subakuten Enzephalopathie** können eine allgemeine Müdigkeit, Lethargie, Gedächtnisstörungen, kognitive Störungen, aphasische Störungen und Kopfschmerzen sein.
Differentialdiagnostisch schwierig kann die Unterscheidung zwischen depressiver Symptomatik und subkortikaler Demenz sein.

Diagnostik und Differentialdiagnose
Nachweis des HIV im Blut oder Liquor.
Auszuschließen sind: Herpes-simplex-Infektion, Tuberkulose, Sarkoidose und eine multiple Sklerose.

Therapie
AIDS-Kranke bedürfen einer intensiven Betreuung, evtl. einer psychotherapeutischen Behandlung. Diese Therapie kann durch den Einsatz von Antidepressiva und Nootropika unterstützt werden.

Therapie. Hochdosiert **Penicillin**, z. B. 30 bis 40 Mio. Einheiten/die über 10 Tage. Auch fortgeschrittene paralytische Demenzen sind manchmal nach ausreichender Therapie noch relativ rückbildungsfähig. Kontrolle des Therapieerfolges u. a. durch Wiederholung der Liquoruntersuchung und der Untersuchung der Serumreaktionen.

AIDS-Demenz

> *Definition.* AIDS (Acquired Immune Deficiency Syndrome) ist eine durch das Retrovirus HIV (human immunodeficiency virus) verursachte Erkrankung des Immunsystems. Das Virus befällt auch direkt das Zentralnervensystem und führt zu chronischen hirnorganischen Psychosyndromen, Psychosen, Myelopathien und Neuropathien.

Epidemiologie. Nach Angabe der Weltgesundheitsorganisation hatten 1986 100.000 Menschen weltweit AIDS und mehr als 10 Millionen waren mit dem Virus infiziert, so daß auf einen Erkrankten ungefähr 100 Infizierte kommen. Bis Ende 1988 stieg die Zahl der AIDS-Kranken bereits auf 600.000.
Hauptsächliche Risikogruppen sind homosexuelle Männer, Fixer und auch mit HIV-kontaminierten Bluttransfusionen behandelte, einschließlich hämophiler Patienten.

Ätiopathogenese. Das Virus wird von Mensch zu Mensch durch Körperflüssigkeiten wie Samenflüssigkeit und Blut sowie durch intravenöse Injektionen mit kontaminierten Spritzen und Nadeln übertragen. Bei den meisten Infizierten passiert das HI-Virus relativ rasch nach der Infektion die Blut-Hirn-Schranke. Während einige Infizierte dann Symptome einer **Meningoenzephalitis** zeigen, treten bei den meisten Infizierten keine offensichtlichen Krankheitssymptome zu Beginn der Erkrankung auf.
Hingegen werden **chronische hirnorganische Psychosyndrome** bei bis zu 60% der an AIDS Erkrankten gesehen.
Es kommt zu einer im CCT oder MRT nachweisbaren Hirnatrophie, zu Ventrikelerweiterung und Vakuolen in der weißen Substanz. Zusätzlich entwickeln sich durch die Immunschwäche weitere opportunistische Infektionen, hauptsächlich Toxoplasmose- und Tuberkulose-Infektionen, aber auch Pilzbefall bis hin zu bakteriellen Abszessen.

Symptomatologie. Symptome der **subakuten Enzephalopathie** können eine allgemeine Müdigkeit, Lethargie, Gedächtnisstörungen, kognitive Störungen, aphasische Störungen und Kopfschmerzen sein.
Die Ähnlichkeit von charakteristischen depressiven Symptomen und einer subkortikalen Demenz bei schweren systemischen Erkrankungen wie z. B. AIDS kann zu diagnostischer Unsicherheit führen. So können Symptome wie Vergeßlichkeit, Konzentrationsschwierigkeiten, eine Verlangsamung des Denkens und Handelns, eine eintönige Sprache und Apathie sowohl bei einer Depression als auch bei einer subkortikalen Demenz vorkommen. In seltenen Fällen kommt es zu einem Delir, aber es kann auch jedes andere hirnorganische Syndrom entstehen, wie z. B. ein organisch bedingtes depressives Syndrom, Angstsyndrom, Persönlichkeitsveränderungen oder chronisch ein dementieller Prozeß.

Diagnostik und Differentialdiagnose. Die Diagnose wird durch den serologischen Nachweis des HIV im Blut oder Liquor bestätigt. Im Liquor ist eine intrathekale IgG-Produktion nachweisbar. Zusätzlich sollten weitere serologische Untersuchungen auf Toxoplasmose durchgeführt werden.

Ausgeschlossen werden muß eine Herpes-simplex-Infektion, eine Tuberkulose, Sarkoidose und bei jungen Patienten eine multiple Sklerose.

Therapie. Eine kausale Therapie ist bisher nicht verfügbar. AIDS-Kranke bedürfen daher einer intensiven Betreuung und im Einzelfall einer psychotherapeutischen Behandlung. Stehen depressive Symptome und Ängste im Vordergrund, kann eine Therapie mit Antidepressiva notwendig sein. Bei kognitiven Beeinträchtigungen ist eine Behandlung mit Nootropika sinnvoll. Sekundärinfektionen werden je nach Erreger spezifisch behandelt.

Verlauf. Nach Ausbruch der AIDS-Erkrankung beträgt die Lebenserwartung noch 1/2 bis 5 Jahre.

Creutzfeld-Jakob-Krankheit

Synonyme: Jakob-Creutzfeld-Pseudosklerose, subakute präsenile spongiöse Enzephalomyelopathie

> **Definition.** Die Creutzfeld-Jakob-Krankheit ist eine durch eine Slow-virus-Infektion verursachte Enzephalomyelopathie, die durch pyramidale, extrapyramidale und zerebellare Symptomatik und Demenz gekennzeichnet ist.

Epidemiologie. Die Rate der jährlichen Neuerkrankungen liegt bei 1 pro 1 Million Einwohner. Sie tritt gehäuft um das 60. Lebensjahr auf, kann aber prinzipiell in jedem Lebensalter auftreten.

Ätiopathogenese. Die Erkrankung ist durch **Prionen** übertragbar, diese Partikel können durch Hitzesterilisation vernichtet werden. Es wird vermutet, daß zusätzlich ein **genetischer Faktor** eine Rolle spielen kann.
Iatrogene Infektionen durch nicht ausreichend sterilisierte Instrumente, nach Hornhauttransplantation und Behandlung mit Wachstumshormon sind beschrieben.
Tierexperimentell konnte die Erkrankung durch Übertragen von Hirngewebe erzeugt werden.

Bisher sind noch zwei weitere spongiöse Enzephalomyelopathien bekannt: die **Gerstmann-Straussler-Scheinker-Erkrankung** und die **Kuru-Krankheit** bei Eingeborenen Neuguineas, die früher durch Kannibalismus übertragen worden sein soll.

In den letzten Jahren hat eine weitere spongiöse Enzephalopathie weite Kreise der Bevölkerung in Angst und Schrecken versetzt, nämlich die **bovine spongiöse Enzephalopathie (BSE)**, die hauptsächlich bei Rindern in England aufgetreten ist und durch das Verfüttern von mit **Scrapie** (einer bei Schafen seit langem bekannten Enzephalopathie) infiziertem Schafsmehl übertragen wurde. Diese Erkrankung läßt sich auf andere Tiere, auch auf spezielle Affenarten, übertragen, eine Übertragung auf Menschen wurde bisher nicht bewiesen. Aktualität erhält in diesem Zusammenhang die Diskussion, die nach Entdeckung der Möglichkeiten einer HIV-Übertragung 1982 geführt wurde und die in Deutschland jetzt mit dem Skandal um verseuchte Blutpräparate einen erneuten unrühmlichen Höhepunkt erreichte, wenn man sich vor Augen hält, welche Konsequenzen eine Übertragung der BSE über die Nahrungskette hätte. Hier muß man fragen, ob man aus den bisherigen Erfahrungen denn nichts gelernt hat – es wird im Nachhinein wenig nutzen, wenn man sagt, daß eine Übertragung auf den Menschen zu diesem Zeitpunkt nicht nachgewiesen war.

Symptomatologie. Das klinische Bild ist gekennzeichnet durch das Auftreten eines dementiellen Prozesses, der mit multiplen neurologischen Auffälligkeiten einhergeht, und eine rasche Krankheitsprogredienz.

Es treten neuropsychologische Symptome wie Aphasie, Alexie und Apraxie auf. An neurologischen Symptomen stehen im Vordergrund zentrale Paresen mit Spastik und Pyramidenbahnzeichen, extrapyramidale Symptome wie Tremor, Rigor und zerebellare Ataxie. Ein weiterer Hinweis ist das Auftreten von Myoklonien, es werden auch epileptische Anfälle beobachtet.

Diagnostik. Neben dem klinischen Bild mit **Myoklonien** liefert das **EEG** entscheidende Hinweise. So ist bei jedem unklaren dementiellen Prozeß bei periodisch auftretenden langsamen EEG-Veränderungen an eine Creutzfeld-Jakob-Erkrankung zu denken. Im Vollbild bilden sich die **typischen triphasischen 1/s-Wellen** aus. Das CCT kann zu Beginn der Erkrankung unauffällig sein oder eine Hirnatrophie zeigen, im weiteren Verlauf kann sich relativ rasch eine Hirnatrophie ausbilden.

Differentialdiagnose
Abzugrenzen sind ein **M. Alzheimer** und eine **Demenz bei M. Parkinson**.

Therapie
Eine ursächliche Therapie ist nicht möglich.

Verlauf und Prognose
Die Patienten versterben meist innerhalb eines 1/2 Jahres bis zu 2 Jahren nach Krankheitsbeginn.

Multiple Sklerose

Synonym: Encephalomyelitis disseminata

Definition ▶

Symptomatologie
Die MS kann zu **verschiedenartigen psychischen Symptomen** führen, meist zu hirnorganischem Psychosyndrom mit Reizbarkeit, Euphorie und Kritiklosigkeit. Persönlichkeitsveränderungen können den Umgang mit den Patienten deutlich erschweren. Depressive Zustände können organisch durch den Krankheitsprozeß, pharmakologisch durch die Therapie oder psychogen verursacht werden.

Therapie
MS-Kranke benötigen entsprechend dem Schweregrad ihrer Erkrankung viel Zuwendung. Im Einzelfall heißt dies auch direkte **psychotherapeutische Behandlung**. Unter Kortisol-Behandlung kann das manische oder depressive Bild eine Nebenwirkung der Behandlung sein.

Differentialdiagnose. Differentialdiagnostisch ist meist eine Alzheimersche Erkrankung zu erwägen. Bei einer beginnenden Demenz fehlen beim **M. Alzheimer** aber meist neurologische Auffälligkeiten. Gegen ein Spätstadium, in dem auch neurologische Auffälligkeiten vorliegen können, ist die Abgrenzung durch den entscheidend längeren Krankheitsverlauf bei M. Alzheimer meist möglich. Schwierig kann die Abgrenzung gegen einen **Parkinson-Demenz**-Komplex sein, aber auch hier gibt der Krankheitsverlauf meist entscheidende Hinweise.

Therapie. Eine ursächliche Therapie ist nicht möglich. Es sollte eine symptomatisch orientierte Therapie mit Spasmolytika und Antiparkinsonmitteln zur Linderung der Beschwerden versucht werden.

Zur Vermeidung von Infektionen sind ein entsprechendes hygienisches Vorgehen und ausreichende Sterilisation der verwendeten Instrumente zu beachten.

Verlauf und Prognose. Die Patienten versterben meist innerhalb eines halben Jahres bis zu zwei Jahren nach Krankheitsbeginn. Die Diagnose sollte möglichst durch eine neuropathologische Untersuchung verifiziert werden.

Multiple Sklerose

Synonym: Encephalomyelitis disseminata

> *Definition.* Schubförmig oder chronisch progredient verlaufende Entmarkungskrankheit von Gehirn und Rückenmark unklarer Ätiologie. J. M. Charcot (1868) beschrieb erstmals die Trias: Nystagmus, skandierendes Sprechen und Intentionstremor. Neben diesen zerebellaren Symptomen verursachen die disseminierten Entmarkungsherde vor allem spastische Paresen, Sensibilitäts- und Blasenstörungen. In einem Drittel der Fälle manifestiert sich die multiple Sklerose initial mit einer Optikusneuritis.

Symptomatologie. Die multiple Sklerose soll hier als Beispiel für die vielen Erkrankungen aufgeführt werden, bei denen neurologische oder internistische Symptome im Vordergrund stehen, aber gleichzeitig häufig psychopathologische Auffälligkeiten auftreten, die häufig übersehen werden.

So kann die multiple Sklerose neben multifokalen neurologischen Ausfällen zu **verschiedenartigen psychischen Symptomen** führen. Meist entsteht ein hirnorganisches Psychosyndrom mit Reizbarkeit, Euphorie, Kritiklosigkeit. Dies kann bei chronischem Verlauf zu entsprechenden Persönlichkeitsveränderungen (z. B. Distanzlosigkeit) führen, die den Umgang mit den Patienten deutlich erschweren. Während der akuten Schübe kann es manchmal zu deliranten Syndromen oder auch zu paranoiden oder depressiven bzw. manischen Bilder kommen. Depressive Zustände können hierbei sowohl direkt durch den organischen Krankheitsprozeß, durch die pharmakologische Therapie (z. B. Kortisol-Behandlung) oder aber auch psychogen als Reaktion auf das erneute Akutwerden der Erkrankung mit allen daraus resultierenden negativen Konsequenzen auf das soziale Umfeld resultieren.

Therapie. Wie alle chronisch Kranke benötigen Multiple-Sklerose-Kranke entsprechend dem Schweregrad ihrer Erkrankung viel Zuwendung. Im Einzelfall heißt dies auch direkte **psychotherapeutische Behandlung**. Steht eine spezifische Symptomatik im Vordergrund, z. B. ein depressives Syndrom, so muß auch an eine pharmakologische Behandlung mit Antidepressiva gedacht werden. Unter Kortisol-Behandlung ist daran zu denken, daß das manische oder depressive Bild eine Nebenwirkung der pharmakologischen Behandlung sein kann. Paranoid-halluzinatorische Bilder werden durch Neuroleptika gebessert.

Bezüglich der neurologischen Therapie sei auf Lehrbücher der Neurologie verwiesen.

Reaktionen auf schwere Belastungen und Anpassungsstörungen

> **Definition.** Anpassungsstörungen sind nach Art und Ausmaß deutlich über das nach allgemeiner Lebenserfahrung zu Erwartende hinausgehende Reaktionen auf belastende Lebensereignisse. Dabei werden in der Regel die affektive Situation, die Leistungsfähigkeit und die sozialen Beziehungen beeinträchtigt. Die einzelnen Formen werden nach Art, Schwere und Dauer der ursächlichen Belastung sowie nach Art und Ausmaß der reaktiven Symptomatik unterschieden.

Allgemeines

Bei den in diesem Kapitel dargestellten Störungen handelt es sich um klinisch sehr unterschiedliche Erscheinungsbilder. Gemeinsam aber ist allen diesen Störungen, daß sie eine **Reaktion auf bestimmte Belastungsfaktoren** im psychischen oder sozialen Bereich darstellen.

Je nach Art und Schwere einer Belastungssituation kann es auch bei einem ansonsten völlig **gesunden Menschen** zu reaktiven Veränderungen im gefühlsmäßigen oder im Verhaltensbereich kommen. Solche Erlebnisreaktionen können eine sinnvoll motivierte, unmittelbare gefühlsmäßige Antwort auf ein Erlebnis sein und evtl. sogar eine notwendige Voraussetzung für eine adäquate Verarbeitung der Belastung darstellen (z. B. bei Trauerreaktionen).

Anpassungsstörungen umfassen vielfältige Symptome im körperlichen und seelischen Bereich, die über eine normale und zu erwartende Reaktion auf die bestehende Belastung hinausgehen und die in der Regel die Leistungsfähigkeit in Schule und Beruf oder die vorher bestehenden sozialen Beziehungen beeinträchtigen. Dabei handelt es sich z.B. um Symptome wie Depression, Angst, Verzweiflung, Reizbarkeit, körperliche Überaktivität oder Erregung, Schlafstörungen und ähnliches.

Die Reaktion auf eine äußere Belastung kann individuell sehr unterschiedlich sein. Die Art der Belastungsreaktion und der Anpassung kann – ebenso wie die entsprechenden Störungen – nach unterschiedlichen Kriterien differenziert werden (*siehe Tabelle 3-28*):

- Art, Schwere und Dauer der ursächlichen Belastung,
- Beginn und Dauer der reaktiven Störung
- Art und Ausmaß der reaktiven Symptomatik.

Die meisten dieser Kriterien sind in die Beschreibung der unterschiedlichen Störungsformen eingangen, die im folgenden Kapitel dargestellt werden sollen.

Historisches. Die hier beschriebenen Störungen wurden in den modernen Diagnosesystemen erstmals definiert. Frühere Ansätze zur Beschreibung und Definition solcher und ähnlicher Beschwerdebilder waren sehr uneinheitlich. Es wurden unterschiedliche Einteilungsprinzipien verwendet. In der klassischen deutschen Psychiatrie wurden diese Störungen u. a. danach unterschieden, ob es sich um Erlebnisweisen handelt, in die Eigenschaften der jeweils betroffenen Person eingehen (charakterabhängige Erlebnisweisen), oder ob sich die Reaktion eher aus äußeren Bedingungen ergibt (übercharakterliche Erlebnisweisen). Außerdem wurden neurotische Entwicklungen abgegrenzt. Diese früheren Beschreibungen zeigen auch deutliche Überschneidungen zu den heute als dissoziative Störungen bzw. somatoforme Störungen beschriebenen Beschwerdekomplexen.

Reaktionen auf schwere Belastungen und Anpassungsstörungen

◄ **Definition**

Allgemeines

Die in diesem Kapitel dargestellten Erkrankungen sind pathologische **Reaktionen auf Belastungen** im psychischen und sozialen Bereich. Auch bei **gesunden Menschen** kommt es zu reaktiven Veränderungen in Belastungssituationen. Solche Reaktionen können eine adäquate Form der Verarbeitung sein (z. B. Trauerreaktionen).

Anpassungsstörungen umfassen Symptome, die über eine normale und zu erwartende Reaktion auf die bestehende Belastung hinausgehen.

Belastungsreaktionen und Anpassungsstörungen können nach Art, Schwere und Dauer der ursächlichen Störung und der Reaktion differenziert werden (*s. Tab. 3-28*).

◄ **Historisches**

Tabelle 3-28: Kriterien zur Differenzierung von Belastungsreaktionen und Anpassungsstörungen

Kriterium der Differenzierung	Beispiele
Art des ursächlichen Belastungsfaktors	Verlust/Tod Relevante Veränderung der Lebensumstände Krankheit Umweltkatastrophe
Schwere der Belastungssituation	Hierzu vgl. Tab. 3-29
Dauer der Belastungssituation	Akut Rezidivierend Chronisch
Beginn der Symptomatik	Nach Minuten bis Stunden Nach Tagen bis Wochen Nach Monaten
Dauer der Symptomatik	Bis sechs Monate Länger als sechs Monate
Art der Symptomatik	Affektive Symptomatik Folgen im Verhalten Gemischte Symptomatik
Art der affektiven Symptomatik	Depressive Verstimmung Angst Unruhe, Nervosität Wut
Soziale Folgen	Sozialer Rückzug Sozial destruktives Verhalten

Im ICD-10 werden die hier beschriebenen Störungen in einem eigenen Unterkapitel zusammengefaßt (F43: Reaktionen auf schwere Belastungen und Anpassungsstörungen, *siehe Synopsis 3-22*). Der erlebnisbedingte Persönlichkeitswandel ist unter den Persönlichkeitsstörungen zu klassifizieren. Im DSM-III-R sind nur die Anpassungsstörungen in einem eigenen Kapitel aufgeführt, die posttraumatische Belastungsstörung wird – syndromal orientiert – den Angststörungen zugeordnet. Die Beschreibung einer eigenständigen akuten Belastungsreaktion fehlt im DSM-III-R (*siehe Synopsis 3-22*).

Epidemiologie. Für die in diesem Kapitel beschriebenen Störungen gibt es zur Zeit noch keine ausreichend sicheren Angaben zur Häufigkeit und zum Lebenszeitrisiko. Besonders bei **posttraumatischen Belastungsreaktionen** (verzögerte oder protrahierte Reaktion auf eine extreme Bedrohung, z.B. eine Naturkatastrophe oder Geiselhaft) hängt die Häufigkeit in der Bevölkerung davon ab, in welcher Häufigkeit Situationen auftreten, die außerhalb des normalen menschlichen Erlebens liegen. In einigen Studien wird davon ausgegangen, daß bei entsprechend ausgeprägtem traumatisierendem Erlebnis 50 bis 80% der Betroffenen ein solches Syndrom entwickeln. Für **Anpassungsstörungen** (gestörter Anpassungsprozeß nach einschneidender Lebensveränderung) wird in amerikanischen Studien angegeben, daß sie sich in einer Häufigkeit von etwa 5% der Aufnahmen in psychiatrischen Krankenhäusern finden. **Akute Belastungsreaktionen** (akute Krisenreaktionen) finden sich sicherlich am häufigsten, wegen der meist sehr kurzen Dauer führen sie jedoch in der Regel nicht zu einer psychiatrischen Behandlung.

Sowohl die Belastungsstörungen als auch alle Formen von Anpassungsstörungen können in jedem Lebensalter auftreten. Je nach Lebensalter kann sich allerdings die vorherrschende Symptomatik unterscheiden. Gehäuft kommen Anpassungsstörungen und reaktive Belastungsstörungen bei Jugendlichen und bei älteren Menschen vor. Gesicherte Angaben über Geschlechtsunterschiede gibt es bisher nicht.

Epidemiologie
Für die in diesem Kapitel beschriebenen Störungen gibt es zur Zeit noch keine ausreichend sicheren Angaben zur Häufigkeit und zum Lebenszeitrisiko.
Posttraumatische Belastungsreaktionen treten bei mehr als der Hälfte der Betroffenen nach schwerster Belastung (Naturkatastrophe, Geiselhaft) auf.
Anpassungsstörungen sollen sich bei etwa 5% der psychiatrischen Klinikaufnahmen finden.
Akute Belastungsreaktionen sind die häufigste Form.

Anpassungsstörungen können in jedem Lebensalter auftreten, besonders aber bei Jugendlichen und älteren Menschen.

Reaktionen auf schwere Belastungen und Anpassungsstörungen

Synopsis 3-22: Klassifikation von Anpassungsstörungen und Reaktionen auf schwere Belastungen im Vergleich von ICD-10 und DSM-III-R

ICD-10	DSM-III-R
Akute Belastungsreaktionen (F43.0)	
Posttraumatische Belastungsstörung (F43.1)	Posttraumatische Belastungsstörung (309.89)
Anpassungsstörung (43.2)	Anpassungsstörung
• Kurze depressive Reaktion (F43.20)	• Mit ängstlicher Gestimmtheit (309.24)
• Längere depressive Reaktion (F43.21)	• Mit depressiver Verstimmung (309.00)
• Mit vorwiegender Störung des Sozialverhaltens (F43.24)	• Mit verhaltensbezogener Beeinträchtigung (309.30)
• Mit gemischter Störung von Gefühlen und Sozialverhalten (F43.25)	• Mit gemischten emotionalen und verhaltensbezogenen Beeinträchtigungen
• Angst und depressive Reaktion, gemischt (F43.22)	• Mit gemischten emotionalen Merkmalen (309.28)
• Mit vorwiegender Beeinträchtigung anderer Gefühlen (F43.23)	• Mit körperlichen Beschwerden (309.83)
	• Mit Rückzug (309.82)
	• Mit Hemmungen im Arbeits- (oder schulischen) Bereich (309.23)
	• Nicht näher bezeichnet (309.90)
Andauernde Persönlichkeitsänderung nach Extrembelastung (F62.0)	

Ätiopathogenese. Die für die Entstehung von Anpassungsstörungen und reaktiven Belastungsstörungen wesentlichen Faktoren sind das **belastende Ereignis**, die **biologische Vulnerabilität** des Patienten (individuell unterschiedliche „Verletzbarkeit"), seine **Persönlichkeitszüge** sowie die **sozialen Interaktionen**. Grundsätzlich kann davon ausgegangen werden, daß je schwerer die ursächliche Belastung ist, es um so häufiger zu reaktiven Störungen kommen wird und um so stärker ausgeprägt die Störung sein wird. Bei mäßiggradig ausgeprägten belastenden Ereignissen kommt modifizierenden Persönlichkeitsfaktoren sowie sozialen Faktoren eine größere Rolle zu als bei extremen Belastungen.

Bei Anpassungsstörungen und Belastungsreaktionen wird davon ausgegangen, daß die Symptomatik ohne das vorausgehende belastende Ereignis nicht aufgetreten wäre; es besteht also ein **kausaler Zusammenhang.** Andererseits wird aber das gleiche traumatisierende Ereignis bei verschiedenen Personen in der Regel auch zu unterschiedlichen Reaktionsweisen führen. Es besteht also eine individuell unterschiedliche Verletzbarkeit (Vulnerabilität). Faktoren, die die Wahrscheinlichkeit für das Auftreten einer pathologischen Reaktion erhöhen können, sind u. a.:

• organische Störungen (z.B. im Alter),
• vorbestehende auffällige Persönlichkeitszüge (asthenisch, ängstlich, emotional instabil),
• vorbestehende neurotische Verhaltensauffälligkeiten
• sowie extreme Erschöpfung.

Ausgeformte Bewältigungsstrategien (**Coping-Strategien**) und ein **stabiles soziales Netzwerk** können auf der anderen Seite das Auftreten von Belastungsreaktionen und Anpassungsstörungen unwahrscheinlicher machen.

In **neurobiologischen Theorien** wird u. a. eine schon prämorbid bestehende Tendenz zu überschießenden vegetativen Reaktionen im Rahmen einer Streßbelastung diskutiert, wobei auch der Katecholaminstoffwechsel eine wesentliche Rolle spielen soll. In der **psychoanalytischen Theorie** wird erörtert, ob durch ein bestimmtes aktuelles Trauma ungelöste Konflikte aus der frühen Kindheit reaktiviert und somit eine Symptombildung begünstigt werden könnte. Diese Sym-

Ätiopathogenese
Die für die Entstehung von Anpassungsstörungen und reaktiven Belastungsstörungen wesentlichen Faktoren sind das **belastende Ereignis**, die **biologische Vulnerabilität** (Verletzbarkeit) des Patienten, seine **Persönlichkeitszüge** sowie die **sozialen Interaktionen**.

Zwischen dem belastenden Ereignis und der Störung der Anpassung besteht ein **kausaler Zusammenhang**. Faktoren, die die Wahrscheinlichkeit für das Auftreten einer pathologischen Reaktion erhöhen können, sind:
• organische Störungen,
• auffällige Persönlichkeitszüge,
• neurotische Verhaltensauffälligkeiten,
• extreme Erschöpfung.

Bewältigungsstrategien (**Coping-Strategien**) und **stabiles soziales Netzwerk** verringern die Wahrscheinlichkeit einer Belastungsreaktion oder Anpassungsstörung.
Aus **lerntheoretischer Sicht** kommt den **Coping-Strategien** eine besondere Rolle zu.
Primärer und **sekundärer Krankheitsgewinn** sind zu berücksichtigen.

ptombildung kann dann als **Regression** verstanden werden. Aus **lerntheoretischer Sicht** kommt den bestehenden Bewältigungsstrategien (**Coping-Strategien**) bzw. deren teilweisem oder vollständigem Versagen eine besondere Rolle zu. Bei der Genese dieser Störungen sollte auch berücksichtigt werden, inwieweit ein **sekundärer Krankheitsgewinn** (z.B. finanzielle Entschädigung) zu einer Aufrechterhaltung der Symptomatik beitragen kann.

Tab. 3-29 zeigt einen Einteilungsversuch der zugrundeliegenden Belastungen.

Ein Einteilungsversuch der zugrundeliegenden Belastungen nach Schwere und Dauer ist in *Tabelle 3-29* dargestellt.

Tabelle 3-29: Skala der Schwere der psychosozialen Belastungsfaktoren bei Erwachsenen (nach DSM-III-R, Achse IV)		
Begriff	**Akute Ereignisse (Beispiele)**	**Länger andauernde Lebensumstände (Beispiele)**
Leicht	• Auseinanderbrechen der Freundschaft mit Freund oder Freundin • Schulbeginn oder -abschluß • Kind verläßt Elternhaus	• Familiäre Streitigkeiten • Unzufriedenheit mit der Arbeit • Leben in einer Wohngegend mit hoher Kriminalität
Mittel	• Heirat • Trennung der Ehepartner • Arbeitsplatzverlust, Pensionierung • Mißerfolge	• Eheprobleme • Schwerwiegende finanzielle Probleme • Ärger mit dem Vorgesetzten • Alleinerziehender Elternteil
Schwer	• Scheidung • Geburt des ersten Kindes	• Arbeitslosigkeit • Armut
Sehr schwer (extrem)	• Tod eines nahen Verwandten • Diagnose einer schweren körperlichen Erkrankung • Opfer einer Vergewaltigung	• Eigene schwere chronische Erkrankung oder Erkrankung des Kindes • Fortwährende Mißhandlungen oder sexueller Mißbrauch
Katastrophal	• Tod eines Kindes • Selbstmord eines nahen Angehörigen • Verheerende Naturkatastrophe	• Gefangennahme als Geisel • Erfahrungen im Konzentrationslager

Symptomatologie und klinische Subtypen

Akute Belastungsreaktion

Synonyme: akute Krisenreaktion, „Nervenschock"

Definition ▶

Symptomatologie und klinische Subtypen

Akute Belastungsreaktion

Synonyme: akute Krisenreaktion, „Nervenschock"

Definition. Akute Belastungsreaktionen sind stunden- bis tagelang anhaltende Reaktionen auf außergewöhnliche körperliche und/oder seelische Belastungen bei einem ansonsten psychisch nicht manifest gestörten Patienten. Nach einem anfänglichen Zustand der „Betäubung" kommt es zu affektiven und vegetativen Symptomen. Die Störung ist in der Regel nach einigen Stunden abgeklungen.

Akute Belastungsreaktionen treten innerhalb von Minuten nach einem **massiv traumatisierenden Ereignis** auf, das in der Regel eine ernsthafte Gefährdung für den Patienten darstellt. Beispiele dafür können ein schwerer Unfall, eine Vergewaltigung, eine schwere Naturkatastrophe oder auch eine plötzliche und unerwartete bedrohliche Veränderung der sozialen Beziehungen sein (*siehe Abbildung 3-68*).

Akute Belastungsreaktionen treten meist innerhalb von Minuten nach einem **massiv traumatisierenden Ereignis** (schwerer Unfall, Vergewaltigung, Naturkatastrophe u. ä.) auf.

Abb. 3-68: Häufige massiv traumatisierende Ereignisse, die schwere Belastungsreaktionen nach sich ziehen können, sind Verkehrsunfälle

Typischerweise kommt es unmittelbar nach einem solchen Ereignis zu einer Art von „**Betäubung**" mit Bewußtseinseinengung, eingeschränkter Aufmerksamkeit, einer Unfähigkeit, Reize zu verarbeiten und Desorientiertheit. Von diesem Zustand gibt es dann fließende Übergänge zu **Depression, Angst**, Ärger oder Verzweiflung, verbunden mit **Überaktivität** oder auch **sozialem Rückzug**. Die Symptome wechseln einander rasch ab. Parallel treten vegetative Zeichen der Angst wie Tachykardie, Schwitzen und Erröten auf. In diesem Zusammenhang kann es evtl. auch zu einem Suizidversuch kommen. Nach einigen Stunden, spätestens aber nach etwa drei Tagen, ist diese Störung weitgehend abgeklungen (*siehe Synopsis 3-23*). Ähnliche Störungen wurden früher als akute Krisenreaktion bezeichnet, umgangssprachlich wird auch von einem „Nervenschock" gesprochen.

Zunächst kommt es zu einem Zustand der „**Betäubung**" mit eingeengtem Bewußtsein, anschließend zu **Depression, Angst, Überaktivität** und **sozialem Rückzug**.
Die Symptome wechseln rasch, es treten auch vegetative Symptome auf. Nach einigen Stunden (maximal drei Tagen) ist die Störung abgeklungen (s. Syn. 3-23).

Synopsis 3-23: Symptomatik der akuten Belastungsreaktion nach ICD-10

Eine vorübergehende Störung von beträchtlichem Schweregrad, die sich bei einem psychisch nicht manifest gestörten Menschen als Reaktion auf eine außergewöhnliche körperliche und/oder seelische Belastung entwickelt.

Es zeigt sich ein gemischtes und gewöhnlich wechselndes Bild; nach dem anfänglichen Zustand von „Betäubung" werden
- Depression,
- Angst,
- Ärger,
- Verzweiflung,
- Überaktivität und
- Rückzug beobachtet.

Es kann teilweise oder vollständige Amnesie für die Episode vorliegen.

Kasuistik. Die jetzt 22jährige Patientin lernte etwa vier Wochen vor dem akuten Ereignis einen 33jährigen Mann kennen, in den sie sich verliebte. Sie zog aus der Wohnung ihrer Mutter in die Wohnung ihres Freundes. Einige Tage später erfuhr sie, daß dieser noch weiterhin Kontakt mit seiner ehemaligen Frau hatte. Sie verließ daraufhin direkt die Wohnung und irrte durch die Stadt. Etwa zwei Stunden später nahm sie in suizidaler Absicht eine größere Anzahl verschiedener Benzodiazepine, zusammen mit fünf Gläsern Bier ein. Sie wurde komatös aufgefunden und in die Klinik gebracht.

Sofort nach dem Erwachen distanzierte sich die Patientin von suizidalen Gedanken und schien emotional stabilisiert. In der ausführlichen Exploration fanden sich keine Anhaltspunkte für eine vorbestehende psychische Störung. Die Patientin berichtete, daß sie nach dem akuten Ereignis so durcheinander gewesen sei, daß sie nicht richtig gewußt habe, was sie tue.

Nach insgesamt dreitägigem stationärem Aufenthalt in der Psychiatrischen Klinik konnte die Patientin psychopathologisch weitgehend unauffällig nach Hause entlassen werden. Der Patientin wurde eine weiterführende psychiatrische Betreuung dringend empfohlen und auch angeboten, da sich ähnliche Reaktionen evtl. wiederholen könnten. Sie war dazu jedoch nicht bereit und gab der Meinung Ausdruck, es habe sich um ein einmaliges Ereignis gehandelt, das keiner weiteren therapeutischen Intervention bedürfe.

Posttraumatische Belastungsstörung

Definition ▶

> **Definition.** Verzögerte oder protrahierte Reaktion auf eine extreme Bedrohung. Wichtigste Symptome sind die wiederholte unausweichliche Erinnerung, emotionaler oder sozialer Rückzug sowie ein Zustand vegetativer Übererregtheit.

Posttraumatische Belastungsstörungen können auf wirklich **außergewöhnliche Bedrohungssituationen** oder Veränderungen katastrophalen Ausmaßes folgen (schwere Naturkatastrophen, Kampfhandlungen, Terroranschläge etc, s. Abb. 3-69). **Der Beginn der Störung ist nach Wochen bis Monaten.**

Die wichtigsten **Symptome** sind:
- wiederholtes Erleben in sich aufdrängenden Erinnerungen und Träumen,
- emotionaler und sozialer Rückzug (Teilnahmslosigkeit, Anhedonie, Vermeidungsverhalten),
- Zustand vegetativer Übererregtheit (Vigilanzsteigerung, Schreckhaftigkeit, Schlaflosigkeit).

Die **Folgen** können übermäßiger Alkoholkonsum, Drogeneinnahme und Suizidalität sein (*s. Syn. 3-24*).

Posttraumatische Belastungsstörungen können auf wirklich **außergewöhnliche Bedrohungssituationen** oder Veränderungen katastrophalen Ausmaßes folgen. Es handelt sich dabei um Ereignisse, die bei (fast) jedem Menschen eine tiefe Verstörung hervorrufen würden. Beispiele dafür sind schwere Naturkatastrophen, Kampfhandlungen, schwere Unfälle oder die Tatsache, Zeuge des gewaltsamen Todes anderer oder selbst Opfer von Terrorismus, Vergewaltigung oder anderer schwerer Verbrechen zu sein (*siehe Abbildung 3-69*). Die Störung folgt dem Trauma mit einer **Latenz von Wochen bis Monaten,** selten jedoch länger als sechs Monaten.

Die Störung ist durch **drei Symptomkomplexe** gekennzeichnet:
- Wiederholtes Erleben des Traumas in sich aufdrängenden Erinnerungen, Träumen oder Alpträumen.
- Emotionaler und sozialer Rückzug mit Teilnahmslosigkeit der Umgebung gegenüber, Anhedonie (Verlust der Lebensfreude) und ausgeprägtem Vermeidungsverhalten Situationen gegenüber, die Erinnerungen an das Trauma wachrufen könnten.
- Zustand vegetativer Übererregtheit mit Vigilanzsteigerung, übermäßiger Schreckhaftigkeit und Schlaflosigkeit.

Folgen einer posttraumatischen Belastungsstörung können übermäßiger Alkoholkonsum, Drogeneinnahme und auch Suizidalität sein (*siehe Synopsis 3-24*).

Reaktionen auf schwere Belastungen und Anpassungsstörungen 211

Abb. 3-69: Schwere außergewöhnliche Bedrohungssituationen sind Kriege

---

Synopsis 3-24: Symptomatik der posttraumatischen Belastungsstörung im Vergleich von ICD-10 und DMS-III-R

ICD-10	DSM-III-R

Symptomatologie:

Typische Merkmale sind das wiederholte Erleben des Traumas in sich aufdrängenden Erinnerungen, Träumen oder Alpträumen.

Das traumatische Ereignis wird ständig auf mindestens eine der folgenden Arten wiedererlebt:
- Wiederholte und sich aufdrängende Erinnerungen an das Ereignis
- Wiederholte, stark belastende Träume
- Plötzliches Handeln oder Fühlen, als ob das traumatische Ereignis wiedergekehrt wäre
- Intensives psychisches Leid bei der Konfrontation mit Ereignissen, die das traumatische Ereignis symbolisieren oder ihm ähnlich sind.

Fortsetzung von Synopsis 3-24: Symptomatik der posttraumatischen Belastungsstörung im Vergleich von ICD-10 und DMS-III-R

ICD-10	DSM-III-R
Im Hintergrund bestehen: • Andauerndes Gefühl von Betäubtsein und emotionaler Stumpfheit • Gleichgültigkeit gegenüber anderen Menschen • Teilnahmslosigkeit der Umgebung gegenüber • Anhedonie • Vermeidung von Situationen, die Erinnerungen an das Trauma wachrufen könnten.	Anhaltende Vermeidung von Stimuli, die mit dem Trauma in Verbindung stehen, oder eine Einschränkung der allgemeinen Reagibilität (mindestens 3 Merkmale): • Anstrengungen, Gedanken oder Gefühle, die mit dem Trauma in Verbindung stehen, zu vermeiden • Anstrengungen, Aktivitäten oder Situationen, die Erinnerungen an das Trauma wachrufen, zu vermeiden • Unfähigkeit, sich an einen wichtigen Bestandteil des Traumas zu erinnern • Auffallend vermindertes Interesse an bedeutenden Aktivitäten • Gefühl der Isolierung bzw. Entfremdung von anderen • Eingeschränkter Affekt • Gefühl einer überschatteten Zukunft.
Gewöhnlich tritt ein Zustand vegetativer Übererregtheit auf mit: • Vigilanzsteigerung, • Übermäßiger Schreckhaftigkeit und • Schlaflosigkeit.	Anhaltende Symptome eines erhöhten Erregungsniveaus (mindestens 2 Merkmale): • Ein- oder Durchschlafstörungen • Reizbarkeit oder Wutausbrüche • Konzentrationsschwierigkeiten • Hypervigilanz • Übertriebene Schreckreaktionen • Physiologische Reaktionen bei Ereignissen, die einem Bestandteil des traumatischen Ereignisses ähneln oder es symbolisieren.
Angst und Depression sind häufig assoziiert, Suizidgedanken sind nicht selten.	
Zeitkriterien: Die Störung folgt dem Trauma mit einer Latenz, die Wochen bis Monate dauern kann.	Die Dauer der Störung beträgt mindestens einen Monat. Verzögerter Beginn: Beginn der Symptomatik mindestens 6 Monate nach dem Trauma.

Anpassungsstörungen

Anpassungsstörungen

Definition ▶

> *Definition.* Anpassungsstörungen sind Ausdruck eines gestörten Anpassungsprozesses nach einer einschneidenden Lebensveränderung oder nach belastenden Lebensereignissen. Es kommt zu unterschiedlichen affektiven Symptomen sowie sozialer Beeinträchtigung. Die Störung dauert meist nicht länger als sechs Monate.

Die Belastung kann in dem **Verlust enger Beziehungspersonen** bestehen. Auch **gravierende Veränderungen der sozialen Umgebung** (Emigration, Flucht) können die Anpassungsstörung verursachen. Innerhalb eines Monats kommt es zu depressiver Verstimmung, Angst, andauernder Besorgnis, Beeinträchtigung der beruflichen oder schulischen Leistungsfähigkeit, evtl. auch zu sozial destruktivem Verhalten.

Die Belastung kann in dem Verlust **enger Beziehungspersonen** (Scheidung, Trennung, Tod eines Partners) bestehen, aber auch in **gravierenden Veränderungen der sozialen Umgebung** (wie z. B. bei Emigration und Flucht). Auch chronische Belastungsfaktoren, wie etwa ernsthafte Schwierigkeiten in der Familie oder im Beruf, können eine Anpassungsstörung verursachen.

Die dadurch entstehende anhaltende Veränderung des sozialen Gefüges führt in der Regel innerhalb eines Monats zu Symptomen im affektiven Bereich bzw. zu Beeinträchtigungen des Verhaltens. Die Patienten klagen über eine depressive Stimmung, Angst, andauernde Besorgnis oder eine Mischung dieser Symptome. Im Rahmen der Störung kommt es in der Regel zur Beeinträchtigung der beruflichen oder schulischen Leistungsfähigkeit und anderer üblicher sozialer Aktivitäten, in Einzelfällen auch zu sozial destruktivem oder rücksichtslosem Verhalten.

Sowohl im DSM-III-R als auch in der ICD-10 werden mehrere **Unterformen** der Anpassungsstörungen genannt, die sich im wesentlichen auf die vorherrschende Symptomatik (affektive Symptomatik, soziale Beeinträchtigung oder Mischung beider Symptomenkomplexe) beziehen (*siehe Synopsis 3-25*). Die Art und die Schwere der Symptomatik können sich im Laufe der Zeit wiederholt verändern.

Die Störung tritt in der Regel innerhalb von 1 bis 3 Monaten nach Beginn der Belastungssituation auf und hält selten länger als sechs Monate an. Eine Ausnahme ist die nach ICD-10 diagnostizierte „längere depressive Reaktion", die bis zu zwei Jahren bestehen kann.

Unterformen werden nach der vorherrschenden Symptomatik unterschieden. Art und Schwere der Symptomatik können sich im Laufe der Zeit wiederholt ändern.

Der Beginn ist nach 1–3 Monaten, die Dauer selten länger als 6 Monate (*s. Syn. 3-25*).

Synopsis 3-25: Symptomatik der Anpassungsstörungen im Vergleich von ICD-10 und DSM-III-R

ICD-10	DSM-III-R
Symptomatologie:	
Die Anzeichen sind unterschiedlich und umfassen: • Depressive Stimmung • Angst • Besorgnis • Ein Gefühl, unmöglich zurechtzukommen, vorauszuplanen oder in der gegenwärtigen Situation fortzufahren • Eine gewisse Einschränkung bei der Bewältigung der täglichen Routine	Die fehlangepaßte Form der Reaktion zeigt sich anhand eines der folgenden Merkmale: • Beeinträchtigung der beruflichen oder schulischen Leistungsfähigkeit oder der üblichen sozialen Aktivitäten oder der Beziehung zu anderen • Symptome, die über eine normale und zu erwartende Reaktion auf einen oder mehrere Belastungsfaktoren hinausgehen
Unterformen:	
• Kurze depressive Reaktion: nicht länger als einen Monat • Längere depressive Reaktion: Reaktion auf eine länger anhaltende Belastungssituation, die aber nicht länger als zwei Jahre dauert • Mit vorwiegender Störung des Sozialverhaltens • Mit gemischter Störung von Gefühlen und Sozialverhalten • Angst und depressive Reaktion gemischt: Sowohl Angst als auch depressive Symptome sind vorhanden • Mit vorwiegender Beeinträchtigung von anderen Gefühlen	• Mit ängstlicher Gestimmtheit: Nervosität, Besorgnis, Ängstlichkeit • Mit depressiver Verstimmung: depressive Verstimmung, Weinerlichkeit, Gefühle der Hoffnungslosigkeit • Mit verhaltensbezogener Beeinträchtigung: Verhalten, durch das das Recht anderer oder altersgemäße soziale Normen und Regeln verletzt werden • Mit gemischten emotionalen und verhaltensbezogenen Beeinträchtigungen: sowohl emotionale Symptome als auch Verhaltensstörung • Mit gemischten emotionalen Merkmalen: Kombination von Depression und Angst und andere Emotionen • Mit körperlichen Beschwerden: vorwiegend körperliche Symptomatik • Mit Rückzug: sozialer Rückzug ohne deutliche depressive oder ängstliche Stimmung • Mit Hemmung im Arbeits- (oder schulischen) Bereich
Zeitkriterien:	
Beginn innerhalb eines Monats nach dem belastenden Ereignis oder der Lebensveränderung. Dauer der Symptome meist nicht länger als sechs Monate	Beginn innerhalb von drei Monaten nach Einsetzen der Belastung. Dauer höchstens sechs Monate

Andauernde Persönlichkeitsänderung nach Extrembelastung

Andauernde Persönlichkeitsänderung nach Extrembelastung

Definition ▶

> **Definition.** Nach extremer Belastung (z.B. Folter, Geiselhaft) kann sich eine andauernde Persönlichkeitsänderung entwickeln. Sie äußert sich in unflexiblem und unangepaßtem Verhalten, das zu Beeinträchtigungen in den zwischenmenschlichen, sozialen und beruflichen Beziehungen führt.

Nach lang andauernden extremen Belastungen (Konzentrationslager, Geiselhaft, Folter), kann es zu einer tiefgreifenden **Veränderung der Persönlichkeitsstruktur** kommen. **Merkmale extremer Belastungen** sind permanente Todesfurcht und absolute Enwürdigung der persönlichen Existenz.

Nach lang andauernden extremen Belastungen, wie z. B. in einem Konzentrationslager, in Geiselhaft oder nach lang andauernder Folter, kann es in einzelnen Fällen zu einer tiefgreifenden **Veränderung der Persönlichkeitsstruktur** kommen. **Merkmale** solcher **extremen Belastungen** sind eine permanente Todesfurcht, eine absolute Entwürdigung der persönlichen Existenz und eventuell eine lang andauernde Konfrontation mit systematisch bürokratischen Vernichtungsmaßnahmen, wie z. B. in Konzentrationslagern. Dabei handelt es sich nicht um eine durch ein äußeres Ereignis ausgelöste Zuspitzung von primär bestehenden Persönlichkeitszügen, sondern um das neue Auftreten von Symptomen, die in einem zeitlichen Zusammenhang mit der Belastungssituation stehen.

Die Persönlichkeitsänderung zeigt sich in einer vorher nicht bestehenden mißtrauischen oder gar feindlichen Haltung der Umgebung gegenüber, die meist zu einem sozialen Rückzug führt. Es kommt zu einem Gefühl von Leere oder Hoffnungslosigkeit scwie von Bedrohtsein und Entfremdung (s. Syn. 3-26).

Die Persönlichkeitsänderung zeigt sich in einer vorher nicht bestehenden mißtrauischen oder gar feindlichen Haltung der Umgebung gegenüber, die meist zu einem sozialen Rückzug führt. Intrapsychisch kommt es zu einem Gefühl der Leere oder Hoffnungslosigkeit sowie einem ständigen Gefühl von Bedrohtsein und Entfremdung (*siehe Synopsis 3-26*).

Synopsis 3-26: Symptomatik der andauernden Persönlichkeitsänderung nach Extrembelastung nach ICD-10

Symptomatologie:

Zur Diagnosestellung müssen folgende zuvor nicht beobachtete Merkmale vorliegen:

- Eine feindliche oder mißtrauische Haltung der Welt gegenüber
- Sozialer Rückzug
- Gefühl der Leere oder Hoffnungslosigkeit
- Ein chronisches Gefühl von Nervosität wie bei ständigem Bedrohtsein
- Entfremdung

Zeitkriterien:

Die Persönlichkeitsänderung muß über mindestens zwei Jahre bestehen.

Das sogenannte „**KZ-Syndrom**" nach Haft in einem Konzentrationslager ist eine Störung mit lang anhaltender Angst und depressiver Verstimmung, Leistungsinsuffizienz, vegetativen Störungen und angsterfüllten Erinnerungen. Von besonderer Bedeutung ist dabei die „**Überlebensschuld**", die intensive psychotherapeutische Betreuung erfordert.

Eine besondere Bedeutung kommt den psychischen Beschwerden von Patienten zu, die die Haft in einem Konzentrationslager überlebt haben (sog. **KZ-Syndrom**). Bei diesen Patienten entwickeln sich meist lang anhaltende Angst und depressive Verstimmung, Verunsicherung, Leistungsinsuffizienz, relevante vegetative Störungen, Alpträume und angsterfüllte Erinnerungen sowie Durchschlafstörungen. Zu erwähnen ist hierbei auch die häufig zu beobachtende „**Überlebensschuld**". Es handelt sich dabei um die Vorstellung, daß jemand dadurch eine Schuld auf sich geladen habe, daß er eine Katastrophe überlebte, während nahe Angehörige oder andere Mithäftlinge sterben mußten. Diese Schuldsymptomatik erfordert oft eine intensive und langfristige psychotherapeutische Betreuung.

Andere und seltene Reaktionsformen

Andere und seltene Reaktionsformen
Als **pathologische Reaktionsweise nach äußerer Belastung** kann praktisch **jedes psychopathologische Problem** auftreten.

Über die bisher in diesem Kapitel beschriebenen Störungen hinaus kann praktisch **jedes psychopathologisch auffällige Verhalten** auch **als Reaktion auf eine äußere Belastung** auftreten. In vielen Fällen handelt es sich dabei allerdings um eine Zuspitzung bzw. Entgleisung von bereits vorbestehenden Auffälligkeiten. Dazu sind die **reaktiven Erregungszustände** zu rechnen, die mit heftigsten Affekten (Affektsturm), zielloser Hypermotorik, planlosem Um-sich-Schlagen und blinden Angriffshandlungen einhergehen. Disponiert dafür sind insbesondere reizbar-explosible und unausgeglichene Persönlichkeiten. In diesem Zusammenhang sind auch selbst- bzw. fremdaggressive Handlungen im Rahmen eines **Amoklaufes** zu sehen. Bei einfach strukturierten bzw. **histrionisch (hysterisch) geprägten Persönlichkeiten** kann es reaktiv auch zu sämtlichen Formen psychogener Störungen kommen (psychogene Körperstörung, psychogener Dämmerzustand, psychogene Stuporzustände). Bei sensitiven Persönlichkeiten sind evtl. **paranoide Reaktionen** (z. B. in sprachfremder Umgebung) oder auch **abnorme Eifersuchtsreaktionen** möglich.

Von diesen primärpersönlich geprägten Reaktionen abzugrenzen sind sogenannte **Zweckreaktionen** (Tendenz-Reaktionen). Dabei handelt es sich um reaktive Verhaltensweisen, die der Erreichung eines als positiv empfundenen äußeren Zieles dienen, z. B. einer finanziellen Entschädigung oder einer Entlassung aus Strafhaft. Im Gegensatz zu den bisher beschriebenen Reaktionen sind hier fließende Übergänge zur Simulation zu beobachten.

Eine Form der Zweckreaktion ist die sogenannte **Unfallreaktion**. Für das Auftreten einer solchen Reaktion ist nicht das objektive Unfallgeschehen, sondern die subjektive Unfallverarbeitung maßgeblich. Die treibende Kraft ist meist der Wunsch nach einer finanziellen Entschädigung, also z. B. Rente oder Schmerzensgeld. Diese Reaktionen finden sich gehäuft nach Schädel-Hirn-Traumen.

Ähnlich einzustufen sind auch **reaktive Haftzustände.** Dabei handelt es sich um gewöhnlich sehr bewußtseinsnahe oder ganz überlegt gespielte Zweckreaktionen mit dem Ziel einer Haftentlassung oder einer Erleichterung der Haftbedingungen.

Nosologisch eine Zwischenstellung nehmen das Ganser-Syndrom und die Pseudodemenz ein. Beim **Ganser-Syndrom** wirkt der Kranke desorientiert und zeigt oft groteske Fehlhandlungen, in denen er systematisch alles falsch macht. Der Patient verhält sich dabei so, wie man sich laienhaft einen Patienten mit einer psychischen Störung vorstellen könnte. Ähnlich ist die (hier reaktiv auftretende) **Pseudodemenz,** bei der jedoch die Umdämmerung fehlt. Dabei versagt der Patient bei leichten Leistungs- und Gedächtnisaufgaben und führt ganz offensichtlich falsche Handlungen durch. Ein typisches Beispiel dafür ist z. B. das „Verrechnen" um jeweils eine Ziffer bei leichten Rechenaufgaben.

Besonders hingewiesen werden soll in diesem Zusammenhang noch auf die **forensisch-psychiatrische Bedeutung** von akuten Belastungsreaktionen, da hier evtl. das strafrechtliche Kriterium einer „tiefgreifenden Bewußtseinsstörung" (z. B. im Affektsturm) erfüllt sein kann (*vergleiche Kapitel 5*).

Diagnostik und Differentialdiagnose

Diagnostik. Für die Diagnose von Reaktionen auf schwere Belastungen und Anpassungsstörungen wird in erster Linie ein **zeitlicher Zusammenhang zwischen** der **Belastung** und dem **Auftreten der Störung** gefordert. Das für die Diagnose dabei maximal erlaubte zeitliche Intervall ist je nach der Form der Störung unterschiedlich und beträgt zwischen einigen Minuten (bei der akuten Belastungsreaktion) und einigen Monaten (bei den Anpassungsstörungen). In der Regel besteht auch ein inhaltlicher oder gefühlsmäßiger Bezug zwischen Belastung und Reaktion. Eine feste Grenze zwischen reaktiven Veränderungen, wie sie auch bei gesunden Menschen zu beobachten sind, und Anpassungsstörungen bzw. pathologischen Belastungsreaktionen existiert nicht, es gibt weitgehend fließende Übergänge zwischen normalen Reaktionen und Reaktionen mit Krankheitswert.

Grundsätzlich sind bei der Diagnose von Anpassungsstörungen ein **organischer Faktor** sowie eine **andere spezifische psychiatrische Störung auszuschließen.** Das bedeutet allerdings nicht, daß eine Anpassungsstörung per exclusionem zu diagnostizieren wäre, sondern **es ist bei der Diagnosestellung immer der Zusammenhang mit einem belastenden Ereignis zu berücksichtigen.** Außerdem sind die

Wichtigste Formen sind:
- reaktive Erregungszustände (heftigste Affekte, ziellose Hypermotorik, „Amoklauf"),
- psychogene Störungen (bes. bei histrionischen/hysterischen Persönlichkeiten),
- paranoide Reaktionen (z.B. in sprachfremder Umgebung),
- abnorme Eifersuchtsreaktionen.

Zweckreaktionen (Tendenz-Reaktionen) dienen der Erreichung eines als positiv empfundenen äußeren Zieles. Fließende Übergänge zur Simulation kommen vor.

Wichtigste Formen sind:
- die **Unfallreaktion** (besonders nach Schädel-Hirn-Traumen), bei der die subjektive Unfallverarbeitung maßgeblich ist, sowie
- **reaktive Haftzustände** (bei Strafhaft; meist bewußtseinsnah oder ganz überlegt gespielt).

Beim (reaktiven) **Ganser-Syndrom** und bei der **Pseudodemenz** finden sich oft bizarre, psychogen bedingte Störungen der Orientiertheit und kognitive Störungen. Die Patienten verhalten sich oft so, wie man sich laienhaft einen psychisch gestörten Patienten vorstellt.

In **forensischer Hinsicht** können akute Belastungsreaktionen evtl. eine „tiefgreifende Bewußtseinsstörung" darstellen. Dies kann evtl. eine verminderte oder aufgehobene Schuldfähigkeit zur Folge haben.

Diagnostik und Differential-diagnose
Für die **Diagnose** wird ein **zeitlicher Zusammenhang zwischen der Belastung und dem Auftreten der Störung** gefordert (je nach Störungsform Minuten bis Monate). In der Regel besteht auch ein inhaltlicher oder gefühlsmäßiger Bezug. Es gibt weitgehend fließende Übergänge zwischen normalen Reaktionen und Reaktionen mit Krankheitswert.

Grundsätzlich sind ein **organischer Faktor** sowie eine **andere spezifische psychiatrische Störung auszuschließen.**

216   **3 Krankheiten**

Bei der Diagnosestellung ist immer der Zusammenhang mit einem belastenden Ereignis zu berücksichtigen.

Merke ▶

Differentialdiagnostisch ist das gesamte Spektrum anderer psychischer Störungen zu berücksichtigen.
Die **wichtigsten Differentialdiagnosen** sind:
• Angststörungen,
• depressive Störungen, Persönlichkeitsstörung,
• psychotische Störungen (insbesondere schizophrene Störungen)
• organische Störungen.

Verlauf

Unterschiede finden sich bei den einzelnen Störungen bezüglich der **Latenzzeit** (zwischen dem Ereignis und dem Beginn der Symptomatik) und der **Dauer** der Störung (s. Abb. 3-70).
Bei der **akuten Belastungsreaktion** ist zu berücksichtigen, daß die Symptomatik nach 3 Tagen abgeklungen sein muß.
Andauernde Persönlichkeitsänderungen sollten erst diagnostiziert werden, wenn ein Krankheitsverlauf von mindestens 2 Jahren besteht.

Kriterien über die Dauer einer Latenz zwischen Belastung und Auftreten der Symptomatik zu beachten, ebenso die Angaben über die maximale Länge einer solchen Störung.

> **Merke.** Für eine akute Belastungsreaktion ist zu fordern, daß die Beschwerden spätestens nach drei Tagen abgeklungen sind. Eine Persönlichkeitsänderung nach Extrembelastung muß dagegen über mindestens zwei Jahre bestehen, in der Regel handelt es sich aber um weitgehend irreversible Verläufe.

Differentialdiagnose. Aufgrund der Vielgestaltigkeit der Symptomatik von Anpassungsstörungen und Belastungsreaktionen ist **differentialdiagnostisch** das gesamte Spektrum anderer psychischer Störungen zu berücksichtigen. Es ist zu prüfen, ob es sich bei der auftretenden Symptomatik um eine eigenständige psychische Erkrankung handelt. In Frage kommen hierbei insbesondere **Angststörungen** und **depressive Störungen**. Durch genaue Erhebung der Anamnese (einschließlich Fremdanamnese) und Beurteilung des zeitlichen Zusammenhanges zu einem belastenden Ereignis ist zu klären, ob die Beschwerden eine neu aufgetretene Symptomatik oder lediglich eine Modifikation einer vorbestehenden **Persönlichkeitsstörung** darstellen. Bei jeder reaktiven Symptomatik sind **organische Ursachen** auszuschließen (z.B. hirnatrophische Prozesse, endokrine Störungen etc.). Schließlich ist zu berücksichtigen, daß auch bei **psychotischen Störungen** (insbesondere schizophrenen Störungen) sämtliche in diesem Kapitel genannten Symptome vorkommen können. Eventuell bestehende belastende Ereignisse im Zusammenhang mit dem Auftreten der Symptomatik sind hier als Auslösefaktoren, jedoch nicht als Kausalfaktoren zu werten.

Verlauf

Definitionsgemäß unterscheiden sich die Verlaufsformen der beschriebenen Anpassungsstörungen und Belastungsreaktionen deutlich voneinander. Unterschiedlich ist auf der einen Seite die mögliche **Latenzzeit** zwischen dem belastenden Ereignis bzw. der belastenden Situation und dem Auftreten der ersten Symptome. Große Unterschiede gibt es jedoch auch in der **Dauer** der Symptomatik. Für die Diagnose einer **akuten Belastungsreaktion** ist zu fordern, daß die Symptomatik nach spätestens drei Tagen abgeklungen ist. **Andauernde Persönlichkeitsänderungen** sollten andererseits erst diagnostiziert werden, wenn ein Krankheitsverlauf von mindestens zwei Jahren besteht. In der Regel handelt es sich dabei aber um weitgehend irreversible Verläufe. Es ist möglich, daß eine andauernde Persönlichkeitsänderung aus einer posttraumatischen Belastungsstörung hervorgeht, sie kann sich jedoch auch direkt nach oder in einer Extrembelastung manifestieren.

Einen Überblick über die unterschiedlichen Verlaufsformen gibt *Abbildung 3-70*.

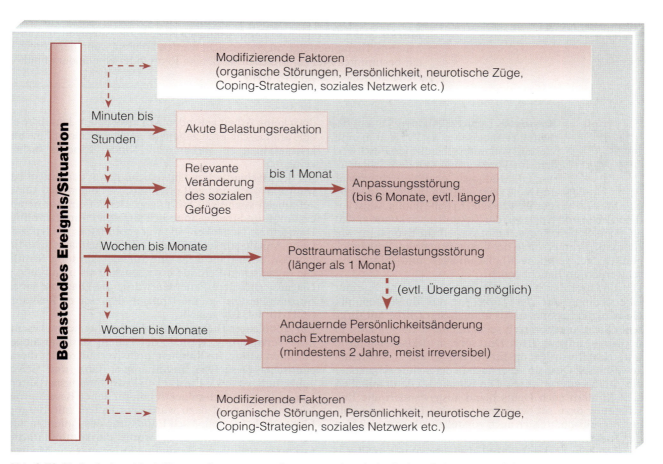

Abb. 3-70: Verlaufscharakteristika von Anpassungsstörungen und pathologischen Belastungsreaktionen

Therapie

Sämtliche therapeutischen Maßnahmen bei Anpassungsstörungen und Belastungsreaktionen müssen auf der sorgfältigen Analyse des Einzelfalles unter besonderer Berücksichtigung der o. g. modifizierenden Faktoren beruhen.

Insbesondere akute Belastungsreaktionen klingen sehr häufig auch ohne spezifische Therapie ab. Bei den behandlungsbedürftigen Belastungsreaktionen stehen **psychotherapeutische Verfahren** ganz im Vordergrund der therapeutischen Maßnahmen. Üblicherweise wird es sich dabei um Einzelbehandlungen handeln. In denjenigen Fällen, in denen ein Stressor gleichermaßen eine ganze Gruppe von Patienten betrifft, haben sich auch gruppentherapeutische Therapieformen bewährt. Ziel der psychotherapeutischen Interventionen wird es in der Regel sein, eine bessere Anpassungsfähigkeit zu erreichen. In den Fällen, in denen ein vorhandener Stressor nicht beseitigt werden kann, kann auch eine günstigere Adaptation an den vorhandenen Stressor Ziel der Therapie sein. Bei posttraumatischen Belastungsstörungen kann eine Therapie evtl. über viele Jahre nötig sein.

Bei der Therapie berücksichtigt werden müssen auch die möglicherweise gravierenden Folgen (sozialer Rückzug und soziale Isolation, evtl. destruktives Sozialverhalten). Hier ist der Einsatz von **verhaltenstherapeutischen** und **soziotherapeutischen Maßnahmen** zu erwägen.

Pharmakologische Therapieansätze treten hinter den psychotherapeutischen Ansätzen deutlich zurück. In Frage kommt hier allenfalls die vorübergehende Therapie mit **Anxiolytika** sowie der Einsatz von **Antidepressiva**.

Bei akuten Erregungszuständen können auch mit **Neuroleptika** (vorwiegend niederpotent) gute Erfolge erreicht werden.

Therapie

Sämtliche therapeutischen Maßnahmen müssen auf der sorgfältigen Analyse des Einzelfalles unter besonderer Berücksichtigung der modifizierenden Faktoren beruhen.
Psychotherapeutische Verfahren stehen im Vordergrund der Maßnahmen (meist Einzeltherapien).
Ziel der psychotherapeutischen Interventionen wird es in der Regel sein, eine bessere Anpassungsfähigkeit zu erreichen. Bei posttraumatischen Belastungsstörungen kann eine Therapie evtl. über viele Jahre nötig sein.

Verhaltenstherapeutische und soziotherapeutische Maßnahmen sollen die Folgen der Anpassungsstörungen mildern.

An **Psychopharmaka** kommen evtl. **Anxiolytika** und **Antidepressiva** in Frage. Bei akuten Erregungszuständen können auch mit **Neuroleptika** gute Erfolge erzielt werden.

> **Merke.** In der Therapie von **Zweckreaktionen** ist zu berücksichtigen, daß anhaltende Therapieerfolge oft erst erreicht werden können, wenn der Anreiz, ein bestimmtes Ziel zu erreichen (z. B. eine Rente oder eine andere finanzielle Entschädigung), wegfällt.

Kasuistik. Der jetzt 24jährige Patient berichtet, er habe seit etwa 1¹/₂ Jahren eine Vielzahl von unterschiedlichen Beschwerden. Im Vordergrund stünden Schlafstörungen, Müdigkeit, er fühle sich einsam und habe zeitweise den Eindruck, der einzige Mensch auf der Welt zu sein. Er habe häufig Angst vor dem Leben und Angst vor der Zukunft, auch könne er sich an nichts freuen. Er beschreibt körperliche Symptome wie Atemnot, Schmerzen in der linken Brustseite, Schwindelgefühle, gelegentliche Kopfschmerzen und diffuse Beschwerden im Bauchbereich.

Die Beschwerden hätten etwa zwei Monate nach seiner Übersiedlung aus der Türkei in die Bundesrepublik Deuschland begonnen. Als aramäischer Christ mit türkischer Staatsangehörigkeit sei er in einem kleinen Dorf in der Türkei aufgewachsen. Dort sei er in türkischer Sprache unterrichtet worden. die für ihn nur schwer zu verstehen gewesen sei. Deshalb sei er auch in der Schule schon eher ein Außenseiter gewesen. Die Familie sei dann mit allen acht Kindern nach Deutschland ausgewandert, die Entscheidung dazu sei besonders von den Eltern ausgegangen. Er selbst hätte sich auch vorstellen können, weiter in der Türkei zu leben.

Zur Zeit habe er eine Tätigkeit als Bauschreiner, mit der er auch einigermaßen zufrieden sei. Eigentlich habe er sich vorgestellt, im Metallbereich zu arbeiten. Dort habe er jedoch keine Arbeit gefunden. Vor etwa einem Jahr habe er eine aramäische Frau geheiratet, auch um seinen Einsamkeitsgefühlen zu entkommen. Kinder habe er bisher keine.

Bei der psychiatrischen Untersuchung war der Patient bewußtseinswach und voll orientiert. Es fanden sich keine auffälligen kognitiven Störungen. Der Patient war herabgestimmt und traurig, innerlich angespannt und unruhig. Der formale Gedankengang war geordnet, es fanden sich keine Anhaltspunkte für Wahn oder halluzinatorische Erlebnisse, ebenso nicht für eine Suizidgefährdung. Sämtliche organischen Befunde erwiesen sich als unauffällig.

Diagnose: Bei dem Patienten wurde die Diagnose einer Anpassungsstörung mit längerer depressiver Reaktion (ICD-10: F43.21) gestellt.

Ein ambulanter Therapieversuch erbrachte keine wesentliche Veränderung, weshalb der Patient stationär aufgenommen wurde. Im Rahmen intensiver stützender therapeutischer Gespräche, Ergotherapie, Tanz- und Bewegungstherapie sowie Einsatz von Entspannungsverfahren kam es zu einer auch subjektiv empfundenen Beschwerdebesserung. Parallel dazu wurde der Patient mit 100 mg Fluoxetin behandelt. Nach Entlassung des Patienten aus der stationären Behandlung wurde die kontinuierliche psychotherapeutische Betreuung fortgesetzt, die Medikation wurde weiterhin eingenommen.

Dissoziative Störungen (Konversionsstörungen)

Synonyme: Konversionsneurose, hysterische Neurose

> **Definition.** Bei dissoziativen Störungen handelt es sich um Krankheitsbilder, bei denen es zu einer teilweisen oder vollständigen Entkopplung von seelischen und körperlichen Funktionen kommt. Das Hauptmerkmal dieser Störungen sind psychogen entstandene, organisch anmutende Körpersymptome. Besonders häufig sind neurologisch anmutende Symptome zu finden, seltener bezieht sich die Symptomatik auf das vegetative oder das endokrine System. Betrifft die Dissoziation das Bewußtsein der eigenen Identität, so resultieren Störungen wie die multiple Persönlichkeitsstörung, bei Desintegration des Gedächtnisses können wichtige persönliche Ereignisse nicht mehr erinnert werden (dissoziative Amnesie).

Allgemeines

Die im folgenden Kapitel beschriebenen Störungen sind nicht vollständig einheitlich definiert, auch sind die auftretenden Symptome bei den einzelnen Formen sehr unterschiedlich. Das Gemeinsame der Störungen besteht aber darin, daß es dabei zu einer **Entkopplung** von unterschiedlichen **seelischen und körperlichen Funktionen** kommt. Typische Beispiele sind neurologisch anmutende Körpersymptome, für die sich aber keine körperliche Ursache finden läßt.

Die **Störung der Integration** betrifft die Erinnerungen an die Vergangenheit, das Identitätsbewußtsein und unmittelbare Empfindungen, aber auch die Kontrolle von willkürlich steuerbaren Körperfunktionen und Körperbewegungen. Diese Funktionen unterliegen normalerweise einem hohen Grad bewußter Kontrolle, und das Individuum ist so in der Lage zu entscheiden, welche Erinnerungen und Empfindungen für die unmittelbare Aufmerksamkeit ausgewählt und welche Bewegungen durchgeführt werden. Der Vorgang der Entkopplung verschiedener seelischer und körperlicher Bereiche wird heute meist mit dem Begriff der **Dissoziation** beschrieben. Die in diesem Bereich auftretenden Störungen werden somit unter dem Oberbegriff der **dissoziativen Störungen** zusammengefaßt.

Bei einigen der beschriebenen Störungen kommt es zu einer Veränderung bzw. zum Verlust körperlicher Funktionen, so daß der Eindruck einer körperlichen Erkrankung besteht. Für diesen Vorgang wird nach psychoanalytischer Theorie meist der Begriff **Konversion** verwendet. Darunter ist ein Vorgang zu verstehen, in dem ein seelischer Konflikt in körperliche Symptome so umgesetzt (konvertiert) wird, daß die Symptome den Konflikt in symbolischer Form zum Ausdruck bringen und die Psyche dadurch zugleich Entlastung von einer inneren Anspannung erfährt. Das hat dazu geführt, daß die meisten der hier beschriebenen Störungen auch unter dem Begriff der **Konversionsstörungen** klassifiziert werden können.

Historisches. Die hier dargestellten dissoziativen Störungen sind historisch eng mit dem Begriff der **Hysterie** verbunden. Dieser Begriff wurde bereits von **Hippokrates** verwendet. Als Ursache dachte man sich ein Umherschweifen der Gebärmutter im Körper und achtete besonders auf sexuelles Unbefriedigtsein. Später verstand man unter Hysterie Krankheitsbilder, die nach heutigen Begriffen sowohl als psychosomatische als auch als konversionsneurotische Erscheinungen klassifiziert werden. Ende des 19. Jahrhunderts gewann der Begriff durch **Charcot** (1825 bis 1893) fast den Charakter einer neurologischen Krankheitseinheit mit vielfältigen Symptomen, die sich vor allem, aber nicht ausschließlich, im psychischen Bereich manifestieren sollten (*siehe Abb. 3-71*). **Sigmund Freud** beschrieb mit der **Konversionshysterie** eine Neurosenform, deren Symptomatik vorwiegend durch Konversionssymptome gekennzeichnet sei (*vgl. Ätiopathogenese*). In den modernen diagnostischen Systemen wird bewußt auf den Begriff der Hysterie verzichtet, da dieser historisch eher negativ geprägt wurde.

Dissoziative Störungen

Synonyme: Konversionsneurose, hysterische Neurose

◀ **Definition**

Allgemeines

Das gemeinsame Merkmal der dissoziativen Störungen ist eine teilweise oder vollständige **Entkopplung (Dissoziation)** unterschiedlicher seelischer und körperlicher Funktionen.

Die **Störung der Integration** betrifft die Erinnerungen an die Vergangenheit, das Identitätsbewußtsein und unmittelbare Empfindungen, aber auch die Kontrolle von willkürlich steuerbaren Körperfunktionen und Körperbewegungen.

Unter **Konversion** ist ein Vorgang zu verstehen, in dem ein seelischer Konflikt in körperliche Symptome so umgesetzt (konvertiert) wird, daß die Symptome den Konflikt in symbolischer Form zum Ausdruck bringen und die Psyche dadurch zugleich Entlastung von einer inneren Anspannung erfährt. Daher können die meisten hier genannten Störungen auch unter dem Begriff der **Konversionsstörungen** klassifiziert werden.

◀ **Historisches**

Abb. 3-71: Charcot demonstriert die Hypnose einer „hysterischen" Patientin vor dem Kollegium

In der ICD-10 sind die dissoziativen Störungen im Kapitel F44 (dissoziative Störungen, Konversionsstörungen) zusammengefaßt, im DSM-III-R werden die dissoziativen Störungen von den Konversionsstörungen unterschieden (s. Syn. 3-27).

In der ICD-10 sind fast alle der hier besprochenen Störungen im Unterkapitel F44 (dissoziative Störung, Konversionsstörungen) zusammengefaßt. Im DSM-III-R werden die dissoziativen Störungen (oder hysterischen Neurosen, dissoziativer Typus) von den Konversionsstörungen (oder hysterischen Neurosen, Konversionstypus) unterschieden. Die Depersonalisationsstörung wird im DSM-III-R unter die dissoziativen Störungen klassifiziert, im ICD-10 unter „andere neurotische Störungen" (*siehe Synopsis 3-27*).

Synopsis 3-27: Klassifikation von dissoziativen Störungen und von Konversionsstörungen im Vergleich von ICD-10 und DSM-III-R

ICD-10	DSM-III-R
Dissoziative Amnesie (F44.0)	Psychogene Amnesie (300.12)
Dissoziative Fugue (F44.1)	Psychogene Fugue (300.13)
Dissoziativer Stupor (F44.2)	
Trance- und Besessenheitszustände (F44.3)	
Dissoziative Störungen der Bewegung und der Sinnesempfindung: • Dissoziative Bewegungsstörungen (F44.4) • Dissoziative Krampfanfälle (F44.5) • Dissoziative Sensibilitäts- und Empfindungsstörungen (F44.6) • Dissoziative Störungen, gemischt (F44.7)	Konversionsstörung (oder hysterische Neurose, Konversionstypus, 300.11)
Andere dissoziative Störungen (F44.8) • Ganser-Syndrom (F44.80) • Multiple Persönlichkeitsstörung (F44.81)	Dissoziative Störungen, nicht näher bezeichnet (300.15) • Ganser-Syndrom • Multiple Persönlichkeitsstörung (300.14)
Depersonalisations-/Derealisationssyndrom (F48.1)	Depersonalisationsstörung (300.60)

Epidemiologie
Die teilweise noch großen Unterschiede in den Kriterien bringen es mit sich, daß allgemein anerkannte und überprüfbare Angaben über die Häufigkeit in der Allgemeinbevölkerung bisher fehlen.

Epidemiologie. Unter dem Oberbegriff der dissoziativen Störungen bzw. der Konversionsstörungen werden sehr unterschiedliche Störungen zusammengefaßt, die über ebenso unterschiedliche epidemiologische Charakteristika verfügen. Die teilweise noch großen Unterschiede in den Diagnosekriterien bringen es mit sich, daß allgemein anerkannte und überprüfbare Angaben über die Häufigkeit in der Allgemeinbevölkerung bisher fehlen.

Dissoziative Störungen sind bei Frauen häufiger als bei Männern; junge Erwachsene sind am häufigsten betroffen.

Dissoziative Störungen der Bewegung und der Sinnesempfindung sind die häufigsten Störungen dieser Gruppe (z. B psychogene Lähmungen, psychogene Sehstörungen und ähnliches). Ihre Häufigkeit zeigt eine deutliche Abhängigkeit von kulturellen Faktoren. Einige Formen dieser Störung scheinen bei Frauen häufiger als bei Männern aufzutreten. Das häufigste Erkrankungsalter liegt in der Adoleszenz oder dem früheren Erwachsenenalter; das Syndrom kann durchaus aber auch zum ersten Mal in späterem Alter auftreten.

Dissoziative Amnesien (psychogene Erinnerungsstörungen) werden normalerweise selten diagnostiziert, in Kriegszeiten und bei Naturkatastrophen tritt diese Störung offensichtlich häufiger auf (*vgl. Kap. Reaktionen auf schwere Belastungen und Anpassungsstörungen*). Junge Erwachsene sind am häufigsten betroffen, darunter mehr Frauen als Männer.

Die **dissoziative Fugue** („psychogenes Weglaufen") und die **multiple Persönlichkeitsstörung** (paralleles Existieren verschiedener „Persönlichkeiten" in einem Patienten) werden in Europa nur selten diagnostiziert, in einigen amerikanischen Studien wird jedoch eine deutlich höhere Prävalenz vermutet. Auch die **Depersonalisationsstörung** wird nur selten beobachtet.

Ätiopathogenese. Bei den in diesem Kapitel beschriebenen Störungen stehen **psychoanalytische Theorien** ganz im Vordergrund ätiopathogenetischer Modelle.

> *Merke.* Ausgangspunkt dieser Modellvorstellungen ist ein Bestehen unerfüllter Triebwünsche, die zwar in das Unbewußte verdrängt wurden, deren Dynamik aber trotzdem erhalten bleibt und sich schließlich in unterschiedlichen Konversionssymptomen äußern kann. Innerseelische Konflikte werden somit quasi in eine Körpersprache übersetzt. Dadurch besteht ein häufig sehr deutlicher Ausdrucks- und Symbolcharakter der Symptomatik.

Demnach könnte das Konversionssyndrom ausdrücken, daß der Patient für die zugrundeliegende Situation blind ist und sie nicht mehr sehen kann oder sehen will. Eine Lähmung der Beine kann in diesem Sinne interpretiert werden als eine Unfähigkeit zu fliehen oder ausdrücken, daß es nicht mehr weitergehe. Neben dieser symbolhaften Bedeutung der Symptomatik wird auch eine Prägung durch individuelle Anfälligkeit bestimmter Organsysteme diskutiert. Die Aufspaltung in verschiedene Persönlichkeiten kann nach der psychoanalytischen Theorie den Versuch darstellen, einen innerseelischen Konflikt dadurch zu lösen, daß nicht vereinbare gegensätzliche Triebwünsche nicht mehr in einer, sondern in zwei oder mehr getrennten Persönlichkeiten aufgespalten werden. In früheren Theorien wurde davon ausgegangen, daß der Symptombildung in der Regel ein Konflikt im sexuell-erotischen Bereich zugrunde liegt. In späteren Auffassungen wurde diese Vorstellung erweitert und auf andere konflikthafte Themen übertragen.

Bei den früher als **„hysterische Neurose"** beschriebenen Beschwerdebildern wurden eine enge Beziehung zur klassischen ödipalen Konfliktproblematik mit Fixierung auf den gegengeschlechtlichen Elternteil und eine ungelöste Abhängigkeitsproblematik angenommen. Als wesentliche Abwehrmechanismen werden Verleugnung, Verdrängung, Verschiebung, Projektion und Identifizierung genannt (*vgl. Kapitel 4*).

Wichtig für das Verständnis der Entstehung von Konversionssymptomen ist das Erreichen eines möglichen Krankheitsgewinnes. Dabei können primärer und sekundärer Krankheitsgewinn unterschieden werden. Der **primäre Krankheitsgewinn** besteht in inneren Vorteilen, die ein Patient aus seinen neurotischen Symptomen und aus einer dadurch begründeten Krankheit ziehen kann. Die Symptomatik gestattet es so etwa einem Patienten, für ihn als problematisch empfundenen Situationen aus dem Wege zu gehen und damit eine deutliche Verringerung innerer Anspannung zu erreichen. Bei dieser kompromißhaften „Scheinlösung" ist die Entlastung durch die Symptomatik meist größer als die körperliche Beeinträchtigung durch das dadurch entstandene Konversionssymptom.

Dissoziative Störungen der Bewegung und der Sinnesempfindung sind die häufigsten Störungen dieser Gruppe (z. B. psychogene Sehstörungen, Lähmungen und ähnliches).

Dissoziative Amnesien (psychogene Erinnerungsstörungen), **dissoziative Fugue** („psychogenes Weglaufen"), **multiple Persönlichkeitsstörungen** und **Depersonalisationsstörungen** werden nur selten diagnostiziert.

Ätiopathogenese
Hier stehen **psychoanalytische Theorien** im Vordergrund.

◄ **Merke**

Bei der Wahl des Symptoms wird neben einer symbolhaften Bedeutung der Symptomatik auch eine Prägung durch individuelle Anfälligkeit bestimmter Organsysteme diskutiert. In früheren Theorien wurde davon ausgegangen, daß der Symptombildung in der Regel ein Konflikt im sexuell-erotischen Bereich zugrunde liegt. In späteren Auffassungen wurde diese Vorstellung erweitert und auf andere konflikthafte Themen übertragen.

In klassischen Hysteriekonzepten spielen die ödipale Konstellation mit der Fixierung auf den gegengeschlechtlichen Elternteil und eine ungelöste Abhängigkeitsproblematik eine wesentliche Rolle.
Wichtige Abwehrmechanismen sind Verleugnung, Verdrängung, Verschiebung, Projektion und Identifizierung.

Wichtig für das Verständnis der Entstehung von Konversionssymptomen ist das **Erreichen eines möglichen Krankheitsgewinnes**. Der **primäre Krankheitsgewinn** besteht in inneren Vorteilen, die ein Patient aus seinen neurotischen

Symptomen und aus einer dadurch begründeten Krankheit ziehen kann. Unter **sekundärem Krankheitsgewinn** wird ein äußerer Vorteil verstanden, den ein Patient nachträglich aus bereits bestehenden neurotischen Symptomen ziehen kann (z.B. vermehrte Zuwendung). In der Folge kann die Symptomatik dadurch verstärkt werden.

In **lerntheoretischen Modellen** erscheinen konversionsneurotische Symptome als Aktualisierung früher und „primitiver" Bewegungsabläufe und sensorischer Phänomene. Tritt dadurch innere oder äußere Entlastung auf, so kann das zu einer Verstärkung und damit zu einem Wiederauftreten oder zu einer Persistenz der Symptomatik beitragen.

Symptomatologie und klinische Subtypen
Die **Symptomatik** dissoziativer Störungen ist je nach Art des betroffenen Funktionsbereiches sehr unterschiedlich (s. Tab. 3-30).

Unter **sekundärem Krankheitsgewinn** wird ein äußerer Vorteil verstanden, den ein Patient nachträglich aus bereits bestehenden neurotischen Symptomen ziehen kann. Es handelt sich dabei z. B. um vermehrte Zuwendung, vermehrte Rücksichtnahme oder Entlastung von anstehenden Aufgaben. Auch die Erlangung einer Rente oder einer anderen finanziellen Entschädigung, die die soziale Situation des Patienten erleichtert oder verbessert, kann einen sekundären Krankheitsgewinn darstellen. Während also der primäre Krankheitsgewinn zu den Faktoren gehört, die das Auftreten von Konversionssymptomen verursachen, stellt der sekundäre Krankheitsgewinn zunächst eine Folge der Symptomatik dar. Diese Folge wiederum kann die Symptomatik verstärken oder zu ihrem Andauern beitragen.

Vorstellungen von primärem und sekundärem Krankheitsgewinn stellen auch eine Brücke zu **lerntheoretischen Modellen** dar. Konversionsneurotische Symptome erscheinen dann als Ausdruck früher und „primitiver" Bewegungsabläufe und sensorischer Phänomene, die in einer belastenden Situation aktualisiert werden. Tritt dadurch eine innere oder äußere Entlastung auf, so kann das zu einer Verstärkung und damit zu einem Wiederauftreten oder zu einer Persistenz der Symptomatik beitragen.

Mit lerntheoretischen Modellen kann auch das gehäufte Auftreten von psychogenen Störungen bei nahen Bezugspersonen (in Familien, in Schulklassen oder in anderen Gruppen) erklärt werden. Durch „Lernen am Modell" werden bei entsprechend prädisponierten Menschen evtl. gleichartige Konversionssymptome ausgelöst („hysterische Epidemie").

Symptomatologie und klinische Subtypen

Symptomatologie. Die Symptomatik dissoziativer Störungen ist je nach Art des betroffenen Funktionsbereiches sehr unterschiedlich. Eine Übersicht über die möglichen Störungen gibt *Tabelle 3-30*.

Tabelle 3-30: Symptomatik dissoziativer Störungen nach Funktionsbereichen	
Dissoziierte Funktion	**Symptomatik (Beispiele)**
Körperbewegung (Willkürmotorik)	• Parese / Paralyse • Aphonie • Akinese • Tremor
Sinneswahrnehmung	• Visusminderung / Blindheit • Anästhetische Hautareale • Minderung des Hörvermögens
Personale Identität	• Multiple Persönlichkeitsstörung
Gedächtnis	• Amnesie
Komplexe Störung	• Fugue • Krampfanfall • Stupor

Die Art und das Ausmaß der bestehenden Symptomatik können schnell wechseln, manchmal von Tag zu Tag, evtl. auch von Stunde zu Stunde. In der gleichen Weise kann der Grad der durch die Symptomatik entstehenden Behinderungen sehr unterschiedlich sein.

Merke ▶

> **Merke.** Dissoziative Störungen und Konversionsstörungen sind als **psychogene Störungen** anzusehen. Das bedeutet, daß den Beschwerden nicht eine körperliche Störung zugrunde liegt, sondern daß die auslösenden oder verursachenden Faktoren im psychischen Bereich zu suchen sind.

Es besteht evtl. eine enge zeitliche Verbindung zu akut traumatisierenden Ereignissen, oder die Sympto-

Es besteht evtl. eine enge zeitliche Verbindung zu akut traumatisierenden Ereignissen, oder die Symptomatik ist Ausdruck eines längere Zeit bestehenden unlösbaren oder unerträglichen Konfliktes. Auch das **Ausmaß der Symptomatik** kann von inneren und äußeren Faktoren abhängen. Dazu gehören insbesondere der aktuelle emotionale Zustand des Patienten oder die Anwesenheit bzw. das Fehlen anderer Personen.

Trotz der Ernsthaftigkeit der geklagten Beschwerden werden diese häufig von den Patienten scheinbar ruhig angenommen. Eine Beziehung zu zugrundeliegenden psychischen Konflikten wird oft völlig abgelehnt, obwohl ein solcher Zusammenhang für nahestehende Personen klar ersichtlich erscheint.

Früher wurden im Rahmen hysterischer Neurosen oft sehr dramatische Ausdrucksformen beschrieben. Dazu gehört auch der **„arc de cercle"**. Darunter versteht man das extreme Überstrecken des gesamten Körpers, so daß sich ein nach oben gerichteter Kreisbogen bildet. In den letzten Jahrzehnten sind solche sehr massiven Ausdrucksformen durch weniger demonstrative Symptomatik abgelöst worden. Den heute eher zu beobachtenden **„Intimformen"** (z.B. vegetative Störungen, Gereiztheit) sieht man die symbolhafte Bedeutung meist nicht mehr so leicht an.

> matik ist Ausdruck eines längere Zeit bestehenden unlösbaren oder unerträglichen Konfliktes.

> Die früher beschriebenen sehr demonstrativen Ausdrucksformen (z.B. **„arc de cercle"** = massives Überstrecken des gesamten Körpers) sind heute unspezifischeren Symptomen (**„Intimformen"**; insbesondere vegetative Symptome) gewichen.

Dissoziative Störungen der Bewegung und der Sinnesempfindung

> **Dissoziative Störungen der Bewegung und der Sinnesempfindung**
>
> ◄ Definition

> **Definition.** Unter dieser Bezeichnung werden diejenigen dissoziativen Störungen zusammengefaßt, die sich im Bereich der Bewegungsfunktionen oder der Sinneswahrnehmungen manifestieren. Der Patient bietet körperliche Symptome, ohne daß sich dafür eine ausreichende organische Erklärung findet. Am häufigsten sind neurologisch anmutende Symptome (*siehe Synopsis 3-28*).

Synopsis 3-28: Symptomatik der dissoziativen Störung der Bewegung und der Sinnesempfindung (Konversionsstörungen) im Vergleich von ICD-10 und DSM-III-R *– neurosen*

ICD-10	DSM-III-R
Symptomatologie: Bewegungsfähigkeit oder Empfindungen ändern sich oder gehen verloren, so daß der Patient körperlich krank wirkt, ohne daß eine körperliche Ursache zur Erklärung der Symptome nachweisbar ist.	Ein Verlust oder eine Veränderung einer körperlichen Funktion, die eine körperliche Erkrankung nahelegt.
Bewegungsstörungen: • Lähmungen • Ataxie *(Gleichgewichtsstörung beim gehen)* • Astasie, Abasie *(nicht stehen können)* • Zittern, Schütteln Krampfanfälle Sensibilitäts- und Empfindungsstörungen: • Anästhetische Hautareale • Verlust der Sehschärfe, Tunnelsehen • Taubheit • Anosmie *(nicht riechen können)*	
Zeitkriterien: Bei einigen Patienten enge Beziehung zu psychischem Streß.	Zeitlicher Zusammenhang zwischen einer psychosozialen Belastung, die offensichtlich in Beziehung zu einem psychischen Konflikt oder Bedürfnis steht, und dem Beginn oder der Exazerbation des Symptoms.

Die häufigsten Störungen sind:
- Paralysen und Paresen,
- Ataxie,
- Astasie (Unfähigkeit zu stehen),
- Abasie (psychogene Gangstörung),
- Zittern und Schütteln,
- Aphonie und Dysarthrie,
- Sensibilitätsstörungen der Haut,
- Visuelle Störungen,
- Krampfanfälle.

Dissoziative **Krampfanfälle** können dem Aussehen epileptischer Anfälle ähneln. Schwere Verletzungen beim Sturz, Urininkontinenz oder Zungenbiß sind hierbei jedoch selten.

Die **Folgen** können die Fortführung normaler Alltagsaktivitäten sehr erschweren. Bei körperlichen Folgen kann es zu Kontrakturen oder Inaktivitätsatrophie kommen.

Am häufigsten sind Symptome, wie sie aus dem neurologischen Fachgebiet bekannt sind. So kommt es zu vollständigen oder unvollständigen **Lähmungen**, insbesondere im Bereich der Beine. Unterschiedliche Grade mangelnder Koordination (**Ataxie**) in den Beinen führen zu einem bizarren Gang (**Abasie**) oder zur Unfähigkeit, ohne Hilfe zu stehen (**Astasie**). Es kann auch ein übertriebenes **Zittern** oder **Schütteln** einer oder mehrerer Extremitäten bzw. des ganzen Körpers auftreten. Ebenfalls werden neurologisch anmutende Störungen des Sprechens beobachtet (**Aphonie, Dysarthrie**).

Dissoziative Störungen der Sinnesempfindung beziehen sich am häufigsten auf die **Sensibilität der Haut**. Dabei fällt evtl. auf, daß die Grenzen anästhetischer Hautareale eher den Vorstellungen des Patienten über Körperfunktionen als medizinischen Tatsachen entsprechen. Häufig sind Sinnesfunktionen nicht völlig aufgehoben, sondern verändert oder eingeschränkt. **Visuelle Störungen** bestehen z. B. in einem allgemeinen Verschwommen- oder „Tunnelsehen". Dissoziative Taubheit und Anosmie sind weit weniger häufig als Empfindungs- oder Sehstörungen.

Dissoziative **Krampfanfälle** stellen ein sehr komplexes Geschehen dar und können dem Aussehen epileptischer Anfälle sehr nahe kommen. Schwere Verletzungen beim Sturz, Urininkontinenz oder Zungenbiß sind bei diesen Störungen jedoch selten.

Die **Folgen** der Störung können gravierend sein; häufig ist die Fortführung normaler Alltagsaktivitäten sehr erschwert oder gar unmöglich. Sogar in körperlicher Hinsicht kann es zu gravierenden Folgen kommen, so z. B. zu Kontrakturen oder Inaktivitätsatrophie.

Kasuistik. Die bei der Aufnahme in die Klinik 40jährige Patientin wurde durch die Neurologische Klinik überwiesen. Dort hatte sie sich wegen eines wiederholt aufgetretenen Schwächegefühles sowie einer Störung der Empfindlichkeit im linken Arm wie im linken Bein vorgestellt. Sie gab an, vor einigen Tagen habe sie einen nervlichen Zusammenbruch erlitten. Sie habe danach direkt bemerkt, daß ihre linke Körperhälfte taub und kraftlos geworden sei. Die Beschwerden hielten bis jetzt an. Die Untersuchungen durch den Hausarzt und durch die Neurologen hätten jedoch keinen auffälligen Befund ergeben. Sie sei durch die Beschwerden völlig behindert, könne im Haushalt praktisch nichts mehr tun, sei auch nicht mehr in der Lage, ihrem Beruf nachzugehen. Außerdem klagte die Patientin über eine starke Lustlosigkeit.
Zur weiteren Vorgeschichte gab sie an, sie habe nach unauffälliger Kindheit die Hauptschule sowie die Handelsschule besucht und abgeschlossen, anschließend eine Lehre als Bankkauffrau begonnen, diese jedoch vor Abschluß abgebrochen. Anschließend sei sie ein Jahr lang Lohnbuchhalterin gewesen. Sie habe dann ihren Ehemann kennengelernt und habe wegen diesem ihren bisherigen Beruf aufgegeben und als Sekretärin gearbeitet. Sie und ihr Mann hätten keine Kinder, da ihr Mann zeugungsunfähig sei. Vor einigen Jahren hätten sie jedoch ihren Neffen zu sich genommen, der damals 13 Jahre alt gewesen sei. Dieser Neffe habe zu ihrem Mann ein sehr schlechtes Verhältnis gehabt. Lange Zeit habe sie sich als „zwischen zwei Stühlen sitzend" erlebt. Durch diese Situation sei es auch zu einer starken Belastung ihrer Ehe gekommen. Der Neffe sei schließlich wieder zurück zu ihren Eltern gegangen. Seit einigen Monaten habe ihr Mann eine Freundin. Die beiden würden jeden Samstag zusammen joggen, wobei aus einer halben Stunde öfters mal fünf Stunden würden. Sie sei sehr eifersüchtig auf die Freundin ihres Mannes, obwohl ihr Mann beteuere, diese Freundschaft sei nicht sexuell, sondern „rein platonisch". Zu ihrer Persönlichkeit gab die Patientin an, sie fühle sich auf der einen Seite oft minderwertig, auf der anderen Seite sei sie sehr ehrgeizig. Sie habe eher eine ruhige Art und könne Aggressivität nach außen nur schlecht zeigen, aber innen in ihr selber brodele es oft. Das Durchsetzungsvermögen sei gut, oft habe sie allerdings eine Art, ihre Ziele „hintenherum" zu erreichen. Bezüglich der Sexualität sei sie eher etwas „verklemmt". Auch in ihrem Elternhaus sei Sexualität ein striktes Tabu gewesen.
Sämtliche körperlichen sowie apparativen **Zusatzuntersuchungen** waren unauffällig.
Mit der Patientin wurde eine intensive psychotherapeutische Behandlung begonnen. In den ersten Einzelgesprächen zeigte sich, daß bereits früher in Streßsituationen wiederholt ähnliche Beschwerden aufgetreten waren. Auch die jetzigen Beschwerden zeigten einen engen zeitlichen Zusammenhang mit den vermuteten Kontakten ihres Ehemannes zu seiner Freundin. Während er mit dieser joggen gehe, könne sie selbst sich kaum noch fortbewegen. In einem ausführlichen Gespräch mit dem Ehemann der Patientin gab dieser an, daß er zwar seine Frau verlassen wolle, dies jedoch wegen ihrer Erkrankung wohl nicht tun werde.
Im weiteren **Verlauf der Therapie** gelang es, den vermuteten Zusammenhang mit der sozialen Situation und den aufgetretenen Beschwerden mit der Patientin gemeinsam zu analysieren. In der Therapie wurden dabei sowohl tiefenpsychologische als auch verhaltenstherapeutische Aspekte eingebracht. Zur Zeit befindet sich das Ehepaar in einer gemeinsamen gesprächspsychotherapeutischen Behandlung.

Dissoziative Störungen der Identität, des Gedächtnisses und des Bewußtseins

Definition. Bei diesen Störungen kommt es zur Desintegration verschiedener seelischer Funktionen. Die wichtigsten Unterformen sind **multiple Persönlichkeitsstörung** (paralleles Existieren zweier oder mehrerer Persönlichkeiten), die **dissoziative Amnesie** (psychogene Erinnerungsstörung), die **dissoziative Fugue** (psychogenes Weglaufen) sowie der **dissoziative Stupor** (psychogene Erstarrung).

• Multiple Persönlichkeitsstörungen

Das Merkmal dieser Störungen ist die Existenz von zwei oder mehr unterschiedlichen Persönlichkeiten oder Persönlichkeitszuständen innerhalb eines Individuums. Dabei ist zu einem bestimmten Zeitpunkt jeweils nur eine der Persönlichkeiten nachweisbar. Jede der unterschiedlichen Persönlichkeiten umfaßt in der Regel eigene Persönlichkeitszüge, Erinnerungen und Verhaltensweisen. In typischen Fällen sind die verschiedenen Persönlichkeiten vollständig voneinander getrennt, keine hat Zugang zu den Erinnerungen der anderen, und die eine ist sich der Existenz der anderen fast niemals bewußt.

Der Wechsel von der einen Persönlichkeit zur anderen vollzieht sich beim ersten Mal gewöhnlich plötzlich und ist eng mit traumatischen Erlebnissen verbunden. Spätere Wechsel sind oft begrenzt auf dramatische oder belastende Ereignisse (*siehe Synopsis 3-29*).

Diese Störung wird in der hier beschriebenen vollständigen Ausprägung nur sehr selten diagnostiziert. Auf keinen Fall darf dieser Begriff mit schizophrenen Störungen verwechselt werden, die volkstümlich oft als „gespaltene Persönlichkeiten" bezeichnet werden.

Synopsis 3-29: Symptomatik der multiplen Persönlichkeitsstörung im Vergleich von ICD-10 und DSM-III-R

ICD-10	DSM-III-R
Symptomatologie:	
Offensichtliches Vorhandensein von zwei oder mehr verschiedenen Persönlichkeiten bei einem Individuum. Dabei ist zu einem Zeitpunkt jeweils nur eine nachweisbar.	Existenz von zwei oder mehr unterschiedlichen Persönlichkeiten oder Persönlichkeitszuständen innerhalb einer Person.
Jede Persönlichkeit ist vollständig, hat ihre eigenen Erinnerungen, Verhaltensweisen und Vorlieben.	Mindestens zwei dieser Persönlichkeiten oder Persönlichkeitszustände übernehmen wiederholt die volle Kontrolle über das Verhalten des Individuums.

• Dissoziative (psychogene) Amnesie

Die dissoziative (psychogene) Amnesie ist gekennzeichnet durch die plötzliche Unfähigkeit, sich an wichtige persönliche Daten zu erinnern. Der Erinnerungsverlust ist ausgeprägter als es durch übliche Vergeßlichkeit oder Ermüdung erklärt werden könnte. Meist ist die Erinnerungslücke unvollständig und beschränkt sich auf bestimmte Inhalte (**selektive Amnesie**) oder auf einen umschriebenen Zeitabschnitt (**lokalisierte Amnesie**). Sehr viel seltener ist eine **generalisierte Amnesie**, bei der die Erinnerungsstörung eventuell das gesamte Leben des Patienten umfassen kann. Die Amnesie setzt meist abrupt ein, häufig nach einer schweren Belastung (z. B. der Bedrohung durch eine körperliche Erkrankung oder den Tod). Auch das Ende der Amnesie ist meistens plötzlich, Wiederholungen sind selten (*siehe Synopsis 3-30*).

Synopsis 3-30: Symptomatik der dissoziativen (psychogenen) Amnesie im Vergleich von ICD-10 und DSM-III-R	
ICD-10	DSM-III-R
Partielle oder vollständige Amnesie für aktuelle traumatisierende oder belastende Ereignisse	Episode plötzlicher Unfähigkeit, sich an wichtige persönliche Daten zu erinnern, die zu umfassend ist, um als gewöhnliche Vergeßlichkeit erklärt zu werden

- **Dissoziative (psychogene) Fugue**

Hauptmerkmal dieser seltenen Störung ist ein plötzliches, unerwartetes Weggehen von zu Hause oder aus der gewohnten Umgebung, verbunden mit der Annahme einer neuen Identität und der Unfähigkeit, sich an die frühere Identität zu erinnern. Typischerweise gehen der dissoziativen Fugue belastende Ereignisse oder Situationen voraus. Während der Zeit der Fugue werden häufiger zielgerichtete Reisen unternommen, evtl. zu Orten, die für das Individuum von besonderer gefühlsmäßiger Bedeutung sind. Nach außen hin erscheinen die Patienten während der Zeit der Fugue oft völlig geordnet; Selbstversorgung (wie Essen, Waschen, etc.) oder einfache soziale Interaktionen (wie Kauf von Fahrkarten, Bestellung von Mahlzeiten etc.) sind oft ungestört (*siehe Synopsis 3-31*).

Synopsis 3-31: Symptomatik der dissoziativen (psychogenen) Fugue im Vergleich von ICD-10 und DSM-III-R	
ICD-10	DSM-III-R
Zielgerichtete Ortsveränderung über den üblichen täglichen Aktionsbereich hinaus	Plötzliches, unerwartetes Weggehen von zu Hause oder vom gewohnten Arbeitsplatz, verbunden mit der Unfähigkeit, sich an die eigene Vergangenheit zu erinnern
Kennzeichen der dissoziativen Amnesie	
Aufrechterhaltung der einfachen Selbstversorgung und einfacher sozialer Interaktionen mit Fremden	Annahme einer neuen Identität (partiell oder vollständig)

- **Dissoziativer (psychogener) Stupor**

Ein Stupor ist gekennzeichnet durch eine massive Verringerung oder das vollständige Fehlen willkürlicher Bewegungen und normaler Reaktionen auf äußere Reize wie Licht, Geräusche oder Berührungen. Außer im Rahmen von katatonen Schizophrenieformen oder im Zusammenhang mit einer Depression kann ein solcher Stupor auch als dissoziative Störung auftreten. Dabei finden sich Hinweise auf **kurz vorausgegangene belastende Ereignisse** oder **massive gegenwärtige Probleme,** während kein Anhalt für eine zugrundeliegende andere psychische Störung besteht.

Kasuistik. Ein 37jähriger selbständiger Kaufmann kam über die Neurologische Klinik zur stationären Aufnahme auf eine psychiatrische Station. Von den überweisenden Ärzten war zu erfahren, der Patient sei wegen Verdacht auf eine organische Gedächtnisstörung eingeliefert worden, die umfangreichen apparativen Untersuchungen hätten jedoch keinen auffälligen Befund ergeben. Insbesondere zeige sich kein Anhalt für das Vorliegen eines Anfallsleidens oder einer vaskulären Störung.

In der psychiatrischen Exploration gab der Patient zur **Vorgeschichte** an, vor einigen Monaten habe er ein für ihn sehr traumatisches Erlebnis gehabt. Er sei eines Morgens ganz normal zu seinem Geschäft unterwegs gewesen und habe an einer Tankstelle angehalten, um den Wagen vollzutanken. Plötzlich habe es einen „Knick in der Zeit" gegeben. Objektiv habe er das Empfinden gehabt, daß er sich innerhalb von einer Sekunde auf die andere plötzlich an einem anderen Ort befunden habe, und zwar an einer Notrufsäule auf der Autobahn. Er habe mit dem nächsten Polizeirevier gesprochen und sich erkundigt, wo er eigentlich sei.

Er habe dann erfahren, daß er etwa 200 km von seinem Wohnort entfernt sei, außerdem sei es über drei Tage später gewesen. An die Zwischenzeit habe er nicht die Spur einer Erinnerung. Dieser Zeitraum sei für ihn völlig unzugänglich. Nach einer Untersuchung bei seinem Hausarzt, die keinen auffälligen Befund ergeben habe, sei nichts weiter unternommen worden.

Einige Wochen später sei ihm das gleiche erneut passiert. Wiederum sie er morgens zu einer Tankstelle gefahren und habe sich dann, subjektiv ebenso plötzlich wie bei dem ersten Ereignis, in einem Restaurant in einer etwa 250 km entfernten Stadt wiedergefunden. Diesmal habe der zeitliche Abstand 16 Tage betragen. Wiederum könne er sich an nichts erinnern. Bei seinem „Wiederauftauchen" sei er jedoch ausreichend ordentlich gekleidet und ernährt gewesen. Aus Abrechnungen seiner Kreditkarte könne er ersehen, daß er an ganz unterschiedlichen Orten in Deutschland gewesen sei. Insgesamt müsse er mindestens 1.500 km gefahren sein. Beide Orte, an die er sich nach seinem „Verschwinden an der Tankstelle" erinnern könne, seien in der weiteren Umgebung seines Elternhauses gewesen.

Die Umstände des plötzlichen Verschwindens aus dem gewohnten Lebenskreis konnten letztlich nie völlig geklärt werden. Die Ehefrau berichtete von deutlichen Schwierigkeiten in der Beziehung, die sich in der letzten Zeit zugespitzt hätten. An den fraglichen Tagen sei jedoch keine dramatische Situation vorausgegangen. Ihr Mann habe sich in den fraglichen Zeiträumen nicht bei ihr gemeldet. Sie sei naturgemäß sehr in Sorge gewesen und habe die Polizei informiert, die auch intensiv gefahndet habe.

Bevor die weiteren Umstände geklärt werden konnten, brach der Patient die Behandlung abrupt ab. Er gab an, er sei nicht mehr krank und wolle deshalb nicht behandelt werden. Auch im weiteren Verlauf verweigerte der Patient jede nervenärztliche Betreuung.

Depersonalisationsstörung

Definition. Unter einer Depersonalisationsstörung (**Entfremdungserleben**) wird die Veränderung der Wahrnehmung der eigenen Person oder des eigenen Körpers verstanden. Die Depersonalisation kann mit dem Erlebnis der **Derealisation** verbunden sein (Veränderung der Wahrnehmung der Umgebung).

Die Patienten berichten bei der **Depersonalisationsstörung** über ein Gefühl des Losgelöstseins von den eigenen psychischen Prozessen oder von ihrem eigenen Körper. Oft wird über ein Gefühl der Leere im Kopf oder ein stumpfes Druckgefühl geklagt. Das Gefühlserleben wird als unpersönlich beschrieben, die eigenen Handlungen erscheinen dem Patienten mechanisch. Manche Patienten geben an, sie fühlten sich wie ein Roboter oder „wie im Traum". Dabei bleibt zwar das Wissen über die Integrität des eigenen Körpers erhalten, aber dieser rationale Vorgang löst sich von dem gefühlsmäßigen Erleben (*siehe Synopsis 3-32*).

Die Depersonalisation kann mit dem Erlebnis der **Derealisation** verbunden sein. Darunter wird eine Veränderung der Wahrnehmung der Umgebung verstanden. Es geht das Gefühl für die Realität der Außenwelt verloren, die Außenwelt scheint verändert, verfremdet und nicht mehr selbstverständlich.

Das **Symptom der Depersonalisation** (und das der Derealisation) ist eine unspezifische psychische Reaktionsweise und ist bei einer Vielzahl von anderen Erkrankungen zu beobachten (*vergleiche Differentialdiagnose*). Einzelne kurze Episoden von Depersonalisation sind auch vielen ansonsten gesunden Menschen bekannt. So treten Depersonalisationssymptome bei ausgeprägter Erschöpfung auf und halten in der Regel nur einige Sekunden an.

Eine **Depersonalisationsstörung** ist nur dann zu diagnostizieren, wenn die beschriebene Symptomatik ganz im Vordergrund steht und nicht die Folge einer anderen psychischen Störung ist. Außerdem muß die Symptomatik anhaltend, rezidivierend oder so ausgeprägt sein, daß ein ausgeprägtes subjektives Leiden besteht.

Depersonalisationsstörung

◄ Definition

Bei **Depersonalisationsstörungen** bleibt zwar das Wissen über die Integrität des eigenen Körpers erhalten, aber dieser rationale Vorgang löst sich von dem gefühlsmäßigen Erleben. Es wird über ein Gefühl der Leere im Kopf oder ein stumpfes Druckgefühl geklagt, das Gefühlserleben wird als unpersönlich beschrieben, die eigenen Handlungen erscheinen dem Patienten mechanisch (*s. Syn. 3-32*).

Das **Symptom der Depersonalisation** (und das der Derealisation) ist eine unspezifische psychische Reaktionsweise und ist bei einer Vielzahl von anderen Erkrankungen zu beobachten (*vgl. Differentialdiagnose*).

Eine **Depersonalisationsstörung** ist nur dann zu diagnostizieren, wenn die beschriebene Symptomatik ganz im Vordergrund steht und nicht die Folge einer anderen psychischen Störung ist.

228   **3 Krankheiten**

Synopsis 3-32: Symptomatik der Depersonalisationsstörung/Derealisations-störung im Vergleich von ICD-10 und DSM-III-R

ICD-10	DSM-III-R
• Depersonalisationssymptome, d.h., der Betroffene empfindet seine eigenen Gefühle und Erfahrungen als losgelöst, fern, nicht als seine eigenen, verloren usw. • Derealisationssymptome, d.h., Objekte, Menschen und/oder die Umgebung erscheinen unwirklich und fern, künstlich, farblos, leblos usw. • der Betreffende akzeptiert, daß hier ein subjektiver und spontaner Wechsel eingetreten ist, der nicht von äußeren Kräften oder anderen Personen verursacht ist.	Anhaltendes und wiederkehrendes Erleben einer Depersonalisation, angezeigt durch: • das Gefühl, losgelöst zu sein von eigenen psychischen Prozessen oder dem Körper, so als sei man ein äußerer Beobachter, • sich wie ein Roboter oder „wie im Traum" zu fühlen. Während des Depersonalisationsgefühls bleibt die Realitätskontrolle intakt.

Andere und seltene Formen

Der psychische Vorgang der Dissoziation bzw. der Konversion spielt auch bei anderen Störungen eine Rolle. Dazu gehören u. a.:
• **Ganser-Syndrom** (demonstratives Vorbeireden),
• **Trance-Zustände** (Zustände mit verändertem Bewußtsein) und
• **Indoktrination** („Gehirnwäsche", z.B. in Gefangenenlagern).

Andere und seltene Formen

Der psychische Vorgang der Dissoziation bzw. der Konversion spielt auch bei anderen Störungen eine Rolle. Dazu gehört u. a. das **Ganser-Syndrom** (demonstratives Vorbeireden), das nosologisch aber eine Zwischenstellung einnimmt und auch den Anpassungsstörungen zugeordnet werden kann. Beim Ganser-Syndrom wirkt der Kranke desorientiert und zeigt oft groteske Fehlhandlungen, in denen er systematisch alles falsch macht. Der Patient verhält sich hierbei so, wie man sich laienhaft einen Patienten mit einer psychischen Störung vorstellen könnte (*vgl. Kap. Belastungsreaktionen und Anpassungsstörungen*).

Auch sogenannte **Trance-Zustände** können hier klassifiziert werden. Dabei handelt es sich um Zustände mit verändertem Bewußtsein und einer deutlich eingeschränkten oder selektiv gerichteten Empfänglichkeit für Umgebungsreize.

Im DSM-III-R werden außerdem noch Zustände der Dissoziation bei solchen Personen genannt, die einem langen und intensiven Prozeß von Zwangsmaßnahmen zur Veränderung von Einstellungen ausgesetzt waren, z. B. in einem Gefangenenlager oder durch Anhänger eines Kults **(Indoktrination, Gehirnwäsche)**.

Diagnostik und Differential-diagnose
Das Bild der dissoziativen Störungen kann vollständig mit dem Bild jeder organischen Erkrankung übereinstimmen. Primär muß deshalb die organische Störung differentialdiagnostisch ausgeschlossen werden.

Diagnostik und Differentialdiagnose

Das Bild der dissoziativen Störungen (Konversionsstörungen) kann vollständig mit dem Bild praktisch jeder organischen Erkrankung übereinstimmen. Die wichtigste Differentialdiagnose besteht deshalb zu der jeweiligen organischen Störung, deren klinisches Bild im Rahmen der dissoziativen Störung dargeboten wird. Das gilt besonders in der Abgrenzung zu neurologischen Störungen, bei denen immer die Gefahr einer Verwechslung gegeben ist.

Merke ▶

> *Merke.* Bei der **Diagnose** ist zu beachten, daß im Rahmen von dissoziativen Störungen (Konversionsstörungen) praktisch jede Form einer organischen Erkrankung imitiert werden kann.

Für die Diagnose ist es deshalb in erster Linie wichtig, daß zugrundeliegende körperliche Erkrankungen ausgeschlossen werden. Die **Ab-**

Für die Diagnose ist es deshalb in erster Linie wichtig, daß möglicherweise zugrundeliegende körperliche Erkrankungen sicher ausgeschlossen werden. Die **Abgrenzung zur organischen Störung** darf sich jedoch nicht alleine auf das Fehlen organischer Symptome beschränken. Zu fordern ist darüber hinaus ein enger

Dissoziative Störungen (Konversionsstörungen)

zeitlicher Zusammenhang mit Belastungen, Problemen oder einer gestörten Beziehung. Ein solcher Zusammenhang wird zwar evtl. von dem Patienten verneint, ergibt sich jedoch häufig aus der Fremdanamnese oder aufgrund anderer Informationen. Eine vorsichtige und subtile Explorationstechnik ist jedoch in der Regel erforderlich, um die wesentlichen Informationen auch zu erfassen. Es wird also eine „positive Diagnosestellung" verlangt, die sich nicht nur im Fehlen anderer Symptome erschöpfen darf. Die häufige Beobachtung, daß bei dissoziativen Störungen die Symptomatik scheinbar unbeteiligt angenommen wird (früher auch als „la belle indifference" bezeichnet) eignet sich als differentialdiagnostisches Kriterium nur sehr bedingt, da auch bei einigen zentralnervösen Störungen (z. B. der Encephalomyelitis disseminata und der Chorea Huntington) ähnliche Phänomene zu beobachten sind.

Die Abgrenzung zu **psychosomatischen Störungen** ergibt sich vorwiegend daraus, daß bei diesen faßbare Organveränderungen zu finden sind. Bei im Vordergrund stehender Schmerzsymptomatik ohne ausreichendes organisches Korrelat ist eine **somatoforme Schmerzstörung** (andauernde quälende Schmerzen ohne ausreichende körperliche Ursache) zu erwägen. Die **hypochondrische Störung** ist gekennzeichnet durch eine übermäßige Beschäftigung mit der Überzeugung, eine schwere Krankheit zu haben, ohne daß jedoch manifeste Funktionsstörungen körperlicher Art bestehen.

Schwierig kann auch die Abgrenzung gegenüber **Simulation (vorgetäuschte Störung)** sein.

Von **neurologischen Symptomen** lassen sich dissoziative Störungen evtl. dadurch abgrenzen, daß die psychogenen Störungen sich nicht streng an morphologischen oder funktionellen Bedingungen orientieren. So können psychogene Anfälle zwar sehr dramatisch verlaufen, gehen meist aber ohne Bewußtlosigkeit und ohne Hinstürzen mit Verletzungen einher. Der psychogene Tremor betrifft bevorzugt proximale Extremitätenabschnitte. Funktionelle Sensibilitätsstörungen werden evtl. strumpfförmig und nicht den Dermatomen entsprechend angegeben.

Bei der Differentialdiagnose der dissoziativen Störungen der Identität, des Gedächtnisses und des Bewußtseins ist insbesondere auf das Vorliegen von **Anfallsleiden (Temporallappen-Epilepsie), Intoxikationen, katatone und depressive Zustände** sowie **Simulation** zu achten.

Das **Depersonalisationssyndrom** stellt eine besonders unspezifische Reaktionsweise des Gehirns dar und findet sich bei starker Ermüdung, aber auch bei akuten Psychosen, Angststörungen und im Rahmen von Persönlichkeitsstörungen.

Verlauf

Typisch für den Verlauf dissoziativer Störungen ist ein **meist abrupter Beginn,** der oft in einem **engen zeitlichen Zusammenhang** mit einem als **belastend empfundenen Ereignis** oder einer **Situation** steht. Die Symptombildung ist bei dissoziativen Störungen meistens flüchtig und klingt spontan ab; Verläufe mit länger anhaltender Symptomatik werden aber auch beobachtet. Manche Menschen entwickeln in Belastungssituationen ein sich wiederholendes Reaktionsmuster, das dann auch noch im mittleren und hohen Alter auftreten kann. Bei länger bestehender Erkrankung kann es zu einem Symptomwechsel kommen, so etwa zu somatoformen Störungen oder zu psychosomatischen Erkrankungen.

---

grenzung zur organischen Störung darf sich jedoch nicht alleine auf das Fehlen organischer Symptome beschränken. Zu fordern ist darüber hinaus ein enger zeitlicher Zusammenhang mit Belastungen, Problemen oder einer gestörten Beziehung. Ein solcher Zusammenhang ergibt sich häufig aus der Fremdanamnese.

Weitere Differentialdiagnosen sind:
- psychosomatische Störungen (mit faßbaren Organveränderungen),
- somatoforme Schmerzstörung,
- hypochondrische Störung und
- Simulation.

Von **neurologischen Symptomen** lassen sich dissoziative Störungen evtl. dadurch abgrenzen, daß die psychogenen Störungen sich nicht streng an morphologischen oder funktionellen Bedingungen orientieren.

Bei der Differentialdiagnose der dissoziativen Störungen ist auf das Vorliegen von **Anfallsleiden (Temporallappen-Epilepsie), Intoxikationen, katatone und depressive Zustände** sowie **Simulation** zu achten. Das **Depersonalisationssyndrom** findet sich auch bei:
- starker Ermüdung,
- akuten Psychosen,
- Angststörungen und
- Persönlichkeitsstörungen.

Verlauf

Typisch für den Verlauf ist ein **meist abrupter Beginn,** der oft in einem **engen zeitlichen Zusammenhang** mit einem als **belastend empfundenen Ereignis oder** einer **Situation** steht. Die Symptombildung ist meistens flüchtig. Manche Menschen entwickeln in Belastungssituationen ein sich wiederholendes Reaktionsmuster.

Therapie

Der Schwerpunkt der Therapie dissoziativer Störungen und von Konversionsstörungen liegt auf **psychotherapeutischen Verfahren**, während psychopharmakologische Strategien nur in Ausnahmefällen und vorübergehend in Frage kommen. Die Entscheidung darüber, ob eher tiefenpsychologisch oder eher am Verhalten orientierte psychotherapeutische Maßnahmen in Frage kommen, sollte der Analyse des Einzelfalles vorbehalten bleiben.

Grundlage aller eingesetzten therapeutischen Strategien ist ein tragfähiger therapeutischer Kontakt zwischen Arzt und Patient, der bei diesen Störungen oft nicht leicht herzustellen ist. Dabei müssen die von dem Patienten gebotenen Symptome ernstgenommen werden.

> *Merke.* Dem Patienten darf nicht das Gefühl vermittelt werden, daß die Symptomatik als „eingebildet" betrachtet wird. Es empfiehlt sich somit, die vermutete Psychogenie der Beschwerden dem Patienten nicht auf den Kopf zuzusagen, sondern ihn schrittweise an die eigene Einsicht über die Entstehung seiner Beschwerden heranzuführen.

Stets sollte der entstehende primäre und vor allem auch sekundäre Krankheitsgewinn beachtet werden. Ein therapeutisches Vorgehen, das einseitig den Krankheitsgewinn vermindert, ohne auf der anderen Seite ausreichende innere und äußere Entlastung zu erbringen, wird wenig Erfolg zeigen.

Therapeutische Maßnahmen sollten möglichst frühzeitig einsetzen, um Folgeschäden im körperlichen und insbesondere im sozialen Bereich zu vermeiden. In vielen Fällen hat sich die Kombination mit einer organisch anmutenden Übungsbehandlung (z. B. physiotherapeutischen Maßnahmen) bewährt. Durch eine solche Brücke zu somatischen Störungen wird es dem Patienten oft erleichtert, das gebotene Symptom aufzugeben. In anderen Fällen kann es jedoch nützlicher sein, die Aufmerksamkeit möglichst wenig auf das Körpersymptom zu richten, um einer weiteren Fixierung darauf vorzubeugen. Konflikt- oder symptomorientierte psychotherapeutische Verfahren können in vielen Fällen mit **Entspannungsverfahren** kombiniert werden.

Der Einsatz von Psychopharmaka ist allenfalls kurzfristig und vorübergehend indiziert, so z. B. der Einsatz von **Anxiolytika** bei akuter Angstsymptomatik, ggf. auch zur Reduktion innerer psychischer Spannung. Auch der Einsatz von **Antidepressiva** bei relevanter depressiver Symptomatik sollte erwogen werden.

Somatoforme Störungen

> **Definition.** Das Hauptmerkmal der somatoformen Störungen ist ein anhaltendes oder wiederholtes Auftreten von körperlichen Symptomen, für die keine ausreichenden organischen Befunde gefunden werden, bei denen aber in der Pathogenese seelische Belastungssituationen und Konflikte eine wesentliche Rolle spielen.
> Die wichtigsten Formen sind:
> * die Somatisierungsstörung,
> * die hypochondrische Störung und
> * die somatoforme Schmerzstörung.

Allgemeines

Das Auftreten körperlicher Symptome, für das sich keine ausreichenden organischen Ursachen finden lassen, gehört zum ärztlichen Alltag. Dazu gehören z.B. gastrointestinale Symptome wie Übelkeit und Unterleibsschmerzen, kardiopulmonale Symptome wie Herzklopfen oder Brustschmerzen sowie diffuse Schmerzen.

Während sehr häufig jedoch solche Symptome nur zeitweise oder eher isoliert auftreten, lassen sich auch Krankheitsbilder mit einer weitgehenden Stabilität und Persistenz der körperlichen Symptomatik abgrenzen. Diese somatoformen Störungen werden im folgenden Kapitel näher beschrieben.

Bei somatoformen Störungen kann jedes Organ und jede körperliche Funktion betroffen sein. Die Folgen von somatoformen Störungen sind oft gravierend, da die dargebotene Symptomatik mit ihrer Vielgestaltigkeit und Intensität immer wieder Anlaß zu umfangreichen körperlichen Untersuchungen, evtl. sogar zu Operationen gibt. Eine Untersuchung durch den Psychiater erfolgt aber in der Regel erst nach langem, evtl. mehrjährigem Verlauf, häufig aber auch überhaupt nicht. Die Tatsache, daß somatoforme Störungen als psychogene Störungen aufzufassen sind, erfordert spezifische therapeutische und diagnostische Strategien.

Der Begriff der somatoformen Störung wird unterschiedlich weit gefaßt. Teilweise umfaßt er auch die Konversionsstörungen, die im *vorhergehenden Kapitel* beschrieben wurden.

Historisches. Diejenigen Störungen, die heute als somatoforme Störungen klassifiziert werden, finden sich in älteren diagnostischen Konzepten und nosologischen Systemen unter sehr unterschiedlichen Bezeichnungen. Im alten Griechenland bestanden enge Beziehungen zum Begriff der **Hysterie**. Der Begriff der **Hypochondrie** leitete sich von der Vermutung ab, daß es sich hierbei um Störungen von Organen „unter den Rippen" handelte. Beide Krankheitsbilder wurden von **Sydenham** im 17. Jahrhundert miteinander in Verbindung gebracht. In der Mitte des 19. Jahrhunderts wurde die Hysterie von **Paul Briquet** als polysymptomatische Störung beschrieben. Beziehungen bestehen auch zu Krankheitsbezeichnungen wie „**psychovegetatives Syndrom**", „**vegetative Dystonie**", „**psychosomatischer Beschwerdekomplex**" und ähnlichen Bezeichnungen, die in den letzten Jahrzehnten mit unterschiedlichen Bedeutungen verwendet wurden.

Epidemiologie. Somatoforme Störungen sind insgesamt häufige Störungen und machen einen nicht unerheblichen Teil der Diagnosen insbesondere in der Praxis von Allgemeinmedizinern und Internisten aus, während sie vom Psychiater eher selten gesehen werden. Eine genaue Einschätzung der Prävalenzraten der somatoformen Störungen ist schwierig, da teilweise sehr unterschiedliche Kriterien verwendet werden.

> **Merke.** Somatoforme Störungen finden sich meist in den Praxen von Allgemeinmedizinern und Internisten und machen dort einen nicht unerheblichen Teil der Diagnosen aus.

Somatoforme Störungen

◄ Definition

Allgemeines

Bei somatoformen Störungen treten vielfältige und anhaltende körperliche Symptome auf, für die sich keine ausreichende organische Ursache findet.

Bei somatoformen Störungen kann jedes Organ und jede körperliche Funktion betroffen sein. Die Folgen von somatoformen Störungen sind oft gravierend, da die dargebotene Symptomatik mit ihrer Vielgestaltigkeit und Intensität immer wieder Anlaß zu umfangreichen körperlichen Untersuchungen, evtl. sogar zu Operationen gibt. Eine psychiatrische Untersuchung erfolgt in der Regel erst nach langem, evtl. mehrjährigem Verlauf, häufig aber auch überhaupt nicht.

Der Begriff der somatoformen Störung umfaßt teilweise auch die Konversionsstörungen.
◄ Historisches

Epidemiologie
Somatoforme Störungen sind häufig und machen einen nicht unerheblichen Teil der Diagnosen in der Hausarztpraxis aus. Vom Psychiater werden sie eher selten gesehen.

◄ Merke

Epidemiologische Studien haben gezeigt, daß zwischen 3 und 14% der Patienten bei Hausärzten eine **hypochondrische Störung** aufweisen. Diese Erkrankung wird bei Männern und Frauen etwa gleich häufig diagnostiziert.

Die **Somatisierungsstörung** wird dagegen fast ausschließlich bei Frauen diagnostiziert (etwa 95%). Epidemiologische Studien in der Normalbevölkerung zeigen, daß 1 bis 2 % der weiblichen Bevölkerung die Kriterien erfüllen; in Praxen von Hausärzten wäre eine solche Diagnose in etwa 5 bis 10 % der Patienten zu stellen.

Auch die **somatoforme Schmerzstörung** findet sich häufiger bei Frauen als bei Männern (Verhältnis 2:1), es zeigt sich dabei eine deutliche familiäre Häufung.

Das Alter bei Erkrankungsbeginn ist bei der Somatisierungsstörung am niedrigsten (in der Regel vor dem 30. Lebensjahr). Die hypochondrische Störung beginnt bevorzugt im 3. und 4. Lebensjahrzehnt, die somatoforme Schmerzstörung zwischen dem 3. und 5. Lebensjahrzehnt.

Ätiopathogenese. Zur Ätiopathogenese somatoformer Störungen gibt es sehr unterschiedliche Konzepte. Bei den meisten somatoformen Störungen ist ein komplexes Zusammenwirken unterschiedlicher pathogenetischer Faktoren zu vermuten.

Nach **psychoanalytischen Modellen** liegt den somatoformen Störungen – ähnlich wie den dissoziativen Störungen – eine „Übersetzung" unbewußter Konflikte in die Körpersprache zugrunde. Innerpsychische Konflikte werden auf der „Bühne des Körpers" ausagiert. Dabei spielt das Auftreten von diffuser Angst, insbesondere Schuldängsten, eine besondere Rolle. Durch den entstehenden primären (inneren) und sekundären (äußeren) Krankheitsgewinn kann eine Entlastung von der Konflikt- und Affektspannung erreicht werden.

Aus **lerntheoretischer Sicht** spielt ein erlernter, sich immer wieder verstärkender Kreislauf eine entscheidende Rolle bei der Entstehung von somatoformen Störungen. So wird bei hypochondrischen Störungen die Aufmerksamkeit auf einzelne Organfunktionen gerichtet. Durch diese angespannte Hinwendung entsteht eine körperliche Anspannung, die über vegetative Regelkreise dann wieder die befürchtete Organstörung verstärken kann. So wird z. B. ein Patient, der ängstlich seinen Herzrhythmus durch Tasten des Pulses kontrolliert, tatsächlich durch ängstliche Anspannung provozierte Extrasystolen bemerken. Diese vermeintliche Bestätigung wird dann im Rückschluß seine ängstliche Erwartungshaltung verstärken. Das wiederholte Erleben solcher Phänomene kann schließlich bestimmte Symptome fixieren.

Auch **neurobiologische Modelle** werden diskutiert. Diese werden besonders durch die Beobachtung unterstützt, daß die meisten somatoformen Störungen gehäuft bei Verwandten 1. Grades der Patienten auftreten.

Das **Auftreten somatoformer Störungen** wird auch gefördert durch das Bestehen bestimmter Persönlichkeitsstrukturen, insbesondere der asthenisch-selbstunsicheren Persönlichkeit. Die beschriebenen Störungen treten häufiger in zeitlichem Zusammenhang mit einer ausgeprägten seelischen und/oder körperlichen Überforderung auf, besonders anfällig in dieser Hinsicht macht offensichtlich eine chronische Mehrfachbelastung. Zielgerichtete Anspannung kann dabei eher die Symptomatik vermindern, während darauf folgende Entspannungssituationen besonders anfällig für eine Zunahme der Symptomatik machen.

Die Frage, welches Organ bzw. welches Organsystem jeweils betroffen ist, wird ebenfalls unterschiedlich begründet. Es zeigt sich, daß bei den meisten Menschen eine spezielle Anfälligkeit bestimmter Organe für funktionelle Störungen besteht („locus minoris resistentiae", „Organminderwertigkeit"). Hierfür werden zum einen Anlagefaktoren verantwortlich gemacht, zum anderen auch frühere somatische Erkrankungen der entsprechenden Organe. Auch eine Identifikation mit den Beschwerden nahestehender Bezugspersonen kann bei der „Wahl" des Symptoms von Bedeutung sein. Deutlich ist auch eine Abhängigkeit von soziokulturellen Faktoren.

Symptomatologie und klinische Subtypen

Klinische Hauptmerkmale sind **nicht unter willentlicher Kontrolle stehende körperliche Symptome**, die eine körperliche Erkrankung vermuten lassen, für die sich aber **keine eindeutigen pathologischen organischen Hinweise** oder bekannte physiologische Mechanismen nachweisen lassen. Auf der anderen Seite ergeben sich Hinweise darauf, daß in der **Genese der Störung seelische Belastungssituationen und Konflikte** wahrscheinlich eine wesentliche Rolle spielen (*siehe Abb. 3-72*). Die Unterteilung der somatoformen Störungen ist im DSM-III-R und in der ICD-10 nicht einheitlich. Eine Gegenüberstellung der einzelnen Unterformen ergibt sich aus der *Synopsis 3-33*.

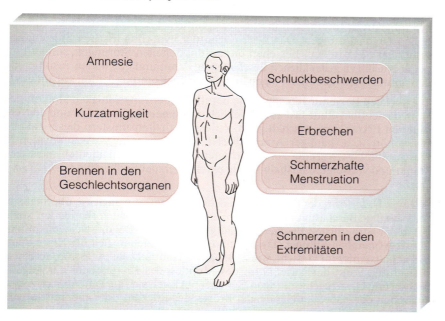

Abb. 3-72: Typische Symptome einer somatoformen Störung

Synopsis 3-33: Klassifikation somatoformer Störungen im Vergleich von ICD-10 und DSM-III-R

ICD-10	DSM-III-R
Somatisierungsstörungen (F45.0)	Somatisierungsstörung (300.81)
Undifferenzierte Somatisierungsstörung (F45.1)	Undifferenzierte somatoforme Störung (300.70)
Hypochondrische Störung (F45.2)	Hypochondrie (oder hypochondrische Neurose; 300.70)
	Körperdysmorphe Störung (307.80)
Somatoforme autonome Funktionsstörung • Kardiovaskuläres System (F45.30) • Oberer Gastrointesinaltrakt (F45.31) • Unterer Gastrointesinaltrakt (F45.32) • Respiratorisches System (F45.33) • Urogenitalsystem (F45.34)	
Anhaltende somatoforme Schmerzstörung (F45.4)	Somatoforme Schmerzstörung (300.70)
Andere somatoforme Störungen (F45.8)	
Nicht näher bezeichnete somatoforme Störung (F45.9)	Nicht näher bezeichnete somatoforme Störung (300.70)

Symptomatologie und klinische Subtypen
Klinische Hauptmerkmale sind **nicht unter willentlicher Kontrolle stehende körperliche Symptome, für die sich keine eindeutigen pathologischen organischen Hinweise finden lassen**, bei deren **Genese aber seelische Belastungssituationen und Konflikte** wahrscheinlich eine wesentliche Rolle spielen (*s. Abb. 3-72 und Syn. 3-33*).

Hypochondrische Störung

Definition ▶

Die hypochondrische Störung ist durch die anhaltende Überzeugung gekennzeichnet, daß eine ernsthafte körperliche Erkrankung besteht, obwohl wiederholte körperliche Untersuchungen keinen Anhaltspunkt dafür ergeben haben. Wesentlich sind die **übermäßige gedankliche Beschäftigung** damit und die daraus resultierenden teilweise gravierenden Folgen.
Die sozialen Beziehungen sowie die berufliche Leistungsfähigkeit sind oft gestört. Zu den Verhaltensmustern dieser Patienten gehört u. a. häufiger Arztwechsel („doctor-shopping") (s. Syn. 3-34).

Bei der **körperdysmorphen Störung** (Dysmorphophobie) besteht eine übermäßige Beschäftigung mit einem nicht vorhandenen Mangel in der körperlichen Erscheinung (besonders bezogen auf das Gesicht), z.B. Falten, Hautflecken, Form der Nase etc.

Hypochondrische Störung

> **Definition.** Bei der hypochondrischen Störung besteht die übermäßige Angst oder Befürchtung, an einer schweren körperlichen Erkrankung zu leiden, obwohl für die weitgehend unspezifischen körperlichen Symptome keine organische Ursache gefunden werden kann.

Die hypochondrische Störung ist durch die anhaltende Überzeugung gekennzeichnet, daß eine ernsthafte körperliche Erkrankung besteht, obwohl wiederholte körperliche Untersuchungen keinen Anhaltspunkt für eine organische Schädigung ergeben haben. Diese Überzeugung gründet sich in der Regel auf der subjektiven Interpretation von vermeintlichen oder tatsächlichen funktionellen Organstörungen. Das Wesentliche der hypochondrischen Störung besteht aber nicht in dem Bestehen dieser funktionellen Störungen, sondern in der **übermäßigen gedanklichen Beschäftigung** damit und den daraus resultierenden teilweise gravierenden Folgen im Bereich der Kommunikation mit anderen.

Die sozialen Beziehungen sowie die berufliche Leistungsfähigkeit sind oft gestört, da der Betroffene fast ausschließlich mit seinen Beschwerden und der vermuteten Erkrankung beschäftigt ist. Zu den Verhaltensmustern dieser Patienten gehört u. a. häufiger Arztwechsel („doctor-shopping", „Arztnomaden"). Durch eine Überweisung zum Psychiater fühlen sich die Patienten meist gekränkt und verweigern deshalb häufig psychotherapeutische Hilfe (*siehe Synopsis 3-34*).

Als eine Unterform der hypochondrischen Störung kann auch die übermäßige und ständige Beschäftigung mit einem eingebildeten, nicht vorhandenen Mangel in der körperlichen Erscheinung aufgefaßt werden. Bei dieser sogenannten **körperdysmorphen Störung** (Dysmorphophobie) beziehen sich die Klagen auf Schönheitsfehler im Gesicht, wie z. B. Falten, Hautflecken, exzessive Gesichtsbehaarung, Form der Nase, Form des Mundes, des Kiefers oder der Augenbrauen und Gesichtschwellungen. Seltener beklagen sich die Patienten über das Aussehen der Füße, der Hände, der Brüste, des Rückens oder anderer Körperteile. In einigen Fällen ist eine eher unbedeutende körperliche Anomalie zwar vorhanden, die Sorge des Patienten erscheint aber in hohem Maße übertrieben.

Synopsis 3-34: Symptomatik der hypochondrischen Störung im Vergleich von ICD-10 und DSM-III-R

ICD-10	DSM-III-R
Symptomatologie:	
Anhaltende Überzeugung vom Vorhandensein einer oder mehrerer ernsthafter körperlicher Erkrankungen als Ursache für vorhandene Symptome, auch wenn wiederholte Untersuchungen keine ausreichende körperliche Erklärung gebracht haben, oder eine anhaltende Beschäftigung mit einer vermuteten Entstellung.	Übermäßige Beschäftigung mit der Angst bzw. der Überzeugung, eine schwere Krankheit zu haben, begründet in der Fehlinterpretation körperlicher Zeichen oder Empfindungen als Beweis für körperliche Krankheit.
Ständige Weigerung, den Rat und die Versicherung mehrerer Ärzte zu akzeptieren, daß den Symptomen keine körperliche Erkrankung zugrunde liegt.	Die Angst oder Überzeugung, an einer Krankheit zu leiden, besteht auch nach der ärztlichen Rückversicherung weiter, daß keine Krankheit besteht.
Zeitkriterien:	Die Dauer der Störung beträgt mindestens 6 Monate.

Somatoforme Störungen

Abb. 3-73: „Der eingebildete Kranke" von H. Daumier

Fallbeispiel: Jean Jacques Rousseau (1712 bis 1778) schildert die Entstehungsgeschichte seines „großen Herzpolypen":

„Um mir den letzten Stoß zu versetzen, hatte ich, nachdem ich ein paar physiologische Bücher gelesen, mich an das Studium der Anatomie gemacht, und indem ich nun die Menge und die Wirksamkeit all der Teile, aus denen mein Körper bestand, an mir vorüberziehen ließ, erwartete ich wohl zwanzigmal täglich, all das in Unordnung geraten zu sehen. Ich staunte nicht etwa darüber, mich dauernd sterben zu sehen, sondern im Gegenteil darüber, daß ich immer noch lebte, und ich konnte die Beschreibung keiner einzigen Krankheit lesen, ohne sie nicht für die meine zu halten. Wäre ich nicht schon krank gewesen, wahrlich, ich wäre es durch dieses unselige Studium geworden. Da ich in jeglicher Krankheit einzelne Anzeichen der meinen fand, glaubte ich sie alle miteinander zu haben. Durch Forschen, Nachdenken und dergleichen bildete ich mir denn schließlich ein, der Grund meines Übels sei ein Polyp am Herzen."

◄ Fallbeispiel

Somatisierungsstörung

Somatisierungsstörung

Definition. Die Somatisierungsstörung ist gekennzeichnet durch multiple, meist viele Jahre bestehende Körpersymptome, die, obwohl ohne ausreichenden Organbefund, umfangreiche diagnostische und therapeutische Maßnahmen bewirken.

◄ Definition

Bei der Somatisierungsstörung stehen **multiple und unterschiedliche körperliche Symptome** im Vordergrund, für die keine ausreichende körperliche Erklärung gefunden wird. Dabei kann jeder Körperteil bzw. jedes Organsystem betroffen sein. Bei den Symptomen handelt es sich insbesondere um gastrointestinale,

Bei der Somatisierungsstörung stehen **multiple körperliche Symptome** im Vordergrund, für die keine ausreichende körperliche Er-

klärung gefunden wird. Dabei kann jeder Körperteil bzw. jedes Organsystem betroffen sein (s. Tab. 3-33 und Abb. 3-74).
Das meist mehrere Jahre anhaltendes Beschwerdebild führt i.d.R. zu einer Beeinträchtigung in verschiedenen Bereichen.

kardiopulmonale, neurologisch anmutende, gynäkologische oder Schmerzsymptome (*siehe Tabelle 3-33* und *Abbildung 3-74*). Auch mit dieser Störung werden nicht kurzfristige und vorübergehende Symptome beschrieben, sondern ein meist über mehrere Jahre anhaltendes Beschwerdebild, das zu einer Beeinträchtigung familiärer, beruflicher und sozialer Beziehungen geführt hat.

Tabelle 3-31: Symptome der Somatisierungsstörung nach DSM-III-R

Gastrointestinale Symptome	• Erbrechen (außer während der Schwangerschaft) • Unterleibsschmerzen • Übelkeit • Blähungen • Diarrhoe • Unverträglichkeit (Krankwerden) von verschiedenen Speisen
Schmerzsymptome	• Schmerzen in den Extremitäten • Rückenschmerzen • Gelenkschmerzen • Miktionsschmerzen • Andere Schmerzen (außer Kopfschmerzen)
Kardiopulmonale Symptome	• Kurzatmigkeit • Herzklopfen • Brustschmerzen • Schwindel/Benommenheit
Konversions- oder pseudoneurologische Symptome	• Amnesie • Schluckbeschwerden • Verlust der Stimme • Taubheit • Doppelbilder • Verschwommenes Sehen • Blindheit • Ohnmacht oder Bewußtlosigkeit • Anfall oder Krampf • Gehbeschwerden • Lähmung oder Muskelschwäche • Harnverhalten oder Miktionsschwierigkeiten
Psychosexuelle Symptome während des größten Teils des Lebens seit Beginn sexueller Aktivitäten	• Gefühl des Brennens in den Geschlechtsorganen oder im Rektum • Sexuelle Gleichgültigkeit • Schmerzen beim Geschlechtsverkehr • Impotenz

Eine **undifferenzierte Somatisierungsstörung** wird diagnostiziert, wenn nicht das vollständige klinische Bild der Somatisierungsstörung vorliegt (s. Syn. 3-35), sondern nur einzelne Symptome bestehen.

Funktionsstörungen in vegetativ innervierten Organsystemen werden nach ICD-10 unter den verschiedenen Formen der **somatoformen autonomen Funktionsstörung** klassifiziert (vgl. Syn. 3-33).
Vegetative Beteiligung mit subjektiven Beschwerden und hartnäckigem Beharren auf einem besonderen Organ als Ursache ergibt das klinische Bild (s. Syn. 3-35).

Wenn zwar zahlreiche, unterschiedliche und hartnäckige körperliche Beschwerden vorliegen, das vollständige und typische klinische Bild der Somatisierungsstörung aber nicht erfüllt ist, so kann nach DSM-III-R und ICD-10 eine **undifferenzierte Somatisierungsstörung** diagnostiziert werden (*siehe Synopsis 3-35*). Bei dieser Störung stehen meist Müdigkeit, Appetitverlust, gastrointestinale oder urologische Beschwerden, die für mindestens sechs Monate anhalten, im Vordergrund.

Nach ICD-10 werden Funktionsstörungen in bestimmten, vegetativ innervierten Organsystemen unter den verschiedenen Formen der **somatoformen autonomen Funktionsstörung** klassifiziert (*vgl. Synopsis 3-33*). Die Kombination einer eindeutigen vegetativen Beteiligung mit zusätzlichen, nicht spezifischen subjektiven Beschwerden und einem hartnäckigen Beharren auf einem besonderen Organ oder Organsystem als Ursache der Störung ergibt danach das typische klinische Bild. Hierunter fallen auch Störungen, die früher etwa als vegetative Dystonie, Dyspepsie, Magenneurose, psychogenes Colon irritabile, Hyperventilation oder Dysurie bezeichnet wurden (*siehe Synopsis 3-35*).

Somatoforme Störungen

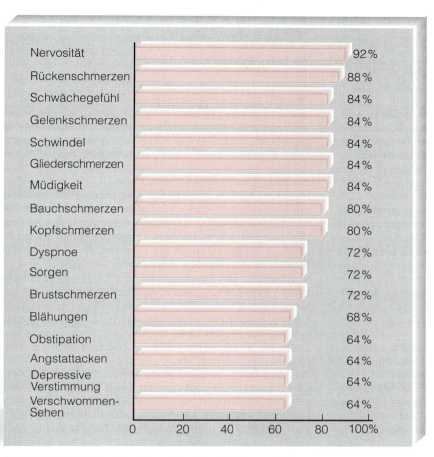

Abb. 3-74: Häufigste Symptome der Somatisierungsstörung

Synopsis 3-35: Symptomatik der Somatisierungsstörung im Vergleich von ICD-10 und DSM-III-R

ICD-10	DSM-III-R
Symptomatologie:	
Multiple und unterschiedliche körperliche Symptome, für die keine ausreichende körperliche Erkrankung gefunden wurde.	Anamnese vielfältiger körperlicher Beschwerden oder die Überzeugung, krank zu sein.
Die Symptome können sich auf jeden Körperteil oder jedes Körpersystem beziehen.	Mindestens 13 Symptome (vgl. Tab. 3-33), die folgende Kriterien erfüllen: Für die Symptome können keine organischen Krankheiten bzw. pathophysiologische Mechanismen verantwortlich gemacht werden. Sollte eine organische Erkrankung damit in Beziehung stehen, gehen die Beschwerden bzw. die daraus resultierenden sozialen und beruflichen Beeinträchtigungen weit über das aufgrund des körperlichen Befundes erwartete Maß hinaus.
Hartnäckige Weigerung, den Rat oder die Versicherung mehrerer Ärzte anzunehmen, daß für die Symptome keine körperliche Erklärung zu finden ist.	
Eine gewisse Beeinträchtigung familiärer und sozialer Funktionen durch die Art der Symptome und das daraus resultierende Verhalten.	Die Symptome veranlaßten den Betroffenen, verschreibungspflichtige Medikamente einzunehmen.
Zeitkriterien:	
Mindestens zwei Jahre anhaltend.	Beginn vor dem 30. Lebensjahr, anhaltend über mehrere Jahre.

Kasuistik. Die Stirn ist voller Sorgenfalten, die Augen schauen traurig – und immer wieder nehmen die weichen Gesichtszüge von Gertrud W. für Sekunden einen angespannten, gequälten und schmerzverzerrten Ausdruck an. Die 52-jährige Hausfrau, die gemeinsam mit ihrem Ehemann und der 27 Jahre alten Tochter in einem größeren Miethaus am Rande der Großstadt wohnt, leidet schon seit vielen Jahren an rasenden Schmerzen am ganzen Körper. „Ich sehe nur noch Finsternis vor mir", sagt sie jetzt zermürbt und voller Resignation, „und habe Angst vor dem nächsten Schmerzanfall und ganz besonders vor der Zukunft."

Die Beschwerdenliste von Gertrud W. ist umfangreich und erscheint schier endlos. Am schlimmsten seien die Schmerzen im Kopf, die im Laufe der Jahre auf alle Bereiche des Schädels, des Gesichtes sowie auf Hals und Schultern übergegriffen hätten. Darüber hinaus bestünden weitere Schmerzen – im Rücken, in sämtlichen Gliedern, einer Vielzahl von Gelenken sowie im Brust- und Bauchbereich. Die meisten Schmerzen seien ständig da, andere kämen in Form unverhoffter Attacken, die sie dann oft tagelang ans Haus fesselten.

Für Gertrud W. sind ihre körperlichen Beschwerden ganz zum Mittelpunkt des Lebens geworden, und sie hat sich daher auf das Aufnahmegespräch gut vorbereitet. Gleich zu Beginn holt sie einen ausführlichen selbstgeschriebenen „Krankheitsbericht" aus der mitgebrachten Mappe, die zudem eine wohlgeordnete Sammlung von Kopien von Arzt- und Behandlungsberichten zur eigenen Krankengeschichte enthält. Auf zwei mit Schreibmaschine getippten Seiten sind akribisch sämtliche bisherigen Untersuchungen und Behandlungen aufgelistet – nach Datum geordnet, mit medizinischen Fachausdrücken gespickt. Die Exploration ergibt, daß Gertrud W. außer den genannten Schmerzen noch an weiteren körperlichen Symptomen leidet:

- schmerzhafte Blähungen im Bauchbereich,
- Verdauungsbeschwerden, die sich hauptsächlich in über viele Jahre hinweg immer wieder auftretenden Durchfällen geäußert hätten,
- Unverträglichkeit gegenüber Vollkornbrot, Käse und Schokolade,
- wiederkehrende Luftnot, verbunden mit Herzbeschwerden,
- Schwindel- und Benommenheitsgefühle,
- Brustschmerz,
- Muskelkrämpfe im Hals mit häufigen Schluckschwierigkeiten,
- Sehschwierigkeiten,
- Beschwerden beim Laufen.

Gertrud W. beklagt, daß die unterschiedlichsten Fachärzte trotz ausführlicher und oft langwieriger Untersuchungen den Beschwerden fast immer rat- und hilflos gegenübergestanden hätten und ihr nie die Ursache der Symptome hätten nennen können. Sie habe immer wieder gehofft, daß eines Tages der Grund ihres Leidens gefunden wäre und daß sie dann endlich „Klarheit" haben würde.

Bei einer erst kürzlich durchgeführten umfangreichen organischen Diagnostik waren keine relevanten körperlichen Besonderheiten gefunden worden.

Aus ihrer inneren Verzweiflung über die ständigen Beschwerden und die Hilflosigkeit der Ärzte macht Gertrud W. keinen Hehl. Sie fühle sich oft tagelang, oft auch über Wochen erbärmlich und niedergeschlagen. Obwohl auch ihr Appetit häufig vermindert sei, habe sie manchmal regelrechte Heißhungergefühle nach Süßigkeiten. Schon zweimal sei es vorgekommen, daß sie soviele Bonbons und Schokolade gegessen habe, daß ihr davon schlecht geworden sei. Dies sei jeweils an einem Samstagnachmittag geschehen, nachdem ihr Mann die Wohnung verlassen habe, angeblich um Freunde zu besuchen. Sie habe ihm das aber nicht geglaubt und vermutet, daß er eine Freundin habe. Das Verhältnis zum Ehemann beschäftigt Gertrud W. in therapeutischen Gesprächen und in Kontakten mit Mitpatienten immer wieder, und sie beginnt, ihre Lebensgeschichte mit all den früheren Hoffnungen und Enttäuschungen aufzuschreiben. Durch die Heirat im Jahre 1960, so glaubt sie, habe sie versucht, dem Einfluß der Mutter zu entkommen. Dieser Wunsch habe sich aber nicht erfüllt. Der Ehemann, der im 12. Lebensjahr Vollwaise geworden sei, habe nämlich zu ihren Eltern ein gutes und enges Verhältnis entwickelt und in ihnen gewissermaßen seine „Ersatzeltern" gefunden. „Ich kam und kam von meiner Mutter nicht los, und ich blieb auch in Zukunft der Sündenbock – zunehmend nun auch bei meinem Mann", schreibt sie.

„Sündenbock" – in dieser Rolle sieht sich Gertrud W. seit jeher. Sie sei als zweites von drei Kindern im Sudetenland geboren worden und habe ihre Kindheit in ärmlichen Verhältnissen verbracht. Der Vater sei auswärts zur Arbeit gegangen. Er sei ihr immer fremd geblieben, da sie ihn auch an Sonntagen nur für ein paar Stunden gesehen habe. Die Eltern hätten sich mit „Ihr" und „Euch" anreden lassen. Sie selbst sei „wie alle Kinder" mal brav und mal ungehorsam gewesen, jedoch von der dominanten Mutter besonders streng behandelt worden. Sie habe sich immer mehr in sich selbst zurückgezogen. Sie wisse nicht, ob sie überhaupt geliebt worden sei. Zur Schule habe sie täglich einen Weg von mehr als sechs Kilometern zurücklegen müssen. Durch stundenlages Tragen des schweren Schulranzens habe sie schon damals Kopfschmerzen und Verspannungen in Hals und Schulter bekommen. Völlig verängstigt hätten sie später Kriegsereignisse, vor allem beim Einmarsch russischer Soldaten. Nach Umsiedlung in den Westen und Beendigung der Schule habe sie zunächst als Dienstmädchen, später, nach dem Besuch einer Handelsschule, als Schreibkraft gearbeitet. Die Tätigkeiten hätten ihr aber nie rechten Spaß gemacht und es sei ihr deshalb nicht schwer gefallen, sie nach der Geburt der beiden Töchter (im 24. und 25. Lebensjahr) aufzugeben. „Kinder Beruf und Haushalt überforderten mich vollständig, da ich mich krank fühlte und fast keine Hilfe hatte, auch nur ganz selten durch meinen Mann", schreibt Gertrud W. In dieser Zeit habe dann schließlich auch ihr nunmehr 30 Jahre dauernder Leidensweg begonnen.

In der Psychosomatischen Klinik wurde Gertrud W. im Rahmen eines verhaltensmedizinischen Ansatzes behandelt, der auf eine Verbesserung der Fähigkeit zur psychologischen Schmerzbewältigung und auf eine aktive Auseinandersetzung mit lebensgeschichtlichen und aktueller auslösenden und aufrechterhaltenen Bedingungen abzielte. Die Patientin übte ein Entspannungsverfahren ein erlernte eine Technik zur physiologischen Gegenkonditio nierung von Migräneanfällen, führte täglich ein Schmerztagebuch unter gezielter Beobachtung von Auslösern und Konsequenzen von Schmerzanfällen und Schmerzverhalten und setzte sich unter psychotherpeutischer Anleitung mit ihrer depressiven Symptomatik und den häuslichen Lebensbedingungen auseinander (u. a. Selbstsicherheitstraining, Paargespräche mit dem Ehemann). Bereits nach wenigen Wochen konnten eine verbesserte Schmerztoleranz, ein Abbau des auf die multiplen körperlichen Sym-

ptome ausgerichteten Krankheitsverhaltens sowie eine Aufhellung der Stimmungslage beobachtet werden. Gertrud W. konnte auch den bereits seit langem bestehenden sozialen Rückzug zunehmend aufgeben und wieder Freude am Kontakt mit anderen Menschen haben.
Bei der Patientin wurde die **Hauptdiagnose** einer Somatisierungsstörung (F45.0) gestellt, außerdem die **Nebendiagnosen** „Migräne" sowie „rezidivierende affektive Störung" (nach *Freyberger* und *Dilling* 1991).

Somatoforme Schmerzstörung

Somatoforme Schmerzstörung

Definition. Andauernde, schwere und quälende Schmerzen, die durch einen physiologischen Prozeß oder eine körperliche Störung nicht vollständig erklärt werden können, bilden das Hauptmerkmal der somatoformen Schmerzstörung. Es handelt sich um ein chronisches Syndrom mit vielfältigen, rezidivierenden und fluktuierenden körperlichen Beschwerden von mehrjähriger Dauer, die sich nicht mit einer bekannten organischen Erkrankung erklären lassen. Meist besteht eine komplizierte medizinische Vorgeschichte mit vielen körperlichen Diagnosen und einer Vielzahl von behandelnden Ärzten.

◄ Definition

Anhaltende, quälende und **organisch nicht ausreichend begründbare Schmerzen** kennzeichnen die somatoforme Schmerzstörung.

Kennzeichen sind **anhaltende, quälende** und **organisch nicht ausreichend begründbare Schmerzen.**

Merke. Da Schmerzsymptome ganz allgemein und regelmäßig durch seelische Einflüsse modifiziert werden, ist die Diagnose einer somatoformen Schmerzstörung nur dann zu stellen, wenn sie in Verbindung mit gravierenden emotionalen Konflikten oder psychosozialen Problemen auftritt und durch die Schmerzsymptomatik eine beträchtliche persönliche oder medizinische Betreuung oder Zuwendung erfolgt.

◄ Merke

Bei der somatoformen Schmerzstörung hat die Beschwerdeschilderung meist einen appellativen Charakter, die Lokalisation der Schmerzen wechselt weitgehend regellos und es findet sich keine eindeutige Periodik.

Die Beschwerdeschilderung hat meist einen appellativen Charakter, die Lokalisation wechselt rasch.

Auch hier wird ein längeres Bestehen, in der Regel mindestens sechs Monate, für die Diagnosestellung gefordert. Patienten mit einer somatoformen Schmerzstörung weisen oft eine lange Krankheitsgeschichte mit teilweise eingreifenden therapeutischen Maßnahmen auf. Diese Patienten sind oft von ihren Schmerzen ganz beherrscht, verneinen auf der anderen Seite aber die Möglichkeit, daß seelische Faktoren ihre Beschwerden mitverursacht haben könnten. Mißbrauch von Alkohol, Schmerzmitteln oder Tranquilizern findet sich relativ häufig (*siehe Synopsis 3-36*).

Für die Diagnosestellung wird eine Dauer der Beschwerden für mindestens 6 Monate gefordert. Mißbrauch von Alkohol, Schmerzmitteln oder Tranquilizern findet sich relativ häufig (*s. Syn. 3-36*).

Synopsis 3-36: Symptomatik der somatoformen Schmerzstörung im Vergleich von ICD-10 und DSM-III-R	
ICD-10	**DSM-III-R**
Symptomatologie: Die vorherrschende Beschwerde ist ein andauernder, schwerer und quälender Schmerz, der durch einen physiologischen Prozeß oder eine körperliche Störung nicht vollständig erklärt werden kann. Er tritt in Verbindung mit emotionalen Konflikten oder psychosozialen Problemen auf.	Übermäßige Beschäftigung mit Schmerz. In eingehenden Untersuchungen werden keine organischen Erkrankungen oder pathophysiologischen Mechanismen gefunden, die für den Schmerz verantwortlich gemacht werden können. Oder: Sollte der Schmerz mit einer organischen Erkrankung in Beziehung stehen, gehen die Beschwerden bzw. die daraus resultierenden sozialen oder beruflichen Beeinträchtigungen weit über das aufgrund des körperlichen Befundes erwartete Ausmaß hinaus.
Zeitkriterien:	Seit mindestens 6 Monaten bestehend.

Diagnostik und Differentialdiagnose

Psychovegetative Allgemeinerscheinungen finden sich vereinzelt oder vorübergehend auch bei gesunden Personen. Dabei handelt es sich meist um Schlafstörungen, Abgespanntheit, Ermüdbarkeit, Nervosität, Reizbarkeit und Konzentrationsschwäche. In diesen Fällen ist eine somatoforme Erkrankung nicht zu diagnostizieren.

Die Diagnose somatoformer Störungen und insbesondere deren Abgrenzung zu körperlichen Erkrankungen ist oft schwierig. Für die Diagnostik entscheidend ist zum einen das Auftreten von **multiplen und unterschiedlichen körperlichen Symptomen**, die sich in der Regel nicht auf ein Organsystem beschränken und für die keine ausreichende körperliche Erklärung gefunden wurde. Die Symptomatik persistiert meist über einen **längeren Zeitraum**.

Oft fällt eine wenig adäquate Beschwerdeschilderung auf. Die Patienten schildern ihre Beschwerden entweder wortreich klagsam-pedantisch oder auf der anderen Seite ohne wesentliche affektive Beteiligung. Die körperlichen Symptome sind meist von „psychischen Randsymptomen" wie innere Unruhe, Konzentrationsschwierigkeiten, Erschöpfbarkeit, depressive Verstimmung, Angst und Schlafstörungen begleitet (*siehe Tabelle 3-32* und *Abbildung 3-74*).

Diagnostik und Differentialdiagnose
Psychovegetative Allgemeinerscheinungen finden sich vereinzelt oder vorübergehend auch bei gesunden Personen (Schlafstörungen, Abgespanntheit, Ermüdbarkeit, Nervosität, Reizbarkeit und Konzentrationsschwäche).
Für die Diagnose der somatoformen Störungen ist das Auftreten **multipler unterschiedlicher körperlicher Symptome** über einen **längeren Zeitraum** bedeutsam.
Oft fällt eine wenig adäquate Beschwerdeschilderung auf. Es bestehen meist „**psychische Randsymptome**" wie innere Unruhe, Konzentrationsschwierigkeiten, Erschöpfbarkeit, depressive Verstimmung, Angst und Schlafstörungen (*s. Tab. 3-32* und *Abb. 3-74*).

Tabelle 3-32: Klinische Hinweise auf das Vorliegen einer somatoformen Störung

• Bestehen „typischer" Symptome (*vgl. Tab. 3-31*)
• Beschwerdeschilderung affektiv wenig adäquat
  – Wortreich, klagsam, pedantisch oder
  – Ohne wesentliche affektive Beteiligung
• Vorliegen „psychischer Randsymptome"
  – Innere Unruhe
  – Konzentrationsschwierigkeiten
  – Erschöpfbarkeit
  – Depressive Verstimmung
  – Angst, Schlafstörungen
• Lange Anamnese und Krankengeschichte („big chart")
• Häufiger Arztwechsel („doctor-shopping")
• Multiple Beschwerden in unterschiedlichen Organsystemen
• Häufiger Symptom- bzw. Syndromwandel
• Ähnliche Beschwerden bei näheren Bezugspersonen
• Auffällige Diskrepanz zwischen objektiven Befunden u. subjektiven Beschwerden

Trotz der übereinstimmenden Meinung unterschiedlicher Ärzte, daß den Beschwerden keine körperliche Erkrankung zugrunde liegt, findet sich oft die hartnäckige und konsequente Weigerung der Patienten, deren Rat und Therapievorschläge zu akzeptieren, so daß es zu einem weiteren Arztwechsel kommt.

Nicht selten finden sich bei umfangreicher körperlicher Untersuchung auch somatische Störungen, die zumindest einen Teil der gebotenen Symptome erklären könnten. In diesen Fällen lassen jedoch das Ausmaß, das subjektive Leiden und die innere Beteiligung trotzdem eine wesentliche Mitbeteiligung psychogener Faktoren vermuten.

Merke. Bei der Diagnosestellung ist zu beachten, daß nicht nur die Zahl der gebotenen Symptome zugrunde gelegt wird, sondern daß die ganze Komplexität der Störung im körperlichen und seelischen Bereich erfaßt wird.

Die **Differentialdiagnose** ist oft schwierig **gegenüber dissoziativen Störungen und Konversionsstörungen**. Dabei grenzen sich die somatoformen Störungen insbesondere durch die **weitgehende Stabilität und Persistenz der Symptomatik** sowie durch den **meist fehlenden zeitlichen Zusammenhang** zu traumatisierenden Erlebnissen oder Belastungen ab. Während bei den dissoziativen Störungen und den Konversionsstörungen in der Regel Funktionen der Willkürmotorik oder der Sinneswahrnehmung betroffen sind, werden die Symptome der somatoformen Störungen eher auf innere Organe bzw. Funktionen des vegetativen Nervensystems bezogen.

Eine große Bedeutung hat die Abgrenzung zu **depressiven Syndromen.** Dabei ist zu beachten, daß unspezifische körperliche Symptome auch Ausdruck einer depressiven Störung sein können; außerdem gibt es eine relevante Co-Morbidität mit affektiven Erkrankungen. Bei der Differenzierung zwischen beiden Störungen muß berücksichtigt werden, daß bei affektiven Störungen die somatischen Symptome meist vorübergehend sind und sich mit der antidepressiven Behandlung in der Regel bessern, wogegen die Symptome der somatoformen Störung die Stimmungsaufhellung überdauern. Ähnliche Überschneidungen finden sich auch zu **Angststörungen.** Bei der Differenzierung hilft auch hier oft der Zeitverlauf, da z. B. im Rahmen von Panikattacken die körperlichen Symptome starke Fluktuationen aufweisen.

Die wichtigste Differentialdiagnose besteht zu **organischen Störungen.** Eine gründliche körperliche Untersuchung ist deshalb unerläßlich. Allerdings sollte sie bei Persistenz der Symptome nicht bei jedem Arztbesuch wiederholt werden. Aufmerksamkeit ist aber geboten beim Hinzutreten neuartiger Symptome, da auch Patienten mit einer somatoformen Störung selbstverständlich jederzeit organisch erkranken können.

Bei der Differentialdiagnose zu organischen Erkrankungen sind insbesondere diejenigen körperlichen Erkrankungen zu berücksichtigen, die mit vorübergehenden, fluktuierenden und nicht spezifischen Beeinträchtigungen einhergehen. Beispiele für solche Erkrankungen sind die multiple Sklerose, der systemische Lupus erythematodes, die akute intermittierende Porphyrie, der Hyperparathyreoidismus und chronische systemische Infektionen.

Merke. Auch bei Patienten mit somatoformen Störungen können jederzeit organische Erkrankungen hinzutreten.

Verlauf

Mit der Diagnose der somatoformen Störung werden kurzfristige und situativ ausgelöste Symptome nicht erfaßt. Daraus ergibt sich, daß bei den beschriebenen Störungen meist ein **längerfristiger Krankheitsverlauf** zu erwarten ist. Bei der **hypochondrischen Störung** handelt es sich in der Regel um eine chronisch verlaufende Störung, die jedoch Intensitätsschwankungen der Symptomatik zeigt. Die Prognose dieser Störung ist unterschiedlich. Einige Patienten können die Beschwerden relativ gut kompensieren, auch ein spontanes Abklingen der Symptomatik kommt vor. In anderen Fällen bleibt eine relevante Beeinträchtigung durch die Beschwerden über lange Zeit erhalten.

Auch bei der Somatisierungsstörung handelt es sich um ein meist chronisch verlaufendes Beschwerdbild mit fluktuierender Symptomatik. Abhängigkeit oder Mißbrauch von Medikamenten (meist Beruhigungsmittel oder Analgetika) werden häufig beobachtet. In einigen Fällen kommt es zu umfangreichen körperlichen Untersuchungen, evtl. sogar zu Operationen, bis schließlich die psychische Verursachung dieser Störung erkannt wird.

Bei der **somatoformen Schmerzstörung** persistieren die Beschwerden häufig ebenfalls für mehrere Jahre. Die Prognose und das Ansprechen auf psychotherapeutische Ansätze sind individuell sehr unterschiedlich.

Therapie

Eine in jedem Fall gültige oder gar spezifische Therapie für somatoforme Störungen gibt es bisher nicht. Das Ziel einer Behandlung somatoformer Störungen kann auch weniger die vollständige Beseitigung sämtlicher Beschwerden sein. Sie sollte vielmehr darin bestehen, dem Patienten zu helfen, die Ursache seiner Beschwerden besser zu verstehen und die Beeinträchtigung im persönlichen und sozialen Bereich möglichst gering zu halten. Auch die gezielte Verringerung von Medikamenteneinnahme, Vermeidung von Operationen sowie die verringerte Inanspruchnahme medizinischer Einrichtungen sind ein relevantes Therapieziel.

Im Vordergrund der therapeutischen Maßnahmen stehen **verhaltenstherapeutische Therapieansätze**, während tiefenpsychologisch orientierte Methoden bei Patienten mit körperlichen Symptomen ohne organische Ursache aufgrund der meist deutlich ausgeprägten Abwehr eher geringe Erfolgsaussichten versprechen. Bei medikamentöser Behandlung, insbesondere bei der mit Benzodiazepinen, muß berücksichtigt werden, daß Patienten mit somatoformen Störungen gehäuft zu einer mißbräuchlichen Anwendung der Medikation neigen. **Eine medikamentöse Therapie sollte deshalb nur kurzfristig und unter sorgfältiger Kontrolle erfolgen.** Es ist auch darauf hinzuweisen, daß Patienten mit einer somatoformen Störung häufig besonders empfindlich für Nebenwirkungen der Medikation sind. Die psychotherapeutische Führung der Patienten über längere Zeit sollte möglichst von einer **festen ärztlichen Bezugsperson** übernommen werden, die mit dem Patienten regelmäßige Termine vereinbart. Eventuell bestehende Tendenzen zu Erlangung eines sekundären Krankheitsgewinnes (Erreichen einer Rente, Erreichen einer Entschädigung und ähnliches) sollten beachtet, in ihrer Bedeutung jedoch auch nicht überbewertet werden.

Eßstörungen

Definition. Eßstörungen sind durch eine intensive Furcht vor dem Dickwerden, ein verändertes Eßverhalten sowie eine Störung der Körperwahrnehmung charakterisiert. Bei der **Anorexia nervosa** (Magersucht) kommt es zu erheblichem Gewichtsverlust und Amenorrhoe, bei der **Bulimia nervosa** („Eß-Brech-Sucht") zu Heißhungerattacken und oft selbstinduziertem Erbrechen. Sekundäre somatische Veränderungen sind häufig.

◄ Definition

Allgemeines

Eßstörungen gehören zu denjenigen psychiatrischen Erkrankungen, deren Häufigkeit in den letzten Jahrzehnten zugenommen hat. Dabei läßt sich eine gewisse Parallelität zu gesellschaftlichen Entwicklungen feststellen, die das Schlanksein oft unkritisch als fast absolutes Schönheitsideal propagieren. Dieser gesellschaftliche Druck betrifft ganz vorwiegend Frauen und hat u. a. dazu geführt, daß Frauen in Deutschland im Durchschnitt um 5 kg leichter sein wollen als sie es tatsächlich sind. Dieser Wunsch betrifft sowohl übergewichtige als auch normalgewichtige und sogar untergewichtige Frauen.

Diese **verzerrte** subjektive **Wahrnehmung** der eigenen Person – und hier insbesondere des Körpergewichtes – kann zu einem psychiatrisch relevanten Problem und zu einer wesentlichen Bedingung für die Auslösung einer Eßstörung werden. Es hat sich aber gezeigt, daß darüber hinaus **genetische, hirnorganische und psychologische Faktoren** an der Entstehung einer solchen Störung beteiligt sind.

Allgemeines

Die Häufigkeit von Eßstörungen hat in den letzten Jahrzehnten zugenommen. Es besteht dabei eine Parallelität zu gesellschaftlichen Entwicklungen, die das Schlanksein als Schönheitsideal propagieren. Unabhängig von ihrem Körpergewicht möchten Frauen im Durchschnitt etwa 5 kg leichter sein. Auslösend wirken die **verzerrte Wahrnehmung** des eigenen Körpergewichtes, **genetische, hirnorganische und psychologische Faktoren.**

Merke. Bei Eßstörungen kann es sich um dramatisch verlaufende Krankheitsbilder handeln, die mit einer hohen Mortalitätsrate behaftet sind.

◄ Merke

Im folgenden werden die beiden wesentlichen Formen der Eßstörungen näher dargestellt, nämlich die **Anorexia nervosa** (Magersucht) sowie die **Bulimia nervosa** („Eß-Brech-Sucht").

Anorexie bedeutet wörtlich übersetzt „Appetitverlust" oder „Appetitverminderung". Dieser Begriff ist jedoch eher irreführend, da bei magersüchtigen Patienten nicht die Appetitveränderung, sondern die Veränderung des Körpergefühls und ein auffälliges Eßverhalten im Vordergrund stehen. Der Begriff der Bulimie (wörtlich: „Ochsenhunger") weist auf das führende Symptom der Heißhungerattacken hin. Der Zusatz „nervosa" soll ausdrücken, daß den Eßstörungen eine seelische Ursache zugrunde liegt. Auch wenn die Symptomatik dieser beiden Störungen unterschiedlich ist, so gibt es doch **Kombinationen und Übergänge zwischen beiden Formen** (*siehe Abbildung 3-75*).

Der Begriff **„Anorexie"** (= Appetitverlust) ist mißverständlich, da im Vordergrund der Symptomatik die Körperschemastörung steht. Der Begriff **„Bulimie"** (=„Ochsenhunger") weist auf Heißhungerattacken hin. Der Zusatz **„nervosa"** soll die seelische Verursachung beschreiben. **Übergänge und Kombinationen zwischen beiden Erkrankungen kommen vor** (*s. Abb. 3-75*).

Historisches. Als Erstbeschreiber der Anorexia nervosa gelten der französische Internist und Nervenarzt **Ernest-Charles Lasègue** und der Engländer **William Gull**, die 1873 die „Anorexia hysterica" erstmals als eigenständiges Krankheitsbild beschrieben. Lasègue wies bereits darauf hin, daß bei diesen Patienten ein primärer Krankheitsgewinn bestehe, eine auffällige Krankheitsverleugnung sowie ein ansonsten eher überaktives Verhalten. Wie aus dem ursprünglichen Namen hervorgeht, wurde eine Verbindung dieser Störung zu „hysterischen" Krankheitsbildern hergestellt, wie es auch in den Jahrzehnten davor üblich war. Ähnliche Beschwerdebilder wurden im 19. Jahrhundert auch unter den Begriffen „nervöse Dyspepsie" oder später auch der „Magenneurose" gefaßt.

◄ Historisches

Die Beschreibung der **Bulimia nervosa** erfolgte erstmals als eigenständige Form im DSM-III (1980). In den modernen Diagnosesystemen ICD-10 und DSM-III-R werden für beide Erkrankungen klare Kriterien angegeben.

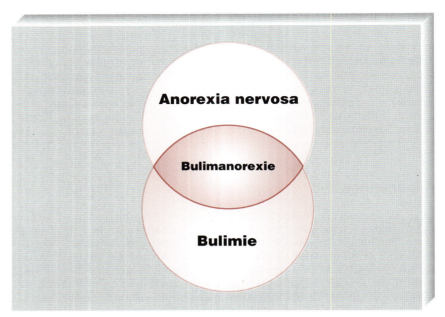

Abb. 3-75: Die beiden Formen der Eßstörungen überlappen sich sowohl bezüglich des Auftretens in der Bevölkerung als auch bezüglich der Symptomatik

Epidemiologie
In der **Risikogruppe** der jungen Frauen zwischen 15 und 25 Jahren findet sich die Anorexia nervosa in bis zu 1%. Sie weist 2 **Erkrankungsgipfel** auf (14. und 18. Lebensjahr).
Die Bulimie ist deutlich häufiger und wird in der Gruppe der jungen Frauen bei 2–4% gefunden. Sie beginnt insgesamt etwas später (Maximum im 18. Lebensjahr).
Beide Formen der Eßstörungen betreffen in der ganz großen Mehrzahl Frauen. Männer finden sich in 5–10% der Patienten.

Ätiopathogenese
Prädisponierender Faktoren (z.B. biologische Vulnerabilität, psychologische Prädisposition) und Faktoren, die wechselseitig die Störung aufrechterhalten (Mangelernährung, psychische Veränderungen), spielen zusammen (s. Abb. 3-76).

Epidemiologie. Bezogen auf die Gesamtbevölkerung ist die Anorexia nervosa eine eher seltene Störung. In der hauptsächlich betroffenen **Risikogruppe** der jungen Frauen zwischen 15 und 25 Jahren findet sich diese Erkrankung jedoch in bis zu 1%. Einzelne Symptome einer Eßstörung sind noch häufiger und werden in einer Häufigkeit bis zu 20% in bestimmten Risikopopulationen angegeben. Die Anorexia nervosa weist zwei **Erkrankungsgipfel** auf, nämlich im 14. und im 18. Lebensjahr. Die Bulimie ist deutlich häufiger als die Anorexia nervosa und wird in der Gruppe der jungen Frauen bei 2 bis 4% gefunden. Die Erkrankung beginnt insgesamt etwas später (Maximum im 18. Lebensjahr).

Beide Formen der Eßstörungen betreffen in der ganz großen Mehrzahl Frauen. Männliche Patienten finden sich nur in 5 bis 10% aller Betroffenen. Es gibt Befunde darüber, daß Eßstörungen in den mittleren und gehobenen sozialen Schichten häufiger auftreten als in den unteren Schichten. Bei den Angaben über die Häufigkeit ist zu berücksichtigen, daß – insbesondere bei der Bulimie – eine deutliche Dunkelziffer besteht. Das auffällige Eßverhalten wird oft vor der Umwelt verborgen, eine massive Gewichtsabnahme kann relativ lange von der Umwelt toleriert werden.

Ätiopathogenese. Die Ätiopathogenese der Eßstörungen ist sehr komplex. Es kommt zu einem Zusammenspiel prädisponierender Faktoren (biologische Vulnerabilität, psychologische Prädisposition und soziokulturelle Einflüsse) und von Faktoren, die wechselseitig die Störung aufrechterhalten (Mangelernährung, psychische Veränderungen, verändertes Eßverhalten; *siehe Abbildung 3-76*).

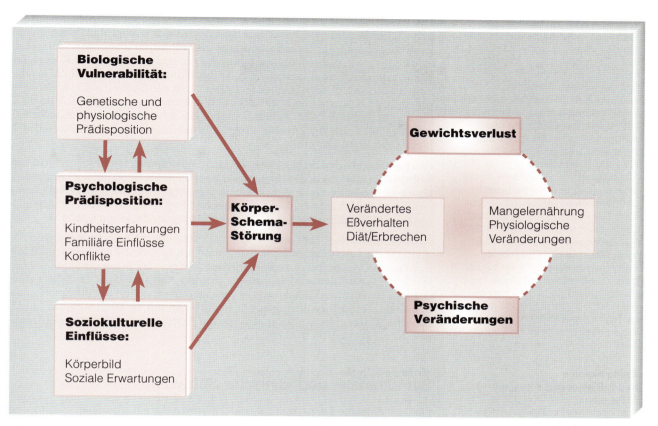

Abb. 3-76: Gegenseitige Beeinflussung verschiedener Faktoren bei der Entstehung und Aufrechterhaltung von Eßstörungen

Sowohl bei der Anorexie als auch bei der Bulimie sind **genetische Faktoren** belegt. Für eineiige Zwillinge besteht bezogen auf die Anorexie eine Konkordanzrate von 50%, bei zweieiigen Zwillingen beträgt diese Übereinstimmung weniger als 10%. Bei Anorexie-Patienten konnte außerdem beobachtet werden, daß unter den Verwandten 1. Grades die Wahrscheinlichkeit, an einer Anorexie zu erkranken, achtmal höher ist als in der Normalbevölkerung.

Bezüglich **organischer Ursachen** wird eine Störung in hypothalamischen Kontrollzentren vermutet. Durch diese Zentren werden Gewicht, sexuelle Aktivität und auch Menstruation reguliert.

In **soziokultureller Hinsicht** kommt dem gesellschaftlichen Druck eine besondere Rolle zu. Intensiv diskutiert wurde darüber hinaus die Rolle der **Familienstrukturen** in der Genese von Eßstörungen. Insgesamt erscheint eine gestörte familiäre Interaktion in Familien eßgestörter Patienten häufiger vorzuliegen als in Familien ohne Mitglieder mit Eßstörungen. Als typische Interaktionsmuster werden beschrieben: Rigidität, Überbehütung, Konfliktvermeidung sowie geringes Konfliktlösungspotential. Bereits Lasègue hatte 1873 geschrieben: „Die Patientin und ihre Familie sind als ein sehr eng gestricktes Ganzes zu betrachten, und wir erhalten ein falsches Bild von der Erkrankung, wenn wir unseren Blick nur auf die Patientin richten".

Die Familien von bulimischen Patienten weisen dabei größere Probleme und Störungen auf als die Familien anorektischer Patienten. Es ist bis heute jedoch nicht geklärt, ob die familiären Verhaltensweisen eine notwendige Bedingung für die Entstehung der Erkrankung darstellen oder aber eher als ihre Folge anzusehen sind.

In der Genese von Eßstörungen sind auch **individuelle Eigenschaften** des jeweils betroffenen Patienten zu berücksichtigen (Schwierigkeiten in der Identitätsfindung, Gefühl der eigenen Ineffektivität, Mißtrauen gegenüber zwischenmenschlichen Beziehungen). Bei Patienten mit bulimischer Eßstörung findet sich gehäuft eine affektive Instabilität sowie eine mangelnde Fähigkeit zur Impulskontrolle.

Aus **lerntheoretischer Sicht** ist die **Verknüpfung von Körpergewicht und Selbstwertgefühl** von Bedeutung. Die Reaktion der Umgebung spielt dabei eine besondere Rolle.

Aus **tiefenpsychologischer Sicht** wird eine „zweiphasice Verdrängung" angenommen. Es wird auch davon ausgegangen, daß die Appetitstörung und das Erbrechen als ein Ausdruck der Angst vor gesteigerten sexuellen Bedürfnissen zu sehen sind („neurotische Regression").

In der Genese von Eßstörungen sind auch **individuelle Eigenschaften** des jeweils betroffenen Patienten zu berücksichtigen. Es hat sich gezeigt, daß Patienten mit Eßstörungen während ihrer Entwicklung in der Pubertät und in der Adoleszenz Schwierigkeiten in der Identitätsfindung gezeigt und unzureichende Kompetenzen zur Bewältigung alltagstypischer Anforderungen entwickelt haben. Häufig finden sich ein tief verwurzeltes Gefühl der eigenen Ineffektivität, Mißtrauen gegenüber zwischenmenschlichen Beziehungen und eine mangelnde Fähigkeit, die eigene Befindlichkeit wahrzunehmen. Bei Patienten mit bulimischer Eßstörung finden sich gehäuft eine affektive Instabilität sowie eine mangelnde Fähigkeit zur Impulskontrolle.

Aus **lerntheoretischer Sicht** ist besonders die **Verknüpfung von Körpergewicht und Selbstwertgefühl** von Bedeutung. Auch dabei spielt die Reaktion der Umgebung eine wichtige Rolle. Die Möglichkeit, das Körpergewicht fast nach Belieben manipulieren zu können (z.B. durch provoziertes Erbrechen oder Laxanzienabusus), wird fälschlicherweise als Problemlösungsstrategie eingesetzt.

Aus **tiefenpsychologischer Sicht** wird eine „zweiphasige Verdrängung" angenommen. Da die psychoneurotische Symptombildung zur Abwehr von Konflikten nicht ausreicht, kommt es zu körperlichen Abwehrvorgängen im Sinne der Eßstörung. Es wird davon ausgegangen, daß die Appetitstörung und das Erbrechen als ein Ausdruck der Angst vor gesteigerten sexuellen Bedürfnissen zu sehen sind („neurotische Regression"). In der Regel soll die Beziehung zur (dominanten) Mutter ebenso gestört sein wie die Beziehung zum Vater, die eine ödipale Konfliktsituation darstellt.

Symptomatik und klinische Subtypen

Das gemeinsame Kernsymptom beider Formen der Eßstörung ist die Störung der Körperwahrnehmung **(Körperschema-Störung)**. Besonders anorektische Patienten überschätzen ihren Körperumfang und halten sich trotz Untergewicht für zu dick. Dabei sind bestimmte Körperregionen (beispielsweise Bauch, Oberschenkel, Hüften) mehr betroffen als andere.

Die Körperschema-Störung steht in einem engen Zusammenhang mit **gestörtem Eßverhalten**. So werden vermeintlich hochkalorische Nahrungsmittel möglichst vermieden, und es kommt – besonders nach Heißhungerattacken bei der Bulimie – zu dem Versuch, zuviel aufgenommene Nahrungsmittel wieder loszuwerden. Zu diesem Zweck werden selbstinduziertes Erbrechen, Abführen mit Laxanzien, Einnahme von Diuretika sowie übertriebene körperliche Aktivitäten eingesetzt.

Gemeinsam ist beiden Hauptformen der Eßstörung auch **das gehäufte Auftreten von affektiven Auffälligkeiten**, so z.B. depressiven Symptomen, Angst und Zwangssymptomen.

Symptomatik und klinische Subtypen

Das gemeinsame Kernsymptom beider Formen der Eßstörung ist die Störung der Körperwahrnehmung **(Körperschema-Störung)**. Besonders anorektische Patienten überschätzen ihren Körperumfang.

Das **gestörte Eßverhalten** zeigt sich in der Vermeidung vermeintlich hochkalorischer Nahrungsmittel und dem Versuch, zuviel aufgenommene Nahrungsmittel wieder loszuwerden (z.B. mit selbstinduziertem Erbrechen, Laxanzien, Diuretika, übertriebenen körperlichen Aktivitäten).

Gemeinsam ist beiden Formen der Eßstörung auch **das gehäufte Auftreten von affektiven Auffälligkeiten,** z.B. depressiven Symptomen, Angst, Zwangssymptomen.

Anorexia nervosa

Synonym: Magersucht

Das klinische Bild der Anorexia nervosa ist gekennzeichnet durch restriktives Diäthalten bis hin zur völligen Nahrungsverweigerung. Dadurch kommt es zu deutlicher, teilweise **extremer Gewichtsabnahme**. Durchschnittlich beträgt die Gewichtsabnahme etwa 45% des Ausgangsgewichtes; für die Diagnosestellung wird ein Gewichtsverlust auf ein Körpergewicht von mindestens 15% unter dem zu erwartenden Körpergewicht verlangt. Das Eßverhalten ist auffällig: Die Patienten brauchen lange für geringste Nahrungsmengen, zerpflücken die Speisen, essen unpassende Nahrungsmittel durcheinander und verzichten auf andere ganz (z. B. auf fleischhaltige Kost).

Anorexia nervosa

Synonym: Magersucht

Durch restriktives Diäthalten bis zur völligen Nahrungsverweigerung kommt es zu teilweise **extremer Gewichtsabnahme.** Das Eßverhalten ist auffällig: Die Patienten brauchen lange für geringste Eßmengen, zerpflücken die Speisen etc. In einigen Fällen können auch bei der Anorexie Heißhungerattacken auftreten.

Die Erkrankung beginnt häufig mit einer Überwachung der Nahrungsaufnahme anhand eines Kalorienplanes; viele Patienten weigern sich, an den gemeinsamen Mahlzeiten der Familie teilzunehmen. Wie oben beschrieben, können neben dem reinen Fasten oder Hungern noch andere Methoden zur Gewichtsreduktion angewandt werden. In einigen Fällen können auch bei der Anorexie Heißhungerattacken – wie sie bei der Bulimie beschrieben sind – auftreten.

Die Gewichtsabnahme kann bis hin zur **massiven Kachexie** reichen. Ein Körpergewicht von 25 bis 35 kg kann akute lebensbedrohliche Folgen haben (*siehe Abbildung 3-77*).

> Die Gewichtsabnahme kann bis zur **massiven Kachexie** reichen (*s. Abb. 3-77*).

Synopsis 3-37: Symptomatik der Anorexia nervosa im Vergleich von ICD-10 und DSM-III-R

ICD-10	DSM-III-R
Tatsächliches Körpergewicht mindestens 15% unter dem zu erwartenden oder Quetelets-Index von 17,5 oder weniger.	Das Körpergewicht wird absichtlich nicht über dem der Körpergröße oder dem Alter entsprechenden Minimum gehalten, d.h. Gewichtsverlust auf ein Gewicht von 15% oder mehr unter dem zu erwartenden Gewicht.
Der Gewichtsverlust ist selbst herbeigeführt durch: • Vermeidung von hochkalorischen Speisen und eine oder mehrere der folgenden Möglichkeiten: • Selbstinduziertes Erbrechen • Selbstinduziertes Abführen • Übertriebene körperliche Aktivitäten • Gebrauch von Appetitzüglern und/oder Diuretika.	
Körperschema-Störung in Form einer spezifischen psychischen Störung.	Störung der eigenen Körperwahrnehmung hinsichtlich Gewicht, Größe oder Form.
Eine endokrine Störung auf der Hypothalamus-Hypophysen-Achse. Sie manifestiert sich bei Frauen als Amenorrhoe und bei Männern als Libido- und Potenzverlust.	Bei Frauen Aussetzen von mindestens drei aufeinanderfolgenden Menstruationszyklen, deren Auftreten sonst zu erwarten gewesen wäre.
Bei Beginn der Erkrankung vor der Pubertät ist die Abfolge der pubertären Entwicklungsschritte verzögert oder gehemmt.	
	Starke Angst vor Gewichtszunahme oder Angst vor dem Dickwerden.

In **körperlicher Hinsicht** kommt es insbesondere zu einer endokrinen Störung auf der Hypothalamus-Hypophysen-Achse. Diese manifestiert sich bei Frauen als Amenorrhoe und bei Männern als Libido- und Potenzverlust. Außerdem kommt es zu einem erhöhten Plasma-Kortisolspiegel mit Verlust der physiologischen Tagesschwankung sowie zu einem reduzierten Gonadotropin-Spiegel (*siehe Synopsis 3-37*). Weitere körperliche Folgen sind Bradykardie, Hypotonus, Hypothermie, Lanugo-Behaarung, Haarausfall und Ödeme. Die laborchemische Untersuchung zeigt evtl. eine Verminderung der Elektrolyte, eine Leukopenie, erhöhte Transaminasen und ein erniedrigtes Gesamteiweiß.

Begleitend kann es bei ausgeprägtem Laxanzienabusus zu Osteomalzie und Osteoporose kommen.

> In **körperlicher Hinsicht** kommt es insbesondere zu einer endokrinen Störung auf der Hypothalamus-Hypophysen-Achse (Amenorrhoe, Libido- und Potenzverlust, erhöhter Plasma-Kortisolspiegel, *s. Syn. 3-37*).
> Weitere körperliche Folgen sind Bradykardie, Hypotonus, Hypothermie, Lanugo- Behaarung, Haarausfall und Ödeme sowie laborchemische Veränderungen.

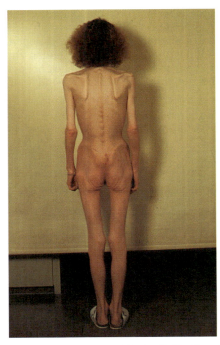 

Abb. 3-77a+b: Kachektische Patientin mit Anorexia nervosa

Kasuistik. Die jetzt 25jährige Studentin wurde als das zweite Kind einer Hausfrau und eines Bauingenieurs geboren. Ein Bruder ist sechs Jahre älter. Die Patientin berichtet, die frühkindliche Entwicklung sei völlig unauffällig gewesen. Die Erziehung ihrer Eltern sei ein Mittelmaß zwischen Freiheit und Strenge gewesen; die Mutter habe in der Erziehung dominiert, der Vater sei mehrere Jahre beruflich bedingt nur alle zwei Wochen zu Hause gewesen. Die Ehe der Eltern sei eher schlecht gewesen, sie hätten sich immer viel gestritten. Auch in der Partnerbeziehung dominierte die Mutter; sie selber habe sich mehr dem Vater angeschlossen. Häufig habe die Mutter versucht, Beziehungen zu Freundinnen zu unterbinden, so daß sie meist sehr isoliert gewesen sei. Jedes Gespräch über sexuelle Themen sei in der Familie völlig tabu gewesen.

In der Grundschule war die Patientin eine sehr gute Schülerin, im Gymnasium ließen die Leistungen langsam nach. Nach dem 11. Schuljahr ging die Patientin dann vom Gymnasium ab und besuchte eine Höhere Handelsschule.

Sie gab an, in dieser Zeit habe dann ihre „Magersucht" begonnen. Damals habe sie zum ersten Mal einen festen Freund gehabt. Dieser habe ihr gegenüber wiederholt bemerkt, daß sie „zu fett" sei. Bei einer Körpergröße von 1,65 m habe sie damals etwa 55 kg gewogen. Die Bemerkungen ihres Freundes seien für sie aber nicht überraschend gekommen, da sie sich selber auch als zu dick erlebt habe. Innerhalb eines Jahres habe sie von 55 kg bis auf 35 kg Körpergewicht abgenommen, indem sie eine „sehr strenge Diät" eingehalten habe. Ab und zu habe sie auch einmal absichtlich erbrochen, wenn sie ihren Diätvorschriften nicht nachgekommen sei. Ihre Mutter habe die Gewichtsabnahme zunächst überhaupt nicht registriert, sondern es ihr erst – als sie bereits 35 kg wog – an ihrem Gesicht angesehen. Auch ihr Vater habe nichts davon bemerkt. Im übrigen habe sie zu dieser Zeit zu ihrer Mutter ein besseres Verhältnis gehabt, da ihr Vater eifersüchtig auf ihren damaligen Freund gewesen sei. Während dieser Phase habe sie einen ständigen Bewegungsdrang verspürt, habe auch für die Familie und andere gekocht. Nach einem Jahr habe sie die Höhere Handelsschule dann abgebrochen. Sie sei zwar die Klassenbeste gewesen, aber mit den Lehrern und den Mitschülern habe sie nicht zurechtkommen können.

Vor jetzt sechs Jahren sei es zum ersten Krankenhausaufenthalt in einer internistischen Klinik gekommen. Sie sei von dort mit einem Körpergewicht von 42 kg entlassen worden.

Anschließend erfolgte eine ambulante psychotherapeutische Behandlung, die von der Patientin selbst – trotz Gewichtszunahme auf 50 kg – als völlig erfolglos eingestuft wurde. Nach dem Abbruch der ambulanten Behandlung nahm die Patientin innerhalb eines Jahres bis auf 28 kg ab und mußte schließlich komatös erneut in ein Krankenhaus eingeliefert werden. Nach diesem Krankenhausaufenthalt begann die Patientin eine Aushilfstätigkeit als Kellnerin in einem Café. Sie gab an, sie habe damals einen ständigen Kampf mit dem Essen geführt.

In der Folgezeit kam es zu wiederholten stationären Behandlungen, vorübergehend auch in einer Spezialklinik für Anorexia nervosa. Zwischenzeitlich befand sich die Patientin mehrfach in ambulanter Psychotherapie, brach diese Therapien dann jedoch immer wieder kurzfristig ab. Aktuell führte eine deutliche depressive Verstimmung mit Antriebsminderung, innerer Leere und suizidalen Gedanken zur stationären Aufnahme. Das aktuelle Körpergewicht betrug 58 kg.

Bulimia nervosa

Synonym: Eß-Brech-Sucht

Das typische Symptom der Bulimie sind **rezidivierende Heißhungerattacken.** Dabei kommt es zum anfallsartigen, hastigen Hinunterschlingen großer Nahrungsmengen, insbesondere hochkalorischer Nahrung. Es wird alles an Nahrung aufgenommen, was verfügbar ist („Syndrom des leeren Kühlschranks"). Im Anschluß an diese Attacken kommt es meist zum Erbrechen, das zunächst manuell provoziert wird und später fast reflexhaft abläuft. Außerhalb dieser attackenweisen Zustände versuchen die Patientinnen, eine Diät einzuhalten.

> **Merke.** Viele Patienten mit Bulimie weisen zwar ein einigermaßen normales Körpergewicht auf, zeigen aber trotzdem Symptome der Mangelernährung (vegetative Störungen, gastrointestinale Störungen, Elektrolytverschiebungen u.ä.).

Dadurch kommt es zu ähnlichen körperlichen Folgen, wie sie für die Anorexie beschrieben wurden. Typisch für Bulimie-Patienten ist eine ausgeprägte Karies sowie evtl. Schwielen an den Fingern oder Läsionen am Handrücken, die durch wiederholtes manuelles Auslösen des Würgereflexes bedingt sind (*siehe Synopsis 3-38*).

Bulimia nervosa

Synonym: Eß-Brech-Sucht

Das typische Symptom sind **rezidivierende Heißhungerattacken** mit anfallsartigem hastigen Hinunterschlingen großer Nahrungsmengen. Im Anschluß an diese Attacken wird Erbrechen herbeigeführt.

◄ Merke

Es kommt zu ähnlichen körperlichen Folgen, wie sie für die Anorexie beschrieben wurden (*vgl. Syn. 3-38*).

Synopsis 3-38: Symptomatik der Bulimia nervosa im Vergleich von ICD-10 und DSM-III-R

ICD-10	DSM-III-R
Eine andauernde Beschäftigung mit Essen, eine unwiderstehliche Gier nach Nahrungsmitteln; die Patientin erliegt Eßattacken, bei denen große Mengen Nahrung in sehr kurzer Zeit konsumiert werden.	Wiederholte Episoden von Freßanfällen (schnelle Aufnahme einer großen Nahrungsmenge innerhalb einer bestimmten Zeitspanne). Das Gefühl, das Eßverhalten während der Freßanfälle nicht unter Kontrolle halten zu können.
Die Patientin versucht, dem dickmachenden Effekt der Nahrung durch verschiedene Verhaltensweisen entgegenzusteuern.	Um einer Gewichtszunahme entgegenzusteuern, greift der/die Betroffene regelmäßig zu Maßnahmen zur Verhinderung einer Gewichtszunahme.
Die psychopathologische Auffälligkeit besteht in einer krankhaften Furcht davor, dick zu werden; die Patientin setzt sich eine scharf definierte Gewichtsgrenze, weit unter dem prämorbiden, vom Arzt als optimal oder „gesund" betrachteten Gewicht.	Andauernde, übertriebene Beschäftigung mit Figur und Gewicht.
Häufig läßt sich in der Vorgeschichte mit einem Intervall von mehreren Jahren eine Episode einer Anorexia nervosa nachweisen.	Durchschnittlich mindestens zwei Freßanfälle pro Monat über einen Mindestzeitraum von drei Monaten.

Kasuistik. Die jetzt 24jährige kaufmännische Angestellte wurde mit einem Körpergewicht von 53 kg bei einer Körpergröße von 1,62 m mit der Einweisungsdiagnose einer Alkoholabhängigkeit stationär aufgenommen.

Zur Vorgeschichte berichtete sie, daß im Alter von 15 Jahren bei ihr erstmals eine anorektische Symptomatik aufgetreten sei. Sie habe damals bis auf 36 kg abgenommen. Damit habe sie ein Körpergewicht erreicht, bei dem sie sich fit und völlig leistungsfähig gefühlt habe. Sie habe zu diesem Zeitpunkt keinerlei körperliche Probleme gehabt. „Ihrer Mutter zuliebe" habe sie nach einiger Zeit wieder mehr gegessen und sich bis auf 50 kg „aufgefressen".

Nach dem Schulabschluß habe sie die erste Heißhungerattacke gehabt. Sie habe zunehmend Gefallen daran gefunden, sich den Finger in den Hals zu stecken, um Erbrechen zu provozieren. Zunächst sei es nur einmal pro Monat, später sehr viel häufiger dazu gekommen. Im Rahmen einer zweiten, länger dauernden Partnerschaft, die nach ihren Aussagen von einem Abhängigkeitsgefühl gegenüber dem Partner gekennzeichnet war, erlitt sie zunehmend Eßattacken, die auch von einem vermehrten Alkoholkonsum begleitet wurden. Nachdem sich ihr Partner von ihr trennte, hatte sie zeitweise mehrfach täglich bulimische Attacken mit anschließendem Erbrechen. Sie schilderte, die Attacken verzögen sich „ritualmäßig". Erst würden die Salate, dann andere Gerichte wie Pizza oder warme Speisen sowie andere Fertiggerichte gegessen, dann Brote, Brötchen, Chips, Kekse, Schokolade. Diese Essensmenge würde nach ihrer Ansicht normalerweise für vier bis fünf Leute ausreichen. Begleitend habe sie zwei bis drei Flaschen Wein getrunken.

Ihre Kindheit habe sie in ganz schlechter Erinnerung. Der Vater sei für sie praktisch nicht existent gewesen, von der Mutter sei sie sehr streng erzogen worden. Mit ihrem zwei Jahre älteren Bruder habe sie sich sehr gut verstanden. In der Schule sei sie stets die Klassenbeste gewesen. Dennoch habe sie nie den Ruf einer Streberin gehabt. Auch mit den Lehrern später auf dem Gymnasium habe sie sehr viel privaten Kontakt gehabt, und diese hätten sie sehr geschätzt.

Die jetzige stationäre Behandlung gestaltete sich wechselhaft. Zunächst kam es unter Alkoholkarenz, begleitender antidepressiver Behandlung und stützender psychotherapeutischer Behandlung zu zunehmenden sozialen Aktivitäten. Im Rahmen eines Belastungsurlaubes kam es jedoch zu einem erneuten Auftreten bulimischer Attacken, und nach einer weiteren Beurlaubung kehrte die Patientin nicht mehr in die Klinik zurück.

Diagnostik und Differentialdiagnose

Diagnostik und Differentialdiagnose
Die Diagnose der Eßstörungen ist eine **klinische Diagnose**. Zur Beurteilung des Körpergewichtes werden verschiedene Berechnungsformeln verwendet (Formel nach **Broca, Quetelets-Index**).

Die Diagnose der Eßstörung ist eine **klinische Diagnose**. Zur Beurteilung des Körpergewichtes werden verschiedene Berechnungsformeln verwendet. Bei der Berechnung nach **Broca** wird das Normalgewicht (in kg) als „Körpergröße (in cm) – 100" berechnet. Für die Diagnose einer Anorexie wird ein Absinken des Körpergewichtes um mindestens 15% unter das zu erwartende Gewicht verlangt. Diese Grenze ist zwar willkürlich, hat sich in der Praxis jedoch bewährt.

Eine weitere Methode der Abschätzung des Körpergewichtes ist der **Quetelets-Index**. Dieser errechnet sich aus dem Körpergewicht (in kg) dividiert durch die quadrierte Körpergröße (in m). Eine Anorexie kann demnach diagnostiziert werden, wenn dieser Index unter 17,5 absinkt.

Merke ▶

> *Merke.* Es ist zu beachten, daß bei ein- und demselben Patienten beide Formen der Eßstörung gemeinsam oder nacheinander auftreten können. Besonders bei Patienten mit einer Bulimie läßt sich häufig mehrere Jahre zuvor die Symptomatik einer Anorexia nervosa beobachten.

Differentialdiagnostisch sind besonders **abzugrenzen**:
- (vorübergehende) anorektische Reaktionen,
- schizophrene Psychosen,
- affektive Störungen,
- Zwangserkrankungen.

Die Abgrenzung zu diesen Störungen fällt meist nicht sehr schwer, da in diesen Fällen keine tiefgreifende Körperschema-Störung besteht.
Organische Ursachen müssen ausgeschlossen werden (Tumorerkrankungen, Stoffwechselstörungen, Hyperthyreose, Magen-Darm-Störungen).

Differentialdiagnostisch sind **anorektische Reaktionen** abzugrenzen. Darunter wird eine vorübergehende anorektische Symptomatik verstanden, die sich nach akuten belastenden Situationen einstellt (z. B. Verluste, Unfälle, Operationen). Im Gegensatz zu der Anorexia nervosa nehmen diese anorektischen Reaktionen keinen chronischen Verlauf.

Eine anorektische Symptomatik kann außerdem bei fast jeder anderen psychiatrischen Störung auftreten. Besonders häufig ist ein gestörtes Eßverhalten bei **schizophrenen Psychosen, affektiven Störungen** und **Zwangserkrankungen** zu beobachten. Die Abgrenzung zu diesen Störungen fällt nicht schwer, wenn beachtet wird, daß in diesen Fällen meist keine tiefergehende Körperschema-Störung zu finden ist.

Notwendigerweise müssen **organische Ursachen** für eine Eßstörung ausgeschlossen werden. Dazu gehören insbesondere konsumierende Erkrankungen

(Tumorerkrankungen, chronische Erkrankungen), aber auch Stoffwechselstörungen (z. B. Hyperthyreose) und Magen-Darm-Erkrankungen.

Heißhungerattacken finden sich außerdem noch bei einigen **neurologischen Erkrankungen**, wie z. B. bei bestimmten Epilepsie-Formen, Hirntumoren, dem Klüver-Bucy-Syndrom (mit oralen Automatismen) und beim Kleine-Levin-Syndrom (mit Hypersomnie).

Verlauf

> **Merke.** Eßstörungen sind potentiell chronische Erkrankungen. Die Anorexia nervosa ist mit einer hohen Mortalitätsrate belastet.

Bei der **Anorexia nervosa** wurde in Nachuntersuchungsstudien nach 4 bis 5 Jahren ein guter Heilungserfolg bei etwa 40% der Patienten gefunden, 25 bis 30% der Patienten boten einen eher ungünstigen Verlauf. „Guter Erfolg" meinte in diesem Zusammenhang ein Körpergewicht zwischen 85 und 115% des Normbereiches und das Auftreten einer regelmäßigen Menstruation. In Studien, die einen längeren Zeitraum überblicken, liegen die Zahlen etwas günstiger. Hier wird in 60 bis 75% der Patienten Beschwerdefreiheit beschrieben. Auf der anderen Seite des Spektrums steht die ernstzunehmende Mortalität. Nach 4 bis 5 Jahren wurden **Todesfälle** in etwa 5%, nach 20- bis 30jährigem Verlauf sogar in 15 bis 20% der ursprünglich betroffenen Patienten beobachtet.

Patienten mit einem frühen Beginn der Störung sollen eine bessere Prognose aufweisen. Beginnt die Erkrankung allerdings schon in der präpubertären Phase (vor dem 11. Lebensjahr), dann wird eine deutlich schlechtere Prognose angenommen.

Bei der **Bulimia nervosa** sind die Informationen über den Langzeitverlauf noch spärlich. In einer Studie über zwei Jahre wurde bei 41% der Patienten nach diesem Zeitraum noch eine bulimische Symptomatik gefunden.

Relativ häufig wird ein **Übergang in affektive Störungen** (depressive Symptomatik) sowie in **Zwangsstörungen** gefunden. Das Hinzutreten einer Suchtproblematik ist nicht selten.

> **Merke.** Im Verlauf von Eßstörungen ist besonders auch auf das mögliche Auftreten von **Suizidalität** zu achten.

Therapie

Die Behandlung von Eßstörungen stellt eine Herausforderung an ein strukturiertes und differenziertes therapeutisches Vorgehen dar. Gerade bei diesen Störungen steht einer multifaktoriellen Entstehung auch ein multimodaler Therapieansatz gegenüber. Eine grundsätzliche Schwierigkeit in der Therapie von Eßstörungen ist die meist **geringe Einsicht** der Patienten in den Krankheitscharakter der Störung und teilweise sogar eine regelrechte Therapieverweigerung.

Da die Anorexia nervosa eine potentiell lebensbedrohliche Erkrankung darstellt, muß in der **akuten Erkrankungsphase** häufig eine **stationäre Behandlung** erfolgen. Kriterien für die stationäre Therapie sind u. a.:

- Gewichtsverlust unter 75% des Normalgewichtes,
- bedrohliche körperliche Folgeerscheinungen (Elektrolytverschiebungen, Exsikkose, Bradykardie),
- depressive Verstimmung mit Suizidgefahr.

Auch ausgeprägte psychosoziale Probleme wie eine festgefahrene familiäre Interaktion, soziale Isolation oder stark eingeschränkte Leistungsfähigkeit können eine Indikation zur Aufnahme in eine Spezialklinik sein. Die stationäre Behandlung orientiert sich meist an einem stufenweise aufbauenden Vorgehen,

3 Krankheiten

Merke ▶

Die stationäre Behandlung orientiert sich meist an einem stufenweise aufbauenden Vorgehen, das insbesondere **lerntheoretische Kenntnisse** mit einbezieht (s. Tab. 3-33).

Mittel- oder langfristige Ziele können dann in einer **Umstrukturierung des Verhaltens** bestehen, so daß alternative Verhaltensweisen zu einer Quelle positiver Befriedigung werden und damit das anorektische Verhalten ersetzen. Erkenntnisse der Tiefenpsychologie können in ein solches Therapiekonzept eingebaut sein, eine analytische Psychotherapie allein kann jedoch kaum einmal Therapie der ersten Wahl sein.

Zusätzlich werden **soziotherapeutische Maßnahmen** eingesetzt (Tagesstrukturierung, betreutes Wohnen u.ä.).

Der Einsatz von **Psychopharmaka** spielt eine **nachgeordnete Rolle**.

Die Behandlung der Bulimia nervosa erfolgt mit trizyklischen und serotonergen Antidepressiva und MAO-Hemmern. Der Einsatz von Psychopharmaka ist besonders bei **depressiver Symptomatik,** aber auch zur **Rückfallprophylaxe** geeignet.

Bei der Anorexia nervosa werden Neuroleptika oder Antidepressiva in der **Akutphase,** bis zum Erreichen eines ausreichenden Körpergewichtes sowie bei deutlicher depressiver Verstimmung eingesetzt.

---

das insbesondere **lerntheoretische Kenntnisse** mit einbezieht. Ein Beispiel für eine solche therapeutische Strategie ist in *Tabelle 3-33* dargestellt.

Auch in der ambulanten Behandlung stehen verhaltenstherapeutische Therapieverfahren im Vordergrund.

> **Merke.** Notwendige Voraussetzung für eine erfolgreiche psychotherapeutische Arbeit ist das Erreichen eines ausreichenden Körpergewichtes sowie die Wiederherstellung eines normalen Eßverhaltens.

Mittel- oder langfristige Ziele können dann in einer **Umstrukturierung des Verhaltens** bestehen, so daß alternative Verhaltensweisen zu einer Quelle positiver Befriedigung werden und damit das anorektische Verhalten ersetzen. Weitere Therapieziele sind die Behandlung der „Gewichtsphobie" oder der Angst davor, die Kontrolle über die Nahrungsaufnahme zu verlieren, die Behandlung der Körperschema-Störung sowie der Versuch, das überwältigende Gefühl der Unfähigkeit und Hilflosigkeit zu beseitigen. Auch sexuelles Verhalten und zwischenmenschliche Beziehungen müssen Aspekte eines solchen psychotherapeutischen Vorgehens sein. Erkenntnisse der Tiefenpsychologie können in ein solches Therapiekonzept eingebaut sein, eine analytische Psychotherapie alleine kann jedoch kaum einmal Therapie der ersten Wahl sein.

Durch zusätzliche **soziotherapeutische Maßnahmen** (Tagesstrukturierung, betreutes Wohnen u.ä.) muß versucht werden, das soziale Umfeld so zu strukturieren, daß ein erreichter Therapieerfolg auch über einen längerfristigen Zeitraum stabil bleiben kann.

Tabelle 3-33: Stationäre Behandlung der Anorexia nervosa

1. Phase: Anhebung des Körpergewichts
- Manchmal Nahrungsgabe über Magensonde
- Manchmal „Ausschluß der Familie" erforderlich

2. Phase: Fremdsteuerung der Nahrungsaufnahme
- Essensplan
- Stärkere Einbeziehung der Familie
- Psychotherapie (Einzel- und Gruppentherapie)
- Körperbezogene Therapien

3. Phase: Selbststeuerung der Nahrungsaufnahme
- Psychotherapie (Familien-, Einzel-, und Gruppentherapie)
- Körperbezogene Therapien

4. Phase: Vorbereitung auf die Entlassung
- Schwerpunkt Familientherapie
- Zunehmende Integration in alle Lebensbereiche

Der Einsatz von **Psychopharmaka** spielt bei Eßstörungen eine **eher nachgeordnete Rolle**.

Die psychopharmakologische Behandlung der Bulimia nervosa erfolgt mit trizyklischen (u.a. Imipramin, Amitriptylin, Desipramin) und serotonergen (Fluoxetin, Fluvoxamin, Paroxetin) Antidepressiva sowie mit Monoaminoxidase-Hemmern (Moclobemid). Insgesamt gesehen sind die Ergebnisse hinsichtlich der Wirksamkeit zur Beeinflussung der bulimischen Kernsymptomatik (Heißhungerattacken, Erbrechen) sowie einer Reduktion zusätzlicher depressiver Symptome positiv. Insofern empfiehlt sich der psychopharmakologische Ansatz auch gerade bei **depressiver Symptomatik,** aber auch zur **Rückfallprophylaxe.**

Die Ergebnisse der psychopharmakologischen Therapie bei der Anorexia nervosa sind weniger ermutigend. Hier ergibt sich eine Indikation insbesondere in der **Akutphase** und bis zum Erreichen eines ausreichenden Körpergewichts. Verwendet werden sowohl Neuroleptika als auch Antidepressiva. Die Wirkung von Psychopharmaka ist häufig durch die schlechte Compliance der Patienten beeinträchtigt.

Sexuelle Störungen

Definition. Unter sexuellen Störungen werden im folgenden alle diejenigen Störungen verstanden, die Auswirkungen in erster Linie im Bereich des sexuellen Verhaltens haben. Dazu gehören insbesondere Störungen des sexuellen Verlangens, der sexuellen Erregung und der Orgasmusfähigkeit. Psychiatrisch bedeutsam sind weiterhin Störungen der Geschlechtsidentität und die Störungen der Sexualpräferenz (Paraphilien).

Allgemeines

In kaum einem anderen Bereich menschlichen Verhaltens zeigen sich die **direkten Beziehungen zwischen seelischen und körperlichen Funktionen** so deutlich wie im Bereich sexuellen Verhaltens. Die Beschäftigung mit sexuellen Störungen ist deshalb nicht alleine im psychiatrischen Fachgebiet anzusiedeln, sondern ist auch eine Herausforderung an praktisch alle anderen medizinischen Fachdisziplinen.

Sexuelle Störungen können aber die psychische Situation eines Menschen so nachhaltig stören und zu einem so großen subjektiven Leidensdruck führen, daß sie zu einem relevanten psychiatrischen Problem werden.

Gerade bei sexuellen Störungen fällt die **Abgrenzung** zwischen gestörtem und ungestörtem Verhalten sehr schwer. Im Bereich der Sexualität finden sich – mehr als in vielen anderen psychischen Bereichen – große **individuelle Unterschiede**. Sexuelles Verhalten ist abhängig von vielen unterschiedlichen Faktoren, wie kulturelle Prägung, Erziehung, persönliche Einstellung, Partnerbeziehung und vielen anderen mehr. **Unterschiedliche Einstellungen** prägen dabei nicht nur den Patienten, sondern auch den diagnostizierenden und behandelnden Arzt.

In den Themenbereich der sexuellen Störungen spielen außerdem auch gesellschaftliche und politische Aspekte hinein. Beispiele dafür sind die unterschiedliche Bewertung homosexuellen Verhaltens, die Probleme der HIV-Infektion bzw. AIDS-Erkrankung sowie die rechtliche Beurteilung abweichenden sexuellen Verhaltens.

Unter der Bezeichnung „sexuelle Störungen" werden aus psychiatrischer Sicht ganz unterschiedliche Problemkreise zusammengefaßt. Auf der einen Seite fallen darunter Störungen, die den unterschiedlichen Phasen der sexuellen Erregung zugeordnet werden können, also **Störungen des sexuellen Verlangens, der sexuellen Erregung** und **des Orgasmus**. Auf der anderen Seite werden darunter auch Störungen verstanden, die die sogenannte **Geschlechtsidentität** bzw. die Ausrichtung sexuellen Verhaltens betreffen (**Störungen der Sexualpräferenz, Paraphilien**) (siehe Synopsis 3-39).

Im folgenden sollen die verschiedenen Störungsbereiche detaillierter dargestellt werden. Dabei wird der Schwerpunkt auf die aus psychiatrischer Sicht relevanten Probleme gelegt. Eine umfassende Darstellung menschlichen Sexualverhaltens soll den speziellen Lehrbüchern vorbehalten bleiben.

Sexuelle Störungen

◄ Definition

Allgemeines

Bei sexuellen Störungen zeigen sich **direkte Beziehungen zwischen seelischen und körperlichen Funktionen** besonders deutlich.

Aufgrund großer **individueller Unterschiede** fällt die **Abgrenzung** zwischen gestörtem und ungestörtem Verhalten sehr schwer. Wichtige Faktoren für die Einschätzung sind:
- kulturelle Prägung,
- Erziehung,
- persönliche Einstellung,
- Partnerbeziehung.

In den Themenbereich der sexuellen Störungen spielen außerdem auch gesellschaftliche und politische Aspekte hinein (Homosexualität, AIDS, rechtliche Beurteilung).

Unter der Bezeichnung „sexuelle Störungen" werden **Störungen des sexuellen Verlangens, der sexuellen Erregung, des Orgasmus, der Geschlechtsidentität und der Sexualpräferenz** zusammengefaßt (s. Syn. 3-39).

Synopsis 3-39: Klassifikation sexueller Störungen im Vergleich von ICD-10 und DSM-III-R

ICD-10	DSM-III-R
Störungen der sexuellen Appetenz	
Sexuelle Aversion (F52.10) Mangelnde sexuelle Befriedigung (F51.11) Gesteigertes sexuelles Verlangen (F52.7)	Störungen mit verminderter sexueller Appetenz (302.71) Störungen mit sexueller Aversion (302.79)
Störungen der sexuellen Erregung	
Versagen genitaler Reaktionen (F52.2) – Bei Männern: Erektionsstörung	Störungen der Erektion beim Mann (302.72)
– Bei Frauen: Mangel oder Ausfall der vaginalen Lubrikation	Störungen der sexuellen Erregung bei der Frau (302.72)
Orgasmusstörungen	
Orgasmusstörungen (F52.3)	Gehemmter Orgasmus bei der Frau (302.73) Gehemmter Orgasmus beim Mann (302.72)
Ejaculatio praecox (F52.4)	Ejuculatio praecox (302.75)
Störungen mit sexuell bedingten Schmerzen	
Nichtorganischer Vaginismus(F52.5) Nichtorganische Dyspareunie (F52.6)	Vaginismus (306.51) Dyspareunie (302.76)
Störungen der Geschlechtsidentität	
Transsexualismus (F64.0) Transvestitismus unter Beibehaltung beider Geschlechtsrollen (F64.1) Störung der Geschlechtsidentität in der Kindheit (F64.2)	Transsexualismus (32.60) Störungen der Geschlechtsidentität in der Adoleszenz oder beim Erwachsenen, nicht transsexueller Typus (302.85) Störung der Geschlechtsidentität in der Kindheit (302.60)
Störungen der Sexualpräferenz (Paraphilien)	
Fetischismus (F65.0) Fetischistischer Transvestitismus (F65.1) Exhibitionismus (F65.2) Voyeurismus (F65.3) Pädophilie (F65.4) Sadomasochismus (F65.5) Multiple Störungen der Sexualpräferenz (F65.6) Andere Störungen der Sexualpräferenz (F65.8)	Fetischismus (302.81) Transvestitischer Fetischismus (302.30) Exhibitionismus (302.40) Voyeurismus (302.82) Pädophilie (302.20) Sexueller Masochismus (302.83) Sexueller Sadismus (302.84)

Historisches. Die Sexualwissenschaft oder Sexologie, wie sie heute verstanden wird, hat eine relativ kurze Geschichte. Das schließt aber nicht aus, daß die Behandlung sexueller Funktionsstörungen Wurzeln hat, die sehr viel weiter zurückreichen. Dabei war es nicht immer selbstverständlich, daß sich die Beschäftigung mit sexuellen Problemen auch im Rahmen der medizinischen Wissenschaft vollzog. Lange Zeit haben sich Ärzte nur am Rande mit den sexuellen Problemen ihrer Patienten beschäftigt.

Die wechselvolle Geschichte der Beschäftigung mit sexuellen Störungen zeigt sich deutlich auch in bezug auf die verwendeten Begriffe. Sexuelles Verhalten, das von einer Verhaltensnorm abwich, die die meisten Menschen für sich akzeptierten, wurde mit Begriffen wie „Perversion" belegt. Darin drückte sich nicht nur eine Beschreibung, sondern auch eine Wertung dieses sexuellen Verhaltens aus. Über lange Zeit wurde darunter auch homosexuelles Verhalten verstanden, das bis 1970 in Deutschland noch einen Straftatbestand darstellen konnte. Eine systematische Beschreibung von sexuellen Normabweichungen erfolgte erstmals 1886 in dem Werk „Psychopathia sexualis" des Wiener Psychiaters **Krafft-Ebing**. Darin wurde neben genetischen Faktoren auch die soziale und psychologische Beeinflußbarkeit dieser Störungen hervorgehoben. **Sigmund Freud** hob in seinem Werk dann besonders auf das Versagen von Entwicklungsprozessen in der Kindheit ab.

Epidemiologie. Genaue Angaben über die Häufigkeit der einzelnen sexuellen Störungen liegen bisher nicht vor. Aufgrund der unterschiedlichen Kriterien sowie der unklaren Grenze zwischen normalem sexuellem Verhalten und sexueller Störung dürfte es auch sehr schwierig sein, allgemeingültige Zahlen zu erheben. Aus verschiedenen Untersuchungen zeigt sich aber, daß mindestens 15% der Patienten, die einen Arzt aufsuchen, so bedeutende sexuelle Probleme haben, daß eine qualifizierte Beratung und/oder Behandlung ratsam wäre.

Am häufigsten werden Störungen genannt, die im Rahmen der sexuellen Partnerschaft auftreten. Bei Frauen betrifft dies die verminderte Lust auf sexuelle Kontakte sowie Orgasmusprobleme; Männer klagen vorwiegend über Erektionsstörungen und vorzeitige Ejakulation. Vaginismus oder verzögerte Ejakulation stellen seltener ein behandlungsbedürftiges Problem dar.

Störungen der sexuellen Appetenz werden von Frauen häufiger als von Männern berichtet. So gaben etwa 35% der Frauen und 16% der Männer an, daß sie zumindest für eine gewisse Zeit keinen Wunsch nach sexueller Aktivität verspürten. Die **Störungen der sexuellen Erregung** treten nach einigen Statistiken bei bis zu einem Drittel der verheirateten Frauen auf, bei Männern werden etwa 20% angenommen. Etwa ein Drittel der verheirateten Männer klagt über das wiederholte Auftreten eines vorzeitigen Samenergusses (Ejaculatio praecox).

Angaben über die **Häufigkeit von sexuellen Abweichungen** (Paraphilien) aus dem medizinischen Bereich gibt es kaum, die meisten Angaben stammen aus forensischen Studien. Diese Angaben können aber sicher nicht als repräsentativ für die allgemeine Bevölkerung angesehen werden. In der medizinischen Praxis werden subjektive Klagen über abweichendes Sexualverhalten nur selten vorgebracht.

Ätiopathogenese. Vor der Darstellung der heute gültigen Theorie zur Ätiopathogenese von sexuellen Störungen soll eine Darstellung der **ungestörten sexuellen Entwicklung** und der verschiedenen **Phasen der sexuellen Erregung** erfolgen.

Es hat sich inzwischen die Erkenntnis durchgesetzt, daß auch im Säuglings- und Kindesalter sexuelle Faktoren eine Rolle spielen und das spätere Sexualverhalten maßgeblich beeinflussen können. Die größte Bedeutung hat in diesem Zusammenhang das von Freud beschriebene **Entwicklungsmodell** erlangt, in dem verschiedene Phasen auch der sexuellen Entwicklung beschrieben werden. Nach diesem Modell läßt sich die Kindheitsentwicklung in vier Phasen einteilen, von denen drei ihren Namen von den Organen herleiten, die je nach Entwicklungsstadium vorrangig der Triebbefriedigung des Kindes dienen. Es handelt sich dabei um die **orale Phase**, die **anale Phase**, die **phallische Phase** sowie

◄ **Historisches**

Epidemiologie
Mindestens 15% der Patienten, die einen Arzt aufsuchen, haben so bedeutende sexuelle Probleme, daß eine Beratung und/oder Behandlung ratsam wäre. Am häufigsten klagen Frauen über vermindertes sexuelles Verlangen und Orgasmusstörungen, Männer über Erektionsstörungen und vorzeitige Ejakulation. Vaginismus oder verzögerte Ejakulation stellen seltener ein behandlungsbedürftiges Problem dar.

Störungen der sexuellen Appetenz werden von 35% der Frauen und 16% der Männer berichtet. **Störungen der sexuellen Erregung** treten bei bis zu einem Drittel der verheirateten Frauen auf, bei Männern werden etwa 20% angenommen.

Die Angaben zur **Häufigkeit von sexuellen Abweichungen** stammen meist aus forensischen Studien und sind nicht repräsentativ.

Ätiopathogenese
Zunächst erfolgt eine Darstellung der **ungestörten sexuellen Entwicklung** bzw. der verschiedenen **Phasen der sexuellen Erregung**. Auch im Säuglings- und Kindesalter spielen sexuelle Faktoren eine Rolle. Nach dem **Entwicklungsmodell** von Freud lassen sich vier unterschiedliche Phasen abgrenzen:
• **orale Phase** (1. Lebensjahr; lustvolles Gefühl beim Saugen und der Nahrungsaufnahme),

- **anale Phase** (2. und 3. Lebensjahr; subjektiv wichtiges Erleben von Ausscheidungsfunktionen),
- **phallische Phase** (4. bis 6. Lebensjahr; lustvolles Erleben der Geschlechtsorgane),
- **Latenzperiode** (7. bis 12. Lebensjahr; Abnahme des sexuellen Interesses).

Die Grenzen zwischen den einzelnen Phasen sind fließend.

Die Pubertät beginnt bei Mädchen früher als bei Jungen. Das Alter für das Eintreten der Menarche liegt heute etwa zwischen 13 und 13^1/$_2$ Jahren. Die übrigen körperlichen Veränderungen sind aus *Tab. 3-34* ersichtlich.

die **Latenzperiode**. Dieses Modell ist nicht unumstritten, und man muß zumindest davon ausgehen, daß der **Übergang zwischen diesen Stadien fließend** ist und Züge von verschiedenen Phasen gleichzeitig vorhanden sein können.

In der **oralen Phase** (1. Lebensjahr) tritt ein lustvolles Gefühl vorwiegend beim Saugen und bei der Nahrungsaufnahme auf. Die **anale Phase** (2. und 3. Lebensjahr) ist durch das subjektiv wichtige Erleben von Ausscheidungsfunktionen gekennzeichnet. In der **phallischen Phase** (4. bis 6. Lebensjahr) verschiebt sich die Betonung lustvollen Erlebens zu den Geschlechtsorganen. In dieser Zeit werden die Kinder sich über Geschlechtsunterschiede klar und beginnen, andere Körper zu erforschen („Doktorspiele") und Fragen über Geschlechtsunterschiede zu stellen. In der daran anschließenden **Latenzperiode**, die die Zeit vom 7. bis 12. Lebensjahr umfaßt, nimmt das sexuelle Interesse des Kindes ab, die Interessen richten sich mehr auf die Erforschung der Umwelt.

Die **Pubertät** beginnt bei Mädchen früher als bei Jungen und ist bei Mädchen auch früher abgeschlossen. Zu den ersten deutlichen Pubertätszeichen bei Mädchen gehören die Vergrößerung der Mammae und die beginnende Schambehaarung, während beim Jungen die Vergrößerung von Hoden und Skrotum frühzeitig auftritt. Das Alter für das Eintreten der Menarche liegt heute etwa zwischen 13 und 13 ^{1}/$_2$ Jahren. Im Jahre 1860 lag es noch bei durchschnittlich 16,5 Jahren und im Jahre 1920 bei etwa 14,5 Jahren.

Die zeitliche Zuordnung der übrigen körperlichen Veränderungen ist aus *Tabelle 3-34* ersichtlich.

Tabelle 3-34: Verlauf einer „normalen" Pubertätsentwicklung

Alter	Mädchen	Jungen
9 – 10	Veränderung der Vagina Vergrößerung der Mammae Vergrößerung des Beckens FSH im Blut steigt	
10 – 11	Auftreten der Schambehaarung LH und Östradiol im Blut steigen Beschleunigung des Wachstums	Vergrößerung des Hodens und des Skrotums FSH im Blut steigt
11 – 12	Beobachtbare Vergrößerung der Geschlechtsorgane	Vergrößerung des Penis Auftreten der Schambehaarung LH und Testosteron im Blut steigen
12 – 13	Pigmentierung der Areolae mammae Maximale Beschleunigung des Wachstums Apokrine Schweißdrüsensekretion	Prostataaktivität Beschleunigung des Wachstums
13 – 14	Haare in der Achselhöhle Menarche	Eventuell Vergrößerung der Mammae Aprokrine Schweißdrüsensekretion
14 – 15	Ovulation	Maximale Beschleunigung des Wachstums Veränderung der Stimme Haare in der Achselhöhle Oberlippenbart Erste Ejakulation
15 – 16	Akne Veränderung der Stimme	Akne Reife Spermatozoen
16 – 17	Aufhören des Längenwachstums	Körperbehaarung
17 – 18		Aufhören des Längenwachstums

Zum Verständnis der Ursachen und Auswirkungen sexueller Störungen ist es auch erforderlich, die unterschiedlichen **Phasen der sexuellen Erregung** mit ihren psychischen und körperlichen Veränderungen bei Frauen und Männern zu kennen. Einen Überblick darüber gibt *Tabelle 3-35*.

Die Kenntnis der unterschiedlichen **Phasen der sexuellen Erregung** ist zum Verständnis der Ursachen und Auswirkungen sexueller Störungen erforderlich (*s. Tab. 3-35*).

Tabelle 3-35: Phasen der sexuellen Erregung

Allgemeine psychische Veränderungen	Allgemeine körperliche Veränderungen	Veränderungen bei der Frau (Beispiele)	Veränderungen beim Mann (Beispiele)
Erregungsphase			
Zunehmendes Lustgefühl	Pulsanstieg Blutdrucksteigerung Atmung wird schneller Verstärkte Muskelspannung	Lubrikation der Vagina Erektion der Brustwarzen	Erektion des Penis Hoden werden nach oben gezogen Eventuell „sex flush"
Plateauphase			
Weiter zunehmendes Lustgefühl	Weiterer Pulsanstieg Weitere Blutdrucksteigerung Verstärkte Muskelspannung	Bildung der vaginalen Manschette Obere $^2/_3$ der Scheide erweitern sich	Maximale Erektion Maximale Schwellung der Testes
Orgasmusphase			
Intensives Lustgefühl Äußere Einwirkungen werden abgeschirmt	Max. Pulssteigerung Max. Blutdrucksteigerung Max. Hautrötung Max. Muskelspannung	Rhythmische Kontraktionen des äußeren Scheidendrittels Kontraktion des Uterus	Schluß des Blasensphinkters Ejakulation
Entspannungsphase			
Gefühl der Befriedigung, eventuell Schlafbedürfnis	Muskelentspannung Puls, Blutdruck und Atmung kehren zu den Ausgangswerten zurück	Entspannung des unteren Scheidendrittels Rückgang der Brustvergrößerung	Abnahme der Erektion Skrotum und Hoden kehren zur normalen Größe zurück Beginn der Refraktärphase

Merke. Störungen der sexuellen Funktion können grundsätzlich in jedem Stadium der sexuellen Entwicklung auftreten und jede der dargestellten Phasen der sexuellen Erregung betreffen.

◀ Merke

Eine einheitliche Theorie zur Entstehung sexueller Störungen existiert bis heute nicht. Aufgrund der Komplexität und der Vielfalt dieser Störungen ist eine solche Theorie auch nicht zu erwarten. Gerade bei sexuellen Störungen mischen sich sowohl körperliche als auch seelische Aspekte. Im folgenden sollen die seelischen Faktoren näher dargestellt werden, auf die körperlichen Verursachungsmöglichkeiten wird ab Seite 264 näher eingegangen.

Eine einheitliche Theorie zur Entstehung sexueller Störungen existiert bis heute nicht. Bei sexuellen Störungen mischen sich sowohl körperliche als auch seelische Aspekte.

3 Krankheiten

Folgende Faktoren spielen bei der Ätiopathogenese eine wichtige Rolle:

- **Ursache in unterschiedlichen Phasen der sexuellen Entwicklung,**
- **Probleme in der Partnerschaft,**
- **kognitive Faktoren** (Einstellungen zu Sexualität und Partnerschaft),
- **Erziehungsfaktoren** (Angst vor Strafe, fehlende Akzeptanz der eigenen Geschlechtsrolle),
- **unzureichende Informationen** über sexuelle Abläufe,
- **Angst, Leistungsdruck** und **Erwartungsspannung,**
- **ungünstige äußere Faktoren** (z.B. Angst vor ungewollter Schwangerschaft).

Aus **psychoanalytischer Sicht** stellen sexuelle Dysfunktionen ein Symptom dar, das sich aus unbewußten Konflikten herleitet, die bis in die Kindheit zurückreichen.

Im **Kollusionskonzept** werden unterschiedliche Typen neurotischer Partnerbeziehung beschrieben.

In der Genese von **Störungen der Sexualpräferenz (Paraphilien)** wird aus psychoanalytischer Sicht ebenfalls eine Störung im Laufe der ersten Lebensjahre vermutet. Bis heute existiert keine gültige Theorie, die die Entstehung der jeweils unterschiedlichen Paraphilien erklären könnte. **Organische Ursachen** konnten nicht nachgewiesen werden.

Symptomatologie und klinische Subtypen
Störungen der sexuellen Appetenz

Synonym: sexuelle Anhedonie

Definition ▶

Folgende Faktoren spielen bei der Ätiopathogenese sexueller Störungen eine wichtige Rolle:

- Störungen der sexuellen Funktionen können ihre **Ursache in jeder Phase der sexuellen Entwicklung** haben.
- Sexuelle Störungen sind in der Regel nicht die Störung einer einzelnen Person, sondern einer partnerschaftlichen Beziehung zwischen zwei Menschen. Deshalb müssen sowohl die Probleme beider Partner als auch die **Probleme in der Partnerschaft** mit in die Überlegungen einbezogen werden.
- Sexuelle Störungen unterliegen einem ausgeprägten Einfluß **kognitiver Faktoren**, insbesondere den Einstellungen zu Sexualität und Partnerschaft.
- Aktuelle Einstellungen zur Sexualität basieren zum großen Teil auf **Erziehungsfaktoren**. Dazu gehört z.B. auch die Angst vor Strafe wegen der Übertretung eines vermeintlichen Tabus oder die fehlende Akzeptanz der eigenen Geschlechtsrolle.
- Sexuelle Störungen basieren häufig auf fehlenden oder **unzureichenden Informationen** über sexuelle Abläufe, dadurch entstehen Mißverständnisse und Unsicherheit in diesem Bereich. Beispiele dafür sind mangelnde Informationen über Ablauf des Geschlechtsverkehres, Häufigkeit sexueller Kontakte und Auswirkungen des Lebensalters.
- **Angst** stellt häufig einen zentralen Aspekt in der Genese sexueller Störungen dar. Subjektiv empfundener **Leistungsdruck** und **Erwartungsspannung** können zu sexuellen Störungen führen, die daraus resultierende Versagensangst verstärkt wiederum die Wahrscheinlichkeit für das erneute Auftreten sexueller Dysfunktionen.
- **Ungünstige äußere Faktoren** begünstigen ebenfalls das Auftreten sexueller Störungen. Darunter ist auch eventuell die Angst vor einer (ungewollten) Schwangerschaft zu verstehen.

Aus **psychoanalytischer Sicht** stellen sexuelle Dysfunktionen ein Symptom dar, das sich aus unbewußten Konflikten herleitet, die bis in die Kindheit zurückreichen. Dabei spielt die Beziehung zu den Eltern eine besondere Rolle. Es wird eine starke Gefühlsbindung an den gleichgeschlechtlichen Elternteil sowie eine ambivalente Beziehung zum jeweils gegengeschlechtlichen Elternteil angenommen. Daraus können sich gestörte Beziehungen zum jeweiligen Partner entwickeln.

Psychodynamische Aspekte der Partnerbeziehung werden im sogenannten **Kollusionskonzept** beschrieben. In diesem Konzept werden unterschiedliche Typen neurotischer Partnerbeziehung dargestellt, die durch komplementäres Kommunikationsverhalten bei gleichartigen Grundkonflikten der Partner gekennzeichnet sind (narzißtische, orale, anal-sadistische und phallisch-ödipale Partnerbeziehung).

In der Genese von **Störungen der Sexualpräferenz (Paraphilien)** wird aus psychoanalytischer Sicht ebenfalls eine Störung im Laufe der ersten Lebensjahre vermutet, die sich allerdings erst nach der Pubertät manifestiert. Bis heute existiert jedoch keine gültige Theorie, die die Entstehung der jeweils unterschiedlicher Paraphilien (z.B. Exhibitionismus, Pädophilie, Sadomasochismus) erklären könnte. Für die meisten dieser Störungen wird auch eine Störung im Bereich der Impulskontrolle vermutet. **Organische Ursachen** für Paraphilien konnten bisher nicht überzeugend nachgewiesen werden.

Symptomatologie und klinische Subtypen

Störungen der sexuellen Appetenz

Synonym: sexuelle Anhedonie

> **Definition.** Unter den Störungen der sexuellen Appetenz werden diejenigen Störungen zusammengefaßt, bei denen eine Veränderung des sexuellen Verlangens als Grundproblem angesehen werden kann.

Mangel oder Verlust von sexuellem Verlangen ist sehr viel häufiger als das Gefühl des gesteigerten sexuellen Verlangens. Bei diesen Störungen ist es besonders wichtig, daß individuelle Faktoren, die die sexuelle Leistungsfähigkeit beeinflussen (wie Alter, Geschlecht und persönliche Lebensumstände) für die Beurteilung mit herangezogen werden. Bei Mangel an sexuellem Verlangen ist zu unterscheiden, ob die Vorstellung von einer sexuellen Partnerbeziehung so stark mit negativen Gefühlen verbunden ist, daß sexuelle Handlungen vermieden werden (**sexuelle Aversion**), oder ob zwar sexuelle Reaktionen normal verlaufen, der Orgasmus aber ohne entsprechendes Lustgefühl erlebt wird (**mangelnde sexuelle Befriedigung**). Über Störungen der sexuellen Befriedigung klagen Frauen häufiger als Männer (*siehe Synopsis 3-40*).

Bei **Störungen des sexuellen Verlangens** sind individuelle Faktoren besonders zu berücksichtigen (Alter, Geschlecht, Lebensumstände). Wichtige Formen sind Störungen mit **sexueller Aversion** (Vermeidung sexueller Aktivitäten bei stark negativer Vorstellung von Partnerbeziehung) und **mangelnde sexuelle Befriedigung** (*s. Syn. 3-40*).

Störungen der sexuellen Erregung

Synonym: psychogene Impotenz

Störungen der sexuellen Erregung

Synonym: psychogene Impotenz

> **Definition.** Unter diesen Störungen werden Veränderungen genitaler Reaktionen zusammengefaßt, die die Durchführung eines befriedigenden Geschlechtsverkehrs erschweren oder behindern.

◀ Definition

Bei Männern handelt es sich dabei hauptsächlich um **Erektionsstörungen**, bei Frauen um den **Mangel oder den Ausfall der vaginalen Lubrikation**. Über den eher körperlichen Aspekt hinaus läßt sich auch der anhaltende oder wiederkehrende Mangel eines subjektiven Gefühls sexueller Erregung und Lust während der sexuellen Aktivität in diese Störungsgruppe einordnen (*siehe Synopsis 3-40*).

Bei Männern handelt es sich dabei hauptsächlich um **Erektionsstörungen**, bei Frauen um den **Mangel oder den Ausfall der vaginalen Lubrikation**. Auch der anhaltende Mangel eines Gefühls der sexuellen Lust gehört hierzu (*s. Syn. 3-40*).

Synopsis 3-40: Symptomatik sexueller Störungen im Vergleich von ICD-10 und DSM-III-R (Teil 1)

ICD-10	DSM-III-R
Störungen der sexuellen Appetenz	
Mangel oder Verlust von sexuellem Verlangen: Der Verlust des sexuellen Verlangens ist das Grundproblem und beruht nicht auf anderen sexuellen Schwierigkeiten wie Erektionsstörungen oder Dyspareunie. Mangel an sexuellem Verlangen schließt sexuelle Befriedigung oder Erregung nicht aus, sondern bedeutet, daß sexuelle Aktivitäten seltener initiiert werden.	Anhaltender oder wiederkehrender Mangel oder Fehlen sexueller Phantasien und sexuellen Verlangens. Die Beurteilung erfolgt unter Berücksichtigung von Faktoren, die die sexuelle Leistungsfähigkeit beeinflussen, wie Alter, Geschlecht und persönliche Lebensumstände des Betroffenen.
Gesteigertes sexuelles Verlangen: Männer und Frauen (meist Teenager oder junge Erwachsene) klagen gelegentlich über ein gesteigertes sexuelles Verlangen als eigenständiges Problem. Handelt es sich um ein sekundär gesteigertes sexuelles Verlangen bei einer affektiven Störung oder in frühen Stadien einer Demenz, ist die zugrundeliegende Störung zu kodieren.	
Störungen der sexuellen Erregung	
Versagen genitaler Reaktionen: Bei Männern Erektionsstörungen. Das Hauptproblem ist die Schwierigkeit, die für einen befriedigenden Geschlechtsverkehr notwendige Erektion zu erlangen oder aufrechtzuerhalten. Bei Frauen Mangel oder Ausfall der vaginalen Lubrikation. Dies kann psychisch bedingt oder Folge einer lokalen Erkrankung oder eines Östrogenmangels sein.	Anhaltendes oder wiederkehrendes partielles oder vollständiges Versagen, eine Erektion zu erreichen (beim Mann) bzw. die Zeichen genitaler Erregung zu erlangen (bei der Frau) oder bis zur Beendigung der sexuellen Aktivität aufrechtzuerhalten oder anhaltender oder wiederkehrender Mangel eines subjektiven Gefühls sexueller Erregung und Lust während der sexuellen Aktivität.

Orgasmusstörungen

Synonym: (psychogene) Anorgasmie

Definition. Die Störungen dieser Gruppe betreffen den Zeitpunkt oder das subjektive Erleben des Orgasmus.

Frauen klagen häufiger darüber als Männer, daß der Orgasmus nicht oder nur stark verzögert eintritt. Diese Störung sollte nur dann angenommen werden, wenn eine normale sexuelle Erregungsphase vorausgegangen ist.

Die bei Männern am häufigsten geklagte Störung aus diesem Bereich ist der vorzeitige Samenerguß (Ejaculatio praecox). Dabei handelt es sich um die Unfähigkeit, die Ejakulation so zu kontrollieren, daß der Geschlechtsverkehr für beide Partner befriedigend ist. In schwereren Fällen erfolgt die Ejakulation vor dem Einführen des Penis in die Vagina, eventuell auch schon ohne Erektion (*siehe Synopsis 3-41*).

Störungen mit sexuell bedingten Schmerzen

Wiederkehrende oder anhaltende genitale Schmerzen vor, bei oder nach dem Geschlechtsverkehr werden als **Dyspareunie** bezeichnet. Häufig liegt diesen Schmerzen ein lokales krankhaftes Geschehen zugrunde (z.B. Entzündungen, Zustand nach Operation, Endometriosis u.ä.). Die Diagnose einer Dyspareunie sollte nur gestellt werden, wenn keine andere primäre Sexualstörung vorliegt. Der (nichtorganische) **Vaginismus** besteht in anhaltenden unwillkürlichen Spasmen im äußeren Drittel der Vaginalmuskulatur bzw. der Beckenbodenmuskulatur, wodurch der Scheideneingang verschlossen wird. Dadurch ist ein Geschlechtsverkehr unmöglich oder schmerzhaft (*siehe Synopsis 3-41*).

Synopsis 3-41: Symptomatik sexueller Störungen im Vergleich von ICD-10 und DSM-III-R (Teil 2)

ICD-10	DSM-III-R
Orgasmusstörungen	
Orgasmusstörung: Der Orgasmus tritt nicht oder nur stark verzögert ein. Dies kann situativ, d. h. nur in bestimmten Situationen, mit psychogener Verursachung, oder ständig auftreten.	Anhaltende oder wiederkehrende Verzögerung oder Fehlen des Orgasmus nach einer normalen sexuellen Erregungsphase, wobei die sexuelle Aktivität hinsichtlich ihrer Zielrichtung, Intensität und Dauer als ausreichend beurteilt wird. Dieses Ausbleiben des Orgasmus beschränkt sich gewöhnlich auf den Koitus, während ein Orgasmus bei anderen Arten der Stimulation möglich ist.
Ejaculatio praecox: Unfähigkeit, die Ejakulation so zu kontrollieren, daß der Geschlechtsverkehr für beide Partner befriedigend ist. In schweren Fällen kann die Ejakulation vor der Immissio in die Vagina erfolgen oder auch ohne Erektion.	Anhaltende oder wiederkehrende Ejakulation bereits bei minimaler sexueller Stimulation bzw. vor, bei oder kurz nach der Vereinigung und bevor die Person es wünscht.
Störungen mit sexuell bedingten Schmerzen	
Nichtorganischer Vaginismus: Spasmus der die Vagina umgebenden Beckenbodenmuskulatur, wodurch der Introitus vaginae verschlossen wird. Die Immissio ist unmöglich oder schmerzhaft.	Wiederkehrende oder anhaltende unwillkürliche Spasmen im äußeren Drittel der Vaginalmuskulatur, die den Koitus behindern.
Nichtorganische Dyspareunie: Eine Dyspareunie (Schmerzen während des Geschlechtsverkehrs) kann häufig einem lokalen krankhaften Geschehen zugeordnet werden. Diese Kategorie sollte nur verwendet werden, wenn keine andere primäre Sexualstörung vorliegt.	Wiederkehrende oder anhaltende genitale Schmerzen entweder beim Mann oder bei der Frau vor, bei oder nach dem Geschlechtsverkehr. Die Störung ist nicht ausschließlich auf mangelnde Lubrikation oder Vaginismus zurückzuführen.

Störungen der Geschlechtsidentität

Definition. Bei den Störungen der Geschlechtsidentität bestehen eine tiefe Unzufriedenheit mit dem eigenen Geschlecht und der dringende und anhaltende Wunsch, die Rolle des anderen Geschlechtes teilweise oder vollständig anzunehmen.

Bei Störungen der Geschlechtsidentität ist zu unterscheiden zwischen Transsexualismus und Transvestitismus.

Bei **Transsexualismus** besteht der Wunsch, als Angehöriger des anderen anatomischen Geschlechtes zu leben und anerkannt zu werden. Durch eine hormonelle und chirurgische Behandlung soll der eigene Körper dem bevorzugten Geschlecht soweit wie möglich angeglichen werden.

Bei **Transvestitismus** besteht dagegen der Wunsch nach langfristiger Geschlechtsumwandlung nicht. Die vorübergehende Erfahrung der Zugehörigkeit zum anderen Geschlecht wird dabei durch Tragen der jeweils gegengeschlechtlichen typischen Kleidung zumindest teilweise erfüllt. Wird ein Patient mit Transvestitismus daran gehindert, diesem Verlangen zu folgen, so ist ihm unwohl, er fühlt sich unkonzentriert und bedrückt. Sobald er die Kleidung des anderen Geschlechtes tragen kann erreicht er meist weitgehend sein psychisches Gleichgewicht. Diese Störung kommt praktisch nur bei Männern vor, die dann weibliche Kleidung tragen (*siehe Synopsis 3-42*).

Störungen der Geschlechtsidentität

◀ Definition

Bei diesen Störungen ist zwischen Transsexualismus und Transvestitismus zu unterscheiden.
Bei **Transsexualismus** besteht der Wunsch nach Umwandlung des Geschlechtes einschließlich hormoneller und chirurgischer Behandlung.

Bei **Transvestitismus** wird die vorübergehende Erfahrung der Zugehörigkeit zum anderen Geschlecht durch Tragen der jeweils gegengeschlechtlichen typischen Kleidung erreicht. Es besteht kein Wunsch nach langfristiger Geschlechtsumwandlung. Diese Störung kommt praktisch nur bei Männern vor (s. Syn. 3-42).

Synopsis 3-42: Symptomatik sexueller Störungen im Vergleich von ICD-10 und DSM-III-R (Teil 3)

ICD-10	DSM-III-R
Störungen der Geschlechtsidentität	
Transsexualismus: Es besteht der Wunsch, als Angehöriger des anderen anatomischen Geschlechtes zu leben und anerkannt zu werden. Dieser geht meist mit dem Gefühl des Unbehagens oder der Nichtzugehörigkeit zum eigenen Geschlecht einher. Es besteht der Wunsch nach hormoneller und chirurgischer Behandlung, um den eigenen Körper dem bevorzugten Geschlecht soweit wie möglich anzupassen.	Anhaltendes Unbehagen und Gefühl der Nichtzugehörigkeit zum eigenen Geschlecht. Anhaltender, über einen Zeitraum von mindestens zwei Jahren bestehender Wunsch, die primären und sekundären Geschlechtsmerkmale loszuwerden und dafür die Geschlechtsmerkmale des anderen Geschlechtes zu erhalten. Die Person hat die Pubertät erreicht.
Transvestitismus unter Beibehaltung beider Geschlechtsrollen: Dabei wird gegengeschlechtliche Kleidung getragen, um zeitweilig die Erfahrung der Zugehörigkeit zum anderen Geschlecht zu erleben. Der Wunsch nach Geschlechtsumwandlung oder chirurgischer Korrektur besteht nicht.	**Störung der Geschlechtsidentität in der Adoleszenz oder beim Erwachsenen, nichttranssexueller Typ:** Anhaltendes oder wiederholtes Unbehagen und Gefühl der Nichtzugehörigkeit zum eigenen Geschlecht. Anhaltender oder wiederholter Kleidertausch mit dem anderen Geschlecht, entweder in der Phantasie oder in der Realität, jedoch nicht zum Zwecke der sexuellen Erregung. Kein anhaltendes Verlangen, die primären und sekundären Geschlechtsmerkmale loszuwerden.

Störungen der sexuellen Präferenz (Paraphilien)

Synonym: sexuelle „Perversionen"

> **Definition.** Unter Störungen der sexuellen Präferenz werden weitgehend fixierte Formen sexueller Befriedigung verstanden, die an außergewöhnliche Bedingungen geknüpft werden.

Diese Störungen wurden früher als sexuelle Abweichungen, sexuelle Deviationen oder Perversionen bezeichnet.

Bei Paraphilien richtet sich der sexuelle Impuls bzw. die sexuelle Phantasie (fast) ausschließlich auf nichtmenschliche Objekte, das Leiden oder die Demütigung der eigenen Person oder des Partners oder auf Kinder bzw. andere Personen, die mit der sexuellen Interaktion nicht einverstanden sind. Kennzeichnend für Paraphilien ist die in der Regel bestehende Ausschließlichkeit der sexuellen Ausrichtung bzw. die Fixierung darauf. Häufig besteht ein suchtähnlicher Charakter mit Verlust der Impulskontrolle. Die sexuelle Ausrichtung erscheint meist nicht mehr wandelbar. Wird die sexuelle Ausrichtung ausgelebt und dem entsprechenden Impuls nachgegangen, so sind strafrechtliche Konsequenzen (z. B. bei Exhibitionismus und Pädophilie) nicht selten. Eine Übersicht über die einzelnen Formen ergibt sich aus *Synopsis 3-43*.

Synopsis 3-43: Symptomatik sexueller Störungen im Vergleich von ICD-10 und DSM-III-R (Teil 4)

ICD-10	DSM-III-R
Störungen der Sexualpräferenz (Paraphilien)	
	Die folgenden Diagnosen werden nur gestellt, wenn die Person den Impulsen entsprechend gehandelt oder unter ihnen gelitten hat. Zeitdauer mindestens 6 Monate.
Fetischismus: Gebrauch toter Objekte als Stimuli für die sexuelle Erregung und zur sexuellen Befriedigung. Die Diagnose soll nur gestellt werden, wenn der Fetisch die wichtigste Quelle sexueller Erregung darstellt oder für die sexuelle Erregung unerläßlich ist.	Wiederkehrende, starke sexuelle Impulse und sexuell erregende Phantasien, die den Gebrauch lebloser Objekte (z.B. weibliche Unterwäsche) beinhalten.
Fetischistischer Transvestitismus: Bekleidung des anderen Geschlechts wird hauptsächlich zur Erreichung sexueller Erregung getragen.	**Transvestitischer Fetischismus:** Wiederkehrende, starke sexuelle Impulse und sexuell erregende Phantasien im Zusammenhang mit weiblicher Verkleidung bei einem heterosexuellen Mann.
Exhibitionismus: Wiederholte oder ständige Neigung, die eigenen Genitalien vor meist gegengeschlechtlichen Fremden in der Öffentlichkeit zu entblößen, ohne zu einem näheren Kontakt aufzufordern oder diesen zu wünschen. Meist wird das Zeigen von sexueller Erregung begleitet, und oft kommt es zur Masturbation.	Wiederkehrende, starke sexuelle Impulse und sexuell erregende Phantasien, die das Entblößen der eigenen Geschlechtsteile gegenüber nichtsahnenden Fremden beinhalten.

Fortsetzung von Synopsis 3-43:

ICD-10	DSM-III-R
Störungen der Sexualpräferenz (Paraphilien)	

Voyeurismus:

Wiederholt auftretender oder ständiger Drang, anderen Menschen bei sexuellen Aktivitäten oder Intimitäten, wie z.B. beim Entkleiden, zuzusehen. Dies passiert in der Regel heimlich und führt zu sexueller Erregung und Masturbation.

Wiederkehrende, starke sexuelle Impulse und sexuell erregende Phantasien, die die Beobachtung argloser Personen, die nackt sind, sich gerade entkleiden oder sexuelle Handlungen ausführen, beinhalten.

Pädophilie:

Sexuelle Präferenz für Kinder, die sich zumeist in der Vorpubertät oder im frühen Stadium der Pubertät befinden.

Wiederkehrende, starke sexuelle Impulse und sexuell erregende Phantasien, die sexuelle Aktivität mit einem präpubertären Kind oder Kindern (gewöhnlich 13 Jahre oder jünger) beinhalten. Die Person ist dabei mindestens 16 Jahre alt und mindestens fünf Jahre älter als das Kind.

Sadomasochismus:

Es werden sexuelle Aktivitäten mit Zufügung von Schmerzen, Erniedrigung oder Fesseln bevorzugt. Wenn die betreffende Person diese Art der Stimulation gerne erleidet, handelt es sich um Masochismus; wenn sie sie jemand anderem zufügt, um Sadismus.

Wiederkehrende, starke sexuelle Impulse oder sexuell erregende Phantasien,
- die mit einem realen, nicht simulierten Akt der Demütigung, des Geschlagen- oder Gefesseltwerdens oder sonstigen Leidens verbunden sind (sexueller Masochismus) bzw.
- die reale, nicht simulierte Handlungen beinhalten, in denen das psychische und physische Leiden (einschließlich Demütigung) des Opfers für die Person sexuell erregend ist (sexueller Sadismus).

Diagnostik und Differentialdiagnose

Bei der Diagnose sexueller Störungen ist ein **tragfähiger Kontakt im ärztlichen Gespräch** besonders wichtig. Unverzichtbar ist die **Erhebung einer ausführlichen Sexualanamnese.** Dabei muß insbesondere nach folgenden Faktoren gefragt werden:
- frühkindliche sexuelle Betätigung („Doktorspiele"),
- Masturbation (Beginn, Häufigkeit, Schuldgefühle),
- erster Geschlechtsverkehr (Zeitpunkt, äußere Umstände, subjektives Erleben),
- Typ des gewählten Partners,
- Leichtigkeit der Aufnahme sexueller Kontakte,
- sexuelle Ausrichtung (heterosexuell, homosexuell, ungewöhnliche Praktiken),
- aktuelle sexuelle Erfahrungen und Partnerbeziehungen.

Zur Diagnostik bei sexuellen Dysfunktionen gehört auch immer die **Analyse der Partnerbeziehung.** Die Diagnose einer sexuellen Störung sollte grundsätzlich nur dann gestellt werden, wenn die Störung einen wesentlichen Teil des klinischen Bildes ausmacht. Eindeutig organisch bedingte Störungen sollten davon abgegrenzt werden (*vergleiche Differentialdiagnose*).

Merke. Die Diagnose einer **Paraphilie** sollte nur gestellt werden, wenn die Person auch tatsächlich ihren Impulsen entsprechend handelt oder deutlich unter ihnen leidet.

Diagnostik und Differentialdiagnose

Bei der Diagnose sexueller Störungen ist ein **tragfähiger Kontakt im ärztlichen Gespräch** besonders wichtig. Unverzichtbar ist die **Erhebung einer ausführlichen Sexualanamnese.** Sie umfaßt u.a. folgende Punkte:
- frühkindliche sexuelle Betätigung („Doktorspiele")
- Masturbation,
- erster Geschlechtsverkehr,
- Typ des gewählten Partners,
- Leichtigkeit der Aufnahme sexueller Kontakte,
- sexuelle Ausrichtung
- aktuelle sexuelle Erfahrungen.

Zur Diagnostik bei sexuellen Dysfunktionen gehört auch immer die **Analyse der Partnerbeziehung.**

◄ Merke

Die **Differentialdiagnose** sexueller Störungen hat eine Vielzahl organischer und anderer psychischer Ursachen zu berücksichtigen. Es ist sicherlich eine unzulässige Vereinfachung, bezogen auf sexuelle Störungen allgemein von Impotenz zu sprechen. Grundsätzlich zu unterscheiden sind die Impotentia coeundi und die Impotentia generandi. Bei der **Impotentia coeundi** besteht eine Unmöglichkeit, den Koitus befriedigend auszuführen (z.B. durch eine Erektionsstörung oder fehlenden Orgasmus), bei der **Impotentia generandi** besteht (bei erhaltener Koitusfähigkeit) eine Zeugungsunfähigkeit (z.B. durch Störung der Spermiogenese).

Am häufigsten finden sich **organische Ursachen** bei erektiler Dysfunktion (Störungen der Erektion), Vaginismus und Dyspareunie. Hier werden in bis zu 20% der Fälle reine organische Ursachen gefunden. Die häufigsten Ursachen einer Erektionsstörung im organischen Bereich sind in *Tabelle 3-36* aufgeführt.

Tabelle 3-36: Organische Erkrankungen mit möglicher Erektionsstörung

- Vaskuläre Störung
- Diabetes mellitus
- Chronischer Alkoholabusus
- Herz-Kreislauf-Erkrankungen
- Neurogene Störungen
- Endokrine Störungen (Hyperthyreose, Hypothyreose, Morbus Addison, Akromegalie)
- Lokale Operationen
- Chromosomale Störung
- Abgelaufene Geschlechtserkrankung

Immer ist auch die Einwirkung möglicher **medikamentöser Faktoren** zu berücksichtigen. Dabei ist besonders auf Antihypertensiva, Psychopharmaka (besonders Antidepressiva, aber auch Neuroleptika), Antihistaminika, Kortikoide, Hormone und Antiandrogene zu achten. Auch die Einnahme von **Drogen** kann eine Ursache sexueller Störungen darstellen. Bei der Dyspareunie ist besonders auf **lokale Veränderungen** zu achten.

Die Differenzierung zwischen organischen und psychogenen erektilen Störungen wird unter anderem durch das Auftreten (bei psychogenen Störungen) bzw. Fehlen (bei organischen Störungen) **spontaner oder nächtlicher Erektionen** ermöglicht. Auch die Berücksichtigung situativer Faktoren gibt oft Hinweise zur Differenzierung.

Merke. Sexuelle Störungen können Begleitsymptom praktisch jeder anderen **psychischen Störung** sein.

Hierbei ist besonders an depressive Störungen, schizophrene Erkrankungen, substanzabhängige Störungen und Angst-Erkrankungen zu denken. Auch im Rahmen organischer psychischer Störungen sowie unter Psychopharmakamedikation finden sich relevante sexuelle Störungen. Eine Steigerung sexueller Aktivität wird eventuell im Rahmen manischer Episoden beobachtet.

Verlauf

Der Beginn **sexueller Störungen** liegt meistens im frühen Erwachsenenalter. Die Ejaculatio praecox setzt häufig bereits mit den ersten sexuellen Kontakten ein. Das typische Alter beim ersten Gespräch mit einem Arzt liegt meist am Ende des dritten oder am Beginn des vierten Lebensjahrzehntes. Das erste Auftreten einer sexuellen Störung (besonders bei Erektionsstörungen) kann jedoch auch später im Erwachsenenalter erfolgen.

Der Verlauf ist sehr unterschiedlich. Die Störungen können anhaltend sein oder sich auf einzelne Episoden beschränken.

Therapie

Die Therapie sexueller Störungen hat in den letzten Jahrzehnten zunehmend an Bedeutung gewonnen. Dabei sind viele einzelne Methoden diskutiert worden, die hier nicht detailliert dargestellt werden können. Die größten Erfolge wurden dabei mit Methoden erreicht, die auf **verhaltenstherapeutischen Prinzipien** basieren.

Wenn die sexuelle Störung es erlaubt, sollte die Therapie **möglichst die Therapie eines Paares** und nicht die einer einzelnen Person sein. Dabei müssen beide Partner zur Zusammenarbeit bereit sein sowie die Möglichkeit und Motivation erkennen lassen, die Beziehung trotz der bestehenden Probleme fortzusetzen. Die Therapie muß in einer Atmosphäre der Offenheit und der Geborgenheit stattfinden können.

Das **PLISSIT-Modell** hat sich als prinzipielle Grundlage sexualtherapeutischer Verfahren bewährt, dessen vier Stufen in *Abbildung 3-78* erläutert sind.

> **Therapie**
>
> Die größten Erfolge in der Therapie sexueller Störungen wurden mit **verhaltenstherapeutischen** Methoden erreicht.
>
> Wenn die sexuelle Störung es erlaubt, sollte die Therapie **möglichst die Therapie eines Paares** und nicht die einer einzelnen Person sein. Die Therapie muß in einer Atmosphäre der Offenheit und der Geborgenheit stattfinden können. Das **PLISSIT-Modell** (*Abb. 3-78*) ist die Grundlage sexualtherapeutischer Verfahren.

Permission
Der Therapeut gibt zu erkennen, direkt oder indirekt, daß er willens ist, sexuelle Fragen zu besprechen

Limited Information
Der Therapeut gibt wichtige Informationen über sexuelle Störungen

Specific Suggestions
Der Therapeut gibt direkte Ratschläge oder Anweisungen zur Lösung des Problems

Intensive Therapy
Eigentliche intensive Therapiephase

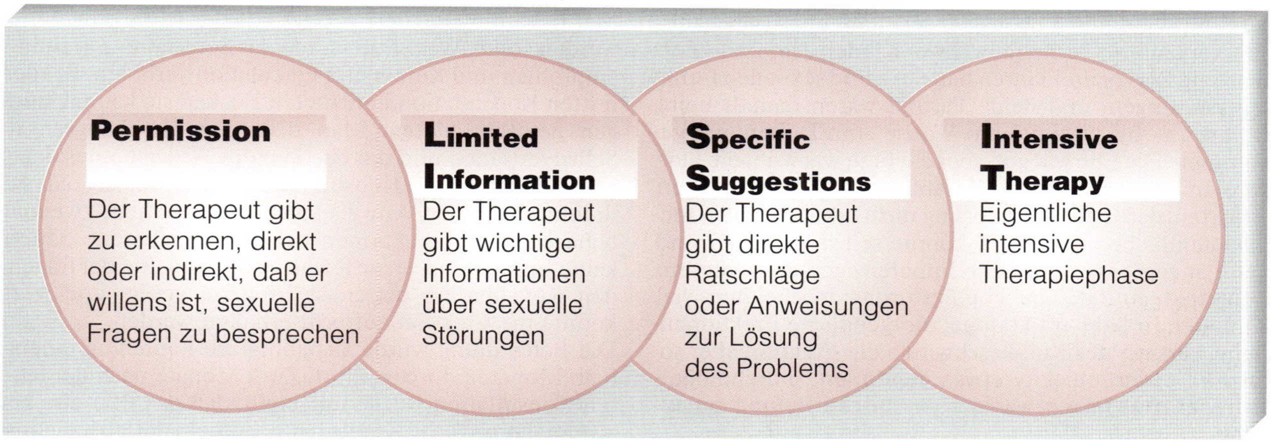

Abb. 3-78: PLISSIT-Modell der sexualtherapeutischen Beratung und Behandlung

Das **Sensualitäts-Training** soll das Geben und Empfangen von Zärtlichkeiten trainieren und dabei einen eventuell vorhandenen „Leistungsdruck" im sexuellen Bereich abbauen helfen. Die **Stop-Start-Technik** wird zur Kontrolle der Ejakulation, insbesondere bei Ejaculatio praecox, angewendet. Dabei stimuliert die Partnerin den Mann zunächst bis zur Erektion und dann solange, bis der Mann ihr signalisiert, daß eine weitere Stimulation zur Ejakulation führen würde. Die Stimulation wird dann sofort beendet. Nach einer kurzen Pause wird wieder bis kurz vor der Ejakulation stimuliert, wieder unterbrochen und so weiter. Erst nach dem dritten oder vierten Mal darf der Mann ejakulieren. Weitere Techniken beziehen sich besonders auf das **Kennenlernen des eigenen Körpers** und der eigenen sexuellen Reaktionen. Bei Vaginismus wird eine stufenweise **Erweiterung des Scheideneingangs** therapeutisch eingesetzt.

Die Vorgehensweise bei **Transsexualismus** beinhaltet die Möglichkeit der **Geschlechtsumwandlung**. Dabei sind formalrechtliche, hormonelle und chirurgische Maßnahmen zu unterscheiden. Das Vorgehen, das zu einer eventuellen Geschlechtsumwandlung und zur Feststellung der geänderten Geschlechtzugehörigkeit (**Personenstandsänderung**) führt, ist durch das sogenannte Transsexuellen-Gesetz von 1980 rechtlich exakt festgelegt. Dabei werden bestimmte Beobachtungszeiträume (zwei Jahre), kontinuierliche psychotherapeutisch-psychiatrische Behandlung sowie mindestens zwei Gutachten vorausgesetzt.

Aus chirurgischer Sicht erbringt eine Geschlechtsumwandlung vom Mann zur Frau deutlich bessere Resultate als ein entgegengesetztes Vorgehen.

> Wichtige Therapieprinzipien sind:
> - das Sensualitäts-Training (trainieren von Geben und Empfangen von Zärtlichkeit),
> - die Stop-Start-Technik (Partner-Technik zum Erlernen der Kontrolle über die Ejakulation bei Ejaculatio praecox),
> - Kennenlernen des eigenen Körpers,
> - stufenweise Erweiterung des Scheideneingangs (bei Vaginismus).
>
> Bei **Transsexualismus** besteht die Möglichkeit der hormonellen und chirurgischen **Geschlechtsumwandlung** sowie der juristischen **Personenstandsänderung.** Das genaue Vorgehen ist im „Transsexuellen-Gesetz" geregelt.
>
> Aus chirurgischer Sicht ist die Geschlechtsumwandlung vom Mann zur Frau erfolgreicher.

> Mit ausgeprägten Problemen behaftet ist die Therapie von **Paraphilien**. Prinzipielle Möglichkeiten sind eine **Dämpfung des Sexualtriebes** oder der Versuch **der Verhaltensmodifizierung**. Die therapeutischen Erfolge sind zweifelhaft.

Mit ausgeprägten Problemen behaftet ist die Therapie von **Paraphilien**. Dabei muß die Möglichkeit einer **Dämpfung des Sexualtriebes** erwogen werden. Dazu wird unter anderem eine Behandlung mit Antiandrogenen eingesetzt (wie z.B. Cyproteronacetat). Damit wird eine (reversible) „chemische Kastration" erreicht. Mit Mitteln der Verhaltenstherapie kann versucht werden, das auffällige **Verhalten zu modifizieren** und insbesondere den zwanghaften oder suchtähnlichen Charakter der Störung aufzulockern. Die Erfolge dieser therapeutischen Maßnahmen bleiben jedoch zweifelhaft, insbesondere wenn strafrechtliche Konsequenzen drohen.

Kasuistik 1. Verheirateter, 42 Jahre alter Facharbeiter, seit dem 15. Lebensjahr an Migräne leidend, wurde von einer neurologischen Klinik wegen seiner seit drei Jahren bestehenden erektiven Dysfunktion überwiesen.
Er gibt an, seine sexuelle Entwicklung sei normal gewesen; seit seinem 27. Lebensjahr sei er mit einer gleichaltrigen Verkäuferin verheiratet. Zwei Kinder, acht und neun Jahre alt. Bis vor drei Jahren hatte er keine sexuellen Funktionsstörungen, und beide Partner waren damals beim Koitus ein- bis zweimal pro Woche zum Höhepunkt gekommen. Die Ehe war gut, aber die Frau war wohl die Stärkere, und er war sehr von ihr abhängig. Die Neurologen erklärten, daß die Potenzstörung nicht organisch oder medikamentös bedingt sei. Er konnte selbst keinen Grund dafür angegeben, warum die Impotenz gerade zu diesem Zeitpunkt eintrat. Die Potenzstörung mache ihm viel Kummer. Er habe oft kräftige, morgendliche Erektionen. Beim Versuch des Koitus schwinde die Erektion aber sofort. Er wirkte objektiv etwas deprimiert, entschuldigte sich viel. Ansonsten war der psychische Befund unauffällig.
Seine Frau bestätigte seine Angaben. Sie war eine große, mütterliche Frau von gutem Aussehen. Sie bedauerte das Problem und wollte gerne bei einer Therapie mitwirken, da sie ihren Mann gern habe.
Die Behandlung begann mit Koitus- und Masturbationsverbot, und sie bekamen Instruktionen im Sensualitätstraining. Bei der zweiten Konsultation eine Woche später erzählten sie, daß sie zweimal das Koitusverbot übertreten hätten, das erste Mal sei es gut gegangen, das zweite Mal habe die Erektion versagt, als der Penis eingeführt werden sollte. Weiterhin wurde das Sensualitäts-Training empfohlen und Koitus und Ejakulation verboten. Bei der dritten Konsultation berichteten sie, daß sie keine Übungen gemacht hätten. Man diskutierte Leistungsangst, Selbstvertrauen und die Ursache des Widerstandes dagegen. Bei der vierten Konsultation berichteten sie, daß sie dreimal nach den Anweisungen geübt hätten, zweimal habe er stabile Erektionen bekommen, aber sie hätten keine Immissionsversuche vorgenommen. Bei der folgenden Konsultation hatten sie dreimal geübt, und jetzt konnte die Erektion aufrecht erhalten werden.
Die Behandlung wurde siebenmal im Laufe von einenhalb Monaten durchgeführt. Zwei Monate nach der letzten Konsultation wurde mitgeteilt, daß das Paar ein- bis zweimal pro Woche Koitus hatte, immer zur Befriedigung der Frau, indes konnte der Mann manchmal nicht zum Samenerguß kommen (gekürzt zitiert nach *Hertoft* 1989).

Kasuistik 2. Die jetzt 25jährige Patientin erschien zur Erstattung eines psychiatrischen Gutachtens. Damit sollte die Frage einer Kostenübernahme einer geschlechtsangleichenden Operation durch die Krankenkasse geklärt werden.
Die Patientin berichtete, sie sei als Junge geboren worden. Im Alter von etwa 16 Jahren habe sie jedoch bemerkt, daß irgendetwas mit ihr nicht stimme. Im Alter von ca. 18 Jahren sei ihr immer mehr klar geworden, daß sie eigentlich innerlich eine Frau sei. Zunächst habe sie sich gegen diese Überzeugung zu wehren versucht, schließlich habe sie jedoch diese Überzeugung akzeptieren müssen. Sie gibt an, alles andere wäre gelogen gewesen. Schon in der Schule hätten ihr Jungen Angst gemacht, sie habe auch nicht auf Jungentoiletten gehen können. Dinge, mit denen die Jungen gespielt hätten, seien für sie nie akzeptabel gewesen. Sie habe viel lieber mit Puppen gespielt. Sie habe immer einen Horror vor dem Sport und dem Schwimmunterricht gehabt. Auch habe sie außerordentlich unter ihren Gefühlen gelitten, habe immer mit sich im „Clinch" gelegen. Die männlichen Genitalien seien ihr immer wie ein „Geschwür" vorgekommen, sie habe sie als fremd erlebt. Mit 16 Jahren sei sie in die Homosexuellen-Szene geraten, ohne sich jedoch jemals als homosexuell gefühlt zu haben. Daher sei dadurch auch eine nachhaltige Befriedigung nicht erfolgt. Sie habe immer als Frau akzeptiert werden wollen.
Für ihre Eltern sei Sexualität immer ein Tabuthema gewesen. Die Erziehung durch den Vater sei eher streng, durch die Mutter lässig gewesen. Von der Persönlichkeit her bezeichnete sie sich als liebenswert, humorvoll, temperamentvoll, großzügig, anpassungsfähig und in gewisser Weise als „raffiniert". Sie sei eher ein Gefühlsmensch. Kontaktfähigkeit und Durchsetzungsvermögen seien gut. Durch einen Fernsehfilm habe sie erfahren, daß eventuell eine geschlechtsumwandelnde Behandlung und Operation möglich seien. Allein durch diese Information habe sie sich wie befreit gefühlt. Sie habe beschlossen, selbst auch diesen Weg zu gehen. Eine psychotherapeutische Behandlung sei der erste Schritt gewesen. Diese Behandlung habe etwa zwei Jahre gedauert. Es sei dabei aber zu keiner Entlastung bezüglich ihrer Unzufriedenheit mit dem eigenen Geschlecht gekommen, der Wunsch nach einer Geschlechtsumwandlung habe noch zugenommen.
Nachdem zwei voneinander unabhängige psychologische Gutachten vorlagen, aus denen die Diagnose einer Mann-zu-Frau-Transsexualität hervorging, wurde mit der gegen-

geschlechtlichen Hormonbehandlung begonnen. Darunter sei es zur Ausbildung sekundärer weiblicher Geschlechtsmerkmale gekommen. In der Folgezeit nahm die Patientin zunehmend die Rolle als Frau an. In der psychischen Situation sei es zwischenzeitlich zu leichten Erschütterungen gekommen, die jedoch jeweils nur kurzfristig angehalten hätten. Insgesamt sei keine depressive Symptomatik mehr aufgetreten, wie sie vor dem Beginn der Behandlung bestanden hätte. Ein Jahr nach Beginn der hormonellen Behandlung wurde der Antrag auf Namensänderung beim Amtsgericht gestellt, dem auch stattgegeben wurde.

Nach Würdigung der Vorgeschichte und der diagnostischen Einschätzung wurde eine geschlechtsumwandelnde Operation befürwortet. Die Operation erfolgte durch Vagino-Plastik mit Einstülptechnik sowie Kastration.

Exkurs: Homosexualität

> **Definition.** Unter Homosexualität wird die sexuelle Zuwendung zu Personen des eigenen Geschlechtes verstanden.

◀ Definition

Homosexuelles Verhalten darf **nicht als sexuelle „Störung"** eingeordnet werden. Es hat sich in den letzten Jahrzehnten die Erkenntnis durchgesetzt, daß Homosexualität mit anderen Maßstäben gemessen werden muß als denjenigen für sexuelle Dysfunktionen oder Störungen der Sexualpräferenz. Dabei handelt es sich nicht nur um eine unterschiedliche psychiatrische Einschätzung, es haben sich auch die Ansichten im gesellschaftlichen und politischen Bereich deutlich gewandelt.

Homsexuelles Verhalten wird **nicht als sexuelle „Störung"** klassifiziert. Bezüglich Homosexualität haben sich auch gesellschaftliche und politische Veränderungen ergeben.

Im allgemeinen berührt homosexuelles Verhalten den Bereich der Psychiatrie nicht. Es ist aber trotzdem nicht zu übersehen, daß homosexuelles Verhalten **unter bestimmten Bedingungen psychiatrische Bedeutung** erlangen kann. Dies kann zum Beispiel der Fall sein bei Erfahrungen mit Diskriminierung im gesellschaftlichen Bereich oder auch im Rahmen der AIDS-Problematik.

Homosexuelles Verhalten kann aber unter **bestimmten Bedingungen** auch **psychiatrische Bedeutung** erlangen, z.B. bei Diskriminierung oder im Rahmen der AIDS-Erkrankung.

Üblicherweise werden die im folgenden dargestellten unterschiedlichen Typen homosexuellen Verhaltens beschrieben. Die hier dargestellte Unterteilung ist nicht als strikte Abgrenzung zu verstehen, es können auch fließende Übergänge auftreten. Es sollte auch keine Gleichsetzung von homosexuellem Verhalten und homosexueller Einstellung erfolgen.

Unterschiedliche Formen homosexuellen Verhaltens sind:

- **Neigungshomosexualität**
  Dauerhafte Festlegung des psychosexuellen Interesses auf das gleiche Geschlecht. Eventuell werden Ausdrucksformen, Beschäftigungen und typische Berufe des anderen Geschlechtes gewählt.

- **Neigungshomosexualität:** Dauerhafte Festlegung des psychosexuellen Interesses auf das gleiche Geschlecht.

- **Hemmungshomosexualität**
  Dabei handelt es sich um eine Form der Homosexualität, bei der die gleichgeschlechtliche Wahl vorwiegend auf einer als neurotisch anzusehenden Hemmung vor dem anderen Geschlecht beruht. Dabei leidet der Betroffene oft unter diesem Verhalten. Eine solche Störung entwickelt sich häufig auf der Basis neurotischer, psychopathischer oder hirnorganischer Störungen.

- **Hemmungshomosexualität:** Beruht vorwiegend auf einer als neurotisch anzusehenden Hemmung vor dem anderen Geschlecht.

- **Entwicklungshomosexualität**
  Episodisches Auftreten gleichgeschlechtlicher Regungen in den Jahren der psychosexuellen Reifung, meist bedingt durch Unsicherheiten und Hemmungen vor dem anderen Geschlecht.

- **Entwicklungshomosexualität:** Episodisches Auftreten gleichgeschlechtlicher Regungen in der psychosexuellen Reifung.

- **Pseudohomosexualität**
  Die homosexuelle Betätigung ist nur eine Ersatzhandlung oder ereignet sich aus nichtsexuellen Motiven, z. B. in Gefängnissen, sonstiger Isolierung, homosexuelle Prostitution und ähnliches.

- **Pseudohomosexualität:** Die homosexuelle Betätigung ist nur eine Ersatzhandlung oder ereignet sich aus nichtsexuellen Motiven (z.B. in Gefängnissen).

In **therapeutischer Hinsicht** kann es bei stabilem homosexuellem Verhalten nötig sein, durch supportive psychotherapeutische Behandlung dazu beizutragen, daß der Betroffene sowohl seine **persönliche Selbstverwirklichung** als auch eine ausreichende Anpassung an die heterosexuelle Umwelt erreichen kann. Bei den anderen oben dargestellten Formen der Homosexualität kann die psycho-

Therapeutisch kann es nötig sein, durch psychotherapeutische Behandlung dazu beizutragen, daß der Betroffene seine **persönliche Selbstverwirklichung** unter ausreichender Anpassung an die heterosexuelle Umwelt erreichen kann.

therapeutische Behandlung unter anderem darin bestehen, unterschiedliche sexuelle Reifungsstufen und Entwicklungsphasen psychotherapeutisch zu unterstützen.

Merke ▶

> **Merke.** Aufgrund des problematischen gesellschaftlichen Umgangs mit homosexuellem Verhalten ist in der Therapie besonders auf die Kontrolle möglicher Gegenübertragungsreaktionen des Arztes oder psychologischen Psychotherapeuten zu achten.

Schlafstörungen

Definitionen. Bei den sog. **Insomnien oder Hyposomnien** liegt ein subjektives Mißverhältnis zwischen Schlafbedürfnis und Schlafvermögen vor (mangelhafter bzw. ungenügend erholsamer Schlaf). Sie stellen die „klassischen" Schlafstörungen dar. Die geklagte Beeinträchtigung des Schlafes besteht über einen beträchtlichen Zeitraum (z. B. mindestens dreimal pro Woche innerhalb eines Monats) und stört Wohlbefinden und Leistungsfähigkeit am Tage. Hierbei können Einschlafstörungen, Durchschlafstörungen oder morgendliches Früherwachen unterschieden werden (*vergleiche Abbildung 3-82*).

Daneben gibt es – seltener – die **Hypersomnie**, definiert als Zustand exzessiver Schläfrigkeit während des Tages und Schlafanfälle.

Eine **Störung des Schlaf-Wach-Rhythmus** ist definiert als Mangel an Synchronizität zwischen dem individuellen und dem erwünschten Schlaf-Wach-Rhythmus der Umgebung.

Andere, seltene Schlafstörungen (sog. **Parasomnien**) sind durch das Auftreten abnormer Episoden während des Schlafes charakterisiert und treten überwiegend in der Kindheit auf. Hierzu gehören das Schlafwandeln (Somnambulismus) sowie der Pavor nocturnus. Beides sind Aufwachstörungen aus den tiefsten Schlafstadien.

Das Schlafwandeln tritt zumeist während des ersten Schlafdrittels auf, nach dem Erwachen oder am nächsten Morgen besteht meist keine Erinnerung an das Schlafwandeln mehr.

Bei extremeren Ausdrucksformen des Pavor nocturnus kommt es zu nächtlichen Episoden äußerster Furcht und Panik mit heftigem Schreien und starker Erregung. Nach dem Erwachen besteht ebenfalls Amnesie.

Allgemeines

Der physiologische Schlaf ist als ein phasenhaft auftretender, durch das Schlafzentrum kontrollierter **aktiver Erholungsvorgang der Stoffwechselvorgänge im Gehirn** anzusehen. Er ist gekennzeichnet durch **Bewußtseinsminderung bei jederzeitiger Erweckbarkeit durch Reize** und Umstellung des Vegetativums (Bradykardie, Kreislauf- und Muskelhypotonie, verminderte Ansprechbarkeit des Atemzentrums). Die äußerst komplizierten Mechanismen des Phänomens Schlaf konnten erst in den letzten Jahren durch eine technisch aufwendige **Schlafforschung** teilweise erhellt werden. So konnte die Struktur des Schlafes durch elektrophysiologische Untersuchungen im **Schlaflabor** mittels Elektroenzephalogramm (EEG), Elektromyogramm (EMG) und Elektrookulogramm (EOG) durch Untersuchungen beschrieben werden (Polysomnographie oder Schlafpolygraphie). Mit diesen drei Indikatoren, meist ergänzt durch EKG und Atemfrequenz-Registrierung, lassen sich die Stadien und Phasen des Schlafes eindeutig diagnostizieren.

Beim Wechsel vom Wach- zum Schlafzustand zeigen sich im EEG charakteristische Wellenänderungen; so ist der Wachzustand vorwiegend durch Beta- und Alpha-Wellen gekennzeichnet, während im Schlaf Delta-Wellen mit hohen Amplituden vorherrschen. Der normale Schlaf zeigt ein typisches Profil mit **fünf ausgeprägten Schlafstadien, die in zyklischer Form auftreten.** Beim Einschlafen werden zuerst die **vier Stadien des sogenannten orthodoxen Schlafes** durchlaufen. Dazwischen treten periodisch sogenannte REM-Phasen auf. Dieser **REM-Schlaf** ist durch schnelle Augenbewegungen (REM = Rapid Eye Movement) und allgemeine Muskelerschlaffung charakterisiert. Da Gehirnstoffwechsel, Hirndurchblutung und Temperatur gegenüber den anderen Schlafstadien auffällig gesteigert sind und in dieser Zeit die meisten Träume auftreten, werden die etwa $1/5$ bis $1/4$ der Gesamtschlafdauer ausmachenden REM-Perioden auch als paradoxer, aktiver Schlaf bezeichnet.

Schlafstörungen

◄ Definitionen

Allgemeines

Schlaf ist als ein **aktiver Erholungsvorgang der Stoffwechselvorgänge im Gehirn** anzusehen.
Er ist gekennzeichnet durch **Bewußtseinsminderung bei jederzeitiger Erweckbarkeit durch Reize** und Umstellung des Vegetativums.
Im **Schlaflabor** kommen EEG, EMG, EOG, EKG und Atemfrequenz-Registrierung (Polysomnographie oder Schlafpolygraphie) zum Einsatz.

Im Wachzustand herrschen Beta- und Alpha-Wellen, im Schlaf hingegen Delta-Wellen mit hohen Amplituden vor.
Der normale Schlaf zeigt ein typisches Profil mit **5 ausgeprägten, zyklischen Schlafstadien.** Beim Einschlafen werden zuerst die **4 Stadien des sog. orthodoxen Schlafes** durchlaufen. Dazwischen treten periodisch sog. **REM-Schlaf-Phasen** mit schnellen Augenbewegungen und allgemeiner Muskelerschlaffung auf.

Da in den REM-Perioden die meisten Träume auftreten, werden sie auch als paradoxer, aktiver Schlaf bezeichnet.

Die *Abbildungen 3-79a und b* geben die mittels EEG, EMG und EOG bestimmten **Schlafstadien** (Schlafpolygraphie) sowie deren charakteristische Abfolge in Form eines sogenannten **Schlafprofils** wieder.

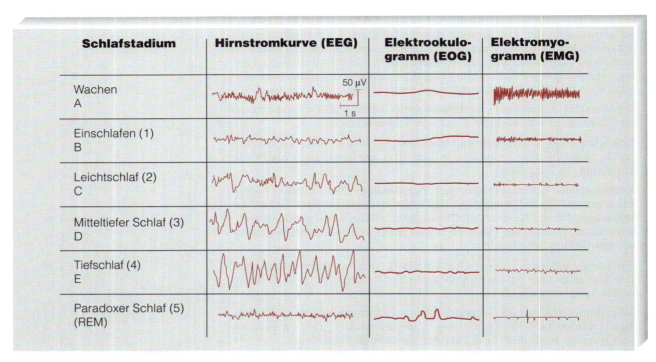

Abb. 3-79a: Schlafpolygraphie mit Schlafstadien

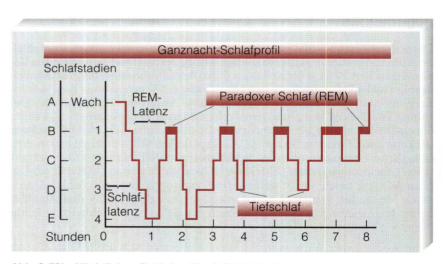

Abb. 3-79 zeigt Schlafstadien und ein Schlafprofil.

Abb. 3-79b: Nächtliches Schlafprofil mit Schlafstadien

Von den 8760 Stunden eines Jahres verbringt der Mensch nahezu 3000 mit Schlafen – der Mensch verschläft also ein Drittel seiner Lebenszeit!

Das Schlafbedürfnis ist individuell sehr unterschiedlich.

Bemerkenswert ist, daß das Schlafbedürfnis individuell sehr unterschiedlich ist. So benötigt z.B. Herr X nur vier Stunden, Herr Y acht Stunden Schlaf, um tagsüber voll leistungsfähig zu sein (beide sind gleich alt).

Mit zunehmendem Lebensalter kommt es zu Änderungen des Schlafprofils: Gesamtschlafdauer, Schlaftiefe und Anteil des REM-Schlafes nehmen ab (*siehe Abbildung 3-80*).

> Die Verteilung der Schlafstadien ändert sich mit dem Lebensalter (s. Abb. 3-80).

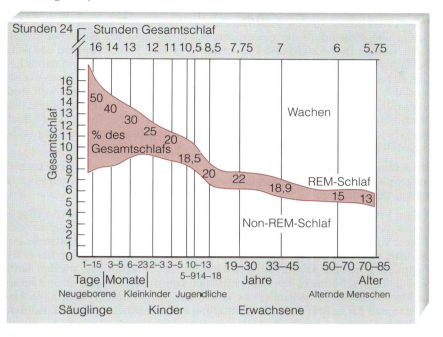

Abb. 3-80: Verteilung der Schlafstadien in Abhängigkeit vom Lebensalter

Historisches. Das Phänomen des Schlafes hat die Menschen seit Beginn der Geschichtsschreibung beschäftigt und findet sich als wiederkehrendes Thema in Mystik, Philosophie und Religion (*siehe Abbildung 3-81*). Das Wort „Schlaf" ist altgermanischen Ursprungs, „schlafen" bedeutet usprünglich „schlapp werden" und ist mit dem Eigenschaftswort „schlaff" verwandt. Vom Wort „Schlaf" abgeleitete Begriffe sind unter anderem „Entschlafen" als Umschreibung für „Sterben" oder etwas „beschlafen"/„überschlafen" (etwas bis zum nächsten Tag bedenken).

◄ **Historisches**

Abb. 3-81a: La fileuse endormie, G. Courbet (1853)

Von alters her wurde Schlaf als Zustand eines allgemeinen Darniederliegens der Körperfunktionen betrachtet, als Periode des Ruhens, des passiven Wegsinkens aus den physischen und psychischen Aktivitäten des Wachseins. Für die Germanen waren Schlaf und Tod Geschwister, beide wurden als „Sandmann" („Sendbote") bezeichnet. In den östlichen Philosophien und Religionen wurde der Schlaf überwiegend als der eigentliche, wahre Zustand des Menschen dargestellt, in dem Individuum und Universum eins sind. Das „Erwachen aus dem Schlaf" wird oft im übertragenen Sinne dahingehend verwendet, ein neues Leben zu beginnen. Dies zeigt z. B. der Name „Buddha" (= „der Erleuchtete, der Erweckte"; von „bodh" = wecken abgeleitet). In der griechischen Sagenwelt sind der sanfte Schlaf Hypnos und der mitleidlose Tod Thanatos beides Söhne der Nachtgöttin Nyx. Auch Ovid nannte den Schlaf „Abbild des Todes". Der Schlaf als Scheintod ist ein verbreitetes Motiv in Märchen, Sage und Dichtung (z. B. Schneewittchen, Dornröschen, Shakespeares Julia).

Im Johannes-Evangelium wird umgekehrt der Tod als schlafähnlicher Zustand aufgefaßt (Bericht vom kranken Lazarus); der Tote erwacht zum Leben wie aus einem tiefen Schlafe.

Frühe Erklärungsversuche für den Schlaf stammen unter anderen von **Hippokrates**, der aus der Abkühlung der Gliedmaßen schloß, daß der Schlaf auf der Flucht von Blut und Wärme ins Innere des Körpers beruhe. Für **Aristoteles** lag die unmittelbare Schlafursache in der aufgenommenen Nahrung, von der er annahm, sie gebe eine Ausdünstung in die Adern ab. Diese Dünste würden dann von der Lebenswärme in den Kopf getrieben, sammelten sich dort an und verursachten Schläfrigkeit. **Alexander von Aphrodisias** (2. Jahrhundert n. Chr.) proklamierte, daß der Körper durch die Ermüdung ausgetrocknet werde und dadurch an Wärme verliere, was schließlich zum Schlaf führe.

Während im 19. Jahrhundert die Naturphilosophie zunächst wieder vermehrt mystische Konzepte in den Vordergrund rückte, führte die Entwicklung der Naturwissenschaften allmählich zu Erklärungsansätzen auf physiologischer und chemischer Grundlage. So sah z. B. **Alexander von Humboldt** die Ursache des Schlafes in einem Sauerstoffmangel, der Bonner Physiologe **Eduard Friedrich Wilhelm Pflüger** in der verminderten Aufnahme von Sauerstoff in die „lebenden Gehirnmoleküle". Der Physiologe **Kohlschütter** stellte fest, daß der Schlaf in den ersten Stunden am tiefsten ist und später oberflächlicher wird.

Abb. 3-81b: Schlafende Frau

Der modernen Schlafforschung zum Durchbruch verhalf schließlich die Entdeckung der Möglichkeit, die im Gehirn entstehenden elektrischen Ströme aufzuzeichnen (Elektroenzephalographie/EEG, Berger 1924, Adrian & Matthews 1934).

Epidemiologie. Von einer behandlungsbedürftigen Schlafstörung (Insomnie) betroffen sind ca. 15 bis 30% der Bevölkerung. Frauen und ältere Menschen leiden überproportional häufig an Schlafstörungen. Über 1 Million Bundesbürger (1,5%) nehmen regelmäßig (jeden Abend) ein Schlafmittel ein; es überwiegen hier ebenfalls Frauen und Ältere.

Merke. Insomnie ist ein häufiges Symptom psychischer Störungen, so weisen z. B. 90% der an einer Depression oder Manie Erkrankten Schlafstörungen auf.

Schlaflosigkeit ist auch ein häufiges Symptom bei somatischen Erkrankungen (*siehe Ätiopathogenese und Differentialdiagnose*) sowie bei Schmerzsyndromen.

Ätiopathogenese. Die möglichen Ursachen von Schlafstörungen sind äußerst vielfältig; sie reichen von situativen Faktoren über psychiatrische und neurologische Erkrankungen bis zu internistischen und anderen organischen Ursachen einschließlich pharmakogener Auslösung (*siehe Tabellen 3-37 und 3-38*).

Im Rahmen der Exploration und der weiteren Diagnostik sollte die Frage beantwortet werden, ob die Schlafstörung hauptsächlich
- physikalisch (Lärm, Temperatur),
- physiologisch,
- psychologisch,
- psychiatrisch oder
- pharmakologisch
bedingt ist (die „5 Ps").

Epidemiologie
15–30% der Bevölkerung leiden an behandlungsbedürftigen Schlafstörungen, v.a. Frauen und Ältere. 1,5% nehmen regelmäßig Schlafmittel ein.

◀ **Merke**

Ätiopathogenese
Es existieren vielfältige Ursachen (s. Tab. 3-37 und 3-38).

Es muß festgestellt werden, ob die Schlafstörung
- physikalisch (Lärm, Temperatur),
- physiologisch,
- psychologisch,
- psychiatrisch oder
- pharmakologisch
bedingt ist (die „5 Ps").

Tabelle 3-37: Ursachen von Schlafstörungen

- **Situativ**
  Umgebung
  Zeitverschiebung
- **Psychoreaktiv**
  Ärger
  Aufregung
  Angst
- **Psychiatrisch**
  (Endogene) Depression
  Psychosen
  Organische Psychosyndrome
  Neurosen
- **Neurologisch**
  Myoklonus
  Restless legs
  Schmerzsyndrom

- **Internistisch**
  Kardial
  Pulmonal (Schlafapnoe)
  Pruritus
  Inkontinenz
- **Pharmakogen**
  Alkohol
  Drogen
  Betablocker
  Diuretika
  Stimulanzien
  Nootropika
- **Primäre „idiopathische" Insomnie**

Tabelle 3-38: Ursachen von Insomnien

Abschlußdiagnosen von 1214 polysomnographisch untersuchten Insomnie-Patienten

Psychiatrische Erkrankungen	35%
Psychophysiologische Insomnie	15%
Alkohol- und Drogenabhängigkeit	12%
Myoklonien, Restless legs	12%
Keine Insomnie	9%
Schlafapnoe-Syndrom	6%

Die biologische Schlafforschung hat eine Reihe möglicher pathophysiologischer Mechanismen beschrieben, unter anderem scheint eine Regulationsstörung im Bereich des serotonergen, cholinergen und GABAergen Systems vorzuliegen. Experimentalpsychologische Untersuchungen weisen auf die Bedeutung von Konditionierungsprozessen sowie „fehlgelernten" Verhaltens hin.

Insbesondere bei Störungen des Schlaf-Wach-Rhythmus spielen berufliche und psychosoziale Konstellationen wie Schichtarbeit, wiederholtes Reisen über Zeitzonen hinweg („Jet lag") sowie verhaltensbezogene Ursachen (z. B. zu frühes Zubettgehen alter Menschen, nächtliche Vergnügungen) eine wichtige Rolle.

Symptomatologie und klinische Subtypen

Insomnien oder Hyposomnien

Sie stellen die bei weitem häufigste Schlafstörung dar; hierbei klagen die Patienten zumeist über Einschlafstörungen, oft auch über kombinierte Einschlaf- und Durchschlafstörungen oder morgendliches Früherwachen (*siehe Abbildung 3-82*).

Die geklagte Beeinträchtigung des Schlafes besteht über einen beträchtlichen Zeitraum (z. B. mindestens dreimal pro Woche innerhalb eines Monats).

Fast immer entwickeln sich ein Fixiertsein auf das Schlafen-Können sowie eine Angst von Schlaflosigkeit. Dies führt zu einem Circulus vitiosus; der ansonsten „automatisch-natürlich" ablaufende Biorhythmus des Vegetativums verändert sich durch die ständige Beschäftigung mit der potentiellen Gestörtheit des Schlafes. Die Patienten legen sich typischerweise mit erhöhter Anspannung und besorgter Ängstlichkeit zu Bett, grübeln über persönliche Probleme und versuchen zudem häufig, ihren Zustand durch Einnahme von Medikamenten oder Alkohol günstig zu beeinflussen. Tagsüber fühlen sie sich dann psychisch und körperlich matt, klagen über verminderte Konzentrations- und Leistungsfähigkeit sowie über Irritierbarkeit und Reizbarkeit, sind dysphorisch-verstimmt

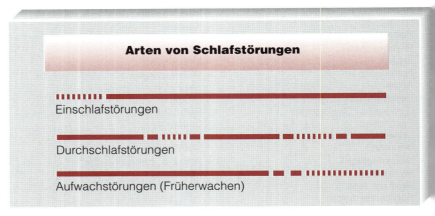

Abb. 3-82: Arten von Schlafstörungen

Hypersomnie

Hypersomnie äußert sich als exzessive Schläfrigkeit während des Tages und in Schlafanfällen, die nicht durch eine unzureichende Schlafdauer erklärbar sind. Die Patienten haben die Neigung, zu unangemessener Zeit einzuschlafen, wobei nicht selten ein Zusammenhang mit bestimmten unangenehmen Erlebnissen besteht.

Störung des Schlaf-Wach-Rhythmus

Die Umkehr des Nacht-Tag-Rhythmus führt zu Klagen über Schlaflosigkeit während der üblichen Schlafperiode und Hypersomnie während der Wachperiode. Die Betroffenen sind deutlich erschöpft und in ihrer sozialen und beruflichen Leistungsfähigkeit eingeschränkt. Besonders betroffen sind Schichtarbeiter und Personen mit häufigen Fernreisen über Zeitzonen hinweg.

Parasomnien

Zu diesen seltenen Schlafstörungen zählen das **Schlafwandeln (Somnambulismus)**, der **Pavor nocturnus** sowie **Alpträume (Angstträume)**. Sie sind durch abnorme Episoden während des Schlafes charakterisiert und treten überwiegend in der Kindheit auf.

Schlafwandeln

Der zumeist jugendliche Patient steigt aus dem Bett, geht umher und verläßt das Schlafzimmer, gelegentlich auch das Haus. Hierdurch setzen sich die Patienten unter Umständen einem beträchtlichen Verletzungsrisiko aus (*siehe Abbildung 3-83*).

Üblicherweise kehren die Betroffenen von selbst oder von einer anderen Person ruhig geführt zu ihrem Bett zurück. Am nächsten Morgen besteht keine Erinnerung an das Schlafwandeln (Amnesie).

Abb. 3-83: **Somnambulismus** (Schlafwandeln), Lithographie zur Oper „La somnambula" (1831) des Komponisten Vincenzo Bellini

---

Störung des Schlaf-Wach-Rhythmus
Die Umkehr des Nacht-Tag-Rhythmus führt zu Schlaflosigkeit in der üblichen Schlafperiode und Hypersomnie in der Wachperiode (z.B. Schichtarbeiter, Fernreisende).

Parasomnien
Zu diesen seltenen Schlafstörungen zählen das **Schlafwandeln (Somnambulismus)**, der **Pavor nocturnus** sowie **Alpträume**.

Schlafwandeln
Dabei verläßt der zumeist jugendliche Patient das Bett, geht umher und verläßt das Schlafzimmer, gelegentlich auch das Haus. Unter Umständen besteht ein beträchtliches Verletzungsrisiko (*s. Abb. 3-83*). Üblicherweise besteht am nächsten Morgen keine Erinnerung an das Schlafwandeln (Amnesie).

Pavor nocturnus

Diese Schlafstörung hängt eng mit dem Schlafwandeln zusammen und ist als dessen extremere Ausdrucksform anzusehen. Hierbei treten zumeist im ersten Drittel des Nachtschlafes massive Furcht und Panik mit heftigem Schreien und starker Erregung auf. Die jungen Patienten stürzen häufig zur Tür, wie um zu fliehen, verlassen aber nur selten den Raum; nach dem Erwachen besteht ebenfalls Amnesie.

Alptraum

Dabei handelt es sich um ein sehr lebhaftes angsterfülltes Traumerleben. Themen sind Bedrohung des Lebens, der Sicherheit oder der Selbstachtung. Während bei Kindern zumeist keine zusätzlichen psychopathologischen Auffälligkeiten bestehen, finden sich bei Erwachsenen mit Alpträumen häufig Persönlichkeitsstörungen. Klinisch-praktisch wichtig ist der **Ausschluß pharmakogener Ursachen** (Einnahme oder plötzliches Absetzen psychotroper Medikamente).

Die **Einteilung** von Schlafstörungen erfolgt in zwei Hauptgruppen, die **Dyssomnien** und die **Parasomnien** (*siehe Abbildung 3-84*).

Anhand der neueren operationalisierten Diagnosesysteme (ICD-10, DSM III-R) ergibt sich die in *Synopsis 3-44* dargestellte Klassifikation.

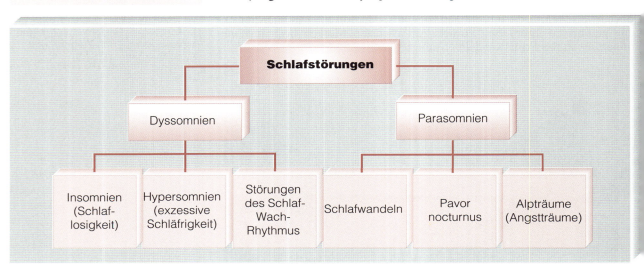

Abb. 3-84: Klinische Klassifikation von Schlafstörungen

Synopsis 3-44: Klassifikation der Schlafstörungen nach ICD-10 und DSM-III-R

ICD-10	DSM-III-R
• **Dyssomnien:**	• **Dyssomnien:**
Insomnien	**Insomnien**
– Nichtorganische Insomnie	– Im Rahmen einer anderen psychischen Störung (nichtorganisch) (z.B. Major Depression)
	– Bei bekanntem organischem Faktor (z.B. Schlafapnoe, Amphetaminabhängigkeit, Antiphlogistika-Medikation)
	– Primäre Insomnie
Hypersomnien	**Hypersomnien**
– Nichtorganische Hypersomnie	– Im Rahmen einer anderen psychischen Störung (nichtorganisch) (z. B. Major Depression)
	– Bei bekanntem organischem Faktor
	– Primäre Hypersomnie

Fortsetzung von Synopsis 3-44:

ICD-10	DSM-III-R
Störungen des Schlaf-Wach-Rhythmus	**Störungen des Schlaf-Wach-Rhythmus**
– Nichtorganische Störungen des Schlaf-Wach-Rhythmus	– Vorverlagerter oder verzögerter Typ
	– Desorganisierter Typ
	– Häufig wechselnder Typ
• **Parasomnien:**	• **Parasomnien:**
Alpträume (Angstträume)	**Schlafstörung mit Angstträumen** (Alpträumen)
Pavor nocturnus	**Pavor nocturnus**
Schlafwandeln (Somnambulismus)	**Schlafwandeln** (Somnambulismus)

Diagnostik und Differentialdiagnose

Diagnostik. Das Vorliegen einer behandlungsbedürftigen Schlafstörung läßt sich durch das folgende diagnostische Procedere feststellen:

Im Zentrum stehen zunächst die sorgfältige Anamneseerhebung und die schlafbezogene Exploration. Die wichtigsten Gesichtspunkte sind in *Tabelle 3-39* zusammengefaßt.

> **Diagnostik und Differentialdiagnose**
> **Diagnostik**
>
> Im Zentrum der Diagnostik stehen die sorgfältige Anamneseerhebung und die schlafbezogene Exploration. Wichtige Gesichtspunkte sind in *Tab. 3-39* zusammengefaßt.

Tabelle 3-39: Wichtige Gesichtspunkte zur schlafbezogenen Exploration

- Art der Schlafstörung (Insomnie mit Einschlaf-, Durchschlafstörung und/oder morgendlichem Früherwachen), Hypersomnie mit übermäßiger Schlafneigung oder Schlafanfällen
- Dauer, Verlauf und Rhythmus der Schlafstörung (Schlaf-Wach-Rhythmus)
- Schlafverhalten (Zeit im Bett, Abendgestaltung, Einschlafgewohnheiten) und schlafbeeinflussende Lebensumstände
- Umgebungseinflüsse (Lärm, Temperatur)
- Vorbehandlung (medikamentös und nichtmedikamentös)
- Symptomatik während der Schlafperiode (Gedankenkreisen, Grübeln, Anspannung, Atemstörungen, unruhige Beine, Alpträume)
- Tagesbefindlichkeit (Leistungsfähigkeit, Tagesrestwirkung von Medikamenten, Aktivität)

Die neueren operationalisierten Diagnosesysteme (ICD-10 und DSM-III-R) geben für die nichtorganischen Schlafstörungen die in *Synopsis 3-45* aufgeführten diagnostischen Leitlinien.

Unter den nichtorganischen Schlafstörungen dominieren die **Dyssomnien** mit einer Störung von Dauer, Qualität oder Zeitpunkt des Schlafs aufgrund emotionaler Ursachen. Bei weitem am häufigsten ist die **Insomnie,** bei der Klagen über Einschlaf- und/oder Durchschlafstörungen oder schlechte Schlafqualität das Bild prägen.

Bei der relativ seltenen **nichtorganischen Hypersomnie** bestehen übermäßige Schlafneigung oder Schlafanfälle während des Tages über einen längeren Zeitraum und führen zu deutlicher Erschöpfung und Beeinträchtigung der Leistungsfähigkeit.

Letzteres findet sich auch bei den **Störungen des Schlaf-Wach-Rhythmus,** bei denen es typischerweise zu einer **Schlafumkehr** (Umkehr des Nacht-Tag-Rhythmus) kommt.

Die diagnostische Leitlinie der typischerweise bei Kindern und Jugendlichen vorkommenden, durch abnorme während des Schlafes auftretende Episoden charakterisierten **Parasomnien** sind in *Synopsis 3-46* zusammengefaßt.

> Die diagnostischen Leitlinien für die nichtorganischen Schlafstörungen sind der *Synopsis 3-45* zu entnehmen.
> Unter den nichtorganischen Schlafstörungen dominieren die **Dyssomnien** mit einer Störung von Dauer, Qualität oder Zeitpunkt des Schlafs aufgrund emotionaler Ursachen. Bei weitem am häufigsten ist die **Insomnie**, relativ selten die **nichtorganische Hypersomnie**.
>
> Bei den **Störungen des Schlaf-Wach-Rhythmus** kommt es typischerweise zu einer **Schlafumkehr**.
>
> Die diagnostischen Leitlinien der typischerweise bei Kindern und Jugendlichen vorkommenden **Parasomnien** zeigt *Syn. 3-46*.

3 Krankheiten

Synopsis 3-45: Diagnostische Leitlinien von Schlafstörungen (Dyssomnien) nach ICD-10 und DSM-III-R (1)

ICD-10	DSM-III-R
Nichtorganische Insomnie:	
• Klagen über Einschlaf-, Durchschlaf-störungen oder schlechte Schlaf-qualität	• Ein- und Durchschlafschwierigkei-ten oder nicht erholsamer Schlaf
• Übertriebene Sorge um Schlaf-störung	
• Leidensdruck oder Störung der Leistungsfähigkeit	• Erschöpfung während des Tages oder Leistungsfähigkeit
• Wenigstens 3 x pro Woche minde-stens 1 Monat lang	• Mindestens 3 x pro Woche minde-stens 1 Monat lang
Nichtorganische Hypersomnie:	
• Übermäßige Schlafneigung oder Schlafanfälle während des Tages (nicht durch unzureichende Schlaf-dauer erklärbar)	• Übermäßige Schläfrigkeit während des Tages oder Schlafattacken (nicht durch ungenügende Schlaf-dauer während der Nacht erklärbar)
• Erschöpfung, Beeinträchtigung der Leistungsfähigkeit	• Beeinträchtigung der beruflichen Leistungsfähigkeit oder Einschrän-kungen sozialer Aktivitäten und Beziehungen
• Täglich, mindestens 1 Monat lang oder in wiederkehrenden Perioden kürzerer Dauer	• Nahezu täglich, mindestens 1 Monat lang oder episodisch über einen längeren Zeitraum
Ausschluß:	
Narkolepsie, Schlafapnoe, sympto-matische (neurologische, inter-nistische) Ursache(n)	Nicht ausschließlich im Verlauf einer Störung des Schlaf-Wach-Rhythmus:
Störung des Schlaf-Wach-Rhythmus:	
• Individuelles Schlaf-Wach-Muster nicht synchron mit gesellschaftlich erwünschtem Schlaf-Wach-Rhyth-mus	Zwischen dem normalen Schlaf-Wach-Rhythmus im Umfeld und dem eigenen zirkadianen Schlaf-Wach-Rhythmus besteht eine Diskrepanz mit Beschwerden im Sinne einer Insomnie oder Hypersomnie
• Schlaflosigkeit während der Haupt-schlafperiode, Hypersomnie wäh-rend der Wachperiode	
• Erschöpfung oder Behinderung der Leistungsfähigkeit	
• Fast täglich mindestens 1 Monat lang oder wiederkehrend während kürzerer Zeiträume	

Ergänzend sollte insbesondere bei entsprechender Symptomatik eine **allgemeinmedizinische und psychiatrische Anamnese** erhoben werden. Neben dem psychopathologischen Befund sind vor allem eventuell vorliegende patholog-sche Organbefunde (sorgfältige körperliche Untersuchung einschließlich Rout nelabor, EKG und eventuell EEG) von Bedeutung.

Da ein großer Teil der Schlafstörungen psychoreaktiv-situativ und/oder orga nisch bedingt ist, muß bei der Diagnostik besonderes Augenmerk auf diese Fa toren gerichtet werden. Dies bedeutet unter anderem, daß im Zweifelsfall auc die **private und berufliche Lebenssituation eruiert werden** muß.

Von den psychiatrischen Erkrankungen sind insbesondere Depressionen m dem Vorliegen von Schlafstörungen verbunden. Bewährt hat es sich, den Patie ten einen **Schlaffragebogen** ausfüllen sowie ein **„Schlaftagebuch"** führen zu la sen. Besonders bei Verdacht auf organisch bedingte Insomnien oder bei „ther pieresistenten", chronischen und schweren Schlafstörungen empfiehlt sich d Vorstellung in einer Schlafambulanz bzw. die polysomnographische Unters chung in einem **Schlaflabor**, um Ablauf und Struktur des Schlafes objektivere zu können).

Synopsis 3-46: Diagnostische Leitlinien von Schlafstörungen (Parasomnien) nach ICD-10 und DSM-III-R (2)

ICD-10	DSM-III-R
Schlafwandeln: • Verlassen des Bettes während des Schlafes und Umhergehen meist während des ersten Drittels der Nacht • Leerer, starrer Gesichtausdruck, erhöhte Reagibilität, schwer weckbar • Amnesie nach Erwachen • Meist keine Beeinträchtigung unmittelbar nach dem Aufwachen • Kein Hinweis für organbedingte psychische Störung wie Demenz oder körperliche Störung wie Epilepsie	• Wiederkehrende Episoden, in denen das Bett verlassen und umhergewandelt wird, gewöhnlich im ersten Drittel der Nacht • Ausdrucksloses, starres Gesicht, weitgehende Reaktionslosigkeit, nur mit Mühe weckbar • Amnesie nach Erwachen • Meist keine Beeinträchtigung unmittelbar nach dem Aufwachen • Kein Hinweis für organischen Faktor, z. B. Epilepsie
Pavor nocturnus: • Erwachen aus dem Schlaf mit Panikschrei, heftiger Angst, Körperbewegung und vegetativer Übererregbarkeit • Dauer der Episoden 1 bis 10 Minuten zumeist während des ersten Drittels der Nacht • Relative Unzugänglichkeit, zumindest einige Minuten Desorientiertheit und perseverierende Bewegungen • (Partielle) Amnesie • Kein Hinweis für körperliche Erkrankung wie Hirntumor oder Epilepsie	• 1 bis 10 Minuten dauernde Episoden plötzlichen Erwachens, gewöhnlich im ersten Drittel der Nacht, mit Panikschrei beginnend • Starke Angst und Zeichen autonomer Erregung • Durch andere kaum beruhigbar, meist mindestens einige Minuten Verwirrung, Desorientiertheit und wiederkehrende motorische Abläufe • Ohne detaillierte Traumerinnerung • Kein Hinweis auf organischen Faktor (z. B. Gehirntumor)
Alpträume (Angstträume): • Aufwachen mit lebhafter Erinnerung an heftige Angstträume, meistens mit Bedrohung; typischerweise während der zweiten Schlafhälfte • Nach Aufwachen rasch orientiert und munter • Deutlicher Leidensdruck	• Wiederholtes Erwachen mit detaillierter Erinnerung stark ängstigender Träume, gewöhnlich Bedrohungen beinhaltend; im allgemeinen während der zweiten Schlafhälfte • Nach Erwachen rasch orientiert und wach • Bedeutsame Belastungen verursachend • Kein organischer Faktor (z. B. Medikamente)

Differentialdiagnose. Am wichtigsten ist hier der Ausschluß organischer Erkrankungen und symptomatischer Ursachen. Zu ersteren zählen insbesondere Herz-Kreislauf-Erkrankungen, Störungen der Atmung (Schlafapnoe, Asthma bronchiale), Hyperthyreose und Diabetes mellitus. Auf neuropsychiatrischem Gebiet sind als wichtigste Differentialdiagnosen Myoklonus, Restless-legs-Syndrom, Epilepsien sowie Depressionen und organische Psychosyndrome (Demenz) anzusehen.

Merke. Insbesondere Schmerzzustände, Inkontinenz und Pruritus gehen mit Schlafstörungen einher.

Zu den wichtigsten pharmakogenen Ursachen zählen Stimulanzien, Diuretika und Nootropika sowie insbesondere Alkohol und Drogen. Auch Genußmittel wie Kaffee, schwarzer Tee und Cola-Getränke können zu Schlafstörungen führen.

Differentialdiagnose
Ausschluß von organischen Ursachen (Herz-Kreislauf-Erkrankungen, Schlafapnoe, Asthma bronchiale, Hyperthyreose; Schmerzzustände, Inkontinenz, Pruritus, Diabetes mellitus, Myoklonus, Restless-legs-Syndrom, Epilepsien), Depressionen und Demenz.

◄ Merke

Pharmakogene Ursachen: Psychostimulanzien, Drogen, Diuretika, Nootropika; Kaffee, Tee, Cola.

Von der Hypersomnie ist die in der Kindheit beginnende genuine **Narkolepsie** zu unterscheiden.

Von der Hypersomnie ist die in der Kindheit beginnende genuine **Narkolepsie** zu unterscheiden, für die unüberwindlicher Schlafzwang am Tage mit affektivem Tonusverlust der Muskulatur (Kataplexie) und lebhaften Hypnagogen (im Halbschlaf, beim Einschlafen auftretende Halluzinationen) typisch ist.

Verlauf

Verlauf

Lassen sich die schlafstörenden Faktoren nicht reduzieren oder beseitigen, besteht die Gefahr der Entwicklung einer chronischen Schlafstörung. Deshalb ist es wichtig, dem Patienten die elementare Bedeutung schlaf- und psychohygienischer Maßnahmen (Lebensführung) zu vermitteln.

Verlauf und Prognose von Schlafstörungen sind je nach zugrundeliegender Ursache sehr unterschiedlich. Lassen sich die schlafstörenden Faktoren nicht reduzieren oder beseitigen, besteht die Gefahr der Entwicklung einer chronischen Schlafstörung. Von zentraler Bedeutung ist es deshalb, dem an Schlafstörungen Leidenden die elementare Bedeutung schlaf- und psychohygienischer Maßnahmen (Lebensführung) zu vermitteln.

Sind die Schlafstörungen durch andere Erkrankungen bedingt, so lassen sie sich in der Regel bei Behandlung der Grunderkrankung beseitigen. So sistieren beispielsweise Schlafstörungen bei Depressiven mit Remission der depressiven Erkrankung.

Die Gefahr der Chronifizierung besteht vor allem, wenn eine Dauereinnahme von Hypnotika erfolgt.

Die Gefahr der Chronifizierung besteht insbesondere dann, wenn – akzentuiert durch Vorliegen chronischer körperlicher Erkrankungen – eine Dauereinnahme von Hypnotika erfolgt.

Therapie

Therapie

Information, Aufklärung und Beratung über die physiologische Schlafdauer sollten am Anfang stehen.
Zu den **Schlafhilfen** gehört die Beseitigung schlafstörender Faktoren (Lärm, Temperatur).
Der Patient sollte sich nur zum (nächtlichen) Schlafen ins Bett legen, um die Konditionierung „Bett = Schlaf" nicht zu löschen.

Nach dem Ausschluß organisch-symptomatischer Ursachen und psychiatrischer Erkrankungen sollten eine Aufklärung und Beratung über die physiologische Schlafdauer – insbesondere bei älteren Menschen – erfolgen. Zu den **Schlafhilfen** gehört die Beseitigung schlafstörender Faktoren (soweit möglich). Die optimale Schlafzimmer-Temperatur sollte bei ca. 16 °C liegen, das Bett modernen orthopädisch-physiologischen Anforderungen entsprechen. Ein schlechter Schläfer sollte sich nur zum (nächtlichen) Schlafen ins Bett legen, um die Konditionierung „Bett = Schlaf" nicht zu löschen. Es gilt die Empfehlung, „den Tag ausklingen zu lassen", also die physiologische Umschaltung von Spannung auf Entspannung zu ermöglichen.

Besonders bei alten Menschen sollte für ausreichende körperliche Aktivität und eine Begrenzung des Schlafes am Tage gesorgt werden, um eine „natürliche Erschöpfung" am Abend zu ermöglichen.

Merke ▶

> **Merke.** Ein häufiges Problem ist, daß alte Menschen zu früh zu Bett gehen (der normale Schlafbedarf beträgt in der Regel sechs bis sieben Stunden, d. h. bei Zubettgehen um zwanzig Uhr und Wachliegen ab drei Uhr liegt keine Schlafstörung vor!).

Organische Grunderkrankungen sollten primär behandelt werden. Bei **Schlafapnoe** sind Benzodiazepin-Hypnotika kontraindiziert.

Sollten organische Grunderkrankungen bestehen, sind primär diese zu behandeln. Das Vorliegen einer sogenannten **Schlafapnoe** (schlafbedingtes zeitweiliges Aufhören der Atmung) erfordert spezielle therapeutische Interventionen durch den Spezialisten. Wichtig ist, daß bei Vorliegen dieser Störung die Gabe von Benzodiazepin-Hypnotika kontraindiziert ist.

Zu den **psychotherapeutischen Maßnahmen** zählen **Entspannungsverfahren** sowie u. a. folgende Verhaltensregeln:
• Bei anhaltender Schlafstörung aufstehen oder „Ermüdungslesen" (sich aktiv beschäftigen).
• Keine gedankliche Fixierung auf den Schlaf („Erwartungsangst").

Zu den **psychotherapeutischen Maßnahmen** zählen **Entspannungsverfahren** (Einschlafstörungen sind häufig „Abschaltstörungen") sowie unter anderem folgende Verhaltensregeln:
• Bei Schlafstörungen nicht passiv bleiben und sich unruhig im Bett wälzen, sondern „Ermüdungslesen" oder Aufstehen und sich aktiv beschäftigen.
• Wichtig ist, keine Schlaferwartungsangst aufkommen zu lassen und sich nicht durch unnötige Ängste hinsichtlich physiologischerweise auftretenden Veränderungen im Schlaf (z. B. Einschlafzucken, Körperbewegungen im Schlaf) verunsichern zu lassen.

Als **Hypnotika** werden am häufigsten Benzodiazepine sowie chemisch neuartige Schlafmittel wie Zopiclon und Zolpidem, gelegentlich auch Chloralhydrat, verordnet. Grundsätzlich sollte die **Einnahme zeitlich befristet sein** und nur bei Bedarf (diskontinuierlich, im Intervall) erfolgen, da sonst die Gefahr der Gewöhnung bis Abhängigkeit – verbunden mit einer Veränderung des physiologischen Schlafprofils – besteht.

Besonderes Augenmerk ist auf eine mögliche **Kumulation** (Substanzen mit langer Halbwertzeit und/oder aktiven Metaboliten) zu richten, da dies zu Tagesrestwirkungen („hang over") mit Beeinträchtigung der psychomotorischen Leistungsfähigkeit führen kann. Andererseits müssen die Patienten darauf aufmerksam gemacht werden, daß es – insbesondere bei Substanzen mit sehr kurzer Halbwertszeit – bei brüskem Absetzen nach regelmäßiger Einnahme zu einer sogenannten **Entzugsinsomnie** kommen kann. Näheres über Hypnotika *siehe Kapitel Psychopharmakotherapie (ab S. 455).*

Zu den Therapiemöglichkeiten bei Schlafstörungen *siehe Tabelle 3-40.*

Als **Hypnotika** werden Benzodiazepine, Zopiclon der Zolpidem verordnet. Die **Einnahme sollte zeitlich befristet** (für 2–4 Wochen) und nur bei Bedarf erfolgen (Gefahr der Gewöhnung bis Abhängigkeit).

Besonderes Augenmerk ist auf eine mögliche **Kumulation** („hang-over", Tagesrestwirkung) und **Entzugsinsomnie** bei brüskem Absetzen zu richten.

Zu den Therapiemöglichkeiten bei Schlafstörungen *s. Tab. 3-40.*

Tabelle 3-40: Therapiemöglichkeiten bei Schlafstörungen

- **Aufklärung und Beratung**
- **Beseitigung schlafstörender Faktoren**
  (Lebensrhythmus, Eß- und Schlafgewohnheiten, Schlafhygiene)
- **„Natürliche Erschöpfung"**
  (körperliche Aktivität, Bad)
- **Behandlung evtl. somatischer Grunderkrankungen**
- **„Kleine Psychotherapie"**
  (Entspannungsverfahren, z.B. autogenes Training; psychagogische Führung, evtl. Plazebo-Medikation)
- **Verhaltenstherapie**
  (paradoxe Interventionen, Problemlösungstraining)
- **Hypnotika**

Kasuistik 1. Eine 48jährige Musiklehrerin stellt sich in der Schlafambulanz vor und berichtet, daß sie bereits als kleines Kind häufig voller Angst wachgelegen habe, da sie häufig in der Nachkriegszeit mit bis zu acht Personen in einem Zimmer habe schlafen müssen. Auch im Internat habe sie unter erheblichen Schlafschwierigkeiten gelitten, da sie sehr schlecht habe abschalten können. Während des Studiums dann keine Schlafprobleme, in den letzten Jahren hätten diese aber wieder allmählich eingesetzt. Ihr Hauptproblem sei, daß sie nicht abschalten könne, daß ihr abends alle möglichen Pläne und Probleme durch den Kopf gingen.

Vor dem Einschlafen lese oder meditiere sie, sie schlafe aber insgesamt sehr leicht, werde zwei- bis viermal pro Nacht wach und schlafe insgesamt nicht mehr als fünf Stunden. Manchmal bemerke sie ein krampfartiges Zucken in den Beinen. Nächtliches Schnarchen, Zähneknirschen, Sprechen sowie Ausführen von Handlungen wird verneint. Kein Anhalt für eine Abhängigkeit der Schlafstörungen von äußeren Faktoren wie Wetter, Urlaub, Jahreszeit oder Wochenende.

Laut **Familienanamnese** leiden zwei Geschwister sowie die Mutter unter Schlafstörungen, die ältere Schwester außerdem unter Depressionen und Ängsten.

Bei der Patientin sind keine relevanten Vorerkrankungen bekannt; sie trinke drei Tassen Kaffee pro Tag, kein Nikotin, kein Alkoholkonsum, keine regelmäßige Medikamenteneinnahme.

Der **psychopathologische Befund** ist bis auf leichte formale Denkstörungen im Sinne eines nächtlichen Grübelns und Gedankendrängens unauffällig. Ausgeglichene Stimmungslage mit guter affektiver Schwingungsfähigkeit.

Die **polysomnographischen Untersuchungen** im Schlaflabor über acht Nächte zeigen ein deutlich gestörtes Schlafprofil mit häufigem nächtlichem Erwachen mit zum Teil längeren Wachphasen in beiden Nachthälften, fast völlig fehlendem Tiefschlafanteil, unauffälligem REM-Schlafanteil regelrechter Einschlaflatenz, unauffälliger REM-Latenz bei insgesamt noch erkennbarer zyklischer Schlafstruktur. Die Patientin zeigte einen ausgeprägten Adaptationseffekt von der ersten zur dritten Ableitenacht als Hinweis auf eine erhöhte Sensibilität gegenüber äußeren Störfaktoren. Die totale Schlafzeit lag bei 381 bzw. 387 Minuten pro Nacht. Es fanden sich keine nächtlichen Apnoen, die durchschnittliche Sauerstoffsättigung lag bei 96%. Im nächtlichen EKG bei einer mittleren Frequenz von 60 Aktionen pro Minute keine Extrasystolen. Tibiale Myoklonien in ihrer Häufigkeit grenzwertig.

Die bestimmten **Laborparameter** zeigten mit Ausnahme einer Cholesterinerhöhung keine pathologischen Werte.

Epikritische Beurteilung: Bei der Schlafstörung der Patientin handelt es sich nach Querschnitt und Verlauf am ehesten um eine chronische psychophysiologische Hyposomnie, wobei insbesondere die Angst, nicht schlafen zu können, und die Unfähigkeit abzuschalten, im Vordergrund stehen. Bei insgesamt ausreichender Schlafdauer, aber fast völlig fehlendem Tiefschlafanteil wird der Schlaf von der Patientin als wenig erholsam empfunden. Tagesmüdigkeit und Beeinträchtigung über den Tag sind relativ leichtgradig ausgeprägt.

Therapeutisch wird ein Entspannungsverfahren, z.B. progressive Muskelrelaxation nach Jacobson empfohlen (*vgl. Kapitel 5. unter Psychotherapie*).

Kasuistik 2. Ein 34jähriger Kriminalbeamter berichtet, daß er von 1985 bis 1990 beruflich im Schichtdienst eingesetzt gewesen sei. Im Anschluß daran seien erstmals Durchschlafstörungen aufgetreten. Er erwache nach zwei- bis dreistündigem Schlaf etwa alle 20 bis 60 Minuten, meist ohne längere Wachphasen. Morgens fühle er sich nicht erholt. Daneben leide er seit dieser Zeit unter bis zu drei- bis fünfmal täglich auftretenden imperativen Schlafanfällen. Die Müdigkeit träte bei Tätigkeiten jeder Art auf (Autofahren, Rasenmähen, auch bei sportlichen Tätigkeiten). Er schlafe dann für jeweils 10 bis 20 Minuten, fühle sich danach gut ausgeschlafen. Weiter gibt der Patient einen affektiven Tonusverlust bei gefühlsmäßiger Erregung, z. B. Freude oder Ärger, an. Insbesondere die Gesichtsmuskulatur werde dann schlaff. Gelegentlich seien aber auch die Beine mitbeteiligt, so daß ihm die Knie wegsackten. Es wird über gelegentliches Schnarchen berichtet sowie über ein Zucken der Gliedmaßen insbesondere während des Einschlafens. Seine Partnerin habe ihm von nächtlichem Zähneknirschen berichtet.
Eine Abhängigkeit der Schlafstörungen von äußeren Faktoren besteht insofern, daß bei längerem Urlaub eine leichte Besserung spürbar werde.
Schwere somatische Vorerkrankungen werden nicht angegeben, er trinke nur geringe Mengen Alkohol, rauche ca. 30 Zigaretten pro Tag. Der Schlafraum wird als ruhig beschrieben.
Familienanamnestisch finden sich keine Auffälligkeiten.
An Problemen berichtet der Patient über eine starke berufliche Unzufriedenheit, wobei er sich durch den Formalismus und die Umgangsweise der Kollegen untereinander sehr belastet fühle.
Psychopathologisch bestehen eine subdepressive Grundstimmung sowie eine leichte Verlangsamung in Motorik und Antrieb.
Die **polysomnographische Untersuchung** im Schlaflabor zeigt ein schwer gestörtes Schlafprofil mit sehr häufigem Stadienwechsel, sehr häufigem nächtlichem Erwachen meist ohne längere Wachphasen, völlig fehlendem Tiefschlafanteil, verkürzter Einschlaflatenz. Die Gesamtschlafzeit lag bei 345 bzw. 388 Minuten pro Nacht, die Schlafeffizienz betrug 84%. Vereinzelte nächtliche Apnoen in einer Häufigkeit von bis zu 15 pro Nacht bei einer durchschnittlichen Dauer von 15 Sekunden.
Das Schilddrüsenhormonprofil zeigte eine euthyreote Stoffwechsellage.
Epikritische Beurteilung: Bei dem Patienten liegt das klassische Bild einer Narkolepsie vor. Hierzu zählen die imperativen Schlafanfälle mit kurzem erholsamem Tagesschlaf, der meist auf den Gesichtsbereich beschränkte affektive Tonusverlust, die nächtliche Insomnie sowie das mehrfache über Tag wie zur Nacht hin Auftreten eines Sleep-Onset-REM. Daneben zeigt der Patient das für die Erkrankung typische HLA-Muster.
Therapeutisch wird zunächst die Abklärung symptomatischer Ursachen der Narkolepsie durch computer- bzw. kernspintomographische Untersuchung des Kopfes empfohlen. Allgemeine Therapiemaßnahmen umfassen Schlafhygiene, das Einhalten eines Mittagschlafs eventuell zusätzlich eine Ruhepause am Vor- oder Nachmittag das Einhalten der nächtlichen Ruhezeit und die Vermeidung von Schichtarbeit. Außerdem sollte eine Gewichtsreduktion erfolgen und auf Alkohol und Nikotin völlig verzichtet werden. Medikamentös sollte bezüglich der Tagesschläfrigkeit zunächst ein Versuch mit Nimodipin erfolgen, alternativ sind Beta-Blocker einsetzbar. Sodann kann ein Behandlungsversuch mit Psychostimulanzien unternommen werden. Bezüglich der kataplektischen Anfälle ist die Gabe eines antriebssteigernden Antidepressivums, z. B. Imipramin, langsam einschleichend dosiert, zu empfehlen. Zur Behandlung der nächtlichen Schlafstörung kann ein Benzodiazepin verordnet werden, hierbei sollte auf eine Einnahme im Intervall geachtet werden um einer Abhängigkeitsentwicklung vorzubeugen. So lange imperative Schlafanfälle bzw. affektiver Tonusverlust auftreten, sollte der Patient vom Fahren von Kraftfahrzeugen absehen. Empfohlen wird die Führung eines Tagebuchs, in welchem Schlafanfälle, affektiver Tonusverlust und Nachtschlafmuster vermerkt werden, um eine adäquate Übersicht und Kontrolle der Effektivität der Behandlungsmaßnahmen zu gewinnen.

Abhängigkeit und Sucht

> **Definitionen.** Der ältere Begriff der „Sucht" wurde von der WHO durch den Begriff der „Abhängigkeit" ersetzt. **Psychische Abhängigkeit** ist definiert als übermächtiges, unwiderstehliches Verlangen, eine bestimmte Substanz/ Droge wieder einzunehmen (Lust-Erzeugung und/oder Unlust-Vermeidung).
>
> **Physische (körperliche) Abhängigkeit** ist charakterisiert durch Toleranzentwicklung (Dosissteigerung) sowie das Auftreten von Entzugserscheinungen.
>
> **Abusus oder Mißbrauch** beinhaltet den unangemessenen Gebrauch einer Substanz/Droge, d. h. überhöhte Dosierung und/oder Einnahme ohne medizinische Indikation. Wiederholtes Einnehmen führt zur Gewöhnung, psychisch durch Konditionierung, körperlich in der Regel mit der Folge der Dosissteigerung.
>
> Unter **Polytoxikomanie** wird eine Mehrfachabhängigkeit, also die gleichzeitige Einnahme verschiedener Suchtmittel, verstanden (sogenannte polyvalente Sucht).

Etymologisch ist der alte Begriff Sucht auf das Wort „siech" = krank zurückzuführen. Sucht meint somit zum einen Krankheit (vgl. Gelbsucht, Schwindsucht), zum anderen auffälliges Verhalten (Habsucht, Eifersucht). Aus psychiatrischer Sicht bezeichnet Sucht grundsätzlich pathologische Verhaltensweisen, die einer „süchtigen Fehlhaltung" entspringen. 1968 hat die Weltgesundheitsorganisation (WHO) beschlossen, den unscharfen Begriff „Sucht" (Addiction) durch „Abhängigkeit" (Dependence) zu ersetzten.

Abhängigkeit oder Sucht kann charakterisiert werden als dominierendes Verlangen oder zwanghaftes Bedürfnis und **Angewiesensein auf bestimmte Substanzen.** Dies kann von einfachen Gewohnheiten bis zur süchtigen Persönlichkeitsentwicklung reichen. Sucht ist somit Ausdruck einer süchtigen Fehlentwicklung oder Fehlhaltung; durch das Suchtverhalten bzw. Suchtmittel (typischerweise mit euphorisierender Hauptwirkung) wird vorübergehend eine als unbefriedigend oder unerträglich empfundene Situation scheinbar gebessert (Flucht in eine Scheinwelt). Die sich anschließende „Ernüchterung" durch das Konfrontiertwerden mit der Realität (Kontrastphänomen) läßt einen Circulus vitiosus entstehen, dessen Hauptelemente das unbezwingbare Verlangen nach Suchtmittel („craving") und der Kontrollverlust, das Nicht-Aufhören-Können („Abhängigkeit"), ausmachen.

Allgemein wird süchtigem Verhalten eine selbstzerstörerische Komponente zugeschrieben, Sucht wird von manchen Autoren als protrahierter Suizid, Rausch als Antizipation des Todes interpretiert.

Umgangssprachlich findet sich ein vielfältiger Gebrauch des Begriffes „Sucht": Fernsehsucht, Naschsucht, Sammelsucht, Habsucht, Putzsucht etc. Bei diesen süchtigen Fehlhaltungen handelt es sich in der Regel nicht um Verhaltensweisen, die mit einem gravierenden Zerstörungspotential einhergehen bzw. zu eindeutiger Abhängigkeit führen.

Demgegenüber kommt den sogenannten **nichtstoffgebundenen Abhängigkeiten** dem Glücksspiel bzw. der Spielsucht eine wachsende Bedeutung zu. Letztere breitet sich schleichend und unspektakulär in unserer Gesellschaft aus und birgt ein gravierendes Zerstörungspotential in sich.

Historisches. Der Wunsch des Menschen, der Wirklichkeit und den Ängsten des Alltagslebens wenigstens für kurze Zeit zu entfliehen, dürfte so alt sein wie die Menschheitsgeschichte. Schon vor ca. 9000 Jahren waren die Sumerer in Mesopotamien mit der Bereitung von **Bier** vertraut.

In China geht im 11. Jahrhundert v. Chr. die Shan-Dynastie am Alkohol zugrunde.

Historisches

Seneca meint, daß Trunkenheit „nichts anderes als freiwillige Geistesstörung" sei; was man Vergnügen nenne, werde, sobald es das Maß überschreite, zur Strafe.

1541 klagt **Martin Luther**, daß „ganz Deutschland mit dem Saufen geplagt ist". In einem mittelalterlichen „Sentbrief wider den Saufteuf" findet sich eine Aufzählung schädlicher Folgen des Alkoholtrinkens (*siehe Abbildung 3-85*).

Abb. 3-85: Historischer „Sentbrief wider den Saufteuf"

Zur Verarbeitung von **Weintrauben** kam es ebenfalls bereits vor 8000 Jahren Eine altägyptische Schrift um 1500 v. Chr. belegt, daß die Wirkungen des Alkohols zur damaligen Zeit wohlbekannt waren (*s. Abbildung 3-86a und b*).

Historisches

Abb. 3-86a: Man weiß schon ziemlich lang, wie Alkohol wirkt; das zeigt diese altägyptische Schrift (um 1500 v. Chr.). Die sinngemäße Übersetzung des englischen Textes lautet: Mach dich nicht selber hilflos durch Trinken in der Kneipe, damit sich nicht die Worte deiner Rede wiederholen und aus deinem Mund herausquellen, ohne daß du weißt, daß du sie geäußert hast. Du fällst hin, brichst dir die Knochen, und keiner deiner Saufkumpanen gibt dir die Hand, um dir aufzuhelfen. Sie werden aufstehen und sagen: „Raus mit dem Trunkenbold!"

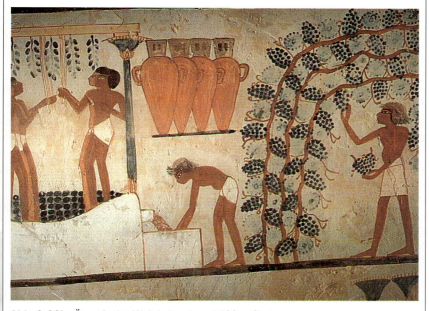

Abb. 3-86b: Ägyptische Weinkelter (um 1420 v. Chr.)

Bei den Griechen war der charakteristische Rahmen für das Weintrinken das Symposion. Erst nach einem gemeinsamen Mahl ohne Alkohol folgte das Trinkgelage. Als es dabei immer häufiger zu Ausschweifungen gekommen war, soll sich **Platon** dagegen ausgesprochen haben, daß Kinder unter 18 Jahren Wein zu sich nehmen und sich Erwachsene vor dem 40. Lebensjahr betrinken. Angesichts des Verfalls der Trinksitten stellte der Philosoph **Epiktet** (60–140 n. Chr.) fest: „Der Weinstock trägt drei Trauben: die erste bringt die Sinneslust, die zweite den Rausch, die dritte das Verbrechen."

Um die Zeitenwende kam es zum Verfall der Trinksitten und es wurde Mode, sich gegenseitig in der Trinkfestigkeit zu prüfen. Die Folge war eine Ausbreitung des Alkoholismus, was sich aus den vorliegenden zahlreichen, detaillierten Beschreibungen schließen läßt. Mit den römischen Legionen gelangte das Wissen vom Weinbau nach Deutschland.

3 Krankheiten

Historisches

Die Gründung geistlicher Orden und die Errichtung von Klöstern trugen wesentlich zur Verbreitung des Weinbaus bei. Im Mittelalter galt es als eine Art medizinischer Vorsorge für die Männer, sich einmal im Monat einen Alkoholrausch anzutrinken, um damit die „schlechten Säfte" aus dem Körper zu spülen. Mit der Zerstörung großer Anbauflächen während des 30jährigen Krieges setzte sich dann mehr und mehr das Bier durch (Ausnahme: Franken). Der Münchner Bierkutscher durfte als tägliche Menge Freibier bis zu zehn Liter unentgeltlich trinken oder mit nach Hause nehmen!

Um 1600 stiftete **Landgraf Moritz von Hessen** den „Temperenz-Orden" gegen übermäßigen Alkoholkonsum. Mäßigkeitsvereine des Adels „zur Abstillung und Vermeidung des Fluchens und Zutrinkens" waren auch als Vorbild gegen die verbreitete Trunksucht im Volk gedacht.

1634 belegte **Zar Michael** in Rußland das Trinken von Bier und Branntwein mit Exil und Folter.

Eine traditionell große Rolle spielt der Alkoholkonsum in der Seefahrt. Handels- und Kriegsschiffe hatten mehr Bier oder Wein als Trinkwasser an Bord.

Studentische Trinksitten und Gelage wurden oft besungen und beschrieben. **Goethe** hat die Wirkung des Alkohols in der Auerbachkeller-Szene des „Faust" eindrucksvoll künstlerisch gestaltet. In dieser berühmten Szene finden sich auch Beschreibungen über die psychische Wirkung von Alkohol wie „Rausch" oder „Bestialität", örtliche Desorientiertheit, optische Halluzinationen und Gleichgewichtsstörungen.

Immer wieder wurde durch Gesetze und staatliche Eingriffe versucht, das Problem des Alkoholismus einzudämmen. 1841 wurde in Boston (USA) eine der ersten Trinkerheilanstalten eingerichtet, um die Zwangseinweisung von Trinkern in die „Irrenanstalt" zu verhindern. In New York öffnete 1854 das erste staatliche Trinkerasyl, das erste Asyl in Deutschland („Siloah") wurde 1851 im Rheinland gegründet, aus ihm ging 1879 die erste „Trinkerheilstätte" hervor.

Mit der Industrialisierung entstanden die ersten Schnapsfabriken; dort erhielten Arbeiter einen Teil ihres Lohnes in Form von Branntwein, der die Strapazen nach ihrem 16-Stunden-Arbeitstag dämpfen sollte.

In den USA bestand zwischen 1917 und 1933 die Prohibition, das staatliche Verbot der Herstellung und des Verkaufs alkoholhaltiger Getränke. Dieses Vorgehen erwies sich als ineffektiv und förderte massiv kriminelle Praktiken.

1968 wurde der Alkoholismus vom Bundessozialgericht als Krankheit anerkannt. Fachkrankenhäuser für Suchtkranke wurden vermehrt aufgebaut. Sie haben in den „Trinkerheilstätten" ihre Vorläufer, die um 1900 gegründet, jedoch fast alle privat betrieben wurden.

Vor allem im arabisch-asiatischen Kulturkreis („Vorderer Orient") und im mittel- und südamerikanischen Raum existierte eine lange Tradition in der Verwendung von **Rauschdrogen**.

Opium, der eingedickte Milchsaft aus den Samenkapseln des Schlafmohns, gehört zu den ältesten und am weitesten verbreiteten Drogen.

Seit Urzeiten kauen Jemeniten die Blätter des Quat-Strauches, die Inder Betel-Nüsse, Polynesier brauen einen Trunk aus den Wurzeln des Cava-Pfefferstrauchs. **Homer** preist in der „Odyssee" die beruhigende Wirkung des Opiums. Die Chinesen genießen seit mehr als 6000 Jahren Cannabis-Samen und -Elixiere, im alten Indien ist das Lesen heiliger Texte nur jenen gestattet, die Alltagsgedanken mit dem Konzentrationsförderer Cannabis verscheuchen!

Als der Einfluß der Priester und Schamanen zurückgeht, tritt der individuelle Genuß in den Vordergrund – und damit die Maßlosigkeit. Im Mittelalter entwickelte sich der Theriak zu einem beliebten Allheilmittel. **Paracelsus** wandte die „Opium-Kur" zur Behandlung endogener Depressionen an. In seinem „Entwurf zu einer Heilmittellehre gegen psychische Krankheiten" empfahl **P. J. Schneider** 1824 als „narkotische Mittel" u. a. Stechapfel, Opium und Belladonna.

Historisches

Ende des 18. Jahrhundert stiegen englische Kaufleute in den – verbotenen – Opiumhandel mit China ein, um die Teeimporte zu finanzieren. Der Versuch der Chinesen, den Schmuggel zu unterbinden, führte zu zwei „Opium-Kriegen".

Im 19. Jahrhundert wurden mit Morphin und Skopolamin die eigentlichen Wirkstoffe des Opiums und Bilsenkrautes isoliert: 1804 gelang dem Apotheker **W. A. Sertürner** die Isolierung des „schlafmachenden Prinzips" im Mohnsaft, das er Morphium nennt.

1925 ächtete das Internationale Opiumabkommen weltweit Opium, Heroin und Kokain; Finnen und Amerikaner ziehen gegen den Alkohol zu Felde.

Als weitere Rauschdrogen kommen bereits seit Jahrtausenden im arabisch-asiatischen Kulturkreis **Haschisch** (indischer Hanf, Cannabis), im Mittel- und südamerikanischen Raum **Koka** und andere Halluzinogene, Pilz- und Kakteenarten (Meskalin, Psylocybin) zur Anwendung. Diese Stoffe wurden primär für religiös-kultische Praktiken und magische Rituale eingesetzt.

Vermutlich waren es Soldaten Napoleons, die zu Beginn des 19. Jahrhunderts Haschisch nach Europa brachten.

1899 verfaßte **Sigmund Freud** unter Kokaineinfluß sein Werk „Die Traumdeutung" und entdeckte das Unbewußte.

In den 20er Jahren pflegten die großstädtischen bürgerlichen Kreise Deutschlands den Drogenkonsum von Kokain, Morphin und Heroin. Besonders **Kokain**, dessen Genuß man in heimlichen Zusammenkünften zelebrierte, wurde zur Mode-Droge einer avantgardistischen Subkultur in den Metropolen. „Koks" wurde übrigens zu jener Zeit bereits zum „Doping" von Rennpferden eingesetzt.

Bis nach dem Zweiten Weltkrieg wurde mit **Haschisch** nur von einigen Schriftstellern und Wissenschaftlern experimentiert, mit den Protestbewegungen der 60er Jahre setzte dann ein regelmäßiger Konsum bestimmter Bevölkerungsgruppen ein. Haschisch-/Marihuana-Konsum symbolisierte die Zugehörigkeit bzw. Mitgliedschaft in den Jugendbewegungen (Hippies), der Konsum der Droge wurde unter anderem als Protest gegen das bürgerlich-leistungsorientierte „Establishment" verstanden. Das provozierende Haschischrauchen stellte sich jedoch als unbrauchbares Mittel der politischen Auseinandersetzung heraus, als Hauptbeweggründe des Haschischkonsums etablierten sich Selbstverwirklichung, Bewußtseinsänderung und Erreichen eines bestimmten Lebensgefühls.

1971 erklärt US-Präsident **Richard Nixon** die Drogen zum „Feind Nr. 1", 1981 bläst **Ronald Reagan** zum „nationalen Feldzug gegen die Drogensucht der Amerikaner".

Derzeit im Vormarsch sind Designer-Drogen wie Crack und Ecstasy, synthetische, in „Waschküchenlabors" hergestellte Rauschmittel höchster Wirksamkeit.

Historische Fallbeispiele:
- **Morphinismus:** Jean Cocteau (frz. Schriftsteller), Novalis (F. L. Freiherr von Hardenberg, dt. Schriftsteller), E. T. A. Hoffmann (dt. Schriftsteller und Komponist).
- **Kokainismus:** Sigmund Freud (österr. Nervenarzt).
- **Alkoholismus:** F. M. Dostojewskij (russ. Schriftsteller), E. Hemingway (amerik. Schriftsteller).
- **Heroinismus:** Chet Baker (amerik. Jazztrompeter), Janis Joplin (amerik. Rocksängerin), Jimi Hendrix (amerik. Rocksänger).
- **Meskalin-Sucht:** H. Michaux (belg.-frz. Schriftsteller und Maler).
- **Haschisch-Sucht:** T. Gautier (frz. Schriftsteller), C. Baudelaire (frz. Schriftsteller), E. A. Poe (amerik. Schriftsteller), A. Modigliani (ital. Maler).

Klassifikation

Allgemein werden unterschieden
- **stoffgebundene** und
- **nichtstoffgebundene Abhängigkeit** (s. Tab. 3-41).

Klassifikation. Allgemein wird zwischen **stoffgebundener** und **nichtstoffgebundener Abhängigkeit** unterschieden (*siehe Tabelle 3-41*).

Tabelle 3-41: Hauptformen der Abhängigkeiten (Einteilung/Klassifikation)

Stoffgebundene Abhängigkeiten	Nichtstoffgebundene Abhängigkeiten
Genußmittel (Koffein, Nikotin, Cola-Getränke) Alkohol Medikamente Drogen (Opiate, Halluzinogene, Kokain etc.)	In ICD-10 unter „abnorme Gewohnheiten und Störungen der Impulskontrolle" (F63) eingeordnet Spielsucht Arbeitssucht („Workaholic") Sammelsucht Kleptomanie („Stehlsucht") Poriomanie („Wandertrieb") Pyromanie („Feuertrieb") u.a.

Zum anderen können
- **legale** (z. B. Alkohol) und
- **illegale** Drogen (z. B. Kokain) unterschieden werden.

Zum anderen können **legale** (z.B. Alkohol) und **illegale** Drogen (z.B. Kokain) unterschieden werden.

Diese Unterscheidung hat hauptsächlich historische Gründe und entbehrt einer rationalen, pharmakologisch begründbaren Basis.

Im folgenden wird Abhängigkeit mit **Substanzabhängigkeit** gleichgesetzt; es erfolgt die Darstellung der wichtigsten **stoffgebundenen Abhängigkeiten** (Alkohol, Medikamente und Drogen, s. Abb. 3-87 und Syn. 3-47).

Im folgenden wird Abhängigkeit mit **Substanzabhängigkeit** gleichgesetzt, es erfolgt also die Darstellung der wichtigsten **stoffgebundenen Abhängigkeiten** (Alkohol, Medikamente, Drogen, *siehe Abbildung 3-87 und Synopsis 3-47*). Sinnvollerweise sollte die Beschreibung nichtstoffgebundener Abhängigkeiten analog ICD-10 und DSM-III-R unter der Rubrik „abnorme Gewohnheiten und Störungen der Impulskontrolle" erfolgen, um sich nicht der Gefahr der Bagatellisierung der Süchte sensu strictu auszusetzen und den Sucht-Begriff („Arbeitssucht, Kaufsucht" u. ä.) sinnlos auszuweiten.

Abb. 3-87: Suchtmittel

Synopsis 3-47: Klassifikation der Störungen durch psychotrope Substanzen nach ICD-10 und DSM-III-R

ICD-10	DSM-III-R
Verursachende Substanzen: Störungen durch:	
• Alkohol	• Alkoholabhängigkeit/-mißbrauch
• Opioide	• Opiatabhängigkeit/-mißbrauch
• Cannabinoide	• Cannabisabhängigkeit/-mißbrauch
• Sedativa oder Hypnotika	• Abhängigkeit/Mißbrauch von Sedativa, Hypnotika oder Anxiolytika
• Kokain	
• Andere Stimulanzien, einschließlich Koffein	• Kokainabhängigkeit/-mißbrauch
	• Abhängigkeit/Mißbrauch von Amphetamin oder ähnlich wirkenden Sympathikomimetika
• Halluzinogene	• Halluzinogenabhängigkeit/-mißbrauch
• Tabak	
• Flüchtige Lösungsmittel	• Nikotinabhängigkeit
• Multiplen Substanzgebrauch und Konsum anderer psychotroper Substanzen	• Abhängigkeit/Mißbrauch von Inhalantien
	• Poytoxikomanie
	• Abhängigkeit/Mißbrauch von Phencyclidin (PCP) oder ähnlich wirkenden Arylcyclohexylaminen
Mißbrauch von Substanzen, die keine Abhängigkeit hervorrufen (Laxanzien, Diuretika, Antazida, einfache Analgetika, Vitamine, Antidepressiva, Naturheilmittel)	

Das DSM-III-R unterscheidet explizit Abhängigkeit vom Mißbrauch, während die ICD-10 zwischen „schädlichem Gebrauch" und „Abhängigkeitssyndrom" differenziert (s. Synopsis 3-48 „klinische Erscheinungsbilder").

Erwähnt sei allerdings die Bedeutung des Mißbrauchs bzw. der Abhängigkeit von sogenannten **Genußgiften** wie Nikotin, Koffein und Cola-haltigen Getränken.

Folgende **Prägnanz-Typen der Abhängigkeit** werden **nach WHO** unterschieden:
• Morphin-Typ,
• Barbiturat-Alkohol-Typ,
• Kokain-Typ,
• Cannabis-Typ,
• Amphetamin-Typ,
• Halluzinogen-Typ.

Epidemiologie. Der Anteil der Abhängigen beträgt ca. 5 bis 7% der Bevölkerung. Die bei weitem größte Bedeutung kommt der Alkoholabhängigkeit zu. Die Zahl der Alkoholabhängigen liegt in Deutschland bei ca. 3 bis 5% der Bevölkerung (ca. 2,5 bis 3 Millionen), die Zahl der Drogenabhängigen bei 150 000, die Zahl der Medikamentenabhängigen bei etwa 1 Million. In psychiatrischen Versorgungskrankenhäusern (Landes-/Bezirkskrankenhäuser) stellen Abhängige (primär Alkoholkranke) die größte Patientengruppe. Auch in Allgemeinkrankenhäusern und Medizinischen Kliniken ist ein nicht unerheblicher Prozentsatz der Patienten (ca. 15%) alkoholkrank. Hieraus wird die eminente sozialmedizinische Bedeutung dieser Krankheitsgruppe deutlich (*siehe Abbildung 3-88*).

Die Zahl der behandlungsbedürftigen Glücksspieler dürfte in den alten Bundesländern bei ca. 160 000 liegen; in den USA wird die Häufigkeit der pathologischen Spieler mit 2,7 Millionen angegeben. 1993 wurden in Deutschland ca. 40 Milliarden DM beim Glücksspiel ausgegeben, 1994 für Zigaretten ca. 24 Milliarden DM.

Prägnanz-Typen der Abhängigkeit nach WHO:
• Morphin-Typ,
• Barbiturat-Alkohol-Typ,
• Kokain-Typ,
• Cannabis-Typ,
• Amphetamin-Typ,
• Halluzinogen-Typ.

Epidemiologie
Der Anteil der Abhängigen beträgt ca. 5–7% der Bevölkerung. Die bei weitem größte Bedeutung kommt der Alkoholabhängigkeit zu. Sie liegt in Deutschland bei 2,5–3 Millionen, die Zahl der Drogenabhängigen bei 150 000, die Zahl der Medikamentenabhängigen bei ca. 1 Million (s. Abb. 3-88).

Mindestens 160 000 behandlungsbedürftige Glücksspieler leben in den alten Bundesländern.

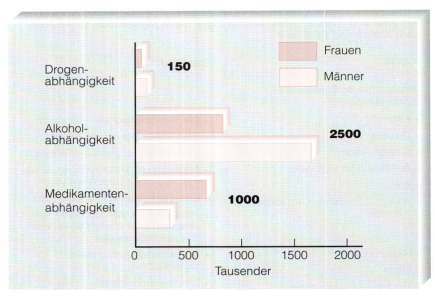

Abb. 3-88: **Häufigkeit und Geschlechtsverteilung von Drogen-, Alkohol- und Medikamentenabhängigkeit** (Schätzung alte Bundesländer 1990)

Ätiopathogenese
Für die Entstehung und Entwicklung von Abhängigkeit besteht ein dreifaktorielles Bedingungsgefüge:
- Droge,
- Individuum,
- soziales Umfeld (*Abb. 3-89*).

Ätiopathogenese. Allgemein läßt sich für die Entstehung und Entwicklung von Abhängigkeit ein dreifaktorielles Bedingungsgefüge ausmachen:
- Droge,
- Individuum,
- soziales Umfeld (*siehe Abbildung 3-89*).

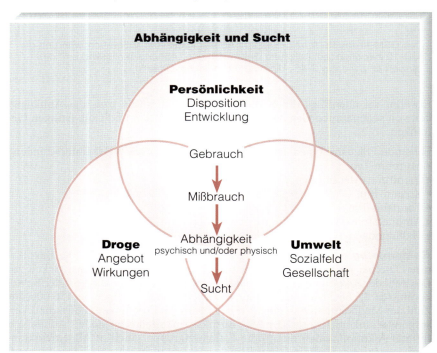

Abb. 3-89: **Bedingungsgefüge der Entstehung einer Abhängigkeit**

Intensität und Progredienz der Abhängigkeitsentwicklung sind unterschiedlich je nach Abhängigkeitstyp/Substanz, vorliegender Persönlichkeitsstruktur und sozialem Umfeld. Als unmittelbare **Suchtmotive** kommen unter anderem Schmerzlinderung, Lösung von Verstimmungszuständen, Leistungssteigerung, Einsamkeit, Reizhunger, Langeweile und Erlebnissuche bei innerer Leere (Flucht aus dem als frustrierend erlebten Alltag) sowie Wunsch nach Betäubung in Frage.

Die Anamnese ergibt, daß die **prämorbide Persönlichkeit** nicht selten durch verminderte Frustrationstoleranz, erhöhten Reizhunger und Stimmungslabilität gekennzeichnet ist. Im frühkindlichen Milieu finden sich gehäuft „broken home" und das Fehlen orientierender Leitbilder, aber auch Verwöhnung als entwicklungsstörender Faktor. Funktional kann eine Sucht, wie dies insbesondere bei der Automaten- und Glücksspielsucht aufgezeigt werden konnte, als Partner- und Liebesersatz angesehen werden.

Neben der Art und dem Wirkungsspektrum der Droge sind die Verfügbarkeit sowie soziokulturelle Umfeldeinflüsse („Griffnähe", Konsumsitten, Werbe- und Modeeinflüsse) sowie staatlich-gesetzgeberische Restriktionen von Bedeutung (*siehe Abbildung 3-90*).

Typische **Suchtmotive** sind:
- Schmerzlinderung,
- Lösung von Verstimmungszuständen,
- Leistungssteigerung,
- Einsamkeit,
- Reizhunger,
- Langeweile,
- Erlebnissuche und
- Wunsch nach Betäubung.

In der **prämorbiden Persönlichkeit** finden sich häufig verminderte Frustrationstoleranz, erhöhter Reizhunger, Stimmungslabilität, „broken home", fehlende Leitbilder, aber auch Verwöhnung als entwicklungsstörende Faktoren. Funktional kann eine Sucht als Partner- und Liebesersatz angesehen werden.

Von Bedeutung sind Verfügbarkeit und Wirkungsspektrum der Droge, „Griffnähe", Werbeeinflüsse, Konsumsitten und gesetzliche Restriktionen (s. Abb. 3-90).

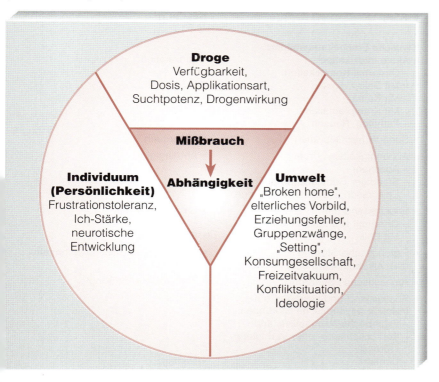

Abb. 3-90: Modellvorstellungen zur Ätiopathogenese der Sucht

Symptomatik. Je nach Suchtstoff bzw. Abhängigkeitsmuster treten unterschiedliche psychische, körperliche und soziale Folgen auf.

Zu den **psychischen Symptomen** zählen unter anderen Interessenverlust, Stimmungsschwankungen, Gleichgültigkeit und Störung des Kritikvermögens, zu den **körperlichen Symptomen** vegetative Störungen, Schlafstörungen, Gewichtsverlust und neurologische Ausfälle.

Symptomatik
Psychische Symptome sind u. a.:
- Interessenverlust,
- Stimmungsschwankungen,
- Gleichgültigkeit,
- Störung des Kritikvermögens.

Körperliche Symptome umfassen:
- vegetative Störungen,
- Gewichtsverlust,
- Schlafstörungen,
- neurologische Ausfälle.

◀ Merke

> **Merke.** Zu den für Abhängige krankheitstypischen Verhaltensweisen zählen Beschönigung, Verleugnung, Bagatellisierung und Dissimulation mit Verheimlichungstendenzen. Das Selbstwertgefühl ist durch Schuldgefühle reduziert, meist findet sich eine erniedrigte Frustrationstoleranz.

292 **3 Krankheiten**

Soziale Auswirkungen sind:
- Dissozialität/Kriminalität,
- beruflicher Abstieg,
- Suizidgefährdung.

Die Lebenserwartung von Abhängigen ist deutlich reduziert, ca. 10–15% begehen Suizid.

Die klinischen Erscheinungsbilder bei Störungen durch psychotrope Substanzen umfassen:
- Intoxikation,
- Mißbrauch,
- Abhängigkeitssyndrom,
- Entzugssyndrom,
- induzierte psychotische Störung (s. Syn. 3-48).

Die psychischen und somatischen Symptome, Begleit- und Folgeerkrankungen der verschiedenen Abhängigkeiten werden in den *Kapiteln Alkoholismus, ab S. 294, und Drogen- und Medikamentenabhängigkeit, ab S. 313, dargestellt.* Zu *den* **sozialen Auswirkungen** gehören Kriminalität/Dissozialität, beruflicher Abstieg und Suizidgefährdung. **Die Lebenserwartung von Abhängigen ist deutlich reduziert, etwa 10 bis 15% begehen Suizid.**

Die klinischen Erscheinungsbilder bei Störungen durch psychotrope Substanzen lassen sich hauptsächlich wie folgt einteilen:
- Intoxikation,
- Mißbrauch,
- Abhängigkeitssyndrom,
- Entzugssyndrom,
- induzierte psychotische Störung. (*siehe Synopsis 3-48*).

Synopsis 3-48: Klassifikation der Störungen durch psychotrope Substanzen nach ICD-10 und DSM-III-R

ICD-10	DSM-III-R
Klinische Erscheinungsbilder:	
• Akute Intoxikation	• Intoxikation
– Ohne/mit Komplikation	
– Mit Delir	• Delir
– Mit Koma	
– Mit Krampfanfällen	
– Patholog. Rausch	
• Schädlicher Gebrauch	• Mißbrauch
• Abhängigkeitssyndrom	• Abhängigkeit
– Abstinent	
– Ständiger Substanzgebrauch	
– Episodischer Substanzgebrauch	
• Entzugssyndrom	• Entzugssyndrom
– Ohne/mit Krampfanfälle(n)	
– Mit Delir	• Entzugsdelir
• Psychotische Störung (z.B. Alkoholhalluzinose)	• Halluzinose/induzierte wahnhafte Störung
• Amnestisches Syndrom	• Amnestische Störung
• Restzustand und verzögert auftretende psychotische Störungen	
– Flashbacks/Nachhallzustände	
– Persönlichkeits- oder Verhaltensstörung	
– Demenz	• Demenz

Diagnostik

Die Diagnose einer Abhängigkeit ist in frühen Stadien schwierig. Analysen von **Urin- oder Blutproben** stellen den besten Beweis für eine (aktuelle) Substanzaufnahme dar. Wegen der Verleugnungs-, Dissimulations- und Bagatellisierungstendenzen von Abhängigen kommt **fremdanamnestischen Angaben** große Bedeutung zu.

Nicht wenige Konsumenten nehmen mehrere Substanzen zu sich (**Polytoxikomanie**). Die Diagnose sollte nach dem wichtigsten Stoff gestellt werden (s. Syn. 3-49).

Diagnostik. Die Diagnose des Vorliegens einer Abhängigkeit ist insbesondere in frühen Stadien schwierig. Objektive Analysen von **Urin- oder Blutproben** oder pathognomonische Laborwerte (z. B. γ-GT-Erhöhung) stellen den besten Beweis für eine (aktuelle) Substanzaufnahme dar. In Anbetracht der Verleugnungs-, Dissimulations- und Bagatellisierungstendenzen von Abhängigen kommt **fremdanamnestischen Angaben** große Bedeutung zu. Die klinische Symptomatologie ist vielfältig und zum Teil unterschiedlich je nach konsumierter Substanz. Der Schweregrad der Störungen reicht von einer unkomplizierten Intoxikation und schädlichem Gebrauch/Mißbrauch über manifeste Abhängigkeit bis zu eindeutig psychotischen Störungen und Demenz.

Nicht wenige Konsumenten nehmen mehrere Substanzen zu sich (**Polytoxikomanie**), dennoch sollte die Diagnose möglichst nach dem wichtigsten Stoff oder der wichtigsten Stoffgruppe gestellt werden.

Die diagnostischen Kriterien der Störungen durch psychotrope Substanzen lassen sich wie in *Synopsis 3-49* zusammenfassen.

Synopsis 3-49: Zusammengefaßte diagnostische Kriterien der Störungen durch psychotrope Substanzen nach ICD-10 und DSM-III-R

ICD-10	DSM-III-R
Schädlicher Gebrauch/Mißbrauch: Schädigung der psychischen oder physischen Gesundheit	Unangepaßtes Konsummuster mit fortgesetztem Gebrauch trotz Problembewußtsein und/oder wiederholtem Gebrauch in gefährdeten Situationen (z.B. Alkohol am Steuer) Dauer: > 1 Monat
Abhängigkeit: Mindestens drei der folgenden Kriterien: • Übermächtiger Wunsch, Substanzen oder Alkohol zu konsumieren • Verminderte Kontrollfähigkeit • Substanzgebrauch, um Entzugssymptome zu mildern • Körperliches Entzugssyndrom • Toleranz (Dosissteigerung) • Eingeengtes Verhaltensmuster • Vernachlässigung anderer Interessen • Anhaltender Substanz- oder Alkoholkonsum trotz Nachweis schädlicher Folgen (körperlich, psychisch, sozial)	Mindestens drei der folgenden Kriterien: • Einnahme häufig in größeren Mengen oder länger als beabsichtigt • Erfolglose Versuche, den Substanzgebrauch zu kontrollieren • Häufige Einnahme, um Entzugssymptome zu bekämpfen oder zu vermeiden • Charakteristische Entzugssymptome • Toleranzentwicklung (Dosissteigerung > 50%) • Zeitaufwand für Beschaffung, Reduzierung sozialer oder beruflicher Aktivität, Vernachlässigung von Pflichten infolge Intoxikations- oder Entzugssymptome • Fortgesetzter Mißbrauch trotz Problemkenntnis
Dauer: **Schweregrad:**	> 1 Monat > 6 Monate (Polytoxikomanie) • Leicht (nur leichte Beeinträchtigung) • Mittel • Schwer (deutliche Beeinträchtigung der beruflichen Leistungsfähigkeit und/oder sozialer Beziehungen) • (Partiell) remittiert (nur gelegentlich/kein Gebrauch der Substanz während der letzten 6 Monate)
Entzugssyndrom: • Symptomkomplex bei absolutem oder relativem Entzug einer Substanz, die wiederholt und über einen längeren Zeitraum und/oder in hoher Dosierung konsumiert worden ist • Konsultation, medizinische Behandlung • Typischerweise Besserung durch erneute Zufuhr der Substanz	• Entwicklung eines substanzspezifischen Syndroms, das dem Absetzen oder der Dosisverringerung einer Substanz folgt, die zuvor regelmäßig eingenommen wurde

In ICD-10 und DSM-III-R zeigen die diagnostischen Kriterien der Störungen durch psychotrope Substanzen große Überschneidungen. Schädlicher Gebrauch/Mißbrauch ist in der ICD-10 vage definiert, im DSM-III-R näher charakterisiert. Die Kriterien der Abhängigkeit entsprechen sich in beiden Diagnosesystemen weitestgehend, im DSM-III-R finden sich aber die Festlegung einer Mindestdauer sowie eine Schweregradeinteilung. Das Entzugssyndrom wird im DSM-III-R nicht allgemein, sondern speziell für die einzelne Substanz beschrieben.

Therapie

Therapie. Allgemeine Behandlungsziele sind zum einen die **Nachreifung** und **Stabilisierung der Persönlichkeit**, zum anderen die **psychosoziale Rehabilitation**. Primäre Voraussetzung ist das Erreichen von Abstinenz. Entscheidende Elemente sind hier die Motivierung des Abhängigen sowie Maßnahmen zur Rückfallprophylaxe (z. B. Selbsthilfegruppen).

In Deutschland gibt es ca. 1200 Beratungsstellen für Suchtkranke, in Fachkliniken stehen ca. 16000 Therapieplätze zur Verfügung. Nach wie vor besteht ein Mißverhältnis vor allem zwischen der Zahl der Drogenabhängigen und den vorhandenen Therapieplätzen (Wartelisten).

In Modellprojekten werden derzeit für Opiatabhängige als neue Zugangswege sogenannte niedrigschwellige Therapieangebote versucht („warmer Entzug", z.B. mittels Methadon).

Die Behandlung läßt sich allgemein in folgende Phasen gliedern:
- Kontakt- und Motivationsphase,
- Entgiftungsphase (körperlicher Entzug),
- Entwöhnungsbehandlung,
- Nachsorge- und Rehabilitationsphase, Rückfallprophylaxe.

Es lassen sich also die Ebene des Erstkontaktes, der Betreuung, der Behandlung und der Nachsorge unterscheiden.

Prävention. Zu den präventiven Maßnahmen zählen im Sinne der **Primärprävention** sachlich-fundierte Information und Aufklärung der Allgemeinbevölkerung sowie von Lehrern, Erziehern, Psychologen und Ärzten („Multiplikatoren"). Die entsprechenden Zielgruppen müssen in (werbe-)psychologisch angemessener Weise angesprochen werden. Wichtig sind sozialhygienische Maßnahmen in Form von Vorbild („Lernen am Modell") und Erziehung (z. B. Freizeitverhalten) sowie die Eindämmung von Werbung und Reklame für Suchtmittel. Auch steuerliche Steuerungsmaßnahmen können, z. B. im Falle des Konsums von Alkohol und Nikotin, bedeutsam sein.

Neben dieser Öffentlichkeitsarbeit kommt der **Sekundärprävention**, also der Früherkennung und Frühbehandlung, entscheidende Bedeutung zu. Von Ärzten werden die (Früh-)Symptome von Alkohol- und Drogenabhängigkeit allzu häufig nicht erkannt oder im Sinne von Abwehr und Verleugnung nicht beachtet. Schließlich muß konstatiert werden, daß eine Medikamentenabhängigkeit häufig eine von Ärzten „verordnete Sucht" darstellt, also iatrogen bedingt ist.

Alkoholismus

Allgemeines

> **Definition.** Unter **Alkoholmißbrauch** wird ein Alkoholkonsum verstanden, der gegenüber der soziokulturellen Norm überhöht ist bzw. zu unpassender Gelegenheit erfolgt. Dies geht mit vorübergehenden, deutlichen Veränderungen der psychischen und physischen Funktionen des Konsumenten einher (z. B. Rauschzustand).
> **Alkoholabhängigkeit** (chronischer Alkoholismus) ist definiert durch das Vorliegen von psychischer und/oder körperlicher Abhängigkeit vom Alkohol. Psychische Abhängigkeit ist durch das unwiderstehliche Verlangen nach Alkohol charakterisiert, häufig einhergehend mit Kontrollverlust. Körperliche Abhängigkeit ist durch Toleranzsteigerung und Entzugserscheinungen gekennzeichnet.

Merke. Die Alkoholkrankheit ist das sozialmedizinische Problem Nr. 1. Durch Fehlzeiten am Arbeitsplatz, verringerte Arbeitsleistung, alkoholbedingte Verkehrs- und Betriebsunfälle sowie direkte und indirekte Krankheits- und Behandlungskosten (Produktionsausfall, Invalidität, Frühberentung) entstehen für Staat und Gesellschaft schwere wirtschaftliche Belastungen von jährlich rund 80 Milliarden DM. Etwa die **Hälfte aller Straftaten wird unter Alkoholeinfluß verübt**. Wegen Alkohol am Steuer werden in Deutschland jährlich ca. 280 000 Führerscheine eingezogen. Kaum abschätzbar sind die **negativen Folgen für Individuum und Familie**. Das persönliche Leid der Betroffenen und ihrer Angehörigen ist nicht in Zahlen faßbar.

◀ Merke

Epidemiologie. Nach Felduntersuchungen sind etwa 3 bis 5% der Gesamtbevölkerung alkoholabhängig. Gemäß der Statistik der Deutschen Hauptstelle gegen die Suchtgefahren (DHS) leben bundesweit ca. 2,5 bis 3 Millionen Alkoholkranke, davon etwa 500 000 Kinder und Jugendliche von 12 bis 21 Jahren. Hinzu kommt eine schwer zu ermittelnde Dunkelziffer. Männer sind häufiger alkoholkrank als Frauen, wenngleich bei diesen ebenso wie bei Jugendlichen eine deutlich zunehmende Tendenz besteht. Die Zahl der Abhängigen korreliert mit dem Pro-Kopf-Verbrauch von Alkohol (*siehe Abb. 3-91a, b und 3-92*).

Epidemiologie
Etwa 3–5% der Gesamtbevölkerung sind alkoholabhängig. Rund 3 Millionen Alkoholkranke leben in Deutschland. Männer sind häufiger betroffen als Frauen (*s. Abb. 3-91a, b und 3-92*).

Abb. 3-91a und b: Alkohol und Zigaretten: Angebot und Verführung (Supermarkt)

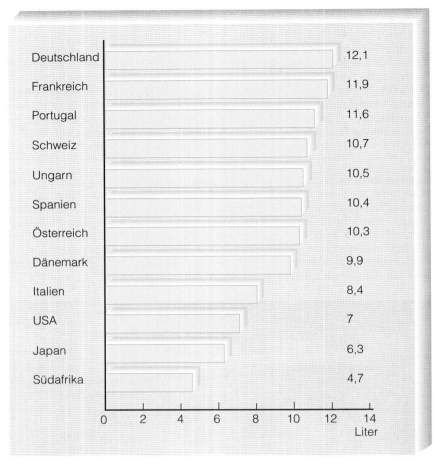

Abb. 3-92: Pro-Kopf-Konsum an Alkohol in Liter pro Jahr in verschiedenen Ländern

In psychiatrischen Kliniken stellen Alkoholkranke die größte Patientengruppe. Dominierende Altersgruppe sind die 25–55jährigen.
Auf jeden Alkoholkranken kommen mindestens 2 Mitbetroffene.

In psychiatrischen Landeskrankenhäusern stellen Alkoholkranke die größte Patientengruppe (bei männlichen Patienten 30 bis 40% der Gesamtklientel); dominierende Altersgruppe sind die 25- bis 55jährigen. Ergänzend ist zu berücksichtigen, daß auf jeden Alkoholkranken mindestens zwei Mitbetroffene kommen: Partner, Eltern, Geschwister, Kinder, Freunde, die häufig als „Co-Alkoholiker" fungieren.

Merke ▶

> **Merke.** Die Lebenserwartung von Alkoholkranken ist im Vergleich zur Bevölkerung um ca. 15% (= 10 Jahre) reduziert. Mehr als 40 000 Menschen sterben in Deutschland jährlich an den Folgen des Alkoholkonsums.

Ätiopathogenese
Alkoholismus hat eine **multifaktorielle Genese** (s. Abb. 3-93).

Ätiopathogenese. Alkoholismus hat eine **multifaktorielle Genese**: Die Wirkung der Droge Alkohol, individuelle Faktoren, das soziale Umfeld sowie aktuelle Situationen können zum Alkoholmißbrauch und zur Abhängigkeit führen (*siehe Abbildung 3-93*).

Für **genetische Faktoren** sprechen eine erhöhte Konkordanz bei eineiigen Zwillingen sowie individuelle und ethnische Unterschiede in der Alkoholtoleranz.

Für **genetische Faktoren** sprechen Adoptionsstudien, die erhöhte Konkordanz bei eineiigen Zwillingen sowie individuelle und ethnische Unterschiede in der Alkoholtoleranz. Für die familiäre Häufung können sowohl genetische als auch psychologische Faktoren („Modellernen") als Ursache in Frage kommen. So stammen Alkoholiker meistens aus Elternhäusern, in denen der Vater trank. Möglicherweise von Bedeutung sind auch genetisch determinierte Unterschiede der für den Abbau und Metabolismus des Alkohols wichtigen Enzyme.

Zu den **psychologischen Bedingungen** zählen Broken-home-Situationen sowie negative Identifikation/Vorbildfunktion im Elternhaus.

Aus **psychodynamischer Sicht** wird Alkoholabhängigkeit als **Regression auf die orale Stufe** interpretiert, auffallend häufig finden sich Verwöhnungshaltung durch die Mutter und Gleichgültigkeit des Vaters. Als wesentlicher Persönlichkeitszug wird die Vermeidung von Unlust angesehen, allerdings haben empirische Untersuchungen kein einheitliches Persönlichkeitsprofil des Alkoholikers ergeben. Experimentalpsychologisch wurde festgestellt, daß ein Teil der Alkoholiker stark außenreizabhängig ist.

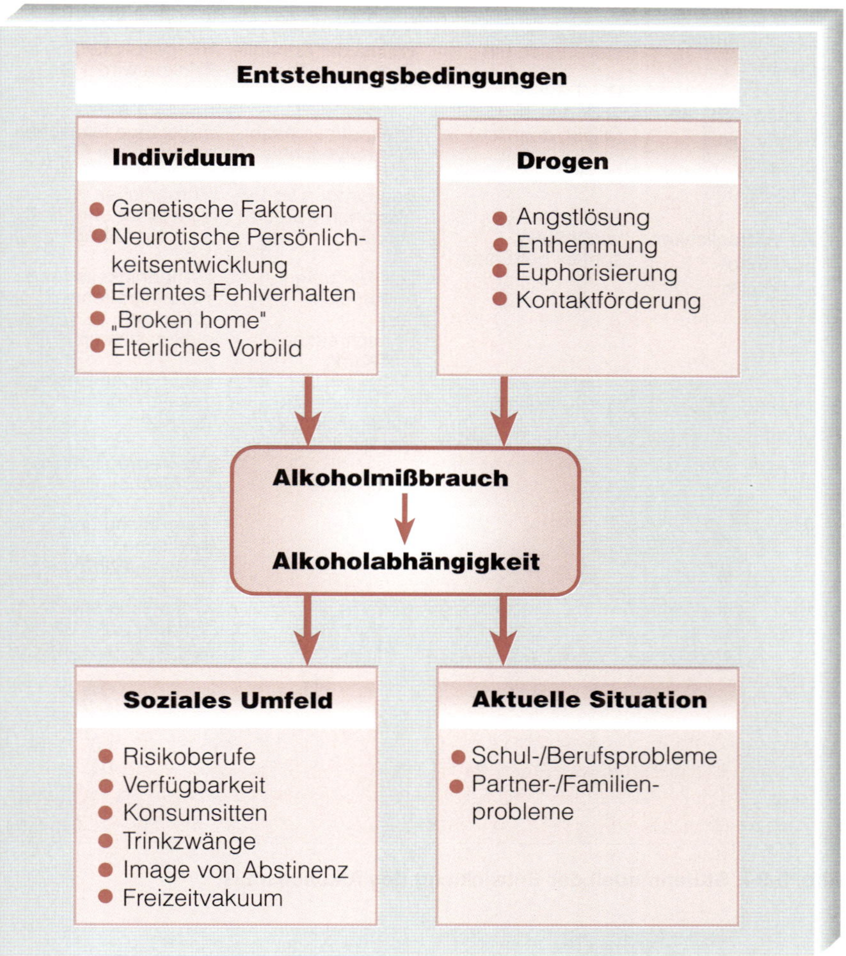

Zu den **psychologischen Faktoren** zählen Broken-home-Situationen sowie negative Identifikation.
Aus **psychodynamischer Sicht** wird Alkoholabhängigkeit als **Regression auf die orale Stufe** interpretiert. Ein wesentlicher Persönlichkeitszug ist die Vermeidung von Unlust.

Entstehungsbedingungen

Individuum
- Genetische Faktoren
- Neurotische Persönlichkeitsentwicklung
- Erlerntes Fehlverhalten
- „Broken home"
- Elterliches Vorbild

Drogen
- Angstlösung
- Enthemmung
- Euphorisierung
- Kontaktförderung

Alkoholmißbrauch

Alkoholabhängigkeit

Soziales Umfeld
- Risikoberufe
- Verfügbarkeit
- Konsumsitten
- Trinkzwänge
- Image von Abstinenz
- Freizeitvakuum

Aktuelle Situation
- Schul-/Berufsprobleme
- Partner-/Familienprobleme

Abb. 3-93: Entstehungsbedingungen des Alkoholismus

Lernpsychologische Suchttheorien gehen davon aus, daß Alkoholmißbrauch ein operant erlerntes Verhalten ist, bei dem die Reduktion von Hemmung, Unsicherheit, Kontaktschwäche (neben der Beseitigung von Entzugssymptomen) die wichtigsten Verstärker für Alkoholkonsum darstellt.

Soziokulturell von Bedeutung sind vor allem die Verfügbarkeit von Alkohol (Liberalisierung des Trinkverhaltens, Permissiv-Kultur), Einflüsse von Vorbildern und Werbung sowie epochale Einflüsse (Zeitgeist). Als Stichworte seien hierzu aufgeführt: „Trinkzwang", „Wohlstands-Alkoholismus", Freizeit-, insbesondere Fernseh-Alkoholismus. Auch berufsbedingte Einflüsse können von Bedeutung sein (Hotel- und Gaststättengewerbe, Bauberufe, Geschäftsleute).

Bei **Jugendlichen** lassen sich als Motive zumeist Geltungsbedürfnis, Imitationsverhalten von Erwachsenen sowie Zwang zur Konformität eruieren.

Lernpsychologische Suchttheorien sehen die Reduktion von Hemmung, Angst, Unsicherheit und Kontaktschwäche als wichtigsten „Verstärker" für Alkoholkonsum an.
Soziokulturell von Bedeutung sind:
- (ständige) Verfügbarkeit,
- Einflüsse von Vorbildern,
- Werbung,
- Zeitgeist.
Auch berufsbedingte Einflüsse können von Bedeutung sein (z.B. Hotel- und Gaststättengewerbe).
Bei **Jugendlichen** lassen sich als Motive Geltungsbedürfnis, Imitationsverhalten von Erwachsenen

sowie Konformitätszwang eruieren. Auslöser sind meist **aktuelle Konflikte, Belastungen** und **Einsamkeit**.

Die zeitliche Entwicklung der Alkoholkrankheit läßt sich modellhaft über 4 Stufen darstellen, denen **Veränderungen im Trinkverhalten, zunehmender Kontrollverlust, soziale Folgen** sowie die **Entwicklung der psychischen** und **körperlichen Abhängigkeit** zugrundeliegen (s. Abb. 3-94).

Auslösend sind zumeist **aktuelle Belastungen** und **Konflikte** sowie **Einsamkeit**, in deren Rahmen Alkohol als „Problemlöser" zur Erleichterung und Entspannung eingesetzt wird.

Die zeitliche Entwicklung der Alkoholkrankheit läßt sich modellhaft über vier Stufen darstellen, denen Veränderungen im **Trinkverhalten, zunehmender Kontrollverlust, soziale Folgen** sowie **die Entwicklung der psychischen** und **körperlichen Abhängigkeit** zugrunde liegen (siehe Abbildung 3-94).

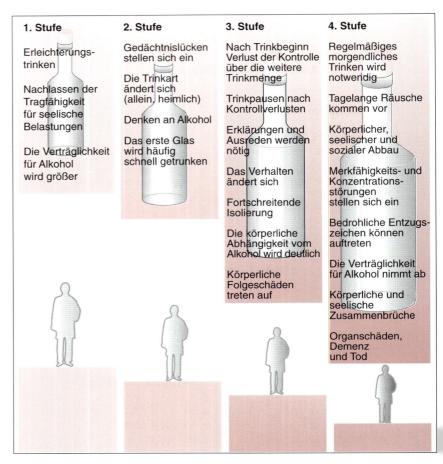

Abb. 3-94: Stufenmodell der Entwicklung des Alkoholismus

Symptomatologie und klinische Subtypen

Das klinische Bild des Alkoholismus kann sich aus verschiedenen internistischen, neurologischen und psychiatrischen Symptomen zusammensetzen (Abb. 3-95).
Die Betreffenden gewöhnen sich daran, Probleme und Streßbelastungen durch Alkoholkonsum erträglicher zu gestalten („**Erleichterungstrinken**").
Psychisch kommt es häufig zu **depressiver Verstimmung**; Schuld- und Minderwertigkeitsgefühle führen nicht selten zu Suizidalität. Veränderungen der psychischen Leistungsfähigkeit zeigen sich u.a. in Form von Gedächtnislücken, Auf-

Symptomatologie und klinische Subtypen

Das klinische Bild des Alkoholismus kann sich aus verschiedenen internistischen, neurologischen und psychiatrischen Symptomen zusammensetzen. Die zahlreichen möglichen internistisch-neurologischen Folgekrankheiten gibt zusammenfassend *Abbildung 3-95* wieder.

Zu den bei Alkoholabhängigen typischen Symptomen gehören ein abnormes Trinkverhalten sowie psychopathologische Auffälligkeiten: Die Betreffenden gewöhnen sich daran, Probleme und Streßbelastungen durch Alkoholkonsum erträglicher zu gestalten („**Erleichterungstrinken**"). Allmählich wird die Alkoholverträglichkeit größer, das Denken kreist immer häufiger um Alkohol, dieser wird zunehmend heimlich und – zur Kupierung des „Entzugstremors" – morgens getrunken. Das erste Glas wird häufig gierig getrunken, nach Trinkbeginn verliert der Betreffende die Kontrolle über die weitere Trinkmenge. **Psychisch** kommt es häufig zu **depressiver Verstimmung**; Schuld- und Minderwertigkeitsgefühle führen nicht selten zu Suizidalität. Veränderungen der psychischen Leistungsfähigkeit zeigen sich insbesondere in Form von Gedächtnislücken, Auf-

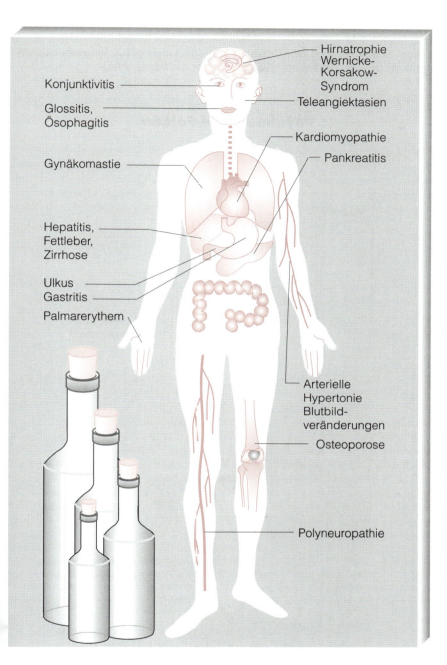

Abb. 3-95: Mögliche organische Folgeerkrankungen des Alkoholismus

merksamkeits- und Konzentrationsstörungen. Infolge toxischer Hirnschädigung kommt es schließlich nach langjährigem Alkoholmißbrauch zur alkoholbedingten Wesensänderung (**organisches Psychosyndrom**).

Als klarste Verdachtssymptome sind Zeichen der **Intoxikation** zu nennen (Ataxie, Nystagmus, Dysarthrie) sowie Foetor alcoholicus.

> **Merke.** Alkoholismus wird häufig nicht erkannt. Bei folgenden ungeklärten Beschwerden muß der Arzt Alkoholismus in Betracht ziehen: Nervosität, Unruhezustände, Stimmungsschwankungen, Konzentrationsstörungen, Vergeßlichkeit, Schlafstörungen, gastrointestinale Beschwerden.

Form von Gedächtnislücken, Aufmerksamkeits- und Konzentrationsstörungen. Infolge toxischer Hirnschädigung kommt es nach langjährigem Alkoholmißbrauch zur alkoholbedingten Wesensänderung (**organisches Psychosyndrom**).

◀ Merke

Weitreichende psychosoziale Folgen des Alkoholismus:
- Störungen zwischenmenschlicher Beziehungen,
- der sozialen Funktionen,
- Vernachlässigung/Mißbrauch von Familienmitgliedern (s. Abb. 3-96).

Die Alkoholkrankheit ist weiterhin gekennzeichnet durch deutliche Störungen und Beeinträchtigungen der zwischenmenschlichen Beziehungen sowie der sozialen Funktionen (z. B. Abmahnungen am Arbeitsplatz, Vernachlässigung/Mißbrauch von Familienmitgliedern) *(siehe Abbildung 3-96)*.

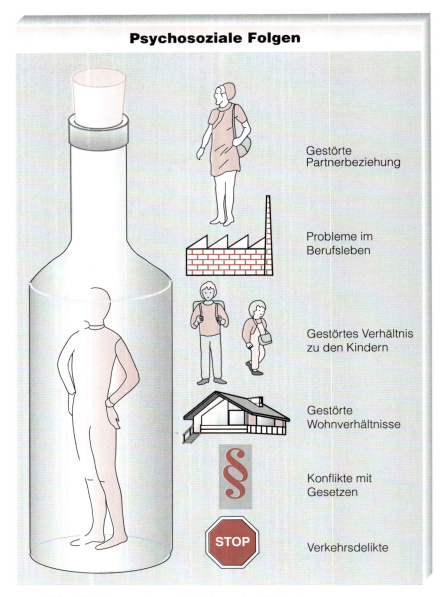

Abb. 3-96: Mögliche psychosoziale Folgen des Alkoholismus

Die Alkoholiker sind keine homogene Gruppe. Die von Jellinek vorgeschlagene Typologie hat bislang die weiteste Verbreitung gefunden (s. Tab. 3-42)
Die klinisch bedeutsamsten Formen sind der **Gamma-** und **Delta-Alkoholismus**.
Der Gamma-Typ ist der eigentlich „süchtige Trinker".

Es ist seit langem bekannt, daß Alkoholiker keine homogene Population darstellen. Die von Jellinek vorgeschlagene Typologie hat bislang die weiteste Verbreitung gefunden *(siehe Tabelle 3-42)*; die beiden wichtigsten Formen sind der **Gamma-** und der **Delta-Alkoholismus**. Zu ersterem gehören die eigentlich „süchtigen Trinker" mit dominierender psychischer Abhängigkeit. Unter den Delta-Alkoholismus werden die Gewohnheitstrinker eingereiht. Ihr Trinkverhalten ist durch gleichmäßige, über den Tag verteilte Alkoholzufuhr gekennzeichnet („Spiegeltrinker"). Sie sind ständig bemüht, den Alkoholspiegel konstant zu halten, um Entzugserscheinungen zu vermeiden. Hier steht die körperliche Abhängigkeit im Vordergrund.

Tabelle 3-42: Übersicht über Alkoholikertypen

Art des Alkoholismus	Versuch einer Typisierung	Abhängigkeit	Suchtkenn-zeichen	Häufigkeit
Alpha	Konflikttrinker	Nur psychisch	Kein Kontroll-verlust/Fähigkeit zur Abstinenz	ca. 5%
Beta	Gelegenheits-trinker	Keine	Kein Kontroll-verlust/Fähigkeit zur Abstinenz	ca. 5%
Gamma	Süchtiger Trinker	Zuerst psychisch, später physisch	Kontrollverlust, jedoch zeitweilige Fähigkeit zur Ab-stinenz, Toleranz-erhöhung	ca. 65%
Delta	Gewohnheits-trinker („Spiegel-trinker")	Physisch	Unfähigkeit zur Abstinenz, rausch-armer, kontinuier-licher Alkohol-konsum	ca. 20%
Epsilon	Episodischer Trinker	Psychisch	Mehrtägige Exzesse mit Kontrollverlust	ca. 5%

Neuere Autoren unterscheiden aufgrund genetischer Untersuchungen und unterschiedlicher klinischer Verlaufscharakteristika zwei Typen: Typ I ist durch Beginn nach dem 25. Lebensjahr und geringe soziale Folgeprobleme gekennzeichnet. Typ II ist durch frühen Beginn, gleichzeitigen Mißbrauch von Drogen, schwere soziale Komplikationen, Häufung von Alkoholismus und Depressionen bei Verwandten 1. Grades sowie verminderte MAO-Aktivität als genetischen Marker charakterisiert.

Basierend auf dem Alkoholgehalt verschiedener Getränke wird immer wieder versucht, Alkoholismus durch die **Trinkmenge**, d.h. das Überschreiten von Verträglichkeitsgrenzen, zu definieren. Letztere beziehen sich aber primär nur auf körperliche Folgeschäden chronischen Konsums, insbesondere die Entstehung einer Leberzirrhose (für Männer ca. 60g reiner Alkohol/d, für Frauen ca. 20g/d chronisch konsumiert). *Abbildung 3-97* zeigt die Relation von Alkoholkonsum und erreichter Promillegrenze.

Außer der Trinkmenge ist aber vor allem ein **abnormes Trinkmuster** typisch für eine Alkoholabhängigkeit; hierzu gehören unter anderem morgendliches Trinken, heimliches Trinken und gieriges Trinken.

Als **psychiatrische Folgekrankheiten** des Alkoholismus sind anzusehen:
- akute Alkoholintoxikation,
- (Prä-)Delir,
- Alkoholhalluzinose,
- alkoholischer Eifersuchtswahn,
- organische Persönlichkeitsveränderung, Demenz,
- Korsakow-Syndrom,
- Wernicke-Enzephalopathie.

Unter den Delta-Alkoholismus werden die Gewohnheitstrinker eingereiht („Spiegeltrinker").
Neuere Autoren unterscheiden aufgrund genetischer Untersuchungen und unterschiedlicher klinischer Verlaufscharakteristika zwei Typen.

Basierend auf dem Alkoholgehalt verschiedener Getränke wird immer wieder versucht, Alkoholismus durch die **Trinkmenge** zu definieren (s. Abb. 3-97).

Typisch für Alkoholabhängigkeit ist ein **abnormes Trinkmuster** (morgendliches, heimliches, gieriges Trinken).
Psychiatrische Folgekrankheiten:
- akute Alkoholintoxikation,
- (Prä-)Delir,
- Alkoholhalluzinose,
- alkoholischer Eifersuchtswahn,
- organische Persönlichkeitsveränderung, Demenz,
- Korsakow-Syndrom,
- Wernicke-Enzephalopathie.

Abb. 3-97: Beispiele für die Relation zwischen Alkoholkonsum und erreichtem Promille-Wert

Akute Alkoholintoxikation

Die akute Alkoholintoxikation wird unterteilt in den **Alkoholrausch**, den **komplizierten** und den **pathologischen Rausch** mit Verkennung der Situation, der oft schon nach geringen Alkoholmengen u.a. bei zerebralgeschädigten Patienten auftritt. *Tab. 3-43* zeigt das klinische Bild des Alkoholrausches in Relation zu Promille-Werten.

Akute Alkoholintoxikation

Die akute Alkoholintoxikation läßt sich unterteilen in den **Alkoholrausch**, den **komplizierten Rausch** (intensiver ausgeprägt) und den **pathologischen Rausch**. Letzterer ist ein durch Alkohol ausgelöster Erregungs- und Dämmerzustand mit Verkennung der Situation. Er tritt oft schon nach geringen Alkoholmengen insbesondere bei zerebralgeschädigten Patienten auf. Der Rausch ist eine akute Intoxikation durch einmaligen Genuß.

Die Folgeerscheinungen eines Rausches sind als „Kater" bekannt; diese kurzfristigen Entzugssymptome verschwinden innerhalb eines Tages bei Gesunden (Nicht-Abhängigen) folgenlos. *Tabelle 3-43* faßt die möglichen klinischen Erscheinungsbilder zusammen.

Tabelle 3-43: Klinisches Bild des Alkoholrausches in Relation zu Promille-Werten
Unter übermäßiger Alkoholeinwirkung kommt es zum Alkoholrausch, einer vorübergehenden exogenen Psychose.
Erste Anzeichen (ab 0,3 Promille)
Gesteigertes Leistungsgefühl bei objektiv verringertem Leistungsvermögen, Euphorisierung (Enthemmung, Rededrang), Verminderung der Selbstkritik, Reaktionsverlangsamung, Beeinträchtigung von Aufmerksamkeit und Konzentration.
Angetrunkenheit (0,8 bis 1,2 Promille)
Zusätzlich erste Alteration des Lagegefühls und der Muskelfeinbewegungen. Störungen des stereoskopischen Sehens und des Gleichgewichtssinnes, verlängerte Erholungszeit nach Blendung.
Leichter Rausch (1,2 bis 1,6 Promille)
Ausgeprägte Enthemmung mit Situationsverkennung und Fehleinschätzung von Gefahrensituationen. Aufmerksamkeit und Reaktionsvermögen sind erheblich reduziert, peripheres Sehen eingeschränkt. Unpräzise Schallokalisation. Schädigung des Gleichgewichtssinnes. Gangunsicherheit und lallende Sprache.
Mittelschwerer Rausch (1,6 bis 2 Promille)
Sukzessive Zunahme der erwähnten Merkmale.
Schwerer Rausch (über 2 Promille)
Euphorie kann in depressive Verstimmung umschlagen, zunehmende Schwerbesinnlichkeit, Übergang in Narkose.

Alkoholdelir (Delirium tremens)

Das Alkoholdelir ist die häufigste der psychiatrischen Folgekrankheiten des Alkoholismus und tritt bei Alkoholpsychosen (Auftreten bei etwa 15% alle Alkoholabhängigen) zumeist als Entzugsdelir auf. Es dauert in der Regel zwei bis fünf Tage (*siehe Abschnitt Diagnostik, ab S. 305*). Ein Teil der Patienten weist Prodromalerscheinungen wie Schlaflosigkeit, Unruhe, Angst, Aufmerksamkeitsstörungen und Zittern auf – dieses Bild wird als **Prädelir** oder **vegetatives Entzugssyndrom** bezeichnet.

> *Merke.* Das Delir ist ein lebensbedrohlicher psychiatrischer Notfall. Etwa 15% der Alkoholiker machen ein Delir durch, das häufig durch akute Erkrankungen oder Operationen ausgelöst wird. Unbehandelt führt es in 15 bis 20% der Fälle zum Tode (Herz-Kreislauf-Versagen, Pneumonie).

Neben **Desorientiertheit, motorischer Unruhe** und **optischen Halluzinationen,** vor allem von kleinen beweglichen Objekten („weiße Mäuse"), stehen illusionär szenische Verkennungen und eine hohe Suggestibilität („vom weißen Blatt lesen") neben **vegetativer Entgleisung** (Tremor, Schwitzen, Tachykardie) als Leitsymptome im Vordergrund.

Alkoholhalluzinose

Typisches Symptom der eher seltenen Alkoholhalluzinose sind akustische Halluzinationen beschimpfenden Charakters.

Alkoholischer Eifersuchtswahn

Alkoholkranke sind häufig sehr eifersüchtig, der alkoholische Eifersuchtswahn entwickelt sich demgegenüber nur sehr selten.

Organische Persönlichkeitsveränderungen

Bei chronischem Alkoholismus steht die organische Persönlichkeitsveränderung im Vordergrund mit Stimmungslabilität, reizbar-aggressivem Verhalten, Nachlassen der Kritikfähigkeit, Interessenverlust infolge alkoholtoxischer zerebraler Schädigung und – später – durch Hirnatrophie (Groß- und/oder Kleinhirnatrophie). Schließlich kann es zur Einschränkung intellektueller Funktionen bis hin zum Vollbild einer **Demenz** kommen.

Korsakow-Syndrom

Eine besondere Form des hirnorganischen Psychosyndroms stellt das alkoholbedingte amnestische Syndrom bzw. das alkoholische Korsakow-Syndrom dar. Das Bild wird hier von hochgradiger Merkfähigkeitsschwäche mit Desorientiertheit und Neigung zu Konfabulationen (der Patient füllt seine Erinnerungslücken mit phantasierten Erlebnissen) geprägt.

Wernicke-Enzephalopathie

Die relativ selten (ca. 3 bis 5%) auftretende sogenannte Wernicke-Enzephalopathie (Pseudoencephalitis haemorrhagica superior) ist die schwerste, vielfach tödlich ausgehende Alkoholpsychose. Typisch sind hier Augenmuskellähmungen, Pupillenstörungen, Nystagmus, Ataxie und Vitamin-B_1-Mangel sowie Bewußtseinsminderung, Desorientiertheit und Gedächtnisstörungen. Der Ausfall von Thiamin verursacht neuronale und vaskuläre Schädigungen, vor allem im Bereich der Corpora mamillaria finden sich punktförmige Hämorrhagien (*siehe Abbildung 3-98*).

Alkoholdelir (Delirium tremens)

Es tritt meist als Alkoholentzugsdelir auf und dauert ca. 2–5 Tage. Prodromalerscheinungen (Schlaflosigkeit, Unruhe, Angst, Aufmerksamkeitsstörungen, Zittern) werden als **Prädelir** oder **vegetatives Entzugssyndrom** bezeichnet.

◄ **Merke**

Leitsymptome sind **Desorientiertheit, motorische Unruhe, optische Halluzinationen** und **vegetative Entgleisung**.

Alkoholhalluzinose

Typische Symptome sind akustische Halluzinationen beschimpfenden Charakters.

Alkoholischer Eifersuchtswahn

Entwickelt sich sehr selten.

Organische Persönlichkeitsveränderungen
Bei chronischem Alkoholismus dominiert die **organische Persönlichkeitsveränderung** bis zur **Demenz** (hirnorganisches Psychosyndrom).

Korsakow-Syndrom

Diese Form des organischen Psychosyndroms ist charakterisiert durch Merkfähigkeitsstörung, Desorientiertheit und Konfabulation.

Wernicke-Enzephalopathie

Die schwerste Alkoholpsychose geht mit Augenmuskellähmungen, Pupillenstörungen, Nystagmus und Ataxie einher.
Der Thiaminmangel verursacht neuronale und vaskuläre Schädigungen; v.a. im Bereich der Corpora mamillaria finden sich punktförmige Hämorrhagien (*s. Abb. 3-98*).

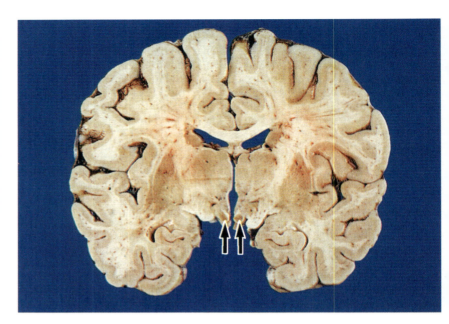

Abb. 3-98: Typischer pathologischer Befund bei Wernicke-Enzephalopathie:
a) Im Frontalschnitt durch das Gehirn eines Alkoholikers zeigt sich eine braune Atrophie der Mamillarkörper (Pfeile)

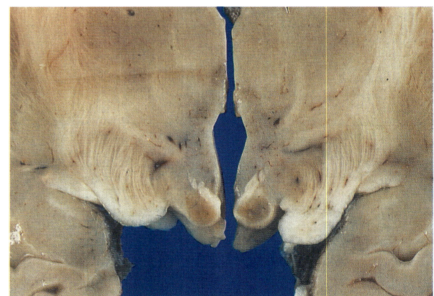

b) Ausschnittsvergrößerung aus a)

Alkohol-Embryopathie
Die Alkohol-Embryopathie ist angesichts wachsenden Alkoholkonsums bei Frauen von zunehmender Bedeutung.

Auch bei nur leicht alkoholisch geschädigten Kindern gibt es typische Beeinträchtigungen des Verhaltens, wie z.B. verstärkter Bewegungsdrang, gestörte Aufmerksamkeit und reduzierte Lern- und Denkfähigkeit.

Alkohol-Embryopathie

Besondere Erwähnung verdient die **Alkohol-Embryopathie** (fetales Alkoholsyndrom) angesichts des wachsenden Alkoholkonsums von Frauen. In Deutschland werden jährlich etwa 2500 Kinder mit einer ausgeprägten Alkohol-Embryopathie geboren. Die stärkste Schädigung ist charakterisiert durch Minderwuchs, kleinen Kopf, geistige Behinderung und ein typisches Aussehen des Gesichtes; häufig bestehen angeborene Herzfehler.

Auch bei nur leicht alkoholisch geschädigten Kindern gibt es typische Beeinträchtigungen des Verhaltens, die oft erst im Vorschul- oder Schulalter sichtbar werden. Hierzu gehört eine verstärkte Aktivität mit überschießendem Bewegungsdrang und Ungeschicklichkeit. Aufmerksamkeit und Erinnerungsvermögen sind gestört, Lern- und Denkfähigkeit reduziert. Die Kinder sind übertrieben kontaktfreudig bis distanzlos und neigen gelegentlich zu waghalsigen Spielen.

Diagnostik und Differentialdiagnose

Diagnostik. Die Diagnose des Alkoholismus stützt sich auf:
- die Abschätzung des abnormen Trinkverhaltens (Trinkmenge, Trinkfrequenz),
- die Abschätzung bzw. Diagnose der alkoholbezogenen Schäden (somatisch, psychisch, sozial),
- die Abschätzung der Alkoholabhängigkeit.

Als diagnostisches Instrument bewährt hat sich der **Münchner-Alkoholismus-Test** (MALT nach Feuerlein et al. 1979), in dem mittels Selbst- und Fremdbeurteilung relevante alkoholismusverdächtige Merkmale erfaßt werden (*siehe Tabelle 3-44*). Daneben existiert ein Kurzfragebogen für Alkoholgefährdete (KFA).

Diagnostik und Differentialdiagnose

Die **Diagnose** des Alkoholismus stützt sich auf die Abschätzung
- des abnormen Trinkverhaltens,
- der alkoholbezogenen Schäden und
- der Alkoholabhängigkeit.

Als diagnostisches Instrument bewährt hat sich der **Münchner-Alkoholismus-Test** (MALT), in dem mittels Selbst- und Fremdbeurteilung alkoholismusverdächtige Merkmale erfaßt werden (*s. Tab. 3-44*).

Tabelle 3-44: Merkmalskatalog des Münchner Alkoholismus-Tests (MALT)

I. Vom Arzt zu beurteilen:

1. Lebererkrankung: mindestens ein klinisches Symptom (z.B. vermehrte Konsistenz, Vergrößerung, Druckdolenz o. ä.) **und** mindestens ein pathologischer Laborwert (z.B. GOT, GPT oder γ-GT) sind notwendig

2. Polyneuropathie (trifft nur zu, wenn keine anderen Urachen bekannt sind, z.B. Diabetes mellitus oder eindeutige chronische Vergiftungen)

3. Delirium tremens (jetzt oder in der Vorgeschichte)

4. Alkoholkonsum von mehr als 150 ml (bei Frauen 120 ml) reinem Alkohol ein- oder mehrmals im Monat

5. Alkoholkonsum von mehr als 300 ml (bei Frauen 240 ml) reinem Alkohol ein- oder mehrmals im Monat

6. Foetor alcoholicus (zur Zeit der ärztlichen Untersuchung)

7. Familienangehörige oder engere Bezugspersonen haben schon einmal Rat gesucht wegen Alkoholproblemen des Patienten (z.B. beim Arzt, dem Sozialdienst oder anderen entsprechenden Einrichtungen)

II. Vom Patienten selbst zu beurteilen:

1. In der letzten Zeit leide ich häufiger an Zittern der Hände.

2. Ich hatte zeitweilig, besonders morgens, ein Würgegefühl oder Brechreiz.

3. Ich habe schon einmal versucht, Zittern oder morgendlichen Brechreiz mit Alkohol zu kurieren.

4. Zur Zeit fühle ich mich verbittert wegen meiner Probleme und Schwierigkeiten.

5. Es kommt nicht selten vor, daß ich vor dem Mittagessen bzw. zweiten Frühstück Alkohol trinke.

6. Nach den ersten Gläsern Alkohol habe ich ein unwiderstehliches Verlangen, weiter zu trinken.

7. Ich denke häufig an Alkohol.

8. Ich habe manchmal auch dann Alkohol getrunken, wenn es vom Arzt verboten wurde.

9. In Zeiten erhöhten Alkoholkonsums habe ich weniger gegessen.

10. An der Arbeitsstelle hat man mir schon einmal Vorhaltungen wegen meines Alkoholtrinkens gemacht.

11. Ich trinke Alkohol lieber, wenn ich allein bin.

12. Seitdem ich mehr Alkohol trinke, bin ich weniger tüchtig.

13. Ich habe nach dem Trinken von Alkohol schon öfters Gewissensbisse (Schuldgefühle) gehabt.

14. Ich habe ein Trinksystem versucht (z.B. nicht vor bestimmten Zeiten zu trinken).

15. Ich glaube, ich sollte mein Trinken einschränken.

16. Ohne Alkohol hätte ich nicht so viele Probleme.

17. Wenn ich aufgeregt bin, trinke ich Alkohol, um mich zu beruhigen.

18. Ich glaube, der Alkohol zerstört mein Leben.

19. Einmal möchte ich aufhören mit dem Trinken, dann wieder nicht.

20. Andere Leute können es nicht verstehen, warum ich trinke.

21. Wenn ich nicht trinken würde, käme ich mit meinem Partner besser zurecht.

22. Ich habe schon versucht, zeitweilig ohne Alkohol zu leben.

23. Wenn ich nicht trinken würde, wäre ich mit mir zufrieden.

24. Man hat mich schon wiederholt auf meine „Alkoholfahne" angesprochen.

Neben typischen körperlichen Symptomen und pathologischen Laborparametern (γ-GT, CDT [Carbohydrate Deficient Transferrin] und MCV-Erhöhung) weisen verschiedene psychische Symptome und soziale Faktoren auf das Vorliegen einer Alkoholkrankheit hin (*siehe Tabelle 3-45*).

Tabelle 3-45: Diagnostische Hinweise (erfaßt durch den Münchner Alkoholismus-Test)

- Somatisch
  - Kreislaufstörungen
  - Zittern/Schwitzen
  - Wadenkrämpfe/Parästhesien
  - Übelkeit/Appetitlosigkeit
  - Impotenz
  - Laborwerte erhöht:
    γ-GT, SGOT, SGPT, MCV, Kreatinin, Harnsäure, Triglyzeride
- Abnormes Trinkverhalten
  - Heimliches/morgendliches Trinken
- Psychisch
  - Dissimulation
  - Depressivität
  - Schlafstörungen/Ängstlichkeit
  - „Nervosität"/Konzentrationsstörungen
- Sozial
  - Berufliche Schwierigkeiten
  - Interessenverlust
  - Mangelnde Hygiene
  - Beginnende Verwahrlosung

Epidemiologische Untersuchungen von Internisten geben als Grenzwerte für die Entstehung einer Leberzirrhose **60 g Alkohol/Tag für den Mann** (entsprechen ca. 1 Liter Wein, 5 Flaschen Bier, ½ Flasche Schnaps), **20 g für die Frau** an. Hierbei ist zu berücksichtigen, daß dies lediglich statistische Durchschnittswerte sind und nur orientierende Parameter für die Entstehung einer somatischen Folgekrankheit darstellen.

Diagnostisch entscheidend ist das **Vorliegen einer psychischen und/oder physischen Abhängigkeit**, d. h. das Bestehen von Kontrollverlust, Unfähigkeit zur Abstinenz, Toleranz/Dosissteigerung sowie das Auftreten von Entzugssymptomen nach Alkoholkarenz.

Das kraniale Computertomogramm zeigt bei chronischem Alkoholismus typischerweise eine diffuse, kortikale und Kleinhirnatrophie, die nach Abstinenz (partiell) reversibel ist (*siehe Abbildung 3-99*).

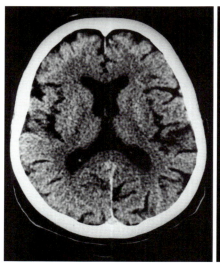 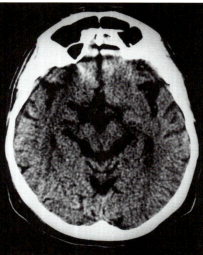 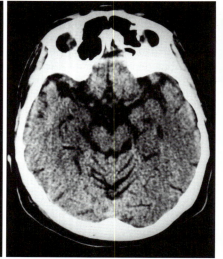

Abb. 3-99: Diffuse, kortikale und Kleinhirnatrophie bei chronischem Alkoholismus im CCT

Die diagnostischen Leitlinien der wichtigsten **psychiatrischen Folgekrankheiten** des Alkoholismus gemäß ICD-10 und DSM-III-R sind in *Synopsis 3-50* zusammengefaßt.

Die diagnostischen Leitlinien der wichtigsten **psychiatrischen Folgekrankheiten** sind in *Syn. 3-50* zusammengefaßt.

Synopsis 3-50: Diagnostische Leitlinien für Delir, psychotische Störungen und amnestisches Syndrom nach ICD-10 und DSM-III-R

ICD-10	DSM-III-R
Delir:	
• Störung des Bewußtseins und der Aufmerksamkeit	• Bewußtseinstrübung
	• Reduzierte Aufmerksamkeit
• Störung der Kognition und Wahrnehmung, meist optische Halluzinationen	• Wahrnehmungsstörung (Illusionen, Halluzinationen)
• Inkohärentes Denken, Auffassungsstörung	• Denkstörungen (Weitschweifigkeit, inkohärente Sprache)
• (Zeitliche) Desorientierheit	• Desorientiertheit
• Beeinträchtigung des Kurzzeitgedächtnisses	• Gedächtnisstörungen
• Psychomotorische Störungen (Hypo- oder Hyperaktivität)	• Zu- oder abnehmende psychomotorische Aktivität
• Störung des Schlaf-Wach-Rhythmus	• Störung des Schlaf-Wach-Rhythmus
• Affektive Störungen (Depression, Angst, Reizbarkeit)	
Alkoholentzugsdelir:	
Prodromi: Schlaflosigkeit, Zittern, Angst; eventuell Entzugskrämpfe	Delir entwickelt sich nach Absetzen oder Reduktion bei schwerem Alkoholtrinken (meist innerhalb 1 Woche)
Klassische Symptome:	
• Bewußtseinsstörung und Verwirrtheit	• Ausgeprägte vegetative Hyperaktivität (Tachykardie, Schwitzen)
• Lebhafte Halluzinationen	
• Ausgeprägter Tremor	
• Wahnvorstellungen	
• Unruhe, Schlaflosigkeit	
• Vegetative Übererregbarkeit	
Psychotische Störung (organisch bedingtes Wahnsyndrom, Halluzinose)	**Alkoholhalluzinose:**
• Auftreten während oder unmittelbar nach Einnahme der Substanz	• Hinweise auf spezifisch organische Faktor(en)
• Meist nur von kurzer Dauer	
• Halluzinationen	• Wahn bzw. Halluzinationen
Amnestisches Syndrom (Korsakow-Psychose):	**Alkoholbedingte amnestische Störung:**
• Störung des Kurzzeitgedächtnisses, des Zeitgefühls, Amnesie (Immeciatgedächtnis ungestört)	• Beeinträchtigung des Kurz- bzw. Langzeitgedächtnisses
• Beweise für chronischen und hochdosierten Mißbrauch von Alkohol oder psychotropen Substanzen	• Spezifisch organische Faktor(en)
• Eventuell Konfabulationen, Persönlichkeitsveränderung	

Differentialdiagnose

Nicht selten setzen **Depressive** Alkohol im Sinne eines Behandlungsversuches ein.

Bei Orientierungs- und Gedächtnisstörungen sowie Persönlichkeitsveränderungen sind **hirnorganische Psychosyndrome anderer Ursachen** auszuschließen.

Bestimmen Konflikte das Bild, muß an **Persönlichkeitsstörungen** sowie **neurotische Störungen** gedacht werden.

Wichtige Differentialdiagnosen sind die **Hyperthyreose** sowie **vegetative Störungen**. Akute Alkoholintoxikationen können mit hypoglykämischen Anfällen verwechselt werden, ein Alkoholdelir mit psychischen Veränderungen bei Coma hepaticum.

Zur Differentialdiagnose zwischen Alkoholdelir und Alkoholhalluzinose s. Tab. 3-46.

Differentialdiagnose. Nicht selten setzen **Depressive** Alkohol im Sinne eines Behandlungsversuches ein, so daß hier die Gefahr eines sekundären Alkoholismus besteht bzw. sich eine Co-Morbidität von Depression und Alkoholmißbrauch/Abhängigkeit einstellt. Andererseits können die nicht selten bei Alkoholkranken ausgeprägten Verstimmungszustände fälschlicherweise zur (für Arzt und Patient „angenehmeren", sozial akzeptierten) Fehldiagnose einer (alleinigen) Depression führen.

Bei Vorliegen von Orientierungs- und Gedächtnisstörungen sowie Persönlichkeitsveränderungen („Wesensänderung") sind **hirnorganische Psychosyndrome anderer Ursachen** auszuschließen.

Bestimmen Konflikte das Bild, muß an zugrundeliegende **Persönlichkeitsstörungen** sowie **neurotische Störungen** gedacht werden.

Weitere wichtige Differentialdiagnosen sind die **Hyperthyreose** sowie **vegetative Störungen**. Akute Alkoholintoxikationen können mit hypoglykämischen Anfällen verwechselt werden, ein Alkoholdelir mit psychischen Veränderungen bei Coma hepaticum.

Die differentialdiagnostischen Kriterien zwischen Alkoholdelir und Alkoholhalluzinose sind in *Tabelle 3-46* zusammengefaßt.

Tabelle 3-46: Differentialdiagnostische Kriterien Alkoholdelir versus Alkoholhalluzinose

	Alkoholdelir	Alkoholhalluzinose
Häufigkeit	Häufig	Selten
Dauer	3 – 7 Tage	Wenige Wochen bis Monate, chronischer Verlauf möglich
Bewußtseinsstörung	Vorhanden	Fehlt
Desorientiertheit	Zeitlich, örtlich, situativ	Fehlt
Sinnestäuschungen	Optische Halluzinationen Illusionäre Verkennungen	Akustische Halluzinationen (oft wahnhaft interpretiert bis zum Bedrohungswahn)
Suggestibilität	Gesteigert	Unauffällig
Affekt	Schwankend zwischen Angst und Euphorie	Depressiv, ängstlich, Panik
Psychomotorik	Unruhe Nestelbewegungen Agitiertheit	Bestimmt in der Regel nicht das klinische Bild
Vegetative Störungen	Tachykardie Fieber Schlafstörungen Erbrechen Durchfälle Blutdruckkrisen Profuses Schwitzen	Unbedeutend Keine vitale Gefährdung
Neurologische Störungen	Tremor Epileptische Anfälle	Fehlen

Verlauf

Trotz sehr unterschiedlicher individueller Krankheitsverläufe läßt sich eine typische Verlaufskurve der Entwicklung zur Alkoholabhängigkeit aufstellen. Die verschiedenen Phasen in Verlauf der Alkoholkrankheit sind durch ein charakteristisches Verhalten des Betreffenden gekennzeichnet (*siehe Tabelle 3-47*).

Tabelle 3-47: Verlauf der Alkoholkrankheit
Präalkoholische Phase: Gehäuftes Erleichterungstrinken
Prodromalphase: Heimliches Trinken, dauerndes Denken an Alkohol, gieriges Trinken, „black outs", Vorratssammlung, Meidung Thema Alkohol
Kritische Phase: Stimmungsschwankungen, Abstinenzversuche, Kontollverlust, Interesseneinengung, „Alibis", körperliche Folgen
Chronische Phase: Deutliche Schädigungsfolgen, sinkende Alkoholtoleranz, morgendliches Trinken, verlängerte Räusche, sozialer Abstieg, Depravation, evtl. „billige Ersatzstoffe"
Rehabilitationsphase: Erste Schritte zur wirtschaftlichen Stabilität, Zunahme der emotionalen Kontrolle, realistisches Denken, Rückkehr der Selbstachtung, Beginn einer Hoffnung, ehrlicher Wunsch nach Hilfe

> **Merke.** Relativ häufig mißbrauchen Alkoholiker Medikamente zur Steigerung bzw. Verlängerung des Alkoholeffektes, zur Vermeidung von Entzugserscheinungen oder als Ersatzstoff (Entstehung einer Polytoxikomanie).

Die **Prognose** wird unter anderem determiniert durch die vorliegenden **Organschäden** (somatischer Circulus vitiosus) und deren **psychische Folgen** (somatopsychischer Circulus vitiosus). Bedingt durch die häufig unzureichende und schwankende Therapiemotivation der Alkoholkranken sind die Behandlungserfolge begrenzt: Etwa ein Drittel der behandelten Patienten gilt in Katamnesen als gebessert, ein Drittel als ungebessert und ein Drittel als „geheilt" (abstinent). Eine 18-Monats-Katamnese von über 1400 Patienten ergab eine Abstinenzrate von 53%, eine Besserungsrate von 9%; 38% waren ungebessert. Bei Langzeitkatamnesen zeigte sich Abstinenz bei 40 bis 50%, die Zahl der Ungebesserten lag zwischen 40 und 60%. Die spontane Abstinenz- bzw. Besserungsrate beträgt pro Jahr etwa 19%. Prognostisch günstig sind höheres Lebensalter, gute Schul- und Berufsausbildung, Berufstätigkeit und Zusammenleben mit einem Partner, besonders ungünstig ist das Vorliegen einer organischen Persönlichkeitsveränderung („Depravation"=Verfall der sittlichen und moralischen Verhaltensweisen). Alkoholkranke Jugendliche sind ohne Milieuwechsel schwierig zu behandeln, auch wenn noch keine Abhängigkeit vorliegt.

Therapie

Von entscheidender Bedeutung ist die **Frühdiagnose**, bevor die einsetzende Depravation die Aussicht auf eine erfolgreiche Behandlung schmälert.

Die Behandlung läßt sich in vier Phasen unterteilen:
1. Kontakt- und Motivierungsphase (Erkennen des Alkoholismus, Motivation des Patienten)
2. Entgiftungs-/Entzugsphase (ambulant oder stationär; Abstinenzsyndrome beachten, unter Umständen Delirgefahr)
3. Entwöhnungsphase (Lernen, ohne Alkohol zu leben; üblicherweise „Entwöhnungskur" über sechs Wochen bis sechs Monate in entsprechenden Fachkliniken; zumeist in Form von Gruppenpsychotherapie erfolgt Aufbau von Selbstfindung und Eigenverantwortung)

4. Nachsorge- und Rehabilitationsphase (langfristige Stabilisierung, ambulante Betreuung durch Suchtberatungsstellen und Selbsthilfeorganisationen; Aufbau einer beruflichen und sozialen Existenz) (*siehe Abbildung 3-100*).

Merke. Der richtige Umgang mit dem alkoholkranken Patienten ist die Grundlage und Voraussetzung für eine erfolgreiche Entwöhnung (Prinzip der „engagierten Gleichgültigkeit").

Wichtige Verhaltensregeln für den Umgang mit Alkoholkranken sind in *Tabelle 3-48* enthalten.

Als etabliert gilt heute eine **multiprofessionelle (multidisziplinäre) Therapiekonzeption** (Ärzte, Psychologen, Sozialarbeiter, Suchttherapeuten, Ergotherapeuten, Physiotherapeuten).

Merke. Sowohl in der Motivierungs- als auch in der Nachsorgephase sind die Alkoholiker-Selbsthilfegruppen (Anonyme Alkoholiker [AA], Blaues Kreuz, Kreuzbund, Guttempler) von eminenter Bedeutung.

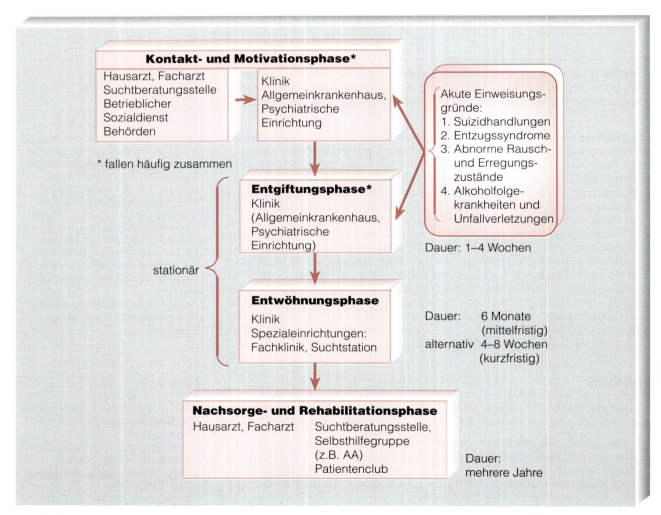

Abb. 3-100: Behandlungskette für Alkoholkranke

Tabelle 3-48: Umgang mit Alkoholkranken

- Frühdiagnose durch indirekte Fragen und Befunde
- Arzt-Patient-Beziehung für erfolgreiche Motivation zur Therapie entscheidend
- Verständnisvolle, hilfsbereite, aber kompromißlos-konsequente ärztliche Haltung
- Hohes Maß an Geduld und Zeit
- Kein „Moralisieren"
- Keine Appelle an die „Vernunft"
- Angehörige einbeziehen
- Sozialdienste, Beratungsstellen, evtl. auch Arbeitgeber einbeziehen

Grundprinzip: Erkennen – Entgiften – Entwöhnen

Die Selbsthilfegruppen der Anonymen Alkoholiker vertreten das Prinzip, daß ein Alkoholiker lebenslang durch Alkohol gefährdet ist. Zum Konzept gehört das Prinzip der kleinen Schritte, um den Alkoholkranken nicht zu überfordern („12-Stufen-Programm" der AA).

Ziel der Behandlung des Alkoholismus ist in der Regel die Abstinenz (insbesondere beim Gamma-Alkoholiker), das Therapieziel des „kontrollierten Trinkens" ist offenbar nur für einen begrenzten Patientenkreis sinnvoll.

> **Merke.** Beim „trockenen" Alkoholiker ist darauf zu achten, daß **keine alkoholhaltigen Medikamente** verordnet werden (pflanzliche Elixiere!), da schon bei geringen Alkoholmengen Rückfallgefahr besteht. Auch das **Kochen mit Alkohol** zur Geschmacksverbesserung von Speisen beinhaltet für diesen Personenkreis ein Risiko.

◄ Merke

Bei Alkoholabstinenz-motivierten Patienten mit geringer Selbstkontrollfähigkeit kann ein medikamentöser Behandlungsversuch mit der alkoholsensibilisierenden Medikation Disulfiram (Antabus®) versucht werden (*siehe Kapitel Psychopharmakotherapie, S. 477 f.*). Eine medikamentöse Therapie kann außerdem während der Entgiftungsphase bei Auftreten von Entzugssymptomen erforderlich sein. Hier können sedierende, schwachpotente Neuroleptika oder sedierende Antidepressiva eingesetzt werden, bei Prädelir und insbesondere Delir streng zeitlich befristet Clomethiazol. 1995 wurde in den USA der Opioid-Antagonist Naltrexon als Mittel gegen das Alkohol-Verlangen zugelassen.

> **Merke.** Clomethiazol ist bei Alkoholintoxikation kontraindiziert und darf wegen seines hohen Suchtpotentials nur kurzfristig zur Delir-Behandlung eingesetzt werden.

◄ Merke

Die Behandlung der floriden **Alkoholhalluzinose** erfolgt durch mittel- bis hochpotente Neuroleptika (z.B. Haloperidol), bei Vorliegen eines **chronischen alkoholtoxisch-bedingten hirnorganischen Psychosyndroms** (Persönlichkeitsveränderung, Demenz) ist häufig eine leitsymptomorientierte Psychopharmakotherapie mit Neuroleptika, Antidepressiva oder Carbamazepin erforderlich.

Zum Spektrum der **psychotherapeutischen Interventionen** zählen insbesondere verhaltenstherapeutische Verfahren (Erlernen von Selbstkontrolle, Stimuluskontrolle, Selbstsicherheitstraining, Training sozialer Kompetenz) sowie Gruppentherapie-Verfahren und Familientherapie-Programme.

Die Selbsthilfegruppen der AA vertreten das Prinzip, daß ein Alkoholiker lebenslang durch Alkohol gefährdet ist.
Zum Konzept gehört das Prinzip der kleinen Schritte („12-Stufen-Programm" der AA).

Evtl. kann ein medikamentöser Behandlungsversuch mit Disulfiram (Antabus®) sinnvoll sein.
Bei gravierenden Entzugssymptomen können während der Entgiftungsphase sedierende Antidepressiva oder Neuroleptika eingesetzt werden.

Die Behandlung der **Alkoholhalluzinose** erfolgt mit hochpotenten Neuroleptika, (z. B. Haloperidol).
Bei **chronischem alkoholtoxisch-bedingtem hirnorganischem Psychosyndrom** ist häufig eine leitsymptomorientierte Psychopharmakotherapie mit Neuroleptika, Antidepressiva oder Carbamazepin erforderlich.
Als **psychotherapeutische Behandlungsmethoden** werden vor allem Verhaltens-, Gruppen- und Familientherapie-Programme angewandt.

Tab. 3-49 zeigt die Behandlung in der Entwöhnungsphase.

Tabelle 3-49 zeigt die Behandlung in der Entwöhnungsphase.

Tabelle 3-49: Behandlung in der Entwöhnungsphase

- Gruppenpsychotherapie („Du brauchst nicht")
- Verhaltenstherapie
- Soziotherapie (Angehörigenarbeit)
- Medikamentöse Unterstützung:
  - Evtl. Disulfiram (Aversionstherapie)
    Cave: Kontraindikationen und mögliche Komplikationen beachten
  - Doxepin (episodische Verstimmung, postalkoholische Depression)

Keine Benzodiazepine, Stimulanzien, Analgetika (cave Umsteigen „Pulle" → „Pille"!)

Kasuistik 1. Der 26jährige K. B. sucht ohne Einweisung nach einem Streit mit den Mitbewohnern des Wohnheimes die Klinik auf und bittet „um eine Bett und Distraneurin". Er halte den Zustand im Wohnheim nicht mehr aus; Die Mitbewohner hätten ihn betrogen und geschlagen, bei einem Sturz habe er sich Prellungen zugezogen, jetzt nehme er einen Strick oder laufe in ein Auto.

Die **Anamnese** ergibt, daß bei Herrn B. seit zehn Jahren Alkoholprobleme bestehen. Im Anschluß an eine Konditorlehre begann er zu trinken, fiel bei der Arbeit durch Zuspätkommen und Fehlzeiten auf. Mit 17 Jahren erste Entziehungskur, anschließend Beginn einer Baufacharbeiterlehre, die nach einem halben Jahr abgebrochen wurde. Wegen Ordnungsstrafe ein Jahr Gefängnis, während des offenen Strafvollzuges erneute Alkoholexzesse und Nichteinhalten der vom Gericht gemachten Auflagen. Mit 21 Jahren weitere Entziehungskur, nach Entlassung sofortiger Rückfall. Wegen Unterschlagung erneute Verurteilung, anschließend Übersiedlung nach West-Deutschland, wo er sich als Nichtseßhafter aufhielt und Gelegenheitsjobs (Handlangerdienste, „Drückerkolonne") ausübte.

Seit zwei Jahren im Rahmen einer Resozialisierungsmaßnahme unter sozialpädagogischer Betreuung in einem Wohnheim untergebracht. Dort kam es zu den geschilderten Auseinandersetzungen mit den Mitbewohnern, zu Alkoholexzessen sowie Aggressionen gegenüber den Sozialarbeitern.

Aus **Eigen- und Fremdanamnese** ergibt sich, daß der Vater Kapitän zur See war, anschließend Arbeiter. Massive Alkoholprobleme des Vaters, die von der Mutter toleriert wurden. Von den sieben Geschwistern ist ein älterer Bruder Alkoholiker, eine jüngere Schwester hat mehrere Suizidversuche unternommen.

Die Kindheit wird von Herr B. als glücklich geschildert, er sei von der Mutter verwöhnt worden, der Vater habe nach seinem ersten Gefängnisaufenthalt bis zu seinem Tode nicht mehr mit ihm gesprochen. Er sei begeisterter Jungpionier und FDJ-Sekretär gewesen, mit 14 Jahren sei er von einer 38jährigen Frau verführt worden. Mit 17 Jahren erster Suizidversuch (Sprung von einer Brücke), zweiter Suizidversuch durch Erhängen mit 22 Jahren, während der Hochzeit seiner ältesten Schwester.

Somatische Anamnese: Mehrfach Frakturen und Prellungen nach Schlägereien, mit 23 Jahren Pankreatitis, vor vier Wochen wurde in der Hautklinik eine Pyodermie sowie eine Epizoonose festgestellt.

Aufnahmebefund: Verwahrloster Patient, stark alkoholisiert, zeitlich desorientiert, vegetativ entgleist (Schwitzen, Tremor, Unruhe).

Diagnose: Prädelir bei chronischem Alkoholismus.

Die Laborbefunde ergeben erhöhte Transaminasen, eine γ-GT von 95 µg/l sowie eine Hypokaliämie.

Psychopathologisch ergibt sich nach Abklingen der Akutsymptomatik das Bild eines Einzelgängers mit eingeschränkter affektiver Schwingungsfähigkeit, Affektlabilität, geringer Frustrationstoleranz, reduzierter Konzentrationsfähigkeit und Einschränkungen der Gedächtnisleistungen. Die bestehende Unsicherheit und Ängstlichkeit versucht der Patient durch ein forsch-flottes Auftreten zu kaschieren. Die eigene **Prognose** wird von dem Patienten sehr skeptisch eingeschätzt, Hoffnungs- und Hilflosigkeit werden deutlich.

Therapie: Entzugsbehandlung mit Clomethiazol, Kreislaufstabilisierung. Kontaktaufnahme mit der betreuenden Sozialarbeiterin, Vermittlung eines Therapieplatzes.

Kasuistik 2. Der 47jährige Zollbeamte Herr M. stellte sich erstmals ambulant in der Poliklinik vor, weil sein Hausarzt ihm gesagt habe, daß er nun endlich einmal etwas gegen sein Alkoholproblem tun müsse.

Aktueller Hintergrund war gewesen, daß dem Hausarzt anläßlich einer Durchuntersuchung des Patienten wieder einmal stark erhöhte Leberwerte aufgefallen waren. Herr M. erzählte nun, daß die Sache mit dem Alkohol in den letzten Jahren wirklich immer drängender geworden sei. Begonnen habe das ganze vor etwa 25 Jahren: Herr M hatte erhebliche Potenzprobleme (Ejaculatio praecox) in seiner Ehe; allerdings machte er bald die Erfahrung, daß er nach Konsum einer bestimmten Menge Alkohol der Koitus vollziehen konnte.

Die Ehe ging nach insgesamt 17 kinderlosen Jahren auf Drängen der dominierenden Ehefrau auseinander. Fü

Herrn M., der schon immer wenig kontaktfreudig gewesen war, begann daraufhin eine Phase zunehmender Vereinsamung. In dieser Zeit steigerte sich der bis dahin sporadische Alkoholkonsum und wurde zunehmend regelmäßiger. Seit etwa einem halben Jahr trank Herr M. auch morgens, um ein leichtes Händezittern und verstärkte innere Anspannung zu kupieren. Mehrfach hatte er schon auf Anraten des Hausarztes versucht, den Alkoholkonsum einzuschränken, was aber stets mißlang. Bei einem Umtrunk mit Kollegen aus Anlaß eines Dienstjubiläums hatte er sich fest vorgenommen, nur Mineralwasser zu trinken. Nachdem er mit den Worten „ein Gläschen in Ehren soll keiner verwehren" gedrängt worden sei, wenigstens doch ein Glas Sekt mitzutrinken, habe er danach immer weiter getrunken, so daß er letztlich sogar von einem Kollegen nach Hause gebracht werden mußte.

Seine Scham über dieses einmalige Ereignis war so groß, daß er für zwei Tage der Arbeit fernblieb, mit der Begründung eines grippalen Infekts. Obwohl er sich vorgenommen hatte, von nun an abstinent zu sein, trank er am Morgen des ersten Arbeitstages einen Cognac und putzte sich hinterher noch einmal die Zähne, damit keiner der Kollegen etwas rieche.

Schon sein ganzes Leben war Herr M. ein zur Ängstlichkeit neigender Mensch gewesen. Sein Selbstwertgefühl war eher gering ausgeprägt, und er hat eigentlich in der ständigen Angst gelebt, daß er etwas falsch machen könnte. Er konnte sich noch gut daran erinnern, daß er schon während der Schulzeit einen ganz schnellen Herzschlag bekam, wenn der Lehrer ihn bloß beim Namen rief. Genauso erging es ihm während seiner Verwaltungsausbildung bei Gericht, hinzu kam eine hohe Empfindlichkeit gegenüber jeder, auch nur geringfügigen Kritik an seiner Arbeit. Diese Empfindlichkeit konnte er allerdings nicht nach außen artikulieren, sondern „fraß" sie in sich hinein. Auseinandersetzungen mit Vorgesetzten ging er daher meist aus dem Weg, selbst wenn er im Recht war, weshalb er von seiner damaligen Frau wiederholt „Schlappschwanz" genannt worden war.

Mittlerweile lebte Herr M. vereinsamt in seiner Wohnung und hatte außerhalb der beruflichen Sphäre so gut wie keine Kontakte mehr. War er früher am Wochenende wenigstens hin und wieder einmal in den Schachverein gegangen, saß er nun in seiner Freizeit fast ausschließlich vor dem Fernseher und trank Wein.

Zu Auffälligkeiten im Straßenverkehr war es bisher noch nicht gekommen, wie auch überhaupt nach seinen Worten nur wenige ahnten, daß er zuviel trinke.

Diagnose: Alkoholabhängigkeit (F10.1) auf dem Boden einer ängstlich-selbstunsicheren Persönlichkeit (ängstlich/vermeidende Persönlichkeitsstörung F60.6).

(In gekürzter Form zitiert aus dem Fallbuch Psychiatrie, Kasuistiken zum Kapitel V (F) der ICD-10, *Freyberger* und *Dilling* 1993).

Drogen- und Medikamentenabhängigkeit

> **Definition.** Als wesentliches Charakteristikum gilt das zwanghafte Bedürfnis, die betreffende(n) Substanz(en) zu konsumieren und sich diese unter allen Umständen zu beschaffen. Neben der psychischen besteht zumeist eine physische Abhängigkeit in Form von Toleranzentwicklung (Dosissteigerung), und es treten Entzugserscheinungen auf.

Allgemeines

Nach der ICD-10 lassen sich zur Beschreibung von Abhängigkeit oder schädlichem Gebrauch von Drogen bzw. Medikamenten die in *Tabelle 3-50* aufgeführten Kriterien aufstellen.

Durch direkte und indirekte Krankheits- und Behandlungskosten entstehen für Staat und Gesellschaft ähnlich wie im Falle der Alkoholkrankheit gravierende wirtschaftliche Belastungen. Die Abhängigkeit von „harten Drogen" besiegelt in den meisten Fällen nicht nur das persönliche Schicksal des betreffenden Individuums, sondern führt zumeist auch zu einer familiären Tragödie.

Drogen- und Medikamentenabhängigkeit

◄ Definition

Allgemeines

Nach der ICD-10 lassen sich zur Beschreibung von Abhängigkeit oder schädlichem Gebrauch von Drogen bzw. Medikamenten die Kriterien in *Tab. 3-50* aufstellen. Es entstehen wie bei der Alkoholkrankheit hohe direkte und indirekte Krankheits- und Behandlungskosten.

> **Tabelle 3-50: Kriterien zur Beschreibung von Abhängigkeit oder schädlichem Gebrauch von Drogen bzw. Medikamenten nach ICD-10**
>
> - Starker Wunsch oder eine Art Zwang, Drogen/Medikamente zu konsumieren
> - Hinweis auf verminderte Fähigkeit, den Gebrauch von Drogen/Medikamenten zu kontrollieren (Kontrollverlust)
> - Gebrauch von Drogen/Medikamenten, um Entzugssymptome zu mildern oder zu vermeiden
> - Vorliegen eines Entzugssyndroms
> - Hinweise für Toleranz
> - Eingeengtes Verhaltensmuster beim Substanzgebrauch (z. B. Außerachtlassen gesellschaftlich üblichen Trinkverhaltens)
> - Zunehmende Vernachlässigung anderer Aktivitäten oder Interessen
> - Anhaltender Gebrauch von Drogen/Medikamenten trotz Hinweisen auf schädliche Folgen

Epidemiologie
Zirka 0,2% der Bevölkerung (150 000) sind drogenabhängig. Zirka 2000 Menschen sterben pro Jahr an ihrer Drogensucht. Bei Männern führt **Drogenabhängigkeit** meist zu Beschaffungskriminalität, bei Frauen zur Prostitution.

Die Zahl der **Medikamentenabhängigen** liegt bei etwa 1 Million, hiervon sind etwa ²/₃ Frauen. Die häufigsten mißbrauchten Medikamente sind Analgetika, Antitussiva, Hypnotika, Tranquilizer, Psychostimulanzien/Appetitzügler, Laxanzien. Einen großen Anteil machen freiverkäufliche, Medikamente aus (Analgetika, Sedativa).
In Arztpraxen erhalten ca. 7% aller Patienten Medikamente mit Abhängigkeitspotential rezeptiert.

Zirka 10 Millionen Bundesdeutsche sind **nikotinabhängig.**
Ätiopathogenese
Auch hier liegt ein **multifaktorielles Bedingungsgefüge** vor (s. Abb. 3-101).
Beim **Drogenabusus** spielen psychosoziale Faktoren wie Verfügbarkeit, Gruppenzwänge und „Neugier" eine bedeutende Rolle.
Medikamentenmißbrauch basiert häufig auf organischen oder funktionellen Beschwerden wie (Kopf-)Schmerzen und psychosomatischen Störungen (s. Abb. 3-102).
Persönlichkeits- und lernpsychologische Faktoren sind:
- positive Verstärkung,
- Konditionierung,
- verminderte Frustrationstoleranz,
- fehlende Entwicklung adäquater Konfliktbewältigungsstrategien,
- Reizhunger,
- neurotische Fehlentwicklung.

Epidemiologie. Die Häufigkeit der Abhängigkeit von Rauschdrogen liegt in der Bundesrepublik Deutschland bei ca. 0,2% der Bevölkerung (150 000). Pro Jahr sterben etwa 2000 Menschen an der Drogensucht, meist infolge einer Überdosis.

Drogen werden überwiegend von 14- bis 30jährigen konsumiert, Männer überwiegen etwa im Verhältnis 2:1. Bei Männern führt Drogenabhängigkeit meist zu Beschaffungskriminalität, während der Weg drogenabhängiger Frauen häufig zur Prostitution führt. Schätzungen gehen davon aus, daß etwa 10 bis 15% der 15- bis 20jährigen Drogenerfahrung besitzen.

Die Zahl der **Medikamentenabhängigen** liegt bei etwa einer Million, hiervon sind etwa zwei Drittel Frauen, überwiegend im Alter zwischen 40 und 50 Jahren. Die am häufigsten mißbrauchten Medikamente sind Analgetika, Antitussiva, Hypnotika, Tranquilizer und Psychostimulanzien/Appetitzügler. Weit verbreitet insbesondere bei älteren Menschen ist auch der Mißbrauch von Laxanzien. Einen beträchtlichen Anteil machen freiverkäufliche, nichtrezeptpflichtige Medikamente aus, für die ein erheblicher Werbeetat aufgewendet wird (Analgetika, Sedativa).

In Arztpraxen erhalten ca. 7% aller Patienten Medikamente mit Abhängigkeitspotential rezeptiert; 75% hiervon sind Benzodiazepine. Die Verschreibung erfolgt in zwei Drittel der Fälle an Frauen, über 60jährige überwiegen dabei deutlich.

Zirka zehn Millionen Bundesdeutsche sind **nikotinabhängig.**

Ätiopathogenese. Analog zu dem oben Ausgeführten liegt auch bei der Entstehung der Drogen- bzw. Medikamentenabhängigkeit ein **multifaktorielles Bedingungsgefüge** vor (*siehe Abbildung 3-101*).

Zu Beginn des **Drogenabusus** spielen psychosoziale Faktoren wie Verfügbarkeit, Gruppenzwänge und „Neugier" eine bedeutende Rolle.

Medikamentenmißbrauch basiert häufig auf organischen oder funktionellen Beschwerden wie Kopfschmerzen, psychosomatischen, Schlaf- und Verdauungsstörungen. *Abbildung 3-102* zeigt die Entwicklung einer „Medikamentenkarriere".

Persönlichkeits- und lerntheoretische Modelle betonen die Bedeutung folgender Faktoren:
- positive Verstärkung (durch Drogen induzierte angenehme Zustände verstärken deren Einnahme positiv),
- Konditionierung (Umgebungsfaktoren, soziale Situation),
- verminderte Frustrationstoleranz,
- fehlende Entwicklung adäquater Konfliktbewältigungsstrategien,
- „sensation seeking behaviour" (Reizhunger),
- neurotische Fehlentwicklung (Ich-Schwäche, Labilität).

Abhängigkeit und Sucht

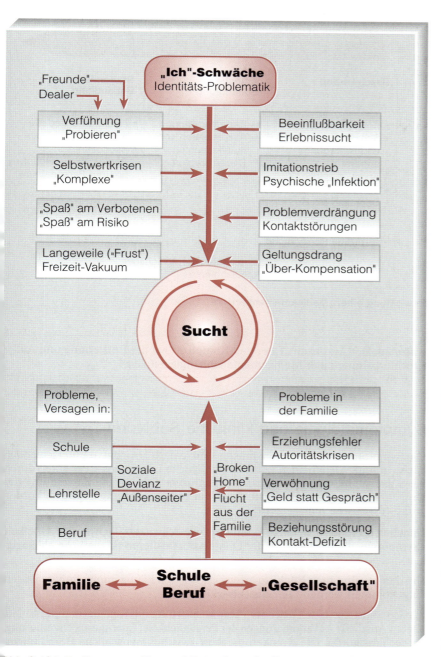

Abb. 3-101: Bedingungsgefüge und Entstehungsbedingungen von Drogen- bzw. Medikamentenmißbrauch und -abhängigkeit

Im Zentrum der **neurobiologisch-pharmakologischen Theorien** steht das mesolimbisch lokalisierte Belohnungssystem des Gehirns (Nucleus accumbens als „Schaltzentrale"). Offenbar werden mit der ersten Drogenerfahrung assoziierte Erinnerungen zu potentiellen Triggern für die nächste Drogeneinnahme („Sucht-Gedächtnis").

Der weitere Verlauf wird vor allem durch die pharmakologische Suchtpotenz der Substanz, biologisch-konstitutionelle Faktoren sowie sozioökonomische und lernpsychologische Faktoren bestimmt. Starken Einfluß hat die „Subkultur" der Drogenszene, durch die eigene Leitbilder und Lebensinhalte vermittelt werden.

Im Gegensatz zu Alkohol- und Drogenabhängigen sind Medikamentenabhängige in der Regel (lange Zeit) „unauffällig", sozial angepaßt bis überangepaßt („stille, unsichtbare Sucht").

Im Zentrum der neurobiologisch-pharmakologischen Theorien steht das mesolimbisch lokalisierte Belohnungssystem des Gehirns.

Der weitere Verlauf wird vor allem durch die Suchtpotenz der Substanz, biologisch-konstitutionelle sowie sozioökonomische und lernpsychologische Faktoren bestimmt.

Medikamentenkarriere				
Arbeits- und Lebensbedingungen	Konflikte und Spannungen	Beschwerden	Ambulante Behandlung	Stationäre Behandlung
• Restriktive Arbeit • Zeitdruck • Emotionale Belastung • Freizeitvakuum • Sinnentleerung • Isolation	• Ausgebranntsein („burn out") • Isolation • Einsamkeit • Partnerkonflikte	• Kopfschmerzen • Schmerzen im Stütz- und Bewegungs-apparat • Angst • Unruhe • Depressivität	• Erste Verordnung • Ausprobieren von Medikamenten • Dauerrezepturen	• Nacht- und Bedarfs-medikation • Altenheime: Sedierung zur Reduktion der Personalausgaben

Bewältigungsversuche

Selbstmedikation

Einnahme rezeptpflichtiger Medikamente

Abb. 3-102: Medikamentenkonsum und Entwicklung einer „Medikamentenkarriere"

Merke ▶

Merke. Der Arzt kann „Täter und Komplize" bei der Entstehung und Aufrechterhaltung einer Medikamentenabhängigkeit sein!

Symptomatologie und klinische Subtypen

Die Symptome bzw. Verhaltensmuster sind je nach Drogentyp unterschiedlich. Psychisch stehen ängstliche Unruhe und Spannung häufig im Vordergrund (**psychische Abhängigkeit**).

Daneben bestehen vegetative Symptome wie Schwitzen, Tachykardie, Übelkeit – Symptome, die nach Zufuhr der Droge sofort sistieren (**körperliche Abhängigkeit**).

Je nach Substanz- bzw. Drogentyp kommt es früher oder später zu **Veränderungen der Persönlichkeit** (Einengung, Nivellierung, Vernachlässigung).
Die Kranken stumpfen in ihren Interessen ab, vernachlässigen Hygiene und Körperpflege. Eventuell kommt es zu **dissozialem Verhalten** (Beschaffungskriminalität, Prostitution).
Als Prototyp der skizzierten Symptomatologie gilt heute der **Heroinabhängige**.

Symptomatologie und klinische Subtypen

Die Symptome bzw. Verhaltensmuster sind je nach Drogentyp unterschiedlich (siehe unten). Allgemein gilt, daß das alltägliche Leben dieser Patienten durch die Substanz bestimmt wird, das Denken dreht sich um die Beschaffung der Drogen. Psychisch stehen ängstliche Unruhe und Spannung häufig im Vordergrund (**psychische Abhängigkeit**).

Daneben bestehen vegetative Symptome wie Schwitzen, Tachykardie, Übelkeit – Symptome, die nach Zufuhr der Droge sofort sistieren (**körperliche Abhängigkeit**).

Um den gewünschten Effekt zu erreichen, müssen häufig immer höhere Dosen eingenommen werden (**Toleranzentwicklung**).

Je nach Substanz- bzw. Drogentyp kommt es früher oder später (in unterschiedlichem Ausmaß) zu **Veränderungen der Persönlichkeit** (Einengung, Nivellierung, Vernachlässigung). Die Kranken brechen zwischenmenschliche Beziehungen ab, isolieren sich zunehmend, verkehren nur noch in „ihrem Milieu", der Szene, entwickeln eine eigene Drogensprache („Drogenjargon"), stumpfen in ihren Interessen ab, vernachlässigen Hygiene und Körperpflege. Eventuell kommt es zu **dissozialem Verhalten** (Beschaffungskriminalität, Prostitution).

Als Prototyp der skizzierten Symptomatologie kann heute der **Heroinabhängige** (früher: Morphinist) gelten.

Anders sieht das klinische Bild insbesondere bei Konsum von **Kokain und Amphetaminen** aus (siehe unten); diese können zum Teil als „Mode-Drogen" künstlerischer und pseudointellektueller Kreise („Schickeria") angesehen werden. Hieran wird deutlich, daß sich das Erscheinungsbild des Drogenabhängigen in den letzten Jahren dahingehend verändert hat, daß neben sozial entwurzelten aus schwierigen Verhältnissen stammenden Jugendlichen offenbar zunehmend auch Erwachsene aus „bürgerlichen", gut situierten Kreisen oder aus ideologischen, „alternatives" Leben propagierenden Gruppierungen stammen.

Laut WHO lassen sich gegenwärtig folgende Drogenabhängigkeits-Typen unterscheiden:
- Drogenabhängigkeit vom Morphin-/Opiat-Typ
- Drogenabhängigkeit vom Barbiturat-Alkohol-Typ
- Drogenabhängigkeit vom Kokain-Typ
- Drogenabhängigkeit vom Cannabis-/Marihuana-Typ
- Drogenabhängigkeit vom Amphetamin-Typ
- Drogenabhängigkeit vom Halluzinogen-(LSD-)Typ (*siehe Tabelle 3-51*).

Drogenabhängigkeitstypen nach WHO:
- Morphin-/Opiat-Typ
- Barbiturat-/Alkohol-Typ
- Kokain-Typ
- Cannabis-/Marihuana-Typ
- Amphetamin-Typ
- Halluzinogen-(LSD-)Typ (*s. Tab. 3-51*).

Tabelle 3-51: Arzneimittel mit Suchtpotential und Hauptgruppen der Mißbraucher nach pharmakologisch-medizinischer und WHO-Einteilung

Wirkgruppen Pharmakologisch/medizinische Einteilung	Vornehmlich mißbraucht von			WHO-Einteilung
	A	M	D	
A. Betäubungsmittel, Narkotika • Opiate, Analgetika/Antitussiva		X	XX	**1. Opiat-Typ**
B. Andere Schmerzmittel • „Kleine" Analgetika	X	X		
C. Schlafmittel • Sedativa/Hypnotika	X	XX	X	**2. Barbiturat-/Alkohol-Typ**
D. Lösungsmittel und Alkohole • Äthylalkohol, alkoholhaltige Arzneimittel • Schnüffelstoffe	XX	X	X	
E. Beruhigungsmittel • Tranquilizer	X	XX	X	
F. Stimulanzien • Psychoanaleptika • Amphetamin-artige • Anorektika • Sympathomimetika	X	XX		**3. Amphetamin-/Khat-Typ**
G. Lokalanästhetika			X	**4. Kokain-Typ**
Tetrahydrocannabinol-(THC-)Derivate				**5. Cannabis-Typ**
H. Halluzinogene • Halluzinogenoide • Anticholinergika • Asthmamittel • Anti-Parkinsonmittel • Andere Halluzinogene		X	X	**6. Halluzinogen-Typ**
I. Verschiedene Wirkgruppen • Laxanzien • Kortikosteroide • Ätherische Öle, Campher		X X	X	
J. „Genußmittel" • Nikotin, Koffein	X	X	X	

A = Alkoholkranke M = Medikamentenabhängige D = Drogenabhängige

Morphin-/Opiat-Typ

Hierzu zählen die Substanzen Opium, Heroin, Methadon sowie die stark wirksamen Analgetika Pethidin, Pentazocin, Tilidin und Buprenorphin.

Opiate und Opioide besitzen unter den Drogen das **höchste Abhängigkeitspotential**, gekennzeichnet durch eine **ausgeprägte psychische** und **physische Abhängigkeit** mit **rascher Toleranzentwicklung.**

Alle Mittel dieser Gruppe bewirken eine ausgeprägte Schmerzstillung (Indikation: schwere Schmerzzustände, z. B. bei Karzinom-Patienten). Bei Mißbrauch beherrschen Euphorie und ein Gefühl des Entrücktseins das Bild. Bei schneller i. v.-Injektion tritt ein „flush" mit wohligem Wärme- und Glücksgefühl auf. Weitere Symptome sind Somnolenz und Affektlabilität.

Die klinische Symptomatik einer **Opiatintoxikation** wird durch die Trias Koma, Atemdepression und Miosis bestimmt.

An somatischen Symptomen finden sich bei Abhängigen häufig Bradykardie, Gewichtsverlust, Inappetenz, spastische Obstipation, Miktionsstörungen, Tremor und trocken-fahlgraue Haut. Typische Begleiterkrankungen bei Heroinabhängigen sind Spritzenabszesse (*siehe Abbildung 3-103*) und Hepatitis, auch HIV-Infektionen sind verbreitet.

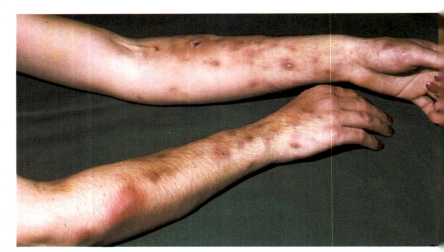

Abb. 3-103: Heroin-Injektionsstellen und Spritzenabszesse am Arm eines Fixers

Bei therapeutischer Anwendung von Morphin kommt es aufgrund der emetischen Wirkung häufig zu Übelkeit und Erbrechen.

Entzugssymptome treten bei Opiatabhängigkeit ca. 6 bis 12 Stunden nach der letzten Einnahme auf und erreichen nach 24 bis 48 Stunden ihren Höhepunkt. Die Entzugssymptomatik umfaßt Unruhe, Rhinorrhoe („laufende Nase"), Gänsehaut, Muskelschmerzen, Gähnzwang, Parästhesien, Schlaflosigkeit, Mydriasis, Temperatur- und Blutdruckanstieg sowie abdominelle Krämpfe. Sie klingt im Verlauf von ca. zehn Tagen ab.

Barbiturat-/Alkohol-Typ

Hierzu zählen die Substanzen Meprobamat, Benzodiazepine, Clomethiazol, Diphenhydramin und Barbiturate.
Barbiturate und **ihre Analoga** (Meprobamat, Diphenhydramin) besitzen ein **erhebliches Abhängigkeitspotential** und **beträchtliche Toxizität** (relativ häufige Anwendung bei Suizidversuchen!).

Bei Mißbrauch finden sich Euphorie, Sedierung, Affektlabilität, Dysphorie, Gedächtnislücken, zum Teil auch paradoxe Aktivierung. Körperliche Symptome sind Dysarthrie, Ataxie sowie Hautpigmentierung.

Das **Barbiturat-Abstinenz-Syndrom** zeigt sich mit allgemeiner Schwäche, Tremor, Myoklonien, Übelkeit, orthostatischer Dysregulation und Alpträumen.

Merke. Nach längerfristiger Einnahme hoher Dosen und schlagartigem Absetzen kann es zu deliranten Zustandsbildern mit ängstlicher Unruhe und zerebralen Krampfanfällen kommen.

◀ **Merke**

Die längerfristige Einnahme von **Benzodiazepinen** kann zu dysphorischen Verstimmungen, Gleichgültigkeit und psychischer Leistungsminderung führen. Als **paradoxe Reaktionen** auf Benzodiazepine sind Erregungszustände, Agitiertheit und Schlafstörungen möglich.

Die **Benzodiazepin-Abhängigkeit** wird unterteilt in eine Hochdosis-Abhängigkeit und eine Niedrigdosis-Abhängigkeit (low dose dependence). Das Abhängigkeitsrisiko steigt mit zunehmender Behandlungsdauer (kontinuierliche Einnahme länger als vier Monate) und Höhe der Dosierung.

Abruptes Absetzen von Benzodiazepinen kann zu **Rebound-Phänomenen** (Angst, Schlafstörung) führen (insbesondere nach längerer Einnahme höherer Dosen sowie von Benzodiazepinen mit kurzer Halbwertszeit). Zu den **Entzugssymptomen** zählen vegetative Dysregulationen, Schlafstörungen, Tremor, Tachykardie, Unruhe, Desorientiertheit, Dysphorie; als typisch werden Perzeptionsstörungen wie optische Wahrnehmungsverzerrungen und kinästhetische Störungen (z. B. Liftgefühl) angesehen.

Längerfristige Einnahme von **Benzodiazepinen** kann zu dysphorischen Verstimmungen, Gleichgültigkeit und psychischer Leistungsminderung führen. Als **paradoxe Reaktionen** sind Erregungszustände, Agitiertheit und Schlafstörungen möglich.
Die **Benzodiazepin-Abhängigkeit** wird unterteilt in eine Hoch- und eine Niedrigdosis-Abhängigkeit. Das Abhängigkeitsrisiko steigt mit zunehmender Behandlungsdauer und Höhe der Dosierung.
Abruptes Absetzen von Benzodiazepinen kann zu **Rebound-Phänomenen** (Angst, Schlafstörungen) führen.

Kasuistik. Zur Aufnahme kommt eine 38jährige Arzthelferin. Sie berichtet, daß sie seit ca. sechs Jahren regelmäßig Lorazepam einnehme; dieses Präparat sei ihr „wegen Depressionen" nach dem Tod ihrer Mutter verordnet worden. Da die Tablette nach einigen Monaten nicht mehr recht gewirkt habe, habe sie die Dosis gesteigert, um weiterhin ein „schönes Gefühl" zu haben und Erleichterung zu spüren. Aufgrund der jahrelangen Einnahme habe sie jetzt vom Hausarzt kein neues Rezept mehr bekommen. Wenige Tage nach der letztmaligen Lorazepam-Einnahme habe sie vermehrte Angstgefühle, Schlaflosigkeit, Zittern, Schwindel, vermehrtes Schwitzen und Kribbeln in den Beinen bemerkt. Schließlich habe sie an der Tapete zu Hause Gesichter gesehen.
Bei Aufnahme klagte die Patientin über Lichtscheu und daß ihr „komisch im Kopf sei". Sie höre die ganze Umgebung übermäßig laut, Lesen strenge sie an, in den letzten Tagen sei sie ganz „durcheinander" gewesen, so habe sie z. B. mehrfach die falsche Herdplatte eingeschaltet.
Psychopathologisch ist die Patientin voll orientiert, die Sprache ist leicht verwaschen. Gedrückte Stimmungslage mit eingeschränkter affektiver Schwingungsfähigkeit. Internistisch bis auf eine Hyperhidrosis und Tachykardie o. B., neurologisch bestehen eine leichtgradige Gangataxie, feinschlägiger Händetremor und ausgeprägte Hyperreflexie. Typisches Beta-EEG mit zeitweiligen langsameren Kurvenabläufen im Sinne einer Vigilanzstörung.
Die Patientin entwickelte eine ausgeprägte Entzugssymptomatik mit Schlaflosigkeit, vegetativer Entgleisung, motorischer Unruhe und Verwirrtheit. Nach Gabe des sedierenden Antidepressivums Doxepin Abklingen der Entzugssymptomatik, die Patientin wird stimmungsmäßig zunehmend ausgeglichener. Primärpersönlich zeigt sich eine Neigung zu hypochondrischer Selbstbeobachtung mit phobischen Zügen. Bei der Patientin wird eine verhaltenstherapeutische Behandlung eingeleitet.

Kokain-Typ

Hier findet sich eine **starke psychische, keine physische Abhängigkeit**. Die Applikation von Kokain erfolgt entweder intranasal durch „Schnupfen", intravenös durch Spritzen oder alveolär durch Rauchen (insbesondere Kokainbase Crack). Zum Teil wird Kokain mit Opiat(en) gemischt konsumiert (sogenannter „Speedball").

Die akute Kokainwirkung (sogenannte frühe Stimulationsphase, „**Kick**") umfaßt das euphorische Stadium mit gehobener Stimmung, Glücksgefühl, Rededrang, Abbau von Hemmungen, Libidosteigerung, subjektiver Steigerung von Leistungsfähigkeit und Kreativität sowie reduziertes Hunger-, Durst- und Schlafgefühl. Insbesondere im nachfolgenden „**Rauschstadium**" treten Halluzinationen stärker in den Vordergrund. Im anschließenden „**depressiven Stadium**" stehen Angst und Depression im Vordergrund; hier setzt das Verlangen nach nochmaliger Einnahme zur Beendigung dieses negativ erlebten Stadiums ein (enorme Verstärkerfunktion des Kokains; besonders starkes Verlangen nach erneuter Zufuhr).

Kokain-Typ

Hier findet sich eine **starke psychische** und **keine physische Abhängigkeit**.
Die akute Kokainwirkung umfaßt den „**Kick**" mit euphorischem Glücksgefühl, Rededrang, Libidosteigerung und Abbau von Hemmungen sowie subjektiver Steigerung von Leistungsfähigkeit und Kreativität mit reduziertem Hunger-, Durst- und Schlafgefühl.
Im „**Rauschstadium**" treten Halluzinationen in den Vordergrund. Anschließend „**depressives Stadium**" mit Verlangen nach erneuter Kokaineinnahme.

Bei **chronischem Kokainkonsum** finden sich taktile und akustische Halluzinationen, paranoid-halluzinatorische Psychosen sowie körperliche Symptome wie Tachykardie, Impotenz und Nasenseptumdefekte.

Bei **chronischem Kokainkonsum** finden sich taktile und akustische Halluzinationen, paranoid-halluzinatorische Psychosen (Verfolgungs- und Beziehungsideen) sowie kognitive Beeinträchtigungen. Körperliche Symptome sind Tachykardie, Temperaturerhöhung, Impotenz und Nasenseptumdefekte (durch die nasale Applikation!).

Bei der **Intoxikation** finden sich Ataxie, Tachyarrhythmie, maligne Hyperthermie, epileptische Anfälle, Mydriasis.

Zu den **Entzugssymptomen** zählen Dysphorie und „Katerstimmung".

Cannabis-/Marihuana-Typ

Cannabis-/Marihuana-Typ

Haschisch und Marihuana fungieren häufig als **Einstiegsdrogen.**

Es entwickelt sich eine **psychische, aber keine körperliche Abhängigkeit**.
Nur **geringe Tendenz zur Dosissteigerung und Toleranzentwicklung.**

Cannabis-Konsum führt zu Euphorie, Gedächtnisstörungen, Halluzinationen.
Körperliche Symptome sind Hyperakusis, Tachykardie, Konjunktivitis und psychomotorische Unruhe.
Chronischer Cannabis-Konsum kann zu Teilnahmslosigkeit, Passivität und Apathie führen (sog. **Amotivations-Syndrom**).
Relativ häufig sind atypische Verläufe: **Horror-Trip** (bad trip, akute Angstreaktion paranoider Ausgestaltung) und **Flashback** (Nachrausch, Echopsychose, d. h. psychotische Episode von kurzer Dauer ohne Einnahme der Droge.

Die aus der weiblichen Pflanze des indischen Hanfs stammenden Substanzen Haschisch und Marihuana fungieren häufig als Einstiegsdrogen.

Es entwickelt sich eine mäßige bis starke **psychische, aber keine körperliche Abhängigkeit**, so daß es beim Absetzen kein charakteristisches Abstinenz-Syndrom gibt. Die Aufnahme erfolgt typischerweise durch tiefe Inhalation mit oder ohne Tabak vermischt in Pfeifen oder Gemeinschaftszigaretten („Joints"). Es besteht nur eine **geringe Tendenz zur Dosissteigerung und Toleranzentwicklung.** Hauptwirkstoff ist das Tetrahydrocannabinol (THC).

Cannabis-Konsum führt zu Euphorie, Sorglosigkeit, Gedächtnisstörungen, akustischen und optischen (Pseudo-)Halluzinationen, Zeitgitterstörungen, gelegentlich auch zur Induktion schizophrenieähnlicher Psychosen. Störungen der Merkfähigkeit lassen sich infolge der langen Halbwertszeit von THC noch Wochen nach Absetzen nachweisen.

Körperliche Symptome sind Hyperakusis (Feinhörigkeit), Tachykardie, Hypertonie, Konjunktivitis, Bronchitis und psychomotorische Unruhe.

Chronischer Cannabis-Konsum kann zu Teilnahmslosigkeit, Passivität und Apathie führen (sogenanntes **Amotivations-Syndrom**). Auch toxische Effekte wurden beschrieben (Chromosomenveränderungen, Immunsuppression, Kanzerogenität).

Relativ häufig sind atypische Verläufe: sogenannter **Horror-Trip** (bad trip, akute Angstreaktion paranoider Ausgestaltung mit Gefühl der Bedrohung) und **Flashback** (Nachrausch, Echopsychose, d. h. psychotische Episode von kurzer Dauer ohne Einnahme der Droge mit unterschiedlicher Latenzzeit [Tage bis Monate]).

Amphetamin-Typ

Amphetamin-Typ

Hierzu zählen die synthetisch hergestellten Amphetamine und amphetaminähnliche Substanzen (sog. Weckamine).

Der Mißbrauch von Amphetaminen erfolgt zur Antriebs- und Leistungssteigerung („Doping") sowie als „Appetitzügler".
Es entsteht **psychische, keine körperliche Abhängigkeit**, kein charakteristisches Abstinenz-Syndrom abgesehen von „Entzugsdepression".
Psychische Symptome sind Unruhe, Enthemmung, Euphorie, Ideenflucht sowie paranoide Symptome.
Körperlich kommt es neben der **Appetitzügelung** zu einem **Blutdruckanstieg.**

Hierzu zählen die zumeist illegal in Waschküchenlabors synthetisch hergestellten Amphetamine und amphetaminähnliche Substanzen (sogenannte Weckamine). Bei Narkolepsie und Kindern mit hyperkinetischen Syndromen können Psychostimulanzien (z. B. Methylphenidat) therapeutisch eingesetzt werden (*siehe Kapitel Psychopharmakotherapie, S. 476*).

Der Mißbrauch von Amphetaminen erfolgt einmal zur Antriebssteigerung („Doping") im Sinne der (vermeintlichen) Leistungssteigerung sowie als „Appetitzügler" (Unterdrückung des Hungergefühls).

Es entsteht **psychische, keine körperliche Abhängigkeit**; infolgedessen tritt kein charakteristisches Abstinenz-Syndrom auf, abgesehen von einem Zustand seelischer und körperlicher Ermattung („Entzugsdepression"). Langsam entwickelt sich Toleranz. **Psychische Symptome** sind Unruhe, Nervosität, Enthemmung, Kritiklosigkeit, Euphorie, Ideenflucht, optische und akustische Sinnestäuschungen sowie paranoide Symptome und Angst.

Körperlich kommt es neben der **Appetitzügelung** zu einem **Blutdruckanstieg** mit Gefahr des Herz-Kreislauf-Versagens. Nach langfristiger Einnahme können sich (motorische) **Stereotypien** und **paranoid-halluzinatorische Psychosen** manifestieren.

In Chemielabors vollsynthetisch hergestellte Drogen werden als „**Designer-Drogen**" bezeichnet, von denen derzeit Ecstasy (3,4-Methylendioxy-Metamphetamin) am weitesten verbreitet ist.

Zu den Designer-Drogen werden neben den „klassischen" synthetischen Halluzinogen LSD und DOM auch Phencyclidin (PCP, „Angel's Dust"), Ketamin, Phenylätylamine wie Metamphetamin (Speed), „Designer-Narkotika und -Opiate" wie MPPP und Fentanyl sowie dessen Abkömmlinge (z. B. Carfentanyl) gezählt (*siehe Abbildung 3-104*).

Vollsynthetisch im Labor hergestellte Drogen werden als **Designer-Drogen** bezeichnet, von denen derzeit Ecstasy am weitesten verbreitet ist. Hierzu gehören auch synthetische Halluzinogene wie z.B. „Angle's Dust" und „Speed" (*s. Abb. 3-104*).

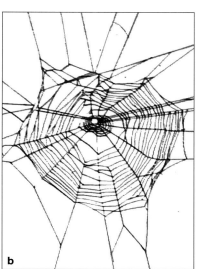

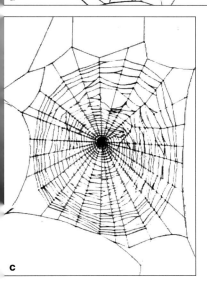

Abb. 3-104: Veränderung von Orientierung und Wahrnehmung unter Amphetamin (Speed) im Tierversuch: a) = Spinnennetz vor, b) = unter, c) = 24 Stunden nach Amphetamingabe

Zu den neuen Rauschmitteln gehören **Crack** und **Butan**.

Crack ist eine Mischung aus Kokain und Natriumbicarbonat, z. B. Backpulver. Der Euphorie-Kick ist ungeheuer schnell und stark, wirkt aber nur wenige Minuten. Crack gilt als derzeit stärkste und toxischste Droge überhaupt; Folgen sind paranoide Zustände und irreparable Herz-Kreislauf-, Gefäß- und Lungenschäden bis zum sofortigen Tod.

Butan-Sniffer stecken den Nippel einer Feuerzeug-Nachfülltube zwischen die Zähne, auf Druck schießen dann die Schwaden in die Mundhöhle. Neben Euphorie treten Verwirrtheit und Halluzinationen auf. Da das Gas eine Temperatur von ca. -20° hat, kann ein „Gefrierbrand" der Atemwege oder – reflektorisch bedingt – ein Herzstillstand auftreten.

Zu den neuen Rauschmitteln zählen

Crack (Mischung aus Kokain und Backpulver) und **Butan** (Feuerzeuggas).
Crack gilt als derzeit stärkste und toxischste Droge überhaupt; Folgen sind paranoide Zustände und irreparable Herz-Kreislauf-, Gefäß- und Lungenschäden bis zum sofortigen Tod.

Manche Konsumenten mixen eine Tablette Ecstasy „als Basis für das Grundgefühl" mit „einer Nase" Speed (klassisches Amphetamin) oder Kokain für den „motorischen Kick" sowie einen halben Schnipsel LSD „für die Phantasie".

Halluzinogen-(LSD-)Typ

Halluzinogen-(LSD-)Typ

Typisch sind optische Halluzinationen und Wahrnehmungsverzerrungen, hervorgerufen durch LSD, Mescalin, Psilocybin, DOM sowie Phencyclidin (PCP, „Angel's Dust"). Es besteht eine unterschiedlich starke **psychische Abhängigkeit** bei rascher Toleranzentwicklung. Eine **physische Abhängigkeit fehlt**.

Als Halluzinogene werden Substanzen bezeichnet, die lebhafte Wahrnehmungsstörungen unterschiedlicher Art hervorrufen (vor allem optische Halluzinationen, Wahrnehmungsverzerrungen). Hierzu gehören LSD (Lysergsäurediäthylamid), Mescalin, Psilocybin, DOM (Dimethoxymethylamphetamin) sowie Phencyclidin (PCP, „Angel's Dust"), das chemisch den Amphetaminen ähnelt. Die Substanzen sind teils pflanzlichen (Pilze, Kakteen), teils synthetischen Ursprungs.

Es besteht eine unterschiedlich stark ausgebildete **psychische Abhängigkeit,** eine **physische Abhängigkeit** fehlt. Insbesondere gegenüber LSD entwickelt sich schnell ein hoher Grad von Toleranz.

Der **Halluzinogenrausch** äußert sich in ekstatischer Gefühlsintensivierung optischen Halluzinationen, Ideenflucht und Veränderungen des Ich-Erlebens, Körpergefühls, Raum-Zeit-Erlebens. Relativ häufig kommt es zu einem atypischen Rauschverlauf mit **Horror-Trip** und **Flashback** (Echopsychosen).
Rauschverlauf unter LSD:
• Initialstadium mit innerer Unruhe,
• Rauschphase mit psychedelischen Effekten und Veränderungen der Orientierung und Wahrnehmung,
• Erholungsphase,
• Nachwirkungsphase mit Erschöpfung, Angst und depressiver Verstimmung.
Es kommt es zu Anstieg von Puls und Bluthochdruck, Hyperreflexie und Mydriasis, evtl. Übelkeit.

Der **Halluzinogenrausch** äußert sich in ekstatischer Gefühlsintensivierung, psychedelischen Effekten, optischen (Pseudo-)Halluzinationen, Depersonalisation, Ideenflucht („Modellpsychose"), starker Affektlabilität und in Omnipotenzgefühlen. Neben Wahrnehmungsverzerrungen, Verkennungen und Halluzinationen finden sich vor allem Veränderungen des Ich-Erlebens, des Körpergefühls und des Raum-Zeit-Erlebens.

Relativ häufig kommt es zu einem atypischen Rauschverlauf mit **Horror-Trip** und **Flashback** (Echopsychosen). Bei ersterem treten ängstliche Unruhe und panikartige Erregung auf. Echopsychosen treten mit unterschiedlicher Latenz (Tage bis Monate) spontan nach der letzten Halluzinogeneinnahme in Form eines Wiederaufflackerns früherer drogeninduzierter Erlebnisse auf.

Der **Rauschzustand unter LSD** verläuft typischerweise in vier Phasen: Initialstadium mit innerer Unruhe, Tachykardie und Schwindel; Rauschphase mit psychedelischen Effekten und Veränderungen der Orientierung und Wahrnehmung (z. B. Gefühl, fliegen zu können). Das Bild wird hierbei entscheidend durch die psychische Ausgangsverfassung des Konsumenten geprägt. Es schließen sich eine Erholungsphase sowie eine Nachwirkungsphase mit Erschöpfung, Angst und depressiver Verstimmung an.

Körperlich kommt es zu Anstieg von Puls und Blutdruck, Hyperreflexie und Mydriasis, zum Teil tritt auch Übelkeit auf.

Schnüffelsucht (organische Lösungsmittel)

Schnüffelsucht (organische Lösungsmittel)
Rauschzustand durch Inhalation von Klebstoffen, Klebstoff- und Nitroverdünnern sowie Lacken, betroffen sind meist Jugendliche.
Nach kurzem Erregungsstadium mit Reizung der oberen Atemwege tritt ein Traumzustand mit Bewußtseinstrübung auf, neben Euphorie kommt es im akuten Rausch zu deliranten Syndromen mit Desorientiertheit und optischen Halluzinationen.

Von älteren Kindern und Jugendlichen werden Klebstoffe, Klebstoffverdünner, Lacke und Nitroverdünner inhaliert, um einen Rauschzustand zu erzeugen. Verwendet wird z. B. Pattex, das in einem Plastikbeutel ausgestrichen und dann inhaliert wird. Die Wirkungen ähneln der einer Inhalationsnarkose: Nach einem kurzen Erregungsstadium mit Reizung der obere Atemwege tritt ein Traumzustand bis zur Bewußtseinstrübung auf. Neben Euphorie und Entspannung kommt es im akuten Rausch zu deliranten Syndromen mit Desorientiertheit und optischen Halluzinationen.

Charakteristisch ist der aromatische Geruch des Lösungsmittels in Atemluft und Kleidung.

Zu den körperlichen Symptomen gehören Übelkeit, Ataxie, Dysarthrie, Nystagmus, Mydriasis und konjunktivale Injektion. Als gravierende Komplikationen können Herzrhythmusstörungen, Polyneuropathien, Leber- und Nierenschäden sowie Bronchopneumonien auftreten.

Es entwickelt sich eine ausgeprägte **psychische,** jedoch **keine physische Abhängigkeit.**

Es entwickelt sich eine ausgeprägte **psychische,** jedoch **keine physische Abhängigkeit.**

Abhängigkeit und Sucht

Polytoxikomanie (polyvalente Sucht)

Ein hoher Prozentsatz der Drogenabhängigen konsumiert zusätzlich Alkohol und insbesondere Medikamente (sogenannter „Beigebrauch") als Ersatzstoffe gegen Entzugssymptome oder um drogeninduzierte Befindlichkeitsstörungen (Sedierung, Schlafstörungen) zu lindern. Hierbei dominieren Benzodiazepine (Flunitrazepam [Rohypnol®], Diazepam [Valium®] und Kodein-Zubereitungen [z. B. Remedacen®]). Durch diese Mehrfachabhängigkeit wird die Entzugsbehandlung erheblich kompliziert.

Diagnostik und Differentialdiagnose

Diagnostik. Für die Diagnose einer Abhängigkeit von psychoaktiven Substanzen gelten die in der *Synopsis 3-47* zusammengefaßten Kriterien (*siehe Seite 289*).

Neben den klassischen Zeichen von Toleranzentwicklung und körperlicher Abhängigkeit gehören hierzu „Indizien" wie Einstichmarken und positiver Urinnachweis, aber auch Hinweise auf unkontrollierten Gebrauch, ausgeprägte Interessensausrichtung auf die Droge sowie die Vernachlässigung wichtiger Verpflichtungen und Tätigkeiten.

Hauptziel ist die Früherkennung drogenabhängiger Patienten. Dies beinhaltet, daß der Arzt Kenntnis von den zu beachtenden Warnzeichen, Geschick in der Anamneseerhebungstechnik und eine entsprechende Sensibilität hat, um verbreitete Verhaltensmuster wie Dissimulation, Manipulation, Verleugnung und Täuschung zu erkennen.

Wichtige Hinweise auf Drogeneinnahme *Tabelle 3-52.*

Tabelle 3-52: Hinweise auf Drogeneinnahme

Psychisch:	Somatisch:	Sozial:	Nachweis-methoden:
• Rausch/ Benommenheit	• Einstichstellen	• Verhaltens-änderungen („Drogen-Jargon", Ideologie)	• Drug Test Opiates
• Passagere Verwirrtheit	• Spritzen-abszesse		• Emit®
• Erhöhtes Schlafbedürfnis	• Ataxie	• Interessen-einengung	• Urinkontrolle
• Leistungsabfall	• Enge/weite Pupillen	• Körperpflege	
• Affektlabilität	• Appetitlosigkeit	• Szenenmode	
• Nervosität, Reizbarkeit		• Kriminalität	

Bei der klinischen Untersuchung fallen unter Umständen neben pathologischen Laborwerten (γ-GT, Transaminasen, Elektrolyte) ein positiver Drogennachweis im Urin und ein blaß-fahles Hautkolorit mit bräunlicher Pigmentierung auf.

Insbesondere bei Medikamentenabusus klagen die Patienten über chronische Schlaflosigkeit, sowie Schmerzen und verlangen (steigende Dosen) von „ihrem Präparat XY" („Wunschverordnung").

Hinweise zur Identifikation von Patienten mit Abusus-Risiko/Abhängigkeitsproblematik gibt *Tabelle 3-53.*

Differentialdiagnose. Anhand der klinischen Hauptwirkung sowie der Befunde von Urinkontrollen kann zunächst eine Zuordnung zu dem oder den konsumierten Suchtstoffen erfolgen (*siehe Tabelle 3-54*).

Differentialdiagnostisch kommen vor allem (drogeninduzierte) Psychosen aus dem schizophrenen Formenkreis in Frage (gleiche Altersgruppe, paranoid-halluzinatorische Symptomatik).

Polytoxikomanie (polyvalente Sucht)
Die Drogenabhängigen konsumieren zusätzlich Alkohol und Medikamente (v.a. Benzodiazepine, Kodein-Zubereitungen) als Ersatzstoffe gegen Entzugssymptomatik oder Befindlichkeitsstörungen.

Diagnostik und Differentialdiagnose
Für die **Diagnose** einer Abhängigkeit von psychoaktiven Substanzen gelten die in der *Synopsis 3-47* zusammengefaßten Kriterien.

Hauptziel ist die Früherkennung drogenabhängiger Patienten. Der Arzt muß Kenntnis von zu beachtenden Warnzeichen, Geschick in der Anamneseerhebungstechnik sowie die Sensibilität haben, um typische Verhaltensmuster wie Dissimulation, Manipulation, Verleugnung und Täuschung zu erkennen (*s. Tab. 3-52*).

Bei der Untersuchung fallen meist pathologische Laborwerte und ein positiver Drogennachweis im Urin auf.

Medikamentenabhängige klagen häufig über chronische Schlaflosigkeit, Schmerzen und „Nervosität" und drängen auf „Wunschverordnungen" (*s. Tab. 3-53*).

Differentialdiagnose
Zuordnung des konsumierten Suchtstoffes anhand der klinischen Hauptwirkung sowie der Urinuntersuchung (*s. Tab. 3-54*). Differentialdiagnostisch kommen Psychosen aus dem schizophrenen Formenkreis in Frage.

Tabelle 3-53: Hinweise auf Patienten mit Abusus-Risiko/Abhängigkeitsproblematik

- Häufiger Arztwechsel bzw. Parallelkonsultationen
- „Wunschverschreibungen"
- Regelmäßige Einnahme freiverkäuflicher Medikamente
- Geringe Frustrationstoleranz, Ich-Labilität

- Abnehmende Leistung, Fehlzeiten, Unfälle
- Optimierung gestörter Befindlichkeit
- Dosissteigerung
- Entzugserscheinungen

Tabelle 3-54: Übersicht der Drogenwirkungen

	Eher beruhigend	Eher anregend	Halluzinogen	Euphorisierend
Alkohol	O			O
Tranquilizer	O			O
Opiate	O			O
Cannabis (Haschisch, Marihuana)	O		O	
Amphetamine		O		O
Kokain		O		O
LSD		O	O	
Organische Lösungsmittel			O	O

Verlauf

Ein geringer Prozentsatz schafft den „Selbstentzug". Die Prognose beim Opiat-, Halluzinogen- und Amphetamin-Typ ist besonders ungünstig. Nur etwa $1/3$ der Drogenabhängigen wird „geheilt", $1/3$ wird „gebessert", und $1/3$ verelendet.

Die Abstinenzraten nach Entwöhnungsbehandlung liegen zwischen 20 und 40%.

Verlauf

Je nach vorliegendem Abhängigkeitstyp sind Verlauf und Prognose unterschiedlich. Weniger als 10% der Opiatabhängigen schaffen den „Selbstentzug"; die Prognose beim Opiat-, Halluzinogen- und Amphetamin-Typ ist besonders ungünstig.

Die bislang einzige deutsche prospektive Längsschnittstudie von über 300 Drogenabhängigen ergab, daß nach vier Jahren 45% weiterhin bzw. erneut drogenabhängig, inhaftiert, in stationärer Behandlung oder bereits verstorben waren. Nur etwa ein Drittel der Drogenabhängigen wird „geheilt", etwa ein Drittel „gebessert", ca. ein Drittel „verelendet".

Die Drogen-Abstinenzraten nach Entwöhnungsbehandlung in Fachkliniken liegen in den meisten Untersuchungen zwischen 20 und 40%.

Die Mortalität durch Überdosis, Suizidversuch, Unfälle und Infektionen (Hepatitis, HIV) ist hoch; in Deutschland sterben durch Überdosis jährlich ca. 2000 junge Menschen.

Therapie

Allgemeine Behandlungsprinzipien. Zu den allgemeinen Behandlungsprinzipien zählen die in *Tabelle 3-55* aufgeführten Regeln.

Therapie

Zu den **allgemeinen Behandlungsprinzipien** siehe *Tab. 3-55*.

Tabelle 3-55: Allgemeine Behandlungsprinzipien bei Drogenabhängigkeit

- Keine Appelle an Vernunft, Wille oder abschreckende Hinweise!
- Nicht „Du darfst nicht", sondern „Du brauchst nicht"!
- Engmaschige Zusammenarbeit mit Drogenberatungsstellen und Selbsthilfegruppen
- Keine Verordnung von „Überbrückungsmitteln"! (Therapiemotivation, → Polytoxikomanie)
- Kritische, begrenzte, persönliche Rezeptur von Analgetika/Psychopharmaka
- Abrupter Entzug außer bei Opiaten, Barbituraten, Tranquilizern
- „Talking Down"

Der zeitliche Ablauf der Behandlung ist in *Abbildung 3-105* beschrieben.

Der zeitliche Ablauf ist in *Abb. 3-105* dargestellt (Therapiekette).

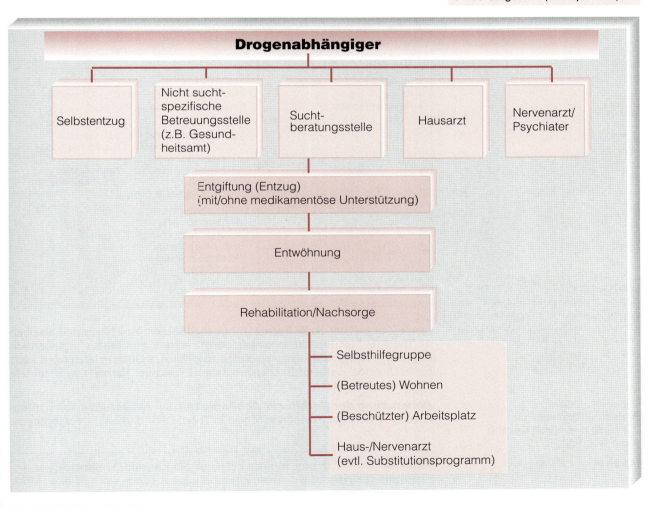

Abb. 3-105: Therapiekette

Behandlung der Opiat-Abhängigkeit
Die medikamentöse Therapie bei Opiat-(Morphin-)Abhängigkeit ist in *Tab. 3-56* zusammengefaßt.
Bei Opiatintoxikation wird **Naloxon als Antidot** eingesetzt.

Merke ▶

Die Opiatentzugsbehandlung sollte am besten mit viel Zuwendung ohne medikamentöse Unterstützung („**kalter Entzug**"), evtl. mit Neuroleptika (antiemetisch, sedierend), Clonidin oder Methadon-gestützt („**warmer Entzug**") durchgeführt werden.

Behandlung der Opiat-Abhängigkeit. Die **medikamentöse Therapie** von Akutreaktionen, Rausch und Intoxikation einerseits sowie von Entzugssymptomen andererseits ist für die Opiat- (Morphin-)Abhängigkeit in *Tabelle 3-56* zusammengefaßt.

Bei Opiatintoxikation wird als **Antidot Naloxon** verabreicht, dessen Wirkung nach i. v.-Gabe schnell einsetzt.

> ***Merke.*** Die Halbwertzeit von Naloxon ist mit ca. 60 Minuten kürzer als die des Morphins, so daß weitere stationäre Kontrolle erforderlich ist.

Der Opiatentzug sollte am besten mit viel Zuwendung ohne medikamentöse Unterstützung durchgeführt werden.

Neuroleptika weisen eine sedierende und eine antiemetische Wirkung auf und sind deshalb besonders bei Auftreten von Übelkeit und Erbrechen indiziert.

Bewährt hat sich die Gabe von Clonidin (0,3 bis 1,2 mg/die), welches das während des Entzugs freigesetzte Noradrenalin blockiert (Wirkung auf α-adrenerge Rezeptoren) und die vegetative Entzugssymptomatik deutlich mildern kann.

Tabelle 3-56: Drogenabhängigkeit vom Opiat-Typ

Intoxikation	Therapie	Entzugssymptome	Therapie
• Miosis • Koma • Atemdepression	Naloxon	• Beginn 4–12 h nach letzter Einnahme, maximal 2.–4. Tag	Clonidin 0,3–1,2 mg/die
		• „Opiathunger", Unruhe, dysphorische Verstimmung, Angst, Gähnen, Schwitzen, Gänsehaut, Anorexie Tränenfluß, evtl. Entzugsdelir	Antidepressiva z.B. Doxepin 3 x 25 mg (i.m.) Neuroleptika (z.B. Fluphenazin)
		• Muskelschmerzen, Mydriasis, ↑ RR, ↑ Puls, ↑ Temperatur, evtl. protrahiertes Abstinenzsyndrom: Schlafstörung, ↑ RR, ↑ Puls; Miosis, Apathie, ↑ Temperatur	

Lange Zeit galt der „**kalte Entzug**" (ohne medikamentöse Hilfsmittel) als oberste Therapie-Maxime. Um insbesondere nur schwer zum Entzug motivierbare langjährige Drogenabhängige erreichen zu können, werden in letzter Zeit auch medikamentös gestützte Entzugsprogramme („**warmer Entzug**"), z. B. mittels Methadon, angeboten.

Behandlung der Barbiturat-Abhängigkeit. Bei Abhängigkeit von Barbituraten bzw. Benzodiazepinen wird wie in *Tabelle 3-57* dargestellt vorgegangen.

Behandlung der Barbiturat-Abhängigkeit.
Zur medikamentösen Therapie *siehe Tab. 3-57.*

Merke ▶

> ***Merke.*** Benzodiazepine müssen bei längerem Konsum/Mißbrauch, vor allem aber bei Hochdosis-Abhängigkeit, langsam (über Wochen bzw. Monate!) abgesetzt werden. Eventuell adjuvante Gabe eines sedierenden Antidepressivums (z. B. Doxepin, Trimipramin).

Abhängigkeit und Sucht 327

Tabelle 3-57: Drogenabhängigkeit vom Barbiturat-Typ			
Intoxikation	**Therapie**	**Entzugssymptome**	**Therapie**
• Leichte Exzitation • Somnolenz bis Koma • Atemdepression	Evtl. Haloperidol + Diazepam	• Unruhe, Schwitzen, Tremor • Gliederschmerzen • Entzugsdelirien/ -anfälle • Evtl. Psychosen Bei Benzodiazepinen: • Perzeptionsstörungen • Dysphorischer Verstimmungszustand (oft Wochen andauernd)	Benutztes Mittel langsam ausschleichen Evtl. Diazepam, Doxepin

Behandlung der Kokain-Abhängigkeit. Die medikamentöse Therapie bei Abhängigkeit vom Kokain-Typ kann man *Tabelle 3-58* entnehmen.

Behandlung der Kokain-Abhängikeit
Zur medikamentösen Therapie *siehe Tab. 3-58*.

Tabelle 3-58: Drogenabhängigkeit vom Kokain-Typ			
Intoxikation	**Therapie**	**Entzugssymptome**	**Therapie**
• Erregungs-zustand • Kokain-Schock • Delirantes Syndrom • Dämmerzustand	Diazepam	• Kein typisches Entzugssyndrom • Evtl. schwere Depression mit Suizidgefahr • Dysphorie, • Erschöpfung (Nota: oft als „speedball" mit Opiaten gemischt)	Evtl. Antidepressiva, z.B. Doxepin

Behandlung der Cannabis-Abhängigkeit. Bei Intoxikation bzw. Rausch mit Cannabis-Produkten steht das beruhigende Gespräch („talk down") im Vordergrund; bei massiver Unruhe und zerebralen Krampfanfällen kann die Gabe von Diazepam erforderlich sein. Es tritt kein typisches Entzugssyndrom auf.

Behandlung der Amphetamin-Abhängigkeit. In *Tabelle 3-59* wird die medikamentöse Therapie bei Abhängigkeit vom Amphetamin-Typ dargestellt.

Behandlung der Cannabis-Abhängigkeit
Bei Intoxikation mit massiver Unruhe und zerebralen Krampfanfällen erfolgt die Gabe von Diazepam.
Behandlung der Amphetamin-Abhängigkeit
Zur medikamentösen Therapie *siehe Tab. 3-59*.

Tabelle 3-59: Drogenabhängigkeit vom Amphetamin-Typ			
Intoxikation	**Therapie**	**Entzugssymptome**	**Therapie**
• Mydriasis • Erregung • Hyperthermie • Bluthochdruck-krise	Evtl. Haloperidol/ Diazepam	• Extreme Müdigkeit oder Schlaflosigkeit/ Unruhe • Schmerzen • Heißhunger • Erschöpfungs-depression mit Suizidalität • Kein typisches Entzugssyndrom	Evtl. Antidepressiva, z.B. Doxepin, Amitriptylin

Behandlung sonstiger Abhängigkeiten. Ausgeprägte **LSD-Trips** bzw. **Intoxikationen mit Halluzinogenen** können die Gabe von Haloperidol und/oder Diazepam erforderlich machen. Ein spezifisch zu behandelndes typisches Entzugssyndrom tritt nicht auf.

Behandlung sonstiger Abhängigkeiten
Bei ausgeprägten **LSD-Trips** bzw. **Intoxikationen mit Halluzinogenen** Haloperidol und/oder Diazepam.

3 Krankheiten

Bei **organischen Lösungsmitteln/ Schnüffelsucht** stehen Kreislaufstützung sowie die Gabe von Diazepam im Vordergrund.

Bei der Behandlung der **Nikotinabhängigkeit (Raucherentwöhnung)** hat sich die Kombination Nikotinsubstitution (Nikotinpflaster) mit Verhaltenstherapie (Selbstkontrolle) am besten bewährt.

Der **Schwerpunkt der Therapie** der Drogenabhängigkeit liegt in der **psychagogisch-psychotherapeutisch orientierten Entwöhnungsbehandlung.** Diese erfolgt überwiegend in Fachkliniken.
Substitutions-Programme (Methadon) sind hinsichtlich ihrer Effektivität umstritten. Hierdurch wird vor allem ein Rückgang der Beschaffungskriminalität/Prostitution, der HIV-Infektionen sowie eine beruflich-soziale Reintegration erhofft.

Bei **organischen Lösungsmitteln/Schnüffelsucht** stehen Kreislaufstützung sowie die Gabe von Diazepam im Vordergrund; Adrenalin-Derivate dürfen wegen der Gefahr des Kammerflimmerns nicht appliziert werden. Es tritt kein typisches Entzugssyndrom auf.

Bei der Behandlung der **Nikotinabhängigkeit (Raucherentwöhnung)** hat sich die Kombination aus Nikotinsubstitution und Verhaltenstherapie am besten bewährt: Zuerst erfolgt die Einstellung des Rauchens via systematischer Verhaltenstherapie (Selbstkontrolle, unter anderem durch Analyse des Rauchverhaltens, Reizkontrolle, Durchbrechen von Verhaltensketten, vertragliche Vorsatzbildung), die Nikotinzufuhr wird mittels Nikotinpflaster noch aufrechterhalten. Durch schrittweise Reduktion der Dosis des Nikotinpflasters erfolgt dann die pharmakologische Entwöhnung.

Wie im allgemeinen Teil und im Abschnitt Alkoholismus ausgeführt, besteht der **Schwerpunkt der Therapie** der Drogenabhängigkeit **in der psychagogisch-psychotherapeutisch orientierten Entwöhnungsbehandlung.** Diese erfolgt in speziellen Einrichtungen und Fachkliniken; problematisch ist hierbei, daß nach wie vor ein erhebliches Defizit an Therapieplätzen besteht.

In den letzten Jahren werden angesichts der zunehmenden Zahl von Drogenabhängigen für den „harten Kern" opiatabhängiger Fixer versuchsweise **Substitutions-Programme** eingesetzt (Methadon). Hierdurch wird vor allem ein Rückgang der Beschaffungskriminalität/Prostitution, der HIV-Infektionen sowie eine beruflich-soziale Reintegration erhofft. Es bleibt abzuwarten, ob durch eine derartige (erhoffte) kontrollierte Abgabe von Suchtmitteln ein gangbarer Weg für einen sonst nicht erreichbaren Kreis von schwer Drogenabhängigen gefunden wird.

Fallbeispiele für Drogenwirkungen

- Die euphorisierende und leistungssteigernde Wirkung von **Kokain** läßt sich folgenden Zitaten entnehmen:
„Ich war wie ein Rennpferd am Start, innerlich bebend. Ich fühlte mich absolut fit, konnte stundenlang arbeiten, empfand keinerlei Schlafbedürfnis. Von zwei Kokablättern als Flügel getragen, flog ich durch 77348 Welten, eine immer prächtiger als die andere."

- Seine Erlebnisse unter **Marihuana** schildert T. Gautier (1840) wie folgt:
„In einem verschwommenen Licht flatterten in unendlichem Gewimmel Milliarden von Schmetterlingen, deren Flügel wie Fächer rauschten. Riesenhaften Blumen mit Kristallkelchen, gewaltige Stockrosen, silberne und goldene Linien stiegen vor mir auf und entfalteten sich mit einem Geprassel, das an das Platzen von Feuerwerkskörpern erinnerte. Mein Gehör hatte sich wunderbar entwickelt: Ich hörte den Klang der Farben, grüne, rote, blaue, gelbe Töne kamen in deutlich unterscheidbaren Wellen zu mir. Das Geräusch, das ein umgeworfenes Glas verursachte, das Knistern eines Lehnstuhls, ein geflüstertes Wort dröhnte in mir wie Donnergrollen; meine eigene Stimme erschien mir so stark, daß ich nicht zu sprechen wagte, aus Angst, die Mauern könnten einstürzen oder ich könnte wie eine Bombe explodieren. Mehr als 500 Penduluhren sangen mir die Zeit in silbernen Flöten oder strahlenden Trompetenstimmen zu. Jeder Gegenstand, den ich berührte, gab den Ton einer Glasharmonika oder Aeolsharfe von sich. Ich schwamm in einem Ozean von Tönen ..."

- Ein 20jähriger schildert seinen **LSD-Trip** wie folgt:
„Nach wenigen Minuten überkam mich ein starkes Schwindelgefühl, mein Herz fing an wie rasend zu schlagen. Plötzlich begannen die Wände und die Zimmerdecke sich zu bewegen und laut zusammenzuschlagen. Die harmlosesten Gegenstände nahmen etwas Drohendes und Erdrückendes an, aus

dem Bilderrahmen starrten mich böse Fratzen an. Als ich mich im Schlafzimmerspiegel sah, erschrak ich: Mein Gesicht war vollkommen entstellt, die Pupillen so groß wie die ganzen Augen, Lippen dick geschwollen, das Gesicht kreideweiß mit hochroten Backen. Schließlich hatte ich das Gefühl zu schweben, das Fenster zog mich magisch an, mich drängte es wie eine Fledermaus über den Dächern der Stadt zu schweben. Ein Rausch von Musik aus anderen Sphären und bunte Farbvisionen umgaben mich..."

- Ein „**Ecstasy-User**" erzählt von seinem ersten Rausch:
„Mein Hirn schien sich allmählich zu öffnen, ich spürte, wie die ganze Energie vom Kopf durch den Körper in die Beine strömte und sich dann in den Armen und Fingern sammelte. Ich bekam panische Angst, fror, und plötzlich lief mir eiskalter Schweiß von der Stirn. Ich hörte auf zu tanzen, weil ich dachte, daß mein Kreislauf zusammenbricht. Ich suchte Halt an der Wand, ein Freund legte mir den Arm um die Schulter und sagte „Das geht vorüber", dann gab er mir zu trinken. Ich beruhigte mich langsam. Wenig später gab es plötzlich eine Explosion in meinem Kopf, als würde sich ein Vakuum hinter der Stirn mit Leben füllen. Ich fühlte mich an den Energiestrom der Musik und der Lichtwellen angeschlossen, sie durchströmten meinen ganzen Körper, der sich jetzt innerlich wohlig und warm anfühlte. Innerhalb kürzester Zeit verlor sich die Schwere in den Armen und ich malte zum Rhythmus der Musik pantomimisch Figuren mit meinen Händen, als würde ich auf einem Piano spielen. Ich formte meine Hände, als würde ich einen Ball zwischen den Fingern halten – so fing ich die Energieströme ein. Mein Körper bewegte sich automatisch, die Klänge erreichten mich wie ein Glockenspiel in der sensiblen Nische meines Hirns. Im Kopf öffneten sich die Schleusen einer hinteren Kammer, deren Türen im Zustand der Nüchternheit verschlossen scheinen."

Abhängigkeit und Sucht 329

Anhang: Drogenterminologie (Drogen-Jargon)

Abgewrackt	Durch exzessiven Drogengebrauch erschöpft
Acid	LSD
Adam	Ecstasy
Affe schieben	Auf Entzug sein
Afghane	Haschisch-Sorte
Anfixen (anturnen)	Jemanden zur i.v.-Applikation von Drogen verleiten oder anlernen
Angel's dust	PCP (Phencyclidin)
Base	Kokain + Ammoniak
Besteck	Utensilien zum Spritzen
Blanko	Kokain oder weißes Heroin
Clean	Frei von Drogen
Cocktail	Heroin + Kokain
Cold turkey	Entzug von Opiaten ohne medikamentöse Stützung (kalter Entzug)
Downers	Substanzen mit dämpfender Wirkung (Barbiturate u. ä.)
Dealer	Drogenhändler
Drücken	Drogen i. v. injizieren
Einwerfen	Oral aufnehmen
Feeling	Gefühl des ausgeglichenen Wohlseins nach Drogenaufnahme
Fixen	Intravenös injizieren
Goldener Schuß	Beabsichtigte oder unbeabsichtigte Einnahme einer tödlichen Überdosis eines Rauschgiftes (meist Heroin)
Grass	Marihuana
H (englisch ausgesprochen)	Heroin
Hasch	Cannabis (Haschisch)
High	Euphorie nach Drogenapplikation (insbesondere Cannabis)
Joint	Marihuanazigarette bzw. Zigaretten mit Haschischzusatz
Junkie	Fixer
Kick	Flash bei der i. v. Applikation von Kokain
Kiffen	Haschisch rauchen
Koks	Kokain
Libanese	Haschisch-Sorte
Meter	Mengenangabe für Polamidon-Lösung (ml)
Pack	1/10 g Heroin
Peace	Haschisch
Po, Pola	Methadon (Polamidon)
Pot	Marihuana
Pumpe	Injektionsbesteck
Scene	Drogenmilieu, Treffpunkt von Händlern und Konsumenten
Schießen/Schuß	Intravenös injizieren
Schnee	Kokainkristalle
Schnüffeln	Inhalieren von Lösungsmitteln
Schore	Heroin
Shake	Schüttelfrostähnlicher Zustand infolge (verunreinigter) i. v. Drogenapplikation
Shit	Haschisch
Sniefen	Drogenapplikation durch die Nase (z. B. Kokain)
Speed	Methylamphetamin bzw. Weckamine
Speed ball	Mischung von Heroin mit zumeist Kokain
Stoff	Rauschmittel
Strecken	Vermischen eines Rauschgiftes mit anderen Stoffen
Tinke	Lösung von Morphinbase in hochprozentiger Essigsäure unter der Vorstellung, dadurch Heroin herzustellen
Trip	Intoxikation mit einem Halluzinogen
User	Drogenverbraucher

330 *3 Krankheiten*

Persönlichkeitsstörungen

Persönlichkeit kann als die Summe der Eigenschaften beschrieben werden, die dem einzelnen Menschen seine charakteristische, unverwechselbare Individualität verleihen.

Definition ▶

Allgemeines

Merke ▶

Der Versuch einer **Klassifikation** von Abweichungen der Persönlichkeit bleibt oft unbefriedigend. Persönlichkeitsstörungen sind in der Regel auch **Störungen der zwischenmenschlichen Interaktion und Kommunikation.**
Die wichtigsten Formen der **Einteilung** sind
- der **dimensionale Ansatz** (Beschreibung der Veränderung einzelner Persönlichkeitszüge) und
- der **kategorial-typologische Ansatz** (Beschreibung komplexer, typischer Muster).

In der ICD-10 und im DSM-III-R werden einerseits **spezifische Typen** der Persönlichkeitsstörung anhand vorgegebener Kriterien definiert, andererseits bleibt es durchaus möglich (und erwünscht), auch unterschiedliche Störungsformen zu **kombinieren** (auf verschiedenen Achsen bzw. als zusätzliche Störung; z.B. als „mittelgradige depres-

Persönlichkeitsstörungen

Störungen der Persönlichkeit können sehr vielgestalt und heterogen sein. Dies basiert im wesentlichen darauf, daß bereits mit dem Begriff der Persönlichkeit die gesamte Bandbreite menschlichen Verhaltens umfaßt werden kann. **Persönlichkeit** kann ganz allgemein als die Summe der Eigenschaften beschrieben werden, die dem einzelnen Menschen seine charakteristische, unverwechselbare Individualität verleihen.

Definition. Unter Persönlichkeitsstörungen werden **tief verwurzelte, anhaltende und weitgehend stabile Verhaltensmuster** verstanden, die sich in starren Reaktionen auf unterschiedliche persönliche und soziale Lebenslagen zeigen. Gegenüber der Mehrheit der jeweiligen Bevölkerungsgruppe zeigen sich deutlich Abweichungen im Wahrnehmen, Denken, Fühlen und in Beziehungen zu anderen. In vielen Fällen gehen diese Störungen mit persönlichem Leiden und gestörter sozialer Funktionsfähigkeit einher. Die einzelnen Formen der Persönlichkeitsstörungen werden nach den vorherrschenden Verhaltensmustern klassifiziert.

Als wichtigste Formen der Persönlichkeitsstörungen werden unterschieden: paranoide, schizoide, schizotype, dissoziale (antisoziale), emotional instabile, histrionische, anankastische (zwanghafte), ängstliche (vermeidende) und abhängige (asthenische) Persönlichkeitsstörung.

Allgemeines

Persönlichkeitsstörungen unterscheiden sich von anderen psychiatrischen Störungen in vielfältiger Weise.

Merke. Persönlichkeitsstörungen stellen in der Regel keine psychiatrischen Diagnosen im üblichen Sinne dar (wie es etwa bei einer Psychose der Fall ist), und die Abgrenzung zu noch ungestörtem und toleriertem Verhalten fällt oft schwer.

So problematisch und schwierig es ist, „normales Verhalten" in beschreibende Kategorien zu pressen, so unbefriedigend ist oft der Versuch, Abweichungen der Persönlichkeit zu klassifizieren. Erschwerend kommt hinzu, daß Persönlichkeitsstörungen kaum einmal Störungen einer isolierten Person darstellen, sondern in der Regel auch **Störungen der zwischenmenschlichen Interaktion und Kommunikation** sind.

Diese Problematik hat dazu geführt, daß ganz unterschiedliche Ansätze für die **Einteilung** von auffälligen Persönlichkeiten gewählt wurden. Die wichtigsten sind ein **dimensionaler** und ein **kategorial-typologischer** Ansatz. Im dimensionalen Ansatz werden Veränderungen einzelner Dimensionen psychischen Erlebens und des Verhaltens beschreibend nebeneinander gestellt. Im kategorialtypologischen Ansatz werden dagegen komplexere Muster gestörten Erlebens und Verhaltens definiert und mit einer umfassenden Bezeichnung belegt.

In den modernen Diagnosesystemen ICD-10 und DSM-III-R wird versucht, beide Ansätze miteinander zu verbinden. Es werden einerseits **spezifische Typen** der Persönlichkeitsstörung anhand vorgegebener Kriterien definiert, andererseits bleibt es durchaus möglich (und erwünscht), auch unterschiedliche Störungsformen zu **kombinieren.** Im **DSM-III-R** können Persönlichkeitsstörungen auf der Achse II neben den auf Achse I diagnostizierten psychischen Störungen aufgeführt werden. In der **ICD-10** kann ebenfalls eine Persönlichkeitsstörung neben einer anderen psychiatrischen Störung codiert werden. Es ergibt sich somit z. B. die umfassende Diagnose: „mittelgradige depressive Episode und anankastische (zwanghafte) Persönlichkeitsstörung". Eine solche Diagnose stellt jedoch lediglich eine Verbindung zweier Störungsmuster dar und impliziert (noch) keinen inhaltlichen oder gar kausalen Zusammenhang zwischen beiden Störungen.

Die **Persönlichkeitsforschung** hat versucht, mit unterschiedlichen Methoden und an ganz unterschiedlichen Untersuchungspopulationen die einzelnen Dimensionen, die in ihrer Gesamtheit die Persönlichkeit ausmachen, zu identifizieren. Das konnte bis heute jedoch noch nicht vollständig gelingen. Über die unterschiedlichen Methoden hinweg zeigten sich aber statistisch immer wieder fünf weitgehend stabile Faktoren. Diese „big five" der Persönlichkeitsforschung sind in *Abbildung 3-106* dargestellt.

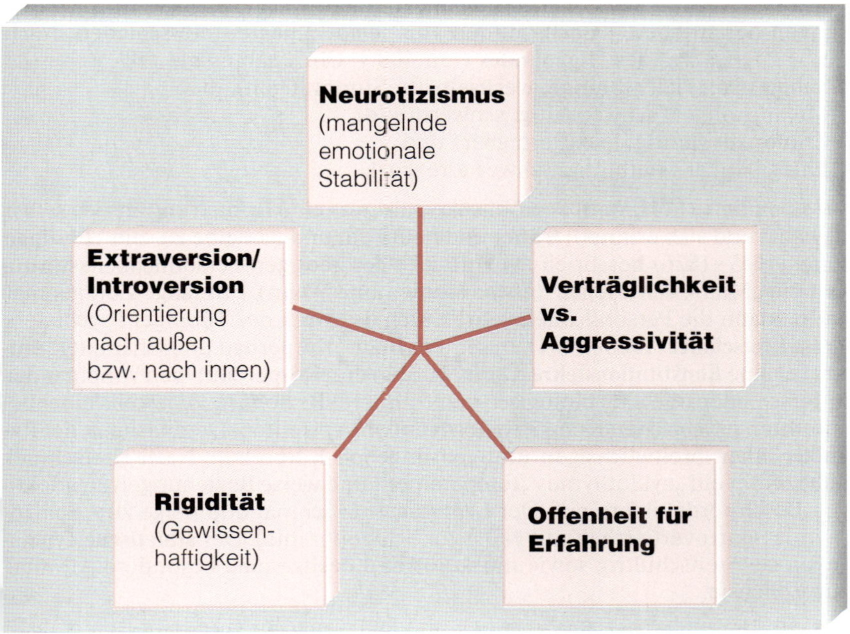

Abb. 3-106: Fünf Faktoren („big five") haben sich in **der Persönlichkeitsforschung** über verschiedene Stichproben und Untersuchungsmethoden hinweg herauskristallisiert

Jede individuelle Persönlichkeit zeichnet sich durch das Bestehen unterschiedlicher **Persönlichkeitszüge** aus. Störungen der Persönlichkeit beschreiben **Extremvarianten** einer bestimmten seelischen Wesensart, also extreme Ausprägungen von bestimmten Persönlichkeitszügen. Ein wesentliches Kriterium für die Diagnose einer Persönlichkeitsstörung ist also zunächst die Ausprägung und die **Dominanz** eines bestimmten Persönlichkeitsmerkmals, das auch mehr oder weniger allgemein menschlich ist. Eine zweite wesentliche Bedingung für die Annahme einer Persönlichkeitsstörung besteht darin, daß durch diese auffälligen Persönlichkeitszüge das **subjektive Befinden**, die **soziale Anpassung** oder die **berufliche Leistungsfähigkeit** relevant eingeschränkt sind. Darüber hinaus wird vorausgesetzt, daß diese Verhaltensmuster meistens **stabil** sind und sich auf **vielfältige Bereiche** von Verhalten und psychischen Funktionen beziehen.

Im folgenden Kapitel werden **spezifische Persönlichkeitsstörungen** dargestellt, wie sie in ICD-10 und DSM-III-R in ähnlicher Weise beschrieben werden.

Im ICD-10 werden unter der Überschrift „Persönlichkeits- und Verhaltensstörungen" (F6) auch andere Störungsformen beschrieben, die in diesem Lehrbuch an anderer Stelle besprochen wurden. Dabei handelt es sich insbesondere um

- andauernde Persönlichkeitsänderung nach Extrembelastung (s. S. 214 ff.),
- abnorme Gewohnheiten und Störungen der Impulskontrolle (s. S. 355 ff.),
- Störungen der Geschlechtsidentität (s. S. 261 ff.) und
- Störungen der Sexualpräferenz (s. S. 262 ff.).

sive Episode und anankastische Persönlichkeitsstörung").

Die **Persönlichkeitsforschung** hat fünf globale Dimensionen der Persönlichkeit beschrieben, die sich unabhängig von unterschiedlichen Testverfahren und Untersuchungspopulationen immer wieder zeigen („big five", s. *Abb. 3-106*).

Störungen der Persönlichkeit beschreiben **Extremvarianten** einer bestimmten seelischen Wesensart, also extreme Ausprägungen von bestimmten Persönlichkeitszügen. Wesentliche **Kriterien** für die Diagnose sind:

- Dominanz eines bestimmten Merkmals,
- relevante Störung des subjektiven Befindens, der sozialen Anpassung oder der beruflichen Leistungsfähigkeit,
- Stabilität der Störung,
- Auswirkung auf vielfältige Bereiche des alltäglichen Lebens.

332   **3 Krankheiten**

Persönlichkeitsänderungen werden im Gegensatz zu den früh beginnenden Persönlichkeitsstörungen im späteren Leben **erworben** (nach schweren Belastungen, psychiatrischen Störungen oder Hirnerkrankungen).

Das Konzept der **Borderline-Störung** wird im Zusammenhang mit anderen spezifischen Persönlichkeitsstörungen dargestellt.

Historisches ▶

Nicht im Zusammenhang mit spezifischen Persönlichkeitsstörungen dargestellt werden sollen **Persönlichkeitsänderungen**. Im Gegensatz zu Persönlichkeitsstörungen, die in der Kindheit oder Adoleszenz beginnen und im Erwachsenenalter andauern, werden Persönlichkeitsänderungen **erworben**, und zwar in Folge schwerer oder anhaltender Belastung, ernstzunehmender psychiatrischer Störungen oder Hirnerkrankungen und -verletzungen.

Das Konzept der **Borderline-Störung**, das in den letzten Jahren intensiv diskutiert wurde, soll im Zusammenhang mit anderen spezifischen Persönlichkeitsstörungen dargestellt werden.

Historisches. Im antiken Griechenland wurden zwar keine Persönlichkeitsstörungen beschrieben, jedoch wurden vier **Temperamente** unterschieden. Nach der „Säfte-Lehre" des **Hippokrates** (um 400 v. Chr.) gab es die
• Sanguiniker (leichtblütige, wechselhafte Stimmungen),
• Melancholiker (schwerblütig, schwermütig),
• Choleriker (heftig, leicht erregbar) und
• Phlegmatiker (kaltblütig, schwer erregbar).

1734 definierte **C. H. Wolff** Persönlichkeit als „was eine Erinnerung an sich selbst bewahrt und sich erinnert, früher und heute ein und dasselbe zu sein". **Philippe Pinel** (1745 – 1826) beschrieb als Vorläufer der heutigen Persönlichkeitsstörungen die „Manie sans délire" (etwa: Manie ohne Wahn). Für lange Zeit geprägt wurde dann die Persönlichkeitslehre durch das Werk des Tübinger Psychiaters **Ernst Kretschmer** (1888 – 1964). In seinem Buch „Körperbau und Charakter" entwarf er eine **Konstitutionslehre**. Darin wurden drei Körperbautypen voneinander unterschieden, die eine biologisch determinierte Beziehung zu jeweils einer bestimmten psychischen Krankheitsform aufweisen sollten. Demnach hat der **Pykniker** einen breitwüchsigen und gedrungenen Körperbau. Nach Kretschmer habe dieser ein „zyklothymes" Temperament und weise Beziehungen zu affektiven Beschwerdebildern auf. Der **Leptosome** sei schmal und neige zur „Schizothymie" (Introvertiertheit mit Nähe zur Schizophrenie). Der **athletische Typ** dagegen sei breitschultrig sowie muskulös und besitze eine besondere Affinität zur Epilepsie.

Eine den heutigen Ansichten schon sehr nahe stehende Auffassung der Persönlichkeitsstörungen wurde durch **Kurt Schneider** (1887 – 1967) vertreten. Nach seinen Ansichten beruht die Abnormität der Persönlichkeit nicht auf einem Krankheitsvorgang, sondern bezieht sich auf „Abweichungen von einer uns vorschwebenden Durchschnittsbreite von Persönlichkeiten". Dementsprechend wurden von ihm abnorme Persönlichkeiten als Extremvarianten einer bestimmten Wesensart aufgefaßt.

Als **psychopathisch** wurden nach diesem Konzept aus den abnormen Persönlichkeiten diejenigen herausgehoben, „die unter ihrer Abnormität leiden oder unter deren Abnormität die Gesellschaft leidet". Von Kurt Schneider wurden folgende **Typen der Psychopathie** unterschieden: hyperthymisch, depressiv, selbstunsicher, fanatisch, geltungsbedürftig, stimmungslabil, explosibel, gemütlos, willenlos und asthenisch.

Merke ▶

> **Merke.** Der Begriff der „Psychopathie" wurde in den letzten Jahren zunehmend vermieden, da er neben einer Beschreibung auch eine (gesellschaftliche) Wertung ausdrückte. Ähnlich belastet ist der Begriff der **„Soziopathie"**. Darunter wurde ein abnormes, meist schädigendes Verhalten gegenüber der sozialen Umwelt verstanden. Dieser Begriff wurde in der letzten Zeit nicht mehr als eigenständiger Begriff verwandt.
>
> In den modernen Diagnosesystemen wird der Begriff der **„Persönlichkeitsstörung"** benutzt, worunter auch eine „dissoziale Persönlichkeitsstörung" (ICD-10) bzw. eine „antisoziale Persönlichkeitsstörung" (DSM-III-R) klassifiziert sind.

Epidemiologie. Die Angaben über die Häufigkeit von Persönlichkeitsstörungen erweisen sich je nach untersuchter Population als sehr unterschiedlich. Dafür verantwortlich sind in erster Linie große Unterschiede in der Abgrenzung sowie im berücksichtigten Schweregrad. In den meisten Studien aus unterschiedlichen europäischen und nordamerikanischen Ländern werden für die Allgemeinbevölkerung **Häufigkeiten** zwischen 5 und 15% angegeben. Unter den Patienten, die in einer psychiatrischen Klinik behandelt werden, finden sich Persönlichkeitsstörungen in sehr viel größerer Häufigkeit. Nach den Kriterien der ICD-10 muß bei bis zu 48% der Patienten eine Persönlichkeitsstörung angenommen werden, nach den (engeren) Kriterien des DSM-III-R werden Häufigkeiten von bis zu 25% angegeben. Nach einer neueren Studie aus den USA findet sich die **antisoziale Persönlichkeit** bei 5,8% der Männer und 1,2% der Frauen. Im europäischen Raum wird diese Störung seltener diagnostiziert.

Die **Geschlechtsverteilung** ist je nach Typ der Persönlichkeitsstörung unterschiedlich. Antisoziale, schizoide und zwanghafte Persönlichkeitsstörungen werden bei Männern häufiger diagnostiziert, selbstunsichere und abhängige Persönlichkeitsstörungen eher bei Frauen. Bei schizotypischen und Borderline-Störungen ist das Geschlechtsverhältnis weitgehend ausgeglichen.

Ätiopathogenese. Wie bei den meisten anderen psychiatrischen Störungen auch existiert z. Zt. keine einheitliche Theorie, die die Ätiopathogenese sämtlicher spezifischer Persönlichkeitsstörungen schlüssig klären könnte. In gleicher Weise wie auf die Persönlichkeit eines Individuums ganz allgemein **sehr unterschiedliche Faktoren** Einfluß nehmen, können differente Störungen der Entwicklung in **unterschiedlichen Lebensphasen** zu Persönlichkeitsstörungen führen.

Aus **psychodynamischer Sicht** entstehen Persönlichkeitsstörungen hauptsächlich **durch Störungen in den einzelnen frühkindlichen Entwicklungsstufen.** Eine Störung in der **oralen Phase** (z.B. eine Entwicklungsverzögerung, relevante Konflikte o.ä.) führt demnach zu forderndem und abhängigem Verhalten, so wie es in der abhängigen und der passiv-aggressiven Persönlichkeitsstörung gefunden wird. Ein Bestehenbleiben von Zügen der **analen Phase** führt zu zwanghaftem und rigidem Verhalten mit emotionaler Distanz und soll letztendlich einen Faktor für die Entstehung einer zwanghaften Persönlichkeitsstörung darstellen. Probleme in der **phallischen Phase** lassen oberflächliche Emotionen und Unfähigkeit zu intimen Beziehungen persistieren und stellen damit eine Nähe zu histrionischen Persönlichkeitsstörungen dar.

Im Rahmen psychodynamischer Theorien wird häufig auch der Begriff der **Charakterneurose** verwendet. Mit diesem Begriff soll zum Ausdruck gebracht werden, daß zwar die für den psychoanalytischen Neurosebegriff entscheidende subjektive Betroffenheit besteht, aber daß keine typische neurotische Symptomatik vorliegt; die Störung erfaßt vielmehr die gesamte Persönlichkeit. Im Vergleich zu den sog. **Symptomneurosen** (wie etwa neurotische Angst) ist das Leidensgefühl bei diesen Störungen diffuser und nicht um ein Symptom zentriert. Auf der beschreibenden Ebene werden die Begriffe Charakterneurose und Persönlichkeitsstörungen häufig synonym verwendet.

In psychoanalytischer Hinsicht kommt der Diskussion um die **Borderline-Störung** eine besondere Bedeutung zu. Ursprünglich wurden darunter Störungen gefaßt, die auf der Grenze zwischen neurotischen und psychotischen Störungen liegen sollten (Borderline = Grenzfall). In den letzten zwei Jahrzehnten hat sich die Diskussion jedoch dahin bewegt, ein eigenständiges psychisches Krankheitsbild anzunehmen, das Beschwerden umfaßt, wie sie von neurotischen Störungen, psychotischen Störungen und Persönlichkeitsstörungen bekannt sind (*siehe Symptomatologie und Kasuistik*). Symptomatologisch bestehen auch Beziehungen zur schizotypischen Persönlichkeitsstörung. Als Ursache wird eine Störung in den frühen Phasen der kindlichen Entwicklung angenommen (etwa 18. bis 36. Lebensmonat bei Borderline-Störungen, 6. bis 18. Lebensmonat bei schizotypischen Störungen). In diesen Phasen der kindlichen Entwicklung dominiert der innerseelische Mechanismus der **Spaltung** von nicht miteinander zu vereinbarenden Konflikten. Bleibt dieser Mechanismus bestehen, so kommt es zu einer instabilen Wahrnehmung und Einschätzung des eigenen Verhaltens sowie zum Fehlen eines eindeutigen Gefühls der Identität der eigenen Person **Identitätsdiffusion).**

Epidemiologie
Die Angaben über die **Häufigkeit** von Persönlichkeitsstörungen schwanken sehr stark. Für die Allgemeinbevölkerung werden 5–15% angenommen. Unter psychiatrischen Patienten erfüllen 25–48% die unterschiedlichen Kriterien.
Die **antisoziale Persönlichkeit** wird in den USA bei 5,8% der Männer und 1,2% der Frauen diagnostiziert, in Europa aber deutlich seltener.

Die **Geschlechtsverteilung** ist je nach Typ der Persönlichkeitsstörung unterschiedlich.

Ätiopathogenese
Ganz **unterschiedliche Faktoren** in **unterschiedlichen Lebensphasen** können zu Persönlichkeitsstörungen führen.

Aus **psychodynamischer Sicht** entstehen Persönlichkeitsstörungen hauptsächlich **durch Störungen in den einzelnen frühkindlichen Entwicklungsstufen:**
- Eine Störung in der **oralen Phase** soll zu forderndem und abhängigem Verhalten führen.
- Störungen in der **analen Phase** sollen zwanghaftes und rigides Verhalten bewirken.
- Probleme in der **phallischen Phase** lassen oberflächliche Emotionen und Unfähigkeit zu intimen Beziehungen persistieren.

Der Begriff der **Charakterneurose** wird häufig synonym zu „Persönlichkeitsstörung" verwendet. Im Gegensatz zu „**Symptomneurosen"** (wie etwa neurotische Angst) ist das Leidensgefühl bei diesen Störungen diffuser und nicht um ein bestimmtes Symptom zentriert.

Als **Borderline-Störung** (Borderline = Grenzfall) wird ein Beschwerdebild bezeichnet, das neurotische, psychotische und Symptome von Persönlichkeitsstörungen umfassen soll.
Als Ursache wird eine Störung in den frühen Phasen der kindlichen Entwicklung angenommen (etwa 18. bis 36. Lebensmonat). Durch Persistieren des psychischen Mechanismus der **Spaltung** kommt es zur instabilen Eigenwahrnehmung und zur **Identitätsdiffusion.**

334   **3 Krankheiten**

Aus der Sicht der **Lerntheorie** stellen Persönlichkeitsstörungen **gelerntes Verhalten** dar. Die Prinzipien des **operanten Konditionierens** (Verhaltensmodifikation durch positive bzw. negative Verstärkung) sowie des **Modell-Lernens** (Verhaltensmodifikation durch Beispiel anderer Menschen) führen dazu, daß spezifische, angelegte Verhaltensweisen in extremer Weise über- bzw. unterentwickelt sind. Dadurch werden auf der kognitiven Ebene spezifische Überzeugungen verhärtet, die die Einstellung des Patienten zu sich selbst und zur Umwelt prägen.

Festgefahrene kognitive Einstellungen sind oft nur schwer zu verändern, da alternative und unproblematischere Schemata in der Lerngeschichte kaum entwickelt wurden.

Neurobiologische Befunde werden in der Genese einzelner Persönlichkeitsstörungen diskutiert (genetische Disposition, EEG-Auffälligkeiten, minimale zerebrale Dysfunktion).

Merke ►

Aus der Sicht der **Lerntheorie** bzw. verhaltenstherapeutischer Strategien stellen Persönlichkeitsstörungen in ihrem Kern **gelerntes Verhalten** dar. Ganz allgemein lassen sich danach Persönlichkeitsstörungen beschreiben als „interpersonelle Strategien, die sich aus der Interaktion angeborener Dispositionen mit Umwelteinflüssen entwickeln". Die Prinzipien des **operanten Konditionierens** (Beeinflussung von Verhalten durch positive bzw. negative Verstärkung) sowie des **Modell-Lernens** (Verhaltensmodifikation durch das Beispiel anderer Menschen) führen dazu, daß spezifische, angelegte Verhaltensweisen in extremer Weise über- bzw. unterentwickelt sind. Dadurch werden auf der kognitiven Ebene spezifische Überzeugungen verhärtet, die die Einstellung zu sich selbst und zur Umwelt prägen. So betrachtet etwa ein Patient mit paranoider Persönlichkeitsstörung die Umwelt unter dem Blickwinkel: „Andere Menschen sind potentielle Feinde mit verdächtigen Motiven". Das Selbstbild eines Patienten mit einer abhängigen (dependenten) Persönlichkeitsstörung kann lauten: „Ich bin bedürftig, hilflos, schwach und inkompetent". Auch die Abgrenzung zum wahrgenommenen Verhalten anderer kann im Rahmen einer Persönlichkeitsstörung von Bedeutung sein (z. B.: „Die anderen sind schlampig, verantwortungslos, lassen sich gehen" bei zwanghaften Persönlichkeitsstörungen).

Diese weitgehend festgefahrenen kognitiven Einstellungen sind bei Persönlichkeitsstörungen oft nur schwierig zu verändern, da alternative und unproblematischere Schemata in der Lerngeschichte kaum entwickelt werden konnten.

Neurobiologische Befunde (hirnorganische Veränderungen, Stoffwechselstörungen des Gehirns) in der Genese von Persönlichkeitsstörungen wurden immer wieder diskutiert, bis heute aber nicht mit ausreichender Sicherheit nachgewiesen. Besonders bei dissozialen/antisozialen Persönlichkeitsstörungen sowie bei Borderline-Störungen gibt es Befunde, die eine genetische Disposition belegen. Bei diesen Patienten wurden wiederholt auch Auffälligkeiten im EEG (im Sinne einer generalisierten Verlangsamung) sowie Hinweise auf eine minimale zerebrale Dysfunktion (erworben z.B. im Rahmen von Komplikationen bei der Geburt) beschrieben.

> *Merke.* Persönlichkeitsstörungen haben eine komplexe Genese. Die menschliche Person ist mehr als das Produkt von Anlage und Umwelt. Sie ist immer auch das, was sie selbst aus den Anlagen und Umwelteinflüssen macht.

Symptomatologie und klinische Subtypen

Merke ►

Symptomatologie und klinische Subtypen

> *Merke.* Persönlichkeitsstörungen haben je nach Unterform eine sehr unterschiedliche Symptomatologie. Allen Persönlichkeitsstörungen gemeinsam ist aber, daß die bestehenden Persönlichkeitszüge unflexibel und wenig angepaßt sind.

Auffälliges Verhalten tritt besonders im Bereich der **Affektivität**, des **Antriebs**, der **Impulskontrolle**, der **Wahrnehmung**, des **Denkens** und der **Beziehungen zu anderen** auf. Meist bestehen deutliches subjektives Leiden und eine Beeinträchtigung der Leistungsfähigkeit (s. Syn. 3-51).

Das auffällige Verhalten tritt in ganz unterschiedlichen psychischen Bereichen auf, so insbesondere im Bereich der **Affektivität** (z.B. depressive Verstimmung), des **Antriebs** (z.B. Verminderung von Schwung und Initiative), der **Impulskontrolle** (z.B. „Wutanfälle"), der **Wahrnehmung** (z.B. Sinnestäuschungen), des **Denkens** (gelockertes Denken) und der **Beziehungen zu anderen** (z.B. erschwerte Kontaktfähigkeit). Die Beschwerden führen zu deutlichem subjektivem Leiden und beeinträchtigen wesentlich die Leistungsfähigkeit im beruflichen und sozialen Bereich (*siehe Synopsis 3-51*).

Synopsis 3-51: Allgemeine Kriterien für Persönlichkeitsstörungen im Vergleich von ICD-10 und DSM-III-R

ICD-10	DSM-III-R
• Nicht direkt auf Hirnschädigungen oder auf eine andere psychiatrische Störung zurückzuführen.	• Auftreten nicht ausschließlich im Verlauf einer anderen psychischen Störung.
• Deutliche Unausgeglichenheit in den Einstellungen und im Verhalten in mehreren Funktionsbereichen (Affektivität, Antrieb, Impulskontrolle, Wahrnehmen, Denken, Beziehungen zu anderen).	• Persönlichkeitszüge sind unflexibel und wenig angepaßt.
• Abnormes Verhaltensmuster ist andauernd und nicht auf Episoden psychischer Krankheiten begrenzt.	• Die Auffälligkeiten sind für das Verhalten in letzter Zeit (im vergangenen Jahr) und für das längerfristige Verhalten (seit Beginn des Erwachsenenalters) charakteristisch.
• Abnormes Verhaltensmuster ist tiefgreifend und in vielen persönlichen und sozialen Situationen eindeutig unpassend.	
• Beginn in der Kindheit oder Jugend.	• Die Störungen beginnen meist bereits in der Adoleszenz oder früher und setzen sich während des größten Teils des Erwachsenenlebens fort.
• Manifestation auf Dauer im Erwachsenenalter.	
• Deutliches subjektives Leiden, manchmal erst im späteren Verlauf.	• Die Störung führt zu subjektivem Leiden.
• Deutliche Einschränkungen der beruflichen und sozialen Leistungsfähigkeit.	• Die Leistungsfähigkeit ist wesentlich beeinträchtigt.

Die Unterteilung in einzelne **Formen** der Persönlichkeitsstörungen unterscheidet sich je nach Diagnoseschema. Die *Synopsis 3-52* zeigt eine Gegenüberstellung der Unterformen in der ICD-10 und im DSM-III-R. Im DSM-III-R werden die Persönlichkeitsstörungen in drei Gruppen eingeteilt. Die erste Gruppe (**Gruppe A**) umfaßt die paranoide, schizoide und schizotypische Persönlichkeitsstörung. Personen mit diesen Störungen werden von anderen häufig als „sonderbar" oder „exzentrisch" bezeichnet. Patienten mit Persönlichkeitsstörungen der **Gruppe B** (histrionische, narzißtische, antisoziale und Borderline-Persönlichkeitsstörung) werden häufig als „dramatisch, emotional oder launisch" beschrieben. Menschen, die eine Persönlichkeitsstörung der **Gruppe C** aufweisen (selbstunsichere, dependente, zwanghafte und passiv-aggressive Persönlichkeitsstörung), zeigen sich oft „ängstlich und furchtsam".

Im folgenden sollen die wesentlichen Merkmale der einzelnen Formen von Persönlichkeitsstörungen dargestellt werden. Es kann jedoch nicht immer gelingen, alle Auffälligkeiten, die ein Patient bietet, zwanglos einer dieser beschriebenen Unterformen zuzuordnen. In diesen Fällen ist es wünschenswert, Züge aus verschiedenen Persönlichkeitsstörungen miteinander zu kombinieren.

Die Unterteilung in einzelne **Formen** der Persönlichkeitsstörungen unterscheidet sich je nach Diagnoseschema (*s. Syn. 3-52*). Im DSM-III-R werden die Persönlichkeitsstörungen in drei Gruppen eingeteilt:
• **Gruppe A** („sonderbar", „exzentrisch"),
• **Gruppe B** („dramatisch, emotional oder launisch") und
• **Gruppe C** („ängstlich und furchtsam").

Es gelingt nicht immer, alle Auffälligkeiten eines Patienten zwanglos einer Unterform zuzuordnen. Es können Züge aus verschiedenen Formen miteinander kombiniert werden.

336 **3 Krankheiten**

Synopsis 3-52: Klassifikation von Persönlichkeitsstörungen im Vergleich von ICD-10 und DSM-III-R

ICD-10	DSM-III-R
• Paranoide Persönlichkeitsstörung (F60.0)	• Paranoide Persönlichkeitsstörung (A; 301.00)
• Schizoide Persönlichkeitsstörung (F60.1)	• Schizoide Persönlichkeitsstörung (A; 301.20)
[Schizotype Störung (F21)]	• Schizotypische Persönlichkeitsstörung (A; 301.22)
• Dissoziale Persönlichkeitsstörung (F60.2)	• Antisoziale Persönlichkeitsstörung (B; 301.70)
• Emotional instabile Persönlichkeitsstörung. – impulsiver Typ (F60.30) – Borderline-Typ (F60.31)	• Borderline-Persönlichkeitsstörung (B; 301.83)
• Histrionische Persönlichkeitsstörung (F60.4)	• Histrionische Persönlichkeitsstörung (B; 301.50)
• Anankastische Persönlichkeitsstörung (F60.5)	• Zwanghafte Persönlichkeitsstörung (C; 301.40)
• Ängstliche (vermeidende) Persönlich- keitsstörung (F60.6)	• Selbstunsichere Persönlichkeitsstörung (C; 301.82)
• Abhängige (asthenische) Persönlich- keitsstörung (F60.7)	• Dependente Persönlichkeitsstörung (C; 301.60)
• Andere spezifische Persönlichkeitsstörungen: – Narzißtisch – Exzentrisch – Haltlos – Unreif – Passiv-aggressiv – (Pseudo-)neurotisch	• Narzißtische Persönlichkeitsstörung (B; 301.81) • Passiv-aggressive Persönlichkeitsstörung (C; 301.84)

Paranoide Persönlichkeitsstörung

Definition ▶

Die wesentlichen Merkmale der paranoiden Persönlichkeitsstörung sind
- ein ausgeprägtes **Mißtrauen,**
- übertriebene **Empfindlichkeit** und
- rigides, **streitsüchtiges Beharren** auf vermeintlichen eigenen Rechten.

Die Patienten vermeiden engere Kontakte und neigen zu pathologischer Eifersucht (*s. Syn. 3-53*).

Paranoide Persönlichkeitsstörung

> *Definition.* Patienten mit einer paranoiden Persönlichkeitsstörung zeigen in verschiedensten Situationen die durchgängige und ungerechtfertigte Neigung, die Handlungen anderer als absichtlich erniedrigend oder bedrohlich zu interpretieren.

Die wesentlichen **Merkmale** dieser Persönlichkeitsstörung sind ein ausgeprägtes **Mißtrauen**, übertriebene **Empfindlichkeit** und rigides, **streitsüchtiges Beharren** auf vermeintlichen eigenen Rechten. Eher unbedeutende Erlebnisse werden als feindselige Handlung und als gegen die eigene Person gerichtet mißdeutet. Sie werden zornig und mit anhaltendem Groll beantwortet. Andere Personen mit dieser Persönlichkeitsstörung dagegen reagieren eher resigniert und hilflos. Nach außen hin wirken die Patienten meist humorlos und scheinbar gefühllos, im eigenen Erleben besteht dagegen häufig eine anhaltende Verletztheit. Sie vermeiden meist engere und intimere Kontakte zu anderen Menschen. Häufig neigen sie zu pathologischer Eifersucht (*siehe Synopsis 3-53*).

Persönlichkeitsstörungen 337

Synopsis 3-53: Symptomatik der paranoiden Persönlichkeitsstörung im Vergleich von ICD-10 und DSM-III-R

ICD-10	DSM-III-R
• Übertriebene Empfindlichkeit auf Zurückweisung und Verletzungen.	• Vertraut sich nur zögernd anderen Menschen an, aus ungerechtfertigter Angst, die Informationen könnten gegen ihn verwandt werden.
• Nachtragend bei Kränkungen oder Verletzungen mit Neigung zu ständigem Groll.	• Hegt lange einen Groll gegen andere oder vergibt Mißachtung, Beleidigungen oder verletzende Äußerungen nicht.
• Mißtrauen und eine starke Neigung, Erlebtes zu verdrehen, indem neutrale oder freundliche Handlungen anderer als feindlich oder verächtlich mißgedeutet werden.	• Mißt harmlosen Bemerkungen oder Vorkommnissen eine versteckte, für ihn abwertende oder bedrohliche Bedeutung zu.
• Streitsüchtiges und beharrliches, situationsunangemessenes Bestehen auf eigenen Rechten.	• Fühlt sich leicht mißachtet und reagiert schnell zornig oder startet einen Gegenangriff.
• Neigung zu pathologischer Eifersucht.	• Bezweifelt ohne jeden Grund die Treue des Ehe- oder Sexualpartners.
	• Stellt die Loyalität oder Glaubwürdigkeit von Freunden oder Mitarbeitern grundlos in Zweifel.
• Tendenz zu überhöhtem Selbstwertgefühl in Verbindung mit ständiger Selbstbezogenheit.	
• Inanspruchnahme durch Gedanken an Verschwörungen als Erklärungen für Ereignisse in der näheren Umgebung und in aller Welt.	• Fühlt sich – ohne ausreichenden Grund – von anderen ausgenutzt oder benachteiligt.

Richtet sich die situationsunangemessene Reaktion auf eine überwertige Idee, so spricht man auch von **fanatischer Persönlichkeit.** Steht der Kampf gegen ein wirkliches oder vermeintliches Unrecht im Mittelpunkt, dann wird auch von **querulatorischer Persönlichkeit** gesprochen.

Steht der Kampf für eine überwertige Idee im Vordergrund, spricht man von **fanatischer Persönlichkeit,** beim rigiden Kampf gegen vermeintliches Unrecht auch von **querulatorischer Persönlichkeit.**
◀ Merke

Merke. Paranoide Persönlichkeitsstörungen dürfen nicht mit Wahnerkrankungen (paranoide Psychosen) verwechselt werden (wie etwa der Schizophrenie; *siehe Differentialdiagnose*).

Schizoide Persönlichkeitsstörung

Schizoide Persönlichkeitsstörung

◀ Definition

Definition. Bei schizoiden Persönlichkeitsstörungen besteht ein in den verschiedensten Situationen auftretendes durchgängiges Verhaltensmuster, das durch Gleichgültigkeit gegenüber sozialen Beziehungen und eingeschränkte emotionale Erlebnis- und Ausdrucksfähigkeit gekennzeichnet ist.

Im Vordergrund der Beschwerden von Patienten mit schizoiden Persönlichkeitsstörungen stehen Auffälligkeiten im **affektiven Bereich.** Die Patienten sind **reserviert, scheu, zurückgezogen,** es imponiert eine **emotionale Kühle.** Auf Lob oder Kritik erfolgt jeweils nur eine schwache Reaktion. Meist fehlen natürliche Kontakte, die sozialen Bindungen sind gestört, auch im Berufsleben. Das Verhalten ist einzelgängerisch; enge und vertrauensvolle Beziehungen fehlen. Gesellschaftliche Regeln werden oft nicht erkannt oder nicht befolgt, so daß ein exzentrisches Verhalten auffällt. Im Rahmen dieser Persönlichkeitsstörung kommt es häufig zu zwischenmenschlichen Konflikten. Überschneidungen mit Zügen der paranoiden Persönlichkeitsstörung sind nicht selten (*s. Syn. 3-54*).

Im Vordergrund stehen Auffälligkeiten im **affektiven Bereich.** Die Patienten sind **reserviert, scheu, zurückgezogen,** es imponiert eine **emotionale Kühle.** Das Verhalten ist einzelgängerisch; enge und vertrauensvolle Beziehungen fehlen. Gesellschaftliche Regeln werden oft nicht anerkannt. Überschneidungen zu paranoiden Persönlichkeitsstörungen sind nicht selten (*s. Syn. 3-54*).

3 Krankheiten

> **Synopsis 3-54: Symptomatik der schizoiden Persönlichkeitsstörungen im Vergleich von ICD-10 und DSM-III-R**
>
> | ICD-10 | DSM-III-R |
> |---|---|
> | • Unvermögen zum Erleben von Freude (Anhedonie). | |
> | • Emotionale Kühle, Absonderung oder flache Affektivität und Unvermögen, warme, zärtliche Gefühle anderen gegenüber oder auch Ärger zu zeigen. | • Gibt von sich an oder scheint nur selten oder gar nicht starke Emotionen wie Zorn und Freude zu empfinden.
• Läßt einen eingeschränkten Affekt erkennen. |
> | • Schwache Reaktion auf Lob oder Kritik. | • Ist gleichgültig gegenüber Lob und Kritik von anderen. |
> | • Wenig Interesse an sexuellen Erfahrungen mit einer anderen Person. | • Zeigt, wenn überhaupt, nur wenig Interesse an sexuellen Kontakten mit anderen Personen. |
> | • Übermäßige Vorliebe für Phantasie, einzelgängerisches Verhalten und in sich gekehrte Zurückhaltung. | • Sucht sich fast immer Unternehmungen aus, die er allein machen kann. |
> | • Mangel an engen, vertrauensvollen Beziehungen. | • Hat keine engen Freunde oder Vertrauten außer aus dem Kreis seiner Verwandten ersten Grades.
• Hat weder den Wunsch nach engen Beziehungen noch Freude an solchen Beziehungen. |
> | • Deutliche Mängel im Erkennen und Befolgen gesellschaftlicher Regeln, mit der Folge von exzentrischem Verhalten. | |

Schizotype Persönlichkeitsstörung

Definition ▶

> **Definition.** Das Hauptmerkmal der schizotypen Persönlichkeitsstörung ist ein in den verschiedensten Situationen auftretendes durchgängiges psychisches Muster, das durch Eigentümlichkeiten in der Vorstellungswelt, der äußeren Erscheinung, des Verhaltens sowie durch einen Mangel an zwischenmenschlichen Beziehungen gekennzeichnet ist.

Die Beschreibung der schizotypen Persönlichkeitsstörung als eine spezielle Form von Persönlichkeitsstörungen ist umstritten. Insbesonders ist die Abgrenzung zu schizophrenen Psychosen nicht immer klar. Aus diesem Grund wird die schizotype Persönlichkeitsstörung in der ICD-10 im gleichen Kapitel wie die Schizophrenien beschrieben.

Auffällig bei Patienten mit schizotyper Persönlichkeitsstörung sind ein **kalter und unnahbarer Affekt,** seltsames und **exzentrisches Verhalten, fehlende soziale Bezüge** und **sozialer Rückzug.** Es können Beziehungsideen und bizarre Überzeugungen auftreten, die jedoch nicht die Wahnkriterien vollständig erfüllen. In kurzen und vorübergehenden Episoden können auch intensive Illusionen und evtl. Halluzinationen auftreten. Die Sprache kann vage, umständlich und gekünstelt erscheinen, ohne daß jedoch eine Zerfahrenheit oder Danebenreden zu finden sind. Begleitend finden sich häufig in wechselnder Ausprägung Angst, Depression und andere dysphorische Verstimmungen. Die genauen Kriterien sind in *Synopsis 3-55* aufgeführt.

Sidebar:

Schizotype Persönlichkeitsstörung

Definition ▶

Auffällig bei Patienten mit schizotyper Persönlichkeitsstörung sind ein **kalter und unnahbarer Affekt,** seltsames und **exzentrisches Verhalten, fehlende soziale Bezüge** und **sozialer Rückzug.** Es können Beziehungsideen und bizarre Überzeugungen auftreten, die jedoch nicht die Wahnkriterien vollständig erfüllen. Begleitend finden sich Angst, Depression und andere dysphorische Verstimmungen (s. Syn. 3-55).

Synopsis 3-55: Symptomatik der schizotypen Störung (ICD-10) bzw. der schizotypischen Persönlichkeitsstörung (DSM-III-R) im Vergleich

ICD-10	DSM-III-R
• Kalter und unnahbarer Affekt, oft mit Anhedonie verbunden.	• Inadäquater oder eingeschränkter Affekt.
• Seltsames, exzentrisches und eigentümliches Verhalten und Erscheinung.	• Das Verhalten oder die äußere Erscheinung wirken oft seltsam oder exzentrisch.
• Wenig soziale Bezüge und Tendenz zu sozialem Rückzug.	• Extreme soziale Ängstlichkeit.
	• Keine engen Freunde oder Vertraute.
• Beziehungsideen, paranoide Ideen oder bizarre, phantastische Überzeugungen und autistisches Versunkensein, das aber nicht bis zu eigentlichen Wahnvorstellungen reicht.	• Beziehungsideen (jedoch kein Beziehungswahn).
	• Seltsame Glaubensinhalte oder magisches Denken, was mit Normen kultureller Untergruppen unvereinbar ist und das Verhalten beeinflußt.
	• Argwohn und paranoide Vorstellungen.
• Zwanghaftes Grübeln ohne inneren Widerstand, oft mit dysmorphophoben, sexuellen oder aggressiven Inhalten.	
• Gelegentliche Körpergefühlsstörungen und Depersonalisations- oder Derealisationserleben.	
• Denken und Sprache vage, umständlich, metaphorisch, gekünstelt und oft stereotyp, ohne ausgeprägte Zerfahrenheit oder Danebenreden.	• Eigenartige Sprache (ohne Lockerung der Assoziationen und Inkohärenz).
• Gelegentliche vorübergehende quasipsychotische Episoden mit intersiven Illusionen, akustischen oder anderen Halluzinationen und wahnähnlichen Ideen.	• Ungewöhnliche Wahrnehmungen, z.B. Illusionen und das Spüren einer nicht tatsächlich vorhandenen Kraft.

Dissoziale (antisoziale) Persönlichkeitsstörung

Synonyme: Soziopathie, soziopathische Persönlichkeitsstörung

> **Definition.** Das Hauptmerkmal der dissozialen (antisozialen) Persönlichkeitsstörung ist ein Muster von verantwortungslosem und antisozialem Verhalten, das in der Kindheit oder frühen Adoleszenz beginnt und bis ins Erwachsenenalter fortdauert.

Die dissoziale bzw. antisoziale Persönlichkeitsstörung ist im Unterschied zu den übrigen Persönlichkeitsstörungen vorwiegend durch die **Auswirkungen im sozialen Bereich** definiert. Die Betroffenen können sich nicht an gesellschaftliche Normen anpassen, sie begehen deshalb wiederholt strafbare Handlungen. Sie können sich meist nicht oder nur sehr unzureichend in die Gefühle anderer hineinversetzen. Die Frustrationstoleranz der Betroffenen ist gering, und es besteht eine niedrige Schwelle für aggressives, gewalttätiges Verhalten. Gewalt tritt evtl. auch in einer Partnerbeziehung bzw. gegenüber den eigenen Kindern auf. In der Regel besteht eine weitgehende oder vollständige Unfähigkeit zum Erleben von Schuldbewußtsein und zum Lernen aus Erfahrung. Das gilt auch für vorausgegangene Bestrafungen.

Dissoziale (antisoziale) Persönlichkeitsstörung
Synonyme: Soziopathie, soziopathische Persönlichkeitsstörung

◀ Definition

Die dissoziale bzw. antisoziale Persönlichkeitsstörung ist vorwiegend durch die **Auswirkungen im sozialen Bereich** definiert. Die Betroffenen können sich nicht an gesellschaftliche Normen anpassen, sie begehen deshalb wiederholt strafbare Handlungen. Die Frustrationstoleranz ist gering, aus Erfahrung wird wenig oder nicht gelernt. Die Störung des Sozialverhaltens beginnt schon **vor** der **Vollendung des 15. Lebensjahres.**

3 Krankheiten

Typische Anzeichen in der Kindheit **können** gehäuftes Lügen, Stehlen, Schuleschwänzen, Vandalismus, Fortlaufen von zu Hause und körperliche Grausamkeit sein (*s. Syn. 3-56*).

Es wird davon ausgegangen, daß die Störung des Sozialverhaltens schon **vor** der **Vollendung des 15. Lebensjahres** beginnt. Typische Anzeichen in der Kindheit **können** gehäuftes Lügen, Stehlen, Schuleschwänzen, Vandalismus, Anzetteln von Prügeleien, Fortlaufen von zu Hause und körperliche Grausamkeit sein. Bereits in der Kindheit oder frühen Adoleszenz kommt es zum Konsum von Nikotin, Alkohol und evtl. Drogen (*siehe Synopsis 3-56*).

Synopsis 3-56: Symptomatik der dissozialen (ICD-10) bzw. antisozialen Persönlichkeitsstörung (DSM-III-R) im Vergleich

ICD-10	DSM-III-R
• Dickfelliges Unbeteiligtsein gegenüber den Gefühlen anderer und Mangel an Empathie.	
• Deutliche und andauernde Verantwortungslosigkeit und Mißachtung sozialer Normen, Regeln und Verpflichtungen.	• Kann sich nicht an rechtliche Normen der Gesellschaft anpassen, begeht wiederholt antisoziale Handlungen, die einen Grund für eine Festnahme darstellen.
	• Erfüllt wiederholt nicht seine finanziellen Verpflichtungen.
	• Ist rücksichtlos gegenüber sich selbst oder anderen.
	• Kann als Elternteil oder Erziehungsberechtigter nicht verantwortungsvoll handeln.
• Unvermögen zur Beibehaltung längerfristiger Beziehungen.	• Hatte nie länger als ein Jahr eine monogame Beziehung.
• Sehr geringe Frustrationstoleranz und niedrige Schwelle für aggressives, auch gewalttätiges Verhalten.	
• Unfähigkeit zum Erleben von Schuldbewußtsein und zum Lernen aus Erfahrung, besonders aus Bestrafung.	• Verspürt keine Gewissensbisse.
• Neigung, andere zu beschuldigen oder vordergründige Rationalisierungen für das eigene Verhalten anzubieten, durch das die Person in einen Konflikt mit der Gesellschaft gerät.	
• Andauernde Reizbarkeit.	• Ist reizbar und aggressiv, was sich in wiederholten Schlägereien oder Überfällen ausdrückt.
	• Ist unfähig, eine dauerhafte Tätigkeit auszuüben.
	• Kann nicht vorausschauend planen oder ist impulsiv.
	• Hat kein Wahrheitsempfinden.

Kasuistik. Der Hausarzt schickte den 38-jährigen, ledigen, arbeitslosen Patienten in die Psychiatrische Klinik, in der er ein Jahr zuvor bereits stationär behandelt worden war.

Der Patient selbst berichtete, daß er in der letzten Zeit das Gefühl gehabt habe, völlig „auszurasten". Er komme jetzt aus eigenem Antrieb, habe Angst, die Kontrolle zu verlieren, im Extremfall jemanden umzubringen. In Streßsituationen oder auch nach Enttäuschung, z.B. durch gute Freunde, beginne er plötzlich zu zittern, spüre eine starke innere Anspannung sowie einen Druck im Kopf, was häufig aggressive, von ihm nicht steuerbare Ausbrüche zu Folge habe. Diese seien in der letzten Zeit häufiger und gewalttätiger geworden. Zumeist seien die Angriffe gegen seine Verlobte gerichtet. Gelegentlich gerate er in Streitsituationen mit einem homosexuellen Freund. Dieser wohne derzeit mit in der Wohnung seiner Verlobten und lade sich ständig „Strichjungen" ein, was seine Verlobte und er selbst als Verletzung der Privatsphäre erleben würden. Als seine Verlobte in einer derartigen Konfliktsituation mit Selbstmord drohte, habe er ihr das Messer abgenommen und gesagt, daß, wenn sie sich die Pulsadern aufschneiden wolle, er ihr dies abnehmen werde. Sie sei schließlich weggelaufen, und er habe dabei ihren Unterarm nur oberflächlich mit dem Messer geritzt. Vor zwei Wochen habe er einen Streit mit der Verlobten begonnen, nachdem eine Reparatur an seinem für ihn äußerst wichtigen Moped nicht gelungen war; er selbst könne sich an nichts erinnern. Die Verlobte habe ihm am Folgetag erzählt, daß er sie heftig gewürgt habe, eine Rötung an ihrem Hals sowie Halsschmerzen würden darauf hindeuten, daß sich wirklich etwas Derartiges abgespielt habe. Neulich habe er zudem auf der Straße einen Mann zusammengeschlagen, den er verdächtigte, das Moped seines Freundes gestohlen zu haben.

Zur **Biographie** war zu erfahren, daß er in einem Obdachlosenheim geboren worden sei. Der Vater sei ihm unbekannt geblieben. Die Mutter – seinem frühen Erleben nach eine „kettenrauchende, schreiende, aber auch grübelnde Frau" – habe fünf weitere Kinder geboren, die von mindestens drei verschiedenen Vätern stammten. Der spätere Stiefvater („Nummer drei") sei ein „arbeitsscheuer Schnorrer" gewesen, habe viel Alkohol getrunken, häufig impulshaft die Kinder geschlagen und schließlich das Haus der Großmutter versetzt. Ab dem 6. Lebensjahr sei er bei der Großmutter aufgewachsen, mit dem 13. Lebensjahr sei er wegen „Verwahrlosung" in einer Jugendclique in ein Jugendheim gekommen. Im Alter von 15 Jahren folgte der Jugendstrafvollzug aufgrund zahlreicher Einbruchsdelikte. Einen Schulabschluß habe er nicht geschafft, die Hauptschule in der 8. Klasse abgebrochen. Seit dieser Zeit sei er fast ständig im Gefängnis gewesen, die Delikte seien Einbrüche, Diebstahl und zweimalig schwere Körperverletzung gewesen. Im Gefängnis habe er eine gute und geschützte Position in dem dort bestehenden streng hierarchischen System der Mitinsassen gehabt; von einer homosexuell getönten Freundschaft zu einem „King" berichtet er fast wehmütig. Seit eineinhalb Jahren sei er nun auf Bewährung entlassen.

Bei der **Aufnahmeexploration** erschien der Patient unauffällig in Jeans und Sweatshirt gekleidet. An beiden Unterarmen waren Tätowierungen sichtbar. Er hatte ein rundliches Gesicht mit weichen Zügen und erschien dabei kindlich-jugendhaft. Zunächst wirkte er scheu, unsicher und mißtrauisch, mit erheblicher innerer Anspannung im Sinne eines aggressiven Konfliktpotentials. Während des Gesprächs zeigten sich zunehmend depressive Erlebnisanteile, eine Selbstunsicherheit und Ratlosigkeit hinsichtlich der schlechten Impulskontrolle mit Angst vor Kontrollverlust. Beim Ansprechen der Behandlungsmodalitäten wurde auch die niedrige Frustrationstoleranz deutlich, für ihn sei ein mehrwöchiger Aufenthalt zu lang, er wisse nicht, ob er sich an die Stationsregeln halten könne. Es gab keine Hinweise für inhaltliche oder formale Denkstörungen, psychotisches Erleben und Suizidalität.

Die körperliche **Untersuchung** sowie apparative Untersuchungen erwiesen sich als unauffällig. Bezüglich der **Suchtanamnese** berichtete der Patient von häufigerem Alkoholkonsum insbesondere in emotionalen Belastungssituationen. Zwei Jahre habe er einen Benzodiazepinmißbrauch betrieben.

Im **Verlauf** der stationären Behandlung zeigten sich eine mangelhaft ausgeprägte Frustrationstoleranz sowie eine schlechte Impulskontrolle. Diese beiden Faktoren bestimmen auch in alltäglichen sozialen Interaktionen sein an aggressiven Konfliktlösungsmodellen orientiertes Verhalten, indem er etwa in der Patientenrunde auf dort angesprochene eigene emotionale Probleme mit Äußerungen wie „kümmere dich doch um deinen eigenen Dreck" oder „wenn mich das jemand auf der Straße fragen würde, gäbe es Ärger" reagierte. Wiederholt hatte der Patient die Tendenz, erreichte Fortschritte dadurch zu zerstören, daß Behandlungsbedingungen unterlaufen wurden. So beurlaubte der Patient sich mehrfach ohne Absprache mit der Station. Eine wichtige Rolle spielte dabei der Alkohol, der bezüglich der Impulskontrolle regelmäßig zu Einbrüchen führte.

Zum Entlassungszeitpunkt war als Therapieeffekt das verbesserte Kontaktverhalten sowie die gesteigerte Fähigkeit zur Impulskontrolle zu werten. Eine Weiterbehandlung in der Tagesklinik lehnte der Patient ab – auf eine zeitlich von Beginn an begrenzte therapeutische Beziehung konnte er sich nicht erneut einlassen. Er strebte eine ambulante Gruppen-Psychotherapie an, die er drei Monate nach Entlassung aufnehmen konnte (gekürzt zitiert nach: Fallbuch Psychiatrie. Kasuistiken zum Kapitel V (F) der ICD-10. *Freyberger* und *Dilling*, 1993).

Emotional instabile Persönlichkeitsstörung

Synonym: Borderline-Persönlichkeitsstörung

> **Definition.** Persönlichkeitsstörungen mit deutlicher Tendenz, Impulse auszuagieren ohne Berücksichtigung von Konsequenzen sowie mit wechselnder und launenhafter Stimmung. In der ICD-10 werden ein **impulsiver Typ** sowie ein **Borderline-Typ** unterschieden.

Die im folgenden beschriebenen Persönlichkeitsstörungen werden in den modernen Systemen unterschiedlich klassifiziert (*siehe Synopsis 3-52*) und auch teilweise unter unterschiedlichen Namen aufgeführt. **Gemeinsam** ist diesen Störungen jedoch eine **Instabilität im impulsiven, affektiven und zwischenmenschlichen Bereich.** Für den **impulsiven Typ** ist die mangelnde Impulskontrolle kennzeichnend, die sich in Ausbrüchen von gewalttätigem und sonstigem aggressiven Verhalten äußert. Ein solches Verhalten tritt vor allem bei Kritik durch andere auf.

Die **Borderline-Störung** ist vorwiegend durch eine Instabilität des eigenen Selbstbildes, der inneren Ziele und der subjektiven Präferenzen gekennzeichnet. Hierbei zeigt sich die Instabilität symptomatologisch hauptsächlich im emotionalen und zwischenmenschlichen Bereich. Es finden sich häufig potentiell selbstschädigendes Verhalten, wie z. B. verschwenderisches Einkaufen und übertriebenes Geldausgeben, Mißbrauch von psychotropen Substanzen, rücksichtsloses Autofahren, wahlloser Geschlechtsverkehr, Ladendiebstahl und anfallsweise Eßstörungen. Die zwischenmenschliche Beziehung zeichnet sich meistens durch einem raschen Wechsel zwischen den beiden Extremen einer Überidealisierung und der Abwertung anderer Personen aus. Bei ausgeprägten Störungen kommt es wiederholt zu **Suiziddrohungen und Suizidversuchen.** Diesen extremen Verhaltensweisen steht innerseelisch oft ein chronisches Gefühl der Leere oder Langeweile gegenüber (*siehe Synopsis 3-57*).

Synopsis 3-57: Symptomatik der emotional instabilen Persönlichkeitsstörung (ICD-10) bzw. der Borderline-Persönlichkeitsstörung (DSM-III-R) im Vergleich

ICD-10	DSM-III—R
Emotional instabile Persönlichkeitsstörung:	**Borderline-Persönlichkeitsstörung:**
• Deutliche Tendenz, Impulse auszuagieren ohne Berücksichtigung von Konsequenzen.	• Muster von instabilen, aber intensiven zwischenmenschlichen Beziehungen, das sich durch einen Wechsel zwischen beiden Extremen der Überidealisierung und Abwertung auszeichnet.
• Wechselnde, launenhafte Stimmung.	
• Geringe Fähigkeit, vorauszuplanen.	
• Ausbrüche mit intensivem Ärger und gewalttätigem, explosiblem Verhalten.	• Impulsivität bei mindestens zwei potentiell selbstschädigenden Aktivitäten (z.B. Geldausgeben, Sexualität, Substanzmißbrauch, Ladendiebstahl, rücksichtsloses Fahren und Freßanfälle).
Impulsiver Typ: Die wesentlichen Charakterzüge sind emotionale Instabilität und mangelnde Impulskontrolle. Ausbrüche von gewalttätigem und bedrohlichem Verhalten sind häufig, vor allem bei Kritik durch andere.	• Instabilität im affektiven Bereich.
	• Übermäßige, starke Wut oder Unfähigkeit, die Wut zu kontrollieren.

Persönlichkeitsstörungen 343

Fortsetzung von Synopsis 3-57:

ICD-10	DSM-III-R
Borderline-Typ: Einige Kennzeichen emotionaler Instabilität sind vorhanden, zusätzlich sind oft das eigene Selbstbild, Ziele und „innere Präferenzen" unklar und gestört. Die Neigung zu intensiven, aber unbeständigen Beziehungen kann zu wiederholten emotionalen Krisen führen mit Suiziddrohungen oder selbstbeschädigenden Handlungen.	• Wiederholte Suiziddrohungen, -andeutungen oder -versuche oder andere selbstverstümmelnde Verhaltensweisen. • Ausgeprägte und andauernde Identitätsstörung, die sich in Form von Unsicherheit in mindestens zwei Lebensbereichen manifestiert. • Chronisches Gefühl der Leere oder Langeweile. • Verzweifeltes Bemühen, ein reales oder imaginäres Alleinsein zu verhindern.

Kasuistik. Der jetzt 24jährige Patient wurde stationär aufgenommen, nachdem er komatös in seinem Pkw aufgefunden wurde, mit dem er offensichtlich gegen ein Wildgatter gefahren war. Nach Magenspülung und vorübergehend notwendiger Beatmung konnte er eine Woche später aus der Medizinischen Klinik in die Psychiatrische Klinik übernommen werden.

In der ersten **Exploration** berichtete der Patient, daß er einige Tage zuvor plötzlich Minderwertigkeits- und Insuffizienzgefühle verspürt habe. Es sie ihm nicht möglich gewesen, irgend jemanden anzusprechen bzw. einen Arzt aufzusuchen. Erst während der weiteren Gespräche auf Station gab der Patient an, einige Zeit vor dem Ereignis bereits „das unbehagliche Gefühl" einer großen Leere und einer absoluten Ziel- und Inhaltslosigkeit entwickelt zu haben. Seine Beziehungspersonen seien nicht mehr wichtig gewesen, er habe sich vollkommen nutzlos gefühlt. Am Tag des Unfalles habe er bereits morgens eine ausgeprägte Angst gespürt. Nach Alkoholgenuß (eine Flasche Rotwein) sei er mit dem Auto losgefahren, ohne ein eigentliches Ziel zu haben. Während der Fahrt habe sich seine Angst gesteigert, er habe dann an einer Tankstelle eine Flasche Campari gekauft und getrunken und sei weiterhin Richtung Wald gefahren, um alleine zu sein. Schließlich müsse er gegen das Wildgatter gefahren sein. Er könne sich nur noch erinnern, daß er das Gatter habe auf sich zukommen sehen, danach habe er einen „Fadenriß". Er könne sich auch nicht mehr erinnern, wie die Rasierklingen in seine Tasche gekommen seien, die danach bei ihm gefunden worden seien. Auch an eine lebensmüde Stimmung oder einen geplanten Suizidversuch könne er sich nicht erinnern; es sei aber wohl ein „Tatbestand, der zu überlegen sei".

Im **psychischen Befund** zeigte sich ein distanziert wirkendes Verhalten, der Patient war förmlich und sehr um eine korrekte Haltung bemüht. Die Stimmungslage war indifferent, affektiv kaum modulationsfähig; in Anbetracht der jüngsten Vorgeschichte war sie als inadäquat heiter und locker zu bezeichnen. Ein emotionaler Zugang erschien aktuell nicht möglich. Der Patient zeigte sich gegenüber suizidalen Gedanken und Absichten äußerst distanziert und ablehnend. Im formalen Gedankengang war er eher beschleunigt, fast logorrhoisch, sehr eloquent. Anhaltspunkte für eine psychotische Symptomatik ergaben sich nicht.

Zur **Vorgeschichte:** Der Patient – ältestes von drei Geschwistern – begann nach sehr gutem Abitur und Wehrdienst das Jurastudium. Nach vier Semestern wechselte er zunächst in die Betriebswirtschaftslehre. Nach zwei Semestern brach er auch dieses Fach ab und begann nach einem halben Jahr mit einer Ausbildung zum Hotelfachmann. Einige Wochen später jobbte er bei der Post, um sich dann für den kaufmännischen Bereich zu entscheiden.

Aufgewachsen sei er in einer Atmosphäre, die einerseits von der nüchtern-distanzierten Art seines Vaters geprägt wurde und andererseits von der Mutter, die für die Familie ihre Berufstätigkeit aufgegeben hatte und zu der er eine sehr enge, vertrauensvolle Beziehung gehabt habe. Er könne sich erinnern, daß es zwischen den Eltern häufig Reibereien gegeben habe, insbesondere wohl wegen des vermehrten Alkoholkonsums der Mutter.

Eine wichtige und gute Beziehung habe er auch zu der Haushälterin gehabt, die mit im Hause der Eltern in einer getrennten Wohnung gelebt habe. Als er dreizehn Jahre alt gewesen sei, sei die Mutter an einer chronischen Pankreatitis als Folge des Alkoholabusus verstorben. Er habe dieses Ereignis zwar als einen Verlust empfunden, sei jedoch damals emotional stabil genug gewesen, um sich intensiv auf die Schule zu konzentrieren. Er sei durchgehend einer der Besten in der Klasse gewesen. Nach dem Tod der Mutter habe er zu der Großmutter, die dann mit ins Elternhaus gezogen sei und für die Familie gesorgt habe, ein enges Verhältnis gehabt. Sie sei dann während der Bundeswehrzeit gestorben. Damals habe er begonnen, vermehrt Alkohol zu trinken. Besonders in Zeiten, in denen er keine feste Beschäftigung hatte, z. B. an den Wochenenden, kam es auch zu Alkoholexzessen. In dieser Zeit habe es auch vermehrt Probleme in der Beziehung zu seiner Freundin gegeben.

Während des dritten Semesters des Jurastudiums kam es dann zum ersten Suizidversuch (Schneiden am Handgelenk) und in der Folge zum ersten Aufenthalt in einer psychiatrischen Klinik. Der Patient berichtete damals, er könne eigentlich gar nicht sagen, weshalb er nicht mehr le-

3 Krankheiten

ben wollte. Er könne keinerlei Gründe angeben, sondern sei plötzlich in eine Art „Tiefstimmung" geraten, die er sich im Nachhinein nicht mehr erklären könne. Nach einer mehrwöchigen stationären, insbesondere psychotherapeutischen Behandlung wurde er in einem relativ stabilen Zustand entlassen.

Ungefähr im vierten Semester des Jurastudiums erfolgte dann ein weiterer Suizidversuch durch Alkoholintoxikation, wobei der Patient nicht ansprechbar von seinem Vater, der von einer mehrtägigen Geschäftsreise nach Hause zurückkehrte, aufgefunden wurde. Bei dem darauf folgenden erneuten stationären Aufenthalt berichtete der Patient, daß er wiederum plötzlich, ohne einen eigentlichen Grund nennen zu können, ein Gefühl der absoluten Leere und Sinnlosigkeit empfunden habe. Er sei innerlich wie gelähmt gewesen, so daß es ihm unmöglich gewesen sei, mit irgend jemandem darüber zu sprechen. So habe er dann wieder begonnen, Alkohol zu trinken und die Menge innerhalb von einigen Tagen deutlich gesteigert. Dabei habe er sich nicht ausdrücklich umbringen wollen, habe lediglich für eine Zeitlang „weg sein wollen", alles vergessen wollen. Auch diesmal distanzierte sich der Patient bereits einige Tage nach der Aufnahme völlig von suizidalen Absichten, zeigte sich inadäquat heiter, emotional unzugänglich mit einem nur oberflächlichen Konfliktbewußtsein und der starken Tendenz zum Rationalisieren. Im Rahmen des mehrwöchigen stationären Aufenthaltes wurde schwerpunktmäßig eine psychotherapeutische so-

wie psychopharmakologische Behandlung mit Lithium durchgeführt. Nach der Entlassung erfolgte eine ambulante psychotherapeutische Anbindung.

Auch weiterhin war bei dem Patienten eine immer wieder auftretende Störung der Impulskontrolle, mit der Tendenz, diese auszuagieren, sowie eine sehr abrupt wechselnde Stimmung zu beobachten. Das jeweils auftretende autoaggressive Verhalten trat weitgehend unvorhersehbar auf bei einer insgesamt niedrigen Frustrationstoleranz. Die mangelnde emotionale Stabilität war begleitet von unklaren Zielvorstellungen, Bedürfnissen und Erwartungen in bezug auf das eigene Selbst. Die Unfähigkeit einer Entscheidungsfindung im Zusammenhang mit der eigenen Identitätsfindung führte zu einem mehrfachen Wechsel der Ausbildungsart und im Rahmen dieser Unbeständikeit zu wiederholten emotionalen Krisen mit Dekompensationen.

Inzwischen gelingt es dem Patienten zunehmend besser, sich gegenüber den Vorstellungen des Vaters, zu dem weiterhin ein ambivalentes Verhältnis besteht, abzugrenzen. Der Patient ist auch eher in der Lage, Kontakte zu anderen Personen aufzunehmen.

Im Verlauf der **psychotherapeutischen Behandlung** wird versucht, eine stabile therapeutische Beziehung zum Patienten aufzubauen. Im Rahmen eines längeren Prozesses soll ein therapeutischer Zugang zu den Emotionen und den inneren Repräsentanzen des Patienten geschaffen werden.

Histrionische Persönlichkeitsstörung
Synonym: hysterische Persönlichkeitsstörung

Definition ►

Personen mit dieser Störung zeigen oft ein **theatralisches Verhalten** mit übertriebenem Ausdruck von Gefühlen. Sie erwarten ständig von anderen Bestätigung, Anerkennung oder Lob.
Die Emotionen sind oft oberflächlich und leicht durch andere beeinflußbar.
In bezug auf ihre zwischenmenschlichen Beziehungen übertreiben sie leicht und spielen oft eine Rolle, wie etwa die der „Prinzessin" oder die des immerwährenden „Opfers".
Dem nach außen oft sicher wirkenden Auftreten stehen innerseelisch oft eine **ausgeprägte Sensibilität und Verletzbarkeit** gegenüber (s. Syn. 3-58)

Histrionische Persönlichkeitsstörung

Synonym: hysterische Persönlichkeitsstörung

> **Definition.** Die histrionische Persönlichkeitsstörung ist vorwiegend gekennzeichnet durch ein durchgängiges Muster von übermäßiger Emotionalität und durch übermäßiges Verlangen nach Aufmerksamkeit. Diese Persönlichkeitsstörung wird auch als **hysterische Persönlichkeitsstörung** bezeichnet.

Die Bezeichnung „histrionisch" leitet sich von dem lateinisch-etruskischen Begriff „histrio" ab (= Schauspieler, Gaukler). Diese Bezeichnung deutet darauf hin, daß Personen mit einer solchen Persönlichkeitsstörung oft ein **theatralisches Verhalten** bieten mit übertriebenem Ausdruck von Gefühlen. Sie erwarten oder verlangen ständig von anderen Bestätigung, Anerkennung oder Lob. Sie fühlen sich in solchen Situationen unwohl, in denen sie nicht im Mittelpunkt stehen. Die Emotionen sind oft oberflächlich und leicht durch andere beeinflußbar. Kleinigkeiten geben Anlaß zu emotionaler Erregbarkeit, Emotionen werden oft übertrieben zur Schau gestellt. Vom Äußeren her sind die Betroffenen typischerweise attraktiv und verführerisch, oft bis hin zu einem sehr auffälligen Äußeren und zu einem übertriebenen Gehabe. In bezug auf ihre zwischenmenschlichen Beziehungen übertreiben sie leicht und spielen oft eine Rolle, wie etwa die der „Prinzessin" oder die des immerwährenden „Opfers". Sie unterliegen einem Verlangen nach aufregender Anspannung und nach Aktivitäten, die möglichst unmittelbar der Befriedigung eigener Bedürfnisse dienen.

Diesem nach außen oft sicher wirkenden Auftreten stehen innerseelisch oft eine **ausgeprägte Sensibilität und Verletzbarkeit** gegenüber (*siehe Synopsis 3-58*).

Synopsis 3-58: Symptomatik der histrionischen Persönlichkeitsstörung im Vergleich von ICD-10 und DSM-III-R

ICD-10	DSM-III-R
• Dramatisierung bezüglich der eigenen Person, theatralisches Verhalten, übertriebener Ausdruck von Gefühlen.	• Ist übertrieben attraktiv und verführerisch im Äußeren und im Gehabe. • Ist übertrieben besorgt um sein Äußeres. • Zeigt übertrieben seine Emotionen
• Suggestibilität, leichte Beeinflußbarkeit durch andere. • Oberflächliche und labile Affektivität.	• Zeigt rasch wechselnde und oberflächliche Emotionen.
• Egozentrik, Selbstbezogenheit und fehlende Bezugnahme auf andere. • Dauerndes Verlangen nach Anerkennung, erhöhte Kränkbarkeit.	• Fühlt sich unwohl in Situationen, in denen er nicht im Mittelpunkt steht. • Verlangt ständig von anderen Bestätigung, Anerkennung und Lob.
• Verlangen nach aufregender Spannung und nach Aktivitäten, in denen die betroffene Person im Mittelpunkt der Aufmerksamkeit steht. • Andauernd manipulatives Verhalten zur Befriedigung eigener Bedürfnisse.	• Ist stark egozentrisch, das Handeln ist auf unmittelbare Befriedigung ausgerichtet, Frustration durch Belohnungsaufschub wird schwer ertragen. • Hat einen übertrieben impressionistischen Sprachstil, der keine Details kennt.

Anankastische (zwanghafte) Persönlichkeitsstörung

> **Definition.** Das Hauptmerkmal dieser Störung ist ein durchgängiges Muster von Perfektionismus und Starrheit, sowohl im Denken als auch im Handeln.

Patienten mit einer anankastischen (zwanghaften) Persönlichkeitsstörung sind oft einem kaum lösbaren Konflikt ausgesetzt: Auf der einen Seite streben sie ständig nach **Perfektion,** auf der anderen Seite können sie jedoch ihre Aufgaben und Vorhaben aufgrund der von ihnen **selbst gesetzten,** übermäßig strengen und oft **unerreichbaren Normen** nur schwer realisieren. Wie gut ihre Leistungen auch sind, sie erscheinen ihnen als „nicht gut genug". Die übermäßige Beschäftigung mit Regeln, Effizienz, unbedeutenden Details, Verfahrensfragen oder Formen stört die Übersicht. So wird beispielsweise ein Betroffener, der eine Liste von zu erledigenden Tätigkeiten verlegt hat, ungewöhnlich lange nach dieser Liste suchen, statt sie kurz aus dem Gedächtnis erneut zu erstellen, um dann seine Tätigkeiten fortzusetzen. Die Zeit wird schlecht genutzt, die wichtigen Dinge werden bis zuletzt aufgehoben. Arbeit und Produktivität werden leicht über Vergnügungen und zwischenmenschliche Beziehungen gestellt. Häufig wird mit Logik und Vernunft argumentiert und affektives Verhalten anderer nicht toleriert. Auch Freizeittätigkeiten müssen exakt geplant und erarbeitet werden. Aufgrund einer ausgeprägten **Unentschlossenheit** werden Entscheidungen immer wieder hinausgeschoben, meist als Ausdruck einer übertriebenen Furcht vor einem Fehler. Das kann dazu führen, daß Aufträge und Vorhaben überhaupt nicht mehr erledigt werden können. Personen mit dieser Störung sind häufig außerordentlich gewissenhaft und spielen gerne den „Moralapostel". Sie nehmen alles

Anankastische (zwanghafte) Persönlichkeitsstörung

◄ Definition

Die Patienten befinden sich typischerweise im Konflikt zwischen dem Streben nach **Perfektion** und den von ihnen **selbst gesetzten,** übermäßig strengen und oft **unerreichbaren Normen**. Wie gut ihre Leistungen auch sind, sie erscheinen ihnen als „nicht gut genug". Arbeit und Produktivität werden leicht über Vergnügungen und zwischenmenschliche Beziehungen gestellt. Aufgrund einer ausgeprägten **Unentschlossenheit** werden Entscheidungen immer wieder hinausgeschoben, meist als Ausdruck einer übertriebenen Furcht vor einem Fehler. Personen mit dieser Störung sind häufig außerordentlich gewissenhaft und spielen gerne den „Moralapostel". Sie nehmen alles sehr genau, sowohl bei sich als auch bei anderen. Häufig treten

3 Krankheiten

depressive Verstimmungen auf (s. Syn. 3-59).

sehr genau, sowohl bei sich als auch bei anderen. Sie zeigen nur selten offen ihre Gefühle, ihre alltäglichen Beziehungen sind konventionell, formal und ernst. Dadurch vermitteln sie anderen Menschen häufig einen „steifen"Eindruck. Auf soziale Kritik, insbesondere wenn sie von höhergestellten Personen oder Autoritätspersonen geäußert wird, reagieren sie ausgesprochen sensibel. Häufig treten depressive Verstimmungen auf (*siehe Synopsis 3-59*).

Synopsis 3-59: Symptomatik der anankastischen (zwanghaften) Persönlichkeitsstörung im Vergleich von ICD-10 und DSM-III-R

ICD-10	DSM-III-R
• Unentschlossenheit, Zweifel und übermäßige Vorsicht als Ausdruck einer tiefen persönlichen Unsicherheit.	• Unentschlossenheit: Entscheidungen werden vermieden oder hinausgezögert.
• Perfektionismus, Bedürfnis nach ständiger Kontrolle und peinlich genaue Sorgfalt, was zur Bedeutung der Aufgabe in keinem Verhältnis steht und bis zum Verlust des Überblicks über die allgemeine Situation führt.	• Nichterfüllung von Aufgaben durch Streben nach Perfektion.
• Übermäßige Gewissenhaftigkeit, Skrupelhaftigkeit und unverhältnismäßige Leistungsbezogenheit unter Vernachlässigung von Vergnügen und zwischenmenschlichen Beziehungen.	• Übermäßige Gewissenhaftigkeit, Besorgtheit und Starrheit gegenüber allem, was Moral, Ethik oder Wertvorstellungen betrifft.
	• Übermäßige Beschäftigung mit Details, Regeln, Listen, Ordnung, Organisation oder Plänen, so daß die Hauptsache dabei verlorengeht.
• Pedanterie und Konventionalität mit eingeschränkter Fähigkeit zum Ausdruck warmer Gefühle.	• Eingeschränkter Ausdruck von Gefühlen.
• Rigidität und Eigensinn, wobei anderen gegenüber auf einer Unterordnung unter eigene Gewohnheiten bestanden wird.	• Unmäßiges Beharren darauf, daß die eigenen Arbeits- und Vorgehensweisen übernommen werden, oder unvernünftiger Widerwille dagegen, anderen Tätigkeiten zu überlassen, aus Überzeugung, daß diese nicht korrekt ausgeführt werden.
• Andrängen unerwünschter Gedanken oder Impulse.	
• Bedürfnis zu frühzeitigem, detailliertem und unveränderbarem Vorausplanen aller Aktivitäten.	
	• Arbeit und Produktivität werden über Vergnügungen und zwischenmenschliche Beziehungen gestellt.
	• Mangelnde Großzügigkeit hinsichtlich Zeit, Geld oder Geschenken, sofern kein persönlicher Vorteil zu erwarten ist.
	• Unfähigkeit, sich von verschlissenen oder wertlosen Dingen zu trennen, selbst wenn diese keinen Gefühlswert besitzen.

Ängstliche (vermeidende) Persönlichkeitsstörung

> **Definition.** Das Hauptmerkmal dieser Störung ist ein durchgängiges Muster von Anspannung und Besorgtheit, Angst vor negativer Beurteilung und Schüchternheit. Diese Störung wird auch als **selbstunsichere Persönlichkeitsstörung** bezeichnet.

Patienten mit einer ängstlichen (vermeidenden) Persönlichkeitsstörung sind durch Kritik von anderen **übermäßig leicht verletzbar**, schon das geringste Zeichen von Ablehnung zeigt bei ihnen eine verheerende Wirkung. Beziehungen zu anderen werden allenfalls dann aufgenommen, wenn ein unkritisches Akzeptiertwerden garantiert ist. Soziale oder berufliche Aktivitäten, bei denen engere zwischenmenschliche Kontakte gefordert sind, werden aufgrund der Persönlichkeitsstruktur meist vermieden. So kann beispielsweise eine eigentlich gewünschte Beförderung aus Angst vor höheren sozialen oder beruflichen Anforderungen abgelehnt werden. In Gesellschaft verhalten sich die Betroffenen zurückhaltend, aus Angst etwas Unpassendes oder Dummes zu sagen. Sie **befürchten**, vor anderen durch Erröten, Weinen oder durch Anzeichen von Angst **in Verlegenheit zu geraten**. Es widerstrebt ihnen alles, was vom gewohnten Alltag abweicht. Potentielle Probleme, Gefahren oder Risiken werden übertrieben und in der Folge dann meistens auch vermieden. Intrapsychisch ist diese Störung häufig mit Depressionen verbunden. Die Patienten erkennen dabei durchaus ihre eigene Unfähigkeit, soziale Beziehungen zu pflegen (*siehe Synopsis 3-60*).

Ängstliche (vermeidende) Persönlichkeitsstörung

◀ Definition

Patienten mit einer ängstlichen (vermeidenden) Persönlichkeitsstörung sind durch Kritik von anderen **übermäßig leicht verletzbar.** Soziale oder berufliche Aktivitäten, bei denen engere zwischenmenschliche Kontakte gefordert sind, werden meist vermieden. Potentielle Probleme, Gefahren oder Risiken werden übertrieben. Beispielsweise wird eine Beförderung aus Angst vor höheren beruflichen Anforderungen abgelehnt (*s. Syn. 3-60*)

Synopsis 3-60: Symptomatik der ängstlichen (vermeidenden) Persönlichkeitsstörung (ICD-10) und der selbstunsicheren Persönlichkeitsstörung (DSM-III-R)

ICD-10	DSM-III-R
• Andauernde und umfassende Gefühle von Anspannung und Besorgtheit. • Gewohnheitsmäßige Befangenheit und Gefühle von Unsicherheit und Minderwertigkeit.	• Zeigt sich in Gesellschaft zurückhaltend, aus Angst, etwas Unpassendes oder Dummes zu sagen oder eine Frage nicht beantworten zu können. • Befürchtet, vor anderen durch Erröten, Weinen oder durch Anzeichen von Angst in Verlegenheit zu geraten.
• Andauernde Sehnsucht nach Zuneigung und Akzeptiertwerden. • Überempfindlichkeit gegenüber Zurückweisung und Kritik. • Weigerung zur Aufnahme von Beziehungen, solange der betreffenden Person nicht unkritisches Akzeptiertwerden garantiert ist; sehr eingeschränkte persönliche Bindungen. • Gewohnheitsmäßige Neigung zur Überbetonung potentieller Gefahren oder Risiken alltäglicher Situationen, bis zur Vermeidung bestimmter Aktivitäten, ohne das Ausmaß phobischer Vermeidung. • Eingeschränkter Lebensstil wegen des Bedürfnisses nach Gewißheit und Sicherheit.	• Ist durch Kritik und Ablehnung leicht zu verletzen. • Geht keine Beziehung ein, sofern er nicht sicher ist, akzeptiert zu werden. • Hat enge Freunde oder Vertraute häufig nur aus dem Kreis seiner Verwandten ersten Grades. • Übertreibt potentielle Probleme, körperliche Gefahren oder Risiken, die bei üblichen, für ihn jedoch ungewöhnlichen Aktivitäten auf ihn zukommen können.
	• Vermeidet soziale oder berufliche Aktivitäten, bei denen engere zwischenmenschliche Kontakte geknüpft werden.

Abhängige (asthenische) Persönlichkeitsstörung

Definition ▶

Patienten mit dieser Persönlichkeitsstörung sind **kaum in der Lage,** eigene **Entscheidungen zu treffen.** Sie fühlen sich meist beim Alleinsein sehr unbehaglich und entwickeln ausgeprägte **Ängste vor dem Verlassenwerden.** Es besteht eine unverhältnismäßige **Nachgiebigkeit** gegenüber den Wünschen anderer. Durch Kritik oder Ablehnung sind diese Personen leicht zu verletzen. Diese Störung tritt häufig in Kombination mit selbstunsicheren oder schizotypischen Persönlichkeitsstörungen, Angst und Depression auf (*s. Syn. 3-61*).

Abhängige (asthenische) Persönlichkeitsstörung

> **Definition.** Hauptmerkmale dieser Störung sind eine Selbstwahrnehmung als hilflos und inkompetent sowie eine Überlassung der Verantwortung für wichtige Bereiche des eigenen Lebens an andere. Die Störung wird auch als **dependente Persönlichkeitsstörung** bezeichnet.

Patienten mit dieser Persönlichkeitsstörung sind **kaum in der Lage,** eigene **Entscheidungen zu treffen.** Auch wichtige Entscheidungen über ihr eigenes Leben oder ihre Zukunft überlassen sie anderen Menschen. Diese Neigung kann Auswirkungen bis in die privatesten Bereiche hinein haben. Personen mit dieser Störung fühlen sich meist beim Alleinsein sehr unbehaglich und entwickeln ausgeprägte **Ängste vor dem Verlassenwerden.** Um ein – oft nur befürchtetes – Verlassenwerden zu vermeiden, neigen sie dazu, ihre eigenen Bedürfnisse denen anderer Personen unterzuordnen, und haben eine unverhältnismäßige **Nachgiebigkeit** gegenüber den Wünschen anderer. Bricht eine enge Beziehung dennoch auseinander, so erleben sie eine ausgeprägte Hilflosigkeit und innere Zerstörtheit. Durch Kritik oder Ablehnung sind diese Personen leicht verletzbar. Sie neigen deshalb dazu, eigene Ansprüche, auch wenn sie berechtigt sind, anderen Personen gegenüber möglichst nicht zu äußern. Eventuell übernehmen sie freiwillig Tätigkeiten, die für sie unangenehm oder sogar erniedrigend sind, nur um die Zuneigung anderer zu gewinnen.

Diese Persönlichkeitsstörung tritt häufig in Kombination mit anderen Persönlichkeitsstörungen auf, wie etwa einer selbstunsicheren oder schizotypischen Persönlichkeitsstörung. Angst und Depression kommen ebenfalls häufig gemeinsam mit dieser Störung vor (*siehe Synopsis 3-61*).

Synopsis 3-61: Symptomatik der abhängigen (asthenischen) Persönlichkeitsstörung (ICD-10) und der dependenten Persönlichkeitsstörung (DSM-III-R)

ICD-10	DSM-III-R
• Überlassung der Verantwortung für wichtige Bereiche des eigenen Lebens an andere.	• Läßt andere die wichtigsten Entscheidungen für sich treffen.
• Unterordnung eigener Bedürfnisse unter die anderer Personen, zu denen eine Abhängigkeit besteht, und unverhältnismäßige Nachgiebigkeit gegenüber den Wünschen anderer.	• Pflichtet anderen stets und auch dann bei, wenn er diese im Unrecht sieht, nur um nicht abgewiesen zu werden.
• Mangelnde Bereitschaft zur Äußerung angemessener Ansprüche gegenüber Personen, zu denen eine Abhängigkeit besteht.	• Übernimmt Tätigkeiten, die für ihn unangenehm oder erniedrigend sind, um die Zuneigung anderer zu gewinnen.
• Selbstwahrnehmung als hilflos, inkompetent und schwach.	
• Häufige Ängste vor Verlassenwerden und ständiges Bedürfnis, sich des Gegenteils zu versichern; beim Alleinsein sehr unbehagliche Gefühle.	• Fühlt sich alleine meist unwohl und hilflos und vermeidet dies nach Möglichkeit.
• Erleben von innerer Zerstörtheit und Hilflosigkeit bei der Beendigung einer engen Beziehung.	• Hat gewöhnlich Angst davor, verlassen zu werden.
• Bei Mißgeschick neigen diese Personen dazu, die Verantwortung anderen zuzuschieben.	• Ist am Boden zerstört oder hilflos, wenn enge Beziehungen in die Brüche gehen.
	• Ist unfähig, alltägliche Entscheidungen zu treffen, ohne ständig den Rat anderer einzuholen oder seine Entscheidungen billigen zu lassen.
	• Jegliche Eigeninitiative oder Eigenaktivitäten sind erschwert.
	• Ist bei Kritik oder Ablehnung leicht zu verletzen.

Weitere Formen von Persönlichkeitsstörungen

Neben den oben beschriebenen Formen, die in den modernen diagnostischen Instrumenten ausführlich beschrieben sind, werden häufig weitere Formen von Persönlichkeitsstörungen genannt und in der klinischen Praxis verwendet.

- Die **narzißtische Persönlichkeitsstörung** zeichnet sich durch ein durchgängiges Muster von „Großartigkeit" (in Phantasie oder Verhalten), von Überempfindlichkeit gegenüber der Einschätzung durch andere und von Mangel an Einfühlungsvermögen aus. Menschen mit dieser Störung sind in übergroßem Maße von ihrer eigenen Bedeutung überzeugt. Sie übertreiben leicht ihre Fähigkeiten und Begabungen und erwarten daher, selbst ohne besondere Leistung als „etwas Besonderes" Beachtung zu finden. Dabei ist das Selbstwertgefühl häufig sehr instabil und kann auch plötzlich in das Gefühl der absoluten Wertlosigkeit umschlagen. Durch dieses Verhalten sind die zwischenmenschlichen Beziehungen meist deutlich gestört.

- Bei der **passiv-aggressiven Persönlichkeitsstörung** wird ein indirekter (passiver) Widerstand gegen Anforderungen an das eigene Verhalten geleistet. Personen mit dieser Störung nehmen gewöhnlich alle Forderungen einer Steigerung oder Aufrechterhaltung ihrer Leistung übel und widersetzen sich diesen Forderungen. Am deutlichsten zeigt sich das meist im Rahmen der beruflichen Tätigkeit. Der Widerstand drückt sich meist indirekt in Verzögerungsmanövern, Trödelei, Bockigkeit, absichtlich herbeigeführter Ineffizienz und „Vergeßlichkeit" aus. Die Betroffenen werden mürrisch, reizbar oder streitsüchtig, wenn von ihnen etwas verlangt wird, was sie nicht tun möchten.

- Die früher beschriebene **sensitive Persönlichkeitsstörung** umfaßt sowohl Züge der ängstlichen als auch der abhängigen Persönlichkeitsstörung.

- Bei der **erregbaren Persönlichkeitsstörung** stehen Jähzorn und Affektausbrüche ohne sinnvolles Verhältnis zum Anlaß im Vordergrund. Affekte können nicht genügend verhalten bzw. verarbeitet werden, sie werden statt dessen kurzfristig und heftig entladen. Diese Struktur wird auch als **explosible Persönlichkeitsstörung** bezeichnet.

- Die **hyperthyme Persönlichkeitsstörung** zeichnet sich durch eine durchgängig fröhliche Grundstimmung, lebhaftes Temperament und ausgeprägte Aktivität aus. Aus dieser Einstellung kann evtl. rücksichtsloses und wenig einfühlsames Verhalten resultieren. Bei dieser Störung kann auch eine depressive Verstimmung vorkommen. Dieses Beschwerdebild geht heute weitgehend im Konzept der **Zyklothymia** auf (siehe Seite 74).

- Die früher gesondert beschriebene **depressive Persönlichkeitsstörung** wurde im ICD-10 durch den Begriff der **Dysthymia** weitgehend abgelöst (*siehe Seite 72*).

Diagnostik und Differentialdiagnose

Eine Persönlichkeitsstörung wird nur dann diagnostiziert, wenn die Symptome **nicht direkt auf eine Hirnschädigung oder** auf eine **andere psychiatrische Störung zurückzuführen** sind. Das abnorme Verhaltensmuster muß **andauernd** sein, tiefgreifend und in vielen persönlichen und sozialen Situationen eindeutig **unpassend.** Für die Diagnose gefordert wird weiterhin ein deutliches **subjektives Leiden,** das manchmal jedoch erst im späteren Verlauf der Störung sichtbar wird. Außerdem bestehen in der Regel deutliche **Einschränkungen der beruflichen und sozialen Leistungsfähigkeit.**

Weitere Formen von Persönlichkeitsstörungen

- Die **narzißtische Persönlichkeitsstörung** zeichnet sich durch ein durchgängiges Muster von „Großartigkeit" (in Phantasie oder Verhalten), von Überempfindlichkeit gegenüber der Einschätzung durch andere und von Mangel an Einfühlungsvermögen aus. Das Selbstwertgefühl ist oft sehr instabil.

- Bei der **passiv-aggressiven Persönlichkeitsstörung** wird ein indirekter (passiver) Widerstand gegen Anforderungen an das eigene Verhalten geleistet. Der Widerstand drückt sich meist indirekt in Trödelei, Bockigkeit, absichtlich herbeigeführter Ineffizienz und „Vergeßlichkeit" aus.

- Die **sensitive Persönlichkeitsstörung** umfaßt sowohl Züge der ängstlichen als auch der abhängigen Persönlichkeitsstörung.
- Bei der **erregbaren (=explosiblen) Persönlichkeitsstörung** stehen Jähzorn und Affektausbrüche ohne sinnvolles Verhältnis zum Anlaß im Vordergrund.
- Die **hyperthyme Persönlichkeitsstörung** zeichnet sich durch fröhliche Grundstimmung, lebhaftes Temperament und ausgeprägte Aktivität aus. Es kann auch eine depressive Verstimmung vorkommen (= **Zyklothymia**).
- Die **depressive Persönlichkeitsstörung** wurde durch den Begriff der **Dysthymia** abgelöst.

Diagnostik und Differentialdiagnose
Diagnostische Kriterien sind:
- Symptome sind nicht auf eine Hirnschädigung oder andere psychische Störung zurückzuführen,
- andauerndes Verhaltensmuster,
- unpassendes Verhalten,
- subjektives Leiden,
- Einschränkung der beruflichen und sozialen Leistungsfähigkeit.

350   *3 Krankheiten*

Merke ▶

Für die Diagnose müssen nicht sämtliche Kriterien einer Unterform vorhanden sein. Die Kriterien beschreiben lediglich die häufigsten und auffälligsten Störungsmuster.

Zur Diagnose gehört eine **Fremdanamnese**. Kulturelle Besonderheiten müssen berücksichtigt werden.

Die **Differentialdiagnose** umfaßt praktisch jedes andere psychiatrische Krankheitsbild. Diagnostisch wichtig ist auch der **Verlauf** (meist überdauerndes Verhaltensmuster). Persönlichkeitsstörungen sind keine „**Verdünnungsformmen**" von **Psychosen**, sondern eine **eigenständige Störungsform**.

Persönlichkeitsänderungen sind Folgen anderer psychischer Erkrankungen oder massiver traumatisierender Erlebnisse (z.B. andauernde Persönlichkeitsstörung nach Extrembelastung).

Zur Erfassung und Beschreibung von Persönlichkeitszügen werden unterschiedliche **psychologische Testverfahren** eingesetzt.

Dem **Freiburger Persönlichkeits-Inventar (FPI)** liegt ein mehrdimensionales Persönlichkeits-Konzept zugrunde. Aus den Antworten auf 138 Selbstbeschreibungen wird ein Profil mit 12 verschiedenen psychischen Dimensionen erstellt (*s. Tab. 3-60 und Abb. 3-107a*).

Das **Minnesota Multiphasic Personality Inventory (MMPI)** ist aufwendiger (566 Items). Die verwendeten Dimensionen erinnern in ihren Bezeichnungen an unterschiedliche Formen der Persönlichkeitsstörungen.

> **Merke.** Die Abgrenzung von Persönlichkeitsstörungen gegenüber anderen psychischen Störungen ist oft schwierig. Bei der Diagnose ist deshalb zu beachten, daß Persönlichkeitsstörungen andere psychische Störungen in keiner Weise ausschließen; sie sollen deshalb als zusätzliche diagnostische Kategorie benutzt werden. Auch die Kombination von unterschiedlichen Formen von Persönlichkeitsstörungen für einen Patienten ist möglich und im Interesse einer exakteren Beschreibung oft auch wünschenswert.

Für die Diagnose einer Persönlichkeitsstörung müssen nicht sämtliche beschriebenen Kriterien einer Unterform in voller Ausprägung vorhanden sein. Die Kriterien beschreiben lediglich die häufigsten und auffälligsten Verhaltensmuster. Bei der Diagnostik nach DSM-III-R wird jeweils etwa die Hälfte (je nach Störungstyp) der angegebenen Kriterien für die Diagnosestellung gefordert.

Die Einschätzung einer Persönlichkeitsstörung muß auf möglichst allen verfügbaren Informationen beruhen, die sich aus der psychiatrischen Untersuchung ergeben. Dazu gehört in aller Regel auch die Erhebung einer **Fremdanamnese**. Gerade bei Persönlichkeitsstörungen ist es von Bedeutung, kulturelle und landesspezifische Besonderheiten mit zu berücksichtigen.

Ausgehend von der Komplexität der beschriebenen Persönlichkeitsstörungen umfaßt die **Differentialdiagnose** praktisch jedes andere psychiatrische Krankheitsbild. Für die Differentialdiagnose ist neben der Symptomatologie auch der **Verlauf** der Störung zu berücksichtigen. Persönlichkeitsstörungen stellen in der Regel überdauernde Verhaltensmuster dar, während psychotische Störungen meist phasenhaft verlaufen. Anhaltende und eindeutig diagnostizierbare psychotische Symptome, wie Wahnphänomene und halluzinatorische Erlebnisse, finden sich nur bei Psychosen, aber nicht bei Persönlichkeitsstörungen. Es ist zu beachten, daß Persönlichkeitsstörungen trotz oft leicht mißzudeutender Bezeichnungen (wie paranoide Persönlichkeit oder schizotypische Persönlichkeitsstörung) **nicht „Verdünnungsformen" von Psychosen** darstellen, sondern eine **eigenständige Störungsform**. Veränderungen der Persönlichkeit, die Folgen anderer psychischer Erkrankungen oder massiver traumatisierender Erlebnisse sind, werden nicht als Persönlichkeitsstörungen, sondern als **Persönlichkeitsänderungen** bezeichnet (z. B. die andauernde Persönlichkeitsänderung nach Extrembelastung; *siehe Seite 214*).

Zur Erfassung und Beschreibung von Persönlichkeitszügen werden unterschiedliche **psychologische Testverfahren** eingesetzt. Die meisten dieser Testinstrumente sind jedoch nicht speziell für die Diagnose von Persönlichkeitsstörungen entwickelt worden und eignen sich dafür auch nur sehr bedingt.

Der im deutschsprachigen Raum z.Zt. wohl am häufigsten eingesetzte Selbstbeurteilungsfragebogen ist das **Freiburger Persönlichkeits-Inventar (FPI)**. Diesem Test liegt ein mehrdimensionales Persönlichkeitskonzept zugrunde. In diesem Test müssen vom Patienten insgesamt 138 allgemein formulierte Selbstbeschreibungen (z.B. „Ich bin ungern mit Menschen zusammen, die ich noch nicht kenne" oder „Ich träume tagsüber von Dingen, die doch nicht verwirklicht werden können") mit „stimmt" bzw. „stimmt nicht" alternativ und ohne längeres Nachdenken beantwortet werden. Aus der Gesamtheit der Antworten wird dann ein Persönlichkeitsprofil erstellt, das 12 verschiedene psychische Dimensionen umfaßt (*siehe Tabelle 3-60 und Abbildung 3-107a*). Dazu werden die individuell errechneten Punktwerte („Rohwerte") mit nach Alter und Geschlecht unterschiedenen Standardpopulationen verglichen und in standardisierte Werte umgerechnet.

Ein weiterer international häufig eingesetzter Fragebogen ist das **Minnesota Multiphasic Personality Inventory (MMPI)**. Mit 566 Items in der Langform und 221 Items in der Kurzform ist dieses Verfahren jedoch wesentlich aufwendiger als der FPI. Die im MMPI verwendeten Dimensionen erinnern in ihren Bezeichnungen an die oben beschriebenen Störungsformen der Persönlichkeit (Hypochondrie, Depression, Hysterie, Psychopathie, Maskulinität-Feminität, Paranoia, Psychasthenie, Schizoidie, Hypomanie und soziale Extraversion).

Tabelle 3-60: Die 10 Standardskalen des Freiburger Persönlichkeitsinventars (FPI) beschreiben in ihrer Gesamtheit die Persönlichkeitsstruktur eines Menschen (mit Item-Beispielen)

Lebenszufriedenheit
„Ich lebe mit mir selbst im Frieden und bin ohne innere Konflikte"
„Ich bin selten in bedrückter, unglücklicher Stimmung"

Soziale Orientierung
„Ich würde kaum zögern, auch alte und schwerbehinderte Menschen zu pflegen"
„Wenn jemand weint, würde ich ihn am liebsten umarmen und trösten"

Leistungsorientierung
„Ich pflege schnell und sicher zu handeln"
„Ich habe Spaß an schwierigen Aufgaben, die mich herausfordern"

Gehemmtheit
„Es fällt mir schwer, vor einer großen Gruppe von Menschen zu sprechen oder vorzutragen"
„Ich bin im Grunde ein eher ängstlicher Mensch"

Erregbarkeit
„Ich neige dazu, bei Auseinandersetzungen lauter zu sprechen als sonst"
„Mein Blut kocht, wenn man mich zum Narren hält"

Aggressivität
„Es gibt Leute, die mich so ärgerten, daß es zu einer handgreiflichen Auseinandersetzung kam"
„Lieber bis zum Äußersten gehen als feige sein"

Beanspruchung
„Die täglichen Belastungen sind so groß, daß ich davon oft müde und erschöpft bin"
„Nur selten kann ich richtig abschalten"

Körperliche Beschwerden
„Ich habe selbst bei warmem Wetter häufiger kalte Hände und Füße"
„Ich habe Schwierigkeiten, einzuschlafen oder durchzuschlafen"

Gesundheitssorgen
„Ich vermeide es, ungewaschenes Obst zu essen"
„Ich passe auf, daß ich nicht zu viele Autoabgase und Staub einatme"

Offenheit
„Manchmal schiebe ich etwas auf, was ich sofort tun sollte"
„Hin und wieder gebe ich ein bißchen an"

Weitere häufiger eingesetzte Selbstbeurteilungsfragebogen sind der **16 Persönlichkeitsfaktoren-Test (16 PF)**, der **Münchener Persönlichkeits-Test (MPT)** und das **Eysenck Persönlichkeitsinventar (EPI)**. Der **Gießen-Test (GT)** eignet sich zusätzlich auch für den Einsatz in der Partner-Diagnostik bzw. Paartherapie. Dabei beurteilt jeder Partner sich selbst und den anderen hinsichtlich der Dimensionen emotionale Befindlichkeit, Ich-Qualitäten, elementare Merkmale des sozialen Befindens, soziale Reaktionen und soziale Resonanz.

Einen anderen Ansatz stellt der Einsatz von **projektiven Testverfahren** zur Persönlichkeitsdiagnostik dar. Beim sog. **Formdeuteversuch nach Rorschach** sind zehn ein- bzw. mehrfarbige, sinnfreie „Klecksbilder" vom Patienten zu deuten. Die formale, inhaltliche und Gestaltverarbeitung soll Rückschlüsse auf verschiedene Züge der Persönlichkeit ermöglichen. Beim **thematischen Apperzeptions-Test (TAT)** soll der Patient bzw. Proband zu einer Serie von Bildern mit dramatischem, aber nicht immer klar erkennbarem Inhalt jeweils eine Geschichte erzählen (*siehe Abbildung 3-107b*). Auf dem Wege der Identifikation mit der dargestellten Person sollen eigene Probleme, Einstellungen und Konflikte zur Sprache kommen.

Weitere wichtige Persönlichkeitsfragebögen sind
- der 16 Persönlichkeitsfaktoren-Test (16 PF),
- der Münchener Persönlichkeits-Test (MPT),
- das Eysenck Persönlichkeitsinventar (EPI).
- der Gießen-Test (GT) (auch für die Paardiagnostik).

Durch den Einsatz **projektiver Testverfahren** sollen Persönlichkeitszüge, Einstellungen und Konflikte erfaßt werden.

Wichtige Testmethoden sind
- Formdeuteversuch nach Rorschach,
- Thematischer Apperzeptions-Test (TAT, s. Abb. 3-107b),
- Szeno-Test (bei Kindern).

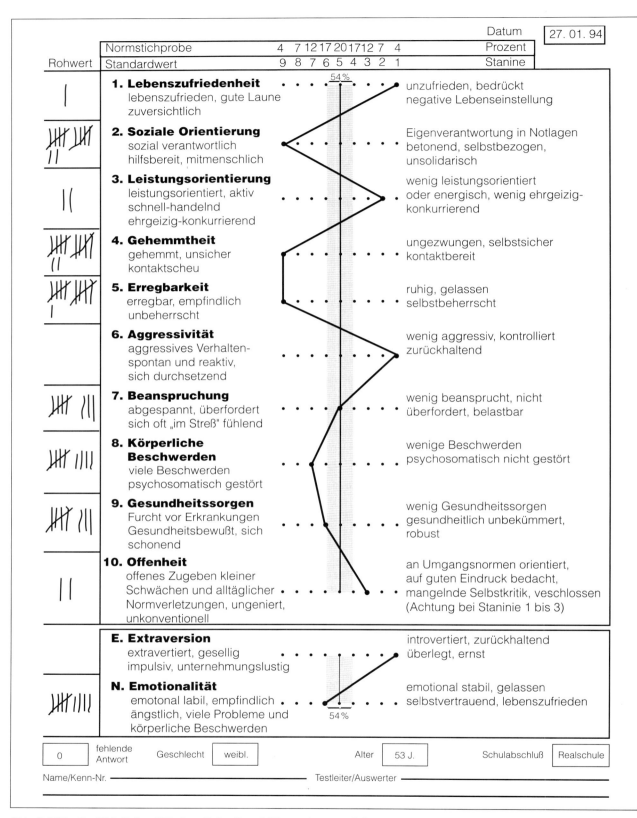

Abb. 3-107a: Profilblatt des FPI einer Patientin mit Zügen der ängstlichen sowie der abhängigen Persönlichkeit

Abb. 3-107b: Abbildungsvorlage in Anlehnung an den thematischen Apperzeptions-Test (TAT). In der Beschreibung eines änlichen Bildes sprechen die einen Patienten evtl. direkt von Suizidabsichten der dargestellten Person auf der Brücke. Andere Patienten äußern dagegen z.B.: „Typisch, Lady sonnt sich, und die Männer müssen schuften..."

Ein projektiver Test, der bei Kindern zum Einsatz kommt, ist der **Szeno-Test**. Dabei werden aus Spielzeugpuppen, -tieren, -bäumen und -häusern vom Kind beliebige Szenen gestaltet, aus denen sich evtl. auf Verhaltensstörungen u.ä. schließen läßt.

Der Einsatz von projektiven Testverfahren ist deutlich aufwendiger und in der Interpretation vieldeutiger als der Einsatz von weitgehend standardisierten Selbstbeurteilungs-Fragebögen. Projektive Testverfahren spielen daher in der Routinediagnostik eine geringere Rolle.

Projektive Testverfahren sind aufwendiger und in der Interpretation vieldeutiger als die Selbstbeurteilungs-Fragebögen.

Verlauf

Typisch für Persönlichkeitsstörungen sind ein **Beginn in der Kindheit oder Jugend** sowie die **Manifestation auf Dauer** im Erwachsenenalter. In der alltäglichen klinischen Praxis zeigt sich jedoch oft, daß der Beginn einer Persönlichkeitsstörung nicht exakt festzulegen ist. Der weitere Verlauf einer Persönlichkeitsstörung ist in der Regel durch eine weitgehend stabile Symptomatik über Jahrzehnte hinweg gekennzeichnet. Das schließt Schwankungen im subjektiven Leiden oder in den Folgen der Störung nicht aus. Von besonderer Bedeutung sind die Folgen von Persönlichkeitsstörungen.

Verlauf

Typisch für Persönlichkeitsstörungen sind ein **Beginn in der Kindheit oder Jugend** sowie die **Manifestation auf Dauer** im Erwachsenenalter. Trotz der weitgehenden Stabilität der Persönlichkeitsmerkmale werden Schwankungen im subjektiven Leiden oder in den Folgen beobachtet.

◀ Merke

> **Merke.** Da bei allen Persönlichkeitsstörungen die zwischenmenschlichen Beziehungen meist gravierend beeinträchtigt sind, kommt es zu deutlichen Leistungseinbußen im privaten, sozialen und beruflichen Bereich.

Diese Leistungseinbußen machen sich nicht immer schon frühzeitig bemerkbar, sondern manifestieren sich evtl. erst nach einem längerem Zeitraum. So kann z. B. ein Patient mit einer ängstlichen (vermeidenden) Persönlichkeitsstörung auf einem niedrigen Level von Anforderungen durchaus ausreichende Leistungsfähigkeit haben. Bei Zunahme der Verantwortung im privaten oder so-

Im höheren Lebensalter nehmen in aller Regel die subjektive Beeinträchtigung und das Ausmaß der Störung ab.

Ein häufiges Merkmal ist der **Mißbrauch psychotroper Substanzen** (Alkohol, Drogen, Medikamente).

Etwa ¹/₃ der Patienten haben einen günstigen, ¹/₃ einen partiell günstigen und ¹/₃ einen ungünstigen **Langzeitverlauf** mit stark eingeschränkter sozialer Anpassung.

Therapie

Bei der Therapie stehen **psychotherapeutische** und **soziotherapeutische Verfahren** im Vordergrund.

Merke ▶

Wichtige Bedingungen der Therapie sind:
- Motivation des Patienten,
- Aufbau einer tragfähigen therapeutischen Beziehung,
- Versuch einer Umstrukturierung des Verhaltens, der Einstellungen und der Emotionalität.
- Vorgehen in kleinen Therapieschritten.

Besonders problematisch ist die **Therapie der dissozialen bzw. antisozialen Persönlichkeitsstörung,** da es sehr schwierig ist, zum Patienten einen vertrauensvollen Zugang zu bekommen. **Serotonerge** Antidepressiva, **Carbamazepin** und **Lithium** können aggressives Verhalten beeinflussen.

zialen Bereich treten dann die Auffälligkeiten jedoch oft stärker in den Vordergrund. Im höheren Lebensalter nehmen dann in aller Regel die subjektive Beeinträchtigung und das Ausmaß der Störung wieder ab. Bei Personen mit einer dissozialen/antisozialen Persönlichkeitsstörung lassen die auffälligen und oft kriminellen Handlungen evtl. bereits nach dem 30. Lebensjahr nach.

Ein auch im klinischen Alltag häufig zu beobachtendes Merkmal von Persönlichkeitsstörungen stellt der **Mißbrauch psychotroper Substanzen** (Alkohol, Drogen, Medikamente) dar.

Langzeituntersuchungen zum Verlauf von Persönlichkeitsstörungen haben gezeigt, daß etwa ein Drittel der Patienten einen eher günstigen Verlauf mit erhaltener Berufstätigkeit nimmt, bei einem weiteren Drittel finden sich Lebensläufe mit kompromißhafter Bewältigung der Anforderungen und evtl. partieller Berufstätigkeit. Das letzte Drittel der Patienten zeigt im **Langzeitverlauf** jedoch einen ungünstigen Verlauf mit stark eingeschränkter sozialer Anpassung.

Therapie

Die Therapie von Persönlichkeitsstörungen ist in der Regel schwierig und langwierig. Im Vordergrund stehen sicherlich **psychotherapeutische** und **soziotherapeutische Verfahren** und Maßnahmen. In der letzten Zeit wurden insbesondere verhaltenstherapeutisch orientierte Programme für die Therapie einzelner Formen von Persönlichkeitsstörungen entwickelt, die hier nicht im einzelnen dargestellt werden können.

Merke. Das Ziel der Therapie ist bei Persönlichkeitsstörungen meist nicht eine „Heilung", sondern eine längerfristige und möglichst tragfähige Kompensation der bestehenden Auffälligkeiten und Einschränkungen.

Grundsätzliche Voraussetzung für jede Therapieform ist aber, daß auf seiten des Patienten eine **Motivation** zur Veränderung des Verhaltens besteht. Das ist allerdings bei Persönlichkeitsstörungen oft nicht der Fall. Kaum einmal kommen Patienten auf eigene Veranlassung in eine Therapie, allenfalls bei starkem subjektivem Leidensdruck oder bei drohenden sozialen Konsequenzen.

Die vordringliche Aufgabe der Therapie ist es, zwischen Patient und Therapeut eine **tragfähige therapeutische Beziehung** aufzubauen. Aus den oben dargestellten Symptomen der Persönlichkeitsstörungen läßt sich allerdings ableiten, daß der Aufbau bzw. das Beibehalten einer solchen therapeutischen Beziehung für viele Patienten bereits ein kaum überwindbares Problem darstellt. Deshalb wird leider die Therapie oft nach kurzer Zeit abgebrochen.

Der Versuch einer **Umstrukturierung des Verhaltens, der Einstellungen und der Emotionalität** darf sich nicht darin beschränken, das bisher gebotene psychische und Verhaltensmuster zu „entkräften", sondern es muß versucht werden, alternative, möglichst tragfähige Strukturen aufbauen. Dazu ist häufig ein **Vorgehen in kleinen und überschaubaren Therapieschritten** erforderlich, um den Patienten und seine Umgebung – nicht zu überfordern.

Besonders problematisch erscheint die **Therapie der dissozialen bzw. antisozialen Persönlichkeitsstörung.** Hier ist es noch schwieriger als bei den anderen Störungen, zum Patienten einen offenen und vertrauensvollen Zugang zu bekommen Erschwerend kommen oft strafrechtliche und andere forensische Konsequen zen hinzu. Bei ausgeprägt aggressivem bzw. gewalttätigem Verhalten gibt es in der letzten Zeit Hinweise auf die therapeutische Wirksamkeit **serotonerger Psychopharmaka.** Theoretische Grundlage dafür sind Hypothesen, nach denen der Neurotransmitter Serotonin bei der Impulskontrolle eine relevante Rolle spie len soll. Auch **Carbamazepin** sowie **Lithium** wird eine stabilisierende Wirkung in diesem Zusammenhang zugesprochen.

Abnorme Gewohnheiten und Störungen der Impulskontrolle

Definition. Das gemeinsame Merkmal der in diesem Abschnitt beschriebenen Störungen ist das wiederholte, vollständige oder teilweise **Versagen der (willentlichen) Beherrschung eines Wunsches oder Antriebs.** Durch das daraus resultierende Verhalten kommt es meist zur Schädigung der eigenen oder anderer Personen. Die wichtigsten Formen sind die **Kleptomanie,** die **Pyromanie** und das **pathologische Spielen.**

◀ Definition

Die in diesem Abschnitt beschriebenen Störungen weisen bezüglich der Ätiologie, der Häufigkeit und der Folgen gravierende Unterschiede auf. Eine wesentliche **Gemeinsamkeit** besteht allerdings darin, daß es den betroffenen Patienten nicht gelingt, einen oft unvermittelt auftretenden Wunsch oder Antrieb, also einen **Impuls,** willentlich ausreichend zu beherrschen. Dieses Verhalten wird als Störung bzw. als Verlust der Impulskontrolle beschrieben. Die wichtigsten dieser Störungen werden in den modernen Diagnosesystemen in einer eigenen diagnostischen Kategorie zusammengefaßt.

Eine **Gemeinsamkeit** der im folgenden beschriebenen Störungen besteht darin, daß es den betroffenen Patienten nicht gelingt, einen oft unvermittelt auftretenden Wunsch oder Antrieb, also einen **Impuls,** willentlich ausreichend zu beherrschen.

Merke. Die Störung bzw. der Verlust der Impulskontrolle ist jedoch nicht in jedem Fall eine eigenständige psychische Störung, sondern kommt als ein Symptom auch bei anderen psychiatrischen Erkrankungen vor.

◀ Merke

Besonders zu berücksichtigen sind dabei
- Persönlichkeitsstörungen (z.B. dissoziale und emotional instabile Persönlichkeitsstörung),
- Suchterkrankungen,
- Psychosen (z. B. manisches Syndrom),
- organische Syndrome (z.B. Frontallappensyndrom, Epilepsie),
- sexuelle Störungen,
- Eßstörungen.

Störungen der Impulskontrolle kommen auch vor bei
- Persönlichkeitsstörungen,
- Suchterkrankungen,
- Psychosen,
- organischen Störungen (z.B. Frontallappensyndrom, Epilepsie),
- sexuellen Störungen,
- Eßstörungen.

Diagnostisch sind neben dem Verlust der Impulskontrolle folgende Kriterien wichtig:
- die Handlung ist für die eigene Person oder für andere schädlich,
- vor Durchführung der Handlung tritt ein zunehmendes Gefühl von Spannung oder Erregung auf,
- während der Durchführung der Handlung wird Vergnügen, Befriedigung oder Erleichterung empfunden,
- unmittelbar nach der Handlung können (müssen aber nicht) echte Reue, Selbstvorwürfe oder Schuldgefühle auftreten.

Diagnostisch wichtig sind folgende Kriterien:
- Schädlichkeit der Handlung,
- Spannung und Erregung vor der Handlung,
- Befriedigung und Erleichterung während der Handlung,
- evtl. Selbstvorwürfe nach der Handlung.

Merke. Die hier beschriebenen Störungen dürfen trotz ähnlicher Bezeichnung nicht mit einem **manischen Syndrom (,,Manie")** im Rahmen affektiver Störungen verwechselt werden.

◀ Merke

Die heute noch gebräuchlichen Bezeichnungen für einzelne Störungen der Impulskontrolle (Kleptomanie, Pyromanie) gehen auf das Konzept der sogenannten (instinktiven) **Monomanien** zurück, das besonders in der französischen Psychiatrie des letzten Jahrhunderts vertreten wurde. Dieser Bezeichnung lag die Vorstellung zugrunde, daß die Psyche nur in einem Punkt krankhaft verändert sei, während sonst Urteilsvermögen und affektive (gefühlsmäßige) Schwingungsfähigkeit erhalten bleiben. Zeitweise wurden über 100 verschiedene Formen der Monomanien beschrieben. Anklänge an diesen ursprünglichen Begriff finden sich noch heute in der umgangssprachlichen Verwendung, wonach eine etwas übertriebene Leidenschaft für einen bestimmten Gegenstand oder seltsame Gewohnheiten als ,,Manie" bezeichnet werden.

Die Bezeichnungen ,,Kleptomanie" und ,,Pyromanie" gehen auf das Konzept der sogenannten (instinktiven) **Monomanien** zurück. Diesem lag die Vorstellung zugrunde, daß die Psyche nur in einem Punkt krankhaft verändert sei, während Urteilsvermögen und affektive (gefühlsmäßige) Schwingungsfähigkeit erhalten bleiben. Anklänge daran finden sich heute noch in der umgangssprachlichen Verwendung.

Kleptomanie

Synonym: pathologisches Stehlen

> **Definition.** Bei der Kleptomanie (pathologisches Stehlen) kann die betroffene Person häufig Impulsen nicht widerstehen, Dinge zu stehlen, die nicht dem persönlichen Gebrauch oder der Bereicherung dienen. Die Gegenstände werden häufig weggeworfen, weggegeben oder gehortet.

Die betroffenen Personen beschreiben gewöhnlich eine steigende Spannung vor der Handlung und ein Gefühl der Befriedigung während und sofort nach der Tat. Im allgemeinen wird zwar versucht, die Tat zu verbergen, dies geschieht aber oft nicht sehr konsequent. Der Diebstahl wird alleine und ohne Komplizen durchgeführt. Zwischen den einzelnen Diebstahlsdelikten kann es zu Angst, Verzagtheit oder Schuldgefühlen kommen, wodurch jedoch die Wiederholung in der Regel nicht verhindert wird (*siehe Synopsis 3-62*).

Synopsis 3-62: Symptomatologie der Kleptomanie (pathologisches Stehlen) im Vergleich von ICD-10 und DSM-III-R

ICD-10	DSM-III-R
• Die betroffene Person kann Impulsen nicht widerstehen, Dinge zu stehlen, die nicht dem persönlichen Gebrauch oder der Bereicherung dienen. Die Gegenstände werden häufig weggeworfen, weggegeben oder gehortet.	• Wiederholtes Versagen, Impulsen zu widerstehen, Gegenstände, die weder zum persönlichen Gebrauch noch wegen ihres Geldwertes benötigt werden, zu stehlen. Das Stehlen ist nicht Ausdruck von Wut oder Rache.
• Steigende Spannung vor der Handlung und ein Gefühl der Befriedigung während und sofort nach der Tat.	• Zunehmendes Spannungsgefühl unmittelbar vor der Handlung. Das Erleben von Lust oder Entspannung während des Stehlens.
• Der Diebstahl wird alleine und ohne Komplizen durchgeführt.	
• Die Betroffenen können Angst, Verzagtheit und Schuldgefühle zwischen den einzelnen Diebstählen zeigen, aber das verhindert den Rückfall nicht.	

Die **Häufigkeit** der Störung ist nicht sicher bekannt. Es ist jedoch davon auszugehen, daß bei weniger als 5% der Personen, die z.B. wegen eines Ladendiebstahls angezeigt werden, eine entsprechende Vorgeschichte besteht. In einigen Fällen wird jedoch versucht, die Umstände eines Diebstahls so darzustellen, daß die o. g. Kriterien erfüllt werden, meist um entsprechende forensische Konsequenzen zu vermeiden.

Der **Beginn** der Störung ist meistens in der Jugend, es besteht eine Tendenz zur Chronifizierung.

Die **Ursache** des pathologischen Stehlens ist nicht bekannt. Psychodynamische Entstehungsbedingungen in der ödipalen Phase werden diskutiert. Eine ursächliche Bedeutung wird auch psychosozialem Streß, Liebesentzug und histrionischen Persönlichkeitszügen (*siehe Seite 344*) zugeschrieben.

Differentialdiagnostisch sind die o. g. anderen psychiatrischen Störungen, die mit Verlust der Impulskontrolle einhergehen können, zu erwägen.

Im Vordergrund therapeutischer Maßnahmen steht die **Psychotherapie**. Über die Erfolgsquote einer solchen Therapie ist allerdings wenig bekannt. Über die Wirksamkeit verhaltenstherapeutischer Maßnahmen gibt es einige kasuistische Darstellungen.

Kasuistik. Ein 44jähriger verheirateter Bauklempner wurde wegen eines Diebstahls angezeigt. Er hatte in einem großen Kaufhaus Bücher gestohlen und gegenüber dem Kaufhausdedektiv behauptet, er sei „in Gedanken gewesen" und habe das Bezahlen vergessen. Bei der polizeilichen Einvernahme überraschte der bis dahin dreimal wegen Diebstahls geringwertiger Sachen in Erscheinung getretene Patient die Beamten mit einer Lebensbeichte und berichtete, seit dem 23. Lebensjahr unter einem unwiderstehlichen Drang zu leiden, der ihn zum Stehlen veranlasse. Bei der mit seinem Einverständnis durchgeführten Hausdurchsuchung wurden in den Kellerräumen ca. 1.100 Bücher sichergestellt, daneben zahlreiche Teile einer Modelleisenbahn, Elektrowerkzeuge und Autozubehör. Alle Gegenstände waren originalverpackt, offensichtlich unbenutzt und akkurat in Regalen gelagert. In den meisten Fällen hatte der Patient mehrere identische Exemplare eines Gegenstandes, beispielsweise sieben Kochbücher eines Titels. Im Zusammenhang mit seinem Geständnis erklärte er, nunmehr froh zu sein, daß die Sache ausgestanden sei, er fühle sich wie neu geboren. Nach den Hintergründen seines Handelns befragt, führte er aus, er fühle seit mehr als 20 Jahren ein drängendes Bedürfnis, sich immer die gleichen Gegenstände anzueignen. Für die Waren habe er keine Verwendung, selbst die als Gebrauchsgüter geeigneten Elektrowerkzeuge habe er nicht aus der Verpackung genommen. Er verfüge über ein Familieneinkommen (4.200 DM netto), das ausreichend sei, sich alle wesentlichen Wünsche zu erfüllen. Der Drang sei über die Jahre immer intensiver geworden. Es handele sich um Gedanken, stehlen zu müssen, gegen die er sich nicht wehren könne. Er fühle sich in unregelmäßigen Abständen von Warenhäusern oder Geschäften, wo Bücher, Werkzeuge oder Eisenbahnteile zu kaufen seien, wie durch einen Magneten angezogen. Es beherrsche ihn ein eigenartiges Spannungsgefühl, er habe Schweißausbrüche und Unruhezustände. In manchen Fällen habe er die Diebstähle unter Aufbietung aller Kräfte vermeiden können, aber leider nie mit dauerndem Erfolg. Wenn es zum Diebstahl gekommen sei, habe die Spannung nachgelassen, er habe sich zufrieden gefühlt, danach habe er sich geschämt, und er sei sich minderwertig vorgekommen. Die gestohlenen Gegenstände habe er im Keller seines Hauses eingeschlossen und nie mehr in die Hände genommen.

Zur **Biographie** konnte fremd- und eigenanamnestisch in Erfahrung gebracht werden, daß er mit drei älteren Geschwistern aufgewachsen war. Seinen Vater, der im Krieg fiel, hat er nie kennengelernt. Die Mutter soll „nervenleidend" gewesen sein. Sie war wegen ihrer Erkrankung offensichtlich nicht in der Lage, die Erziehungsaufgaben zu bewältigen, und starb in einer Nervenheilanstalt, als der Patient neun Jahre war. Zuvor hatte ein älterer Bruder die Verantwortung für die Führung der Familie übernommen. Der Patient sprach von der schlimmsten Zeit seines Lebens. Er soll ständig geprügelt und stundenlang im Keller eingeschlossen worden sein. Bei seinen Angehörigen galt er als faul, verstockt und renitent. Er schwänzte die Schule und machte keine Hausaufgaben. Um den Mißhandlungen zu entgehen, flüchtete er zu seiner Schwester, die ihn nicht aufnehmen konnte, weil sie berufstätig war. Schließlich veranlaßte das Jugendamt seine Heimunterbringung. Er empfand dies als Erlösung und legte im Heim schnell die zuvor beobachteten Verhaltensauffälligkeiten ab. Im Alter von 11 Jahren kam er zu einer Pflegefamilie auf einen Bauernhof. Während ihn der Pflegevater besser als jeder Vater behandelt haben soll, sei die Pflegemutter unbeschreiblich gewesen. Sie habe seine Bemühungen um Zuneigung und Akzeptanz beständig abgewiesen und keine Gelegenheit ausgelassen, ihn zu ducken. In der Schule waren seine Leistungen gut. Nach dem Volksschulabschluß nahm ihn seine inzwischen verheiratete Schwester in ihre Familie auf. Den Abschied vom außerordentlich verehrten Pflegevater erlebte er höchst leidvoll. Immer wieder hob er hervor, daß dieser ihm die Liebe für die wichtigen Dinge des Lebens (u.a. Bücher und Werkzeuge) beigebracht habe.

Er absolvierte erfolgreich eine Lehre als Bauschlosser, arbeitete in seinem erlernten Beruf und überließ seiner Schwester sein gesamtes Einkommen. Das anfänglich gute Einvernehmen mit der Schwester fand ein Ende, als diese das Elterhaus im Zuge der Auflösung der Erbengemeinschaft erhielt und danach versucht haben soll, ihn aus dem Hause zu drängen. In jener Zeit verspürte er erstmals den Drang, Bücher und Werkzeuge zu stehlen. Mit 24 Jahren heiratete er. In der Familie seiner Frau glaubte er zunächst die bisher vermißte Anerkennung und Geborgenheit zu finden. Wenig später überwarf er sich mit den Schwiegereltern. Er beschuldigte sie, gegen ihn eine Hetzkampagne zu führen und ihn sowie seine Ehefrau auszunutzen.

Nach neun Jahren Ehe wurde ein Sohn geboren, den er manchmal „beneidet", weil er eine liebevolle Mutter hat, die er selbst nie gehabt habe. Als er 40 Jahre alt geworden war, kaufte er ein Haus, die Tilgung belastete den Familienhaushalt nicht wesentlich.

Er wiederholte betont, daß er immer nur für seine Familie gelebt und auf eigenes Glück verzichtet habe. Er vertrat die Meinung, daß es zwischen seinem Haß auf manche Menschen, dem in der Kinheit erlittenen Unrecht und seinen Diebstählen einen inneren Zusammenhang geben müsse.

Psychopathologisch fielen der übertriebene Gefühlsausdruck und eine Neigung zu dramatischen Schilderungen auf, die verbunden waren mit einer oberflächlichen Affektivität. Besonders deutlich wurde dies bei der Schilderung seiner schwankenden Gefühle gegenüber Personen seiner Umgebung, wobei sich Idealisierungen und schroffe Ablehnung abwechselten. Es war dem Patienten nicht möglich, die Dinge mit Abstand unter dem Gesichtspunkt der Bedürfnisse anderer Menschen zu betrachten. Er war ständig mit sich selbst beschäftigt, reagierte selbst auf maßvolle Kritik gekränkt und drückte ein lebhaftes Verlangen nach Anerkennung und Aufmerksamkeit aus. Vielfach überließ er sich sentimentalen, von Selbstmitleid geprägten Gefühlen.

Bei diesem Patienten wurde neben der **Diagnose** des **pathologischen Stehlens (Kleptomanie)** auch die Diagnose einer **histrionischen Persönlichkeitsstörung** gestellt (gekürzt zitiert nach: Fallbuch Psychiatrie. Kasuistiken zum Kapitel V (F) der ICD-10. *Freyberger* und *Dilling*, 1993).

Pyromanie

Synonym: pathologische Brandstiftung

> **Definition.** Die Pyromanie ist eine krankhafte Störung, bei der es wiederholt zu vorsätzlicher Brandstiftung kommt. Die Patienten sind in der Regel von Feuer und damit zusammenhängenden Situationen ausgeprägt fasziniert.

Bei der Pyromanie kommt es nicht aus Wut, Rache oder um bestimmte Ziele durchzusetzen zur Brandstiftung. Das Legen von Feuer ist – wie auch bei den anderen Störungen der Impulskontrolle – mit einer intensiven Spannung oder Erregung, teilweise mit Vergnügen und Befriedigung verbunden. Obgleich das Feuerlegen aus der Unfähigkeit resultiert, einem Impuls zu widerstehen, können dem Feuerlegen dennoch evtl. sogar umfangreiche Vorbereitungen vorangehen. Personen mit dieser Störung werden häufig als regelmäßige „Beobachter" angetroffen, wenn es in ihrer Nachbarschaft brennt. Oft geben sie falschen Alarm oder zeigen auffälliges Interesse an der Feuerbekämpfung. Die **Faszination an allem, was mit Feuer zu tun hat**, kann einige Betroffene sogar dazu bringen im Rahmen der Freiwilligen Feuerwehr tätig zu sein. Den Folgen, die aus ihrer Brandstiftung für das Leben oder den Besitz anderer Menschen resultieren können, stehen sie oft gleichgültig gegenüber.

Auf die Allgemeinbevölkerung bezogen ist Pyromanie zwar eine **seltene Störung,** unter Brandstiftern ist die Pyromanie jedoch relativ häufig zu finden. In einer großangelegten Studie aus den USA fanden sich unter 1145 erwachsenen männlichen Brandstiftern 39% Patienten mit einer Pyromanie. Bei Frauen wird die Störung kaum einmal diagnostiziert.

Die Störung **beginnt** gewöhnlich in der Kindheit und verläuft periodisch mit Exazerbationen meist während Krisensituationen. Für den Verlauf der Störung prägend sind meist die oft sehr eingreifenden juristischen Folgen mit langjähriger Inhaftierung und eventuell dauerhafter psychiatrischer Unterbringung.

Spezielle **ätiologische Hypothesen**, die pyromanes Verhalten schlüssig erklären könnten, **fehlen** bisher.

Therapeutisch wird am ehesten ein **tiefenpsychologischer Zugang** versucht, die Therapieerfolge sind jedoch ungewiß. In gleicher Weise wie bei den anderen Störungen der Impulskontrolle kann auch die Pyromanie ein Symptom einer anderen psychiatrischen Störung sein.

Differentialdiagnostisch ist sie insbesondere von wahnhaft motiviertem Verhalten abzugrenzen. Bei organisch bedingten psychischen Störungen kann das Feuerlegen evtl. aus dem krankhaften Mangel an Einsicht für die Gefährlichkeit und die Konsequenzen folgen (*siehe Synopsis 3-63*).

Synopsis 3-63: Symptomatik der Pyromanie (pathologische Brandstiftung) im Vergleich von ICD-10 und DSM-III-R

ICD-10	DSM-III-R
• Wiederholte Brandstiftung ohne erkennbare Motive wie materieller Gewinn, Rache oder politischer Extremismus.	• Absichtliches und zielgerichtetes Feuerlegen bei mehr als einer Gelegenheit. • Das Feuerlegen geschieht nicht aus Profitgründen, als Ausdruck einer politischen Ideologie, zum Vertuschen einer Straftat, als Ausdruck von Wut oder Rache, um die Lebensbedingungen zu verbessern oder infolge von Wahn oder Halluzinationen.
• Starkes Interesse an der Beobachtung von Feuer.	• Faszination, Interesse, Neugier oder Anziehung hinsichtlich Feuer und damit zusammenhängenden Situationen oder Umständen.
• Gefühle wachsender Spannung vor der Handlung und starker Erregung sofort nach ihrer Ausführung.	• Spannungsgefühl oder Erregung vor der Handlung. Intensives Vergnügen, Befriedigung oder Entspannung beim Feuerlegen oder Zuschauen oder beim Beteiligtsein an den Folgen.

Pathologisches Spielen

Synonym: Spielsucht

> **Definition.** Hauptmerkmal dieser Störung ist eine chronische Unfähigkeit, der Versuchung zu Glücksspiel und anderem Spielverhalten zu widerstehen. Probleme, die als Folge des Glücksspiels im privaten oder sozialen Bereich auftreten, führen meist zu einer Zunahme des Spielens.

Die Triebfeder zum Spielen ist bei dieser Störung nicht der Wunsch nach Freizeitgestaltung, Kommunikation mit anderen oder die Chance eines finanziellen Gewinns. Im Vordergrund stehen vielmehr die Anspannung und Erregung, die mit dem Spielen verbunden ist. Es besteht eine Unfähigkeit, der Versuchung zu Glücksspiel und anderem Spielverhalten zu widerstehen, auch wenn dadurch persönliche, familiäre und berufliche Verpflichtungen massiv geschädigt werden (*siehe Abbildung 3-108*). Die Beschäftigung mit dem Glücksspiel, der Drang dazu und das Spielen selbst nehmen bei Streß zu (*siehe Synopsis 3-64*).

Abb. 3-108: Die Ansicht einer Spielhalle zeigt die große soziale Bedeutung des Spielens

360   3 Krankheiten

Synopsis 3-64: Symptomatologie des pathologischen Spielens im Vergleich von ICD-10 und DSM-III-R

ICD-10	DSM-III-R
	Mindestens vier der folgenden Merkmale:
• Dauerndes, wiederholtes Spielen.	• Häufige Beschäftigung mit dem Glücksspiel oder damit, Geld für das Spielen zu beschaffen.
	• Häufiges Spielen um größere Geldsummen oder Spielen über einen längeren Zeitraum als beabsichtigt.
	• Das Bedürfnis, die Höhe oder die Häufigkeit der Einsätze zu steigern, um die gewünschte Erregung zu erreichen.
	• Ruhelosigkeit oder Reizbarkeit, wenn nicht gespielt werden kann.
	• Wiederholter Geldverlust beim Spielen und Zurückkehren am anderen Tag, um die Geldverluste wieder wettzumachen.
	• Wiederholte Versuche, das Spielen einzuschränken oder zu beenden.
• Anhaltendes und oft noch gesteigertes Spielen trotz negativer sozialer Konsequenzen, wie Verarmung, gestörter Familienbeziehungen und Zerrüttung der persönlichen Verhältnisse.	• Häufiges Spielen, obwohl das Erfüllen sozialer oder beruflicher Pflichten vorrangig wäre.
	• Aufgeben einiger wichtiger sozialer, beruflicher oder Freizeitaktivitäten, um zu spielen.
	• Fortsetzung des Spielens trotz Unfähigkeit, die wachsenden Schulden zu zahlen, oder trotz anderer bedeutender sozialer, beruflicher oder gesetzlicher Probleme, von denen der Betroffene weiß, daß sie durch Spielen verschlimmert werden.

Typische **Folgen** sind Verschuldung, gestörte Familienverhältnisse, Vernachlässigung des Berufs sowie strafbare Handlungen.
Die Störung weist viele **Ähnlichkeiten zum süchtigen Verhalten** auf (Zunahme der Spielhäufigkeit; Ruhelosigkeit und Reizbarkeit, wenn nicht gespielt werden kann; Mißlingen von Versuchen, das Spielen einzuschränken).

Als **Häufigkeit** werden 1–3% der Erwachsenenpopulation angenommen. Bei Männern wird die Diagnose häufiger als bei Frauen gestellt. Der **Verlauf** ist wechselnd, meist aber mit einer Tendenz zur Chronifizierung.
Die **Folgen** sind meist gravierend (Abhängigkeit von psychotropen Substanzen, Suizidversuche, strafbare Handlungen).

Typische **Folgen** dieses Verhaltens sind totale Verschuldung, gestörte Familienverhältnisse, Vernachlässigung beruflicher Tätigkeit sowie häufig strafbare Handlungen, um Geld für das Spielen zu beschaffen. Die Störung weist viele **Ähnlichkeiten mit süchtigem Verhalten** auf. So kommt es meistens zu einer Steigerung der Einsätze oder einer Zunahme der Spielhäufigkeit, um weiterhin die gewünschte Erregung zu erreichen. Ruhelosigkeit oder Reizbarkeit treten auf, wenn nicht gespielt werden kann. Wiederholte Versuche das Spielen einzuschränken oder zu beenden, mißlingen in der Regel. Trotz einer oft desolaten Persönlichkeitssituation zeigen sich die Patienten häufig übertrieben zuversichtlich, wirken energisch, klagen über schnell auftretende Langeweile, zeitweise aber auch über Angst und Depression.

Die **Häufigkeit** dieser Störung wird als deutlich höher als bei den anderen Störungen der Impulskontrolle eingeschätzt. Größere Studien nehmen eine Häufigkeit zwischen 1 und 3% der Erwachsenenpopulation an. Bei Männern wird die Diagnose häufiger als bei Frauen gestellt. Die Störung beginnt bei Männern gewöhnlich in der Adoleszenz, bei Frauen später. Der Verlauf ist wechselnd, meist aber mit einer Tendenz zur Chronifizierung.

Die **Folgen** sind meist gravierend. Neben den oben beschriebenen sozialen Konsequenzen kommt es häufig zu **Abhängigkeit von psychotropen Substanzen, Suizidversuchen** und **Suiziden** sowie zu **strafbaren Handlungen** zur Geldbeschaffung.

Zur **Ätiopathogenese** des pathologischen Spielens gibt es Theorien aus den unterschiedlichsten Bereichen (tiefenpsychologisch, lerntheoretisch, neurobiologisch). Es ist aber davon auszugehen, daß keine dieser Theorien eine vollständige Erklärung für dieses Verhalten geben kann, sondern daß eine komplexe Genese anzunehmen ist. Interessant erscheinen Hinweise darauf, daß unter den Patienten mit pathologischem Spielen häufig solche mit **affektive Störungen** zu finden sind. In der Verwandtschaft treten offensichtlich gehäuft Alkohol- oder Drogenabhängigkeiten auf. Exzessives Spielen tritt auch als ein Symptom im Rahmen anderer psychiatrischer Störungen auf, so z.B. bei **organischen Psychosyndromen, manischen Erkrankungen** und **Schizophrenien.**

Therapeutisch werden vorwiegend **psychotherapeutische Methoden** eingesetzt, und zwar sowohl tiefenpsychologisch als auch verhaltenstherapeutisch orientierte Verfahren. Bei der Untersuchung größerer Kollektive wurden Erfolge damit jedoch in nicht mehr als 50% der Fälle beobachtet. In einigen Fällen wurde versucht, mit **Psychopharmaka** die Fähigkeit zur Impulskontrolle zu verstärken (z.B. Antidepressiva, Lithium, Carbamazepin). **Soziotherapeutisch** muß versucht werden, die oft gravierenden sozialen Folgen des pathologischen Spielens anzugehen. Der Anschluß an eine **Selbsthilfegruppe** ist in den meisten Fällen zu empfehlen.

Weitere Formen

Als eine weitere Form von Impulskontrollstörungen wird die **Trichotillomanie** beschrieben. Dabei handelt es sich um den wiederholten Impuls, sich die Haare an verschiedenen Körperstellen auszureißen. Personen mit dieser Störung erleben ein zunehmendes Spannungsgefühl unmittelbar vor Ausführen der Handlung und erreichen durch das Haareausreißen ein Gefühl der Entspannung und Befriedigung. Das Ausreißen der Haare führt zu ungleichmäßig verteilten Arealen mit unvollständigem Haarausfall an leicht erreichbaren Stellen, hauptsächlich an der Kopfhaut, aber auch im Bereich der Augenbrauen, der Wimpern und des Bartes. Üblicherweise beginnt diese Störung in der Kindheit, es wurden jedoch auch Fälle mit späterem Beginn berichtet. In belastenden und Streßsituationen nimmt das Haareausreißen zu. Die Häufigkeit ist nicht sicher bekannt.

Im DSM-III-R wird außerdem die **intermittierende explosible Störung** beschrieben. Bei dieser Störung kommt es zu umschriebenen Episoden mit Verlust der Kontrolle über aggressive Impulse, die zu schweren Gewalttätigkeiten oder Zerstörung von Eigentum führen können. Der Grad der Aggressivität während der Episoden steht dabei in keinem Verhältnis zu irgendeinem auslösenden psychosozialen Stressor. Zwischen den Episoden gibt es keine Zeichen allgemeiner Impulsivität oder Aggressivität. Die Symptome treten nach Angaben der Betroffenen innerhalb von Minuten oder Stunden auf und bilden sich unabhängig von der Dauer der Störung nahezu ebenso schnell zurück. Echte Reue oder Selbstvorwürfe über die Konsequenzen der Handlung und die Unfähigkeit, die aggressiven Impulse zu kontrollieren, können einer Episode folgen. Bevor die Diagnose gestellt werden kann, müssen andere Störungen mit ähnlicher Symptomatik ausgeschlossen werden. Dazu gehören insbesondere psychotische Störungen, organisch bedingte Störungen, Persönlichkeitsstörungen sowie Intoxikationen durch psychotrope Substanzen. Es ist umstritten, ob diese Störung ein eigenständiges Krankeitsbild darstellt.

Die **Ätiopatogenese** des pathologischen Spielens ist komplex. Häufig sind auch gleichzeitig **affektive Störungen** zu finden.
Exzessives Spielen kann auch ein Symptom bei **organischen Psychosyndromen, manischen Erkrankungen** und **Schizophrenien** sein.

Therapeutisch werden vorwiegend **psychotherapeutische Methoden** eingesetzt. Mit **Psychopharmaka** kann evtl. versucht werden, die Fähigkeit zur Impulskontrolle zu verstärken. Der Anschluß an eine **Selbsthilfegruppe** ist in den meisten Fällen zu empfehlen.

Weitere Formen

Eine weitere Form von Impulskontrollstörungen ist die **Trichotillomanie** (wiederholter Impuls, sich die Haare an verschiedenen Körperstellen auszureißen).

Bei der **intermittierenden explosiblen Störung** kommt es zu umschriebenen Episoden mit Verlust der Kontrolle über aggressive Impulse, die zu schweren Gewalttätigkeiten oder Zerstörung von Eigentum führen können. Der Grad der Aggressivität während der Episoden steht in keinem Verhältnis zu einem auslösenden psychosozialen Stressor.
Die Symptome treten innerhalb von Minuten oder Stunden auf und bilden sich unabhängig von der Dauer der Störung nahezu ebenso schnell zurück.
Psychotische Störungen, organisch bedingte Störungen, Persönlichkeitsstörungen sowie Intoxikationen durch psychotrope Substanzen müssen ausgeschlossen werden.

Suizidalität

Allgemeines

Zum Phänomenbereich der Suizidalität gehören im engeren, traditionellen Sinne alle Gedanken und Handlungen, die darauf abzielen, das eigene Leben durch **Selbsttötung (Suizid)** zu beenden, u.a. Todeswünsche, Suizidgedanken, Suizidabsichten, Suizidhandlung. Im weiteren Sinne werden diesem Phänomenbereich im klinischen Alltag auch der Wunsch nach Ruhe, Pause, Veränderung, Unterbrechung im Leben und die daraus folgenden selbstschädigenden das Leben prinzipiell gefährdenden Handlungen zugerechnet (*siehe Tabelle 3-61*).

Tabelle 3-61: Phänomenbereich Suizidalität

Wunsch nach Ruhe, Pause, Veränderung, Unterbrechung im Leben (mit dem prinzipiellen Risiko von Versterben)

- Todeswunsch: Wunsch, nicht mehr zu leben
- Suizidgedanke: Gedanke, sich das Leben zu nehmen
- Suizidabsicht: Absicht, sich das Leben zu nehmen
- Suizidversuch: Absichtliche Selbstschädigung mit der Möglichkeit des tödlichen Ausgangs
- Suizid: Absichtliche Selbstschädigung mit tödlichem Ausgang

---

Definition. Unter **Suizid** (Selbsttötung) versteht man die absichtliche Selbstschädigung mit tödlichem Ausgang.

Unter **Suizidversuch** versteht man die absichtliche Selbstschädigung mit dem Ziel und, im weiteren Sinne, mit der Möglichkeit des tödlichen Ausgangs.

In neuerer Zeit gewinnt der Begriff **Parasuizid** zunehmende Verbreitung. Der Begriff deckt sich z. T. mit dem traditionellen Begriff Suizidversuch, er impliziert aber nicht die Selbsttötungsmöglichkeit bzw. -intention. Insofern ist er wesentlich weiter gefaßt.

Definition. Als **Parasuizid** wird eine Handlung mit nicht tödlichem Ausgang definiert, bei der ein Mensch sich absichtlich Verletzungen zufügt oder ein Medikament/Droge außerhalb des allgemein anerkannten Dosisbereichs einnimmt.

Dieser erweiterte Begriff paßt besser zu dem, was in der klinischen Versorgungssituation unter dem Begriff Suizidversuch subsumiert wird; denn bei vielen dieser „Suizidversuche" besteht nicht eine Selbsttötungsintention bzw. steht diese zumindest nicht im Vordergrund, sondern der Wunsch nach Veränderungen von Lebenssituationen bzw. vermehrter Zuwendung durch die Umgebung (appellativer Suizidversuch, parasuizidale Geste) oder das Bedürfnis nach Ruhe bzw. nach einer Pause (parasuizidale Pause).

Epidemiologie. Die Suizidrate (Zahl der Suizide pro 100 000 Einwohner) differiert in verschiedenen Länder erheblich. Die Bundesrepublik Deutschland hat eine im Vergleich zu anderen europäischen Ländern relativ hohe Suizidrate von größenordnungsmäßig 20.

In der BRD nehmen sich jährlich etwa 14.000 Menschen das Leben. Das bedeutet, daß sich etwa alle 45 Minuten ein Mensch in den alten Bundesländern selbst tötet (*siehe Abbildung 3-109*).

Epidemiologie

Etwa 14.000 Menschen sterben in der BRD pro Jahr durch Suizid (s. Abb. 3-109).

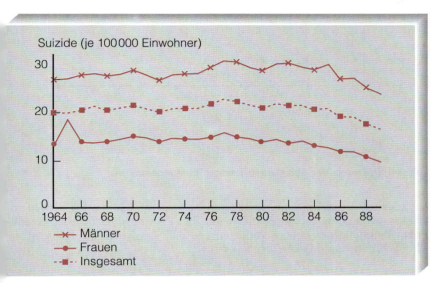

Abb. 3-109: Trends der Suizidraten in der BRD (alte Bundesländer) 1964–1989

Nach Schätzungen der WHO sterben in der Welt etwa eine halbe Million Menschen jährlich an Suizid. Der Suizid ist damit eine der häufigsten Todesursachen.

Bei weiterer Differenzierung der epidemiologischen Zahlen ergeben sich zusätzliche markante Unterschiede. So ist z.B. die Suizidrate im großstädtischen Milieu höher als im ländlichen Milieu, Männer haben eine höhere Suizidrate als Frauen. Auch gibt es epochale Schwankungen, so nimmt z.B. die Zahl der Suizide in Kriegszeiten ab, in Zeiten wirtschaftlichen Niedergangs dagegen zu.

Für die Suizidversuchsraten gibt es, von Ausnahmen abgesehen (*siehe Abbildung 3-110*), keine umfangreichen amtlichen Statistiken. Man geht davon aus, daß die Parasuizidrate größenordnungsmäßig etwa 10mal so hoch ist wie die Suizidrate, manche Autoren gehen von noch höheren Relationen aus.

Insbesondere bezüglich der Parasuizidzahlen muß man von einer hohen Dunkelziffer ausgehen, da häufig die suizidalen Hintergründe einer Selbstschädigung verschleiert werden. Auch bei den Suiziden muß man von einer beträchtlichen Dunkelziffer ausgehen.

Die Suizidrate ist in Städten höher als auf dem Land. Männer haben eine höhere Suizidrate als Frauen.

Die Parasuizidrate ist etwa 10mal so hoch wie die Suizidrate (s. Abb. 3-110).

Insbesondere bezüglich der Parasuizidzahlen besteht eine hohe Dunkelziffer.

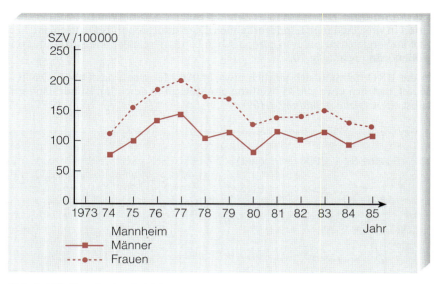

Abb. 3-110: Trends der Suizidversuchsraten in Mannheim

Aus epidemiologischen Untersuchungen ist bekannt, daß bei 8% der Durchschnittsbevölkerung Suizidgedanken und bei 2% Suizidversuche zu irgendeinem Zeitpunkt des Lebens vorliegen und daß die Zahlen bei Depressiven erheblich höher sind (*siehe Tabelle 3-62*).

Tabelle 3-62: Lebenszeitprävalenz von verschiedenen Formen der Suizidalität in einer epidemiologisch repräsentativen Stichprobe aus der Allgemeinbevölkerung

	Psychisch gesunde Probanden (n = 316)		Depressive Patienten (n = 54)	
Nachdenken über Tod	46	15%	30	56%
Wunsch zu sterben	6	2%	20	37%
Suizidgedanken	25	8%	37	69%
Suizidversuche	6	2%	8	15%

Nach der Art der Suizidmethoden unterscheidet man grob in harte und weiche Methoden. Die harten Methoden (Erschießen, Erhängen, sich vor Fahrzeuge Werfen, Sturz aus großer Höhe u. a.) sind beim Suizid häufiger (50%) als bei den Suizidversuchen (25%).

Ursachen und Entstehungsbedingungen suizidalen Verhaltens.

Als **multifaktoriell bedingtes Verhalten** ist Suizidalität nicht „Krankheit per se", sondern beinhaltet immer Aspekte **affektiv-kognitiver Einengung** (die im Rahmen psychischer Erkrankungen wie Depression, Sucht oder Schizophrenie besonders deutlich und suizidmotivierend sein können), **lebenssituative psychosoziale Einengung** (wie sie sich bei chronischer Arbeitslosigkeit, bei Aus- oder Übersiedlern manifestieren kann) und **freie Willensentscheidung**, womit im engeren Sinne Abwesenheit von Bewußtseinseinschränkung im Sinne der juristischen freien Verantwortlichkeit gemeint ist. Gerade letzter Aspekt, Suizidalität aus freier Willensentscheidung, muß aber aus ärztlicher Sicht sehr kritisch gesehen werden, denn hinter der sog. freien Willensentscheidung verbergen sich bei genauerer Exploration doch häufig psychopathologische Phänomene.

Da der Begriff Krankheit nur partiell dem Phänomen der Suizidalität gerecht wird, bevorzugen insbesondere stärker psychosozial interessierte Autoren den Begriff **Krise** in diesem Bereich.

> **Definition.** Als **Krise** wird die Situation von Menschen beschrieben, die aus unterschiedlichen Gründen Ereignisse nicht mehr adäquat bewältigen können und damit der Gefahr einer psychopathologischen Entwicklung ausgesetzt sind.

◀ Definition

Zweifelsohne gehört **Krisenintervention** in den Bereich der Therapie, wobei die Zuständigkeit über den engeren medizinisch-psychiatrischen Bereich hinausgeht und die **interdisziplinäre Zusammenarbeit** verschiedener Berufsgruppen (Psychologen, Sozialarbeiter. Laienhelfer etc.) gefordert wird.

Die Unterschiede der Suizidraten zwischen verschiedenen Ländern bzw. Nationen machen bereits deutlich, daß offenbar Faktoren, die die jeweilige Gesellschaft kennzeichnen, für die Häufigkeit suizidalen Verhaltens verantwortlich sind. Obendrein scheint es bestimmte nationale Stereotype für die Bevorzugung bestimmter Suizidmethoden zu geben, die z.T. mit der allgemeinen Verfügbarkeit von Suizidmitteln zusammenhängen. Als **gesamtgesellschaftliche Risikofaktoren** sind u. a. Erziehungsstil, Leistungsdruck, soziale Isolierung, Fehlen lebenspositiver Werthaltungen, Wertsystem und hohe Arbeitslosenquote zu nennen. Wird der Wert menschlichen Lebens allgemein unter bestimmten Bedingungen in Frage gestellt oder gar der Suizid als Ausdruck menschlicher Freiheit zur Lösung bestimmter Problemsituationen akzeptiert, so wächst die Bereitschaft derer, die sich im Leben aus verschiedenen Gründen nicht zurechtfinden, ihrem Leben ein Ende zu setzen, anstatt mühsam nach anderen Lösungsmöglichkeiten zu suchen. Insofern muß die **Enttabuisierung des Suizids**, wie sie sich in den letzten Jahren, insbesondere im Gefolge von Jean Améry, der den Suizid als Akt höchster Willensfreiheit des Menschen philosophisch feierte, unter dem Aspekt der Suizidprävention fragwürdig erscheinen (*siehe Abbildung 3-111*).

Bei der **Krisenintervention** ist **interdisziplinäre Zusammenarbeit** gefordert (Psychiater, Psychologe, Sozialarbeiter etc.).

Die unterschiedlichen Suizidraten zwischen verschiedenen Ländern/ Nationen weisen auf die Bedeutung soziokultureller Faktoren hin. **Gesamtgesellschaftliche Risikofaktoren** sind u. a. Erziehungsstil, Leistungsdruck, soziale Isolierung, Wertsystem, Altersstruktur, Arbeitslosenquote.

Die Relativierung des Wertes des Lebens und die **Enttabuisierung des Suizids** erniedrigen die Suizidschwelle (*s. Abb. 3-111*) und sind deswegen unter suizidprophylaktischen Aspekten kritisch zu sehen.

Abb. 3-111: Umschlag des Buches: Hand an sich legen, Diskurs über den Freitod, Jean Améry

Suizidale Ereignisse im Lebensumfeld oder in den Medien können eigenes suizidales Handeln anregen (**Imitationssuizid**, *s. Abb. 3-112*).

Ein weiteres Phänomen hängt wahrscheinlich eng mit dem der Enttabuisierung des Suizids zusammen: die **Imitation**. Es gibt eine Reihe von Befunden, die darauf hinweisen, daß es im Umkreis von Menschen, die eine suizidale Handlung durchgeführt haben, oder nach entsprechenden Berichten in den Medien zu einer Zunahme suizidalen Verhaltens kommt. Das Modell kann dabei so prägend sein – wie die Häufung von entsprechenden Suiziden nach dem im Fernsehen ausgestrahlten Film vom „Tod eines Schülers" zeigt –, daß sogar die Suizidmethode imitiert wird. Berühmtestes Beispiel aus der Literaturgeschichte ist der „Werther-Suizid". Nach dem Erscheinen des Romans von Goethe kam es zu einer Epidemie gleichartig motivierter und durchgeführter Suizide (*siehe Abbildung 3-112*).

Abb. 3-112: Werther am Schreibpult, die Pistolen in der Hand. Aquarell eines unbekannten Zeitgenossen

Wichtige **individuelle Risikofaktoren** sind: psychische und chronische körperliche Erkrankungen, früherer Suizidversuch, Vereinsamung, belastende Lebensereignisse, Suizid/Suizidversuche im Umfeld, Alters- und Geschlechtsfaktoren.
Risikofaktoren für Suizidversuche sind z. T. nicht in allen Aspekten identisch mit denen für Suizide. So sind beim Parasuizid Frauen und jüngere Altersgruppen überrepräsentiert, während bei den Suiziden Männer und höhere Altersgruppen dominieren (*s. Abb. 3-113*).

Unter **individuellem** Aspekt sind die folgenden Faktoren am wichtigsten: psychische Erkrankungen (insbesondere Depression, Schizophrenie, Sucht), chronische körperliche Erkrankungen, früherer Suizidversuch, Vereinsamung, belastende Lebensereignisse, Suizide/Suizidversuche im Umfeld. Außerdem spielen Alters- und Geschlechtsfaktoren eine Rolle.

Risikofaktoren für Suizidversuche. Diese sind z.T. nicht in allen Aspekten identisch mit denen für Suizide. So sind beim Parasuizid Frauen und jüngere Altersgruppen überrepräsentiert, während bei den Suiziden Männer und höhere Altersgruppen überwiegen (*siehe Abbildung 3-113*).

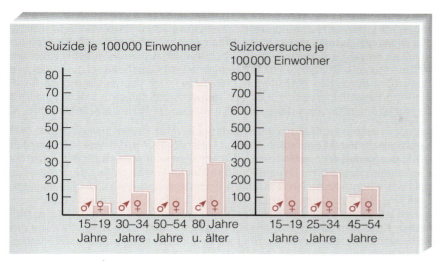

Abb. 3-113: Raten von Suiziden und Suizidversuchen in der Bundesrepublik Deutschland (alte Bundesländer)

Häufig kommt es zu einer **Kombination verschiedener Risikofaktoren,** z. B. Alter, Vereinsamung und Depression. Das Problem der Suizidalität darf nicht nur unter medizinischen Gesichtspunkten betrachtet werden, da **psychische Erkrankungen eine der wichtigsten Ursachen** der Depressionen und Suchterkrankungen sind. Etwa ein Drittel aller Suizide beruht auf einer endogenen Psychose. Bei Einbeziehung anderer psychischer Störungen (neurotische und reaktive Störungen, Persönlichkeitsstörungen, Süchte) kann man davon ausgehen, daß etwa bis zu 90% aller Suizide durch eine psychische Krise oder Krankheit bedingt sind. Auch bei Suizidversuchen beruht der größte Teil auf psychischen Störungen im engeren Sinne des Wortes, während einfache abnorme Erlebnisreaktionen bei sonst ungestörter Persönlichkeit nur etwa ein Drittel der Klientel ausmachen. Psychosen sind allerdings bei den Suizidversuchspatienten relativ selten, häufiger handelt es sich um Neurosen, Suchterkrankungen u. a. (*siehe Tabelle 3-63*).

Häufig kommt es zu einer **Kombination verschiedener Risikofaktoren**, z. B. Alter, Vereinsamung und Depression. **Psychische Erkrankungen spielen bei Suiziden und Suizidversuchen eine wichtige ursächliche Rolle.** Etwa ein Drittel aller Suizide beruht auf einer endogenen Psychose. Bei den Suizidversuchen ist der Anteil der endogenen Psychosen geringer. Hier stehen psychogene Störungen ganz im Vordergrund (z. B. reaktive Depression nach Verlusterlebnissen, s. Tab. 3-63).

Tabelle 3-63: Erstdiagnose (nach ICD-9) bei einem großen Kollektiv von Suizidversuchspatienten eines Allgemeinkrankenhauses

Hauptdiagnose	Befund	Patienten	Prozent
Psychosen	Organische Psychosen	8	2
	Schizophrene Psychosen	27	6
	Affektive Psychosen	22	4
Neurosen	Neurosen	111	23
Persönlichkeitsstörungen	Persönlichkeitsstörungen	54	11
Mißbrauch und Abhängigkeit	Mißbrauch und Abhängigkeit	90	19
	Bei Einbeziehung der Zweitdiagnose	90	39
Reaktive Störungen	Reaktive Störungen	154	32
Andere Diagnosen		19	4

3 Krankheiten

Situative Belastungen sind häufig Auslöser für das suizidale Geschehen. Die subjektive Bedeutung des Ereignisses ist dabei oft wichtiger als die objektive. **Kränkungs- und Verlusterlebnisse** spielen eine besondere Rolle.

Aus psychoanalytischer Sicht wird die **Psychodynamik** suizidalen Geschehens durch das **Aggressionsmodell** und das **Modell der narzißtischen Krise** erklärt.
Nach dem psychodynamischen **Aggressionsmodell** schlägt in der Suizidalität Fremdaggression in Autoaggression um und führt so zur suizidalen Krise.
Nach dem psychodynamischen Modell der **narzißtischen Krise** führen Selbstwertprobleme und Kränkungserlebnisse zur suizidalen Krise.

Neue Untersuchungen weisen auf die Bedeutung **biologischer** Faktoren der Suizidalität hin, z. B. auf eine Erniedrigung von Hydroxyindolessigsäure, dem Hauptmetaboliten des **Serotonins** im ZNS.

Bilanzsuizide basieren auf einer rationalen Entscheidung ohne psychopathologische Hintergründe. Echte Bilanzsuizide sind selten. Meist läßt sich auch bei scheinbaren Bilanzsuiziden ein psychopathologischer Hintergrund erkennen. (z. B. narzißtische Kränkung, depressive Verstimmung).

Insbesondere bei den nicht psychotisch bedingten Suiziden und Parasuiziden geben oft krisenhafte Zuspitzungen einer chronischen Problematik bzw. aktuelle **situative Belastungen** und Kränkungen den Anstoß zum suizidalen Geschehen. Der objektive Schweregrad einer belastenden Situation ist dabei für einen Suizid-/Parasuizidentschluß häufig weniger ausschlaggebend als die subjektive Bewertung durch den Betroffenen. Gerade bei den nichtpsychotischen Suiziden und Parasuiziden handelt es sich meistens um subjektiv erlebte massive Enttäuschungen, **Verlusterlebnisse** (auch drohender Verlust), **Kränkungen** u. a.

Aus der tiefenpsychologisch orientierten Literatur liegen insbesondere zwei Konzepte zur **Psychodynamik** suizidalen Geschehens vor, das **Aggressionsmodell** sowie das **Modell der narzißtischen Krise**. Im **Aggressionsmodell** gilt der Suizid als Konsequenz depressiver Dynamik und suizidales Verhalten als Lösung eines intrapsychischen Aggressionskonfliktes: Fremdaggression wird zur Eigenaggression. Das den Suizidenten verletzende Objekt, z. B. der verlassende Liebespartner, ist aus dieser Betrachtungsweise herausgenommen. Das Modell der **narzißtischen Krise** geht davon aus, daß der Suizident durch eine starke Störung des Selbstwertgefühles charakterisierbar ist. Er leidet an einer hohen narzißtischen Verletzlichkeit, woraus seine besondere Anfälligkeit gegenüber Kränkungen, insbesondere wenn sie von existentiell wichtigen Bezugspersonen zugefügt werden, resultiert. Erscheinen diese Verletzungen unbewältigbar, entsteht über den Zwischenschritt psychophysischer Dekompensation (Depressivität, Wut, Angst, vegetative Beschwerden) suizidales Verhalten als Zeichen einer Regression auf eine frühere Entwicklungsstufe mit dem Ziel, die kränkende Außenwelt auszuschalten und das eigene Selbstwertgefühl aktiv zu erhalten. Man sollte berücksichtigen, daß der Geltungsbereich dieser psychodynamischen Erklärungsansätze wahrscheinlich beschränkt ist auf die Suizidversuche im Rahmen reaktiver bzw. neurotischer Störungen und im Bereich der schweren psychischen Erkrankungen auf seine Grenzen stößt.

Auf mögliche **biologische** Teilursachen suizidalen Verhaltens wurde in jüngster Zeit wiederholt hingewiesen. Insbesondere die aufsehenerregenden Befunde, daß bei Patienten nach Suizidversuch ein erniedrigter Spiegel der Hydroxyindolessigsäure, des Hauptmetaboliten des zentralnervösen Transmitters **Serotonin**, im Liquor cerebrospinalis zu finden ist, sei hier erwähnt. Dieser Befund ist von besonderem theoretischem Interesse, da nach den derzeitigen theoretischen Annahmen Serotonin in besonderer Weise für die Kontrolle impulsiven und aggressiven/autoaggressiven Verhaltens verantwortlich ist. Von Interesse in diesem Zusammenhang ist, daß die Patienten, die besonders autoaggressive Suizidversuche durchgeführt hatten, den niedrigsten Spiegel der Hydroxyindolessigsäure aufwiesen. Auch war der Hydroxyindolessigsäurespiegel der beste Prädiktor für weiteres suizidales Verhalten.

Als **Bilanzsuizide** bezeichnet man Suizidversuche, bei denen unterstellt wird, daß allein eine rationale Entscheidung ohne jegliche psychopathologische Hintergründe den Betreffenden veranlaßt, in einer bestimmten Lebenssituation Suizid zu begehen. Als Prototypen werden häufig der Suizid bei verletzter Ehre, z. B. bei Offizieren, oder Suizid wegen hoher Verschuldung genannt. Aus ärztlicher Sicht kommen Bilanzsuizide sehr selten vor. Auch bei vielen noch so rational klingenden Entscheidungen zum Suizid können häufig durch intensive Exploration suizidale Hintergründe, z.B. narzißtische Kränkungen, depressive Verstimmungen etc., aufgedeckt werden.

Symptomatologie

Der Phänomenbereich der Suizidalität ist klinisch sehr vielgestaltig, beginnend mit dem parasuizidalen Bedürfnis nach Ruhe und Pause, über dezidierte Todeswünsche und Suizidgedanken bis zu den verschiedenen Typen der Suizidhandlung.

Während beim Suizid die Autoaggression die Handlungsweise dominiert, können bei den Parasuiziden andere Intentionen – z. B. das Bedürfnis nach Zuwendung oder das Bedürfnis nach Ruhe – eine vorrangige Rolle spielen (*siehe Abbildung 3-114*).

Symptomatologie

In der Suizidhandlung vermischen sich verschiedene Intentionen: Autoaggression, das Bedürfnis nach Zuwendung, das Bedürfnis nach Ruhe (s. Abb. 3-114).

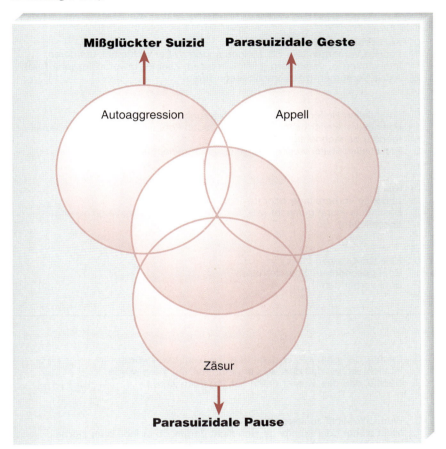

Abb. 3-114: Parasuizidale Handlungen

> **Merke.** Je nach Vorherrschen der jeweiligen Intention kann man Parasuizide/Suizidversuche klassifizieren in:
> **Suizidale Handlungen:** Die Autoaggression steht im Vordergrund.
> **Parasuizidale Geste:** Der Appell an die Umgebung steht im Vordergrund.
> **Parasuizidale Pause:** Das Bedürfnis nach Ruhe steht im Vordergrund.

◀ Merke

Hinsichtlich der Intention sind sich Suizid und suizidale Handlung im oben definierten engeren Sinne am ähnlichsten: Bei beiden steht die Autoaggression im Vordergrund. Suizidale Handlungen in diesem Sinne werden klinisch häufig auch als „**ernsthafte Suizidversuche**" bezeichnet bzw. die besonders massiven Fälle als „**mißglückte Suizide**". Eine gewisse Berechtigung für diese Terminologie leitet sich daraus ab, daß die erwähnten Unterschiede zwischen Suizidenten und Parasuizidenten zunehmend verschwinden, je restriktiver die Eingrenzung auf „ernsthafte Suizidversuche" erfolgt (*siehe Tabelle 3-64*).

Auch darf der Begriff „ernsthafter Suizidversuch" nicht dazu verführen, die anderen Typen des Parasuizids als „unernst" zu verharmlosen.

Der Begriff „**ernsthafter Suizidversuch**" ist problematisch, weil er zu sehr auf die Tötungsabsicht abzielt und alle anderen Intentionen des Suizidversuchs/Parasuizids als „unernst" hinstellt (s. Tab. 3-64).

Tabelle 3-64: Suizidabsicht-Skala

Umstände im Zusammenhang mit dem Suizidversuch:

1. Isolation
   - 0 Jemand anwesend
   - 1 Jemand in der Nähe oder in Kontakt (Telefon)
   - 2 Niemand in der Nähe oder in Kontakt

2. Zeitpunkt („Timing")
   - 0 So bestimmt, daß eine Intervention wahrscheinlich ist
   - 1 So bestimmt, daß eine Intervention nicht wahrscheinlich ist
   - 2 So bestimmt, daß eine Intervention höchst unwahrscheinlich ist

3. Vorsorgen gegen eine Entdeckung und/oder Intervention
   - 0 Keine Vorsorgen
   - 1 Passive Vorsorgen, wie z.B. Meiden anderer, aber nichts tun, um deren Intervention zu verhindern (alleine in einem Zimmer, unverschlossene Türe)
   - 2 Aktive Vorsorgen (z.B. verschlossene Türen)

4. Handeln, um Hilfe während oder nach dem Suizidversuch zu erlangen
   - 0 Potentiellen Helfer bezüglich Suizidversuch benachrichtigt
   - 1 Potentiellen Helfer bezüglich Suizidversuch kontaktiert, aber nicht speziell (genau) benachrichtigt
   - 2 Potentiellen Helfer weder kontaktiert noch benachrichtigt

5. Letzte Handlungen in Voraussicht des Todes
   - 0 Keine
   - 1 Teilweise Vorbereitung oder Ideation
   - 2 Bestimmte Pläne gemacht (z.B. Testamentsänderungen, Versicherungen abschließen)

6. Suizidbrief
   - 0 Kein Brief vorhanden
   - 1 Brief geschrieben, aber zerrissen
   - 2 Brief vorhanden

Eigene Angaben:

1. Erklärung des Patienten über die Letalität
   - 0 Dachte, daß das, was er getan hat, ihn nicht töten würde
   - 1 Ist nicht sicher, daß das, was er getan hat, ihn töten würde
   - 2 Dachte, daß das, was er getan hat, ihn töten würde

2. Erklärter Suizidversuch
   - 0 Wünschte nicht zu sterben
   - 1 Nicht sicher oder kümmerte sich nicht darum, ob er lebe oder sterbe
   - 2 Wünschte zu sterben

3. Vorsatz
   - 0 Impulsiv, kein Vorsatz
   - 1 Erwog die Handlung vor weniger als einer Stunde
   - 2 Erwog die Handlung vor weniger als einem Tag
   - 3 Erwog die Handlung vor mehr als einem Tag

4. Reaktion auf den Suizidversuch
   - 0 Patient ist froh, daß er am Leben ist
   - 1 Patient ist nicht sicher, ob er froh oder traurig (bereuen) ist
   - 2 Patient bereut, daß er am Leben ist

Risiko:

1. Voraussagbare Folge vom Standpunkt der Letalität der Handlung des Patienten und der ihm bekannten Umstände
   - 0 Überleben sicher
   - 1 Tod unwahrscheinlich
   - 2 Tod wahrscheinlich oder sicher

2. Wäre ohne medizinische Behandlung der Tod eingetreten?
   - 0 Nein
   - 1 Ja

Merke. Es muß aber betont werden, daß die „Ernsthaftigkeit" eines Suizidversuchs im Einzelfall oft sehr schwer zu beurteilen ist. So darf z. B. nicht allein aus der Suizidmethode auf die Intensität der Selbsttötungsabsicht geschlossen werden.

◄ Merke

Die Wahl der Suizidmethode hängt auch sehr stark von anderen Faktoren als der „Ernsthaftigkeit" der Suizidintention ab. Es ist bekannt, daß Frauen in suizidalen Krisen eher zu weichen Methoden (z. B. Vergiftung) tendieren, während Männer eher harte Methoden (z. B. Erhängen, Erschießen) bevorzugen. Auch die Verfügbarkeit eines Mittels im Moment des suizidalen Akts entscheidet mit über die Suizidmethode.

Die Wahl der Suizidmethode hängt auch von anderen Faktoren ab (Geschlecht, Verfügbarkeit eines Mittels etc.).

Die Frage, ob ein Suizidversuch von seinem Gesamtarrangement her (Wahl des Zeitpunkts, Wahl des Ortes, Wahl des Suizidmittels etc.) so angelegt wird, daß die Todesfolge wahrscheinlich ist, oder ob die Todeswahrscheinlichkeit eher gering gehalten wird, hängt offensichtlich sehr stark von **kurzfristig wirksamen** entscheidungsrelevanten **Faktoren** ab. Hinsichtlich des Rezidivrisikos scheint die Unterscheidung zwischen „ernsthaften" Suizidversuchen und anderen Typen des Parasuizids offensichtlich von eher geringer Relevanz zu sein. Insofern hätte also die Bagatellisierung der anderen Parasuizidtypen klinisch unerwünschte Konsequenzen derart, daß eine ausreichende Versorgung dieser Patienten nicht gewährleistet würde.

Die Wahl des Zeitpunktes, des Ortes und des Mittels für den Suizid dürfen nicht allein unter dem Aspekt der „Ernsthaftigkeit" des Suizidversuchs interpretiert werden. Sie hängen sehr stark von **kurzfristig wirksamen**, die Entscheidung beeinflussenden **Faktoren** ab. Fehlende „Ernsthaftigkeit" darf nicht dazu verleiten, von einer geringeren Rezidivgefahr auszugehen.

Analoges gilt auch für die im klassischen klinischen Jargon benutzte Terminologie des „demonstrativen Suizidversuchs". Dieser Begriff enthält neben der sprachlich darin zum Ausdruck kommenden Diskriminierung ebenfalls die Interpretation, daß der Suizidversuch nicht ernsthaft gemeint sei mit allen daraus fälschlicherweise abgeleiteten Schlußfolgerungen für die weitere Versorgung des Patienten. Der oben erwähnte Begriff der **parasuizidalen Geste** (auch **appellativer Suizidversuch**) ist diesbezüglich neutraler und weist darauf hin, daß der Suizidversuch als „Hilfeschrei" zu verstehen ist und entsprechende Behandlungskonsequenzen nach sich ziehen muß.

Der Begriff „demonstrativer Suizidversuch" sollte durch den neutraleren Begriff **„parasuizidale Geste"** bzw. **„appellativer Suizidversuch"** ersetzt werden, da der Begriff „demonstrativ" als Bagatellisierung verstanden werden kann.

Merke. Jeder Parasuizid sollte also ernstgenommen werden, unabhängig von der Art der Durchführung und dem Ausmaß der Selbstschädigung, und sollte interpretiert werden als eine inadäquate Problemlösungsstrategie. Suizidankündigungen im Vorfeld von Parasuiziden oder Suiziden sind häufig und dürfen nicht als „demonstrativer" Appell ohne eigentlichen Suizidwunsch verstanden werden.

◄ Merke

Parasuizide und auch Suizide können kurzschlußartig durchgeführt werden; häufig sind sie jedoch längerfristig geplant, das gilt insbesondere für Suizide. Diese längerfristige Entwicklung zeigt einen stadienhaften Ablauf der suizidalen Krise mit einer mehr oder minder langen **Phase der Erwägung**, einer mehr oder minder langen **Phase der Ambivalenz** und der **finalen Entschlußphase**. Die Entwicklung läuft also meistens nicht von der ersten Erwägung in einen direkten Weg zum Entschluß, sondern ist durch ein längerdauerndes Unschlüssigsein gekennzeichnet. Je nachdem, welche Außenfaktoren wirksam werden, kann die angebahnte Entwicklung zum Suizid/Parasuizid aufgehalten oder angestoßen werden (*siehe Abbildung 3-115*).

Suizidhandlungen werden oft kurzschlußartig durchgeführt; häufig besteht jedoch eine längerdauernde Entwicklung/Planung. Die Entwicklung vor dem suizidalen Geschehen ist oft durch eine längere Phase der **Ambivalenz** gekennzeichnet. Die Richtung der weiteren Entwicklung hängt von vielen Einflußfaktoren ab. Therapeutische Interventionen können sinnvoll in diese Entwicklung eingreifen (s. Abb. 3-115).

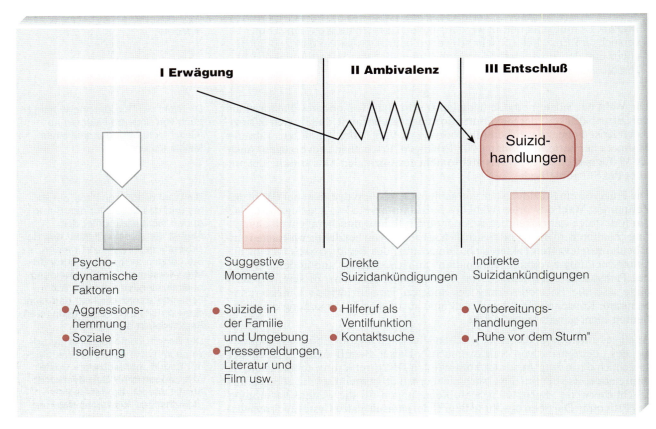

Abb. 3-115: Stadienhafter Ablauf der suizidalen Krise

Selbst bei ausgeprägt suizidalen Patienten besteht oft eine **Restambivalenz,** die den Ausgang des Suizidversuchs partiell offen läßt.

Zum **präsuizidalen Syndrom** gehören
- Erleben von Aussichtslosigkeit,
- sozialer Rückzug,
- ständiges Sich-Beschäftigen mit Todesgedanken (s. Tab. 3-65).

Die diese Entwicklung kennzeichnende Ambivalenz bleibt häufig selbst noch im eigentlichen suizidalen Akt bestehen. Selbst bei ausgeprägt suizidalen Patienten mit starkem Todeswunsch besteht oft noch eine **Restambivalenz** mit der Implikation, daß man das Leben annehmen wird, falls der Suizidversuch mißlingen sollte. Dieser Sachverhalt wird auch oft als „Gottesurteilsfunktion" des Suizidversuchs dargestellt. Der stadienhafte Ablauf und die Ambivalenz des Entscheidungsgeschehens machen es im besonderen Maße möglich, durch therapeutische Interventionen die suizidale Entwicklung zu beenden, wenn man früh genug die suizidale Absicht diagnostiziert.

Vom Suizidforscher Ringel wurde das **präsuizidale Syndrom** als eine gesetzmäßig ablaufende Erscheinungsform vor dem Parasuizid/Suizid beschrieben: Erleben von Ausweglosigkeit, sozialer Rückzug, ständiges Sich-Beschäftigen mit Todesgedanken (*siehe Tabelle 3-65*).

Tabelle 3-65: Präsuizidales Syndrom

I. **Zunehmende Einengung**
   a) Situative Einengung
   b) Dynamische Einengung (einseitige Ausrichtung von Apperzeption, Assoziationen, Verhaltensmustern und Abwehrmechanismen)
   c) Einengung der zwischenmenschlichen Beziehungen
   d) Einengung der Wertwelt

II. **Aggressionsstauung und Aggressionsumkehr**
   Fehlende Aggressionsabfuhr und Wendung der Aggressionen gegen die eigene Person

III. **Suizidphantasien**
   a) Aktiv intendiert
   b) Passiv sich aufdrängend

Viele Menschen gehen im Zeitraum vor der Suizidhandlung zum Hausarzt, oft allerdings ohne etwas von ihrem Lebensüberdruß oder ihren suizidalen Gedanken preiszugeben. Oft klagen sie nur über eine psychische Verstimmung oder sogar nur über körperliche Beschwerden (*siehe Tabelle 3-66*).

Viele Menschen gehen im Zeitraum vor der Suizidhandlung zum Hausarzt. Das gibt prinzipiell die Möglichkeit zur Diagnostik der suizidalen Krise und zur Intervention (*s. Tab. 3-66*).

Tabelle 3-66: Häufigkeit von Suizidankündigungen und Arztkontakten vor Suizidhandlungen

- 75% der Suizidhandlungen werden angekündigt
- Bis zu 50% der Suizidenten suchen innerhalb des letzten Monats einen Arzt auf, 25% eine Woche vor der Suizidhandlung

---

Merke. Der aufmerksame Hausarzt kann bei sorgfältiger Exploration die suizidale Krise diagnostizieren.

◀ **Merke**

Einen Sonderfall suizidalen Verhaltens stellt der **erweiterte Suizid** oder Parasuizid dar, der durch die Miteinbeziehung anderer Personen in das eigene suizidale Geschehen definiert ist. Nach der Tötungshandlung an der „mitgenommenen" Person erfolgt in der Regel die eigene Suizidhandlung, wobei die Entscheidung des Suizidenten zur Aufgabe seines eigenen Lebens die treibende Kraft in dem gesamten Handlungsablauf darstellt. Ein weiteres wichtiges Merkmal des erweiterten Suizids ist die aus der Sicht des Handelnden zugrundeliegende altruistische Motivation. Das häufigste Beispiel für erweiterte Suizide ist die Mitnahme der eigenen Kinder bei einer wahnhaft depressiven Mutter, die aus fürsorglichen Empfindungen für die Kinder diese in den Tod mitnimmt.

Der **erweiterte Suizid** ist durch Miteinbeziehung anderer Personen in das eigene suizidale Geschehen definiert, ohne daß diese Person in den Entscheidungsprozeß einbezogen wird (z. B. wenn eine depressive Mutter ihren Säugling mit in den Tod nimmt).

Vom erweiterten Suizid abzugrenzen sind **Doppelsuizide** oder Suizidpakte. Ihnen liegt eine mehr oder weniger freiwillige Übereinkunft zugrunde, gemeinsam und oft nach langer Überlegung und sorgfältiger Planung aus dem Leben zu scheiden.

Beim **Doppelsuizid** scheiden zwei Menschen aufgrund gemeinsamer Entscheidung aus dem Leben.

Massensuizide kommen selten vor, sind aber ein kulturhistorisch besonders interessantes Phänomen. In Deutschland kamen solche Massensuizide bei Flüchtlingen als Reaktion auf die Vertreibung durch sowjetische Truppen am Ende des Zweiten Weltkrieges vor. Historisch am bekanntesten ist die berühmte Selbsttötung der Einwohner Massadas unter der Belagerung durch die Römer. In jüngster Zeit erregten Massensuizide im Rahmen extremer Sekten Aufmerksamkeit. Bei den Massensuiziden handelt es sich um ein weitgehend durch – kulturelle oder subkulturelle – Normen vermitteltes Verhalten in besonderen Extremsituationen einer Gemeinschaft.

Massensuizide sind selten. Sie geschehen meist in Extremsituationen von Gemeinschaften.

Die **Suizidmethoden** sind von kulturellen Einflüssen und regionalen Faktoren wie auch von speziellen suizidalen Risikofaktoren und psychischen Erkrankungen mitbestimmt. In den USA beispielsweise, wo der Besitz von Waffen weit verbreitet ist, stellt das Erschießen die häufigste Suizidmethode bei den Männern dar. Demgegenüber ist in der Bundesrepublik das Erhängen die häufigste Suizidmethode. Die Vergiftung mit Kohlenmonoxid war lange Zeit in verschiedenen Ländern am häufigsten unter den „weichen Suizidmethoden", solange im Haus Gaskohlenmonoxid vorhanden war. Harte Methoden wie Erschießen, Erhängen, Ertränken und Sprung aus großer Höhe sind bei Männern wesentlich häufiger als bei Frauen und nehmen mit höherem Lebensalter in der Häufigkeit zu. Besonders grausame und oft bizarr erscheinende Methoden wie das Verbrennen, Tod durch Strom, Abhacken einer Extremität, Anbohren des Schädels etc. werden häufig von Patienten mit akuten Psychosen gewählt (*siehe Tabelle 3-67*).

Die Wahl der **Suizidmethode** ist von verschiedenen Faktoren abhängig, u. a. Verfügbarkeit von Suizidmitteln, geschlechtsspezifischen Verhaltensweisen, Ausmaß der Autoaggressivität (*s. Tab. 3-67*).

Tabelle 3-67: Suizidmethoden bei einer Stichprobe von Patienten mit Parasuizid

64%	Intoxikation
16%	Schnitt-/Stichverletzungen
6%	Absichtliches Verursachen eines Verkehrsunfalles
4%	Sturz aus der Höhe
4%	Erhängen, Erdrosseln, Ersticken
6%	Sonstiges

Patienten geben unterschiedliche **Motive** für Suizidhandlungen an (z.B. Todeswunsch, Wunsch nach Veränderung im Leben oder nach Ruhe). Auslösend für Suizidversuche sind besonders häufig Partnerschaftsprobleme.

Auf der bewußten motivationalen Ebene werden von Patienten nach Parasuizid insbesondere die folgenden **Motive** genannt:
- Todeswunsch,
- Wunsch nach Veränderung im Leben,
- Hilferuf,
- Rache,
- Wunsch nach Ruhe,
- Wunsch nach Ablösung und Trennung,
- Manipulation anderer,
- Enttäuschung,
- Wut,
- depressive Verstimmung,
- belastende Lebensereignisse,
- psychotische Motivation.

Auslösend sind häufig belastende Lebensereignisse, ganz besonders häufig Partnerschaftsprobleme bzw. Partnerverlust.

Diagnostik

Die **diagnostische Beurteilung** von Suizidalität beinhaltet:
- Abschätzen des Ausmaßes der suizidalen Gefährdung,
- Diagnostik psychischer Erkrankungen,
- Verstehen der Motivation und der situativen Faktoren,
- Verfügbarkeit von Hilfspotentialen (s. Tab. 3-68).

Diagnostik

Die diagnostische Beurteilung der Suizidalität ist eine besonders schwierige Aufgabe. Der Arzt muß das **Ausmaß** der suizidalen Gefährdung abschätzen, vorliegende **psychische Erkrankungen** diagnostizieren, er muß die **situativen** Belastungen, insbesondere in der subjektiven Wertung des Patienten, erkennen und nach der Verfügbarkeit bzw. Nicht-Verfügbarkeit von **Hilfspotential** und Bewältigungsmechanismen suchen.

Für den Unerfahrenen kann es hilfreich sein, bei der Abschätzung der Suizidalität eine sog. Risikoliste zugrunde zu legen (*siehe Tabelle 3-68*).

Tabelle 3-68: Fragenkatalog zur Abschätzung der Suizidalität

Je mehr Fragen im Sinne der angegebenen Antwort beantwortet werden, desto höher muß das Suizidrisiko eingeschätzt werden.

1. Haben Sie in letzter Zeit daran denken müssen, sich das Leben zu nehmen?	ja
2. Häufig?	ja
3. Haben Sie auch daran denken müssen, ohne es zu wollen? Haben sich Selbstmordgedanken aufgedrängt?	ja
4. Haben Sie konkrete Ideen, wie Sie es machen würden?	ja
5. Haben Sie Vorbereitungen getroffen?	ja
6. Haben Sie schon zu jemandem über Ihre Selbstmordabsichten gesprochen?	ja
7. Haben Sie einmal einen Selbstmordversuch unternommen?	ja
8. Hat sich in Ihrer Familie oder Ihrem Freundes- und Bekanntenkreis schon jemand das Leben genommen?	ja
9. Halten Sie Ihre Situation für aussichts- und hoffnungslos?	ja
10. Fällt es Ihnen schwer, an etwas anderes als an Ihre Probleme zu denken?	ja
11. Haben Sie in letzter Zeit weniger Kontakte zu Ihren Verwandten, Bekannten und Freunden?	ja
12. Haben Sie noch Interesse daran, was in Ihrem Beruf und in Ihrer Umgebung vorgeht? Interessieren Sie sich noch für Ihre Hobbys?	nein
13. Haben Sie jemanden, mit dem Sie offen und vertraulich über Ihre Probleme sprechen können?	nein
14. Wohnen Sie in Ihrer Wohnung, in einer Wohngemeinschaft mit Familienmitgliedern oder Bekannten?	nein
15. Fühlen Sie sich unter starken familiären oder beruflichen Verpflichtungen stehend?	nein
16. Fühlen Sie sich in einer religiösen bzw. weltanschaulichen Gemeinschaft verwurzelt?	nein

Als besonders suizidgefährdet gelten:
- Depressive,
- Suchtkranke,
- alte und vereinsamte Menschen,
- Personen mit Suizidankündigungen,
- Personen, die bereits einen Suizidversuch in ihrer Lebensgeschichte aufweisen (*siehe Tabelle 3-69*).

Besonders suizidgefährdet sind:
- Depressive,
- Suchtkranke,
- alte und vereinsamte Menschen,
- Personen mit Suizidankündigung,
- Personen mit Suizidversuchen in der Anamnese (*s. Tab. 3-69*).

Tabelle 3-69: Gruppen mit erhöhtem Suizidrisiko (bei diesen muß grundsätzlich nach Suizidalität gefragt werden)

I. Offensichtlich suizidgefährdet sind:

1. Menschen mit Suizidideen oder -absichten, direkt oder indirekt angekündigt
2. Menschen mit selbstgefährdendem Verhalten (offensichtlich direkt oder indirekt selbstdestruktiv)
3. Menschen mit heimlich selbstgefährdendem Verhalten (indirekt selbstdestruktiv, „stille Suizidalität")
4. Menschen mit Suizidversuchen in der bisherigen Lebensgeschichte, insbesondere in der unmittelbaren Vorgeschichte oder/und mit mehreren Versuchen (Methodenwechsel)

II. Erhöhtes Suizidrisiko liegt vor und muß nachgefragt werden aufgrund Zugehörigkeit zu einer Gruppe psychisch Kranker. Besonders gefährdet sind:

1. Menschen mit einer psychischen Krankheit und offensichtlicher Suizidalität (Punkt I, 1–4)
2. Menschen mit einer depressiven Erkrankung
3. Menschen mit einer Suchterkrankung
4. Menschen in einer akuten schizophrenen Erkrankung mit ängstigenden und bedrohlich erlebten Wahninhalten
5. Menschen mit depressiven Verstimmungen und einer Suchtkrankheit oder Schizophrenie
6. Menschen mit einer depressiven Verstimmung zu Beginn einer dementiellen hirnorganischen Erkrankung

III. Erhöhtes Risiko suizidalen Verhaltens in Krisen liegt vor und muß erfragt werden bei Menschen in krisenhaften Lebenssituationen aufgrund von:

1. Entwicklungsnotwendigkeiten:
Ablösung vom Elternhaus/Autonomie; biologische Entwicklungen (Menarche, Schwangerschaft, Klimakterium) und psychologische Reifungsprozesse; berufliche Veränderungsnotwendigkeiten u.ä.
2. Schicksalhaften Lebensereignissen und Belastungen:
Verlust, Trennung, Tod von signifikanten Bezugspersonen; Verlust von Existenz, Lebenskonzept, Lebensraum durch äußere, nicht beeinflußbare Bedingungen; Verlust von religiöser, völkischer, kultureller Einbettung, Entwurzelung; drohende Vernichtung, Massenvernichtung
3. Narzißtischen Krisen:
Störungen und Bedrohungen des Selbstwertgefühles (Sonderform der Krise) bei in ihrem Selbstwertgefühl kränkbaren Menschen
4. Bedrohung und Beeinträchtigung durch alters- und/oder krankheitsbedingte Veränderungen im körperlichen, im psychischen und sozialen Bereich
5. Psychischer oder/und körperlicher Krankheit und deren Folgen

---

Merke. Diagnostik von Suizidalität erfordert ein ausführliches Eingehen auf den Patienten, also ausreichend Zeit und einen angemessenen Rahmen.

◀ Merke

Die einfache Feststellung, jemand sei „nicht suizidal", genügt nicht, sondern es muß ein offenes, direktes und einfühlsames Gespräch geführt werden, das die wesentlichen Risikofaktoren für die Suizidalität dieses individuellen Patienten berücksichtigt.

376 **3 Krankheiten**

Merke ►

Oft ergibt erst ein längerdauerndes, vertrauensvolles, einfühlsames Gespräch die Beziehungsebene, auf der der Patient seine Suizidalität mitteilen kann.

Merke ►

Die **Exploration** sollte sich insbesondere auf die folgenden Aspekte konzentrieren (s. auch Tab. 3-70).
- **Erfragen aktueller Suizidgedanken:** Lebensunlust? Suizidgedanken? etc.

- **Erfragen aktueller psychopathologischer Symptomatik:** Depressivität? Angst? Hoffnungslosigkeit? etc.

- **Erfragen anamnestischer Faktoren:** Biographische Belastungen? psychiatrische Erkrankungen? frühere suizidale Krisen? etc.

- **Erfragen der aktuellen Lebenssituation:** Belastende Probleme und Ereignisse? Mangel an sozialen Bindungen? Mangel an weltanschaulichen Bindungen?

> ***Merke.*** Das Erkennen von Suizidalität ist durch eine große Irrtumswahrscheinlichkeit belastet, da u. a. Bagatellisierungs- und Verleugnungstendenzen des Patienten sogar das Erkennen einer akuten suizidalen Gefährdung verhindern können.

Oft ergibt sich erst in einem längerdauernden Gespräch die Beziehungsebene, auf der der Patient sich so weit öffnen kann, daß er über seine suizidalen Tendenzen sprechen kann. Der Arzt muß dafür Sorge tragen, daß er das Gespräch so geschickt führt, daß eine solche Offenheit entstehen kann. Die Befürchtung, ggf. den Patienten erst durch die entsprechenden Fragen auf Suizidideen zu bringen, ist unbegründet.

> ***Merke.*** Gerade das Sprechen über suizidale Gedanken führt zur Entlastung und zum Aufbrechen der suizidalen Isolation und Einengung. Der Patient erfährt, daß seine Notsignale angenommen werden und daß prinzipiell Hilfsmöglichkeiten gegeben sind.

Die **Exploration** sollte sich insbesondere auf die folgenden Aspekte konzentrieren (*siehe auch Tabelle 3-70*):

- **Erfragen der aktuellen Suizidgedanken:** Lebensunlust, Wunsch nach Pause? Wunsch nach Veränderungen im Leben? Wunsch, lieber tot zu sein? Flüchtige oder dauerhafte Suizidideen? Flüchtiger oder starker Handlungsdruck durch die Suizidideen/Suizidabsichten? Abschiedsbrief bereits geschrieben? Bereitschaft, sich auf therapeutische Interventionen einzulassen?

- **Erfragen der aktuellen psychopathologischen Symptomatik:** Insbesondere Depressionen, Schizophrenien und Suchterkrankungen haben ein hohes Suizidrisiko. Unabhängig von der Art der Erkrankung sollten insbesondere die folgenden, bekanntermaßen suizidgefährdenden psychopathologischen Aspekte erfragt werden: Ausmaß von Angst und Depressivität, Ausmaß von Hoffnungslosigkeit? Ängstlich paranoide Gestimmtheit? Depressiver Wahn? Imperative Stimmen? Innere Unruhe und starke Agitiertheit? Chronisch quälende Schmerzzustände? Abnorme Persönlichkeitszüge (Impulsivität, Aggressivität, niedriges Selbstwertgefühl)?

- **Erfragung anamnestischer Faktoren:** Unglückliche Kindheit? Broken home? Verhaltensstörungen als Kind oder Jugendlicher? Chronische körperliche Erkrankungen? Psychiatrische Erkrankungen in der Vorgeschichte? Psychiatrische Behandlungen in der Vorgeschichte? Frühere suizidale Krisen? Frühere Suizidversuche? Suizidales Verhalten in der Familie? Suizidales Verhalten im Umfeld? Selbstdestruktives Verhalten in der umittelbaren Vorgeschichte?

- **Erfragen der aktuellen Lebenssituation:** Anzahl und Ausmaß der belastenden Ereignisse (Abbruch wichtiger Beziehungen, Schulprobleme, Berufsprobleme, Umzug, finanzielle Schwierigkeiten etc.)? Lebt der Patient alleine? Ist der Patient getrennt, geschieden oder verwitwet? Suizidkontakte? Wechsel oder Verlust der Erwerbstätigkeit? Arbeitslosigkeit? Körperliche Erkrankung? Fehlen eines Aufgabenbereiches und Lebensziels? Fehlen oder Verlust tragfähiger religiöser Beziehungen?

Suizidalität 377

Tabelle 3-70: Einschätzung suizidaler Menschen: Faktoren, die der Arzt beachten muß

Umstände eines Suizidversuches:
- Vorausgegangenes kränkendes Lebensereignis
- Vorbereitung getroffen: – Methode ausgewählt
  – Angelegenheiten in Ordnung gebracht
  – Reden über Suizid
  – Weggeben von wertgeschätzten Dingen
  – Abschiedsbrief
- Verwendung einer gewaltsamen Methode oder von Medikamenten, Gift mit höherer Letalität
- Letalität der gewählten Methode bekannt

Aktuelle Symtomatik:
- Hoffnungslosigkeit
- Selbstanklage, Gefühle von Versagen und Minderwertigkeit
- Depressive Stimmung
- Agitiertheit und Ruhelosigkeit
- Andauernde Schlafstörungen
- Gewichtsverlust
- Verlangsamte Sprache, Erschöpfung
- Sozialer Rückzug
- Suizidideen und -pläne

Psychische Krankheit:
- Früherer Suizidversuch
- Affektive Erkrankung
- Alkoholismus oder/und Substanzmißbrauch
- Verhaltensstörung und Depression bei Heranwachsenden
- Präsenile Demenz und Verwirrtheitszustände bei alten Menschen
- Kombination verschiedener Krankheiten

Psychosoziale Vorgeschichte:
- Gegenwärtig getrennt, geschieden oder verwitwet
- Lebt alleine
- Arbeitslos, gegenwärtig Wechsel oder Verlust der Erwerbstätigkeit
- Zahlreiche Lebensbelastungen (Umzug, frühkindlicher Verlust, Abbruch wichtiger Beziehungen, Schulprobleme, bevorstehende Bestrafung)
- Chronische körperliche Krankheit
- Exzessives Trinken oder exzessiver Substanzmißbrauch

Persönlichkeitsfaktoren:
- Impulsivität, Aggressivität, Feindseligkeit
- Kognitive Rigidität und Negativismus
- Hoffnungslosigkeit
- Niedriges Selbstwertgefühl
- Borderline- oder antisoziale Persönlichkeitsstörung

Familiengeschichte:
- Suizidales Verhalten in der Familie
- Affektive Erkrankung und/oder Alkoholismus in der Familie

Merke. Suizidale Patienten zeigen nicht immer Verzweiflung und Unruhe. Manchmal kann der Eintritt plötzlicher Ruhe oder sogar friedvoller Gelöstheit nach vorheriger Verzweiflung und Unruhe („Ruhe vor dem Sturm") sogar besonders alarmierend sein dafür, daß jetzt offensichtlich der Suizidplan ganz feststeht und der Patient mit seinem Leben abgeschlossen hat.

◀ **Merke**

Verlauf

Patienten, die bereits einen Suizidversuch durchgeführt haben, haben ein **hohes Risiko, erneut einen Suizidversuch oder sogar einen Suizid durchzuführen**. Die Zahlen schwanken in den Untersuchungen erheblich. Als grober Schätzwert wird eine Suizidquote von 1% pro Jahr nach Suizidversuch angegeben, also nach 10 Jahren etwa 10%. Die konkreten Zahlen hängen sehr stark von den unterschiedlichen Untersuchungsstichproben ab. Die Zeit der größten Gefährdung scheint in den ersten zwölf Monaten nach dem Suizidversuch zu liegen.

Verlauf

Suizidversuche haben ein hohes Rezidivrisiko. Als grober Schätzwert wird die Suizidquote von 1% pro Jahr nach Suizidversuch angegeben. Die Zeit der größten Gefährdung scheint in den ersten zwölf Monaten nach dem Suizidversuch zu liegen.

Die Quote der Suizidversuche liegt beträchtlich höher. Größenordnungsgemäß werden in der Literatur Zahlen von 10 bis 20% im ersten Jahr nach dem Index-Suizidversuch angegeben.

Es ist davon auszugehen, daß die Art der Betreuung bzw. Therapie in einer suizidalen Krise oder nach einem Suizidversuch von Einfluß ist auf das weitere Schicksal des Patienten, insbesondere auch auf die Rezidivquote. Die diesbezüglichen empirischen Untersuchungen lassen allerdings (u. a. aufgrund methodischer Probleme) nur sehr begrenzt eine Schlußfolgerung in diesem Sinne zu. Die widersprüchlichen Ergebnisse sind z.T. durch unterschiedliche Untersuchungsstichproben und Untersuchungsmethodik zu erklären. Die Wahl des Untersuchungsdesigns – in den meisten Fällen wurde eine etwas intensivere Betreuung gegenüber der Standardversorgung verglichen – läßt angesichts der z.T. sehr niedrigen Fallzahlen in den einzelnen Gruppen keine ausreichende Schlußfolgerung erwarten. Untersuchungen einer bestimmten Betreuungsweise im Vergleich zu einer Nichtbetreuung wurden aus ethischen Gründen nicht durchgeführt.

Therapie

Versorgungsstufen. In einer suizidalen Krise bzw. nach einem Suizidversuch muß versucht werden, den Problemhintergrund durch ausführliche Gespräche zu klären und ggf. vorliegende psychiatrische Erkrankungen zu diagnostizieren. Therapeutisch muß versucht werden, durch **stützende Psychotherapie** eine kathartische Abreaktion der gegenwärtigen emotionalen Spannungen zu erreichen und dem Patienten die Möglichkeit zu Selbstvertrauen und zur Lösung seiner Probleme zu geben. Bei zugrundeliegenden psychischen Erkrankungen ist selbstverständlich die entsprechende medikamentöse und sonstige Behandlungsstrategie indiziert.

Wenn im Falle einer suizidalen Krise die Zeit zu Gesprächen mit dem Patienten in der ambulanten Praxis nicht ausreicht, sollte er, wenn nicht eine psychiatrische behandlungsbedürftige Störung vorliegt, an eine **ambulante psychosoziale Beratungsstelle** bzw. **Suizidpräventionseinrichtung überwiesen** werden. Bei so nicht zu beherrschender Suizidalität und bei Vorliegen schwerer psychiatrischer Störungen muß ggf. eine **stationäre psychiatrische Behandlung,** insbesondere bei psychotischen Patienten, notfalls auch gegen den erklärten Willen des Patienten unter Anwendung entsprechender juristischer Konditionen, eingeleitet werden *(siehe Tabelle 3-71).*

> Es ist davon auszugehen, daß Betreuungsmaßnahmen suizidprophylaktisch wirken, der empirische Nachweis dieses Effektes ist aber schwierig.

Therapie

Versorgungsstufen
Patienten in einer suizidalen Krise bzw. nach Suizidversuch bedürfen einer intensiven Betreuung, um die Ursachen der Suizidalität anzugehen. Durch **stützende Psychotherapie** muß versucht werden, eine kathartische Abreaktion der emotionalen Spannung zu erreichen. Auch sollte durch die Therapie dem Patienten Selbstvertrauen zur Lösung seiner Probleme gegeben werden. In einer suizidalen Krise kann die Betreuung durch **niedergelassene Ärzte** bzw. **Psychotherapeuten und psychosoziale Beratungsstellen** erfolgen. Liegt allerdings eine psychiatrische Erkrankung oder eine nicht beherrschbare Suizidalität vor, muß **stationär psychiatrisch** behandelt werden (s. Tab. 3-71).

Tabelle 3-71: Weiterbetreuungsangebot für 290 stationär in der toxikologischen Abteilung des Klinikums der Technischen Universität München versorgte Suizidpatienten				
Kein Angebot	Hausarzt	Ambulante Beratung/ Behandlung (institutionell, z.B. „Arche") Suchtberatung	Ambulant: Psychotherapie Nervenarzt	Stationäre Psychiatrie
20,7% (60)	10,7% (31)	29,7% (86)	26,5% (77)	12,4% (36)

> Bei der Überweisung zu anderen Institutionen sollte zur besseren Garantie der Inanspruchnahme auf eine **feste Terminvereinbarung** geachtet werden (s. Abb. 3-116).

Analog gilt dies auch für die Betreuung nach einem Suizidversuch. Falls die Krise oder Störung im Rahmen der somatischen Behandlung der Folgen des Parasuizids nicht ausreichend bewältigt werden kann, muß eine ambulante Therapie bei einem Nervenarzt, bei einem Psychotherapeuten oder in einer psychosozialen Beratungsstelle durchgeführt werden. Bei der Überweisung sollte auf eine **feste Terminvereinbarung** gedrängt werden, um die Inanspruchnahme zu garantieren *(siehe Abbildung 3-116).*

Suizidalität

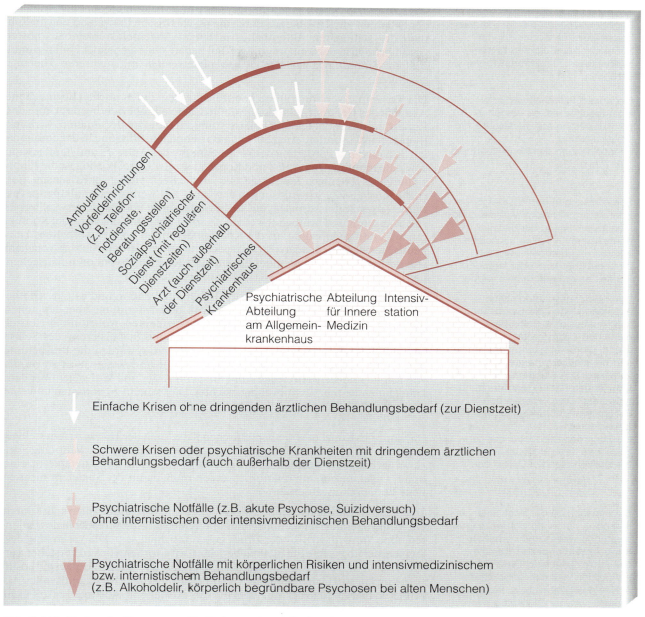

Abb. 3-116: Stufen der Versorgung für Patienten in seelischen Krisen oder mit psychiatrischen Notfällen

Aus dem Gesagten wird bereits klar, daß je nach Schwere und Art der suizidalen Krise unterschiedliche Versorgungsangebote indiziert sind. Weniger komplizierte suizidale Krisen können durch den Hausarzt oder durch ambulante Beratungsstellen aufgefangen werden. Als erste „Anlaufstelle" kann häufig die **Telefonseelsorge** dienen, die den Vorteil hat, durchgehend über 24 Stunden zur Verfügung zu stehen. Bei schwereren suizidalen Krisen, insbesondere wenn sie kompliziert werden durch schwere psychiatrische Erkrankungen, ist eine stationäre Behandlung, ggf. sogar eine stationäre psychiatrische Behandlung, indiziert.

Die Versorgung muß je nach Schwere der suizidalen Krise unterschiedlich durchgeführt werden. Als erste Anlaufstelle dient häufig die **Telefonseelsorge**.

◀ Merke

Merke. Wichtig ist, daß man sich nicht mit der psychiatrischen Erstversorgung, z. B. im Rahmen der internistischen Klinik, in der der Patient wegen einer Intoxikation aufgenommen wurde, zufrieden gibt, sondern daß man dem Patienten ein weitergehendes Betreuungsangebot macht.

Krisenintervention

Der überwiegende Teil der Patienten bedarf weitergehender Hilfe im Sinne einer **ambulanten Krisenintervention** mit mehreren Therapiesitzungen.

Die Krisenintervention erfordert
- ein rasches aktives Vorgehen,
- Fokussierung auf die aktuelle Problematik und
- Einbeziehung des Konfliktpartners (s. Tab. 3-72).

Scheinlösungen der Krise – z.B. der Konfliktpartner macht extreme Zugeständnisse, um so die Situation zu normalisieren – sollten als solche erkannt und bearbeitet werden, da sonst über kurz oder lang der Konflikt erneut aufbrechen würde.

Unter **tiefenpsychologischen** Aspekten stehen die Bearbeitung von Depressivität, Selbstwertproblematik und Aggressivität im Vordergrund. Die Bearbeitung der Gefühle und die **stellvertretende** Äußerung von Ärger und Wut gegenüber dem kränkenden Partner sind dringend notwendig. Dies entlastet den Patienten und fördert eine positive Entwicklung.
Im Sinne des Konzeptes der narzißtischen Krise stellt der Therapeut ein stellvertretendes Objekt dar.

Die Atmosphäre der Krisenintervention sollte durch ein wohlwollendes, verständnisvolles und **vorbehaltloses Akzeptieren** des Patienten gekennzeichnet sein. Dieses Verhalten bewirkt, daß der Suizident die Ausweg[losigkeit nicht zu verteidigen braucht, was zur Stützung des Selbstwertgefühls und zum Verstandensein führt.
Der Therapeut soll „Übersetzungsarbeit" leisten hinsichtlich des Wunsches hinter dem suizidalen Verhalten.

Krisenintervention. Erfahrungsgemäß ist nur bei einem eher geringen Teil der Patienten die Krise bereits durch die psychiatrische Erstversorgung im Rahmen des stationären Aufenthaltes in einem Allgemeinkrankenhaus ausreichend behebbar, der weitaus größere Teil bedarf weitergehender Hilfen zumindest im Sinne einer **ambulanten Krisenintervention** mit mehreren Therapiesitzungen.

Die Krisenintervention sollte gekennzeichnet sein durch raschen Beginn, hohe Aktivität des Helfers, Methodenflexibilität, aktive Einbeziehung des Umfeldes, Entlastung des Patienten und Fokussierung auf die aktuelle Situation. Als effektiv gelten insbesondere Angebote von Beziehungen, Stützung in der emotionalen Situation mit Förderung der Wahrnehmung des Anlasses und der Reaktion sowie Bearbeitung von Anlaß und Konsequenz der Krise. Wichtig ist die Einbeziehung des jeweiligen Konfliktpartners in die Bearbeitung der Krisensituation (*siehe Tabelle 3-72*). Scheinlösungen der Krise – z.B. wenn der Konfliktpartner extreme Zugeständnisse macht, um so die Situation zu normalisieren – sollten als solche erkannt und bearbeitet werden, da sonst über kurz oder lang der Konflikt erneut aufbrechen würde. In die Krisenintervention können verhaltenstherapeutische oder psychoanalytische Aspekte integriert werden. Sie sind vor allem von großer Bedeutung bei über die einfache Krisenintervention hinausgehenden psychotherapeutischen Nachbetreuungskonzepten.

In der **tiefenpsychologisch** orientierten Krisenintervention und Kurzpsychotherapie suizidalen Verhaltens besteht relative Übereinstimmung über den hohen Stellenwert der Selbstwertproblematik des Suizidenten, wobei in der Herstellung einer hilfreichen Beziehung auf Stützung und Stabilisierung des Selbstwertgefühles besonderer Wert gelegt wird. Weiterhin werden die Bearbeitung von Gefühlen, von Depressivität, Angst, Trauer und Resignation sowie die vorsichtige und **stellvertretende** Äußerung von Ärger und Wut gegenüber dem kränkenden Partner für notwendig erachtet. Dies scheint zu entlasten und eine positive Entwicklung zu fördern.

Im Sinne des Konzeptes der narzißtischen Krise stellt der Therapeut ein stellvertretendes Objekt dar, sozusagen als temporärer Ersatz für das Verlorengegangene, wobei diese „narzißtische Beziehung" im Laufe der Therapie in eine „reife" Objektbeziehung überführt werden muß, damit der Suizident nicht erneut Enttäuschungen erfährt.

Die Atmosphäre der Krisenintervention und Kurzpsychotherapien sollte durch ein wohlwollendes, verständnisvolles und **vorbehaltloses Akzeptieren** des Patienten ohne Vorwurf, Kritik oder Druck gekennzeichnet sein. Die Verfassung desjenigen, der über seine Suizidalität berichtet, wird vorbehaltlos zu verstehen versucht mit dem Ziel, die subjektive Absicht herauszuarbeiten und auch die positiven Aspekte suizidalen Verhaltens deutlich zu machen. Verständnisvolles Akzeptieren bewirkt, daß der Suizident die subjektiv erlebte Ausweglosigkeit nicht zu verteidigen braucht, was zur Stützung des Selbstwertgefühls, zur Minderung von Schuldgefühlen und zu der Erfahrung führt, verstanden und nicht völlig vereinsamt zu sein. Der Therapeut soll „Übersetzungsarbeit" leisten in bezug auf die Wünsche, die hinter dem suizidalen Verhalten stehen. Er soll auf die geäußerten und nicht geäußerten Gefühle von Resignation, Enttäuschung, Ärger, Mut und Gekränktheit achten und beim Verbalisieren dieser Gefühle vorsichtig behilflich sein. Unauffällig sollte jene Selbstbestätigung vermittelt werden, die dem Patienten in Jugend, späterem Leben und in der aktuellen auslösenden Situation gefehlt hat. Eine entspannte, störungsfreie Gesprächsatmosphäre muß geschaffen sein.

Tabelle 3-72: Umgang mit suizidalen Patienten – aus der Sicht der Versorgung von Patienten mit Suizidversuchen in einer medizinischen Klinik

Suizidgefährdet sind alle Patienten
- Nach einem Suizidversuch
- Mit Suizidphantasien und Suizidankündigungen

Suizidales Verhalten ist Symptom einer Kommunikationsstörung. Es bedarf nicht nur der organischen Diagnostik und Therapie (Entgiftung), sondern immer auch einer **Bemühung, die gestörte Kommunikation wieder herzustellen**:

1. Schritt: Kontaktaufnahme möglichst frühzeitig (z.B. in der Aufwachphase).
Inhalt: „Ich bin bereit, dich zu akzeptieren."

2. Schritt: Gelegenheit geben zum Sich-Aussprechen.
Inhalt: „Ich bin bereit, dir zuzuhören."

3. Schritt: Wiederherstellung sozialer Beziehungen (zu Mitpatienten, Pflegepersonal, Ärzten).
Inhalt: „Soziales Übungsfeld in neutraler Atmosphäre."

4. Schritt: Analyse der sozialen Situation, Erörterung möglicher Alternativen, evtl. Einleitung sozialer Maßnahmen (z.B. Arbeit, Wohnung, Rechtsfragen etc.).

5. Schritt: Analyse der psychologischen Situation, Erörterung von Verhaltensalternativen:
- Nichtdirektives Einzelgespräch
- Teilnahme an offener Patientengruppe
- Evtl. weiterführende psychotherapeutische/psychiatrische Maßnahmen.

6. Schritt: Versuch einer Einordnung des suizidalen Verhaltens (z.B. Appell, Vermeidungsverhalten, Pause im Konflikt, Herstellung neuer Kommunikationsformen, Aktivierung sozialer Hilfe u.a.).

7. Schritt: Relativierung der Rolle des (ärztlichen) Gesprächspartners.
Inhalt: Kein Besserwisser, kein Ratgeber, sondern „Reflexionshilfe".

Die einzelnen Schritte können in veränderter Reihenfolge, sich überschneidend und parallel erfolgen.
Nach Möglichkeit: Einbeziehung sozialer Bezugspersonen!

Häufiger Fehler:
Der Explorierende redet zu viel, gibt Ratschläge, läßt sich durch Suiziddrohungen erpressen, macht Vorwürfe, zeigt direkt oder indirekt seine Ablehnung und Angst, hat Ehrgeiz, schiebt (enttäuscht?) das Problem auf andere Institutionen ab.

Häufiges Alibi:
Zeitmangel.

Indikationen zur stationären Aufnahme in der medizinischen Klinik:
- Schwere der Vergiftung
- Vorübergehende Herausnahme aus der Krisensituation erscheint erforderlich
- Keine Bezugsperson
- Klärung der Situation ambulant nicht möglich

Vor Entlassung aus der ambulanten Therapie sollten Schritt 1 + 2 vollzogen, Schritt 4 + 5 eingeleitet sein.

Unterschiedlich beurteilt wird der sog. **Suizidpakt.** Während in der psychiatrischen Literatur dieser Methode große Bedeutung beigemessen wird, wird sie von psychotherapeutischer Seite abgelehnt, weil sie den Patienten unter Druck setzt. Es geht darum, dem Patienten das Versprechen abzunehmen, bis zum Zeitpunkt des nächsten Arztkontaktes keine suizidale Handlung vorzunehmen. Erfahrungsgemäß fühlen sich die Patienten oft durch dieses Versprechen sehr stark gebunden und können über begrenzte Zeiträume sich aufdrängenden Suizidabsichten widerstehen.

Die Suizidenten können im Helfer Gefühle von Hilflosigkeit, von Angst vor Überforderung, von Angst vor Identitätsverlust durch Infragestellung des ärztlichen Selbstverständnisses, Angst vor Schuldigwerden im ethischen und juristi-

Suizidpakt: Dem Patienten wird das Versprechen abgenommen, bis zum Zeitpunkt des nächsten Arztkontaktes keine suizidale Handlung vorzunehmen. Oft fühlen sich die Patienten durch das Versprechen sehr stark gebunden und können über einen begrenzten Zeitraum Suizidabsichten widerstehen.

Die Suizidenten können im Helfer Gefühle von Hilflosigkeit und Angst vor Überforderung auslösen. Dies

382 **3 Krankheiten**

kann zu problematischen Verhaltensweisen führen. Bagatellisierung der Probleme des Patienten und aggressive Abwehr sind die häufigsten. Durch Bagatellisierung fühlen sich die Patienten nicht ernstgenommen.

Aggressives Reagieren auf Patienten, die nicht froh sind, daß sie gerettet wurden, führt zu der Bestätigung des Patienten, nicht verstanden zu werden. Häufige Fehler im Umgang mit Suizidpatienten sind in *Tab. 3-73* aufgeführt.

schen Sinne etc. auslösen. Dies kann zu problematischen Verhaltensweisen führen, wobei Bagatellisierung der Probleme des Patienten und aggressive Abwehr die häufigsten sind. Bagatellisierung, schulterklopfende Aufmunterung, es sei doch alles nicht so schlimm, führt dazu, daß der Patient in seiner Person abgewertet und in der Erfahrung, nicht verstanden zu werden, bestätigt wird. Besonders Patienten mit deutlich appellativer Motivation ihres Suizidversuches laufen Gefahr, nicht ernstgenommen und als „demonstrativ" abklassifiziert zu werden.

Andere, die nicht froh sind, daß sie gerettet wurden, verführen dagegen zum aggressiven Reagieren mit Unterlassung von Nachsorgeangeboten, väterlichen Ermahnungen, Besserwisserei u. a. Um derartige Übertragungsprobleme in den Griff zu bekommen, ist es wichtig, daß Therapeuten, die häufig mit suizidalen Patienten zu tun haben, eine ausreichende psychotherapeutische Erfahrung besitzen und entsprechende Supervisionen durchgemacht haben (*siehe Tabelle 3-73*).

Tabelle 3-73: Häufige Fehler im Umgang mit Suizidpatienten

- Trennungsängste übersehen (z.B. Urlaub, Stationswechsel, Entlassung)
- Provokation persönlich nehmen (Agieren von Ablehnung)
- Bagatellisierungstendenzen des Patienten mitmachen (Abwehr)
- Einseitige Betonung der Aggressionsproblematik
- Suizidpakte
- Mangelnde Exploration der jetzigen und evtl. früheren Umstände, die zu Suizidalität geführt haben
- Zu rasche Suche nach positiven Veränderungsmöglichkeiten (Abwehr)
- Internalisierte Klassifikation von Suizidversuchen anwenden

---

Medikamentöse Therapie
Abgesehen von der **psychopharmakologischen** Behandlung, z. B. von Depressiven oder Schizophrenen, können **sedierende und tranquilisierende Psychopharmaka** zur aktuellen Entlastung bei Schlafstörungen, Unruhe, Angst und vegetativen Störungen indiziert sein.

Medikamentöse Therapie. Je nach psychopathologischem Bild können ergänzend zu den psychotherapeutischen Maßnahmen **psychopharmakologische** Interventionen erforderlich sein. Dies versteht sich von selbst für den Fall, daß eine klar definierte psychiatrische Erkrankung vorliegt, z.B. eine Depression oder Schizophrenie, die natürlich der diesbezüglichen psychopharmakologischen Behandlung bedarf. Aber auch bei suizidalen Patienten, bei denen eine solche psychiatrische Erkrankung im engen Sinne nicht vorliegt, kann es sinnvoll sein, vorübergehend durch medikamentöse Maßnahmen eine Entlastung zu schaffen. Dies gilt insbesondere, wenn Zielsymptome wie Schlafstörungen, Unruhe, Angst und vegetative Störungen vorliegen. Angestrebt werden durch die Medikation Entspannung und eine temporäre affektiv-emotionale Distanzierung. Unter dieser Indikation sind insbesondere **Benzodiazepin-Tranquilizer**, ggf. ersatzweise **sedierende Neuroleptika** oder **sedierende Antidepressiva** geeignet.

Merke ▶

Merke. Bei Verschreibung einer Medikation an Patienten in suizidalen Krisen sollte der Arzt immer bedenken, daß jedes verschriebene Medikament potentiell als Suizidmittel mißbraucht werden kann. Unter diesem Aspekt sollte er bei entsprechender Wahlfreiheit in der Regel lieber weniger toxische Medikamente verordnen, so z.B. bevorzugt die besonders wenig toxischen Benzodiazepine. Falls trizyklische Antidepressiva verordnet werden müssen, sollte daran gedacht werden, daß die kleinste Packungsgröße verschrieben wird. Schon die 14-Tage-Dosis eines klassischen Antidepressivums reicht aus, um einen Suizidversuch mit sehr hohem Todesrisiko durchzuführen.

Primärprävention. Abgesehen von den therapeutischen Maßnahmen im Rahmen suizidaler Krisen und nach einem Suizidversuch, ist die **Primärprävention suizidalen Verhaltens** eine wichtige Aufgabe von gesamtgesellschaftlicher Dimension. Hierzu zählen alle psychohygienischen Maßnahmen mit dem Ziel, Belastungen und Krankheiten, die auch mit Suizidalität einhergehen können, zu erkennen, zu reduzieren oder gar zu verhindern, insgesamt also die Entstehung eines suizidfördernden Klimas zu verhüten. Eine bedeutende, mehr prophylaktische Funktion kommt sicherlich allen erziehenden Professionellen wie Nichtprofessionellen zu. Familienklima und schulische Erziehung sollten so gestaltet sein, daß das Verständnis für den anderen, insbesondere auch das Verständnis für die Probleme des anderen, sowie die Bereitschaft, ihm zuzuhören, gefördert werden. Damit einhergehend sollte die Fähigkeit vermittelt werden, eigene Gefühle zum Ausdruck zu bringen und eigene Probleme, auch eigene depressive Gefühle, Lebensunlust und suizidale Gedanken, offen auszusprechen. Schließlich sollte alles, was psychische Probleme und suizidales Verhalten fördern könnte, weitgehend vermieden werden, z.B. inadäquate Einengung der emotionalen und triebhaften Bedürfnisse, überzogene Leistungsanforderungen etc.

Eine wichtige Aufgabe im Sinne der Primärprävention ist es auch, den Vereinsamungstendenzen in der modernen Industriegesellschaft entgegenzuwirken. Abgesehen von entsprechenden Zielsetzungen in der Erziehung muß es darum gehen, daß man entsprechende psychosoziale Hilfen für Vereinsamte, insbesondere z.B. Vereine, Freizeitgruppen, Kommunikationszentren, Tagesstätten etc., zur Verfügung stellt. In analoger Weise können Initiativen für Arbeitslose dazu beitragen, daß diesen, auch wenn ihnen momentan eine bezahlbare Arbeit nicht zu vermitteln ist, wenigstens eine sinnvolle berufs- oder freizeitbezogene Beschäftigung ermöglicht wird.

Primärprävention
Die Primärprävention suizidalen Verhaltens ist eine wichtige gesamtgesellschaftliche Aufgabe.
Hierzu zählen alle psychohygienischen Maßnahmen mit dem Ziel, psychosoziale Bedingungen von Krisen, Belastungen und Krankheiten, die auch mit Suizidalität einhergehen können, zu erkennen, zu reduzieren oder gar zu verhindern.
Familienklima und schulische Erziehung sollten verständnisfördernd für den anderen gestaltet sein. Die Fähigkeit, eigene Gefühle und Probleme auszudrücken, sollte gefördert werden. Vereinsamungstendenzen sollte entgegengewirkt werden.
Hier können z. B. Vereine, Freizeitgruppen und Kommunikationszentren eine wichtige psychosoziale Hilfe darstellen.

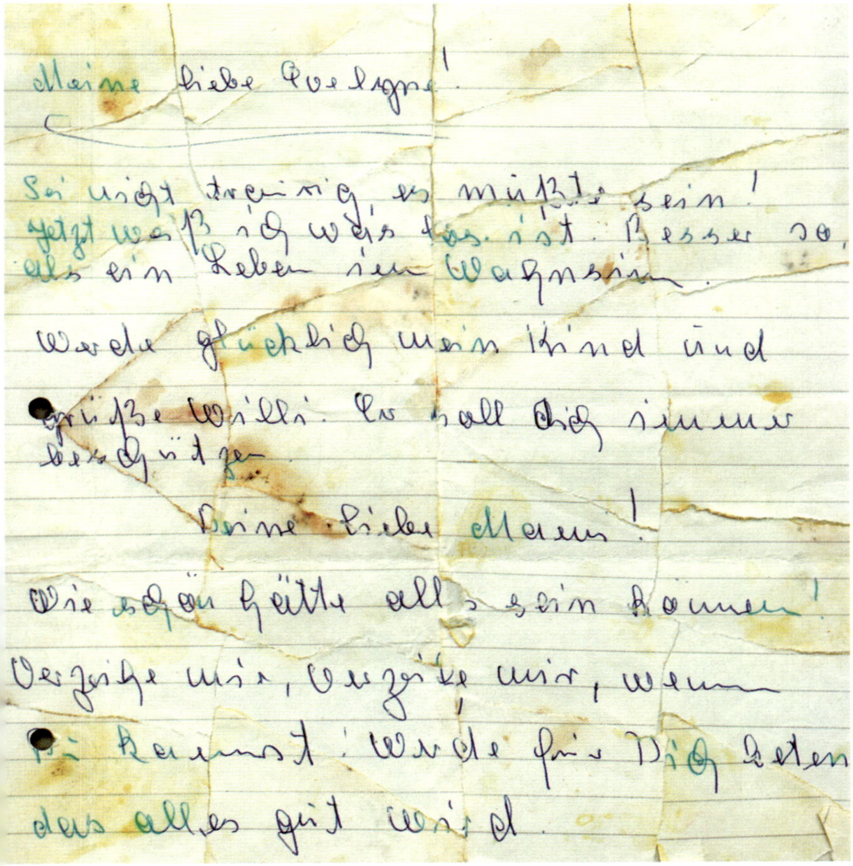
Meine liebe Kollegin!
Sei nicht traurig, es mußte sein! Jetzt weiß ich wie das ist. Besser so, als ein Leben im Wahnsinn.
Werde glücklich mein Kind und grüße Willi. Er soll Dich immer beschützen.
Meine liebe Mama!
Wie schön hätte alles sein können! Verzeihe mir, verzeihe mir, wenn Du kannst! Werde für Dich beten das alles gut wird.

Abb. 3-117: Abschiedsbrief einer zum Suizid Entschlossenen

Restriktionen bezüglich potentieller Suizidmittel sind offensichtlich nur von geringer und meistens nur kurzfristiger Wirkung. So hat. z.B. die Entgiftung des Hausgases durch Herausnahme des Kohlenmonoxids nur vorübergehend zu einem Absinken der Suizidraten geführt. Nach einiger Zeit stiegen die Suizidraten wieder an, etwa auf das ursprüngliche Niveau. Aus dem Anstieg der relativen Häufigkeit anderer Suizidmethoden, z. B. der Tablettenintoxikationen, kann man schließen, daß jetzt diese Methoden die Vergiftung durch Hausgas ersetzen. Daran zeigt sich gleichzeitig eine mögliche Problematik derartiger Maßnahmen. Nimmt man z. B. Menschen, die potentiell einen Suizidversuch durchführen wollen, durch immer wieder diskutierte massive Einschränkungen der Besorgung diesbezüglicher Medikamente neben dem Haushaltsgas auch noch die Möglichkeit, den Suizidversuch mit Schlafmitteln oder Beruhigungsmitteln durchzuführen, so sind ihnen nahezu alle sog. „weichen" Suizidmethoden genommen und es bleiben nur noch die viel gefährlicheren „harten" Methoden. Ein Mensch in einer suizidalen Krise würde damit mehr oder weniger gezwungen, den Suizidversuch mit einer Methode durchzuführen, die ein viel höheres Todesrisiko hat als die „weichen" Methoden. Unter dem Aspekt, daß viele Suizidversuche in einer ambivalenten Haltung bezüglich Tod oder Weiterleben durchgeführt werden, wäre dies eine verhängnisvolle Folge.

Abschließend ist zu betonen, daß der Arzt verpflichtet ist, einen Suizidversuch bzw. den geplanten Suizid eines Patienten oder dessen Erfolg zu verhindern (*siehe Abbildung 3-117*). Beim willensfähigen Suizidalen muß er jedenfalls ausführliche Überzeugungsarbeit leisten. Wer sich mit dem beabsichtigten Suizid zufrieden gäbe, handelte unärztlich und hätte darüber hinaus mit einem Verfahren wegen Tötung durch Unterlassung zu rechnen, eventuell auch mit zivilrechtlicher Haftung.

4 Kinder- und jugendpsychiatrische Erkrankungen einschließlich Oligophrenien

Einleitung

> **Definition.** Die Kinder- und Jugendpsychiatrie beschäftigt sich in Praxis, Lehre und Forschung mit Diagnose, Therapie und Prophylaxe von psychischen Störungen bei Kindern und Jugendlichen bis zum 18. Lebensjahr, in Einzelfällen auch darüber hinaus. Der Familie als Ort wesentlicher Ressourcen und Belastungen kommt besondere Bedeutung zu.

In den Bereich der Kinder- und Jugendpsychiatrie fallen so unterschiedliche Probleme wie Entwicklungsverzögerungen, Behinderungen und Teilleistungsstörungen, emotionale Störungen, Neurosen, Psychosen und beginnende Persönlichkeitsstörungen, passagere, altersbezogene, konstante und progrediente Störungen.

Die Kinder- und Jugendpsychiatrie sucht die Konstanz in der Veränderung und die Varianz im Bestehenden. Störungen mit hoher Spontanheilungsrate existieren ebenso wie solche, die früh auftreten und mit bemerkenswerter Stabilität bestehen bleiben. Es gibt auch Störungen, die lange Stadien der Ausformung benötigen, während andere mit fortschreitendem Alter ihr Erscheinungsbild wechseln.

Die Kinder- und Jugendpsychiatrie arbeitet intensiv mit Familien, Schulen, Internaten, Heimen und verschiedenen Sondereinrichtungen, der Jugendhilfe und der Justiz zusammen. Das therapeutische Vorgehen schließt Psycho- und Pharmakotherapie, aber auch Umschulungen, Heimplazierungen, Einleitung von Fördermaßnahmen und Sorgerechtsregelungen ein. Es existiert eine eigene Facharzt- und Weiterbildungsordnung.

Um Überlappungen zu vermeiden, sind auf Wunsch der Band-Herausgeber nur diejenigen Störungen berücksichtigt, die im Kindesalter beginnen. Somit fehlen wesentliche Teile des kinder- und jugendpsychiatrischen Fachgebietes, wie etwa Eßstörungen, Psychosen oder Neurosen, deren Darstellung in anderen Kapiteln des Buches erfolgt. Die spezifischen jugendpsychiatrischen Aspekte sind in den Lehrbüchern und Monographien der Kinder- und Jugendpsychiatrie nachzulesen (*siehe weiterführende Literatur*).

Entwicklungspsychologie und Entwicklungspsychopathologie

Entwicklungspsychologie und Entwicklungspsychopathologie beschreiben empirische Befunde und Theorien zur biographischen Dimension normaler und pathologischer Phänomene. Während die Entwicklungspsychologie über eine beachtliche Anzahl von Methoden und Modellen verfügt, stellt die Entwicklungspsychopathologie eine vergleichsweise neue Sichtweise dar und die vorliegenden Erkenntnisse ergeben noch kein geschlossenes Bild. Über schwere, kontinuierlich verlaufende Störungen liegen noch die sichersten Befunde vor, da sie auch am eindeutigsten zu ermitteln sind. Unsicherheiten bestehen dagegen bei den häufigen, anfänglich oft unspezifischen emotionalen Störungen des Kindesalters ohne klare nosologische Wertigkeit und ohne klare Verlaufscharakteristik. Welche belastenden und protektiven Faktoren darüber entscheiden, ob kindliche Verhaltensweisen einen günstigen oder ungünstigen Verlauf nehmen, ist in den meisten Fällen noch erklärungsbedürftig.

Die Diskussion der Anlage-Umwelt-Problematik dauert an.

Vor diesem Hintergrund ist es nicht erstaunlich, daß jahrhunderte- und jahrtausendealte Diskussionen über den Gegensatz oder die Interdependenz von Anlage und Umwelt bis zum heutigen Tage lebendig geblieben sind. So ist beispielsweise die „Tabula-rasa"-Theorie, die **Locke** u.a. schon im 17. Jahrhundert postuliert hatten, in gewisser Weise von der Lerntheorie und dem Behaviorismus reaktiviert worden. Jede Hypothese, daß menschliches Verhalten vorwiegend lernbedingt ist, setzt die Annahme voraus, daß keine anderen, lernunabhängigen Steuermechanismen existieren.

Inzwischen ist erwiesen:
Alle Menschen sind verschieden.
Säuglinge unterscheiden sich schon nach wenigen Tagen in Schlafbedürfnis, Eßmenge, Aktivität, affektiver Tönung und Kontaktverhalten.

Inzwischen kann die „Tabula rasa"-Theorie, wonach alle Menschen bei Geburt gleich sind, als widerlegt gelten: Kein Mensch ist dem anderen zu irgendeinem Zeitpunkt seines Lebens gleich. Säuglinge unterscheiden sich schon nach wenigen Tagen in Schlafbedürfnis, Eßmenge, Aktivität, affektiver Tönung und Kontaktverhalten.

Diese individualistische Sichtweise findet in unserem Kulturkreis eine Entsprechung im Selbstempfinden der Menschen: Jeder hält sich in seiner Persönlichkeit für ein Unikat und meint, sein Leben in origineller Weise meistern zu können. Obgleich wir jeden Tag bei uns selbst und bei anderen die Unerfüllbarkeit dieser Vorstellung registrieren können, hat sie eine fiktive Kraft und erleichtert die Orientierung in der Welt und die Bewältigung von Schwierigkeiten.

Die Entwicklung des Menschen ist ein Zusammentreffen von chromosomal-genetischer und lebensgeschichtlich-erlebter Information. Ungünstige Lebensumstände schädigen bereits das ungeborene Kind und haben einen negativen Einfluß auf Geburtsverlauf und frühkindliche Entwicklung.
Mütterlicher Drogenabusus führt zur toxischen Schädigung des Ungeborenen und postpartalen Entzugserscheinungen.
Die Alkoholembryofetopathie entsteht durch mütterlichen Alkoholabusus. Umweltgifte und ähnliche Risiken können Kinder ebenfalls schädigen. Die Geburt kann durch protrahierte Dauer und O$_2$-Mangel zu Schädigungen des Kindes führen.

Die Entwicklung des Menschen beginnt mit seiner Zeugung und ist von Anfang an ein Zusammentreffen von chromosomal-genetischer und lebensgeschichtlich-erlebter Information. In welchem Ausmaß mütterliche Affekte und Kognitionen bereits pränatal zu einer Beeinflussung des Kindes führen, ist noch nicht genau bekannt. Wir wissen jedoch, daß ungünstige Lebensumstände und übermäßige Belastungen negative Einflüsse auf Geburtsverlauf, Geburtsgröße, Geburtsgewicht und frühkindliche Entwicklung haben.

Mütterlicher Drogenabusus führt zur direkten toxischen Schädigung des Ungeborenen sowie zu postpartalen Entzugserscheinungen und prägt mitunter sein gesamtes Leben.

Die durch mütterlichen Alkoholabusus bedingte Alkoholembryofetopathie mit Kleinwuchs, Mikrozephalie, typischen fazialen Dysmorphien und Intelligenzminderung ist ein etabliertes Krankheitsbild geworden. Postpartale Entzugssyndrome der Neugeborenen bei mütterlichem Opiatabusus sind ebenfalls bekannt und dringend behandlungsbedürftig. Weitere, hier nur kursorisch zu erwähnende Komplikationen, sind Belastungen durch Umweltgifte, schädliche Strahlen und Infektionen sowie der große Bereich der intrauterinen Mangelversorgung.

Die Geburt kann beispielsweise durch protrahierte Dauer und **Sauerstoffmangel** (Asphyxie) zu Schädigungen des Kindes führen.

Merke ▶

Merke. Alle diese Faktoren sind bei der Ätiopathogenese kindlicher Verhaltensstörungen von Bedeutung, indem sie **diffuse** oder **umschriebene Störungen der zerebralen Funktionen** verursachen können (*siehe Kapitel „Umschriebene Entwicklungsstörungen"*), die zu einer erhöhten Vulnerabilität für psychiatrische Störungen führen. Vulnerabilität ist letztlich eine moderne Fortführung des alten Neurasthenie-Konzeptes und benennt eine allgemeine Schwäche und Anfälligkeit.

In der Terminologie werden die nach der Geburt einsetzenden Prozesse als Reifung und Entwicklung bezeichnet.

Von welcher Bedeutung die pränatale Entwicklung für psychiatrische Krankheitsbilder ist, zeigt die anhaltende Diskussion um die Ursachen der Schizophrenie. Derzeit werden neben der genetischen Disposition vor allem eine embryofetale Entwicklungsstörung der zerebralen Zytoarchitektur („neurale Entwicklungsstörung"), substantielle Alterationen im Stammganglienbereich und virale Schädigungen durch mütterliche Influenza-Infektionen diskutiert, die, in Kombination mit perinatalen und frühkindlichen Hirnschädigungen, zu einer besonderen Risikomehrung führen sollen. Ähnlich komplexe ätiologische Modelle sind auch für andere schwere psychiatrische Störungen interessant und sollten andeutungsweise belegen, daß zum Zeitpunkt der Geburt zahlreiche potentiell pathogene Prozesse bereits abgelaufen und vom wachsenden Kind mit unterschiedlichem Erfolg überstanden worden sind.

Reifung und Entwicklung des Menschen. In der klassischen Terminologie werden die nach der Geburt einsetzenden Prozesse als Entwicklung oder Reifung bezeichnet. **Reifung** meint dabei die vorwiegend genetisch-organisch determinierten Vorgänge, wie etwa die Ausprägung des äußeren Habitus, die Körpergröße oder die sexuelle Reifung. Unter **Entwicklung** versteht man dagegen die Gesamtheit der nicht vorgegebenen, ebenfalls an bestimmte Entwicklungsstufen gebundenen Eigenheiten, wie beispielsweise die Ausformung von persönlichen Interessen, Interaktionsstilen oder Schwerpunkten, die wesentlich durch die jeweiligen kulturhistorischen und sozioökonomischen Gegebenheiten geprägt sind.

Die Geburt stellt für Kind und Mutter eine Streß-Situation dar und macht das Kind zu einem organisch unabhängigen Lebewesen, das in seiner allgemeinen Hilflosigkeit noch vollständig auf die Fürsorge der Eltern angewiesen ist. Dies gilt besonders für die **ersten Lebensmonate**, in denen das Kind an Brust oder Flasche gestillt wird und viel schläft. Man bezeichnet diese Zeit auch als eine **physiologische Eltern-Kind-Symbiose**. Die kindlichen Bedürfnisse werden nur undifferenziert zum Ausdruck gebracht, auch die Bedürfnisse der Umwelt werden kaum erfaßt. Werden Kinder bereits ab diesem Alter vernachlässigt, entstehen **somatische Gedeihstörungen** sowie fundamentale **Beziehungsstörungen**. Ausgeprägte emotionale **Deprivation**, häufige Beziehungswechsel oder andere inadäquate Bedingungen lassen dann keine normale Entwicklung zu. Es kommt nicht zur Ausbildung des sogenannten Urvertrauens, das für das subjektive Wohlempfinden und die Beziehungs- und Leistungsfähigkeit von entscheidender Bedeutung ist.

Im günstigen Fall entwickeln Eltern und Kind eine Umgangsform, die durch Tragen, Streicheln des Kindes, Nachahmen der infantilen Lallsprache, Lächeln und häufige fürsorgliche Kontakte bestimmt ist. Dieses Milieu erleichtert es dem Kind, seine Umgebung mit der Zeit optisch und kommunikativ besser zu erfassen. Das Kind beginnt die Eltern an Stimme und mimischem Ausdruck zu erkennen und zeigt etwa ab dem dritten Lebensmonat Reaktionen wie Lächeln oder Erstaunen.

Das rasche Fortschreiten in den perzeptiven, kognitiven, mnestischen und motorischen Fähigkeiten sowie die beginnende Lokomotion mit Greifen, Kriechen und Krabbeln erlauben dem Kind die bessere Differenzierung der neuen Erfahrungen und die Ausbildung der eigenen Identität durch die bessere Unterscheidbarkeit des eigenen Selbst von anderen Personen. Erst auf dieser Basis kann es zu Bindungen zwischen Kind und Eltern und zu ersten situationsgebundenen Ängsten kommen, die man „Fremdeln" (Angst vor Fremden) oder „Acht-Monats-Angst" nennt.

Wenn das Kind mit etwa **einem Jahr** selbständig zu laufen vermag, reagiert es auf Ansprache, kann sich schon etwas orientieren, dingliche und persönliche Objekte erkennen und benutzen. Die rapide Ausreifung des zentralen Nervensystems ermöglicht koordinierte Aktionen und erlaubt generative Leistungen wie Gedanken, Stimmungen, Wünsche und Interessen. Das Kleinkind ist – aus der Sicht des Erwachsenen – eigenwillig, egozentrisch, narzißtisch und intolerant. Es ist jedoch auch unglaublich spontan, flexibel und lernfähig.

Gleichzeitig mit dem Laufen beginnt die Ausbildung der aktiven Sprache und der „retentiven Funktionen" (Sauberkeit). Eß- und Sauberkeitsverhalten sind für viele Kinder und Familien erste Konfliktfelder, zumal im Alter von zwei bis drei Jahren Trotzphasen auftreten können. Die ansatzweisen Autonomiebestrebungen des Kleinkindes wechseln häufig mit Wunsch nach Nähe und Geborgenheit ab („Wiederannäherung"). Die zunehmend wichtiger werdende Erziehung wird dadurch möglich, daß die Kinder zwischen gut und böse, richtig und falsch, günstig und ungünstig zu unterscheiden lernen und Ansätze von Gewissen und moralischen Einstellungen zeigen.

Reifung und Entwicklung des Menschen
Reifung: vorwiegend genetisch-organisch determinierte Vorgänge (Ausprägung des Habitus, Körpergröße oder sexuelle Reifung).
Entwicklung: Gesamtheit der nicht vorgegebenen, an bestimmte Entwicklungsstufen gebundenen Eigenheiten (Ausformung persönlicher Interessen, Interaktionsstile etc.).
Durch die Geburt wird das Kind zu einem selbständigen Organismus, der noch völlig auf die Hilfe der Eltern angewiesen ist: **physiologische Eltern-Kind-Symbiose**. Werden Kinder ab diesem Alter vernachlässigt, entstehen somatische Gedeihstörungen und fundamentale Beziehungsstörungen.
Ausgeprägte emotionale **Deprivation**, häufige Beziehungswechsel oder andere für das Kind negative Bedingungen lassen keine normale Entwicklung zu. Es kommt nicht zur Ausbildung des Urvertrauens, das für die Beziehungs- und Leistungsfähigkeit von entscheidender Bedeutung ist.

Durch die Nachreifung des ZNS werden motorische Entwicklung, Identitätsbildung und die Entwicklung eigener kreativer Leistungen möglich. Erst auf dieser Basis kann es zu Bindungen zwischen Kind und Eltern kommen. Erste situationsgebundene Ängste sind das „Fremdeln" und die „Acht-Monats-Angst."

Eß- und Sauberkeitsverhalten sind für viele Kinder und Familien erste Konfliktfelder, zumal auch im Alter von 2 – 3 Jahren Trotzphasen auftreten. Trotz zunehmender Autonomietendenzen streben die Kinder immer wieder zu den Eltern zurück („Wiederannäherung").
Die Erziehung wird dadurch möglich, daß die Kinder zwischen gut und böse, richtig und falsch, gün-

388 **4 Kinder- und jugendpsychiatrische Erkrankungen einschließlich Oligophrenien**

stig und ungünstig unterscheiden können.

Ab dem dritten Lebensjahr haben die Kinder eine primäre eigene Identität. Sie sind sich über ihr Äußeres, ihre sexuelle Identität im Klaren.

Psychogene Störungen, die nach dem vierten Lebensjahr beginnen, betreffen bevorzugt bestimmte Persönlichkeitsbereiche. Schwere psychiatrische Störungen, die in diesem Alter einsetzen (z. B. Autismus), führen oft zu chronischen Einschränkungen und Behinderungen.

Die **Einschulung** stellt einen wichtigen Einschnitt dar. Normen treten in das Kinderleben ein, die nicht primär von den Eltern vermittelt sind. Die Normen beziehen sich auf das Sozialverhalten in der Klasse und gegenüber Lehrern.

Die multiplen Anforderungen lassen spätestens in der zweiten oder dritten Klasse Probleme aufscheinen, die schon vorhanden, aber noch nicht erkannt waren (Teilleistungsstörungen, Störung von Kognition und Intelligenz, Störungen des Sozialverhaltens, gravierende familiäre Probleme).

Werden die Störungen nicht frühzeitig erkannt, kommt es zur Ausbildung sekundärer Symptome („sekundäre Neurotisierung", z.B. Angst, Enuresis).

Merke ▶

Mit der **Pubertät** entwickeln sich neue sexuelle, kognitive, emotionale und soziale Kompetenzen sowie neue psychopathologische Risiken.

Im **Jugendalter** festigt sich die sexuelle Orientierung, Varianten werden erkennbar (Homosexualität, Transsexualität).

Die meisten Jugendlichen erleben die Pubertät und die beginnende Adoleszenz relativ harmonisch und ohne psychiatrische Störungen.

Ab dem **dritten Lebensjahr** haben die meisten Kinder eine gefestigtere Vorstellung von ihrer eigenen Persönlichkeit, sind sich über ihren Namen, über ihr Äußeres und über ihre sexuelle Identität im klaren, entwickeln durch die Kenntnis der körperlichen Unterschiede zeitweise eine erhebliche Sexualneugier und äußern dann (sexuelle) Beziehungswünsche, die sich in ödipaler Weise auf die eigenen Eltern oder andere erwachsene Personen richten können.

Vom **vierten bis siebten Lebensjahr** besuchen viele Kinder den Kindergarten und haben dadurch vor allem die Möglichkeit, ihre sozialen Fertigkeiten zu entwickeln. Psychische Störungen, die durch schädliche peristatische Faktoren in diesem Altersbereich entstehen, sind meist etwas strukturierter und führen eher zu Schädigungen einzelner Persönlichkeitsbereiche als zu einer globalen Deformation. Beginnende schwere psychiatrische Störungen in diesem Alter (z. B. Autismus) führen sowohl aufgrund ihrer unmittelbaren Symptomatik als auch durch die Behinderungen der kindlichen Entwicklungsmöglichkeiten zu weitreichenden, oft chronischen Einschränkungen.

Mit der **Einschulung** treten wichtige Normen in das Kindesleben ein, die nicht primär durch die Eltern vermittelt sind. Diese Normen beziehen sich sowohl auf das Sozialverhalten im Klassenverband und gegenüber den Lehrern als auch auf die erbrachten Leistungen in den einzelnen Fächern. Die Kinder werden durch soziale Rückkopplung und Zeugnisse in einem gewissen Maß vergleichbar und müssen sich mit Neid, Rivalität und Mißerfolg auseinandersetzen. Diese multiple Steigerung des Anforderungsniveaus läßt spätestens in der zweiten oder dritten Klasse diejenigen Probleme aufscheinen, die zwar schon vorhanden, aber noch nicht erkannt waren. Dazu gehören umschriebene Entwicklungsstörungen (Teilleistungsstörungen), Störungen von Aufmerksamkeit, Kognition und Intelligenz, autistische Verhaltensweisen, Störungen des Sozialverhaltens und gravierende familiäre Probleme.

Werden die Störungen nicht frühzeitig erkannt, können sich sekundäre Symptome (z. B. Angst, Enuresis) einstellen, die ausführlicher Abklärung bedürfen.

Es erstaunt deshalb nicht, daß Kinder erst nach Schulbeginn in größerer Zahl bei Ärzten und Psychologen vorgestellt werden. In der Folgezeit läßt sich dann meist erkennen, welche Kinder in sicheren, förderlichen Verhältnissen leben und welche durch Überforderung der Eltern, elterlichen Alkoholismus, Vernachlässigung, Mißhandlung, Scheidung, Tod oder andere soziale und familiäre Traumen belastet sind.

> **Merke.** Schulprobleme gehören zu den häufigsten Vorstellungsgründen, sind aber meist nur die Auswirkung anderer, zugrundeliegender Probleme.

Mit dem Beginn der **biologischen Pubertät** ab dem zehnten Lebensjahr tritt die genitale Sexualität primär auf hormoneller Basis und sekundär durch Übernahme der gesellschaftlich vorgegebenen Rollenmuster endgültig in das Leben des Kindes. „Die Pubertät" umfaßt jedoch weit mehr als die Ausbildung primärer und sekundärer Geschlechtsmerkmale. Sie steht für die umfassende Metamorphose, die den Übergang vom Kind zum Jugendlichen und letztlich zum Erwachsenen ausmacht. Dazu gehören neben der Sexualität die zunehmenden kognitiven, emotionalen und sozialen Kompetenzen, die fortschreitende Ausformung einer selbständigen Persönlichkeit und die beginnende Ablösung von der Herkunftsfamilie.

Im **Jugendalter** endet für viele die reguläre Schulzeit, und die Berufsausbildung beginnt. Die sexuelle Orientierung festigt sich und Varianten werden erkennbar (Homosexualität, Transsexualität). Erste Partnerschaften der Jugendlichen gewinnen an Bedeutung und konkurrieren mit der Eltern-Kind-Beziehung.

In früheren Jahren galt die Pubertät als „normative Krise", d. h. mit reife- und entwicklungsbedingten intrapsychischen oder expansiven Problemen verbunden. Diese Sichtweise führte auch zum Konzept der sogenannten Pubertätsoder Adoleszenzkrise als einer passageren, altersgebunden psychiatrischen Problematik ohne spezifische Symptomatik und ohne andauernden Krankheitswert. Beide Zuschreibungen sind nicht generalisierbar. Denn erstens durchlaufen die meisten Jugendlichen die Pubertät relativ harmonisch und – wie bei anderen alterstypischen Problemen – ohne erkennbare psychiatrische Komplikationen. Zweitens kann ein in diesem Alter auftretendes psychiatrisches Problem nicht a priori als Pubertätskrise bezeichnet werden, da auch dezidierte psychiatrische Störungen in dieser Altersspanne beginnen können.

Die **Pubertät** ist nicht nur eine hormonelle und psychosoziale, sondern auch eine **psychopathologische und psychiatrische Grenzlinie**. Es gibt zwar Störungen, die während des gesamten Lebens bestehenbleiben (Intelligenzminderung, Autismus) oder eine partielle Neigung zur Chronizität haben (Tic). Andere zeigen aber ihre Manifestations- oder Ausprägungsmaxima deutlich vor oder nach der Pubertät. Vor der Pubertät sehen wir unspezifische emotionale Störungen, Enuresis, Enkopresis, hyperkinetisches Syndrom und Teilleistungsstörungen, die nur zu einem geringen Anteil bis ins Jugend- oder Erwachsenenalter andauern.

Die klassischen psychiatrischen Störungen des Erwachsenenalters treten in nennenswerter Häufigkeit erst nach der Pubertät auf, auch wenn vereinzelt infantile Psychosen und andere Syndrome vor der Pubertät beschrieben sind. Als **typische jugendpsychiatrische Syndrome** gelten die Eßstörungen, insbesondere die Anorexia nervosa und die juvenile Schizophrenie. Suizidalität, beginnende phobische Störungen (insbesondere in Form der Schulphobie) und neurotische Erkrankungen aller Art (darunter besonders zahlreich die Zwangsneurosen) kommen hinzu. Bulimie, Borderline-Syndrome und andere Persönlichkeitsstörungen markieren den Übergang zum Erwachsenenalter. Die affektiven Psychosen und depressiven Syndrome treten bei Jugendlichen zwar auf, weisen ihr Maximum aber jenseits des dreißigsten Lebensjahres auf. Abhängigkeit und Sucht beginnen oft im Jugendalter, kommen dann aber nur selten in ärztlich-psychotherapeutische Behandlung und stellen gerade wegen der unsicheren Prognose ein besonderes, bislang ungelöstes therapeutisches Problem dar. Für das Thema der Pubertäts- oder Adoleszenzkrisen bedeutet dies, daß auch bei Jugendlichen die zutreffenden psychiatrischen Diagnosen gestellt und adäquate therapeutische Interventionen eingeleitet werden sollen.

Klassische Entwicklungsmodelle. Die bekanntesten Entwicklungsmodelle stammen von **Sigmund Freud** und **Jean Piaget**.

Freud hatte schon früh in Anlehnung an wichtige Entwicklungszonen ein **triebtheoretisches Entwicklungsmodell** konzipiert, das die Abfolge von **oralen, analen, ödipalen** und **genitalen Phasen** postuliert. Die jeweils dominierenden Funktionen bzw. Körperbereiche (Mund/Trinken, Anus/Stuhlgang, Genitale/Sexualität) sollen dabei die psychische Organisation des Kindes prägen: Das Kind trinkt also nicht nur, sondern ist auch gierig und vereinnahmend. Nach diesem Modell führen Traumatisierungen in den einzelnen Phasen zu entsprechenden phasentypischen Neurotisierungen (z. B. Störung in der analen Phase führt zur Ausbildung eines analen Charakters). Dieses eher biologische Modell wird auch innerhalb der Psychoanalyse als zu simpel eingeschätzt, da es der Komplexität der kindlichen Entwicklung nicht gerecht wird. Im Laufe der Jahrzehnte sind deshalb von vielen psychoanalytischen Autoren Ergänzungen vorgenommen worden. Dazu gehören vor allem triebferne Aspekte der Ich-Entwicklung (Ich-Psychologie) sowie Konzepte zum Kontakt- und Bindungsverhalten aus der sogenannten Objektbeziehungs-Theorie. Ein aktuelles psychoanalytisches Entwicklungsmodell umfaßt also komplexe Vorstellungen zur kindlichen Entwicklung. Die Basis der psychoanalytischen Theorie ist noch immer die Instanzenlehre von Ich, Es und Über-Ich und die Theorie des Unbewußten.

Das **Entwicklungsmodell von Piaget** ist dazu quasi komplementär, da es primär die intellektuelle Entwicklung abbildet. Demnach durchläuft das Kind zuerst das **sensomotorische Stadium** (0 bis 18 Monate), das **präoperationale Stadium** (18 Monate bis 7 Jahre), das **Stadium der konkreten Operationen** (7 bis 12 Jahre) und zuletzt das **Stadium der formalen Operationen** (ab dem 12. Lebensjahr). Die wichtigsten Handlungsschemata sind **Assimilation** und **Akkommodation**. Unter Assimilation versteht man die Einfügung von Neuem in bekannte Strukturen,

---

Neben Pubertätskrisen entstehen im Jugendalter auch definierte psychiatrische Störungen.

Vor der Pubertät kommen unspezifische emotionale Störungen, Enuresis, Enkopresis, hyperkinetisches Syndrom und Teilleistungsstörungen vor. Sie dauern nur selten bis in das Jugend- oder Erwachsenenalter an.

Typische jugendpsychiatrische Syndrome sind Anorexia nervosa, Schizophrenie, Suizidalität und Zwangsneurosen.
Bulimie, Borderline-Syndrome und andere Persönlichkeitsstörungen markieren den Übergang zum Erwachsenenalter. Affektive Psychosen und depressive Syndrome treten bei Jugendlichen selten auf. Ihr Miximum ist jenseits des 30. Lebensjahres.
Abhängigkeit und Sucht beginnen oft im Jugendalter, kommen aber nur selten in ärztlich-psychotherapeutische Behandlung.

Klassische Entwicklungsmodelle
Die bekanntesten Entwicklungsmodelle stammen von Sigmund Freud und Jean Piaget.
Das **triebtheoretische Modell von Freud** postuliert die Aufeinanderfolge von **oralen, analen, ödipalen und genitalen Entwicklungsstufen**. Nach diesem Modell führen Traumatisierungen in den einzelnen Phasen zu entsprechenden Neurotisierungen (z. B. Störung in der analen Phase zur Ausbildung eines analen Charakters). Dieses Modell wird als zu simpel eingeschätzt, da es der Komplexität der kindlichen Entwicklung nicht gerecht wird.
Aktuelle psychoanalytische Entwicklungsmodelle umfassen zusätzliche Aspekte der Ich-Entwicklung und der Beziehungsfähigkeit.

Das **kognitive Entwicklungsmodell von Piaget** umfaßt primär die intelektuelle Entwicklung. Demnach durchläuft das Kind zuerst das **sensomotorische Stadium** (0–18 Mon.), das **präoperationale Stadium** (18 Mon. – 2 Jahre), das

Stadium der konkreten Operationen (7–12 Jahre) und das **Stadium der formalen Operationen** (ab 12 Jahre). Die wichtigsten Handlungsschemata sind **Assimilation** und **Akkommodation**.

Neuere entwicklungspsychologische Ansätze sind beispielsweise das **Konzept der Entwicklungsaufgaben**, die Entwicklung von **Problemlösestrategien** und die **Gesundheitspsychologie**.

als Akkommodation die Anpassung der vorbestehenden Strukturen an neue Situationen, Gegenstände oder Personen.

Beide Entwicklungsmodelle sind verschiedentlich, am bekanntesten von **Ciompi** mit seinem **Entwurf der Affektlogik**, miteinander in Beziehung gebracht worden.

Die moderne Entwicklungspsychologie verfügt über eine Vielzahl heterogener Theorien und Modelle, die sich weit von den Klassikern Freud und Piaget entfernt haben. Dazu gehört das populäre **Konzept der Entwicklungsaufgaben** (Havighurst 1972), deren Bewältigung Entwicklung voraussetzt und schafft. Entwicklungsaufgaben sind Sozialisationsziele, die normativ vorgegeben oder subjektiv gewählt werden können. Ein anderer Aspekt ist die Entwicklung von **Problemlösestrategien** als einer vorwiegend kognitionspsychologischen Sichtweise. Insbesondere in der Entwicklungspsychologie sind in den letzten Jahern neuere Modelle entstanden, die vermehrt auf die gesunden, protektiven Entwicklungsaspekte verweisen („**Gesundheitspsychologie**"). Umfassende Übersichten finden sich beispielsweise in dem Sammelwerk von Oerter/Montada.

Intelligenzminderung

Intelligenzminderung

Synonyme: Oligophrenie, Minderbegabung, Schwachsinn, subnormale Intelligenz

Synonyme: Oligophrenie, Minderbegabung, Schwachsinn, subnormale Intelligenz

Definition ▶

> *Definition.* Von Kindesalter an bestehende, deutlich unterdurchschnittliche allgemeine intellektuelle Leistungsfähigkeit mit heterogener Ausprägung und schweregradabhängigen fakultativen sozialen und neurologischen Zusatzsymptomen. Der IQ liegt unter 70. Andere pathogene Prozesse wie Degenerationen oder Traumen sind auszuschließen.

Historisches ▶

Historisches. Das Spektrum und die Ausprägung der Intelligenzminderung sind über die Jahrhunderte weitgehend gleichgeblieben. Verändert hat sich aber die Versorgungsstruktur. In einfachen Gesellschaften oder in früheren Zeiten lebten Minderbegabte innerhalb der Familie oder der dörflichen Gemeinschaft. Sie konnten sich ihren Möglichkeiten gemäß am täglichen Leben beteiligen oder wurden versorgt. Mit Zunahme der Industrialisierung, der Arbeitsteilung, der Spezialisierung und der zunehmenden Bedeutung von Schule und Ausbildung sind minderbegabte Menschen zunehmend aus dem normalen Lebenszusammenhang herausgefallen, und nach einer gewissen Zeit der Vernachlässigung hat sich eine eigene Betreuungsstruktur herausgebildet.

Merke ▶

> *Merke.* Die meisten Menschen mit Intelligenzminderung sind nicht psychiatrisch krank.

Bei Intelligenzminderung besteht ein 3–4mal höheres Risiko einer psychiatrischen Störung als bei Normalbegabung. Das Risiko steigt mit zunehmender Intelligenzminderung.

Die traditionellen Gründe für die Behandlung der Intelligenzminderung in der Psychiatrie sind:

- Bei Intelligenzminderung besteht ein drei- bis viermal höheres Risiko einer psychiatrischen Störung als bei Normalbegabung. Dieses Risiko steigt mit zunehmender Intelligenzminderung. Nachweisbare chromosomale Defekte und multiple Mißbildungen erfüllen durchaus den Stellenwert einer genetisch-psychiatrischen Erkrankung.
- In den Extrembereichen der Intelligenz gilt die klassische psychiatrische Nosologie nur noch bedingt, so daß eigenständige Diagnosekriterien erforderlich sind. Der Intelligenzgrad hat also Einfluß auf die Diagnosehaltung. Ein Begriff wie die „Pfropfpsychose" (Psychose bei Intelligenzminderung) gibt Zeug-

nis von dieser Tatsache. Bei anderen psychiatrischen Syndromen ist man mit der Vergabe eigenständiger psychiatrischer Diagnosen vorsichtig und versucht erst, Überforderungssyndrome auszuschließen.
- In zahlreichen psychiatrischen Krankenhäusern bestehen Abteilungen für Oligophrene mit psychischen oder sozialen Defiziten, die anderweitig nicht versorgt werden können.

Trotz der Zuständigkeit der Psychiatrie für einen Teil der Oligophrenen stellt gerade die Versorgung intelligenzgeminderter psychisch kranker Kinder und Jugendlicher noch eine Lücke im Versorgungsnetz dar.

Einteilung. *Tabelle 4-1* zeigt eine neuere und ältere Einteilung der Intelligenzminderung im Vergleich.

Tabelle 4-1: Grad der Intelligenzminderung

Neue Nomenklatur	IQ	Alte Nomenklatur
Leicht	50 bis 69	Debilität
Mittelgroß	35 bis 49	Imbezilität
Schwer	20 bis 34	Schwere geistige Behinderung
Schwerst	unter 20	Idiotie

Der IQ-Bereich von 70 bis 90 stellt eine Übergangszone dar, die im deutschen Sprachraum durch den Begriff der **Lernbehinderung** abgedeckt ist.

Epidemiologie. Die Intelligenz gehört zu den menschlichen Merkmalen, die sich in der Bevölkerung annäherungsweise wie eine Gaußsche-Kurve verteilen (Normalverteilung) (*siehe Abbildung 4-1*).

Etwa 5% der Bevölkerung weisen eine Minderung der Intelligenz auf. Die leichteren Formen der Intelligenzminderung (Debilität) machen etwa 3% bis 4%, die schweren Formen (Imbezilität und Idiotie) weniger als 1% aus. Das männliche Geschlecht überwiegt in einer Relation von 1,5 zu 1.

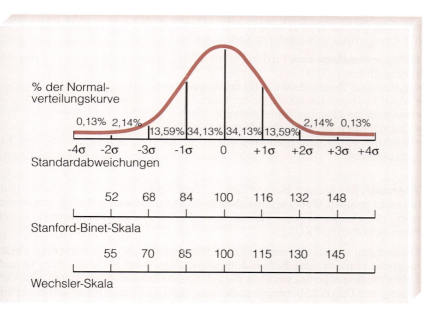

Abb. 4-1: Normalverteilung der Intelligenz

Symptomatologie

Mit zunehmendem Grad der Intelligenzminderung gewinnen neurologische, neuromuskuläre, visuelle, auditive oder kardiovaskuläre Komplikationen ebenso an Bedeutung wie Einschränkungen der sozialen Kompetenz und basaler kognitiver und emotionaler Funktionen.
Typische Symptome sind Passivität, psychische Abhängigkeit, niedriges Selbstwertgefühl, niedrige Frustrationstoleranz u. a. m.

Ätiopathogenese

Die verschiedenen Ursachen sind in *Tab. 4-2* aufgelistet.

Organische Ursachen sind Traumen, Tumoren, Infektionen. Die **genetischen** Ursachen zeigt *Tab. 4-3*.

Diagnostik

Die Einschätzung der Intelligenz erfolgt durch **klinische Einschätzung** oder durch **spezielle testpsychologische Untersuchungen** (z. B. PSB, HAWIK). Die Meßeinheit ist der Intelligenzquotient (IQ), der durchschnittliche Wert beträgt 100.

Differentialdiagnose

- Hysterische Pseudodebilität (Ganser-Syndrom)
- Sozial bedingte Leistungsminderungen
- Hospitalismusschäden
- Grenzformen der infantilen Demenz
- Intelligenzminderung im Rahmen psychiatrischer Erkrankungen

Therapie

Langfristige Unterbringungen von Minderbegabten in psychiatrischen Kliniken sollten Ausnahmefälle bleiben und nach Möglichkeit durch bessere Versorgungsformen ersetzt werden.

Symptomatologie. Die Intelligenzminderung kann in den verschiedenen Leistungsbereichen gleichmäßig oder ungleichmäßig sein. Auch eine gleichmäßige Intelligenzminderung wirkt sich in einzelnen Lebens- und Leistungsbereichen je nach kultureller Wertigkeit unterschiedlich aus.

Bei leichten Formen bestehen meist keine wesentlichen Einschränkungen der lebenspraktischen Fähigkeiten. Mit zunehmendem Grad der Intelligenzminderung gewinnen neurologische, neuromuskuläre, visuelle, auditive oder kardiovaskuläre Komplikationen ebenso an Bedeutung wie Einschränkungen der sozialen Kompetenz und basaler kognitiver und emotionaler Funktionen.

Typische Symptome sind Passivität, psychische Abhängigkeit, niedriges Selbstwertgefühl, niedrige Frustrationstoleranz, ungenügende Impulskontrolle, Stereotypien, Selbststimulationen, Selbstverletzungen und Aggressivität.

Ätiopathogenese. Die verschiedenen Ursachen der Intelligenzminderung in ihrer Häufigkeit zeigt *Tabelle 4-2*.

Tabelle 4-2: Ursachen der Intelligenzminderung	
Genetische Ursachen	5 %
Frühe Störungen der Embryonalentwicklung	30 %
Schwangerschafts- und perinatale Probleme	10 %
Körperliche Erkrankung im Kindesalter	5 %
Umwelteinflüsse und psychiatrische Erkrankungen	15 – 20 %
Unbekannt	30 – 40 %

Unter den **organischen Ursachen** finden wir Traumen, Tumoren und Infektionen. Die **genetischen Ursachen** zeigt *Tabelle 4-3*.

Diagnostik. Die Einschätzung der Intelligenz erfolgt durch **klinischen Eindruck** oder durch Messung mit unterschiedlichen **Tests** oder **Testbatterien** (Hamburg-Wechsler-Intelligenztest für Erwachsene und Kinder: HAWIE bzw. HAWIK; Adaptives Intelligenz Diagnostikum: AID; Prüfsystem für Schul- und Bildungsberatung: PSB; Raven-Matrizen-Test etc.). Die Meßeinheit ist der Intelligenzquotient (IQ). Der durchschnittliche Wert wird gewöhnlich gleich 100 gesetzt. Die Intelligenztests sind ursprünglich aus Schulleistungstests entwickelt worden. Die heute vorliegenden Testverfahren unterscheiden sich in Theorie, Ausrichtung, Durchführung, Länge und Art der Dokumentation, so daß bisweilen die Anwendung verschiedener Tests sinnvoll ist.

Differentialdiagnose. Zu den Differentialdiagnosen im Kindes- und Jugendalter gehören
- hysterische Pseudodebilität (Ganser-Syndrom),
- sozial bedingte Leistungsminderungen,
- ausgeprägte Hospitalismusformen,
- Grenzformen der infantilen Demenz sowie
- (funktionelle) Inteligenzminderungen im Rahmen von psychiatrischen Erkrankungen.

Therapie. Die kausale Behandlung der Intelligenzminderung ist im Normalfall nicht möglich. Gewisse Ausnahmen davon bilden wenige Störungen, deren Ätiologie geklärt und deren Therapie grundsätzlich möglich ist, wie etwa bei der Phenylketonurie (PKU).

Die Betreuungsanforderungen bestehen im wesentlichen darin, zuerst die bestmögliche Förderung im Entwicklungsalter, später dann geeignete Arbeits- und Lebensbedingungen zu schaffen, die Schutz und Rehabilitation bieten, Überforderung und Diskriminierung jedoch verhindern. Die Betroffenen sollen vor unnötigen Konflikten und verständnislosem Umgang geschützt werden, aber gleichzeitig am normalen Leben teilhaben und auch nicht unterfordert werden. Langfristige Unterbringungen in psychiatrischen Krankenhäusern dürfen nur Ausnahmefällen vorbehalten bleiben und sollten durch bessere Versorgungsformen ersetzt werden.

Intelligenzminderung

Tabelle 4-3: Beispiele für genetische Krankheiten, die mit Oligophrenie einhergehen

Autosomal-rezessive Krankheiten

Bekannte Ursachen

- Phenylketonurie
- Homozystinurie
- Ahornsirupkrankheit
- Histidinämie
- Hyperlysinämie
- Hyperglyzinämie
- Tyrosinämie
- Hartnup-Krankheit
- Galaktosämie
- Wilson-Krankheit
- Familiärer Kretinismus (verschiedene Formen)
- Leigh-Enzephalomyelopathie
- Nichthämolytischer Ikterus (Crigler-Najjar)
- Mukolipidosis II

- Fukosidose
- Mannosidose
- Sialidose
- Sphingolipidosen:
  - Gm2-Gangliosidose (Tay-Sachs)
  - Gm2-Gangliosidose (Sandhoff)
  - Sphingomyelinose (Niemann-Pick)
  - Zerebrosidose (Gaucher)
  - Metachromatische Leukodystrophie
- Globoidzelldystrophie (Krabbe)
- Mukopolysaccharidose III
- Zitrullinämie
- Argininämie
- Argininbernsteinsäure-Krankheit

Unbekannte Ursachen

- Mikrozephalie
- Marinesco-Sjögren-Syndrom
- Sjögren-Oligophrenie
- Sjögren-Larsson-Syndrom
- Familiäre Dysautonomie

- Laurence-Moon-Bardet-Biedl-Syndrom
- Smith-Lemli-Opitz-Syndrom
- Cockayne-Syndrom
- Progressive Myoklonusepilepsie

X-chromosomale Krankheiten

- Lesch-Nyhan-Syndrom
- Ornithincarbamoyltransferase-Mangel
- Lowe-Syndrom
- Renaler Diabetes insipidus
- Orthochromatische Leukodystrophie (Pelizaeus-Merzbacher)
- Mukopolysaccharidose II (Hunter)
- Renpenning-Syndrom

- X-chromosomaler Hydrozephalus
- Menkes-Syndrom
- Incontinentia pigmenti
- Norrie-Syndrom
- Adrenoleukodystrophie
- Martin-Bell-Syndrom (fraXql)
- Zahlreiche Formen X-chromosomaler geistiger Behinderung

Chromosomenaberrationen

- Trisomie 21 (Down)
- Trisomie 13 (Pätau)
- Trisomie 18 (Edwards)

- Poly-X-Syndrome
- Zahlreiche strukturelle Aberrationen

Verlauf. Chromosomale Aberrationen sind zum Teil bereits pränatal diagnostizierbar. Schwerere geistige Behinderungen sind aufgrund der begleitenden körperlichen Stigmata gelegentlich bei Geburt erkennbar.

Alle äußerlich nicht erkennbaren Intelligenzminderungen manifestieren sich in der Regel während des Kleinkind- und Grundschulalters, wobei sich die ausgeprägteren Minderungen früher, die leichteren Einschränkungen später bemerkbar machen. Auch heute geschieht es gelegentlich, daß Intelligenzminderungen erst am Ende der Schullaufbahn in Form von unspezifischen Überforderungssyndromen erkennbar werden. Die Jugendlichen sacken dann scheinbar unerwartet in ihren Noten ab, entwickeln schwer erklärbare psychische Störungen (Angst, Depressivität, Rückzug), interessieren sich nicht für ihre berufliche Weiterbildung und wirken für das Arbeitsamt „nicht vermittelbar".

Verlauf

Die meisten Intelligenzminderungen manifestieren sich als **Entwicklungsverzögerung.** Der volle Umfang der Problematik formt sich während des Kleinkind- und Schulalters aus. Der Status ist gleichbleibend, der Verlauf chronisch.
Bei schweren Behinderungen ist die Lebenserwartung häufig reduziert.

Das klassische Manifestationssyndrom im Vorschulalter ist die **Entwicklungsverzögerung.** Durch zusätzliche körperliche Erkrankungen wie Epilepsien oder Psychosen können auch noch im Jugend- und Erwachsenenalter Verschlechterungen eintreten. Bei schweren Behinderungen ist die Lebenserwartung häufig reduziert.

Für Menschen mit Intelligenzminderung besteht ein größeres Risiko, ausgenützt, vernachlässigt und mißbraucht zu werden. Sie benötigen deshalb Hilfe, Stütze und Rücksicht während ihres gesamten Lebens, wenngleich nicht immer mit gleicher Intensität. Die Betreuung erfolgt durch die Familien und Sondereinrichtungen wie die Lebenshilfe, Sonderschulen, geschützte Werkstätten (Werkstätten für Behinderte) und Wohnheime.

> **Menschen mit Intelligenzminderung bedürfen während ihres ganzen Lebens gewisser Hilfestellungen.**

Klassifikation ▶

Klassifikation.

Synopsis 4-1: Klassifikation der Intelligenzminderung nach ICD-10 und DSM-III-R

ICD-10	DSM-III-R
Intelligenzminderung (F70–F79): • Deutliche IQ-Minderung (IQ unter 70). • Störung von Sprache, Motorik, Anpassungsfähigkeit und Sozialverhalten.	**Intelligenzminderung** (317–319): • Deutliche IQ-Minderung (IQ unter 70). • Beginn vor dem 18. Lebensjahr. • Begleitende Defizite im lebenspraktischen Bereich, in der Anpassungsfähigkeit und Selbständigkeit.

Kinderfehler

Kinderfehler

> *Definition.* Auffällige, aber nicht unbedingt ungewöhnliche Verhaltensweisen ohne klaren Krankheitswert und ohne eindeutige prognostische Bedeutung.

Definition ▶

Historisches ▶

Historisches. Im Gegensatz zu den modernen Klassifikationssystemen wurde in den älteren Werken der Kinder- und Jugendpsychiatrie den sogenannten Kinderfehlern große Bedeutung zugemessen. Dabei war die Nomenklatur und damit auch die Bewertung immer divergent. Man sprach von Charakterfehlern, Neurasthenie, Erziehungsschäden und beginnenden oder manifesten kindlichen Neurosen. Generell neigte man zu der Annahme, daß Kinder mit Nasenbohren, Daumenlutschen oder Nägelkauen mehr zu fortgesetzten psychiatrischen Störungen neigen als andere. Der Begriff Kinderfehler war bereits ein Versuch, eine übermäßige Psychiatrisierung dieser Verhaltensweisen zu umgehen. Da in den älteren Werken Epidemiologie, Schweregrad-Einteilung, Verlaufsstudien und gezielte Untersuchungen der Co-Morbidität fehlen, sind Rekonstruktionen der früheren Arbeiten nicht möglich.

Symptomatologie
Daumenlutschen, Nasenbohren und Nägelbeißen sind die bekanntesten Kinderfehler. **Kinderfehler sind keine Krankheiten** und nur in Co-Morbidität mit psychiatrischen Störungen von Bedeutung.

Symptomatologie. Als Kinderfehler bezeichnet man üblicherweise **Daumenlutschen, Nasenbohren** und **Nägelbeißen** (Onychophagie) und meint damit Kinder, die in diesen Verhaltensweisen nicht oder nur bedingt korrigierbar sind. Es gibt jedoch keine anerkannten Verfahrensregeln dafür, ab welcher Intensität und ab welchem Alter diese Verhaltensweisen als pathologisch zu gelten haben. Zudem sind die **Kinderfehler für sich genommen nicht als Krankheit zu bewerten** und wohl nur in der Co-Morbidität mit psychiatrischen Störungen von Bedeutung. Soweit bekannt gibt es aber keine festen Kombinationen zwischen Kinderfehlern und einzelnen psychiatrischen Störungen.

Insgesamt scheint die gesellschaftliche Toleranz gegenüber gewissen Varianten wie Linkshändigkeit, Rothaarigkeit und Nägelkauen in den letzten Jahrzehnten zugenommen zu haben. Daumenlutschen findet normalerweise sowieso nur unbeobachtet statt. Beim Nasenbohren ist eher der soziale Kontext entscheidend und das Verhalten an sich unschädlich.

Eine andere Situation entsteht, wenn die Kinderfehler in einer grob auffälligen Weise auftreten, wie dies sonst nicht der Fall ist. Wenn also auch tagsüber extensiv daumengelutscht wird, wenn die Nägel autodestruktiv bis ins Nagelbett abgebissen und wenn auch in Gesellschaft rücksichtslos in der Nase gebohrt wird. Solche Kinder weisen aber dann meist doch noch andere, schwerwiegendere Symptome auf, die auch als Hauptdiagnose benannt werden sollten. Dazu gehören Intelligenzminderung (mit sozialen Auffälligkeiten), autistische Störungen oder andere schwerwiegende Störungen der Entwicklung.

Therapie. Aus den genannten Gründen ist den Kinderfehlern in letzter Zeit kaum noch Aufmerksamkeit geschenkt worden, obgleich sie in der klinischen Praxis durchaus anzutreffen sind. Auch hier ist allerdings zu beobachten, daß sich bei Behandlung der Hauptstörung die begleitende Symptomatik häufig synchron zurückbildet. Sowenig spezifisch wie die Symptomatologie ist auch die Behandlung dieser Störungen, so sie indiziert ist. Je nach Konstellation sind sowohl psychodynamische, verhaltenstherapeutische oder erlebnisorientierte Verfahren sinnvoll.

Klassifikation.

> Es gibt keine festen Kombinationen zwischen Kinderfehlern und psychiatrischen Störungen.

> Kinderfehler in schwerer Ausprägung (z. B. auch tagsüber Daumenlutschen, Nägel autodestruktiv bis zum Nagelbett abbeißen) findet man bei
> - Intelligenzminderung,
> - autistischen Störungen,
> - tiefgreifenden Entwicklungsstörungen.
> **Therapie**
> Therapie ist meist nicht erforderlich. Falls doch, gibt es keine spezifischen Verfahren.

◄ Klassifikation

Synospis 4-2: Klassifikation der Kinderfehler nach ICD-10 und DSM-R-III	
ICD-10	**DSM-III-R**
Kinderfehler (F98.9):	
• Sonstige näher bezeichnete Verhaltens- und emotionale Störungen mit Beginn in Kindheit und Jugend.	• (Im DSM-III-R ist keine entsprechende Diagnose vorhanden.)

Umschriebene Entwicklungsstörungen

Synonyme: Teilleistungsstörungen, Teilleistungsschwächen

> *Definition.* Einzelne Leistungsbereiche liegen unter dem Niveau der sonstigen intellektuellen Kapazität und haben damit nicht den Charakter einer allgemeinen Intelligenzminderung.

Historisches. Umschriebene Entwicklungsstörungen werden im deutschen Sprachraum bislang als Teilleistungsschwächen oder Teilleistungsstörungen bezeichnet. Diese wiederum wurden lange Zeit unter dem Überbegriff minimale zerebrale Dysfunktion (MCD) zusammen mit verschiedenen emotionalen Störungen subsumiert. Mittlerweile wird der Begriff MCD nur noch für eine kleine Teilgruppe von Kindern verwendet, die tatsächlich eine Dysfunktion oder Schädigung des Gehirns aufweisen, die neurologisch, neuroradiologisch oder neurophysiologisch nachweisbar ist. Die Teilleistungsstörungen bzw. umschriebenen Entwicklungsstörungen sind als eigenständiger Bereich herausgelöst worden.

Umschriebene Entwicklungsstörungen
Synonyme: Teilleistungsstörungen, Teilleistungsschwächen

◄ Definition

◄ Historisches

Teilleistungsstörungen können vermutlich in allen Leistungsbereichen auftreten. Von klinischer Bedeutung sind jedoch nur diejenigen Störungen, die zu Schwierigkeiten in der Schule oder in anderen relevanten Leistungsbereichen führen. Selbstverständlich gibt es auch Teilleistungsstärken und besondere Begabungen in Einzelbereichen, die jedoch normalerweise zu keiner psychiatrischen Symptomatik führen. Umschriebene Entwicklungsstörungen haben in den letzten Jahren große wissenschaftliche Beachtung erfahren, da sie als (Teil-)Grundlage zahlreicher kindlicher Verhaltensstörungen erkannt wurden.

Ätiopathogenese. Bei keinem der folgenden Störungsbilder ist die Ätiologie dezidiert geklärt, und es ist überdies offen, ob es jeweils nur eine Entstehungsbedingung der einzelnen Störungen gibt. Die bisherigen Erfahrungen sprechen eher dafür, daß verschiedene Entstehungsbedingungen zu gleichen oder ähnlichen Symptomen führen können. So gibt es eindeutige Belege für familiäre Häufungen derartiger Symptome und damit für eine genetische Ätiologie. In anderen Fällen deuten belastende Faktoren während Schwangerschaft, Geburt und frühkindlicher Entwicklung auf die Möglichkeit einer direkten hirnorganischen Schädigung hin. Es bleibt eine dritte Gruppe ohne erkennbares ätiologisches Muster, für die eine Vielzahl möglicher Ursachen vorgeschlagen wird. Da die geschilderte Situation für alle im folgenden beschriebenen Störungen zutrifft, ist dort in der Regel auf das Stichwort Ätiologie/Ätiopathogenese verzichtet worden.

Verlauf. Auch hier besteht bei allen Unterschieden eine gewisse Regelhaftigkeit darin, daß leichtere Störungen zeitlich begrenzter und prognostisch günstiger sind, ausgeprägtere und dann meist kombinierte Störungen länger bestehen und nur gering gebessert werden können. Die schulischen, beruflichen und sozialen Möglichkeiten sind dann begrenzt.

Umschriebene Störungen des Sprechens und der Sprache

Kinder mit Sprech- und Sprachproblemen zeigen mindestens zur Hälfte begleitende psychiatrische Auffälligkeiten (Angst, Rückzug, Depressivität, Hypermotorik, Aggressivität), die einer adäquaten Therapie bedürfen. Da diese Kinder meistens in nichtpsychiatrischen Spezialabteilungen (HNO, Logopädie) betreut werden, wird der psychiatrische Aspekt der Problematik häufig nicht ausreichend gewürdigt; die Chronifizierung von Verhaltensauffälligkeiten kann daraus folgen.

Merke. Die Behandlung von Sprech- und Sprachstörungen des Kindesalters erfolgt in der Regel durch gezielte Übungsprogramme, die durch einzel- und familientherapeutische Verfahren ergänzt werden. Der Regulation des Selbstwertes und der Beziehungsfähigkeit kommt besondere Bedeutung zu.

Die anschließenden Punkte sind als diagnostische Hinweise zu sehen und können ausführliche Lehrbücher zu diesem Thema nicht ersetzen. Detaillierte therapeutische Hinweise zu den einzelnen Störungsbildern können hier nicht gegeben werden.

Artikulationsstörung

Synonyme: Lallen, Dyslalie, phonologische Entwicklungsstörung, funktionelle Artikulationsstörung, entwicklungsbedingte Artikulationsstörung

Definition. Gravierende Probleme beim Gebrauch von Sprechlauten. Die häufigsten Artikulationsstörungen im Deutschen sind Rotazismus (r) und Sigmatismus (s).

Ätiopathogenese
Genetische und hirnorganische Faktoren sind bekannt. In manchen Fällen können keine zuverlässigen ätiologischen Aussagen gemacht werden.

Verlauf
Leichtere Störungen haben oft einen günstigeren Verlauf und eine bessere Prognose. Schwere Störungen können oft nur bedingt gebessert werden.

Umschriebene Störungen des Sprechens und der Sprache
Kinder mit Sprech- und Sprachproblemen zeigen mindestens zur Hälfte begleitende therapiebedürftige psychiatrische Auffälligkeit (Angst, Rückzug, Depressivität etc.). Die Vernachlässigung der psychiatrischen Aspekte kann zu deren Chronifizierung führen.

Merke ▶

Artikulationsstörung

Synonyme: Lallen, Dyslalie, entwicklungsbedingte Artikulationsstörung

Definition ▶

Symptomatologie. Man spricht dann von einer Artikulationsstörung, wenn bei normalen sprachlichen Fähigkeiten und normaler Intelligenz deutlich störende Fehler wie Auslassungen, Verzerrungen, Ersetzung von Lauten auftreten und die Störung nicht direkt einer sensorischen, organischen oder neurologischen Störung zugeordnet werden und auch nicht durch soziale oder kulturelle Einflüsse bedingt sein kann. Oft entsteht der Eindruck einer „Babysprache". Die Diagnose wird zwischen dem 3. und 6. Lebensjahr gestellt. Dreijährige haben Probleme bei p-, b- und t-Lauten, Sechsjährige bei r-, s-, f-, z- und l-Lauten. Artikulationsstörungen bei Minderbegabten gehorchen weitgehend ähnlichen Gesetzmäßigkeiten.

Symptomatologie
Bei normaler Intelligenz- und Sprachentwicklung treten störende Fehler durch Auslassungen, Verzerrungen oder Ersetzen von einzelnen Lauten auf.

Klassifikation.

◄ **Klassifikation**

Synopsis 4-3: Klassifikation der Artikulationsstörung nach ICD-10 und DSM-III-R

ICD-10	DSM-III-R
Artikulationsstörung (F80.0): • Artikulationsleistung unter dem Niveau des Intelligenzalters bei normalen sprachlichen Fertigkeiten. • Auslassungen, Verzerrungen, Ersetzung von Lauten, inkonsistente Lautfolge („Babysprache"). • Ausschluß sensorischer oder neurologischer Störungen.	**Artikulationsstörung** (315.39): • Gravierende Defizite beim Gebrauch von Sprechlauten. • Ausschluß sensorischer oder neurologischer Störungen.

Expressive Sprachstörung

Synonym: entwicklungsbedingte Dysphasie

Expressive Sprachstörung

Synonym: entwicklungsbedingte Dysphasie

Definition. Im Vergleich zur nichtsprachgebundenen (nonverbalen) Intelligenz wesentlich schlechtere Ausdrucksfähigkeit. In leichten Fällen oder bei Jugendlichen sind möglicherweise nur bestimmte Sachgebiete oder komplexe Aussagen beeinträchtigt.

◄ **Definition**

Symptomatologie. Störung der gesprochenen Sprache bei normaler Intelligenz und weitgehend normalem Sprachverständnis. Wortfindungs- und Artikulationsstörungen können vorhanden sein. Die Störung wird erkannt, wenn bei jüngeren Kindern einzelne Worte nicht beherrscht werden und im Alter von zwei Jahren Zwei-Wort-Sätze, im Alter von drei Jahren Drei-Wort-Sätze noch nicht möglich sind. Beziehungsstörungen zu Gleichaltrigen sind häufig. Die Diagnose wird nur gestellt, wenn schulische Leistungen oder alltägliche Aktivitäten, bei denen expressive Sprache benötigt wird, deutlich eingeschränkt sind.

Symptomatologie
Störung der verbalen Ausdrucksfähigkeit bei normalem Sprachverständnis. Voraussetzung für die Diagnose ist, daß schulische Leistungen oder Alltagsaktivitäten eingeschränkt sind.

4 Kinder- und jugendpsychiatrische Erkrankungen einschließlich Oligophrenien

Klassifikation ▶

Klassifikation.

Synopsis 4-4: Klassifikation der expressiven Sprachstörung nach ICD-10 und DSM-III-R	
ICD-10	**DSM-III-R**
Expressive Sprachstörung (F80.1):	**Expressive Sprachentwicklungs- störung** (315.31):
• Im Alter von zwei Jahren werden noch keine Worte beherrscht.	• Die verbale Intelligenz liegt wesentlich unter der nonverbalen Intelligenz.
• Im Alter von drei Jahren können noch keine Zwei-Wort-Sätze gebildet werden.	• Beeinträchtigung schulischer oder alltäglicher Aktivitäten, bei denen sprachliche Ausdrucksfähigkeit vorausgesetzt wird.
• Später eingeschränktes Vokabular und Schwierigkeiten bei der Wortwahl. Syntaktische und grammatikalische Fehler.	• Ausschluß von sensorischen und neurologischen Störungen.
• Ungestörte Kommunikationsfähigkeit.	
• Begleitende Beziehungsstörungen zu Gleichaltrigen, emotionale Störungen und Unaufmerksamkeit sind häufig.	
• Ausschluß von sensorischen und neurologischen Störungen.	

Rezeptive Sprachstörung

Synonyme: entwicklungsbedingte rezeptive Dysphasie, Worttaubheit

Definition ▶

Symptomatologie
Vermindertes Sprachverständnis, meist in Kombination mit expressiven Sprachstörungen. Hörstörungen, Aphasie, Intelligenzminderung und Autismus sind auszuschließen. Kleine Kinder hören nicht auf ihren Namen, später werden grammatikalische Strukturen nicht verstanden.

Rezeptive Sprachstörung

Synonyme: entwicklungsbedingte rezeptive Dysphasie, Worttaubheit

Definition. Im Vergleich zur nonverbalen Intelligenz wesentlich schlechteres Sprachverständnis. In leichteren Fällen ist das Verständnis komplexer Sätze beeinträchtigt.

Symptomatologie. Deutlich vermindertes Sprachverständnis nach Ausschluß von Hörstörungen, Aphasie, Intelligenzminderung und autistischen Störungen; fast immer ist die expressive Sprache ebenfalls beeinträchtigt. Bei einjährigen Kindern fehlen Reaktionen auf vertraute Namen, später bestehen Probleme, grammatikalische Strukturen zu verstehen. Besonders wenn die Problematik nicht erkannt wird, entwickeln sich begleitende psychiatrische Störungen wie Hypermotorik, Aufmerksamkeitsstörungen, Isolation, Ängstlichkeit und Scheu. Schwere Formen manifestieren sich um das dritte Lebensjahr, leichtere gelegentlich erst in der Adoleszenz.

Klassifikation.

Synopsis 4-5: Klassifikation der rezeptiven Sprachstörung nach ICD-10 und DSM-III-R

ICD-10	DSM-III-R
Rezeptive Sprachstörung (F80.2): • Fehlende Reaktion auf vertraute Namen (1. Lebensjahr) und Routineinstruktionen (2. Lebensjahr). • Später Schwierigkeiten beim Verständnis komplexer grammatikalischer Strukturen wie Verneinung, Fragen und Vergleiche sowie subtiler kommunikativer Aspekte (Stimmlage, Gestik). • Häufig begleitende emotionale Störungen. • Ausschluß sensorischer und neurologischer Störungen.	**Rezeptive Sprachentwicklungsstörung (315.31):** • Sprachverständnis liegt unter dem Niveau nonverbaler Leistungen. • Beeinträchtigung der schulischen und alltäglichen Leistungen. Einzelne Worte oder komplexe Aussagen werden nicht verstanden. • Ausschluß sensorischer und neurologischer Störungen.

Erworbene Aphasie mit Epilepsie

Synonym: Landau-Kleffner-Syndrom

Definition. Kombination von Aphasie und temporal betonter hypersynchroner EEG-Aktivität mit Beginn ab dem dritten Lebensjahr. Anfälle sind nicht obligat.

Symptomatologie. Die prämorbide Sprachentwicklung ist ungestört. Im Alter von drei bis sieben Jahren erfolgt ein meist rascher Verlust rezeptiver, manchmal auch expressiver Sprachfertigkeiten bei initialer Erhaltung der allgemeinen Intelligenz. Begleitend treten temporal betonte hypersynchrone Paroxysmen im EEG auf, gelegentlich nur im Schlaf. Die Anfälle sind unterschiedlich und nicht obligat. Als grundlegende Störung nimmt man eine enzephalitische oder funktionelle Störung an, deren Natur unbekannt ist. *Abbildung 4-2* zeigt das EEG eines siebenjährigen Jungen.

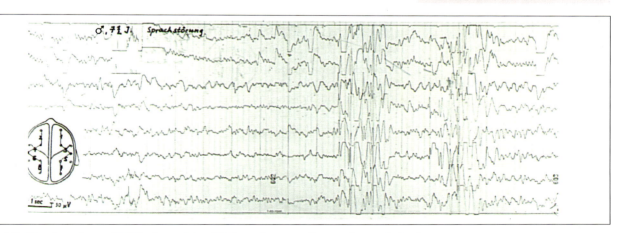

Abb. 4-2: Hirnstromkurve (EEG) eines siebenjährigen Jungen mit erworbener Aphasie

Verlauf

Verlauf. Ein Drittel der Kinder soll gesund werden, während bei etwa zwei Drittel ein bleibender Defekt unterschiedlichen Schweregrades bestehen bleibt. Der Verlauf scheint nicht ganz unabhängig davon zu sein, wie schnell eine adäquate Therapie eingeleitet wird.

Klassifikation ▶

Klassifikation.

Synopsis 4-6: Klassifikation der erworbenen Aphasie mit Epilepsie nach ICD-10 und DSM-III-R	
ICD-10	**DSM-III-R**
Erworbene Aphasie mit Epilepsie (F80.3):	• (Im DSM-III-R ist keine entsprechende Diagnose vorhanden.)
• Initial normale Entwicklung.	
• Im 3. bis 7. Lebensjahr vorwiegend rezeptive Sprachstörung, paroxysmale EEG-Auffälligkeiten, oft Anfälle.	
• Verlauf in einem Drittel der Fälle günstig, in zwei Drittel ungünstig.	

Stottern

Synonyme: Balbuties, Tachythemie

> **Definition.** Häufige Wiederholungen oder Verlängerungen von Lauten und Silben, die den Redefluß stark beeinträchtigen.

Symptomatologie. Unterbrechung des rhythmischen Sprechflusses durch häufige Wiederholung (**klonisches Stottern**) oder Dehnung von Lauten, Silben oder Wörtern (**tonisches Stottern**). Entwicklungsstörungen des Sprechens und der Sprache sind als begleitende Störungen möglich. Häufig finden sich Mitbewegungen des Gesichts und anderer Körperteile, Atemverschiebungen und vegetative Symptome. Es besteht eine hohe situative Variabilität (Verstärkung durch Aufregung).

Epidemiologie. Etwa 1% aller Kinder zeigt dieses Symptom. Jungen sind 2- bis 20mal häufiger betroffen.

Verlauf. In vier von fünf Fällen tritt eine Spontanremission oder deutliche Besserung ein. Beim Rest erweist sich die Symptomatik häufig als hartnäckig und bleibt trotz Therapie über Jahrzehnte bestehen.

Therapie. Eine Vielzahl therapeutischer Möglichkeiten ist erprobt und empfohlen. Logopädische, verhaltenstherapeutische, suggestive Verfahren, Entspannung und Singen sind mit Erfolg angewandt worden.

Umschriebene Entwicklungsstörungen 401

Klassifikation.

◀ Klassifikation

Synopsis 4-7: Klassifikation des Stotterns nach ICD-10 und DSM-III-R	
ICD-10	**DSM-III-R**
Stottern (F98.5):	**Stottern** (307.00):
• Häufige Wiederholung oder Dehnung von Lauten, Silben und Wörtern oder häufiges Zögern und Innehalten mit Unterbrechung des normalen Sprechflusses.	• Häufige Wiederholung oder Verlängerung von Lauten oder Silben, die den Redefluß stark beeinträchtigen.

Poltern

Poltern

Definition. Störung des Redeflusses mit hoher Sprechgeschwindigkeit, gestörtem Sprechrhythmus und Verstümmelung von Lauten. Die Verständlichkeit ist eingeschränkt. Häufig fehlt eine richtige Satzgliederung.

◀ Definition

Symptomatologie. Überstürzter Redefluß, Verschlucken und Verstümmeln von Lauten, Wortenden und dadurch beeinträchtigte Verständlichkeit. Die Satzmuster sind häufig fehlerhaft. In der Mehrzahl besteht zusätzlich eine Sprachentwicklungsverzögerung. Begleitend können impulsive Persönlichkeitszüge bestehen. Im Gegensatz zum Stotterer kann der Polterer auf Anforderung hin seine Störung reduzieren.

Symptomatologie
Überstürzter Redefluß, Verschlucken und Verstümmeln von Lauten und Wortenden. Beeinträchtigte Verständlichkeit. Häufig fehlerhafte Satzmuster. Oft zusätzliche Sprachentwicklungsverzögerung.

Therapie. Die meisten Therapieverfahren sind logopädischer Art.

Therapie
Logopädische Therapieverfahren.

Klassifikation.

◀ Klassifikation

Synopsis 4-8: Klassifikation des Polterns nach ICD-10 und DSM-III-R	
ICD-10	**DSM-III-R**
Poltern (F98.6):	**Poltern** (307.00):
Hohe Sprachgeschwindigkeit mit falscher Sprechflüssigkeit und beeinträchtigter Sprechverständlichkeit. Fehlerhafte Satzmuster.	Störung des Redeflusses mit hoher Sprechgeschwindigkeit und gestörtem Sprechrhythmus. Falsche Satzgliederung.

Lese-Rechtschreibe-Störung (LRS)

Lese-Rechtschreibe-Störung (LRS)

Synonyme: Legasthenie, Dyslexia

Synonyme: Legasthenie, Dyslexia

Definition. Erschwerung des Lesens und des Lesenlernens, häufige Rechtschreibfehler bei durchschnittlicher Intelligenz und sonst normalen Schulleistungen, gröbere neurologische oder soziale Ursachen fehlen.

◀ Definition

Epidemiologie. Die LRS ist die häufigste umschriebene Entwicklungsstörung des Kindesalters. Etwa 6% aller Kinder sollen an einer Legasthenie leiden, wobei die Jungen mit einem Faktor von drei bis vier überwiegen.

Epidemiologie
Die LRS ist die häufigste umschriebenen Teilleistungsstörung des Kindesalters.

Symptomatologie

Symptomatologie. Trotz verschiedener diagnostischer und methodischer Anstrengungen hat es sich bislang nicht erreichen lassen, unter dem Oberbegriff Legasthenie ein homogenes Störungsmuster zu definieren. Sowohl auditive, visuelle, motorische, zentralnervöse als auch linguistische Funktionen können eingeschränkt sein. Dabei stellt sich die grundsätzliche Frage, ob Funktionen von Einzelleistungen oder aber integrativ-synthetisierende Hirnleistungen gestört sind.

Legasthenie ist ein heterogenes Syndrom mit sensorischen, zentralnervösen oder linguistischen Einschränkungen.

Die häufigsten Probleme sind Buchstabenverwechseln, Buchstabeninversionen, Silbenweglassen, Regelfehler und Wahrnehmungsstörungen beim Schreiben und Lesen.

Bei allen Formen findet man Buchstabenverwechseln, Buchstabeninversionen, Silbenweglassen, Regelfehler, Wahrnehmungsstörungen beim Schreiben und ähnliche Störungen beim Lesen.

Merke ▶

> **Merke.** Vergleichsweise typisch ist, daß durch schlichte Schreibübungen die Problematik nur wenig gebessert werden kann.

Bei Ausbleiben der Therapie entwickelt sich durch Schulversagen und **sekundäre Neurotisierung** ein komplexes Störungsbild mit Ängstlichkeit, Depressivität, Labilität, Unruhe, Konzentrationsstörung, Isolation, Aggressivität und Störung des Sozialverhaltens.

Ohne entsprechende Therapie entwickelt sich aus der Primärstörung durch Hinzutreten von Schulversagen und sekundärer Überforderung häufig ein komplexes Störungsmuster, das durch Ängstlichkeit, Depressivität, Labilität, psychomotorische Unruhe, Konzentrationsstörungen, regressive Isolationstendenzen, aggressive Aktionen und Störungen des Sozialverhaltens gekennzeichnet ist. Diese Formen einer **sekundären Neurotisierung** sind noch unspezifischer als die Störung selbst, so daß der Ausschluß von Teilleistungsstörungen zur basalen diagnostischen Pflicht jeder kinder- und jugendpsychiatrischen Untersuchung gehört.

Neben der kombinierten LRS kommt seltener auch eine isolierte Rechtschreibstörung vor.

Neben der kombinierten LRS kommt wesentlich seltener auch eine isolierte Rechtschreibstörung bei normaler Lesefähigkeit vor.

Ätiopathogenese

Teilleistungsstörungen gelten als neuropsychologische Störungen, die auf erworbenen oder genetischen zerebralen Funktionsstörungen beruhen.

Ätiopathogenese. Teilleistungsstörungen und besonders die Legasthenie werden heute als neuropsychologische Störungen verstanden, die aus einer Kombination von Wahrnehmungsstörungen, Gedächtnisstörungen und kognitiven Defiziten bestehen. Derartige Störungen können durch erworbene zerebrale Funktionsstörungen und genetische Dispositionen bedingt sein.

Diagnostik

Sie erfolgt durch Anamnese, Rechtschreibtests und Überprüfung weiterer kognitiver Funktionen.

Diagnostik. Die Diagnose einer LRS wird in erster Linie durch die Anamnese, spezifische Rechtschreibtests (z. B. Deutscher Rechtschreib-Test: DRT), sowie akzessorische Überprüfung weiterer kognitiver Funktionen gestellt.

Differentialdiagnose

Milieubedingte Entwicklungsverzögerungen, Intelligenzminderungen und Entwicklungsdysphasien.

Differentialdiagnose. Es bestehen Übergänge zu milieubedingten Entwicklungsverzögerungen, Intelligenzminderungen und Entwicklungsdysphasien.

Therapie

Förderprogramme mit übenden, verstärkenden, psychodynamischen und familientherapeutischen Komponenten.

Therapie. Üblicherweise werden LRS durch spezielle Förderprogramme angegangen, die neben einer übenden und verstärkenden Ausrichtung auch die sekundären emotionalen und familiären Komplikationen berücksichtigen.

Verlauf

Die LRS wird meist in den ersten beiden Schuljahren diagnostiziert. Bei mangelnder Stützung und Therapie, gleichzeitiger Kritik und Ablehnung durch Familie und Schule können sich Überforderungssyndrome und Schulversagen entwickeln. Frühe Förderung und schulische Rücksichtnahme führen dazu, daß die Symptomatik gebessert und sekundäre Schäden vermieden werden (s. Abb. 4-3).

Verlauf. Die Lese-Rechtschreibe-Störung wird in der Regel während der ersten beiden Schuljahre diagnostiziert, auch wenn sie vermutlich von klein an vorhanden ist. Bleiben die Kinder sich selbst überlassen und erfahren zudem Ablehnung oder unangemessene Kritik, können sich schwere Überforderungssyndrome und desolate Schulkarrieren entwickeln. Bei deliquenten Jugendlichen ist eine erhöhte Rate von LRS gefunden worden. Frühe, adäquate Förderung und schulische Rücksichtnahme ermöglichen es, daß die Symptomatik gebessert und sekundäre Schäden vermieden werden. Oft suchen die Betroffenen nach der Schulzeit Berufe, in denen sie ihre prinzipiell andauernden Schwierigkeiten vermeiden können (*siehe Abbildung 4-3*).

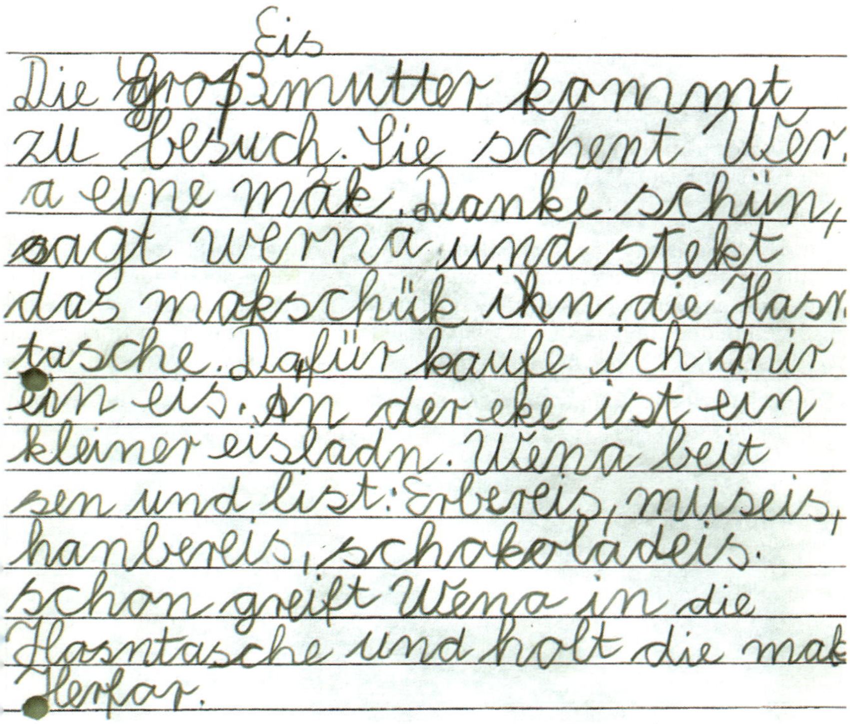

Abb. 4-3: Zehnjähriger Junge, 3. Klasse Grundschule. Bekannte Legasthenie. Zustand nach 1¹/₂ Jahren Therapie. Diktat aus einem Lesebuch der 2. Klasse

Klassifikation.

◄ Klassifikation

Synopsis 4-9: Klassifikation der Lese-Rechtschreibe-Störung nach ICD-10 und DSM-III-R	
ICD-10	**DSM-III-R**
Lese-Rechtschreibe-Störung (F81.0):	**Entwicklungsbedingte Lesestörung** (315.00): **Entwicklungsbedingte Schreibstörung** (315.80):
• Umschriebene, eindeutige Störung der Lese- und Rechtschreibefähigkeit.	• Deutlich verminderte Rechtschreibleistungen im Vergleich zu Intelligenz und Schulbildung.
• Auslassen, Ersetzen, Verdrehen oder Hinzufügen von Wörtern (Wortteilen).	• Deutlich verminderte Leseleistung im Vergleich zu Intelligenz und Schulbildung.
• Niedrige Lesegeschwindigkeit, langes Zögern beim Vorlesen. Unfähigkeit, Gelesenes wiederzugeben.	• Beeinträchtigung schulischer oder alltäglicher Leistungen.
• Ausschluß sensorischer und neurologischer Erkrankungen.	• Ausschluß sensorischer oder neurologischer Erkrankungen.

Rechenstörung

Synonyme: Dyskalkulie, Akalkulie

Definition ▶

Symptomatologie
Deutlich unterdurchschnittliche Rechenleistung bei sonst besserem Leistungsprofil.

Diagnostik
Diagnosestellung mit Hilfe üblicher, altersangemessener Rechenaufgaben (*s. Abb. 4-4*).

Rechenstörung

Synonyme: Dyskalkulie, Akalkulie

Definition. Im Vergleich zur sonstigen Leistungsfähigkeit deutlich geringere Rechenleistungen; der schulische Erfolg ist beeinträchtigt.

Symptomatologie. Die Rechenleistung liegt deutlich unter dem alters- und schultypbedingten Durchschnitt und unter dem Niveau der anderen Schulleistungen. Genauere Untersuchungen zu dieser Thematik sind trotz ihrer zweifelsfreien Bedeutung rar, so daß viele Aspekte dieser Störung noch unklar sind.

Diagnostik. Ein spezifischer Test liegt nicht vor. Die rechnerischen Fähigkeiten können jedoch mit üblichen, altersangemessenen Aufgaben geprüft werden (*siehe Abbildung 4-4*).

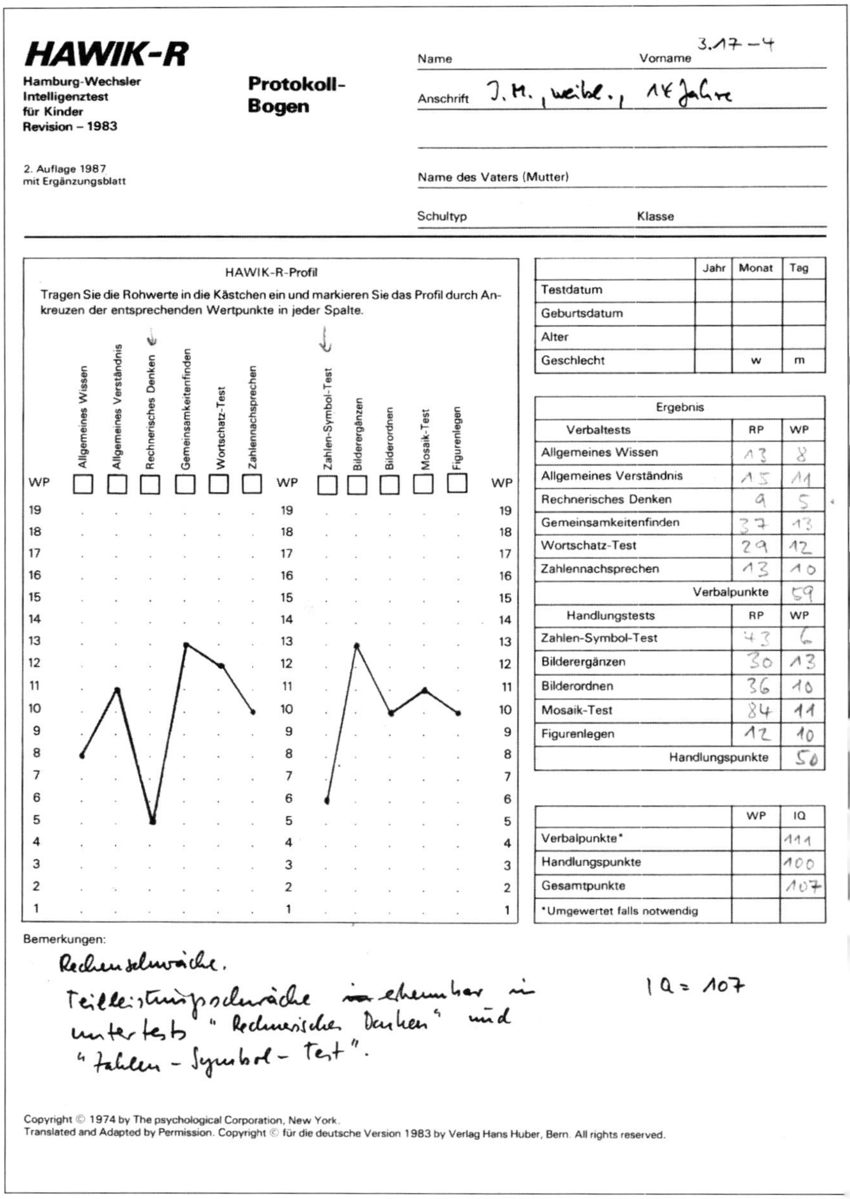

HAWIK-R
Hamburg-Wechsler Intelligenztest für Kinder Revision – 1983

Protokoll-Bogen

2. Auflage 1987 mit Ergänzungsblatt

Name | Vorname 3.17 – 4
Anschrift J. M., weibl., 14 Jahre
Name des Vaters (Mutter)
Schultyp | Klasse

HAWIK-R-Profil
Tragen Sie die Rohwerte in die Kästchen ein und markieren Sie das Profil durch Ankreuzen der entsprechenden Wertpunkte in jeder Spalte.

Allgemeines Wissen, Allgemeines Verständnis, Rechnerisches Denken, Gemeinsamkeitenfinden, Wortschatz-Test, Zahlennachsprechen, Zahlen-Symbol-Test, Bilderergänzen, Bilderordnen, Mosaik-Test, Figurenlegen

WP 19 18 17 16 15 14 13 12 11 10 9 8 7 6 5 4 3 2 1

	Jahr	Monat	Tag
Testdatum			
Geburtsdatum			
Alter			
Geschlecht		w	m

Ergebnis		
Verbaltests	RP	WP
Allgemeines Wissen	13	8
Allgemeines Verständnis	15	11
Rechnerisches Denken	9	5
Gemeinsamkeitenfinden	37	13
Wortschatz-Test	29	12
Zahlennachsprechen	13	10
Verbalpunkte		59
Handlungstests	RP	WP
Zahlen-Symbol-Test	43	6
Bilderergänzen	30	13
Bilderordnen	36	10
Mosaik-Test	84	11
Figurenlegen	12	10
Handlungspunkte		50

	WP	IQ
Verbalpunkte*		111
Handlungspunkte		100
Gesamtpunkte		107
*Umgewertet falls notwendig		

Bemerkungen:
Rechenschwäche.
Teilleistungsschwäche erkennbar in Untertests "Rechnerisches Denken" und "Zahlen-Symbol-Test".
IQ = 107

Abb. 4-4: Beurteilung der rechnerischen Fähigkeiten mit dem Hamburg-Wechsler-Intelligenztest für Kinder

Differentialdiagnose. Milieubedingte und psychogene Leistungsstörungen.

Therapie. Spezielle Förderprogramme sind nicht bekannt. Kinder mit Rechenstörung werden deshalb in Anlehnung an Erfahrungen mit Legasthenie-Programmen, meist mit multimodalen Programmen, behandelt.

Klassifikation.

Synopsis 4-10: Klassifikation der Rechenstörung nach ICD-10 und DSM-III-R	
ICD-10	**DSM-III-R**
Rechenstörung (F81.2):	**Entwicklungsbezogene Rechenstörung (315.10):**
• Deutlich unterdurchschnittliche Rechenleistung. Beeinträchtigung der schulischen und alltäglichen Leistungsfähigkeit.	• Deutlich unterdurchschnittliche Rechenleistung. Beeinträchtigung schulischer oder alltäglicher Leistungen.
• Ausschluß sensorischer und neurologischer Störungen.	• Ausschluß sensorischer und neurologischer Störungen.

Autistische Störungen

Frühkindlicher Autismus

Synonyme: Autismus (Kanner), infantiler Autismus, frühkindliche Psychose, pervasive developmental disorder

> ***Definition.*** Tiefgreifende Störung von Sprache, Empathie, Kontakt, Interessen und Entwicklungsfähigkeit mit Beginn vor dem dritten Lebensjahr. Eine normale Entwicklung ist selten. Intelligenzminderung, epileptische Anfälle und andere neurologische Auffälligkeiten sind häufig.

Historisches. Der Begriff Autismus wurde von **Eugen Bleuler** als wesentlicher, wenngleich nicht spezifischer Teil der Schizophrenie-Symptomatik bestimmt und als pathologische Selbstbezogenheit und sozialer Rückzug verstanden. In der Folgezeit erfuhr der Begriff eine erhebliche Ausdehnung und findet heute vor allem für die kindlichen Formen des Autismus Verwendung. Obgleich das Adjektiv „autistisch" beibehalten wird, werden die autistischen Syndrome neuerdings auch unter dem noch allgemeineren Begriff der „schwerwiegenden Entwicklungsstörung" subsumiert.

Epidemiologie. „Autismus" gehört zu den bekanntesten kinderpsychiatrischen Begriffen, die Störung ist jedoch selten und betrifft zwei bis vier von 10000 Kindern. Das Geschlechterverhältnis ist knabenwendig (drei- bis viermal häufiger). Die soziale Verteilung wird mittlerweile als ausgewogen betrachtet. In früheren Jahren hatte man ein bevorzugtes Auftreten in der Mittel- und Oberschicht angenommen.

Symptomatologie. Das Wesen des frühkindlichen Autismus besteht darin, daß die Kinder in elementarer Weise von ihrer Umgebung abgekapselt sind und nur auf ganz bestimmten, ritualisierten Wegen Kontakt zu ihr aufnehmen. Die soziale Aktivität ist auf ein Minimum reduziert. Auch die Resonanz auf soziale Signale ist eingeschränkt, gefühlsarm und merkwürdig. Es fehlt weitgehend die interaktive Reziprokität, wie sie für eine adäquate oder flüssige Kommunikation notwendig ist. Empathie, Mitleid, Wunsch nach Mitleid oder andere Gefühle

Autisten zeigen kaum Empathie, Mitleid oder Wunsch nach emotionaler Zuwendung.
Freundschaftliche Beziehungen zu anderen fehlen nahezu immer.

Die Sprachentwicklung ist gestört. Die aktive Sprache bleibt unproduktiv, affektarm und wird kaum von Mimik und Gestik begleitet. Zusätzlich finden sich Echolalie, repetitive Bemerkungen, Neologismen, bizarre Verknüpfungen, Verdrehungen und die pronominale Umkehr. Eigeninteressen werden selten entwickelt. Häufig finden sich Stereotypien und Bindung an bestimmte Gegenstände oder Räumlichkeiten Das Spielverhalten ist massiv gestört.
Neuen Verhaltensweisen und neuen Situationen gegenüber besteht eine ausgeprägte Veränderungsangst. Spontaneität, Kreativität, Phantasie und Neugier sind eingeschränkt. Passagere Selbstverletzungen kommen vor.

Besonders typisch ist, daß die Kinder keinen Blickkontakt aufnehmen und durch ihr Gegenüber „hindurchsehen".

Zahlreiche **atypische Autismusformen** sind beschrieben.

Ätiopathogenese
Hirnorganische Störungen und ein familiärer „Autismus-Faktor" sind vermutlich die wichtigsten Ursachen des Autismus.

Pathophysiologie
Die autistischen Störungen sind in Symptomatik und Genese heterogen.

Diagnostik
Durch Klinik, Beurteilungs- und Fremdbeobachtungsskalen.
Differentialdiagnose
Als Differentialdiagnosen kommen in Betracht:
- infantile Demenz/Degenerationssyndrome,
- Rett-Syndrom,
- Fragiles X-Syndrom,

der Zuwendung sind Autisten fremd. Umgekehrt zeigen sie auch so gut wie nie Bedürfnis nach emotionaler Zuwendung, Zärtlichkeit oder Lob. Die Umwelt hat keinen Aufforderungscharakter, vor allem nicht in persönlicher Hinsicht. Dementsprechend fehlen nahezu immer freundschaftliche Beziehungen, sowohl zu Kindern als auch zu Erwachsenen.

Die Sprachentwicklung ist von klein auf gestört, die aktive Sprache bleibt wenig produktiv, unmoduliert, affektarm und wird kaum von Mimik oder Gestik begleitet. Zusätzlich finden sich Echolalie, repetitive Bemerkungen, Neologismen, bizarre Verknüpfungen, Verdrehungen und die sogenannte pronominale Umkehr (die Kinder sagen „du" statt „ich"). Sprache und Kommunikation sind starr, unfroh und reduziert. Eigene Interessen werden nur selten entwickelt und münden häufig in stereotype Verhaltensmuster oder Bindung an bestimmte Gegenstände (z. B. Bälle, Stofftiere, Schnüre) und Räumlichkeiten. Die Stereotypien können erhebliche Zeitdauer in Anspruch nehmen, während ansonsten die Aufmerksamkeitsspanne eher kurz ist. Daraus ergibt sich eine massive Störung des Spielverhaltens. Viele Gegenstände werden nur in monotoner Weise gedreht oder gewendet.

Das Erlernen neuer Verhaltensweisen stößt auf zähen Widerstand, Imitationslernen findet so gut wie nicht statt (keine Nachahmung der häuslichen Aktivitäten der anderen Familienmitglieder; kein Winken beim Abschied etc.). Neuen Situationen oder Anforderungen gegenüber besteht eine ausgeprägte Veränderungsangst. Spontaneität, Kreativität, Phantasie oder Neugier sind eingeschränkt. Spezialinteressen sind dagegen bekannt geworden. Passagere Selbstverletzungen, gelegentlich im Rahmen von Stereotypien, kommen vor.

Als besonders typisch wird angegeben, daß die Kinder keinen Blickkontakt aufnehmen und durch ihr Gegenüber „hindurchsehen". Zusätzlich kann eine Vielzahl akzessorischer Symptome bestehen wie Phobien, Schlaf- und Eßstörungen oder affektive Störungen.

Neben den idealtypischen Vertretern dieser Diagnose, die alle genannten Kriterien erfüllen, werden **zahlreiche atypische Formen** angetroffen, die nicht alle Hauptkriterien, statt dessen aber atypische oder akzessorische Symptome aufweisen.

Ätiopathogenese. Die Annahme einer rein psychogenen Verursachung des frühkindlichen Autismus ist nicht haltbar. Bedeutsam ist die Vielzahl beschriebener zerebraler Auffälligkeiten, die eine hirnorganische Genese vermuten lassen. Dafür spricht der hohe Anteil von Intelligenzminderungen (etwa 70%) und das Auftreten von Epilepsien in etwa einem Drittel der Fälle. Gleichwohl sind weder die hirnorganischen Befunde noch das Intelligenzniveau diagnosebestimmend.

Eine eindeutige familiäre Häufung ist nicht zu sichern. Auffällig ist jedoch die Häufung von schizoiden, intellektualisierenden Persönlichkeiten im Umfeld, so daß ein hereditärer „Autismus-Faktor" (van Krevelen) mit unterschiedlicher Penetranz postuliert wurde.

Pathophysiologie. Es ist eine Vielzahl kognitiver, auditiver und visueller Defizite beschrieben worden, die noch kein geschlossenes Bild ergeben. Auch wenn die Zahl identifizierbarer Teilsyndrome im autistischen Spektrum steigt, bleibt derzeitig immer noch die Heterogenität der autistischen Störung bestehen.

Diagnostik. Die Diagnose wird klinisch oder mit Hilfe von Fremdbeobachtungs- und Beurteilungsskalen gestellt.

Differentialdiagnose. Die differentialdiagnostischen Möglichkeiten umfassen eine Vielzahl meist seltener, oft ebenfalls unscharf definierter Syndrome aus dem Behindertenbereich. Am bekanntesten sind infantile Demenz- bzw. Degenerationssyndrome, das Rett-Syndrom, das Fragile-X-Syndrom, Sprachstörungen (komplizierte Aphasien), massive Teilleistungsstörungen, Intelligenzminderungen mit Stereotypien und Deprivationssyndrome mit konsekutiven Beziehungsstörungen.

Desintegrative Störungen (Dementia infantilis, Hellersche Demenz, desintegrative Psychose) treten nach einer Phase mit normaler frühkindlicher Entwicklung in Form des Verlusts bereits erworbener Fähigkeiten innerhalb kurzer Zeit auf. Der Verlauf ist initial meist progredient, kommt dann gelegentlich zum Stillstand, und später können auch Besserungen auftreten. Die Prognose ist jedoch vorwiegend ungünstig, obgleich identifizierbare hirnorganische Läsionen in aller Regel nicht aufgefunden werden.

Die wissenschaftliche Diskussion wurde lange Zeit von der Frage dominiert, ob **infantile schizophrene Psychosen** und frühkindlicher Autismus identische Begriffe darstellen. Aus heutiger Sicht, die sich im wesentlichen auf klinische und genetische Befunde stützt, werden die beiden Begriffe als prinzipiell voneinander unterscheidbare, wenngleich in der Symptomatik oft ähnliche Krankheitsbilder betrachtet. Wahn, Halluzination, assoziatives Denken, Zerfahrenheit und Verwirrtheit als typisch psychotische Phänomene fehlen beim frühkindlichen Autismus bzw. treten nicht in der für Psychosen typischen Kombination auf. Eine familiäre Belastung durch Psychosen fehlt bei den autistischen Störungen.

Therapie. Das therapeutische Vorgehen ist weniger durch die Methodik, sondern mehr durch die individuellen Eigenheiten und die Ziele der Behandlung determiniert. Die Ziele sind (nach Steinhausen 1993):
- Unterstützung der normalen Entwicklung
- Förderung der allgemeinen Lernfähigkeit
- Reduktion von Rigidität und Stereotypien
- Verbesserung des sozialen Verhaltens
- Minderung familiärer Belastungen und Fehlhaltungen.

Schnelle Erfolge sind normalerweise mit keiner der bekannten Methoden zu erwarten, da sich autistische Kinder in der Regel jeglicher Therapie zumindest passiv widersetzen.

Erregungszustände können durch passagere Gaben von dämpfenden Neuroleptika, epileptische Anfälle durch Antikonvulsiva behandelt werden. Ansonsten fehlt eine wirksame medikamentöse Möglichkeit der Dauerbehandlung.

Verlauf. Der frühkindliche Autismus ist eine primär chronische Störung, die nur in Einzelfällen die Entwicklung eines normalen Lebensstils zuläßt. Die in der Kindheit hervorstechenden Züge sind meist über lange Zeit, oft über Jahrzehnte zu beobachten. Die Variabilität des klinischen Bildes ist insgesamt gering, wenn auch in Einzelfällen rasche Besserungen bekanntgeworden sind.

Die meisten Patienten werden in Behinderteneinrichtungen oder in der Familie, nur initial in der Kinder- und Jugendpsychiatrie betreut. Besonders schwierig ist die Pubertäts- und Adoleszenzphase, die durch autoaggressive, destruktive Tendenzen bei gleichzeitiger Intensivierung der affektiven Labilität gekennzeichnet sein kann. Später erfolgt meist wieder eine Beruhigung. Die Prognose ist besonders ungünstig bei niedrigem IQ.

Klassifikation.

Marginalien (rechte Spalte):

- komplizierte Aphasie,
- massive Teilleistungsstörungen,
- Intelligenzminderung mit Stereotypien,
- desintegrative Störungen.

Aufgrund klinischer und genetischer Befunde werden frühkindlicher Autismus und infantile Psychosen als getrennte Störungsbilder angesehen.

Therapie
- Unterstützung der normalen Entwicklung
- Förderung der allgemeinen Lernfähigkeit
- Reduktion von Rigidität und Stereotypien
- Verbesserung des sozialen Verhaltens
- Minderung familärer Belastungen und Fehlhaltungen.

Schnelle und andauernde Erfolge sind nicht zu erwarten.
Die psychopharmakologische Therapie beschränkt sich auf Erregungszustände oder epileptische Anfälle. Eine wirksame medikamentöse Dauerbehandlung fehlt.

Verlauf
Der frühkindliche Autismus ist eine Erkrankung mit meist chronischem Verlauf. Nur in Einzelfällen sind rasche Besserungen bekanntgeworden.
In Pubertät und Adoleszenz treten gehäuft (Auto-)Aggressivität, Destruktivität und affektive Labilität auf. Bei niedrigem IQ ist die Prognose besonders ungünstig.

◄ **Klassifikation**

Synopsis 4-11: Klassifikation der autistischen Störungen nach ICD-10 und DSM-III-R

ICD-10	DSM-III-R
Frühkindlicher Autismus (F84.0):	**Autistische Störung (299.00):**
• Abnorme oder beeinträchtigte Entwicklung, die vor dem 3. Lebensjahr beginnt. Störung von Interaktion, Kommunikation und Interessen. Eingeschränktes, repetitives und oft ritualisiertes Verhalten mit Veränderungsangst.	• Beeinträchtigung der zwischenmenschlichen Beziehungen. • Beeinträchtigung der verbalen und der nonverbalen Kommunikation und der Phantasie. • Deutlich beschränktes Repertoire von Aktivitäten und Interessen.

Rett-Syndrom

Definition. Das Syndrom wurde 1966 erstmals von A. R. Rett beschrieben. Es handelt sich um eine angeborene, vermutlich X-chromosomal gebundene, neurodegenerative Erkrankung mit stereotypen „waschenden" Handbewegungen, autistischen Zügen, diversen akzessorischen Auffälligkeiten und deletärem Verlauf.

Epidemiologie. Soweit bekannt, tritt das Rett-Syndrom im Kleinkindalter nur bei Mädchen auf. Die Häufigkeit beträgt etwa 1 : 15 000 bis 20 000.

Symptomatologie. Nach der unauffälligen Säuglingszeit manifestiert sich das Rett-Syndrom zwischen dem sechsten Lebensmonat und dem vierten Lebensjahr. Leitsymptome sind autistische Züge, Sprachverarmung, Verlust feinmotorischer manueller Fertigkeiten, stereotype waschende und knetende Handbewegungen sowie andere Bradydyskinesien. Zusätzlich können bestehen: Minderwuchs und Mikrozephalie, Hirnhypotrophie, Sprachverarmung, Hyperventilation, Hyperammonämie, Apraxie, Ataxie, Gangstörungen, mangelhaftes Kauen der Nahrung, Hypersalivation, spinale Atrophien, spätere Spastik, Skoliose usw.. In der Mehrzahl sind pathologische EEG-Befunde und epileptische Anfälle vom Petit-mal-Typ aufzufinden.

Ätiopathogenese. Es handelt sich um eine X-chromosomal gebundene Erkrankung, die sich bei Jungen vermutlich als pränataler Letalfaktor auswirkt.

Pathophysiologie. Muskel-, Nerven- und Hirnbiopsien zeigen unterschiedliche pathologische Befunde wie Anreicherung von Glykosphingolipiden, Gangliosiden, Axonopathien, Verlust von Myelinkörpern und ähnliche, eher diskrete Zeichen einer degenerativen Erkrankung des ZNS.

Diagnostik. Die Diagnose wird aufgrund klinischer Beobachtung und nach Ausschluß anderer, ähnlicher Erkrankungen gestellt.

Differentialdiagnose. Stereotypien beim frühkindlichen Autismus können mitunter ähnlich aussehen. Auch Kinder mit einem unerkannten Fragilen-X-Syndrom kommen differentialdiagnostisch in Betracht, wenn mehrere Stigmata vorliegen.

Therapie. Epileptische Anfälle werden antikonvulsiv eingestellt. Eine zuverlässige, kausale Behandlung ist derzeit nicht bekannt. Die Betroffenen müssen wie andere Behinderte geführt und in Sondereinrichtungen betreut werden.

Verlauf. Die Entwicklung ist verzögert, und meist formt sich das Bild eines mehrfach behinderten Kindes aus. Der Tod erfolgt spätestens im vierten Lebensjahrzehnt.

Autistische Störungen   409

Klassifikation.

◄ Klassifikation

Synopsis 4-12: Klassifikation des Rett-Syndroms nach ICD-10 und DSM-III-R	
ICD-10	**DSM-III-R**
Rett-Syndrom (F84.2):	
• Beginn im 7.–24. Lebensmonat, nu⁻ beim weiblichen Geschlecht.	• (Im DSM-III-R ist keine entsprechende Diagnose vorhanden.)
• Verlust zielgerichteter Handbewegungen. Ausbildung stereotyper, „waschender" Handbewegungen.	
• Verlust bzw. mangelnde Entwicklung der Sprache.	
• Autistische Züge.	
• Autaktisch-spastische Störungen sowie multiple zusätzliche Auffälligkeiten.	

Asperger-Syndrom

Synonyme: schizoide Störung des Kindesalters, autistische Psychopathie

Asperger Syndrom

Synonyme: schizoide Störung des Kindesalters, autistische Psychopathie

> **Definition.** Autistisches Syndrom, das sich durch das Vorliegen von Spezialinteressen und stereotyper Aktivitäten bei gestörter Beziehungsfähigkeit auszeichnet, wobei im Gegensatz zum frühkindlichen Autismus die Sprachfähigkeit in der Regel erhalten oder besonders ausgebildet ist. Das Syndrom wurde 1943 von H. Asperger erstmals beschrieben.

◄ Definition

> **Merke.** Das klinische Bild ist bei typischer Ausprägung mehr als beeindruckend und deutlich verschieden von anderen autistischen Formen.

◄ Merke

Epidemiologie. Genauere epidemiologische Untersuchungen liegen nicht vor. Bekannt ist jedoch die ausgeprägte Knabenwendigkeit von 8:1.

Symptomatologie. Asperger-Autisten sind in ihrer sozioemotionalen Schwingungsfähigkeit und Beziehungsfähigkeit eingeschränkt, während sie in ihren Spezialgebieten brillieren, geradezu auftrumpfen können. Vor dem Schulalter findet man unter ihnen bewunderte Naturforscher, Kunstkenner und Rechenkünstler, die unkindlich ernst, introvertiert, grüblerisch und egozentrisch sind. Dieser Habitus wird im wesentlichen beibehalten. Auch als Jugendliche wirken die Patienten scheu, angespannt, skurril, verschroben und reagieren bisweilen gereizt, wenn man sie in der Ausübung ihrer Interessen einschränkt. Meist lassen sie jugendtypische Eigenheiten vermissen und zeigen eine extreme Humorlosigkeit.

Die Sprache ist häufig monoton, leiernd, manchmal auch fast flüsternd oder extrem laut und nicht an der umgebenden Situation orientiert. Inhaltlich bietet sie eine eigenwillige Originalität mit neologistischen Eigenwilligkeiten („naszierende Sprache"). Im kognitiven Bereich finden sich originelle, bisweilen auch abwegige Denkmuster.

Aus dieser Situation heraus ergeben sich Folgeprobleme, insbesondere im schulischen und beruflichen Bereich. Asperger-Autisten versagen in der Schule, wenn sie egozentrisch an bestimmte Details fixiert bleiben. Obgleich ohne Intel-

Epidemiologie
Die ausgeprägte Knabenwendigkeit ist gesichert.
Symptomatologie
Eingeschränkte sozioemotionale Schwingungs- und Beziehungsfähigkeit bei ausgeprägten Sonderinteressen. Sonderbegabungen bereits im Kleinkindalter. Sonst ernst, introvertiert, grüblerisch und egozentrisch. Später scheu, verschroben, humorlos und bisweilen gereizt.

Im Denken und Sprechen eigenwillig bis skurril, wenig an der umgebenden Situation orientiert.

Obgleich ohne Intelligenzprobleme, versagen Asperger-Autisten oft in der Schule, weil sie auf ihre Interes-

ligenzprobleme, können sie oft nicht genug Interesse entwickeln, um sich am regulären Schulunterricht zu beteiligen.

Ätiopathogenese. Es handelt sich mit hoher Wahrscheinlichkeit, wie bereits von Asperger angenommen, um eine konstitutionelle Variante mit einer familiären Häufung in der männlichen Linie. Begleitende Symptome wie feinmotorische Ungeschicklichkeit oder epileptische Anfälle lassen an eine hirnorganische Beteiligung denken.

Diagnostik. Die Diagnose wird klinisch gestellt.

Differentialdiagnose. Entwicklungs- und Bindungsstörungen, Schizophrenia simplex, schizotype Störung, untypische Zwangssyndrome und postenzephalitische Residualzustände.

Therapie. In günstigen Fällen gelingt es, Patient und Familie im Rahmen einer langfristigen Betreuung dahin zu führen, daß die rigiden Haltungen gemindert und Schulbesuch oder Ausbildung ermöglicht werden. Eine regelrechte Psychotherapie ist meist nicht möglich. Krankheitseinsicht besteht nur selten.

Verlauf. Vor allem in Abgrenzung zum frühkindlichen Autismus wurde etwas vereinfachend darauf hingewiesen, daß Asperger-Kinder früher sprechen als laufen. Damit ist gemeint, daß die sprachliche Entwicklung meist ungestört ist und in Relation zur verzögerten motorischen Entwicklung verfrüht eintritt. Die Diagnose wird nur dann vergeben, wenn man bereits eine gewisse Verlaufsspanne überblickt. Das Syndrom gerät später in das Blickfeld als der frühkindliche Autismus, d. h., die frühkindliche Entwicklung ist beim Asperger-Syndrom weniger gestört. Der Verlauf ist meist chronisch und dauert typischerweise bis in das Erwachsenenalter hinein an. Mit der Zeit wirkt sich gerade die „Originalität" der Asperger-Patienten als Hemmnis aus.

> *Merke.* Die soziale Prognose ist von einer basalen Integrationsbereitschaft abhängig. Ist diese nicht vorhanden bzw. herstellbar und gelingt kein Schulabschluß, bleiben die Betroffenen erfolglose Privatgelehrte oder Sonderlinge. Im günstigen Fall finden sich soziale oder berufliche Nischen, die der Kultivierung der Spezialinteressen Raum bieten und die Existenz der autistischen Züge kupieren können.

Im Erwachsenenalter tritt die Prägnanz des Erscheinungsbildes gelegentlich etwas zurück. Auch als Erwachsene haben die Patienten weniger Beziehungsfähigkeit, seltenere Partnerbeziehungen und mangelnde empathische Fähigkeiten. Von einzelnen psychotischen Episoden und von gehäuften Suizidgedanken wird berichtet.

Kasuistik. Wir haben fast drei Jahrzehnte lang den Lebensweg eines Knaben und jungen Mannes verfolgt, der in seinem ganzen Verhalten das ausgeprägte Bild des autistischen Psychopathen zeigte. Es war, als nähme er die anderen Menschen überhaupt nicht zur Kenntnis, so abwesend trieb er dahin, erkannte die nächsten Bekannten oft nicht wieder. So wie er motorisch besonders ungeschickt war (es gab in besonders starkem Maße die früher beschriebenen Schwierigkeiten bei der Erlernung der täglichen Notwendigkeiten), so blieb er auch in seinem ganzen Benehmen kraß ungeschickt und unangepaßt (man konnte ihn noch als jungen Mann in der Straßenbahn mit Hingebung und Ausdauer nasenbohren sehen!). In der Schule gab es große Schwierigkeiten, er lernte nichts oder lernte nicht so, wie der Lehrer gerade wollte.

Schon im Kleinkindesalter zeigte sich bei diesem Menschen eine ganz ungewöhnliche mathematische Begabung, die spontan aus ihm hervorbrach. Durch Fragen, denen man nicht ausweichen konnte, erwarb er sich von den Erwachsenen das nötige Wissen, das er dann ganz selbständig verarbeitete. So wird aus seinem dritten (!) Lebensjahr folgende Szene berichtet: Das Gespräch war eines Tages auf Vielecke gekommen. Die Mutter mußte ihm ein Dreieck, ein Viereck und ein Fünfeck in den Sand zeichnen. Da nimmt er selber den Stab, zieht einen Strich und sagt: „Das ist ein Zweieck, nicht?", macht einen Punkt und sagt: „Und ist das ein Eineck?" – Das ganze Spiel, das ganze Interesse des Knaben war auf die Mathematik ausgerichtet. Vor seiner Einschulung konnte er bereits Kubikwurzeln ziehen – es wird immer wieder betont, daß die Eltern gar nicht daran dachten, dem Kind etwa mechanisch unverstandene Rechenfertigkeiten einzutrichtern, sondern daß er von sich aus diese Beschäftigung, auch gegen den Widerstand seiner Erzieher, geradezu erzwang. Im Gymnasium überraschte er seine Lehrer durch sein bis in die abstraktesten Gebiete vordringendes mathematisches

Sonderwissen, dem er es auch verdankte, daß er trotz seines oft unmöglichen Benehmens und seines Versagens in anderen Gegenständen ohne Aufenthalt durch die Matura kam.

Nicht lange nach Beginn seines Hochschulstudiums – er hatte sich die theoretische Astronomie als Fach gewählt – wies er einen Berechnungsfehler Newtons nach. Sein Leh-rer riet ihm, diese Entdeckung zur Grundlage seiner Dissertation zu machen. Von vornherein stand bei ihm fest, sich der akademischen Laufbahn zu widmen. In ungewöhnlich kurzer Zeit wurde er Assistent an einem Hochschulinstitut für Astronomie und erreichte seine Habilitation (zitiert aus *Asperger* 1956).

Klassifikation.

◀ Klassifikation

Synopsis 4-13: Klassifikation des Asperger-Syndroms nach ICD-10 und DSM-II-R	
ICD-10	**DSM-III-R**
Asperger-Syndrom (F84.5): • Qualitative Beeinträchtigung der gegenseitigen sozialen Interaktion. Motorische Ungeschicklichkeit. Stereotype Interessen und Aktivitäten. • Fehlen einer allgemeinen Entwicklungsverzögerung. • Deutliches Überwiegen des männlichen Geschlechts.	• (Im DSM-III-R ist keine entsprechende Diagnose vorhanden.)

Expansive Verhaltensstörungen

Hyperkinetisches Syndrom (HKS)

Synonyme: hyperaktives oder hypermotorisches Syndrom

Expansive Verhaltensstörungen

Hyperkinetisches Syndrom (HKS)

Synonyme: hyperaktives oder hypermotorisches Syndrom

Definition. Als hyperkinetisch wird ein Kind bezeichnet, das eine für sein Alter inadäquate Aufmerksamkeit, eine erhöhte Impulsivität und einen Überschuß an kaum steuerbarer und zielgerichteter motorischer Aktivität sowie emotional und sozial störende Verhaltensweisen aufweist, oft in Form erhöhter Erregbarkeit und Irritierbarkeit. Restsymptome, wie Impulsivität und Aufmerksamkeitsstörungen bei Jugendlichen mit bekannter Anamnese, bezeichnet man als Residualformen.

◀ Definition

Historisches. Das hyperkinetische Syndrom wird vermehrt entdeckt, wenn Kinder einen wesentlichen Teil des Tages im Sitzen verbringen müssen. Vor Einführung der allgemeinen Schulpflicht hat daher das HKS keine Bedeutung erlangt. Die literarische Figur des Zappelphilipp (Heinz Hoffmann, 1847) gilt als klassisches Exempel des HKS (*siehe Abbildung 4-5*).

◀ Historisches

Epidemiologie. Das HKS beginnt in der Hälfte der Fälle vor dem vierten Lebensjahr, erreicht aber oft erst nach der Einschulung eindeutigen Störwert. Etwa 3% der Schulkinder sollen hyperkinetisch sein. Höhere Raten beruhen meist auf einer weiteren Klassifikation. In unausgelesenen Populationen sind Jungen dreimal häufiger, in Klinikpopulationen sechs- bis neunmal häufiger betroffen als Mädchen.

Epidemiologie
Das HKS soll bei 3% der Schulkinder vorkommen. Jungen sind etwa dreimal häufiger betroffen.

Abb. 4-5: Klassisches Beispiel des hyperkinetischen Syndroms ist der Zappelphilipp

Symptomatologie
Kardinalsymptome: Hypermotorik, Störungen der Aufmerksamkeit und der psychosozialen Anpassung (s. Abb. 4-6).
Bei Kindern dominiert die Hypermotorik, bei Jugendlichen die Impulsivität.
Die Symptomatik wird durch Belastungssituationen verstärkt.
Neben- und Folgesymptome: Lernstörungen, Verhaltensauffälligkeiten, Selbstwertstörung, emotionale Labilität, psychosomatische Beschwerden.

Ätiopathogenese
Ein einheitliches theoretisches Erklärungskonzept fehlt.

Organische Faktoren sind in Form diskreter Hirnfunktionsstörungen

Symptomatologie. Die Kardinalsymptome des HKS sind Hypermotorik, Störungen der Aufmerksamkeit, der Impulskontrolle und der psychosozialen Anpassung (*siehe Abbildung 4-6*).

Die Symptomatik ist in typischer Weise altersgebunden. Beim Kleinkind dominieren grobmotorische Aktivitäten wie Rennen und Klettern; das Kind ist unfähig, still zu sitzen und ständig „auf dem Sprung". Schulkinder sind unruhig und zappelig. Die Hyperaktivität ist ziellos, unfallträchtig und führt zu keinen positiven Ergebnissen. **Durch Gruppen- und Belastungssituationen wird die Symptomatik verstärkt**. Im Jugendalter, wenn hyperaktives Verhalten seltener wird, dominieren Impulsivität, Eigensinn, Stimmungslabilität, geringe Frustrationstoleranz und dissoziale Tendenzen. Neben- und Folgesymptome sind Lernstörungen (Ablenkbarkeit, ineffektiver Lernstil, Abstraktionsschwäche), Verhaltensauffälligkeiten, Störungen des Selbstwertgefühls, emotionale Labilität und psychosomatische Symptome. Generell besteht eine hohe situationsbezogene Variabilität.

Ätiopathogenese. Bei einer erheblichen Zahl der Behandlungsfälle werden keine eindeutigen Ursachen festgestellt. Ein einheitliches theoretisches Erklärungskonzept fehlt.

Organische Faktoren sind in Form diskreter Hirnfunktionsstörungen vorstellbar, die durch perinatale Traumen oder genetische Faktoren bedingt sind und anhand von zerebralen Dysfunktionen, Teilleistungsstörungen und neurologischen Soft Signs (Bradydiadochokinese, assoziierte Reaktionen) erkennbar sind.

vorstellbar, die durch perinatale Traumen oder genetische Faktoren bedingt sind und anhand von zerebralen Dysfunktionen, Teilleistungsstörungen und neurologischen Soft Signs (Bradydiadochokinese, assoziierte Reaktionen) erkennbar sind. Ein Teil des HKS ist möglicherweise durch Allergien gegen bestimmte Nahrungsmittel bedingt oder verstärkt.

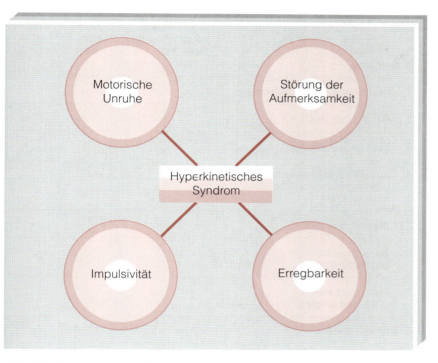

Abb. 4-6: Hauptsymptome des hyperkinetischen Syndroms

Auf genetische Einflüsse verweisen das ungleiche Geschlechterverhältnis und die Befunde über familiäre Häufung von hyperaktivem Verhalten und kognitiven Defiziten.

Viel diskutiert und populär sind Theorien über die mögliche Nahrungsinduktion des HKS: Während der toxischen Wirkung synthetischer Substanzen (Farbstoffe, Konservierungsmittel etc.) kein nachweisbarer Einfluß zukommt, sind inzwischen für eine Teilgruppe allergische Reaktionen auf bestimmte Nahrungsmittel als auch der Effekt hyposensibilisierender Maßnahmen überprüft und nachgewiesen. Eine Erklärung dieses Phänomens steht aus.

Diagnostik. Die Diagnose erfolgt insbesondere durch klinische Beobachtung oder aber durch Beurteilungsskalen (*siehe Tabelle 4-4*).

Diagnostik
Diagnose durch klinische Beobachtung oder Beurteilungsskalen (*s. Tab. 4-4*).

Differentialdiagnose. Hyperaktive Störungen als Folge anderweitiger Grunderkrankungen werden nicht als HKS bezeichnet. Dazu zählen erethische (Intelligenzminderung, Epilepsie), maniforme (Psychosen) und psychogene (chronische Belastung, Konfliktreaktion) Zustände. Ähnliches gilt für das Leitsymptom Aufmerksamkeitsstörung, für das Intelligenzminderungen, Denkstörungen oder Suchterkrankungen auszuschließen sind, soweit sie im Kindesalter schon anzutreffen sind.

Differentialdiagnose
- Intelligenzminderung, Epilepsie,
- maniforme Psychose,
- psychogene Krisen,
- Denkstörungen oder Suchterkrankungen.

Merke. In typischen Fällen ist die Diagnose eines HKS nicht schwierig; Grenzformen sind jedoch häufig.

◄ Merke

Tabelle 4-4: Conners-Skala zur halbquantitativen Erfassung hyperkinetischen Verhaltens

Beobachtung	Stärkegrad der Aktivität			
	Über-haupt nicht	Ein wenig	Ziem-lich viel	Sehr viel
1. Rastlos, dauernd in Bewegung				
2. Reizbar, impulsiv				
3. Stört andere Kinder				
4. Kurze Aufmerksamkeitsspanne, beginnt vieles und führt es nicht zu Ende				
5. Zappelt dauernd				
6. Unaufmerksam, leicht abzulenken				
7. Kann nicht warten, rasch enttäuscht				
8 Weint schnell				
9 Stimmung wechselt schnell und drastisch				
10. Neigt zu Wutausbrüchen, explosiv, unberechenbar				

Therapie
Die Therapie des HKS umfaßt **psychotherapeutische, übende** und **pharmakologische Ansätze**. Bei den letzten dominiert der Einsatz von **Stimulanzien**.
Stimulanzien fördern die Aufmerksamkeit und verbessern das Sozialverhalten.
Psychotherapeutische Verfahren: übende, kognitive und verhaltenstherapeutische Methoden. Bei sekundären oder familiären Problemen auch verstehende Verfahren.

Verlauf
Schul- und Unterrichtssituationen sowie die daraus folgenden Mißerfolgserlebnisse stellen eine besondere Belastung dar.
Bei Jugendlichen treten Dissozialität, Impulsivität und Alkoholabusus in den Vordergrund.

Therapie. Das HKS gehört zu den klassischen Indikationen für eine **multimodale Therapie**. Grundlegend sind detaillierte Beratung, Führung und Schuldentlastung von Kind und Eltern. Viele Eltern ziehen eine diätetische oder allergologische Erstbehandlung vor.

Unter den medikamentösen Möglichkeiten stellt die **Behandlung mit Stimulanzien** (z.B. Methylphenidat) derzeit die wirksamste Variante dar. Auch niedrigpotente Neuroleptika werden häufig verordnet; Antikonvulsiva, Antidepressiva, Beta-Blocker oder MAO-Hemmer finden dagegen seltener Verwendung. Stimulanzien fördern die Aufmerksamkeit und verbessern das Sozialverhalten. Ihr Einsatz fällt unter das Betäubungsmittelgesetz, ist daher etwas aufwendig und erregt gelegentlich das unüberwindbare Mißtrauen der Eltern.

Bei den gezielten psychotherapeutischen Verfahren dominieren übende, kognitiv ausgerichtete Methoden, wie sie von der Verhaltenstherapie angeboten werden. Verstehende Verfahren sind für den Teil der Symptomatik indiziert, der als sekundäre Neurotisierung interpretiert werden kann und nicht selten in Form einer chronischen Familienkrise auftritt.

Verlauf. Bei enger Definition und schwerer Ausprägung ist der Verlauf langdauernd und nur mäßig beeinflußbar. Eine besondere Belastung stellen die Schulbzw. Unterrichtssituation sowie die häufig daraus resultierende Mißerfolgsorientierung dar. Bei Jugendlichen und jungen Erwachsenen bestimmen soziales Fehlverhalten, Impulsivität und zunehmender Alkoholabusus das klinische Bild, so daß ein (präexistentes) HKS nicht mehr erkennbar ist und das Syndrom den Stellenwert einer Persönlichkeitsstörung annehmen kann. In vielen Fällen nimmt die Intensität mit zunehmendem Alter deutlich ab. Die Langzeitprognose von medikamentös behandelten und unbehandelten Kindern gleicht sich mit der Zeit an, so daß der Medikation im wesentlichen eine überbrückende Funktion zukommt.

In vielen Fällen nimmt die Intensität mit zunehmendem Alter deutlich ab.

Klassifikation.

◄ Klassifikation

Synopsis 4-14: Klassifikation des hyperkinetischen Syndroms nach ICD-10 und DSM-III-R	
ICD-10	**DSM-III-R**
Hyperkinetische Syndrome (F90.1–F90.8):	**Aufmerksamkeits- und Hyperaktivitätsstörung (314.01):**
• Überaktivität und beeinträchtigte Aufmerksamkeit.	• Dauer der Störung mindestens 6 Monate. Beginn vor Vollendung des 7. Lebensjahres.
• Distanzlosigkeit, Impulsivität und Mißachtung sozialer Regeln.	• Zappeln mit Händen und Füßen, Ruhe- und Rastlosigkeit, Ablenkbarkeit, Sprunghaftigkeit, Ungeduld und kurze Aufmerksamkeit. Unruhiges und störendes Spielverhalten, Logorrhoe.
• Lernstörungen und motorische Ungeschicklichkeit.	• Kinder hören nicht zu, verlieren häufig Gegenstände, unternehmen riskante Aktivitäten.

Störungen des Sozialverhaltens

Störungen des Sozialverhaltens

Synonyme: auffälliges Verhalten, abweichendes Verhalten, Verhaltensstörungen, Dissozialität, Verwahrlosung, Schwererziehbarkeit, Delinquenz, Kriminalität, conduct disorder

Synonyme: auffälliges Verhalten, abweichendes Verhalten, Verhaltensstörungen, Delinquenz, Verwahrlosung, Schwererziehbarkeit, Dissozialität

◄ Definition

Definition. Unter „Störungen des Sozialverhaltens" versteht man die persistierende und tendenziell generalisierte Verletzung altersangemessener gesellschaftlicher Normen, die Übertretung von Gesetzen und die Verletzung von Rechten anderer Personen. Die Störungen müssen schwerwiegender als gewöhnlicher Unfug oder jugendtypische Aufmüpfigkeit sein und führen häufig zur Einschaltung offizieller Institutionen wie Jugendamt, Polizei und Justiz. Störungen des Sozialverhaltens sind äußerst vielgestaltig und trotz der Häufigkeit ihres Vorkommens in vielen Aspekten noch kaum erforscht.

Der Begriff „Störung des Sozialverhaltens" klingt auch in geübten Ohren etwas hölzern und ist darauf zurückzuführen, daß in den modernen Klassifikationsschemata der Krankheitsbegriff zugunsten des Störungsbegriffs aufgegeben worden ist.

Epidemiologie.

Epidemiologie

◄ Merke

Merke. Dissozialität gehört zu den Störungen mit besonders hoher Dunkelziffer. Die Aufdeckung steigt mit Anzahl und Schweregrad der Delikte.

In den letzten Jahren sind die Eigentumsdelikte im Jugendalter stark angestiegen, auch in Zusammenhang mit Drogenkriminalität. Bis zum 18. Lebensjahr sind etwa 10% aller Jugendlichen, bis zum Ende des dritten Lebensjahrzehnts etwa 30% aller Männer einmal mit dem Gesetz in Konflikt gekommen. Aus statistischer Sicht handelt es sich somit nicht um ein abweichendes, sondern um ein normales Phänomen. Wenn wir trotzdem von abweichendem Verhalten sprechen, so bezieht sich dies auf moralische und soziale Normen.

Eigentumsdelikte haben in den letzten Jahren besonders zugenommen. Etwa ein Drittel aller Männer bis zum 30. Lebensjahr ist einmal mit dem Gesetz in Konflikt gekommen.

Mädchen und Frauen zeigen wesentlich seltener dissoziales Verhalten.

Symptomatologie
Die wichtigsten dissozialen Störungen sind Eigentumsdelikte, Weglaufen, Lügen, Brandstiften, Schulverweigerung, Zerstörung, Tierquälerei, Mißbrauch, Gewalt, Grausamkeit und Rauschgiftkriminalität.

Merke ▶

Störungen des Sozialverhaltens kann man einteilen in
• neurotische Delinquenz,
• Störung des Sozialverhaltens mit Sozialisation,
• Störung des Sozialverhaltens ohne Sozialisation,
• Störung des Sozialverhaltens, gemischt mit affektiven Störungen,
• oppositionelles oder aufsässiges Verhalten bei Kindern.

Störungen des Sozialverhaltens sind mit zusätzlichen Auffälligkeiten verbunden, die nicht primär psychiatrische Wertigkeit haben, aber das Gruppengefühl des Betroffenen stärken. Dazu gehört der frühe und extensive Umgang mit Nikotin, Alkohol, Drogen und genitaler Sexualität.

Ätiopathogenese
Bekannte Auslöser sind:
• ungünstiges, soziales Umfeld,
• genetische Belastung,
• hirnorganische Beeinträchtigung,
• Alkohol- und Drogenabusus,
• psychiatrische Störungen
• erethische Zustände.

Mädchen und Frauen werden nur zu einem relativen Anteil von etwa 20% aktenkundig. Zwischen Stadt und Land sowie zwischen einzelnen Kulturkreisen existieren zum Teil erhebliche Divergenzen.

Symptomatologie. Die häufigsten Störungen des Sozialverhaltens sind Eigentumsdelikte, Weglaufen, Fälschen, Lügen, Brandstiften, Schuleschwänzen, Einbrüche, Zerstörung, Tierquälerei, sexueller und körperlicher Mißbrauch, Waffengebrauch, körperliche Gewalt, Grausamkeit und Rauschgiftkriminalität.

Merke. Kinder und Jugendliche mit Störungen des Sozialverhaltens zeigen Minderungen des Selbstwertgefühls bei gleichzeitiger fassadenhafter Gelassenheit, verminderte Frustrationstoleranz, erhöhte Irritierbarkeit und Impulsivität sowie Rücksichtslosigkeit und sadistische Züge. Daneben können auch Unsicherheit, Angst und Depressivität bestehen.

Man teilt dissoziales Verhalten üblicherweise in verschiedene Gruppen ein:
• Dissoziale Verhaltensweisen, die sich ausschließlich auf den familiären Rahmen beschränken und auch als „**neurotische Delinquenz**" bezeichnet werden. Die Aktionen richten sich dabei in aller Regel gegen ein bestimmtes Familienmitglied und imponieren als Ausdruck einer ernsten Beziehungsstörung.
• **Störungen des Sozialverhaltens** bei vorhandenen sozialen Bindungen: Sowohl im Alltag als auch bei dissozialen Aktionen bestehen soziale Beziehungen („**mit Sozialisation**").
• Dem gegenüber stehen Jugendliche, bei denen weder im täglichen Leben noch bei auffälligem Verhalten soziale Beziehungen erkennbar sind und die sich im Extremfall zu kriminellen Einzeltätern entwickeln („**ohne Sozialisation**").
• Eine Mischgruppe stellen diejenigen Patienten dar, bei denen entweder **gleichzeitig soziale und affektive Symptome vorliegen** oder bei denen der Eindruck gewonnen werden kann, daß sich **dissoziale Phänomene auf dem Boden einer primär emotionalen, oft depressiven Störung entwickeln**.
• Neuerdings wird eine eigene Gruppe von Störungen des Sozialverhaltens abgegrenzt, die sich durch **oppositionelles und aufsässiges Verhalten** auszeichnet. Gewalt gegen Sachen oder Personen fehlt und ist ein Ausschlußkriterium. Diese Störung tritt häufiger bei Kindern als bei Jugendlichen auf. Negativistische, feindselige, provokative und trotzige Verhaltensweisen sind zu finden, die das normale Ausmaß übersteigen. Regeln werden mißachtet und übertreten, andere Menschen werden gezielt geärgert. Ob es sich bei dieser Störung um eine leichtere Form der Dissozialität oder um eine altersgebundene Vorstufe handelt, ist umstritten.

Störungen des Sozialverhaltens sind mit zusätzlichen Auffälligkeiten verbunden, die nicht primär psychiatrische Wertigkeit haben, aber häufig das Gruppengefühl der Betroffenen stärken und einer Glorifizierung Vorschub leisten. Dazu gehören der frühe und extensive Umgang mit Nikotin, Alkohol, Drogen und die früh praktizierte genitale Sexualität. Bei Fortbestehen der Symptomatik entwickelt sich nicht selten eine erhebliche Abgebrühtheit, verbunden mit der Neigung, Schuldgefühle völlig zu vermeiden. Gesellschaftliche Sanktionen werden uminterpretiert, Strafe wird zum Ritterschlag ernannt, Dissozialität wird zum Heldentum.

Ätiopathogenese. Die prägende Funktion eines ungünstigen sozialen Umfeldes ist in vielen Fällen ausschlaggebend. Bei einer Minderzahl der Betroffenen liegen genetische Befunde oder hirnorganische Beeinträchtigungen vor. Entscheidende Auslösefunktionen können auch Alkohol- und Drogenabusus, expansive psychiatrische Störungen und erethische Zustände bei geistig behinderten und epileptischen Patienten haben. Die relative Wertigkeit einzelner Faktoren ist dabei individuell unterschiedlich.

Merke. Die Störungen des Sozialverhaltens sind als gemeinsame Endstrecke einer kumulativen Häufung ungünstiger persönlichkeitsgebundener, familiärer, schulischer und sozialer Gegebenheiten zu betrachten, die sich in Unterschichtfamilien mit geringen emotionalen und finanziellen Ressourcen wesentlich nachteiliger auswirken als in Mittelschicht- und Oberschichtfamilien.

◄ Merke

Pathophysiologie. Abgesehen von den seltenen, rein organisch determinierten Formen gestörten Sozialverhaltens liegen Befunde über abweichende Transmitterbefunde bei impulsiven Personen vor.

Pathophysiologie
Selten organische Ursachen, vereinzelt auffällige Neurotransmitterbefunde.

Diagnostik. Eine spezielle Diagnostik dissozialen Verhaltens ist nicht erforderlich. Notwendig ist jedoch der Ausschluß psychiatrischer Erkrankungen wie Psychosen oder Neurosen.

Diagnostik
Genuine psychiatrische Störungen müssen ausgeschlossen werden.

Differentialdiagnose. Aus kinder- und jugendpsychiatrischer Sicht ist das hyperkinetische Syndrom die schwierigste Differentialdiagnose, da sich beide Formenkreise vermischen können. Abklärungsbedürftig ist das evtl. Vorliegen von Teilleistungsstörungen, insbesondere der Legasthenie.

Differentialdiagnose
- Hyperkinetisches Syndrom
- Teilleistungsstörungen
- Emotionale Störungen

Therapie. Im Regelfall beschränkt sich die medikamentöse Behandlung sozialer Störungen auf Ausnahme-, Erregungs- und Verwirrtheitszustände, die meist mit niedrigpotenten Neuroleptika gemildert werden können. Die klassischen psychotherapeutischen Verfahren werden von dissozialen Kindern und Jugendlichen in der Regel nicht akzeptiert. Daher sind dissoziale Störungen die Domäne der Pädagogik und der Psychagogik. In den letzten Jahren sind sogenannte **erlebnispädagogische Methoden** populär geworden. Auf therapeutischen Segelschiffen, beim Trekking oder beim Survivaltraining sollen die destruktiven Anteile korrigiert und die positiven Eigenschaften verstärkt werden.

Therapie
Pädagogische, darunter auch erlebnispädagogische Verfahren, dominieren (therapeutisches Segeln, Trekking, Survivaltraining).

Verlauf. Mißt man Störungen des Sozialverhaltens an der Häufigkeit der Polizeikontakte, so werden etwa drei Viertel aller Betroffenen nur ein- bis zweimal und dann nicht mehr auffällig. Der größte Teil davon benötigt daher keine therapeutische Hilfe.

Verlauf
Etwa $3/4$ aller Personen, die Kontakt zur Polizei hatten, haben einen günstigen Verlauf. Der größte Teil davon benötigt daher keine therapeutische Hilfe.

Merke. Länger bestehende, ausgeprägtere und therapierefraktäre Störungen des Sozialverhaltens gehören zu den dauerhaftesten und prognostisch ungünstigsten Störungen im Kindes- und Jugendalter.

◄ Merke

Klassifikation.

◄ Klassifikation

Synopsis 4-15: Klassifikation von Störungen des Sozialverhaltens nach ICD-10 und DSM-III-R

ICD-10	DSM-III-R
Störung des Sozialverhaltens (F91.0–F91.9):	**Störung des Sozialverhaltens** (312.00–312.90):
• Dauer mindestens 6 Monate.	• Dauer mindestens 6 Monate.
• Streiten und Tyrannisieren. Grausamkeit gegenüber Menschen und Tieren.	• Stehlen, Weglaufen, Lügen, Brandstiftung, Schuleschwänzen, Einbrüche in Wohnungen und Autos, Zerstören fremden Eigentums, Grausamkeit zu Menschen und Tieren, gewaltsame Sexualkontakte, Waffengebrauch.
• Destruktivität gegen Eigentum.	
• Feuerlegen, Stehlen, Lügen, Zerstören fremden Eigentums, Schuleschwänzen, Weglaufen, Wutausbrüche, Ungehorsam.	

Emotionale Störungen

Synonyme: kindliche Neurose, Verhaltensstörung, affektive Störung, milieureaktive Störung

> **Definition.** Als emotionale Störungen bezeichnet man eine Gruppe von Auffälligkeiten, die im Kindes- und Jugendalter auftreten und deren Prognose eher günstig ist. Emotionale Störungen umfassen vor allem Zustände von Angst, Gehemmtheit und Aggressivität, die nicht schlüssig in klassischen psychiatrischen Krankheitsbildern (Neurosen, Psychosen etc.) eingepaßt werden können.

Historisches. Der Begriff „emotionale Störung" ist durch die neueren Klassifikationssysteme aktualisiert worden, um auf eine möglichst neutrale und deskriptive Weise eine Störungsgruppe benennen zu können, deren nosologische Stellung innerhalb des psychiatrischen Krankheitsspektrums offen ist.

Symptomatologie. Abgrenzbare emotionale Störungen sind Geschwisterrivalität, Trennungsangst, übermäßige Angst vor bestimmten Tieren und Scheu vor Fremden. Aus der Trennungsangst resultiert bisweilen die Weigerung, die Schule zu besuchen (Schulphobie). Unterschiedliche psychosomatische Beschwerden wie Kopf- und Bauchschmerzen, Übelkeit und Erbrechen treten häufig als Begleitsymptomatik auf.

Kasuistik. Symptomatik: Im Foyer einer Klinik für Kinder- und Jugendpsychiatrie sitzt eines Morgens eine etwa dreißigjährige Frau mit ihrem schreienden kleinen Kind auf dem Arm. Die Frau ist völlig verzweifelt, weint und fordert nachdrücklich Hilfe. Wenn ihr jetzt niemand helfen würde, würde sie einfach sitzenbleiben, bis etwas geschehe. Das Kind, das sich verzweifelt an seine Mutter klammert, wirkt erschöpft, quittiert allerdings jeden Versuch der Mutter, es für einen Moment auf den Arm der begleitenden Freundin zu geben mit ohrenbetäubendem Schreien. Davon scheint es schon völlig heiser zu sein.

Im Gespräch mit dem diensthabenden Arzt stellt sich dann heraus, daß das vierjährige Mädchen – Mareike – seit zwei Jahren unter Stuhlverhalten leide. Die Mutter habe schon alles ausprobiert, sei verständnisvoll gewesen und habe bis zu drei Stunden mit ihrer Tochter auf der Toilette verbracht, sei streng gewesen oder habe Laxanzien angewandt – alles ohne Erfolg. Die Mutter, Frau A., mache sich große Sorgen, weil das doch nicht normal sei und körperliche Schäden nach sich ziehen könne. Zusätzlich habe sich Mareike im letzten Jahr auch auf anderen Gebieten mehr und mehr verweigert. So bestimme sie inzwischen, wo die Mutter oder auch der Vater einkaufen gehen, indem sie anfange zu schreien, wenn sie nicht ihren Willen durchsetzen könne. Mareike weigere sich, auf ihrem Kindersitz im Auto zu sitzen, so daß Frau A. nicht mehr alleine mit der Tochter fahren könne, weil sie im Fond neben der Tochter sitzen müsse. Seit einiger Zeit lasse sich Mareike zu Hause nicht mehr die Haare waschen oder duschen. Jedesmal gebe es ein riesiges „Theater", das ganze Badezimmer stehe dann nach dem Kampf zwischen Mutter und Tochter unter Wasser. In einen Kindergarten gehe Mareike nicht, weil sie es nicht wolle, nur ein Besuch eines Spielkreises einmal wöchentlich sei bisher von ihr toleriert worden, allerdings habe sie jetzt angekündigt, daß sie auch dort nicht mehr hin wolle. Mareike esse sehr schlecht und setze in letzter Zeit immer ihren Kopf durch, so daß Frau A. nicht mehr wisse, was sie tun solle. Sie könne überhaupt nicht mehr ihrem Haushalt nachgehen und müsse immer überlegen, wie sie den Tag mit ihrer Tochter überstehen solle, wie sie einfache Dinge des täglichen Lebens organisieren könne. Die größten Sorgen machte Frau A. allerdings das Stuhlverhalten ihrer Tochter, die nur etwa jeden fünften Tag Stuhlgang habe, bis dahin manchmal unter großen Anstrengungen anhalte, um dann schließlich in einem Zustand großer Angst, einem „Außer-Sich-Sein" zu defäzieren, manchmal sei sie dann von oben bis unten mit Kot beschmiert. Waschen lassen wolle sie sich dann aber auch meistens nicht. Eindrücklich schildert Frau A. ein Erlebnis aus dem Sommer: Sie seien an der Ostsee gewesen und Mareike sei plötzlich im Wasser in Panik geraten, als sie gemerkt habe, daß – offensichtlich reflexhaft durch das kalte Wasser ausgelöst – ihre Defäkation einsetzte. Sowohl ihr Mann als auch sie selbst hätten versucht, beruhigend auf Mareike einzureden, hätten ihr gesagt, daß es nicht schlimm sei, sie würden auch alles wieder beseitigen, sie solle doch nur die „Wurst rauslassen" würde – mit dem Erfolg, daß beide Eltern von oben bis unten mit Kot beschmiert worden seien und ihr schreiendes Kind kaum beruhigen konnten.

Angefangen habe die Symptomatik im Alter von zwei Jahren, als Mareike – für die Eltern völlig unvorhersehbar und unerklärlich – bei einem Stuhldrang in Panik geraten sei. Vorausgegangen sei ein Stuhltraining der Mutter ab dem Alter von einem Jahr. Allerdings sei Mareike im Gegensatz zu ihrem um zwei Jahre älteren Bruder nie auf dem Töpfchen sitzengeblieben. Frau A. habe das dann auch nicht weiter forciert. Im Alter von zwei Jahren sei Mareike allerdings schon trocken und sauber gewesen.

Psychodynamik: Ansatzpunkt psychodynamischer Überlegungen könnte die ausgeprägte Angst der Mutter sein. Bei ihr handelt es sich offensichtlich um eine Frau, die ihre ei-

Emotionale Störungen   419

> **Merke.** Die Berechtigung der Diagnose besteht darin, daß diese Störungen erhebliches Ausmaß annehmen, ambulante und stationäre Therapie erfordern können und trotzdem nicht den Stellenwert einer Neurose erreichen.

◄ Merke

Ätiopathogenese. Ursachen und Entstehungsbedingungen werden als unspezifisch, vorwiegend nichtorganischer Natur betrachtet.

Ätiopathogenese
Ursachen und Entstehungsbedingungen gelten als unspezifisch.

Diagnostik. Die Diagnostik erfolgt durch Anamnese, Verhaltensbeobachtung und Ausschluß anderer Störungen.

Diagnostik
Durch Anamnese, Verhaltensbeobachtung und Ausschluß anderer Störungen.

Differentialdiagnose. Die emotionalen Störungen haben unscharfe Grenzen zu zahlreichen anderen psychiatrischen Störungen. Dazu gehören in erster Linie Kinderfehler, beginnende neurotische Störungen und Störungen des Sozialverhaltens.

Zudem stehen wir von dem ungelösten Problem, daß psychiatrische Störungen der Adoleszenz und des Erwachsenenalters (Angsterkrankungen, Persönlichkeitsstörungen, Psychosen etc.) unspezifische Prodromi in der Kindheit aufweisen können, die den emotionalen Störungen gleichen. Eine gewisse Hilfe dabei ist die Familienanamnese.

Differentialdiagnose
Kinderfehler, Neurosen und längerdauernde psychiatrische Störungen der Adoleszenz und des Erwachsenenalters.

Therapie. In der Regel reichen ambulante psychotherapeutische Maßnahmen aus. Stationäre Behandlungen erfolgen nur dann, wenn ambulante Maßnahmen erfolglos bleiben.

Therapie
Ambulante Therapie reicht in der Regel aus.

Verlauf. Der Verlauf ist typischerweise kurz und der Schweregrad gering bis mäßig. In der Minderzahl gehen emotionale Störungen in psychiatrische Störungen des Erwachsenenalters über.

Verlauf
Der Verlauf ist eher kurz und der Schweregrad mäßig.

gene angstneurotische Entwicklung nur durch ihre eigene Zwanghaftigkeit und die Ehe mit einem deutlich zwanghaften Mann kompensiert. In der Abwehr aggressiver und destruktiver Impulse gerät der Mutter jede Eigenständigkeit der Tochter zur Bedrohung. Einerseits in Form einer selbsterfüllenden Prophezeiung (sie habe schon in utero wahrgenommen, daß das zweite Kind schwieriger werden würde), andererseits in der Beziehungsdynamik zu ihrem Ehemann lebt Frau A. zunehmend unter dem Eindruck, ihrem Mann beweisen zu müssen, daß sie alles „im Griff" habe. Darüber manifestiert sich eine Dynamik zu Mareike, in der die Tochter das Gefühl entwickelt, die Mutter wolle Zugriff auf alles haben, was zu ihr gehört. Die Panikattacken des Kindes sind offensichtlicher Ausdruck der Angst des Kindes, daß sie nicht selbst darüber bestimmen darf, daß ihre Mutter bzw. ihre Eltern gebannt darauf starren, um jede Gelegenheit zu ergreifen, der Tochter „die Wurst" wegzunehmen. So wird das Kind Symptomträger in einer Familie mit einer angstneurotischen und selbstunsicheren Mutter und einem zwanghaften Vater. Die Ausweitung der verweigernden Symptomatik als Umdrehung der Grenzüberschreitung durch die Eltern mag ein Hinweis auf die Massivität sein, mit der die Eltern versuchen, das Kind zu kontrollieren. Die Unfähigkeit der Eltern, das Kind angemessen zu begrenzen, verweist auf die extreme aggressiv-gehemmte Verfaßtheit der Eltern. Über ihre Angst, daß dem Kind körperlich etwas geschehen könnte, wenn die Stuhlverhaltung noch länger andauere, werden die aggressiven Impulse rationalisiert.

Diagnostik: Das Leitsymptom der Stuhlverhaltung ist nicht mit einer eigenen Kategorie erfaßt, wohl aber das „extrem wählerische Eßverhalten bei angemessenem Nahrungsangebot, einer einigermaßen kompetenten Betreuungsperson und in Abwesenheit einer organischen Krankheit". So kommen in bezug auf das Symptom der Eßstörung auch die Fütterschwierigkeiten und Betreuungsfehler (R62.3) in Betracht.
Die Depressivität des Kindes reicht nicht aus, um daraus eine „längere depressive Reaktion" (F43.21) abzuleiten, zumal zwar ein belastendes Verhalten der Eltern konstatiert werden kann, sich daraus aber keine entscheidende Lebensveränderung ergibt. Auch für die Einordnung als „leichte depressive Episode" (F32.0) reichen die depressiven Symptome, die sich im wesentlichen auf die gedrückte Stimmung und die – kurzfristigen – Kontaktstörungen beziehen, nicht aus.
Eine „Zwangsstörung" (F42) wird man angesichts des Alters der kleinen Patientin und angesichts der – im Vergleich mit Erwachsenen, die an einer Zwangsstörung leiden – milden Symptome nicht ernsthaft in Betracht ziehen.
Auch wenn die Restkategorien ausdrücklich und sinnvollerweise nicht empfohlen werden, so bleibt doch in der vorliegenden Kasuistik nichts anderes übrig, als die Symptomatik unter F93.9 als nicht näher bezeichnete emotionale Störung des Kindesalters zu klassifizieren (aus: Fallbuch Psychiatrie. Kasuistiken zum Kapitel V (F) der ICD-10. *Freyberger* und *Dilling* 1993).

420 **4 Kinder- und jugendpsychiatrische Erkrankungen einschließlich Oligophrenien**

Klassifikation ▶

Klassifikation.

Synopsis 4-16: Klassifikation emotionaler Störungen nach ICD-10 und DSM-III-R

ICD-10	DSM-III-R
Emotionale Störungen (F93.0–F93.9):	**Angststörungen in der Kindheit oder Adoleszenz** (309.21, 313.00, 313.21):
• Trennungsangst, Schulangst, psychosomatische Beschwerden, Unglücklichsein, gerichtete Phobien, soziale Ängstlichkeit gegenüber Fremden, Geschwisterrivalität.	• Dauer mindestens 2 Wochen. • Trennungsangst, psychosomatische Beschwerden, Schulangst, Verstimmung, Kontaktscheu gegenüber Fremden, Überängstlichkeit.

Tic-Störungen

Tic-Störungen

Definition ▶

Definition. Tics sind unwillkürliche, unregelmäßige, plötzliche, schnelle, einschießende und wiederkehrende muskuläre Aktionen oder Lautäußerungen (Vokalisationen oder Verbalisationen), denen häufig eine Art „Aura" in Form einer subjektiv spürbaren, zunehmenden sensorischen Anspannung vorausgeht. Tic-Erkrankungen werden in kurze vorübergehende, chronisch-multiple Formen und das sogenannte Gilles-de-la-Tourette-Syndrom unterteilt. Die transitorischen Tics dauern oft nur wenige Tage bis Wochen. Ab einer Dauer von einem Jahr spricht man von einer chronischen Form.

Epidemiologie
Das Erkrankungsrisiko liegt bei 5–15%; Jungen sind häufiger betroffen.

Epidemiologie. Genaue epidemiologische Daten sind aufgrund unterschiedlicher definitorischer Festlegungen unsicher. Soweit bekannt, liegt das Erkrankungsrisiko aller Tic-Erkrankungen bei 5 bis 15%. Die Jungen sind dabei schwerer und etwa drei- bis viermal häufiger betroffen als Mädchen. Beim Tourette-Syndrom ist das Überwiegen der Jungen noch ausgeprägter. Das Hauptmanifestationsalter liegt um das siebte Lebensjahr, die maximale Symptomausprägung zwischen dem siebten und vierzehnten Lebensjahr.

Symptomatologie
Es gibt einfache Tics (Augenblinzeln), komplexe Tics (Bewegungsabläufe) und vokale Tics (Koprolalie).
Tics werden nach Schweregrad eingeteilt in
• kurze vorübergehende Tics,
• chronisch-multiple Tics,
• Gilles-de-la-Tourette-Syndrom.

Symptomatologie. Wir unterscheiden einfache Tics wie Augenblinzeln, Hals- und Schulterzucken, Gesichtszucken, Husten, Räuspern, Grunzen, Schnüffeln, Schnauben, komplexe Tics wie mimische Bewegungen, Gesten, Bewegungsabläufe, Selbstverletzungen, Hüpfen, Berühren, Aufstampfen, Beriechen und Echokinese. Das Leitsymptom des Gilles-de-la-Tourette-Syndroms sind vokale Tics wie Echolalie, Palilalie und Koprolalie (Ausstoßen von Fäkalienwörtern oder obszönen Bemerkungen). Die Grenze zwischen den Tic-Formen ist fließend, und kombinierte Formen sind häufig.

Tics können nicht grundsätzlich verhindert, aber zeitweise unterdrückt werden. Sie interferieren kaum mit intendierten Handlungen und stören deshalb selten beim Schreiben. Sie treten vermehrt unter Anspannung, vermindert bei Entspannung und ganz selten im Schlaf auf.

Besonders bei den schweren Formen findet man multiple begleitende Störungen wie Hypermotorik, Störungen der Aufmerksamkeit, Lernstörungen oder psychopathologische Symptome. Sekundäre Schulprobleme sind häufig.

Zusätzlich zu den kurzen neuromuskulären Phänomenen findet sich besonders bei den schwereren Formen eine interindividuell stark variierende Anzahl von Phänomenen wie hypermotorische Symptome (50 bis 60 %), Störungen der Aufmerksamkeit, Lernstörungen oder psychopathologische Symptome wie Depressivität, Schizoidie, Impulsivität, Erregbarkeit und Zwang. Ein Teil dieser Phänomene läßt sich schon prämorbid eruieren. Als Folge der komplexen Symptomatik stellen sich häufig Schulschwierigkeiten ein.

Ätiopathogenese
Zahlreiche Erklärungsansätze liegen vor. Leichtere Tics sind oft psy-

Ätiopathogenese. Tic-Erkrankungen gehören zu jener Vielzahl polyhypothetischer Konstrukte, für die eine ganze Reihe zumindest partiell valider Erklärungsansätze geltend gemacht werden. Allein die Frage, ob es sich um eine homogene nosologische Entität handelt, ist offen. Klassische pädiatrische Beschreibungen, wonach Tic-Erkrankungen durch Imitation von Krankheitssymptomen wie Blinzeln, Husten oder Räuspern entstehen, scheinen im psychiatrischen Krankengut keine nennenswerte kausale Rolle zu spielen. Es ist jedoch nicht zu übersehen, daß viele Patienten im Laufe ihrer Erkankung die Art ihrer Tics wechseln und daß dabei imitative Momente eine Rolle spielen.

Ebenfalls eher selten sind Berichte über Auslösung von Tic-Erkrankungen durch Einnahme von Phenothiazinen und Stimulanzien oder nach Schädel-Hirn-Traumen.

Relativ gesichert ist die familiäre Häufung von Ticerkrankungen, deren Zustandekommen und genetischer Übertragungsmodus jedoch noch unklar sind. Daneben ist eine Vielzahl psychogenetischer Hypothesen aufgestellt worden, die bei leichteren Formen von Bedeutung sind. Die klassische Hypothese, daß übermäßige Hemmung und Einschränkung zu überschießenden Durchbruchshandlungen führen, läßt sich klinisch gelegentlich verifizieren. Für die chronisch-multiplen Tics und das Tourette-Syndrom sind psychogenetische Erklärungen dagegen nicht ausreichend.

Pathophysiologie. Es erscheint plausibel, bei der Genese der Tic-Erkrankungen von einem Enthemmungs-Hemmungs-Modell auszugehen, als dessen Grundlage eine Neurotransmitter-Störung im Mittelhirn anzusehen ist. Möglicherweise spielt dabei der frontale Kortex eine wichtige modulierende Rolle. Da sich aus den diversen Modellen, die sich mit Dopamin, Noradrenalin, Serotonin, Acetylcholin, Gamma-Aminobuttersäure (GABA), endogenen Opiaten und anderen Stoffen beschäftigt haben, bislang keine therapeutischen Konsequenzen ergeben, soll darauf nicht weiter eingegangen werden.

Diagnostik. Die Diagnose einer Tic-Erkrankung wird vorwiegend klinisch durch Anamnese und Beobachtung gestellt. Der primäre diagnostische Wert verschiedener Einschätzungsskalen steht hinter ihrer Bedeutung als Forschungs- und Verlaufsinstrumente zurück.

Differentialdiagnose. Zwangshandlungen und konversionsneurotische Störungen können gelegentlich ticähnliche Phänomene nachahmen. Dyskinesien und Stereotypien jeglicher Genese sind wegen der meist vorhandenen Begleitsymptomatik besser abgrenzbar.

Therapie. Bei den länger dauernden Formen ist eine medikamentöse Behandlung angebracht. Medikamente der ersten Wahl sind Neuroleptika wie Haloperidol, Pimozid, Fluphenazin, Pipamperon oder Tiaprid. Bei den hochpotenten Neuroleptika ist in der Regel eine zusätzliche Gabe von Biperiden erforderlich. Auch die Kombination mit Antikonvulsiva (Carbamazepin) oder Antidepressiva (Clomipramin) ist sinnvoll. Eine Clonidin-Therapie sollte dann versucht werden, wenn sich andere Pharmaka als unwirksam erwiesen haben.

Ergeben sich in der Anamnese Hinweise auf bedeutende psychosoziale Belastungen, sollte der Schwerpunkt der Behandlung auf psychotherapeutischem Gebiet liegen. Aber auch in allen anderen Fällen müssen sowohl Patienten und Angehörige stützend und entlastend begleitet werden. Bei ansonsten therapierefraktären monosymptomatischen Tic-Formen können verhaltenstherapeutische Interventionen sinnvoll sein.

Verlauf. In der groben diagnostischen Dreiteilung sind bereits Verlaufsmerkmale impliziert. Die kurzen, transitorischen Tics haben eine günstige Prognose. Die chronisch-multiplen Tics können zwar über lange Zeit andauern, nehmen jedoch mehrheitlich in der Adoleszenz an Intensität ab und können sich später ganz auflösen. Das Tourette-Syndrom, v.a. mit Koprolalie und obszöner Gestik kombiniert, ist nahezu ausschließlich in chronischer Form bekannt.

Merke. Jeder kennt Erwachsene mit Gesichts- und Schultertics unterschiedlicher Ausprägung, die dennoch hervorragende Leistungen in Beruf und Gesellschaft erbringen. Ein Tic sollte deshalb weder als Zeichen für geistige Behinderung noch für seelische Abartigkeit angesehen werden.

---

chogenetisch erklärbar (übermäßige Hemmung und Einschränkung der Kinder). Schwerere Formen sind familiär gehäuft und haben vermutlich eine vorwiegend organische Genese.

Pathophysiologie
Störung der Hemmungs-Enthemmungs-Abläufe der Neurotransmitter.

Diagnostik
Die Diagnose wird klinisch gestellt.

Differentialdiagnose
- Zwangshandlungen,
- konversionsneurotische Symptome,
- Dyskinesien,
- Stereotypien.

Therapie
Die medikamentöse Behandlung erfolgt in erster Linie mit Neuroleptika und deren spezifischen Derivaten, mit Antikonvulsiva und Antidepressiva. Psychogene Tics erfordern psychotherapeutische Verfahren.

Verlauf
Die transitorischen Tics haben eine günstige Prognose. Die chronisch-multiplen Tics bestehen zwar lange, nehmen aber in der Adoleszenz oft an Intensität ab. Das Tourette-Syndrom ist nahezu immer chronisch.

◀ **Merke**

Kasuistik. Frau von D., derzeit 26 Jahre, war im Alter von sieben Jahren betroffen von krampfhaften Kontraktionen der Hand- und Armmuskeln, die sich vor allem in den Augenblicken einstellten, in denen das Kind versuchte zu schreiben und wobei sich sehr abrupt seine Hand von den Buchstaben, die es gerade schreiben wollte, wegzog. Nach diesem Rucken wurden die Bewegungen seiner Hand wieder regulär und waren dem Willen unterworfen, bis daß eine andere plötzliche Zuckung die Arbeit der Hand von neuem unterbrach. Man sah in dem ganzen zuerst nur eine Art Lebhaftigkeit oder Übermut, die, als sie sich mehr und mehr wiederholten, zum Grund für Tadel und Bestrafung wurden. Aber bald gewann man die Gewißheit, daß diese Bewegungen unwillkürlich und krampfhaft waren, und man sah daran auch die Muskulatur der Schultern, des Halses und des Gesichtes teilnehmen. Es kam zu Körperverdrehungen und außerordentlichen Grimassen. Die Erkrankung schritt weiter fort, die Spasmen breiteten sich auf die Stimm- und Sprechorgane aus, diese junge Person hörte man bizarre Schreie und Worte ausstoßen, die überhaupt keinen Sinn ergaben, aber alles ohne daß ein Delirium vorgelegen hätte, ohne irgendeine geistig-seelische Störung. Monate und Jahre gingen vorbei, ohne daß der Zustand sich wesentlich veränderte, und man hatte die Hoffnung, daß die herannahende Pubertät vorteilhafte Veränderungen bringen würde. Die Hoffnung wurde aber vollends enttäuscht.

Auf Anraten eines Arztes, der sich auf die Behandlung von Nervenleiden vor allem mit Hilfe einer Milchkur spezialisiert hatte, wurde die junge Frau in die Schweiz geschickt. Ob es tatsächlich der Effekt dieser Bäder war oder der glückliche Einfluß des Urlaubes oder des Berglebens, die Erkrankung verschwand fast vollständig; und dann, nach einem Jahr, verließ die junge Frau die Schweiz und kehrte ruhig sowie mit strahlender Frische zurück und zeigte nur einige kleinere, aber sehr seltene Zuckungen im Bereich des Mundes und des Halses. Zu der Zeit verheiratete sie sich. Man hoffte, daß dadurch die erreichte Gesundung sich stabilisieren würde. Statt dessen kam die Erkrankung mit der Heirat sehr schnell wieder. Es ist wahr, daß Frau von D., die niemals ein Kind haben konnte, sich der vorteilhaften Möglichkeiten beraubt sah, die ihr die körperlichen und gefühlsmäßigen Veränderungen, die üblicherweise mit einer Schwangerschaft verbunden sind, hätte bringen können. Sei es wie es sei, die krampfhafte Störung dauerte nunmehr 18 Jahre, wenn man einmal diese zehn bis zwanzig Monate der Besserung ausnahm, und sie schien nicht über die Zeit abzunehmen, sondern im Gegenteil, von neuem stärker zu werden.

Hier ist der aktuelle Stand der Dinge: Die spasmenartigen Kontraktionen sind stetig vorhanden, kommen dicht nacheinander und sind lediglich durch kurze Intervalle von einigen Minuten unterbrochen; manchmal sind die Ruhepausen länger, ein andermal kürzer, und es kommt oft vor, daß zwei oder drei Kontraktionen ohne Erholungspause aufeinander folgen. Sie betreffen vor allem die Pronatormuskeln des Vorderarmes, die Fingermuskeln und die Muskeln des Gesichtes und die, die für Lautäußerungen und Artikulation zuständig sind. Unter den kontinuierlichen und zerfahrenen Bewegungen, die diese merkwürdigen Kontraktionen hervorrufen, wollen wir unsere Aufmerksamkeit auf die lenken, die mit den Organen für Stimme und Sprechen zu tun haben, um eine sehr seltenes Phänomen darzustellen und eine der unangenehmsten Begleiterscheinungen aufzuzeigen, die eine Person betreffen kann, der zwar alle Reize der Gesellschaft offen stehen, der aber das Leiden, das sie mit sich herumträgt, all diese Möglichkeiten nehmen kann. So kann es vorkommen, daß mitten in einer Unterhaltung, die sie besonders lebhaft interessiert, plötzlich, und ohne daß sie sich davor schützen kann, sie das unterbricht, was sie gerade sagt oder wobei sie gerade zuhört und zwar durch bizarre Schreie und durch Worte, die sehr außergewöhnlich sind und die einen beklagenswerten Kontrast mit ihrem Erscheinungsbild und ihren vornehmen Manieren darstellen; die Worte sind meistens grobschlächtig, die Aussagen obszön und, was für sie und die Zuhörer nicht minder lästig ist, die Ausdrucksweisen sind sehr grob, ungeschliffen oder beinhalten wenig vorteilhafte Meinungen über einige der in der Gesellschaft anwesenden Personen. Die Erklärung, die sie selbst gibt, erscheint am meisten plausibel. Sie sagt, daß ihre Zunge in den Zuckungszuständen sich auf diese unpassenden Äußerungen abzustimmen habe. Je mehr diese durch ihre Grobheiten revoltierend erscheinen, je mehr sei sie durch die Angst aufgewühlt, sie hervorstoßen zu müssen, und dieser innere Druck sei genau das, wodurch die Äußerungen quasi auf die Zunge gesetzt würden, wenn sie fast nicht mehr zu meistern seien. Ihr genereller Gesundheitszustand schien sehr deutlich die Nachwirkungen ihrer langen krampfartigen Störungen zu spüren, was ein stetiger Gewichtsverlust und die Blässe ihres Teints belegen, obwohl die Verdauungsfunktionen nicht nennenswert beeinträchtigt waren.

Der Einfluß der Erkrankung auf den Stimmungszustand ist noch deutlicher markiert, und man beobachtet hier wie bei allen langanhaltenden Neurosen eine starke Auflockerung der Gedanken und eine Leichtigkeit des Geistes und Charakters, die nur in der extremen Jugend auftritt und die den Veränderungen durch das Altern widersteht.

Herr Prof. Charcot hat diese Kranke mehrfach wiedergesehen, die bis in das vorgerückte Alter ihre motorischen Koordinationsstörungen beibehalten hat und selbst an öffentlichen Orten gegen ihren Willen obszöne Worte aussprach, so daß Herr Charcot davon auch Zeuge geworden ist. Zu guter Letzt berichteten die politischen Zeitungen über ihren Tod in den Monaten Juli oder August 1884, und einige dieser Zeitungen druckten für ihre Leser eine Liste von obszönen Wörtern ab, die sie ausgesprochen hatte und bei denen es sich insbesondere um „Scheiße" und „Dreckschwein" handelte (Originalarbeit von Georges Gilles de la Tourette, 1885, zitiert nach *Rothenberger* 1991).

Abb. 4-7: Gilles-de-la-Tourette-Syndrom mit ausfahrenden Bewegungen

Klassifikation.

◀ Klassifikation

Synopsis 4-17: Klassifikation von Tic-Störungen nach ICD-10 und DSM-III-R

ICD-10	DSM-III-R
Tic-Störung (F95.1–F95.9): • Plötzliche, rasche vorübergehende und umschriebene Bewegungen ohne zugrundeliegende neurologische Erkrankung. Wiederholungstendenz, Nichtauftreten im Schlaf. Tics können unterdrückt und provoziert werden. • Vorübergehende Tics: Dauer maximal 12 Monate. • Chronische Tics: Dauer mehr als 12 Monate. • Tourette-Syndrom: Kombinierte und vokale Tics von langer Dauer.	**Tic-Störung** (307.21, 307.22, 307.23): • Vorübergehende Tic-Störung: Einzelner Tic oder multiple motorische und/oder vokale Tics. Dauer maximal 1 Jahr. Keine längerdauernde Tic-Störung vorhanden. • Chronische oder vokale Tics: motorische oder vokale Tics. Dauer mehr als 1 Jahr. • Tourette-Syndrom: Häufiges Auftreten von multiplen motorischen und vokalen Tics. Die Symptome ändern sich über die Zeit. • Der Beginn der Tic-Störung muß vor dem 21. Lebensjahr liegen. Intoxikationen oder neurologische Störungen müssen ausgeschlossen werden.

Störungen der Ausscheidung

Enuresis

Synonyme: Bettnässen, Hosennässen, Kleidernässen

> **Definition.** Wiederholtes, meist unwillkürliches Entleeren von Urin während der Nacht, seltener während des Tages ab dem vierten Lebensjahr. Organische Störungen wie Diabetes, Epilepsien oder Harnwegsinfekte müssen ausgeschlossen sein.

Epidemiologie. Jungen sind häufiger als Mädchen betroffen, wobei der relative Anteil der Jungen mit zunehmendem Alter steigt und bei etwa 2:1 gipfelt.

> **Merke.** Es ist nahezu normal oder zumindest recht häufig, daß Kinder bis zum achten Lebensjahr noch vereinzelt einnässen. Dies gilt vor allem für Belastungssituationen, schwere Erkrankungen und andere Krisen.

Häufiger, d. h. mit einem gewissen Störwert verbunden, nässen unterhalb des fünften Lebensjahres noch etwa 15%, unterhalb des achten Lebensjahres noch etwa 7% der Kinder ein.

> **Merke.** Bei etwa 10% der Betroffenen jedes Jahrgangs erfolgen Spontanremissionen ohne professionelle Intervention.

Symptomatologie. Als unterer Grenzwert für therapeutische Interventionen gilt eine Einnäßfrequenz von zweimal wöchentlich. Die **primäre Enuresis** (auch Enuresis persistens) als durchgängiges Phänomen wird von der **sekundären Enuresis** (auch Enuresis acquisita) unterschieden, die nach einem symptomfreien Intervall von etwa einem Jahr wieder auftritt. Es gibt Enuretiker, die nur nachts (**Enuresis nocturna**), nur tags (**Enuresis diurna**) oder tags und nachts einnässen (**Enuresis diurna et nocturna**).

Die Enuresis nocturna ist mit etwa 80% die häufigste Form, gefolgt von der kombinierten Enuresis diurna et nocturna mit etwa 15%. Die restlichen Fälle – hier überwiegen die Mädchen – treten nur tags auf.

Bei der Enuresis nocturna erfolgt Einnässen meistens nur einmal in der Nacht und etwa um dieselbe Uhrzeit. Dabei wird in der Regel die Blase wie bei einer normalen Miktion entleert. Bei der Enuresis diurna ist die tageszeitliche Fixierung weniger ausgeprägt, auch kommt es hier öfters zum mehrfachen Einnässen.

Von erheblicher Bedeutung sind die vielfältigen negativen Folgen, die eine Enuresis-Symptomatik haben kann. Eine langjährige oder häufige Enuresis stellt für jede Familie ein erhebliches Problem dar. Der soziale Radius der Kinder ist beschränkt, das Übernachten bei Freunden nicht möglich. Eine besondere Belastung stellt auch die üblicherweise gepflogene Geheimhaltung dar. Tritt das Einnässen tagsüber ein, kommt es zur Beschimpfung und Stigmatisierung. Aus diesen Situationen heraus können sich vielfältige psychopathologische Reaktionen („**sekundäre Neurotisierung**") entwickeln, die dann erst Anlaß zur Vorstellung beim Kinder- und Jugendpsychiater geben.

Ätiopathogenese. Es ist bekannt, daß bei der primären Enuresis eine Heredität von etwa 20 bis 70% besteht. Die starke Schwankungsbreite erklärt sich durch unterschiedliche Definitionen und Selektionsmodi. Es sind einzelne Fälle beschrieben, in denen eine Dysregulation von sympathischen und parasympathischen Impulsen im Urogenitalbereich, d.h. eine Störung der Blasenfunktion, vorliegt. Insbesondere die primäre Enuresis nocturna scheint überwiegend Bestandteil einer Reifungsverzögerung oder einer frühkindlichen Hirnschädigung zu sein.

Bei der sekundären Enuresis sind auch die Aspekte der Reinlichkeitserziehung, des familiären und sozialen Rahmens, in dem diese stattfindet, von Bedeutung. Vor allem in früheren Jahren, vereinzelt jedoch auch heute noch, werden Kinder zu früh und zu streng zur Reinlichkeit angehalten und es können sich regelrechte Mißhandlungssituationen (z. B. Anbinden an den Topf) ausbilden. In gegensätzlicher Weise kann man jedoch gelegentlich auch den Eindruck gewinnen, daß die Reinlichkeitserziehung zu spät beginnt und der günstigste Zeitpunkt für die Reinlichkeitserziehung verpaßt wird. Dies wirkt sich dann besonders problematisch aus, wenn die gesamte Erziehungshaltung infantilisierend ist.

> Bei der sekundären Enuresis sind soziale, familiäre und erzieherische Probleme von Bedeutung. Zu frühe oder zu späte Sauberkeitserziehung sind ungünstig.

Die Situation für das Kind verschärft sich, wenn die Reaktionen auf gelegentliches oder verlängertes Einnässen inadäquat sind. Zu strenges, zu forderndes, zu inkonsequentes oder zu permissives Reagieren auf die Symptomatik kann die Ursache dafür sein, daß sich das Kind unverstanden, alleingelassen oder vermehrt unter Druck gesetzt fühlt.

> Die Reaktion der Eltern auf die Symptomatik ist für den Verlauf mitentscheidend.

Merke. Enuresis gehört zu den Syndromen, die immer dann vermehrt auftreten, wenn desolate Familienverhältnisse herrschen und allgemein übliche soziale Regeln nicht eingehalten und geübt werden. Es kann sich dann bei der Enuresis um das Anzeichen einer Vernachlässigung oder Verwahrlosung handeln.

◄ Merke

In diesem Zusammenhang sollte man nicht übersehen, daß Zustände der Ungeduld und Resignation auch bei engagierten Eltern nahezu unvermeidbar sind, wenn sich das Symptom nicht zurückbildet. Aus diesem Grunde muß besonders bei ambulanter Behandlung die Familie immer intensiv einbezogen werden.

> Bei langdauernder Symptomatik können auch engagierte Eltern Überforderungszeichen entwickeln.

Differentialdiagnose.

Differentialdiagnose

Merke. Der Ausschluß bzw. die Behandlung eines Harnwegsinfektes ist obligat. Auch urogenitale Anomalien (Megazystis, Blasendivertikel etc.) müssen weitestgehend ausgeschlossen werden.

◄ Merke

Die Inkontinenz im Sinne einer neurogenen, spinalen Störung ist im Kindesalter selten. An die Möglichkeit einer Schlafepilepsie mit Einnässen sollte gedacht werden.

> Neurogene Inkontinenz ist im Kindesalter selten. Eine Schlafepilepsie sollte ausgeschlossen werden.

Von einer abnormen Schlaftiefe bei enuretischen Kindern wird immer wieder berichtet, eine Gebundenheit an bestimmte, elektroenzephalographisch bestimmbare Schlafphasen besteht jedoch nicht. Bei einzelnen Kindern entsteht der Eindruck, als ob sie aus Bequemlichkeit oder Desinteresse den Status der Sauberkeit selbst gar nicht anstreben. Grundsätzlich ist zu beachten, daß die Enuresis häufiger in Kombination mit anderen psychiatrischen Störungen auftritt denn als singuläres Symptom.

> Enuresis tritt meistens in Kombination mit anderen psychischen Störungen auf.

Therapie. Unter normalen Umständen und bei entsprechendem Alter des Kindes reicht eine allgemein fördernde Reinlichkeitserziehung der Eltern aus. Dazu gehören die Ankündigung, die Windeln wegzulassen, die Vorbereitung des Bettes für die anfangs noch zu erwartenden Einnäßphasen und eine beruhigende, stützende Reaktion bei Mißerfolgen. Wird ein Kind trotz aller Bemühungen nicht innerhalb von ein bis zwei Monaten sauber, ist es am besten, die Bemühungen vorübergehend einzustellen und nach etwa einem halben Jahr den Versuch nochmals zu unternehmen.

> **Therapie**
> Psychotherapeutische Verfahren dominieren. Für leichtere Fälle genügen familientherapeutische Ansätze. Bei längerem Verlauf treten pharmakologische und verhaltenstherapeutische Methoden hinzu.

4 Kinder- und jugendpsychiatrische Erkrankungen einschließlich Oligophrenien

Die genau Abklärung der genetischen und familiendynamischen Familiensituation ist wichtig.

Pharmakologische Möglichkeiten:
- **Imipramin**
- **Desmopressin (nur in therapieresistenten Stadien)**

Verhaltenstherapeutische Methoden:
- **Enuresiskalender**
- **Klingelhose**

Verlauf
Bei genetischer Belastung und ungünstigen familiären Verhältnissen kann die Enuresis lange Zeit andauern.

Klassifikation ▶

Entsprechend der Heterogenität des Syndroms können bei Symptompersistenz verschiedene Verfahren angewendet werden. An erster Stelle stehen die genaue anamnestische Abklärung und die Gewichtung der Familiensituation, auch in Hinblick auf hereditäre Belastung.

Wenn alle Differentialdiagnosen ausgeschlossen sind und eine psychotherapeutische Beeinflussung auf Gesprächsbasis erfolglos geblieben ist, bleiben folgende Möglichkeiten:

- Im medikamentösen Bereich hat sich eine **Imipramin**-Behandlung mit 25 bis 75 mg/d bewährt. Diese Behandlung sollte für etwa drei Monate beibehalten werden. Sind dann keine Besserungen erkennbar, kann die Medikation wieder abgesetzt werden.
- Aus der Behandlung des Diabetes insipidus stammt das Pharmakon **Desmopressin**, das seit einiger Zeit auch zur Behandlung der Enuresis eingesetzt wird. Die Applikation ist in Form eines Nasensprays möglich. Gerade die leichte Anwendbarkeit führt gelegentlich jedoch auch zu individuellen Fehldosierungen, die aufgrund der enormen pharmakologischen Potenz zu ernsthaften Nebenwirkungen führen können. Grundsätzlich sollte dieses Medikament **nur zur Behandlung therapieresistenter Stadien** verwendet werden.
- Stärkung von Motivation und Selbstkontrolle durch **Enuresis-Kalender**. Dabei werden die „trockenen" Tage durch Sonnen oder andere positive Symbole gekennzeichnet; negative Sanktionen („Regentage") sind dagegen eher zu vermeiden. Auch die Belohnung längerer Trockenheitsphasen durch Taschengeld, Freizeitaktivitäten etc. ist möglich. Bei manchen Kindern hilft es, feste Weckzeiten während der Nacht einzuführen, um die Blase gezielt zu entleeren und diese Weckzeiten immer weiter vorzuverlagern, so daß das Kind es schließlich lernt, vor dem Ins-Bett-Gehen das letzte Mal zu urinieren. Weitgehend erfolglos hat sich dagegen erwiesen, die Flüssigkeitszufuhr entweder zu beschränken oder ab bestimmten Uhrzeiten ganz einzustellen.
- Die aufwendigste Methode der Enuresis-Behandlung beinhaltet die Verwendung der sogenannten **Klingelmatratze** oder **Klingelhose**. Das Prinzip dieser Apparatur besteht darin, daß ein Stromkreis geschlossen wird und ein Klingelton ertönt, sobald das Kind einnäßt. Dadurch soll das Kind erwachen und den Rest der Miktion auf der Toilette durchführen. Dieses scheinbar einfache Vorgehen erfordert jedoch eine hohe Compliance und ist oft nur im Rahmen einer stationären Behandlung durchführbar.

Verlauf. In der Mehrzahl bildet sich die Symptomatik innerhalb kurzer Zeit zurück. Bei ungünstigen familiären Verhältnissen und genetischer Belastung kann die Enuresis aber bis ins Erwachsenenalter fortbestehen. Bei Musterungs-Untersuchungen sind bis zu 1% männlicher Enuretiker ermittelt worden. Bei chronisch erkrankten weiblichen Patienten sistiert die Symptomatik häufig nach der Menarche oder dem Eingehen einer festen Partnerschaft.

Klassifikation.

Synopsis 4-18: Klassifikation der Enuresis nach ICD-10 und DSM-III-R	
ICD-10	**DSM-III-R**
Enuresis (F98.0):	**Enuresis** (307.60):
• Unwillkürlicher Urinabgang nachts oder tags. • Beginn etwa ab dem 4. Lebensjahr. • Häufige Kombination mit emotionalen Störungen. • Ausschluß organischer Störungen.	• Wiederholter, unwillkürlicher Urinabgang nachts oder tags in Bett oder Kleider. • Mindestens zweimal Einnässen pro Monat bei 5–6jährigen, einmal pro Monat bei älteren Kindern. • Das tatsächliche oder das Entwicklungsalter muß mindestens vier Jahre betragen. • Ausschluß organischer Ursachen.

Enkopresis

Synonym: Einkoten

Definition. Nach dem vierten Lebensjahr wiederholt auftretende oder fortbestehende unwillkürliche oder willkürliche Entleerung von Stuhl in die Wäsche oder an nicht dafür vorgesehenen Stellen.

Epidemiologie. Enkopresis tritt wesentlich seltener auf als Enuresis. Unter achtjährigen Kindern findet man noch etwa 1% mit diesem Symptom. Jungen sind drei- bis viermal häufiger betroffen als Mädchen. Der Erkrankungsgipfel der sekundären Enkopresis, deren relativer Anteil im Vergleich zur sekundären Enuresis größer ist, liegt zwischen dem siebten und neunten Lebensjahr. Die Symptomatik tritt gehäuft in unteren sozialen Schichten auf.

Symptomatologie. Die Diagnose wird gestellt, wenn die Symptomatik mindestens einmal im Monat und für eine Dauer von mehr als einem halben Jahr besteht. Analog zur Enuresis wird eine **primäre Enkopresis**, die ohne längere Unterbrechung persistiert, von einer **sekundären Enkopresis** unterschieden, die nach einem Intervall von etwa einem Jahr wieder auftritt.

Man kann zusätzlich eine **retentive** von einer **nichtretentiven Form** unterscheiden. Die retentive Form besteht in der Zurückhaltung von Kot im Enddarm; dies führt zur Ausbildung eines reversiblen Megakolons. Werden dann unter Beibehaltung dieser Reststuhlmenge nur jeweils kleinere, eher dünne Stühle entleert, spricht man von einer Überlauf-Enkopresis. Bei der nichtretentiven Form kommt es zu einer direkten Entleerung der Fäzes ohne Obstipation.

Die Frequenz der Enkopresis und die Menge des entleerten Stuhls sind variabel. Seltene, voluminöse Defäkationen sind ebenso möglich wie tägliche Streifspuren in der Unterwäsche. Kombinationen mit anderen Beschwerden wie Kopfschmerzen, Bauchschmerzen, Obstipation, Enuresis und Eßstörungen sind häufig. Bei Retention größerer Stuhlmengen können sich zusätzliche abdominelle Beschwerden entwickeln.

Eine typische Persönlichkeit von Enkopresis-Kindern existiert nicht. Manche Autoren beschreiben eine Kerngruppe, die eher verträumt, passiv, dysphorisch, depressiv und aggressionsgehemmt wirkt, gelegentlich in Abwechslung mit Wutausbrüchen.

Ätiopathogenese. Eine spezielle neurologische Problematik liegt nicht vor. Obgleich genauere Untersuchungsergebnisse noch fehlen, erscheint es möglich, daß bei einem Teil der Kinder Darmmotilitätsstörungen vorliegen, deren Aufklärung sich den üblichen diagnostischen Verfahren entzieht und die für die Genese der Erkrankung mitverantwortlich sind.

Von vielen Kindern wird angegeben, daß der Stuhldrang nicht wahrgenommen wird. Inwiefern sich dahinter eine tatsächliche Funktionsstörung verbirgt, ist ungeklärt.

Merke. Durch chronische Obstipation und sekundäres Megakolon bildet sich ein Circulus vitiosus aus, der allein durch psychotherapeutische Verfahren nicht mehr korrigierbar ist und zusätzlicher therapeutischer Ansätze (Diät, Laxanzien bedarf).

Eine genetische Belastung für die Symptomatik besteht wohl nicht. Im Unterschied zur Enuresis schreibt man der unangemessenen Reinlichkeitserziehung weniger Bedeutung zu als ungünstigen familiären, sozialen und persönlichkeitsgebundenen Faktoren.

Enkopresis

Synonym: Einkoten

◄ Definition

Epidemiologie
Enkopresis tritt seltener auf als Enuresis. Jungen sind drei- bis viermal häufiger betroffen.

Symptomatologie
Formen der Enkopresis:
- **Primäre Enkopresis:** Die Kinder werden nicht sauber.
- **Sekundäre Enkopresis:** Das Einkoten tritt nach einem Intervall von etwa einem Jahr wieder auf.
- **Retentive Enkopresis:** Zurückhalten von Kot, Obstipation, Megakolon, Überlaufstuhl.
- **Nichtretentive Enkopresis:** Direkte Entleerung des Darms in die Wäsche.

Begleitende psychosomatische Beschwerden sind häufig.

Ätiopathogenese
Kausale Faktoren:
- Darmmotilitätsstörungen,
- Wahrnehmungsstörungen,
- familiäre und soziale Faktoren,
- Persönlichkeitsfaktoren.

◄ Merke

Eine genetische Komponente ist nicht bekannt.

428   4 Kinder- und jugendpsychiatrische Erkrankungen einschließlich Oligophrenien

Diagnostik
Die Diagnose wird klinisch gestellt.

Differentialdiagnose
- Megacolon congenitum (Morbus Hirschsprung),
- Analfissuren.

Therapie
Folgende Therapieansätze sind möglich:
- gründliche Darmentleerung,
- ballaststoffreiche Diät,
- Diätberatung der Familie,
- regelmäßiges Stuhltraining ohne Zeitdruck,
- Massage,
- Medikamente (Cisaprid, Dihydergotamin),
- psychotherapeutische und familientherapeutische Ansätze.

Verlauf
Enkopresis sistiert mehrheitlich bis zum 16. Lebensjahr.
Im Jugendalter können zusätzliche dissoziale Probleme hinzukommen.

Klassifikation ▶

Diagnostik. Die Diagnose wird klinisch gestellt.

Differentialdiagnose. Als seltene Differentialdiagnose kommt das Megacolon congenitum (Morbus Hirschsprung) in Frage, allerdings nur bei den primären Formen. Ebenfalls nur in wenigen Fällen werden schmerzhafte Analfissuren als Ursache der Stuhlretention erkannt.

Therapie. Der therapeutische Zugang ergibt sich aus der Gewichtung der verursachenden Faktoren. Bei stationärer Behandlung wird man zuerst versuchen, den Darm zu entleeren und durch geeignete Ernährung (ballaststoffreich, Weizenkleie, Laktulose) ein Rezidiv dieser Symptomatik zu vermeiden. Dazu gehört auch eine angemessene diätetische Beratung der Familie. In Einzelfällen können die Herausnahme aus dem belastenden Milieu und die Regulierung der Darmtätigkeit zu einer deutlichen Besserung führen.

Meist sind jedoch umfangreichere Behandlungsansätze erforderlich. Man kann sich dabei an physiologischen Gesetzmäßigkeiten wie dem gastrointestinalen Reflex orientieren und die Kinder dazu anhalten, regelmäßig nach den Essenszeiten die Toilette aufzusuchen. Es ist auch möglich, die Toilettenzeiten zuerst sehr häufig anzusetzen, um dem Kind genügend Gelegenheit zu geben, den Stuhl zu entleeren. Es ist dabei wichtig, den Toilettengang ohne Beengung durch Zeit, Raum oder psychischen Druck zu gestalten. Hilfreich sind auch entspannende Massageverfahren.

Zur medikamentösen Behandlung können Cisaprid (Erhöhung der Darmmotilität) und Dihydergotamin (Erhöhung des Darmtonus) Verwendung finden. Neben der symptomorientierten Therapie sind auch verstehende und familienorientierte Ansätze von Bedeutung.

Verlauf. Abgesehen von Personen mit deutlicher Intelligenzminderung, bei denen die Symptomatik persistieren kann, sind bei normal begabten Jugendlichen über dem 16. Lebensjahr kaum noch Symptomträger zu identifizieren; die Größe der Dunkelziffer ist allerdings unbekannt. Entsprechend dem sozialen Hintergrund finden sich ab dem Jugendalter gehäuft zusätzliche soziale bzw. dissoziale Probleme, die im Schweregrad der Enkopresis nicht nachstehen. Ansonsten besteht auch bei der Enkopresis eine erkennbare Tendenz zur Spontanremission, die durch therapeutische Maßnahmen beschleunigt wird.

Klassifikation.

Synopsis 4-19: Klassifikation der Enkopresis nach ICD-10 und DSM-III-R	
ICD-10	**DSM-III-R**
Enkopresis (F98.1):	**Enkopresis** (307.70):
• Unangemessene, willkürliche oder unwillkürliche Plazierung von Fäzes.	• Wiederholte unwillkürliche oder willkürliche Entleerung der Fäzes an nicht dafür vorgesehenen Stellen.
• Häufig begleitende emotionale Störungen.	• Häufigkeit mindestens einmal pro Monat. Dauer länger als 6 Monate.
• Ausschluß organischer Ursachen.	• Tatsächliches oder Entwicklungsalter soll mindestens 4 Jahre betragen.
	• Ausschluß organischer Ursachen.

Eßstörungen

Frühkindliche Fütterungsstörung

Definition. Die bekannteste Eßstörung im frühen Kindesalter ist die sogenannte Rumination; dabei handelt es sich um das wiederholte, stereotype
Regurgitieren und Ausspucken der Nahrung. Die Kinder machen oft begleitende Saugbewegungen und scheinen diese Tätigkeit zu genießen. Übelkeit
oder gastrointestinale Grunderkrankungen fehlen. Rumination kann zu
Untergewicht führen.

Differentialdiagnose. Andere schwerwiegende Fütterungs- oder Eßstörungen ohne organische Ursache im Kindesalter sind selten. Häufiger sind unspezifische Fütterungsstörungen und Nahrungsverweigerung als Extremvarianten
des alterstypisch wählerischen Eßverhaltens oder als Ausdruck von Beziehungsstörungen zwischen Kind und Eltern.

Therapie. Dezidierte symptomorientierte Therapieverfahren sind weniger
sinnvoll als das Auffinden und Beheben der zugrundeliegenden, meist familiären Problematik.

K **Kasuistik.** Susan wurde von einer Tante
im Alter von sechs Monaten zur Untersuchung in die Klinik gebracht, weil sie nicht
zunahm. Susan war in eine verarmte Familie nach einer ungewollten, aber unkomplizierten Schwangerschaft geboren
worden. Während der ersten vier Monate hatte sie stetig
zugenommen. Das Hervorwürgen der Nahrung trat
zuerst im fünften Monat auf und verstärkte sich bis zu
dem Punkt, wo es nach jeder Fütterung auftrat. Nach der
Fütterung praktizierte Susan eine von den beiden folgen-

den Verhaltensweisen: a) Sie öffnete den Mund, hob die
Zunge und bewegte sie ganz schnell hin und her. Danach
kam die Milch wieder in den Mund und sickerte langsam
heraus. b) Sie saugte heftig am Daumen und steckte die
Finger in den Mund, worauf die Milch langsam aus dem
Mundwinkel floß.

In den letzten beiden Monaten war Susan von vielen verschiedenen Menschen, einschließlich ihrer Tante und
mütterlichen Großmutter, versorgt worden. Ihre Eltern erlebten nur eine geringfügige Verbesserung ihrer Ehe (aus:
Spitzer et al. 1991).

Klassifikation.

**Synopsis 4-20: Klassifikation der frühkindlichen Fütterungsstörung nach
ICD-10 und DSM-III-R**

ICD-10	DSM-III-R
Fütterungsstörung im frühen Kindesalter (F98.2):	**Rumination** (307.53):
• Wiederholtes Heraufwürgen von Nahrung ohne Übelkeit oder gastrointestinale Krankheiten.	• Wiederholte Regurgitation ohne Übelkeit oder gastointestinale Erkrankung.
	• Dauer mehr als ein Monat.
	• Normale geistige Entwicklung.
	• Gewichtsstagnation oder Gewichtsverlust.

Eßstörungen

Frühkindliche Fütterungsstörung

◄ **Definition**

Differentialdiagnose
Rumination ist selten. Häufiger sind
unspezifische Störungen als Ausdruck von familiären Beziehungsstörungen.

Therapie
Wesentlich ist das Auffinden der
kausalen, oft familiären Problematik.

◄ **Klassifikation**

Pica

Definition. Wiederholtes Essen ungenießbarer Stoffe, oft verbunden mit Intelligenzminderung. Die Symptomatik muß öfter als nur einmal aufgetreten sein und sich üblichen pädagogischen Interventionen widersetzt haben.

Epidemiologie. Genaue Häufigkeiten sind nicht beschrieben. Mit Sicherheit handelt es sich um ein seltenes Syndrom.

Symptomatologie. Essen von Schmutz, Papier, Stoff, Farben, Sand, Kalk, Kreide, Mörtel, Fäzes und ähnlichem. Gelegentlich kommt es zur Ausbildung einer Anämie, deren Ursache nicht immer geklärt werden kann.

Ätiopathogenese. Das Syndrom tritt in der Regel bei Kindern mit deutlicher Intelligenzminderung auf. In seltenen Fällen zeigen es auch Kinder aus ungünstigen, zerrütteten und deprivierenden Verhältnissen. Meist handelt es sich um Kinder, die zusätzliche Störungen aufweisen. Die Entstehung ist lerntheoretisch oder als Regression auf frühere Entwicklungsstadien herleitbar. Die Kinder sind in einer beiläufigen, bisweilen aber auch demonstrativen Weise auf das frühkindliche Phänomen fixiert, alles in den Mund zu stecken, was auf dem Boden liegt oder erreichbar ist.

Diagnostik. Durch klinische Beobachtung.

Differentialdiagnose. Eine Differentialdiagnose im engeren Sinne ist nicht bekannt. Ähnliche Verhaltensweisen können beim Kleine-Levin-Syndrom (periodische Schlafsucht mit psychischen und vegetativen Störungen) und bei schizophrenen Störungen, seltener noch bei anderen schweren psychiatrischen Erkrankungen auftreten.

Therapie. Bei Vorliegen einer Intelligenzminderung richtet sich der Umgang mit der Problematik nach den Regeln der Behinderten-Pädagogik. Bei sozialer Genese sind milieutherapeutische Interventionen erforderlich. Das Vorgehen ist ausgesprochen einzelfallorientiert.

Verlauf. In seltenen Fällen wird Pica auch bei Erwachsenen beobachtet. Es handelt sich dabei beispielsweise um schwangere Frauen aus einfachsten Verhältnissen, die im Rahmen der schwangerschaftsinduzierten, passageren Hyperphagie picaähnliches Verhalten zeigen. Einzelne Fälle sind beschrieben, in denen sich aus der Pica ein bulimisches Bild entwickelte.

Klassifikation.

Synopsis 4-21: Klassifikation der Pica nach ICD-10 und DSM-III-R	
ICD-10	**DSM-III-R**
Pica (F98.3): • Anhaltender Verzehr nicht eßbarer Substanzen.	**Pica** (307.52): • Wiederholtes Essen ungenießbarer Stoffe. Dauer mindestens 1 Monat. • Ausschluß von Autismus, Schizophrenie und Kleine-Levin-Syndrom.

Elektiver Mutismus

Synonym: selektiver Mutismus

> **Definition.** Subtotales psychogenes Verstummen nach Abschluß der Sprachentwicklung und bei Erhaltung des Sprechvermögens ohne anderweitige organische oder psychiatrische Grunderkrankung.

Epidemiologie. Im Gegensatz zur Altersnorm sind mehr Mädchen als Jungen betroffen. Eine Häufigkeit von etwa drei pro 10 000 Kindern ist angegeben worden. Genauere epidemiologische Untersuchungen liegen nicht vor.

Symptomatologie. Die Symptomatik kann als eine pathologische Verweigerung und Scheu zu sprechen verstanden werden. Gegenüber wenigen vertrauten Personen (Mutter, Geschwister, Freunde) bleibt dagegen die Sprachfähigkeit erhalten. Die Patienten wirken entweder ängstlich, gehemmt und überwältigt von ihrer Problematik oder unterschwellig trotzig, verbohrt und verdrossen. Vieles an diesem Krankheitsbild ist noch rätselhaft, da die Patienten auch ex posteriore nur wenig zur Genese angeben.

Der Kontakt im nichtsprachlichen Bereich gelingt recht gut. Die Generalisierung bleibt jedoch häufig blockiert. Mutistische Kinder sollen sich durch folgende **Merkmale** kennzeichnen lassen:
- Entwicklungsverzögerung und leichte zerebrale Dysfunktion
- Prämorbide Scheu und Gehemmtheit
- Gehäufte zusätzliche Störungen (Enuresis, Enkopresis, Tics, Stimmungsschwankungen)
- Familiäre Häufung von auffälligen Persönlichkeiten
- Isolierte Lebensbedingungen.

Ätiopathogenese. Die vorauslaufenden Auffälligkeiten, die familiäre Belastung und der ungünstige Verlauf sprechen gegen eine rein neurotische Genese.

Diagnostik und Differentialdiagnose. Die Diagnose wird klinisch gestellt. Differentialdiagnostisch sind folgende Störungen möglich: Aphasie, Audimutitas, Taub-Stummheit, totaler Mutismus, Schizophrenie.

Therapie. Die meisten therapeutischen Verfahren bedürfen der **Sprache als wichtigstes Medium.** Ausnahmen bilden die **Musiktherapie**, die **Bewegungstherapie** und die **Kunsttherapie**, die beim Mutismus deshalb Anwendung finden sollten. Wichtig ist bei stationären Patienten ein positives, kommunikationsfreundliches Milieu, das den Kontakt zu Gleichaltrigen fördert. Die Herausnahme aus einer belastenden familiären Situation ist gelegentlich sinnvoll.

Verlauf. Der Beginn ist meist schleichend, kann aber auch durch dramatische oder traumatische Ereignisse ausgelöst werden.

> **Merke.** Mutismus ist ein hartnäckiges Symptom, bleibt bei etwa der Hälfte der Betroffenen mehrere Jahre bestehen und kann bis in das Erwachsenenalter hinein andauern.

Berechtigte Gründe sprechen für die Annahme, daß bei längerer Katamnese, also im mittleren Erwachsenenalter, Remissionen oder Symptomminderungen häufiger sind; repräsentative Studien dazu fehlen jedoch.

Elektiver Mutismus

Synonym: selektiver Mutismus

◄ **Definition**

Epidemiologie
Mutismus ist häufiger bei Mädchen zu finden.

Symptomatologie
Pathologische Scheu vor dem Sprechen, außer gegenüber einigen wenigen vertrauten oder wenig bedrohlichen Personen.
Die Patienten wirken ängstlich und gehemmt oder unterschwellig trotzig und verbohrt.

Typische Merkmale:
- Entwicklungsverzögerung und leichte zerebrale Dysfunktion
- Prämorbide Scheu und Gehemmtheit
- Gehäufte zusätzliche Störungen (Enuresis, Enkopresis, Tics)
- Familiäre Häufung von auffälligen Persönlichkeiten
- Isolierte Lebensbedingungen

Ätiopathogenese
Familiäre Belastung und ungünstiger Verlauf sprechen gegen eine neurotische Genese.

Diagnostik und Differentialdiagnose
Sie wird klinisch gestellt. DD: Aphasie, Audimutitas, Taub-Stummheit, totaler Mutismus, Schizophrenie.

Therapie
Nonverbale psychotherapeutische Methoden sind zu Beginn empfehlenswert (**Musik-, Bewegungs-** und **Kunsttherapie**).
Die Herausnahme aus einer belastenden familiären Situation ist gelegentlich sinnvoll.

Verlauf
Der Beginn kann akut oder schleichend sein.

◄ **Merke**

432 **4 Kinder- und jugendpsychiatrische Erkrankungen einschließlich Oligophrenien**

Klassifikation ▶

Klassifikation.

Synopsis 4-22: Klassifikation des elektiven Mutismus nach ICD-10 und DSM-III-R	
ICD-10	**DSM-III-R**
Elektiver Mutismus (F94.0): • Emotional bedingte Selektivität des Sprechens: in manchen Situationen wird gesprochen, in anderen nicht. • Häufige Kombination mit Angst, Rückzug, Empfindsamkeit oder Widerstand. • Normale rezeptive und expressive Sprache.	**Elektiver Mutismus** (313.23): • Andauernde Weigerung, in einer oder mehreren sozialen Situationen zu sprechen. • Fähigkeit, die gesprochene Sprache zu verstehen und zu sprechen.

Bindungsstörungen

Wachsen Kinder unter schädigenden psychosozialen Umständen auf, bilden sie teilweise typische deviante Verhaltensmuster aus.

Definition ▶

Bindungsstörungen

Wachsen Kinder unter schädigenden psychosozialen Umständen auf, bilden sie zu einem gewissen Anteil typische deviante Verhaltensmuster aus. Im folgenden werden zwei solcher Störungsbilder beschrieben.

> **Definition.** Deutlich gestörte Beziehungsfähigkeit ohne Intelligenzminderung als Folge von Vernachlässigung und häufigen Beziehungswechseln. Es existieren sowohl depressiv-apathische als auch distanzlose Formen.

Bindungsstörung des Kindesalters mit Enthemmung

Definition ▶

Bindungsstörung des Kindesalters mit Enthemmung

> **Definition.** Durch häufige Beziehungsabbrüche oder Beziehungswechsel, Heimwechsel oder oberflächliche Bindungen können globale oder partielle Entwicklungsstörungen entstehen, die vor allem die affektiven, aber auch die intellektuellen und statomotorischen Funktionen betreffen.

Symptomatologie
Aufdringlichkeit und Distanzlosigkeit gegenüber Erwachsenen bei gleichzeitiger Beziehungsstörung zu Gleichaltrigen. Meist bei Heimkindern, nur selten bei ungünstigen familiären Verhältnissen.

Symptomatologie. Die Störung äußert sich bei Kleinkindern eher in Anklammerung, etwa ab dem vierten Lebensjahr verstärkt in Distanzlosigkeit und wahllos freundlichem Verhalten zu Erwachsenen. In vielen Heimen sind Kinder anzutreffen, die auf beiläufige Zuwendung hin übermäßig ansprechen. Sie wirken aufdringlich und versuchen, die Aufmerksamkeit um jeden Preis auf sich zu lenken. Diese unkritische und unmodulierte Kontaktaufnahme erfolgt ohne Rücksicht darauf, ob sich eine reale oder längerdauernde Beziehung entwickelt. Auch kann es am nächsten Tag eine andere Person sein, die gleichermaßen bedrängt oder bestürmt wird. Der Aufbau enger, vertrauensvoller und längerdauernder Beziehungen zu Gleichaltrigen ist dagegen schwierig.

Dieses Syndrom kann auch bei unerwünschten Kindern und bei Kindern aus desolaten oder emotions- und bindungsarmen Familien auftreten.

Diagnostik und Differentialdiagnose
Sie wird klinisch gestellt. DD: Anpassungsstörungen, HKS.
Therapie
Die Therapie strebt in erster Linie die globale Verbesserung der Lebensbedingungen an (Milieutherapie).

Diagnostik und Differentialdiagnose. Die Diagnose wird klinisch gestellt. Als Differentialdiagnosen kommen Anpassungsstörungen und hyperkinetische Syndrome in Frage.

Therapie. Das therapeutische Vorgehen erfolgt in Form milieutherapeutischer Maßnahmen. Es kann zum einen in der Verbesserung und Bereicherung der pädagogischen Betreuung liegen, in der Elternberatung oder in der Neuplazierung eines Kindes in einer förderlichen Umgebung.

Merke. Eine ausschließlich psychotherapeutische Einzelbehandlung stellt für solche Kinder keine kausale Vorgehensweise dar.

◄ Merke

Verlauf. Der überwiegende Teil der Kinder wird mit fortschreitendem Alter und unter verbesserten Umweltbedingungen die auffälligsten Symptome verlieren. Gleichwohl bildet sich dieses Syndrom nicht bei allen Kindern zurück. Vor allem bei früh beginnender Störung, langdauernder Schädigung und ungenügender Hilfestellung sowie bei individuell disponierenden Faktoren bleibt dieses Syndrom bestehen und nimmt im Jugendalter nicht selten eine dissoziale Färbung an.

Verlauf
Der Verlauf ist bei förderlichen Umgebungsbedingungen eher günstig; z.T. bleiben jedoch die Bindungsstörungen bis ins Erwachsenenalter bestehen und nehmen dann nicht selten eine dissoziale Färbung an.

Klassifikation.

◄ Klassifikation

Synopsis 4-23: Klassifikation der Bindungsstörung mit Enthemmung nach ICD-10 und DSM-III-R

ICD-10	DSM-III-R
Bindungsstörung mit Enthemmung (F94.2):	**Reaktive Bindungsstörung im Säuglingsalter oder der frühen Kindheit** (313.89):
• Diffusität des selektiven Bindungsverhaltens. Anklammerung, wahllos freundlich, Suche nach Aufmerksamkeit, Schwierigkeit bei dauerhaften Beziehungen zu Gleichaltrigen.	• Deutlich gestörte soziale Beziehungsfähigkeit in Form von Apathie, mangelnder Spontaneität, mangelnder Neugier und sozialem Desinteresse. Unkritische Distanzlosigkeit.
• Deutliche Vernachlässigung.	• Massive Pflegemängel.
• Beginn vor dem 5. Lebensjahr.	• Beginn vor dem 5. Lebensjahr.

Reaktive Bindungsstörung des Kindesalters

Synonym: Deprivationssyndrom. Es bestehen begriffliche Überschneidungen mit der anaklitischen Depression (Spitz), der mentalen Inanition (Tramer), dem Hospitalismus und dem Separationsschock (Bowlby).

Auf Verhaltensebene zur vorangegangenen Diagnose konträre und eher durch familiäre Vernachlässigung und Fehlbehandlung bedingte tiefgreifende emotionale Störung.

Reaktive Bindungsstörung des Kindesalters
Synonym: Deprivationssyndrom

Definition. Abnormes Beziehungsverhalten mit Beginn vor dem fünften Lebensjahr bei normaler Beziehungsfähigkeit und normaler intellektueller Kapazität.

◄ Definition

Symptomatologie. Furchtsames, gehemmtes und ambivalentes Verhalten, das durch vielfältige psychosomatische Störungen ergänzt werden kann (siehe Tabelle 4-5).

Symptomatologie
Furchtsames, gehemmtes und ambivalentes Verhalten, das durch vielfältige psychosomatische Störungen ergänzt werden kann (s. Tab. 4-5).

Tabelle 4-5: Symptome bei reaktiven Bindungsstörungen

• Furchtsamkeit	• Psychosozialer Minderwuchs
• Übervorsichtigkeit (gefrorene Wachsamkeit)	• Sprachentwicklungsverzögerung
	• Enuresis
• Unsicherheit	• Enkopresis
• Ambivalenz	• Jaktationen
• Unglücklichsein	• Automatismen
• Rückzug	• Genitale Manipulationen
• Aggressivität	• Selbstverletzungen
• Gedeihstörungen	• Hypermotorik

Die Diagnose wird nur bei deutlicher Ausprägung der Symptomatik vergeben.

Diagnostik und Differentialdiagnose
Sie wird klinisch gestellt. DD: andere Beziehungs- und Anpassungsstörungen, autistische Syndrome.

Therapie
Milieutherapie zur Behebung der schädigenden Einflüsse.

Verlauf
Bei förderlichen Bedingungen ist eine deutliche Besserung zu erwarten. Bei einem Teil der Kinder bleiben Beziehungsstörungen bestehen.

Klassifikation ▶

Die Liste ist weder spezifisch oder vollständig, noch müssen alle Symptome bei jedem Kind erfüllt sein. Insbesondere durch die quantitative Ausprägung läßt sich dieses Syndrom von normalen Verhaltens- und Stimmungsschwankungen abgrenzen.

Diagnostik und Differentialdiagnose. Die Diagnose wird klinisch gestellt. Als Differentialdiagnose kommen andere Beziehungs- und Anpassungsstörungen sowie autistische Syndrome in Betracht.

Therapie. Bei diesem Syndrom ist ebenfalls eine Milieutherapie erforderlich, die zu einer Behebung der schädigenden Einflüsse führt.

Verlauf. Unter adäquater und förderlicher Umgebung ist eine deutliche Besserung zu erwarten. Auch hier bleiben bei einem Teil der Betroffenen Beziehungsstörungen bestehen, die jedoch nicht – wie bei den autistischen Syndromen – nahezu umweltunabhängig sind. Im Heimbereich kann eine wirksame Prophylaxe derartiger Störungen durch Verbesserung der Betreuung erreicht werden, z. B. durch Verringerung des Bettenschlüssels, Hebung der Ausbildung der Schwestern und Betreuer sowie durch verbesserte Arbeitsbedingungen (Verkürzung der Arbeitszeit, Fortbildungsurlaube, längere Urlaubsblöcke etc.).

Klassifikation.

Synopsis 4-24: Klassifikation der reaktiven Bindungsstörung nach ICD-10 und DSM-III-R

ICD-10	DSM-III-R
Reaktive Bindungsstörung (F94.1):	**Reaktive Bindungsstörung im Säuglingsalter oder der frühen Kindheit.** (313.89):
• Abnorme Beziehungs- und Kontaktmuster, Unglücklichsein, Rückzug, Vermeidung, Widerstand, Aggressivität, Furchtsamkeit ("gefrorene Wachsamkeit"). Evtl. Gedeih- oder Wachstumsstörungen.	• Deutlich gestörte soziale Beziehungsfähigkeit in Form von Apathie, mangelnder Spontaneität, mangelnder Neugier und sozialem Desinteresse. Unkritische Distanzlosigkeit.
	• Massive Pflegemängel.
• Beginn vor dem 5. Lebensjahr.	• Beginn vor dem 5. Lebensjahr.

Jaktationen

Synonym: stereotype Bewegungsstörungen

> **Definition.** Stereotype, oft rhythmische und nicht funktionelle Bewegungen.

> **Merke.** Treten stereotype Bewegungen als Teilsymptom einer anderen Störung auf, sollte die jeweilige Hauptdiagnose vergeben werden.

Symptomatologie. **Körperschaukeln** und **Kopfschaukeln** („Jactatio capitis") sind die bekanntesten Symptome. Zusätzlich werden Haarezupfen, Haaredrehen, Fingerschnippen, Händeschütteln, Zähneknirschen (Bruxismus) sowie nichtkommunikative Vokalisierungen und rhythmische Aerophagie beobachtet. Stereotype Bewegungen mit autodestruktivem Charakter sind Kopfschlagen, Schlagen und Beißen eigener Körperpartien sowie Augen- und Afterbohren. Augenbohren tritt besonders häufig bei blinden (taub-blinden und mehrfach behinderten) Kindern auf.

Ätiopathogenese. Die Störungen beginnen vorwiegend in der frühen Kindheit und werden, wenn sie schwer ausgeprägt sind, meist bei vernachlässigten oder minderbegabten Kindern gefunden. In leichter und passagerer Form können sie auch bei normalen Kindern auftreten.

Diagnostik und Differentialdiagnose. Die Diagnose wird klinisch gestellt. Als Differentialdiagnosen kommen Tic, Zwang, autodestruktive Verhaltensweisen, organische Bewegungsstörungen, Stereotypien, Kinderfehler und schwere Entwicklungsstörungen in Betracht.

Therapie. Zuerst sollten evtl. schädigende Umgebungsfaktoren beeinflußt werden wie mangelnde Pflege und Vernachlässigung (Milieutherapie). In manchen Fällen ist der Einsatz dämpfender Neuroleptika hilfreich.

Verlauf. Bei weitgehend ungestörten Kindern und beeinflußbaren Ursachen sistiert die Symptomatik rasch nach Einsetzen adäquater therapeutischer Maßnahmen. Der Verlauf ist ebenfalls kurz, wenn die stereotypen Bewegungen Teil eines episodischen Krankheitsbildes sind (z. B. Psychosen). Bei chronischer Begleitsymptomatik können die stereotypen Bewegungen auch über viele Jahre andauern.

Klassifikation.

Synopsis 4-25: Klassifikation der stereotypen Bewegungsstörung nach ICD-10 und DSM-III-R

ICD-10	DSM-III-R
Stereotype Bewegungsstörung (F98.4):	**Stereotype Bewegungsstörung mit autodestruktivem Charakter (307.30):**
• Willkürliche, wiederholte, stereotype, nicht funktionale und oft rhythmische Bewegungen.	• Willkürliche, wiederholte, nicht funktionale Verhaltensweisen wie Händeschütteln, Winken, Kopfnicken etc.
	• Die Störung ruft körperliche Symptome hervor oder beeinträchtigt normale Aktivitäten.

Störungen der Geschlechtsidentität

> **Definition.** Konstante Ablehnung des biologisch vorgegebenen Geschlechts und der damit verbundenen Geschlechtsrolle ohne organische Störung.

Symptomatologie. Kinder können sich etwa ab dem dritten Lebensjahr als Junge oder Mädchen definieren und zeigen dann typische Einstellungen und Verhaltensmerkmale. Ab diesem Alter wird deshalb auch erkennbar, wenn Kinder Abweichungen ihrer Geschlechtsrolle entwickeln. In besonders ausgeprägten Fällen übernehmen bereits Kinder das überzeichnete Verhaltensmuster des jeweils anderen Geschlechts.

Mädchen wollen im Stehen urinieren, bevorzugen typische Jungenspiele, raufen gerne, wollen nur Jungen als Spielfreunde und gehen Puppen, Schmuck und allem Femininem aus dem Weg.

Jungen schminken, schmücken, parfümieren und verkleiden sich, verbringen ihre Zeit am liebsten mit Mädchen, erscheinen verletzlich und vermeiden Sport oder Raufereien. In kindlichen Rollenspielen übernehmen sie weibliche Rollen. Früh äußern sie den Wunsch, eine Frau werden zu wollen.

Die betroffenen Kinder sind ansonsten mehrheitlich psychopathologisch unauffällig. Bei einer Teilgruppe ist die Störung der Geschlechtsidentität Bestandteil einer insgesamt gestörten Persönlichkeitsentwicklung und schließt vielfältige psychopathologische Symptome wie Angst, Depressivität oder Rückzug ein.

Gelegentlich entstehen schulische Probleme, wenn sich Kinder dem Sportunterricht, Mädchen dem Handarbeiten entziehen wollen. Schwerwiegender sind aber familiäre Auseinandersetzungen als Folge der Symptomatik. Wenn sie chronischen Charakter annehmen, kann dies zu erheblichen Irritationen führen.

Auch bei Jugendlichen manifestieren sich solche bereits eher transvestitisch-transsexuell anmutende Entwicklungen, die häufiger als bei Kindern mit auffälligen Persönlichkeitszügen verbunden sind. Selten treten im Jugendalter schon fixierte Formen von Transsexualismus mit vollständiger Transposition der Geschlechtsidentität und Wunsch nach (operativer) Geschlechtskorrektur auf.

Epidemiologie. Es handelt sich um eine seltene Störung, von der mehr Jungen als Mädchen betroffen sind. Die Dunkelziffer ist hoch. Die geschätzte Prävalenz des Transsexualismus soll bei Männern bei 1:10 000 bis 1:100 000 liegen. Soweit erkennbar, sind kulturelle Aspekte sowohl für die Entstehung als auch für die Erfassung des Transsexualismus mitentscheidend.

Ätiopathogenese. Die ätiopathogenetischen Vorstellungen variieren weitgehend dahingehend, ob sexuelle Störungen als eigenständige Erkrankung, Bestandteil anderer Erkrankungen oder überhaupt nicht als psychiatrische Störungen definiert werden. Bei einem Teil der homosexuellen Entwicklungen ist eine genetische Disposition bekannt. Bei anderen sexuellen Störungen sind unter anderem wegen der geringen Fallzahlen keine sicheren Aussagen möglich.

Diagnostik. Die Diagnose wird klinisch gestellt.

Differentialdiagnose. Auszuschließen sind alle organischen Möglichkeiten einer devianten Sexualentwicklung wie chromosomale Aberationen (XYY-, XXY-Syndrom) oder gonadale Dysgenesien. Problematischer ist die Abgrenzung zu passageren sexuellen Identitätsschwankungen, wie sie ohne jeden Krankheitswert bei Kindern vorkommen können; hier entscheidet der Verlauf. Diagnostische Probleme können gelegentlich solche Kinder aufweisen, die von ihren Eltern gezielt konträr zu den üblichen Geschlechtsrollen erzogen werden; aus diesem Grund ist eine genaue Familienanamnese notwendig.

Störungen der Geschlechtsidentität

Definition ▶

Symptomatologie
Ab dem 3. Lebensjahr verfügen Kinder über eine grundlegende sexuelle Identität.
In typischen Fällen übernehmen die Kinder in oft überzeichneter Form das Geschlechtsrollenverhalten des anderen Geschlechts.

Die meisten Kinder sind ansonsten psychopathologisch unauffällig.
Bei einer Teilgruppe ist die Störung der Geschlechtsidentität Bestandteil einer umfassenderen Persönlichkeitsstörung.
Sekundäre familiäre Probleme sind häufig.

Bei Jugendlichen treten ebenfalls Erstmanifestationen von transvestitisch-transsexuellem Verhalten auf, das häufiger als im Kindesalter mit auffälligen Persönlichkeitszügen verbunden ist.

Epidemiologie
Die Häufigkeitsangaben schwanken zwischen 1:10 000 bis 1:100 000 in der Bevölkerung bei starker kultureller Abhängigkeit.

Ätiopathogenese
Die ätiologischen Hypothesen sind vielfältig. Bei einem Teil der homosexuellen Entwicklungen ist eine genetische Disposition bekannt.

Diagnostik
Die Diagnose wird klinisch gestellt.
Differentialdiagnose
- Chromosomale Aberationen
- Gonadale Dysgenesien
- Passagere sexuelle Indentitätsstörungen des Jugendalters

Therapie.

> *Merke.* Medikamentöse Behandlungen sind bei diesen Störungen nicht indiziert.

Ein psychotherapeutisches Vorgehen ist sinnvoll, wenn die Symptomatik als Ausweich- oder Vermeidungsverhalten vor altersangemessenen sexuellen Anforderungen interpretiert werden kann, wenn sekundäre individuelle oder familiäre Komplikationen entstehen oder wenn zusätzliche psychiatrische Symptome vorliegen. Der psychotherapeutische Ansatz dient außerdem der verbesserten diagnostischen Einschätzung sowie der stützenden Begleitung. Eine therapeutische Auflösung der Symptomatik ist nur dann möglich, wenn es sich um eine reaktive Störung handelt.

Verlauf. Bis zu zwei Drittel der Jungen mit abweichender sexueller Identität entwickeln später eine Homosexualität. Ein wesentlich kleinerer Teil entwickelt sich zu Transvestiten und Transsexuellen. Spontane oder therapeutisch bedingte Remissionen sind ebenfalls beschrieben.

Kasuistik. Rocky ist ein sechsjähriger Junge, für den seine Eltern eine Behandlung suchen, weil „er ein Mädchen sein möchte". Der bevorzugte Spielpartner des Patienten ist seine jüngere Schwester und, obwohl seine Eltern versuchen, Freundschaften mit anderen Jungen zu unterstützen, spielt Rocky lieber mit Mädchen oder ist mit der Mutter oder einem weiblichen Babysitter zusammen. Das wilde Spiel mit Jungen und körperliche Auseinandersetzungen mag er überhaupt nicht, obwohl er gut gebaut, überdurchschnittlich groß ist und über eine gute Koordination verfügt. Wenn er zu Hause in einem Rollenspiel eine Rolle übernimmt, ist es immer eine weibliche. Wenn er mit seiner jüngeren Schwester eine Familie spielt, dann ist er die „Mutter" oder die „ältere Schwester" und überläßt ihr die männliche Rolle. Er imitiert gern weibliche Fernsehfiguren, wie z. B. die älteste Tochter der Cosby-Serie, die erwachsenen Frauen aus der Familie Feuerstein oder Wonder Woman. In ähnlicher Weise spielt er auch die weiblichen Figuren aus verschiedenen Kinderbüchern.
Rocky hat sich nie für Spielzeugautos, Lastwagen oder Züge interessiert, spielt aber intensiv mit Puppen (Baby-, Barbie und Familienpuppen) und gern mit Puppenküchen. Er spielt auch gern Hochzeit, Schwangerschaft, Lehrerin oder Ärztin. Er kann gut zeichnen und zeichnet meist weibliche Figuren. Obwohl seine Eltern versuchen, seine Aktivität einzuschränken, verkleidet er sich oft. Gelegentlich schlingt er eine Decke oder ein Handtuch als Rock um seine Hüften oder zieht ein T-Shirt oder einen Schlafanzug als Kleid an. Weibliche Unterwäsche oder Badeanzüge verwendet er nicht. Er mag Schleifen im Haar und hat schon ein Unterhemd oder einen Schleier auf dem Kopf dazu verwendet, langes Haar zu imitieren. Er tanzt gern, besonders in Kleidern. Er ist sehr an Schmuck interessiert, hat Halsketten aus Plastik und gibt gelegentlich vor, Ohrringe zu tragen. Er behauptet auch, Lippenstift zu benutzen, und würde den Lippenstift und das Parfüm seiner Mutter verwenden, wenn sie es ihm erlauben würde. Er sagt oft, wenn er unglücklich ist, z. B. als er anfing in den Kindergarten zu gehen oder sich im Wettbewerb mit seiner Schwester sieht: „Ich möchte ein Mädchen sein."
Bei der Untersuchung stellt sich heraus, daß der Junge keine femininen Merkmale aufweist. Seine intellektuelle Entwicklung ist offenkundig normal. Obwohl er etwas zurückhaltend ist, kann er vieles von dem, was seine Eltern über sein Spiel und seine Vorlieben gesagt haben, bestätigen. Er sagt, daß er kein Junge sein möchte, weil er Angst davor hat, dann mit Soldaten spielen zu müssen oder Krieg mit anderen Jungen, wenn er älter ist. Er wünscht sich, daß eine Fee ihn in ein Mädchen verwandeln könnte. Was er daran gut findet, ein Mädchen zu sein, ist es, Kleider zu tragen, langes Haar und Schmuck zu haben. Seine Zeichnungen stellen ausschließlich weibliche Figuren dar. Die Familiengeschichte, Schwangerschaft, Geburt und die frühe Entwicklung sind unauffällig. Die Eltern zeigen keine psychopathologischen Merkmale. Die Probleme des Patienten scheinen bei der Geburt der jüngeren Schwester begonnen zu haben, als er zwei Jahre alt war. In den ersten vier Lebensmonaten hatte seine Schwester Probleme mit der Verdauung und erforderte viel elterliche Zuwendung und Pflege. Der Patient fing an, deutliche Zeichen der Regression zu zeigen; er spielte wieder das Baby, wollte aus der Flasche trinken, gehalten und umsorgt werden. Seine Mutter gab zu einem gewissen Grad nach. Sowohl die Eltern als auch die Babysitter sind davon überzeugt, daß die Verkleidung und der Wunsch, ein Mädchen zu sein, auf diese Zeit zurückgehen, obwohl vor der Geburt der Schwester bereits Anzeichen dafür vorlagen, daß der Patient langes Haar dadurch andeutete, daß er ein Handtuch auf dem Kopf trug. Als der Patient vier Jahre alt war, bekam seine Schwester eine Babypuppe, die er ihr wegnahm. Etwa zur gleichen Zeit verbrachte er die Ferien mit seiner Schwester bei den Großeltern und beklagte sich darüber, daß seine Schwester mehr Zuwendung als er erhielt und fragte: „Warum kann ich kein Mädchen sein? Warum hat Gott mich nicht zu einem Mädchen gemacht? Mädchen können sich fein machen, können hübsche Sachen tragen."

Im Alter von drei Jahren wurde er in den Kindergarten aufgenommen und zeigte zu Beginn große Trennungsangst. Er schien viel sensibler als die anderen Kinder zu sein, hatte anscheinend Angst vor ihnen und behauptete sich nicht gegen sie. Seine Erzieherin bemerkte von Anfang an, daß er sich häufig fein machte, sagte, daß er Mutter werden würde, wenn er erwachsen sei, und zögerte, sich an Balgereien zu beteiligen. Im zweiten Jahr konnte er ein Mädchen so gut imitieren (die Augen niederschlagen, Modulation der Stimme, Gehen), daß die Erzieherin sich fragte, ob er ein Intersextyp sei. Im dritten Jahr schloß der Klassenlehrer die Puppenecke ab, weil er sich so intensiv mit dem Puppenspielen beschäftigte (aus: *Spitzer et al.* 1991).

Klassifikation ▶

Klassifikation.

Synopsis 4-26: Klassifikation der Störung der Geschlechtsidentität nach ICD-10 und DSM-III-R

ICD-10	DSM-III-R
Störung der Geschlechtsidentität (F64.1–F64.2):	**Störung der Geschlechtsidentität nicht transsexueller Art.** (302.50, 302.60, 302.85):
• Unbehagen über das angeborene Geschlecht. Wunsch, dem andern Geschlecht anzugehören.	• Kummer wegen des eigenen Geschlechts und Wunsch, dem anderen Geschlecht anzugehören.
• Beschäftigung mit Kleidung oder Aktivitäten des andern Geschlechts. Crossdressing ohne sexuelle Erregung.	• Intensive Beschäftigung mit gegengeschlechtlichen Aktivitäten, Crossdressing ohne sexuelle Erregung.
	• Ablehnung der eigenen Geschlechtsmerkmale. Kein anhaltender Wunsch, die angeborenen sexuellen Geschlechtsmerkmale loszuwerden und diejenigen des anderen Geschlechts zu erwerben.

Körperlicher und sexueller Mißbrauch

Körperlicher und sexueller Mißbrauch

Definition ▶

Definition. Körperliche oder seelische Schädigung, die meist in Familien oder Institutionen geschieht und zu Verletzungen, Entwicklungsstörungen oder sogar zum Tode führt. Neben dem körperlichen und sexuellen Mißbrauch gibt es auch verschiedenste Formen körperlicher und emotionaler Vernachlässigung, die schwieriger zu definieren sind.

Epidemiologie
10–15% der Kinder sollen im Laufe ihrer Entwicklung Opfer von körperlicher oder sexueller Gewalt werden.

Epidemiologie. 10 bis 15% der Kinder sollen im Laufe ihrer Entwicklung Opfer von körperlicher oder sexueller Gewalt werden. Häufigkeitsangaben zum Kindesmißbrauch sind zum einen abhängig von soziokulturell und juristisch determinierten Definitionen und Konventionen, zum anderen beeinträchtigt durch eine in ihrem Ausmaß letztlich unbekannte Dunkelziffer.

Kindesmißbrauch tritt in allen sozialen Schichten auf, besonders häufig in Kombination mit familiären Belastungen.

Häufigkeiten von 150 000 bis 200 000 Kindesmißhandlungen in Deutschland pro Jahr sind geschätzt worden. Kindesmißbrauch tritt in allen sozialen Schichten auf, besonders häufig aber in Kombination mit familiären Belastungssituationen wie Streit und Gewalt zwischen Eltern, Trennung und Wiederverheiratung, Überlastung und psychischen Störungen der Eltern, Alkoholismus und mangelnden psychosozialen Ressourcen.

Der körperliche Mißbrauch beginnt meist etwas früher als der sexuelle Mißbrauch.

Der körperliche Mißbrauch beginnt meist etwas früher als der sexuelle Mißbrauch. Zahlreiche Autoren vertreten inzwischen die Ansicht, daß die Mißbrauchsformen bei beiden Geschlechtern gleich häufig vertreten sind, obgleich der sexuelle Mißbrauch bislang deutlich häufiger bei Mädchen bekanntgeworden ist.

Körperlicher und sexueller Mißbrauch

Symptomatologie. Körperlicher Mißbrauch umfaßt brutales oder häufiges Schlagen mit oft sichtbaren Folgen wie Hämatomen (Handabdrücke), stumpfen Bauchtraumen, untypischen Frakturen und Schütteltraumen (Blutungen im Augenhintergrund und im Subduralraum). Als Sammelbegriff für diese Verletzungen ist der Begriff „Battered Child Syndrome" gebräuchlich. Derartige Verletzungen sind dann besonders typisch, wenn sie an Körperstellen auftreten, an denen sich Kinder üblicherweise nicht verletzen (*siehe Abbildung 4-8*). In seltenen Fällen kann es zu Strangulationen, Quälereien, Folterungen und Totschlag kommen.

Symptomatik
Körperlicher Mißbrauch führt zu folgenden Symptomen:
- Hämatome,
- Bauchtraumen,
- Frakturen,
- Schütteltraumen,
- Blutungen in Gehirn und Augenhintergrund (s. Abb. 4-8).

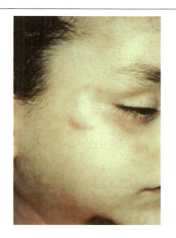
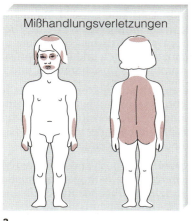
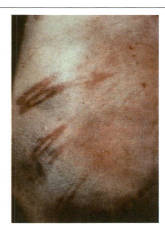
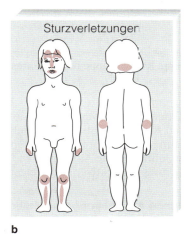
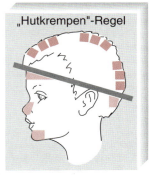

(a): Mißhandlungsverletzungen
(b): im Vergleich zu Sturzverletzungen
(c): Hutkrempenregel: Oberhalb der Hutkrempe gelegene Verletzungen sind mit hoher Wahrscheinlichkeit nicht sturzbedingt

Abb. 4-8: Lokalisation typischer Mißhandlungsverletzungen

Beim sexuellen Mißbrauch fehlen üblicherweise gröbere körperliche Verletzungen. Genitale und anale Verletzungen, sexuell übertragbare Krankheiten und Frühschwangerschaften sollten jedoch zu der Verdachtsdiagnose eines sexuellen Mißbrauchs führen. Sexueller Mißbrauch ist seltener als körperlicher Mißbrauch. Die Täter gehören meist dem näheren sozialen Umfeld der Kinder an; dementsprechend geschieht sexueller Mißbrauch meist ohne körperliche Gewalt. Psychische Druckmittel wie Drohungen oder Erpressungen sind dagegen häufig, um die Kinder zum Schweigen zu bringen. Die klassische Mißbrauchssituation im Sinne des Inzests entwickelt sich zwischen Tochter und (Stief-)Vater oder zwischen Mutter und Sohn; homosexueller Inzest ist seltener. Die sexuelle Mißbrauchssituation beginnt häufiger im Kleinkindesalter als bisher angenommen.

Sexuelle Übergriffe treten in unterschiedlicher Intensität auf. Beginnend mit verbalen Obszönitäten reicht das Spektrum über taktile Stimulationen, Petting

Bei sexuellem Mißbrauch fehlen üblicherweise grobe körperliche Verletzungen.
Die Täter gehören meist dem näheren sozialen Umfeld der Kinder an.
Psychischer Druck ist häufig, um die Kinder zum Schweigen zu bringen.

Die Formen sexuellen Mißbrauchs reichen von verbalen Obszönitäten und die verschiedenen oralen Praktiken bis hin zum vollzogenen Geschlechtsverkehr. Gelegentlich werden die Kinder gezielt zu Augenzeugen des elterlichen Sexuallebens gemacht, auch in Form von Fotos oder Videoaufnahmen. Ebenso unterschiedlich ist die Dauer der sexuellen Kontakte; sie reicht vom einmaligen Übergriff bis zum jahrelangen Mißbrauch, der sich auch auf mehrere Kinder in Folge ausdehnen kann.

Zunehmend werden sogenannte Sexringe bekannt; dies sind Gruppen von Erwachsenen, die Kinder zum Zweck des Mißbrauchs austauschen, vermitteln und Gruppensex praktizieren.

Sexringe sind Gruppen von Erwachsenen, die Kinder zum Zweck des sexuellen Mißbrauchs austauschen, vermitteln und Gruppensex praktizieren.

Es gibt kein klinisches Mißbrauchssyndrom. Zahlreiche Folgeerkrankungen sind in der umfassenden Literatur beschrieben worden. Als Grundlage der **vielfältigen psychiatrischen Symptome** erscheinen zum einen die unmittelbaren Traumatisierungen und ihre unvollständige Verarbeitung, zum anderen Selbstwertprobleme, Unsicherheiten und Identitätsstörungen.

Die psychopathologischen Folgen des sexuellen Mißbrauchs sind unspezifisch. Als Grundlage der vielfältigen psychiatrischen Symptome erscheinen die Traumatisierungen und ihre unvollständige Verarbeitung, aber auch Selbstwertprobleme, Unsicherheit und Identitätsstörungen.

Die an sich schon komplexe Situation wird dadurch noch komplizierter, daß Mißbrauchsanschuldigungen neuerdings mißbräuchlich eingesetzt werden. Insbesondere in Krisensituationen (Streit, Scheidung) beschuldigen Eltern sich gegenseitig, ihre Kinder mißbraucht zu haben. Die Aufklärung derartiger Konstellationen ist nicht einfach.

Therapie
Das wichtigste Ziel ist die Unterbrechung des Mißbrauchs. Die Zusammenarbeit von Polizei, Justiz, Jugendamt, Klinik, Heim und Familie ist wichtig.

Therapie. Bei noch andauerndem Mißbrauch ist das wichtigste Ziel die Unterbrechung dieser pathogenen Situation. Die Zusammenarbeit der Familie mit Polizei, Justiz, Jugendamt, Klinik und Heimen ist anzustreben und zu stützen. Die psychotherapeutische Betreuung des Kindes darf während des gesamten Prozesses nicht vernachlässigt werden und zentriert sich je nach individueller Bedürftigkeit auf posttraumatische Störungen, Entwicklung von Bewältigungstechniken, Stützung bei Ämtergängen, Beratung bei Fremdplazierung und ähnliches mehr.

Merke ▶

Merke. Mißbrauchte Kinder sind eine Risikogruppe für deviantes Befinden und Verhalten.

Obgleich durchaus nicht alle Betroffenen auffällig werden, sind sie in Heimen, psychiatrischen Kliniken und anderen Risikopopulationen vermehrt anzutreffen. Die Entdeckung und Aufarbeitung von Mißbrauchssituationen ist eine schwierige, aufwendige und trotzdem lohnenswerte Aufgabe, die Linderung individuellen Leidens durch Aufarbeitung kollektiven Schweigens möglich macht.

Unter Heimkindern und psychiatrischen Patienten findet man gehäuft Mißbrauchsopfer.

Ohne Aufarbeitung können aus Mißbrauchsopfern später wieder Täter werden.

Der besondere Wert der therapeutischen Aufarbeitung von Mißbrauchserfahrungen liegt darin, daß mißbrauchte Kinder ohne Therapie später signifikant häufiger wieder zu Mißhandlern werden und das Verhängnis fortführen. Auch wenn die Aufmerksamkeit der Fachdisziplinen und der Öffentlichkeit in letzter Zeit deutlich gestiegen ist, muß davon ausgegangen werden, daß die Diagnose von Mißbrauch nach wie vor zu selten gestellt wird und öfter als bisher in die differentialdiagnostischen Überlegungen mit einbezogen werden müßte.

5 Therapie

Allgemeiner Überblick

> **Definition.** Inhalt und Ziel der psychiatrischen Therapie sind die Besserung, Heilung und Rückfallverhütung von psychischen Störungen. Sie basiert auf drei Säulen (*siehe Abbildung 5-1*):
> - Biologisch-somatischen Therapieverfahren (insbesondere Psychopharmakotherapie)
> - Psychotherapie
> - Soziotherapie

Basis der psychiatrischen Therapie ist das ärztliche, personenzentrierte, zeitaufwendige (!) Gespräch mit einer psychotherapeutischen Grundhaltung im Sinne der „psychosomatisch" orientierten „sprechenden" Medizin.

Ausgehend von einer multifaktoriellen Ätiopathogenese psychischer Erkrankungen umfaßt die Behandlung im allgemeinen eine Kombination der drei oben genannten Therapieformen im Sinne eines integrierten Gesamtbehandlungsplanes (*siehe Abbildung 5-1*).

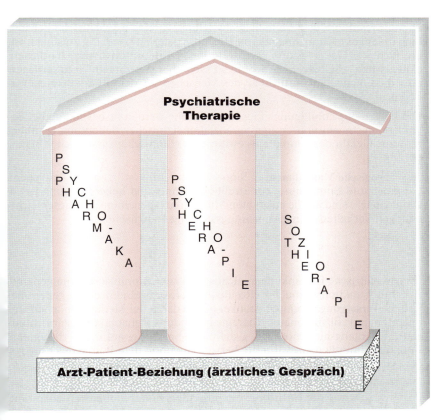

Abb. 5-1: Säulen der psychiatrischen Therapie

> **Merke.** Art und Stadium der vorliegenden psychiatrischen Erkrankung sind ausschlaggebend dafür, ob der Schwerpunkt bei somato-/pharmakotherapeutischen, psychotherapeutischen oder soziotherapeutischen Behandlungsverfahren liegt.

5 Therapie

Beispiele ▶

Hinweis ▶

Besonderheiten der psychiatrischen Therapie

- Der **Krankheitsbegriff** ist in der Psychiatrie bei leichteren Störungen nicht immer scharf von der Spielbreite des Normalen abzugrenzen. Hieraus resultiert, daß die **Indikationsstellung für eine psychiatrische Behandlung** anhand von Diagnosekriterien sorgfältig zu stellen ist, um nicht der Gefahr eines „Psycho-Booms" zu erliegen oder die Eigenverantwortlichkeit des Menschen aus dem Blickwinkel zu verlieren.

- „**Psychagogische Maßnahmen**" im Sinne von Beratung, stützendem ärztlichem Gespräch und Empfehlungen zur Streßbewältigung und Lebensführung sind adäquate Maßnahmen bei einem Teil der leichtgradigen Verhaltens- und Anpassungsstörungen.
- Da psychiatrische Erkrankungen z.T. zur Chronifizierung neigen bzw. mit Funktionseinbußen einhergehen, bedarf die **Versorgung** psychisch Kranker neben der üblichen ambulanten und vollstationären Therapie besonderer Rehabilitationseinrichtungen.
- Die **Rezidivneigung** mancher psychischer Erkrankungen macht Prophylaxe und Nachsorge besonders wichtig.
- **Fehlende Krankheitseinsicht** kann die Unterbringung und Behandlung gegen den Willen des Patienten erforderlich machen.

Beispiele:
- Bei einer akuten, produktiven schizophrenen Psychose liegt der Therapieschwerpunkt initial in der Gabe von Psychopharmaka (Sedierung und Entaktualisierung der psychotischen Symptomatik), nach Teilremission nehmen psychosoziale Behandlungsmaßnahmen an Bedeutung zu.
- Bei einer Depression mit mangelnder Fähigkeit emotional zu reagieren, gravierender Schlafstörung, Interessenverlust und schwerer Antriebsstörung (Aktivitätshemmung) ist initial die Verordnung von Antidepressiva indiziert, nach Besserung/Wirkungseintritt sollte dann eine kombinierte Behandlung mit Psycho- und Soziotherapie (z. B. kognitive Verhaltenstherapie) erfolgen.

Hinweis. In den nachfolgenden Abschnitten wird die Psychopharmakotherapie ausführlicher dargestellt als die Psychotherapie und die Soziotherapie. Gründe hierfür sind zum einen, daß diese Therapieform eher in Schriftform darstellbar ist. Zum anderen kommt der Therapie mit Psychopharmaka in der ärztlichen Praxis eminente Bedeutung zu (Psychopharmaka gehören zu den meistverordneten Medikamenten; Hauptverordner sind Allgemeinärzte und Internisten).

Besonderheiten der psychiatrischen Therapie. Im Vergleich zu anderen Disziplinen der Medizin weist die psychiatrische Behandlung eine Reihe von Besonderheiten auf. Diese prinzipiellen, allgemeinen Faktoren sind folgende:

- Der **Krankheitsbegriff** ist in der Psychiatrie bei leichteren Störungen nicht immer scharf von der Spielbreite des Normalen abzugrenzen (zum normalen Leben gehörende Befindlichkeitsstörungen, „akzentuierte Persönlichkeit"). Hieraus resultiert, daß die **Indikationsstellung für eine psychiatrische Behandlung** im engeren Sinn anhand von Diagnosekriterien sorgfältig zu stellen ist, um nicht der Gefahr eines „Psycho-Booms" (z. B. mit unwissenschaftlichen, eklektischen „Selbstverwirklichungs-Psychotherapie-Zirkeln") zu erliegen oder die Eigenverantwortlichkeit des Menschen aus dem Blickwinkel zu verlieren.

  Die Folgen der Zubilligung einer Krankenrolle werden insbesondere bei Begutachtungsfragen von eminenter sozialmedizinischer Bedeutung (Frührentung, Gefahr des Krankheitsgewinns mit chronischer „psychischer Behinderung").

  „**Psychagogische Maßnahmen**" in Sinne von Beratung, stützendem ärztlichem Gespräch und Empfehlung zur Streßbewältigung und Lebensführung („Psychohygiene") sind als die adäquaten Maßnahmen bei einem Teil dieser leichtgradigen Verhaltens- und Anpassungsstörungen anzusehen.

- Da psychiatrische Erkrankungen nicht selten zur Chronifizierung neigen und z. T. mit Funktionseinbußen (Residual-, Defektzustände) einhergehen, bedarf die **Versorgung** psychisch Kranker neben der in der Medizin üblichen ambulanten und vollstationären Therapie besonderer Rehabilitationseinrichtungen („Übergangseinrichtungen"), die eine abgestufte, auf die vorliegenden Funktionseinbußen abgestimmte Versorgung unter dem Primat des Prinzips der „Gemeindenähe" ermöglichen (*vgl. Kapitel Soziotherapie, S. 519 ff.*).

- Die **Rezidivneigung** mancher psychischer Erkrankungen beinhaltet, daß der Prophylaxe sowie der Nachsorge ein besonders hoher Stellenwert zukommt (Rückfallverhütung durch medikamentöse und psychosoziale Maßnahmen).

- Gegenüber anderen Krankheiten können hirnorganische und psychotische Störungen insofern eine Sonderstellung einnehmen, als infolge krankheitsbedingter **fehlender Krankheitseinsicht** in manchen Fällen eine Unterbringung und Behandlung des Kranken gegen seinen Willen erfolgen muß („Zwangsbehandlung"). In ähnlicher Weise kann die Einrichtung einer Betreuung (früher: Entmündigung, Pflegschaft) bei Demenz-Patienten notwendig werden (*vgl. Kapitel Juristische Aspekte und Maßnahmen, S. 533 ff.*).

- Neben den bereits erwähnten differenzierten Behandlungs- und Versorgungseinrichtungen (teilstationär, komplementär [Übergangseinrichtungen, Ergotherapie, Freizeiteinrichtungen]) (*vgl. Kapitel Soziotherapie*) existieren für einzelne Krankengruppen **Spezialeinrichtungen**. Dazu zählen Fachkrankenhäuser für Suchtkranke, geistig Behinderte sowie für psychisch kranke Rechtsbrecher („Maßregelvollzug").

- Insbesondere im stationären Sektor erfolgt die psychiatrische Behandlung durch ein **therapeutisches Team**, zu dem folgende Berufsgruppen zählen: Pflegepersonal (z. T. mit psychiatrischer Zusatzqualifikation), Sozialarbeiter und -pädagogen, Diplom-Psychologen, Beschäftigungs- und Arbeitstherapeuten, Suchttherapeuten, Physiotherapeuten. Dies verdeutlicht die **Bedeutung psychosomatischer Gesamtbehandlungskonzepte** und die Notwendigkeit des Aufstellens eines **individuumzentrierten Gesamtbehandlungsplanes**.

Ergänzend sollte beachtet werden, daß psychisch Kranke aufgrund ihrer Sensibilität und Irritierbarkeit eines toleranten, positiven, transparent-konsequenten äußeren und inneren Behandlungsrahmen bedürfen („Stationsatmosphäre", „Setting", „Milieutherapie").

Psychopharmakotherapie

Allgemeiner Teil

Einleitung. Wohl kaum eine andere Arzneimittelgruppe hat durch ihre Einführung so immense therapeutische Möglichkeiten eröffnet wie die modernen Psychopharmaka. In den rund 38 Jahren seit ihrer Entdeckung haben sie entscheidend dazu beigetragen, daß viele seelische Krankheiten – auch durch Nicht-Psychiater – behandelt werden können. Dank dieser Medikamente ist es heute möglich, daß Psychose-Kranke beruflich und sozial wieder rehabilitiert und integriert und daß viele psychische Störungen ambulant behandelt werden können.

> ***Merke.*** Für die sachgerechte Behandlung psychiatrischer Krankheiten ist ein **Gesamt-Behandlungsplan** obligat, der neben pharmakologisch beeinflußbaren biologischen Faktoren auch die (sozio-)psychodynamischen Bedingungen des Krankheitsbildes berücksichtigt.

Schon frühzeitig wurden die Bedeutung von Persönlichkeitsfaktoren, der Motivationslage und ähnlicher Ausgangsbedingungen sowie die Tragweite situativer Faktoren und des sozialen Kontextes für die Effekte von Psychopharmaka deutlich. Als Basis für eine sachgerechte Psychopharmakotherapie ist deshalb eine psychotherapeutische Grundeinstellung mit **Herstellung einer tragfähigen Arzt-Patient-Beziehung** anzusehen („Droge Arzt"). Gerade Psychopharmaka setzen eine **individuelle, persönliche, patientenzentrierte Einstellung** voraus, da ihre unkritische und unsachgemäße Verwendung Gefahren in sich bergen kann (z.B. Neuroleptika zur puren Ruhigstellung = „Pillenkeule", „verordnete Anpassung", „chemische Zwangsjacke", Tranquilizer als „medikamentöse Konfliktlöser"). Durch unseriöse Berichterstattung in den Medien werden psychisch Kranke und deren Angehörige hinsichtlich ihrer Einstellung zu Psychopharmaka auch heute noch verunsichert. Es liegen keine Daten darüber vor, wieviele Patienten, beeinflußt durch diese Kampagnen, ihre dringend indizierten Neuroleptika, Antidepressiva oder Tranquilizer abrupt absetzten und dadurch entweder wieder erkrankten und in psychiatrische Kliniken aufgenommen werden mußten, Suizidversuche unternahmen oder unter schwersten Entzugssymptomen litten.

Psychopharmaka sind heute aus der Therapie psychischer Erkrankungen nicht mehr wegzudenken, gründliche Kenntnisse sind jedoch obligate Voraussetzung für einen sachgemäßen Einsatz dieser Substanzen.

- Für einzelne Krankengruppen existieren **Spezialeinrichtungen** (Fachkrankenhäuser für Suchtkranke, geistig Behinderte sowie für psychisch kranke Rechtsbrecher).

- Insbesondere im stationären Sektor erfolgt die psychiatrische Behandlung durch ein **therapeutisches Team**. Dies verdeutlicht die **Bedeutung psychosomatischer Gesamtbehandlungskonzepte** und die Notwendigkeit des Aufstellens eines **individuumzentrierten Gesamtbehandlungsplanes**.

Psychopharmakotherapie

Allgemeiner Teil

Einleitung
Dank der modernen Psychopharmaka ist es heute möglich, daß Psychose-Kranke beruflich und sozial wieder rehabilitiert und integriert und daß viele psychische Störungen ambulant behandelt werden können.

◀ **Merke**

Basis für eine sachgerechte Psychopharmakotherapie ist eine psychotherapeutische Grundeinstellung mit **Herstellung einer tragfähigen Arzt-Patienten-Beziehung** („Droge Arzt").
Von großer Bedeutung ist eine **individuelle persönliche, patientenzentrierte Einstellung bei der Therapie mit Psychopharmaka**.
Ein unsachgemäßer Einsatz von Neuroleptika ist eine pure Ruhigstellung oder eine „verordnete Anpassung". Ebenso die Verordnung von Tranquilizern als „medikamentöse Konfliktlöser".

Für einen sachgemäßen Einsatz von Psychopharmaka sind gründliche Kenntnisse obligate Voraussetzung.

444   5 Therapie

An die Möglichkeit einer **Plazebo-Wirkung** muß gedacht werden.

Nicht unerwähnt soll bleiben, daß gerade bei der Evaluierung psychischer Effekte von Pharmaka die Möglichkeit einer **Plazebo-Wirkung** bestehen kann (der Plazebo-Effekt ist besonders bedeutsam bei der Behandlung von Schlafstörungen, aber auch bei Depressionen).

Ein weiteres Problem der psychopharmakologischen Forschung ist darin zu sehen, daß es keine validen tierexperimentellen Modelle psychiatrischer Erkrankungen gibt.

Definition ▶

> **Definition.** Jede Substanz, die in die Regulation zentralnervöser Funktionen eingreift und seelische Abläufe modifiziert („psychotroper Effekt"), ist ein Psychopharmakon.

Aus pharmakologischer Sicht gibt es allerdings keine Substanz, die „direkt auf die Psyche einwirkt", vielmehr werden nur bestimmte neurophysiologische oder biochemische Vorgänge verändert.

Einteilung
Psychopharmaka können eingeteilt werden nach:
- chemischer Struktur (hat sich nicht durchgesetzt),
- biochemischen Wirkmechanismen,
- neurophysiologischen Wirkmechanismen.

Übliche Einteilung:
- Tranquilizer,
- Hypnotika,
- Antidepressiva,
- Phasenprophylaktika (Lithium, Carbamazepin),
- Neuroleptika,
- Nootropika,
- sonstige Psychopharmaka (Psychostimulanzien).

Einteilung. Eine Einteilung der Psychopharmaka ist nach verschiedenen Gesichtspunkten möglich. Die ständig wachsende Zahl dieser Medikamente hat dazu geführt, daß immer wieder neue Klassifizierungen vorgeschlagen werden. So gibt es Einteilungen nach der chemischen Struktur (die sich jedoch nicht durchsetzen konnten, da chemisch nahe verwandte Stoffe klinisch oft sehr unterschiedliche Wirkungen hervorrufen) und andere, die von biochemischen oder neurophysiologischen Wirkmechanismen ausgehen.

Die Einteilung der Psychopharmaka erfolgt üblicherweise in folgende Gruppen:
- **Tranquilizer**
- **Hypnotika**
- **Antidepressiva**
- **Phasenprophylaktika** (Lithium, Carbamazepin)
- **Neuroleptika**
- **Nootropika**
- **Sonstige Psychopharmaka** (u.a. Clomethiazol, Psychostimulanzien)

Stellenwert
In der Behandlung organischer und endogener Psychosen sind Psychopharmaka unverzichtbar. Hier haben sie einen **Beitrag zur Humanisierung der Psychiatrie** geleistet, indem sie diese Erkrankungen behandelbar machten.
Die sozialpsychiatrischen Fortschritte basieren auf der Wirksamkeit der Psychopharmaka. Hohen Stellenwert haben sie auch bei der Behandlung von depressiven Syndromen, Erregungszuständen, Panikerkrankungen, kurzfristig auch bei Schlafstörungen, schweren Neurosen sowie akuten Krisen mit Suizidalität.

Stellenwert. Psychopharmaka gehören heute zu den am meisten verordneten Medikamenten und werden von jedem Arzt – nicht nur vom Nervenarzt – routinemäßig eingesetzt. Keine andere Arzneimittelgruppe wird aber auch so kontrovers und emotional diskutiert wie die Psychopharmaka. Unbestritten dürfte sein, daß sich die Behandlungsmöglichkeiten seelischer Erkrankungen seit der Entwicklung psychotroper Substanzen entscheidend erweitert haben. In der Behandlung organischer und endogener Psychosen sind Psychopharmaka unverzichtbar; hier haben sie einen **Beitrag zur Humanisierung der Psychiatrie** geleistet, indem sie diese Erkrankungen behandelbar machten und so die Voraussetzungen für soziotherapeutische und psychagogische Maßnahmen schufen. Die sozialpsychiatrischen Fortschritte der letzten Jahrzehnte basieren auf der Wirksamkeit der Psychopharmaka. Schwere Neurosen sowie akute Krisen mit Suizidalität können ebenfalls eine (vorübergehende) psychopharmakologische Behandlung erforderlich machen. Auch in der Behandlung der häufigen Symptome Schlafstörung und chronischer Schmerz sowie bei Panikerkrankungen, depressiven Syndromen und Erregungszuständen (symptomatische Sedierung – z.B. auch präoperativ) nehmen Psychopharmaka einen hohen Stellenwert ein.

Probleme der Verordnung
Die Gefahr der unkritischen Verordnung und Einnahme besteht v.a. bei Tranquilizern und Hypnotika, z.B. zur „Ruhigstellung" oder zur Korrektur physiologischer Verstimmungen und zum Menschsein gehörender Alltagsprobleme.
Tranquilizer **können den für eine Psychotherapie erforderlichen Leidensdruck reduzieren,** indem

Probleme der Verordnung. Wird die große Bedeutung der Psychopharmaka bei den genannten Indikationen kaum bestritten, so zeigen sich deren Grenzen, ja Gefahren, dann, wenn sie unkritisch nur zur „Ruhigstellung" oder zur Erleichterung des Lebens (Korrektur physiologischer Verstimmungen und zum Menschsein gehörender Alltagsprobleme) eingesetzt werden. Hier liegen die Nachteile der bei weitem am häufigsten verordneten Psychopharmaka, der Tranquilizer. Sie **können den für eine Psychotherapie erforderlichen Leidensdruck reduzieren,** indem sie Konflikte zudecken. Ihr unkontrollierter Gebrauch kann schließlich vom Konsum zum Mißbrauch führen. Der Abusus von Tranquilizern hat in der Öffentlichkeit entscheidend dazu beigetragen, daß Psychopharmaka generell in Mißkredit geraten sind. Erschwerend kommt hinzu, daß sich aus einer Präparatevielfalt, die selbst dem Psychiater eine jederzeit aktuelle Übersicht schwer macht, diffuse unklare Indikationsstellungen und eine psychopharmakologische Polypragmasie ergeben können. Verbreitet ist auch der Irrtum, die Pharmakopsychiatrie sei im Gegensatz zur Psychotherapie eine recht einfach und schnell erlernbare Disziplin.

Merke. Der Stellenwert von Psychopharmaka in der Behandlung psychischer Störungen ist sehr unterschiedlich und von der Art der psychischen Erkrankung abhängig. Längst überholt und als unsinnig erkannt ist der leider nach wie vor anzutreffende Standpunkt „Medikamente **oder** Psychotherapie".

Eine psychotherapeutische Grundhaltung gehört obligat zum Umgang mit seelisch Kranken, in vielen Fällen ist nur durch die Kombination beider Behandlungsverfahren ein optimales Therapieergebnis möglich.

Das „therapeutische Klima", die Arzt-Patient-Beziehung, spielt auch in der Psychopharmakotherapie eine wichtige Rolle. Zentrales Problem ist die Indikationstellung, somit die exakte psychiatrische Diagnostik.

◄ **Merke**

Einem Teil der Patienten werden immer wieder leichtfertig Psychopharmaka verordnet, einem anderen Teil werden sie ungerechtfertigterweise vorenthalten.

Psychopharmaka liegen in allen **Darreichungsformen** vor, nämlich als Ampullen zur intravenösen oder intramuskulären Applikation, in oral fester und flüssiger Form sowie als Suppositorien. Besondere Bedeutung haben **Depot-Präparate** (parenterale Applikation von Depot-Neuroleptika) in der Langzeitbehandlung schizophrener Psychosen erlangt. Die Dosierung von Psychopharmaka erfolgt grundsätzlich individuell, im Akutstadium der Erkrankung ist zumeist eine höhere Dosierung notwendig, nach eingetretener Besserung wird die Medikamentendosis bis zur sog. Erhaltungsdosis reduziert. Zwecks besserer Verträglichkeit werden z.B. Antidepressiva zumeist einschleichend dosiert, das Absetzen sollte in der Regel allmählich geschehen.

Je nach vorliegendem Krankheitsbild ist eine regelmäßige Einnahme erforderlich, manchmal können die Medikamente auch nur bei Bedarf (z.B. Tranquilizer, Hypnotika) eingenommen werden. Bei vielen Psychopharmaka ist aufgrund langer Halbwertszeiten eine tägliche **Einmaldosierung** möglich (z.B. **Retard-Präparate**). Die Herstellung einer hohen **Einnahmezuverlässigkeit (Compliance)** ist von eminenter Bedeutung, da insbesondere Neuroleptika, Lithium und Antidepressiva zur Stabilisierung des Zustandes und zur Rezidivprophylaxe häufig über längere Zeiträume eingenommen werden müssen. Als Compliance-fördernd haben sich überschaubare (einfache) Verordnungspläne, die ausführliche Darstellung von Nutzen/Wirksamkeit (z.B. Rückfallverhütung) und möglicher (harmloser, vorübergehender) Nebenwirkungen sowie positives ärztliches Führungsverhalten erwiesen.

Psychopharmaka können das **Reaktionsvermögen**, die Vigilanz und psychomotorische Funktionen (Bedienung von Maschinen, Straßenverkehr) beeinträchtigen. Besonders bedeutsam und folgenreich ist die **Wechselwirkung** von Alkohol mit Psychopharmaka (potenzierende Wirkung). Unter arbeits- und verkehrsmedizinischen Gesichtspunkten muß bei Tranquilizern und Hypnotika an die Gefahr der Nachwirkungen („hang over", Tagesresteffekte) gedacht werden (Kumulationsgefahr, lange Halbwertzeit, aktive Metaboliten). Zu Beginn einer Neuroleptika- und Antidepressivabehandlung und bei höherer Dosierung ist die Arbeits- und Fahrtauglichkeit zumeist beeinträchtigt. Hierbei müssen immer individuelle Gegebenheiten (Persönlichkeitsfaktoren, Nebenwirkungen) berücksichtigt werden.

---

sie Konflikte zudecken; ihr unkontrollierter Gebrauch kann zum Mißbrauch führen. Der Abusus von Tranquilizern hat in der Öffentlichkeit entscheidend dazu beigetragen, daß Psychopharmaka in Mißkredit geraten sind.

Psychopharmaka liegen in allen **Darreichungsformen** vor.

Besondere Bedeutung hat die parenterale Applikation von **Depot-Neuroleptika** in der Langzeitbehandlung schizophrener Psychosen. Die Dosierung von Psychopharmaka erfolgt grundsätzlich individuell, im Akutstadium der Erkrankung ist meist eine höhere Dosierung notwendig, nach Besserung wird die Dosis bis zur sog. Erhaltungsdosis reduziert. Zur besseren Verträglichkeit werden z.B. Antidepressiva zumeist einschleichend dosiert, das Absetzen sollte allmählich geschehen. Bei vielen Psychopharmaka ist aufgrund langer Halbwertzeiten eine tägliche **Einmaldosierung** möglich (z.B. **Retard-Präparate**). Eine hohe **Einnahmezuverlässigkeit (Compliance)** ist von eminenter Bedeutung, da Neuroleptika, Lithium und Antidepressiva zur Stabilisierung des Zustandes und zur Rezidivprophylaxe häufig über längere Zeiträume eingenommen werden müssen.

Psychopharmaka können das **Reaktionsvermögen,** die Vigilanz und psychomotorische Funktionen (Bedienung von Maschinen, Straßenverkehr) beeinträchtigen. Besonders bedeutsam ist die **Wechselwirkung** von Alkohol mit Psychopharmaka (potenzierende Wirkung).

Kontrolluntersuchungen
Keine Einnahme ohne regelmäßige ärztliche Kontrolle. Die bei den einzelnen Substanzgruppen notwendigen Kontrolluntersuchungen sind in Abb. 5-2 wiedergegeben.
Besondere Vorschriften sind bei einer Lithium-Prophylaxe zu beachten (Nieren- und Schilddrüsenwerte, Plasmaspiegelkontrollen, cave Interaktionen mit Diuretika).

Kontrolluntersuchungen. Prinzipiell dürfen keine Psychopharmaka ohne regelmäßige ärztliche Kontrolle eingenommen werden. Die bei den einzelnen Substanzgruppen notwendigen Kontrolluntersuchungen sind in *Abbildung 5-2* wiedergegeben.

Vor einer **Lithium**-Einstellung sind folgende Befunde zu erheben: Blutbild, Nierenparameter einschließlich Kreatininclearance, Schilddrüsenwerte, EKG, EEG, Blutdruck, Puls, Körpergewicht, Halsumfang und Schwangerschaftstest.

Wochen	1	2	3	4	5	6	7	8	9	10	11	12	13	14	15	16
Neuroleptika	(BB)	BB, L, RR	(BB)	BB, N,L, RR, EKG, EEG	(BB)	(BB), RR	(BB)	BB, L, RR	(BB)	(BB), RR	(BB)	BB, N,L, RR, EKG, EEG	(BB), RR	BB, RR	BB	BB, N,L, RR, EKG, EEG
Antidepressiva	(BB)	BB, L, RR	(BB)	BB, N,L, RR, EKG, EEG	(BB)	(BB)	(BB)	BB, L, RR	(BB)	(BB), RR	(BB)	BB, N,L, RR, EKG, EEG	(BB)	BB	BB	BB, N,L, RR, EKG, EEG
Lithium		L, RR		BB,N, L,S, RR, EKG, EEG				N, S, RR, EKG, EEG				N,BB, N,L, RR, EKG, EEG				N,BB, N,L, RR, EKG, EEG
Carbamazepin	BB	BB, EKG, RR		BB, N,L, EKG, EEG, RR		BB		BB, N,L, EKG, EEG, RR	BB	BB	BB	BB, BB, EKG, EEG, RR		BB, BB	BB, BB	BB, BB, EKG, EEG, RR

BB   = Blutbild
(BB) = unter trizykl. Neuroleptika, Clozapin und Mianserin
N   = Nierenwerte (Harnstoff, Kreatinin)
L   = Leberwerte (Transaminasen)
S   = Schilddrüsenwerte
RR   = Blutdruck/Puls
EKG = Elektrokardiogramm
EEG = Elektroenzephalogramm

Abb. 5-2: Erforderliche Kontrolluntersuchungen unter Psychopharmakotherapie

Mißbrauch und Abhängigkeit
Neben dem Konsum von Nikotin und Alkohol stellen der Mißbrauch und die Abhängigkeit von psychotropen Medikamenten ein beträchtliches medizinisches, volkswirtschaftliches und sozialhygienisches Problem dar.

Mißbrauch und Abhängigkeit. Zu den gebräuchlichsten und gesellschaftlich am meisten akzeptierten psychotropen Substanzen zählen seit Jahrzehnten Nikotin und Alkohol. Neben dem Konsum dieser frei zugänglichen „Genußmittel" stellen der Mißbrauch und die Abhängigkeit von psychotropen Medikamenten ein beträchtliches medizinisches, volkswirtschaftliches und sozialhygienisches Problem dar.

Die Zahl der Medikamentenabhängigen wird in der Bundesrepublik Deutschland auf 600 000 bis 1,4 Millionen geschätzt, wobei es sich bei den Medikamenten hauptsächlich um Analgetika, Tranquilizer und Hypnotika handelt.

Merke. Bei der Verordnung von Benzodiazepin-Tranquilizern und -Hypnotika steigt das Abhängigkeitsrisiko mit zunehmender Dauer der Einnahme und Höhe der Dosierung. Die Verordnung dieser Substanzen bei abhängigkeitsgefährdeten Patienten ist obsolet.

◄ Merke

Die Frage der Häufigkeit von Abhängigkeitsentwicklungen wird in der wissenschaftlichen Literatur kontrovers diskutiert. Im Vergleich zum Alkoholmißbrauch sowie in Relation zur Anwendungshäufigkeit ist offenbar eine echte Sucht selten, meist handelt es sich um Patienten, die primär alkohol- oder drogenabhängig waren oder sind (sog. „Umsteiger"). Die sogenannte **Niedrigdosis-Abhängigkeit** (langfristige Einnahme in therapeutischem Dosen-Langzeitkonsum) scheint wesentlich häufiger zu sein. Dies stellt den Arzt häufig vor sehr schwierige therapeutische Aufgaben. Problematisch erscheint hierbei die unscharfe Definition der Begriffe „Mißbrauch, Abhängigkeit, Gewöhnung und Sucht". Aus der Sicht des Psychiaters ist es besonders bedauerlich, daß fälschlicherweise oft in den Massenmedien ein **Mißbrauchpotential** global allen Psychopharmaka zugeschrieben wird; tatsächlich besteht ein solches für Tranquilizer, Hypnotika, Psychostimulanzien und Clomethiazol (Distraneurin®). Die hauptsächlich von Nervenärzten verordneten Neuroleptika und Antidepressiva besitzen ebenso wie Lithium, Carbamazepin und Betarezeptorenblocker **kein Abhängigkeitspotential**.

Bei Benzodiazepin-Tranquilizern und -Hypnotika überwiegt die **Niedrigdosis-Abhängigkeit** (langfristige Einnahme in therapeutischem Dosen-Langzeitkonsum). Problematisch ist die unscharfe Definition der Begriffe „Mißbrauch, Abhängigkeit, Gewöhnung und Sucht".

Mißbrauchpotential besteht bei Tranquilizern, Hypnotika, Psychostimulanzien und Clomethiazol (Distraneurin®).
Kein Abhängigkeitspotential besitzen Neuroleptika, Antidepressiva, Lithium, Carbamazepin.

Psychopharmaka bei Kindern/Jugendlichen. Angesichts der Häufigkeit psychischer Störungen („Verhaltensstörungen, Schul- und Erziehungsschwierigkeiten") werden nach lange geübter Zurückhaltung Psychopharmaka in den letzten Jahren offenbar zunehmend häufiger auch Kindern und Jugendlichen verordnet. Die Pharmakotherapie im Kindes- und Jugendalter weist einige Besonderheiten auf: Zum einen ist eine **enge Kooperation** („therapeutisches Bündnis") mit den **Bezugspersonen** herzustellen.

Psychopharmaka bei Kindern/ Jugendlichen
Die Pharmakotherapie im Kindes- und Jugendalter weist einige Besonderheiten auf: Zum einen ist eine **enge Kooperation** („therapeutisches Bündnis") **mit den Bezugspersonen** herzustellen.

Merke. Es ist keineswegs selbstverständlich, daß Arzt und Eltern stets gleiche Behandlungsziele haben; z.B. können Kinder „Symptomträger" ihrer Eltern sein. Hieraus kann sich die Indikation für eine Familientherapie ergeben.

◄ Merke

Der (erhoffte) positive Effekt des Medikamentes ist andererseits möglicherweise nicht nur für das Verhalten des Kindes günstig, sondern führt indirekt auch zu einer günstigeren Einstellung und Haltung der Eltern zum Kind. Grundsätzlich zu beachten ist die adäquate Dosierung (Unterschiede zum Erwachsenen-Organismus), die nach mg/kg Körpergewicht oder nach der Körperoberfläche erfolgen sollte. Der junge Patient und die Eltern sollten ausführlich über Ziel und Zweck sowie über den Stellenwert der psychopharmakologischen Behandlung informiert werden. Von zentraler Bedeutung ist das Vorliegen einer adäquaten Indikation für eine medikamentöse Behandlung.

Der (erhoffte) positive Effekt des Medikamentes ist andererseits möglicherweise nicht nur für das Verhalten des Kindes günstig, sondern führt indirekt auch zu einer günstigeren Einstellung und Haltung der Eltern zum Kind.

Indiziert sind **Psychopharmaka** bei Kindern und Jugendlichen hauptsächlich bei:
• psychotischen Störungen,
• hyperkinetischen Syndromen,
• depressiven Erkrankungen sowie
• sogenannten minimalen zerebralen Dysfunktionen.

Eine Sonderstellung nehmen Psychostimulanzien ein; sie können bei hyperaktiven Kindern eingesetzt werden ohne Gefahr der Entwicklung einer Medikamentenabhängigkeit.

Ein nicht zu unterschätzender Anteil psychisch gestörter Kinder ist durch den kombinierten Einsatz nichtmedikamentöser (psychagogischer, psychotherapeutischer, familientherapeutischer) und medikamentöser Therapien wesentlich effektiver zu behandeln als durch eine einseitige ausschließlich medikamentöse oder dogmatische nichtmedikamentöse Behandlung.

Indikationen für Psychopharmaka bei Kindern und Jugendlichen:
• psychotische Störungen,
• hyperkinetische Syndrome,
• depressive Erkrankungen,
• minimale zerebrale Dysfunktion.

Der (zeitweilige) kombinierte Einsatz nichtmedikamentöser (psychagogischer, psychotherapeutischer, familientherapeutischer) und medikamentöser Therapien ist häufig die bestmögliche Behandlung.

5 Therapie

Psychopharmaka im höheren Lebensalter
Etwa 25% der über 65jährigen ist psychisch krank. Als Alterskrankheiten liegen am häufigsten Demenzen, depressive Erkrankungen und paranoide Psychosen vor.
Die „Geronto-Psychopharmakotherapie" zeigt einige Besonderheiten: Neben **psychosozialen Faktoren** sind **körperliche Faktoren** für die veränderte Wirkungsweise von Psychopharmaka beim alten Menschen von entscheidender Bedeutung (z.B. Reduktion des medikamentenbindenden Eiweißanteils, Enzymaktivitäten, reduzierte Organperfusion).
Die **veränderte Pharmakokinetik** erfordert i.d.R. eine niedrigere Dosierung. Mit verzögertem Wirkeintritt und erhöhter Nebenwirkungsempfindlichkeit muß gerechnet werden.

Hauptindikationen von Psychopharmaka bei Alterspatienten:
• Schlafstörungen
• Organische Psychosyndrome
• Altersdepressionen
• Paranoide Psychosen
• Erregungs- und Verwirrtheitszustände.
Wichtig sind die Behandlung körperlicher Grundkrankheiten, die **Gestaltung des Tagesablaufes** sowie **psychosoziale Maßnahmen**.

Kombinierte Psychopharmakotherapie

Definition ▶

Es ist oft unumgänglich, Psychopharmaka aus gleichen oder verschiedenen Substanzgruppen, u.a im Akutstadium, gleichzeitig zu verordnen. Hierbei ist besonders auf mögliche **Arzneimittelwechselwirkungen (Interaktionen)** zu achten. Die **Wirklatenz der Antidepressiva** macht angesichts der rasch zu behandelnden Symptome Schlafstörung, Unruhe, Angst, Suizidalität oft die **initiale Kombination mit einem Benzodiazepin-Tranquilizer oder einem niederpotenten Neuroleptikum erforderlich**. In der Initialphase einer Psychosenbehandlung ist nicht selten die **Kombination** eines **hochpotenten mit einem niederpotenten Neuroleptikum** notwendig.

Psychopharmaka im höheren Lebensalter. Die Psychopharmakotherapie im höheren Lebensalter gewinnt zunehmend an Bedeutung: Zirka 15% der Bevölkerung ist älter als 65 Jahre, etwa 25% der über 65jährigen ist psychisch krank. Mehr als 75% der Bewohner von Altenheimen erhalten Psychopharmaka.

Als Alterskrankheiten liegen am häufigsten Demenzen, depressive Erkrankungen und paranoide Psychosen vor. Patienten im höheren Lebensalter weisen einige Besonderheiten auf, die auch für die psychopharmakologische Behandlung von Bedeutung sind: Fast immer liegt **Multimorbidität** vor, welche die **Gefahr einer „Polypharmazie"** mit sich bringt. Hieraus können sich erhebliche Probleme bezüglich der Compliance und möglicher Arzneimittelinteraktionen ergeben. Neben **psychosozialen Faktoren** sind **körperliche Faktoren** für die veränderte Wirkungsweise von Psychopharmaka beim alten Menschen von entscheidender Bedeutung. Letztere umfassen u.a. die Reduktion des Serumalbumingehaltes, der Enzymaktivitäten und der Leber- und Nierenperfusion, was **erhebliche Veränderungen von Pharmakokinetik und Pharmakodynamik** mit sich bringen kann. Praktisch hat dies zur Folge, daß Medikamente bei Patienten im höheren Lebensalter in der Regel niedriger dosiert werden müssen, daß mit einem verzögerten Einsetzen der gewünschten Wirkung in vielen Fällen gerechnet werden muß und daß eine erhöhte Nebenwirkungsempfindlichkeit besteht. Von grundlegender Bedeutung ist das Aufstellen einfacher, übersichtlicher Medikamentenverordnungspläne, die die „Vergeßlichkeit" älterer Menschen berücksichtigen. Auch die Darreichungsformen müssen auf den Alterspatienten abgestimmt sein.

Hauptindikationen von Psychopharmaka bei Alterspatienten sind:
• Behandlungsbedürftige Schlafstörungen
• Organische Psychosyndrome
• Altersdepressionen
• Paranoide Psychosen
• Erregungs- und Verwirrtheitszustände unterschiedlicher Genese.

Neben der Verordnung möglichst nebenwirkungsarmer Psychopharmaka spielen die **Behandlung körperlicher Grundkrankheiten**, die **Gestaltung des Tagesablaufes** mit Beachtung der lebenssituativen Gegebenheiten sowie **psychosoziale Maßnahmen** eine wichtige Rolle.

Kombinierte Psychopharmakotherapie.

> *Definition.* Der Begriff „kombinierte Psychopharmakotherapie" beinhaltet zweierlei: Die Kombination verschiedener Psychopharmaka sowie die Kombination von Psychopharmaka mit anderen Therapieverfahren.

Aufgrund der pharmakologischen Wirkmechanismen einzelner Substanzen – aber auch in Anbetracht verschiedenartiger Symptomenkomplexe – ist es in vielen Fällen unumgänglich, Psychopharmaka aus gleichen oder verschiedenen Substanzgruppen, vor allem im Akutstadium, gleichzeitig zu verordnen. Hierbei ist besonders auf mögliche **Arzneimittelwechselwirkungen (Interaktionen)** zu achten (s. S. 464). So macht die **Wirklatenz der Antidepressiva** angesichts der rasch zu behandelnden Symptome Schlafstörung, Unruhe, Angst, Suizidalität, **oft die initiale Kombination mit einem Benzodiazepin-Tranquilizer oder einem niederpotenten Neuroleptikum erforderlich.** Nach Einsetzen der antidepressiven Wirkung kann die Zusatzmedikation dann in der Regel langsam ausschleichend abgesetzt werden.

In der Initialphase einer Psychosenbehandlung ist nicht selten die Kombination eines hochpotenten mit einem niederpotenten Neuroleptikum notwendig, um antipsychotische und sedierende Wirkeffekte zu erreichen. Bei schizoaffektiven Psychosen kann eine „Zweizügeltherapie" (Kombination Neuroleptikum mit Antidepressivum) indiziert sein.

Bei phasischen Depressionen und Zyklothymien werden rezidivprophylaktische Medikamente (Lithium, Carbamazepin) zusammen mit für die Akutbehandlung notwendigen Antidepressiva bzw. Neuroleptika verordnet. Bei allen Kombinationsbehandlungen sollte darauf geachtet werden, aus den jeweiligen Substanzgruppen möglichst nur ein, maximal zwei Präparate zu verwenden; die Zahl gleichzeitig verordneter Psychopharmaka ist auf das unumgängliche Mindestmaß zu beschränken.

Die Behandlung von psychisch Kranken darf sich grundsätzlich nie auf die Anwendung von Medikamenten beschränken; erforderlich ist in jedem Fall ein **Gesamtbehandlungsplan.** Kernpunkt jeder Therapie ist eine psychotherapeutische Grundhaltung, ein Eingehen auf den einzelnen mit seinen persönlichen Problemen; Probleme, die sowohl an der Entstehung der Krankheit beteiligt sein können, die aber auch erst durch sie entstehen können. Das **Gespräch mit dem Kranken ist Grundlage für das Entstehen einer Vertrauensbasis**, durch die jegliche Therapie erst möglich wird.

Die speziellen Psychotherapie-Verfahren sind im einzelnen auf *S. 488 ff.* dargestellt.

Neben den psychotherapeutischen existieren eine Reihe andere, in der Kombination mit Psychopharmaka sinnvolle Behandlungsmethoden wie Beschäftigungstherapie, Arbeitstherapie, Musik- und Sporttherapie sowie physikalische Maßnahmen. Erstere werden unter dem Begriff **Soziotherapie** zusammengefaßt, die neben Trainingsprogrammen Konzepte der Milieutherapie und der „Selbsthilfe" einschließt. Soziale und berufliche Rehabilitation sind also Hauptanliegen dieser sog. Begleittherapien. Die Psychopharmakotherapie stellt oft Voraussetzung und Fundament für psycho- und soziotherapeutische Behandlungsmaßnahmen dar. *Abbildung 5-3* gibt die möglichen gegenseitigen Wechselwirkungen zwischen Pharmako- und Psychotherapie wieder.

Bei schizoaffektiven Psychosen kann eine „**Zweizügeltherapie**" (Kombination Neuroleptikum mit Antidepressivum) indiziert sein.
Bei phasischen Depressionen und Zyklothymien werden **rezidivprophylaktische Medikamente** (Lithium, Carbamazepin) zusammen mit für die **Akutbehandlung** notwendigen Antidepressiva bzw. Neuroleptika verordnet.
Erforderlich ist in jedem Fall ein **Gesamtbehandlungsplan.** Kernpunkt jeder Therapie ist eine psychotherapeutische Grundhaltung.
Das **Gespräch mit dem Kranken ist Grundlage für das Entstehen einer Vertrauensbasis**, durch die jegliche Therapie erst möglich wird.

Auch die Beschäftigungs- und Arbeitstherapie, Musik- und Sporttherapie sowie Physiotherapie kommen zum Einsatz.
Die Psychopharmakotherapie ist oft Voraussetzung und Fundament für psycho- und soziotherapeutische Behandlungsmaßnahmen.
Mögliche Wechselwirkungen zwischen Pharmako- und Psychotherapie s. Abb. 5-3.

Abb. 5-3: Mögliche Interferenzen zwischen Pharmako- und Psychotherapie

Spezieller Teil

Tranquilizer

Historisches ▶

Definition ▶

Als klinischen Tranquilizereffekt bezeichnet man die angstlösenden, beruhigenden und emotional entspannenden Wirkungen. Diese Effekte zeigen auch niedrigdosierte Neuroleptika, sedierende Antidepressiva und z.T. auch Betablocker, weshalb der Begriff Anxiolytika statt Tranquilizer nicht voll befriedigen kann.
Charakteristisch für Tranquilizer im engeren Sinne ist, daß sie eine **anxiolytische, aber keine antipsychotische Wirkung** besitzen.

Einteilung
Nach der **chemischen Struktur:**
• Benzodiazepin-Tranquilizer
• Niedrigdosierte Neuroleptika
• Chemisch neuartige Tranquilizer (Non-Benzodiazepin-Tranquilizer)
• Pflanzliche Sedativa (Kavain, Baldrian, Hopfen)
• Substanzen, die auch zur Anxiolyse eingesetzt werden (z.B. Betablocker, Hydroxyzin).
Benzodiazepine nehmen heute den ersten Rang unter den Tranquillanzien ein. Bei niedrig dosierten Neuroleptika sind **das fehlende Abhängigkeitspotential und die Möglichkeit der Verabreichung als Depot-Injektion von Vorteil**, nachteilig die deutlich **höhere Nebenwirkungsrate.** Betablocker können zur Behandlung situativer und vorwiegend körperlicher Angstsymptomatik eingesetzt werden.
Bei leichteren Symptomen initial pflanzliche Sedativa versuchen (cave Alkoholgehalt!).
Klinisches Wirkprofil der Benzodiazepine:
• angstlösend,
• sedierend,

Spezieller Teil

Tranquilizer

Historisches. Vor der Entdeckung der modernen Psychopharmaka standen als Beruhigungsmittel hauptsächlich folgende psychotrope Substanzen zur Verfügung: Opium, Bromide, Chloralhydrat, Paraldehyd, Barbiturate und Scopolamin. Über die Synthese des Muskelrelaxans Mephenesin (1946 wurde dessen Wirkung als „Tranquilisation" beschrieben) wurde 1950 die tranquilisierend-anxiolytische Wirkung von Meprobamat entdeckt. 1960 nahm mit der Synthese von Chlordiazepoxid (Librium®) die Ära der Benzodiazepine ihren Anfang. Seitdem sind Benzodiazepine die bei weitem wichtigste und am meisten verbreitete Gruppe der Tranquilizer.

> *Definition.* Unter dem Begriff Tranquillanzien (englisch: minor tranquilizer) werden Psychopharmaka zusammengefaßt, die zur Behandlung von Angst- und Spannungszuständen verwendet werden (lateinisch: tranquillare = beruhigen).

Sie werden auch als Ataraktika (griechisch: ataraktos = ausgeglichen) oder gebräuchlicher als Anxiolytika (lateinisch: anxius = angstvoll; griechisch: lytikos = fähig zu lösen) bezeichnet. Als klinischen Tranquilizereffekt bezeichnet man die angstlösenden, beruhigenden und emotional entspannenden Wirkungen. Diese Effekte zeigen neben den eigentlichen Tranquillanzien auch niedrigdosierte Neuroleptika, sedierende Antidepressiva und z.T. auch Betarezeptorenblocker, weshalb der Begriff Anxiolytika statt Tranquilizer nicht voll befriedigen kann.

Charakteristisch für Tranquilizer im engeren Sinne ist, daß sie eine **anxiolytische, aber keine antipsychotische Wirkung** besitzen. Der alte Begriff Psychosedativum basiert darauf, daß Hypnotika in niedriger Dosis ähnlich wie Tranquilizer wirken. Es bestehen – dosisabhängig – fließende Übergänge zwischen Tranquilizern und Hypnotika.

Einteilung. Tranquilizer können nach der chemischen Struktur sowie nach dem praktisch-klinischen Wirkprofil eingeteilt werden.

Nach der **chemischen Struktur** kann man folgende Gruppen unterscheiden:
• Benzodiazepin-Tranquilizer
• Niedrigdosierte Neuroleptika
• Chemisch neuartige Tranquilizer (Non-Benzodiazepin-Tranquilizer)
• Pflanzliche Sedativa (Kavain, Baldrian, Hopfen).
• Substanzen, die auch zur Anxiolyse eingesetzt werden (z.B. Beta-Rezeptorenblocker, Hydroxyzin)

Benzodiazepine nehmen heute den ersten Rang unter den Tranquillanzien ein. In niedriger Dosierung können auch Neuroleptika als Tranquilizer eingesetzt werden. **Vorteilhaft sind hier das fehlende Abhängigkeitspotential und die Möglichkeit der Verabreichung als Depot-Injektion,** nachteilig die deutlich **höhere Nebenwirkungsrate** (*vgl. Kapitel Neuroleptika, S. 467 ff.*). Betarezeptorenblocker können zur Behandlung situativer Ängste und bei vorwiegend körperlicher Angstsymptomatik eingesetzt werden.

Bei leichteren Symptomen (Nervosität, Gereiztheit, ängstliche Unruhe) kann initial ein Versuch mit pflanzlichen Sedativa (Kavain, Baldrian, Hopfen) gemacht werden (cave Alkoholgehalt!). Zu den chemisch neuartigen Non-Benzodiazepin-Tranquilizern zählt Buspiron; die Zukunft muß zeigen, welcher Stellenwert derartigen Substanzen als Alternative zu den Benzodiazepinen zukommt.

Nach dem **klinischen Wirkprofil** können Benzodiazepine aufgrund des Ausmaßes ihrer sedierenden, muskelrelaxierenden, antiepileptischen und angstlösenden Wirkung eingeteilt werden (*siehe Tabelle 5-1*). Das Ausmaß der Sedierung ist hierbei von der einzelnen Substanz, insbesondere aber von der Dosierung abhängig. Viele Tranquilizer wirken in höherer Dosis hypnogen, manche Benzodiazepine sind deshalb als reine Hypnotika im Handel (vgl. Kapitel Hypnotika, S. 455 ff.).

Tabelle 5-1: Schema zur Auswahl von Benzodiazepinen

Eliminations-Halbwertzeit	Sedative Wirkung		
	+	++	+++
Kurz 3–6 Stunden	Clotiazepam (Trecalmo®)	Brotizolam (Lendormin®)	Triazolam (Halcion®)
Mittellang < 24 Stunden	Alprazolam (Tafil®)	Oxazepam (Adumbran® u.a.)	Flunitrazepam (Rohypnol®)
		Lorazepam (Tavor® u.a.)	Temazepam (Remestan® u.a.)
		Bromazepam (Lexotanil® u.a.)	
Lang > 24 Stunden	Clobazam (Frisium®)	Clorazepat (Tranxilium®)	Diazepam (Valium® u.a.)
	Prazepam (Demetrin®)	Chlordiazepoxid (Librium®)	Flurazepam (Dalmadorm® u.a.)

Da bei einigen Benzodiazepinen die **antikonvulsive Wirkung** stark ausgeprägt ist (z.B. Diazepam, Clonazepam), finden sie (auch) Anwendung in der Behandlung von Epilepsien. Bei Diazepam und Tetrazepam ist die muskelrelaxierende Wirkung so stark, daß man sich diese therapeutisch zu Nutze machen kann.

Eine weitere Einteilungsmöglichkeit der Benzodiazepin-Tranquilizer besteht aufgrund unterschiedlicher **pharmakokinetischer Eigenschaften**; hier können nach ihrer Eliminationshalbwertzeit vereinfachend
• kurz wirkende, mittellang wirkende und lang wirkende Benzodiazepine unterschieden werden. Diese Unterschiede können klinisch von großer Bedeutung sein, da pharmakokinetische Faktoren die Wirkungsdauer bestimmen und die Grundlage für ein vernünftiges Dosierungsschema darstellen. Wenn man

• muskelrelaxierend,
• antiepileptisch.
Zum Teil besteht ein fließender Übergang zur Benzodiazepin-Hypnotika (s. Tab. 5-1).

Da bei einigen Benzodiazepinen die **antikonvulsive Wirkung** stark ausgeprägt ist (z.B. Diazepam, Clonazepam), finden sie (auch) Anwendung in der Behandlung von Epilepsien. Einteilung der Benzodiazepin-Tranquilizer nach **pharmakokinetischen Eigenschaften**; hier können nach ihrer Eliminationshalbwertzeit vereinfachend
• kurz wirkende,
• mittellang wirkende und
• lang wirkende Benzodiazepine unterschieden werden.
Viele Benzodiazepine besitzen den

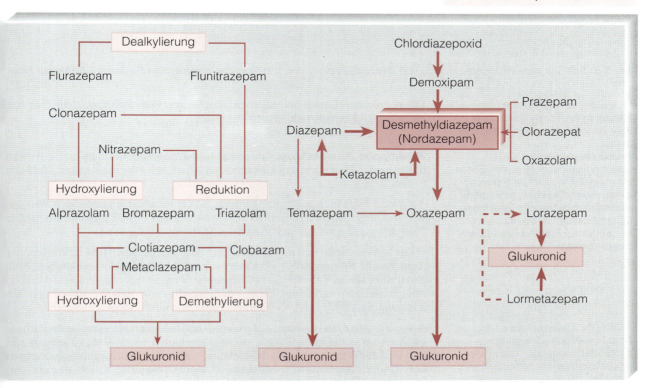

Abb. 5-4: Stoffwechselwege und Ab-/Umbaureaktionen verschiedener Benzodiazepine

die Benzodiazepine nach ihren Halbwertzeiten einteilen will, darf auch die Bildung aktiver Metaboliten nicht außer Betracht gelassen werden. Wie aus *Abbildung 5-4* ersichtlich ist, besitzen viele im Handel befindliche Benzodiazepine den gemeinsamen aktiven Metaboliten Desmethyldiazepam (Nordazepam) und stellen somit eigentlich nur „Pro-drugs" dar. Das Entstehen aktiver Metaboliten ist neben einer vermehrten Stoffwechselbelastung des Körpers hauptsächlich mit einer überlangen Wirkdauer verknüpft.

Pharmakologie und Biochemie der Benzodiazepin-Tranquilizer.

Im Tierversuch mit bestimmten pharmakologischen Tests zeigen Tranquilizer antiaggressive, muskelrelaxierende und antiepileptische Wirkung.

Die neuropharmakologische Wirkungsweise der Benzodiazepine stellt man sich so vor, daß diese Substanzen die hemmende Funktion GABAerger Neurone verstärken, indem sie mit spezifischen Benzodiazepin-Rezeptoren in Interaktion treten (*siehe Abbildung 5-5*).

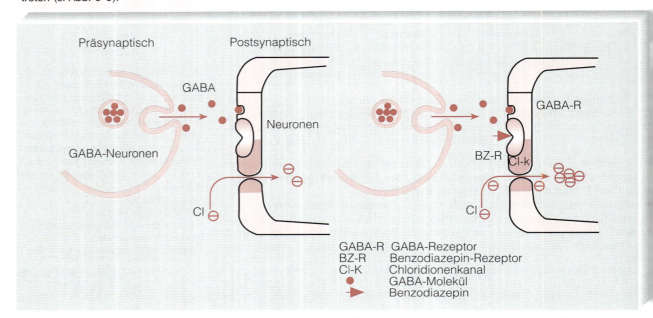

Abb. 5-5: Schema zum Wirkmechanismus von Benzodiazepinen: Verstärkung der hemmenden Funktion GABAerger Neurone

Die derzeit im Handel befindlichen Tranquilizer vom Benzodiazepin-Typ sind in *Tabelle 5-2* zusammenfassend dargestellt.

Praktische Anwendung.

Benzodiazepin-Tranquilizer finden breite Anwendung in allen Disziplinen der Medizin, vor allem bei Allgemeinärzten und Internisten.

Aufgrund ihres breiten Wirkungsspektrums, ihrer rasch einsetzenden Wirkung sowie ihrer großen Arzneimittelsicherheit werden diese Präparate im großen Feld der **psychogenen**, **psychoreaktiven** Störungen eingesetzt.

Dazu zählen Neurosen verschiedenster Art, **psychosomatische** Erkrankungen (**funktionelle Störungen**) sowie **abnorme Konflikt- und Erlebnisreaktionen**. Manche Präparate aus dieser Substanzgruppe werden bei muskulären Verspannungszuständen verordnet, einige zur Prämedikation. Bewährt haben sich Benzodiazepine auch in der Notfallmedizin (z.B. akuter Myokardinfarkt).

Als wichtigste **Zielsymptome** gelten **Angst- und/oder Erregungszustände**. Pathologische Ängste, die ein adäquates Konfliktverhalten blockieren, können gemindert und der Weg zu einer Psychotherapie – falls erforderlich – kann geebnet werden. Tranquilizer bieten die Möglichkeit, psychovegetative Krisen, den „psychovegetativen Störkreis", zu durchbrechen.

Tabelle 5-2: Derzeit in der Bundesrepublik Deutschland im Handel befindliche Benzodiazepine (Stand 1995)

Tranquilizer	Alprazolam (Tafil® u.a.)
	Bromazepam (Lexotanil®)
	Chlordiazepoxid (Librium®)
	Clobazam (Frisium®)
	Clotiazepam (Trecalmo®)
	Diazepam (Valium®)
	Dikaliumclorazepat (Tranxilium®)
	Lorazepam (Tavor®)
	Medazepam (Rudotel® u.a.)
	Metaclazepam (Talis®)
	Nordazepam (Tranxilium® N)
	Oxazepam (Adumbran®)
	Prazepam (Demetrin®)
Benzodiazepin-Antiepileptika	Clobazam (Frisium®)
	Clonazepam (Rivotril®)
	Diazepam (Valium® u.a.)
	Nitrazepam (Mogadan® u.a.)
Benzodiazepin-Muskelrelaxanzien	Diazepam (Valium® u.a.)
	Tetrazepam (Musaril®)
Benzodiazepin-Hypnotika	Brotizolam (Lendormin®)
	Flunitrazepam (Rohypnol®)
	Flurazepam (Dalmadorm®)
	Loprazolam (Sonin®)
	Lormetazepam (Noctamid®)
	Nitrazepam (Mogadan®)
	Temazepam (Planum®, Remestan®)
	Triazolam (Halcion®)
Benzodiazepin-Narkotikum	Midazolam (Dormicum®)

Hierbei verstärkt Angst psychovegetative, somatische Störungen, welche ihrerseits zu neuen Ängsten führen.

Hauptsächlich von Nervenärzten werden Benzodiazepine als Zusatzmedikamente bei depressiven Erkrankungen, zur symptomatischen Dämpfung bei Erregungszuständen sowie zur Behandlung von Entzugssyndromen und als Antiepileptika eingesetzt.

> Von Nervenärzten werden Benzodiazepine als Zusatzmedikamente bei depressiven Erkrankungen, zur symptomatischen Dämpfung bei Erregungszuständen sowie zur Behandlung von Entzugssyndromen und als Antiepileptika eingesetzt.

Die vom Patienten zumeist rasch empfundene spürbare Erleichterung von quälenden Symptomen kann jedoch Gefahren in sich bergen: Tranquilizer können bei manchen Patienten dazu führen, daß sie sich der Auseinandersetzung mit ihren Problemen nicht stellen, daß sie die Seele „wie in einer temperierten Glasglocke" vor Alltagsstreß medikamentös abschirmen. Beruhigungsmittel dürfen deshalb niemals das ärztliche Gespräch ersetzen.

> Tranquilizer können dazu führen, daß die Auseinandersetzung mit den Problemen nicht stattfindet („medikamentöse Abschirmung der Seele").

Merke. Bei allen Patienten, die Benzodiazepine erhalten, ist es von vornherein notwendig, einen Gesamtbehandlungsplan zu erstellen, in welchem der Medikamente verordnende Arzt nicht als bloßer „Lebenserleichterer" fungieren darf.

◀ Merke

Die medikamentöse Therapie sollte nur kurzzeitig erfolgen (**in der Regel nicht länger als drei Monate**), der Patient darf mit dem Medikament nicht alleine gelassen werden (Arzt-Patient-Beziehung; „Droge Arzt"). **Patienten mit einer Suchtanamnese sollten keine Benzodiazepin-Tranquilizer erhalten**, als Alternative bieten sich hier niedrigdosierte Neuroleptika oder Betablocker an.

In vielen Fällen ist eine **psychotherapeutische Behandlung**, z.B. in Form einer Verhaltenstherapie (Erlernen problemlösender Verhaltensweisen) oder einer Gesprächspsychotherapie (Verbalisierung von Gefühlen) notwendig; zusätzlich

> Die Verordnung sollte in der Regel nur kurzfristig (**nicht länger als 3 Monate**) sein.
> **Patienten mit einer Suchtanamnese sollten keine Benzodiazepin-Tranquilizer erhalten**. Als Alternative bieten sich hier niedrigdosierte Neuroleptika oder Betablocker an.

In vielen Fällen ist eine **psychotherapeutische Behandlung** und/oder **Enstpannungsverfahren** notwendig.

In Einzelfällen kann es auch notwendig sein, Benzodiazepine über längere Zeit zu verordnen, wenn psychotherapeutische Interventionen nicht möglich oder fehlgeschlagen sind.

Merke ▶

Praktische Anwendung
Die Verordnung sollte in niedrigstmöglicher, aber ausreichender Dosierung erfolgen.
Benzodiazepine sollten **grundsätzlich langsam ausschleichend abgesetzt werden**.

Bei mißbrauchgefährdeten Personen können auch **niedrigdosierte Neuroleptika oder (sedierende) Antidepressiva als Tranquilizer** eingesetzt werden.
Tab. 5-3 gibt eine Übersicht über differentielle Psychopharmakotherapie bei verschiedenen Angststörungen.

haben sich außerdem **Entspannungsverfahren**, wie das autogene Training, bewährt. Nicht selten gelingt es erst durch eine medikamentöse Behandlung und Unterstützung gerade beim Vorliegen schwerer, pathologischer Angstzustände einen psychotherapeutischen Zugang zu ermöglichen.

In Einzelfällen kann es auch notwendig sein, Benzodiazepine über längere Zeit zu verordnen, nämlich dann, wenn psychotherapeutische Interventionen (aus vielerlei Gründen) nicht möglich oder fehlgeschlagen sind. Bei regelmäßig kontrollierter Einnahme ist dieses Vorgehen auch gerechtfertigt. Bei diesem Patientenkreis führt ein Absetzen der Tranquilizer-Medikation in der Regel zu psychophysischer Dekompensation.

> **Merke.** Gerade bei längerfristigen Verordnungen sollte immer wieder die **Frage nach der diagnostischen Zuordnung des vorliegenden Krankheitsbildes** gestellt werden. So treten z.B. Angstzustände oft im Rahmen depressiver Erkrankungen auf, die mit Antidepressiva behandelt werden sollten.

Praktische Anwendung. Eine Therapie mit Benzodiazepinen erfolgt so, daß die Medikamente je nach Halbwertzeit ein- bis dreimal täglich in der niedrigstmöglichen Dosis verordnet werden. Bei nur unzureichender Symptomreduktion kann die Dosis dann innerhalb der ersten Behandlungswoche gesteigert werden, bei Besserung der Symptome wird eine allmähliche Dosisreduktion versucht; diese kann auch in Form einer Intervallbehandlung (Einnahme bei Bedarf) stattfinden. Im allgemeinen ist es dann innerhalb einiger Wochen möglich, die Pharmakotherapie zu beenden, was **grundsätzlich langsam ausschleichend** erfolgen sollte.

Außer den mit Abstand am häufigsten verwendeten Benzodiazepinen können auch **niedrigdosierte Neuroleptika, (sedierende) Antidepressiva oder Betablocker** als Tranquilizer eingesetzt werden. Diese sollten bei mißbrauchgefährdeten Personen bevorzugt werden, auch die Möglichkeit der Gabe als Depot-Injektion kann vorteilhaft sein. Zu beachten sind hier allerdings mögliche Nebenwirkungen, insbesondere extrapyramidal-motorischer, kardiovaskulärer und anticholinerger Art. *Tabelle 5-3* gibt eine Übersicht zur differentiellen Psychopharmakotherapie bei verschiedenen Angststörungen.

Tabelle 5-3: Differentielle Psychopharmakotherapie von Angststörungen					
	BZD	TZA	MAOH	NL	BETA-BL.
Generalisierte Angsterkrankung (Angstneurose)	X			X	(X)
Paniksyndrom	(X)	X	X		
Phobie		X	X		
Situative Angst (Streßangst)					X

BZD = Benzodiazepine, TZA = Trizyklische Antidepressiva, MAOH = Monoaminooxidase-Hemmer, NL = Neuroleptika (niedrig dosiert), BETA-BL. = Betarezeptorenblocker

Nebenwirkungen und Gegenanzeigen
Mögliche Nebenwirkungen von Benzodiazepinen zeigt *Tab. 5-4*.

Vor einer Therapie mit Tranquilizern sollten – insbesondere bei zweifelhafter Indikation – grundsätzlich Nutzen und Risiko sorgfältig gegeneinander abgewogen werden.

Nebenwirkungen und Gegenanzeigen. Obwohl die Tranquilizer wegen ihrer großen therapeutischen Breite als relativ untoxische Medikamente anzusehen sind, haben sie wie andere wirksame Arzneimittel auch eine Reihe von möglichen Nebenwirkungen (*siehe Tabelle 5-4*).

Psychopharmakotherapie 455

Tabelle 5-4: Mögliche Nebenwirkungen von Benzodiazepin-Tranquilizern

Nebenwirkungen (bei relativer Überdosierung)	Entzugserscheinungen
• Sedierung, Konzentrationsminderung • Schwindel • Muskelschwäche • Artikulationsstörung • Appetit-/Sexualstörungen • Gedächtnisstörungen • Paradoxwirkung (Erregung, Unruhe) • „Maskierungseffekt", Realitätsflucht • „Bindung", psychische Abhängigkeit	• Vegetative Störungen (Zittern, Schwitzen, Kreislaufstörungen, Schwindel u.ä.) • Sensorische Perzeptionsstörungen (Liftgefühl, Lichtempfindlichkeit, optische Verzerrungen) • Depersonalisations-/Derealisationsphänomene (gestörter Umweltbezug) • Konzentrations- und Antriebsstörung
Bei Langzeiteinnahme: • „Persönlichkeitswandel" (Gleichgültigkeit, Antriebsverlust) • Dysphorisch-depressive Verstimmung • Selten: Sucht	• Delirien ⎫ • Zerebrale Krampfanfälle ⎬ Nach hohen • Funktionspsychosen ⎭ Dosen

---

Vor allem zu Beginn der Behandlung kann es zu Müdigkeit, Schläfrigkeit, Konzentrationsminderung und Einschränkung der geistigen Leistungsfähigkeit kommen. Benommenheit, Schwindel, Koordinationsstörungen und Ataxie treten vor allem bei älteren Menschen auf und sind Zeichen relativer Überdosierung. Bei Langzeitbehandlung und bei Gabe hoher Dosen sind Artikulationsstörungen beobachtet worden, bei manchen Benzodiazepinen sind amnestische Störungen (Gedächtnislücken) beschrieben.

Wegen ihrer muskelrelaxierenden Wirkung dürfen **Tranquilizer bei Myasthenia gravis nicht verwendet werden**. Auch akute Alkohol-, Analgetika- und Psychopharmaka-Intoxikationen sind absolute Gegenanzeigen für Tranquilizer. Benzodiazepine sollten bei Schlafapnoe, im ersten Trimenon, präpartal sowie in der Stillzeit nicht verordnet werden (Plazentagängigkeit, „Floppy-infant-Syndrom"). Leber- und Nierenerkrankungen erfordern eine Dosisanpassung, für Substanzen mit langer Halbwertzeit besteht erhöhte Kumulationsgefahr.

Mögliche Nebenwirkungen der auch als Tranquilizer eingesetzten Neuroleptika, sind im *Kapitel Neuroleptika, S. 472,* dargestellt.

Hypnotika

Historisches. Im Altertum gehörte Opium, der eingedickte Milchsaft aus den Samenkapseln des Schlafmohns zu den auch als Hypnotika eingesetzten psychotropen Stoffen. Anfang des 19. Jahrhunderts entdeckte man die sedative Wirkung der Bromide, Mitte des Jahrhunderts folgten als erste organisch-synthetische Schlafmittel Chloralhydrat und Paraldehyd. Ende des 19. Jahrhunderts wurden neben Chloralhydrat vor allem Sulfone als Schlafmittel eingesetzt. Anfang des 20. Jahrhunderts folgte die Ära der Barbiturate (z.B. Veronal®), in den 20er Jahren führte Klaesi Schlafkuren mit Somnifen durch. Ende der 50er Jahre fand das chemisch und pharmakologisch mit den Barbituraten verwandte Piperidindion-Derivat Thalidomid (Contergan®) weite Verbreitung bis zur Entdeckung folgenschwerer embryotoxischer Wirkungen dieser Substanz. Anfang und Mitte der 60er Jahre folgte dann mit Diazepam (Valium®) und Nitrazepam (Mogadan®) die Ära der Benzodiazepin-Hypnotika, die bis heute die meistverordnete Substanzgruppe darstellen.

Definition. Hypnotika sind keine scharf abgegrenzte Arzneimittelgruppe, vielmehr wird jedes Arzneimittel, das Schlaf erzeugt, Hypnotikum genannt. Es ist eine Frage der Dosierung, wann ein Sedativum zum Hypnotikum, ein Hypnotikum zum Sedativum oder auch zum Narkotikum wird.

Vor allem zu Beginn der Behandlung kann es zu Müdigkeit, Schläfrigkeit, Konzentrationsminderung und Einschränkung der geistigen Leistungsfähigkeit kommen. Benommenheit, Schwindel, Koordinationsstörungen und Ataxie treten vor allem bei älteren Menschen auf und sind Zeichen relativer Überdosierung.
Wegen der muskelrelaxierenden Wirkung sind **Benzodiazepine bei Myasthenie kontraindiziert**, ebenso bei Alkohol-, Analgetika- und Psychopharmaka-Intoxikationen. Benzodiazepine sollten bei Schlafapnoe, im ersten Trimenon, präpartal sowie in der Stillzeit nicht verordnet werden.

Hypnotika

◄ **Historisches**

◄ **Definition**

Einteilung

- **Klassische ältere Schlafmittel**: Alkohole, Aldehyde, Barbiturate, Bromide, Bromureide, Meprobamat, Methaqualon und Piperidindione (Thalidomid). Sie sind überwiegend obsolet.
- **Psychopharmaka im engeren Sinne**: Hauptvertreter sind die Benzodiazepin-Hypnotika, neuere Nicht-Benzodiazepin-Hypnotika (Zopiclon, Zolpidem) sowie sedierende Antidepressiva und Neuroleptika (s. Tab. 5-5).
- **Sonstige Hypnotika** sind pflanzliche Sedativa, Antihistaminika sowie Clomethiazol.

Einteilung. Hypnotika können nach verschiedenen Gesichtspunkten eingeteilt werden. Sinnvoll erscheint die Einteilung in folgende Klassen:

- **Klassische ältere Schlafmittel** sind Alkohole, Aldehyde, Barbiturate, Bromide, Bromureide, Meprobamat, Methaqualon und die Piperidindione (Thalidomid). Diese Substanzen sind heute nicht mehr Präparate der ersten Wahl, z.T. auch obsolet.
- **Psychopharmaka im engeren Sinne** sind die Benzodiazepin-Hypnotika sowie die neuen Klassen der Nicht-Benzodiazepin-Hypnotika (Cyclopyrrolon: Zopiclon, Imidazopyridin: Zolpidem) sowie sedierende Antidepressiva und Neuroleptika (*siehe Tabelle 5-5*).
- Unter **sonstige Hypnotika** können pflanzliche Sedativa, Antihistaminika sowie Clomethiazol eingeordnet werden.

Tabelle 5-5: Hypnotika

Aldehyde	Chloralhydrat (Chloraldurat®) Paraldehyd
Benzodiazepine	Brotizolam (Lendormin®) Diazepam (Valium® u.a.) Flunitrazepam (Rohypnol® u.a.) Flurazepam (Dalmadorm®, Staurodom Neu® u.a.) Loprazolam (Sonin®) Lormetazepam (Noctamid®, Ergocalm® u.a.) Midazolam (Dormicum®) Nitrazepam (Mogadan®, imeson® u.a.) Oxazepam (Adumbran forte®, Praxiten forte® u.a.) Temazepam (Planum®, Remestan® u.a.) Triazolam (Halcion®)
Cyclopyrrolone	Zopiclon (Ximovan®)
Imidazopyridine	Zolpidem (Stilnox®, Bikalm®)

Pharmakologie und Biochemie. Wichtige Charakteristika verschiedener Schlafmittelgruppen sind in *Tabelle 5-6* zusammengefaßt.

Tabelle 5-6: Charakteristika verschiedener Schlafmittelgruppen

	„Ideales Schlafmittel"	Antihistaminika	Barbiturate	Chloralhydrat	Benzodiazepine	Zopiclon/ Zolpidem
Beeinflussung des physiologischen Schlafs REM-Schlaf	0	++	+++	0	+	0
Tiefschlaf	0	++	+++	++	++	+
Abhängigkeitspotential	0	++	+++	+	+	?
Toxizität (Suizidpotential)	0	++	+++	++	0	0
Wirkungsverlust	0	++	+++	++	+	+
Wechselwirkungen mit anderen Medikamenten	0	++	+++	+	0/+	0/+

0 = unbedeutend, + = leicht, ++ = mittel, +++ = stark, ? = ungeklärt

Das ideale Hypnotikum, das keinerlei Einfluß auf die physiologische Schlaf-Architektur ausübt, existiert bislang nicht. **Barbiturate reduzieren den Tiefschlaf sowie die Dauer des REM-Schlafes.** Von erheblicher klinischer Relevanz ist ihre **enzyminduzierende Wirkung** und die **hohe Toxizität bei Überdosierung. Methaqualon** besitzt ebenfalls hohe Toxizität und ein beträchtliches Abhängigkeitspotential. **Chloralhydrat** zeigt günstige Effekte auf das Schlafprofil, jedoch bestehen Kumulationsgefahr, Wirkverlust und eine geringe therapeutische Breite.

Die Wirkeigenschaften der Benzodiazepine, Antidepressiva und Neuroleptika sind in den entsprechenden Kapiteln (*s. S. 450, 459 und 467*) dargestellt, Clomethiazol auf *S. 467 f.* Der günstige Einfluß eines Benzodiazepin-Hypnotikums auf den gestörten Schlaf ist in *Abbildung 5-6* gezeigt.

Barbiturate reduzieren den Tiefschlaf und die Dauer des REM-Schlafes. Von klinischer Relevanz sind die **enzyminduzierende Wirkung** und die **hohe Toxizität bei Überdosierung**.
Chloralhydrat zeigt günstige Effekte auf das Schlafprofil, jedoch bestehen **Kumulationsgefahr, Wirkverlust** und eine **geringe therapeutische Breite**.
Abb. 5-6 zeigt den günstigen Effekt eines Benzodiazepin-Hypnotikums auf den gestörten Schlaf (Schlafprofil).

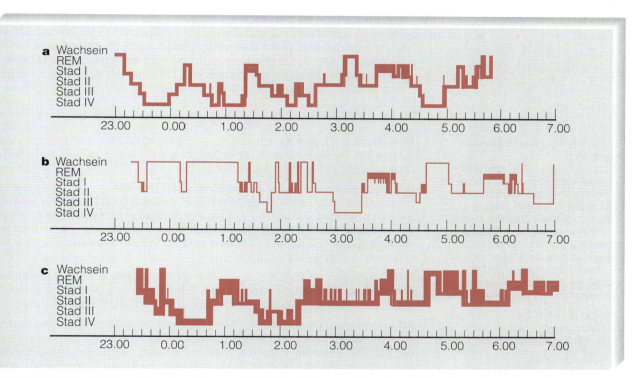

Abb. 5-6: Schlafprofil eines Gesunden (a), eines Schlafgestörten vor (b) und nach Einnahme eines Benzodiazepin-Hypnotikums (c)

Als chemisch neuartige „Nicht-Benzodiazepin-Hypnotika" wurden jüngst das Cyclopyrrolonderivat **Zopiclon** und das Imidazopyridinderivat **Zolpidem** zugelassen. Beide greifen an einem Subtyp des Benzodiazepin-Rezeptors an. Als mögliche pharmakologische Vorteile werden geringere Alkoholinteraktion, Fehlen von muskelrelaxierenden Wirkungen, Rebound- und Residualeffekten genannt.

Praktische Anwendung. Zirka 15% der Bevölkerung leiden unter Schlafstörungen, bei deutlichem Überwiegen von Frauen und älteren Menschen. Die möglichen Ursachen von Schlafstörungen sind äußerst vielfältig, zusammenfassend kann gesagt werden, daß bei Jüngeren eher psychosoziale Stressoren, bei Älteren eher Körperkrankheiten als Ursache von Schlafstörungen in Frage kommen.

Obligat muß ein **ursachenorientierter Gesamtbehandlungsplan** erstellt werden, manchmal ist gar keine eigentliche Behandlung notwendig, sondern nur die Korrektur falscher Vorstellungen bezüglich des Schlafbedarfes oder die Herstellung einer „natürlichen Erschöpfung" (Aktivität, Spaziergang, Bad). Häufig wer-

Zu den chemisch neuartigen Nicht-Benzodiazepin-Hypnotika zählen **Zopiclon** und **Zolpidem**. Beide wirken ähnlich wie die Benzodiazepine.

Praktische Anwendung
Die möglichen Ursachen von Schlafstörungen sind äußerst vielfältig. Bei Jüngeren sind es eher psychosoziale Stressoren, bei Älteren eher Körperkrankheiten.
Ein **ursachenorientierter Gesamtbehandlungsplan** ist obligat. Manchmal ist gar keine eigentliche Behandlung notwendig, sondern nur die Korrektur falscher Vorstel-

5 Therapie

lungen bezüglich des Schlafbedarfes oder die Herstellung einer „natürlichen Erschöpfung". Empfehlungen zur „Psychohygiene", Entspannungsverfahren sowie verhaltenstherapeutischen Maßnahmen haben deshalb große Bedeutung. Zunächst kann ein Versuch mit einem Phytotherapeutikum bei leichteren Schlafstörungen gemacht werden (Hopfen, Baldrian, Johanniskraut).

den Schlafstörungen durch Lebensstil und Lebensumstände ausgelöst bzw. begünstigt; Empfehlungen zur „Psychohygiene", Entspannungsverfahren sowie verhaltenstherapeutischen Maßnahmen kommt deshalb große Bedeutung zu. Wenn Hypnotika eingenommen werden, so immer in einer möglichst niedrigen Dosis und nicht über längere Zeiträume. Gerade bei Schlafmitteln können (im übrigen) Plazebo-Effekte eine große Rolle spielen.

Zunächst kann ein Versuch mit einem Phytotherapeutikum gemacht werden (Hopfen, Baldrian, Johanniskraut), welches den Vorteil eines geringen Behandlungsrisiko besitzt. Im allgemeinen sind pflanzliche Präparate aber nur bei leichteren Schlafstörungen wirksam.

Zu beachten ist außerdem, daß diese Substanzen häufig als Mischpräparate mit Alkohol und Barbituraten vorliegen.

Merke ►

> **Merke.** Barbiturate, Meprobamat, Bromide und Methaqualon sollten wegen erheblicher Nachteile und Risiken (Toxizität, Suchtgefahr, Arzneimittelinteraktionen) nicht mehr eingesetzt werden. Auch die rezeptfreien Antihistaminika sind durch mögliche anticholinerge Nebenwirkungen, Beeinträchtigung des Reaktionsvermögens und Toleranzbildung, z.T. auch durch ihre geringe therapeutische Breite und durch ein Intoxikationsrisiko belastet.

Erste Wahl sind **Benzodiazepin-Hypnotika.**
Benzodiazepine mit **kurzer Halbwertzeit** sind besonders bei Einschlafstörungen einsetzbar; dem Vorteil des fehlenden Hang-over-Effektes steht der Nachteil vermehrter Reboundsymptome (Entzugsinsomnie) gegenüber. Substanzen mit **langer Halbwertzeit** sollten wegen der Kumulationsgefahr und des Hang-over bei Schlafstörungen zurückhaltend eingesetzt werden.

Zur Therapie von Schlafstörungen bei Depressionen sollten primär **sedierende Antidepressiva** eingesetzt werden.

Schwachpotente Neuroleptika können bei suchtgefährdeten Patienten, psychomotorischen Erregungszuständen und Schlafstörungen im Rahmen von Psychosen verordnet werden.

Benzodiazepin-Hypnotika nehmen heute die Vorzugsstellung unter den Schlafmitteln ein. Zwischen den einzelnen Substanzen bestehen teilweise erhebliche Unterschiede in pharmakokinetischer Hinsicht.

Benzodiazepine mit **kurzer Halbwertzeit** (z.B. Triazolam) sind besonders bei Einschlafstörungen einsetzbar; dem Vorteil des fehlenden Hang-over-Effektes steht der Nachteil vermehrter Reboundsymptome (Entzugsinsomnie) gegenüber. Substanzen mit **langer Halbwertzeit** (aktive Metaboliten) sollten wegen der Kumulationsgefahr und des Hang-over bei Schlafstörungen zurückhaltend eingesetzt werden.

Schlafstörungen im Rahmen depressiver Erkrankungen können mit **sedierenden Antidepressiva** wie z.B. Amitriptylin, Trimipramin und Doxepin, bei abendlichem Dosisschwerpunkt oder abendlicher Einmaldosis, behandelt werden.

Schwachpotente Neuroleptika wie Levomepromazin und Chlorprothixen haben ebenfalls einen ausgeprägten sedierenden Effekt. Wegen der im Vergleich zu den Benzodiazepinen stärkeren Nebenwirkungen, vor allem anticholinerger und extrapyramidal-motorischer Art, erfordert die Therapie von Schlafstörungen mit Neuroleptika jedoch eine genaue Indikationsstellung. In Frage kommen vor allem Patienten, bei denen Suchtgefahr besteht. Daneben können auch psychomotorische Erregungszustände und Schlafstörungen im Rahmen von Psychosen behandelt werden.

Merke ►

> **Merke.** Als Grundregeln sollten beachtet werden: Gezielte Indikation, zeitlich begrenzte Einnahme, langsames Absetzen, während der medikamentösen Behandlung Einleitung anderer Behandlungsmaßnahmen (Entspannungsverfahren, Psychotherapie), falls erforderlich.

Nebenwirkungen und Gegenanzeigen
Eine **Beeinträchtigung des Reaktionsvermögens ist möglich.**
Die Langzeiteinnahme von Hypnotika kann zu Antriebsverminderung, emotionaler Abstumpfung mit Gleichgültigkeit im Sinne einer leichtgradigen chronischen Intoxika-

Nebenwirkungen und Gegenanzeigen. Grundsätzlich gilt für alle Pharmaka mit sedierenden und hypnotischen Eigenschaften, daß das **Reaktionsvermögen negativ beeinträchtigt** werden kann.

Die Langzeiteinnahme von Hypnotika kann zu Antriebsverminderung, emotionaler Abstumpfung mit Gleichgültigkeit im Sinne einer leichtgradigen chronischen Intoxikation (**Kumulation bei Alterspatienten**) führen.

Hinsichtlich der möglichen Nebenwirkungen und Gegenanzeigen der Benzodiazepine sei auf *Seite 454 f.,* verwiesen. Besondere Beachtung verdient das

Abusus-Potential: Mißbrauch von Benzodiazepin-Hypnotika kommt auch relativ häufig ohne Dosissteigerung in Form einer **Niedrigdosis-Abhängigkeit** vor.

Pflanzliche Sedativa und Hypnotika sind bei kurzfristiger Einnahme praktisch nebenwirkungsfrei. **Beachtet werden muß allerdings der Alkoholgehalt bei vielen flüssigen pflanzlichen Arzneimitteln.** Bei Johanniskrautpräparaten wirkt der Inhaltsstoff Hypericin photosensibilisierend. Um kosmetisch störende Hautverfärbungen zu vermeiden, sollten Sonnenbäder oder Solarien gemieden werden. Exakte Untersuchungen hinsichtlich chronischer Toxizität liegen bislang nicht vor, so daß die Unbedenklichkeit bei längerfristiger Einnahme zumindest fraglich ist. Unter der Behandlung mit Zopiclon kann als relativ typische Nebenwirkung metallisch-bitterer Mundgeschmack auftreten, unter Zolpidem-Therapie wurde Schwindel als Nebenwirkung registriert. Beide Substanzen sind bei Vorliegen einer Myasthenie sowie respiratorischer Insuffizienz kontraindiziert.

Antidepressiva

Historisches. Die Entwicklung von Substanzen, die depressive Verstimmungen durch eine spezifische antidepressive Wirkung aufhellen können, begann 1957 mit der Entdeckung von Imipramin durch den Schweizer Psychiater **R. Kuhn.** Vor der Entdeckung des Impramins stützte sich die antidepressive Pharmakotherapie vor allem auf die Behandlung mit Opium und auf die Narkotherapie (Schlafkur nach Klaesi mittels Somnifen-Dauerschlaf bzw. Barbiturat-Kur). Ebenfalls 1957 beschrieben die amerikanischen Psychiater **Loomer, Saunders** und **Kline,** daß der 1952 in die Chemotherapie der Tuberkulose eingeführte Monoaminooxidase-Hemmer Iproniazid antidepressive Wirksamkeit aufweise. Seitdem sind zahlreiche weitere trizyklische Antidepressiva (dem Prototyp Imipramin folgten bald als weitere Prototypen Amitriptylin und Desipramin), tetrazyklische und schließlich chemisch neuartige Antidepressiva hinzugekommen (siehe Abbildung 5-7).

Definition. Als Antidepressiva (Thymoleptika) werden Medikamente zur Behandlung von Depressionen bezeichnet. Die antidepressiven Substanzen weisen z.T. recht unterschiedliche Wirkprofile auf. Allen gemeinsam ist die stimmungsaufhellende und antriebsnormalisierende Wirkung, mit der auch ein Abklingen der körperlichen Depressionssymptome einhergeht. Antidepressiva haben beim Gesunden keinen Einfluß auf die Stimmung.

Einteilung. In der medikamentösen Depressionsbehandlung werden derzeit folgende Klassen von Antidepressiva angewandt:
- „Klassische" und modifizierte trizyklische Antidepressiva (z.B. Amitriptylin, Amitriptylinoxid)
- Nicht-trizyklische (tetrazyklische, chemisch neuartige Antidepressiva [z.B. Maprotilin, Trazodon])
- Serotonin-selektive Antidepressiva (z.B. Paroxetin)
- Monoaminoxidasehemmer (MAOH) (z.B. Tranylcypromin, Moclobemid).

Es wurden verschiedene Vorschläge unterbreitet, die Vielzahl der Antidepressiva einzuteilen. Die weiteste Verbreitung fand die Einteilung nach drei Hauptwirkungskomponenten:
- Depressionslösende, stimmungsaufhellende Wirkung
- Psychomotorisch aktivierende, antriebssteigernde Wirkung
- Psychomotorisch dämpfende, sedierend-angstlösende Wirkung.

Nach diesem sog. Drei-Komponenten-Schema kann jedes antidepressive Medikament charakterisiert werden. Nach dem klinisch-therapeutischen Wirkungsprofil werden drei Grundtypen unterschieden:
- Amitriptylin-Typ (sedierend-dämpfend)
- Imipramin-Typ (psychomotorisch stabilisierend, neutral)
- Desipramin-Typ (psychomotorisch aktivierend, antriebssteigernd).

---

tion (**Kumulation bei Alterspatienten**) führen.
Das Abusus-Potential der Benzodiazepin-Hypnotika muß beachtet werden, sog. **Niedrigdosis-Abhängigkeit.**

Pflanzliche Sedativa und Hypnotika sind bei kurzfristiger Einnahme praktisch nebenwirkungsfrei. Beachtet werden muß allerdings der **Alkoholgehalt bei vielen flüssigen pflanzlichen Arzneimitteln.**

Antidepressiva

◄ Historisches

◄ Definition

Einteilung
- Klassische und modifizierte trizyklische Antidepressiva
- Nicht-trizyklische (tetrazyklische, chemisch neuartige Antidepressiva
- Serotonin-selektive Antidepressiva
- Monoaminoxidasehemmer (MAOH)

Die 3 Hauptwirkungskomponenten sind:
- Depressionslösend
- Psychomotorisch aktivierend
- Psychomotorisch dämpfend

Nach dem klinisch-therapeutischen Wirkungsprofil werden 3 Grundtypen unterschieden:
- Amitriptylin-Typ (sedierend-dämpfend)
- Imipramin-Typ (psychomotorisch stabilisierend, neutral)
- Desipramin-Typ (psychomotorisch aktivierend, antriebssteigernd).

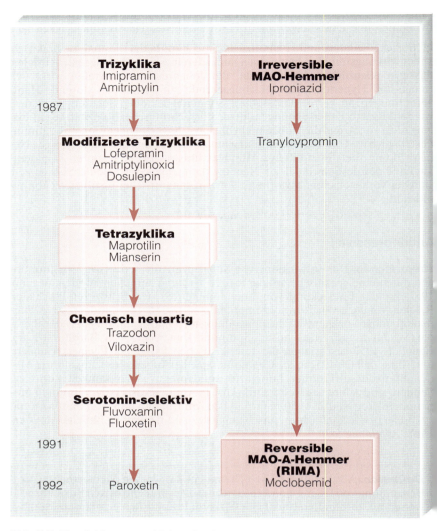

Abb. 5-7: Entwicklungsgeschichte der Antidepressiva

Für die praktische Handhabung genügt es, die Antidepressiva nach dem Ausmaß ihrer antriebssteigernd-aktivierenden oder sedierend-dämpfenden Wirkung einzuteilen.

Pharmakologie und Biochemie
Antidepressiva erhöhen die Konzentration der Neurotransmitter Noradrenalin und/oder Serotonin.

Bei einem Teil der Depressiven sind die Neurotransmitter Noradrenalin und Serotonin ungleich verteilt („Dysbalance") oder erniedrigt. Bei längerfristiger Antidepressiva-Applikation kam es zu Empfindlichkeitsveränderungen von Rezeptoren kommen. So könnte die klinische Wirklatenz der Antidepressiva zu erklären sein.

Für die praktische Handhabung genügt es, die Antidepressiva nach dem Ausmaß ihrer antriebssteigernd-aktivierenden oder sedierend-dämpfenden Wirkung einzuteilen. Fraglich ist, ob Neuroleptika in niedriger Dosierung (Flupentixol, Levomepromazin, Chlorprothixen, Thioridazin, Sulpirid) antidepressiv wirksam sind; auch Tranquilizern wie Opipramol und dem Benzodiazepin Alprazolam sowie dem Phytotherapeutikum Hypericin werden z.T. stimmungsaufhellende Eigenschaften zugeschrieben.

Pharmakologie und Biochemie. In den letzten Jahren gelang es, den Wirkungsmechanismus der Antidepressiva mit aufwendigen Methoden immer gründlicher zu erforschen. Diese Ergebnisse waren für die theoretischen Vorstellungen über die Entstehung depressiver Erkrankungen von eminenter Bedeutung.

Bei den Untersuchungen zur Biochemie der Antidepressiva stehen ihre Wirkung auf die biogenen Amine im Zentrum. Es konnte gezeigt werden, daß Antidepressiva die Konzentration der Neurotransmitter Noradrenalin und Serotonin im synaptischen Spalt (entweder durch Rückresorptionshemmung oder Hemmung des enzymatischen Abbaues) erhöhen.

Zahlreiche Untersuchungen hatten ergeben, daß bei einem Teil der Depressiven die Neurotransmitter Noradrenalin und Serotonin ungleich verteilt („Dysbalance") oder erniedrigt waren. Neuere Untersuchungen erbrachten Hinweise dafür, daß es bei längerfristiger Antidepressiva-Applikation zu Empfindlichkeitsveränderungen von Rezeptoren kommen kann. So könnte die klinische Wirklatenz der Antidepressiva zu erklären sein.

In *Abbildung 5-8* sind einige Wirkmechanismen der Antidepressiva schematisch dargestellt:

Wirkmechanismen der Antidepressiva sind in *Abb. 5-8* dargestellt.

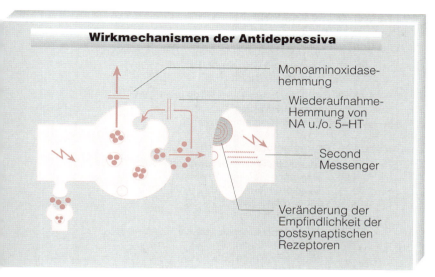

Abb. 5-8: Wirkmechanismen der Antidepressiva

Die derzeit im Handel befindlichen Antidepressiva sind – gegliedert nach Wirkprofil (mehr aktivierend oder mehr sedierend), Substanzklassen und Zusammensetzung (Kombinationspräparate) – in *Tabelle 5-7* zusammenfassend dargestellt.

Präparateübersicht *siehe Tab. 5-7*.

Praktische Anwendung. Antidepressiva sind heute die bedeutendste Behandlungsform depressiver Erkrankungen. Die Wirksamkeit von Antidepressiva im Vergleich zu Plazebo und unspezifischen Therapiemaßnahmen hängt insbesondere vom Schweregrad des depressiven Syndroms ab. Die Entscheidung, welches Antidepressivum am zweckmäßigsten eingesetzt wird, richtet sich nach dem Erscheinungsbild der Depression (Phänomenologie). Es lassen sich vereinfachend drei **depressive Syndromformen** unterscheiden:
- überwiegend ängstlich-agitierte,
- eher gehemmte,
- überwiegend traurig-vital-verstimmte Formen.

Unter Berücksichtigung dieser sog. Zielsymptome können aufgrund des sog. **Drei-Komponenten-Schemas** eher antriebssteigernde, eher sedierend-dämpfende oder antriebsneutrale Antidepressiva verordnet werden (*siehe Tabelle 5-7*).

Die Dosierung sollte **einschleichend** erfolgen (z.B. mit 25 mg Amitriptylin abends), die **Behandlungsdauer muß mindestens drei Wochen betragen**, mit dem **Einsetzen des antidepressiven Effektes ist erst nach ca. ein bis zwei Wochen** zu rechnen. Zur Herstellung einer guten Patienten-Compliance müssen die Patienten hierüber unbedingt ausreichend informiert und aufgeklärt werden.

Praktische Anwendung
Die Entscheidung, welches Antidepressivum am zweckmäßigsten eingesetzt wird, hängt vom Erscheinungsbild der Depression ab. Vereinfachend werden **3 depressive Syndromformen** unterschieden:
- überwiegend ängstlich-agitierte,
- eher gehemmte,
- überwiegend traurig-vitalverstimmte Formen.

Unter Berücksichtigung dieser sog. Zielsymptome können eher antriebssteigernde, eher sedierend-dämpfende oder antriebsneutrale Antidepressiva verordnet werden (*vgl. Tab. 5-7*).

Die Dosierung sollte **einschleichend** erfolgen, die **Behandlungsdauer muß mindestens 3 Wochen betragen**, mit dem **Einsetzen des antidepressiven Effektes ist erst nach ca. 1–2 Wochen zu rechnen.**

Tabelle 5-7: Übersicht über die therapeutisch verfügbaren Antidepressiva (Stand 1995)

Psychomotorisch aktivierend

- *MAO-Hemmer*
  Moclobemid (Aurorix®)
  Tranylcypromin (Parnate®, Jatrosom®N)
- *Trizyklische Antidepressiva („Desipramin-Typ")*
  Desipramin (Pertofran®, Petylyl®)
  Nortriptylin (Nortrilen®)
- *Chemisch andersartige Antidepressiva*
  Viloxazin (Vivalan®)
  Sulpirid (Dogmatil®, u.a.)

Psychomotorisch neutral

- *Trizyklische Antidepressiva („Imipramin-Typ")*
  Imipramin (Tofranil®, Pryleugan®)
  Clomipramin (Anafranil®, Hydiphen®)
  Dibenzepin (Noveril®)
  Lofepramin (Gamonil®)
- *Tetrazyklische Antidepressiva*
  Maprotilin (Ludiomil® u.a.)
  Mianserin (Tolvin® u.a.)
- *Chemisch andersartige Antidepressiva*
  Trazodon (Thombran®)
- *Serotonin-selektive Antidepressiva*
  Fluvoxamin (Fevarin®)
  Fluoxetin (Fluctin®)
  Paroxetin (Seroxat®, Tagonis®)

Psychomotorisch dämpfend

- *Trizyklische Antidepressiva („Amitriptylin-Typ")*
  Amitriptylin (Saroten® u.a.)
  Amitriptylinoxid (Equilibrin®)
  Dosulepin (Idom®)
  Trimipramin (Stangyl®)
  Doxepin (Aponal® u.a.)

Kombinationspräparate

Antidepressiva + Tranquilizer (Limbatril®)
Antidepressiva + Neuroleptika (Longopax®)

Merke ▶

Merke. Werden antriebssteigernde Antidepressiva verordnet, so ist zu beachten, daß die hemmungslösende Wirkung **vor** der Stimmungsaufhellung eintritt, so daß latente Suizidalität aktiviert und manifest werden kann. Deshalb sollte in diesen Fällen initial die zusätzliche Verordnung eines Tranquilizers erfolgen.

Im Akutstadium einer Depression sind wegen des Suizidrisikos grundsätzlich engmaschige Arztkonsultationen notwendig (Verordnung kleinster Packungsgrößen!).

Depressionen erfordern für alle an der Behandlung Beteiligten ein hohes Maß an Geduld. Stellt sich trotz mehrwöchiger Behandlung in adäquater Dosierung keine ausreichende Besserung ein, sollte – nach Überprüfung der Diagnose – auf ein anderes Antidepressivum mit anderem Wirkmechanismus/

Das erste Anzeichen einer Besserung ist in der Regel die Rückkehr zu einer Normalisierung des Schlafes. Bis zur vollen Remission vergeht zumeist ein längerer Zeitraum mit fluktuierendem Verlauf. **Depressionen erfordern von allen an der Behandlung Beteiligten ein hohes Maß an Geduld.** Sollte sich trotz mehrwöchiger Behandlung in adäquater Dosierung (für die meisten Antidepressiva 75 bis 150 mg/Tag) keine ausreichende Besserung der Depression einstellen, so kann nach Überprüfung der Diagnose – nahtlos auf ein anderes Antidepressivum umgestellt werden. Hierbei ist es empfehlenswert, ein Medikament mit anderem

Wirkmechanismus/-schwerpunkt oder aus einer anderen Substanzklasse einzusetzen. Hat man die wirksame Dosierung erreicht, kann eine zunächst über den Tag verteilte Dosierung bei vielen Präparaten in eine Einmaldosis zusammengefaßt werden (Verbesserung der Compliance).

Die Dauer der Behandlung mit Antidepressiva muß individuell entschieden werden. Ist eine Langzeitbehandlung nicht indiziert, so kann das Medikament nach sechsmonatiger remissionsstabilisierender Erhaltungstherapie langsam „ausgeschlichen" werden. Liegen bereits mehrere depressive Krankheitsphasen vor, ist – insbesondere bei bipolaren Erkrankungen (Zyklothymie, manisch-depressive Erkrankung) – die Indikation einer Lithium-Prophylaxe, bei unipolarer Depression eine Prophylaxe mit Antidepressiva zu prüfen.

Bleiben Depressionen bei Behandlung mit zwei richtig gewählten und richtig dosierten Antidepressiva, die nacheinander während jeweils drei Wochen eingenommen wurden, unbeeinflußt, so kann man von einer sogenannten therapieresistenten Depression sprechen. In Klinik und nervenärztlicher Praxis hat sich in diesen Fällen die antidepressive **Infusionstherapie** bewährt (höhere Plasmaspiegel, sichere Compliance, psychodynamische Faktoren des „Infusions-Settings").

Nebenwirkungen und Gegenanzeigen. Die möglichen Nebenwirkungen unter Antidepressiva sind zusammenfassend in *Tabelle 5-8* dargestellt:

Tabelle 5-8: Mögliche Nebenwirkungen von (trizyklischen) Antidepressiva	
Vegetativ/ anticholinerg	Mundtrockenheit, Schwitzen, Obstipation, Miktions-/ Akkommodationsstörungen Selten: Harnsperre, Ileus, Glaukomanfall
Neurologisch	Tremor, Dysarthrie Selten, in hohen Dosen: Dyskinesie, zerebrale Krampfanfälle
Kardiovaskulär	Tachykardie, Hypotonie, Schwindel Herz: Erregungsleitungsstörungen (PQ-/QRS-Verbreiterung) Selten: Blutbildschäden
Psychisch	Unruhe, Aktivierung suizidaler Impulse oder Müdigkeit Selten: ↑ Provokation (schizophrenieähnlicher) produktiver Symptome, Umkippen in Manie, Verwirrtheitszustände, Delir
Endokrin	Gewichtszunahme, ↓ Libido und Potenz, Amenorrhoe
Dermatologisch-allergisch	Ödeme, Exantheme

Im Vordergrund stehen bei Antidepressiva typischerweise **vegetativ-anticholinerge Nebenwirkungen** (z.B. Mundtrockenheit, Schwitzen, Obstipation). Diese können subjektiv außerordentlich lästig sein, sind aber in der Regel harmlos. In seltenen Fällen – bei älteren Risikopatienten, unter sehr hoher Dosierung – können manche Antidepressiva Komplikationen wie Harnsperre, paralytischen Ileus, Cholestase, Arrhythmie und sehr selten Blutbildschäden hervorrufen. Unter den kardiovaskulären Störungen ist die **orthostatische Hypotonie** am wichtigsten.

Bei vielen „Nebenwirkungs-Symptomen" kann es sehr schwer sein, diese von den zur Krankheit Depression gehörenden Symptomen abzugrenzen (z.B. Mundtrockenheit, Obstipation). Nebenwirkungen treten typischerweise überwiegend in den ersten Behandlungstagen auf (u.a. deshalb einschleichende Dosierung) und klingen im Laufe der Therapie ab. Bei schwereren, vornehmlich endogenen Depressionen gibt es selbst bei sehr hohen Dosen selten Verträglichkeitsprobleme. **Zu Beginn einer Behandlung mit Antidepressiva sollte man in der Regel kein Kraftfahrzeug führen.** Mögliche Arzneimittelinteraktionen sind in *Tabelle 5-9* dargestellt.

Tabelle 5-9: Wichtige Interaktionen mit anderen Arzneimitteln

• **Antidepressiva**

Wechselwirkung mit	Klinische Effekte	Procedere
Antiarrhythmika	Verlängerte Überleitungszeit. Cave AV-Block!	Kombination meiden
Anticholinergika (z. B. Parkinsonmittel, Antihistaminika, Antiemetika, Neuroleptika)	Verstärkung der anticholinergen Effekte (z. B. Darm-Blasen-Atonie, Delir u. a. bei trizyklischen Antidepressiva)	Bes. Beachtung entsprechender Nebenwirkungen, evtl. nicht-trizyklische Antidepressiva einsetzen bzw. Dosis reduzieren
Antihypertonika (Guanethidin, Clonidin, Reserpin, Alphamethyldopa)	Abschwächung der antihypertensiven Wirkung	Als alternative Antihypertonika Betablocker oder Dihydralazin einsetzen
Antikoagulanzien	Verstärkung der gerinnungshemmenden Wirkung, Blutungsgefahr	Engmaschige Quick-Wert-Bestimmung und evtl. Dosisreduktion des Antikoagulans
MAO-Hemmern, nichtselektiven, irreversiblen (Tranylcypromin)	Blutdruckschwankungen, Serotonin-Syndrom (Erregung, Fieber, Tremor, Muskelrigidität bis Koma)	Kombination unter streng stationären Bedingungen möglich (außer Clomipramin, Fluoxetin, Fluvoxamin). Intervall bei Umstellung 2 Wochen (bei Fluoxetin 5 Wochen)
Sympathomimetika (Adrenalin, Noradrenalin und entsprechend Lokalanästhetika-Kombinationen)	Verstärkung der blutdrucksteigernden Wirkung	Bei Asthma: Beta-Sympathomimetika. Bei arterieller Hypotonie: Dihydroergotamin. Zur Lokalanästhesie: Felypressin
Zentraldämpfenden Pharmaka und Alkohol, Antihistaminika, Barbituraten, Benzodiazepinen, Hypnotika, Neuroleptika	Verstärkte Sedierung/ ZNS-Dämpfung	Ggf. Dosisanpassung, Alkohol meiden

Plasmaspiegel erhöht u. a. durch Neuroleptika und Phenytoin, erniedrigt durch Barbiturate, Chloralhydrat und Rauchen

• **MAO-Hemmer, irreversible:**

Wechselwirkung mit	Klinische Effekte	Procedere
Anderen Antidepressiva	Blutdruckschwankungen, Serotonin-Syndrom (s. Antidepressiva)	Siehe Antidepressiva
Levodopa	Arterielle Hypertonie	Kontraindiziert!
Sympathomimetika (auch Amphetamine, Appetitzügler, schleimhautabschwellende Nasentropfen)	Hypertensive Krisen	Kombination meiden

Zur Behandlung der Nebenwirkungen haben sich folgende Präparate bewährt: Gegen die (leichte) Blutdrucksenkung kann **Dihydroergotamin** verordnet werden, der Tremor kann durch die Gabe eines niedrigdosierten **Betablockers** oft günstig beeinflußt werden. Eine relativ selten bei Risikopatienten auftretende Harnsperre kann mit einem **Cholinergikum** aufgehoben werden. Intoxikationen – zumeist im Rahmen von Suizidversuchen – erfordern intensivmedizinische Behandlung. Als Antidot bezüglich der anticholinergen Wirkung kann evtl. der Cholinesterasehemmer **Physostigmin** eingesetzt werden.

Kontraindikationen einer Therapie mit Antidepressiva sind akute Alkohol- und Medikamentenvergiftungen, Delirien, Myokardinfarkt, bestimmte Epilepsieformen, Pylorusstenose und Harnverhalten. Bei Patienten mit schweren Herzerkrankungen, Engwinkelglaukom und Prostatahypertrophie ist besondere Vorsicht angezeigt. Eine Kombination von tri- und tetrazyklischen Antidepressiva mit irreversiblen MAO-Hemmern sollte nicht erfolgen.

Wenn trotz der Einnahme sedierend-dämpfend wirkender Antidepressiva Schlafstörungen bestehen, können als **Begleitmedikation** Benzodiazepin-Hypnotika oder schwachpotente Neuroleptika eingesetzt werden. Bei ausgeprägter Angst oder Unruhe kann ebenfalls die zusätzliche Gabe eines Benzodiazepin-Tranquilizers oder eines schwachpotenten Neuroleptikums angezeigt sein. Die genannten Präparate können auch zur **Überbrückung der Wirkungslatenz** der Antidepressiva verordnet werden.

Phasenprophylaktika

Historisches. 1949 berichtete **Cade** über die antimanische Wirkung von Lithium, in den 60er und 70er Jahren wurden dann insbesondere von **Schou** Ergebnisse veröffentlicht, die einen eindeutigen prophylaktischen Effekt von Lithium bei der manisch-depressiven Erkrankung zeigten. In den letzten Jahren ließ sich auch für bestimmte Antiepileptika, insbesondere Carbamazepin, eine rezidivprophylaktische Wirkung bei affektiven und schizoaffektiven Psychosen nachweisen.

Als Meilenstein in der Geschichte der Langzeitbehandlung affektiver Psychosen kann die Entdeckung der rezidivprophylaktischen Wirkung von Lithium gelten.

Definition. Phasenprophylaktika, zu denen neben Lithium inzwischen auch Carbamazepin zu zählen ist, ermöglichen es, das Wiederauftreten zukünftiger Krankheitsphasen affektiver Psychosen zu verhindern oder zumindest in Ausmaß und/oder Dauer zu reduzieren.

Einteilung. Zu den Phasenprophylaktika zählen Lithiumsalze sowie bestimmte Antiepileptika, insbesondere Carbamazepin.

Pharmakologie und Biochemie. Lithium ruft eine Vielzahl biochemischer Effekte hervor: So wurde u.a. eine serotoninagonistische Wirkung nachgewiesen. Lithiumionen beeinflussen außerdem das zirkadiane System, was mit chronobiologischen Hypothesen affektiver Psychosen in Einklang steht. Lithium wird renal ausgeschieden. Ähnlich wie bei Digitalis besteht nur eine geringe therapeutische Breite, deshalb sind regelmäßige Kontrollen der Plasmaspiegel erforderlich (*vgl. Abschnitt Kontrolluntersuchungen, S. 446*).

Der neuronale Wirkmechanismus von Carbamazepin ist noch weitgehend unbekannt. Hier sind ähnlich wie in der Epilepsie-Behandlung **regelmäßige Blutspiegelkontrollen** empfehlenswert, da wegen möglicher Enzyminduktion bei längerfristiger Gabe, trotz gleichbleibender Dosierung, mit einem Absinken der Plasmaspiegel gerechnet werden muß.

Behandlung der Nebenwirkungen:
- **Dihydroergotamin** bei Blutdrucksenkung
- **Betablocker** bei Tremor
- **Cholinergikum** gegen Harnsperrre
- **Physostigmin** als Antidot bei Intoxikation.

Kontraindikationen sind:
- Akute Alkohol- und Medikamentenvergiftungen
- Delirien
- Myokardinfarkt
- Bestimmte Epilepsieformen
- Pylorusstenose
- Harnverhalten.

Bei schweren Herzerkrankungen, Engwinkelglaukom und Prostatahypertrophie ist besondere Vorsicht angezeigt. Eine Kombination von tri- und tetrazyklischen Antidepressiva mit irreversiblen MAO-Hemmern sollte nicht erfolgen.

Als Begleitmedikation bzw. zur Überbrückung der Wirklatenz können Benzodiazepine oder schwachpotente Neuroleptika eingesetzt werden.

Phasenprophylaktika

◀ **Historisches**

◀ **Definition**

Einteilung
Hierzu zählen Lithiumsalze und Carbamazepin.

Pharmakologie und Biochemie
Lithium hat u.a. eine serotoninagonistische Wirkung und beeinflußt das zirkadiane System.
Lithium wird renal ausgeschieden. Es besteht nur eine geringe therapeutische Breite (regelmäßige Kontrollen des Plasmaspiegels).
Der neuronale Wirkmechanismus von Carbamazepin ist noch weitgehend unbekannt. **Regelmäßige Blutspiegelkontrollen** sind empfehlenswert.

Praktische Anwendung

Bei der Indikationsstellung muß das individuelle Rückfallrisiko abgeschätzt werden. Bei bipolaren Psychosen wird eine Lithium-Prophylaxe für indiziert gehalten, wenn zwei Phasen innerhalb von vier Jahren oder insgesamt drei Phasen aufgetreten sind. Bei unipolaren affektiven Psychosen (endogene Depression) gelten als Kriterien für hohe Rezidivgefährdung das Auftreten von zwei Phasen innerhalb von fünf Jahren oder eine Gesamtzahl von vier Phasen. In etwa 65 bis 80% der behandelten Fälle hat die Lithium-Gabe Erfolg. Dieser zeigt sich in völliger Rezidivfreiheit oder in einer Verminderung der Häufigkeit, des Schweregrades bzw. der Dauer der Rezidive (*siehe Abbildung 5-9*).

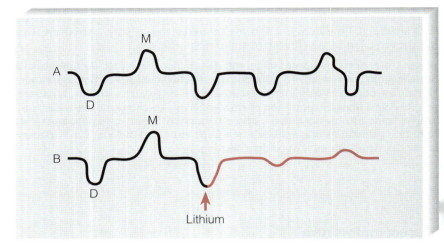

Abb. 5-9: Wirkung einer Lithium-Prophylaxe bei manisch-depressiver Krankheit. A = vor Lithium-Behandlung, B = unter Lithium, D = depressive Phase, M = manische Phase

Die notwendigen Vor- und Kontrolluntersuchungen sind auf *Seite 446* dargestellt. Es empfiehlt sich eine einschleichende Dosierung, die Kontrolle der **Lithium-Serumspiegel** sollte unter standardisierten Bedingungen, d.h. möglichst exakt zwölf Stunden nach der letzten Tabletteneinnahme, erfolgen. Die Dosis wird so angepaßt, daß ein Lithium-Spiegel von 0,5 bis 0,8 mmol pro Liter resultiert. Es hat sich bewährt, den Patienten einen sog. **Lithium-Paß** als Kooperationshilfe auszustellen. Zusätzliche Blutspiegelkontrollen sind bei körperlichen Erkrankungen notwendig, nach Salz- und Flüssigkeitsverlusten (starkes Schwitzen), bei Diät-/Abmagerungskuren sowie nach Beginn einer Behandlung mit Diuretika.

Die praktische Durchführung der Behandlung mit Carbamazepin folgt den gleichen Grundsätzen wie bei Lithium. Als therapeutischer Bereich werden hier Plasmaspiegel zwischen 6 und 12 µg/ml angesehen.

Nebenwirkungen, Intoxikation und Gegenanzeigen

Die unter einer Lithium-Prophylaxe möglicherweise auftretenden Nebenwirkungen sind in *Tabelle 5-10* dargestellt. Die **häufigsten Nebenwirkungen** sind Durst, feinschlägiger Händetremor, Struma, Übelkeit, Gewichtszunahme und Diarrhoen. Der Tremor kann mit Betarezeptorenblockern, z.B. Propranolol in niedriger Dosierung behandelt werden. Zur Strumaprophylaxe ist in vielen Fällen die Einleitung einer Suppressionstherapie mit L-Thyroxin empfehlenswert.

Ab 2,0 mmol/l kommt es zum Auftreten von **Intoxikationssymptomen** (grobschlägiger Tremor, Diarrhoe, Reflexsteigerung, Somnolenz, Dysarthrie, Ataxie, Dyskinesien). Im EEG zeigen sich eine deutliche Allgemeinveränderung und eine Senkung der Krampfschwelle. **Wichtigste Ursachen einer Lithium-Intoxikation sind Dehydratation und Kochsalzmangel**, bedingt durch Abmagerungsdiäten Schwitzen, fieberhafte Infekte, Nierenerkrankungen sowie Interaktion mit Diuretika.

Psychopharmakotherapie 467

Tabelle 5-10: Mögliche Nebenwirkungen einer Lithium-Therapie

Initial	• Händetremor • Magen-Darm-Störungen (Übelkeit, weicher Stuhl) • Polyurie, Durst
Später	• Händetremor • Gewichtszunahme • Polyurie, Durst, Ödeme, Nierenschädigung • Schwindel • Erbrechen, Durchfälle • Mäßige Leukozytose • Struma • EKG-, EEG-Veränderungen • Mattigkeit, selten: Verwirrtheit • Sehr selten: Akne, Psoriasis, Muskelschwäche, Haarausfall

Absolute Kontraindikationen für Lithium sind akutes Nierenversagen, Myokard-infarkt sowie das erste Schwangerschaftsdrittel. Lithium sollte ca. 48 Stunden vor Narkosen und Operationen abgesetzt werden (Interaktion mit Muskelrela-xanzien bzw. operationsbedingte Elektrolytverschiebungen mit Gefahr einer Lithium-Intoxikation).

Die möglichen **Nebenwirkungen von Carbamazepin** und die Gegenanzeigen sind in *Tabelle 5-11* zusammengestellt. Zu beachten sind auch Interaktionen u.a. mit Antikoagulanzien und Antikonzeptiva, die in ihrer Wirkung abgeschwächt wer-den können.

> **Absolute Kontraindikationen** für Li-thium sind akutes Nierenversagen, Myokardinfarkt sowie das erste Schwangerschaftsdrittel. Lithium sollte ca. 48 Stunden vor Narkosen und Operationen abgesetzt werden.
>
> Mögliche **Nebenwirkungen** und **Kontraindikationen** von **Carbam-azepin** s. *Tab. 5-11*.

Tabelle 5-11: Mögliche Nebenwirkungen und Gegenanzeigen von Carbamazepin

Nebenwirkungen:

Neurologisch/ psychiatrisch	Schwindel, Ataxie, Kopfschmerz, Müdigkeit, Sehstörungen, Nystagmus, Parästhesien
Kardiovaskulär	Arrhythmie, AV-Block, Bradykardie
Hämatologisch	Leukopenie, Agranulozytose, Thrombozytopenie, aplastische Anämie
Hepatisch	Cholestase, Bilirubin ↑, alk. Phosphatase ↑, γ-GT ↑
Endokrin	T_3, T_4 ↓, Kortisol ↑, Natrium ↓
Dermatologisch	Exantheme, Urtikaria, exfoliative Dermatitis, Stevens-Johnson- Syndrom, Lyell-Syndrom, (Lupus erythematodes)

Gegenanzeigen:	Überempfindlichkeit gegenüber Carbamazepin und trizyklischen Antidepressiva
Anwendungs- beschränkungen	Vorsicht bei AV-Block, schweren Leberfunktionsstörungen Keine Kombination mit irreversiblen MAO-Hemmern

---

Neuroleptika

Historisches. Vor der Entdeckung des Chlorpromazins stützte sich die antipsy-chotische Therapie pharmakologisch vor allem auf die Behandlung mit Opium und auf Schlafkuren mit Barbituraten, Paraldehyd, Brom und Chloralhydrat. Nach dem Zweiten Weltkrieg wurden pharmazeutische Entwicklungspro-gramme für Antihistaminika aufgenommen und u.a. das Phenothiazinderivat Chlorpromazin entwickelt. Diese Substanz wurde von dem französischen Chir-urgen **Laborit** zur Verbesserung der Anästhesie-Technik und zur Verhinderung des chirurgischen Schocks 1951 in die Klinik eingeführt. Die französischen Psychiater **Delay** und **Deniker** griffen dann Laborits Idee des künstlichen Winter-schlafs und seinen Vorschlag, Chlorpromazin bei schizophrenen Patienten zu versuchen, auf und teilten 1952 mit, daß durch die alleinige Verabreichung von

Neuroleptika

◄ Historisches

5 Therapie

Chlorpromazin schizophrene und manische Psychosen nachhaltig therapeutisch zu beeinflussen waren. Zur gleichen Zeit wurde das Rauwolfia-Alkaloid Reserpin isoliert und 1954 erstmals von dem amerikanischen Psychiater **Kline** ebenfalls zur Behandlung von Psychosen empfohlen. Delay schlug 1955 den Begriff Neuroleptika für Chlorpromazin und alle wirkungsähnlichen Pharmaka vor. 1958 wurde die Gruppe der Butyrophenone – Hauptvertreter Haloperidol – durch **Janssen** entdeckt.

Definition ▶

> **Definition.** Unter dem Begriff Neuroleptika werden Psychopharmaka zusammengefaßt, die sich durch ein charakteristisches Wirkspektrum auf die Symptome psychotischer Erkrankungen auszeichnen (Antipsychotika). Ihr klinisch-therapeutischer Effekt beruht auf ihrer dämpfenden Wirkung auf psychomotorische Erregtheit, Aggressivität, affektive Spannung, psychotische Sinnestäuschungen, psychotisches Wahndenken, katatone Verhaltensstörungen und schizophrene Ich-Störungen.

Einteilung
Nach der chemischen Struktur lassen sich zwei Hauptgruppen unterscheiden:
- **Phenothiazine**
- **Butyrophenone.**

Einteilung. Neuroleptika lassen sich nach der chemischen Struktur in 7 Gruppen einteilen:
- **Phenothiazine**
- Thioxanthene
- **Butyrophenone**
- Diphenylbutylpiperidine
- Dibenzepine
- Benzamide
- Benzisoxazole.

Phenothiazin- und Thioxanthen-Derivate sind trizyklische Neuroleptika. Nach den verschiedenen Seitenketten können bei den Phenothiazin-Derivaten noch Untergruppen unterschieden werden: Phenothiazine mit aliphatischer Seitenkette (stärker sedierend, kaum extrapyramidal-motorische, jedoch deutliche vegetative Nebenwirkungen), Phenothiazine mit Piperidyl-Seitenkette sowie Phenothiazine mit Piperazinyl-Seitenkette (nur schwach sedierend, kaum vegetative, jedoch stärkere extrapyramidal-motorische Nebenwirkungen).

Die klinische Einteilung berücksichtigt die neuroleptische Potenz: **Schwachpotente Neuroleptika** sind eher sedierend, **hochpotente Neuroleptika** wirken antipsychotisch. (Präparateübersicht in *Tab. 5-12*).

Klinisch wird die Einteilung der Neuroleptika aufgrund von Wirkungstypen und nach der „neuroleptischen Potenz" (nach Haase) versucht. So lassen sich Neuroleptika nach der Ausprägung ihrer initial dämpfenden Wirkung und nach der Intensität ihrer antipsychotischen Wirkung charakterisieren („**schwachpotent**" versus „**hochpotent**"). Die derzeit im Handel befindlichen Neuroleptika sind in *Tabelle 5-12* zusammenfassend dargestellt.

Pharmakologie, Biochemie
Neuroleptika rufen eine **Dopamin-Rezeptorblockade** hervor.

Pharmakologie und Biochemie. Biochemisch steht für die Wirkung der Neuroleptika der Neurotransmitter Dopamin im Zentrum. **Neuroleptika rufen eine Dopamin-Rezeptorblockade hervor,** wobei die klinische Wirksamkeit (antipsychotische Wirkung) sehr eng mit dem D_2-Rezeptor korreliert zu sein scheint.

Hauptangriffspunkte sind die mesolimbisch-mesokortikalen Bahnen.

Im ZNS sind verschiedene dopaminerge Neuronensysteme bekannt. Der Hauptangriffspunkt für die antipsychotische Wirkung der Neuroleptika wird in den eng mit dem limbischen System verknüpften mesolimbisch-mesokortikalen Bahnen gesehen.

Der Hypothese einer dopaminergen Überfunktion entspricht klinisch die produktive, mit Plus-Symptomatik einhergehende Schizophrenie. Neuroleptika besitzen außerdem **antihistaminische, antiemetische, antiadrenerge, anticholinerge** und **antiserotonerge Wirkungen.**

Der Hypothese einer dopaminergen Überfunktion entspricht klinisch die produktive, mit Plus-Symptomatik einhergehende Schizophrenie. Wenngleich der antipsychotische Effekt von Neuroleptika in erster Linie auf die Beeinflussung des Dopaminstoffwechsels zurückgeführt wird, sind auch **antihistaminische, antiemetische, antiadrenerge, anticholinerge** und **antiserotonerge Wirkungen** von Neuroleptika bekannt.

Wegen ihrer antihistaminischen und antiemetischen Wirkung werden einige Neuroleptika auch außerhalb der Psychiatrie, z.B. in der inneren Medizin, Dermatologie und Anästhesie eingesetzt.

Tabelle 5-12: Übersicht über die Neuroleptika-Präparate (Stand 1995)

- **Hochpotente Neuroleptika**
  Benperidol (Glianimon®)
  Bromperidol (Impromen®, Tesoprel®)
  Flupentixol (Fluanxol®)
  Fluphenazin (Dapotum®, Lyogen®, Omca®)
  Fluspirilen (Imap®)
  Haloperidol (Haldol-Janssen® u. a.)
  Perphenazin (Decentan®)
  Pimozid (Orap®)
  Risperidon (Risperdal®)
  Trifluperidol (Triperidol®)

- **Mittelpotente Neuroleptika**
  Clozapin (Leponex®)
  Perazin (Taxilan®)
  Sulpirid (Dogmatil® u. a.)
  Zotepin (Nipolept®)
  Zuclopenthixol (Ciatyl®)

- **Schwachpotente Neuroleptika**
  Alimemazin (Theralene®, Repeltin®)
  Chlorprothixen (Truxal®, Taractan®)
  Levomepromazin (Neurocil®)
  Melperon (Eunerpan®)
  Pipamperon/Floropipamid (Dipiperon®)
  Promazin (Protactyl®)
  Promethazin (Atosil® u. a.)
  Prothipendyl (Dominal®)
  Thioridazin (Melleril®)
  Triflupromazin (Psyquil®)

- **Depot-Neuroleptika**
  Flupentixol-Decanoat (Fluanxol® Depot)
  Fluphenazin-Decanoat (Dapotum®D, Lyogen® Depot)
  Fluspirilen (Imap®)
  Haloperidol-Decanoat (Haldol®-Janssen Decanoat)
  Perphenazin-enantat (Decentan® Depot)
  Zuclopenthixol-Decanoat (Ciatyl®-Z-Acuphase/-Depot)

Praktische Anwendung. Der **Indikationsbereich** umfaßt außer den Erkrankungen aus dem schizophrenen Formenkreis eine Vielzahl anderer Störungen und Erkrankungen, die in *Tabelle 5-13* zusammengefaßt sind.

Praktische Anwendungen
Indikationen: schizophrene Psychosen und andere Störungen (*Tab. 5-13*).

Tabelle 5-13: Indikationen für Neuroleptika

- **Psychiatrie**
  - Schizophrene und schizoaffektive Psychosen (Zielsymptome: Wahrnehmungs- und Denkstörungen, autistisches Verhalten, psychotische Angstzustände)
  - Manien (Zielsymptome: Unruhe, Gereiztheit)
  - Erregungszustände jeglicher Genese
  - Verhaltensstörungen im Kindesalter
  - Organische Psychosyndrome/Alterspsychosen (Zielsymptome: Unruhe, Angstzustände, Schlafstörungen)
  - Delirien
  - Zwangssyndrome
- **Neurologie**
  - Schmerzsyndrome (in Kombination mit Antidepressiva)
  - Hyperkinetische Syndrome (Chorea, Athetose, Torsionsdystonie, Hemiballismus)
- **Anästhesie**
  - Neuroleptanalgesie
  - Prämedikation
  - Postoperatives Erbrechen
- **Sonstiges**
  - Symptomatisch bei Übelkeit, Erbrechen

5 Therapie

Merke ▶

Außer zur **Akutbehandlung von Psychosen werden Neuroleptika** – oft in Depotform – auch zur **Rezidivprophylaxe** bei schizophrenen Psychosen eingesetzt.

Hochpotente Neuroleptika werden vorrangig bei psychotischen Zustandsbildern eingesetzt, **schwachpotente Neuroleptika mit vorwiegend initial dämpfender und schlafanstoßender Wirkung besonders bei psychomotorischen Erregungszuständen.** Bei Akutkranken findet sich häufig ein Nebeneinander verschiedenster Symptome, so daß die **Kombination eines hochpotenten mit einem niederpotenten Neuroleptikum** zur Einleitung der Therapie geboten sein kann.

Die Dosierung erfolgt individuell (*s. auch Abb. 5-10*).

Merke ▶

Wegen der oft besseren Compliance haben sich **Depot-Injektionen** bewährt. Der primäre Effekt der Rezidivprophylaxe beruht auf einer Verminderung der Reizüberempfindlichkeit sowie der erhöhten Vulnerabilität psychisch Kranker gegenüber Streß.
So früh wie möglich sollte die **niedrigste erforderliche Erhaltungsdosis** herausgefunden werden.

Merke. Die Zielsymptome für Neuroleptika umfassen psychomotorische Erregung, affektive Spannung sowie psychotische Denk- und Wahrnehmungsstörungen.

Außer zur **Akutbehandlung** von Psychosen werden Neuroleptika – oft in Depotform – auch zur **Rezidivprophylaxe** bei schizophrenen Psychosen eingesetzt.

Die praktische Durchführung einer Therapie mit Neuroleptika stellt sich nicht selten als problematisch dar, da zumindest ein Teil der Psychosekranken mangelnde bis fehlende Krankheitseinsicht aufweisen und deshalb die Notwendigkeit einer (medikamentösen) Behandlung nicht einsehen bzw. deren Fortführung durch mangelnde Compliance gefährden. Bezüglich der Wirkspektren werden **hochpotente Neuroleptika vorrangig bei psychotischen Zustandsbildern** eingesetzt, **schwachpotente Neuroleptika mit vorwiegend initial dämpfender und schlafanstoßender Wirkung besonders bei psychomotorischen Erregungszuständen.**

Bei Akutkranken findet sich häufig ein Nebeneinander verschiedenster Symptome, so daß die **Kombination eines hochpotenten mit einem niederpotenten Neuroleptikum** zur Einleitung der Therapie geboten sein kann. Fehlende Krankheitseinsicht auf der einen und Akuität des Zustands auf der anderen Seite machen teilweise auch eine parenterale Therapie erforderlich.

Die **Dosierung** erfolgt individuell, initial werden z.B. 3 x 1 bis 2 mg Haloperidol oral oder akut 1 bis 2 Amp. (5 bis 10 mg) langsam i.v. oder i.m. appliziert. Je nach Schweregrad und Verträglichkeit kann dann die Dosis bis zu 30 mg Haloperidol pro Tag gesteigert werden. Die Dosierung eines niederpotenten Neuroleptikums, wie z.B. Chlorprothixen (Truxal®), beträgt bei Psychosen (auch zur Co-Medikation) 3 x 50 bis 3 x 100 mg mit abendlichem Dosisschwerpunkt. Die Dauer der Behandlung orientiert sich zunächst an der Veränderung der Symptomatik. Bei allen Ersterkrankungen ist es vertretbar, nach einigen Wochen die Neuroleptikatherapie langsam zu reduzieren.

Bei Nichtansprechen auf ein Präparat kann es sinnvoll sein, eine Substanz aus einer anderen chemischen Gruppe einzusetzen, z.B. nach einem Butyrophenon ein Phenothiazin oder Benzamid.

Abbildung 5-10 gibt eine schematische Darstellung der Dosierung in verschiedenen Behandlungsabschnitten.

Merke. Bei Symptompersistenz, hohem genetischem Risiko sowie insbesondere bei Rezidivneigung ist eine **Rezidivprophylaxe** indiziert.

Zur Rezidivprophylaxe bietet sich die Möglichkeit der **Depot-Injektion** an (Applikationsintervalle 1 bis 4 Wochen). Der primäre Effekt der Rezidivprophylaxe beruht auf einer Verminderung der bei Psychose-Kranken vorhandenen Reizüberempfindlichkeit und der erhöhten Vulnerabilität psychisch Kranker gegenüber Streß. Bei manchen Patienten kann auch eine periodische Therapie an Stelle kontinuierlicher Neuroleptikagaben in Frage kommen. So früh wie möglich sollte die **niedrigste erforderliche Erhaltungsdosis** herausgefunden werden Die Rezidivprophylaxe soll so niedrig wie möglich gewählt werden, um das Risiko unerwünschter Nebenwirkungen so gering wie möglich zu halten (*siehe Abbildung 5-10*). Die **Erhaltungsdosis** liegt bei ca. $1/3$ der Akutdosis, also z.B. bei 5 mg Haloperidol pro Tag.

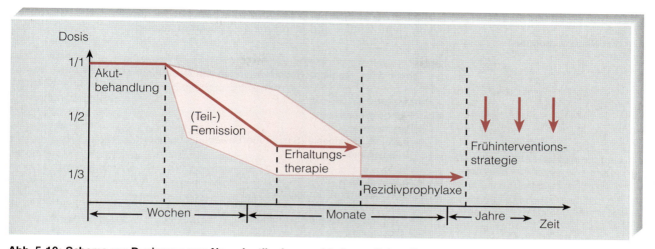

Abb. 5-10: Schema zur Dosierung von Neuroleptika in verschiedenen Behandlungsabschnitten

> **Merke.** Grundsätzlich sind Neuroleptika ausschleichend abzusetzen.

Nach einem ersten Rezidiv sollte eine Langzeitmedikation über mindestens ein Jahr erfolgen, bei drei und mehr Rückfällen ist eine langjährige Neuroleptika-Medikation zu erwägen (siehe Tabelle 5-14a und b). Während die Dosis initial zumeist gleichmäßig über den Tag verteilt wird, empfiehlt sich im Stadium der Rehabilitation je nach Wirkprofil eine morgendliche bzw. abendliche Einmaldosierung zur Förderung der Compliance.

◀ Merke

Nach einem ersten Rezidiv sollte eine Langzeitmedikation über mindestens ein Jahr erfolgen, bei drei und mehr Rückfällen ist eine langjährige Neuroleptika-Medikation zu erwägen (s. Tab. 5-14a u. b).

Tabelle 5-14a: Richtlinien für die Langzeitrezidivprophylaxe bei schizophrenen Patienten

• Indikation:	Schon bei der Erstmanifestation einer schizophrenen Psychose an die Rezidivprophylaxe denken.
• Dosierung:	So niedrig wie möglich, größenordnungsmäßig etwa 200 mg Chlorpromazin-Äquivalent p.d., je nach Verträglichkeit und rezidivprophylaktischem Effekt anpassend dosieren. Keine Dauergabe von Anticholinergika!
• Applikationsweise:	Depot-Neuroleptika garantieren insbesondere bei problematischen Patienten größere Compliance.
• Wahl des Präparates:	Vor allem abhängig vom Nebenwirkungsspektrum und bei Depot-Präparaten vom Applikationsintervall. Bei schizoaffektiven Psychosen ist die Rezidivprophylaxe mit Lithium den Neuroleptika vorzuziehen.

Tabelle 5-14b: Indikation und Dauer der neuroleptischen Rezidivprophylaxe bei schizophrenen Psychosen

- Bei Erstmanifestation oder langen symptomfreien Intervallen sollte eine 1- bis 2jährige Rezidivprophylaxe erfolgen.
- Wenn bereits insgesamt 2–3 Manifestationen vorlagen oder wenn ein Rezidiv innerhalb eines Jahres aufgetreten ist, ist eine mindestens 2- bis 5jährige Rezidivprophylaxe nötig.
- Bei besonders häufig rezidivierenden Psychosen oder Fremd- und/oder Selbstgefährdung sollte die zeitlich unbegrenzte Rezidivprophylaxe erwogen werden.
- Neben diesen allgemeinen Regeln sollten individuelle Nutzen-Risiko-Erwägungen bestimmend sein, u.a. Konsequenzen eines möglichen Rezidivs? Beeinträchtigung durch Nebenwirkungen?

5 Therapie

**Nebenwirkungen und Gegenan-
zeigen**
Zu den Nebenwirkungen
s. Tab. 5-15.

Nebenwirkungen und Gegenanzeigen. Die wichtigsten Nebenwirkungen
von Neuroleptika sind in *Tabelle 5-15* zusammengefaßt.

Tabelle 5-15: Mögliche Nebenwirkungen von Neuroleptika

- **Motorik**
  Frühdyskinesien
  Parkinsonoid
  Akathisie, Tasikinesie (Sitzunruhe/Bewegungsunruhe)
  Spätdyskinesien

- **Nervensystem**
  Anticholinerge Wirkungen:
  – Mundtrockenheit
  – Störung der Harnblasenfunktion
  – Obstipation
  – Ileus
  – Akkommodationsstörungen
  Zerebrale Krampfanfälle
  Pharmakogenes Delir
  Sehr selten: malignes neuroleptisches Syndrom

- **Innere Organe**
  Herz-Kreislauf-System:
  – Blutdruckregulationsstörungen
    (Blutdruckabfall, Hypotonie, orthostatische Hypotonie)
  – EKG-Veränderungen
    (QT-Zeit verlängert, T-Wellen-Verformung)
  – Arrhythmien
    (Tachy- und Bradykardie, ventrikuläre Extrasystolen, sehr selten:
    Vorhof- und Kammerflimmern)
  – Thrombosen
  Blutbild:
  – Leukozytopenie
  – Agranulozytose
  – Eosinophilie
  – Monozytose
  – Lymphozytose
  Leberfunktion:
  – Leberzellschädigung (allergisch)
  – Enzymanstieg, intrahepatische Cholestase, Ikterus
  Hormonhaushalt:
  – Prolaktinanstieg (Gynäkomastie, Galaktorrhoe)
  – Störung von Libido, Orgasmus, Erektion, Ejakulation
  – Hemmung der Insulinsekretion, Blutzuckeranstieg

- **Sinnesorgane**
  Auge:
  – Trübung der Linse und Hornhaut
  – Veränderung der Netzhaut mit Pigmenteinlagerung
  Haut:
  – Allergische Reaktionen
  – Exantheme
  – Lichtsensibilisierung
  – Pigmenteinlagerung

- **Psyche**
  Müdigkeit
  Einschränkung der Konzentrationsfähigkeit

Typisch für sog. **schwachpotente,** sedierend-dämpfende Neuroleptika sind vegetative Symptome, insbesondere in Form einer (leichten) Blutdrucksenkung, die aber im Vergleich zu den Antidepressiva seltener und geringer ausgeprägt ist. Wichtigste und beeinträchtigendste Nebenwirkungen **hochpotenter Neuroleptika** sind extrapyramidal-motorische Symptome. Diese können zu Behandlungsbeginn als **Frühdyskinesien** (zumeist erste Behandlungswoche) bei etwa 10 bis 30% der Patienten auftreten, mit deutlicher Abhängigkeit von der Geschwindigkeit der Dosissteigerung. Hierbei kommt es zu Blickkrämpfen, Zungen-Schlundkrämpfen, Hyperkinesien der mimischen Muskulatur und Bewegungsstörungen der Extremitäten. Frühdyskinesien können durch parenterale Biperiden-Applikation sicher und schnell kupiert werden.

Das durch Neuroleptika bedingte **Parkinson-Syndrom (Parkinsonoid)** mit der Parkinson-Trias Tremor, Rigor und Akinese tritt frühestens nach etwa zehntägiger Behandlung auf und bildet sich durch die Gabe von anticholinerg wirkenden Parkinsonmitteln, wie Biperiden, zurück. Zum Parkinson-Syndrom wird auch das sog. **Rabbit-Syndrom** gerechnet, das durch einen hochfrequenten Lippentremor charakterisiert ist. Durch Parkinsonmittel wird die antipsychotische Wirkung der Neuroleptika reduziert, eine prophylaktische Zusatzmedikation mit Parkinsonmitteln sollte nicht erfolgen.

Nach längerer Behandlungsdauer (Monate bis Jahre) kann es zu einer äußerst quälenden Sitz- und/oder Bewegungsunruhe kommen (**Akathisie bzw. Tasikinesie**). Diese Symptome zwingen zur Dosisreduktion, zum Absetzen bzw. zum Überwechseln auf ein anderes Präparat.

Sog. **Spätdyskinesien (tardive Dyskinesien)** müssen leider oft als **irreversible Komplikationen einer Langzeitbehandlung** mit hochpotenten Neuroleptika angesehen werden. Sie treten gehäuft bei älteren Patienten und solchen mit zerebraler Vorschädigung auf. Die oft vom Patienten kaum bemerkten, z.T. auch nur diskreten Symptome umfassen **Tics im Gesichtsbereich, Schaukelbewegungen des Körpers** und verschiedenste Formen von **Bewegungsstörungen.** Als Ursache wird eine Überempfindlichkeit der postsynaptischen Dopamin-Rezeptoren angenommen. In Anbetracht der Irreversibilität muß alles getan werden, um erste Anzeichen früh zu erkennen („Zungen-Ruhighaltetest") bzw. Spätdyskinesien durch niedrigstmögliche Dosierungen zu verhüten. Therapeutisch kann versucht werden, auf ein anderes Neuroleptikum umzusetzen, vorübergehend hilft manchmal eine Erhöhung der Neuroleptikadosis. Anticholinergika wie Biperiden sind wirkungslos, durch Benzodiazepine und Tiaprid werden z.T. Befundbesserungen beobachtet.

Eine sehr seltene, aber gravierende Nebenwirkung ist das **maligne neuroleptische Syndrom,** ein durch Rigor, Stupor und Fieber charakterisiertes Bild, das mit hohen Kreatinkinase-(CK-)Werten einhergeht. Unbehandelt können sich lebensbedrohliche Zustände entwickeln. Therapeutisch müssen die Neuroleptika sofort abgesetzt werden und Dopamin-Agonisten wie Dantrolen oder Lisurid verordnet werden.

Mögliche Auswirkungen auf das hämatopoetische System sind **passagere Leukopenien, Eosinophilien, aber auch Leukozytosen und Lymphozytosen.** Im Vergleich zu diesen harmlosen Begleiteffekten, kann als bedrohliche Komplikation sehr selten eine **Agranulozytose** auftreten. Diese Komplikation hat dazu geführt, daß das diesbezüglich besonders belastete Neuroleptikum Clozapin nur noch unter kontrollierten Bedingungen (besonders ermächtigte Ärzte) verordnet werden darf. **Regelmäßige Blutbildkontrollen** sind unter der Behandlung mit allen Neuroleptika angezeigt.

Kontraindikationen für die Verordnung von Neuroleptika sind akute Intoxikationen mit zentraldämpfenden Pharmaka und Alkohol. Bei Substanzen mit anticholinerger Komponente müssen – wie bei den Antidepressiva – Pylorusstenose und Prostatahypertrophie als Gegenanzeigen erwähnt werden. Bei Patienten mit Leukopenie in der Anamnese sollten trizyklische Neuroleptika, insbesondere Clozapin, nicht verabreicht werden.

Schwachpotente Neuroleptika:
Blutdrucksenkung, vegetative Symptome.

Hochpotente Neuroleptika:
Extrapyramidal-motorische Nebenwirkungen:

- **Frühdyskinesien** (Blickkrämpfe, Zungen-Schlundkrämpfe), akut auftretend, durch Biperiden kupierbar.
- **Parkinson-Syndrom (Parkinsonoid):** Tremor, Rigor, Akinese nach Tagen/Wochen auftretend, Rückbildung unter Biperiden. Eine prophylaktische Gabe von Parkinsonmitteln sollte nicht erfolgen.
- **Akathisie bzw. Tasikinesie** (Sitz- oder Bewegungsunruhe): Diese Symptome zwingen zur Dosisreduktion oder zum Umsetzen.
- **Spätdyskinesien (tardive Dyskinesien):** Treten als **irreversible Komplikationen einer Langzeitbehandlung** mit hochpotenten Neuroleptika auf und umfassen Tics im Gesichtsbereich, Schaukelbewegungen des Körpers und verschiedenste Formen von Bewegungsstörungen. Es kann versucht werden, auf ein anderes Neuroleptikum umzusetzen, vorübergehend hilft manchmal eine Dosiserhöhung.
- Eine sehr seltene, aber gravierende Nebenwirkung ist das **maligne neuroleptische Syndrom** (Rigor, Stupor, Fieber, hohe CK-Werte). Unbehandelt können sich lebensbedrohliche Zustände entwickeln.
- Mögliche Blutbildveränderungen machen **regelmäßige Blutbildkontrollen** erforderlich.

Kontraindikationen sind akute Intoxikationen mit zentraldämpfenden Pharmaka und Alkohol.
Bei Patienten mit Leukopenie in der Anamnese sollten trizyklische Neuroleptika nicht verabreicht werden.
Mögliche Interaktionen von Neuroleptika s. *Tab. 5-16.*

Mögliche **Interaktionen** von Neuroleptika mit anderen Pharmaka sind in *Tabelle 5-16* wiedergegeben:

Tabelle 5-16: Interaktionen von Neuroleptika mit anderen Pharmaka	
Wechselwirkung mit	**Klinische Effekte**
Alkohol Benzodiazepine Hypnotika Antihistaminika Barbiturate	Verstärkung der zentraldämpfenden Wirkung der Neuroleptika
Antidepressiva (mit anticholinergem Effekt) Antiparkinsonmittel	Delirprovokation
Antidepressiva Antikoagulanzien	Erhöhung der Antidepressiva-Serumkonzentration Verstärkung der Wirkung von Antikoagulanzien
Orale Kontrazeptiva	Verstärkung der Prolaktin-abhängigen Nebenwirkungen Verstärkung der Nebenwirkungen oraler Kontrazeptiva
Guanethidin	Wirkungsabschwächung (bedingt durch Aufnahmehemmung in das adrenerge Neuron) Wirkungsverstärkung (bedingt durch den adrenolytischen Effekt der Neuroleptika)
Adrenalin	Blutdrucksenkung! (»Adrenalin-Umkehr« bei gleichzeitiger Neuroleptikagabe)
Lithium	Vermehrt Tremor, mit Phenothiazinen möglicherweise Blutdruckerhöhungen
Carbamazepin	Erniedrigung der Neuroleptika-Konzentrationen (bei Haloperidol im Mittel 50%)

Nootropika

Nootropika

Definition ▶

> **Definition.** Bei den Nootropika handelt es sich um zentralnervös wirksame Arzneimittel, die bestimmte Hirnfunktionen wie Gedächtnis, Konzentrations-, Lern- und Denkfähigkeit verbessern sollen. Wichtigste Zielgruppe sind geriatrische Patienten, bei denen im Rahmen eines zerebralen Abbauprozesses psychopathologische und neurologische Störungen im Sinne eines chronischen hirnorganischen Psychosyndroms (Demenz) vorliegen.

Während früher Vasodilatatoren bei der Therapie der Demenz an erster Stelle standen, versucht man heute, eine Stoffwechselverbesserung der noch nicht degenerierten Zellen zu erreichen und Einfluß auf die gestörte Mikrozirkulation und Kalziumhomöostase zu nehmen (s. Tab. 5-17).
Neben einer deutlich meßbaren Vigilanzerhöhung werden auch neuroprotektive Mechanismen postuliert. Immerhin läßt sich aber der Einfluß der Nootropika auf die Vigilanzregulation objektivieren.

Während früher Vasodilatatoren bei der Therapie der Demenz an erster Stelle standen, versucht man heute, zum einen eine Stoffwechselverbesserung der noch nicht degenerierten Zellen zu erreichen und zum anderen Einfluß auf die gestörte Mikrozirkulation und Kalziumhomöostase zu nehmen. Die zu diesem Zweck eingesetzten Nootropika sind in *Tabelle 5-17* aufgeführt. Dabei handelt es sich um eine chemisch und pharmakologisch sehr heterogene Gruppe, deren Wirkmechanismen überwiegend hypothetisch sind.

In erster Linie werden Einflüsse auf den ATP-Energie- und den Transmitterstoffwechsel diskutiert. Neben einer deutlich meßbaren Vigilanzerhöhung, werden auch neuroprotektive Mechanismen postuliert. Die pharmakologische Demenz-Forschung wird dadurch erschwert, daß es keine geeigneten Tiermodelle gibt, die der Erkrankung des Menschen nahekommen. Immerhin läßt sich aber der Einfluß der Nootropika auf die Vigilanzregulation objektivieren.

Tabelle 5-17: Übersicht über die derzeit zur Verfügung stehenden Nootropika (Stand 1995)

Bencyclan	Fludilat®
Buflomedil	Bufedil®, Defluina® peri
Cinnarizin	Stutgeron®, Cinnacet®
Cyclandelat	Natil®, Spasmocyclon®
Dihydroergotoxin bzw. -cristin	Hydergin® u.a.
Flunarizin	Sibelium®
Ginkgo biloba	Tebonin® u. a.
Meclofenoxat (Centrophenoxin)	Helfergin®, Cerutil®
Memantin	Akatinol®
Naftidrofuryl	Dusodril® u.a.
Nicergolin	Sermion® u.a.
Nicotinsäure-derivate	Complamin® u.a.
Nimodipin	Nimotop®
Piracetam	Normabraïn® u.a.
Pyritinol	Encephabol®
Organpräparate	Actihaemyl® u.a.
Vincamin	Cetal® u.a.
Vinpocetin	Cavinton®
Viquidil	Desclidium®

Obwohl die jetzige Medikamenten-Generation langfristig die Prognose einer Demenz nicht verbessern kann, ist kein therapeutischer Nihilismus am Platze. Ein **Behandlungsversuch mit Nootropika ist durchaus gerechtfertigt**. Im Hinblick auf die Compliance der Patienten ist wichtig, daß die Therapie mit Nootropika über einen ausreichend langen Zeitraum (mindestens drei Monate) durchgeführt wird. Therapeutische Erfolge sind nur beim hirnorganischen Psychosyndrom leichtgradiger bis mittlerer Ausprägung zu erwarten. Schwere Demenzen sind einer Therapie mit Nootropika nicht zugänglich.

> **Merke.** Von entscheidender Bedeutung ist eine entsprechende psychosoziale Betreuung der Kranken mit täglichem Gedächtnistraining („Gehirnjogging") sowie ausreichender körperlicher Aktivität.

Die Problematik dieser Substanzgruppe besteht darin, daß für eine Vielzahl der in *Tabelle 5-17* aufgeführten Substanzen der wissenschaftlich abgesicherte Beweis einer nootropen Wirkung fehlt.

Ein **Behandlungsversuch mit Nootropika ist durchaus gerechtfertigt** und sollte über mindestens 3 Monate durchgeführt werden.
Erfolge sind nur beim hirnorganischen Psychosyndrom leichtgradiger bis mittlerer Ausprägung zu erwarten. Schwere Demenzen sind einer Therapie mit Nootropika nicht zugänglich.

◄ Merke

Für eine Vielzahl der in *Tab. 5-17* aufgeführten Substanzen fehlt der wissenschaftlich abgesicherte Beweis einer nootropen Wirkung.

Sonstige Psychopharmaka

Psychostimulanzien

Definition ▶

Einteilung
Die heterogene Gruppe der Psychostimulanzien umfaßt Koffein, Nikotin, Kokain, Weckamine (Amphetamine). Stimulanzien vom Amphetamin-Typ setzen Katecholamine aus ihren Depots frei, wirken außerdem auf dopaminerge und noradrenerge Rezeptoren.
Das Amphetamin Pervitin® unterliegt dem Betäubungsmittelgesetz (Suchtgefahr!).

Indikationen: Narkolepsie, hyperkinetische Syndrome bei Kindern (nur diese!).

Bei psychomotorisch exzessiv unruhigen Kindern konnte in 70–80% der Fälle die Symptomatik durch Methylphenidat deutlich gebessert werden.

Nebenwirkungen: Tachykardie, Schlafstörungen, Inappetenz, Tremor, Ängstlichkeit, Aggressivität, Psychosen. Bei minderwüchsigen Kindern sind Psychostimulanzien kontraindiziert, da sie das Längenwachstum verzögern.

Wegen der **Mißbrauchs- und Abhängigkeitsgefährdung** müssen Psychostimulanzien auf die angegebenen Indikationen begrenzt bleiben.

Clomethiazol

Es besitzt **sedierende, antikonvulsive und hypnotische Eigenschaften**.
Indikationen: Hauptindikation ist die Behandlung des Delirs (**Alkoholentzugsdelirs**). In der Gerontopsychiatrie wird es wegen seiner hypnotischen Wirkung eingesetzt. Angesichts der **Suchtgefahr** sollte es jedoch **allenfalls kurzfristig verordnet werden**. Weitere Indikation ist der **Status epilepticus**.

Sonstige Psychopharmaka

Psychostimulanzien

> **Definition.** Psychostimulanzien sind psychisch anregende, vorwiegend antriebsstimulierende Pharmaka; Synonyma sind Psychotonika, Psychoenergetika. Diese Substanzen wirken kurzzeitig leistungs- und konzentrationsstimulierend, einige von ihnen unterdrücken das Hungergefühl. In höheren Dosen erzeugen sie Euphorie. Sie führen rasch zur Gewöhnung und Abhängigkeit.

Einteilung. Die Gruppe der Psychostimulanzien ist chemisch sehr heterogen. Koffein und Nikotin als sozial tolerierte Genußmittel sind hier ebenso zu nennen wie die Modedroge Kokain. Die Hauptvertreter der heute therapeutisch gebräuchlichen Psychostimulanzien leiten sich vom Amphetamin ab. Diese auch als Weckamine bezeichneten Medikamente sind chemisch eng mit den Katecholaminen verwandt. Stimulanzien vom Amphetamin-Typ setzen Katecholamine aus ihren Depots frei, wirken außerdem auf dopaminerge und noradrenerge Rezeptoren. Von den Amphetaminen ist nur das Metamphetamin (Pervitin®) als stärkstes psychomotorisch stimulierendes Pharmakon verfügbar, wegen seiner hohen Suchtpotenz unterliegt es dem Betäubungsmittelgesetz. Zu den „Nicht-Amphetaminen" gehören Methylphenidat (Ritalin®), Amfetaminil (AN 1), Fenetyllin (Captagon®), Pemolin (Tradon®) und Prolintan (Katovit®).

Indikationen. Einsatzbereiche der Psychostimulanzien sind Narkolepsie und andere Formen der Hypersomnie sowie hyperkinetische Syndrome bei Kindern.

Untersuchungen zeigten, daß bei psychomotorisch exzessiv unruhigen Kindern in 70 bis 80% der Fälle die Symptomatik durch Methylphenidat deutlich gebessert werden konnte. Die Kinder werden motorisch ruhiger, konzentrierter und durch die erhöhte Aufmerksamkeit wieder leistungsfähiger. Abhängigkeit wurde bei Kindern bislang nicht beobachtet.

Nebenwirkungen und Gegenanzeigen. Als unerwünschte Wirkungen der Psychostimulanzien können Tachykardie, Schlafstörungen, Inappetenz, Kopfschmerzen, Tremor, Ängstlichkeit und Aggressivität auftreten. Bei minderwüchsigen Kindern sind Psychostimulanzien kontraindiziert, da sie das Längenwachstum verzögern. Unter Psychostimulanzien wurden bei Patienten mit zerebralen Vorschädigungen und bei längerfristiger Anwendung, ferner im Alter paranoid-halluzinatorische Psychosen beschrieben.

Wegen der **Mißbrauchs- und Abhängigkeitsgefährdung** müssen Psychostimulanzien auf die angegebenen Indikationen begrenzt bleiben. In Ausnahmefällen können sie vorübergehend in der Rekonvaleszenz kontrolliert eingesetzt werden. Von ihrer Anwendung als Appetitzügler ist abzuraten.

Clomethiazol

Clomethiazol (Distraneurin®) ist strukturchemisch mit Thiamin (Vitamin B_1) verwandt und besitzt **sedierende, antikonvulsive und hypnotische Eigenschaften**.

Indikationen. Wegen seiner hypnotischen Wirkung wird die Substanz in der Gerontopsychiatrie bei psychomotorisch unruhigen Patienten angewandt. Angesichts der **Suchtgefahr** sollte Clomethiazol jedoch **allenfalls kurzfristig verordnet werden.** Als mögliche weitere Indikation ist der **Status epilepticus** anzusehen, wenn Diazepam oder Clonazepam und Hydantoine keine Wirkung zeigen.

Primäre Indikation von Clomethiazol ist aber die Akutbehandlung des Delirium tremens, insbesondere des **Alkoholentzugsdelirs**.

Praktische Anwendung. Clomethiazol kann am besten oral als Kapseln oder in Form einer Mixtur verordnet werden. Die Dosierung erfolgt nach Sedierungsgrad: **Ziel ist eine Sedierung, aus der der Patient jederzeit erweckbar ist.** Initial werden beim Alkoholdelir 3 Kapseln oder 15 ml Mixtur, dann 2 Kapseln oder 10 ml Mixtur alle 2 Stunden bis zur ausreichenden Sedierung verabreicht. In schweren Fällen kann unter klinischen Überwachungsbedingungen auf eine Infusionsbehandlung übergegangen werden.

Nebenwirkungen und Gegenanzeigen. Als wichtigste **Nebenwirkungen** sind neben der bronchialen Hypersekretion vor allem Atemdepression und Kreislaufdysregulation zu nennen. Eine **Infusionstherapie** mit Clomethiazol, wie sie bei ausgeprägten Delirien erforderlich ist, sollte deshalb **nur unter intensivmedizinischen Bedingungen** mit kontinuierlicher Kontrolle von Blutdruck und Atemfrequenz durchgeführt werden.

Bei oraler Medikation können als Nebenwirkungen Magenbeschwerden, Brennen in Hals und Nase, Augentränen, Blutdrucksenkung und allergische Hautreaktionen auftreten. Mit Tranquilizern, Hypnotika und Alkohol sollte nicht kombiniert werden, da nur schwer kontrollierbare Wirkungs- und Nebenwirkungssteigerungen möglich sind.

> **Merke.** Wegen des erheblichen Abhängigkeitspotentials muß Clomethiazol mit sukzessiver Dosisreduktion innerhalb von 8 bis 14 Tagen abgesetzt werden.

Cyproteron

> **Definition.** Cyproteron (Androcur®) ist ein Steroidhormon mit antiandrogener und gestagener Wirkung.

Indikationen. Cyproteron kommt sehr selten bei männlichen Patienten mit abnormer oder krankhaft gesteigerter Sexualität (Sexualdeviationen und Hypersexualität) zur Anwendung. Diese sollte grundsätzlich unter psychotherapeutischer Begleitung und mit Einverständnis des Patienten erfolgen; **die Substanz kann zwar die Triebstärke reversibel dämpfen, in der Regel aber nicht die Sexualdeviation.** Die Dosierung beträgt 100 mg pro Tag, mit einem Wirkungseintritt ist meist erst nach zwei bis vier Wochen zu rechnen.

Nebenwirkungen und Gegenanzeigen. Als Nebenwirkungen können Müdigkeit, Hemmung der Spermiogenese (nach Absetzen voll reversibel) und Gynäkomastie auftreten.

Kontraindikationen sind Lebererkrankungen, thromboembolische Prozesse, schwere chronische Depressionen und maligne Tumoren (außer Prostatakarzinom, hier wird es ebenso wie bei Hirsutismus und schweren Akneformen therapeutisch eingesetzt).

Disulfiram

> **Definition.** Disulfiram (Antabus®) wird zur medikamentösen Alkoholentwöhnung eingesetzt. Es handelt sich um einen Enzyminhibitor, der durch Blockade der Aldehydoxidase die Oxidation von Acetaldehyd zu Essigsäure und damit den Abbau des Äthylalkohols hemmt.

Praktische Anwendung: Die Dosierung erfolgt nach Sedierungsgrad: **Ziel ist eine Sedierung, aus der der Patient jederzeit erweckbar ist.**

Nebenwirkungen: bronchiale Hypersekretion, Atemdepression, Kreislaufdysregulation.
Eine **Infusionstherapie** darf **nur stationär unter intensivmedizinischen Bedingungen** durchgeführt werden, weil es zu Atemdepression und Kreislaufdysregulation kommen kann.
Cave Kombination mit Tranquilizern, Hypnotika oder Alkohol!

◄ Merke

Cyproteron

◄ Definition

Dieses Steroidhormon kommt zur begleitenden Behandlung bei abnormer oder krankhaft gesteigerter Sexualität in Betracht. **Die Substanz kann zwar die Triebstärke reversibel dämpfen, i. d. R. aber nicht die Sexualdeviation.**

Nebenwirkungen sind Müdigkeit, Hemmung der Spermiogenese und Gynäkomastie.

Kontraindikation: Lebererkrankungen, Thromboembolien, chronische Depression, maligne Tumoren.

Disulfiram

◄ Definition

5 Therapie

Nach Einnahme von Alkohol (wenige Gramm genügen) reichert sich unter Disulfiram-Therapie Acetaldehyd im Blut an und es kommt zu **vegetativen Unverträglichkeitsreaktionen** (Übelkeit, Brechreiz, Schwindel, Tachykardie).

Merke ▶

Nebenwirkungen: Kopfschmerzen, Übelkeit, Schwindel, Polyneuritiden, psychotische Episoden.
Kontraindikationen: Diabetes, schwere Herz- und Kreislaufinsuffizienz, schwere Leber- und Nierenfunktionsstörungen.

Parkinsonmittel

Definition ▶

Zur Behandlung Neuroleptika-induzierter extrapyramidal-motorischer Nebenwirkungen werden **Anticholinergika** wie Biperiden (Akineton®) eingesetzt. Frühdyskinesien können beseitigt, Parkinsonoide zumindest deutlich gebessert werden. Anticholinergika weisen neben einer **euphorisierenden Wirkung** eine **delirogene Potenz** auf und können insbesondere bei Alterspatienten zu **Verwirrtheitszuständen** und Funktionspsychosen führen.
Psychische Nebenwirkungen: Alpträume, Verwirrtheitszustände und Psychosen.
Mögliche Nebenwirkungen, der vor allem bei **akinetischen Krisen** eingesetzten **Amantadine** sind Schlafstörungen, exogene Psychosen und zentralnervöse Übererregbarkeit.
Bei Kombination von Parkinsonmitteln mit (trizyklischen) anticholinergen Antidepressiva auf Delirgefahr achten!

Wirkweise. Nach Einnahme von Alkohol (wenige Gramm genügen) reichert sich unter Disulfiram-Therapie Acetaldehyd im Blut an und es kommt zu **vegetativen Unverträglichkeitsreaktionen** (Übelkeit, Brechreiz, Schwindel, Tachykardie). Der Patient empfindet den Zustand als äußerst unangenehm und wird entweder in Zukunft Alkohol meiden – oder die Disulfiram-Tabletten absetzen.

Merke. Diese Therapie setzt daher motivierte Patienten voraus und darf wegen u.U. lebensbedrohlichen Wirkungen wie Schock und Atemlähmung niemals ohne Wissen des Patienten verabreicht werden.

Die Einleitung der Behandlung erfordert die Entgiftung des Alkoholkranken. In den ersten zehn Tagen wird 1 g pro die verabreicht, anschließend alle zwei bis drei Tage 0,2 bis 0,5 g.

Nebenwirkungen und Gegenanzeigen. Als Nebenwirkungen können Müdigkeit, Kopfschmerzen, Übelkeit, Schwindel, Polyneuritiden und psychotische Episoden auftreten. Disulfiram ist **kontraindiziert** bei Diabetes, schwerer Herz- und Kreislaufinsuffizienz, schweren Leber- und Nierenfunktionsstörungen, Apoplexie, Thyreotoxikose und Psychosen.

Parkinsonmittel

Definition. Als (Anti-)Parkinsonmittel werden Medikamente bezeichnet, die das dem Parkinson-Syndrom zugrundeliegende, gestörte Gleichgewicht der Neurotransmitter Acetylcholin und Dopamin beeinflussen.

Parkinsonmittel sind auch für die psychiatrische Pharmakotherapie aus folgenden Gründen von Bedeutung: Zum einen dienen sie als Zusatzmedikamente zur Therapie von Neuroleptika-bedingten, extrapyramidal-motorischen Nebenwirkungen. Zum anderen können unter Parkinsonmitteln psychopathologische Symptome als Nebenwirkungen auftreten, schließlich werden sie relativ häufig mit Psychopharmaka kombiniert.

- Zur Behandlung Neuroleptika-induzierter extrapyramidal-motorischer Nebenwirkungen, werden **Anticholinergika** wie Biperiden (Akineton®) eingesetzt. Durch die orale oder auch parenterale Applikation können Frühdyskinesien beseitigt, Parkinsonoide zumindest deutlich gebessert werden. Hierbei ist zu beachten, daß Anticholinergika neben einer **euphorisierenden Wirkung** eine **delirogene Potenz** aufweisen und insbesondere bei Alterspatienten zu **Verwirrtheitszuständen** führen können.
- Unter einer Behandlung mit **L-Dopa** können an psychischen Nebenwirkungen Alpträume, Verwirrtheitszustände und pharmatoxische Psychosen (vor allem bei älteren Patienten) auftreten.
- Mögliche Nebenwirkungen, der vor allem bei **akinetischen Krisen** eingesetzten **Amantadine** sind Schlafstörungen, exogene Psychosen und zentralnervöse Übererregbarkeit.

Da sich bei einem erheblichen Prozentsatz der Parkinson-Kranken auch depressive Symptome finden, werden diese Patienten nicht selten kombiniert mit Parkinsonmitteln und Antidepressiva behandelt. Vor allem bei der Verordnung trizyklischer (anticholinerger) Antidepressiva muß hier auf die erhöhte Gefahr des Auftretens von deliranten Syndromen und Verwirrtheitszuständen geachtet werden.

„Zehn Gebote" für den richtigen Umgang mit Psychopharmaka

Abschließend seien nachfolgende Leit- und Orientierungssätze zur Verordnung von Psychopharmaka *in Tabelle 5-18* aufgeführt.

Tabelle 5-18: „10 Gebote" für den richtigen Umgang mit Psychopharmaka

1. Psychopharmaka nur dann verordnen, wenn eine gezielte Indikation besteht (Erkrankung). Zuerst sorgfältige Untersuchung und Diagnosestellung (zugrundeliegende Ursachen).
2. Medikamentöse Vorbehandlungen eruieren, Suchtanamnese abklären.
3. Adäquate Wahl des Psychopharmakons nach Wirkprofil unter Berücksichtigung möglicher Interaktionen und Nebenwirkungen sowie Kontraindikationen.
4. Dosierung in der Regel einschleichend und individuell. Keine Verschreibung größerer Mengen während der Akuterkrankung. Dosisanpassung bei Alterspatienten.
5. Bei Tranquilizern und Hypnotika Dosierung möglichst niedrig, aber ausreichend; frühestmögliche, langsame Dosisreduktion mit Übergang auf diskontinuierliche Gabe (Bedarfsmedikation).
6. Exakte Aufklärung und Information des Patienten über Wirkung und mögliche Nebenwirkungen sowie Wechselwirkungen mit anderen Medikamenten, insbesondere mit Alkohol (möglichst meiden).
7. Längerfristige Kombination mehrerer Psychopharmaka möglichst vermeiden.
8. Persönliche Verordnung mit Verlaufskontrollen (Dosisanpassung). Aufbau einer tragfähigen Arzt-Patient-Beziehung (Compliance).
9. Gesamtbehandlungsplan erstellen, der auch andere Therapieformen umfaßt (ärztliches Gespräch, Psychotherapie, physikalische Maßnahmen).
10. Bei Langzeitmedikation Kooperation mit Facharzt (Indikationsstellung, Dosierung, Behandlungsdauer). Gesonderte Aufklärung über mögliche Nebenwirkungen bei Langzeitmedikation (Spätdyskinesien). „Paß" für Lithium- und Depot-Neuroleptika führen. Beendigung der Behandlung grundsätzlich durch langsam ausschleichende Dosisreduktion.

> „Zehn Gebote" für den richtigen Umgang mit Psychopharmaka (s. Tab. 5-18).

Andere biologische Therapieverfahren

Historisches. Angesichts der „Hilflosigkeit der Helfer" gegenüber den „großen, schweren psychischen Krankheiten" (Psychosen) verband man mit der Einführung somatischer Therapieverfahren zu Beginn des 20. Jahrhunderts große Hoffnung, mit einem körperlichen Eingriff psychische Krankheiten heilen zu können. 1917 führte der Wiener Ordinarius für Psychiatrie und Neurologie **J. Ritter Wagner-Jauregg** die **Malaria-Kur** in die Behandlung der progressiven Paralyse ein. Hierbei wurde Zitratblut von Malariakranken intramuskulär oder intravenös injiziert und durch diese künstliche Infektion Fieberschübe erzeugt, die die schweren psychischen und neurologischen Symptome der progressiven Paralyse (Spätstadium der Syphilis) milderten. Syphilitiker machten zum damaligen Zeitpunkt etwa ein Drittel der Insassen von psychiatrischen Anstalten aus. Für die Entdeckung der therapeutischen Bedeutung der Malariaimpfung bei der Behandlung der progressiven Paralyse erhielt Wagner-Jauregg 1927 den Nobel-Preis für Medizin.

Klaesi führte 1921 die **Schlafkur** (Dauer-/Heilschlaf) mittels Barbituraten (Somnifen) zur Behandlung erregter Psychosen ein. Angestrebt wurde ein Schlafzustand, der Tage bis Wochen dauerte; die Patienten erhielten während dieser Zeit Flüssigkeit und Nahrung über eine Sonde.

Anfang der 30er Jahre wurde die Beeinflussung schwerer Formen schizophrener oder affektiver Psychosen durch hypoglykämische Zustände oder Schocks mittels **Insulin-Kur** durch **Sakel** eingeführt. Durch Injektion von Altinsulin wurde zunächt ein Subkoma mit Schweißausbruch und Benommenheit, an-

> Andere biologische Therapieverfahren
> ◀ Historisches

schließend ein Koma ausgelöst, das nach 10 bis 30 Minuten durch Glukose- oder Glukagon-Applikation beendet wurde.

Die klinische Beobachtung, daß durch Auftreten eines epileptischen Anfalls nicht selten psychotische Symptome gebessert wurden, führte 1935 zur Beschreibung der **Cardiazol-Krampfbehandlung** durch **von Meduna**. Hierbei wurde durch rasche intravenöse Injektion von Cardiazol-Lösung ein generalisierter zerebraler Krampfanfall ausgelöst. Die Methode wurde später durch die Elektrokrampftherapie ersetzt.

Durch die Entdeckung und Einführung der Psychopharmaka gelten die genannten Therapieverfahren heute als überholt und obsolet.

Folgende **somatisch-biologische Behandlungsverfahren** können bei einzelnen, bestimmten Krankheitsbildern zum Einsatz kommen:
- **Schlafentzugsbehandlung** (Wachtherapie)
  Indikation: endogene Depression
- **Photo-(Licht-)Therapie**
  Indikation: saisonale Depression
- **Elektrokrampftherapie** (Elektrokonvulsionstherapie, neuroelektrische Therapie)
  Indikation: endogene Depression, Schizophrenie (Katatonie)
- **Sog. kleine Insulin-Kur**
- **Psychochirurgie**
- **Physiotherapie.**

Schlafentzugsbehandlung

In den 60er Jahren wurden Beobachtungen beschrieben, daß sich einige depressive Patienten nach einer zufällig oder absichtlich schlaflos verbrachten Nacht für einen oder mehrere Tage wesentlich besser fühlten. Schon lange war aufgefallen und bekannt, daß endogen Depressive typischerweise an Durchschlafstörungen mit morgendlichem Früherwachen leiden. Auf dem Hintergrund dieser empirischen Befunde wurden systematische Untersuchungen zur Wirksamkeit des Schlafentzuges sowie zu chronobiologischen Faktoren bei endogenen Depressionen durchgeführt.

Es lassen sich drei Arten von Schlafentzug unterscheiden, wobei nur die ersten beiden praktisch-klinischen Einsatz finden:
- Totaler Schlafentzug
- Partieller Schlafentzug
- Selektiver Schlafentzug.

Der **totale Schlafentzug** wird über die ganze Nacht durchgeführt, der **partielle Schlafentzug** in der zweiten Nachthälfte (Wecken um ca. 1 Uhr morgens).

Indikationen sind primär **endogene Depressionen** (Melancholien). Wichtig ist, daß der Patient während der Nacht nicht kurz „einnickt" und den darauffolgenden Tag wach „durchsteht". Bei etwa der Hälfte der endogen Depressiven kommt es unter dieser Behandlung am Tage nach dem Schlafentzug (seltener auch am zweiten Tag danach) zu einer spürbaren Stimmungsaufhellung, die aber zumeist nur ein bis zwei Tage anhält. Die einfache und physiologische, ungefährliche Behandlung wird deshalb ein- bis zweimal pro Woche insbesondere im Stadium der Akuttherapie durchgeführt, zumeist in Kombination mit einer Antidepressiva-Standardbehandlung.

Zum Procedere ist wichtig, daß der Patient am Abend vor der Schlafentzugsnacht keine sedierende Medikation erhält.

Offenbar besteht keine unterschiedliche Wirksamkeit zwischen totalem und partiellem Schlafentzug, die Wirksamkeit beider Verfahren ist gut belegt (*siehe Abb. 5-11*).

Relevante Nebenwirkungen dieser Therapie sind nicht bekannt.

Folgende **somatisch-biologische Behandlungsverfahren** können bei bestimmten Krankheitsbildern zum Einsatz kommen:
- **Schlafentzugsbehandlung**
  Indikation: endogene Depression
- **Photo-(Licht-)Therapie**
  Indikation: saisonale Depression
- **Elektrokrampftherapie**
  Indikation: endogene Depression, Schizophrenie (Katatonie)
- **Sog. kleine Insulin-Kur**
- **Psychochirurgie**
- **Physiotherapie**

Schlafentzugsbehandlung

Empirisch wurde beobachtet, daß sich manche depressive Patienten nach einer zufällig oder absichtlich schlaflos verbrachten Nacht für einige Tage besser fühlten.

Es lassen sich 3 Arten von Schlafentzug unterscheiden:
- Totaler Schlafentzug
- Partieller Schlafentzug
- Selektiver Schlafentzug

Der **totale Schlafentzug** wird über die ganze Nacht durchgeführt, der **partielle** in der zweiten Nachthälfte. **Indikationen** sind primär **endogene Depressionen** (Melancholien). Etwa 50 % der Patienten sprechen auf die Behandlung an. Es kommt am Tage nach dem Schlafentzug zu einer spürbaren Stimmungsaufhellung, die aber meist nur 1–2 Tage anhält. Deshalb wird sie 1–2 x pro Woche durchgeführt, meist in Kombination mit einer Antidepressiva-Standardbehandlung (*s. Abb. 5-11*). Der Patient darf am Abend vor der Schlafentzugsnacht keine sedierende Medikation erhalten. Relevante Nebenwirkungen sind nicht bekannt.

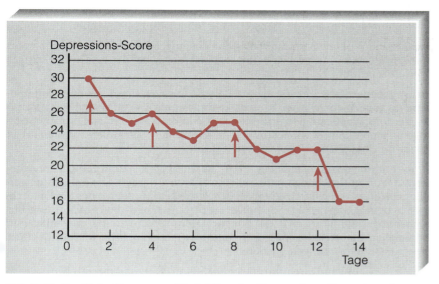

Abb. 5-11: **Deutliche Besserung (Reduktion des Depressions-Scores) nach Schlafentzugsbehandlung** (↑) zweimal wöchentlich

Lichttherapie (Phototherapie)

Zu Beginn unseres Jahrhunderts wurde die gezielte Lichtexposition (Heliotherapie) als allgemeine roborierende Maßnahme sowie zur Behandlung einer Reihe von Erkrankungen (Rachitis, Tuberkulose) eingesetzt. Vor etwa zehn Jahren wurde entdeckt, daß mittels Lichttherapie eine effektive Behandlung bestimmter Depressionsformen, nämlich der sog. **saisonalen Depressionen**, möglich ist. Diese saisonal abhängigen Depressionen (SAD) treten regelmäßig im Herbst/Winter auf. Als Leitsymptomatik steht vor allem verminderte Energie mit Kohlenhydratheißhunger, Gewichtszunahme und vermehrtem Schlafbedürfnis im Vordergrund.

Als Lichtquelle dient ein helles fluoreszierendes Licht mit vollem Spektrum und einer Lichtintensität von etwa 2500 Lux (etwa 200mal heller als übliche Zimmerbeleuchtungsstärke). Der Beleuchtungskörper soll etwa 90 cm von den Augen entfernt aufgestellt werden (die für die Depressionsbehandlung notwendige Wirkung des Lichtes wird wahrscheinlich ausschließlich über das Auge vermittelt). Die Patienten werden angehalten, jede Minute für ein paar Sekunden in das Licht zu schauen. Die Dauer der täglichen Behandlung beträgt etwa zwei bis drei Stunden, der antidepressive Effekt wird meist bereits nach drei bis vier Tagen erreicht. Üblicherweise wird eine einwöchige Anwendungsdauer gewählt.

Mit ernsthaften Nebenwirkungen ist nicht zu rechnen. Gelegentlich klagen Patienten über Augenbrennen, Kopfschmerzen und Gereiztheit. Bei der Kombination der Lichttherapie mit Psychopharmaka (trizyklische Antidepressiva, Lithium) sollte eine augenärztliche Kontrolluntersuchung erfolgen, um evtl. auftretende retinale Schäden frühzeitig zu erkennen bzw. auszuschließen.

Elektrokrampftherapie (EKT)

Diese 1937 von den italienischen Ärzten **Cerletti** und **Bini** eingeführte Behandlungsmethode besteht in der **Induktion eines generalisierten Krampfanfalls** durch elektrische Stimulation des ZNS unter kontrollierten Bedingungen. Als Hauptindikationen gelten heute **endogene Depressionen,** die nicht oder ungenügend auf medikamentöse Behandlungsversuche ansprechen, insbesondere solche mit Wahnsymptomatik, hoher Suizidalität oder depressivem Stupor. Weitere Indikationen sind **Katatonien** und andere akute **schizophrene Psychosen** nach erfolgloser Neuroleptika-Behandlung. Bei der sehr seltenen lebensbedroh-

Lichttherapie (Phototherapie)

Lichttherapie kann zur Behandlung **saisonaler Depressionen** („Herbst/ Winter-Depression") eingesetzt werden. Leitsymptome dieser Depressionsform sind vermehrtes Schlafbedürfnis, Gewichtszunahme, verminderte Energie und (häufig) Kohlenhydratheißhunger.

Als Lichtquelle dient fluoreszierendes Licht einer Lichtintensität von etwa 2500 Lux. Die Dauer der Behandlung beträgt etwa 2–3 Stunden täglich für ca. 1 Woche.

Ernsthafte Nebenwirkungen sind nicht bekannt. Gelegentlich treten Augenbrennen, Kopfschmerzen und Gereiztheit auf.
Bei der Kombination der Lichttherapie mit Psychopharmaka (trizyklische Antidepressiva, Lithium) ist eine augenärztliche Kontrolluntersuchung notwendig.

Elektrokrampftherapie (EKT)

Sie besteht in der Induktion eines generalisierten Krampfanfalles durch elektrische Stimulation des ZNS unter kontrollierten Bedingungen.
Hauptindikationen:
- **Endogene Depressionen** („therapieresistent", Stupor)
- **Katatonie**

- **„Therapieresistente Schizophrenien"**

Bei der sehr seltenen, lebensbedrohlichen **perniziösen Katatonie** ist die EKT die bislang einzige bekannte lebensrettende Maßnahme. Der genaue Wirkmechanismus ist bislang unklar.
Bei gegebener Indikation ist dieses Behandlungsverfahren gut und rasch wirksam. Die Wirkung ist meist nicht von Dauer. Deshalb sind wiederholte Applikationen erforderlich, in der Regel erfolgen diese dreimal pro Woche (empfohlenes Mindestintervall: 48 Stunden). Insgesamt werden meist 6–12 Einzelbehandlungen durchgeführt.
Einwilligung nach Aufklärung ist erforderlich.
Die Behandlung erfolgt in Kurznarkose (Anästhesist) mit Muskelrelaxation und Sauerstoffbeatmung. Heute wird meist die **unilaterale Stimulation der nichtdominanten Hemisphäre** durchgeführt, da so deutlich weniger Nebenwirkungen auftreten.
Das **Behandlungsrisiko** entspricht heute dem Narkoserisiko.

Typische **Nebenwirkungen** sind akute, reversible Verwirrtheitszustände und Gedächtnisstörungen, die zumeist innerhalb von Stunden oder wenigen Tagen abklingen.

Kontraindikationen sind erhöhter Hirndruck, Aneurysmen und frischer Herzinfarkt.

Sog. kleine Insulin-Kur

Sehr selten wird heute noch die sog. kleine Insulin-Kur (unterschwellige Hypoglykämie-Behandlung), z. B. bei therapieresistenten Hebephrenien, eingesetzt.

Psychochirurgie

Die Psychochirurgie ist zur Zeit in Deutschland ohne Bedeutung.

---

lichen **perniziösen Katatonie** (hochfieberhafte Bewegungsstarre) ist die EKT die bislang einzige bekannte lebensrettende Behandlungsmaßnahme.

Der genaue Wirkmechanismus ist noch nicht aufgeklärt. Neurotransmitter- und Rezeptorensysteme sowie Zellmembranen werden bei der EKT in vielfältiger Weise beeinflußt.

Bei gegebener Indikation ist dieses Behandlungsverfahren gut und insbesondere rasch wirksam. Die Wirkung ist aber meist nicht von Dauer. Deshalb sind wiederholte Applikationen erforderlich, die in der Regel dreimal pro Woche erfolgen (empfohlenes Mindestintervall: 48 Stunden). Insgesamt werden sechs bis zwölf Einzelbehandlungen durchgeführt.

Eine **Einwilligung/Zustimmung** nach Aufklärung ist erforderlich. Entsprechende Voruntersuchungen müssen durchgeführt werden. Die Behandlung erfolgt in Kurznarkose durch einen Anästhesisten. Die Zeitdauer des Stromdurchflusses beträgt drei bis fünf Sekunden, die Stromstärke ca. 600 mA. Anstelle der bilateralen (bitemporalen) Elektrodenplazierung wird heute die **unilaterale Stimulation der nichtdominanten Hemisphäre** bevorzugt, da hierbei deutlich weniger Nebenwirkungen auftreten.

Durch die heutigen Durchführungsmodalitäten (Kurznarkose mit Muskelrelaxation und Sauerstoffbeatmung) sind die früher (leider durch amerikanische Spielfilme immer wieder aktualisiert!) gelegentlich aufgetretenen schweren Komplikationen (insbesondere Wirbelkompressionsfrakturen) nicht mehr zu befürchten, das **Behandlungsrisiko** entspricht im wesentlichen nur noch dem Narkoserisiko.

Das öffentliche Leitbild ist negativ besetzt durch den Film und das Buch „Einer flog über das Kuckucksnest", in welchem der völlig absurde, nicht indizierte Einsatz der EKT als Bestrafung bzw. Disziplinarmaßnahme bei einem nichtpsychotischen Patienten dargestellt wird. Dies hatte zur Folge, daß die Behandlungsmethode in Deutschland ungerechtfertigterweise sehr (zu) selten eingesetzt wird.

Als **Nebenwirkungen** können akute, reversible Verwirrtheitszustände sowie leichte Gedächtnisstörungen auftreten, die zumeist innerhalb von Stunden oder wenigen Tagen abklingen. Diese amnestischen Störungen treten bei der heute üblichen unilateralen Durchführung der Behandlung deutlich seltener und geringer auf.

Bemerkenswert ist, daß hohes Lebensalter, Schwangerschaft sowie Herzschrittmacher-Implantation keine **Kontraindikationen** darstellen. Zu den Gegenanzeigen gehören vor allem erhöhter Hirndruck, Aneurysmen und frischer Herzinfarkt.

Sog. kleine Insulin-Kur

Mit der Entdeckung der Neuroleptika wurde die Insulin-Koma-Behandlung, die in den 30er Jahren Eingang in die Kliniken gefunden hatte, entbehrlich. Gelegentlich kommt die sog. kleine, leichte oder abortive Insulin-Kur oder unterschwellige Hypoglykämie-Behandlung bei einem engbegrenzten Indikationsfeld auch heute noch zur Anwendung. Bei sonst therapieresistenten Hebephrenien, Depressionen sowie chronifizierten psychovegetativ-neurotischen Versagenszuständen wird diese Behandlung von einzelnen Klinikern praktiziert.

Psychochirurgie

In den 30er Jahren wurden neurochirurgische Verfahren wie die Leukotomie bzw. Lobotomie (operative Durchtrennung der Bahnen zwischen Thalamus und Stirnhirn) bei akut Psychose-Kranken eingesetzt. Diese Behandlungsverfahren spielen heute bei uns keine Rolle mehr. Allerdings könnte aufgrund neuer Möglichkeiten und Erkenntnisse (mikrochirurgische Laseroperationstechniken, Gewebetransplantation z. B. bei Parkinsonkranken) die Diskussion um derartige Interventionen wieder neu belebt werden.

Physiotherapie

Physikalische Maßnahmen können im Sinne einer roborierend-adjuvanten Therapie zum Einsatz kommen. Gerade in der Psychiatrie sind Bewegungs- und Hydrotherapie (Gymnastik, „Sporttherapie", *siehe Abbildung 5-12*, medizinische Bäder, Massagen, Schwimmen) üblicherweise Bestandteil des Gesamtbehandlungskonzeptes. Die Interventionen zielen zum einen auf die Beeinflussung der vorliegenden psychovegetativen Labilität und der muskulären Verspannung, zum anderen auf „Körpererleben", Selbstbestätigung und Aktivierung.

Aktivierungsmöglichkeit

Gemeinschaftserlebnis

Selbstverwirklichung

Verstärkerquelle

Abb. 5-12: Sporttherapie: Aktivierung und nonverbale Kommunikation

---

Physiotherapie

Physikalische Maßnahmen können im Sinne einer roborierend-adjuvanten Therapie angewendet werden. Bewegungs- und Hydrotherapie sind zur Aktivierung und Stabilisierung psychovegetativer Labilität sowie zur körperlichen „Selbstfindung" gut geeignet und Bestandteil des Gesamtbehandlungskonzeptes (*s. Abb. 5-12*).

Psychotherapie

Allgemeines

> **Definition.** Psychotherapie ist die Behandlung von psychischen und körperlichen (psychosomatischen) Störungen und Krankheiten durch gezielte seelische Einflußnahme (Behandlung mit seelischen Mitteln) unter bewußter Ausnutzung der Beziehung zwischen Arzt und Patient.

Indikationen

Primäre Hauptindikationen für eine Psychotherapie sind:
- Psychogene, psychoreaktive, „neurotische" Störungen (Angsterkrankungen, Zwang, Phobie, nichtendogene Depression)
- Funktionelle, psychosomatische Störungen und Krankheiten
- Organische Erkrankungen mit sekundären psychischen Veränderungen (somatopsychische Störungen), wie sie z. B. bei Karzinom- und Dialyse-Patienten und in der Transplantationsmedizin auftreten können.

Voraussetzungen für eine Psychotherapie

Auf seiten des **Patienten** sollten folgende Voraussetzungen gegeben sein:
- Therapiemotivation, „Leidensdruck"
- Introspektions-(Einsichts-) Fähigkeit
- Fähigkeit zur kritischen Selbstprüfung (Reflexionsfähigkeit)
- Mindestmaß an Frustrationstoleranz, Konfliktbereitschaft, Ausdauer
- Beziehungsfähigkeit.

Von seiten des **Arztes/Psychotherapeuten** sind zu fordern:
- Empathie (einfühlendes Verstehen)
  Der Psychotherapeut sucht die innere Welt des Patienten mit ihren Bedeutungen und Gefühlen, so wie sie der Patient erlebt, wahrzunehmen und zu verstehen, so als ob er sie selber erleben würde.
- Emotionale Wärme (Zuwendung)
  Hiermit ist die grundlegend positive Einstellung des Psychotherapeuten gegenüber seinem Patienten, unabhängig von dessen Verhalten, gemeint.
- Echtheit des Verhaltens („Selbstkongruenz")
  Dies beinhaltet, daß der Psychotherapeut er selbst ist, so daß seine Äußerungen mit seinem inneren Erleben „kongruent" sind (übereinstimmen).

Qualifizierte Psychotherapie setzt eine mehrjährige Weiterbildung mit Supervision und Selbsterfahrung voraus. Praktizierende Ärzte können in sog. Balint-Gruppen Probleme im Umgang mit und in der Beziehung zu ihren Patienten im Austausch mit Kollegen erkennen und bearbeiten.

Grundelemente der Psychotherapie

Von den meisten Psychotherapeuten wird Psychotherapie durch folgende drei **Grundelemente** charakterisiert:
- Emotionale Beziehung
- Einsichtsgewinnung, Konfliktbearbeitung
- Umorientierung.

Der Patient muß zu „seinem" Therapeuten eine vertrauensvolle, mit positiven Gefühlen besetzte Beziehung entwickeln und herstellen können. Dieses Sich angenommen- und Verstanden-Fühlen ist die Voraussetzung, um unangenehme Erlebnisse und eigene Schwächen aussprechen und ertragen zu können.

Die Fähigkeit zur Selbstkritik und ein „In-sich-Gehen" (Introspektion) sind die Basis für die Bearbeitung von Konflikten, die in eine Umorientierung und ein Finden neuer, alternativer Handlungs- und Verhaltensweisen einmünden.

Als wesentliche Elemente des **psychotherapeutischen Prozesses** sind anzusehen:
- Einsicht gewinnen (dies geschieht überwiegend durch rational-orientierte Techniken, durch Selbstreflexion)
- Emotionale Erschütterung (dies geschieht schwerpunktmäßig durch sog. erlebnisorientierte Verfahren s. u.
- Realistische Zielvorstellung entwickeln (u. a. Erkennen der Unvereinbarkeit von Lebenszielen)
- Therapeutisch erwünschte Reaktionen durch Training stabilisieren (z. B. Streßbewältigungstraining, Selbstsicherheitstraining).

Merke. Die meisten Psychotherapie-Verfahren haben das Ziel, dem Patienten bei der Entwicklung von Bewältigungsstrategien, dem Aufbau sozialer Kompetenz sowie der Steigerung des Selbstwertgefühls zu helfen.

Formen psychotherapeutischer Interventionen

Aufgrund von Modellvorstellungen zu Genese, Technik und Wirkprinzip lassen sich folgende Formen psychotherapeutischer Interventionen unterscheiden:
- Einfache Intervention (Trost, Katharsis [Abreaktion], Vorbilder)
- „Umstimmung", Aktivierung
- „Entspannung", Übungsverfahren, körperbezogene Therapieverfahren
- Suggestive Techniken
- Selbstreflexion, einsichtsorientierte Verfahren
- Tiefenpsychologisch-orientierte Verfahren, psychodynamische Ansätze
- Verhaltensorientierte Verfahren.

Einteilung von Psychotherapie-Verfahren

Es existieren Hunderte (!) von Psychotherapie-Verfahren, nur wenige sind als wissenschaftlich gesichert anzusehen.

Formal lassen sich die Verfahren einteilen nach:
- Zahl der behandelten Personen: Einzeltherapie („duale Zweibeziehung" [„Dyade"] Patient-Therapeut), Paar-, Partner-, Gruppen-, Familientherapie.
- Medium, in welchem die Therapie stattfindet (Gespräch/Dialog, Gruppenprozeß, künstlerische Aktivitäten wie Musik, kreatives Gestalten, Rollenspiel).
- (Angenommene) therapeutische Wirkfaktoren (Suggestion, Persuasion [Überzeugung], Lernen, Einsicht).
- Theorie/Modellvorstellungen des Therapeuten (Lerntheorie, Tiefenpsychologie u. a.).

Bei der **Einzeltherapie** stehen die Aufarbeitung und Bearbeitung individueller, persönlicher Probleme und Konflikte im Vordergrund. Hierzu gehören die Auseinandersetzung mit der eigenen Lebensgeschichte und die Bearbeitung aktueller Problem- und Schicksalssituationen.

Eine **Paar-/Partnertherapie** hat die Bewußtmachung und Aufarbeitung von Beziehungsstörungen als Hauptgegenstand.

In einer **Gruppentherapie** werden schwerpunktmäßig Rollenkonflikte und zwischenmenschliche Kontakt- und Beziehungsstörungen bearbeitet. Aus Sicht der Patientenversorgung weisen Gruppentherapien zeitökonomische Vorteile auf, dem „Gruppen-Setting" kommt aber insbesondere eine Eigendynamik zu, die therapeutisch genutzt werden kann. Nicht wenige Patienten erleben ein „Grup-

---

sitiven Gefühlen besetzte Beziehung entwickeln und herstellen können.

Die Fähigkeit zur Selbstkritik und ein „In-sich-Gehen" sind die Basis für die Bearbeitung von Konflikten.

Wesentliche Elemente des **psychotherapeutischen Prozesses** sind:
- Einsicht gewinnen
- Emotionale Erschütterung
- Realistische Zielvorstellungen
- Therapeutisch erwünschte Reaktionen durch Training stabilisieren.

◄ Merke

Formen psychotherapeutischer Interventionen
- Einfache Intervention (Trost, Katharsis [Abreaktion], Vorbilder)
- „Umstimmung", Aktivierung
- „Entspannung", Übungsverfahren, körperbezogene Verfahren
- Suggestive Techniken
- Selbstreflexion, einsichtorientierte Verfahren
- Tiefenpsychologisch-orientierte Verfahren, psychodynamische Ansätze
- Verhaltensorientierte Verfahren.

Einteilung von Psychotherapie-Verfahren
Formal lassen sich die Verfahren einteilen nach:
- Zahl der behandelten Personen: Einzel-, Paar-, Partner-, Gruppen-, Familientherapie.
- Medium, in dem die Therapie stattfindet (Gespräch, kreatives Gestalten, Rollenspiel).
- Therapeutische Wirkfaktoren (Suggestion, Lernen, Einsicht).
- Theorie/Modellvorstellungen des Therapeuten.

Bei der **Einzeltherapie** stehen die Aufarbeitung und Bearbeitung individueller, persönlicher Probleme und Konflikte im Vordergrund.

Eine **Paar-/Partnertherapie** hat die Bewußtmachung und Aufarbeitung von Beziehungsstörungen als Hauptgegenstand.
In einer **Gruppentherapie** werden schwerpunktmäßig Rollenkonflikte und zwischenmenschliche Kontakt- und Beziehungsstörungen bearbeitet.

5 Therapie

pengefühl" als günstig; sie fühlen sich mit ihrer Störung nicht als Einzelfall und Außenseiter, sondern erleben, daß Mitmenschen ähnliche oder gleiche Probleme, Schwächen und Konflikte haben wie sie selbst. Es entstehen gruppendynamische Prozesse, die Therapiegruppe entwickelt unter Anleitung, Moderation und Supervision des Therapeuten ein modellhaftes, kleines Abbild der als problematisch bis unerträglich empfundenen eigenen Rolle in Gesellschaft und Familie.

Familientherapie basiert auf der Vorstellung, daß die Störung oder Krankheit des Betroffenen entscheidend durch Verhaltensweisen anderer Familienmitglieder bedingt und mitbeeinflußt ist bzw. aufrechterhalten wird.

Bei Vorliegen gestörter Kommunikations- und Interaktionsmuster innerhalb einer Familie kann im Sinne eines systemischen Ansatzes eine **Familientherapie** durchgeführt werden. Diese basiert auf der Vorstellung, daß die Störung oder Krankheit des Betroffenen (z. B. Kind oder Jugendlicher als „Symptomträger") entscheidend durch Verhaltensweisen anderer Familienmitglieder, insbesondere der Eltern, mitbedingt und mitbeeinflußt ist bzw. aufrechterhalten wird. Diesem Therapieansatz kommt elementare Bedeutung in der Kinder- und Jugendpsychiatrie zu, er hat aber auch Bedeutung in der Behandlung jugendlicher Schizophrenien und Eßstörungen erlangt.

Hinsichtlich **Therapiedauer und Altersgruppen** lassen sich formal unterscheiden:
- Kurz-/Fokal-Psychotherapieverfahren versus Langzeit-Psychotherapieverfahren
- Heilpädagogische (Kinder-/ Jugendliche-) versus Alters-Psychotherapieverfahren.

Eine **Kurz-Psychotherapie** kommt hauptsächlich im Sinne einer sog. **Krisenintervention** zum Einsatz.

Inhaltlich lassen sich folgende Verfahren unterscheiden:
- „Zudeckende", schützend-„supportive" Psychotherapie
- „Aufdeckende" Psychotherapieverfahren. Diese Verfahren werden auch unter dem Begriff „tiefenpsychologisch fundiert" subsumiert.
- Experimentell-lernpsychologisch fundierte Therapieverfahren (auf Verhaltensänderung abzielend, z. B. Verhaltenstherapie).

Hinsichtlich **Therapiedauer und Altersgruppen** lassen sich formal unterscheiden:
- Kurz-/Fokal-Psychotherapieverfahren versus Langzeit-Psychotherapieverfahren
- Heilpädagogische (Kinder-/Jugendliche-) versus Alters-Psychotherapieverfahren.

Eine **Kurz-Psychotherapie** kommt hauptsächlich im Sinne einer sog. **Krisenintervention** zum Einsatz; sie ist durch enge zeitliche Begrenzung (wenige Stunden Therapiedauer) und Bearbeitung begrenzter, aktuell im Vordergrund stehender Konfliktbereiche charakterisiert.

Inhaltlich lassen sich insbesondere im Hinblick auf Behandlungstechnik und -ziele folgende Psychotherapie-Verfahren unterscheiden:
- „Zudeckende", stützend-„supportive" Psychotherapie
- „Aufdeckende" Psychotherapie-Verfahren.
  Diese Verfahren werden auch unter dem Begriff „tiefenpsychologisch fundiert" subsumiert, da sie bei aller Verschiedenheit folgende gemeinsame Basis aufweisen: Die Annahme, daß wesentliche Emotionen und Impulse dem Individuum unbewußt sind und daß der Hauptgrund für die Störung/Erkrankung ein (latenter) intrapersoneller Konflikt ist. Alle diese Verfahren arbeiten entweder konflikt-/einsichtsorientiert (psychodynamische Psychotherapie-Verfahren, z. B. Psychoanalyse) oder emotions-/erlebnisorientiert (z. B. Gestalttherapie, Bioenergetik).
- Experimentell-lernpsychologisch fundierte Therapieverfahren (auf Verhaltensänderung abzielend, z. B. Verhaltenstherapie).

Die bekanntesten Psychotherapieverfahren sind:
- Klassische Psychoanalyse
- Andere tiefenpsychologisch-analytisch orientierte Verfahren
- Gesprächspsychotherapie
- (Kognitive) Verhaltenstherapie
- Humanistisch-erlebnisorientierte Therapieverfahren.

Zu den bekanntesten Psychotherapie-Verfahren zählen:
- Klassische Psychoanalyse (S. Freud)
- Andere tiefenpsychologisch-analytisch orientierte Verfahren (z. B. Individualpsychologie nach A. Adler, analytische Psychologie nach C.G. Jung)
- Gesprächspsychotherapie (klientzentrierte, nichtdirektive Psychotherapie)
- (Kognitive) Verhaltenstherapie
- Humanistisch-erlebnisorientierte Therapieverfahren. Hierzu zählen u. a. das Psychodrama von Moreno, die Gestalttherapie nach Perls, Bioenergetik nach Lowen, die Transaktionsanalyse nach Berne, themenzentrierte Interaktion nach Cohn, rational-emotive Therapie nach Ellis, Primärtherapie („Urschrei") nach Janov, Persuasionstherapie nach Dubois, Logotherapie nach Frankl (Übergang zur Existentialphilosophie).

Merke ▶

Merke. Als wissenschaftlich anerkannt gelten tiefenpsychologisch-psychodynamisch orientierte Psychotherapie (Psychoanalyse und Hauptmodifikationen), Verhaltenstherapie und Gesprächspsychotherapie.
Empirisch abgesichert ist auch die in den USA etablierte, bei uns allmählich Bedeutung gewinnende sog. interpersonale Therapie (IPT).

„Ärztliches Gespräch", supportive/stützend-adaptive Psychotherapie

Psychotherapie ist nicht einfach die menschliche Zuwendung zu einem Leidenden. Die Anteilnahme des Arztes, sein tröstender und beruhigender Zuspruch gehören zu seiner selbstverständlichen beruflichen Haltung und sollten nicht Psychotherapie genannt werden. Das ärztliche Gespräch kennt keine eigentliche Methodik – Erfahrung, Intuition und Persönlichkeit des jeweiligen Arztes prägen es in besonderer Weise. Es stellt keine psychotherapeutische Maßnahme im eigentlichen Sinne dar, besitzt aber eine „psychotherapeutische Funktion" und ist Grundlage der Arzt-Patienten-Beziehung. Es umfaßt diagnostisch-explorative, begleitend-beratende, helfende und heilende Aspekte und stellt somit eine diagnostisch-therapeutische Einheit dar. Dem ärztlichen, psychotherapeutisch orientierten Gespräch sind allgemeine, supportive Aspekte eigen wie Zuwendung und eine Hoffnung vermittelnde Gesprächsatmosphäre.

Direktive psychotherapeutische Aktivitäten lassen sich als **„psychagogische Behandlung"** zusammenfassen. Diese umfaßt u. a. konkrete Ratschläge, Vermittlung einer praktischen Lebensphilosophie, Erlernen einer stoischen Haltung, Suggestionen und Selbstentspannungsmethoden, aber auch paradoxe Intentionen.

> **„Ärztliches Gespräch", supportive/ stützend-adaptive Psychotherapie**
>
> Die Anteilnahme des Arztes, sein tröstender und beruhigender Zuspruch gehören zur selbstverständlichen beruflichen Haltung und sollten nicht Psychotherapie genannt werden. Das ärztliche Gespräch kennt keine eigentliche Methodik. Erfahrung, Intuition und Persönlichkeit des Arztes prägen es.
> Es stellt keine psychotherapeutische Maßnahme im eigentlichen Sinne dar, besitzt aber eine „**psychotherapeutische Funktion**".
>
> Direktive psychotherapeutische Aktivitäten lassen sich als **„psychagogische Behandlung"** zusammenfassen (konkrete Ratschläge, Vermittlung einer praktischen Lebensphilosophie etc.).

Kasuistik. Ein 50jähriger Arbeiter erschien aufgeregt in der Sprechstunde und erklärte, er wisse nicht, was mit ihm los sei: Nachts liege er schlaflos, habe Herzklopfen, sei ängstlich-unruhig, tagsüber sei er gereizt, sei nicht mehr wie früher belastbar und fahre schnell aus der Haut. Die körperliche Untersuchung ergab außer Zeichen einer allgemeinen nervösen Übererregbarkeit keinen krankhaften Befund. „Können Sie mir nicht sagen, was mir eigentlich fehlt?" fragte Herr M. nach Abschluß der Untersuchung. „Ja, gewiß", antwortete ich, „Ihnen fehlen 5.000 DM." Der Patient sah mich fassungslos an und bestätigte unter heftiger Bewegung meine Feststellung. Ich wußte, daß der Patient gebaut hatte und daß er im Augenblick in großen finanziellen Schwierigkeiten war. Der Arbeiter erlebte das Fehlen dieser Summe als existentielle Bedrohung. Ich sprach ihm Mut zu und zeigte Verständnis für seine Lage. Obwohl sich an seiner realen Situation nichts geändert hatte, ging der Patient getröstet weg. Er hatte über seine Schwierigkeiten sprechen und sich abreagieren können, Verständnis und Mitgefühl gefunden. Seine funktionellen (Herz-) Beschwerden waren verschwunden.

Manchmal steht ein Mensch so dicht vor einem Problem, daß er nur einen „hohen Berg" mit negativen Details sieht; durch Distanz und Abstand, Wechsel des Standortes kann ein Problem „zurechtgerückt", durch neue Perspektive viel kleiner und gelassener, auch mit positiven Seiten sehen gelernt werden (*siehe Abbildung 5-13*).

> Ein Problem, das sich als „hoher Berg" auftürmt, kann durch Erlangung von Distanz gelassener gesehen werden (s. Abb. 5-13).

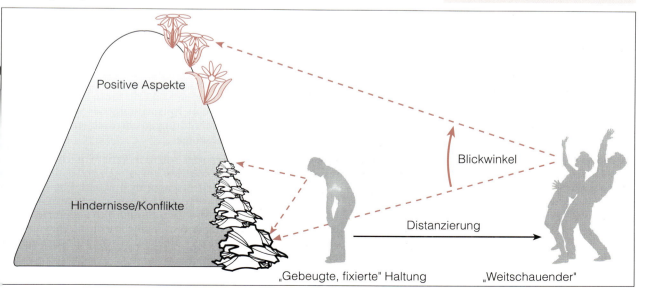

Abb. 5-13: „Problemberg" und supportive Psychotherapie mittels Distanzierung

> Krankheiten können auch für das weitere Leben positive Signale setzen und entscheidende Verhaltensänderungen bewirken.

Krankheiten können auch für das weitere Leben positive Signale setzen und entscheidende Verhaltensänderungen bewirken.

 Kasuistik. Ein 40jähriger Mann hatte einen Herzinfarkt erlitten, nach stationärer Krankenhausbehandlung stellte er sich bei mir in der Sprechstunde vor. Er berichtete, daß er sich absolut nicht erklären könne, wie es bei ihm so plötzlich zu einem Infarkt habe kommen können. Im Gespräch berichtete er, daß er in den letzten Jahren unter erheblicher Anspannung gestanden habe. In der Firma sei er, obwohl er nur Maschinenschlosser sei, wegen besonderer Fähigkeiten versetzt worden. Da ihm die entsprechende berufliche Qualifikation fehle, habe er gemeint, immer etwas Besonderes vorweisen zu müssen. Die Forderungen der Vorgesetzten wurden immer größer und zahlreicher, dazu kamen ständige Störungen durch Wünsche der Mitarbeiter, gegen die er sich nicht abgrenzen konnte. Seine Eltern waren früh verstorben, er war in ärmlichen Verhältnissen aufgewachsen. „Ich war es gewohnt, von früh bis spät zu arbeiten, und saß ich einmal ohne Beschäftigung, so hieß es: Hast Du nichts zu tun?" Hobbies und Freizeitbeschäftigungen hatte er seit Jahren aufgegeben, neben starkem Zigarettenrauchen hatte er in den letzten Jahren vermehrt Alkohol konsumiert. Am Ende des Gesprächs sagte er, jetzt wisse er, daß er so nicht weitermachen wolle. Er müsse nicht täglich beweisen, daß er gute Arbeit leiste, er müsse nicht allen Forderungen nachkommen, und schließlich habe er eine Familie, die auch wichtig sei.

Entspannungsverfahren (autogenes Training, progressive Muskelrelaxation, Biofeedback) und Hypnose

> **Entspannungsverfahren (autogenes Training, progressive Muskelrelaxation, Biofeedback) und Hypnose**
> Suggestion gehört zu den ursprünglichsten Heilmitteln, Trance-induzierende Techniken finden sich bei den Medizinmännern der Naturvölker oder in den Religionen. Die Hypnose kann als die Stamm-Mutter aller späteren Psychotherapie-Entwicklungen bezeichnet werden.

Seit der frühesten Menschheitsgeschichte wurden Verfahren und Methoden entwickelt, um einen Zustand der Entspannung herbeizuführen. Suggestion gehört zu den ursprünglichsten Heilmitteln, Trance-induzierende Techniken finden sich bei den Medizinmännern der Naturvölker (Schamanismus) oder in den Religionen, vor allem der asiatischen Völker. Zu den historisch begründeten Entspannungsverfahren mit dem moralisch-ethischen Anspruch an den Menschen, sich im Sinne einer ganzheitlichen Erkenntnishaltung weiterzuentwickeln, zählen Yoga und die (transzendentale u. a.) Meditation. Hypnoide Methoden haben in fast allen Hochkulturen (Ägypter, Griechen, Inder; z. B. Tempelschlaf, Formen der Ekstase bei Heilern und Kranken) eine bedeutende Rolle gespielt. Die Hypnose kann als die Stamm-Mutter aller späteren Psychotherapie-Entwicklungen bezeichnet werden.

> Zu den wissenschaftlich entwickelten Entspannungsmethoden zählen das **autogene Training** nach J. H. Schultz, die **progressive Muskelrelaxation** nach Jacobson, das **Biofeedback-Verfahren** sowie die **moderne Hypnose**.

Zu den wissenschaftlich entwickelten Entspannungsmethoden zählen das **autogene Training nach J. H. Schultz**, die **progressive Muskelrelaxation nach Jacobson**, das **Biofeedback-Verfahren** sowie die **moderne Hypnose**.

Das Wort Hypnose wurde Mitte des 19. Jahrhunderts vom englischen Augenarzt **Braid** geprägt. Er ließ Personen einen Gegenstand anstarren (Fixationsmethode), bis ein Zustand eintrat, den er als Hypnose bezeichnete, für den das Phänomen der Suggestion von entscheidender Bedeutung sei.

Jacobson machte 1929 in seinem Laboratorium für klinische Physiologie die Erfahrung, daß eine ausreichend große Entspannung der Skelettmuskeln in gleicher Weise zu einer Entspannung der inneren Muskeln führt. Er leitete daraus ab, daß es therapeutisch notwendig sei, eine Entspannung der Skelettmuskeln für die Behandlung verschiedener innerer Störungen einzusetzen, weil diese einen wesentlichen Teil der Ursachen beseitige.

> Bei der **progressiven Muskelrelaxation** werden nacheinander bestimmte Muskelgruppen angespannt und entspannt, wobei sich die Entspannung schließlich über den ganzen Körper erstreckt.

Progressive Muskelrelaxation. Hierbei soll der Patient nacheinander – meist liegend – bestimmte Muskelgruppen zuerst anspannen und dann entspannen. Im Laufe der Zeit erstreckt sich die Entspannung praktisch über den ganzen Körper; mit dem Begriff progressiv wird zum Ausdruck gebracht, daß die Entspannung einerseits von Minute zu Minute zunimmt, sich andererseits von einer Muskelgruppe auf andere ausdehnt und schließlich zu einer „Gewohnheit für den ganzen Körper" wird. Ein Beispiel einer praktischen Entspannungsinstruktion lautet wie folgt:

„Schließen Sie Ihre rechte Hand zur Faust (3 Sek.) und achten Sie auf die Spannung in Ihrem Unterarm und in der Hand. Und nun lassen Sie Hand und Unterarm locker, ganz locker (3 Sek.). Achten Sie darauf, wie sich der Muskel Ihrer Hand und Ihres Unterarmes allmählich immer mehr entspannt (8 Sek.).

Versuchen Sie auch Ihre Finger ganz locker zu lassen (3 Sek.)... Und nun schließen Sie Ihre rechte Hand noch einmal zur Faust. Halten Sie wieder die Spannung.

Geben Sie jetzt nach und achten Sie auf den Übergang von der Spannung zur Entspannung (2 Sek.). Beobachten Sie sehr genau die unterschiedlichen Empfindungen bei der Anspannung und der Entspannung (5 Sek.).

Wiederholen Sie diese Übung mit der linken Hand (1 Sek.)."

Autogenes Training. 1932 veröffentlichte der Berliner Nervenarzt J. H. Schultz eine Methode der „konzentrativen Selbstentspannung", das **autogene Training**. Diese autosuggestive Methode ist ein Übungsverfahren, bei dem ein Hypnoid, d. h. eine leichte Form der Hypnose, erreicht werden soll. Durch erlernte Übungen kommt es zu einer Umschaltung und Umstimmung der vegetativen Funktionen, die sonst einer direkten Willensbeeinflussung nicht oder nur sehr schwer zugänglich sind. Die Selbstentspannung wird in spezieller Körperhaltung („Droschkenkutscher-Haltung", s. *Abbildung 5-14*) oder liegend durchgeführt und läuft stufenweise nach standardisierten „Vorsatzformeln" ab.

Das **autogene Training** ist ein Übungsverfahren, bei dem es zu einer Umschaltung und Umstimmung der vegetativen Funktionen kommt, die sonst einer direkten Willensbeeinflussung nicht oder nur sehr schwer zugänglich sind.
Die Selbstentspannung erfolgt in einer bestimmten Körperhaltung (s. Abb. 5-14).

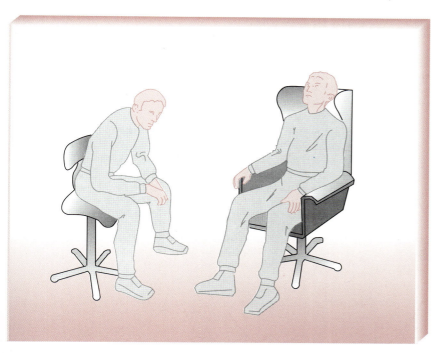

Abb. 5-14: Haltung (Entspannungspositionen) beim autogenen Training nach J. H. Schultz

Die Grundübungen („Unterstufe") sind nacheinander durch kurze Formeln einzustellende Übungen (*siehe Tabelle 5-19*).

Mit dem autogenen Training soll der **Kreisprozeß** („Störkreis") der **verspannungsbedingten Symptome** unterbrochen werden (*siehe Abbildung 5-15*).

Das Empfinden der Wärme ist die einfachste Erfolgskontrolle (*siehe Abbildung 5-16*).

Die Grundübungen sind in *Tab. 5-19* dargestellt.
Mit dem autogenen Training soll der **Kreisprozeß der verspannungsbedingten Symptome** unterbrochen werden (s. Abb. 5-15).
Das Empfinden der Wärme ist die Erfolgskontrolle (s. Abb. 5-16).

Tabelle 5-19: Autogenes Training nach *Schultz*, **Unterstufe**

Übungsart	Übungsformel	Wirkung	Begleiterscheinung
Ruhetönung *	»Ich bin vollkommen ruhig«	Allgemeine Beruhigung von Körper und Psyche	
1 Schwereübung	»Der rechte (linke) Arm ist ganz schwer«	Muskelentspannung, allgemeine Beruhigung	Autogene Entladungen aller Art sind möglich. Nachwirkungen durch falsches Zurücknehmen
2 Wärmeübung	»Der rechte (linke) Arm ist ganz warm«	Entspannung der Blutgefäße, Beruhigung	Autogene Entladungen
3 Herzübung	»Herz schlägt ganz ruhig und gleichmäßig«	Normalisierung der Herzarbeit, Beruhigung	Autogene Entladungen; durch Erwartungseinstellung, durch »Organerinnerung«, können Organsymptome ausgelöst werden
4 Atemübung	»Atmung ganz ruhig (und gleichmäßig)«	Harmonisierung und Passivierung der Atmung, Beruhigung	(wie oben)
5 Leib-(Sonnen-geflecht-)übung	»Sonnengeflecht (Leib) strömend warm«	Entspannung und Harmonisierung aller Bauchorgane Beruhigung	(wie oben)
6 Kopfübung	»Stirn angenehm kühl«	Kühler, klarer Kopf, Entpannung der Blutgefäße im Kopfgebiet, Beruhigung	Autogene Entladungen; gelegentlich Kopfschmerzen und Schwindel

* Die Ruhetönung kann nur bei gegebener Indikation als selbständige Übung angesehen werden; im allgemeinen gilt sie als „richtungsweisendes Einschiebsel" im Sinne von *Schultz*

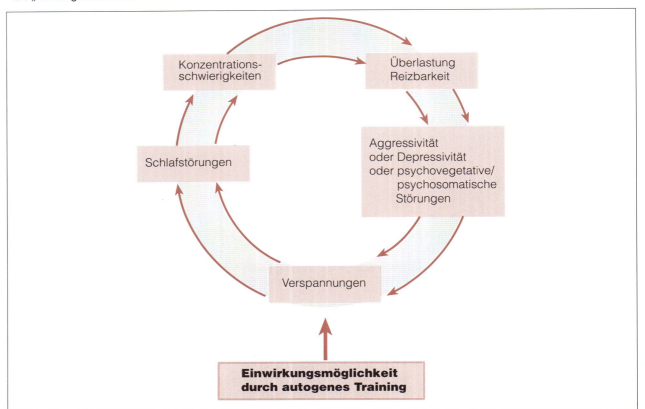

Abb. 5-15: Circulus vitiosus der Verspannungen

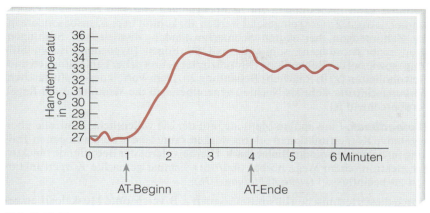

Abb. 5-16: Temperaturkurve einer zunächst kalten Hand bei Anwendung der Wärmeübung des autogenen Trainings (AT)

Geübt wird täglich zwei- bis dreimal, Hauptindikationen sind vegetative Regulationsstörungen und funktionelle, psychosomatische Störungen.
An die Grundübungen kann die sog. formelhafte Vorsatzbildung (Oberstufe) angeschlossen werden, die den meditativen Verfahren zuzurechnen ist.
Das autogene Training soll gelassen, aber nicht gleichgültig machen. Erstrebt werden Ruhe (Dämpfung überschießender Affekte), Entspannung, vegetative Umstimmung, Verbesserung des Konzentrationsvermögens sowie Vertiefung der Selbsterkenntnis.

Hypnose. Kernstück der klassischen Hypnose sind bestimmte Suggestionen, mit denen der Betreffende in einen Zustand der Trance versetzt wird, um dann mit weiteren Suggestionen bestimmte Veränderungen – Symptombeseitigungen – vorzunehmen. Von hypnotisierten Menschen wird der Zustand als „eine Dissoziation vom gewohnten Ich-Gefühl zusammen mit einem ungerichteten Schwebezustand" beschrieben. Voraussetzungen für das Gelingen einer hypnotischen Suggestion ist vor allem die Suggestibilität des zu Hypnotisierenden, ein relativ stabiles Persönlichkeitsmerkmal. Durch Verbalsuggestion und über Fixation (Ermüdung der Augen) wird der hypnotische Zustand schrittweise aufgebaut („Sie sehen unverwandt auf diesen Punkt... Ihre Augenlider werden schwer..."). Durch die monoton und eindringlich vorgebrachten bildhaften Vorstellungen wird das Bewußtsein zunehmend eingeengt, es kommt zur Erschlaffung der Muskulatur (Schwere), Erweiterung der Blutgefäße (Wärme). Während des hypnoiden Zustandes bleibt der Gesprächskontakt jedoch erhalten (Rapport), das EEG zeigt interessanterweise für den Wachzustand typische Muster – **Hypnose ist also kein schlafähnlicher Zustand**, wie früher angenommen (siehe Abbildung 5-17).

Hauptindikationen sind vegetative Regulationsstörungen und funktionelle, psychosomatische Störungen.

Kernstück der klassischen **Hypnose** sind bestimmte Suggestionen, mit denen der Betreffende in einen Zustand der Trance versetzt wird, um dann mit weiteren Suggestionen bestimmte Veränderungen vorzunehmen.
Voraussetzungen für das Gelingen ist vor allem die Suggestibilität des zu Hypnosierenden.
Während des hypnoiden Zustandes bleibt der Gesprächskontakt erhalten. Das EEG zeigt ein für den Wachzustand typisches Muster – **Hypnose ist also kein schlafähnlicher Zustand** (s. Abb. 5-17).

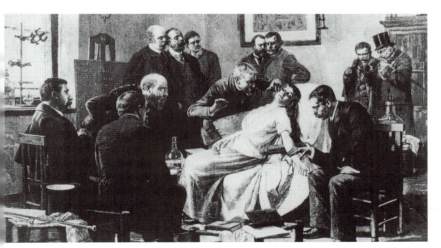

Abb. 5-17: Bei der Hypnose einer Frau. Holzstich nach einem Gemälde von G. R. Falkenberg, 1893

Hypnose kann insbesondere **zur Akutbehandlung einzelner Symptome** eingesetzt werden (z. B. Kopfschmerz, Angst, Zittern, Konversionsstörungen etc.).

Dem Vorteil des relativ raschen Wirkungseintritts steht als Nachteil gegenüber, daß die Wirkung i. d. R. vorübergehend ist.

Beim **Biofeedback** erlernt der Betreffende objektiv auf elektronischem Wege hörbar und/oder sichtbar gemachte Körperfunktionen zu beeinflussen (s. Abb. 5-18). Hierdurch können z. B. verspannte Muskelpartien gelockert, die Durchblutung gesteigert und der Herzschlag beeinflußt werden.

Hypnose kann insbesondere **zur Akutbehandlung einzelner Symptome** (Kopfschmerz, Angst, Zittern) eingesetzt werden, ihr kommt in praxi insbesondere in der Zahnmedizin, bei akuten Schmerzzuständen, dissoziativen Störungen (Konversionsstörungen), somatoformen Störungen (hypochondrischen Störung) sowie bei der Behandlung chronifizierter neurotischer Fehlhaltungen und Gewohnheiten (z. B. Rauchen) Bedeutung zu. Dem Vorteil des relativ raschen Wirkungseintritts steht als Nachteil gegenüber, daß die Wirkung in der Regel vorübergehend ist.

Biofeedback. Eine andere Methode, mit der die willentliche Kontrolle über vegetative Körperfunktionen erlernt werden kann, ist das dem autogenen Training in vielem verwandte **Biofeedback**. Hierbei erlernt der Betreffende objektiv auf elektronischem Wege hörbar und/oder sichtbar gemachte Körperfunktionen zu beeinflussen (*siehe Abbildung 5-18*).

Durch dieses technische Hilfsmittel können z. B. verspannte Muskelpartien gelockert, die Durchblutung gesteigert, der Herzschlag beschleunigt oder verlangsamt oder die elektrische Aktivität der Großhirnrinde beeinflußt werden.

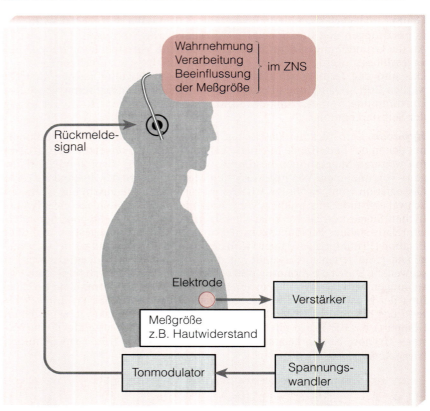

Abb. 5-18: Schematische Darstellung der Biofeedback-Anordnung

Kontrollierte Studien zur Therapie-Erfolgs-Evaluation von Entspannungsverfahren und der Hypnose liegen kaum vor.

Kontrollierte Studien zur Therapie-Erfolgs-Evaluation von Entspannungsverfahren und Hypnose liegen kaum vor. Immer wieder werden Behandlungsergebnisse mit 70% Besserung und 50% „guter Besserung" mitgeteilt, die hohe Ausfallsquote von Patienten zu Beginn wird jedoch oft nicht berücksichtigt. Bei der Hypnose sind offenbar Dauererfolge eher gering, andererseits sei nochmal erwähnt, daß die Hypnose diejenige psychotherapeutische Technik darstellt, welche den raschesten Wirkungseintritt aufweist.

Kasuistik. Herr D. entwickelte über Jahre hinweg ein schweres funktionelles Atemnotsyndrom. Zuletzt suchte er fast täglich Ärzte auf, wurde zigfach in Kliniken eingewiesen, es stellte sich ein Abusus von Antiasthmatika und Tranquilizern ein. Im Rahmen einer gezielten Aktivhypnose ergaben sich eine sofortige Beschwerdeminderung und Lösung der ängstlichen Fixierung auf die Atmung. Damit war es erstmals möglich, die zugrundeliegende Konfliktproblematik im Gespräch anzugehen und eine weiterführende Psychotherapie einzuleiten.

Klientenzentrierte Gesprächspsychotherapie

Die klientenzentrierte Gesprächspsychotherapie wurde von **Karl R. Rogers** (1902–1987) gegründet und zählt zu den Verfahren der „humanistischen Psychologie". Diese rückt als „Dritte Kraft" zwischen Psychoanalyse und Verhaltenstherapie das spezifisch Menschliche wieder in das Zentrum von Theorie und Therapie. Im Zentrum stehen das Erleben und der Non-Reduktionismus: Zum Menschen gehören Kreativität, Wertsetzung und Selbstverwirklichung, er unterscheidet sich in den wichtigsten Eigenschaften von allen Arten. Ziel ist es, die positiven Kräfte des Menschen herauszuarbeiten, nämlich die, welche die Würde des Menschen verdeutlichen. Die Gesprächspsychotherapie geht von einem im Vergleich zu anderen Psychotherapie-Verfahren andersartigen Menschbild aus. Nach ihrem Ansatz wissen Menschen im Prinzip selber, was für sie gut ist, und sie können persönliches Glück, Liebesfähigkeit und Zufriedenheit entwickeln, wenn sie in Übereinstimmung mit sich selbst leben können. Störungen wie Depressionen, Angstzustände, Selbstunsicherheit oder negatives Selbstbild entstehen nach dieser Psychotherapie-Richtung, wenn Menschen Akzeptanz, emotionale Verstärkung und Zuwendung nur unter Bedingungen (z. B. ein braves Kind zu sein) bekommen.

In der Gesprächspsychotherapie wird nun versucht, dem „Klienten" in einer speziellen Gesprächstechnik diese ihm fehlende Erfahrung einer grundsätzlichen Bejahung seiner Person zu vermitteln. Der Gesprächstherapeut muß hierzu drei sog. Basisvariablen des Gesprächsverhaltens besitzen: **unbedingte Akzeptanz** und **emotionale Wertschätzung**, **Echtheit** und **Empathie**.

Es ist das Verdienst dieser psychotherapeutischen Schule, das Verhalten des Therapeuten näher erforscht zu haben (sog. Therapeuten-Variablen).

Die Gesprächsführung konzentriert sich inhaltlich vor allem auf die **Verbalisierung von Gefühlen**. Diese grundsätzliche Orientierung an den emotionalen Erlebnisinhalten soll es dem Patienten ermöglichen, auf sich selbst zu hören und sich selbst und seine Bedürfnisse wahrzunehmen. Das Verfahren knüpft an die Beobachtung an, daß die Sprache und das Selbsterleben vieler neurotischer Patienten – insbesondere mit psychosomatischen Störungen – auffällig emotionsarm ist.

Neben der empirischen Untersuchung der Therapeuten-Variablen haben sich Gesprächspsychotherapeuten auch um die Untersuchung der Wirksamkeit der Psychotherapie verdient gemacht.

Die Gesprächspsychotherapie vertritt ein optimistisches Menschenbild mit der Betonung der Entscheidungsfreiheit des Menschen und stellt die Bedeutung des „Ichs" als „Träger des schöpferischen Willens" in den Vordergrund. Betont wird die Entwicklungsfähigkeit des Menschen unter günstigen äußeren Bedingungen, die durch die Therapie geschaffen werden sollen. Zentral für die Behandlungstechnik ist das Beziehungsangebot des Therapeuten, welches dem „Klienten" die Möglichkeit geben soll, auch bisher „inkongruente" und somit nicht akzeptierbare Erfahrungen in das Selbstkonzept zu integrieren („Selbstaktualisierungstendenz").

Hinsichtlich der Effektivität ergab sich, daß bei ca. 50% der behandelten „Klienten" eine Verbesserung eintrat (in der Kontrollgruppe nur bei ca. 25%).

Die Gesprächspsychotherapie ist eine ganzheitliche, humanistisch orientierte Maßnahme. Die therapeutische Beziehung wirkt auf die **Selbstverwirklichung des „Klienten" und hilft ihm bei der Aufarbeitung von Problemen**, d. h. von verzerrt wahrgenommenen Umweltgegebenheiten und unentdeckten oder verschütteten Bereichen seines Selbst. Diese hilfreichen therapeutischen Gespräche kommen dann zustande, wenn der Therapeut die genannten drei als entscheidend wichtig erachteten Therapeuten-Variablen aufweist. Diese Merkmale werden nicht als Techniken, sondern als menschliche Qualitäten aufgefaßt. Das Erleben hier und jetzt wird betont, im Gegensatz zur Lerntheorie außerdem die Autonomie des Menschen. *Abbildung 5-19* zeigt das Zusammenwirken der Therapeuten-Variablen Akzeptanz, Empathie und Echtheit auf den „Klienten" in der Gesprächspsychotherapie.

Abb. 5-19 zeigt das Zusammenwirken der Therapeuten-Variablen Akzeptanz, Empathie und Echtheit auf den „Klienten" in der Gesprächspsychotherapie.

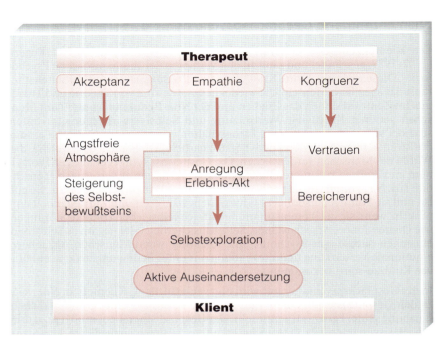

Abb. 5-19: „Therapeuten-Variablen" im Sinne der Gesprächspsychotherapie

Nach Rogers hat der Mensch die angeborene Fähigkeit, sich selbst zu verwirklichen, d. h. sich vorwärts oder weiter zu entwickeln. Mit dem Begriff „klientenzentriert" möchte er seine Bemühung zum Ausdruck bringen, das autoritative Abhängigkeitsverhältnis zwischen Psychotherapeut und Patient soweit wie möglich abzubauen. Die Therapieziele werden in der Gesprächspsychotherapie nicht dadurch erreicht, daß die Entstehungsgeschichte psychischer Störungen analysiert werden. Der „Klient" versucht vielmehr, **mit Hilfe des Therapeuten neue Lösungsmöglichkeiten für sich selbst zu erarbeiten**. Der Therapeut übernimmt nicht die Rolle eines Experten, sondern unterstützt alle Bemühungen des „Klienten" um Selbständigkeit, Eigeninitiative und Aktivität in der Lösung seiner Konflikte und Probleme. Das Gespräch konzentriert sich auf die Schwierigkeiten, über die der Patient aufgrund seiner augenblicklichen seelischen Verfassung sprechen kann, und es ist das **wesentliche Ziel der Behandlung, dem „Klienten" eine Klärung seiner eigenen Gefühle, Wünsche und Wertvorstellungen zu ermöglichen**. Die Therapie wird als eine Art „Hilfe zur Selbsthilfe" betrachtet. Der Patient erhält eine persönliche Bestätigung, er wird ermutigt (sog. Selbstaktivierung).

Interpersonale Psychotherapie

Die interpersonale Psychotherapie (IPT) nach **Klerman** und **Weissman** gehört zu den **Kurzzeit-Psychotherapien** und arbeitet sowohl mit bewußten als auch mit unbewußten Inhalten mit besonderer Fokussierung auf die aktuellen Problembereiche und dem Ziel der Symptomreduktion mit einer Besserung der sozialen Kompetenzen und Erweiterung der zwischenmenschlichen Beziehungen. Die zeitlich auf etwa 12 bis 16 Wochen begrenzte Therapie (je eine Sitzung pro Woche) wurde speziell für die **Depressionsbehandlung** entwickelt und betrachtet primär die aktuellen interpersonellen Beziehungen des Patienten, ohne die Rolle von genetischen, biochemischen, entwicklungsgeschichtlichen und Persönlichkeits-Merkmalen in bezug auf die Entstehung und Vulnerabilität der Erkrankung außer acht zu lassen.

Folgende **Techniken** kommen zum Einsatz:
- Unterstützung des Patienten bei der Klärung von emotionalen Zuständen sowie Realitätsüberprüfung der aktuellen Wahrnehmungs- und Verhaltensweisen mit dem Ziel einer Verbesserung der interpersonalen Kommunikation
- Fokussierung auf aktuelle Probleme.

Unbewußtes Erleben und frühe Kindheitserlebnisse werden für bedeutungsvoll gehalten, bilden jedoch nicht den Schwerpunkt der Therapie, die sich vordergründig im „hier und jetzt" bewegt. Übertragungsmechanismen werden beachtet, jedoch erst bei einer wesentlichen Gefährdung der Patient-Therapeut-Beziehung thematisiert.

Die Aufgabe des Therapeuten besteht darin, das aktuelle soziale Funktionsgefüge („Rolle") einschließlich der jetzigen und früheren Beziehung der Ursprungsfamilie, im Freundes- und Bekanntenkreis des Patienten zu erfassen. Es werden dabei insbesondere Mechanismen von Autoritätsgewinnung, Dominanz und Unterwerfung, Abhängigkeit und Autonomiebestreben, Intimität und Sexualität sowie Kränkungen herausgestellt.

Folgende **Behandlungsphasen** werden unterschieden:
- **Anfangsphase (1.-3. Sitzung):** Hier wird in Form eines strukturierten Interviews eine detaillierte Krankheitsanamnese erhoben, dem Patienten wird das interpersonale Beziehungsgefüge erläutert und ein Therapieplan entworfen. Die Symptome werden gemeinsam mit dem Patienten zusammengefaßt (Identifizierung der Hauptproblembereiche).

- **In der mittleren Phase (4.-13. Sitzung)** wird der jeweils relevante Problembereich fokussiert (einer, maximal zwei) und bearbeitet. Schwerpunkt bildet die Klärung von emotionalen Zuständen, die Begleitung und Unterstützung des Patienten beim Analysieren der bereits vorliegenden sowie der Wahl neuer Verhaltensformen, der Schaffung einer Grundstruktur des Verhaltens in jedem Problembereich. Auch hier konzentriert sich die Therapie auf die aktuellen zwischenmenschlichen Beziehungen sowie die sozialen Ereignisse und weniger auf die intrapsychischen Erlebnisse.

- **Endphase (14.-16. Sitzung):** Hier wird der Behandlungsverlauf zusammengefaßt, die Fortschritte werden dabei betont, und es findet die Thematisierung des Abschieds statt, die ein wichtiger Bestandteil der IPT insgesamt ist.

Die IPT gründet sich größtenteils auf die psychodynamische Theorie, wobei die besondere Fokussierung auf die soziale Funktionsfähigkeit sowohl in der akuten Phase einer Depression i. S. der Symptomreduktion als auch generell auf die Krankheitsrückbildung erfolgt.

In den USA hat sich die IPT in der Behandlung depressiver Störungen etabliert, insbesondere in Kombination mit Antidepressiva. Nach erbrachtem Wirksamkeitsnachweis gewinnt sie nun auch außerhalb der USA zunehmend an Bedeutung.

> Realitätsüberprüfung der aktuellen Wahrnehmungs- und Verhaltensweisen mit dem Ziel der Verbesserung der interpersonalen Kommunikation
> - Fokussierung auf aktuelle Probleme.
>
> **Behandlungsphasen:**
> - **Anfangsphase:** Identifizierung der Hauptproblembereiche.
>
> - **Mittlere Phase:** Fokussierung und Bearbeitung des jeweils relevanten, aktuellen Problembereiches. Klärung von emotionalen Zuständen, Schaffung einer Grundstruktur des Verhaltens, konzentriert auf die aktuellen zwischenmenschlichen Beziehungen.
>
> - **Endphase:** Zusammenfassung des Behandlungsverlaufs, Thematisierung des Abschieds.
>
> Die IPT gründet sich größtenteils auf die psychodynamische Theorie unter besonderer Fokussierung auf die soziale Funktionsfähigkeit.

Kasuistik. Eine 35jährige verheiratete Krankenschwester mit zwei Söhnen im Alter von ein und drei Jahren entwickelte zunehmend eine depressive Symptomatik. Im Vordergrund der Beschwerdesymptomatik standen ein dysphorischer Affekt, Antriebs- und Interessenminderung, Gefühl der Traurigkeit und Hoffnungslosigkeit, Schlaf- und Appetenzstörungen, Schuldgefühle sowie sozialer Rückzug. Die Beschwerdesymptomatik der Patientin begann kurz nach dem Tod ihres Vaters und nach der Geburt ihres jüngeren Sohnes. Sie beschrieb Schwierigkeiten beim Umgang mit ihrem Sohn, die im Falle des ersten Kindes nicht aufgetreten seien. Ihr Ehemann wurde als ein ehrgeiziger Universitätsprofessor beschrieben, der rund um die Uhr arbeitete und häufig von zu Hause weg sei. Er habe sich während des letzten Jahres weniger um sie und die Kinder gekümmert, was auch zu Konflikten in ihrer Ehebeziehung geführt habe.
Bei dem Versuch, die Gefühle der Patientin über den Tod ihres Vaters zu explorieren, zeigt sie eine Unfähigkeit zu trauern, zum Teil aufgrund der Tatsache, daß der Tod sich während ihrer Schwangerschaft ereignete. Sie habe Angst vor starken emotionalen Reaktionen in dieser Zeit gehabt. Ferner fiel eine deutliche Tendenz der Patientin auf, den Vater in ausgesprochen positiven Begriffen darzustellen und gleichzeitig die Mutter kritischer zu sehen. Es entstand der Eindruck, daß die Patientin nicht in der Lage war, ihre ambivalenten Gefühle dem Vater gegenüber zu lösen, ferner adäquat nach seinem Tod zu trauern, worunter sie eine depressive Symptomatik entwickelte mit Ausrichtung von negativen Gefühlen insbesondere gegenüber ihrem jüngeren Sohn, dem Ehemann und der Mutter.
Es wurde mit der Patientin vereinbart, die Therapie auf zwei Hauptproblembereiche zu fokussieren: Trauerreaktion und interpersonale Konflikte.
Während der mittleren Behandlungsphase wurden der Tod des Vaters und die Reaktion der Patientin darauf thematisiert. Die Patientin berichtete, daß sie während der Beerdigung nicht in der gleichen Weise und Intensität ein Gefühl von Traurigkeit und Verlust gehabt habe, wie es früher bei Todesfällen in der Familie der Fall gewesen sei.

496 **5 Therapie**

Ferner berichtete sie, daß sie nach der Beerdigung nicht regelmäßig an ihren Vater gedacht habe, was sie wiederum beunruhigte. Statt dessen sei sie immer mehr depressiv, irritierbar und wütend geworden. Zunächst zeigte die Patientin Angstgefühle bei dem Vorschlag, Gefühle und Erfahrungen, die mit dem Tod ihres Vaters verbunden waren, nochmals zu rekonstruieren, war jedoch allmählich während der Sitzungen 5 bis 8 dazu in der Lage, und durch den Ausdruck von Trauer kam es gleichzeitig zu einer Reduktion der depressiven Symptomatik.

Sie stabilisierte sich weiterhin während der Sitzungen 9 und 10 und wurde ermuntert, negativ besetzte Gefühle von Wut und Enttäuschung dem Vater gegenüber zuzulassen. Mit Unterstützung ihres Ehemannes war sie in der Lage, ihre Gefühle während der Therapie zu diskutieren und ambivalente Gefühle in ihrer Beziehung zum Vater, einschließlich der Erkenntnis, daß diese auf andere Personen übertragen wurden, zu akzeptieren. Dieser Entwicklung folgte eine weitere Besserung der depressiven Beschwerdesymptomatik sowie die Fähigkeit, die aktuelle therapeutische Arbeit auf die konflikthaften Gefühle ihrem Sohn und Ehemann gegenüber zu konzentrieren. Sie

erkannte, daß sie in gewissem Sinne ihren jüngeren Sohn für den Tod ihres Vaters schuldig machte und ferner ihrem Ehemann gegenüber eine Vorwurfshaltung zeigte, weil sie sich von ihm nach dem Tod ihres Vaters im Stich gelassen fühlte.

Während der letzten 5 Behandlungswochen begann die Patientin, die gemeinsame Zeit mit ihrem jüngeren Sohn zu genießen, war in der Lage, offener mit ihrem Ehemann zu kommunizieren, und es stellte sich eine ausgeglichene Stimmungslage ein mit Wiederaufnahme der alten Interessen und Aktivitäten.

Während der Endphase wurde gemeinsam mit der Patientin der Behandlungsverlauf nochmals durchgegangen und zusammengefaßt, die Fortschritte wurden unterstrichen und diskutiert. Die Patientin hatte beschlossen, zunächst aus dem aktuellen Zustand heraus ohne therapeutische Hilfe weiter zu machen, sie wurde in 6monatigen Abständen während der nächsten 18 Monate gesehen. Während dieser Zeit war der Zustand stabil, es traten keinerlei depressive Symptome auf, und die Patientin hatte das Gefühl, keine weitere Therapie mehr zu benötigen.

Psychoanalytische Therapie (klassische Psychoanalyse)

Psychoanalytische Therapie (klassische Psychoanalyse)
Der **Begriff „Psychoanalyse"** bezeichnet einerseits eine Theorie zur Erklärung psychologischer und psychopathologischer Phänomene, andererseits ein psychotherapeutisches Behandlungsverfahren.
Die Psychoanalyse wurde von Dr. Sigmund Freud entwickelt und beruht auf der Annahme, daß entscheidende Determinanten menschlichen Verhaltens unbewußt sind.
Sie unterscheidet 3 **Instanzen der Persönlichkeit:**
• **Es** (Triebe; „Lustprinzip")
• **Ich** („Realitätsprinzip")
• **Über-Ich** (Gewissens-Instanz).

Als entscheidenen Primärtrieb sieht S. Freud den Sexualtrieb an („Libido").

Die psychosexuelle Entwicklung des Menschen läßt sich unterteilen in eine
• **orale** (1. Lebensjahr),
• **anale** (2.–3. Lebensjahr),
• **phallisch-ödipale** (4.–5. Lebensjahr) und
• **genitale Phase** (ab Pubertät).
Neurosen beruhen nach psychoanalytischer Auffassung auf ungelösten, verdrängten frühkindlichen Konflikten, die durch eine auslösende Situation reaktiviert wurden.

Der **Begriff „Psychoanalyse"** bezeichnet einerseits eine Theorie zur Erklärung psychologischer und psychopathologischer Phänomene, andererseits ein psychotherapeutisches Behandlungsverfahren. Es wurde in seinen Grundzügen von dem Wiener Nervenarzt Dr. **Sigmund Freud** zwischen 1890 und 1939 ausgehend von der Erkrankung der Hysterie entwickelt.

Die Psychoanalyse beruht auf der Annahme, daß entscheidende Determinanten menschlichen Verhaltens unbewußt sind (topographisches Modell), es werden drei **Instanzen der Persönlichkeit** unterschieden (Instanzen-Modell):
• **Es:** (primitive) Triebregungen („Lustprinzip").
• **Ich:** bringt die Ansprüche des „Es" mit der äußeren Realität und den Wertmaßstäben des „Über-Ich" in Einklang. Im Konflikt zwischen den Trieben und der Umwelt bzw. dem Über-Ich stehen ihm als Kontrollinstanz „Abwehrmechanismen" zur Verfügung („Realitätsprinzip").
• **Über-Ich:** Gewissens-Instanz (moralische Gebote und Verbote), bildet sich während der Erziehung durch Übernahme („Internalisierung") elterlicher Gebote und Verbote und Identifikation mit dem gegengeschlechtlichen Elternteil („Ödipus-Situation").

Als entscheidenden Primärtrieb sieht S. Freud den Sexualtrieb an („Libido"), insbesondere in späteren Schriften wird auch dem Aggressions- und Todestrieb Bedeutung beigemessen.

Nach psychoanalytischer Auffassung läßt sich die psychosexuelle Entwicklung des Menschen in eine
• **orale** (1. Lebensjahr),
• **anale** (2. bis 3. Lebensjahr),
• **phallisch-ödipale** (4. bis 5. Lebensjahr) und
• **genitale** Phase (ab Pubertät) unterteilen.

Eine Störung des Ablaufs der frühkindlichen Libido-Entwicklung wird als entscheidende Ursache von Neurosen angesehen. Neurosen beruhen somit nach psychoanalytischer Auffassung auf ungelösten, verdrängten frühkindlichen Konflikten, die durch eine auslösende Situation („Versuchungs- und Versagenssituation") reaktiviert wurden. Die neurotischen Symptome werden als mißlungene Verarbeitungsversuche, als Ersatz für einen verdrängten Konflikt betrachtet. Es wird postuliert, daß die Konflikte biographisch verstehbar, d. h. aus der kindlichen Entwicklung ableitbar sind. Durch die psychoanalytische Behandlung wird eine introspektive Konfliktbearbeitung und -bewältigung angestrebt, unbewußte Konflikte und unterdrückte Gefühle sollen in der therapeutischen Situation aufgedeckt und adäquat verarbeitet werden, es wird eine Nachreifung der Persönlichkeit angestrebt.

Nach Breuer und Freud handelt es sich bei der Hysterie um die Folgen verdrängter sexueller Wünsche bzw. um das Wirksamwerden kindlicher Sexualphantasien. Durch die Psychoanalyse sollten die aus früheren Ängsten heraus verdrängten Triebimpulse bewußt gemacht und die entwickelten Abwehrformen aufgegeben werden.

Die Bewußtmachung der in ödipaler Phase gefürchteten und verbotenen Triebregungen muß langsam und behutsam vor sich gehen, da mit dem Wiederauftauchen alter Triebwünsche auch alte Ängste mobilisiert werden.

Der Bearbeitung sich entwickelnder unbewußter Widerstände gegen die Wahrnehmung unbewußten Materials kommt in der Behandlung große Bedeutung zu (sog. Widerstandsanalyse). Die ehemals verdrängten Probleme müssen dann immer wieder in den verschiedenen Situationen des Alltagslebens durchgearbeitet werden, ehe eine Integration der neuen Erfahrung gelingen kann.

Jeder Mensch – Gesunde und psychisch Kranke – befindet sich ständig in der Situation, Triebe und Wünsche mit den Geboten und Verboten der Realität in Einklang bringen zu müssen (Es-Ich- bzw. Es-Über-Ich-Konflikt). Verschiedene **Abwehrmechanismen** dienen dazu, die teilweise unbewußten Tendenzen so zu neutralisieren, daß keine Bewältigungsprobleme auftreten. Zu den bekanntesten, von Sigmund Freuds Tochter Anna zusammengefaßten Abwehrmechanismen zählen:

- **Projektion**
  Hierbei werden eigene, vom Ich nicht akzeptierbare Impulse auf andere Personen projiziert. So werden z. B. eigene aggressive Impulse gegen andere in die Überzeugung verwandelt, die anderen empfänden Aggression gegen einen selbst.
- **Rationalisierung**
  Es wird eine vertretbare, scheinbar logische Erklärung für eine abzuwehrende emotionale Situation gegeben. Zum Beispiel „erklärt" ein ungenügend vorbereiteter Examenskandidat sein Scheitern bei der Prüfung mit der Feindseligkeit der Prüfer ihm gegenüber und vermeidet so Selbstvorwürfe und Scham.
- **Konversion (Somatisierung)**
  Libidinöse Energie wird in körperliche Symptome (ohne organpathologischen Befund) umgewandelt. Beispielsweise tritt eine „funktionelle, psychogene" Lähmung auf, als eine Patientin sich vom Elternhaus ablösen und „auf eigenen Beinen" stehen will, ohne den einzuschlagenden Lebensweg zu wissen.
- **Sublimierung**
  Primitive oder „verbotene" Triebe/Impulse werden in eine gesellschaftlich akzeptierte, „höherwertige" Handlung umgewandelt. Beispielsweise könnte ein pyroman veranlagter Mensch seinen Trieb sublimieren, indem er Feuerwehrmann wird.
- **Verschiebung**
  „Verbotene" Aggressionsimpulse werden gegen ein anderes Objekt gerichtet. Zum Beispiel zerschlägt ein Mann im Ehestreit Geschirr oder lebt seine Aggressionen, die sich durch Konflikte mit Vorgesetzten gebildet haben, zu Hause aus.
- **Regression**
  Es kommt zu einem Rückfall auf frühere „primitivere" Entwicklungsstufen. Beispielsweise Entwicklung von „Kummerspeck" aus Liebeskummer (Regression von genitaler auf orale Stufe); Patient läßt sich wie ein Kleinkind „bemuttern".
- **Identifikation**
  Aufkeimende aggressive Impulse gegen einen Stärkeren oder gegen eine Autoritätsperson können nicht ausgelebt werden; zur Angstvermeidung erfolgt die unbewußte Umwandlung der Aggressionstendenzen gegen den an-

Die neurotischen Symptome werden als mißlungene Verarbeitungsversuche, als Ersatz für einen verdrängten Konflikt betrachtet.
Durch die psychoanalytische Behandlung sollen unbewußte Konflikte und unterdrückte Gefühle aufgedeckt und adäquat verarbeitet werden.

Der Bearbeitung sich entwickelnder unbewußter Widerstände gegen die Wahrnehmung unbewußten Materials kommt in der Behandlung große Bedeutung zu (sog. Widerstandsanalyse).
Jeder Mensch – Gesunde und psychisch Kranke – befindet sich ständig in der Situation, Triebe und Wünsche mit den Geboten und Verboten der Realität in Einklang bringen zu müssen (Es-Ich- bzw. Es-Über-Ich-Konflikt). Verschiedene **Abwehrmechanismen** dienen dazu, die teilweise unbewußten Tendenzen so zu neutralisieren, daß keine Bewältigungsprobleme auftreten.
Zu den bekanntesten Abwehrmechanismen zählen:
- Projektion
- Rationalisierung
- Konversion (Somatisierung)
- Sublimierung
- Verschiebung
- Regression
- Identifikation
- Reaktionsbildung (Überkompensation).

deren in eine Identifikation mit demselben, zum Beispiel durch Übernahme dessen Meinungen.
- **Reaktionsbildung (Überkompensation)**
Verkehrung der ursprünglichen Tendenz. Zum Beispiel äußert sich eine Ehefrau begeistert über ihren Gatten, um ihre unbewußte Ablehnung seiner Person nicht ins Bewußtsein gelangen zu lassen.

Technik der Psychoanalyse. Als Untersuchungsinstrumente für die psychodynamischen Zusammenhänge dienen insbesondere die sog. **tiefenpsychologische Anamnese bzw. das psychoanalytische Erstinterview** zur Klärung diagnostischer und prognostischer Fragen. Mit Hilfe einer speziellen Interview-Technik werden hierbei biographische Daten, ihr (subjektiver) Bedeutungszusammenhang sowie situative Informationen exploriert. Hiermit soll zum einen das Krankheitsbild (Symptomatik, Beginn und Verlauf, aktuelle und frühere Lebensbedingungen u. a.) bestimmt werden, ein „Arbeitsbündnis" aufgebaut und das therapeutische Vorgehen entschieden werden. Besonderes Augenmerk wird hierbei auf Beziehungsaspekte und deren Dynamik (Übertragung, Gegenübertragung, Widerstand) gerichtet.

Um störende Außeneinflüsse zu minimieren, die Konzentration und die Fähigkeit zu psychischen Wahrnehmungen zu steigern, wird das klassische psychoanalytische Standardverfahren unter **festgelegten äußeren Rahmenbedingungen** durchgeführt („Setting"): Der Patient liegt auf der Couch, der Analytiker sitzt hinter dem Patienten, diesem mit „gleichschwebender Aufmerksamkeit" zugewandt (*siehe Abbildung 5-20*).

Abb. 5-20: Die berühmte Couch von S. Freud (Wien, 1905)

Das Setting soll es dem Patienten ermöglichen, seinen Gedanken unbeeinflußt, entspannt nachzuhängen. Die Sitzungen finden in der Regel 4- bis 5mal pro Woche mit einer jeweiligen Dauer von 50 Minuten statt, die Gesamtstundenzahl der Standardmethode beträgt 200 bis 800 Stunden, so daß eine **mehrjährige Behandlungsdauer** die Regel ist.

Prinzip der Analyse von Übertragung und Widerstand. Zur Grundregel der psychoanalytischen Therapie gehört die Aufforderung an den Patienten, **alles zu sagen, was ihm einfällt ("freie Assoziation")**. Hierdurch soll ein verstärktes Auftreten von Es-Impulsen bewirkt werden, die das Material für die Deutungsarbeit des Psychoanalytikers liefern. Basis der Behandlung ist ein „Arbeitsbündnis", d. h., der Patient akzeptiert, daß er alle aufkommenden Gedanken ohne Rücksicht auf unangenehme Gefühle spontan äußert.

Diese Anordnung soll die Regression des Patienten fördern, eine Lockerung der Orientierung am Realitätsprinzip bewirken und die Herstellung der Übertragung (s. u.) erleichtern. Alles Verhalten ist letztendlich triebbestimmt (dynamischer Gesichtspunkt). Das Therapieziel besteht in der Bewußtmachung (Aufdeckung) der pathogenen Elemente in der Biographie mittels der Analyse von Übertragung und Widerstand.

Zu den **Grundregeln für den Analytiker** gehört, daß er sich der **Äußerung eigener Meinungen enthält** und eine Kontaktaufnahme mit dem Patienten außerhalb der Therapie ebenso wie mit Angehörigen vermeidet (**Abstinenzregel**). Der Gedanke einer Einbeziehung von Bezugspersonen ist der klassischen Psychoanalyse fremd, die Zweierbeziehung soll sowohl formal als auch inhaltlich eine völlig „abgeschlossene Welt" darstellen. Freud forderte vom Psychoanalytiker eine „Spiegelhaltung": Er soll undurchsichtig für den Patienten sein und nur spiegeln, was ihm geboten wird.

In der psychoanalytischen Situation kommt es zur Wiederbelebung infantiler Gefühle insbesondere gegenüber den primären Bezugspersonen Vater, Mutter und Geschwistern. Die (früh-)kindlichen Erfahrungen werden auf den Psychoanalytiker übertragen, die **Übertragung** wird zum Zentrum der intrapsychischen emotionalen Auseinandersetzung des Patienten und somit zum therapeutisch entscheidenden Agens („Übertragungsneurose"). In der Beziehung zum Psychoanalytiker werden also infantile Situationen, Gefühle und Wünsche wiedererlebt; ihre Deutung ermöglicht dem Patienten, krankmachende biographische Konflikte zu rekonstruieren und adäquat, d. h. bewußt, zu verarbeiten.

> *Merke.* Übertragung ist kein Spezifikum der Psychoanalyse, sondern ein allgemeines sozialpsychologisches Phänomen. Der Übertragungsbegriff beschreibt das Phänomen, daß ein zumeist in der Kindheit erworbenes Interaktions- und Einstellungsmuster in einer aktuellen Beziehung (z. B. Arzt-Patient-Beziehung) wiederholt wird.

Durch das Behandlungsarrangement sollen die Übertragungsreaktionen erleichtert werden.

Entsprechend der Freudschen Trias: Erinnern, Wiederholen und Durcharbeiten wird eine „Rekonstruktion der Entstehungsgeschichte" der Störung/Erkrankung möglich und somit auch deren therapeutische Bearbeitung.

Als Folge einer „Verunsicherung" des Patienten während der Therapie stellt sich ein Widerstand gegen das Bewußtwerden unangenehmer Gefühle und Impulse ein: Bestimmte Themen werden vermieden, lange geschwiegen, Unwesentliches berichtet, Therapiestunden versäumt, der Psychoanalytiker kritisiert. Es ist ein wesentlicher Teil der Therapie, dem Patienten diese Widerstandsphänomene aufzuzeigen.

> *Merke.* Widerstands- und Übertragungsanalyse bilden das spezifische Charakteristikum der psychoanalytischen Therapie.

Nach wiederholter Durcharbeitung können Widerstände allmählich aufgegeben werden und die dahinterliegenden Antriebe sich freier und reifer entwickeln.

Die therapeutische Aktivität des Psychoanalytikers besteht in der **Deutung** des aus **freien Assoziationen, Träumen,** dem **Widerstand,** dem **Übertragungsgeschehen** sowie aus **Fehlhandlungen** zutage gebrachten Materials. Zusammenhänge, Hintergründe und Bedeutungen, die dem Patienten bislang nicht bewußt waren, „fallen ihm wie Schuppen von den Augen" und gewinnen – ermöglicht und angeregt durch den Therapeuten – neue Bedeutung (Erkennen des „verborgenen Sinns").

Vermehrte Beachtung hat in den letzten Jahren das Phänomen der **Gegenübertragung** gefunden. Hiermit sind die Einstellungen, Gefühle und Reaktionsmuster des Therapeuten (Psychoanalytikers) gegenüber dem Patienten gemeint. Gemäß Freuds Vorstellungen vom unvoreingenommenen „neutralen" Psycho-

Voraussetzungen und Indikationen
Voraussetzungen: ausgeprägter Leidensdruck und hohe Therapiemotivation, Introspektionsfähigkeit, ausreichende Intelligenz und Ich-Stärke sowie ein Alter unter 45 Jahren.
Indikationen: Neurosen, Persönlichkeitsstörungen sowie psychosomatische Erkrankungen und Störungen.

analytiker wird die Gegenübertragung überwiegend negativ bewertet und die Durchführung einer Gegenübertragungs-Analyse im Rahmen der Supervision für unabdingbar gehalten (Bearbeitung der Abwehr seitens des Psychoanalytikers).

Voraussetzungen und Indikationen. Als Voraussetzung für die Durchführbarkeit einer psychoanalytischen Therapie werden ausgeprägter Leidensdruck und hohe Therapiemotivation, Introspektionsfähigkeit, ausreichende Intelligenz und Ich-Stärke sowie ein Alter unter 45 Jahren angesehen. Diagnostisch gelten Neurosen, Persönlichkeitsstörungen sowie psychosomatische Erkrankungen und Störungen als Hauptindikationen. Als prognostisch ungünstig für eine Psychoanalyse werden Patienten mit Süchten und Perversionen eingestuft, bei akuten Depressionen und Psychosen gilt die klassische Psychoanalyse als kontraindiziert.

K

Kasuistik. Ein 25jähriger Student berichtet, daß er erstmals vor sechs Jahren nach Genuß von etwas Alkohol am Abend einen massiven Angstzustand mit Herzklopfen, Atemnot und Schmerzen im Thorax verspürt habe. Der Notarzt habe ihm eine Kalzium-Spritze verabreicht – ohne Erfolg. In der Folgezeit habe er verschiedene Ärzte konsultiert, sei mehrfach gründlich organisch durchuntersucht worden – ohne pathologischen Befund. Vor der ersten Zwischenprüfung sei der Zustand wieder aufgetreten, jetzt erneut während eines Urlaubes. Beschwerden beim Wasserlassen seien hinzugekommen, es träten rezidivierende Harnwegsinfekte auf, die zu der Diagnose „Prostatitis" geführt hätten. Da er sich sehr beeinträchtigt und krank fühle, sei ihm von seinem Internisten eine psychotherapeutische Behandlung empfohlen worden.
Die **biographische Anamnese** ergibt, daß sich die Eltern scheiden ließen, als der Patient – ein Einzelkind – 13 Jahre alt war. Er wuchs dann bei der Mutter auf, die als streng und ordnungsliebend geschildert wird. Lebte bis vor zwei Jahren bei ihr, ständig in der Angst, daß der Mutter etwas passieren könne. Jetzt schreibe er an seiner Diplomarbeit, sei finanziell von der Mutter abhängig, die stolz auf den „studierten Sohn" sei. Zur Kindheit wird erinnert, daß er ein „braves Kind" gewesen sei, er habe immer wieder unter Angstträumen gelitten. Er sei wohl der Heiratsgrund für seine Eltern gewesen. Zwischen dem 17. und 23. Lebensjahr sei er mit verschiedenen Mädchen befreundet gewesen, er habe aber immer Angst davor gehabt, die Mutter alleine zu lassen, die ihm diesbezüglich auch Vorwürfe gemacht habe. Beim Auftreten der Herz-Angst-Symptome sei die Mutter sofort zu ihm nach Hause gekommen.

Die **Psychodynamik der neurotischen Erkrankung** (es konnte kein organpathologischer Befund erhoben werden) läßt sich wie folgt zusammenfassen: Die Beschwerden gehen hauptsächlich auf einen Trennungskonflikt in bezug auf die Mutter zurück. Diese hängt sehr an ihrem Sohn, „bemuttert" ihn. Der Patient seinerseits spricht von ihr als seiner „Existenzgrundlage", die nicht allein materiell zu deuten ist. Beim Zusammensein mit Freundinnen treten einerseits Schuldgefühle gegenüber der Mutter auf, andererseits wird das „Entfliehen" aus den Armen der Mutter angenehm erlebt. Selbständigkeitstendenzen stehen in Widerstreit mit Geborgenheitswünschen. Erste sexuelle Kontakte führen zu Schuldgefühlen – ein Zusammenhang mit den rezidivierenden Harnwegsinfekten und der Prostatitis ist anzunehmen. Als die Mutter mit einem Freund in Urlaub fährt, treten die Symptome erneut mehrfach in ausgeprägter Form auf; die Mutter unterbricht ihren Urlaub, um zu ihm zurückzukehren.
Aus neurosenpsychologischer Sicht liegt bei dem Patienten eine narzißtische Persönlichkeitsentwicklung vor. Das progressiv-forsche Auftreten und Verhalten des Patienten ist als Kompensation der Abhängigkeit von der Mutter anzusehen. Die wechselhafte, ambivalente Beziehung zum Vater dürfte die Findung der eigenen Geschlechtsrolle erschwert haben.
Da der Patient Introspektionsfähigkeit besitzt, differenziert ist, großen Leidensdruck aufweist und hoch behandlungsmotiviert ist, ist eine analytische Psychotherapie indiziert. Der skizzierte neurotische Konflikt, der sich in einer funktionell-psychosomatischen Störung niederschlägt, soll durch eine psychoanalytische Therapie mittels Übertragungsneurose und deren Aufarbeitung behandelt werden.

Von den meisten Psychoanalytikern wird empfohlen, eine Begleitmedikation mit Psychopharmaka abzusetzen, da der Leidensdruck und somit die Therapiemotivation verringert werde. Ausnahmen: starke Beeinträchtigung des Patienten durch die Symptomatik und floride Suizidalität. Die strenge Patientenselektion für eine psychoanalytische Therapie hat seit einigen Jahren zu Kritik an der klassischen psychoanalytischen Standardmethode geführt.

Von den meisten Psychoanalytikern wird gegenwärtig empfohlen, eine Begleitmedikation mit Psychopharmaka abzusetzen, da hierdurch der Leidensdruck und somit die Therapiemotivation verringert und der psychoanalytische Prozeß erschwert werde. Als Ausnahmen gelten eine starke Beeinträchtigung des Patienten durch die bestehende Symptomatik sowie floride Suizidalität. Hier wird akzeptiert, daß mittels Psychopharmaka zunächst eine psychophysische Stabilisierung im Sinne einer Basis für die Psychotherapie erreicht werden muß.

Die strenge Patientenselektion für eine psychoanalytische Therapie (sog. Yavis-Patienten [= young, attractive, verbal, intelligent, social/successful]) hat seit einigen Jahren zu unverhohlener Kritik geführt und die Weiterentwicklung und Modifikation der klassischen psychoanalytischen Standardmethode (s. u.) bewirkt.

Besonders beachtenswert scheinen Ansätze der letzten Jahre, sich auch der Psychotherapie älterer Menschen anzunehmen (Alters-Psychotherapie).

Individualpsychologie A. Adlers und analytische Psychologie C. G. Jungs

Die ersten Modifikationen des klassischen psychoanalytischen Verfahrens wurden von Mitarbeitern und Schülern S. Freunds vorgenommen. **Alfred Adler** entwickelte seine **Individualpsychologie**, in der er neben der Bedeutung angeborener „Organ-Minderwertigkeit" (z. B. Mißbildungen, Häßlichkeit) aus pathogenen frühkindlichen Erziehungseinflüssen resultierende Frustrationen und Minderwertigkeitsgefühle betonte. Diese zögen häufig Kompensationen und Überkompensationen wie starken Geltungstrieb und übertriebenen Willen zur Macht nach sich, um tief verankerte Unsicherheiten zu überdecken. Bei ihm rückten mitmenschliche, gesellschaftliche Beziehungen und die Analyse des „Lebensstils" eines Menschen stärker ins Blickfeld. Im äußeren Arrangement kommt dies dadurch zum Ausdruck, daß sich Therapeut und Patient gegenübersitzen und die alltägliche Realität stärker in die Therapie einbezogen wird. Auch widmete sich Adler stark dem Themenkreis der Prophylaxe und sozialpädagogischen Fragen.

Der Schweizer **C. G. Jung** erweiterte den Begriff der Libido im Sinne einer allgemeinen Energiequelle der Psyche, ebenso das persönliche Unbewußte um ein „kollektives Unbewußtes", welches allen Individuen von Beginn der Menschheitsgeschichte an eigen sei. Dieses beinhalte Sinnbilder von uralten, sich immer wiederholenden Lebenssituationen und Problemen (Geburt und Tod, Haß und Liebe, Übermacht und Unterlegenheit, sog. **Arche-Typen**). Der Patient soll in der Therapie wieder Anschluß an diese Tiefen finden, um schließlich zu seinem eigentlichen Selbst vorzustoßen. Die Patienten werden zu produktivem Gestalten aufgefordert (selbstgemalte Bilder), es werden Bilder aus der Mythologie und Symboldeutungen zur Erweiterung des individuellen Seelenlebens in die Therapie mit einbezogen. Durch einen „Individuationsprozeß" soll dem Patienten ein neuer Weg zu den verschütteten produktiven eigenen intrapsychischen Quellen erschlossen werden. Im Sinne eines Nachreifungsprozesses soll diese Behandlungsmethodik insbesondere Menschen zugute kommen, die den Sinngehalt ihrer eigenen Existenz verloren haben.

Psychoanalytische Kurzzeittherapie-Verfahren

Modifikationen der psychoanalytischen Standardmethode wurden auch aus ökonomischen Gesichtspunkten, zur Erweiterung des Indikationsspektrums sowie unter der Vorstellung entwickelt, daß der Patient realitätsbezogener bleibt und die Therapie nicht zum stellvertretenden Lebensinhalt wird. Die Dauer der analytischen Kurz-Psychotherapien erstreckt sich in der Regel auf 10 bis 40 Stunden bei einer Frequenz von einer Stunde wöchentlich oder 14tägig. Die Behandlung findet im Sitzen statt, das Vorgehen des Therapeuten ist aktiver und gezielter, die Therapie ist auf einen zentralen Konflikt zentriert. Regression und Übertragung spielen keine große Rolle, die Deutung und das Durcharbeiten von Widerstandsphänomen kommen nur in bezug auf den aktuellen Konflikt zum Einsatz.

Zu den bekanntesten Formen zählen die **analytische Fokaltherapie** sowie die **dynamische Psychotherapie**. Bei letzterer läßt der Therapeut den Patienten zunächst spontan berichten, seine Probleme frei nach eigener Entscheidung vorbringen und den Zeitpunkt der Behandlungsstunden selbst bestimmen.

Individualpsychologie A. Adlers und analytische Psychologie C.G. Jungs

A. Adler entwickelte seine **Individualpsychologie**, in der er neben der Bedeutung angeborener „Organ-Minderwertigkeit" (z. B. Mißbildungen) aus pathogenen frühkindlichen Erziehungseinflüssen resultierende Frustrationen und Minderwertigkeitsgefühle betonte. Diese zögen starken Geltungstrieb und übertriebenen Willen zur Macht nach sich, um tief verankerte Unsicherheiten zu überdecken. Bei ihm rückten mitmenschliche, gesellschaftliche Beziehungen und die Analyse des Lebensstils ins Blickfeld.

C. G. Jung erweiterte den Begriff der Libido im Sinne einer allgemeinen Energiequelle der Psyche, ebenso das persönliche Unbewußte um ein „kollektives Unbewußtes". Dies sei allen Individuen eigen und beinhalte Sinnbilder von uralten sich immer wiederholenden Lebenssituationen und Problemen (Geburt und Tod, Haß und Liebe, Übermacht und Unterlegenheit, sog. **Arche-Typen**). Der Patient soll in der Therapie wieder Anschluß an diese Tiefen finden, um zu sich selbst vorzustoßen. Die Patienten werden zu produktivem Gestalten aufgefordert (Malen).

Psychoanalytische Kurzzeittherapie-Verfahren
Die Behandlung findet im Sitzen statt, das Vorgehen des Therapeuten ist aktiver und gezielter. Die Therapie ist auf einen zentralen Konflikt zentriert. Regression und Übertragung spielen keine große Rolle, die Deutung und das Durcharbeiten von Widerstandsphänomen kommen nur in bezug auf den aktuellen Konflikt zum Einsatz.

Die bekanntesten Formen sind die **analytische Fokaltherapie** und die **dynamische Psychotherapie**.

Analytische Gruppenpsychotherapie

Gruppentherapien werden in der Regel mit einer Doppelstunde pro Woche über einen Zeitraum von ein bis drei Jahren hinweg durchgeführt. Die Gruppe besteht meist aus sieben bis neun Patienten, sie soll „so heterogen wie möglich und so homogen wie nötig" zusammengesetzt sein. Erfahrungsgemäß kommt es dem Gruppenprozeß zugute, wenn die Patienten sowohl hinsichtlich ihrer neurotischen Struktur und ihrer Problematik als auch in ihrem sozioökonomischen Status unterschiedlich und beide Geschlechter in etwa gleich verteilt sind. Zu starke Unterschiede können allerdings eine Verständigung hinsichtlich der gegenseitigen Problemkreise beeinträchtigen.

Neben ökonomischen Vorteilen stellte man bald fest, daß gruppendynamische Prozesse neue therapeutische Möglichkeiten für die Psychotherapie mit sich bringen können. Die Gruppe ist ein viel realistischeres Abbild der äußeren sozialen Situation des Patienten, er erhält ein „Feedback", eine unmittelbare Rückmeldung durch die direkten und indirekten Reaktionen der Mitpatienten. Die „Übertragung" erweitert sich auf alle Mitpatienten, der Patient gerät in Konflikt- und Spannungssituationen, die denen in seinem realen Leben wesentlich ähnlicher sind als in der „künstlichen" Situation der Einzeltherapie. Der einzelne wird gezwungen, sich mehreren Menschen gegenüber zu offenbaren; erfahrungsgemäß bringen die anderen Gruppenmitglieder aber für den Betreffenden nicht selten überraschend viel Toleranz auf, die Gruppe fungiert als kritischer Spiegel, aber auch als haltgebende Stütze.

Eine Gruppentherapie ist kontraindiziert für hochgradig Ich-schwache Patienten, sie ist ungünstig für leicht kränkbare Patienten mit eloquent-selbstgefälliger Fassade.

Bei den neueren Therapiemethoden, die unter dem Begriff der humanistischen Verfahren oder Erlebnistherapien zusammengefaßt werden (u. a. Gestalttherapie, Psychodrama, Transaktionsanalyse) steht ebenfalls das Prinzip der Gruppentherapie, z. B. in Form von Rollenspielen, im Vordergrund.

Verhaltenstherapie

> **Definition.** Als Verhaltenstherapie wird eine Gruppe von Behandlungsverfahren bezeichnet, die auf experimentalpsychologischen Erkenntnissen, insbesondere der Lernforschung, basieren und bei denen das aktuelle, beobachtbare Verhalten des Patienten im Vordergrund steht. Zur Anwendung kommen an der empirischen Psychologie orientierte Verfahren, die sich auf experimentell überprüfte Lerntheorien unter Einbeziehung sozialpsychologischer Faktoren gründen.

Der Begriff „Verhaltenstherapie" wurde in den 50er Jahren von den Forschergruppen um **Skinner, Wolpe** und **Eysenck** eingeführt. Als Wurzeln sind das Paradigma der **klassischen Konditionierung**, das der **instrumentellen oder operanten Konditionierung** („Lernen am Erfolg") sowie das **Modellernen** anzusehen.

Verhaltenstherapie bezeichnet ursprünglich die Anwendung der modernen Lerntheorie auf die Behandlung abnormen Verhaltens. Neurotisches und gestörtes Verhalten wird als fehlerhaft erlerntes Verhalten angesehen, die Therapie umfaßt ein „Umlernen von falsch Gelerntem" (Löschen von Fehlkonditionierungen) bzw. ein „Neulernen von Nicht-Gelerntem".

Charakteristisch für die Verhaltenstherapie sind eine strikte Planung der einzelnen Therapieschritte, eine lehrerähnliche Aktivität des Therapeuten sowie die aktiv-übende Mitarbeit des Patienten.

Als wichtigste Ursachen für **krankhaftes Verhalten** werden **Streß, klassische** und **operante Konditionierung** angesehen.

Bei der **klassischen Konditionierung** wird ein ursprünglich neutraler Reiz zum spezifischen Auslöser („Pawlowscher Hund"), z. B. wenn eine Person an einer Magenverstimmung, die mit Übelkeit und Erbrechen einhergeht, leidet und zeitgleich mit dem ersten Auftreten der Symptome sie ein gegrilltes Steak zu sich nimmt, das jedoch für den Infekt und die Symptome nicht kausal verantwortlich ist. In Zukunft wird die Person mit dem Geruch von gegrilltem Fleisch das Gefühl der Übelkeit verbinden – ein zuvor neutraler Reiz (Geruch von Gegrilltem) wird durch die zeitliche Koppelung mit einem ungelernten reflexauslösenden Reiz selbst zu einem erlernten reflexauslösenden Reiz (Übelkeit). Ähnlich können Asthmaanfälle auf künstliche Blumen konditioniert werden oder ein Bluthochdruck auf neutrale Situationen, die den ursprünglichen streßauslösenden Situationen ähnlich sind.

Es darf angenommen werden, daß der größte Teil unserer emotionalen Reaktionen auf Konditionierung beruht (vgl. Werbung!).

Dem **operanten Lernen** (positive Verstärkung, Lernen am Erfolg) liegt folgendes zugrunde: Wird ein Verhalten nach seinem Auftreten belohnt oder bestraft, so wird dadurch die Häufigkeit seines künftigen Auftretens beeinflußt.

Führen die Konsequenzen einer Verhaltensweise dazu, daß die Häufigkeit des Auftretens des betreffenden Verhaltens zunimmt, so wird von Verstärkung gesprochen. Zu den positiv verstärkenden Konsequenzen zählen insbesondere soziale Verstärker (Lob, Zuwendung), materielle Verstärker (Süßigkeiten, Wertmarken) und positiv verstärkende Aktivitäten (dem Patienten wird die Ausführung einer für ihn attraktiven Tätigkeit ermöglicht).

Operante Konditionierung kann direkt geschehen, indem z. B. der Arzt den Patienten tröstet, die Schwester beim Auftreten von Schmerzen sofort eine Tablette bringt oder Freunde den Patienten bemitleiden. Dies beinhaltet aber auch die Gefahr, daß Krankheitsverhalten („sich krank verhalten") verstärkt wird und „Krankheitsgewinn" (z. B. verlängerte Krankschreibung) resultieren kann.

Grundlage einer Verhaltenstherapie ist die **Verhaltensgleichung nach Kanfer.** Diese ermöglicht, das Verhalten des Patienten zu erfassen:

> **S → O → R → K → C**
>
> **S** = Situative Reize, d.h. die das Symptom bedingenden Umweltfaktoren
> **O** = Organismusvariablen (biologische Faktoren)
> **R** = Reaktionen, Symptome, Verhalten
> **K** = Verstärkungsplan
> **C** = Konsequenz (positiv/negativ)

Beispiel: Ein Patient leidet unter Angstzuständen (Reaktion), die mit Zittern und Herzjagen (Organismus) verbunden sind und immer dann auftreten, wenn er mit der Straßenbahn fahren muß (Stimulus). Der Lebenspartner bemitleidet den Patienten und fährt ihn in solchen Fällen mit dem Wagen zur Arbeit, was diesem sehr angenehm ist (Konsequenz und Kontingenz).

Die Weiterentwicklung der Verhaltenstherapie führte schließlich auch zum Einbezug affektiver und kognitiver Elemente, z. B. im Sinne der sog. **kognitiven Therapie** (s. u.). Schießlich erfolgte die Integration vieler unterschiedlicher Methoden im Sinne einer sog. **multimodalen Verhaltenstherapie nach Lazarus.**

Kognitive Therapien befassen sich vor allem mit den subjektiven, individuellen Bedeutungen und Interpretationen, die dem Patienten äußere Situationen und Ereignisse als „nicht bewältigbar", „bedrohlich", „bedrückend" oder „lähmend" erscheinen lassen. Diese häufig „automatisch" ablaufenden Gedanken stellen „dysfunktionale", verzerrte Kognitionen dar. Die Therapie zielt darauf ab, mit Hilfe gedanklicher Übungen diesen unangemessenen Gedanken (pathogenen Denkgewohnheiten) wie depressiven Gedanken und Selbstgesprächen entgegenzuwirken und der Realität eher entsprechende Neuinterpretationen zu erlernen.

Bereits die antiken Philosophen hatten die Erkenntnis, daß nicht so sehr die äußere Situation als vielmehr die Bewertung derselben durch das Individuum dessen Gefühle bestimmt.

Die **konkrete Therapieplanung** basiert auf der **Problem-** oder **Verhaltensanalyse**. Ziel der Verhaltensanalyse ist die Erfassung der Abhängigkeit des Verhaltens von bestimmten Reizbedingungen, also der aktuellen Funktionskette: Auslösung – Verhalten – Konsequenzen des Verhaltens.

Diese funktionalen Reiz-Reaktions-Zusammenhänge sind das Kernstück der Diagnostik in der Verhaltenstherapie (*siehe Abbildung 5-21*).

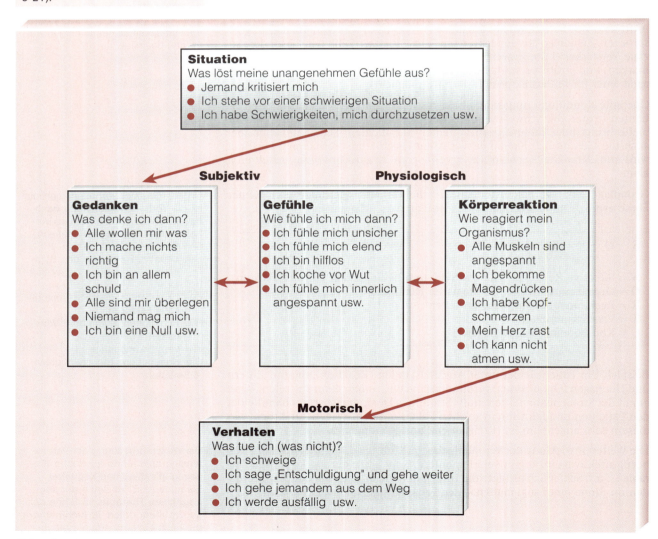

Abb. 5-21: Schema zur Verhaltensanalyse bei psychosomatischen Störungen

Zunächst erfolgt eine **Beschreibung des Problems**, sodann die **Problem- oder Verhaltensanalyse** mit dem Ziel, verursachende oder aufrechterhaltende Bedingungen von Reaktionen bzw. die Lerngeschichte unerwünschter Verhaltensweisen zu ermitteln (Entstehung der aktuellen Beschwerden [„unter welchen Umständen tritt Angst auf"], wie wird reagiert, was sind die Folgen, welche Konsequenzen hat das Vermeidungsverhalten).

Anschließend werden die **Behandlungsziele** definiert. Diese können eng gefaßt sein (z. B. Angstreduktion, Aufgabe des Vermeidungsverhaltens) oder komplex („unabhängiger werden").

Zunächst wird also der Ist-Zustand analysiert (wichtigstes Problem/Hauptsymptom; unterscheide Tatsachen – nicht zu ändern! und Probleme – nicht alle lösbar). Therapieziel ist es, die Differenz zwischen Ist-Zustand und Soll-Zustand zu reduzieren bzw. aufzuheben. Diese Zielsetzung ist von den Bedingungen des Individuums abhängig.

Dann werden die Behandlungsprinzipien erklärt und die Evaluierung festgelegt. Dies geschieht zum einen durch Fragebögen, psychophysiologische Indikatoren, zum anderen durch Instruktionen in Form von „Hausaufgaben" (*siehe Tabelle 5-20*).

Tabelle 5-20: „Panik-Tagebuch"

1. Datum: ...../.....
   Sind heute besondere Dinge geschehen? Wenn ja, welche?

2. Wie ängstlich/gespannt fühlten Sie sich heute im allgemeinen:

   0...10...20...30...40...50...60...70...80...90...100
   nicht   extrem

3. Zahl der Panikanfälle heute? Keine/.....

Welche Symptome	Situation I	Situation II
1 Atemnot	1 ☐	1 ☐
2 Herzklopfen	2 ☐	2 ☐
3 Erstickungsgefühl	3 ☐	3 ☐
4 Druck auf der Brust	4 ☐	4 ☐
5 Schweißausbruch	5 ☐	5 ☐
6 Schwindlig/leicht im Kopf	6 ☐	6 ☐
7 Unwirkliches Gefühl	7 ☐	7 ☐
8 Übelkeit	8 ☐	8 ☐
9 Schüttelfrost	9 ☐	9 ☐
10 Zittern oder beben	10 ☐	10 ☐
11 Taubes/prickelndes Gefühl	11 ☐	11 ☐
12 Todesangst	12 ☐	12 ☐
13 Angst, verrückt zu werden/die Kontrolle zu verlieren	13 ☐	13 ☐

Schweregrad jedes Anfalls (0 – 100)

Welche Gedanken hatten Sie während der Anfälle?

Anfall I:

Anfall II:

Kernpunkt der Verhaltenstherapien ist somit eine strukturierte, geplante Analyse der Störung und deren Veränderung, die im Zusammenspiel zwischen Patient und Therapeut erarbeitet wird (*siehe Abbildung 5-22*).

Abb. 5-22: Prozeßmodell/Strategie der Verhaltenstherapie

Ein verhaltenstherapeutisch orientiertes Interview umfaßt somit:
- Problembeschreibung
- Entwicklung und Auslöser
- Genaue Beschreibung des Problemverhaltens,
- Kontext (Situation, familiäre und partnerschaftliche Bezüge, Körperkrankheiten)
- Störung aufrechterhaltende bzw. fördernde Faktoren
- Vermeidungsverhalten
- Bewältigungsstrategien
- Krankheitsmodellvorstellungen, Meta-Theorien
- Psychosoziale Situation.

In der Erstbegegnung mit Patienten werden u. a. folgende Variablen überprüft: Analyse unangemessener Reaktionen (z. B. Panik), Analyse der aufrechterhaltenden Bedingungen (verdeckte Verstärkungsprozesse). Ziel der Therapie ist es, unerwünschte Verhaltensweisen wieder zu verlernen und/oder ein alternatives befriedigendes Verhalten aufzubauen.

Die *Tabelle 5-21* gibt eine Übersicht der wichtigsten Verfahren der Verhaltenstherapie.

Die verschiedenen **Behandlungsmethoden** der Verhaltenstherapie lassen sich prinzipiell untergliedern in:
- Aneignungstechniken (z. B. Lernen am Modell, operante Konditionierung, Selbstsicherheitstraining)
- Beseitigungstechniken (z. B. systematische Desensibilisierung, Reizüberflutung)
- Kognitive Therapieverfahren.

Psychotherapie 507

> **Tabelle 5-21: Übersicht über die wichtigsten Verhaltenstherapie-Verfahren**
>
> **Techniken der Stimuluskontrolle**
> - Systematische Desensibilisierung (in sensu, in vivo)
> - Reizüberflutungsverfahren (Exposition und Reaktionsverhinderung)
> - Löschung
> - Paradoxe Intervention
>
> **Techniken der Konsequenzkontrolle**
> - Verstärkung
> - Löschung
> - „Bestrafungsverfahren" (Aversionstherapie)
> - „Time-out"
>
> **Techniken des Modellernens**
>
> **Techniken der Selbstkontrolle**
> - Selbstbeobachtung
> - Gedankenstopp
>
> **Kognitive Verfahren**
> - Kognitive Therapie (A. T. Beck)
> - Rational Emotive Therapie (A. Ellis)
>
> **Soziales Kompetenztraining (Selbstsicherheitstraining)**

Systematische Desensibilisierung. Das älteste und am weitesten verbreitete verhaltenstherapeutische Konzept ist die systematische Desensibilisierung. Sie geht auf die physiologischen Untersuchungen Pawlows zur klassischen Konditionierung zurück und beinhaltet, daß ein konditionierter Stimulus an einen mit Angst unvereinbaren Zustand, nämlich Entspannung, gekoppelt wird, wodurch die Angst abgebaut wird. Grundannahme dieser vor allem zur Behandlung von Phobien eingesetzten Therapie ist, daß natürlicherweise körperliche Entspannung und ängstliche Erregung nicht gleichzeitig bestehen können.

Der **zeitliche Therapieablauf** ist wie folgt:

- Erstellen einer Angsthierarchie (der Patient ordnet die angstauslösenden Situationen und reiht sie in eine Hierarchie hinsichtlich des Grades der Angstauslösung, *vergleiche Tabelle 5-20)*
- Entspannungstraining (Senkung des allgemeinen Energieniveaus)
- Vorstellung des am wenigsten angstauslösenden Objektes im entspannten Zustand
- Unter körperlicher Entspannung Steigerung in der Angsthierarchie und konkretere Konfrontation mit dem beängstigenden Objekt.

Während des Erlernens des Entspannungstrainings bespricht der Therapeut ausführlich mit dem Patienten die verschiedenen Situationen und Anlässe, die den Patienten in Angst versetzen. Neben Explorationsgesprächen kommen hier Angstfragebögen, Protokolle von typischen Situationen (Hausaufgaben) und Verhaltensbeobachtungen zum Einsatz. Die Angstsituationen werden dann nach Themenkreisen geordnet und eine „Angsthierarchie" erstellt, wobei die einzelnen Situationen möglichst konkret beschrieben werden. Die angstauslösenden Stimuli werden dann gestuft dargeboten, zunächst in der Vorstellungsebene (in vitro). Nach Erlernen des Entspannungsverfahrens beginnt nun die eigentliche Behandlung damit, daß der Therapeut den Patienten auffordert, die schwächste angsterregende Situation sich möglichst plastisch vorzustellen und sich dabei zu entspannen. Sodann wird zur nächst stärkeren Angstvorstellung übergegangen, bis schließlich sämtliche angstauslösenden Situationen der Hierarchie von dem Patienten angstfrei vorgestellt werden können.

Der Patient lernt also, daß im Zustand der Entspannung auf den sonst angstauslösenden Reiz keine Angstreaktion erfolgt, da Entspannung und Angst physiologisch inkompatibel sind.

Die **systematische Desensibilisierung** beinhaltet, daß ein konditionierter Stimulus an einen mit Angst unvereinbaren Zustand, nämlich Entspannung, gekoppelt wird, wodurch die Angst abgebaut wird, d.h., daß körperliche Entspannung und ängstliche Erregung nicht gleichzeitig bestehen können.

Der **zeitliche Therapieverlauf** ist wie folgt:

- Erstellen einer Angsthierarchie des Patienten (*vgl. Tab. 5-20*)
- Entspannungstraining (Senkung des allgemeinen Energieniveaus)
- Vorstellung des am wenigsten angstauslösenden Objektes im entspannten Zustand
- Unter körperlicher Entspannung Steigerung der Angsthierarchie und konkrete Konfrontation mit dem beängstigenden Objekt.

Der Patient lernt, daß im Zustand der Entspannung auf den sonst angstauslösenden Reiz keine Angstreaktion erfolgt, da Entspannung und Angst physiologisch inkompatibel sind.

Kasuistik. Ein 29jähriger Mann leidet unter Angstzuständen, die mit Schwindel, Herzklopfen und Schweißausbrüchen einhergehen und auftreten, wenn er sich unter vielen Menschen befindet, selbst Auto fährt oder Höhen aufsucht. Er vermeidet deshalb seit zwei Jahren Höhen und Plätze, an denen sich viele Menschen aufhalten, steuert kein Kraftfahrzeug mehr.

Die Beschwerden begannen plötzlich mit einem Schwindelgefühl während eines Kaufhausbesuches; voller Angst ließ er den Einkaufswagen stehen, verließ das Gebäude, holte draußen tief Luft und stellte eine sofortige Besserung seines Zustandes fest. Kurze Zeit später traten die gleichen Symptome auf, als er Autofahren wollte. Eine Kur „zur Behebung der Kreislaufstörungen" führte zu einer vorübergehenden Besserung, dann traten die Angstgefühle jedoch immer häufiger auf, der Patient war zuletzt nicht mehr fähig, Einkaufen zu gehen, mied andere Menschen und blieb ständig zu Hause. In vier Therapiesitzungen erlernte er die progressive Muskelrelaxation nach Jacobson, zusammen mit dem Therapeuten sammelte er angstauslösende Situationen und stellte folgende Angsthierarchien auf:

100: Ich befinde mich in einem Warenhaus
 90: Ich fahre mit dem Bus
 80: Ich stehe in einer Menschenschlange
 70: Ich halte mich in einem Café auf
 60: Ich halte mich im Kino auf
 50: Ich besuche eine Bank
 40: Ich halte mich auf einem Marktplatz auf
 20: Ich gehe über die Straße
  0: Ich gehe allein spazieren
100: Ich befinde mich auf dem Fernsehturm und sehe hinunter
 90: Ich befinde mich auf einem kleinen Aussichtsturm und sehe hinunter
 80: Ich befinde mich im 9. Stock eines Hochhauses
 70: Ich befinde mich im 8. Stock eines Hochhauses
 60: Ich befinde mich im 7. Stock eines Hochhauses
 50: Ich befinde mich im 6. Stock eines Hochhauses
 40: Ich befinde mich im 5. Stock eines Hochhauses
 30: Ich befinde mich im 4. Stock eines Hochhauses
 20: Ich befinde mich im 3. Stock eines Hochhauses
 10: Ich befinde mich im 2. Stock eines Hochhauses
  0: Ich befinde mich im 1. Stock oder im Parterre eines Hochhauses.

Der Patient wird nun angewiesen, sich zu entspannen und bei Auftreten von Angst die Vorstellung einer Szene sofort zurückzunehmen. Nachdem die Angsthierarchie in der Vorstellung bis zum Ausmaß 80 und 90 möglich ist, erfolgt der Übergang zur Desensibilisierung in vivo (in der Realität). Insgesamt wurden 20 Therapiesitzungen innerhalb von drei Monaten durchgeführt. Das Verhalten des Patienten hat sich dahingehend geändert, daß er keine der ehemals angsterzeugenden Situationen mehr vermeidet. Er fährt wieder Auto, geht unter Menschen und betritt jedes Gebäude ohne Schwierigkeiten.

> Bei der **Reizüberflutungstherapie** (flooding) wird der Patient gleich dem maximal angstauslösenden Reiz ausgesetzt (Expositions- oder Reizkonfrontationsbehandlung) und motiviert, so lange in der Situation zu bleiben, bis die Angst nachläßt (s. Abb. 5-23).

Reizüberflutungstherapie. Bei der Reizüberflutungstherapie (flooding) wird der Patient gleich dem maximal angstauslösenden Reiz ausgesetzt (Expositions- oder Reizkonfrontationsbehandlung) und motiviert, so lange in der Situation zu bleiben, bis die Angst nachläßt (*siehe Abbildung 5-23*). Hierdurch kommt es zur Löschung der Koppelung von Angstreiz und Angstreaktion, und das Vermeidungsverhalten des Patienten (Meiden der angstauslösenden Situation) wird umgangen.

Abb. 5-23: Reizkonfrontationstherapie bei einer Patientin mit Höhenangst

So wird z. B. ein Patient mit Waschzwang, der Angst vor Schmutz hat, schmutzigem Material ausgesetzt und daran gehindert, die Hände zu waschen, man stört also das Vermeidungsverhalten. Hierbei muß der Patient laufend kontrolliert werden, entweder durch Familienmitglieder oder durch medizinisches Personal. Es besteht nämlich die Gefahr, daß diese Kontrolle unterlaufen wird, indem die Patienten das Ritual auf später verschieben.

> Hierdurch kommt es zur Löschung der Koppelung von Angstreiz und Angstreaktion und das Vermeidungsverhatlen des Patienten (Meiden der angstauslösenden Situation) wird umgangen.

Initial erhält der Patient ein lerntheoretisches Erklärungsmodell für seine Störung. Dann wird er nach dem Motto „Wer wagt, gewinnt" rasch und intensiv mit dem Angst-/Panik-induzierenden Stimulus konfrontiert. Durch den Verbleib in der jeweils angstauslösenden Situation lernt der Patient, daß die befürchteten Katastrophen nicht eintreten, sondern daß Ängste spontan dazu tendieren, wieder abzuklingen (*vgl. Streß-Modell*) und daß man selbst Einfluß auf die Angstreaktion nehmen kann.

Kasuistik. Ein 35jähriger Bankangestellter klagt über massive Beeinträchtigungen durch Schwindel- und Panikanfälle. Der überkontrolliert, hypochondrisch und gehemmt wirkende Patient berichtet, daß er im Alter von 23 Jahren einen ersten Angstanfall während einer Bergwanderung erlitten habe, einen weiteren nach einigen Monaten während einer Autofahrt durch einen Tunnel. Zwischenzeitlich hätten sich seine Ängste auf öffentliche Verkehrsmittel, Menschenansammlungen, Lokale und Geschäfte ausgedehnt. In den letzten fünf Jahren absolvierte der Patient eine psychoanalytische Therapie über ca. 300 Sitzungen, eine Besserung habe aber nur für relativ kurze Zeit bestanden.
Diagnostisch liegt bei dem Patienten eine Panikstörung mit Agoraphobie vor, zuletzt traten etwa 20 Angstanfälle pro Monat auf, die durch starkes Herzklopfen, Schwindel, Kurzatmigkeit und die Befürchtung, die Kontrolle zu verlieren, charakterisiert waren.

Die Lerngeschichte der Störung sowie die funktionale Verhaltensanalyse ergaben Hinweise auf eine frühe Traumatisierung (Trennungsängste; das Einzelkind wurde im Alter von zwei Jahren zu den Großeltern gebracht, da die Mutter an Tuberkulose erkrankt war). Als Jugendlicher wurde der Patient vom Turnunterricht befreit, da der Hausarzt einen Herzfehler festgestellt habe und befürchtet werden müsse, daß er jederzeit auf der Straße kollabieren könne. Die weitere Entwicklung wurde durch mangelnde Sozialkontakte beeinträchtigt, im Rahmen des Wehrdienstes trat beim frühmorgendlichen Aufstehen ein Schwindelanfall auf.
Es wurde eine Reizkonfrontationstherapie in vivo durchgeführt, zuvor erhielt der Patient Informationen über das psychophysiologische Angst-Modell. Als primäres Therapieziel wurde die Beseitigung der Angstanfälle festgelegt, bisher vermiedene Situationen sollten wieder möglichst angstfrei aufgesucht werden können. Als Arbeitsmaterialien wurden u. a. ein Angsttagebuch und eine Zielerreichungsskalierung sowie Informationsblätter verwendet.

Aufbau sozialer Kompetenz. (Training sozialer Fertigkeiten, Selbstsicherheits-/Selbstbehauptungs-/„Assertiveness-Training"). Dieses häufig mittels Rollenspiel in Gruppen durchgeführte „Kontakttraining" hat zum Ziel, sich zu erlauben, eigene Ansprüche zu haben und sich zu trauen, diese zu äußern und auch durchzusetzen. Es soll also selbstsicheres Verhalten erlernt werden, das eingesetzt werden kann, um für eigene Bedürfnisse und Rechte einzustehen. Beim Selbstbehauptungstraining wird die Angstreaktion durch eine Ärgerreaktion – anstelle der Entspannung bei der systematischen Desensibilisierung – gehemmt. Die Patienten werden deshalb ermutigt, ihre Ärgergefühle mehr und mehr zum Ausdruck zu bringen.

> **Aufbau sozialer Kompetenz** (Training sozialer Fertigkeiten, Selbstsicherheits-/Selbstbehauptungs-/„Assertiveness-Training"): Dieses häufig mittels Rollenspiel in Gruppen durchgeführte „Kontakttraining" hat zum Ziel, sich zu erlauben, eigene Ansprüche zu haben und sich zu trauen, diese zu äußern und auch durchzusetzen, es soll selbstsicheres Verhalten erlernt werden.

Kognitive Therapieverfahren. Große Bedeutung haben inzwischen sog. kognitive Therapien erlangt. Grundannahme ist hier, daß die Entstehung und die aufrechterhaltenden Bedingungen von psychischen Störungen (insbesondere Depressionen) mit gelernten, realitätsinadäquaten, unlogischen, verzerrten und übergeneralisierten Denkmustern und Bewertungsprozessen zusammenhängen (*siehe Tabelle 5-22*).

> **Kognitive Therapieverfahren**
> Grundannahme ist hier, daß die Entstehung und Aufrechterhaltung von psychischen Störungen mit gelernten, realitätsinadäquaten, unlogischen, verzerrten und übergeneralisierten Denkmustern und Bewertungsprozessen zusammenhängen (*s. Tab. 5-22*), die man als **„dysfunktionale Annahmen"** bezeichnet.

Tabelle 5-22: Von falschen Grundannahmen abgeleitete kognitive Irrtümer und deren therapeutische Intervention

Kognitiver Irrtum	Grundannahme	Intervention
1. Übergeneralisierung	Wenn es in einem Fall stimmt, trifft es in jedem halbwegs ähnlichen Fall auch zu.	Aufdecken der mangelhaften Logik. Suche nach Kriterien, welche Fälle „ähnlich" sind bzw. in welchem Grad.
2. Selektive Abstraktion	Die einzigen Ergebnisse, die zählen, sind Mißerfolge, Entbehrungen etc. Man soll sich an Irrtümern, Schwächen etc. messen.	Man lasse den Patienten Buch führen, um die von ihm vergessenen Erfolge identifizieren zu können.
3. Übertriebenes Verantwortungsgefühl	Ich bin verantwortlich für jedes Mißlingen, Versagen etc.	Desattributionstechnik
4. Annehmen einer zeitlichen Kausalität (Vorhersagen ohne ausreichende Evidenz)	Wenn es in der Vergangenheit zutraf, wird es immer zutreffen.	Aufdecken der mangelhaften Logik. Benennung von Faktoren, die das Ergebnis ungeachtet früherer Ereignisse beeinflussen könnten.
5. Bezugnahmen auf die eigene Person	Ich stehe im Mittelpunkt der allgemeinen Aufmerksamkeit – insbesondere meine schlechten Leistungen. Ich bringe Unglück.	Benennung von Kriterien, um festzustellen wann der Patient der Mittelpunkt der Aufmerksamkeit ist und welche Fakten wahrscheinlich Unheil auslösen.
6. „Katastrophisieren"	Denke immer an das Schlimmste. Es wird dir wahrscheinlich passieren.	Kalkulierung realistischer Wahrscheinlichkeiten. Konzentration auf Hinweise, daß nie das Schlimmste eingetreten ist.
7. Dichotomes Denken	Alles ist entweder ein Extrem oder das andere (schwarz oder weiß; gut oder schlecht).	Demonstration, daß Ereignisse auf einer Skala einzuordnen sind.

Durch das regelmäßige Führen von sog. **Tagesprotokollen negativer Gedanken** lernt der Patient zunächst die Selbstbeobachtung von Affektäußerungen, dann werden die „automatisch" auftretenden Gedanken zu den negativ erlebten Situationen und den damit verbundenen Emotionen in Bezug gesetzt und mögliche alternative Denk- und Empfindungsmuster erwogen (*s. Tab. 5-23*).

Gegen die Selbstabwertungen des Patienten richtet sich die sog. **„Umattribuierung"**.

Zu den **„dysfunktionalen Annahmen"** zählen u. a. folgende:

„Ich muß unbedingt von jeder wichtigen Person meiner Umwelt geliebt und geschätzt werden". „Es ist eine Katastrophe, wenn etwas nicht so läuft, wie es gerne hätte". „Ich bin von anderen abhängig und brauche jemanden Starkes, auf den ich mich verlassen kann". „Ein Unglück kommt immer von außen und ich kann wenig oder gar nichts gegen meine Nöte tun".

Durch das regelmäßige Führen von sog. **Tagesprotokollen negativer Gedanken** lernt der Patient zunächst die Selbstbeobachtung von Affektäußerungen, dann werden die „automatisch" auftretenden Gedanken zu den negativ erlebten Situationen und den damit verbundenen Emotionen in Bezug gesetzt und mögliche alternative Denk- und Empfindungsmuster erwogen (*siehe Tabelle 5-23*).

Gegen die Selbstabwertungen des Patienten bzw. die einseitigen Interpretationen richtet sich die sog. **„Umattribuierung"**.

Tabelle 5-23: Kognitive Therapie: Beispiel eines Protokolls („Spaltentechnik")

Situation/Auslöser	Gefühl (Stärke)	Automatische Gedanken	Realistischere Gedanken	Ergebnis
Schon 11 Uhr und noch immer im Bett: Kraftlos.	Einsam, depressiv (90)	Nichts macht mir Freude. Alle anderen sind längst auf. Ich schaff' das nie. Ich bin ein Versager.	Das kommt daher, weil ich nichts tue. Nur das Nichtstun macht mich depressiv. Ich habe Freude an den Dingen, wenn ich erst mal anfange. Was gehen mich die anderen an. Ich bin kein Versager nur weil ich durchhänge und krank bin. Nur der Anfang ist schwer. Los jetzt!	Verspüre Erleichterung. Stehe auf und dusche mich. Nur noch 30 – 40 depressives Gefühl.

Kasuistik. Ein 45jähriger Bankmanager war tief niedergeschlagen, da er sich in seiner Arbeit für inkompetent hielt. Hier ein Ausschnitt aus einer Therapiesitzung:
P: Sie machen sich keine Vorstellung, wie ich versagt habe. Ich habe wieder einen so großen Fehler gemacht, daß die Bank mich eigentlich entlassen müßte.
T: Was für ein Fehler war das?
P: Ich habe einen Kreditantrag akzeptiert, der sich als ein Desaster erwies.
T: Wie kam es dazu?
P: Es sah eigentlich alles gut aus; gute Referenzen, hohe Kreditwürdigkeit, aber ich hätte wissen müssen, daß es Probleme geben würde.
T. Hatten Sie alle relevanten Informationen, als Sie den Kreditantrag überprüften?
P: Damals nicht, aber sechs Wochen später. Ich verdiene mein Geld, um gewinnbringende Entscheidungen zu treffen, nicht, um das Geld der Bank zu verschleudern.
T: Ich verstehe diese Haltung, aber ich möchte mit Ihnen jetzt die Informationen durchgehen, die sie zum Zeitpunkt der Entscheidung hatten, nicht, was Sie sechs Wochen später wußten.
Die gemeinsame Analyse der Entscheidungsgrundlagen machten dem Patienten deutlich, daß er sich aufgrund solider Prinzipien für den Kreditantrag entschieden hatte. Er erinnerte sich sogar, daß er den finanziellen Hintergrund des Kunden gründlich untersucht hatte, eine Tatsache, die ihm entfallen war. Diese Art der Umattribuierung verlagert die Ursachen eines Desasters nach außen und stellt so das Gefühl eigener Kompetenz wieder her (nach *Beck* et al. 1992).

Weitere Beispiele der **kognitiven Umstrukturierung** durch eine kognitive Verhaltenstherapie sind folgende: „Wenn ich mir vorstelle, daß ich an diesen Tag in 20 Jahren zurückdenke, wird es mir unwichtig erscheinen, was sie zu mir gesagt hat" (**Distanzierung**). „Die Art, wie sie reagiert, zeigt mir, daß sie an der Beziehung noch interessiert ist, mal sehen, wie ich ihr zeigen kann, daß dies auch für mich gilt" (**positive Umdeutung**). „Dies ist eine Krise, wir haben schon andere schwierige Situationen bewältigt. Vielleicht stellt dies eine besondere Herausforderung dar, und ich bin gespannt, ob wir einen Weg finden, sie zu lösen" (**Herausforderung**).

> Weitere **Beispiele** der **kognitiven Umstrukturierung** durch kognitive Verhaltenstherapie:
> - Distanzierung
> - Positive Umdeutung
> - Herausforderung.

Kasuistik. Bei der 39jährigen Studienrätin war es drei Jahre vor der jetzigen stationären Aufnahme im Gefolge mehrerer Trennungssituationen (Scheidung, Auszug der Freundin aus der gemeinsamen Wohnung) erstmalig zu einer depressiven Verstimmung gekommen, in deren Verlauf sie auch einen Suizidversuch mit einer Überdosis Hypnotika unternahm. Im Zusammenhang mit zunehmenden Ablösungstendenzen des einzigen Sohnes kam es bei der Patientin erneut zu einer mit diffusen Zukunftsängsten einhergehenden massiven depressiven Verstimmung mit weitgehendem Verlust von Antrieb und Interesse, Konzentrations- und Merkfähigkeitsstörungen, Ein- und Durchschlafstörungen, Nachlassen des Appetits mit deutlichem Gewichtsverlust, Derealisations- („...alles nur noch wie im Film miterlebt...") und Depersonalisationsphänomenen („Leere im Kopf", „Körper wie ausgehöhlt").
Parallel zur medikamentösen Therapie mit einem selektiven Serotonin-Wiederaufnahmehemmer wurde ein kognitiv-verhaltenstherapeutisches Behandlungsprogramm durchgeführt mit den Grundelementen:
- Aufbau positiver Aktivitäten
- Verbesserung der sozialen Kompetenz
- Herausarbeitung und Veränderung depressionstypischer negativer Kognitionen.

Aufbau positiver Aktivitäten: Im Gefolge eines weitgehenden sozialen Rückzugs und der längerwährenden Arbeits-

3 Therapie

unfähigkeit war es bei der Patientin zu einem nahezu vollständigen Verlust positiver Verstärker gekommen mit nachfolgenden Gefühlen der Insuffizienz und Hilflosigkeit.

Nach wiederholter Erläuterung des Therapie-Rationals (positive Auswirkung angenehmer Aktivitäten auf die Stimmung) ließ sich die Patientin motivieren, im Rahmen eines strukturierten Tagesplanes zuerst regelmäßig an den in der Klinik angebotenen Aktivitäten (Ergotherapie, Sport etc.) teilzunehmen, dann unter Zuhilfenahme einer „Liste angenehmer Ereignisse" und detaillierter Selbstbeobachtungsbögen ihre Aktivitäten auch zunehmend auf ihr häusliches Umfeld auszudehnen, wobei im weiteren Verlauf auch neutrale bzw. unangenehme Aufgaben in der Tagesplanung integriert werden konnten. Die Patientin führte ausführlich Protokoll über alle Aktivitäten und die jeweilige Stimmung bei der Durchführung, was zur Identifizierung depressionsfördernder Verhaltensweisen (allabendliches Pflichttelefonat mit der Mutter; Rückzug ins Bett bei real oder vermeintlich mißlungenen Aktivitäten) und gezieltem Ausbau positiver Verstärker (gemeinsame Aktivitäten mit Freunden etc.) diente.

Verbesserung der sozialen Kompetenz: Bereits prämorbide bestehende Unsicherheiten der Patientin im Umgang mit anderen Personen hatten sich im Laufe der Erkrankung massiv zugespitzt. Sie war zuletzt überhaupt nicht mehr in der Lage, eigene Wünsche und Vorstellungen zu artikulieren und durchzusetzen, Gefühle auszudrücken, soziale Kontakte aufrechtzuerhalten. Alltäglichen Problemen sah sie sich hilflos ausgeliefert, sämtliche Entscheidungen des alltäglichen Lebens wurden zuletzt nur noch von Freunden und Bekannten für sie getroffen. Von daher wurde schon im initialen Therapiestudium parallel zum Aufbau positiver Aktivitäten auf eine Verbesserung sozialer Fertigkeiten hingearbeitet. So wurden in wiederholten Rollenspielen die problematischen Verhaltensweisen identifiziert und sozial kompetenteres Verhalten erarbeitet, in der Folgezeit in realen Situationen mit subjektiv zunehmendem Schweregrad ausprobiert (z. B. Wiederaufnahme von Kontakten, Regelung von Mietstreitigkeiten etc.).

Veränderung negativer Kognitionen: Bei der Patientin ließen sich in typischer Weise kognitive Schemata und Überzeugungen eruieren, die sich unter dem Begriff der „negativen kognitiven Triade" nach Beck subsumierem lassen mit einem ausgesprochen negativen Selbstbild, der Neigung, Erlebnisse immer negativ zu interpretieren und negativen Zukunftserwartungen. Diese dysfunktionalen Grundannahmen waren nicht an die akute Krankheitsphase gebunden, sondern ließen sich bis in die Kindheit zurückverfolgen, hatten u. a. auch erkennbaren Einfluß auf die Wahl der Lebenspartner gehabt, insofern die Patientin sich bevorzugt unreife und hilflose, dependente Partner suchte, die sie umsorgen konnte, da sie nur so einer Partnerschaft wert zu sein glaubte.

Mittels der Technik des „sokratischen Dialogs" wurden depressionsfördernde „automatische Gedanken" und negative Grundannahmen identifiziert und hinterfragt. Die Patientin wurde sich hierdurch zunehmend der Willkürlichkeit ihrer negativen Bewertungen der eigenen Person und der Umwelt wie auch der negativen Folgen daraus resultierender Verhaltensweisen (Suizidversuch als Möglichkeit, den Sohn an sich zu binden und aggressive Impulse auszudrücken) bewußt und befähigt, alternative Problemlösestrategien zu entwickeln.

Nach einer Gesamtbehandlungsdauer von acht Wochen (ca. 30 Therapie-Sitzungen) hatte sich die depressive Symptomatik vollständig zurückgebildet.

Ein in vielen Kliniken inzwischen etabliertes Therapieverfahren ist das sog. **integrierte psychologische Therapieprogramm für schizophrene Patienten** (IPT nach Brenner und Mitarbeitern). Dieses verhaltenstherapeutische Gruppentherapieprogramm dient zur Verbesserung der kognitiven, sozialen und Problemlöse-Fertigkeiten und gliedert sich in fünf Unterprogramme.

Zuerst werden kognitive Grundfunktionen (z. B. Konzentration, Merkfähigkeit) eingeübt. Bei Schizophrenen finden sich typischerweise kognitive Störungen in dem Sinne, daß die Fähigkeit gestört ist, Wahrnehmungs- und Denkprozesse nach relevanten und irrelevanten Merkmalen zu steuern, Wahrgenommenes in passende, übergeordnete Zusammenhänge einzuordnen, unterschiedliche Gedankengänge zu vereinheitlichen oder bereits vorhandene Denkschemata flexibel zu handhaben. Anschließend werden mit den Patienten Defizite im Sozialverhalten therapeutisch angegangen, hierzu dienen die Unterprogramme soziale Wahrnehmung, verbale Kommunikation und soziale Fertigkeiten.

Prinzipiell erfolgt die Therapie in kleinen Lernschritten unter Berücksichtigung der emotionalen Belastbarkeit des Patienten, d.h., mit zunehmender Therapiedauer wachsen die Anforderungen an den einzelnen und an die Gruppe. Zum Training sozialer Fertigkeiten gehört z. B. das Erlernen, sich zu bedanken (zunächst in eher „risikoarmen", dann in „risikoreichen" Situationen, bei denen negative Reaktionen des Adressaten möglich sind und deshalb der Interaktionserfolg weniger wahrscheinlich ist). Weitere Übungsbeispiele sind „Lob äußern, ein Kompliment machen", „sich informieren, eine Auskunft einholen", „eine Bitte abschlagen", „Kritik üben, Reklamieren".

Zu den **Zielen der kognitiven Therapie bei Schizophrenen** gehören also Verringerung und klarere Strukturierung von Informationen, Reizabschirmung, Wiedererlangung von Alltagskompetenz, affektkontrollierte Interaktion mit anderen Menschen, Herstellung einer individuellen Balance zwischen Über- und Unterstimulierung, Erkennen von Frühsymptomen eines Krankheitsrückfalls. Die Therapie wird üblicherweise zwei- bis dreimal pro Woche in einer Gruppe von vier bis acht Patienten durchgeführt, die Dauer der Therapiesitzungen liegt zwischen 30 und 90 Minuten.

Aversionsbehandlung. Hierbei wird ein aversiver Reiz zeitlich unmittelbar an ein klinisch unerwünschtes Verhalten gekoppelt mit dem Ziel, daß dieses künftig seltener auftritt (*vergleiche Alkoholentwöhnungsbehandlung, S. 309 ff.*)

Löschung. Die Grundlage der Löschung ist, daß ein Verhalten durch das Ausbleiben positiver Konsequenzen reduziert wird.

> Verringerung und klarere Strukturierung von Informationen, Reizabschirmung, Wiedererlangung von Alltags-Kompetenz, affektkontrollierte Interaktion mit anderen Menschen und Erkennen von Frühsymptomen eines Krankheitsrückfalls.
> **Aversionsbehandlung:** Ein aversiver Reiz wird unmittelbar an ein unerwünschtes Verhalten gekoppelt.
> **Löschung:** Grundlage ist, daß ein Verhalten durch Ausbleiben positiver Konsequenzen reduziert wird.

Kasuistik. Ein über längere Zeit kranker Junge hatte ständige Fürsorge durch die Eltern erfahren. Auf die Beendigung und Entwöhnung reagierte das Kind mit Wutanfällen und anhaltendem Schreien, so daß die Eltern mit erneuter Zuwendung reagierten. Der Behandlungsplan beinhaltete, daß die Eltern keinerlei Reaktionen auf das Schreien und Toben des Kindes zeigen durften.
Das Fehlverhalten sank in der Folgezeit kontinuierlich ab und war innerhalb von einer Woche vollkommen gelöscht.

Operantes Verstärken. Diese Art der Konsequenzkontrolle wird insbesondere zum Aufbau neuer Verhaltensweisen, z. B. aktiveren oder selbstsicheren Verhaltens, eingesetzt. Die für den betreffenden Patienten besonders wichtigen Verstärker werden über sog. Verstärkerlisten ermittelt.

> Das **operante Verstärken** wird insbesondere zum Aufbau neuer Verhaltensweisen, z. B. aktiveren oder selbstsicheren Verhaltens, eingesetzt.

Selbstbeobachtung. Zunehmende Bedeutung haben seit den 70er Jahren sog. Selbstkontrolltechniken erlangt. Wichtigste Methode ist die Selbstbeobachtung mittels Tagebuch (Protokolle), Verhaltensdiagrammen o. ä. Ziel ist es, den Patienten dazu zu bewegen, sein Verhalten mittels verschiedener Techniken selbst zu steuern. Stimuluskontrolle beinhaltet die geplante Anwendung und Kontrolle der dem Fehlverhalten vorausgehenden Reizbedingungen. Durch Veränderung und Kontrolle von Reizen soll das nachfolgende Verhalten kontrolliert und beeinflußt werden.

Bei der Behandlung von Übergewichtigen haben sich vor allem Verfahren zur Reizkontrolle oder Umgebungstraining bewährt (*siehe Tabelle 5-24*).

> Zunehmende Bedeutung haben sog. **Selbstkontrolltechniken** erlangt. Wichtigste Methode ist die Selbstbeobachtung mittels Tagebuch, Verhaltensdiagrammen o. ä. Ziel ist es, den Patienten dazu zu bewegen, sein Verhalten mittels verschiedener Techniken selbst zu steuern.
> Bei der Behandlung von Übergewichtigen haben sich vor allem Verfahren zur Reizkontrolle oder Umgebungstraining bewährt (s. Tab. 5-24).

Tabelle 5-24: Verhaltenstherapeutisches Vorgehen zur Reduktion der Nahrungsaufnahme

Modifikation der Menge der Speisen
- Essen Sie langsam, verlängern Sie allmählich die für eine Mahlzeit vorgesehene Zeit.
- Nehmen Sie kleine Bissen.
- Legen Sie das Besteck (oder die Speise) während des Kauens nieder.
- Nehmen Sie keinen Nachschlag.
- Essen Sie verschiedene Bestandteile des Gerichts nacheinander (z. B. erst das Fleisch, dann das Gemüse).
- Teilen Sie die Portionen in der Küche ein, statt einen großen Topf auf den Eßtisch zu stellen.
- Benutzen Sie kleine Tassen oder Teller.

Modifikation der Häufigkeit der Mahlzeiten
- Konzentrieren Sie sich während der Mahlzeiten ausschließlich auf das Essen.
- Essen Sie nur im Sitzen, immer am selben Platz, am besten nicht in der Küche oder an einem anderen Ort, an dem Sie sonst anderen Tätigkeiten nachgehen.
- Essen Sie nur zu festgelegten Zeiten.
- Decken Sie bei jeder Nahrungsaufnahme komplett den Tisch.
- Lassen Sie zwischen dem Auftreten des Bedürfnisses zu essen und der Mahlzeit eine bestimmte Zeit verstreichen.
- Wenn Eßlust aufkommt, beschäftigen Sie sich mit etwas, wobei Sie nicht essen können.
- Nehmen Sie sich für Tageszeiten, zu denen Sie wahrscheinlich Appetit verspüren, eine angenehme Tätigkeit vor (z. B. Zeitunglesen vor dem Schlafengehen).

5 Therapie

So hängen z. B. Arbeitsstörungen häufig damit zusammen, daß der Arbeitsplatz chaotisch aussieht. Entsprechende Stimuluskontrollen sind: Strukturierung des Arbeitsplatzes (Arbeitsmaterial liegt auf dem Tisch), Zeitplanung (nicht den ganzen Tag, sondern in Abschnitten mit Pausen arbeiten), keine Störungen der Arbeitsphasen, Hilfsmittel (Papier, Bleistift) liegen bereit usw.

Das Gedankenstopptraining ist eine Selbstkontrolltechnik, bei der unerwünschtes Grübeln und Gedanken unterbrochen werden sollen.

Gedankenstopp. Zu den Selbstkontrolltechniken gehört auch das Gedankenstopptraining. Ziel ist hier, unerwünschtes Grübeln zu unterbrechen und unerwünschte Gedanken zu blockieren.

Hierbei wird der Patient gebeten, die Augen zu schließen und sich auf seine störenden Gedanken zu konzentrieren. Sobald diese präsent sind, soll er ein Zeichen geben, daraufhin ruft der Therapeut laut „Stopp"und klatscht in die Hände. Der Patient wird daraufhin erschreckt zusammenzucken, die Augen öffnen und feststellen, daß sein Gedankengang gestoppt wurde. Es wird ihm nun erklärt, daß er auf ähnliche Weise seine Gedanken selbst unterbrechen kann, indem er nämlich zu sich selbst „Stopp" sagt und sich dabei einen kräftigen Ruck gibt.

Voraussetzungen und Indikationen Verhaltenstherapeutische Techniken setzen eine aktive Mitarbeit des Patienten voraus (z. B. Hausaufgaben, Tagebuch/Protokoll).

Voraussetzungen und Indikationen. Verhaltenstherapeutische Techniken setzen eine aktive Mitarbeit des Patienten voraus, dieser muß z. B. bereit sein, „Hausaufgaben" auszuführen und Tagebücher/Protokolle zu führen. Entscheidend für den Erfolg einer Verhaltenstherapie ist das regelmäßige, tägliche Üben!

„Klassische" Indikationen sind: Phobien, Angst- und Panikstörungen, Zwangsstörungen sowie Eßstörungen. Bei depressiven Erkrankungen hat sich die kognitive Verhaltenstherapie bewährt (s. Syn. 5-1).

„Klassische" Indikationen für verhaltenstherapeutische Verfahren sind Phobien, Angst- und Panikstörungen, Zwangsstörungen sowie Eßstörungen. Bei depressiven Erkrankungen hat sich insbesondere die kognitive Verhaltenstherapie bewährt.

In der *Synopsis 5-1* sind die wichtigsten, etablierten Psychotherapie-Verfahren nochmals zusammengefaßt dargestellt.

Synopsis 5-1: Psychotherapie-Verfahren

	Klassische Psychoanalyse	Verhaltenstherapie	Gesprächspsychotherapie	Krisenintervention
Grundlagen, Methodik, Technik	Bewußtmachung und Bearbeitung unbewußten, verdrängten Materials Nacherleben (früh-)kindlicher Träume Vergangenheitsorientiert	„Beobachtbares Verhalten" Anwendung lern-/experimentalpsychologische Gesetze „Verlernen" falscher, Erlernen neuer Verhaltensmuster Gegenwartsbezogen	Emotionale-persönliche Defizite „Selbstverwirklichung" Verbalisierung von Gefühlen	Unterschiedlich (tiefenpsychologisch, verhaltensorientiert) „Hier und jetzt" (gegenwartsorientiert)
Aktivität des Therapeuten	„Abstinent/neutral-indifferent" (minimal)	Psychoedukativ (groß)	„Non-direktiv" (mittel)	Direktiv-aktiv, beratend, unterstützend-supportiv (groß)
Hauptindikationen	„Neurosen" Persönlichkeitsstörungen	Phobien Depressionen Zwangsstörungen	Neurosen Psychosomatische Störungen	Aktuelle Lebenskrisen Konfliktreaktionen
Behandlungsziele	Aufarbeitung intrapsychischer Konflikte („wo Es war, soll Ich werden") Erkennen unbewußter Motive, Neustrukturierung der Persönlichkeit	Symptomreduktion/-beseitigung Selbstkontrolle Kompetenztraining	Aufbau, Findung, Stabilisierung der eigenen Persönlichkeit	Lösung/Reduktion der aktuellen Krise
Durchschnittliche Behandlungsdauer	Jahre	Monate	Monate	Wochen

Wirksamkeit von Psychotherapie, Vor- und Nachteile

Kontrollierte Untersuchungen konnten nachweisen, daß Psychotherapie im Vergleich zu Kontrollgruppen (z. B. Warteliste) wirksam ist. Der kritisch-methodologische Einwand, in einem hohen Prozentsatz handele es sich bei den Besserungen um Spontanremissionen, kann für die etablierten Psychotherapieverfahren als widerlegt gelten. Der wissenschaftlich gesicherte Wirksamkeitsnachweis wurde bislang vor allem für die drei Hauptströmungen tiefenpsychologisch-psychoanalytische Psychotherapie, Verhaltenstherapie und Gesprächspsychotherapie erbracht. Die meisten Untersuchungen fanden aber keine differentiellen Effekte zwischen verschiedenen Therapieformen. Hieraus drängte sich die Frage auf, ob es gemeinsame Merkmale jeder Form von Psychotherapie gibt und diese „unspezifischen Faktoren" das eigentlich wirksame sind. Zu den unspezifischen Wirkfaktoren der Psychotherapie werden insbesondere folgende gezählt:

- intensive emotionale Beziehung,
- Vermittlung von Support (Verständnis, Ermutigung, Stützung),
- Suggestion,
- Mobilisieren von Zuversicht,
- „Auftauen" verfestigter Erlebens- und Verhaltensmuster,
- Vermittlung von Erfolgserlebnissen.

Neuere Arbeiten weisen auf eine Überlegenheit kognitiv-verhaltenstherapeutischer Verfahren im Vergleich zu psychoanalytisch/psychodynamisch-humanistisch orientierten Ansätzen hin.

In der Praxis haben sich Präferenzen für die Anwendung unterschiedlicher Psychotherapie-Verfahren bei bestimmten Indikationen herauskristallisiert:

Verhaltenstherapeutische Techniken gelten als Therapie der Wahl in der Behandlung von Phobien, Zwangs- und Panikstörungen, bei leichteren funktionellen/psychosomatischen Störungen haben sich Entspannungsverfahren bewährt.

Als Vorteil **tiefenpsychologischer/psychoanalytischer Therapieverfahren** kann angeführt werden, daß hier eine das Ganze der menschlichen Person umfassende, tiefgründige Perspektive vorliegt („Daseins-Determinante", individuelle Biographie – idiographisches Prinzip, umfassendes Therapieziel der Persönlichkeitsänderung/-reifung). Als Kritikpunkt und Nachteil kann aus wissenschaftstheoretischer Sicht angeführt werden, daß zumindest für einen Teil der Hypothesen keine ausreichenden empirischen Belege vorliegen („Plausibilität als Quelle der Irrtümer in der Wissenschaft") und bestimmte Voraussetzungen (Alter, Motivation, Intelligenz) erfüllt sein müssen.

Als Vorteile der **Verhaltenstherapie** können gelten: keine besonderen Anforderungen an intellektuelle Verbalisierungs- oder Introspektionsfähigkeit des Patienten, Durchführung auch bei relativ geringer Motivation möglich, vergleichsweise geringer Aufwand, strikt empirisch-wissenschaftlich belegtes Vorgehen (hypothesengesteuert, klar definierte Therapieziele, Kontrolle durch Nachuntersuchungen).

Kritiker der Verhaltenstherapie stellen die Übertragbarkeit (tier-)experimenteller Befunde auf psychisch kranke Menschen in Frage und betonen, daß simple Reiz-Reaktions-Schemata dem Menschen nicht gerecht werden und die Gefahr von Manipulation und Kontrolle bestehe. Es handele sich um eine reine Symptombehandlung, bei der das zugrundeliegende Problem weniger interessiere.

Zwischenzeitlich hat eine Annäherung der zunächst konträren Haupt-Psychotherapieverfahren stattgefunden.

Auch in die Verhaltenstherapie fanden inzwischen gewisse psychodynamische Betrachtungsweisen – insbesondere im Hinblick auf die therapeutische Beziehung – Eingang („Mehr an menschlicher Nähe"). Ergänzend zum beobachtbaren Verhalten finden kognitive und affektive Aspekte mehr Beachtung. Orthodoxe Verhaltenstherapeuten lernten, daß die Veränderbarkeit des menschlichen Verhaltens nicht nur oder primär Verstärkungs- und Konditionierungsplänen unterliegt, sondern daß es eine Hierarchie der Veränderbarkeit gibt, die durch präformierte Persönlichkeitsstrukturen erklärbar ist.

Wirksamkeit von Psychotherapie, Vor- und Nachteile
Der wissenschaftlich gesicherte Wirksamkeitsnachweis von Psychotherapie wurde bislang für die 3 Hauptströmungen tiefenpsychologisch-psychoanalytische Psychotherapie, Verhaltenstherapie und Gesprächspsychotherapie erbracht.

Unspezifische Wirkfaktoren der Psychotherapie sind:
- intensive emotionale Beziehung,
- Vermittlung von Support (Verständnis, Ermutigung, Stützung),
- Suggestion,
- Mobilisieren von Zuversicht,
- „Auftauen" verfestigter Erlebens- und Verhaltensmuster,
- Vermittlung von Erfolgserlebnissen.

Verhaltenstherapeutische Techniken gelten als Therapie der Wahl in der Behandlung von Phobien, Zwangs- und Panikstörungen.
Bei leichteren funktionellen/psychosomatischen Störungen bewährten sich Entspannungsverfahren.
Vorteil **tiefenpsychologischer/psychoanalytischer Therapieverfahren** ist eine die ganze Person umfassende, tiefgründige Perspektive.
Als Nachteil kann angeführt werden, daß für einen Teil der Hypothesen keine ausreichenden empirischen Belege vorliegen und bestimmte Voraussetzungen erfüllt sein müssen (Alter, Motivation, Intelligenz).
Vorteile der **Verhaltenstherapie:**
Keine besonderen Anforderungen an intellektuelle Verbalisierungs- oder Introspektionsfähigkeit des Patienten. Durchführung auch bei relativ geringer Motivation möglich. Geringer Aufwand. Empirisch wissenschaftlich belegtes Vorgehen.
Kritik: In Frage stellen der Übertragbarkeit (tier-) experimenteller Befunde auf psychisch kranke Menschen. Gefahr der Manipulation und Kontrolle. Zudem handele es sich um eine reine Symptombehandlung, bei der das zugrundeliegende Problem weniger interessiere.
Zwischenzeitlich hat eine Annäherung der zunächst konträren Haupt-Psychotherapieverfahren stattgefunden.

Psychoanalytiker modifizieren aufwendig-anspruchsvolle Langzeit-Einzelpsychotherapie – unter sozioökonomischem Druck der Versorgungsrealität – in praktikablere, inhaltlich enger definierte Verfahren (Gruppentherapie, Kurz-/Fokaltherapie); empirisch-wissenschaftliche Evaluierungsmethoden finden auch hier zunehmend Eingang.

Aus wissenschaftlicher Sicht scheint eine Psychotherapie-Dauer von mehr als 40 Sitzungen in der Regel nicht gerechtfertigt zu sein. Langzeit-Psychotherapien bergen die Gefahr des Krankheitsgewinnes, des Verlustes der Alltags-Realität und des Nichterkennens anderer (psychischer und somatischer) Erkrankungen in sich. Als mögliche negative Effekte einer Psychotherapie sind zu nennen:
- Exazerbation vorhandener Symptome,
- Auftreten neuer Symptome (maligne Regression, Suizidalität, psychotische Dekompensation),
- Abhängigkeit vom Therapeuten,
- Psychotherapie als Surrogat für tätiges Handeln im Alltag (Suchen nach unbewußten Motiven blockiert konstruktives Handeln),
- Setzen unrealistischer Lebensziele,
- Egozentrismus.

Diese Problematik besteht insbesondere bei einer längeren stationären Psychotherapie, andererseits bietet eine solche die Möglichkeit einer intensiven, umfassenden, multiprofessionellen Therapie (*siehe Abbildung 5-24*).

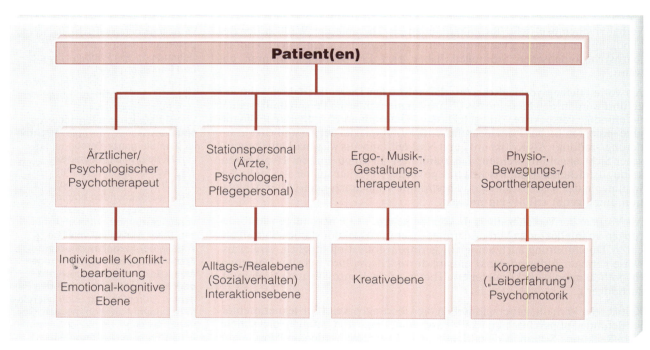

Abb. 5-24: Integratives stationäres Psychotherapie-Konzept

Obligat ist eine klare Indikationsstellung – angesichts des derzeitigen „Psychobooms" in Laienkreisen und von seiten der Massenmedien muß auf die Gefahr übertriebener Therapie- und „Selbstverwirklichungstendenzen" hingewiesen werden. Die Psychotherapie bedarf wie andere Behandlungsverfahren einer sorgfältigen Indikationsstellung mit Vorliegen eines behandlungsbedürftigen Krankheitsbildes und realistischer Therapiezielplanung.

Psychotherapie in der ärztlichen Praxis, Entwicklungsperspektiven der Psychotherapie

Die Sichtweise der „psychologischen Medizin" („psychosomatisch-psychotherapeutisches Denken und Handeln") kann sich erst allmählich neben der somatisch orientierten Medizin im Sinne einer integrativen, ganzheitsmedizinischen Betrachtungsweise etablieren. Angesichts des hohen Bedarfes an Psychotherapie (vgl. die relativ hohe Prävalenz psychogener Störungen) scheint es sinnvoll, Psychotherapie nicht nur als Spezialdisziplin (spezielle Heilmethode für psychische Störungen) aufzufassen, sondern als **obligates Grundelement ärztlichen Handelns** („ein Mehr an Technik in der Medizin erfordert nicht ein Weniger, sondern ein Mehr an Arzt"). Der Prozeß der Integration psychosomatisch-psychotherapeutischer Verständnisansätze in die klinische Medizin zeichnet sich allmählich ab: Immer mehr Ärzte (insbesondere Allgemeinärzte, Internisten, Frauenärzte) widmen sich der „psychosomatischen Grundversorgung" und beziehen auch seelische Faktoren in ihre Krankenbehandlung mit ein („Gesamtdiagnose" psychischer und somatischer Faktoren).

Diese **psychosomatische Grundversorgung** wird als Bestandteil der „Basistherapie" verstanden und umfaßt mindestens 20minütige (stützende) psychotherapeutische Gespräche sowie übende und suggestive Verfahren (z. B. Entspannungsverfahren), deren Dauer in der Regel auf 12 Sitzungen beschränkt ist.

Ziel ist die einzelfallbezogene Orientierung an der konkreten psychischen und sozialen Situation des Patienten unter den Bedingungen der ärztlichen Praxis. Allmählich beginnt sich eine „**psychosoziale Mitbetreuung**" bei entsprechenden **Risikopatientengruppen** in verschiedenen klinischen Fächern zu etablieren: Tumorpatienten, Rheuma-, Herzkranke, Herzoperierte, Diabetiker, Dialysepatienten, Übergewichtige u. v. a. wird zunehmend häufiger ein integriertes, ganzheitlich orientiertes psychosomatisches Behandlungskonzept zuteil, über eine „Balint-Gruppenarbeit" erwerben auch Nicht-Psychiater Basiskompetenz in Psychotherapie („Zusatztitel Psychotherapie").

Allmählich wird auch die traditionelle Stationsarztvisite um die psychosoziale Dimension erweitert, der traditionelle psychiatrische Konsiliardienst in der somatischen Medizin wird angesichts des hohen Bedarfes allmählich auch in Deutschland durch die Einrichtung eines **psychiatrisch-psychosomatisch-psychotherapeutischen Liaisondienstes** verbessert (gemeinsame Zusammenarbeit im Team einer somatischen Station).

Neuere Entwicklungen der psychotherapeutischen Versorgung beinhalten den Aufbau von psychotherapeutischen Tageskliniken sowie insbesondere die Bearbeitung des vernachlässigten Gebietes der Psychotherapie im Alter.

Während die **Kombination einer Psychotherapie mit einer Psychopharmakotherapie** im Sinne eines ganzheitlichen Therapieansatzes in Deutschland sich erst allmählich abzuzeichnen beginnt, haben die meisten Psychotherapeuten einen „Eigenstil", d. h., sie setzen modifizierte Kombinationen verschiedener Psychotherapie-Elemente und -Verfahren ein. Allmählich beginnt sich ein differenziertes Arsenal verschiedener Psychotherapie-Methoden abzuzeichnen, die sich bei bestimmten Störungen und Erkrankungen besonders bewährt haben (*siehe Abbildung 5-25*).

Beispiel des **Psychotherapie-Programms einer Psychiatrischen Klinik** (s. Tab. 5-25).

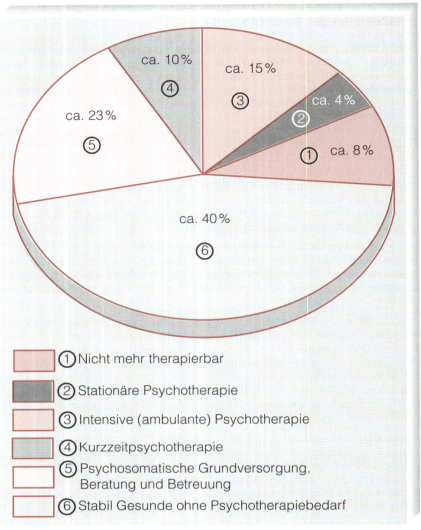

Abb. 5-25: Geschätzter Bedarf an Psychotherapie in einer 25- bis 45jährigen Großstadtbevölkerung

Als Beispiel sei in *Tabelle 5-25* das **Psychotherapie-Programm einer Psychiatrischen Universitätsklinik** aufgeführt.

Tabelle 5-25: Psychotherapie-Programm einer Psychiatrischen Universitätsklinik

- Integriertes psychologisches Therapieprogramm für Patienten aus dem schizophrenen Formenkreis (postakut)
- Kognitive Verhaltenstherapie bei Depressiven
- Verhaltenstraining zum Aufbau sozialer Kompetenz (Zielgruppe: Neurotische, somatoforme und Verhaltensstörungen)
- Gruppentherapie bei Angsterkrankungen, Panikstörungen
- Kognitiv-gestalttherapeutische Gruppe zur Krisenbewältigung (Zielgruppe: neurotische, somatoforme und Verhaltensstörungen)
- Gruppentherapie bei Schlafstörungen
- Therapeutisch betreute Selbsthilfegruppe zur Suizidnachsorge und -prophylaxe.

Soziotherapie und psychiatrische Rehabilitation

Definition. Unter **Soziotherapie** wird jede Behandlungsform verstanden, die sich in erster Linie um die zwischenmenschlichen Beziehungen und die Umgebung eines psychisch Kranken bemüht. Durch soziotherapeutische Maßnahmen soll sozialer Behinderung vorgebeugt werden, bzw. es wird versucht, diese zu beseitigen oder zu verringern.

Unter der Bezeichnung **psychiatrische Rehabilitation** werden alle Leistungen und Maßnahmen zusammengefaßt, die dem Ziel einer Wiedereingliederung von Patienten, die durch psychische Krankheit behindert oder von Behinderung bedroht sind, in die Gesellschaft dienen. Darunter fallen insbesondere Maßnahmen zur Rehabilitation in Arbeit und Beruf.

Eine psychische Erkrankung stellt nicht nur ein medizinisches, sondern immer auch ein **soziales Problem** dar. Der Patient, der an einer psychischen Krankheit leidet, ist und bleibt ja Teil komplexer sozialer Interaktionen und somit anfällig für Störungen auch gerade im sozialen Bereich. Neben psychopharmakologischen und psychotherapeutischen Therapiemaßnahmen sind **soziotherapeutische** Verfahren ein unverzichtbarer Bestandteil psychiatrischer Therapie.

Soziotherapeutische Ansätze sind dabei wesentlicher Bestandteil einer geschlossenen **Behandlungskette,** die verschiedene, in der psychiatrischen Versorgung tätige Institutionen (z. B. Akutkrankenhäuser, Tageskliniken, Rehabilitationseinrichtungen) sowie allgemeine Maßnahmen (z. B. Milieutherapie, Angehörigenarbeit) umfaßt. Im Rahmen veränderter medizinischer, aber auch sozialer Bedingungen hat sich die Versorgungssituation psychisch Kranker in den letzten Jahrzehnten dramatisch verändert. Während etwa im Jahre 1930 die durchschnittliche Aufenthaltsdauer eines erstmals mit einer schizophrenen Psychose aufgenommenen Kranken noch 8,5 Jahre betrug, können heute rund 90% der erstmals an Schizophrenie erkrankten Patienten innerhalb von drei Monaten aus dem Krankenhaus entlassen werden. Dadurch hat sich die Funktion der meisten psychiatrischen Institutionen von **Pflegeanstalten** zu **Akut-Behandlungseinrichtungen** gewandelt. Gleichzeitig ist ein großer Bedarf an soziotherapeutischen und rehabilitativen Einrichtungen außerhalb der vollstationären Versorgung entstanden. An Bedeutung gewonnen haben insbesondere Einrichtungen der sogenannten **gemeindenahen Psychiatrie**, also der differenzierten Betreuung von psychisch Kranken in Wohnortnähe und unter Beibehaltung ihrer sozialen Bezüge. Einen Überblick über die möglichen soziotherapeutischen Maßnahmen gibt *Tabelle 5-26.*

5 Therapie

Tabelle 5-26: Bereiche der Soziotherapie und Einrichtungen im Überblick

Bereich	Einrichtung (Institution)	Maßnahme
Vollstationärer Bereich	Psychiatrische Krankenhäuser (vgl. Tab. 5-27)	Ärztliches Gespräch Milieugestaltung
Teilstationärer Bereich	Tagesklinik Nachtklinik	Ergotherapie – Beschäftigungstherapie – Arbeitstherapie
Ambulante psychiatrische Behandlung	Niedergelassener Nervenarzt Ärztlicher Psychotherapeut Psycholog. Psychotherapeut Institutsambulanz	Sozialdienst Angehörigenarbeit
Komplementäre ambulante Dienste	Sozialpsychiatrischer Dienst Begegnungsstätte Sozialpsychiatrisches Zentrum Tageszentrum Patientenclub Selbsthilfegruppe	Stufenweise Wiedereingliederung in das Arbeitsleben Hilfen zur Erhaltung eines Arbeitsplatzes
Betreutes Wohnen	Betreute Einzelwohnung Wohngruppe Wohngemeinschaft Übergangswohnheim (Langzeit-)Wohnheim Familienpflege	
Berufliche Rehabilitation	Stufenweise Wiedereingliederung in das Arbeitsleben Beschützte Werkstatt Hilfen zur Erhaltung eines Arbeitsplatzes Maßnahmen zur Berufsfindung und Arbeitserprobung Befristete Probebeschäftigung	

◄ Historisches

Historisches. Obwohl in den letzten Jahrzehnten die Bedeutung soziotherapeutischer Verfahren gestiegen ist, gibt es solche Maßnahmen schon sehr viel länger. Die Wurzeln der heutigen Vorstellungen reichen bis in die Mitte des letzten Jahrhunderts zurück. Damals wurden als Ergänzung zu den stadtfernen Großanstalten sogenannte **„Stadt-Asyle"** vorgeschlagen. Die sich in den zwanziger Jahren dieses Jahrhunderts durchsetzenden Ideen der sogenannten **„offenen Irrenfürsorge"**, die an die Ideen der englischen „Mental-Health-Bewegung" anknüpften, erlitten jedoch in Deutschland in der Zeit des Nationalsozialismus einen schweren Rückschlag. Nach 1945 gewannen sozialpsychiatrische Ideen und Einrichtungen erst ganz langsam wieder an Boden. Die erste **Tagesklinik** in Deutschland konnte 1962 eröffnet werden. In der Mitte der 70er Jahre kam es zu einer zunehmenden politischen Diskussion über die Umstrukturierung der psychiatrischen Versorgungssituation. Eine Expertenkommission des deutschen Bundestages (**Psychiatrie-Enquete**) erarbeitete dafür Vorschläge, die 1975 veröffentlicht wurden. Im Zusammenhang mit der Diskussion des Enqueteberichtes beschloß die Bundesregierung, 250 Millionen DM für ein „Modellprogramm Psychiatrie" zur Verfügung zu stellen. Im Rahmen dieses Modellprogrammes wurden gemeindepsychiatrische Versorgungsnetze über mehrere Jahre erprobt und viele davon anschließend in die psychiatrische Routineversorgung übernommen. Nach der Wiedervereinigung wurde im Oktober 1990 eine aus Experten der alten und neuen Bundesländer zusammengesetzte Kommission der Bundesregierung tätig, die 1991 den Bericht „Zur Lage der Psychiatrie in der ehemaligen DDR – Bestandsaufnahme und Empfehlungen" anfertigte.

Sozioökonomische Bedeutung psychischer Erkrankungen

Die direkten oder indirekten Folgen psychischer Erkrankungen können in ihrer sozioökonomischen Bedeutung kaum hoch genug eingeschätzt werden. Alleine bei den Pflichtmitgliedern der allgemeinen Krankenversicherungen wurden etwa 750.000 Krankschreibungen ausdrücklich mit einer psychiatrischen Erkrankung begründet. Es ist allerdings davon auszugehen, daß die tatsächliche Zahl der Arbeitsunfähigkeitsfälle noch deutlich höher liegt, da in vielen Fällen von gemischter körperlicher und seelischer Symptomatik eher die körperliche Symptomatik als Begründung für eine Krankschreibung angegeben wird. Die Verteilung der Fälle von **Arbeitsunfähigkeit** auf die einzelnen psychiatrischen Diagnosen ist in *Abbildung 5-26* dargestellt. Mit insgesamt 92 Arbeitsunfähigkeitsfällen pro 10.000 Mitglieder der Pflichtversicherung kommt neurotischen Störungen dabei die größte Bedeutung zu. Frauen sind davon mehr als doppelt so häufig betroffen wie Männer. Endogene Psychosen führen zu etwa 60 Arbeitsunfähigkeitsfällen pro 10.000 Versicherte und Jahr, organische Psychosen verursachen knapp 9 Fälle pro 10.000 Versicherte und Jahr. Eine große Bedeutung kommt auch der Alkoholabhängigkeit zu (37 Fälle) sowie den funktionellen Störungen psychischen Ursprungs (36 Fälle).

Sozioökonomische Bedeutung psychischer Erkrankungen
In den allgemeinen Krankenversicherungen wurden 750.000 Krankschreibungen ausdrücklich mit einer psychiatrischen Erkrankung begründet; die tatsächliche Zahl wird deutlich darüber liegen, da in vielen Fällen von gemischter körperlicher und seelischer Symptomatik eher die körperliche Smyptomatik als Begründung für eine Krankschreibung angegeben wird.
Die Verteilung der Fälle von **Arbeitsunfähigkeit** auf die einzelnen psychiatrischen Diagnosen ist in *Abb. 5-26* dargestellt.
Neurotische Störungen führen am häufigsten zu **Krankschreibungen**, gefolgt von endogenen Psychosen, Alkoholabhängigkeit und funktionellen Störungen.

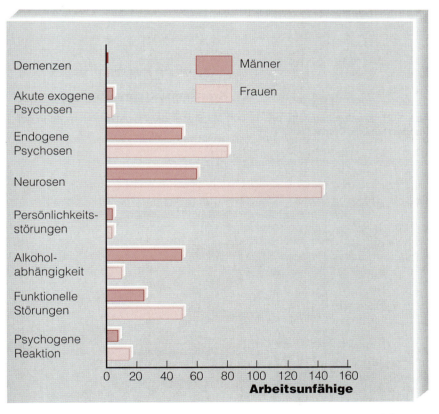

Abb. 5-26: Arbeitsunfähigkeitsfälle pro 10.000 Mitglieder der Pflichtversicherung in der Bundesrepublik Deutschland (1990)

Bei denjenigen psychischen Störungen, die zu einer **Krankenhauseinweisung** führen, stehen die endogenen Psychosen zahlenmäßig an erster Stelle (28 Krankenhausaufnahmen pro 10.000 Mitglieder der Pflichtversicherung), gefolgt von der Alkoholabhängigkeit (22 Fälle) und den neurotischen Störungen (11 Fälle) (*siehe Abbildung 5-27*).

Die **Dauer** von Arbeitsunfähigkeit und Krankenhausaufenthalten ist je nach psychiatrischer Diagnose ebenfalls sehr unterschiedlich. Einen Überblick über die entsprechenden statistischen Zahlen gibt die *Abbildung 5-28*.

Endogene Psychosen führen am häufigsten zu **Krankenhauseinweisungen**, gefolgt von Alkoholabhängigkeit und neurotischen Störungen (s. *Abb. 5-27*).

Die **Dauer** von Arbeitsunfähigkeit und Krankenhausaufenthalten ist je nach psychiatrischer Diagnose sehr unterschiedlich (s. *Abb. 5-28*).

5 Therapie

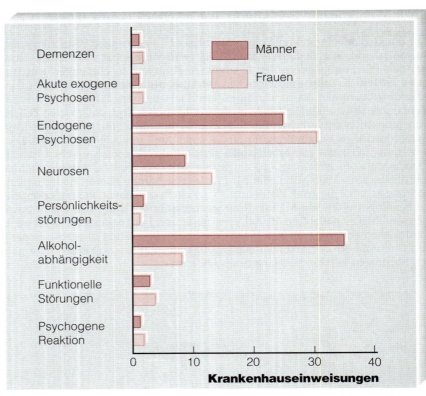

Abb. 5-27: Krankenhausfälle pro 10.000 Mitglieder der Pflichtversicherung in der Bundesrepublik Deutschland (1990)

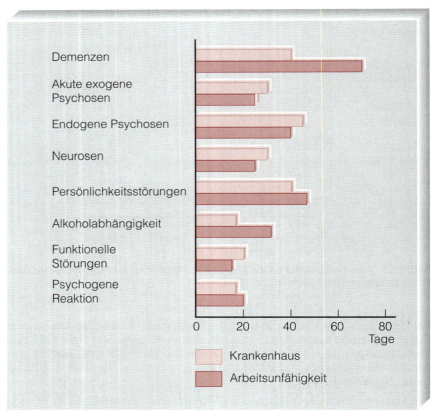

Abb. 5-28: Dauer von Arbeitsunfähigkeit bzw. Krankenhausaufenthalt nach psychiatrischer Diagnose (1990)

Auch die Zahl derjenigen psychischen Erkrankungen, die zu einer Berentung führen, ist hoch; in der Bundesrepublik Deutschland wird jeder sechste Rentenantrag auf eine psychische Erkrankung zurückgeführt. Auch dabei wird die tatsächliche Bedeutung psychischer Erkrankungen eher noch unterschätzt, da psychiatrische Erkrankungen, die früh auftreten, häufig bereits den Eintritt in das Erwerbsleben verhindern.

Behinderung durch psychiatrische Erkrankungen

Das wesentliche Ziel soziotherapeutischer Maßnahmen besteht darin, soziale Behinderung bei den Patienten zu vermeiden bzw. deren Ausmaß auf einem minimalen Niveau zu halten. Um dieses Ziel zu erreichen, ist es besonders wichtig, noch bestehende Fähigkeiten zu erkennen und zu erhalten. Wie auch bei körperlichen Erkrankungen müssen dabei unterschiedliche **Formen der Behinderung** unterschieden werden.

Definitionen. Bei der **sozialen Behinderung** besteht ein niedrigeres Niveau sozialer Interaktionen, als es vom jeweiligen Individuum überlicherweise erwartet werden kann. Der Maßstab besteht dabei in der jeweiligen normgebenden Gruppe. Das erniedrigte Niveau ist nicht Folge einer freien Wahl des Individuums.

Unter einer **primären Behinderung** werden direkte krankheitsbedingte Einschränkungen verstanden. Bei Patienten mit schizophrenen Psychosen ist das z. B. die Störung des Realitätsbezuges durch Wahn oder Halluzinationen oder die Störung des kommunikativen Verhaltens durch Denkstörungen.

Sekundäre Behinderungen sind individuelle und soziale Reaktionen auf Umstände des Krankseins. Gravierendstes Beispiel sekundärer Behinderung ist der Hospitalismus langfristig in stationärer Behandlung befindlicher schizophrener Patienten. Dabei kommt es zum Auftreten von Verhaltensanomalien oder anderen sekundären psychosozialen Störungen.

Bei der Beurteilung von Behinderung im Rahmen psychischer Erkrankungen ist zu berücksichtigen, daß häufig bereits vor Auftreten der Erkrankung ungünstige Verhaltensweisen bestehen, so z. B. soziale Isolierung und fehlende Ausbildung. Dabei ist oft nicht auszuschließen, daß es sich hier bereits um eventuelle Folgen von prodromaler Krankheitssymptomatik handelt.

Allgemeine Grundsätze soziotherapeutischer Maßnahmen

Sämtliche bei einem Patienten eingesetzten **soziotherapeutischen Maßnahmen müssen aufeinander abgestimmt sein** und in einer **sinnvollen zeitlichen und inhaltlichen Abfolge** stehen. Im idealen Fall entsteht somit eine **Behandlungskette** (*siehe Abbildung 5-29*). Dabei werden Maßnahmen im Rahmen der stationären Behandlung, teilstationäre und ambulante Maßnahmen sowie präventive Maßnahmen miteinander verbunden. Art und Ausmaß der soziotherapeutischen Maßnahmen richten sich nach Art und Ausmaß des psychiatrischen Krankheitsbildes. Für akut erkrankte Patienten in einer Notfall- oder Krisensituation stehen eher **strukturierende** Maßnahmen im Vordergrund, bei akut erregten Patienten sollen eher **ausgleichende**, bei subakut bis chronisch erkrankten Patienten mit geringem Aktivitätsniveau eher **anregende** Maßnahmen gewählt werden. Bei Patienten, die anderen Therapiemaßnahmen nur wenig zugänglich sind, kommen eher **betreuende Aspekte** zum Tragen.

In jedem Fall ist ein „**Prinzip der kleinen Schritte**" zu beachten. Nur so läßt sich auch eine eventuelle Überstimulation vermeiden. Grundsätzlich gleicht die psychosoziale Therapie einer Gratwanderung, bei der auf beiden Seiten die Gefahr der Dekompensation besteht. Maßstab für die eingesetzten Therapiemaßnahmen sind in jedem Fall die Erfordernisse des jeweiligen Einzelfalles.

5 Therapie

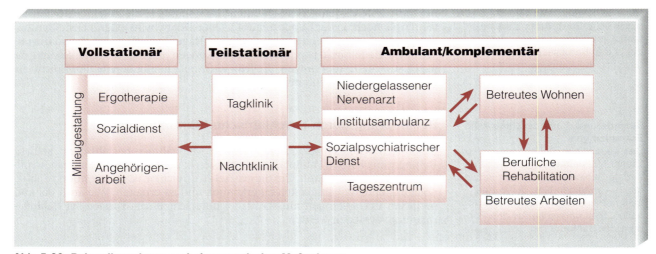

Abb. 5-29: Behandlungskette soziotherapeutischer Maßnahmen

Bei soziotherapeutischen Maßnahmen muß auf der einen Seite die Institution, in der solche therapeutischen Ansätze stattfinden, und auf der anderen Seite die jeweilige Therapiemaßnahme berücksichtigt werden. Beide Aspekte sollen im folgenden ausführlicher dargestellt werden.

Institutionen psychiatrischer Versorgung

Die in der Versorgung psychiatrischer Patienten tätigen Institutionen können unterteilt werden in Institutionen zur
- vollstationären Versorgung,
- teilstationären Versorgung,
- ambulanten (komplementären) Versorgung.

Vollstationäre Versorgung

Das Angebot im stationären Versorgungsbereich hat sich in den letzten Jahrzehnten deutlich gewandelt. Dabei wurden die meist stadtfern gelegenen Großkrankenhäuser (Landeskliniken, Bezirkskrankenhäuser) drastisch verkleinert. Parallel dazu wurde eine Vielzahl von psychiatrischen Abteilungen an wohnortnahen Allgemeinkrankenhäusern eingerichtet. In der vollstationären Versorgung von psychiatrischen Patienten sind unterschiedliche Krankenhausarten abzugrenzen (*siehe Tabelle 5-27*). Im Jahre 1989 gab es im Gebiet der (alten) Bundesrepublik Deutschland etwa 91.000 Betten in psychiatrischen Kliniken, davon knapp 77.000 in über 200 psychiatrischen Fachkrankenhäusern, über 11.000 Betten in etwa 120 psychiatrischen Abteilungen an Allgemeinkrankenhäusern und etwas über 3.000 Betten in insgesamt 30 psychiatrischen Universitätskliniken.

Längere Zeit waren Spezialkliniken für bestimmte Diagnosegruppen vorherrschend, so z. B. Kliniken für Patienten mit psychotischen Erkrankungen, für Patienten mit neurotischen Erkrankungen, Krankenhäuser für gerontopsychiatrische Patienten oder Einrichtungen für Patienten mit Suchtkrankheiten. In den letzten Jahren wurden zunehmend Kliniken eingerichtet, die das gesamte Spektrum psychiatrischer Erkrankungen für einen bestimmten Einzugsbereich abdecken, wobei weiterhin eine Untergliederung in einzelne Funktionsbereiche sinnvoll ist.

Nach wie vor stellen **psychiatrische Landes- und Bezirkskrankenhäuser** den Schwerpunkt der stationären psychiatrischen Krankenversorgung in der Bundesrepublik Deutschland dar. Jedes Landeskrankenhaus ist einem definierten geographischen Versorgungsgebiet mit Aufnahmeverpflichtung (Sektorisierung) zugeordnet und in diesem Zusammenhang auch für die Aufnahme von

---

Institutionen psychiatrischer Versorgung
Psychiatrische Institutionen können unterteilt werden in Institutionen zur
- vollstationären Versorgung,
- teilstationären Versorgung,
- ambulanten (komplementären) Versorgung.

Vollstationäre Versorgung
In den letzten Jahrzehnten wurden die meist stadtfern gelegenen Großkrankenhäuser verkleinert. Parallel dazu wurde eine Vielzahl von psychiatrischen Abteilungen an wohnortnahen Allgemeinkrankenhäusern eingerichtet.
Tab. 5-27 gibt einen Überblick über die vollstationären psychiatrischen Behandlungseinrichtungen.
Längere Zeit waren Spezialkliniken für bestimmte Diagnosegruppen vorherrschend. In den letzten Jahren wurden zunehmend Kliniken eingerichtet, die das gesamte Spektrum psychiatrischer Erkrankungen für einen bestimmten Einzugsbereich abdecken.

Psychiatrische Landes- und Bezirkskrankenhäuser stellen den Schwerpunkt stationärer psychiatrischer Versorgung dar. Jedes dieser Krankenhäuser ist einem definierten

Patienten zuständig, die ohne ihre Zustimmung nach den jeweiligen Unterbringungsgesetzen der Bundesländer aufgenommen werden. Für ein Standardversorgungsgebiet werden heute rund zwei psychiatrische Betten auf 1.000 Einwohner angenommen. Die Arzt-Patienten-Relation in Landeskrankenhäusern beträgt im Durchschnitt 1 : 30, in psychiatrischen Abteilungen in Allgemeinkrankenhäusern sowie an Universitätskliniken ist dieses zahlenmäßige Verhältnis deutlich günstiger. Durch die Umsetzung der Psychiatrie-Personalverordnung wird sich in den nächsten Jahren die Ausstattung der psychiatrischen Kliniken mit Personal deutlich verbessern (*siehe Abbildung 30a-d*).

geographischen Versorgungsgebiet mit Aufnahmeverpflichtung zugeordnet.

Für ein Standardversorgungsgebiet werden rund 2 psychiatrische Betten auf 1.000 Einwohner angenommen. Die Arzt-Patienten-Relation in Landeskrankenhäuseren beträgt im Durchschnitt 1 : 30 (*s. Abb. 30 a-d*).

Tabelle 5-27: Vollstationäre psychiatrische Behandlungseinrichtungen im Überblick
• **Psychiatrisches Fachkrankenhaus** (Landeskliniken und Bezirkskliniken) in der Trägerschaft der Bundesländer und nachgeordneter Träger
• **Psychiatrische Abteilungen an Allgemeinkrankenhäusern** in kommunaler Trägerschaft oder von karitativen bzw. privaten Trägern
• **Psychiatrische Universitätskliniken** in der Trägerschaft der Bundesländer
• **Fachkliniken für neurotische Erkrankungen und Persönlichkeitsstörungen**
• **Fachkliniken für Suchterkrankungen**
• **Fachkliniken für Kinder- und Jugendpsychiatrie** (einschließlich Universitätskliniken)
• **Fachkliniken für gerontopsychiatrische Erkrankungen**
• **Fachkliniken für psychisch kranke Rechtsbrecher** (evtl. angeschlossen an Landeskliniken)

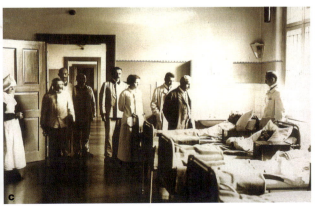

Abb. 5-30 a–d: Stationäre Psychiatrische Versorgung im Wandel der Zeit. Psychiatrische Klinik München um 1900 (a/c) und heutige moderne Klinik (b/d)

526 *5 Therapie*

Soziotherapeutische Maßnahmen müssen bereits im vollstationären Bereich beginnen. Ein wesentliches Mittel dazu ist die **Tagesstrukturierung**. Zur Verdeutlichung zeigt *Tabelle 5-28* den Tagesplan für die Patienten einer geschützten Station in einer psychiatrischen Universitätsklinik.

Tabelle 5-28: Tagesplan für die Patienten einer halb-offenen psychiatrischen Station				
Montag	**Dienstag**	**Mittwoch**	**Donnerstag**	**Freitag**
7.00 – 7.30 h Wecken/Körperpflege/Wassertreten				
7.30 – 8.00 h Frühstück				
8.00 – 8.30 h Sport-Gruppe				
8.30 – 9.15 h Visite	8.30 – 9.15 h Visite	8.30 – 10.00 h Visite	8.30 – 9.15 h Stationsversammlung	8.30 – 9.15 h Visite
9.30 – 10.00 h Spaziergang in der Gruppe				
10.00 – 12.00 h Ergotherapie (Aktivierungstherapie)	10.00 – 12.00 h Ergotherapie (kommunikatives Gestalten)	10.00 – 12.00 h Ergotherapie (Aktivierungstherapie)	10.00 – 11.00 h Ergotherapie (Zeitungsgruppe)	10.00 – 12.00 h Ergotherapie (Aktivierungstherapie)
12.00 – 13.30 h Mittagessen und Mittagsruhe				
13.30 – 14.00 h Schwimmen				
15.00 – 16.30 h Ergotherapie (Trainingsgruppe)	15.00 – 16.30 h Gruppentherapie Kognitives Training 15.30 – 16.00 h Tanztherapie	15.00 – 16.30 h Ergotherapie (Trainingsgruppe)	15.00 – 16.30 h Ergotherapie (Trainingsgruppe)	15.00 – 16.30 h Gruppentherapie für depressive Patienten 15.30 – 16.30 h Tanztherapie
16.30 – 17.00 h Spaziergang in der Gruppe				
17.00–17.30 h Abendessen				
17.30 – 22.30 h Zur freien Verfügung (Lesen, Fernsehen, Besuch) in unterschiedlichen Abständen Außenaktivitäten (Kegeln, Kinobesuch etc.)				
Anmerkung: Die Zusammenstellung des Tagesplanes erfolgt individuell und auf die jeweiligen psychiatrischen Indikationen ausgerichtet.				

Teilstationärer Bereich

Die Tagesklinik und die Nachtklinik stellen die praktisch wichtigsten Bindeglieder zwischen der vollstationären und der ambulanten Behandlung dar. Bei den **Tageskliniken** handelt es sich um eine halbstationäre Therapieform, der sich psychisch kranke Patienten an meist fünf Wochentagen nur für eine begrenzte Zeit des Tages unterziehen. Den Abend, die Nacht und das Wochenende verbringen sie im gewohnten häuslichen Milieu. Die Aufenthaltsdauer beträgt im Mittel zwei bis drei Monate, in Ausnahmefällen bis sechs Monate. Die Tagesklinik kann grundsätzlich Patienten mit allen psychiatrischen Erkrankungen versorgen, wenn die therapeutische Beziehungsaufnahme und das Einhalten bestimmter Regeln gewährleistet sind.

Im teilstationären Bereich kann durch die Kombination von erhaltenem sozialem Umfeld und intensiven therapeutischen Beziehungsprozessen ein eigenständiges Therapieangebot aufgebaut werden, das eine vollstationäre Behandlung evtl. ersetzen kann.

Im Bereich der **nachstationären Behandlung** werden typischerweise Patienten mit psychotischen Erkrankungen behandelt, die ein hohes belastungsabhängiges Rückfallrisiko haben. Eine spezielle Stellung nehmen die **gerontopsychiatrische Tagesklinik** sowie die **Tagesklinik für Kinder- und Jugendpsychiatrie** ein.

Die **Nachtklinik** ist eine halbstationäre Einrichtung, in der Patienten für eine begrenzte Zeit wohnen und behandelt werden, wobei sie tagsüber aber einer regelmäßigen beruflichen Beschäftigung oder einer Ausbildung nachgehen.

Ambulanter Versorgungsbereich

Der in einer Praxis **niedergelassene Nervenarzt** (Arzt für Nervenheilkunde, Arzt für Neurologie und Psychiatrie) stellt auch in psychotherapeutischer Hinsicht weiterhin das bedeutsamste Behandlungsangebot im ambulanten Bereich dar. Die Versorgung durch niedergelassene Nervenärzte ist ganz überwiegend noch dadurch gekennzeichnet, daß Patienten mit psychiatrischer Grunderkrankung durch den gleichen Arzt wie Patienten mit neurologischer Grunderkrankung behandelt werden. In jedem Jahr suchen etwa 2,4 Millionen Menschen (bezogen auf das alte Bundesgebiet) den Nervenarzt auf, davon etwa 30% wegen rein neurologischer Störungen. Zwischen städtischen Ballungsräumen und ländlichen Regionen gibt es ein deutliches Gefälle in der Versorgung mit Nervenärzten, insgesamt kommt auf etwa 32.000 Einwohner ein Nervenarzt. Zwei Drittel der Patienten haben innerhalb eines Quartales einen bis drei Kontakte zum Nervenarzt, ein Viertel der Patienten benötigt fünf und mehr Kontakte. Es ist zu erwarten, daß der durch die Neuordnung der ärztlichen Weiterbildung geschaffene Arzt für Psychiatrie und Psychotherapie mittelfristig auch zu einer Veränderung der Versorgungsstrukturen im Bereich der niedergelassenen Ärzte beitragen wird.

Durch den niedergelassenen Nervenarzt werden Patienten mit allen psychischen Erkrankungen behandelt. Eine Übersicht über den Anteil der einzelnen Störungen gibt *Tabelle 5-29*.

Tabelle 5-29: Behandelte Patienten nach Diagnosegruppen in der Praxis eines niedergelassenen Nervenarztes (Mehrfachnennungen möglich)

Hirnorganische Störungen	24%
Neurotische Störungen und Störungen der Persönlichkeit	23%
Affektive Psychosen	18%
Psychosomatische Störungen	15%
Anfallskrankheiten	7%
Schizophrene Psychosen	6%
Suchterkrankungen	5%
Schizoaffektive Psychosen	4%
Psychiatrische Alterserkrankungen	4%
Neurologische Erkrankungen ohne psychische Beteiligung	30%

Institutsambulanzen sind in erster Linie eine Institution der Nachsorge. In der Regel sind Institutsambulanzen räumlich unmittelbar mit psychiatrischen Krankenhäusern verbunden. Es werden besonders diejenigen Patienten ambulant betreut, die psychisch schwer gestört und dadurch besonders rückfallgefährdet sind. Kostenträger dieser Maßnahmen sind die Krankenversicherungen.

Sozialpsychiatrische Dienste werden sowohl von den öffentlichen Gesundheitsverwaltungen (Gesundheitsämter) als auch von freien Wohlfahrtsverbänden getragen. Der Arbeitsbereich der dort tätigen Psychiater, Psychologen, Sozialarbeiter und Pflegekräfte umfaßt die ambulante Beratung, Vorsorge und nachge-

---

nem sozialem Umfeld und intensiven therapeutischen Beziehungsprozessen ein eigenständiges Therapieangebot aufgebaut werden. Bei der **nachtstationären Behandlung** werden Patienten mit psychotischen Erkrankungen und einem hohen Rückfallrisiko versorgt.
Die **Nachtklinik** ist eine halbstationäre Einrichtung, in der Patienten nur nachts wohnen und tagsüber einer regelmäßigen beruflichen Beschäftigung nachgehen.
Ambulanter Versorgungsbereich
Der **niedergelassene Nervenarzt** repräsentiert das bedeutsamste Behandlungsangebot im ambulanten Bereich. Er behandelt Patienten mit psychiatrischen und mit neurologischen Grunderkrankungen. In jedem Jahr suchen etwa 2,4 Millionen Menschen (altes Bundesgebiet) den Nervenarzt auf. Insgesamt kommt auf etwa 32.000 Einwohner ein Nervenarzt.

Durch den niedergelassenen Nervenarzt werden alle psychischen Erkrankungen behandelt (*s. Tab. 5-29*).

In **Institutsambulanzen** werden besonders rückfallgefährdete Patienten ambulant behandelt.

Durch **sozialpsychiatrische Dienste** wird ambulante Beratung, Vorsorge und nachgehende Hilfe geleistet.

528 *5 Therapie*

Einrichtungen mit Kontaktstellenfunktion können jederzeit ohne besondere Anmeldung aufgesucht werden („niedrige Zugangsschwelle").
Beispiele sind:
• Begegnungsstätten,
• sozialpsychiatrische und gemeindepsychiatrische Zentren,
• Patientenclubs und ähnliche Einrichtungen.
In **Tagesstätten** werden psychisch Kranke behandelt, die auf der einen Seite nicht vollstationär behandelt werden müssen, die andererseits aber dem offenen Angebot anderer sozialpsychiatrischer Einrichtungen nicht gewachsen sind.

Spezielle soziotherapeutische Maßnahmen
Grundlage der meisten soziotherapeutischen Maßnahmen ist die **Milieugestaltung**. Damit ist die Schaffung einer Umgebung gemeint, die sich möglichst geringfügig von Gegebenheiten außerhalb der Klinik unterscheiden soll.

Wichtige Aspekte sind:
• die Lage der Einrichtung,
• die Schaffung einer wohnlichen Atmosphäre,
• gemeinsame Stationen für Männer und Frauen,
• Möglichkeiten der Selbstgestaltung des Umfeldes.

In der **therapeutischen Gemeinschaft** soll durch die Zusammenarbeit von Patienten, Pflegepersonal und Ärzten dem Kranken die eher passive Rolle genommen und eine **aktive Partnerschaftsrolle** zugewiesen werden.

Das **ärztliche Gespräch** mit dem Patienten hat sowohl diagnostischen als auch therapeutischen Charakter. **Wichtige Ziele** sind:
• Schaffung eines tragfähigen Kontaktes,
• Erkennen gesunder Anteile,
• Anstoßen von Selbsthilfevorgängen.

hende Hilfe. Durch den im sozialpsychiatrischen Dienst tätigen Psychiater kann auch im Vorfeld einer stationären Krankenhausbehandlung eine Untersuchung im gewohnten häuslichen Milieu stattfinden und evtl. eine Krankenhauseinweisung veranlaßt werden.

Für Patienten, die nur über eine geringe Motivation verfügen, eine psychiatrische Behandlungsinstitution aufzusuchen, sind sogenannte **Einrichtungen mit Kontaktstellenfunktion** geschaffen worden. Darunter werden ganz verschiedene Einrichtungen und Angebote zusammengefaßt. Es handelt sich in der Regel um ambulante Dienste, die jederzeit ohne besondere Anmeldung aufgesucht werden können („niedrige Zugangsschwelle"). Diese Einrichtungen stehen allen psychisch Kranken und Behinderten offen.
Beispiele für solche Einrichtungen sind:
• Begegnungsstätten,
• sozialpsychiatrische und gemeindepsychiatrische Zentren,
• Patientenclubs und ähnliche Einrichtungen.

Ein sehr viel strukturierteres und damit verbindlicheres Beschäftigungsprogramm wird durch **Tagesstätten** angeboten. In die Tagesstätte kommen psychisch Kranke und Behinderte, die auf der einen Seite nicht vollstationär behandelt werden müssen, die andererseits aber dem offenen Angebot anderer sozialpsychiatrischer Einrichtungen nicht oder noch nicht gewachsen sind.

Spezielle soziotherapeutische Maßnahmen

Es gibt eine Vielzahl von Maßnahmen, deren Schwerpunkt im soziotherapeutischen Bereich liegt. Es ist nicht immer einfach, diese Maßnahmen formal oder inhaltlich voneinander abzutrennen. Die im folgenden beschriebenen soziotherapeutischen Maßnahmen überschneiden sich deshalb deutlich sowohl in ihrer Indikation als auch im institutionellen Rahmen. Einige der geschilderten Maßnahmen (z. B. Ergotherapie) sind an keine feste Institution gebunden und können sowohl im vollstationären und teilstationären Bereich, als auch in der freien Praxis stattfinden.

Grundlage der meisten soziotherapeutischen Maßnahmen ist die **Milieugestaltung**. Damit ist die Schaffung einer Umgebung gemeint, die sich möglichst geringfügig von Gegebenheiten außerhalb der Klinik unterscheiden soll. Wichtige Aspekte, die dabei berücksichtigt werden müssen, sind
• die Lage der Einrichtung (möglichst nahe am gewohnten sozialen Umfeld),
• die Schaffung einer wohnlichen Atmosphäre,
• gemeinsame Stationen für Männer und Frauen und
• Möglichkeiten der Selbstgestaltung des Umfeldes durch die Patienten.

Auf der Seite des Personals steht den aufeinander bezogenen therapeutischen Maßnahmen eine ebenso aufeinander bezogene Zusammenarbeit der einzelnen Berufsgruppen, die in der psychiatrischen Therapie tätig sind, gegenüber. Eine solche Einstellung hat u. a. in den Ideen der **therapeutischen Gemeinschaft** ihren Niederschlag gefunden. Darunter ist eine Gruppe von Patienten, Pflegepersonal und Ärzten zu verstehen, die mit dem Ziel zusammenlebt und arbeitet, psychisch Kranken die Eingliederung oder eine bessere Wiedereingliederung in die Gesellschaft zu ermöglichen. Dabei soll dem Kranken die eher passive Rolle des Patienten genommen und eine eher **aktive Partnerschaftsrolle** im therapeutischen Bereich zugewiesen werden. Dieses sehr weitgehende Konzept hat wohl nur noch in Ausnahmefällen eine Bedeutung.

Das **ärztliche Gespräch** mit dem Patienten stellt eine der wichtigsten und langfristig tragfähigsten soziotherapeutischen Maßnahmen dar. Es hat sowohl diagnostischen als immer auch therapeutischen Charakter. Es kommt dabei in erster Linie darauf an, einen **tragfähigen Kontakt** zum Patienten herzustellen und zu halten. **Die gesunden Anteile des Patienten müssen erkannt und gestärkt werden.** **Selbsthilfevorgänge** sollen angestoßen, erhalten und evtl. korrigiert werden. Das ärztliche Gespräch im Rahmen der Soziotherapie besteht meist in einem stützenden, führenden, beratenden und fördernden Kontakt.

Ergotherapie

Es handelt sich hierbei um den Oberbegriff für Maßnahmen im Rahmen der Beschäftigungs- und der Arbeitstherapie. Die **Beschäftigungstherapie** wird vorwiegend als Basisprogramm im stationären oder teilstationären Bereich eingesetzt, hat aber auch eine Bedeutung im ambulanten Bereich. Sie wird in der Regel in der Gruppe (8 bis 15 Patienten) durchgeführt, kann aber auch als Einzeltherapie sinnvoll sein. In der Beschäftigungstherapie werden kreativ-handwerkliche Tätigkeiten geübt *(siehe Abbildung 5-31)*, aber auch Maßnahmen zur Stärkung der kognitiven Leistungsfähigkeit (z. B. Bürotraining) und der Haushaltsführung kommen zum Einsatz. Spezielle Vorbedingungen bezüglich der Leistungsfähigkeit des Patienten bestehen nicht. Beschäftigungstherapie kann somit bereits in der Akutphase psychischer Erkrankungen eingesetzt werden. Ohne wesentlichen Leistungs- und Belastungsdruck soll die Beschäftigungstherapie

- kognitive Fähigkeiten üben,
- die Kommunikationsfähigkeit verbessern,
- den Antrieb fördern,
- das Selbstvertrauen stärken sowie
- Ausdauer und Durchhaltevermögen trainieren.

Abb. 5-31: Tonfiguren (Clowns), die im Rahmen einer ergotherapeutischen Trainingsgruppe mit depressiven Patienten entstanden sind

Mit speziellen beschäftigungstherapeutischen Programmen können bestimmte psychopathologische Syndrome, wie z. B. schizophrene Minussymptomatik, gezielt angegangen werden. Die Beschäftigungstherapie stellt auch einen wichtigen Bestandteil bei der Erhaltung einer eigenständigen Lebens- und Haushaltsführung dar.

Die verschiedenen Stufen der **Arbeitstherapie** bereiten auf das selbständige berufliche Leben vor, aber auch auf die Werkstatt für Behinderte oder spezielle berufsfördernde Maßnahmen. Die Arbeitstherapie bezieht Produktionsabläufe mit geregelten Arbeitszeiten und möglichst auch entsprechender Entlohnung mit ein. Die **Therapieziele** bestehen in einer Förderung von

- Ausdauer,
- Durchhaltevermögen,
- Sorgfalt,
- Pünktlichkeit und
- Umstellungsfähigkeit.

Arbeitstraining und **Belastungserprobung** sind spezielle Angebote.

Eine spezielle Arbeitstherapie in Form einer gezielten Förderung beruflicher Fähigkeiten in definierten Arbeitsfeldern ist das **Arbeitstraining**; die **Belastungserprobung** dient insbesondere der Überprüfung der erreichten Arbeitsfähigkeit und der Belastbarkeit.

Beratung und Betreuung durch den Sozialdienst

Dessen wichtigste Aufgabe ist die frühzeitige Erfassung und Analyse der sozialen Situation des Patienten. Dazu gehören die Erkennung von Gefährdungen im sozialen Bereich sowie die Beratung im Umgang mit Behörden, Versicherungen, Arbeitgebern u.ä.

Die Beratung und Betreuung durch den Sozialdienst sollte bereits zu einem möglichst frühen Zeitpunkt beginnen. Die wichtigste Aufgabe des Sozialdienstes besteht in der Erfassung und der Analyse der sozialen Situation des Patienten. Dazu gehören die Erkennung von drohenden oder bereits eingetretenen Gefährdungen im sozialen Bereich sowie die gezielte und fachkundige Beratung bzw. Betreuung bezüglich des Umgangs mit Behörden, Versicherungen, Arbeitgebern und ähnlichen Institutionen.

Angehörigenarbeit

Angehörigenarbeit findet in ganz unterschiedlicher Form statt. Dazu gehört das ärztliche Gespräch mit den Angehörigen, andererseits gibt es professionell geleitete Angehörigengruppen und Einrichtungen zur Angehörigenselbsthilfe.

Die teilweise Verlagerung psychiatrischer Therapie aus dem vollstationären Bereich in teilstationäre und ambulante Einrichtungen bringt u. a. auch eine Zunahme der alltäglichen Belastung der Angehörigen durch die psychische Erkrankung mit sich. Bekannt sind außerdem ernstzunehmende Zusammenhänge zwischen emotionalem Kontaktverhalten von Angehörigen („Expressed Emotions") und erhöhter Rückfallquote (insbesondere bei schizophrenen Erkrankungen). Angehörigenarbeit findet in ganz unterschiedlicher Form statt. Zum einen gehört dazu das ärztliche Gespräch mit den Angehörigen, andererseits gibt es professionell geleitete Angehörigengruppen und Einrichtungen zur Angehörigenselbsthilfe. Bestandteile der Angehörigenarbeit sind Informationsvermittlung und Trainingsprogramme für Angehörige, aber auch problem- und konfliktorientierte Gruppenaktivitäten.

Künstlerische und kreative Angebote

Therapieangebote des künstlerisch-kreativen Bereichs sind:
- die Tanz- und Bewegungstherapie,
- die Musiktherapie,
- die Maltherapie,
- die Theatertherapie.

Durch diese Maßnahmen kann das Selbstvertrauen gesteigert, die Isolation abgebaut und dem Patienten ein Gefühl für erhaltene und gesunde Anteile seiner Persönlichkeit vermittelt werden.

Neben den „klassischen" ergotherapeutischen Verfahren (s. o.) haben sich in den letzten Jahren zunehmend andere Aktivitäten etabliert, die mit künstlerischen und kreativen Mitteln einen Zugang zu den Patienten suchen. Dazu gehören u. a. die **Tanz- und Bewegungstherapie**, die **Musiktherapie**, die **Maltherapie** und auch die **Theatertherapie**. Alle diese Maßnahmen sind sowohl im vollstationären, im teilstationären und teilweise auch im ambulanten Bereich einzusetzen. Gerade bei diesen Verfahren spielt es eine große Rolle, daß sie im Rahmen eines gesamten Therapieplans für den jeweils einzelnen Patienten eingesetzt werden. Bei gezielter Anwendung bietet sich für den Patienten die Möglichkeit, unter fachmännischer Anleitung in einer Gruppensituation kreative Möglichkeiten zu entfalten. Dadurch kann das Selbstvertrauen gesteigert, die Isolation abgebaut und dem Patienten ein Gefühl für erhaltene und gesunde Anteile seiner Persönlichkeit vermittelt werden.

Soziotherapeutische Angebote im Bereich des Wohnens

Hilfen im Wohnbereich sind:
- Betreute Einzelwohnungen,
- Wohngruppen,
- Wohngemeinschaften,
- Übergangswohnheime,
- Wohnheime,
- Familienpflege.

Ein nicht geringer Anteil psychisch Kranker und Behinderter benötigt zur Integration in gemeinschaftliche Lebensformen und zur beruflichen Wiedereingliederung konkrete **Hilfen im Wohnbereich**. Das Wohnangebot soll dabei so gestaltet werden, daß es dem Leben im vertrauten Milieu möglichst nahe kommt. Als Formen des betreuten Wohnens kommen in Frage:
- Betreute Einzelwohnungen (auch zusammen mit Angehörigen der eigenen Familie)
- Wohngruppen (mit weitgehend voneinander getrennten Lebensbereichen)
- Wohngemeinschaften (arbeitsteilige Haushaltsführung, Übernahme der Verantwortung für andere Mitglieder)
- Übergangswohnheime (zeitlich begrenzt, strukturierter Tagesablauf)
- Wohnheime (Betreuung, Pflege, tagesstrukturierende Maßnahmen)
- Familienpflege (langfristige Aufnahme und Versorgung psychisch Kranker in einer Pflegefamilie).

Tagesstrukturierende Maßnahmen sollen in allen diesen Einrichtungen, wenn auch in unterschiedlichem Ausmaß, eine wesentliche Grundlage der therapeutischen Bemühungen darstellen. Ein Beispiel für den Tagesplan in einem Übergangswohnheim ist in *Tabelle 5-30* gezeigt.

Tagesstrukturierende Maßnahmen sollen in diesen Einrichtungen Grundlage der Therapie sein (*s. Tab. 5-30*).

Tabelle 5-30: Tagesplan eines Übergangswohnheimes für nicht berufstätige Bewohner				
Montag	**Dienstag**	**Mittwoch**	**Donnerstag**	**Freitag**
7.00 h Wecken/7.30 h Frühsport/8.00 Früstück und Medikamentenausgabe				
8.30–10.00 h Hausarbeit im Zimmer und für das Wohnheim				
10.00–12.00 h	10.00–12.00 h	10.00–12.00 h	10.00–12.00 h	10.00–12.00 h
Gesprächs-gruppe, Wochen-planung	Ergotherapie (in der Gruppe)	Haushalts-training	Ergotherapie (in der Gruppe) Einkauf u.ä.	Erledigung privater Termine
12.00 h Mittagessen mit Medikamentenausgabe				
12.30 h–14.00 h Mittagsruhe				
16.00–17.30 h	15.00–16.00 h	14.00–18.00 h	15.00–16.00 h	14.00–15.00 h
Ergotherapie (in der Gruppe)	Sport	Außenaktivität (Wanderung, Museums-besuch)	Zeitungs-gruppe	Kognitives Training (Gruppe)
	16.00–17.30 h		16.00–17.00 h	15.00–16.00 h
	Kognitives Training (Gruppe)		Gesprächs-gruppe	Ergotherapie
18.00 h Abendessen mit Medikamentenausgabe				
19.00–21.00 h	20.00–22.00 h	20.00–22.00 h	19.00–22.00 h	19.00–22.00 h
Hausarbeit	Patientenclub	Zur freien Verfügung	Außenaktivität (Kino, Kegeln u.ä.)	Zur freien Verfügung

Rehabilitative Angebote für den beruflichen Bereich

Psychisch Behinderte bringen ein weites Spektrum von beruflichen Vorerfahrungen mit. Es ist deshalb eine hinreichende Differenzierung der Angebote zur beruflichen Rehabilitation erforderlich. Solange die Wiedereingliederung am alten Arbeitsplatz möglich bleibt, sollten andere Maßnahmen beruflicher Rehabilitation dahinter zurückstehen. Rehabilitative Maßnahmen sollten nicht erst bei einer schon eingetretenen, sondern bereits bei einer „**drohenden Behinderung**" eingesetzt werden. Die berufliche Rehabilitation psychisch Kranker ist nicht an einen bestimmten institutionellen Rahmen gebunden. Sie kann sowohl in einem voll- oder teilstationären Rahmen erfolgen, als auch ambulant oder in einem Betrieb. In vielen Fällen bietet sich im Anschluß an eine voll- oder teilstationäre psychiatrische Behandlung eine **stufenweise Wiederaufnahme der Arbeit** an. Für die Dauer dieser Maßnahme besteht die Arbeitsunfähigkeit fort, der Krankengeldanspruch bleibt erhalten. Wenn andersartige berufliche Rehabilitationsversuche nicht mehr möglich sind, kommt die **beschützende Werkstatt für psychisch Behinderte** in Frage. Das Ziel dieser Einrichtung besteht darin, den Patienten eine dauernde Arbeitsmöglichkeit zu geben, die ihren eingeschränkten Möglichkeiten und Fertigkeiten entspricht.

Rehabilitative Angebote für den beruflichen Bereich
Rehabilitative Maßnahmen sollten nicht erst bei einer bereits eingetretenen, sondern bereits bei einer „**drohenden Behinderung**" eingesetzt werden.
In vielen Fällen bietet sich im Anschluß an eine voll- oder teilstationäre psychiatrische Behandlung eine **stufenweise Wiederaufnahme der Arbeit** an. Wenn andersartige berufliche Rehabilitationsversuche nicht mehr möglich sind, kommt die **beschützende Werkstatt für psychisch Behinderte** in Frage. Hier soll den Patienten eine dauernde Arbeitsmöglichkeit gegeben werden, die ihren eingeschränkten Möglichkeiten entspricht.

Darüber hinaus gibt es eine Vielzahl von weiteren Einzelmaßnahmen. Voraussetzung für die Einleitung der entsprechenden Angebote ist ein Leistungsniveau, das das Erreichen des angestrebten Zieles erwarten läßt. Außerdem muß erwartet werden, daß nach Abschluß der Maßnahme innerhalb einer angemessenen Zeit auf dem Arbeitsmarkt oder in beschützenden Werkstätten eine Beschäftigung auch tatsächlich zu finden ist.

Kostenträger soziotherapeutischer Maßnahmen

Für soziotherapeutische Maßnahmen kommen sehr unterschiedliche Kostenträger in Frage. Die Abklärung, welcher Kostenträger im individuellen Fall eintreten muß, kann nur unter Berücksichtigung des Einzelfalles getroffen werden. Die praktisch **wichtigsten Institutionen**, die für die Kostenübernahme in Frage kommen, sind:
● Gesetzliche und private Krankenversicherungen
● Träger der Rentenversicherung (Bundesversicherungsanstalt für Angestellte, Landesversicherungsanstalten)
● Träger der Unfallversicherung
● Träger der sozialen Entschädigung bei Gesundheitsschäden (Versorgungsämter, Fürsorgestellen)
● Träger der Sozialhilfe (örtlich und überörtlich)
● Bundesanstalt für Arbeit (für berufliche Rehabilitation).

Nach den gesetzlichen Bestimmungen hat im Rahmen seiner Zuständigkeit dabei jeder Träger die nach Lage des Einzelfalles erforderlichen Leistungen so **vollständig und umfassend** zu erbringen, daß andere Träger möglichst keine Leistungen erbringen müssen.

Juristische Aspekte und Maßnahmen

Zwischen Psychiatrie und Recht gibt es eine Vielzahl von Verknüpfungen, die im Rahmen eines einführenden Lehrbuches nur teilweise erwähnt werden können. Auch kann ihre Darstellung nicht detailliert erfolgen, sondern die jeweiligen Sachverhalte können nur kurz skizziert werden. Die näheren Details müssen den Lehrbüchern der gerichtlichen Psychiatrie entnommen werden.

Bei richtiger Anwendung sind die von unserem Rechtssystem für psychisch Kranke vorgesehenen Möglichkeiten für den Patienten von Vorteil. Sie dienen dazu, Schaden jeglicher Art, der infolge der psychischen Erkrankung auftreten könnte, von dem Patienten abzuwenden. So dienen sie z. B. dazu, psychisch Kranke unter bestimmten Konditionen vor unüberlegten Vermögensgeschäften zu bewahren, ihre Schuldfähigkeit und damit Strafbarkeit bei strafrechtlichen Vergehen einzuschränken oder aufzuheben, unbedingt erforderliche Behandlungsmaßnahmen einzuleiten etc. Andererseits bedeuten viele dieser Maßnahmen in der subjektiven Sicht des Betroffenen eine Einschränkung seiner Freiheit, die wegen mangelnder Krankheitseinsicht oder wegen anderer Beurteilung der Sachlage von ihm als ungerechtfertigt erlebt werden kann. Dies gilt ganz besonders im Falle der **Unterbringungsgesetze**, die primär nicht das Wohl des Patienten, sondern die öffentliche Sicherheit und Ordnung zum Ziel haben, aber auch für das **Betreuungsgesetz**.

> **Merke.** Der psychiatrische Gutachter sollte immer dem Spannungsfeld zwischen **Freiheitsrechten des Patienten** und den aus **objektiver psychiatrischer Beurteilung** erfolgenden Notwendigkeiten für bestimmte juristische Maßnahmen Rechnung tragen, um so zu einer abgewogenen Entscheidung im Einzelfall zu kommen.

Für die tägliche Arbeit des Psychiaters sind besonders das Betreuungsgesetz und die Unterbringungsgesetze relevant, da sie die Möglichkeit bieten, einen aufgrund einer Psychose oder einer sonstigen schweren psychischen Erkrankung nicht krankheitseinsichtigen Patienten notfalls auch gegen seinen Willen zu behandeln, um so Schaden für ihn selbst und für andere abzuwenden.

Behandlung nach dem Betreuungsgesetz

Der Bereich, der bisher durch das Vormundschaftsgesetz (§ 6 BGB) und das Pflegschaftsgesetz (§ 1910 BGB) geregelt wurde, wird seit 1992 durch das Betreuungsgesetz (u. a. § 1896 BGB und § 1903 BGB) neu geordnet. Durch das Betreuungsgesetz sollen die Rechtsstellung des Betroffenen verbessert und die jeweiligen Maßnahmen so geregelt werden, daß die freie Entscheidung des Betroffenen so wenig wie möglich eingeschränkt wird. Insgesamt knüpft dieses Gesetz inhaltlich stärker an die Konzeption der Pflegschaft an, die schon seit langem im Einzelfall der Entmündigung vorgezogen wurde, weil sie die Freiheit des Betroffenen nicht so stark einschränkt und deswegen vom Betroffenen als weniger diskriminierend erlebt wurde.

Nach dem Betreuungsgesetz kann ein Betreuer auf Antrag des Betroffenen oder von Amts wegen bestellt werden. Dritte haben kein Antragsrecht, können aber beim Vormundschaftsgericht die Anordnung einer Betreuung von Amts wegen anregen. Zu den **Voraussetzungen** für die Einrichtung einer Betreuung gehört das **Vorliegen einer psychischen Krankheit** oder einer **körperlichen, geistigen oder seelischen Behinderung, als deren Folge der Betroffene seine Angelegenheiten ganz oder teilweise nicht besorgen kann.** Ein bestimmter Grad der Behinderung ist nicht vorgeschrieben. Liegen die oben genannten Voraussetzungen vor, erfolgt die Anordnung einer Betreuung nur dann, wenn die Angelegenheiten des Betroffenen nicht durch Bevollmächtigte oder andere Hilfen (Verwandte, Nachbarn, soziale Dienste) besorgt werden können. Auf die Einwilligung des zu Betreuenden kommt es in der Regel nicht an. Die Betreuung ist wieder aufzuheben, wenn ihre Voraussetzungen wegfallen. Dies kann auch ein geschäftsunfähiger Betreuter beantragen.

Die Betreuung wird nicht von der Geschäftsunfähigkeit des Betroffenen abhängig gemacht. Diese wird nicht geprüft, auch nicht, wenn die Betreuung gegen den Willen des Betroffenen angeordnet wird. Allerdings kann das Gericht verfügen, daß der Betreute zu einer Willenserklärung, die den Aufgabenkreis (z. B. Vermögensangelegenheiten, Aufenthaltsbestimmung, ärztliche Behandlung) des Betreuers betrifft, dessen Einwilligung bedarf (**Einwilligungsvorbehalt**). Ohne diese Einwilligung ist die Willenserklärung des Betroffenen nichtig. Voraussetzung der Anordnung des Einwilligungsvorbehaltes ist, daß dies zur Abwendung einer erheblichen Gefahr für die Person oder das Vermögen des Betreuten erforderlich ist. *Tabelle 5-31* zeigt mögliche Varianten des rechtsgeschäftlichen Handelns.

Tabelle 5-31: Mögliche Varianten des rechtsgeschäftlichen Handelns bei Volljährigen

1. Voll geschäftsfähige Person, ohne Betreuung:
   Handelt eigenständig.

2. Voll geschäftsfähige Person, Betreuung angeordnet:
   Handelt eigenständig, kann vom Betreuer innerhalb des Aufgabenkreises vertreten werden, Überschneidungen sind möglich.

3. Voll geschäftsfähige Person, Betreuung angeordnet, Einwilligungsvorbehalt ausgesprochen:
   Handelt wie unter 2., Betreuer kann jedoch in bestimmten Fällen die Zustimmung versagen, dabei sind keine Überschneidungen möglich.

4. Geschäftsunfähige Person, Betreuung angeordnet:
   Kann nicht eigenständig handeln, Einwilligungsvorbehalt nicht erforderlich, Betreuer vertritt umfassend in allen Angelegenheiten oder bei partieller Geschäftsunfähigkeit in Teilbereichen.

Auch die **Einwilligungsfähigkeit** wird durch die Betreuung nicht automatisch eingeschränkt, sondern ist gesondert zu prüfen, wenn z. B. ärztliche Maßnahmen erfolgen sollen. Die Einwilligungsfähigkeit für ärztliche Maßnahmen liegt vor, wenn der Patient über die Fähigkeit verfügt, das Wesen und die Tragweite des ärztlichen Eingriffs für Körper, Beruf und Lebensglück zu ermessen und danach selbstverantwortlich Entschlüsse zu fassen. Liegt **Einwilligungsunfähigkeit** vor, kann der Betreuer als rechtlicher Vertreter die Einwilligung für ihn erteilen. Er braucht dazu jedoch die Genehmigung des Vormundschaftsrichters, sofern eine Untersuchung des Gesundheitszustandes, eine Heilbehandlung oder ein ärztlicher Eingriff mit der Gefahr verbunden sind, daß der Betreute aufgrund der Maßnahme sterben könnte oder einen schwereren und länger dauernden gesundheitlichen Schaden erleidet. Nur wenn mit dem Aufschub Gefahr verbunden wäre, darf die Maßnahme auch ohne Genehmigung durchgeführt werden. Das Gericht hat den Betroffenen vor der Entscheidung persönlich anzuhören. Dies gilt sinngemäß auch für die Einwilligung in andere Sachverhalte, z. B. Auflösung der Wohnung u. ä.

Mit der **Anordnung der Betreuung** ist nicht, wie bisher bei der Entmündigung, automatisch ein Verlust der Ehefähigkeit, der Testierfähigkeit und des Wahlrechts verbunden. Die Tätigkeit des Betreuers soll den Wünschen des Betroffenen nach Möglichkeit entsprechen. Sie wird auf die Angelegenheiten eingeschränkt, die der Betroffene ganz oder teilweise nicht besorgen kann. Die Kernbereiche sind Aufenthalt, ärztliche Behandlung und Vermögensangelegenheiten. Diese Bereiche können weiter untergliedert werden.

Zuständig für das Verfahren ist das für den Wohnort zuständige **Amtsgericht, Abteilung Vormundschaftsgericht**. Vor der Einrichtung einer Betreuung ist die **persönliche Anhörung des Betroffenen**, möglichst in seiner üblichen Umgebung, vorgeschrieben. Nur wenn der Betroffene nach dem unmittelbaren Eindruck des Gerichtes nicht in der Lage ist, seinen Willen kundzutun, oder wenn nach ärztlichem Gutachten die Anhörung erhebliche Nachteile für die Gesundheit des Betroffenen bringen kann, darf die persönliche Anhörung unterbleiben.

Merke. Die Bestellung eines Betreuers und die Anordnung eines Einwilligungsvorbehaltes dürfen vom Gericht erst nach Einholung eines psychiatrischen Gutachtens vorgenommen werden.

Das **Gutachten**, das sich auf die medizinischen, psychologischen und sozialen Gesichtspunkte einer notwendigen Betreuung sowie auf Umfang und voraussichtliche Dauer ihrer Notwendigkeit erstrecken soll, muß sich auf eine persönliche Untersuchung und Befragung des Betroffenen stützen (*siehe Tabelle 5-32*). Wenn die Wahrnehmung der Interessen des Betroffenen dies erforderlich macht, hat das Gericht ihm vor der Entscheidung einen Verfahrenspfleger zu stellen. Weil das ordentliche Verfahren angesichts der komplizierten Vorschriften häufig Monate in Anspruch nimmt, wird oft vom Mittel der **einstweiligen Anordnung** Gebrauch gemacht. Durch einstweilige Anordnung kann das Gericht einen vorläufigen Betreuer bestellen und/oder einen vorläufigen Einwilligungsvorbehalt anordnen, wenn dringende Gründe für die Annahme bestehen, daß die Voraussetzungen dafür gegeben sind und mit dem Aufschub Gefahr verbunden wäre. Die einstweilige Anordnung darf für längstens sechs Monate erfolgen, kann jedoch durch eine weitere einstweilige Anordnung auf ein Jahr verlängert werden. Gegenüber dem ordentlichen Verfahren genügt anstelle eines Gutachtens ein ärztliches Zeugnis.

Die **Unterbringung nach dem Betreuungsgesetz** kann durch einen Betreuer mit dem Aufgabenkreis „Aufenthaltsbestimmung" erfolgen, wenn dies zum Wohle des Betroffenen erforderlich ist. Voraussetzung ist, daß aufgrund einer psychischen Erkrankung oder geistigen oder seelischen Behinderung des Betroffenen die Gefahr besteht, daß er sich selbst tötet oder erheblichen gesundheitlichen Schaden zufügt. Eine Unterbringung kann auch dann angeordnet werden, wenn eine Untersuchung des Geisteszustandes, eine Heilbehandlung oder ein ärztlicher Eingriff nötig sind und wenn diese ohne Unterbringung nicht durchgeführt werden können. In diesem Fall muß zusätzlich nachgewiesen werden, daß der Betreute wegen seiner psychischen Krankheit die Notwendigkeit der Unterbringung nicht erkennen oder nach dieser Einsicht handeln kann (§ 1906 BGB).

Tabelle 5-32: Aspekte, die bei der Begutachtung vom Sachverständigen zu berücksichtigen sind

- Kurze Darstellung des Sachverhaltes
- Art, Umfang und Zeitpunkt eigener Untersuchungen/Befragungen sowie Angabe der sonstigen Quellen, auf die sich das Gutachten stützt
- Umfassende Darstellung von Art und Ausmaß der Krankheit oder Behinderung
- Ggf. Stellungnahme zur Notwendigkeit einer geschlossenen Behandlung oder unterbringungsähnlicher Maßnahmen mit konkreter Beschreibung von Art, Dauer, Risiken und Alternativen
- Behandlungs- und Rehabilitationsmöglichkeiten allgemein
- Voraussichtliche Dauer der Betreuung
- Konkrete, zu regelnde Aufgabenkreise mit genauer Beschreibung und Begründung, z. B. ob eine Heimunterbringung notwendig wird oder Vermögen vorhanden ist
- Erörterung anderer Hilfen
- Ggf. Notwendigkeit eines Einwilligungsvorbehaltes und voraussichtliche Dauer
- Ggf. ob die Mitteilung der Anhörung oder die Anhörung für den Betroffenen einen erheblichen gesundheitlichen Schaden bedeuten kann
- Eventuelle Schwierigkeiten bei Anhörung, Medikamenteneinfluß, Schwerhörigkeit, Fremdsprache, Infektionsgefahr
- Ggf. ob Bekanntmachung des Betreuungsbeschlusses oder der Mitteilung an andere Behörden für den Betroffenen einen gesundheitlichen Schaden bedeuten.

Merke. Die Unterbringung ist nur mit Genehmigung des Vormundschaftsgerichtes zulässig. Ohne Genehmigung ist sie nur dann zulässig, wenn mit dem Aufschub Gefahr verbunden ist – in diesem Fall muß sie nachgeholt werden.

◄ **Merke**

Die Betreuung darf erst nach psychiatrischer Begutachtung angeordnet werden. Das **Gutachten** hat die medizinischen und sozialen Gesichtspunkte zu würdigen und muß Umfang und Dauer der Betreuung darlegen. Es muß sich auf die persönliche Untersuchung und Befragung des Betroffenen stützen (*s. Tab. 5-32*).

Durch **einstweilige Anordnung** kann das Gericht einen vorläufigen Betreuer bestellen und ggf. einen vorläufigen Einwilligungsvorbehalt anordnen. Sie darf für 6 Monate erfolgen, kann jedoch auf 1 Jahr verlängert werden.

Die **Unterbringung nach dem Betreuungsgesetz** kann durch einen Betreuer mit dem Aufgabenkreis „Aufenthaltsbestimmung" erfolgen, wenn dies zum Wohle des Betroffenen erforderlich ist (z. B. bei Gefahr einer Selbsttötung).

◄ **Merke**

536   5 Therapie

Das Gericht kann im Wege der einstweiligen Anordnung eine **vorläufige Unterbringung (max. 6 Wochen!)** anordnen (s. Tab. 5-33).
Voraussetzungen sind:
- Das Vorliegen eines ärztlichen Zeugnisses
- Daß ggf. ein Verfahrenspfleger bestellt ist
- Daß der Betroffene und der Pfleger gehört wurden.

Bei Gefahr im Verzuge kann die einstweilige Anordnung bereits vor Anhörung des Betroffenen erlassen werden.

Die Dauer der Unterbringung beträgt längstens zwei Jahre nach Erlaß der Entscheidung. Das Gericht kann im Wege der einstweiligen Anordnung eine **vorläufige Unterbringung** beschließen (*siehe Tabelle 5-33*), wenn dringende Gründe für die Annahme vorliegen, daß die Voraussetzungen für die Maßnahme bestehen, ein **ärztliches Zeugnis** vorliegt, ggf. ein **Verfahrenspfleger bestellt** ist und der **Betroffene sowie der Pfleger persönlich angehört worden** sind. Bei Gefahr im Verzuge kann diese einstweilige Anordnung bereits vor Anhörung des Betroffenen sowie vor Bestellung und Anhörung des Verfahrenspflegers erlassen werden. Die **Dauer dieser vorläufigen Unterbringung darf sechs Wochen nicht überschreiten**. Innerhalb dieses Zeitraumes muß ein Betreuer mit dem Aufgabenkreis „Aufenthaltsbestimmung" oder „Unterbringung" bestellt sein, der die Genehmigung der Unterbringung beantragt.

Tabelle 5-33: Schema eines Antrages einer psychiatrischen Klinik auf einstweilige Anordnung einer Unterbringung

a) Adressat: zuständiges Vormundschaftsgericht.
   Antrag auf Genehmigung der Unterbringung in einer geschlossenen stationären psychiatrischen Einrichtung
b) Personalien des Betroffenen
   Umstände der Einlieferung
   Mitteilung, ob nach Kenntnis der Klinik bereits Betreuung besteht
c) Psychopathologischer Befund und diagnostische Überlegungen
d) Begründung der Notwendigkeit einer sofortigen geschlossenen stationären Aufnahme (z. B. erhebliche gesundheitliche Gefährdung, wenn Aufnahme unterbleibt). Hinweis auf die mangelnde eigene Einwilligungsfähigkeit des Patienten hinsichtlich Unterbringung und Behandlung
e) Beschreibung der zur Abklärung dringlichen diagnostischen Maßnahmen: z. B. Blutentnahme, EEG, CCT, LP, medizinische Fachuntersuchungen
f) Beschreibung der vorgesehenen Behandlung:
   z. B. Neuroleptika (hoch-, mittel-, niederpotent), Leponex, Antidepressiva, Benzodiazepine, Lithium, Carbamazepin, anderes
g) Ggf. Bezeichnung sonstiger notwendiger Maßnahmen:
   z. B. Magensonde, Infusionen, Katheter, mechanische Beschränkung
h) Zusammenfassend Antrag auf Schaffung ausreichender Rechtsgrundlagen einschließlich Einrichtung einer Betreuung (falls noch nicht bestehend) für Unterbringung und Behandlungsmaßnahmen

---

Die Bundesländer haben zur Durchführung der neuen Bestimmungen Betreuungsbehörden eingerichtet, die die Betreuer bei ihrer Tätigkeit beraten und unterstützen sollen.

Behandlung nach den Unterbringungsgesetzen

Nach den Unterbringungsgesetzen kann **gegen seinen Willen in einer geschlossenen psychiatrischen Klinik untergebracht** werden, wer an einer psychischen Krankheit oder an einer krankheitswertigen psychischen Störung leidet und darüber hinaus eine Gefahr für sich selber oder die öffentliche Sicherheit und Ordnung darstellt.
Zwischen den einzelnen Unterbringungsgesetzen der verschiedenen Bundesländer bestehen erhebliche Unterschiede.

Behandlung nach den Unterbringungsgesetzen

Wer an einer psychischen Krankheit oder einer krankheitswertigen psychischen Störung leidet und darüber hinaus eine Gefahr für sich selber oder die öffentliche Sicherheit und Ordnung darstellt, kann **gegen seinen Willen auf einer geschlossenen psychiatrischen Station untergebracht** werden. Die näheren Voraussetzungen dafür sind in den Unterbringungsgesetzen der einzelnen Bundesländer geregelt, die leider erheblich differieren. Auch ist bisher die Unterbringung nach den Unterbringungsgesetzen und die Unterbringung nach dem Betreuungsgesetz in den Detailaspekten nicht ausreichend harmonisiert. Einheitlichkeit in den Unterbringungsgesetzen der einzelnen Bundesländer besteht darin, daß **unmittelbare Selbst- oder Fremdgefährdung durch eine psychische Erkrankung** einen Unterbringungsgrund darstellt. Eine chronische Selbstgefährdung, z. B. im Sinne der Verwahrlosung, kann dagegen in einzelnen Bundesländern einen Unterbringungsgrund darstellen, in anderen aber nicht. Letzterenfalls würde das Betreuungsgesetz greifen.

Merke. Wenn sowohl das Betreuungsgesetz als auch die Unterbringungsgesetze bei einem Patienten zur Diskussion stehen, sollte der Psychiater in der Regel dem Betreuungsgesetz den Vorzug geben, da letzteres stärker die Bedürfnisse des Patienten berücksichtigt.

◀ Merke

Das Verfahren läuft in **drei Stufen** ab: Die untere Verwaltungsbehörde (z. B. Polizei oder Amt für öffentliche Ordnung) leitet die Unterbringung ein, der Arzt nimmt zu ihren Voraussetzungen Stellung, der Richter beim zuständigen Vormundschaftsgericht entscheidet darüber. Die richterliche Entscheidung muß bis zum Ablauf des Tages vorliegen, der dem Beginn des Freiheitsentzuges folgt. Häufig beginnt das Unterbringungsverfahren mit einer Noteinweisung des Patienten in die Klinik oder seiner Zurückhaltung dort, wofür unverzüglich die richterliche Genehmigung eingeholt werden muß. Wird ein Patient nach Unterbringungsgesetz festgehalten, so ist ggf. nach telefonischer Vorinformation des Gerichts ein ärztliches Zeugnis abzugeben. Gegen die Unterbringung kann sich der Betroffene durch sofortige Beschwerde wehren, und zwar auch dann, wenn er geschäftsunfähig ist. Die Überprüfung obliegt dem zuständigen Landgericht (*siehe Tabelle 5-34*).

Das Unterbringungsverfahren läuft in **3 Stufen** ab: Polizei/Amt für öffentliche Ordnung leitet das Verfahren ein, der Arzt nimmt zu den Voraussetzungen Stellung, der Richter beim zuständigen Vormundschaftsgericht entscheidet. Die richterliche Entscheidung muß bis zum Ablauf des Tages vorliegen, der dem Beginn des Freiheitsentzuges folgt. Häufig beginnt das Unterbringungsverfahren mit einer Noteinweisung des Patienten in die Klinik, wofür unverzüglich die richterliche Genehmigung eingeholt werden muß (*s. Tab. 5-34*).

Tabelle 5-34: Muster für einen Antrag auf Unterbringung nach dem Unterbringungsgesetz

Antrag auf Unterbringung in einem psychiatrischen Krankenhaus
Ärztliche Bescheinigung
(Zur Vorlage bei der zuständigen Polizeibehörde)

Herr/Frau ... geb. am...., wohnh. ... wurde heute von uns psychiatrisch untersucht. Er hat die Wahnvorstellung, daß ihm sein Nachbar nach dem Leben trachtet. Um diese vermeintliche Verfolgung abzuwehren, hat er seine Wohnung verbarrikadiert und seinen Nachbarn mehrmals mit dem Messer bedroht. Heute nachmittag hat er die Wohnungstür seines Nachbarn mit dem Beil einzuschlagen versucht. Herr/Frau ... ist demnach als psychisch krank und fremdgefährlich zu betrachten. Die ärztlichen Voraussetzungen für seine Unterbringung nach dem Unterbringungsgesetz sind nach ärztlichem Dafürhalten gegeben. Seine sofortige Unterbringung in einer geschlossenen Abteilung ist zwingend notwendig.

Merke. Aus der vollzogenen Unterbringung allein ergibt sich nicht automatisch ein Behandlungsrecht gegen den Willen des Patienten oder gar eine entsprechende Pflicht. Vielmehr gelten je nach Bundesland unterschiedliche Bestimmungen.

◀ Merke

Die weitestgehende Therapiebefugnis wird durch das Rheinland-Pfälzische Unterbringungsgesetz eingeräumt, wonach die Unterbringung eine Behandlung durch ein nach den Regeln der ärztlichen Kunst gebotenes und anerkanntes Heilverfahren umfaßt. Dagegen findet sich die weitestgehende Berücksichtigung der Freiheit des Patienten im Schleswig-Holsteinischen Unterbringungsgesetz, wonach ärztliche Therapiemaßnahmen ohne Einwilligung des Betroffenen nur zulässig sind zur Abwehr einer anders nicht abwendbaren Gefahr, einer Schädigung von dessen Gesundheit oder Leben. Die übrigen Bundesländer beziehen unterschiedlich ausgestaltete Mittelstellungen. Meistens wird die für den Arzt erforderliche Rechtssicherheit durch die vorliegenden Generalklauseln zur Behandlung nicht ausreichend gegeben. So ist z. B. unklar, ob die Anwendung von Psychopharmaka in üblicher Dosierung und in üblicher Form tatsächlich auf jeden Fall in rechtlicher Form abgedeckt ist. Eindeutig erlaubt sind überall Maßnahmen zur unmittelbaren Gefahrenabwehr für Gesundheit oder Leben.

Greifen anderer gesetzlicher Regelungen

Geschäftsunfähigkeit

Greifen anderer gesetzlicher Regelungen
Geschäftsunfähigkeit

Definition ▶

> **Definition.** Geschäftsunfähigkeit liegt vor, wenn infolge anhaltender krankhafter Störung der Geistestätigkeit ein die freie Willensbestimmung ausschließender Zustand gegeben ist (§ 104 BGB).

Rechtsgeschäfte sind bei Nachweis der Geschäftsunfähigkeit null und nichtig. Auf dieser Basis können z. B. die im Rahmen einer schweren psychischen Erkrankung getätigten Geschäfte annuliert werden, so daß keine nachteiligen Konsequenzen für den Patienten entstehen.

Für vorübergehende Störungen der Geistestätigkeit sowie Zustände von Bewußtlosigkeit ist eine analoge **Regelung im Sinne der Nichtigkeit der Willenserklärung** gegeben (§ 105 BGB).

Geschäftsunfähigkeit muß stets positiv bewiesen werden. Es gilt nicht der Grundsatz des Strafrechts: Im Zweifel für den Angeklagten. Auch muß immer die **völlige Geschäftsunfähigkeit** belegt werden, eine verminderte Geschäftsfähigkeit ist rechtlich nicht vorgesehen, lediglich die **gegenständlich beschränkte (partielle) Geschäftsunfähigkeit** (z. B. Prozeßunfähigkeit bei Wahnkranken).

- **§ 104 BGB: Geschäftsunfähigkeit**
  Geschäftsunfähig ist
  1. wer nicht das siebente Lebensjahr vollendet hat;
  2. wer sich in einem die freie Willensbestimmung ausschließenden Zustand krankhafter Störung der Geistestätigkeit befindet, sofern nicht der Zustand seiner Natur nach ein vorübergehender ist.
- **§ 105 BGB: Nichtigkeit von Willenserklärungen**
  1. Die Willenserklärung eines Geschäftsunfähigen ist nichtig.
  2. Nichtig ist auch eine Willenserklärung, die im Zustande der Bewußtlosigkeit oder vorübergehender Störung der Geistestätigkeit abgegeben wird.

Linke Randspalte:

Rechtsgeschäfte sind bei Nachweis der Geschäftsunfähigkeit null und nichtig (§ 104 BGB).
Für vorübergehende Störungen der Geistestätigkeit sowie Zustände von Bewußtlosigkeit ist eine anologe **Regelung im Sinne der Nichtigkeit der Willenserklärung** gegeben (§ 105 BGB).
Geschäftsunfähigkeit muß stets positiv bewiesen werden. Zweifel an der Geschäftsfähigkeit genügen nicht, um getätigte Rechtsgeschäfte als null und nichtig erklären zu können.
Unser Rechtssystem sieht nur eine **völlige Geschäftsunfähigkeit** vor, eine verminderte Geschäftsfähigkeit jedoch nicht. Es gibt aber die **auf einen Bereich beschränkte partielle Geschäftsunfähigkeit** (z. B. Prozeßunfähigkeit).

Testierunfähigkeit

Testierunfähigkeit

Definition ▶

> **Definition.** Unter **Testierfähigkeit** versteht man die Fähigkeit zur Abfassung eines rechtswirksamen Testamentes. Ist der Patient bei krankhafter Störung der Geistestätigkeit, Geistesschwäche oder Bewußtseinsstörung nicht in der Lage, die Bedeutung einer derartigen Willenserklärung einzusehen oder einsichtsgemäß zu handeln, besteht **Testierunfähigkeit** (§ 2229 BGB).

Auch die Testierunfähigkeit muß positiv nachgewiesen werden, Zweifel an der Testierfähigkeit allein reichen nicht aus.

- **§ 2229 BGB: Testierunfähigkeit**
  Wer wegen krankhafter Störung der Geistestätigkeit, wegen Geistesschwäche oder wegen Bewußtseinsstörung nicht in der Lage ist, die Bedeutung einer von ihm abgegebenen Willenserklärung einzusehen und nach dieser Einsicht zu handeln, kann ein Testament nicht errichten.

Eherecht

Eherecht

Die **Nichtigkeit einer Ehe** kann erklärt werden, wenn einer der Ehepartner zur Zeit der Eheschließung geschäftsunfähig, bewußtlos oder in seiner Geistestätigkeit vorübergehend gestört war (§ 18 Ehegesetz). Auch kann die Aufhebung einer Ehe wegen Irrtums über die persönlichen Eigenschaften des Ehegatten (§ 32

Linke Randspalte:

Die **Nichtigkeit einer Ehe** kann erklärt werden, wenn einer der Ehepartner zur Zeit der Eheschließung geschäftsunfähig, bewußtlos oder in

Ehegesetz) beschlossen werden, z. B. bei schwerer Sucht und schweren sexuellen Abweichungen.

Treffen diese Voraussetzungen nicht zu, ist aber eine Ehe durch psychische Erkrankungen zerrüttet, so kann die Ehescheidung nach dem **Zerrüttungsprinzip** durchgeführt werden.

- **§ 18 EheG: Nichtigkeit einer Ehe wegen Mangels der Geschäfts- oder Urteilsfähigkeit**
  1. Eine Ehe ist nichtig, wenn einer der Ehegatten zur Zeit der Eheschließung geschäftsunfähig war oder sich im Zustand der Bewußtlosigkeit oder der vorübergehenden Störung der Geistestätigkeit befand.
  2. Die Ehe ist jedoch als von Anfang an gültig anzusehen, wenn der Ehegatte nach dem Wegfall der Geschäftsunfähigkeit, der Bewußtlosigkeit oder der Störung der Geistestätigkeit zu erkennen gibt, daß er die Ehe fortsetzen will.

- **§ 32 EheG: Aufhebung einer Ehe wegen Irrtums über die persönlichen Eigenschaften des Ehegatten**
  1. Ein Ehegatte kann Aufhebung der Ehe begehren, wenn er sich bei der Eheschließung über solche persönlichen Eigenschaften des anderen Ehegatten geirrt hat, die ihn bei Kenntnis der Sachlage und bei verständiger Würdigung des Wesens der Ehe von der Eingehung der Ehe abgehalten haben würden.
  2. Die Aufhebung ist ausgeschlossen, wenn der Ehegatte nach Entdeckung des Irrtums zu erkennen gegeben hat, daß er die Ehe fortsetzen will, oder wenn sein Verlangen nach Aufhebung der Ehe mit Rücksicht auf die bisherige Gestaltung des ehelichen Lebens der Ehegatten als sittlich nicht gerechtfertigt erscheint.

> seiner Geistestätigkeit vorübergehend gestört war. Auch kann die Aufhebung wegen Irrtums über die persönlichen Eigenschaften des Ehegatten (z. B. Sucht, sexuelle Abweichungen) oder eine Scheidung bei Zerrüttung durch psychische Erkrankung erfolgen (**Zerrüttungsprinzip**).

Berufsunfähigkeit/Erwerbsunfähigkeit

Aufgrund einer psychischen Erkrankung kann es, wie auch bei körperlicher Erkrankung, zur Berufsunfähigkeit oder sogar zur Erwerbsunfähigkeit kommen.

> **Berufsunfähigkeit/Erwerbsunfähigkeit**
> Bei psychischen Erkrankungen kann es zur Berufs- oder Erwerbsunfähigkeit kommen.

Definition. **Berufsunfähigkeit** bedeutet eine Minderung der Erwerbsfähigkeit um mindestens 50%, und zwar im Vergleich zu einem gesunden Versicherten mit ähnlicher Ausbildung und Kenntnissen.

Erwerbsunfähigkeit bedeutet, daß der Versicherte keine Erwerbstätigkeit mit einer gewissen Regelmäßigkeit mehr ausüben kann, allenfalls noch geringfügige Einkünfte durch Erwerbstätigkeit erzielen kann.

◀ **Definition**

Der Betroffene hat Anspruch auf eine Rente wegen Berufsunfähigkeit bzw. wegen Erwerbsunfähigkeit.

In Fällen, bei denen Berentung noch nicht indiziert ist, kann durch verschiedene **Rehabilitationsmaßnahmen und sonstige Vergünstigungen über das Bundessozialhilfegesetz und das Schwerbehindertengesetz** Hilfestellung geleistet werden.

- **§ 1246 RVO: Berufsunfähigkeit**
  Berufsunfähig ist ein Versicherter, dessen Erwerbsfähigkeit infolge von Krankheit oder anderen Gebrechen oder Schwäche seiner körperlichen oder geistigen Kräfte auf weniger als die Hälfte derjenigen eines körperlich und geistig gesunden Versicherten mit ähnlicher Ausbildung und gleichwertigen Kenntnissen und Fähigkeiten herabgesunken ist.

  Der Kreis der Tätigkeiten, nach denen die Erwerbsfähigkeit eines Versicherten zu beurteilen ist, umfaßt alle Tätigkeiten, die seinen Kräften und Fähigkeiten entsprechen und ihm unter Berücksichtigung der Dauer und des Umfanges seiner Ausbildung sowie seines bisherigen Berufes und der besonderen Anforderungen seiner bisherigen Berufstätigkeit zugemutet werden können.

> Der Betroffene hat Anspruch auf Rente wegen Berufsunfähigkeit bzw. Erwerbsunfähigkeit.
> Falls eine Berentung noch nicht indiziert ist, kann durch **Rehabilitationsmaßnahmen oder Vergünstigungen** im Rahmen des **Bundessozialhilfegesetzes** bzw. des **Schwerbehindertengesetzes** Hilfe geleistet werden.

Zumutbar ist stets eine Tätigkeit, für die der Versicherte durch Maßnahmen zur Erhaltung, Besserung oder Wiederherstellung der Erwerbsfähigkeit mit Erfolg ausgebildet oder umgeschult worden ist.

- **§ 1247 RVO: Erwerbsunfähigkeit**
Erwerbsunfähig ist der Versicherte, der infolge von Krankheit oder anderen Gebrechen oder von Schwächen seiner körperlichen oder geistigen Kräfte auf nicht absehbare Zeit eine Erwerbstätigkeit in gewisser Regelmäßigkeit nicht mehr ausüben kann oder nicht mehr als nur geringfügige Einkünfte durch Erwerbstätigkeit erzielen kann.

Schuldunfähigkeit

Bei schweren psychischen Erkrankungen kann die Schuldfähigkeit **aufgehoben (§ 20 StGB) oder eingeschränkt (§ 21 StGB)** sein. Erste Voraussetzung für die Schuldunfähigkeit oder eingeschränkte Schuldfähigkeit ist das **Vorliegen eines der vier folgenden Merkmale:**
- **krankhafte seelische Störung,**
- **tiefgreifende Bewußtseinsstörung,**
- **Schwachsinn oder**
- **eine andere seelische Abartigkeit.**

Die zweite Voraussetzung für die De- oder Exkulpierung ist, daß der Täter zur Tatzeit aufgrund eines der vier genannten Merkmale **unfähig war, das Unrecht der Tat einzusehen oder nach dieser Einsicht zu handeln** (§ 20 StGB), bzw. daß die Fähigkeit, das Unrecht der Tat einzusehen oder nach dieser Einsicht zu handeln, erheblich eingeschränkt war (§ 21 StGB).

Insbesondere bei völliger Aufhebung der Schuldfähigkeit und bei Fortbestehen der Grunderkrankung resultiert meist die Konsequenz, daß eine Unterbringung im Rahmen des Maßregelvollzuges in einem psychiatrischen Krankenhaus zur Vermeidung einer potentiellen Wiederholung der Straftat befürwortet werden muß (§ 63 ff StGB).

Mit „krankhafte seelische Störung" sind vor allem die endogenen und exogenen Psychosen gemeint. Unter „tiefgreifender Bewußtseinsstörung" werden vor allem Bewußtseinsveränderungen im Rahmen hochgradiger Affektzustände verstanden. „Schwachsinn" meint geistige Behinderung verschiedenen Grades. Die Kategorie „schwere andere seelische Abartigkeit" umfaßt Neurosen und Konfliktreaktionen, Persönlichkeitsstörungen und Sexualstörungen sowie Abhängigkeit und Sucht. Der Nachweis der krankhaften Störung muß für die Tatzeit erfolgen.

- **§ 20 StGB Schuldunfähigkeit**
Ohne Schuld handelt, wer bei Begehung der Tat wegen einer krankhaften seelischen Störung, wegen einer tiefgreifenden Bewußtseinsstörung oder wegen Schwachsinn oder einer schweren anderen seelischen Abartigkeit unfähig ist, das Unrecht der Tat einzusehen oder nach dieser Einsicht zu handeln.

- **§ 21 StGB: Verminderte Schuldfähigkeit**
Ist die Fähigkeit des Täters, das Unrecht der Tat einzusehen oder nach dieser Einsicht zu handeln, aus einem der im § 20 bezeichneten Gründe bei Begehung der Tat erheblich vermindert, so kann die Strafe nach § 49 Abs. 1 gemildert werden.

- **§ 63 StGB: Unterbringung in einem psychiatrischen Krankenhaus**
Hat jemand eine rechtswidrige Tat im Zustand der Schuldunfähigkeit (§ 20) oder verminderten Schuldfähigkeit (§ 21) begangen, so ordnet das Gericht die Unterbringung in einem psychiatrischen Krankenhaus an, wenn die Gesamtwürdigung des Täters und seiner Tat ergibt, daß von ihm infolge seines Zustandes erhebliche rechtswidrige Taten zu erwarten sind und er deshalb für die Allgemeinheit gefährlich ist.

- **§ 64 StGB: Unterbringung in einer Entziehungsanstalt**
Hat jemand den Hang, alkoholische Getränke oder andere berauschende Mittel im Übermaß zu sich zu nehmen, und wird er wegen einer rechtswidrigen Tat, die er im Rausch begangen hat oder die auf seinen Hang zurückgeht, ver-

---

Schuldunfähigkeit

Bei schweren psychischen Erkrankungen kann die Schuldfähigkeit **eingeschränkt (§ 21 StGB) oder aufgehoben (§ 20 StGB)** sein, wenn
- durch eine krankhafte seelische Störung,
- tiefgreifende Bewußtseinsstörung,
- Schwachsinn oder
- eine andere seelische Abartigkeit die Fähigkeit, das Unrecht der Tat einzusehen oder nach dieser Einsicht zu handeln, aufgehoben oder erheblich eingeschränkt war.

Bei Schuldunfähigkeit oder erheblich eingeschränkter Schuldfähigkeit erfolgt meistens eine Unterbringung im Rahmen des Maßregelvollzuges in einem psychiatrischen Krankenhaus (§ 63 ff StGB).
Mit „krankhafte seelische Störung" sind vor allem die endogenen und exogenen Psychosen gemeint. Unter „tiefgreifender Bewußtseinsstörung" werden vor allem Bewußtseinsveränderungen im Rahmen hochgradiger Affektzustände verstanden. „Schwachsinn" meint geistige Behinderung verschiedenen Grades. Die Kategorie „schwere andere seelische Abartigkeit" umfaßt Neurosen und Konfliktreaktionen, Persönlichkeitsstörungen und Sexualstörungen sowie Abhängigkeit und Sucht. Der Nachweis der krankhaften Störung muß für die Tatzeit erfolgen.

urteilt oder nur deshalb nicht verurteilt, weil seine Schuldunfähigkeit erwiesen oder nicht auszuschließen ist, so ordnet das Gericht die Unterbringung in einer Entziehungsanstalt an, wenn die Gefahr besteht, daß er infolge seines Hanges erhebliche rechtswidrige Taten begehen wird. Die Anordnung unterbleibt, wenn eine Entziehungskur von vornherein aussichtslos erscheint.

Jugendstrafrecht

Die Grundlage der strafrechtlichen Verantwortlichkeit eines **Jugendlichen** (Altersklasse zwischen 14 und 17 Jahren) ist eine entsprechende sittliche und geistige Reife (§ 3 JGG). Liegt diese nicht vor, ist entsprechend der Situation bei der Schuldunfähigkeit die strafrechtliche Verantwortlichkeit nicht gegeben (§ 3 JGG). Ist sie gegeben, so wird das Jugendstrafrecht angewandt, was darauf abzielt, stärker helfend als strafend zu sein.

Beim **Heranwachsenden** (Altersklasse zwischen 18 und 20 Jahren) wird in der Regel das Erwachsenenstrafrecht angewandt. Ist der Heranwachsende jedoch noch in seiner sittlichen und geistigen Reife einem Jugendlichen gleichzustellen, so wird das Jugendstrafrecht angewandt (§ 105 JGG).

- **§ 3 JGG: Verantwortlichkeit**
  Ein Jugendlicher ist strafrechtlich verantwortlich, wenn er z. Z. der Tat nach seiner sittlichen und geistigen Entwicklung reif genug ist, das Unrecht der Tat einzusehen und nach dieser Einsicht zu handeln.

- **§ 105 JGG: Anwendung des Jugendstrafrechtes auf Heranwachsende**
  (1) Begeht ein Heranwachsender eine Verfehlung, die nach den allgemeinen Vorschriften mit Strafe bedroht ist, so wendet der Richter die für einen Jugendlichen geltenden Vorschriften der §§ 4 bis 8,9 Nr. 1, §§ 10,11 und 13 bis 32 entsprechend an, wenn 1. die Gesamtwürdigung der Persönlichkeit des Täters bei Berücksichtigung auch der Umweltbedingungen ergibt, daß er z. Z. der Tat nach seiner sittlichen und geistigen Entwicklung noch einem Jugendlichen gleichstand, oder 2. es sich nach der Art, den Umständen und den Beweggründen der Tat um eine Jugendverfehlung handelt.

Schwangerschaftsabbruch

Die Möglichkeiten zu einem **legalen Schwangerschaftsabbruch** sind im § 218 StGB geregelt. Die Neufassung dieses Paragraphen, die im Jahre 1993 durch die parlamentarischen Gremien verabschiedet wurde, sollte gegenüber der bisherigen Version eine Liberalisierung des Schwangerschaftsabbruches bewirken. Sie wurde aber durch eine entsprechende Entscheidung des Bundesverfassungsgerichtes und durch Anordnung einer vorübergehenden Zwischenlösung außer Kraft gesetzt. Momentan ist noch nicht abzusehen, welche Modifikationen sich in einer endgültigen Neufassung des § 218 ergeben werden. Sicherlich wird es aber weiterhin möglich sein, im Rahmen einer **medizinischen Indikation** betroffenen psychiatrischen Patientinnen zu helfen, wenn aufgrund psychiatrischer Sachverhalte eine Gefahr für das Leben der Schwangeren oder Gefahr einer schwerwiegenden körperlichen oder seelischen Gesundheitsbeeinträchtigung gegeben ist. In der Psychiatrie ist hier z. B. zu denken an die Gefahr der Dekompensation bei endogenen Psychosen bzw. schweren neurotischen Störungen bzw. an die Gefahr der Suizidalität bei Fortführung der Schwangerschaft.

Einschränkungen der Fahrtauglichkeit

Individuelle Beurteilungsmaßstäbe sind erforderlich, um eine zu schematische, nur auf die Krankheitsgruppe abzielende Beurteilung zu vermeiden.

Jugendstrafrecht

Liegt die sittliche und geistige Reife eines **Jugendlichen** (Altersklasse 14–17 J.) nicht vor, so ist die strafrechtliche Verantwortlichkeit nicht gegeben (§ 3 JGG). Liegt sie vor, so wird das Jugendstrafrecht angewandt, das stärker helfend als strafend ist.
Beim **Heranwachsenden** (Altersklasse 18–20 J.) kann das Jugendstrafrecht angewandt werden, wenn er in seiner sittlichen und geistigen Reife einem Jugendlichen gleichzustellen ist (§ 105 JGG).

Schwangerschaftsabbruch

Die Möglichkeiten zu einem **legalen Schwangerschaftsabbruch** sind durch § 218 StGB geregelt. Im Rahmen einer **medizinischen Indikation** kann der Betroffenen geholfen werden, wenn aufgrund psychiatrischer Sachverhalte Gefahr für das Leben der Schwangeren oder Gefahr einer schwerwiegenden körperlichen oder seelischen Gesundheitsbeeinträchtigung gegeben ist. Eine **medizinische Indikation** zum Schwangerschaftsabbruch kann gegeben sein, wenn die Gefahr der Dekompensation einer bestehenden psychiatrischen Erkrankung bzw. die Gefahr von Suizidalität bei Fortführung der Schwangerschaft zu erwarten ist.

Einschränkungen der Fahrtauglichkeit
Individuelle Beurteilungsmaßstäbe sind erforderlich, um eine zu schematische Beurteilung zu vermeiden.

• Endogene Psychosen

Fahruntauglichkeit bei erheblicher Beeinträchtigung des Realitätsurteils durch psychotische Symptome.

Nach der ersten psychotischen Episode ist in der Regel nach 6 Monaten Symptomfreiheit Fahrtauglichkeit zu attestieren. Bei Mehrfacherkrankung sind ggf. längere Karenzzeiten erforderlich.

Eine erfolgreiche neuroleptische Dauertherapie spricht nicht gegen die Fahrtauglichkeit.

Patienten mit affektiven Psychosen werden in der Regel günstiger als Patienten mit schizophrenen Psychosen bzgl. der Fahrtauglichkeit beurteilt.

Fahruntauglichkeit liegt bei erheblicher Beeinträchtigung des Realitätsurteils durch psychotische Symptome wie Halluzinationen, Wahn, Agitiertheit oder Suizidalität vor.

Nach einer ersten psychotischen Episode ist in der Regel nach sechs Monaten Symptomfreiheit aufgrund fachärztlicher Begutachtung Fahrtauglichkeit gegeben. Bei Wiedererkrankung ist je nach den Umständen ein drei- bis fünfjähriges, nach fachärztlicher Begutachtung krankheitsfreies Intervall abzuwarten. Eine Wiedererkrankung nach mehr als zehn Jahren ist als Neuerkrankung anzusehen.

Es scheint nach den bisherigen Erfahrungen durchaus möglich, daß eine neuroleptische Dauertherapie ebenso wie die antikonvulsive Therapie der Epileptiker beurteilt wird: Kommt es zur Symptomfreiheit (psychische Stabilität ohne psychotische Auffälligkeiten), ist die Fahrerlaubnis im Rahmen der Rehabilitation vertretbar.

Affektpsychosen (endogene Depression, Zyklothymie) sollten aufgrund ihrer günstigeren Prognose günstiger als schizophrene Psychosen beurteilt werden. Medikamentös gut eingestellte depressive Patienten haben sich in ihren Fahrverhaltensvariablen nicht von gesunden Versuchspersonen unterschieden, diese Patientengruppe ist zudem häufig persönlichkeitstypologisch durch Merkmale wie Pünktlichkeit und Zuverlässigkeit gekennzeichnet.

• Exogene Psychosen

Die Fahrtauglichkeit ist frühestens 3 Monate nach Abklingen der akuten Krankheitserscheinungen wieder gegeben. **Nachuntersuchungen** sind erforderlich.

Hierbei handelt es sich im allgemeinen um mit Bewußtseinsstörungen einhergehende Hirnerkrankungen (Delir, Verwirrtheits- und Dämmerzustände). Fahrtauglichkeit kann frühestens drei Monate nach Abklingen der akuten Krankheitserscheinungen wieder gegeben sein, falls kein chronisches organisches Psychosyndrom vorliegt. **Nachuntersuchungen** nach ein, zwei und vier Jahren sind in der Regel erforderlich, außer bei erwiesener einmaliger Schädigung. Bei unklarer Ursache besteht erst nach dreijähriger Unauffälligkeit und neuropsychiatrischer Untersuchung bedingte Fahreignung – Nachuntersuchungen sind erforderlich.

• Intelligenzstörungen

Ein IQ unter 70 schließt Fahrtauglichkeit aus.

Ein Intelligenzquotient (IQ) unter 70 schließt in der Regel die Fahrtauglichkeit aus.

• Hirnabbauprozesse

Bei schweren Persönlichkeitsveränderungen bzw. kognitiven Störungen im Rahmen von Hirnabbauprozessen besteht Fahruntauglichkeit.

Hirnarteriosklerose und hirnatrophische Prozesse können zu einem Nachlassen der psychophysischen Leistungsfähigkeit führen und Gefahren durch mangelnde sensorische Leistungen, Reaktionsleistungsschwächen und Persönlichkeitsveränderungen wie Kritikschwäche und Egozentrik heraufbeschwören. Bei schweren Leistungsmängeln und Persönlichkeitsveränderungen besteht deshalb Fahruntauglichkeit, wobei bei älteren Fahrerlaubnisbewerbern infolge fehlender Erfahrungsbildung strengere Maßstäbe anzulegen sind. Über 60jährige Erstbewerber sind direkt einer medizinisch-psychologischen Untersuchung zuzuführen.

• Psychogene und persönlichkeitsbedingte Störungen

Bei Tendenz zu dissozialem Verhalten oder sonstigen, das Verkehrsverhalten störenden Einstellungen kann Fahruntauglichkeit vorliegen.

Wiederholter Verstoß gegen Verkehrs- und/oder Strafvorschriften oder sonstige Nachweise dissozialer Verhaltensweisen können die Eignung zum Führen von Kraftfahrzeugen ausschließen, da sie Ausdruck von persönlichkeits- bzw. erlebnisabhängigen Störungen der Einstellungs- und Anpassungsfähigkeit sind. Entscheidend ist hier die medizinisch-psychologische Untersuchung.

• Abhängigkeiten (Suchten) und Intoxikationen

Alkoholabhängigkeit, Drogenabhängigkeit und Medikamentenabhängigkeit haben Fahruntauglichkeit zur Folge. Der Nachweis der **Alkoholabhängigkeit** erscheint gerechtfertigt bei:
- Delir,
- gehäuften Bagatellunfällen,

Wer vom Alkoholgenuß oder vom Genuß anderer Suchtmittel abhängig ist kann kein Kraftfahrzeug führen. Alkoholabhängigkeit, Drogenabhängigkeit und Medikamentenabhängigkeit haben Fahruntauglichkeit zur Folge.

Der Nachweis der **Alkoholabhängigkeit** erscheint gerechtfertigt, wenn zum Beispiel ein Delir durchgemacht wurde, Bagatellunfälle (zum Beispiel Treppenstürze) sich häufen, eine Polyneuropathie besteht, eine Fettleber und eine Pankreatitis nachzuweisen sind, ein Verlust der Alkoholtoleranz auftritt, die Kontrolle über das Sozialverhalten verlorengegangen ist o. ä. (γ-GT!). Als Beweis dafür, daß keine Abhängigkeit mehr besteht, dienen in der Regel eine erfolgreiche Entziehungsbehandlung und eine einjährige Abstinenz (nachzuweisen durch geeignete ärztliche Untersuchungen in dreimonatigem Abstand). Die Verwaltungsgerichte bejahen im allgemeinen die Wiedereignung erst, wenn die Rückfallwahrscheinlichkeit unter 30% (in zehn Jahren) liegt; nach drei Trunkenheitsdelikten liegt die Rückfallquote bei über 60%, so daß hier meist ablehnende Beurteilungen erfolgen müssen.

Auch bei der **Drogen- und Arzneimittelabhängigkeit** besteht entsprechend Fahruntauglichkeit. Auch ohne Abhängigkeit kann der regelmäßige Gebrauch bestimmter Arzneimittel (zum Beispiel Hypnotika) infolge „hang-over" und Kumulation zum Verlust der Fahrtüchtigkeit führen (cave: zusätzliche Interaktion mit Alkohol!).

- bestehender Polyneuropathie,
- Fettleber,
- Pankreatitis,
- Verlust der Alkoholtoleranz.

Als Beweis dafür, daß keine Abhängigkeit mehr besteht, dienen i. d. R. eine erfolgreiche Entziehungsbehandlung und eine einjährige Abstinenz.

6 Psychiatrische Notfall-Therapie

Definition ▶

> ***Definition.*** Ein psychiatrischer Notfall erfordert eine sofortige, am akuten Symptom orientierte gezielte Therapie, um eine Gefahr für die Gesundheit des Patienten und eventuell auch anderer Personen abzuwenden. Die wichtigsten psychiatrischen Notfälle sind:
> - Erregungszustände,
> - akute Suizidalität,
> - delirante Syndrome,
> - Bewußtseinsstörungen,
> - Drogen-Notfälle (Intoxikationen etc.).

Kenntnisse über die Erstversorgung psychiatrischer Notfälle sind für jeden Arzt von Bedeutung, da sich der überwiegende Anteil solcher Notfälle nicht in psychiatrischen Kliniken, sondern in der häuslichen Umgebung des Patienten, in der Praxis des (Allgemein-)Arztes, im Altenheim oder im Allgemeinkrankenhaus ereignet. **Praktisch jeder Arzt wird zu irgendeinem Zeitpunkt mit psychiatrischen Notfällen konfrontiert**.

Die Therapie psychiatrischer Notfälle muß sich in erster Linie an der akuten Symptomatik orientieren. Es ist von vorrangiger Bedeutung, daß die bestehende Symptomatik und die daraus eventuell entstehende Gefährdung für den Patienten selbst oder auch für andere Personen schnell und sicher erkannt werden.

Eine orientierende Übersicht über die Differenzierung psychiatrischer Notfall-Situationen und der vordringlichen medikamentösen Maßnahmen ergibt sich aus *Abbildung 6-1*.

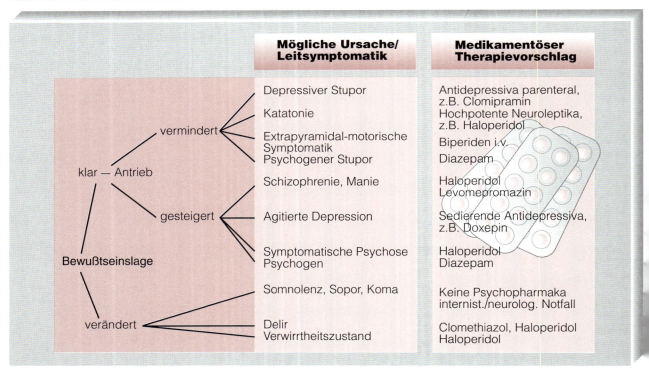

Abb. 6-1: Medikamentöse Therapie psychiatrischer Notfälle (Übersicht)

Darüber hinaus muß jedoch immer auch bedacht werden, daß die **Ursache** für eine psychiatrische Notfall-Situation **nicht nur im psychiatrischen Bereich selbst** (also z. B. im Bestehen einer schizophrenen Psychose, einer akuten Depression oder einer akuten Belastungsreaktion) zu suchen ist, sondern daß auch verschiedene **neurologische** (z. B. Meningitis / Enzephalitis, zerebrale Durchblutungsstörungen, Anfallsleiden etc.) und **internistische Erkrankungen** (z. B. akute Stoffwechselstörungen) sowie **Nebenwirkungen von Pharmaka** zu psychiatrischen Notfall-Situationen führen können. Eine internistische und neurologische Untersuchung sollte deshalb grundsätzlich durchgeführt werden, wobei sich das in der akuten Situation nicht immer sofort realisieren läßt.

Ein grundsätzlicher Bestandteil der psychiatrischen Notfall-Therapie ist das **ärztliche Gespräch**. Häufig gelingt es bereits durch ein ruhiges, überlegtes und professionelles Auftreten, auch dramatisch anmutende Situationen zu enschärfen (z. B. bei akuten Angst- und Panikzuständen). Bringt dieses Vorgehen jedoch keinen Erfolg, so darf mit weitergehenden – insbesondere medikamentösen – Maßnahmen nicht gezögert werden.

Die sorgfältige **Beobachtung des Umfeldes** (z. B. „Flaschenlager" des Alkoholikers, „Fixerset" des Drogenabhängigen oder Medikamentenvorräte) und die **Angaben von Angehörigen oder Nachbarn** können wertvolle Hinweise auf die Ursache der akuten Symptomatik und damit für die notwendige therapeutische Strategie geben.

Obwohl immer versucht werden sollte, sich mit dem Patienten über die notwendigen Therapiemaßnahmen zu verständigen, kann es unter Umständen erforderlich sein, auch ohne die ausdrückliche Zustimmung des Patienten vorzugehen. In akuten Notfällen können die zur sofortigen Gefahrenabwehr unbedingt notwendigen Maßnahmen im Sinne einer „Geschäftsführung ohne Auftrag" auch ohne die ausdrückliche Einwilligung des Patienten vorgenommen werden. Direkt im Anschluß daran ist aber dafür Sorge zu tragen, daß eine den gesetzlichen Bestimmungen genügende rechtliche Grundlage für die weitere Behandlung geschaffen wird. Hierbei kommen in erster Linie eine Betreuung nach dem Betreuungsgesetz oder eine Unterbringung auf einer geschlossenen Station nach den Unterbringungsgesetzen der Bundesländer (LUG, PsychKG) in Frage (*vgl. Kapitel Juristische Aspekte und Maßnahmen*). Aufgrund solcher gesetzlicher Bestimmungen kann eventuell auch eine Einweisung in eine psychiatrische Klinik zur weiteren Abklärung und Behandlung erfolgen.

Erregungszustände

> **Definition.** Hauptcharakteristika von Erregungszuständen sind eine meist ziellose **Steigerung von Antrieb und Psychomotorik, affektive Enthemmung** und **Kontrollverlust**. Es kann zu ausgeprägter Gereiztheit bis hin zu **unvermittelten Gewalttätigkeiten** kommen.

Erregungszustände können im Rahmen der meisten **psychischen Störungen**, aber auch bei einer Vielzahl von organischen Grunderkrankungen auftreten.

Die wichtigsten psychiatrischen Ursachen sind:
- manische Psychose,
- schizophrene Psychose (z. B. erregte Katatonie),
- agitiert-depressive Psychose,
- akute Belastungsreaktion,
- Persönlichkeitsstörung (z. B. histrionisch, explosibel),
- Minderbegabung.

An **organischen Ursachen** sind insbesondere hirnorganische Erkrankungen (z. B. Gefäßprozeß, Anfallsleiden). endokrine Störungen (z. B. Hyperthyreose), Intoxikationen und Rauschzustände zu nennen.

In der akuten Situation ist es sehr wichtig, beruhigend auf den Patienten einzuwirken. Das kann mit dem gesamten Verhalten und mit Worten geschehen („talk down").

Mittel der Wahl zur pharmakologischen Behandlung von Erregungszuständen sind dämpfende, niederpotente Neuroleptika, z. B. Levomepromazin, bei kreislaufgefährdeten älteren Patienten eventuell das hochpotente Neuroleptikum Haloperidol. Steht neben der Erregung auch Angst im Vordergrund, dann hat sich die Gabe von Diazepam bewährt.

> **Merke.** Bei Erregungszuständen durch Intoxikationen mit Alkohol, Drogen oder Medikamenten sind Benzodiazepine (z. B. Diazepam) und auch niederpotente Neuroleptika in der Regel **kontraindiziert**.
> Bei dringlich notwendiger Sedierung sollte Haloperidol gegeben werden.

Akute Suizidalität

Akute Suizidalität in ihren unterschiedlichen Erscheinungsformen zählt zu den **häufigsten psychiatrischen Notfällen**. Dabei reicht das Spektrum von schwerer Suizidalität im Rahmen von Psychosen bis zu krisenhaften Situationen ohne eigentliche psychiatrische Erkrankung (zur Diagnostik *siehe S. 374*)

Um Suizidgefahr abzuwenden, ist es nötig,
- die zugrundeliegende Krisensituation zu erkennen,
- das Ausmaß der Krise richtig abzuschätzen und
- entsprechende Krisenintervention zu betreiben.

Abbildung 6-2 vermittelt die Überschneidung von Suizid, Parasuizid und affektiver Störung, die bei der Einschätzung und Behandlung der Suizidalität von besonderer Bedeutung ist.

In der akuten Situation ist es meist möglich, mit dem Patienten ins Gespräch zu kommen und mehr über die Hintergründe zu erfahren. Es gilt, im **Gespräch** eine **Vertrauensbasis** aufzubauen. Dazu ist es unabdingbar, den Patienten und seine Situation ernst zu nehmen. Das kann dem Patienten vermittelt werden, indem man sich ausreichend Zeit nimmt und ihm geduldig zuhört.

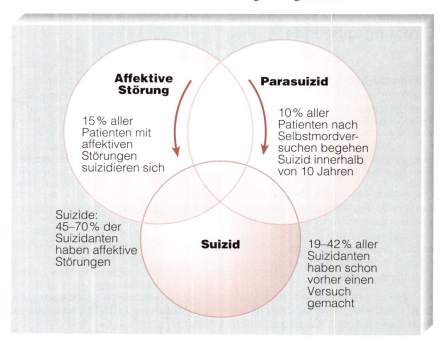

Abb. 6-2: Überschneidung von Suizid, Parasuizid und affektiver Störung

Merke. Vielfach wird leichtfertig von sogenannter „demonstrativer" Suizidalität gesprochen. Damit ist gemeint, daß der Patient lediglich droht, sich das Leben zu nehmen, um damit etwas zu erreichen. Die Neigung, solche Patienten nicht erst zu nehmen, kann fatale Folgen haben. Auch „demonstrative" Suizidalität ist ein Notfall!

◀ Merke

Pharmakotherapeutisch sind dämpfende Psychopharmaka, z. B. Levomepromazin oder Diazepam, angezeigt. Tritt Suizidalität im Rahmen von (endogenen) Depressionen auf, kann ein sedierendes Antidepressivum – z. B. Doxepin – verordnet werden. Zur Weiterbehandlung ist oft, auch bei rein situativer Suizidalität, die Einweisung in eine psychiatrische Fachklinik sinnvoll.

Pharmakotherapeutisch sind dämpfende Psychopharmaka angezeigt (Levomepromazin, Diazepam, sedierendes Antidepressivum). Die Einweisung in eine psychiatrische Fachklinik ist oft sinnvoll.

Delirante Syndrome

Delirante Syndrome

Definition. Das delirante Syndrom (Delir) ist hauptsächlich gekennzeichnet durch **Desorientiertheit, Verkennung der Umgebung, halluzinatorische Erlebnisse** (vorwiegend optisch) und **Unruhe** bis hin zu starker Erregung.

Es handelt sich dabei um eine **akute organische Psychose**, die nicht nur bei Alkoholentzug („Delirium tremens"), sondern auch bei Medikamentenentzug, Allgemeinerkrankungen und Einnahme zentralwirksamer Pharmaka auftreten kann.

◀ Definition

Beim deliranten Syndrom handelt es sich um einen akuten, oft **vital bedrohlichen Zustand**, der in aller Regel der stationären Behandlung in einer Fachklinik zur Abklärung der Ursache und zur gezielten Behandlung bedarf. **Im stationären Rahmen ist Clomethiazol** (Distraneurin®) meist das Mittel der Wahl, im ambulanten Bereich ist dieses Medikament – auch bei leichteren Zuständen – nicht zu empfehlen. Zum einen ist nicht vorhersehbar, wie sich die Symptome weiterentwickeln, zum anderen hat Clomethiazol selbst Nebenwirkungen (vor allem ein Abhängigkeitspotential und die Gefahr der Atemdepression), die eine klinische Überwachung erfordern. Als **Notfallmedikation** kann **ambulant Haloperidol** angewendet werden.

Das delirante Syndrom ist ein **vital bedrohlicher Zustand**. Es bedarf einer stationären Behandlung in einer Fachklinik. **Im stationären Rahmen ist Clomethiazol** meist das Mittel der Wahl. An Nebenwirkungen sind das Abhängigkeitspotential und die Atemdepression zu beachten. Als Notfallmedikation kann **ambulant Haloperidol** angewendet werden.

Bewußtseinsstörungen

Bewußtseinsstörungen

Definition. Bewußtseinsstörungen äußern sich in der Regel als **Einschränkungen der Wachheit** („Bewußtseinshelligkeit"). Je nach Ausprägung sind **leichte Benommenheit, Somnolenz** (Schläfrigkeit), **Sopor** oder **Koma** (Bewußtlosigkeit) zu unterscheiden. Bewußtseinsstörungen weisen meist auf eine körperliche Ursache hin. Das therapeutische Vorgehen orientiert sich an den allgemeinen Prinzipien der Notfall-Therapie.

◀ Definition

Die Bewußtseinsstörung ist eine unspezifische Reaktionsweise des Gehirns auf sehr unterschiedlicher Grundlage. Als **Ursache** für eine Bewußtseinsstörung kommen in erster Linie in Betracht:

Die Bewußtseinsstörung ist eine unspezifische Reaktionsweise des Gehirns.

Zentralnervöse Erkrankungen:
- raumfordernde Prozesse (z. B. Hirntumor, Abszeß etc.),
- entzündliche Prozesse (z. B. Enzephalitis),
- vaskuläre Störungen (z. B. Hirninfarkt).

Systemische Erkrankungen:
- Infektionskrankheiten (z. B. Sepsis),
- metabolische Störungen,
- endokrine Störungen (z. B. bei Schilddrüsenstörungen, Diabetes mellitus etc.).

Mögliche Ursachen:
- **zentralnervöse Erkrankungen,**
- **systemische Erkrankungen,**
- **Medikamente und Drogen.**

6 Psychiatrische Notfall-Therapie

Das therapeutische Verfahren orientiert sich zunächst an den **allgemeinen Prinzipien der Notfall-Therapie:** Stabilisierung von Atmung und Herz-Kreislauf-Funktionen, Flüssigkeitszufuhr, Elektrolytausgleich etc. Das Bewußtsein kann auch **qualitativ verändert** sein (z. B. Epilepsien, Drogen-Psychosen). Auch hier ist eine Klinikeinweisung erforderlich.

Drogen-Notfälle

Definition ▶

Die Behandlung eines Drogen-Notfalls richtet sich nach der im Vordergrund stehenden Symptomatik.

Es muß berücksichtigt werden, daß **oft eine Polytoxikomanie vorliegt**. Auch andere Ursachen für die Symptomatik müssen erwogen werden (z. B. metabolische Störung, Mangelernährung, Sepsis u. ä.). Eine Bestimmung des Urin- bzw. Plasmaspiegels soll baldmöglichst erfolgen.
Eine stationäre Abklärung sowie die Akut- bzw. Entzugsbehandlung sind dringend angezeigt.

Das katatone Syndrom

Definition ▶

Katatone Syndrome mit Fieber und vegetativer Entgleisung sind selten, aber akut vital bedrohlich. Die Diffe-

Medikamente und Drogen:
- Alkohol,
- Drogen (z. B. Heroin),
- Sedativa (z. B. Barbiturate, Benzodiazepine) u.v.a.m.

Bei Bewußtseinsstörungen besteht häufig die Gefahr einer vitalen Bedrohung. Das therapeutische Vorgehen orientiert sich zunächst an den **allgemeinen Prinzipien der Notfall-Therapie:** Stabilisierung von Atmung und Herz-Kreislauf-Funktionen, Flüssigkeitszufuhr, Elektrolytausgleich etc. Alle weiteren therapeutischen Maßnahmen sind hinter die stationäre diagnostische Abklärung zurückzustellen.

Das Bewußtsein kann auch **qualitativ verändert** sein (z. B. bei Epilepsien oder Drogen-Psychosen). Auch hier ist eine Klinikeinweisung erforderlich. Bei zusätzlich vorhandener starker Erregung können Haloperidol und Diazepam verabreicht werden.

Drogen-Notfälle

> **Definition.** Drogen-Notfälle zeigen sich vorwiegend als akute **Intoxikationen oder Entzugserscheinungen** sowie als **psychotische Reaktionen**, wie z. B. der sogenannte Horror-Trip. Das Erscheinungsbild kann sich in vielfältigen Formen als Bewußtseinsstörung, als delirantes Syndrom oder auch als Erregungszustand zeigen.

Die Behandlung eines Drogen-Notfalles richtet sich in der Regel nach der im Vordergrund stehenden Symptomatik. Die notwendigen Maßnahmen bei Bewußtseinseintrübung, deliranter Symptomatik und Erregungszuständen wurden weiter oben detailliert beschrieben

Es muß immer berücksichtigt werden, daß **bei vielen Drogenabhängigen eine Polytoxikomanie** vorliegt, was zu einem bunten Mischbild bezüglich der Symptomatik führen kann. Dadurch wird eventuell auch die Diagnostik erschwert.

Bei Verdacht auf einen Drogen-Notfall sind die genaue Beobachtung des Umfeldes und die Erhebung einer Fremdanamnese unverzichtbar. Baldmöglichst muß eine Urin- bzw. Plasmaspiegel-Bestimmung erfolgen ("Screening"; Drogen-Schnelltest). Gerade bei einem Patienten, der offensichtlich drogenabhängig ist, müssen aber auch andere Ursachen für die Notfall-Situation erwogen werden (z. B. metabolische Störung, Mangelernährung, Sepsis u. ä.).

Eine Einweisung in eine medizinische Klinik (Intensivstation) bzw. eine psychiatrische Fachklinik zur intensiven diagnostischen Abklärung und zur Akut- bzw. Entzugsbehandlung ist dringend angezeigt.

Das katatone Syndrom

> **Definition.** Das **katatone Syndrom** ist gekennzeichnet durch ausgeprägte Störungen der Motorik. Es besteht entweder eine stuporöse Symptomatik mit Haltungsstereotypien, Mutismus und Rigor, oder es kommt zu massiven Erregungszuständen. Beide Zustände können auch schnell abwechseln. Durch Hinzutreten von Fieber und vegetativer Entgleisung kann dieses Syndrom akut vital bedrohlich werden. Diese Symptomatik tritt auf bei der **perniziösen (febrilen) Katatonie** sowie beim **malignen neuroleptischen Syndrom.**

Katatone Syndrome mit Fieber und vegetativer Entgleisung sind sehr seltene, aber akut vital bedrohliche Krankheitsbilder. Die differentialdiagnostische Entscheidung zwischen perniziöser Katatonie und malignem neuroleptischem Syndrom ist klinisch oft sehr schwierig. Wegen der bei den beiden Syndromen unterschiedlichen Therapie spricht man in diesem Zusammenhang auch vom „katatonen Dilemma".

Zu einer **perniziösen (febrilen) Katatonie** kann es im Verlauf einer schizophrenen Psychose kommen.

Die Akuttherapie besteht in
- intensivmedizinischer Grundversorgung,
- gezielter Therapie mit hochpotenten Neuroleptika,
- evtl. frühzeitiger Elektrokrampftherapie.

Merke. Eine frühzeitige Elektrokrampftherapie kann bei diesem Krankheitsbild lebensrettend sein.

Das **maligne neuroleptische Syndrom** tritt in weniger als 1‰ der mit Neuroleptika behandelten Patienten auf. Neben den motorischen (katatonen) Störungen kommt es zu raschem Fieberanstieg, wechselnder Bewußtseinslage bis zum Koma und zu autonomen Regulationsstörungen.

Labordiagnostisch wegweisend (aber nicht obligat!) sind u.a. ein Anstieg der Kreatininkinase (CK) sowie eine Leukozytose, außerdem werden Erhöhungen der Transaminasen und der alkalischen Phosphatase beobachtet.

Die **Therapie** des malignen neuroleptischen Syndroms besteht – neben der intensivmedizinischen Behandlung – im sofortigen Absetzen der Neuroleptika. Medikamentös kann ein Therapieversuch mit Benzodiazepinen (z.B. Diazepam oder Lorazepam) sowie mit Dantrolen (zur Muskelrelaxation) durchgeführt werden.

rentialdiagnose zwischen perniziöser Katatonie und malignem neuroleptischem Syndrom ist schwierig.

Die **perniziöse (febrile) Katatonie** tritt im Rahmen schizophrener Psychosen auf. Die Therapie besteht in
- intensiv- medizinischer Behandlung,
- Neuroleptika-Gabe und
- evtl. frühzeitiger Elektrokrampftherapie.

◀ Merke

Die **Häufigkeit** des **malignen neuroleptischen Syndroms** beträgt weniger als 1‰ der mit Neuroleptika behandelten Patienten.
Die **Symptomatik** ist geprägt von motorischen Störungen, hohem Fieber, Bewußtseinsstörungen und autonomen Regulationsstörungen.
Labordiagnostisch werden ein CK-Anstieg, eine Leukozytose, Erhöhungen der Transaminasen und der alkalischen Phosphatase beobachtet.
Die **Therapie** besteht im sofortigen Absetzen der Neuroleptika, in der Gabe von Benzodiazepinen, Dantrolen (zur Muskelrelaxation) und intensivmedizinischen Behandlung und Überwachung.

7 Weiterführende Literatur

● **Psychiatrische Symptomatologie und Diagnostik**

Arbeitsgemeinschaft für Methodik und Dokumentation in der Psychiatrie: Das AMDP-System. Manual zur Dokumentation psychiatrischer Befunde. 5. Aufl., Hogrefe, Göttingen 1995.

Bleuler, E.: Lehrbuch der Psychiatrie. 15. Aufl., Springer, Berlin 1983.

Dührssen, A.: Die biographische Anamnese unter tiefenpsychologischem Aspekt. Vandenhoeck & Rupprecht, Göttingen 1981.

Jaspers, K.: Allgemeine Psychopathologie. 9. Aufl., Springer, Berlin 1973.

Kind, H.: Psychiatrische Untersuchung. Springer, Berlin 1984.

Kloos, G.: Anleitung zur Intelligenzprüfung in der psychiatrischen Diagnostik. 5. Aufl., G. Fischer, Stuttgart 1960.

Möller, H.J.: Standardisierte psychiatrische Befunderhebung. In: Kisker, K.P., Lauter, H., Meyer, J.E., Müller, C., Strömgren, E. (Hrsg.): Psychiatrie der Gegenwart, 3. Aufl., Bd. 9. Springer, Berlin 1989.

Mundt, C.H.: Psychopathologie heute. In: Kisker, K.P., Lauter, H., Meyer, J.E., Müller, C., Strömgren, E. (Hrsg.): Psychiatrie der Gegenwart. 3. Aufl. Bd. 9, Springer, Berlin 1982–1989.

Peters, U.H.: Wörterbuch der Psychiatrie und Medizinischen Psychologie. 4. Aufl., Urban & Schwarzenberg, München 1990.

Scharfetter, C.: Allgemeine Psychopathologie. 3. Aufl., Thieme, Stuttgart 1991.

Stieglitz, R.D., Baumann, U. (Hrsg.): Psychodiagnostik psychischer Störungen. Enke, Stuttgart 1994.

● **Psychiatrische Krankheitslehre**

Berger, M., Möller, H.J., Wittchen, H.U. (Hrsg.): Psychiatrie als empirische Wissenschaft. Zuckschwerdt, München 1993.

Berner, P.: Psychiatrische Systematik. 3. Aufl., Huber, Bern 1982.

Dilling, H., Reimer, C.: Psychiatrie und Psychotherapie. 2. Aufl., Springer, Berlin 1995.

Kaplan, H.I., Sadock, B.J. (eds.): Comprehensive textbook of psychiatry. 6. Aufl. (2 Bände). Williams & Wilkins, Baltimore 1995.

Kisker, K.P., Lauter, H., Meyer, J.E., Müller, C., Strömgren, E. (Hrsg.): Psychiatrie der Gegenwart. 3. Aufl. 9 Bde. Springer, Berlin 1982–1989.

Müller, C.: Lexikon der Psychiatrie. 2. Aufl., Springer, Berlin 1986.

Wittchen, H.-U., Koehler, K., Zaudig, M.: Diagnostische Kriterien und Differentialdiagnosen des DSM-III-R. Beltz, Weinheim 1989.

● **Affektive Störungen**

Kisker, K.P., Lauter, H., Meyer, J.E., Müller, C., Strömgren, E. (Hrsg.): Psychiatrie der Gegenwart. Affektive Störungen. Springer, Berlin 1989.

Paykel, E.S. (ed.): Handbook of affective disorders. Churchill Livingstone, Edinburgh 1992.

Zerssen, von D., Möller, H.J. (Hrsg.): Affektive Störungen. Diagnostische, epidemiologische, biologische und therapeutische Aspekte. Springer, Berlin 1988.

● **Angst- und Panikstörungen**

Albus, M.: Biologische Korrelate der Angst bei psychiatrischen Erkrankungen. Springer, Berlin 1991.

Linden, M., Hautzinger, M.: Verhaltenstherapie. Techniken und Einzelverfahren. Springer, Berlin 1993.

Kasper, S., Möller H. J.: Angst- und Panikerkrankungen. Socio Medico, Gräfelfing 1993.

Kielholz, P., Adams, C. (Hrsg.): Die Vielfalt von Angstzuständen. Deutscher Ärzte-Verlag, Köln 1989.

Strian, F.: Angst. Grundlagen und Klinik. Springer, Berlin 1983.

Wittchen, H.U., Bullinger-Naber, M., Hand, I. et al.: Wie informiere ich meine Patienten über Angst? Karger, Basel 1993.

● **Zwangsstörungen**

Hand, I.: Verhaltenstherapie für Zwangskranke und deren Angehörige. In: Möller, H.J. (Hrsg.): Therapie psychiatrischer Erkrankungen. Enke, Stuttgart 1993.

Hand, I., Goodman, W.K., Evers, U.: Zwangsstörungen. Neue Forschungsergebnisse. Springer, Berlin 1992.

Hoffmann, S.O.: Psychoneurosen und Charakterneurosen. In: Kisker, K.P., Lauter, H., Meyer, J.E., Müller, C., Strömgren, E.: Psychiatrie der Gegenwart, 3. Aufl., Bd. 1. Springer, Berlin 1986.

Reinecker, H.: Zwänge: Diagnose, Theorien und Behandlung. Huber, Bern 1991.

● **Schizophrene Erkrankungen**

Spitzer, R. L., Gibbon, M., Skodol, A. E., Williams, J. B. W., First, M. B.: DSM-III-R Falldarstellungen. Beltz, Weinheim 1991.

Bleuler, E.: Lehrbuch der Psychiatrie. 15. Aufl., Springer, Berlin 1983.

Bleuler, E.: Dementia praecox oder Gruppe der Schizophrenien. Deuticke, Leipzig 1911.

Conrad, K.: Die beginnende Schizophrenie. 5. Aufl., Thieme, Stuttgart 1986.

Huber, G.: Psychiatrie. 5. Aufl., Schattauer, Stuttgart 1994.

Möller, H.J., Zerssen, D. von: Der Verlauf schizophrener Psychosen unter den gegenwärtigen Behandlungsbedingungen. Springer, Berlin 1986.

Nasrallah, H.A. (ed.): Handbook of schizophrenia. 5. Vol., Elsevier, Amsterdam 1991.

Scharfetter C.: Schizophrene Menschen. 2. Aufl., Urban & Schwarzenberg, München 1986.

● **Sonstige Wahnerkrankungen und psychotische Bilder nichtorganischer Genese**

Gaupp, R.: Zur Psychologie des Massenmörders Hauptlehrer Wagner von Degerloch. Springer, Berlin 1914.

Internationale Klassifikation psychischer Störungen. ICD-10 Kapitel V (F) Klinisch-diagnostische Leitlinien. Herausgegeben von Dilling, H., Mombour W., Schmidt, M.H. Huber, Bern 1993.

Kretschmer, E.: Der sensitive Beziehungswahn. 4. Aufl., Springer, Berlin 1966.

Marneros, A., Deister, A., Rohde, A.: Affektive, schizoaffektive und schizophrene Psychosen. Eine vergleichende Langzeitstudie. Monographien aus dem Gesamtgebiet der Psychiatrie. Bd 65. Springer, Berlin 1991.

Scharfetter, C.H.: Symbiontische Psychosen. Huber, Bern 1970.

Schulte, W., Tölle, R. (Hrsg.): Wahn. Thieme, Stuttgart 1992.

● **Akute exogene Psychosen**

Kaplan, H.I., Sadock, B.J.: Clinical psychiatry. Williams & Wilkins, Baltimore 1994

Parks, R.W., Zec, R.F., Wilson, R.S.: Neuropsychology of Alzheimer's disease and other dementias. Oxford University Press, Oxford 1993.

● **Demenzen**

Allard, M., Signoret, J.L., Stalleicken, D.: Alzheimer Demenz. Springer, Berlin 1988.

Füsgen, I.: Demenz. Praktischer Umgang mit Hirnleistungsstörungen. 2. Aufl., Schriftenreihe Geriatrie Praxis, MMV Medizin Verlag, München 1992.

Kaplan, H.I., Sadock, B.J.: Clinical psychiatry. Williams & Wilkins, Baltimore 1994.

Netter, F.H.: Farbatlanten der Medizin. The Ciba Collection of Medical Illustrations. Band 6, Nervensystem II, Klinische Neurologie. Thieme, Stuttgart 1989.

Parks, R.W., Zec, R.F., Wilson, R.S.: Neuropsychology of Alzheimer's disease and other dementias. Oxford University Press, Oxford 1993.

● **Reaktionen auf schwere Belastungen und Anpassungsstörungen**

Baeyer, von W., Häfner, H., Kisker, K.P.: Psychiatrie der Verfolgten. Springer, Berlin 1964.

Bräutigam, W.: Reaktionen, Neurosen, abnorme Persönlichkeiten. Thieme, Stuttgart 1994.

Pauleikhoff, B., Mester, H.: Abnorme Reaktionen und Entwicklungen. In: Kisker, K.P., Meyer, J.E., Müller, M., Strömgren, E. (Hrsg.): Psychiatrie der Gegenwart. 2. Aufl., Bd. II/1. Springer, Berlin 1972.

Wittchen, H.-U., Koehler, K., Zaudig, M.: Diagnostische Kriterien und Differentialdiagnosen des DSM-III-R. Beltz, Weinheim 1989.

● **Dissoziative Störungen**

Heigl-Evers, A., Heigl, F., Ott, J.: Lehrbuch der Psychotherapie. G. Fischer, Stuttgart 1993.

Hoffmann, S.O.: Psychoneurosen und Charakterneurosen. In: Kisker, K.P., Lauter, H., Meyer, J.E., Müller, C., Strömgren, E. (Hrsg.): Psychiatrie der Gegenwart, 3. Aufl., Bd. 1. Springer, Berlin 1986.

Hoffmann, S.O., Hochapfel, G.: Einführung in die Neurosenlehre und Psychosomatische Medizin. Schattauer, Stuttgart 1993.

● **Somatoforme Störungen**

Fallbuch Psychiatrie. Kasuistiken zum Kapitel V (F) der ICD-10, hrsg. von Freyberger, H. J., Dilling, H. Huber, Bern 1991.

Rief, W., Hiller, W.: Somatoforme Störungen. Huber, Bern 1992.

Uexküll, von T., Köhle, K.: Funktionelle Syndrome in der inneren Medizin. In: Uexküll, von T. (Hrsg.): Lehrbuch der psychosomatischen Medizin. Urban & Schwarzenberg, München 1990.

Zepf, S.: Klinik der psychosomatischen Erkrankungen. In: Kisker, K.P., Lauter, H., Meyer, J.E., Müller, C., Strömgren, E. (Hrsg.): Psychiatrie der Gegenwart, 3. Aufl., Bd. 1. Springer, Berlin 1986.

● **Eß-Störungen**

Fichter, M.M.: Magersucht und Bulimia. Springer, Berlin 1985.

Herpertz-Dahlmann, B., Remschmidt, H.: Anorexia und Bulimia nervosa im

Jugendalter. Deutsches Ärzteblatt (1994) 91: 1210–1218.

Meermann, R. (Hrsg.): Anorexia nervosa: Ursachen und Behandlung. Enke, Stuttgart 1981.

Mester, H.: Die Anorexia nervosa. Springer, Berlin 1981.

Vandereycken, W., Deth, van R., Meermann, R.: Hungerkünstler, Fastenwunder, Magersucht. Eine Kulturgeschichte der Eß-Störungen. Biermann, Zülpich 1990.

● **Sexuelle Störungen**

Deroult, H.: Erektile Funktionsstörungen. Diagnostik, Therapie, Begutachtung. Springer, Berlin 1992.

Haeberle, E.J.: Die Sexualität des Menschen. Handbuch und Atlas. de Gruyter, Berlin 1985.

Hertoft, P.: Klinische Sexologie. Deutscher Ärzte-Verlag, Köln 1989.

Kockott, G.: Sexuelle Funktionsstörungen des Mannes. Enke, Stuttgart 1980.

Sigusch, V. (Hrsg): Therapie sexueller Störungen. Thieme, Stuttgart 1980.

● **Schlafstörungen**

Berger, M. (Hrsg.): Handbuch des normalen und gestörten Schlafes. Springer, Berlin 1992.

Borbely, A.: Das Geheimnis des Schlafs. DTV, München 1987.

Dreßing, H., Riemann, D.: Diagnostik und Therapie von Schlafstörungen. G. Fischer, Stuttgart 1994.

Hajak, G., Rüther, E.: Insomnie – Schlaflosigkeit – Springer, Berlin 1995

Kryger, M.H., Roth, T., Dement, W.C.: Principles and practice of sleep medicine. Saunders, Philadelphia 1989.

Leutner, V.: Schlaf, Schlafstörungen, Schlafmittel. 5. Aufl., Wiss. Verlagsgesellschaft, Stuttgart 1993.

● **Abhängigkeit und Sucht**

Deutsche Hauptstelle gegen die Suchtgefahren (Hrsg.): Jahrbuch Sucht. Neuland, Hamburg 1984.

Fallbuch Psychiatrie. Kasuistiken zum Kapitel V (F) der ICD-10, hrsg. von Freyberger, H. J., Dilling, H. Huber, Bern 1991.

Feuerlein, W.: Alkoholismus – Mißbrauch und Abhängigkeit. Thieme, Stuttgart 1989.

Meyer G., Bachmann, M.: Glücksspiel. Springer, Berlin 1993.

Renggli, R., Tanner, J.: Das Drogenproblem. Springer, Berlin 1994.

Scheerer, S., Vogt, I. (Hrsg.): Drogen und Drogenpolitik. S. Fischer, Frankfurt 1989.

Schmidbauer, W., Scheidt, vom J.: Handbuch der Rauschdrogen. Nymphenburger, München 1988.

Schmidt, L.: Alkoholkrankheit und Alkoholmißbrauch. Kohlhammer, Stuttgart 1986.

Schuckit, M.A.: Drug and alcohol abuse. Plenum Press, New York 1995.

Volk, B.: Alkohol und Nervensystem. PVG, München 1985.

● **Persönlichkeitsstörungen**

Fallbuch Psychiatrie. Kasuistiken zum Kapitel V (F) der ICD-10, hrsg. von Freyberger, H. J., Dilling, H. Huber, Bern 1991.

Hoffmann, S.O.: Charakter und Neurose. Suhrkamp, Frankfurt 1979.

Marneros, A., Philipp, M. (Hrsg.): Persönlichkeit und psychische Erkrankung. Springer, Berlin 1992.

Rohde-Dachser, C.: Das Borderline-Syndrom, 3. Aufl. Huber, Bern 1983.

Tölle, R.: Katamnestische Untersuchungen zur Biographie abnormer Persönlichkeiten. Springer, Berlin 1966.

Tölle, R.: Persönlichkeitsstörungen. In: Kisker, K.P., Lauter, H., Meyer, J.E., Müller, C., Strömgren, E. (Hrsg.): Psychiatrie der Gegenwart, 3. Aufl., Bd. 1. Springer, Berlin 1986.

● **Abnorme Gewohnheiten und Störungen der Impulskontrolle**

Fallbuch Psychiatrie. Kasuistiken zum Kapitel V (F) der ICD-10, hrsg. von Freyberger, H. J., Dilling, H. Huber, Bern 1991.

Marneros, A.: Behandlung seltener und schwer klassifizierbarer Syndrome. In: Möller, H.J. (Hrsg.): Therapie psychiatrischer Erkrankungen. Enke, Stuttgart 1993

● **Suizidalität**

Möller, H.J., Schmidke, A., Welz, R. (Hrsg.): Current issues of suicidology. Springer, Berlin 1988.

Reimer, C. (Hrsg.): Suizid. Ergebnisse und Therapie. Springer, Berlin 1982.

Ringel, E. (Hrsg.): Selbstmordverhütung. 4. Aufl., Huber, Bern 1987.

Wedler, H.L.: Der Suizidpatient im Allgemeinkrankenhaus. Enke, Stuttgart 1984.

Wedler, H., Wolfersdorf, M., Welz, R. (Hrsg.): Therapie bei Suizidgefährdung. Roderer, Regensburg 1992.

● **Kinder- und jugendpsychiatrische Erkrankungen einschließlich Oligophrenien**

Eggers, C., Lempp, R., Nissen, G., Strunk, P.: Kinder- und Jugendpsychiatrie. Springer, Berlin 1994.

Fallbuch Psychiatrie. Kasuistiken zum Kapitel V (F) der ICD-10, hrsg. von Freyberger, H. J., Dilling, H. Huber, Bern 1991.

Kisker, K.P., Lauter, H., Meyer, J.E., Müller, C., Strömgren, E. (Hrsg.): Psychiatrie der Gegenwart. Kinder- und Jugendpsychiatrie. Springer, Berlin 1988.

Propping, P.: Psychiatrische Genetik. Springer, Berlin 1989.

Rothenberger, A.: Wenn Kinder Tics entwickeln. G. Fischer, Stuttgart 1991.

Spitzer, R. L., Gibbon, M., Skodol, A. E., Williams, J. B. W., First, M. B.: DSM-III-R Falldarstellungen. Beltz, Weinheim 1991.

● Therapie / Allgemeiner Überblick

Möller, H.J. (Hrsg.): Therapie psychiatrischer Erkrankungen. Enke, Stuttgart 1993.

Rudolf, G.A.E.: Therapieschemata Psychiatrie. Urban & Schwarzenberg, München 1992.

● Psychopharmakotherapie

Benkert, O., Hippius, H.: Psychiatrische Pharmakotherapie. Springer, Berlin 1995.

Heinrich, K. (Hrsg.): Leitlinien neuroleptischer Therapie. Springer, Berlin 1990.

Klotz, U., Laux, G.: Tranquillantien. Wiss. Verlagsgesellschaft, Stuttgart 1995.

Laux, G., König, W.: Infusionstherapie bei Depressionen. 3. Aufl. Hippokrates, Stuttgart 1992.

Laux, G.: Pharmakopsychiatrie. 2. Aufl. G. Fischer, Stuttgart 1996.

Möller, H.J., Kissling, W., Stoll, K.D., Wendt, G.: Psychopharmakotherapie. Kohlhammer, Stuttgart 1989.

Müller-Oerlinghausen, B., Greil, W. (Hrsg.): Die Lithium-Therapie. Nutzen, Risiken, Alternativen. Springer, Berlin 1986.

Nissen, G., Eggers, C.H., Martinius, G.: Kinder- und jugendpsychiatrische Pharmakotherapie. Springer, Berlin 1984.

Riederer, P., Laux, G., Pöldinger, W. (Hrsg.): Neuro-Psychopharmaka. Ein Therapie-Handbuch. 6 Bde. Springer, Wien 1992–1995.

Tornatore, F.L., Sramek, J.J., Okeya, B.L., Pi, E.H.: Unerwünschte Wirkungen von Psychopharmaka. Thieme, Stuttgart 1991.

● Andere biologische Therapieverfahren

Adams, R.: Electroconvulsive therapy. Oxford University Press, Oxford 1988.

Blehar, M.C., Rosenthal, N.E.: Seasonal affective disorders and phototherapy. Arch Gen Psychiatr (1989) 46:469–477.

Donnelly, J.: Psychochirurgie. In: Freedmann, A.M., Kaplan, H.I., Sadock, B.J., Peters, U.H. (Hrsg.): Psychiatrie in Praxis und Klinik. Bd. 2: Biologische und organische Psychiatrie. Thieme, Stuttgart 1986.

Jung, K.: Bewegungstherapie. Hippokrates, Stuttgart 1992.

Kuhs, H., Tölle, R.: Schlafentzug (Wachtherapie) als Antidepressivum. Fortschr Neurol Psychiat (1986) 54: 341-355.

Maurer, Y.: Körperzentrierte Psychotherapie. 2. Aufl. Hippokrates, Stuttgart 1993.

Potter, W.Z., Rudorfer, M.V.: Electroconvulsive therapy: a modern medical procedure. N Engl J Med (1993) 328: 882–890.

Sauer, H., Lauter, H.: Elektrokrampftherapie. Nervenarzt (1987) 58: 201–218.

Surawecz, G.F., Ludwig, A.M.: Verschiedene somatische Therapien. In: Freedman, A.M., Kaplan, H.I., Sadock, B.J., Peters, U.H. (Hrsg.): Psychiatrie in Praxis und Klinik. Bd. 2: Biologische und organische Psychiatrie. Thieme, Stuttgart 1986.

● Psychotherapie

Bommert, H.: Grundlagen der Gesprächspsychotherapie. 4. Aufl., Kohlhammer, Stuttgart 1987.

Corsini, H.: Handbuch der Psychotherapie. Band 1 und 2. Beltz, Weinheim 1993.

Fliegel, S., Groeger, W.M., Künzel, R.: Verhaltenstherapeutische Standardmethoden. Urban & Schwarzenberg, München 1993.

Grawe, K., Donati, R., Bernauer, F.: Psychotherapie im Wandel. Von der Konfession zur Profession. Hogrefe, Göttingen 1994.

Hand, I., Wittchen, H.U. (Hrsg.): Verhaltenstherapie in der Medizin. Springer, Berlin 1989.

Heigl-Evers, A., Heigl, F., Ott, J. (Hrsg.): Lehrbuch der Psychotherapie. G. Fischer, Stuttgart 1993.

Helmchen, H., Linden, M., Rüger, U. (Hrsg.): Psychotherapie in der Psychiatrie. Springer, Berlin 1982.

Kriz, J.: Grundkonzepte der Psychotherapie. Psychologie Verlagsunion, Weinheim 1991.

Lang, H. (Hrsg.): Wirkfaktoren der Psychotherapie. Springer, Berlin 1990.

Linden, M., Hautzinger, M. (Hrsg.): Verhaltenstherapie. Springer, Berlin 1993.

Lückert, H.-R., Lückert, J.: Einführung in die kognitive Verhaltenstherapie. UTB/Reinhardt, München 1994.

Olschewski, A.: Progressive Muskelentspannung. 2. Aufl., Haug, Heidelberg 1994.

Revenstorf, D.: Psychotherapeutische Verfahren. Band 1 und 2. Kohlhammer, Stuttgart 1983.

Revenstorf, D. (Hrsg.): Klinische Hypnose. Springer, Berlin 1993.

Rogers, C.R.: Therapeut und Klient. Grundlagen der Gesprächspsychotherapie. S. Fischer, Frankfurt 1983.

Schultz, J.H.: Das autogene Training 19. Aufl., Thieme, Stuttgart 1991.

Smeijsters, H.: Musiktherapie als Psychotherapie. G. Fischer, Stuttgart 1994.

Stocksmeier, U.: Lehrbuch der Hypnose. Karger, Basel 1984.

Sulz, S.K.D.: Psychotherapie in der klinischen Psychiatrie. Thieme, Stuttgart 1987.

Vaitl, D., Petermann, F.: Handbuch der Entspannungsverfahren, Bd. 1 u. 2. Beltz, Weinheim 1993, 1994.

● Soziotherapie

Bochnik, H.J., Koch, H.: Die Nervenarzt-Studie. Praxen, Kompetenzen, Patienten. Deutscher Ärzte-Verlag, Köln 1990.

Deister, A.: Allgemeines zu soziotherapeutischen Verfahren. In: Möller, H.J. (Hrsg.): Therapie psychiatrischer Erkrankungen. Enke, Stuttgart 1993.

Deutscher Verband der Ergotherapeuten (Hrsg.): Psychiatrische Arbeitstherapie. Schultz-Kirchner, Idstein 1993.

Häfner, H.: Rehabilitation zwischen Anspruch und Wirklichkeit. In: Hippius H. et al (Hrsg.): Rehabilitation in der Psychiatrie. Springer, Berlin 1989.

Kruse, G.: Praxisratgeber Sozialpsychiatrie als integraler Bestandteil therapeutischer Konzepte. G. Fischer, Stuttgart 1992.

Rick, C.: Tanztherapie. G. Fischer, Stuttgart 1989.

Wing, J.K.: Sozialpsychiatrie (übersetzt, bearbeitet und ergänzt von P. Hartwich). Springer, Berlin 1982.

● Juristische Aspekte und Maßnahmen

Rasch, W.: Forensische Psychiatrie. Kohlhammer, Stuttgart 1986.

Venzlaff, U., Foerster, K. (Hrsg.): Psychiatrische Begutachtung. Ein praktisches Handbuch für Ärzte und Juristen. G. Fischer, Stuttgart 1984.

● Psychiatrische Notfall-Therapie

Berzewski, H.: Der psychiatrische Notfall. Perimed, Erlangen 1983.

Dubin, W.R., Weiss, K.J.: Handbuch der Notfall-Psychiatrie. Huber, Bern 1993.

Schnyder, U., Sauvant, J.-D. (Hrsg.): Kriseninterventions in der Psychiatrie. Huber, Bern 1993.

8 Glossar

Absencen – Sekundenlange, plötzliche Bewußtseinsstörungen bei Epilepsie, meist mit Amnesie (Erinnerungslosigkeit) einhergehend.

Abstinenzsyndrom – Entzugssyndrom nach Entziehung von Suchtmitteln (Opiaten, Alkohol usw.) oder nach plötzlichem Absetzen von Pharmaka (z.B. Tranquilizern).

Abulie – Willenlosigkeit. Krankhafte Schwäche bzw. Unvermögen, Entscheidungen zu treffen, Entschlüsse zu fassen und durchzuführen.

Abwehr/Abwehrmechanismen – Begriff aus der psychodynamischen Psychotherapie (Psychoanalyse) bzw. Tiefenpsychologie (S. Freud). Unbewußte Verhaltensweisen, um sich vor von der Zensur nicht gebilligten Triebregungen zu schützen. Hierzu zählen: Verdrängung, Projektion, Regression, Rationalisierung u. a.

Affekt – „Gefühlswallung", meist nur für kurze Zeit anhaltend. Beispiele: Zorn, Wut, Haß, Freude.

Affektarmut – Verminderung von Art und Ausmaß gezeigter Gefühle.

Affektinkontinenz – Fehlende Beherrschung der Affektäußerungen. Affekte können bei geringem Anstoß überschießen.

Affektive Störung – Depressive bzw. manische Episoden.

Affektivität – Zusammenfassender Begriff für Affekte, Emotionen, Gefühle, Stimmung.

Affektlabilität – Schneller Wechsel der Affektlage, der auf einen Anstoß von außen erfolgt (Vergrößerung der affektiven Ablenkbarkeit) oder auch scheinbar spontan auftritt.

Affektstarre – Verminderung der affektiven Modulationsfähigkeit. Der Patient verharrt ohne Modulation in bestimmten Stimmungen oder Affekten, unabhängig von der äußeren Situation.

Affektsyndrom – Symptomverband mit Vorherschen von Affektstörungen, z.B. depressives, manisches Syndrom.

Aggravation – Absichtliche und meist zweckgerichtete Übertreibung tatsächlich vorhandener Krankheitszeichen.

Aggressivität – Angriffslust, Ausmaß der Neigung zu Aggressionen, Häufigkeit und Stärke aggressiver Handlungen.

Agitation – Motorische Unruhe, ruheloses, unstillbares Bewegungsbedürfnis bei gesteigerter innerer Erregbarkeit.

Agitiert – Unruhig, nervös, „innerlich vibrierend" (z.B. bei agitierter Depression).

Agnosie – Unfähigkeit, trotz intakter Sinnesorgane Wahrgenommenes zu erkennen.

Agoraphobie – „Platzangst". Angst vor allen Situationen, in denen sich der Patient außerhalb der gewohnten Umgebung aufhält (Menschenmenge; öffentliche Plätze, Reisen etc.).

Agrammatismus – Zerfall des grammatischen Zusammenhanges, zerstörter Satzbau.

Agraphie – Unfähigkeit zu schreiben.

Akalkulie – Rechenstörung.

Akathisie – Bewegungsdrang, Unfähigkeit zu ruhigem Sitzenbleiben.

Akinese – Bewegungslosigkeit, Bewegungsarmut.

Akoasmen – Akustische Halluzinationen in Form von ungestalteten akustischen Wahrnehmungen (wie Rauschen, Summen, Pfeifen, Klopfen).

Akrophobie – Höhenangst.

Akustische Halluzinationen – Sinnestäuschungen im akustischen Bereich, z. B. Hören von Stimmen.

Alexie – Unfähigkeit, den Sinn von Geschriebenem zu erfassen, obwohl das Sehvermögen intakt ist.

Ambitendenz – Gleichzeitig nebeneinander vorkommende entgegengesetzte Willensimpulse machen ein entschlossenes Handeln unmöglich.

Ambivalenz – Gegensätzliche Gefühle, Vorstellungen, Wünsche oder Intentionen, die nebeneinander bestehen und zu einem angespannten Zustand führen.

Amentia – Historische Bezeichnung für ein Syndrom schwerer Denkverworrenheit mit allgemeiner Desorientierung, Halluzinationen, Wahn und ratloser Stimmung.

Amnesie – Inhaltlich oder zeitlich begrenzte Erinnerungslücke.

Amnestische Aphasie – Mangelhafte oder fehlende Erinnerung an Worte und Namen.

Anale Phase – Zweite psychosexuelle Entwicklungsphase (2.–4. Lebensjahr) nach S. Freud. Gekennzeichnet durch Vergnügen am Entleeren oder Zurückhalten des Stuhls. Das Kind lernt zum einen Körperbeherrschung, zum andern den Stuhl als Wertgegenstand, als eigenes Erzeugnis anzusehen (Entwicklung von Ordnung/Sauberkeit, Selbstbestimmung, Selbstbeherrschung).

Anankasmus – Zwanghaftigkeit im Denken oder Handeln.

Anankastisch – Zwanghaft.

Androgynie – Mannweiblichkeit. Auch für Pseudohermaphroditismus masculinus.

Angst – Unangenehmes Gefühl des Bedrohtseins, das allen Menschen bekannt ist. Stellt als normale Angst ein Alarmsignal für den Organismus dar. Angst äußert sich in Form von seelischem Erleben, körperlichen Symptomen und Veränderungen des Verhaltens. Pathologische Angst ist ein unspezifisches Symptom vieler psychischer Störungen.

Angstneurose – Nach S. Freud ein neurotisches Bild mit Angst als Hauptsymptom.

Angststörungen – Unter diesem Begriff werden in den neueren Klassifikationen (ICD-10 und DSM-III-R) Phobien, Panikstörung und generalisierte Angststörung („Angstneurose") zusammengefaßt.

Anhedonie – Verlust der Lebensfreude.

Anorexia nervosa – „Magersucht", Zustand starker Abmagerung aus psychischer Ursache; Nahrungsverweigerung.

Anorexie – Eßstörung im Sinne einer verminderten Nahrungsaufnahme.

Anorgasmie – Fehlen eines Höhepunktes (Orgasmus) beim Geschlechtsverkehr.

Anpassungsstörung – Gestörter Anpassungsprozeß nach einer einschneidenden Lebensveränderung oder nach belastenden Lebensereignissen mit unterschiedlichen affektiven Symptomen und sozialer Beeinträchtigung. Alte Bezeichnung für Störungen mit vorwiegend sozial schädlichen Verhaltensweisen.

Antidepressiva – Arzneimittel gegen Depressionen (nach neueren Erkenntnissen aber auch bei bestimmten Angst- und Zwangsstörungen wirksam).

Antipsychiatrie – Politisch motivierte Strömung der 60er Jahre, die sich gegen die klassische Psychiatrie, insbesondere die biologisch-somatische Ursachentheorie der Schizophrenie wendet („Schizophrenie gibt es nicht").

Antisoziale Persönlichkeitsstörung – Persönlichkeitsstörungen mit einem gegen die Regeln der Gesellschaft gerichteten Verhalten (u. a. Kriminalität, Aggressivität, „Soziopathie").

Antriebsarmut – Mangel an Energie, Initiative und Aktivität.

Antriebshemmung – Energie, Initiative und Aktivität werden als gebremst oder blockiert erlebt.

Antriebssteigerung – Zunahme an Energie, Initiative und Aktivität im Rahmen einer geordneten (zielgerichteten) Tätigkeit.

Anxiolytika – Angstlösende Arzneimittel (Tranquilizer/Beruhigungsmittel).

Apathie – Teilnahmslosigkeit, Fehlen spontaner Aktivität.

Aphasie – Sprachstörung.

Apraxie – Unfähigkeit, Handlungsabläufe trotz erhaltener körperlicher Motilität auszuführen.

Arbeitstherapie – Anwendung von Arbeit als therapeutisches Hilfsmittel bei psychisch Kranken.

Assoziation – Verknüpfung seelischer Inhalte dadurch, daß eine Vorstellung eine andere ins Bewußtsein ruft oder diesen Vorgang begünstigt.

Asthenie – Schwäche, Kraftlosigkeit, Unfähigkeit zu größeren physischen oder psychischen Anstrengungen.

Auffassungsstörung – Störung der Fähigkeit, Wahrnehmungserlebnisse in ihrer Bedeutung zu begreifen und sie miteinander zu verbinden.

Aufmerksamkeitsstörung – Umfang und Intensität der Aufnahme von Wahrnehmungen bzw. von Vorstellungen der Gedanken sind beeinträchtigt.

Autismus – Psychischer Vorgang des Rückzuges auf die Innenwelt und Isolation von der Außenwelt.

Autogenes Training – Von J. H. Schultz entwickelte Methode der „konzentrativen Selbstentspannung"; Form der Autosuggestion, d. h. Selbstbeeinflussung unwillkürlicher Körperfunktionen.

Automatismen – Der Patient führt automatische Handlungen aus, die er selbst als nicht von ihm intendiert empfindet.

Automutilation – Selbstverletzung.

A(zoo)spermie – Fehlen von Samenfäden im Ejakulat.

Bedeutungswahn – Einem an sich zufälligen Ereignis wird eine besondere Bedeutung zugeschrieben.

Beeinträchtigungswahn – Wahnhafte Überzeugung, von der Umwelt bedroht, gekränkt, beleidigt, verspottet oder verhöhnt zu werden.

Befehlsautomatie – Abnorme Bereitschaft, automatisch Befehlen nachzukommen, auch wenn sie unbequem sind.

Behinderung, primäre – Direkte krankheitsbedingte Einschränkungen.

Behinderung, sekundäre – Individuelle und soziale Reaktionen auf Umstände des Krankseins (z.B. Hospitalismus).

Belastungsreaktion – Nach Art und Ausmaß deutlich über das nach allgemeiner Lebenserfahrung zu Erwartende hinausgehende Reaktion auf außergewöhnliche körperliche und/oder seelische Belastungen bei einem ansonsten psychisch nicht manifest gestörten Patienten.

Benommenheit – Leichtester Grad der Bewußtseinstrübung (erschwerte Auffassung, verlangsamter Denkablauf).

Beschäftigungstherapie – Behandlungsform für psychisch Kranke (Ergotherapie). Durch handwerkliche Arbeit und künstlerisch-kreatives Gestalten sollen schöpferische Kräfte im Patienten aktiviert und Eigeninitiative gefördert werden.

Beschützende Werkstatt – Handwerklicher Betrieb im Rahmen des beschützten Arbeitens bzw. der beruflichen Rehabilitation psychisch Kranker.

Betreuung – Im juristischen Sinne Übernahme von Verantwortung und Aufgaben durch einen Betreuer bei Patienten mit psychischer Erkrankung.

Betreuungsgesetz – Das seit dem 1.1.1992 gültige Betreuungsgesetz löste das Vormundschaftsrecht (mit Pflegschaft) ab. Hiernach kann ein Volljähriger aufgrund einer psychischen Krankheit oder einer körperlichen, geistigen oder seelischen Behinderung durch Bestellung des Vormundschaftsgerichtes einen Betreuer erhalten, wenn er seine Angelegenheiten ganz oder teilweise nicht besorgen kann.

Bewegungsstereotypien – „Automatenhaft", gleichförmig wiederholte Bewegungsabläufe, die nicht durch äußere Reize ausgelöst sind.

Bewußtseinseinengung – Fokussierung des Denkens, Fühlens und Wollens auf wenige Themen.

Bewußtseinsstörung – Oberbegriff für alle Veränderungen des Bewußtseins (qualitativ und quantitativ).

Bewußtseinstrübung – Qualitative Beeinträchtigung der Bewußtseinsklarheit. Es ist die Fähigkeit gestört, verschiedene Aspekte der eigenen Person und der Umwelt zu verstehen und entsprechend zu handeln.

Glossar

Bewußtseinsverschiebung – Form der Bewußtseinsstörung mit dem Erleben von gesteigerter Wachheit, intensivierter Wahrnehmung von Raum und Zeit etc.

Beziehungswahn – Äußerungen von anderen Menschen und Ereignisse in der Umwelt werden wahnhaft vom Patienten auf sich selbst bezogen.

Biofeedback – Therapiemethode, die unter Nutzung optischer oder akustischer Anzeigen dem Patienten das Ergebnis willentlich gesteuerter Aktionen auf das Vegetativum sichtbar macht. Die apparativ vermittelten Signale ermöglichen das Erlernen der Eigenkontrolle, der eigenen Beeinflussungsmöglichkeit funktioneller (psychosomatischer) Störungen.

Bipolar – Nach zwei Polen hin verlaufend (depressiv-manisch).

Bizarres Verhalten – Ungewöhnliches der Situation nicht angepaßtes Verhalten, das vom jeweiligen kulturellen und sozialen Standard abweicht (z. B. Spucken, Rülpsen; abnorme Posen, Manierismen).

Borderline-Störung – Usprünglich seelische Störung im Grenzgebiet zwischen Psychose und Neurose, heute Bezeichnung für eine besondere Form der Persönlichkeitsstörung.

Bulimie/Bulimia nervosa – Eßgier, krankhafter Heißhunger. „Freßanfall" ohne Kontrolle, nachfolgend meist Erbrechen.

Burn-out-Syndrom – Zustand des „Ausgebranntseins", der Resignation. Dieses Syndrom tritt besonders bei Personen auf, die sich langjährig sehr für andere Menschen engagiert haben.

Charakterneurose – Ältere Bezeichnung für „Kernneurosen", d.h., im Vordergrund steht die Störung der Persönlichkeit, nicht so sehr die neurotische Symptomatik („Symptomneurose").

Coenästhesie – Sinnestäuschung im Bereich der Körperwahrnehmung.

Compliance – Bereitschaft des Patienten, bei diagnostischen und therapeutischen Maßnahmen mitzuwirken (z. B. Medikamenteneinnahme); „Therapietreue", Einnahmezuverlässigkeit.

Coping-Strategien – Psychische Bewältigungsstrategien.

Dämmerzustand – Zustand veränderten Bewußtseins. Das Bewußtseinsfeld ist eingeengt mit ausschließlicher Ausrichtung auf bestimmtes inneres Erleben, die Aufmerksamkeit ist beeinträchtigt.

Debilität – Leichte intellektuelle Minderbegabung.

Déja-vu-Erlebnis – Falsches Wiedererkennen bzw. vermeintliche Vertrautheit (etwas schon einmal gesehen, gehört oder erlebt zu haben).

Delirantes Syndrom/Delir – Akute organische Psychose mit Desorientiertheit, Verkennung der Umgebung, haluzinatorischen Erlebnissen und Unruhe.

Dementia praecox – Von Kraepelin geprägter, heute überholter Begriff für Schizophrenie.

Demenz – Im späteren Leben erworbener Intelligenzmangel.

Denkhemmung – Verlangsamter Ablauf des Denkens, Einfallsarmut bis zur Gedankenleere.

Denkverlangsamung – Schleppender, verzögerter, mühsamer Gedankengang.

Depersonalisation – Entfremdungserleben. Veränderung der Wahrnehmung der eigenen Person oder des eigenen Körpers.

Depravation – Verfall der sittlichen und moralischen Verhaltensweisen der früheren Persönlichkeit, vor allem als Suchtfolge.

Depressivität – Herabgestimmte, negativ getönte Befindlichkeit.

Deprivation – Unterdrückung von Sinneseindrücken, u. a. zu experimentellen Zwecken. Auch: körperlich-seelischer Entwicklungsrückstand bei einem seiner Mutter bzw. Bezugsperson „beraubten" Kind.

Derealisation – Veränderung der Wahrnehmung der Umgebung. Die Umgebung wird als fremd oder unwirklich empfunden.

Desorientiertheit – Orientierungsstörung (zeitlich, örtlich, situativ, zur eigenen Person).

Devianz – Abweichung von der Norm.

Dipsomanie – Periodisch auftretende „Trunksucht" („Quartalsäufer").

Dissozialität – Konflikte mit der sozialen Umwelt durch Mißachtung der Regeln sozialen Zusammenlebens (Kriminalität, Verwahrlosung, Aggressivität).

Dissoziation – Teilweise oder vollständige Entkoppelung von seelischen und körperlichen Funktionen.

Distanzlosigkeit – Ein unangemessenes Interaktionsverhalten, bei dem der Betreffende mit fremden Menschen unangemessen vertraulich, direkt oder sexuell enthemmt umgeht.

Doppelte Buchführung – Nebeneinander von Realität und Wahn, z. B. Patient mit Größenwahn („Napoleon" kehrt die Straße).

DSM-III-R – Diagnostisches Manual der amerikanischen Psychiatrie-Vereinigung (3. Auflage, revidiert).

Durchflutungstherapie – Umschreibung für Elektrokrampfbehandlung.

Durchgangssyndrom – Sammelbezeichnung für eine Reihe unspezifischer, organisch bedingter reversibler Psychosyndrome, deren Hauptmerkmale das Fehlen von Bewußtseinstrübung und die völlige Rückbildung der Symptomatik sind.

Dysmorphophobie – Zwanghafte Vorstellung, durch wirkliche oder vermeintliche Körperfehler unter Menschen unangenehm aufzufallen. Überwertige Idee, einen mißgestalteten Körperteil zu besitzen („Thersites-Komplex").

Dyspareunie – Schmerzen beim Koitus.

Dysphorie – Mißmutige Verstimmtheit (mürrisch, moros, nörgelnd, übellaunig).

Dyssomnie – Nichtorganisch bedingte Schlafstörung; Störung von Dauer, Qualität oder Zeitpunkt des Schlafes aufgrund emotionaler Ursachen.

Dysthymia – Chronische depressive Verstimmung (älterer Begriff: neurotische Depression).

Echolalie – Alles Gehörte wird nachgesprochen.

Echopraxie – Alles Gesehene wird nachgemacht.

Echopsychose – Spontan auftretende psychotische Episoden im drogenfreien Intervall nach Einnahme von

556   **8**   *Glossar*

Drogen (Haschisch, LSD etc.). Auch als Nachhallpsychose oder Flashback bezeichnet.

Eifersuchtswahn – Wahnhafte Überzeugung, vom Partner betrogen oder hintergangen zu werden.

Eingeengtes Denken – Einschränkung des inhaltlichen Denkumfanges, Verhaftetsein an ein Thema oder an wenige Themen.

Einwilligungsfähigkeit – Fähigkeit, Wesen und Tragweite eines ärztlichen Eingriffes zu ermessen und danach selbstverantwortlich Entschlüsse zu fassen.

Ejaculatio praecox – Vorzeitiger Samenerguß.

Ejaculatio retarda – Verzögerter Samenerguß.

Elektrokrampftherapie (EKT) – Synonym: Elektrokonvulsionsbehandlung, Heilkrampfbehandlung. Hervorrufen eines generalisierten epileptischen Krampfanfalles als Behandlungsverfahren bei schweren endogenen Psychosen.

Empathie – Einfühlendes Verständnis.

Entfremdung – Synonym für Depersonalisation (siehe dort).

Enuresis – Einnässen, Bettnässen; unbeabsichtigtes Harnlassen infolge fehlender Beherrschung der Miktion.

Erektion – Versteifung (von Penis, Klitoris und Brustwarzen).

Ergotherapie – Oberbegriff für Maßnahmen im Rahmen der Beschäftigungs- und Arbeitstherapie.

Erinnerungsfälschungen (Paramnesien) – Unbeabsichtigte rückwirkende Verfälschung der Gedächtnisinhalte.

Erotomanie – Hypersexualität, bei Frauen als Nymphomanie bezeichnet.

Erregungszustand – Ziellose Steigerung von Antrieb und Psychomotorik, affektive Enthemmung und Kontrollverlust.

Es – Nach S. Freud das Unbewußte als triebhafter Bereich der Seele.

Euphorie – Zustand des übersteigerten Wohlbefindens, Behagens, der Hei-

terkeit, der Zuversicht, des gesteigerten Vitalgefühls.

Exhibitionismus – Neigung, die Genitalien in der Öffentlichkeit zu entblößen.

Familientherapie – Form der Psychotherapie, bei der die Familie als Ganzes in die Therapie einbezogen wird.

Fetischismus – Gebrauch toter Objekte als Stimuli für sexuelle Erregung und Befriedigung.

Flashback – Siehe Echopsychose.

Fokaltherapie – Form der Kurzpsychotherapie, die sich auf die Bearbeitung eines bestimmten Problems (= Fokus) beschränkt.

Formale Denkstörungen – Störungen des Denkablaufes.

Fremdbeeinflussungserlebnisse – Wahnhaftes Erleben, daß die eigenen Gedanken, Gefühle, Empfindungen, Wahrnehmungen und Handlungen von anderen Personen oder Kräften hervorgerufen und kontrolliert werden.

Frotteurismus – Sexuelle Erregung durch Reiben an einer anderen unbekannten Person.

Fugue – Plötzliches, unerwartetes Weggehen von zu Hause oder aus der gewohnten Umgebung, verbunden mit der Annahme einer neuen Identität.

Funktionelle Störungen – Meist körperlich anmutende Beschwerden, die durch seelische und psychosoziale Belastungen ausgelöst und aufrechterhalten werden, ohne daß sich eine organische Ursache finden läßt.

Ganser-Syndrom – Syndrom mit pseudodementem Verhalten, Vorbeireden, Vorbeihandeln und Nicht-Wissen-Wollen. Meist dicht unter der Bewußtseinsschwelle ablaufende Wunsch- und Zweckreaktion.

Gedankenabreißen – Plötzlicher Abbruch eines sonst flüssigen Gedankenganges ohne erkennbaren Grund.

Gedankenausbreitung – Der Patient hat das Gefühl, Gedanken gehören nicht mehr ihm alleine, sondern andere haben daran Anteil und wissen, was er denkt.

Gedankendrängen – Gefühl, unter dem übermäßigen Druck vieler Einfälle oder auch ständig wiederkehrender Gedanken zu stehen.

Gedankeneingebung – Der Patient empfindet seine Gedanken und Vorstellungen als von außen eingegeben, beeinflußt, gemacht, gelenkt oder gesteuert.

Gedankenentzug – Der Patient hat das Gefühl, es würden ihm die Gedanken weggenommen oder abgezogen.

Gefühl der Gefühllosigkeit – Leidvoll erlebter Mangel oder Verlust affektiver Regung, subjekter Verlust affektiven Erlebens.

Gegenübertragung – Begriff ursprünglich aus der psychoanalytischen Therapie: unbewußte Reaktion des Psychotherapeuten auf die Übertragung des Patienten; Gefühle, die der Therapeut seinem Patienten gegenüber verspürt.

Generalisierte Angststörung – Generalisierte und lang anhaltende Angst, die nicht nur auf bestimmte Situationen oder Objekte begrenzt ist.

Genitale Phase – Nach S. Freud die Phase, in der sich die Sexualität der reifen Persönlichkeit entwickelt.

Gereiztheit – Bereitschaft zu aggressiv getönten affektiven Ausbrüchen.

Geschäftsunfähigkeit – Ausschluß der freien Willensbestimmung aufgrund anhaltender krankhafter Störungen der „Geistestätigkeit".

Größenwahn – Wahnhafte Selbstüberschätzung bis hin zur Identifizierung mit berühmten Persönlichkeiten der Vergangenheit oder Gegenwart.

Grübeln – Unablässiges Beschäftigtsein mit bestimmten, meist unangenehmen Gedanken.

Gustatorische Halluzinationen – Sinnestäuschung im Geschmacksbereich.

Halluzination – Sinneswahrnehmung ohne entsprechenden Sinnesreiz, die für einen wirklichen Sinneseindruck gehalten wird (Trugwahrnehmung, Sinnestäuschung).

Halluzinogene – Chemische Substanzen, mit denen psychotische Zustände hervorgerufen werden können (z. B. LSD).

Hebephrenie – „Jugendliche" Form der Schizophrenie, die besonders durch affektive Störungen gekennzeichnet ist.

Herzphobie – Erkrankungen mit attackenartig auftretender kardialer Symptomatik und intensiver Angst.

Histrionisch – Neue Bezeichnung für „hysterisch" (von etruskisch „histrio" = Schauspieler).

Hoffnungslosigkeit – Fehlende Zukunftsorientierung, der Glaube an eine positive Zukunft ist vermindert oder abhanden gekommen.

Horror-Trip (bad trip) – Minuten bis Stunden dauernder unangenehmer Drogenrausch, der mit Angst- und Panikzuständen einhergeht.

Hospitalismus – Psychische, körperliche und psychosoziale Folgen einer Langzeithospitalisierung im isolierenden Milieu von Heimen oder Kliniken.

Hyperkinese – Gesteigerte Bewegungsaktivität, psychomotorische Unruhe.

Hypersomnie – Gesteigertes Schlafbedürfnis, vor allem mit Schlafneigung während des Tages einhergehend.

Hyperthym – Optimistisch, heiter-oberflächlich, übermäßig aktiv bis an die Grenze zur Hypomanie.

Hypnagoge Halluzinationen – Sinnestäuschung im Halbschlaf, beim Aufwachen oder Einschlafen.

Hypnose – Durch Suggestion herbeigeführter, schlafähnlicher Zustand erhöhter Beeinflußbarkeit (Suggestibilität).

Hypnotika – Schlafmittel.

Hypochondrie – Ängstlich getönte Beziehung zum eigenen Körper mit offensichtlich unbegründeter Befürchtung, körperlich krank zu sein oder krank zu werden.

Hypochondrischer Wahn – Wahnhafte Überzeugung, daß die Gesundheit bedroht ist, oder die zwanghafte Überzeugung, krank zu sein.

Hypomanie/hypomanisch – Leichte Form der Manie in Form gehobener, heiterer Stimmungslage.

Hyposomnie – Schlaflosigkeit.

Hysterie – a) Persönlichkeitsstörung mit Egozentrismus, Anerkennungs- und Geltungsbedürfnis.
b) Psychogene Störung mit verschiedenen körperlichen Sensationen.

Hysterisch – Theatralisch-Ich-bezogenes, geltungsbedürftiges Verhalten.

ICD – International Classification of Diseases. Klassifikationssystem für Krankheiten der Weltgesundheitsorganisation (z. Z. in der 10. Fassung, ICD-10).

Ich – In der psychoanalytischen Theorie (S. Freud) zwischen dem Es (Triebe) und dem Über-Ich (Moral) vermittelnde Instanz. Zum Ich werden insbesondere das Denken, die Wahrnehmung und das Gedächtnis gezählt, ihm obliegt die innerseelische Organisation und Regulation. Allgemeiner wird „Ich" aus philosophisch-psychopathologischer Sicht als Gegensatz zur „Welt" verstanden und bezeichnet alles, was dem eigenen psychischen Raum als zugehörig erlebt wird.

Ich-Störungen – Störungen der Ichhaftigkeit des Erlebens sowie Störungen der Ich-Umwelt-Grenzen.

Ideenflucht – Vermehrung von Einfällen, die aber nicht mehr von einer Zielvorstellung straff geführt werden.

Identifikation – Ein (unbewußter) Vorgang, durch welchen man jemand anderem ähnlich sein möchte.

Idiographisch – Das Einmalige betreffend.

Idiotie – Schwerster Grad intellektueller Behinderung (angeborener Schwachsinn). Es besteht Bildungsunfähigkeit, Sprache wird nicht erlernt.

Illusion – Mißdeutung von Sinneseindrücken. Etwas Gegenständliches wird für etwas anderes gehalten, als es tatsächlich ist.

Imbezillität – Mittlerer Grad von Schwachsinn.

Impotentia coeundi – Unfähigkeit des Mannes, den Koitus durchzuführen.

Impotentia generandi – Zeugungsunfähigkeit.

Impotentia satisfactionis – Ejakulation ohne Orgasmus und sexuelle Befriedigung.

Impulskontrolle – (Willentliche) Beherrschung eines Wunsches oder Antriebes.

Infertilität – Unfruchtbarkeit.

Inkohärenz – Sprunghafter, dissoziierter Gedankengang, bei dem die logischen und assoziativen Verknüpfungen fehlen (auch als Zerfahrenheit bezeichnet).

Insomnie – Schlaflosigkeit. Meist Verkürzung der Gesamtschlafzeit. Oft bedeutungsgleich für Schlafstörungen verwendet.

Insuffizienzgefühl – Das Gefühl, nichts wert, unfähig, untüchtig etc. zu sein.

Intersexualität – Gleichzeitiges Vorhandensein männlicher und weiblicher Körpermerkmale bei einem Individuum.

Introjektion – In der psychoanalytischen Lehre psychischer Vorgang, bei dem das Bild eines anderen Menschen in das eigene Ich übernommen wird.

Introspektion – Selbstbeobachtung, Beobachtung der eigenen seelischen Vorgänge zum Zwecke der Selbsterkenntnis („Innenschau").

Introversion/introvertiert – In sich gekehrt, sich mehr der Innenwelt, dem geistigen Leben zuwendend. Gegenteil: Extraversion/extravertiert.

Inzest – Sexuelle Beziehungen zwischen nahen Verwandten.

Kastration – Entfernung der männlichen Keimdrüsen.

Katalepsie – Haltungsverharren, Erstarren in einer passiv gegebenen Körperhaltung.

Kataplexie – Plötzliches Versagen des Muskeltonus durch Affekterlebnisse, „Schrecklähmung".

Katathymie/katathym – Beeinflussung seelischer Inhalte durch affektive und gefühlsmäßige Einflüsse.

Katatonie – Psychische Krankheitsbilder, die vorwiegend durch Störungen der Willkürbewegungen gekennzeichnet sind; insbesondere Form der Schizophrenie.

Katharsis – Abreagieren von Gefühlen („Reinigung").

Klaustrophobie – Angst vor dem Aufenthalt in geschlossenen Räumen.

Kleptomanie – Pathologisches Stehlen.

Kleptophobie – Angst, zu stehlen oder bestohlen zu werden.

Kognitive Therapie – Psychotherapieformen, die den Patienten dazu veranlassen, seine Situation zu überdenken, anders zu beurteilen und schließlich zu verändern.

Koma – Form der Bewußtseinsminderung. Patient ist bewußtlos, nicht weckbar.

Konditionierung – Ausbilden bedingter Reaktionen/Reflexe.

Konfabulation – Erinnerungslücken werden mit Einfällen ausgefüllt, die vom Patienten selbst für Erinnerungen gehalten werden.

Kontamination – Verschmelzung von zwei oder mehr formal und inhaltlich verwandter Wörter zu einem neuen Begriff.

Konversion – Vorgang der Umsetzung eines seelischen Konfliktes in körperliche Symptome.

Konzentrationsstörung – Störung der Fähigkeit, seine Aufmerksamkeit ausdauernd einer bestimmten Tätigkeit oder einem bestimmten Gegenstand bzw. Sachverhalt zuzuwenden.

Koprolalie – Zwanghaftes Aussprechen vulgärer Worte der Fäkalsprache (z.B. bei Tourette-Syndrom).

Korsakow-Syndrom – Amnestisches Psychosyndrom mit Merkschwäche, örtlicher und zeitlicher Desorientiertheit sowie Konfabulationen.

Läppischer Affekt – Albern; leere Heiterkeit mit dem Anstrich des Einfältigen, Törichten, Unreifen.

Larviert – Krankheitsbild, das sich so maskiert, daß es nicht als solches erkannt wird; z.B. larvierte Depression (körperliche Symptome stehen im Vordergrund).

Latenzperiode – Entwicklungsperiode, die vom Ende der frühkindlichen Sexualität bis zum Beginn der Pubertät reicht. Während dieser Zeit wird die Sexualität nach S. Freud nicht weiterentwickelt.

Leibhalluzinationen – Coenästhetische Halluzination, s. Coenästhesie.

Libido – In der psychoanalytischen Lehre S. Freuds die mit dem Sexualtrieb verbundenen psychischen Erscheinungen, allgemeiner die jeden Trieb begleitende psychische Energie.

Liebeswahn – Wahnhafte Überzeugung, von einer anderen Person geliebt zu werden, ohne daß dies den realen Verhältnissen entspricht.

Logorrhoe – Übermäßiger Rededrang, verstärkter Redefluß.

Makropsie – Gegenstände oder Menschen werden vergrößert wahrgenommen.

Manie – a) In Wortverbindungen meist Sucht. b) Als Krankheitsbild: Stimmung und Antrieb über Euphorie hinaus gesteigert. Tritt auf im Rahmen affektiver Psychosen.

Manierismen – Sonderbare, unnatürliche, gekünstelte oder possenhafte Züge des Verhaltens.

Masochismus, sexueller – Sexuelle Erregung und Befriedigung durch Erleiden von Schmerzen oder Erniedrigung.

Maßregelvollzug – Durchführung der in §§ 61–72 StGB vorgesehenen Maßregeln der Besserung und Sicherung, meist in einer forensischpsychiatrischen Klinik.

Melancholie – Historisch im Sinne einer trübsinnigen Gemütsverfassung, einer schwermütigen Verstimmung gebraucht. Im engeren Sinne als Synonym für endogene Depression verwendet.

Menarche – Erste Menstruation.

Menopause – Letzte Menstruation.

Merkfähigkeitsstörung – Herabsetzung oder Aufhebung der Fähigkeit, sich frische Eindrücke über eine Zeit von ca. 10 Minuten zu merken.

Metamorphopsie – Gegenstände werden in Farbe oder Form verändert oder verzerrt wahrgenommen.

Mikropsie – Gegenstände werden verkleinert wahrgenommen.

Milieugestaltung – Schaffung einer Umgebung, die sich möglichst geringfügig von Gegebenheiten außerhalb der Klinik unterscheiden soll.

Minussymptomatik – Synonym zur Negativsymptomatik. Symptome psychischer Störungen, die als Fortfall früher vorhandener Eigenschaften erscheinen. Von besonderer Bedeutung bei der Schizophrenie (Affektverarmung, Sprachverarmung, Verlust der Lebensfreude, Apathie, sozialer Rückzug, Aufmerksamkeitsstörungen).

Mnestisch – Mit dem Gedächtnis zusammenhängend.

Monopolar – Nach nur einem Pol hin verlaufend. Bei endogenen Depressionen verwendet, denen im Verlauf immer nur neue depressive, keine manischen Phasen folgen (Gegenteil: bipolar).

Motorische Unruhe – Ziellose und ungerichtete motorische Aktivität.

Mutismus – Wortkargheit bis hin zum Nichtsprechen.

Nachschwankungen – Geringer ausgeprägtes Stimmungstief nach manischen Phasen bzw. Stimmungshochs nach depressiven Phasen.

Nachtklinik – Form teilstationärer Behandlung, bei der die Patienten in einer Klinik übernachten, tagsüber aber ihrer üblichen Beschäftigung nachgehen.

Narkolepsie – Imperative, zwanghafte Schlafanfälle. Auch mit affektivem Tonusverlust (Kataplexie), Halluzinationen u. a.

Narzißmus – „In sich selbst Verliebtsein". Begriff aus der psychoanalytischen Entwicklungstheorie.

Negativismus – Auf eine Aufforderung hin wird automatisch das Gegenteil des Verlangten oder überhaupt nichts getan.

Negativsymptomatik – Vgl. Minussymptomatik.

Nekrophilie – Sexuelle Erregung und Befriedigung durch sexuellen Kontakt mit einem toten Körper.

Neologismus – Wortneubildung.

Neurasthenie – Durch Überarbeitung oder andere äußere Einflüsse (Infektion, Intoxikation etc.) bedingte Schwäche oder Erschöpfung der

Glossar

Funktion des an sich gesunden Nervensystems.

Neuroleptika – Antipsychotisch wirksame Psychopharmaka.

Neurose – Ursprünglich jede Erkrankung des Nervensystems ohne nachweisbare Ursache. Seit S. Freud Bezeichnung für psychisch bedingte Gesundheitsstörung. Im klinischen Sprachgebrauch versteht man unter Neurose im weiteren Sinne alle lebensgeschichtlich bedingten seelischen Störungen. Nach der psychoanalytischen Lehre (S. Freud) sind Neurosen durch unbewußte, ungelöste Kindheitskonflikte bedingt. Für die Lerntheorie beruhen die Symptome der Neurosen auf erlerntem Fehlverhalten. Aufgrund seiner Unschärfe, der uneinheitlichen Verwendung und der stark divergierenden Theoriekonzepte wird der Neurose-Begriff in den neueren Diagnose- und Klassifikationssystemen (ICD-10, DSM-III-R) nicht mehr verwendet.

Neurotransmitter – Überträgerstoffe, die an Nervenendigungen freigesetzt werden (z. B. Noradrenalin, Serotonin).

Nootropika – Arzneimittel, denen eine günstige Beeinflussung der Hirnfunktionen (Aktivierung, Verbesserung von Orientierung, Gedächtnis und Vigilanz) zugeschrieben wird.

Nosologie – Systematische Beschreibung und Lehre von den Krankheiten.

Ödipus-Komplex – Nach der psychoanalytischen Lehre treten in der frühkindlichen genitalen Phase Liebe und Inzestwünsche gegenüber dem gegengeschlechtlichen Elternteil auf (Begriff aus der antiken Ödipus-Sage).

Olfaktorische Halluzinationen – Sinnestäuschungen im Geruchsbereich.

Oligophrenie – Angeborener Intelligenzmangel.

Oligo(zoo)spermie – Zu wenig Spermien im Ejakulat.

Omnipotenzgefühle – Gottähnliche Allmachtsgefühle, Gefühl absoluter Macht.

Operantes Konditionieren – Lernen an den Konsequenzen, Lernen am Erfolg.

Operationalisierung – Umformung von theoretischen Begriffen und Hypothesen im Sinne ihrer empirischen Überprüfbarkeit durch Angabe konkreter, im einzelnen prüfbarer Zielvorgaben und Schritte.

Optische Halluzinationen – Sinnestäuschungen im optischen Bereich.

Orale Phase – Nach S. Freud erste frühkindliche Entwicklungsphase (erstes Lebensjahr), durch Inbesitznahmen gekennzeichnet („in den Mund nehmen").

Organisches Psychosyndrom – Psychische Veränderungen durch Hirnkrankheiten und organische Körperveränderungen, z.B. Demenz, Delirien, körperlich begründbare Psychosen.

Orgasmus – Erlebter Höhepunkt bei sexueller Aktivität.

Orientierungsstörung, örtlich – Der gegenwärtige Aufenthaltsort wird nicht oder nur teilweise gewußt.

Orientierungsstörung, situativ – Die gegenwärtige Situation wird in ihrem Bedeutungs- und Sinnzusammenhang für die eigene Person nur teilweise oder gar nicht erfaßt.

Orientierungsstörung, zeitlich – Datum, Wochentag und/oder Jahreszeit werden nicht oder nur teilweise gewußt.

Orientierungsstörung, zur eigenen Person – Die aktuelle persönliche lebensgeschichtliche Situation wird nicht oder teilweise gewußt.

Päderastie – Hang eines Mannes zum sexuellen Verkehr mit Knaben (von Pädophilie nicht klar abzutrennen).

Pädophilie – Sexuelle Erregung und Befriedigung durch den Kontakt mit Kindern.

Panik/Panikattacke – Ohne sichtbaren Anlaß entstehende ausgeprägte Angst, die meist attackenweise auftritt und mit ausgeprägten körperlichen Symptomen verbunden ist.

Panikstörung – Störung mit wiederholten abgrenzbaren Panikattacken, die unerwartet und nicht situationsgebunden sind.

Paragrammatismus – Fehlerhafte Anwendung grammatikalischer Sätze aus krankhafter Ursache.

Parakinesen – Qualitativ abnorme, meist komplexe Bewegungen, die häufig die Gestik und Mimik, aber auch die Sprache betreffen.

Paralogisches Denken – Von der gängigen logischen, semantischen und inhaltlichen Verknüpfung abweichendes Denken.

Paralyse, progressive – Psychische Krankheit durch Syphilis (Lues).

Paramimie – Mimisches Verhalten und affektiver Erlebnisgehalt stimmen nicht überein.

Paramnesien – Erinnerungsfälschungen, Gedächtnistäuschung. Erinnerung mit falschen Bekanntheitsqualitäten, z.B. falsches Wiedererkennen (Déja-vu).

Paranoia/paranoisch – Systematisierter Wahn.

Paranoid – Wahnhaft (z. B. paranoide Psychose).

Paraphasie – Form der Sprachstörung. Verwendung von Worten, die den Gedanken nicht richtig wiedergeben.

Paraphilie – Sammelbezeichnung für alle Formen sexueller Befriedigung, die an außergewöhnliche Bedingungen geknüpft sind (früher oft als Perversion bezeichnet).

Parasomnie – Abnorme Episoden, die während des Schlafes oder an der Schwelle zwischen Wachsein und Schlaf auftreten. Z.B. Schlafwandeln (Somnambulismus), nächtliches Aufschrecken (Pavor nocturnus), Alpträume.

Parasuizid – Nicht tödliche Suizidhandlungen, Suizidversuche.

Parathymie – Inadäquater Affekt. Die Affekte des Kranken stimmen nicht mit dem Inhalt des gegenwärtigen Erlebens überein. Z.B. ein Patient berichtet lächelnd, daß seine Mutter verstorben sei.

Pareidolien – Sinnestäuschung, bei der in tatsächlich vorhandene Gegenstände allerlei Nichtvorhandenes zusätzlich hineingesehen wird.

Parkinsonoid – Medikamentös bedingtes Parkinson-Syndrom.

Pavor nocturnus – „Nachtangst", vor allem bei Kindern plötzliches Aufwachen im Schlaf mit Schreckensschrei und panischer Angst.

Perseveration – Wiederholung gleicher Denkinhalte und Haftenbleiben an vorherigen Worten.

Persönlichkeit – Summe der Eigenschaften, die dem einzelnen Menschen seine charakteristische, unverwechselbare Individualität verleihen.

Persönlichkeitsstörung – Tief verwurzelte, anhaltende und weitgehend stabile Verhaltensmuster, die sich in starren Reaktionen auf unterschiedliche persönliche und soziale Lebenslagen zeigen. Meist gehen diese Störungen mit persönlichem Leiden und gestörter sozialer Funktionsfähigkeit einher.

Phallische Phase – Nach S. Freud letztes Stadium der frühkindlichen Sexualentwicklung (4.–6. Lebensjahr). Der Penis bzw. die Klitoris wird zur erogenen Zone; Auftreten des Ödipus-Komplexes.

Phase – Abgegrenzter Zeitraum, in dem eine psychische Störung bestand. Phasenhafter Verlauf führt in der Regel zur Remission, d. h. zur völligen Wiederherstellung (Heilung). Heute oft durch den Begriff „Episoden" des angloamerikanischen Schrifttums ersetzt.

Phobie – Angst vor einem umschriebenen Objekt oder einer umschriebenen Situation.

Phoneme – Akustische Halluzinationen, Stimmenhören.

Phototherapie – Lichttherapie. Zur Behandlung der sog. saisonalen Depression („Winterdepression") eingesetztes Therapieverfahren.

Plussymptomatik – Produktive psychotische Symptomatik in Form von Wahn, Halluzinationen, katatonen Störungen und bestimmten formalen Denkstörungen. Meist bei Schizophrenie.

Pollution – Spontaner Samenerguß.

Polytoxikomanie – Mehrfachabhängigkeit von Suchtstoffen (Alkohol, Drogen, Medikamente).

Poriomanie (Dromomanie, Fugues) – Impulshandlung mit ziellosem, dranghaftem Weglaufen.

Posttraumatisch – Im Anschluß an ein (seelisches oder körperliches) Trauma auftretend.

Priapismus – Schmerzhafte Dauererektion.

Primärer Krankheitsgewinn – Innere Vorteile, die aus neurotischen Symptomen und aus einer dadurch begründeten Krankheit gezogen werden können.

Prodrom – Stadium unspezifischer Krankheitssymptome vor dem manifesten Krankheitsausbruch.

Progressive Muskelrelaxation – Von Jakobson entwickelte Methode der Entspannung.

Projektion – In der Psychoanalyse zu den Abwehrmechanismen zählende unbewußte Verhaltensweise, um sich vor seelischen Konflikten zu schützen. Hierbei wird ein eigener Triebimpuls in eine andere Person, in die Außenwelt verlagert.

Pseudodemenz – Scheinbarer Verlust intellektueller Fähigkeiten, z. B. im Rahmen des Ganser-Syndroms oder bei Depression.

Pseudohalluzination – Trugwahrnehmung, bei der die Unwirklichkeit der Wahrnehmung erkannt wird.

Pseudoneurasthenisches Syndrom – Erscheinungen der nervösen Erschöpfung bei organischen Erkrankungen (Schwäche, Reizbarkeit, Schlafstörungen).

Psychagogik/psychagogisch – Eine Besserung des Verhaltens anstrebende seelische Führung psychisch Gestörter. Kombination aus Psychotherapie und Soziotherapie sowie pädagogischer Bemühungen, vor allem der Resozialisierung verhaltensgestörter Kinder.

Psyche/psychisch – Die Seele bzw. alles, was sich auf seelische Vorgänge bezieht.

Psychiatrie – Seelenheilkunde, Medizin der Psyche. Medizinische Wissenschaft von der Erkennung und Behandlung des krankhaft veränderten oder abnormen Seelenlebens. Fachgebiet der Medizin, das sich mit der Erkennung, Behandlung, Prävention, Rehabilitation und Begutachtung psychischer Krankheiten und Störungen befaßt.

Psychoanalyse – Von S. Freud begründete Lehre, mit der die unbewußte Bedeutung seelischer Vorgänge aufgeschlüsselt werden kann („Tiefenpsychologie"). Des weiteren eine psychotherapeutische Behandlungsmethode, die sich auf die Aufdeckung unbewußter Wünsche und Konflikte gründet.

Psychodynamik/psychodynamisch – Aus der Psychoanalyse stammender Begriff, der die Beziehungen einzelner „Seelenkräfte" bzw. Persönlichkeitsanteile untereinander beschreibt.

Psychogen – Durch seelische Vorgänge entstanden.

Psychologie – „Seelenkunde"; Wissenschaft, die sich mit dem Verhalten und Erleben des gesunden Menschen befaßt.

Psychomotorik/psychomotorisch – Durch psychische Vorgänge geprägte Gesamtheit des Bewegungsablaufes.

Psychopathie – Persönlichkeitsstörung, Soziopathie. Abnormität der Persönlichkeit, die sich störend auf das soziale Leben auswirkt.

Psychoreaktiv – Psychische Symptomatik, die als Reaktion auf Erlebnisse auftritt (vgl. psychogen).

Psychose – Psychische Störung mit grundlegendem Wandel des eigenen Erlebens und des Außenbezuges. Entweder im Rahmen einer organisch faßbaren Störung oder im Rahmen von Veränderungen des Gehirnstoffwechsels.

Psychosomatik/psychosomatisch – Körperstörungen/-krankheiten, die infolge gegenwärtiger oder früherer emotionaler Konflikte psychisch (mit-)bedingt sind. Zu unterscheiden sind hierbei psychosomatische Störungen, d. h. körperliche Beschwerdebilder ohne nachweisbaren organischen Befund (sog. funktionelle Störung), und psychosomatische Krankheiten mit nachweisbaren organisch-morphologischen Veränderungen (z.B. Magengeschwür).

Psychosozial – Die sozialen Gegebenheiten aus psychologischer Sicht gesehen.

Psychotherapie – Behandlung von seelischen Störungen mit psychologi-

Glossar

schen Mitteln, d. h. durch gezielte seelische Einflußnahme.

Pubertas praecox – Vorzeitig eintretende Geschlechtsreife.

Pyromanie – Pathologische Brandstiftung.

Rapport – Gefühlsmäßiger und/oder verbaler Kontakt zwischen Therapeut und Patient.

Raptus – Plötzlicher, aus der Ruhe heraus auftretender Erregungszustand mit aggressiven Durchbrüchen bei psychischen Störungen.

Rationalisierung – In der Psychoanalyse Bezeichnung für einen Abwehrmechanismus für die logisch-rationale Begründung von Handlungen, deren eigentliches triebhaft-unbewußtes Motiv aus moralischen Gründen nicht akzeptabel ist („vorgeschobene Motive").

Ratlosigkeit – Der Patient findet sich stimmungsmäßig nicht mehr zurecht und begreift seine Situation, seine Umgebung oder Zukunft kaum oder nicht mehr.

Reaktionsbildung – Aus der Psychoanalyse stammender Abwehrmechanismus. Es werden Verhaltensweisen entwickelt, die einem verdrängten Triebwunsch entgegengesetzt sind (z.B. übermäßige Pflege einer Mutter für ein abgelehntes Kind).

Regression – Zurückschreiten von einer höheren auf eine frühere, ältere, niedrigere Entwicklungsstufe. Gemäß der psychoanalytischen Lehre Wiederauftreten von entwicklungsmäßig früheren (kindlichen) Verhaltensweisen.

Reizüberflutungstherapie – Methode der Verhaltenstherapie. Hierbei wird der Patient dem angstauslösenden Reiz so lange maximal ausgesetzt, bis die Angst verschwindet (synonym: Flooding).

REM-Schlaf – Rapid-Eye-Movement-Schlaf, Schlaf mit raschen Augenbewegungen, sog. desynchronisiertes Schlafstadium.

Residualsyndrom/Residualzustand/ Residuum – Zustand des Bestehenbleibens von (meist unspezifischen) Symptomen (Restsymptomatik) nach Abklingen einer akuten psychischen Erkrankung.

Sadismus, sexueller – Sexuelle Erregung und Befriedigung durch zufügen von Schmerzen und Erniedrigung.

Schizoaffektive Psychose – Psychose, die (gleichzeitig oder nacheinander) sowohl eine schizophrene als auch eine typische affektive Symptomatik umfaßt.

Schizoid – Eigentlich: der Schizophrenie ähnlich. Charakterisierung von folgenden Persönlichkeitseigenschaften: kühl, ungesellig, introvertiert.

Schizophasie – Psychisches Krankheitsbild mit auffallender Störung des sprachlichen Ausdrucks bei verhältnismäßig geringer Beeinträchtigung der übrigen seelischen Leistungen.

Schizophrenie – Psychose aus der Gruppe der endogenen Psychosen mit charakteristischem, symptomatisch oft sehr vielgestaltigem psychopathologischem Querschnittsbild wie Wahn, Halluzinationen, formalen Denkstörungen, Ich-Störungen, Affektstörungen und psychomotorischen Störungen.

Schizothymie – Nach der Typologie E. Kretschmers besondere Temperamentsform, vor allem bei leptosomem Körperbau.

Schub – Bezeichnung für eine einzelne Krankheitsepisode im Rahmen einer schizophrenen Psychose.

Schuldunfähigkeit – Unfähigkeit, aufgrund bestimmter Erkrankungen das Unrecht einer Tat einzusehen oder nach dieser Einsicht zu handeln.

Schuldwahn – Wahnhafte Überzeugung, Schuld auf sich geladen zu haben.

Sedativa – Bezeichnung für ältere Beruhigungsmittel (z.B. Barbiturate).

Sekundärer Krankheitsgewinn – Äußerer Vorteil, der nachträglich aus bereits bestehenden neurotischen Symptomen gezogen werden kann.

Sekundärer Wahn – Wahn, der sich aus Sinnestäuschungen oder anderen psychopathologischen Phänomenen ableiten läßt (vgl. Erklärungswahn).

Simulation – Vortäuschen von Symptomen oder Störungen.

Sodomie – Sexuelle Erregung und Befriedigung durch Kontakt mit Tieren.

Somatisierung – Umwandlung seelischer Konflikte in körperliche Erkrankungen.

Somatoform – Körperliche Symptomatik, für die keine ausreichenden organischen Befunde gefunden werden.

Somatogene Psychose – Körperlich begründbare Psychose.

Somatopsychische Erkrankung – Primär körperliche Krankheit, in deren Verlauf es sekundär zu seelischen Störungen kommt.

Somnambulismus – Schlafwandeln.

Somnolenz – Form der Bewußtseinsverminderung. Patient ist schläfrig, aber leicht weckbar.

Sopor – Form der Bewußtseinsminderung. Der Patient schläft, nur starke Reize können ihn wecken.

Soziale Phobie – Anhaltende Angst vor Situationen, in denen die Person im Mittelpunkt der Aufmerksamkeit anderer steht.

Sozialpsychiatrischer Dienst – Von den öffentlichen Gesundheitsverwaltungen (Gesundheitsämtern) und von freien Wohlfahrtsverbänden getragene Einrichtungen zur ambulanten psychiatrischen Beratung, Vorsorge und nachgehenden Hilfe.

Soziotherapie – Jede Behandlungsform, die sich in erster Linie um die zwischenmenschlichen Beziehungen und die Umgebung eines psychiatrisch Kranken bemüht.

Sperrung – Plötzlicher Abbruch eines sonst flüssigen Gedankenganges ohne erkennbaren Grund, was vom Patienten als Gedankenabreißen erlebt wird.

Stereotypie – Äußerungen auf sprachlichem oder motorischem Gebiet, die die Tendenz aufweisen, über längere Zeit hindurch in immer gleicher Form wiederholt zu werden.

Sthenisch – Kräftig, energisch. Gegensatz zu asthenisch.

Störung der Erinnerungsfähigkeit – Herabsetzung oder Aufhebung der Fähigkeit, länger als 10 Minuten zurückliegende Eindrücke bzw. Kenntnisse im Gedächtnis zu behalten.

Stupor – Motorische Bewegungslosigkeit.

Subdepressiv – Bezeichnung für leichtere depressive Zustände.

Sublimierung – Nach S. Freud Umwandlung von sexueller Triebenergie in sozial akzeptierte Formen der Aktivität.

Submanisch – Bezeichnung für leichtere manische Zustände.

Sucht – Körperliche und psychische Abhängigkeit von Drogen.

Suggestion/suggestiv – „Unter der Hand beibringen". Seelische Beeinflussung, bei der/die Betreffende dazu gebracht wird, unkritisch bestimmte Gedanken, Gefühle, Vorstellungen oder Wahrnehmungen zu übernehmen.

Suizid – Selbsttötung.

Symbiontisch – Aus dem sehr engen und ständigen Zusammensein zweier Personen entstehend.

Syndrom – Symptomenkomplex.

Synton – Ausgeglichen, in Harmonie mit sich und der Umwelt, mitschwingend.

Systematischer Wahn – Verknüpfung von verschiedenen Wahnideen zu einem Wahngebäude (Wahnsystem), wobei logische oder paralogische Verknüpfungen gewählt werden.

Systemische Therapie – Form der Psychotherapie, welche versucht, die Regeln der sozialen Systeme (Familie, Schule, Arbeitswelt) zu verstehen und verändernd auf sie einzuwirken.

Tagesklinik – Bezeichnung für teilstationäre Einrichtungen, bei der die Patienten tagsüber in der Klinik behandelt werden und die Nacht und das Wochenende in der gewohnten alltäglichen Umgebung verbringen.

Tenazität – Fähigkeit, die Aufmerksamkeit ständig auf einen Gegenstand zu richten.

Testierfähigkeit – Fähigkeit, rechtsgültig ein Testament abzufassen.

Therapeutische Gemeinschaft – In der Sozialpsychiatrie Gruppe von Patienten, Pflegepersonal und Ärzten, die – gewöhnlich innerhalb eines psychiatrischen Krankenhauses – mit dem Ziel zusammenlebt und arbeitet, psychisch Kranken die Wiedereingliederung oder eine bessere Eingliederung in die soziale Gesellschaft zu ermöglichen.

Thymoleptika – Antidepressiva.

Tic – Gleichförmig wiederkehrende, rasche und unwillkürliche Muskelzuckungen, ggf. mit Ausdrucksgehalt.

Trance – Entrückung. Hypnoseähnlicher Zustand mit Einengung des Bewußtseins.

Tranquilizer – Beruhigungsmittel.

Transsexualität – Anhaltender Wunsch, die Geschlechtszugehörigkeit zu wechseln.

Transvestismus – Neigung, die Kleidung des anderen Geschlechtes zu tragen, um zeitweilig die Zugehörigkeit zum anderen Geschlecht zu erleben.

Trauma – Erlebnis, das ein Individuum nicht adäquat verarbeiten kann, starke seelische Erschütterung/seelischer Schock.

Trichotillomanie – Zwanghaftes Ausrupfen von Kopfhaaren, Augenbrauen, Wimpern und Körperhaaren.

Über-Ich – In der Psychoanalyse höchste Instanz der Persönlichkeit, die dem „Ich" als Zensor oder Richter übergeordnet ist.

Übertragung – Begriff aus der (psychoanalytischen) Psychotherapie. Projektion kindlicher Wünsche, Gefühle und Einstellungen auf Vater und Mutter auf den Analytiker/Therapeuten.

Überwertige Idee – Idee, die das gesamte Denken in einseitiger Weise beherrscht und aus einem gefühlsmäßig stark besetzten Erlebnis hervorgeht.

Umständliches Denken – Im Denkablauf wird Nebensächliches nicht vom Wesentlichen getrennt, die Hauptsache geht in der Schilderung von unwesentlichen Details unter.

Vaginismus – Verkrampfung (im äußeren Drittel) der Vaginalmuskulatur, die den Koitus behindert.

Vegetative Labilität/Dystonie/psycho-vegetatives Syndrom – In der ärztlichen Praxis häufig zu findendes, wissenschaftlich schwer definierbares Beschwerdebild. Zahlreiche funktionelle, psychosomatische Störungen in Verbindungen mit Ängstlichkeit, Verstimmung, Überempfindlichkeit und Nervosität.

Verarmungswahn – Wahnhafte Überzeugung, daß die finanzielle Lebensbasis bedroht oder verlorengegangen ist.

Verbigeration – Krankhaftes Wiederholen von oft unsinnigen Wörtern und Sätzen, die in meist stereotypiertem Tonfall vorgebracht werden.

Verdrängung – Form eines Abwehrmechanismus, durch den nicht akzeptable Triebwünsche und Impulse in das Unbewußte abgedrängt werden.

Verfolgungswahn – Wahnhafte Überzeugung, von anderen verfolgt zu werden.

Verhaltenstherapie – Auf den Grundlagen der Lerntheorie entwickelte Psychotherapieform. Das gestörte Verhalten wird direkt durch verschiedene Techniken im Sinne eines „Verlernens" behandelt.

Verkennung – Synonym für Illusion.

Vigilanz – Wachheit, Gegenteil von Schlaf, Aufmerksamkeits-Bereitschaft.

Vigilität – Fähigkeit, die Aufmerksamkeit auf neue Objekte zu fokusieren.

Vorbeireden – Der Patient geht nicht auf die Frage ein und bringt inhaltlich etwas anders vor, obwohl aus Antwort und/oder Situation ersichtlich ist, daß er die Frage verstanden hat.

Voyeurismus – Sexuelle Erregung und Befriedigung durch Beobachtung anderer argloser Personen, die nackt sind oder bei sexuellen Aktivitäten.

Vulnerabilität – Individuell unterschiedliche Verletzbarkeit und Bereitschaft für das Auftreten psychischer Störungen (insbesondere Psychosen).

Wahn – Unkorrigierbar falsche Beurteilung der Realität.

Wahndynamik – Affektive Anteilnahme am Wahn. Äußert sich in dem Ausmaß des Antriebs und der Stärke der Affekte, die im Zusammenhang mit dem Wahn wirksam werden.

Wahneinfall – Plötzliches Aufkommen von wahnhaften Vorstellungen und Überzeugungen.

Wahnerinnerung – Wahnhaft verfälschte Erinnerung.

Wahnidee – Objektiv falsche Beurteilung der Realität, an der mit erfahrungsunabhängiger subjekter Gewißheit festgehalten wird, auch wenn sie im Widerspruch zur Wirklichkeit und zur Erfahrung der Mitmenschen steht.

Wahnstimmung – Stimmung des Unheimlichen, Vieldeutigen, aus dem heraus Wahnideen entstehen.

Wahnwahrnehmung – Reale Sinneswahrnehmungen erhalten eine abnorme Bedeutung, meist im Sinne der Eigenbeziehung.

Widerstand – Begriff aus der psychoanalytischen Psychotherapie. Abneigung gegen die Bewußtmachung unbewußter psychischer Inhalte.

Zerfahrenheit – Sprunghafter, dissoziierter Gedankengang, bei dem die logischen und assoziativen Verknüpfungen fehlen (auch als Inkohärenz bezeichnet).

Zoophobie – Phobische Angst vor Tieren.

Zwang – Gedanken oder Handlungen, die sich aufdrängen, sich stereotyp wiederholen, als sinnlos oder unsinnig erlebt werden und die nicht durch Ablenkung oder ähnliche Strategien vermieden werden können.

Zwangsgedanken – Zwanghaft sich immer wieder aufdrängende, jedoch als unsinnig erkannte Denkinhalte.

Zwangshandlungen – Zwanghaft gegen oder ohne den Willen ausgeführte Handlungen. Bei dem Versuch, diese Handlungen zu unterlassen, treten massive innere Anspannung und Angst auf.

Zwangsimpulse – Zwanghaft sich gegen den Willen durchsetzen wollende Handlungsimpulse.

Zweckreaktion – Psychogene Erlebnisreaktion, mit der ein bestimmter, meist halbbewußter Zweck (z.B. Rente oder Haftentlassung) erreicht werden soll.

Zwei-Zügel-Therapie – Gleichzeitige Behandlung mit Neuroleptika und Antidepressiva.

Zyklothymia – Andauernde Instabilität der Stimmung mit zahlreichen Perioden leichter Depression und leicht gehobener Stimmung.

Zyklothymie – Älterer Begriff für manisch-depressive Erkrankung (bipolare affektive Psychose).

9 Quellenverzeichnis der Abbildungen, Synopsen und Tabellen

Abbildungen:

2-1 Bochnik, H.-J. Gärtner-Huth, C., Richtberg, W.: Psychiatrie lernen. Erkennen, Erfahren, Handeln, Perimed, Erlangen 1986

2-2, 3-9, 3-44, 3-67, 3-117 Sammlung G. Laux, Bonn

2-3 Harold Plople, NARSAD Artworks, La Habra/CA, USA 1988

2-4 Davison/Neale: Klinische Psychologie, Urban & Schwarzenberg, München 1979

2-7 Franke, H., Hippius, H.: Geriatrie, Psychiatrie. Springer, Berlin 1979

2-8 Berner, P.: Psychiatrische Systematik, 3. Aufl., Huber, Bern 1982

3-5 Laux, G.: Chronifizierte Depressionen. Enke, Stuttgart 1986

3-7 Kasper, S., Buchkremer, G., Dilling, H., Gaebel, W., Hautzinger, M., Holsboer-Trachsler, E., Linden, M., Möller, H.-J., Pöldinger, W., Wittchen, H-U, Wolfersdorf, M.: Depressive Störungen erkennen – behandeln. Karger, Basel 1994

3-10, 3-23 © VG Bild-Kunst, Bonn 1995

3-13 Kielholz, P.: Diagnose und Therapie der Depressionen für den Praktiker. Lehmann, München 1971

3-15 Linden, M.: Differentialdiagnose der Depression. Münch Med Woschr 126 (1984) 70 – 72

3-5 Laux, G.: Chronifizierte Depressionen. Enke, Stuttgart 1986

3-24 Linden, M.: Epidemiologie von Angst- und Panikerkrankungen. In: Angst- und Panikerkrankungen. Hrsg. von S. Kasper, H. J. Möller. Socio Medico, Gräfelfing 1993

3-28 a © Reinhard Wolf. Agentur Bilderberg, Hamburg

3-28 b © Frank Wache. Agentur GARP, Hamburg

3-28 c M. Lehnert, Stuttgart

3-30 nach Klein, H. E., Hippius, H.: Angst. Diagnostik und Therapie. Adam, Essen 1983

3-35 Sammlung Dr. Dr. In der Beek, Schleswig

3-36 Scharfetter, C.: Schizophrene Menschen. 4. Aufl., Psychologie Verlags Union, Weinheim 1995

3-37 Gottesmann, I.I.: Schizophrenie. Spektrum, Heidelberg 1993

3-38 nach Vaughn, Leff 1973

3-39, 3-48 Helmchen H, Pietzker, A: Die psychische und soziale Dimension der neuroleptischen Langzeittherapie. In: Therapie mit Neuroleptika. Hrsg. von H. Hippius, H. E. Klein. Perimed, Erlangen 1983

3-42 Privatsammlung der Bayer Leverkusen AG

3-43 Gershon, E. S., Rieder, R. O.: Molekulare Grundlagen von Geistes- und Gemütskrankheiten. In: Gehirn und Bewußtsein. Spektrum der Wissenschaft. Spektrum, Heidelberg 1994

3-45 Tischendorf, F. W.: Der diagnostische Blick. 3. Aufl., Schattauer, Stuttgart 1979

3-46 Sammlung H. J. Möller, München

3-47 Bleuler, E.: Lehrbuch der Psychiatrie, 15. Aufl., Springer, Berlin 1983.

3-50 Kanowski, S., Kühl, K.-P.: Behandlung mit Nootropika. In: Therapie psychiatrischer Erkrankungen Hrsg. von H. J. Möller. Enke, Stuttgart 1993

3-52 a, b Beske, F., Kunczik, T.: Hirnleistungsstörungen: Frühzeitige Therapie rechnet sich. Geriatrie Prax. 5 (1993) 24 – 27

3-55 nach Coper et al. 1992

3-57 Folstein, M. F., Folstein, S. E., McHugh, P. R.: Mini-Mental-Status-Test (MMST). Dt. Fassung von Kessler, J., Markowitsch H. J., Denzler, P. E. Testzentrale des Berufsverbandes deutscher Psychologen (BDP)/Hogrefe, Göttingen 1975

3-58, 3-59, 3-66 © 1986 CIBA-GEIGY Corporation. Reprinted with permission from The Ciba Collection of Medical Illustrations, illustrated by Frank H. Netter, M.D. All rights reserved.

Netter, F. H.: Farbatlanten der Medizin Band 6, Nervensystem II, Klinische Neurologie. Thieme, Stuttgart 1989

3-60 a, b, c Allard, M., Signoret, J. L., Stalleicken, D.: Alzheimer-Demenz. Springer, Berlin 1988

3-61 a, b. 3-68, 3-69 © dpa Deutsche Presse-Agentur, Bildarchiv Stuttgart

3-62 Diagnose und Therapie dementieller Syndrome. Beilage. Nervenarzt 64 (1993) 6

3-71, 5-17 Schott, H.: Chronik der Medizin. Chronik/Harenberg, Dortmund 1993

3-76 nach Pirke, K. M., Vandereyken, W., Ploog, D.: The psychology of bulimia vervosa. Springer, Berlin 1988

3-80 nach Roffwarg et al. 1966

3-81 b Onorio Mansutti. Roche Kalender 'Schlaf' 1993. F. Hoffmann La Roche AG, Basel 1992

3-83 Royal Opera House London

3-92 nach Jahrbuch Sucht. Hrsg. von Deutsche Hauptstelle gegen die Suchtgefahren 1994

3-98 a, b Volk, B.: Alkohol und Nervensystem. Teil 1. Wernicke Enzephalopathie. PVG, München 1985

3-99 Sammlung K. F. Masuhr, Zell/Mosel

3-101 nach Köster, R.: Aktuelle Suchtproblematik und Arzt. Z. Allg. Med. 58 (1982) 1829 – 1834

3-107 a Fahrenberg, J., Hamperl, R., Selg, H.: Freiburger Persönlichkeits-Inventar (FPI), Hogrefe, Göttingen 1989

3-108 © Henning Christoph. Das Fotoarchiv. Essen

3-109 nach Welz, R.: Sind Suizide häufer geworden? Psycho 17 (1991) 223 – 233

3-110 nach Schmidtke et al. 1988

3-111 Améry, J.: Hand an sich legen. Diskurs über den Freitod. Edition Alpha. Klett, Stuttgart 1976

3-114 nach Reimer, C.(Hrsg.): Suizid. Ergebnisse und Therapie. Springer, Berlin 1982

3-115 nach Pöldinger, W.: Erkennung und Beurteilung der Suizidalität. In: Aktuelle Aspekte der Psychiatrie in Klinik und Praxis. Hrsg. von H. Hippius, M. Schmauss. Zuckschwerdt, München 1988.

3-116 nach Rössler, W. Häfner, Martini, H., an der Heiden, W., Jung, E., Löffler, W.:
Landesprogramm zur Weiterentwicklung der außerstationären psychiatrischen Versorgung Baden-Württemberg – Analysen, Konzepte, Erfahrungen. Dt. Studien, Weinheim

4-4 Hamburg-Wechsler, Intelligenztest für Kinder – Revision 1983 (HAWIK-R). Hrsg. von U. Tewes. 2. Aufl., Huber, Bern 1987

4-5 Hoffmann, H.: Der Struwwelpeter. Frankfurter Originalausgabe. Loewes, Bindlach

4-7 © Peter Ginter, Bilderberg, Hamburg

4-8 (Photos) Sitzmann, F. C.: Pädiatrie. Hippokrates, Stuttgart 1995

5-2 Laux, G.: Pharmakopsychiatrie. Fischer, Stuttgart 1992

5-3 nach Weissmann 1978, Karasu 1982

5-6 nach Kubicki 1981

5-7, 5-10 Laux, G.: Pharmakopsychiatrie. Fischer, Stuttgart 1992

5-20 Engelmann, E.: 1907-Berggasse 19. The University of Chicago Press, Chicago 1976

5-25 Schepank, H.(Hrsg.): Verläufe. Seelische Gesundheit und psychogene Erkrankungen heute. Springer, Berlin 1990

5-26, 5-27, 5-28 nach Statistik 1990 des AOK-Bundesverbandes, Bonn

6-2 Davenport, R.H., Davenport, D.: Arzt und Suizidverhütung. Hexagen Roche 3 (1980) 9 – 17

9 Quellenverzeichnis

Synopsen:

Synopsis 3-18 nach Hollister, L. E.: Pharmacological approaches to treatment of mental disorders 1983
Synopsis 3-21 nach Kurz 1991

Tabellen:

2-3 Lehrl, S.: Mehrfachwortwahl-Intelligenztest (MWT), Perimed-Spitta, Balingen 1977
2-4 Zerssen, D. v.: Depressivitäts-Skala, Collegium Internationale Psychiatrie Skalen (CIPS). Beltz, Weinheim / Hogrefe, Göttingen 1986
2-7, 2.8 nach Zerssen, D. v. et al.: Biographisches Persönlichkeitsinterview (BPI) in Vorbereitung.
2-9 Fahrenberg, J., Hamperl, R., Selg, H.: Freiburger Persönlichkeits-Inventar (FPI), Hogrefe, Göttingen 1989
2-10 Dilling, H., Reimer, C.: Psychiatrie und Psychotherapie. 2. Aufl., Springer, Berlin 1995
2-11 Wittchen, H.-U., Koehler, K., Zaudig, M.: Diagnostische Kriterien und Differentialdiagnosen des DSM-III-R. Beltz, Weinheim 1989
2-12 Internationale Klassifikation psychischer Störungen. ICD-10 Kapitel V (F) Klinisch-diagnostische Leitlinien. Herausgegeben von H. Dilling, W. Mombour, M. H. Schmidt, Huber, Bern 1991
3-12 nach Eichert 1993
3-11 Laux L., Glanzmann P., Schaffner, P., Spielberger, C. D.: Das State-Trait-Angstinventar (STAI). Testzentrale des Berufsverbandes deutscher Psychologen (BDP), Göttingen/Beltz, Weinheim 1980
3-13 nach Möller, H. J., Zerssen, D. v. 1986
3-14 Marneros, A.: Behandlung schizophrener Erkrankungen. In: Therapie psychiatrischer Erkrankungen. Hrsg. von H. J. Möller. Enke, Stuttgart 1993
3-16, 3-17 Möller, H.-J., Kissling, W., Stoll, K.-D., Wendt, G.: Psychopharmakotherapie. Ein Leitfaden für Klinik und Praxis. Kohlhammer, Stuttgart 1989
3-18 nach Kraemer et al. 1987
3-22 Reisberg, B., Ferris, S. H., De Leon, M., Crook, T.: The Global Deterioration Scale for assesment of primary degenerative dementia. Am J Psychiatry 13 (1982) 1136–1139

3-27 nach Hachinski V. C. et al.: Cerebral blood flow in dementia. Arch Neurol 7 (1975) 204–208
3-34 nach Hertoft, P.: Klinische Sexologie. Dt. Ärzte-Verlag, Köln 1989
3-38 nach Coleman, R. M.: Sleep/wake disorders based on a polysomnographic diagnosis. J Am Med. Assoc. (1987) 247: 997–1003
3-42 nach Jellinek 1960 und Feuerlein 1989
3-44 nach Feuerlein W., Ringer, Ch., Küfner, H., Antons, K.: Münchener Alkoholismus-Test (MALT).Testzentrale des Berufsverbandes deutscher Psychologen (BDP), Hogrefe, Göttingen 1979
3-60 nach Fahrenberg, J., Hamperl, R., Selg, H.: Freiburger Persönlichkeits-Inventar (FPI), Hogrefe, Göttingen 1989
3-62 Bronisch et al.: Münchner Follow-up Studie, im Druck
3-63 Möller, H.J., Lauter, H.: Suizidversuch und Nachsorge.Teil I: Der Liaisondienst. Psycho 12 (1986) 231–243
3-64, 3-68 nach Haenel, T., Pöldinger, W. (1986): Erkennung und Beurteilung der Suizidalität. In: Psychiatrie der Gegenwart. Bd. 2. Hrsg. vn K. P. Kisker, H. Lauter, J. E. Meyer, C. Müller, E. Strömgren. Springer, Berlin, 107–132
3-65 nach Ringel 1953
3-69 Wolfersdorf, M.: Erkennen und Beurteilung von Suizidalität. Therapiewoche 39 (1989) 435–437
3-70 nach Blumenthal, S. J.: An overview and synopsis of risk factors, assesment, and treatment of suicidal patients over the life cycle. In: Suicide over the life cycle. Hrsg. von Blumenthal, S. J. Kupper, D. J. American Psychiatric Press, Washington D. C. (1990) 685–733
3-72 nach Wedler 1984
3-73 nach Reimer, C. (Hrsg.): Suizid. Ergebnisse und Therapie. Springer, Berlin 1982
4-3 nach Propping, P.: Psychiatrische Genetik. Springer, Berlin 1989
4-4 Conners, C. K.: Rating scales for use in drug studies with children. In: Special Issue: Pharmacotherapy of children. Psychopharmacol. Bull 1973
5-14 a, b Möller, H. J., Kissling, W., Stoll, K.-D., Wendt, G.: Psychopharmakotherapie. Eine Leitfaden für Klinik und Praxis. Kohlhammer, Stuttgart 1989
5-23 Beck, A. T., Rush, A. J., Shaw, B. F., Emery, G.: Kognitive Therapie der Depression. PVU, Weinheim 1992
5-29 nach Bochnik und Koch 1990

10 Sachverzeichnis

Kursive Seitenzahlen verweisen auf die kurzen Begriffserläuterungen im Glossar

A

Abhängige asthenische Persönlichkeitsstörung 348
Abhängigkeit 283ff
- Ätiopathogenese 290
- Diagnostik 292
- Epidemiologie 289
- Geschlechtsverteilung 290
- Häufigkeit 290
- Klassifikation 287
- Nichtstoffgebundene 288
- Prävention 294
- Primärprävention 294
- Sekundärprävention 294
- Stoffgebundene 288
- Therapie 294
- Typen 289
Abhängigkeit und Sucht 283ff
- Historisches 283
Abnorme Gewohnheiten/Störungen der Impulskontrolle 355
Absencen *553*
Abstinenzregel 499
Abstinenzsyndrom *553*
Abulie *553*
Abusus 283
Abwehr/Abwehrmechanismen *553*
Abweichendes Verhalten 415
Affekt *553*
Affektarmut 36, *553*
Affektinkontinenz 36, *553*
Affektive Psychosen 61
- Verläufe 83
Affektive Störungen 58ff, 418, *553*
- Ätiopathogenese 63
- Klassifikation 74ff
Affektivität *553*
Affektlabilität 36, *553*
Affektstarrheit 36, *553*
Affektsyndrom *553*
Aggravation *553*
Aggressivität 39, *553*
Agitation *553*
Agitiert *553*
Agitierte Depression 70
Agnosien 172, *553*
Agoraphobie 102, 103, *553*
- Symptomatik 104
Agrammatismus *553*
Agraphie 172, *553*
AIDS-Demenz 202
Akalkulie 172, 404, *553*
Akathisie 473, *553*
Akinese *553*
Akoasmen *553*
Akrophobie 105, *553*
Akustische Halluzinationen *553*
Akute Belastungsreaktion 208
- Definition 208
- Symptomatik 210
Akute Krisenreaktion 208
Akute organische Psychosen 161ff

Akute polymorphe psychotische Störung 156
Alexie *553*
Alkohol 296
- Pro-Kopf-Konsum 296
Alkoholabhängigkeit 294, 312
- Entwöhnungsphase 312
Alkoholdelir (Delirium tremens) 303, 308
Alkoholembryopathie 304
Alkoholentzugsdelir 307
Alkoholhalluzinose 303, 308
Alkoholiker-Selbsthilfegruppen 310
Alkoholikertypen 301
Alkoholintoxikation 302
Alkoholischer Eifersuchtswahn 303
Alkoholismus 294ff
- Ätiopathogenese 296
- Behandlungskette 310
- Diagnostik 305
- Entstehungsbedingungen 297
- organische Folgeerkrankungen 299
- psychiatrische Folgekrankheiten 301, 307
- psychosoziale Folgen 300
- Stufenmodell 298
- Symptomatologie 298
- Diagnostische Hinweise 306
- Epidemiologie 295
- Therapie 309
- Verlauf 309
Alkoholmißbrauch 294
Alkoholrausch 302
Alptraum 276, 279
Altersdepression 72
Alzheimer Demenz 184, 187
- Differentialdiagnose 187
- Symptomatologie 184
- Therapie 188
Alzheimer-Krankheit 182ff
Ambitendenz 39, *553*
Ambivalenz 36, *553*
Ambulante komplementäre Versorgung 524
Amentia *553*
Amnesie 27, *553*
Amnestische Aphasie *553*
Amnestisches Syndrom (Korsakow-Psychose) 307
Amoklauf 215
Amotivations-Syndrom 320
Amphetamin-Typ 320, 327
Anale Phase 118, 256, 333, *553*
Analytische Gruppenpsychotherapie 502
Analytische Psychologie 501
Anamnese 41
- biographische 41
Anankasmus *553*
Anankastisch *553*
Anankastische Persönlichkeitsstörung 345
Androgynie *553*
Angehörigenarbeit 529
Angst 36, 37, 97, *553*
- Ätiopathogenese 99

- Diagnostik 111
- Definition 101
- Differenzierung 98, 112
- Differentialdiagnose 111, 112
- Epidemiologie 98
- episodisch paroxysmale 107
- Fragebogen 113
- frei flottierende 97
- neurobiologische Aspekte 100
- normale 97
- phobische 97
- Subtypen 101
- Symptomatologie 101, 102
- Therapie 114
- Verlauf 113
Angst vor Angst 100
Angst- und Panikstörungen 97ff
- Definition 97
- Klassifikation 103
Angstkreis 100
Ängstliche Persönlichkeitsstörung 347
Angstneurose 110, *553*
- Definition 110
Angststörungen 110, 454, *553*
- generalisierte 110
- Psychopharmakotherapie 454
Anhedonie *553*
Anorektische Reaktionen 250
Anorexia nervosa 243, 246, *554*
- Epidemiologie 244
- Symptomatik 247
- Verlauf 251
Anorexie *554*
Anorgasmie *554*
Anpassungsstörungen 205ff, *554*
- Ätiopathogenese 207
- Diagnostik 215
- Definition 205, 212
- Differentialdiagnose 215, 216
- Epidemiologie 206
- Klassifikation 207
- Kriterien 206
- Symptomatik 213
- Therapie 217
- Unterformen 213
- Verlauf 216
- Verlaufscharakteristika 217
Ansatz 56
- multiaxial 56
Antidepressiva 86, 87, 91, 115, 459ff, *554*
- Anwendung 461
- Definition 459
- Einteilung 459
- Gegenanzeigen 463
- Interaktionen 464
- Langzeit-Behandlung 91
- Nebenwirkungen 463
- Pharmakologie 460
- trizyklische 86
- Wirklatenz 87
- Wirkmechanismen 461
Antipsychiatrie *554*
Antisoziale Persönlichkeitsstörung *554*
Antriebsarmut 38, *554*

Antriebshemmung 38, *554*
Antriebssteigerung 38, *554*
Anxiolytika *554*
Apallisches Syndrom 200
Apathie *554*
Aphasie *554*
Apraxien 172, *554*
Arbeitssucht 288
Arbeitstherapie 529, *554*
Arc de cercle 223
Artikulationsstörungen 396
Ärztliches Gespräch 114, 487, 528
Assoziation *554*
Asperger-Syndrom 409
Asthenie *554*
Auffassungsstörungen 26, *554*
Aufmerksamkeitsstörung *554*
Autismus (Kanner) 405, *554*
– Epidemiologie 405
– Historisches 405
Autistische Psychopathie 409
Autistische Störungen 405ff
– Klassifikation 407
Autogenes Training 488, 489, *554*
Automatismen 38, *554*
Automutilation *554*
Aversionsbehandlung 513
A(zoo)spermie *554*

B

Balbuties 400
Barbiturat-/Alkohol-Typ 318
Barbiturat-Abstinenz-Syndrom 318
Barbiturat-Typ 327
Bedeutungswahn *554*
Beeinträchtigungswahn *554*
Befehlsautomatie 38, *554*
Befund 40
– psychopathologischer 40
Begutachtung 535
Behandlungskette 519, 523, 524
Behandlungsmethoden 506
– Verhaltenstherapie 506
Behinderung, primäre *554*
Behinderung, sekundäre *554*
Belastungsreaktionen 206, *554*
– Kriterien 206
Benommenheit 24, *554*
Benton-Test 177
Benzodiazepine 115, 450ff
Berufsunfähigkeit 539
Beschäftigungstherapie *554*
Beschützende Werkstatt 531, *554*
Betablocker 116
Betreutes Wohnen 529
Betreuung *554*
Betreuungsgesetz 533, *554*
Bettnässen 424
Bewegungsstereotypien *554*
Bewußtseinseinengung 24, *554*
Bewußtseinsstörungen 24, *554*
Bewußtseinsstörungen bei systemischen Erkrankungen 547
Bewußtseinsstörungen bei zentralnervösen Erkrankungen 547

Bewußtseinsstörungen infolge von Medikamenten und Drogen 548
Bewußtseinstrübung 24, *554*
Bewußtseinsverschiebung *555*
Beziehungswahn *555*
Bezirkskrankenhaus 524
Bilanzsuizide 368
Bindungsstörungen 432
– Klassifikation 433
Biofeedback 488, 492, *555*
Bipolar *555*
Bizarres Verhalten *555*
Bleuler 19
Borderline-Persönlichkeitsstörung 342
Borderline-Störung 333, *555*
Bovine spongiöse Enzephalopathie (BSE) 203
Bulimia nervosa 243, 249, *555*
– Symptomatik 249
– Verlauf 251
Bullimanorexie 244
Burn-out-Syndrom *555*

C

Cannabis-/Marihuana-Typ 320
Carbamazepin 465
– Anwendung 466
– Nebenwirkungen 467
– Pharmakologie 465
Cardiazol-Krampfbehandlung 480
Charakterneurose 333, *555*
Chronische hirnorganische Psychosyndrome 169ff
– Epidemiologie 169
Chronischer Hydrozephalus 196
Clomethiazol 311, 476
Coenästhesie *555*
Commotio cerebri 198
Compliance *555*
Conduct disorder 415
Contusio cerebri 199
Coping-Strategien *555*
Crack 321
Creutzfeld-Jakob-Krankheit 203
Cyproteron 477

D

Dämmerzustand *555*
Daumenlutschen 394
Debilität *555*
Déja-vu-Erlebnis *555*
Delinquenz 415
Delir 161, 166, 307
Delirante Syndrome 547, *555*
Delta-Alkoholismus 300
Dementia infantilis 407
Dementia praecox *555*
Demenz 160, *555*
– Ätiopathogenese 170
– Differentialdiagnose 177, 194
– primäre 160

– sekundäre 160
– subkortikale 176
– Symptome 172
– Ursachen 177
– vaskuläre 191
Demenzursachen 167
Denkhemmung *555*
Denkstörungen 28
– formale 28
Denkverlangsamung *555*
Depersonalisation 35, *555*
Depersonalisationsstörung 227
– Definition 227
– Symptomatik 228
Depravation *555*
Depression 61ff
– Diagnostik 75
– Differentialdiagnose 77
– larvierte 62
– Therapie 85
– Ätiopathogenese 64
– Epidemiologie 62
– Klassifikation 72
Depressionssymptome 68
Depressive Episode 68
Depressive Störung 86
Depressivität/Deprimiertheit 36, *555*
Deprivation *555*
Deprivationssyndrom 433
Derealisation 35, 227
– Definition *555*
Designer-Drogen 321
Desintegrative Psychose 407
Desintegrative Störungen 407
Desorientiertheit *555*
Deutscher Rechtschreibe-Test: DRT 402
Devianz *555*
Dipsomanie *555*
Dissoziale Persönlichkeitsstörung 339
Dissozialität 415, *555*
Dissoziation *555*
Dissoziative Amnesie 225
Dissoziative Fugue 226
Dissoziative Störungen 219ff
– Ätiopathogenese 221
– Definition 219
– Differentialdiagnose 229
– Epidemiologie 220
– Klassifikation 220
– Symptomatik 222
– Therapie 230
– Verlauf 229
Dissoziativer Stupor 226
Distanzlosigkeit *555*
Disulfiram 477
Doppelte Buchführung *555*
Drei-Komponenten-Schema 461
Drogen-, Medikamentenmißbrauch und -abhängigkeit 315
– Bedingungsgefüge/Entstehungsbedingungen 315
Drogen-Notfälle 548
Drogenabhängigkeit 313ff
– Ätiopathogenese 314
– Behandlungsprinzipien 325
– Epidemiologie 314
– Therapiekette 325
Drogenabhängigkeits-Typen 317

Sachverzeichnis 569

Drogeneinnahme 323
– Hinweise auf 323
Drogenterminologie (Drogen-Jargon) 329
Drogenwirkungen 324
– Übersicht 324
DSM-III-R-System 53, *555*
Durchflutungstherapie *555*
Durchgangssyndrom *555*
Dyskalkulie 404
Dyslalie 396
Dyslexia 401
Dysmorphophobie *555*
Dyspareunie 260, *555*
Dysphorie 36, *555*
Dyssomnien 277, *555*
Dysthymia 58, 72, *555*
Dysthymien 84, 86

E

Echolalie/Echopraxie 39, *555*
Echopsychose *555*
Ecstasy 321
Eherecht 538
Eifersuchtswahn *556*
Einfache (spezifische) Phobie 105
– Definition 105
– Symptomatik 107
Eingeengtes Denken *556*
Einkoten 427
Einwilligungsfähigkeit 534, *556*
Einwilligungsvorbehalt 534
Einzeltherapie 485
Ejaculatio praecox 260, *556*
Ejaculatio retarda *556*
Elektiver Mutismus 431
Elektrokrampftherapie 481, *556*
Emotional instabile Persönlichkeits-
   störung 342
Emotionale Störungen 418
Empathie *556*
Endogene (zyklothyme) Depression 71
Endogene Depression 75
Endogene Störung 51
Enkopresis 427
Entfremdung *556*
Entspannungsphase 257
Entspannungsverfahren 114, 488
Entwicklungsbedingte Artikulations-
   störung 396
Entwicklungsbedingte Dysphasie 397
Entwicklungsbedingte rezeptive
   Dysphasie 398
Entwicklungshomosexualität 267
Entwicklungsmodell von Piaget 389
Entwicklungsmodelle 389
– Klassische 389
Entwicklungspsychologie/Entwicklungs-
   psychopathologie 385ff
Entzugssymptome 319
Enuresis 424, *556*
– Ätiopathogenese 424
– Definition 424
– Differentialdiagnose 424
– Klassifikation 424

– Symptomatologie 424
– Therapie 424
Enzephalitiden 200
Erektion *556*
Ergotherapie 529, *556*
Erinnerungsfälschungen *556*
Erotomanie *556*
Erregbare Persönlichkeitsstörung 349
Erregungsphase 257
Erregungszustände 545, *556*
Erschöpfungsdepression 72
Erwartungsangst („Angst vor Angst",
   Phobophobie) 100, 108
Erweiterter Suizid 373
Erwerbsunfähigkeit 539
Erworbene Aphasie mit Epilepsie 399
Es *556*
Eß-Brech-Sucht 249
Eßstörungen 243, 429
– Ätiopathogenese 244
– Definition 243
– Diagnostik 250
– Differentialdiagnose 250
– Subtypen 246
– Symptomatik 246
– Therapie 251
Eßstörungen 251
Euphorie 36, *556*
Exhibitionismus 262, *556*
Exogene Störungen 51
Expansive Verhaltensstörungen 411
Expressive Sprachstörung 397
Eysenck Persönlichkeitsinventar (EPI) 351

F

Fahrtauglichkeit 541f
Familientherapie *556*
Fanatische Persönlichkeit 337
Fetischismus 262, *556*
Fetischistischer Transvestismus 262
Feuertrieb 288
Flashback 320, 322, *556*
Fokaltherapie *556*
Formale Denkstörungen *556*
Formdeuteversuch nach Rorschach 351
Freiburger Persönlichkeits-Inventar
   (FPI) 350
Fremdbeeinflussungserlebnisse 35, *556*
Fremdgefährdung bei psychischer
   Erkrankung 536
Freud 20, 117
– historisches 117
Frotteurismus *556*
Frühkindliche Fütterungsstörung 429
Frühkindliche Psychose 405
Frühkindlicher Autismus 405
– Ätiopathogenese 406
– Diagnostik 406
– Differentialdiagnose 406
– Symptomatologie 405
– Therapie 407
– Verlauf 407
Fugue *556*
Funktionelle Artikulationsstörung 396
Funktionelle Störungen *556*

G

Gamma-Alkoholismus 300
Ganser-Syndrom 166, 215, 228, *556*
Gedächtnisstörungen 27
Gedankenabreißen *556*
Gedankenausbreitung 35, *556*
Gedankendrängen *556*
Gedankeneingebung 35, *556*
Gedankenentzug 35, *556*
Gedankenstopp 514
Gefühl der Gefühllosigkeit 36, *556*
Gegenübertragung 499, *556*
Gehemmte Depression 70
Gelernte Hilflosigkeit 67
Gemeindenahe Psychiatrie 519
Generalisierte Angststörung 110, *556*
– Symptomatik 110
Genitale Phase *556*
Gereiztheit 36, *556*
Gerontopsychiatrische Tagesklinik 527
Gerstmann-Straussler-Scheinker-
   Erkrankung 203
Geschäftsunfähigkeit 538, *556*
Geschlechtsumwandlung 265
Gesteigerte Selbstwertgefühle 36
Gießen-Test (GT) 351
Gilles-de-la-Tourette-Syndrom 123
Global Deterioration Scale (GDS) 174
Gruppentherapie 485
Größenwahn *556*
Grübeln *556*
Gustatorische Halluzinationen *556*

H

Hachinski-Ischämie-Skala (HIS) 195
Halluzinationen 32, 136, *556*
Halluzinogen-(LSD-)Typ 322, *556*
Halluzinogenrausch 322
Hamburg-Wechsler-Intelligenztest für
   Kinder 404
Hebephrene Schizophrenie 139
Hebephrenie *557*
Hemmungshomosexualität 267
Herzangstsyndrom 108
Herzphobie 108, *557*
Hippokrates 219
Hirnentzündungen 200
Histrionisch *557*
Histrionische Persönlichkeitsstörung 344
HKS 412
– Ätiopathogenese 412
– Diagnostik 413
– Differentialdiagnose 413
– Symptomatologie 412
– Therapie 414
– Verlauf 414
Hoffnungslosigkeit *557*
Höhenangst 107
Homosexualität 267
– Definition 267
Horror-Trip 320, 322, *557*
Hosennässen 424
Hospitalismus *557*

Hydrocephalus communicans 196
Hyperaktives Syndrom 411
Hyperkinese *557*
Hyperkinetisches Syndrom (HKS) 411
– Klassifikation 415
Hypermotorisches Syndrom 411
Hypersomnie 269, 274, *557*
Hyperthym *557*
Hyperthyme Persönlichkeitsstörung 349
Hypnagoge Halluzinationen *557*
Hypnose 488, 491, *557*
Hypnotika 455ff, *557*
– Anwendung 457
– Einstellung 456
– Gegenanzeigen 458
– Nebenwirkungen 458
– Pharmakologie 456
Hypochondrie *557*
Hypochondrische Befürchtungen 37
Hypochondrische Störungen 234
– Definition 234
– Symptomatik 234
Hypochondrischer Wahn *557*
Hypomanien 74, *557*
Hyposomnien 269, 274, *557*
– Definition 269
Hysterie 219, *557*
Hysterisch *557*
Hysterische Neurose 221
Hysterische Persönlichkeitsstörung 344

I

ICD-10 54, *557*
Ich *557*
Ich-Störungen 35, 137, *557*
Ideenflucht 28, *557*
Identifikation 497, *557*
Idiographisch *557*
Idiotie *557*
Illusion *557*
Imbezillität *557*
Imitationssuizid 366
Impotentia coeundi 264, *557*
Impotentia generandi 264, *557*
Impotentia satisfactionis *557*
Impulskontrolle *557*
Indikationen für die psychoanalytische
   Therapie 500
Individualpsychologie 501
Indoktrination 228
Infantiler Autismus 405
Infertilität *557*
Inkohärenz/Zerfahrenheit 29, *557*
Innere Unruhe 36
Insomnien 269, 274
– Definition 269, *557*
Institutsambulanz 527
Insuffizienzgefühle 36, *557*
Insulin-Kur 479, 482
Integriertes psychologisches Therapie-
   programm 512
Intelligenz 28
Intelligenzminderung 390
– Ätiopathogenese 392
– Diagnostik 392

– Differentialdiagnose 392
– Einteilung 391
– Epidemiologie 391
– Grad 391
– Klassifikation 394
– Symptomatologie 392
– Therapie 392
– Verlauf 393
Intermittierende explosible Störung 361
Intersexualität *557*
Interpersonale Psychotherapie 494
Introjektion *557*
Introspektion *557*
Introversion/introvertiert *557*
Involutions- bzw. Spätdepression 72
Inzest *557*
Isolierung 118

J

Jaktationen 435
Jugendstrafrecht 541
Juristische Aspekte 533ff

K

Kalter Entzug 326
Kastration *557*
Katalepsie 138, *557*
Kataplexie *557*
Katathymie/katathym *557*
Katatones Syndrom 548
Katatoner Typ 139
Katatonie *557*
Katharsis *557*
Kinder- und Jugendpsychiatrie 385
– Definition 385
Kinderfehler 394
Kindliche Neurose 418
Klassifikation 47, 57
– multiaxiale 53
Klassische Konditionierung 503
Klaustrophobie 105, *558*
Kleidernässen 424
Kleptomanie 288, 356, *558*
Kleptophobie *558*
Klientenzentrierte Gesprächspsycho-
   therapie 493
Kognitive Therapieverfahren 509, *558*
Kognitive Triade 67
Kognitive Umstrukturierung 511
Kognitive Verhaltenstherapie 88, 89
Kokain 319
– Intoxikation 320
– Kick 319
Kokain-Typ 319, 327
Koma 24, *558*
Komplizierter Rausch 302
Konditionierung *558*
Konfabulationen 27, *558*
Konstitutionslehre 332
Kontamination *558*
Konversion 497, *558*
Konversionshysterie 219

Konversionsstörungen 219ff
– Symptomatik 223
Konzentrationsstörungen 26, *558*
Koprolalie *558*
Körperdysmorphe Störung 234
Körperliche Abhängigkeit 316
Körperlicher Mißbrauch 439
– Symptomatologie 439
Korsakow-Syndrom 303, *558*
Kraepelin 19
Krankheitsanamnese 21
Krankheitslehre 47
– psychiatrische 47
Kretschmer 332
Kriminalität 415
Krise 365
Krisenintervention 380
Kritische Lebensereignisse 66
Kuru-Krankheit 203
Kurz-Psychotherapie 486
Kurze reaktive Psychose 156
KZ-Syndrom 214

L

Lallen 396
Landau-Kleffner-Syndrom 399
Landeskrankenhaus 524
Läppischer Affekt 36, *558*
Larviert *558*
Larvierte Depression 70, 71
– somatisierte 70
Latenzperiode 256, *558*
Lebensgeschichte 41
– äußere 41
– innere 43
Legasthenie 401
Leibhalluzinationen *558*
Lernbehinderung 391
Lese-Rechtschreibe-Störung (LRS) 401
– Klassifikation 403
Libido *558*
Lichttherapie 481
Liebeswahn *558*
Lithium 465ff
– Anwendung 466
– Gegenanzeigen 466
– Intoxikation 466
– Nebenwirkungen 466, 467
– Pharmakologie 465
Logorrhoe 38, *558*
Löschung 513
Low pressure hydrocephalus 196

M

Magersucht 246
Makropsie *558*
Malaria-Kur 479
Malignes neuroleptisches Syndrom 473,
   549
Maltherapie 529
Manie 58, 73, 81, 86, *558*
– Therapie 90

Manie-Symptome 73
Manierismen 39, *558*
Masochismus, sexueller *558*
Massensuizide 373
Maßregelvollzug *558*
Medikamenten-Karriere 316
Medikamentenabhängigkeit 313ff
Melancholie 58, *558*
Menarche *558*
Menopause *558*
Merkfähigkeitsstörung *558*
Metamorphopsie *558*
Mikropsie *558*
Milieugestaltung 528, *558*
Milieureaktive Störung 418
Minderbegabung 390
Mini-Mental-Status-Test 178
Minnesota Multiphasic Personality
  Inventory (MMPI) 351
Minussymptomatik *558*
Mißbrauch 283, 438ff
– Epidemiologie 438
– körperlicher 438
– sexueller 438
– Therapie 440
Mißtrauen 37
Mnestisch *558*
Monopolar *558*
Morbus Alzheimer 182
– Ätiopathogenese 182
Morbus Pick 190
Morphin-/Opiat-Typ 317
Motorische Unruhe 38, *558*
Multiinfarkt-Demenz 191
– Ätiopathogenese 192
Multiple Persönlichkeitsstörungen 225
Multiple Sklerose 204
Münchner Alkoholismus-Test (MALT)
  305
Münchner Persönlichkeits-Test (MPT)
  351
Musiktherapie 529
Mutismus 38, *558*

N

Nachschwankungen *558*
Nachstationäre Behandlung 527
Nachtklinik 527, *558*
Nägelbeißen 394
Narkolepsie 280, *558*
Narzißmus *558*
Narzißtische Persönlichkeitsstörung 349
Nasenbohren 394
Negativismus 38, 138, *558*
Negativsymptomatik *558*
Neigungshomosexualität 267
Nekrophilie *558*
Neologismen 29, 137, *558*
Nervenschock 208
Neurasthenie *558*
Neuroleptika 145, 467ff
– Anwendung 469
– Biochemie 468
– Definition 468, *559*
– Dosierung 471

– Einteilung 468
– Gegenanzeigen 472
– Indikationen 469
– Interaktionen 474
– Kontraindikationen 473
– Nebenwirkungen 472
– Pharmakologie 468
Neuroleptische Rezidivprophylaxe 146
Neurologie 15
Neurolues 201
Neurose *559*
Neurotransmitter *559*
Nichtorganische Dyspareunie 260
Nichtorganischer Vaginismus 260
Niedergelassener Nervenarzt 527
Niedrigdosis-Abhängigkeit 459
Nikotinabhängigkeit (Raucherent-
  wöhnung) 328
Nootropika 182, 474
– Definition 474, *559*
Normaldruck-Hydrozephalus 196
Nosologie *559*
Notfall-Therapie 544

O

Ödipus-Komplex *559*
Olfaktorische Halluzinationen *559*
Oligophrenie 28, 390, *559*
Oligo(zoo)spermie *559*
Omnipotenzgefühle *559*
Operantes Konditionieren *559*
Operantes Lernen 503
Operantes Verstärken 513
Operationalisierung *559*
Opiat-Abhängigkeit 326
– Behandlung 326
Opiat-Typ 326
Opiatintoxikation 318
Optische Halluzinationen *559*
Orale Phase 256, 333, *559*
Organisch-amnestisches Syndrom 164
Organische Depression 80
Organische Halluzinose 163
Organische Persönlichkeitsveränderung
  171
Organische psychische Störungen 160ff
Organisches Psychosyndrom *559*
Orgasmus *559*
Orgasmusphase 257
Orgasmusstörungen 254, 260
Orientierungsstörungen 25, *559*

P

Päderastie *559*
Pädophilie *559*
Panik 97
– Definition 107, *559*
Panikattacken 107, *559*
– Symptome 108
Panikstörung 107, *559*
– Symptomatik 109

Paragrammatismus *559*
Parakinesen *559*
Paralogisches Denken *559*
Paralyse, progressive *559*
Paramimie 39, 138, *559*
Paramnesien 27, *559*
Paranoia/paranoisch *559*
Paranoid *559*
Paranoid-halluzinatorische Schizo-
  phrenie 139
Paranoide Persönlichkeitsstörung 336
Paranoide Reaktionen 215
Paraphasie *559*
Paraphilien 262, *559*
Parasomnien 269, 275
– Definition 269, *559*
Parasuizid 362, *559*
Parasuizidale Geste 369, 371
Parasuizidale Handlungen 369
Parasuizidale Pause 369
Parathymie 36, 138, *559*
Pareidolien *559*
Parkinson-Syndrom 473
Parkinsonmittel 478
Parkinsonoid 473, *559*
Partnertherapie 485
Passiv-aggressive Persönlichkeitsstörung
  349
Pathologische Brandstiftung 358
Pathologisches Spielen 359
Pathologischer Rausch 302
Pathologisches Stehlen 356
Pavor nocturnus 276, 279, *559*
Perniziöse (febrile) Katatonie 549
Perseveration 28, *560*
Persönlichkeit 45, *560*
– prämorbide 45
Persönlichkeitsänderung 214, 332
– Definition 214
– Symptomatik 214
Persönlichkeitsforschung 331
Persönlichkeitsstörungen 330ff
– Ätiopathogenese 333
– Definition 330, *560*
– Diagnose 350
– Differentialdiagnose 350
– Epidemiologie 333
– Formen 335
– Klassifikation 336
– Kriterien 335
– Verlauf 353
Persönlichkeitszüge 331
– psychologische Testverfahren 350
Phallische Phase 256, 333, *560*
Phase *560*
Pharmakogene Depressionen 79
Phasenprophylaktika 465ff
– Definition 465
– Einteilung 465
Phencyclidin 321
Phobie 37, 102, *560*
– einfache 105
– soziale 104
Phoneme *560*
Phonologische Entwicklungsstörung 396
Phototherapie 481, *560*
Physiotherapie 483
Physische Abhängigkeit 306

Pica 430
Pinel 18
Plateauphase 257
Plissit-Modell 265
Plussymptomatik *560*
Pollution *560*
Poltern 401
Polytoxikomanie (Sucht) 283, 323, *560*
– polyvalente 323
Poriomanie 288, *560*
Posttraumatisch *560*
Posttraumatische Belastungsstörung 210
– Definition 210
– Symptomatik 211
Präsuizidales Syndrom 372
Priapismus *560*
Primäre Behinderung 523
Primärer Krankheitsgewinn 221, *560*
Primärprävention 294
Prodrom *560*
Progressive Muskelrelaxation 488, *560*
Projektion 497, *560*
Pseudodemenz 80, 180, 181, 215, *560*
Pseudohalluzination *560*
Pseudohomosexualität 267
Pseudoneurasthenisches Syndrom 165, *560*
Psychagogik/psychagogisch *560*
Psyche/psychisch *560*
Psychiatrie 15, *560*
– Biologische 15
– Forensische 15
Psychiatrie-Enquete 520
Psychiatrische Rehabilitation 519
– Definition 519
Psychiatrische Therapie 441
– Definition 441
– Besonderheiten 442
Psychiatrische Versorgung 524
– Institutionen 524
Psychische (körperliche) Abhängigkeit 283
Psychische Abhängigkeit 283, 306, 316
Psychoanalyse *560*
Psychoanalytisches Erstinterview 498
Psychoanalytische Psychotherapie 88
Psychoanalytische Therapie 496ff
Psychoanalytisches Kurzzeittherapie-Verfahren 501
Psychochirurgie 482
Psychodynamik/psychodynamisch *560*
Psychogen *560*
Psychogene Anorgasmie 260
Psychogene Depression 75
Psychogene Impotenz 259
Psychologie 15, *560*
Psychomotorik/psychomotorisch *560*
Psychopathie 332, *560*
Psychopathologie 15
Psychopharmaka 444
– Darreichungsformen 445
– Einteilung 444
– höheres Lebensalter 448
– Kontrolluntersuchungen 446
– Mißbrauch 446
– Probleme der Verordnung 444
– Stellenwert 444
– Wechselwirkung 445

Psychopharmakotherapie 443ff
– kombinierte 448
Psychoreaktiv *560*
Psychose *560*
Psychosexuelle Entwicklung 496
Psychosomatik/psychosomatisch *560*
Psychosomatische Medizin 15
Psychosozial *560*
Psychostimulanzien 476
– Definition 476
– Einteilung 476
– Indikationen 476
– Nebenwirkungen 476
Psychotherapie 16, 484ff, 515, *560*
– Bedarf 518
– Definition 484
– Entwicklungsperspektiven 517
– Grundelemente 484
– Indikationen 484
– Voraussetzungen 484
– Wirksamkeit 515
Psychotherapie-Verfahren 485, 514
– Einteilung 485
– Synopsis 514
Psychotische Depression 70
Psychotische Störungen 154
– Differentialdiagnose 154
Psychische Abhängigkeit 283
Pubertät 256, 388, 389
Pubertas praecox *561*
Pyromanie 288, 358, *561*

Q

Querulatorische Persönlichkeit 337

R

Rabbit-Syndrom 473
Rapid-Cycling 72, 84
Rapport *561*
Raptus *561*
Rationalisierung 497, *561*
Ratlosigkeit *561*
Reaktionsbildung 498, *561*
Reaktive Bindungsstörung des Kindesalters 433
Reaktive Depression 76
Reaktive Erregungszustände 214
Rebound-Phänomene 319
Rechenstörung 404
Regression 497, *561*
Rehabilitation 531ff
Reifung 387
Reizüberflutungstherapie 508, *561*
REM-Schlaf 269, *561*
Residualsyndrom 139, *561*
– schizophrenes 139
Residualtyp 139
Rett-Syndrom 408
Rezeptive Sprachstörung 398
Rezidivprophylaxe 470, 471
Rumination 429

S

Sadismus, sexueller *561*
Schizoaffektive Psychosen 74, 153, *561*
Schizoid *561*
Schizoide Persönlichkeitsstörung 337, 338
Schizoide Störung des Kindesalters 409
Schizophasie *561*
Schizophrenia simplex 140
– Diagnostik 140
– Differentialdiagnose 140
Schizophrenie 127ff, *561*
– Ätiopathogenese 128
– Differentialdiagnose 141
– Dopaminhypothese 132
– Epidemiologie 127
– Erkrankungsrisiko 129
– Expressed Emotions 130
– Prognose 143
– Rückfallrate 130
– Subtypen 133
– Symptomatologie 133
– Therapie 144ff
– Verlauf 142
– Verlaufstypologie 143
Schizophrene Symptome 1. Ranges 133, 135
Schizophrene Symptome 2. Ranges 133
Schizophreniforme Störung 155
Schizothymie *561*
Schizotype Persönlichkeitsstörung 338
Schlaf 269, 217
– Historisches 271
Schlafapnoe 280
Schlafentzug 66
Schlafentzugsbehandlung 480
Schlafkur 479
Schlaflabor 269
Schlafprofil 270
Schlafstadien 270
Schlafstörungen 269ff
– Ätiopathogenese 273
– Diagnostik 277
– Differentialdiagnose 279
– Epidemiologie 273
– Exploration 277
– Klassifikation 276
– Therapie 280, 281
– Ursachen 273
Schlafumkehr 277
Schlafwandeln 275, 279
Schneider 332
Schnüffelsucht 322
Schub *561*
Schuldunfähigkeit 540, *561*
Schuldwahn *561*
Schwachsinn 390
Schwangerschaftsabbruch 541
Schwangerschaftspsychosen 157
Schwererziehbarkeit 415
Scrapie 203
Sedativa *561*
Sekundäre Behinderung 523
Sekundärer Krankheitsgewinn 222, *561*

Sachverzeichnis 573

Sekundärer Wahn *561*
Sekundärprävention 294
Selbstgefährdung bei psychischer
  Erkrankung 536
Selbstkontrolltechniken 513
Selbstsicherheitstraining 509
Selbsttötung 362
Selbstunsichere Persönlichkeitsstörung
  347
Sensitive Persönlichkeitsstörung 349
Sensualitäts-Training 265
Serotonin 118
Sexuelle Anhedonie 258
Sexuelle Erregung 257
– Phasen 257
Sexuelle Perversion 262
Sexuelle Störungen 253
– Ätiopathogenese 255
– Definition 253
– Diagnose 263
– Differentialdiagnose 264
– Epidemiologie 255
– Historisches 255
– Klassifikation 254
– Therapie 265
– Verlauf 264
Simulation *561*
Sodomie *561*
Somatisierung *561*
Somatisierungsstörung 235
– Definition 235
– Symptomatik 237
– Symptome 236
Somatoform *561*
Somatoforme Schmerzstörung 239
– Definition 239
– Symptomatik 240
Somatoforme Störungen 231ff
– Ätiopathogenese 232
– Definition 231
– Differentialdiagnose 241
– Epidemiologie 231
– Historisches 231
– Klassifikation 233
– Symptome 233
– Therapie 242
– Verlauf 242
Somatogene Depressionen 78–80
Somatogene Psychose *561*
Somatopsychische Erkrankung *561*
Somnambulismus 275, *561*
Somnolenz 24, *561*
Sopor 24, *561*
Sozialdienst 529
Soziale Behinderung 523
Soziale Phobie 104, *561*
– Definition 104
– Symptomatik 105
Soziale Umtriebigkeit 39
Sozialer Rückzug 39
Soziales Netzwerk 207
– sekundärer Krankheitsgewinn 208
Sozialpsychiatrie 15
Sozialpsychiatrische Dienste 527, *561*
Sozialverhalten 417
– Klassifikation 417
Sozioökonomische Bedeutung 521
Soziopathie 332, 339

Soziotherapie 16, 148, 519, 532
– Definition 519, *561*
– Kostenträger 532
Spätdepression 180
Spätdyskinesie 473
Sperrung 138
Sperrung/Gedankenabreißen 28, *561*
Spiegeltrinker 301
Spielsucht 288, 359
Stehlsucht 288
Stereotype Bewegungsstörungen 435
Stereotypien 39, *561*
Sthenisch *561*
Stop-Start-Technik 265
Störung der Erinnerungsfähigkeit *561*
Störung der Vitalgefühle 36
Störungen der Ausscheidung 424
Störungen der Geschlechtsidentität 254,
  261, 436
Störungen der Merkfähigkeit 27
Störungen der Sexualpräferenz (Para-
  philien) 254
Störungen der sexuellen Appetenz 254,
  258
Störungen der sexuellen Erregung 254,
  259
Störungen der sexuellen Präferenz 262
Störungen des Altgedächtnisses 27
Störungen des Sozialverhaltens 415ff
– Ätiopathogenese 416
– Definition 415
– Epidemiologie 415
– Symptomatologie 416
Störungen mit sexuell bedingten
  Schmerzen 254, 260
Stottern 400
Stupor 38, *562*
Subakute Enzephalopathie 202
Subdepressiv *562*
Sublimierung 497, *562*
Submanisch *562*
Substitutions-Programme 328
– Methadon 328
Sucht 283ff, *562*
– Ätiopathogenese 291
– Historisches 283
Suggestion/suggestiv *562*
Suizid 362
– Definition 362, *562*
Suizidalität 362ff, 546
– Abschätzung 374
– Primärprävention 383
– Therapie 378
– Ursachen/Entstehungsbedingungen
  364
– Versorgung 379
Suizidhandlungen 374
– Motive 374
Suizidmethoden 364, 373
Suizidpakt 381
Suizidraten 363, 367
Suizidversuch 362
– appellativer 371
– Risikofaktoren 366
Supportive Psychotherapie 85, 487
Symbiontisch *562*
Symbiontischer Wahn 159
Symptomatische Depression 80

Symptomexploration 21
Symptomneurosen 333
Syndrome 50, *562*
– psychiatrische 50
Syndromgenese 51
– multifaktorielle 51
Synton *562*
Systematische Desensibilisierung 507
Systematischer Wahn *562*
Systemische Therapie *562*
Szeno-Test 353

T

Tachythemie 400
Tagesklinik für Kinder- und Jugend-
  psychiatrie 527
Tageskliniken 526, *562*
Tagesstätten 528
Tagesstrukturierung 526
Tanz- und Bewegungstherapie 529
Tasikinesie 473
Teilleistungsstörungen 395
Teilstationäre Versorgung 524
Tenazität *562*
Testierfähigkeit *562*
Testierunfähigkeit 538
Tetrahydrocannabinol 320
Theatertherapie 529
Theatralisches Verhalten 39
Thematischer Apperzeptions-Test
  (TAT) 351
Therapeutische Gemeinschaft 528, *562*
Therapeutisches Team 443
Thymoleptika *562*
Tic 39, *562*
Tic-Störungen 420
Tiefenpsychologische Anamnese 498
Trance-Zustände 228, *562*
Tranquilizer 450ff, *562*
– Anwendung 452
– Definition 450
– Einteilung 450
– Gegenanzeigen 454
– Nebenwirkungen 454, 455
– Pharmakologie 452
Transsexualismus 261, 265, *562*
Transvestitismus 261, *562*
Trauma *562*
Triadisches System 52
Trichotillomanie 361, *562*
Triebtheoretisches Entwicklungsmodell
  389
Typus melancholicus 58

U

Über-Ich *562*
Überlebensschuld 214
Übertragung 498, 499, *562*
Überwertige Idee *562*
Umschriebene Entwicklungsstörungen
  395

Umständliches Denken *562*
Unfallreaktion 215
Unterbringungsgesetz 536
Untersuchungsverfahren 22
– Standardisierte 22

V

Vaginismus *562*
Vegetative Labilität/Dystonie/psycho-
  vegetatives Syndrom *562*
Verarmungswahn *562*
Verbigeration 138, *562*
Verdrängung *562*
Verfolgungswahn *562*
Verhaltensanalyse 504
Verhaltensstörungen 415, 418
Verhaltenstherapie 502ff, *562*
– Definition 502
– Indikationen 514
– Prozeßmodell 506
– Therapieplanung 504
– Voraussetzungen 514
Verkennung *562*
Verlaufsparameter 83
– Depression 83
Verschiebung 497
Verwahrlosung 415
Vigilanz *562*
Vigilität *562*

Vollstationäre Versorgung 524
Voraussetzungen für die psycho-
  analytische Therapie 500
Vorbeireden *562*
Vormundschaftsgericht 534
Voyeurismus *562*
Vulnerabilität 207, *562*
Vulnerabilitätskonzept 63

W

Wahn 29ff, 135, *562*
– Systematischer 30
Wahndynamik 30, *562*
Wahneinfall 30, *563*
Wahnerinnerung *563*
Wahnhafte Störung 157
Wahnidee *563*
Wahnstimmung 30, *563*
Wahnwahrnehmung 30, *563*
Wandertrieb 288
Warmer Entzug 326
Waschfrauenhände 124
Wernicke-Enzephalopathie 303
Widerstand 498, *563*
Wochenbettdepression 72
Wochenbettpsychosen 157
Workaholic 288
Worttaubheit 398

Z

Zerfahrenheit 137, *563*
Zönästhesien 33
Zoophobie 105, *563*
Zwang 117
– Definition 117, *563*
Zwangsgedanken 119
– Definition 120, *563*
– Häufigkeit 120
Zwangshandlungen 37, 119
– Definition 121, *563*
– Häufigkeit 121
Zwangsideen 37
Zwangsimpulse 119
– Definition 120, *563*
Zwangsstörungen 117
– Ätiopathogenese 118
– Diagnostik 122
– Differentialdiagnose 122, 123
– Epidemiologie 118
– Folgen 122
– Klassifikation 117
– Subtypen 119
– Symptomatologie 119, 122
– Therapie 124
– Verlauf 123
Zweckreaktionen 215, 218, *563*
Zwei-Zügel-Therapie *563*
Zyklothymia 58, 74, 86, 349, *563*
Zyklothymie 61, *563*

Hallesche-Nationale Krankenversicherung auf Gegenseitigkeit · Reinsburgstraße 10 · 70178 Stuttgart · Telefon (07 11) 66 03-0 · Telefax (07 11) 66 03-290

Was ist Ihnen
mehr wert als der eigene Körper ?

Denken Sie auch manchmal darüber nach, wieviel von Ihrem Körper und von Ihrer Gesundheit abhängt: Ihre Arbeitskraft, der Spaß an sportlichen Aktivitäten, der Erfolg durch Leistung und – alles in allem – die Freude am Leben? Bestimmt. Und Sie wissen auch, daß Sie durch eine bewußte und gesunde Lebensweise eine Menge dazu beitragen können, sich diesen »Wert« zu erhalten.

Eine private Krankenversicherung ist mit bestmöglicher finanzieller Sicherheit und hervorragenden Leistungen immer dann für Sie da, wenn es Ihnen einmal nicht so gut geht. Wenn Sie aber darüber hinaus auch Wert darauf legen, durch gesundheits- und kostenbewußtes Verhalten Beiträge zu sparen, dann fragen Sie uns ...

Experten für Krankenversicherungen

Unternehmensverbund Alte Leipziger
Versicherungen, Kapitalanlagen, Bausparen

Zu unbeschwert,
um an Verlust zu denken ?

Vielleicht sogar zu sorglos? Nun – Sie sind jung, verliebt, haben das ganze Leben vor sich und planen gemeinsam Ihre Zukunft. Aber wenn auch das Alter noch in weiter Ferne liegt – sollten Sie nicht jetzt schon daran denken, Vorsorge für ein ganzes Leben zu treffen? Vorsorge, die individuell auf Sie beide zugeschnitten ist und die auch Eventualitäten umfaßt, an die Sie gar nicht denken möchten?

Wir erwarten nicht, daß Sie sich mit Ihren Vorstellungen an fertige Standardkonzepte anpassen. Wir machen es umgekehrt. Nehmen Sie sich einfach ein wenig Zeit: Denken Sie über Ihr gemeinsames Leben und Ihre Sicherheit nach. Und …

Reden Sie mit uns. Sicherheitshalber.

Unternehmensverbund Alte Leipziger
Versicherungen, Kapitalanlagen, Bausparen

ALTE LEIPZIGER

SORGEN SIE NICHT NUR FÜR IHRE ALTERSVORSORGE. SORGEN SIE AUCH DAFÜR, DASS SIE ETWAS DAVON HABEN.

Hohe Rendite-Chancen, Steuerfreiheit und professionelles Fondsmanagement. Mit der MLP-Fondspolice kombinieren Sie die Vorteile einer klassischen Lebensversicherung mit denen erfolgreicher Investmentfonds. Und Sie brauchen sich um nichts zu „sorgen". Sie wählen eine von vier Strategieklassen, alles weitere übernimmt die Vermögensverwaltung. Von der Auswahl der besten Fonds bis zur laufenden Anpassung an die Marktentwicklung. Alle weiteren erfreulichen Details erfahren Sie unter: (06221) 308-203.

MLP Lebensversicherung AG
Forum 7 · 69126 Heidelberg

MLP

LEBENSVERSICHERUNG

Hippokrates

Hippokrates Verlag
Rüdigerstraße 14
70469 Stuttgart

Prüfungssieger: MLP Duale Reihe

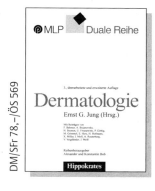
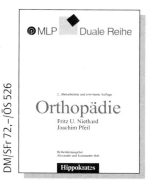

Lehrbuch und Repetitorium in einem Band.

Preisänderungen vorbehalten

Hippokrates

Hippokrates Verlag
Rüdigerstraße 14
70469 Stuttgart

MLP Duale Reihe – Lehrbuch einer neuen Generation

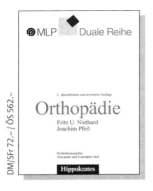

**Lernen mit dem »Dualen Lehrbuch«
bedeutet optimal vorbereitet zu sein.**

Die Möglichkeiten des Lernens mit der **MLP Dualen Reihe** *sind so vielfältig, wie Ihre Bedürfnisse individuell sind.*

Preisänderungen vorbehalten